GEORGE THOMSON
FRÜHGESCHICHTE GRIECHENLANDS UND DER ÄGÄIS

GEORGE THOMSON

FORSCHUNGEN ZUR ALTGRIECHISCHEN GESELLSCHAFT

Band I

FRÜHGESCHICHTE GRIECHENLANDS
UND DER ÄGÄIS

Band II

DIE ANFÄNGE DER PHILOSOPHIE

George Thomson

Frühgeschichte Griechenlands und der Ägäis

Forschungen zur Altgriechischen Gesellschaft I

deb
verlag das europäische buch 1974

George Thomson
Studies in Ancient Greek Society
Volume I
The Prehistoric Aegean
Lawrence & Wishart Ltd., London
First published 1949
2nd edition 1954
3rd edition 1961

Dieses Buch erschien auf Deutsch zuerst 1960 in der DDR.
Die deutsche Ausgabe wurde besorgt von Erich Sommerfeld.
Ins Deutsche hat sie Hans-Georg Heidenreich, Berlin übertragen.
Die Berichtigungen und Ergänzungen der Fußnoten
nach der dritten englischen Auflage übertrug Reiner Pflug.

das europäische buch
literaturvertrieb gmbh
westberlin
ISBN 3-920303-16-4
Copyright der deutschen Übersetzung
1960 by
Akademie-Verlag, Berlin DDR
Printed in the German
Democratic Republic
1780

Dem Andenken
Hugh Fraser Stewarts

TAFEL I

STAMNOS DES KLEOPHONMALERS MIT KRIEGERS ABSCHIED
UM 440—430 v. u. Z.

VORWORT ZUR ERSTEN AUFLAGE

Das vorliegende Werk ist als das erste einer Reihe von Bänden gedacht, die die Grundlagen festigen sollen, die in „Aischylos und Athen" gelegt worden sind. Es stellt im Grunde eine Erweiterung der ersten fünf Kapitel jenes Werkes dar, verstärkt die Beweisführung und behandelt einige Grundprobleme, die dort nur berührt worden sind, in aller Ausführlichkeit. Das betrifft vor allem das Matriarchat, den Landbesitz, die Vorgeschichte des ägäischen Raumes und das Epos. Der Darstellungsbereich fällt annähernd mit der Bronzezeit zusammen, abgesehen davon, daß die Entwicklung des Epos bis zu seinem Höhepunkt im 6. Jh. v. d. Z. verfolgt wird. Im zweiten Bande will ich mich mit der Entstehung der Sklaverei und den Anfängen der Wissenschaft beschäftigen.

Die Aufgabe, die ich mir gestellt habe, besteht darin, das Vermächtnis Griechenlands im Lichte des Marxismus neu zu interpretieren. Einige meiner Kritiker sind anscheinend der Ansicht, daß die wissenschaftliche Beschäftigung mit der griechischen Antike ihren Wert verliert, wenn man in dieser Weise verfährt. Ich glaube hingegen, daß sie allein auf diesem Wege ihren Wert wiedererlangen kann. Jeder weiß, daß das Interesse an diesen Forschungen schon seit vielen Jahren nachgelassen hat, und der Grund für diese Erscheinung liegt darin, daß sie die Fühlung mit den Kräften des menschlichen Fortschritts verloren haben. Anstatt eine Botschaft der Hoffnung auf die Zukunft zu sein, wie in den großen Tagen des Humanismus, sind sie ein Zeitvertreib für eine unbeschäftigte Minderheit geworden, die sich vergeblich darum bemüht, ein Refugium vor dieser Zukunft zu finden. Unser hellenisches Erbe muß von den Mandarinen befreit werden, oder es wird untergehen, zerstört von seinen Verehrern.

Es braucht kaum betont zu werden, daß meine Behandlung des Gegenstandes weitgehend durch die Begrenzungen eingeschränkt ist, die jedem Versuch eines einzelnen, ein so weites Feld zu bearbeiten, innewohnen. Die neueste Entwicklung der Archäologie und Sprachwissenschaft hat deutlicher denn je gezeigt daß die griechische Geschichte als eine Episode in der allgemeinen Geschichte des Nahen Ostens betrachtet werden muß, und man wird hierbei nur durch kollektive Forschung, die auf einer anerkannten wissenschaftlichen Methode beruht, zu echten Ergebnissen gelangen. Wenn meine Arbeit auf diese Notwendigkeit hinweist, dann haben ihre vielen Unzulänglichkeiten einem guten Zweck gedient.

Wenn ich mehr tun kann als das — wenn ich wenigstens meine jüngeren Fachgenossen davon überzeugen kann, daß in dem Zeitalter, in dem wir leben, der neue Humanismus, der das Erbe des alten in sich trägt, aber durch die vier überaus ereignisreichen Jahrhunderte geschichtlicher Entwicklung bereichert ist, durch den Marxismus vertreten wird, dann wird es ihre Aufgabe sein, die Lebenskraft des Griechentums zu erneuern, so daß es auf die Zukunft der englischen Kultur einen Einfluß gewinnt, der eines Morus, Bacon und Milton würdig ist.

Ich war der Tatsache eingedenk — und es war wirklich unmöglich, nicht daran zu denken —, daß zur gleichen Zeit, als ich dieses Buch schrieb, die Griechen mit einem Heldenmut, dem sogar in ihrer eigenen Geschichte nichts gleichkommt, für ihre Freiheit kämpften. Deshalb habe ich diese Zeilen von Palamas hier angeführt. Sie drücken eine der Grundwahrheiten des Marxismus in den Worten eines Dichters aus, der mehr als irgendein anderer für das Volk des neuen Griechenland sprach, das seine Entschlossenheit bekundet, frei zu sein von allen Formen der Unterdrückung, frei auch von der Beherrschung durch die Vergangenheit, während es zugleich seine Treue ihr gegenüber durch seine schöpferische Tatkraft beim Aufbau eines neuen Hellas bezeugt.

Zu Dank verpflichtet bin ich Mrs. H. F. Stewart für alle Abbildungen, außer denen, die auf Seite 560 besonders aufgeführt sind, und Dr. N. Bachtin für den nie versagenden Ansporn unzähliger Diskussionen über den Gesamtkomplex dieses Werkes, lange bevor es Buchform annahm.

Juni 1948　　　　　　　　　　　　　　　　　　　　　　　　George Thomson

Aus dem Vorwort zur zweiten Auflage

Diese Ausgabe ist zu einer Zeit vorbereitet worden, in der unsere Kenntnis von der Vorgeschichte der Ägäis in schnellem Anwachsen begriffen ist. Daher scheint es das beste zu sein, keine größeren Veränderungen einzuführen, nicht einmal dort, wo eine gewisse Modifikation meiner Ansichten zweifellos notwendig wäre. Irrtümer sind berichtigt, ein Anhang über Landbesitz ist beigefügt worden.

Januar 1954　　　　　　　　　　　　　　　　　　　　　　　　George Thomson

Hinweis für den Leser

Dem Wunsche des Autors entsprechend, wurde der Übersetzung des XIV. Kapitels die zweite indische Auflage von *Marxism and Poetry* (New Delhi 1954) zugrunde gelegt. Desgleichen wurde die Chronologie in Tabelle VI den neu ermittelten Werten angeglichen.

Für die deutsche Wiedergabe homerischer Verspartien wurden Th. v. Scheffers Übertragungen, bei Herodotstellen die Übersetzung von Th. Braun benutzt. Metrische Verdeutschungen ohne Herkunftsangabe stammen vom Herausgeber.

Erich Sommerfeld

VORWORT ZUR DEUTSCHEN AUSGABE

Es sind nun schon zehn Jahre seit der Erstveröffentlichung dieses Buches verflossen. Obgleich im Jahre 1954 eine Neuauflage erfolgt ist, war es nicht möglich, darin sämtliche seither erschienenen Arbeiten über diesen Forschungsgegenstand zu berücksichtigen. Doch soll an dieser Stelle wenigstens auf zwei Beiträge besonders hingewiesen werden.

Der erste trägt den Titel „Die Produktionsverhältnisse im Alten Orient und in der griechisch-römischen Antike" und stammt von Dr. Elisabeth Charlotte Welskopf. Diese Arbeit ist nicht nur für die Erforschung Griechenlands und Roms, sondern auch als Beitrag für das Verständnis der antiken Gesellschaft überhaupt von großer Bedeutung. Es gilt in der bürgerlichen Geschichtsschreibung der stillschweigend gebilligte Grundsatz, Ost und West streng auseinanderzuhalten, und es steht uns Marxisten an, diese Kluft im Bereich der Wissenschaft ebenso zu überbrücken, wie sie durch das Auftreten der Volksmassen in der Politik überbrückt wird.

Der zweite Beitrag besteht in der Entzifferung von Linear B durch Ventris und Chadwick. Der Leser wird sich die Frage vorlegen, weshalb weder im vorliegenden noch im folgenden Band dieser Forschungsreihe — den „First Philosophers" (1955) — auf diese Arbeit verwiesen wird. Meine Antwort besteht in dem Hinweis, daß noch viele sprachliche Schwierigkeiten überwunden werden müssen, ehe dieser Entzifferungsversuch als gelungen angesehen werden kann, und daß jeder Versuch, schon jetzt zur Rekonstruktion der Geschichte des mykenischen Griechenlands davon Gebrauch zu machen, auf unsicherer Grundlage steht. Ich bin davon überzeugt, daß die linguistischen Probleme schließlich gelöst werden können, so daß wir dann über neues Material für die Erforschung der prähistorischen Ägäis verfügen werden. Doch selbst dann wird das Material im Lichte des Marxismus, der einzigen historischen Methode, die wissenschaftliche Geltung beanspruchen kann, gedeutet werden müssen.

Birmingham, im Januar 1959 George Thomson

INHALTSVERZEICHNIS

Einleitung 1

Erster Teil
VERWANDTSCHAFT

I. Der Totemismus
   1. Die vergleichende ethnologisch-archäologische Methode 11
   2. Der Ursprung des Totemismus 14
   3. Der Ursprung der Exogamie 18
   4. Der totemistische Kreislauf von Geburt und Tod 21
   5. Vom Totemismus zur Religion 25
   6. Der Totemismus im altsteinzeitlichen Europa 27

II. Die Nomenklatur der Verwandtschaft
   1. Der Aufbau des Stammes 33
   2. Das klassifikatorische System: Typ I 35
   3. Rituelle Promiskuität 40
   4. Das klassifikatorische System: Typ II 41
   5. Die Gruppenehe 43
   6. Der Verfall des klassifikatorischen Systems 45
   7. Das deskriptive System 51

III. Vom Stamm zum Staat
   1. Der Irokesenbund 59
   2. Das römische Stammessystem 63
   3. Matrilineare Erbfolge in der römischen Königszeit 68
   4. Der Populus Romanus 70

IV. Griechische Stammesinstitutionen
   1. Aioler, Dorer und Ioner 72
   2. Das attische Stammessystem 74
   3. Der Haushalt 78
   4. Vorhellenische Clane in Attika 80
   5. Totemistische Überreste: Schlangenverehrung 81
   6. Totemistische Überreste: Clanembleme 87
   7. Clankulte und Staatskulte 89
   8. Die Clangrundlage der Eleusinischen Mysterien 92
   9. Das Verfahren bei Totschlag 97

Inhaltsverzeichnis

10. Das Erbinnengesetz 101
11. Altgriechische Ethnologie 103
12. Linguistisches Beweismaterial für die Mutterfolge 107

Zweiter Teil

MATRIARCHAT

V. Die matriarchalischen Völker der Ägäis

1. Was ist Matriarchat? 113
2. Die Lykier 125
3. Die Karer und Leleger 127
4. Die Pelasger 131
5. Die Minoer 136
6. Die Hethiter 138
7. Die Amazonensage 139
8. Die Minyer 142
9. Einige matriarchalische Überreste 155

VI. Die Erschaffung einer Göttin

1. Geburt und Menstruation 159
2. Anbetung des Mondes 164
3. Der Mond in der griechischen Volksreligion 168
4. Kräutermagie 171
5. Die Thesmophorien und Arrhephorien 174
6. Waschungsriten 176
7. Die Töchter des Proitos 178
8. Griechische Göttinnen und der Mond 180
9. Der Raub der Persephone 183
10. Die weibliche Statuette 189

VII. Einige matriarchalische Gottheiten der Ägäis

1. Demeter 200
2. Athene 207
3. Die ephesische Artemis 217
4. Die brauronische Artemis 223
5. Hera 227
6. Apollon 237

Dritter Teil

KOMMUNISMUS

VIII. Das Land

1. Die Anfänge des Privateigentums 243
2. Die Eigentumsfrage in Frühgriechenland 245
3. Urformen des Grundbesitzes 248
4. Die englische Dorfgemeinschaft 251

  5. Die Landwirtschaft in Altgriechenland 253
  6. Die Formen des Landbesitzes im heutigen Griechenland 257
  7. Das Open-field-System in Altgriechenland 258
  8. Die Neuaufteilung des Bodens 264
  9. Die Methode der Bodenverteilung 268
 10. Die Entstehung der Privilegien 272

IX. Des Menschen Lebenslos

  1. Clane mit erblichen Berufen 277
  2. Die Moiren als Spinnerinnen 279
  3. Die Horen und Chariten 283
  4. Die Erinyen 285
  5. Der indogermanische Ursprung der Moiren 287
  6. Die Wandlung des Moira-Begriffes 289

X. Die Entstehung der Städte

  1. Thukydides über Urgriechenland 292
  2. Städtebildung in geschichtlicher Zeit 294
  3. Vom Stammeslager zum Stadtstaat 295
  4. Phaiakien und Pylos 303
  5. Die Anfänge Athens 305

Vierter Teil
DIE HEROENZEIT

XI. Die mykenischen Dynastien

  1. Die traditionelle Chronologie 311
  2. Der archäologische Rahmen 313
  3. Die traditionellen Dynastien 316

XII. Die Achaier

  1. Die Ausbreitung der Achaier 325
  2. Die Aiakiden 327
  3. Die Ioner 329
  4. Die peloponnesischen Achaier 331
  5. Die Herkunft der Achaier 334
  6. Die Pelopiden 338

XIII. Der Zusammenstoß der Kulturen

  1. Die soziale Struktur der Achaier 348
  2. Die Darstellung des Matriarchats bei Homer 352
  3. Das Königreich des Odysseus 357
  4. Die Leleger Westgriechenlands 362
  5. Die Überlegenheit der Achaier 365

Fünfter Teil
HOMER

XIV. Die Dichtkunst

1. Sprache und Magie 371
2. Rhythmus und Arbeit 381
3. Improvisation und Inspiration 390

XV. Der rituelle Ursprung des griechischen Epos

1. Die Problemstellung 399
2. Die Strophe 400
3. Der Hexameter 409
4. Der Chor 414
5. Das epische Vorspiel 423
6. Gesänge nach dem Nachtmahl 427

XVI. Homerische Archäologie und Linguistik

1. Datierbare Elemente 434
2. Die Form der Bestattung 436
3. Helena 438
4. Der epische Dialekt 448
5. Der epische Stil 459

XVII. Die Homeriden

1. Aiolis und Ionien 473
2. Homers Geburtsort 478
3. Vom Fürstenhof zum Marktplatz 481
4. Das homerische Korpus 483
5. Die kyklischen Epen 490
6. Die Verbreitung der *Ilias* und *Odyssee* 494
7. Die Redaktion des Peisistratos 500
8. Das Ende der epischen Dichtkunst 504
9. Der Aufbau der *Ilias* und *Odyssee* 507

Anhang: Über Formen des griechischen Landbesitzes 513

Bibliographie 526

Zeitschriftenabkürzungen 541

Namenregister 543

Sachregister 554

Verzeichnis der Abbildungen, Tabellen, Karten und Tafeln . . . 558

EINLEITUNG

Die Entwicklung einer neolithischen Wirtschaftsweise war durch eine Reihe klimatischer Veränderungen ermöglicht worden, die nach dem Ende der letzten Eiszeit erfolgten. Sie begann irgendwo im Mittleren Osten. Als das Eis nach Norden zurückwich, bekam das Klima dieser Gegend, das früher gemäßigt war, subtropischen Charakter. Das offene Weideland, das sich fast ohne Unterbrechung von Marokko bis zum Iran erstreckt hatte, war nun in wüstenähnliche Landstriche zerrissen, die von Ketten grüner Oasen und von dschungelüberwachsenen Flußbetten durchschnitten wurden. Die umherstreifenden Gruppen von Jägern und Sammlern verloren ihre Bewegungsfreiheit. Sie waren gezwungen, sich auf die fruchtbareren Gegenden zu konzentrieren. Das gleiche galt für die Tiere und Pflanzen, von denen sie lebten. Infolge dieser Beschränkung mußten sie feststellen, daß Wild und Früchte nur begrenzt vorhanden waren. Die alte Technik der Jagd und des Sammelns war nicht länger den Bedingungen angemessen. Es mußten Methoden gefunden werden, um den Bestand an Tieren und Pflanzen zu erhalten, indem man ihre Fortpflanzung unter menschliche Kontrolle stellte. Unter den in diesem Raum heimischen Tier- und Pflanzenarten befanden sich das Schaf, die Ziege und das Schwein — alle leicht zu zähmen — und die wilden Urformen des Weizens und der Gerste. Die Tiere wurden zu Herden vereinigt und eingepfercht, die Pflanzen planmäßig angebaut. Tiere und Pflanzen wurden durch menschliche Arbeit gehegt, Jagd und Sammeltätigkeit durch Viehzucht und Ackerbau verdrängt. Neben der Sicherung einer geregelten Versorgung mit Milch, Fleisch und Getreide regte die neue Wirtschaftsform die Herausbildung einer Reihe von zweitrangigen Techniken, wie Weben und Töpferei, an, woraus eine weitere Hebung des Lebensstandards erwuchs. Die Bevölkerung vermehrte sich. Das improvisierte Nomadenlager des Stammes verwandelte sich in ein aufblühendes Dorf, das fest zusammengefügt war und sich selbst genügte, wenn es auch seinen Bevölkerungsüberschuß unaufhörlich in neue Dörfer verpflanzte, die nach dem gleichen Modell angelegt wurden. Auf diese Weise verbreitete sich die jungsteinzeitliche Wirtschaftsform über das ganze Gebiet und darüber hinaus, soweit anbaufähiger Boden vorhanden war. Als die Möglichkeiten einer weiteren Ausdehnung erschöpft waren, rief der wachsende Bevölkerungsdruck intensivere Bestellungsmethoden hervor, während inzwischen die dörfliche Autarkie durch die Entwicklung des Handels untergraben worden war.

Die Flußniederungen des Nil, Euphrat und Tigris, die von Tieren aller Art wimmelten, hatten schon immer Jäger und Fischer angezogen, während sie für die ersten Ackerbauer furchtbare Hindernisse bedeuteten. Der Boden konnte nur durch großzügige Bewässerungsanlagen, die nach einem Plan erfolgende, organisierte Massenarbeit erforderten, für den Ackerbau gewonnen werden. Diese Bedingungen konnten erst dann erfüllt werden, als die jungsteinzeitliche Wirtschaftsform in den angrenzenden Gebieten hinreichend vervollkommnet war. Andererseits war die potentielle Fruchtbarkeit dieser Alluvialböden unermeßlich. Waren die Hindernisse erst einmal überwunden, so war der Weg für eine Vermehrung der Bevölkerung und einen Anstieg des Lebensstandards weit über die Möglichkeiten der altsteinzeitlichen Wirtschaft hinaus frei. Das Dorf wurde durch die Stadt verdrängt. Die Stadt war nicht nur größer, stärker bevölkert und reicher ausgestattet, sondern hatte auch eine andere ökonomische Basis. Ihr Überschuß an Getreide und Schlachtvieh war so groß, daß er regelmäßig und in großem Umfange gegen Holz, Steine und Metalle mit den Bergstämmen der Umgebung ausgetauscht werden konnte. Die Dorfwirtschaft dieser Stämme hatte sich auf diese Bedürfnisse eingestellt und wurde dadurch von der Stadt abhängig. Wirtschaftliche Autarkie gehörte, abgesehen von einigen abgelegenen Gebieten, der Vergangenheit an. Als sich nun der Handel mit Handwerkern, Kaufleuten, Mittelsmännern aller Art ausdehnte und sich seinen Weg durch Täler und dazwischenliegende Wüsten bahnte, wurden die verstreuten Dörfer in den Wirbel des Handels hineingezogen. Es bildeten sich Ansätze zu einer Arbeitsteilung zwischen Stadt und Land. Unter den Rohstoffen, die in die Stadt flossen, befanden sich auch Metalle. Einige von ihnen, wie Gold und Silber, wurden für Luxusartikel verwandt, aber andere, vor allem Kupfer, und ganz besonders mit Zinn legiertes Kupfer, verdrängten Holz und Stein bei der Herstellung von Werkzeugen und revolutionierten auf diese Weise das Handwerk. Die neue städtische Wirtschaftsform beruhte auf der Bronzetechnik.

In Ägypten gibt es nur einen einzigen Fluß, der regelmäßig jedes Jahr das ganze Tal überflutet. Die Fruchtbarkeit des Bodens wird allein durch die alljährliche Überschwemmung bewirkt. Es war daher für jeden Bauern eine Frage von lebenswichtiger Bedeutung, durch die Flut ausreichend Wasser zu erhalten, aber auch nicht mehr — gerade genug, um seine Gräben zu füllen, aber nicht so viel, daß sie zerstört wurden. Natürlich mußte er im voraus gewarnt werden, wenn die Flut fällig war. Es war daher notwendig, die Wassermassen in ihrem ganzen Lauf vom höchsten Punkt der Talsohle bis zum Meer zu regulieren — eine ungeheure organisatorische Leistung, die einen hochentwickelten Dienst von Astronomen und Agronomen erforderte, der nur durch eine zentrale Verwaltung eingerichtet werden konnte. Daher die rasche Konsolidierung der beiden Königreiche von Ober- und Unterägypten, die bald nach 3000 v. d. Z. unter einem einzigen Monarchen vereinigt wurden. Der ägyptische Pharao verdankte seine Stellung einer ökonomischen Notwendigkeit. Er war die Spitze eines zentralisierten Staatsapparates, der durch die Priesterschaft kontrolliert wurde.

Mesopotamien wurde nicht auf diese Weise geeinigt, weil die landwirtschaftlichen Voraussetzungen dort andere waren. Dort gab es zwei Ströme, die von verschiedenen Nebenflüssen gespeist wurden und durch ein Netz von Kanälen miteinander in Verbindung standen. Das hatte zur Folge, daß die bebauten

Flächen voneinander unabhängiger waren. Daher entwickelten sich hier die Städte zu autonomen Stadtstaaten, deren jeder seine eigene Priesterschaft und seinen eigenen Priesterkönig besaß. Zwischen ihnen bestand eine scharfe Rivalität, bis das Land schließlich durch Waffengewalt unter der Hegemonie Babylons geeint wurde.

Abgesehen von diesem Unterschied war die Klassenstruktur der ägyptischen und mesopotamischen Gesellschaft im Grunde die gleiche. In beiden Ländern hatte sich eine in großem Maßstab betriebene Landwirtschaft auf der Grundlage der Anfänge einer neuen Arbeitsteilung entwickelt — eine Arbeitsteilung in Produzenten und Organisatoren der Produktion. Die Organisatoren waren die Priester. Sie stellten die geistigen Arbeitskräfte — Astronomen, Mathematiker, Ingenieure, Architekten, Schreiber—, die genau so unentbehrlich waren wie die Handarbeiter. Im Laufe der Zeit wurden diese Treuhänder der Produktionsmittel zu Eigentümern. Sie verwandten die Autorität, die sich aus der Natur ihrer Aufgabe herleitete, zur Konzentration des Mehrproduktes in ihren eigenen Händen. Das war auch für die Entwicklung neuer Techniken ökonomisch notwendig. Vor allem stellte die Bearbeitung der Bronze einen komplizierten und kostspieligen Prozeß dar, zu dem Kapital unerläßlich war. Auf diese Weise hatte die Entstehung einer neuen Wirtschaftsform die Festigung des Staates in Form einer absoluten Theokratie zur Folge. In Ägypten gehörte das ganze Land der Gottheit, die durch den König verkörpert wurde, und alle produktiven gesellschaftlichen Tätigkeiten — Landwirtschaft, Handwerk, Handel — wurden genau kontrolliert. In Mesopotamien gehörte jede Stadt einer Schutzgottheit, die in ihrer Mitte residierte. Dieser Gotteshaushalt wurde von seinem Statthalter, dem Priesterkönig, stellvertretend verwaltet. Der ausgeprägte Kollektivismus dieser frühen Stadtstaaten war ein Erbe der jungsteinzeitlichen Dorfgemeinschaft, wie auch der König und die Priester ihre Autorität letztlich von den magischen Bruderschaften herleiteten, die auf den höheren Stufen der Stammesgesellschaft in der Umgebung des Häuptlings entstanden waren. Jetzt wurde diese Autorität jedoch von der herrschenden Klasse als Mittel zur Sicherung ihrer Privilegien systematisch gefördert. Die scharf ausgebildete Schichtung der Gesellschaft zeigt sich auch in der Anlage der Städte. Im Zentrum jeder Stadt, das an Höhe alle anderen Bezirke überragte, stand der Tempel, groß, prächtig und mit erlesenem Geschmack ausgestattet. Ringsherum lagen Amtsgebäude, Schatzkammern, Kornspeicher, Warenhäuser und Werkstätten zur Versorgung der Beamten, Handwerker und sonstigen Handarbeiter. Einige von ihnen waren versklavte Kriegsgefangene, andere dem Namen nach zwar frei, ökonomisch jedoch von den Priestern, ihren Herren, abhängig, die gleichzeitig die größten Arbeitgeber in der Stadt darstellten. Außerhalb der Mauern lag das Ackerland. Ein Teil davon war an Pächter vergeben oder wurde in einer Art von Dienstleistung unmittelbar für den Tempel bearbeitet. Der Rest war in Familienbesitze aufgeteilt, die von Bodenrente oder anderen formalen Verpflichtungen frei, jedoch den moralischen Forderungen unterworfen waren, mit denen eine mächtige Priesterschaft zu allen Zeiten den Glauben der Massen ausnutzt. Nur das Weideland blieb in Gemeinbesitz.

Man muß sich unbedingt vor Augen halten, daß, wie Gordon Childe dargelegt hat, sogar die am niedrigsten entlohnten Arbeiter in Mesopotamien besser gestellt waren als die freien und gleichen Bewohner eines jungsteinzeitlichen Dorfes. Die städtische Revolution hatte einen absoluten Anstieg des Lebensstandards mit sich gebracht. Wenn wir andererseits die bedeutende Erhöhung der Arbeitsproduktivität in Rechnung stellen, ist es offensichtlich, daß sie sich relativ verschlechtert hatten. Die durch die Revolution gewonnenen Vorteile waren ungleich verteilt. Dieser Faktor brachte schließlich die Ausdehnung der neuen Ökonomik zum Stillstand. Während die herrschende Klasse einen ständig wachsenden Anteil des Mehrproduktes auf Luxusgüter verwandte, mußten die Volksmassen, deren Kaufkraft willkürlich beschränkt wurde, auf viele Dinge verzichten, die inzwischen als Lebensnotwendigkeiten angesehen wurden. Inzwischen traten die Stadtstaaten miteinander in Wettbewerb um Rohstoffe und Märkte, und das hatte zur Folge, daß die herrschende Klasse nur durch verstärkte Ausbeutung der unmittelbaren Produzenten ihren Lebensstandard aufrecht erhalten konnte. Aus diesem Widerspruch gab es kein Entrinnen. Handelsgegensätze riefen Kriege hervor, die mit Bronzewaffen um hochgesteckte Ziele geführt wurden, bis das ganze Land gewaltsam in mehrere Reiche zusammengefaßt war, in denen der Klassenkampf schärfer denn je zuvor in neuen Formen und größerem Maßstab ausgetragen wurde.

In Ägypten, das von Wüsten eingeschlossen ist und kaum Holz zum Schiffbau besitzt, war der Außenhandel weniger entwickelt und daher die Ausbeutung der unmittelbaren Produzenten intensiver und direkter. Die Bauern wurden *en masse* ausgehoben, um für ihre Herrschaft prächtige Grabmäler zu errichten, die, da sie als Kultstätten Priester für ihre Unterhaltung benötigten, eine Einnahmequelle für die Lebenden und zugleich ein Denkmal für die Toten darstellten. Zwangsarbeit und drückende Tribute versetzten die Masse der Bevölkerung in eine Lage, die der Sklaverei fast gleichkam. Gleichzeitig trat dem Königtum eine Opposition von seiten der mächtigeren Adligen entgegen, die die Last der königlichen Steuern abschütteln und sich als unabhängige Herrscher auf ihren eigenen Landgütern etablieren wollten. Ungefähr 2250 v. d. Z. brach das Alte Reich im Bürgerkrieg zusammen, aber die alles übersteigende Notwendigkeit einer Zentralregierung machte sich wieder geltend und führte zur Wiederherstellung des Königtums. Die Pharaonen des Mittleren Reiches verfolgten eine Politik vorsichtiger Expansion, unterhielten Handelsbeziehungen, unternahmen Beutezüge bis nach Syrien hinauf und bereiteten so dem vollentwickelten Imperialismus der XVIII. Dynastie den Weg. Somit war der Schauplatz für einen Konflikt der Reiche gegeben. Das babylonische Reich brach zusammen, ihm folgte das Assyrerreich, diesem das Perserreich, zuletzt das makedonische. Alle diese Völker, Assyrer, Perser und Makedonier, haben Ägypten erobert. Ihnen folgten zu ihrer Zeit die Römer und Araber. Die Bauern des Nils haben mehr als fünf Jahrtausende lang, während deren sie viele Herren kommen und gehen sahen, in Armut und Not die reichsten Felder der Erde bestellt.

Es ist für die städtische Revolution charakteristisch, daß die großen Alluvialtäler, die allein den Überschuß liefern konnten, der für die extensive Metallbearbeitung erforderlich ist, von Natur aus keine mineralischen Reichtümer bargen. Die Metalle mußten importiert werden: Kupfer aus dem Iran, Armenien, Syrien und der Halbinsel Sinai, Zinn aus dem Iran und Syrien, Gold aus Armenien und Nubien, Silber und Blei aus Kappadokien. Der Handel war eben der Lebensnerv der neuen Produktionsweise und zog durch seine Ausweitung einen immer größeren Kreis jungsteinzeitlicher Dörfer und Bergstämme in die Bahn der Zivilisation.

Um das Jahr 3000 v. d. Z. hatte sich die Verwendung des Kupfers über den ganzen Mittleren Osten verbreitet, ohne jedoch überall Eingang gefunden zu haben. Sogar in Mesopotamien blieb der Bronzepreis hoch, und in Ägypten arbeiteten die Bauern während der ganzen Bronzezeit mit Holz- und Steingeräten. In entlegeneren Gebieten konnten sich nur die Häuptlinge das neue Metall leisten, und sie verwandten es für Schwerter, nicht für Pflugscharen. Selbst dort, wo es reichhaltig vorhanden war, scheint die Bevölkerung es für vorteilhafter gehalten zu haben, den Rohstoff zu exportieren, anstatt eine örtliche Industrie zu entwickeln. Daher waren die ersten städtischen Gemeinschaften, die außerhalb Mesopotamiens und Ägyptens entstanden, ursprünglich Handelsniederlassungen. Kanes in Makedonien beispielsweise wurde von mesopotamischen Kaufleuten gegründet, die mit den örtlichen Stämmen Handel trieben, unter anderem auch mit den Hethitern, die die Bergwerke des Taurus kontrollierten. Ähnlich lagen die Dinge in Syrien, wo eine ganze Reihe von Städten, darunter Byblos und Ugarit, auf der Grundlage riesiger Vorräte erstklassigen Holzes und reicher Kupfer- und Zinnlager einen blühenden Handel mit Ägypten entfalteten, sich später zu bedeutenden Stadtstaaten ausweiteten und den Hauptanteil des Verkehrs zwischen Ägypten, Mesopotamien und Anatolien in Händen hatten.

Der Mittelmeerraum war jetzt für die städtische Revolution erschlossen, und damit waren alle Vorteile des Seetransportes gegeben. Die ersten Kaufleute, die von Ugarit aus in See stachen, fuhren zweifellos nach dem Delta oder Zypern, der Kupfer-Insel. Die städtische Entwicklung dieser Insel war offenbar durch ihren Kupferreichtum verzögert worden. Infolge der engen Nachbarschaft mit den fortgeschritteneren Gemeinwesen an der syrischen Küste richteten die Inselbewohner ihre Anstrengungen auf den Export des Metalls in Barrenform, anstatt selbst eine Industrie aufzubauen. Jedenfalls war Zypern kein günstiger Handelsplatz, da es der zerklüfteten Südküste Anatoliens gegenüber lag.

Auf Kreta lagen die Verhältnisse anders. Es liegt in gleicher Entfernung von Syrien und Ägypten quer vor dem Eingang zum Ägäischen Becken, jenem beispiellosen Amphitheater aus Inseln und Bergen, das über geschützte Buchten und gewundene Täler in die Gebirge des Balkans und weiter bis zur Donau und nach Mitteleuropa hinausführt. Im Laufe des vierten Jahrtausends tasteten sich jungsteinzeitliche Einwanderer bis nach Thessalien und dem Peloponnes vor. Die ältesten bekannten Ansiedler auf Kreta gehören ebenfalls der Jungsteinzeit an. Sie kamen teils aus Anatolien, teils aus dem Delta. Sie siedelten sich im Osten und Süden der Insel an. Inzwischen war die Verwendung des Kupfers aus dem Innern Anatoliens bis zur ägäischen Küste vorgedrungen. Sie hatte eine allmähliche Vermehrung der Bevölkerung zur Folge. Um 3000 v. d. Z. begann ein Teil dieser

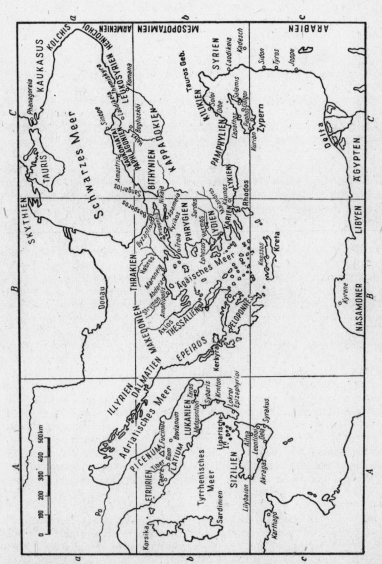

Karte I. Das östliche Mittelmeer

Bevölkerung, das Meer zu befahren, und siedelte sich auf den Kykladen und auf Kreta an.

Die landwirtschaftlichen Möglichkeiten Kretas waren dürftig im Vergleich mit denen Ägyptens und Mesopotamiens. Es gab gutes Weideland und mehrere Ebenen, die sich für den Anbau von Getreide, Wein, Palmen und Oliven eigneten. Ein großer Teil des Landes bestand jedoch aus Bergen und Wäldern, und das Meer hinderte natürlich die Bewohner, ihr Gebiet zu vergrößern. Andererseits gestattete der Überfluß an Holz und guten Häfen den Inselbewohnern schon zu einem sehr frühen Zeitpunkt, aus ihrer maritimen Lage Vorteil zu ziehen. Das hatte zur Folge, daß der Wohlstand ihrer Städte in erster Linie auf dem Handel beruhte. Das schnelle Anwachsen des Handels wiederum hemmte die Konzentration der Macht in den Händen der Großgrundbesitzer. Die typische minoische Stadt drängte sich um einen offenen Platz, der sich an den Palast des Fürsten anschloß. Dieser war zugleich Hoherpriester und Gouverneur, in erster Linie aber ein Handelsherr. Die anderen Kaufleute wohnten dicht daneben in Herrenhäusern, die kaum weniger prächtig waren, als das des Herrschers. Es gab nichts, was ihn oder die anderen von der übrigen Gemeinschaft getrennt hätte. Die völlige Planlosigkeit in der Anlage dieser Städte zeugt von der größeren Freiheit und Ungezwungenheit der gesellschaftlichen Beziehungen, und das bedeutet, daß die städtische Revolution auf Kreta zu einer weit geringeren Auflösung der Stammesstruktur der Gesellschaft als in Mesopotamien und Ägypten geführt hatte.

Während der frühminoischen Periode (2900 bis 2200 v. d. Z.), in der die Metallbearbeitung aufkam, war der Handel hauptsächlich auf Ägypten und die Kykladen gerichtet. Die Entwicklung der Städte blieb auf den Osten und Süden der Insel beschränkt. In der mittelminoischen Periode (2200 bis 1600 v. d. Z.), die durch die Entwicklung der Bronzetechnik gekennzeichnet ist, beobachten wir eine ständige Vermehrung der Bevölkerung, verstärkten Handel mit Ägypten und direkten Verkehr mit Syrien. Einige Zeit nach dem Jahre 1700 v. d. Z., als der Osten infolge der Eroberung Babyloniens durch die Kassiten aus den Fugen geraten war, brachen die Verbindungen mit Syrien ab, und die minoischen Fürsten suchten neue Geschäftsverbindungen in der Ägäis. Sie verstärkten ihre Beziehungen zu den Kykladen und errichteten in der argeiischen Ebene und in Zentralgriechenland Niederlassungen. Diese Entwicklung verschaffte Knossos die Führung. In der spätminoischen Periode (1600 bis 1200 v. d. Z.) festigten die Fürsten von Knossos ihre Herrschaft über die Insel durch die Anlage eines Straßennetzes, das durch Festungen gesichert wurde, und dehnten ihr Imperium in Übersee auf die Kykladen, Argolis und Attika, vielleicht auch auf Sizilien aus. Ihre Macht wurde um das Jahr 1450 v. d. Z. gebrochen, wahrscheinlich durch minoisierte Häuptlinge des griechischen Festlands, die in Kreta einfielen und seine Städte bis auf den Grund niederbrannten. Das Reich bewahrte noch einige Jahrhunderte seinen Zusammenhalt. Sein Mittelpunkt wurde Mykene, das in direkte Beziehungen zu Ägypten und der Levante eintrat. Es brach zusammen, als barbarische Horden in die Ägäis eindrangen und den ganzen östlichen Mittelmeerraum zu Lande und zur See bis zum Nildelta überfluteten.

Mykene war keine Stadt minoischen Typus'. Ihr Kern war eine starkbefestigte Zitadelle. Hier standen, gut gesichert, der Palast und die Schatzkammern, umgeben von den Wohnhäusern des Adels. Unterhalb der Zitadelle lag eine offene Ansiedlung von Handwerkern und Händlern, die für den Bedarf des Palastes sorgten. Die herrschende Dynastie war durch ihr Bronzemonopol, das sie in erster Linie für kriegerische Zwecke ausnutzte, an die Macht gekommen. Die anderen Zentren — Tiryns, Theben, Troia — stimmten mit diesem Typus überein.

Die Oberherrschaft dieser mykenischen Fürsten war nur von kurzer Dauer. Sie hatten sich die Macht durch Anwendung der technischen Errungenschaften der minoischen Kultur auf die Kriegskunst erobert. Vor allem führten sie Pferd und Wagen und neue Typen von Schwertern, Degen, Helmen und Rüstungen ein. Sie taten wenig für die Verbesserung der Produktionstechnik. Daher unterlagen sie einer neuen Welle von Angreifern, die mit ihren Eisenwaffen mehr als einen Kampf gegen die in Bronze gewappneten Ritter Mykenes bestanden. Die Dorer verdankten ihre Überlegenheit nicht allein dem Eisen, obgleich es billiger war als Bronze, sondern auch der Tatsache, daß es, weil sie noch auf der Stammesgrundlage organisiert waren, jedem einfachen Krieger ebenso zur Verfügung stand wie den Anführern. Es war kein Klassenmonopol. Daher fällt das Ende der Bronzezeit mit bedeutenden Veränderungen in der Struktur der griechischen Gesellschaft zusammen.

ERSTER TEIL

VERWANDTSCHAFT

Man könnte viele Belege dafür beibringen, daß die Griechen in alter Zeit ein ähnliches Dasein führten wie die Barbaren heutzutage.

Thukydides

I. DER TOTEMISMUS

1. *Die vergleichende ethnologisch-archäologische Methode*

Die noch heute zu Stämmen zusammengeschlossenen Völker teilt man nach der Art ihrer Nahrungsgewinnung gewöhnlich in folgende Kategorien ein: Niedere Jäger (Sammler und Jäger); Höhere Jäger (Jäger und Fischer); Hirten (zwei Stufen); Feldbauer (drei Stufen).[1] Die Höheren Jäger benutzen zum Unterschied zu den Niederen den Bogen neben dem Speer, besitzen Kenntnisse in der Töpferei und Webkunst und betreiben Viehzähmung. Auf der zweiten Hirtenstufe wird die Viehzucht durch den Feldbau ergänzt, während auf der dritten Feldbaustufe an die Stelle des mit der Hacke betriebenen Gartenbaus der Feldbau mit dem Pfluge tritt und Ackerbau und Viehzucht gekoppelt werden. Auf diesen beiden Stufen erfolgen weitere Fortschritte in der Entwicklung des Handwerks, in der Errichtung fester Niederlassungen, der Ausweitung des Tauschhandels zwischen den Stämmen und in der Metallgewinnung. Als die Gesellschaft diesen Entwicklungsgrad erreicht hatte, begann sich die von den unteren Stufen überkommene Stammesstruktur aufzulösen.

Da es sich hier um einen organischen Prozeß handelt, stellt diese Klassifizierung naturgemäß eine Abstraktion dar. Die erwähnten Kategorien schließen sich nicht wechselseitig aus: Auch auf den höheren Entwicklungsstufen bleiben die Jagd und selbst das Sammeln von Früchten, wenn auch mit verminderter Bedeutung, als Erwerbstätigkeiten erhalten. Ferner erlauben es diese Kategorien auch nicht, auf eine zeitliche Aufeinanderfolge zu schließen. Sammler und Jäger treten zwar überall zuerst auf, doch besteht auch auf den höheren Stufen eine gewisse Abhängigkeit von der örtlichen Fauna und Flora und anderen Umweltsbedingungen. Andererseits werden in vielen Gebieten bei günstigen natürlichen Bedingungen Feldbau und Viehzucht von Anfang an in Form einer Feldgraswirtschaft oder Gemischtwirtschaft gekoppelt.[2]

Wenden wir uns der prähistorischen Archäologie zu, so können wir feststellen, daß die einzelnen Jägerstufen zeitlich annähernd mit dem Altpaläolithikum, die anderen Stufen aber mit dem Mesolithikum und dem Neolithikum zusammenfallen. Die aufeinanderfolgenden Phasen einer jungsteinzeitlichen Wirtschaftsweise sollen an Hand eines Einzelbeispiels dargelegt werden. Die prähistorische Kultur des

---

[1] HOBHOUSE, WHEELER, GINSBERG, Material Culture and Social Institutions of the Simpler Peoples, S. 16—29. Um einer vereinfachten Darstellung willen habe ich die Stufe der Abhängigen Jäger fortgelassen. Die verschiedenen heutigen Ansichten über den Totemismus sind von VAN GENNEP in seinem L'état actuel du problème totémique zusammengefaßt und besprochen worden. Meine Auffassung ist von A. C. HADDON vorweggenommen worden: siehe HOWITT, Native Tribes of South-East Australia, S. 154, und RUSSELL und LAL, Tribes and Castes of the Central Provinces of India, Bd. 1, S. 96.

[2] CHILDE, Man Makes Himself, S. 85; HEICHELHEIM, Wirtschaftsgeschichte des Altertums, Bd. 1, S. 48.

Donaubeckens wird von den Archäologen in drei Phasen zerlegt.[3] In der ersten Phase ist die Jagd schon zu einer bloßen Hilfstechnik herabgesunken. Obwohl es schon kleine Schweine-, Schaf- und Rinderherden gibt, werden die notwendigen Lebensmittel hauptsächlich durch den Anbau von Gerste, Bohnen, Erbsen und Linsen gewonnen. Der Anbau erfolgt auf Gartenbeeten, die mit der Hacke bearbeitet werden. Ferner gibt es schon eine primitive Technik, Töpferwaren mit der Hand herzustellen. Außerdem verfügt man über gewisse Kenntnisse in der Anfertigung von Geweben. In der zweiten und dritten Phase wird die handwerkliche Technik verfeinert, und die Viehzucht dehnt sich infolge zunehmenden Druckes auf den anbaufähigen Boden weiter aus.

Beide Forschungsgebiete, Ethnologie und Archäologie, vermitteln uns zwar unser gesamtes Wissen über die Vorgeschichte der menschlichen Gesellschaft, sind aber bislang noch nicht in wirksamer Form koordiniert worden. Es ist unbestritten, daß der Archäologe großen Nutzen aus ethnologischen Daten ziehen kann. Die Donauländische Kultur bietet dafür ein entsprechendes Beispiel. Die Ausgrabungsergebnisse besagen, daß sich alle diese Ansiedlungen in dichter Folge gleichmäßig über das ganze Gebiet erstreckten, aber immer nur für kurze Zeit bewohnt waren. Das läßt sich erklären, wenn man die Verhältnisse, die man noch heute in Afrika antreffen kann, zur Interpretation heranzieht. Man siedelt sich dort jeweils auf anbaufähigem Boden an, bestellt ihn bis zu seiner Erschöpfung und verläßt die Ansiedlung dann, um neuen Boden zu suchen. Das nennt man Verlegung des Feldbaus.

Die Archäologie befaßt sich mit den materiellen Überresten verschwundener Gemeinwesen, vermittelt uns also keinen direkten Aufschluß über deren sozialen Aufbau. Deshalb leugnen einige Autoritäten auch die Möglichkeit, diese Wissenslücke durch unsere Kenntnisse von solchen Völkerschaften ausfüllen zu können, die noch heute auf dem gleichen materiellen Niveau verharren. So stellt beispielsweise Gordon Childe die Frage, ob wir wegen des Umstands, daß die ökonomische und materielle Kultur dieser Stämme auf einer Entwicklungsstufe zum Stillstand gekommen ist, die wir Europäer schon vor einigen zehntausend Jahren hinter uns gelassen haben, auch zu der Annahme berechtigt seien, das gleiche für deren geistige Entwicklung zu behaupten.[4] Mit Recht antwortet er auf diese Frage mit einem nachdrücklichen Nein. Man kann aber das Problem nicht damit auf sich beruhen lassen. Sind die uns von beiden Wissenschaften gelieferten Daten überhaupt vergleichbar, wie man zugibt, dann ist es unsere Aufgabe, die dieser Sachlage angemessene vergleichende Methode auszuarbeiten. Diese Aufgabe mag schwierig sein, dennoch muß sie ihrer großen Bedeutung wegen gelöst werden. Mir ist es an dieser Stelle nur möglich, einige leitende Prinzipien niederzulegen.

Die moderne kapitalistische Zivilisation ist aus den prähistorischen Kulturen Europas und des Nahen Ostens hervorgegangen, die sich außerordentlich rasch entwickelt haben. Im Gegensatz dazu stellen die in anderen Teilen der Erde noch bestehenden alten Kulturen Erzeugnisse einer verzögerten oder gar zum Stillstand gelangten Entwicklung dar. Zwischen diesen beiden Extremen können wir nicht

[3] CHILDE, The Dawn of European Civilisation, S. 96—108.
[4] CHILDE, Man Makes Himself, S. 51; siehe unten Anmerk. 61.

eher Verbindungslinien herstellen, als bis wir eine Methode zur Analyse dieses komplizierten Tatbestandes erarbeitet haben. Es handelt sich in diesem Falle um das Problem der ungleichmäßigen Entwicklung.

Die sozialen Institutionen noch vorhandener Völkerstämme sind nach Gordon Childe nicht die gleichen geblieben, sondern waren einer fortgesetzten Entwicklung unterworfen, deren Verlauf jedoch durch die vorherrschende Produktionsweise bestimmt wurde. Hier haben wir den Schlüssel zur Lösung des Problems in Händen. Vergleichen wir beispielsweise die australischen Formen des Totemismus, der Exogamie und der Initiation mit ähnlichen Erscheinungen in anderen Gebieten, so können wir feststellen, daß sie auf dem fünften Erdteil unvergleichlich komplizierter sind und damit auf eine lange Entwicklungsdauer hindeuten. Dennoch sind diese Institutionen allesamt für jede auf der Jagd beruhende Wirtschaftsweise kennzeichnend. Mit anderen Worten: Als die ökonomische Entwicklung dieser Stämme zum Stillstand kam, begann sich ihre Kultur nach innen zu entfalten. Während wir folglich nicht damit rechnen können, derartigen Gebräuchen im altsteinzeitlichen Europa in gleicher Form wiederzubegegnen, werden wir sie dort vermutlich in gewandelter Gestalt antreffen.

Ferner waren diese Stämme gerade wegen ihrer Rückständigkeit längere Zeit hindurch dem Einfluß blühender Kulturen ausgesetzt, mit denen sie in Berührung kamen. Kulturelle Diffusion gab es natürlich zu allen Zeiten, doch wirkte sie sich nur quantitativ-aufhäufend aus. Auf die neuzeitlichen Völkerstämme wirkte sie außergewöhnlich langdauernd und nachhaltig ein. Hier stellen wieder die Australier einen Extremfall dar. Während sie nämlich ihre altsteinzeitliche Wirtschaftsweise beibehielten, waren sie in jüngerer Zeit dem massiven Druck des europäischen Kapitalismus ausgesetzt und dadurch einem raschen Vernichtungsprozeß ausgeliefert. Man darf nie außer acht lassen, daß uns die heute noch erhaltenen naturwüchsigen Völkerschaften nur so weit bekannt sind, wie unsere Kaufleute, Missionare, Regierungsbeamte und Ethnologen zu ihnen vordringen konnten. In einigen Fällen wurden sie unverzüglich in Proletarier verwandelt, wie zum Beispiel die Bantu auf den südafrikanischen Goldfeldern. In anderen Fällen wurden ihre einheimischen Institutionen mit Vorbedacht verfestigt, um dem britischen Kolonialministerium als Mittel zur indirekten Herrschaft dienen zu können. Derartige Kulturen müssen zwangsläufig Besonderheiten aufweisen, die der plötzlichen Aufnahme von Kontakten zu höher entwickelten Kulturen entstammen. Solche Merkmale können nur nach einer methodischen Analyse der kapitalistischen Ausbeutung gedeutet werden. Das ist wiederum eine Aufgabe, die zu übernehmen kein bürgerlicher Ethnologe bereit ist.

Trotz dieses Vorbehalts ist die vergleichende Methode ein Mittel, dessen wir uns bedienen können und sogar müssen, falls wir mit Leib und Seele an Fortschritten auf unserem Forschungsgebiet interessiert sind. „Es ist erwiesen", erklärt de Pradenne mutig, „daß die Vorgeschichtsforschung nicht vom Fleck kommen kann, wenn sie ihren Gesichtskreis in engen Grenzen hält. Sie gerät in eine Sackgasse, tritt auf der Stelle und versinkt schließlich im Treibsand. Der einzige Weg zu einer Lösung besteht darin, sämtliche Probleme in ihrer ganzen Vielfalt anzupacken."[5] Wir können auch nicht darauf warten, bis wir unsere Werkzeuge vervollkommnet haben. Wir können sie nur immer wieder verbessern, indem wir von ihnen Gebrauch machen. Man muß das Risiko eines möglichen Irrtums auf sich nehmen, um die Wahrheit ergründen zu können.

2. Der Ursprung des Totemismus

Der Totemismus ist das der Gentilgesellschaft eigentümliche magisch-religiöse System. Jeder Clan ist als Bestandteil eines Stammes mit einem natürlichen Gegenstand, seinem Totem, verknüpft. Es besteht gewöhnlich aus einer Pflanze oder aus einem Tier. Die Clanangehörigen glauben, sie seien mit ihrer Totemspezies verwandt und stammten von ihr ab. Sie dürfen ihre Spezies nicht verzehren.[6] Alljährlich vollziehen sie eine Zeremonie, die der Vermehrung ihrer Totemspezies dient. Mitglieder des gleichen Totems dürfen einander nicht heiraten.

Der Totemismus ist am vollkommensten bei den niederen Jägerstämmen Australiens ausgeprägt. Man begegnet ihm in mehr oder minder abgewandelter und abgeschwächter Form aber auch in Amerika, Afrika, Indien und anderen Teilen Asiens. Ferner enthalten die europäischen, semitischen und chinesischen Kulturen traditionelle Elemente, in denen man Überreste des eigentlichen Totemismus oder doch zumindest der entsprechenden Ideologie erkannt hat. Ihr zähes Leben verdankt diese Ideologie eben der Tatsache, daß sie durch die totemistische Praxis vergangener Epochen erzeugt wurde und sich dadurch im menschlichen Bewußtsein fest verankern konnte.[7]

Der australische Totemismus ist für uns von besonderer Bedeutung, da er das primitivste Stadium repräsentiert, von dem wir unmittelbar Kenntnis haben. Gelingt es uns, durch eine Analyse der jetzigen Form des australischen Totemismus seine ursprüngliche Gestalt herauszuschälen, dürfen wir das Ergebnis als Fortschritt im Hinblick auf ein näheres Verständnis der allgemeinen Geschichte des Totemismus werten.

Die große Mehrheit der australischen Totems besteht aus eßbaren Tier- und Pflanzengattungen.[8] Den Rest bilden meistens natürliche Gegenstände, wie Steine und Sterne, oder Vorgänge in der Natur, wie Regen und Wind. Diese nichtorganischen Totems sind abgeleitet und dem vorgefundenen Muster entsprechend nachgebildet. Auf der Suche nach dem Ursprung des Totemismus müssen wir also

---

[5] VAYSON DE PRADENNE, La Préhistoire, S. 10.
[6] Das Tabu bezieht sich in erster Linie auf das Verzehren der Totemspezies, nicht auf deren Tötung: SPENCER u. GILLEN, Northern Tribes of Central Australia, S. 149. Umgekehrt darf niemand die Spezies eines anderen Clans ohne dessen Erlaubnis verzehren: ebenda S. 159 u. 296, ferner SPENCER, Native Tribes of the Northern Territory of Australia, S. 324.
[7] Das Problem des indogermanischen Totemismus ist von FRAZER (Totemism and Exogamy, Bd. 4, S. 12—14) nur gestreift worden, während LOWIE (Primitive Society, S. 131) es mit Stillschweigen übergeht. Über semitischen, chinesischen und indischen Totemismus siehe ROBERTSON SMITH, Die Religion der Semiten, GRANET, La civilisation chinoise, S. 214, EHRENFELS, Mother-right in India.
[8] Von 200 bei SPENCER und GILLEN genannten Totemarten sind über 150 eßbar: Northern Tribes of Central Australia, S. 768—773.

unsere Aufmerksamkeit den pflanzlichen und tierischen Totems zuwenden. Dabei erhalten wir durch die Tatsache, daß sie in der Mehrzahl genießbar sind, einen recht deutlichen Hinweis auf die ursprüngliche Verbindung zwischen dem Totem und der Nahrungsbeschaffung.

Die Zeremonien zur Fortpflanzung der Totemgattung finden alljährlich zu Beginn der Brutperiode auf einem festgelegten Platz, dem Totemzentrum, statt, das auf dem Jagdgebiet des betreffenden Totemclans liegt. Das Totemzentrum ist gewöhnlich die Brutstätte der in Frage kommenden Spezies.[9] Fragen wir uns nun, was beispielsweise die Ahnherren des Bockkäferlarven-Clans veranlaßte, die Stelle aufzusuchen, an der jetzt Zeremonien zur Fortpflanzung dieser Gattung vorgenommen werden, so kann die Antwort nur lauten: Sie kamen dorthin, um Bockkäferlarven zu verzehren.

Heutzutage ist es den Mitgliedern eines Clans untersagt, ihre Totemspezies zu verzehren. Das Verbot bezieht sich aber nicht unbedingt auf die Tötung des Tieres. Hinsichtlich dieser Regel bestehen aber bemerkenswerte Ausnahmen. In Zentralaustralien ist das Clanoberhaupt anläßlich der Vermehrungszeremonie nicht nur berechtigt, sondern sogar verpflichtet, ein wenig von der Spezies zu sich zu nehmen. Wie er dazu erklärt, muß er sich „das Totem einverleiben", um seinem magischen Verhalten Wirksamkeit zu verschaffen.[10] Dieses im Ritual vorgeschriebene Übertreten des Tabu leitet sich aus der allgemeinen Praxis vergangener Epochen her. Das wird uns durch die Stammesüberlieferungen bezeugt, aus denen hervorgeht, daß die Ahnherren des Clans vorwiegend oder sogar ausschließlich von ihrer Totemspezies lebten.[11] Darin liegt der Beweis, daß der Totemismus zu einer Zeit entstanden ist, als die Jagdtechnik noch in den Kinderschuhen steckte und der Kreis der in Frage kommenden jagdbaren Tiere noch außerordentlich klein war. Das hatte zwangsläufig eine spezialisierte Ernährungsweise zur Folge.[12] Der Totemclan entstand also aus einer nomadisierenden Gruppe oder „Horde", die an den Brutplatz einer bestimmten Pflanzen- oder Tiergattung, von der sie lebte, gefesselt war. Es bleibt noch zu untersuchen, wie sich dieser Zustand in sein Gegenteil verkehrte.

Handelt es sich um ein pflanzliches Totem, so soll die Fruchtbarkeitszeremonie dessen Wachstum in dramatischer Form versinnbildlichen. Liegt ein tierisches Totem vor, so sollen die ihm eigentümliche Verhalten, die Art der Fortbewegung und der Lautkundgabe, in einigen Fällen auch der Vorgang des Einfangens und Tötens wiedergegeben werden. Gewöhnlich ist mit dem Ritual ein Tanz verbunden, zu dem sich die Teilnehmer entsprechend verkleiden und das Verhalten des Tieres in vollendeter Form nachahmen. Manchmal wird auch auf Felsen oder im Sande

---

[9] Ebd. S. 147 u. 288, FRAZER, Totemica, S. 59, 62, 69, 70, 99, 185 u. 189. Die Zeremonie wird alljährlich zu Beginn der Paarungszeit der entsprechenden Tierart abgehalten: ebenda S. 72, 78 u. 195.

[10] SPENCER etc., a. a. O., S. 323, SPENCER, Native Tribes of the Northern Territory etc., S. 198, dieselben, The Arunta, S. 82.

[11] SPENCER und GILLEN, Northern Tribes etc., S. 321, 324, 394, 405, The Arunta, S. 331—332, 334, 339, 341—342; siehe G. THOMSON, Aischylos und Athen, S. 448, Anm. 6.

[12] Ich will keineswegs behaupten, daß sich die Totemspezies in einer vorwiegend auf der Sammelwirtschaft beruhenden Lebensweise zum ausschließlichen Nahrungsmittel entwickelt habe, sondern daß sie diejenige Tierart war, auf die sich die Jäger vornehmlich konzentrierten.

eine Zeichnung oder ein farbiges Abbild der Totemgattung angefertigt. Ursprünglich bezweckten derartige Darstellungen wahrscheinlich, das Verhalten der betreffenden Spezies tatsächlich einzuüben. Denn um das Tier fangen zu können, mußte man vorher seine Gewohnheiten gründlich studieren. Als sich später die Jagdtechnik vervollkommnete, büßte die Zeremonie ihre ursprüngliche Funktion ein und wurde durch einen magischen Akt der Vorbereitung auf die Jagd ersetzt. Indem die Clanangehörigen nämlich den erfolgreichen Ausgang der Nahrungssuche vorher mimisch darstellten, erweckten sie bei sich jene Anspannung aller Energien, die für die Bewältigung der bevorstehenden Aufgabe erforderlich war. Darin besteht das Wesen der Magie. Ihr Grundsatz läßt sich folgendermaßen formulieren: Erzeuge die Illusion, du könntest die Wirklichkeit beherrschen, dann wirst du sie tatsächlich meistern! Sie stellt eine Illusionstechnik dar, die die Mängel der wirklichen Technik ausgleichen soll. Wegen des niedrigen Produktionsniveaus ist sich der Mensch nur unvollkommen des objektiven Charakters der Außenwelt bewußt. Folglich glaubt er, seine Umwelt nach Belieben verändern zu können. Deshalb erblickt er in dem vorbereitenden Ritual die Ursache des später tatsächlich eintretenden Erfolges. Indem die magische Ideologie zu Taten befeuert, bringt sie aber gleichzeitig die wertvolle Erkenntnis zum Ausdruck, daß die Außenwelt tatsächlich verändert werden kann, wenn ihr der Mensch eine bestimmte subjektive Haltung entgegenbringt. Nachdem die Jäger ihre Willenskräfte durch den mimetischen Tanz angestachelt haben, sind sie auch wirklich bessere Jäger als zuvor.

Die Clanmitglieder fühlen sich in starkem Maße mit ihrer Totemspezies verwandt, ja sogar mit ihr identisch.[13] Die Menschen, die von Bockkäferlarven leben, auf Gedeih und Verderb auf reichliches Vorkommen dieser Tiere angewiesen sind und deshalb die ersehnte Beute in dramatischer Form verkörpern, um sie in ihre Gewalt zu bekommen, sind buchstäblich Fleisch von deren Fleisch und Blut von ihrem Blut. Die Primitiven kleiden dieses verwandtschaftliche Verhältnis in die Behauptung, sie *seien* Bockkäferlarven. Als daher die Autorität der Clanältesten Anlaß zur Einführung der Ahnenverehrung bot, wurden die Vorfahren nicht in menschlicher Gestalt, sondern als Totemtier oder Totempflanze angebetet.[14]

Danach scheint das erste Stadium in der Entwicklung des Totemismus durch die Teilung der Urhorde herbeigeführt worden zu sein. Sie wurde vorgenommen, um Zugang zu verschiedenen Nahrungsquellen zu erlangen. Solange die auf diese Weise entstandenen neuen Gruppen den Kontakt zueinander verloren hatten, war die Veränderung rein quantitativer Natur: Es bestanden nunmehr zwei Gruppen statt einer. In dem gleichen Entwicklungsstadium führte diese Veränderung jedoch auch zu etwas qualitativ Neuem. Die Gruppen hörten auf, sich ihre Nahrung unabhängig voneinander und auf direktem Wege anzueignen, und wuchsen nunmehr zu zwei in einem Abhängigkeitsverhältnis zueinander stehenden Clanen zusammen. Die von beiden Clanen gewonnene Nahrung wurde somit unter beide verteilt. Das System der Zusammenarbeit wurde durch ein Tabu auf die unvermittelte An-

---

[13] Ein Aranda wies auf seine Photographie und sagte: „Das ist genau das gleiche wie ich – so sieht ein Känguruh aus", d. h. sein Totemtier, siehe SPENCER etc., The Arunta, S. 80.
[14] LANDTMAN, Origin of the Inequality of the Social Classes, S. 125.

eignung der jeweiligen Totemspezies gesichert, das heißt, man durfte sie nicht sofort an Ort und Stelle verzehren, sondern mußte sie zur Verteilung heimbringen. Jede Gruppe wurde zu einem Totemclan, der seine Ausbeute mit dem anderen teilte. Wie dieser Austausch vonstatten ging, soll später besprochen werden.

Als sich die Produktionsmethoden verfeinerten, verlor dieses System seine ökonomische Grundlage. War die Suche nach Bockkäferlarven keine gesonderte Erwerbstätigkeit mehr, so erlangte auch die Funktion des Bockkäferlarven-Clans eine rein magische Bedeutung: Ihm oblag es von nun an, das Wachstum und die Vermehrung der Tiergattung zugunsten der Gemeinschaft zu bewirken.[15] Da auch das Tabu auf die Totemspezies von seinem ökonomischen Ursprung getrennt war, wurde es jetzt in ein absolutes Gebot verwandelt.

Inzwischen hatten auch die Zeremonien selbst eine Veränderung erfahren. Statt die eigentliche Totemgattung und ihre Lebensäußerungen darzustellen, dienten sie von nun an der feierlichen Darstellung von Ereignissen aus dem Leben der totemistischen Ahnen. Auch diesen Vorgang kann man in Zentralaustralien beobachten.[16] Man hält die Zeremonie zwar noch immer für notwendig, um die Fruchtbarkeit der Gattung herbeizuführen, erreicht jedoch dieses Ziel nunmehr auf dem Umweg über die Vorfahren, die durch den Tanz zur Tat aufgerufen werden sollen. In dieser Form dient die Zeremonie auch noch dem weiteren Zweck, der heranwachsenden Generation die Clantraditionen nahezubringen.[17] Auf diesem Wege wird das anfänglich untrennbar mit der Produktionsweise verbundene Verfahren in ein rein magisch-religiöses System umgewandelt. Die Zeremonie stellt jetzt das Mittel dar, die aus der Produktionsform erwachsene gesellschaftliche Struktur zu sanktionieren.

In Australien wurde die Ideologie des Totemismus zu einer umfassenden Theorie der Natur ausgebaut. Genauso wie der gesellschaftliche Organismus aus einer bestimmten Anzahl von Clanen und Clangruppen besteht, von denen jeder eine eigene Totemspezies besitzt, verhält es sich auch im Bereich der Natur. Seen, Wasserläufe, Berge und Himmelskörper samt den dazugehörigen Lebewesen werden in Analogie zu dem Totemmodell klassifiziert. Die verschiedenen Baumarten erscheinen in einer gemeinsamen Gruppe mit den von ihnen beherbergten Vogelarten. Das Gewässer gehört zur gleichen Gruppe wie die Wasservögel und die Fische.[18] Die Natur wird also in ein Ordnungsschema gebracht, indem man die Organisationsform, die die Natur der Gesellschaft aufnötigte, nun umgekehrt auf sie selbst projiziert. Die Weltordnung ist eine Widerspiegelung der gesellschaftlichen Ordnung — eine Widerspiegelung, die angesichts der Schwäche des Menschen den Naturgewalten gegenüber noch in einfacher und unvermittelter Form erfolgt.

In anderen Teilen der Erde, in denen der ökonomische Fortschritt nicht auf dieser frühen Stufe zum Stillstand gelangte, brach das ganze System zusammen

---

[15] SPENCER etc., Northern Tribes etc., S. 327.
[16] Ebd., S. 297.
[17] Ebd., S. 328–392, LANDTMAN, a. a. O., S. 21 u. 31, WEBSTER, Primitive Secret Societies, S. 27, 32, 60 u. 140.
[18] HOWITT, a. a. O., S. 454, 471, RADCLIFFE-BROWN, „The Social Organisation of the Australian Tribes", O 1, 1931, 63, R. B. SMYTH, The Aborigines of Victoria, Bd. 1, S. 91, DURKHEIM u. MAUSS, „De quelques formes primitives de classification", AS 6, 1901–1902, 1–72, RADIN, Indians of South America, S. 141.

und hinterließ nur das Gefühl für verwandtschaftliche Bindungen, das durch die Vorstellung gemeinsamer Abkunft genährt wurde, außerdem einen ausgeprägten Ahnenkult, die Praxis der Exogamie, ein rein formelles Tabu auf bestimmte Pflanzen oder Tiere und reich erblühende totemistische Mythen.

3. *Der Ursprung der Exogamie*

Die Mitgliedschaft zu einem Clan wird durch die Herkunft bestimmt. Im vergangenen Jahrhundert stimmten die Ethnologen nach Bachofens Vorgang darin überein, daß die Abstammung nach der Mutter gerechnet wurde. Heute wird diese Auffassung von fast allen Autoritäten außerhalb der Sowjetunion verworfen, ohne daß man sich zu einer echten Alternative verstehen konnte. Kürzlich wurde diese These jedoch aufs neue von Briffault bekräftigt, der mit weit größerer Umsicht als seine Gegner eine Fülle von Belegen zusammentrug und daraus Schlüsse zog, die meiner Meinung nach die Richtigkeit der früheren Ansicht beweisen.

Bei den Stämmen der Gegenwart hat man viele Beispiele für den Übergang von der matrilinearen zur patrilinearen Abstammungsrechnung, doch kein einziges für den umgekehrten Prozeß vorgefunden.[19] In Australien, wo sich beide Arten zu annähernd gleichen Teilen und oft miteinander vermischt vorfinden, steht das Auftreten der Vaterfolge in direktem Verhältnis zur Verfeinerung des Exogamiesystems, das sich in einigen Gebieten noch bis in die jüngste Zeit erhalten hatte. Daneben verfügen wir aus diesem Erdteil noch über andere Belege für erst in jüngster Zeit vollzogene Wandlungen in der sozialen Stellung der Frau.[20] Von anderen Gegenden ist bekannt, daß der Übergang von der einen zur anderen Abstammungsfolge durch die Berührung mit der europäischen Kultur beschleunigt wurde. So berichtete einmal ein Tschokta-Indianer einem Missionar, er wünsche Bürger der Vereinigten Staaten zu werden, da ihn dann sein eigener Sohn und nicht der seiner Schwester beerben könne.[21] Die Eingeborenen Nigerias, bei denen der Übergang erst vor kurzer Zeit stattgefunden hat, schreiben diese Tatsache ausdrücklich dem Einfluß britischer Behörden zu, die ja bekanntlich mit der ihnen eigenen Hartnäckigkeit dem Vater-Sohn-Verhältnis einen besonderen, eben bürgerlichen Wert beimessen.[22]

Wenn man das Beweismaterial im ganzen überschaut, so kann man feststellen, daß die Verbreitung der Mutterfolge anfangs auf den Jägerstufen geringfügig überwiegt, dann aber auf den Hirtenstufen rasch, auf den Feldbaustufen wieder weit langsamer zurückgeht.[23] Folglich steht die Art der Abstammungsfolge in Zusammenhang mit der Produktionsweise.

---

[19] Vgl. SMITH und DALE, The Ila-speaking Peoples of Northern Rhodesia, Bd. 1, S. 292. Ein gutes Beispiel für das indische Matriarchat, das in dem geschilderten Falle erst kürzlich durch die Einführung des Geldes umgestaltet wurde, findet sich bei EHRENFELS, a. a. O., S. 62.
[20] SPENCER etc., The Arunta, S. 150, 167, 328, 340, 346.
[21] MORGAN, Die Urgesellschaft, S. 137.
[22] MEEK, A Sudanese Kingdom, an Ethnographical Study of the Jukun-speaking Peoples of Nigeria, S. 49 u. 61.
[23] HOBHOUSE etc., a. a. O., S. 150—154.

In dem der Jagdtechnik vorausgegangenen Stadium gab es keinerlei eigentliche Produktion, sondern nur die einfache Aneignung von Samen, Früchten und kleineren Tieren. Demnach bestand auch keine Notwendigkeit zu einer Teilung der Arbeit. Durch die Erfindung des Speeres wurde die Jagd jedoch Sache der Männer, während den Frauen nach wie vor das Sammeln von Früchten oblag. Diese natürliche Arbeitsteilung zwischen Mann und Frau tritt bei allen Jägerstämmen auf.[24] Sie verdankt ihr Entstehen der relativen Unbeweglichkeit der Frau während der Schwangerschaft und der Stillperiode.[25]

Die Jagd führte zur Tierzähmung. Das Wild wurde nicht mehr sofort getötet, sondern lebend nach Hause gebracht und zur Zucht verwandt. Demgemäß ist die Viehzucht fast überall Männerarbeit.[26] Andererseits führt das Sammeln von Früchten zur Aussaat von Samen auf Bodenstücken in unmittelbarer Nähe der Ansiedlungen. So wurde der Gartenbau Sache der Frauen.[27] Als dann der von Rindern gezogene Pflug eingeführt wurde, ging auch der Ackerbau in die Hand der Männer über.[28] In einigen Teilen Afrikas, in denen der Pflug eine Neuerwerbung darstellt, kann man diesen Vorgang noch heute gut verfolgen.[29]

Aus diesem Wechsel in den Beziehungen der beiden Geschlechter zu der Produktionsweise erklärt sich das Aufkommen der Vaterfolge. Der Prozeß nahm von der Jagd seinen Ausgang, wurde dann durch die Viehzucht intensiviert, um schließlich in der Anfangsphase des Feldbaus den umgekehrten Verlauf zu nehmen.

Wenn ursprünglich die mutterrechtliche Abfolge bestanden hat — so hat man gefragt —, wie kam es dann dazu, daß einige der am weitesten zurückgebliebenen Völkerschaften vaterrechtlich organisiert sind, während andere, fortgeschrittenere, die ältere Form beibehielten? Die Antwort darauf lautet: Die für die Jagdwirtschaft charakteristische natürliche Arbeitsteilung zwischen Mann und Frau verleiht dieser Wirtschaftsform zwangsläufig eine innere Tendenz zur Vaterfolge. Ein derart hoher Prozentsatz von Jägerstämmen der Neuzeit ist deshalb vaterrechtlich organisiert, weil deren wirtschaftliches Leben auf eben dieser Stufe in der Entwicklung gehemmt worden ist. Wenn wir umgekehrt im folgenden feststellen können, daß die Mutterfolge in der prähistorischen Epoche zivilisierter Völker in weit stärkerem Maße auftrat, als die ethnologischen Daten erwarten lassen, so liegt das an dem raschen Übergang dieser Völker von der Jagd zum Feldbau.

---

[24] MALINOWSKI, The Family among the Australian Aborigines, S. 275—283, BANCROFT, Native Races of the Pacific States of North America, Bd. 1, S. 66, 131, 186, 196, 218, 242, 261—265, 340, HEICHELHEIM, a. a. O., Bd. 1, S. 14. Da es für die Männer notwendig ist, auf den Wanderungen außer ihren Waffen nichts bei sich zu führen, erklärt sich, weshalb die Frauen mit dem Gepäck belastet sind, siehe dazu BASEDOW, The Australian Aboriginal, S. 112, ROSCOE, The Baganda, S. 23, LANDTMAN, a. a. O., S. 15.

[25] ZUCKERMANN, „The Biological Background of Human Social Behaviour", S. 10.

[26] LANDTMAN, a. a. O., S. 15, Westermarck, Ursprung und Entwicklung der Moralbegriffe, Bd. 1, S. 519—520, Bd. 2, S. 227.

[27] HOBHOUSE etc., a. a. O., S. 22, HEICHELHEIM, a. a. O., Bd. 1, S. 14, vgl. HERAKL. PONT. de reb. publ. 23 (FHG), EUSEB., praep. evang. VI, 10, 18.

[28] LOWIE, Primitive Society, S. 71, 174, 184, CHILDE, Man Makes Himself, S. 138.

[29] KRIGE, Social System of the Zulus, S. 190: „Heutzutage ist dieser Brauch (daß der Boden von Frauen bestellt wird) dank dem Einfluß der europäischen Zivilisation weitgehend verschwunden; durch die Einführung des von Ochsen gezogenen Pfluges sind die Pflügearbeiten Sache der Männer geworden, da die Frauen nicht mit dem Großvieh arbeiten dürfen."

Die Autoritäten des neunzehnten Jahrhunderts scheiterten bei dem Versuch, eine Erklärung für den *Ursprung* der Mutterfolge zu finden. Morgan nahm für die ältesten Entwicklungsstadien der menschlichen Gesellschaft die Existenz einer Gruppenehe an und schloß daraus, daß die Kinder unter diesen Bedingungen zwangsläufig dem Clan der Mutter zugewiesen worden seien, da ja die Vaterschaft nicht zu ermitteln gewesen sei. Unter solchen Verhältnissen wurde jedoch überhaupt noch kein Wert auf die Feststellung der jeweiligen Eltern gelegt.[30] Umgekehrt wurde erst durch die sich ständig vergrößernden Eigentumsrechte des Individuums auch ein wachsendes Interesse an der Feststellung der individuellen Vaterschaft hervorgerufen und damit die Gruppenehe zerstört. Morgans Theorie muß deshalb in diesem Punkte einer Korrektur unterzogen werden.

Bei zwei weit voneinander getrennt lebenden australischen Stämmen, über die wir zufällig besonders gut informiert sind, begegnen wir einem ausgeklügelten System von Regeln, nach denen die verheirateten Männer ihre Beute ganz oder zumindest den besten Teil davon den Eltern ihrer Frauen auszuhändigen verpflichtet waren.[31] Ähnliche Regeln finden sich in großer Zahl auch in anderen Gebieten der Erde.[32] Sie weisen auf einen gesellschaftlichen Zustand, in dem die Männer durch die Eheschließung in den Clan ihrer Frauen eintraten, in einen mutterrechtlichen Clan also, in dessen Mittelpunkt die Frau stand.

Bei einem anderen australischen Stamm, den Yukumbil, stoßen wir auf die Überlieferung, daß die Männer anfänglich ihre Frauen und Kinder mit auf die Jagd zu nehmen pflegten, es aber später bequemer fanden, die Kinder unter der Obhut alter Frauen zurückzulassen.[33] Wir haben hier ein bemerkenswertes Stück Volkserinnerung an die Arbeitsteilung vor uns, die sich aus der Entwicklung der Jagd ergeben hatte. Als dann das erste Lager errichtet wurde, übernahmen die Frauen die Leitung. Im Mittelpunkt des Clans standen die Frauen, und die Kinder gehörten zu ihrem Geburtsclan.

Die Urhorde war natürlich ihrerseits zwangsläufig endogam. Auch diese Tatsache fand in den australischen Traditionen ihren Niederschlag. Von den Ahnherren des Stammes wird die Vorstellung überliefert, sie hätten sich ausnahmslos mit den Frauen ihres eigenen Totems gepaart.[34] Ich habe bekanntlich den Schluß gezogen, daß der Übergang von der Urhorde zum Stamm — dem Verband exogamer Clane — durch den Fortschritt von der einfachen Aneignung zur Produktion diktiert wurde und die wirtschaftliche Abhängigkeit der Clane voneinander die Form eines Tabus auf die Totemspezies annahm, wobei sich jeder Clan verpflichtete, die auf seinem Territorium gewonnene Nahrung mit den anderen zu teilen. Aber warum fuhren diese Clane nicht mit der Praxis der Inzucht fort, wie es die Horde vordem getan hatte? Wie erwähnt, haben wir Grund zu der Annahme,

---

[30] Ein Eingeborener Neubritanniens rühmte sich einmal, drei Mütter zu haben, und auch diese versicherten, „alle drei zusammen haben wir ihn zur Welt gebracht": FRAZER, Totemism and Exogamy, Bd. 1, S. 305.
[31] SPENCER und GILLEN, The Arunta, S. 491, HOWITT, a. a. O., S. 756—766.
[32] HADDON, Reports of the Cambridge Anthropological Expedition to the Torres Straits, Bd. 5, Cambridge 1904, S. 149—150, BRIFFAULT, The Mothers, Bd. 1, S. 268—430.
[33] RADCLIFFE-BROWN, „Totemism in Eastern Australia", JAI 59, 1929, 403.
[34] SPENCER und GILLEN, Native Tribes of Central Australia, S. 419.

daß jeder Clan ursprünglich von einem speziellen Nahrungsmittel lebte, daß die Männer in den Clan ihrer Ehefrauen aufgenommen wurden und ihre Arbeitsprodukte den Mitgliedern dieses Clans aushändigen mußten. Wenn unter diesen Bedingungen die Ehegatten aus verschiedenen Clanen stammten, wurde es dadurch jedem Clan möglich, Zugang zu Nahrungsmitteln zu erlangen, die er selbst nicht erzeugte, und somit seine Ernährungsweise zu verbessern. Die anfängliche Rolle der Exogamie bestand in der Zirkulation der Lebensmittel.

Der Stamm ist ein vielzelliger Organismus. Er entwickelte sich aus der Urhorde auf der Grundlage einer durch den niedrigen Produktionsstand bestimmten Arbeitsteilung, wurde durch das Exogamiegebot ins Leben gerufen und durch die mimetische Magie vervollständigt. Schließlich erhielt er noch in Form der zoomorphen Ahnenverehrung seine ideologische Widerspiegelung.

Obwohl sich die totemistischen Institutionen der niederen Jägerstämme mit der Zeit deutlich von ihrer ursprünglichen ökonomischen Bedeutung entfernten, bildeten sie noch immer ein geschlossenes System, das so stabil und greifbar wie die Stämme selbst war. Als das Stammesgefüge aber in der Epoche der Weide- und Feldbauwirtschaft in Verfall geriet, brach auch der Totemzauber mit seinen dramatischen und bildlichen Darstellungen der heiligen Pflanze beziehungsweise des heiligen Tieres, mit der ihm entsprechenden Verwandtschaft aller Formen des Lebens und seiner praktischen Aufgabe, die Außenwelt unter menschliche Kontrolle zu nehmen, in eine Vielzahl verwandter Tätigkeiten auseinander. Diese wurden nun ihrerseits wieder durch neue, aus der weiteren Entwicklung der Produktivkräfte erwachsende Arbeitsteilungen gefördert und gelangten als Künste, Wissenschaften, Mythen, Religionen und philosophische Richtungen zur Entfaltung. Da der Totemzauber im entscheidenden Augenblick der Trennung des Menschen vom Tierreich und des Übergangs von der einfachen Aneignung zur Produktion auftrat, stellt er die Urmutter aller menschlichen Kultur dar.

4. Der totemistische Kreislauf von Geburt und Tod

Der Totemismus hat auch auf dem Lebensweg des Individuums seine Spuren hinterlassen.

Anfangs trug jede Arbeit kollektive Züge. Das Individuum konnte sich nur im Rahmen einer Gruppe am Leben erhalten. Die Reproduktion der Gruppe wiederum war mit der Produktion der lebensnotwendigen Güter untrennbar verbunden.

Neben der natürlichen Arbeitsteilung zwischen Mann und Frau, von der oben gesprochen wurde, findet sich bei den Jägerstämmen auch noch die Einteilung der Clanangehörigen in Kinder, Erwachsene und Alte. Die Kinder helfen den Frauen beim Früchtesammeln, die Männer gehen auf die Jagd und die Alten haben die Aufgabe, anzuleiten und zu beaufsichtigen.[35] Die Einteilung in diese Altersstufen erfolgt nach physiologischen Gesichtspunkten. Die Jungen wie auch die

---

[35] Die beste Untersuchung zu diesem Gegenstand bildet noch immer WEBSTERs Primitive Secret Societies. Es gibt keine Monographie über die Initiation von Frauen.

Alten sind in bezug auf ihren Lebensunterhalt von den Erwachsenen abhängig. Diese Grade sind deshalb in ihrer einfachsten Form älter als die auf der Jagd beruhende Lebensweise. Ursprünglich wurden die arbeitsunfähig Gewordenen einfach dem Hungertode preisgegeben, später gewannen aber die Bejahrten ökonomische Bedeutung, da sie wegen ihrer langjährigen Erfahrungen naturgemäß über eine Fülle traditionsgebundener Kenntnisse verfügten. Deshalb hatten sie berechtigten Anspruch auf einen Teil des Mehrprodukts der Gruppe.

Kinder zur Welt zu bringen, war andererseits ebenso wichtig wie der Nahrungserwerb. Die gesamte Erziehung konzentrierte sich darauf, zu diesen beiden Leistungen zu befähigen. Da ferner der Anteil der Frau an der Reproduktion der Gemeinschaft offenkundiger und zugleich schwieriger als der des Mannes ist, trug auch der Zauber, der die Vermehrung befördern sollte, von vornherein den Stempel des Weiblichen.

Der Übergang von einer Altersklasse in die andere wird durch Initiationsriten bewirkt. Der bedeutendste wird bei der Pubertät vorgenommen, wenn der herangewachsene junge Mensch zur Produktion und Reproduktion befähigt war und ein vollwertiges Mitglied seiner Gruppe wurde. Die große Bedeutung dieser entscheidenden physischen, geistigen, sozialen und ökonomischen Umstellung kommt im primitiven Denken in der Vorstellung zum Ausdruck, daß das Individuum während des Akts der Weihe stirbt und neu geboren wird.[36] Weil dies einer der Grundgedanken ist, der die gesamte Religionsgeschichte durchzieht, ist es wichtig, seinen Inhalt voll zu erfassen.

Das Neugeborene wird als ein zum Leben zurückgekehrter Vorfahr begrüßt, das heißt also als Reinkarnation des Clantotems.[37] Aus diesem Grund wurde und wird auf der ganzen Welt das Kind nach einem seiner Vorfahren benannt.[38] Dieser Brauch ist oft mit der Vorschrift verknüpft, daß die Person, deren Name

---

[36] Vgl. CUREAU, Les sociétés primitives de l'Afrique équatoriale, S. 190: Die Eingeborenen sind der Meinung, daß „jedes ernsthaftere Ereignis im physischen Leben gleichbedeutend mit dem Tode und darauffolgender Auferstehung ist".

[37] KARSTEN, The Civilisation of the South American Indians, S. 416: „Wenn ein Kind geboren wird, so ist das so entstandene Leben kein neues Leben im strengen Sinne des Wortes... Es stellt einfach einen der Vorfahren dar, der in dem Neugeborenen wiedererscheint. Und andererseits hört ein Indianer mit seinem Ableben keineswegs auf zu existieren. Tod bedeutet nicht das Erlöschen des Lebens überhaupt, sondern lediglich einen Übergang von einer Form des Lebens zu einer anderen."

[38] FRAZER, Totemism and Exogamy, Bd. 2, S. 302, 453, Bd. 3, S. 298, KARSTEN, a. a. O., S. 417, KRIGE, a. a. O., S. 74, HOLLIS, The Masai, their Language and Folklore, S. 305. Ebenso in Griechenland: DAREMBERG u. SAGLIO, Dictionnaire des antiquités grecques et romaines, s. v. Nomen. Vgl. FRAZER, The Golden Bough. 2. Taboo and the Perils of the Soul, S. 320—327. SMITH und DALE, a. a. O., Bd. 2, S. 59: „Einen neuen Namen erhalten heißt wiedergeboren, wiedererzeugt werden." GRÖNBECH, Kultur und Religion der Germanen, Bd. 1, S. 208: „Name und Schicksal durchdringen sich gegenseitig. Der Name war eine mächtige Zauberkraft, weil er die Geschichte nicht nur des Trägers, sondern seiner Vorfahren und des ganzen Geschlechts mit sich führte." Ebd., S. 230: „Wenn ein neuer Mensch in die Familie trat, sagten die Nordländer ausdrücklich: Unser Verwandter ist wiedergeboren, der und der ist zurückgekommen. Und sie bekräftigten ihre Aussage, indem sie dem Jungen den alten Namen gaben." Im Chinesischen ist *ming*, „Schicksal", das gleiche Wort wie *ming*, „Name" (GRANET, a. a. O., S. 292). In Griechenland wurden die Namen von den Moirai verliehen (NONN. Dion. 46,73, vgl. AISCH. Ag. 686—690, PIND. Ol. 10, 49—55; siehe unten S. 282—283). Daher die Verleihung eines neuen Namens bei der Initiation (WEBSTER, a. a. O., S. 40, VAN GENNEP, Les rites de passage, S. 120); desgleichen bei der Hochzeit, die ursprünglich einen untrennbaren Bestandteil der Initiation darstellte (SMITH und DALE, a. a. O., Bd. 1, S. 369, MEEK, a. a. O., S. 384, HOLLIS, a. a. O., S. 303, vgl. unten Anm. 51); bei der Krönung, einem Sonderritus der Initiation (HOCART, Kinship, S. 77—98, MEEK, a. a. O., S. 133, vgl. unten S. 121); während einer Krankheit

gewählt wird, schon verstorben sein muß.[39] Der Name ist als totemistisches Symbol mit magischer Kraft versehen. Es ist wohlbekannt, daß Wilde nur sehr ungern Fremden ihren Namen nennen, da er eben ein totemistisches Geheimnis darstellt.[40] Diese Vorstellungen sind so fest verwurzelt, daß selbst in unserer eigenen Sprachfamilie den ursprünglichen Wörtern für „Name" und „Merkmal", „Verwandtschaft" und „kennen" gemeinsame Wurzeln zugrunde liegen (lat. *nomen, nota; gens, gnosco*). Name und Merkmal sind das gleiche; denn sie bringen beide — der Name in gesprochener, das Merkmal in sichtbarer Form — das durch den Träger verkörperte Totem zum Ausdruck. Der Blutsverwandte wird an seinem Namen und an seinem Zeichen, seinem Totem, erkannt.

Genauso wie der Ahnherr als Kind wieder zur Welt kommt, stirbt auch das Kind bei der Pubertät und wird als Mann oder Frau wiedergeboren. Dieses Ereignis wird durch die Verleihung eines neuen Namens gekennzeichnet. Auf die gleiche Weise wird auch der Erwachsene in einen Alten verwandelt. Diese dritte Altersklasse hat zwar nicht die Bedeutung der zweiten erreicht, lebt aber in starkem Maße in dem der Aufnahme in den Stand eines Medizinmannes oder Zauberers dienenden Ritual fort, bei dem der Novize wiederum einen neuen Namen erhält.[41] Bei seinem Ableben wird der alte Mensch schließlich in die höchste Stufe, die der Totem-Ahnen, versetzt, um zu gegebener Frist wieder aus ihrer Mitte aufzutauchen und den ganzen Kreislauf von neuem zu durchlaufen. Geburt ist Tod und Tod Geburt. Sie stellen einander ergänzende Aspekte eines ewigwährenden Wandlungsprozesses dar.

Die Wiedergeburt des Initiierten wird in dramatischer Form dargestellt. Die Zeremonie ist oft hochrealistisch und besteht in der genauen Nachahmung des Todesvorganges und darauffolgender Geburt aus dem Mutterleib. Manchmal verhält sich der Novize dabei so, als werde er von einem Gott oder Geist verschlungen und wieder ausgespieen.[42] In höheren Kulturen tritt dieser Ritus in abgeschwächter Form auf, wie zum Beispiel als magischer Traum oder Schlaf, bei dem der Novize als Kind zur Ruhe gelegt wird, um als Erwachsener wieder zu erwachen.[43] Ferner findet sich der Brauch, den Knaben als Mädchen zu verkleiden oder umgekehrt. Hierbei verfährt man nach dem Grundsatz, daß der Novize der alten Identität

---

um aus dem Patienten „einen neuen Menschen" zu machen (FRAZER, Totemism and Exogamy, Bd. 2, S. 534, ROSCOE, The Baganda, S. 64); und bei der Reinigung von einem begangenen Totschlag (APOLLOD. 2,4,12), da die Reinigung eine Art Wiedergeburt darstellte. Ein neuer Name wird auch in der katholischen Kirche bei der Ablegung der Gelübde angenommen, und die Bedeutung des Vornamens wird im evangelischen Taufgottesdienst folgendermaßen dargelegt: „Allmächtiger, der Du ... die Taufe eingesetzt und zu einem Bade der Wiedergeburt und Erneuerung im heiligen Geiste verordnet hast, wir bitten Dich, erbarme Dich auch dieses Täuflings, beselige ihn mit dem wahren Glauben im Geiste."

[39] MORGAN, a. a. O., S. 66—67, HUTTON, The Sema Nagas, S. 237, PLAYFAIR, The Garos, S. 100.
[40] FRAZER, a. a. O., Bd. 1, S. 196—197, 489.
[41] HOWITT, a. a. O., S. 738, VAN GENNEP, a. a. O., S. 89, WEBSTER, a. a. O., S. 174—175.
[42] WEBSTER, a. a. O., S. 38. HASTINGS, Encyclopædia of Religion and Ethics, Bd. 7, S. 318: „Bei der Ablegung der Gelübde in der bei den Benediktinern üblichen Form wird der Novize zwischen vier Kerzen auf dem Erdboden aufgebahrt und mit einem Grabtuch bedeckt. Darauf wird über seinem Körper die Totenmesse gelesen, und die ganze Kongregation singt das Miserere für ihn". Über die Initiation bei den Griechen siehe THOMSON, Aischylos und Athen, S. 108—136.
[43] FRAZER, a. a. O., Bd. 3, S. 370—456, WEBSTER, a. a. O., S. 154.

entrinnen muß, ehe er die neue erlangen kann.[44] Wenn die Kandidaten anläßlich der Weihe aus dem Dorf entfernt werden, trauern ihre Mütter um sie wie um Verstorbene. Kehren sie dann als neue Clanmitglieder ins Dorf zurück, dann benehmen sie sich wie kleine Kinder, die weder gehen noch sprechen noch ihre Verwandten erkennen können.

Ein weitverbreiteter Bestandteil des Rituals ist der chirurgische Eingriff oder die Amputation eines Körpergliedes. Dabei erfolgt beispielsweise eine Perforation des Jungfernhäutchens, die Zirkumzision oder Subinzision der Vorhaut, das Ausbrechen eines Zahnes oder das Abschneiden des Haupthaares.[45] Weil nur der erste Eingriff Nützlichkeitswert besitzt, hat man vermutet, die Zirkumzision sei in erster Linie dem Ritus der Perforation des Jungfernhäutchens nachgebildet worden.[46] In allen Fällen muß das amputierte Körperglied sorgfältig aufbewahrt werden.[47] Somit stellen diese Prozeduren eine Parallele zum Totemritual dar, bei dem der Leichnam ganz oder teilweise konserviert wird, damit der Tote wieder neugeboren werden kann. Das gleiche Prinzip liegt der einst auf der ganzen Welt geübten Praxis zugrunde, den Leichnam in der sogenannten Hockerform zu bestatten, bei der Arme und Beine vor der Brust verschränkt werden und somit die Stellung des Kindes im Mutterleib reproduziert wird.[48]

Die übrigen Zeremonien bestehen in Reinigungen und Ordalien. Die Novizen werden mit Wasser oder Blut gewaschen, in einem fließenden Gewässer gebadet oder an einem Feuer gesengt. Sie müssen Wettläufe mit Hindernissen, deren Überwindung manchmal mit Schmerzen verbunden ist, oder Scheinkämpfe mit oftmals tödlichem Ausgang vollführen. Sie werden bis zur Ohnmacht gepeitscht, ihre Nasen oder Ohren werden durchbohrt, man versetzt ihnen Fleischwunden und tätowiert den Körper. Die bei den meisten dieser Prüfungen auftretenden körperlichen Qualen werden überall als Kraftprobe angesehen, und ein Versagen bedeutet Disqualifizierung und Schande.[49] Die Ältesten, die diese Zeremonien leiten, haben in vielen Fällen die Schmerzen noch mit Vorbedacht gesteigert, um die Novizen in Schrecken zu versetzen und sie dadurch zu unbedingtem Gehorsam zu verpflichten.[50] Aber das Leitmotiv dieser Riten ist überall Abtötung oder Reinigung, Fruchtbarmachung oder Wiedergeburt. Genauso wie Befleckung Krankheit bedeutet und Krankheit wiederum Tod, so bedeutet die Reinigung eine Erneuerung der Lebenskraft.

---

[44] HALLIDAY, „The Hybristika", ABS 16, 1909—1910, 212—219.
[45] WEBSTER, a. a. O., S. 32—38.
[46] BRIFFAULT, a. a. O., Bd. 3, S. 325—333.
[47] WEBSTER, a. a. O., S. 36.
[48] Für Stämme der Neuzeit siehe KARSTEN, a. a. O., S. 34—35, KRIGE, a. a. O., S. 161, JUNOD, Life of a South African Bantu Tribe, Bd. 1, S. 135 (vgl. S. 166), EARTHY, Valenge Women, S. 78 u. 156, SMITH und DALE, a. a. O., Bd. 2, S. 104, ROSCOE, The Bakitara or Banyoro, S. 292, ders., The Bagesu and Other Tribes of the Uganda Protectorate, S. 144, 154, 179, 198. Im vordynastischen Ägypten: Cambridge Ancient History, Bd. 1, S. 240. Sumer: ebenda, Bd. 1, S. 377. Neolithisches Europa: BURKITT, Prehistory, S. 163, CHILDE, Dawn of European Civilisation, Index s. v. Burials. Neolithisches Griechenland: PAYNE, H. G. G., „Archæology in Greece, 1934—1935", in: JHS 55, 1935, 150, XANTHOUDIDES, Vaulted Tombs of Mesará, S. 134, MYLONAS, „'Ελευσινιακά", in: AJA 40, 1936, 424, FRÖDIN u. PERSSON, Asine, S. 433. EARTHY (a. a. O., S. 78) stellt ausdrücklich fest, daß dem „die Absicht zugrunde liegt, das Kind in ähnliche Bedingungen und die gleiche Lage zu versetzen wie bei seiner Geburt." [49] WEBSTER, a. a. O., S. 34—35. [50] Ebd., S. 59—66.

Schließlich werden die Novizen in geschlechtlichem und gesellschaftlichem Verhalten unterwiesen. Man bedient sich dabei der Lehrpredigt, der Katechese, dramatischer Tänze und der Offenbarung geheiligter, besonders den Geschlechtsakt versinnbildlichender Gegenstände.[51] Die gesamte Zeremonie ist geheim und wird in einiger Entfernung von der Ansiedlung, gewöhnlich auf einem besonders dafür hergerichteten Zeremonienplatz vorgenommen, den zu betreten außer den Ältesten und ihren bereits initiierten Gehilfen allen übrigen oft unter Androhung der Todesstrafe untersagt ist. Dem eigentlichen Initiationsakt geht häufig eine Probezeit voraus, während der die Novizen von den übrigen Clanmitgliedern abgesondert werden. Nach der Weihe ist es den Initiaten streng verboten, den Nichtgeweihten etwas von dem zu enthüllen, was sie getan, gehört oder gesehen haben.

5. Vom Totemismus zur Religion

Im Unterschied zur ausgereiften Religion gibt es beim Totemismus keinerlei Gebete, sondern nur Befehle. Durch die zwingende Kraft der Magie erlegen die Anbetenden dem Totem ihren Willen auf.[52] Dieses Prinzip kollektiven Zwanges entspricht einem gesellschaftlichem Zustand, in dem die Gemeinschaft absolute Gewalt über jedes ihrer Mitglieder besitzt. Solange die vereinten Anstrengungen der gesamten Gemeinschaft erforderlich sind, um die Gruppe nur eben am Leben zu erhalten, kann es über das durch persönliches Verdienst erworbene Prestige hinaus keinerlei ökonomische oder soziale Ungleichheit geben.[53] So ist es noch heute in Australien. Die Stellung des australischen Stammesoberhauptes hängt von der Zustimmung der Allgemeinheit ab. Es gibt bei den australischen Stämmen weder Häuptlinge noch Götter.

Die fortgeschritteneren, für unsere Religionsvorstellungen typischen Formen der Verehrung setzen eine über das lebensnotwendige Maß hinausgehende Produktion voraus, durch die einigen wenigen ein Leben auf Kosten der Arbeit vieler ermöglicht wird. Die Stellung des Oberhauptes verliert den Charakter der Wählbarkeit und wird zum erblichen Häuptlingsamt. Dem Totem wartet man nunmehr mit Gebeten und Sühnopfern auf, es beginnt menschliche Gestalt anzunehmen und wird schließlich zu einem Gott.[54] Der Gott bedeutet für die gesamte Gemein-

---

[51] Ebd., S. 49—58; siehe unten S. 192—193. Bei den meisten Jägerstämmen folgt auf die Initiation unmittelbar die Hochzeit, die deshalb auch nicht durch ein bestimmtes Ritual abgehoben ist. Die Ordalien, denen sich die jungen Männer bei der Initiation unterziehen müssen, werden oft als unerläßliche Voraussetzung für die Eheschließung angesehen und gelegentlich von seiten des Clan der Frau angehörenden Männer vollzogen. Daher rührt die weltweite Einrichtung einer Freierprobe: BRIFFAULT, a. a. O., Bd. 2, S. 199—208, vgl. Od. 21, Schol. EURIP. Hipp. 545, FHG 2, 238, PARTH. 6, HEROD. 6, 126—130, PIND. Ol. 1, 69—89, PAUS. 3,12,1.

[52] FRAZER, Totemica, S. 257.

[53] Die gesellschaftliche Stellung der Ältesten bei den Niederen Jägerstämmen ist bei HOSE und MCDOUGALL, Pagan Tribes of Borneo, Bd. 2, S. 182, gut dargestellt. SPENCER etc., The Arunta, S. 9: „Nicht durch hohes Alter allein, sondern nur in Verbindung mit einer besonderen Befähigung wird diese ausgezeichnete Stellung erlangt; etwas von der Art eines Stammeshäuptlings existiert nicht."

[54] SPENCER und GILLEN, Northern Tribes of Central Australia, S. 490—491, HOWITT, a. ä. O., S. 488—508. Das erste Stadium der Herausbildung einer anthropomorphen Gottheit läßt sich an Hand von HOWITTs Schilderung des Geistes Biamban ermitteln, der ganz einfach für die Wilden die Abstraktion des idealen Häuptlings

schaft dasselbe wie der Häuptling für seine Untertanen. Er ist mit all den Eigenschaften, die den idealen Häuptling ausmachen, ausgestattet und wird in Zeremonien gefeiert, die nach dem Muster der Aufwartung eines wirklichen Häuptlings gestaltet sind.[55] Wie ein griechisches Sprichwort sagt, werden durch Gaben Götter wie auch Herrscher erweicht.[56] Die Gottesvorstellung ist eine Widerspiegelung des wirklichen Königtums. Im menschlichen Bewußtsein erscheint dieses Verhältnis jedoch auf den Kopf gestellt. Man glaubt, der König leite seine Macht von Gott her, so daß sein Wille als der Wille Gottes respektiert wird.

Die sich ständig erweiternden Klassenprivilegien werden sanktioniert, indem man auch den göttlichen Mächten, von denen ja die irdischen Vorrechte abstammen, immer größere Machtbefugnisse zuerkennt. Vergrößert der herrschende Clan seine Einflußsphäre, so annektiert er die Totemgötter anderer Clane und saugt sie schließlich in seine eigene Gottheit auf. Das königliche Totem wird zum Gott des Stammes oder Stammesbundes, gelegentlich sogar des ganzen Staates. Einige Götter werden von anderen besiegt. Somit werden die Kriege zwischen Königen und zwischen Völkern im Himmel noch einmal ausgefochten. Die Anordnung der totemistischen Embleme, aus denen sich die Hoheitszeichen der ägyptischen Pharaonen zusammensetzt, symbolisiert die Verschmelzung der Stämme zu einem einheitlichen Königreich. Ebenso spiegeln sich die unaufhörlichen Machtkämpfe zwischen den Städten an Euphrat und Tigris in der Zusammensetzung und Labilität des babylonischen Pantheons wider.[57]

Dennoch verloren diese Götter nie gänzlich die Merkmale ihres Ursprungs. Sie können sich noch immer in ihrer tierischen Gestalt verkörpern; sie haben noch immer ihre heiligen Tiere, die als ihre Begleiter oder Embleme auftreten[58], und sind durch einen wunderbaren Geburtsvorgang von Tieren zur Welt gebracht worden. Die religiöse Symbolik ist noch immer von Erinnerungen an den tierischen Ursprung der Gottheit durchtränkt.

Als sich das Totem in einen Gott verwandelte, wurde auch der totemistische Ritus zu einer Opferhandlung umgestaltet. Bei den meisten Hirtenvölkern wird das Rind nicht wegen des Fleisches, sondern um der Milch willen gehalten, so daß besonders das Fleisch der weiblichen Tiere mit einem Tabu belegt erscheint.[59]

darstellte (a. a. O., S. 506–507). Ein gutes Beispiel für den Übergang vom Ahnengeist zu einer Naturgottheit führt JUNOD, a. a. O., Bd. 2, S. 324–325, an. Zu den verschiedentlich unternommenen Versuchen eines Nachweises, daß die Australier schon vor der Berührung mit Missionaren an einen Gott glaubten, siehe SPENCER und GILLEN, The Arunta, S. 589–596, BRIFFAULT, a. a. O., Bd. 2, S. 698–699.

[55] MEEK, a. a. O., S. 217: „Die Alltagsreligion der Jukun besteht in der Pflege des Ahnenkultes; im Rahmen des Gesamtvolkes nimmt dieser die Form einer kultischen Verehrung der toten, zu Göttern erhobenen Könige an." Vgl. ebd., S. 159: „Das Heiligtum des Gottes Adang stellt eine Miniaturausgabe der privaten Einhegung des Häuptlings dar. . . . Die entsprechenden Riten, die das Gegenstück zu denen bilden, welche zu Ehren des lebenden Häuptlings dreimal täglich abgehalten werden, vollzieht der Priester des Gottes Adang."

[56] PLATON, Polit. 390e.

[57] FRAZER, Totemism and Exogamy, Bd. 1, S. 81, Bd. 2, S. 139, 151, 166, vgl. ebenda, S. 18, MORET und DAVY, Des clans aux empires, S. 165–167, ROBERTSON SMITH, a. a. O., S. 51–52, ENGELS, Ludwig Feuerbach, S. 54–59.

[58] In dem dabei verwandten Gegenstand erblickt man in erster Linie einen Träger göttlicher Kräfte: KARSTEN, a. a. O., S. 207.

[59] ROBERTSON SMITH, a. a. O., S. 168–169, ROSCOE, The Bakitara or Banyoro, S. 6, KRIGE, a. a. O., S. 55. Diese Vorschrift ist jedoch nicht überall nachzuweisen: HUTTON, The Sema Nagas, S. 69, GURDON, The Khasis, S. 51. Auch später noch war die Abschlachtung von Pflugochsen mit einem Tabu belegt: AELIAN. var. hist. 5, 14 (siehe unten, S. 88, Anm. 90).

Das totemistische Tabu erhielt auf diese Weise eine neue Bedeutung. In der Zwischenzeit war aus der Fruchtbarkeitszeremonie ein gemeinsames Mahl geworden, zu dem sich die Clanmitglieder von Zeit zu Zeit unter Vorsitz ihres Oberhauptes zusammenfanden, um dem Sakrament zufolge an dem Fleisch der heiligen Herden teilzuhaben. Das Mahl begann mit einem Opfer, d. h., der erste Bissen wurde dem Clangott gereicht, der als ihr Blutsverwandter an der Mahlzeit teilnahm und wegen seiner Stellung als Häuptling aller Häuptlinge den Vorrang vor ihrem Häuptling oder Priester hatte. Ähnlich werden auch in den Gemeinwesen von Feldbauern die ersten Früchte des Feldes dem den Gott repräsentierenden Häuptling oder Priester dargebracht. Auch dieses Opfer ist ein Überrest aus vergangenen Tagen, als der Häuptling bei der Verteilung der Ernte als erster bedacht worden war.[60] Auch später noch begegnen wir dem gleichen Schema im Ritual der mystischen Bruderschaften. Vom Klassenkampf gedemütigte und niedergedrückte Menschen aßen unter Leitung ihres Priesters vom Fleische ihres Gottes und tranken von seinem Blute und zehrten dabei von der Illusion einer längst verlorenen Gleichheit. Der Glaube, daß der Gott sterben müsse, damit sein Volk leben könne, war im Kern schon im totemistischen Ritus enthalten, in dem das heilige Tier Jahr für Jahr getötet wurde, um seine Vermehrung zu befördern. Wie das Sakrament sich aus der rituellen Überschreitung des totemistischen Tabus herleitet, so stellt auch der Abendmahlsritus eine sublimierte Rückerinnerung an die Zeit dar, als der durch die gemeinschaftliche Arbeit des Clans erzeugte Reichtum auch gemeinsam verbraucht wurde.

6. Der Totemismus im altsteinzeitlichen Europa

Die meisten Archäologen der Gegenwart lehnen die vergleichende Methode ab.

Wir werden uns wiederholt auf die Ideen und praktischen Verhaltensweisen heute noch lebender Wilden berufen, um darzulegen, wie antike Völker, die allein dem Archäologen bekannt sind, gehandelt oder ihre Taten interpretiert haben. Doch können derartige moderne Gebräuche oder Ideen lediglich als Glosse oder Kommentar zu tatsächlich untersuchten Gegenständen, Gedankengebäuden und Handlungsweisen der Antike angesehen werden. Darüber hinaus zu gehen ist unzulässig. Die Gedanken und Vorstellungen prähistorischer Menschen sind unwiederbringlich verloren, es sei denn, sie fanden ihren Niederschlag in Tätigkeiten, deren Ergebnisse dauerhafter Natur waren und durch den Spaten des Archäologen wieder ans Tageslicht gefördert werden können.[61]

Das verspricht einerseits zu viel und bietet andererseits zu wenig. Einesteils sind wir nicht berechtigt, ethnologische Daten auch nur als Glosse oder Kommentar zu benutzen, ehe wir ihren sozialen Zusammenhang analysiert und sie dementsprechend eingeordnet haben. Wir können beispielsweise nicht von der Annahme aus-

---

[60] ROBERTSON SMITH, a. a. O., S. 183–196, vgl. JUNOD, a. a. O., Bd. 1, S. 395, Bd. 2, S. 10.
[61] CHILDE, Man Makes Himself, S. 53. CHILDE hat seine Anschauung revidiert, siehe: „Archæology and Anthropology", in: SJA 2, 1946, 243: „Archäologie und Ethnologie ... sind zwei einander ergänzende Forschungszweige der Gesamtwissenschaft vom Menschen. ... Sie können genau so wenig auf den Austausch ihrer Ergebnisse verzichten wie Päläontologie und Zoologie innerhalb der Wissenschaft vom Leben."

gehen, die Vorstellungen der Bantu über das Leben nach dem Tode könnten für die Ausdeutung der Bestattungsformen der Aurignacienkultur relevant sein, da die Bantu auf einer höheren Gesellschaftsstufe als die Menschen des Aurignacien stehen. Andererseits ist die Feststellung, die Gedanken und Vorstellungen des prähistorischen Menschen müßten als verloren gelten, soweit sie nicht durch Ausgrabungsergebnisse rekonstruiert werden können, nahezu inhaltsleer. Die Frage lautet vielmehr: bis zu welchem Grade können wir rekonstruieren? Wir können diese Frage nur beantworten, wenn wir die Natur des primitiven Denkens überhaupt untersuchen, d. h. eben unter Anwendung der vergleichenden Methode. Wenn wir, natürlich nach sorgfältiger Vorbereitung, dem Problem von dieser Seite her zu Leibe gehen, wird man entdecken, daß der Spaten des Archäologen tiefer in den Boden einzudringen vermag, als man gewöhnlich annimmt.

Zu den paläolithischen Überresten, die der Spaten ans Licht gefördert hat, gehören auch die Knochen von Hunden. Diese Tiere müssen auf ihre Umwelt ebenso reagiert haben wie die, an denen Pawlow seine Experimente vornahm, da sie zur gleichen Spezies gehören. Das tierische Verhalten wird durch physische Impulse bestimmt, die auf äußere Reize antworten. Beim Menschen sind diese Impulse jedoch durch soziale Traditionen einer Modifikation unterworfen worden und hängen in wachsendem Maße von seinem Zivilisationsgrad ab. Weiter wird die Entwicklung gesellschaftlicher Traditionen durch seinen Werkzeuggebrauch bestimmt, ist also von der Produktion abhängig. Die reiche individuelle Nuancierung des kultivierten Denkens, die starke Verflechtung unserer gesellschaftlichen Beziehungen, die Vielfalt der Arbeitsteilungen, der hohe technische Entwicklungsstand unserer Industrie — dies alles sind, jeweils in einer anderen Sphäre, Manifestationen der hochentwickelten Produktivkräfte, die dem Menschen erlauben, seine Herrschaft über die Natur ständig auszudehnen. Steigen wir die Stufenleiter herab, so sinkt auch das Niveau der Produktionstechnik, die Arbeitsteilungen verschwinden, die gesellschaftlichen Organisationsformen werden einfacher und das menschliche Bewußtsein einförmiger und unmittelbarer durch den nackten Kampf ums Dasein bestimmt, bis wir schließlich auf der Stufe der Tiere angelangt sind. Um wieder de Pradenne zu zitieren: „Je primitiver die Entwicklungsstufe des Menschen, desto stärker auch seine Abhängigkeit von der Umwelt".[62] Das trifft für den Menschen des Paläolithikums ebenso zu wie für den Australneger der Gegenwart. Und in diesen beiden Fällen liegt die gleiche, auf dem Sammeln von Früchten und der Jagd beruhende Produktionsweise vor. Beide Kulturen sind demnach wegen der gemeinsamen ökonomischen Basis erwiesenermaßen vergleichbar.

Man muß natürlich einräumen, daß alle Versuche der Rekonstruktion prähistorischer Kulturen durch das vom Spaten zutage geförderte Material beschränkt werden. Doch was fördert der Spaten wirklich ans Tageslicht?

Die Australier pflegen Felsen und Höhlen mit Zeichnungen oder Malereien menschlicher oder tierischer Gestalten zu schmücken.[63] Diese sogenannten „Bilder-

---

[62] VAYSON DE PRADENNE, a. a. O., S. 9.
[63] GREY, Journals of Two Expeditions of Discovery in North-Western and Western Australia, Bd. 1, S. 201—206, ELKIN, „Rock Paintings of North-West Australia", O 1, 257—279.

höhlen" hat man in weit auseinanderliegenden Gegenden wie Westaustralien, dem Nordterritorium und Queensland gefunden. In North-Kimberley sind sie besonders häufig. Dort scheint immer eine zu dem Jagdgelände einer lokalen Gruppe zu gehören. Es werden Menschen beiderlei Geschlechts abgebildet, wobei die Frauen stark übertriebene sexuelle Merkmale aufweisen. Die Tiere gehören alle, soweit sie identifiziert werden konnten, zu eßbaren Spezies, wie z. B. Känguruhs, Eidechsen und Nalgo-Früchte.[64] Man findet auch zusammengesetzte Motive, wie einen Mann, der ein Känguruh trägt, und eine Gruppe weiblicher Känguruhs mit ihren Jungen im Beutel. Ein anderes häufiges Motiv bildet die menschliche Hand. Sie wurde abgebildet, indem man die Handfläche entweder mit feuchter Farbe bestrich und einen Abdruck von ihr machte oder sie auf den Felsen legte und dann über den Handrücken Farbpuder streute.[65]

Da die Eingeborenen diese Zeichnungen noch immer für zeremonielle Zwecke verwenden, bereitet ihre Ausdeutung keine Schwierigkeit. Zu Beginn der Brutperiode werden die Bilder neu gemalt oder aufgefrischt, damit sie Regen bringen oder die dargestellte Tiergattung fortpflanzen. Auf diese Weise soll ein Überfluß an Känguruhs und Nalgo-Früchten erreicht und sollen die Frauen fruchtbar gemacht werden.[66] Es handelt sich hier um eine Form der Vermehrungszeremonien. Die Malkunst beginnt, sich zu verselbständigen, ist aber noch an die Magie gebunden.

Die rohe technische Ausführung der Zeichnungen deutet wahrscheinlich auf eine Epoche des Niedergangs. Viele Zeichnungen sind sehr schwer zugänglich. In einer Höhle bei North-Kimberley kann man die Deckenverzierungen nur erkennen, wenn man eine längere Strecke auf allen vieren kriecht und sich dann auf den Rücken dreht.[67] Daraus kann man entnehmen, daß vor dem Niedergang der Kultur der Eingeborenen einst auch das Ritual feiner durchgebildet war.

Höhlenmalereien finden sich nicht nur in Australien. Die Buschmänner Afrikas sind ein totemistisches Jägervolk, das jetzt zwar auf wenige Tausend zusammengeschmolzen ist und in Südafrika herumstreift, einst aber über den ganzen Kontinent verbreitet gewesen sein muß, da man ihre Bilder sowohl in der Sahara als auch in In-Guezzam und im Gebiet des Tanganjikasees gefunden hat.[68] Diese Kunst wird zwar nicht mehr ausgeübt, war aber noch vor fünfzig Jahren in Transvaal zu Hause, so daß die Eingeborenen sie noch erklären können. Sie ist der australischen technisch überlegen und zeigt sich auch kühner in der Konzeption. Auf einem der schönsten Exemplare ist eine Herde von Straußen abgebildet, von denen ein Tier Bogen und Pfeile trägt und auf menschlichen Füßen steht.[69] Es muß sich hier um einen Jäger handeln, der sich verkleidet hat, um mit seinem Bogen in Schußweite zu gelangen. War er Mitglied eines Straußenclans? Auf einem anderen erblicken wir ein halbes Dutzend tanzender Männer, die Antilopenschädel auf dem

---

[64] ELKIN, a. a. O., S. 277. Nalgo-Früchte: eine wilde Pflaumenart.
[65] GREY, a. a. O., S. 204, ELKIN, a. a. O., S. 261.
[66] ELKIN, a. a. O., S. 261—263.
[67] Ebd., S. 258.
[68] LEAKEY, Steinzeit-Afrika, S. 134—157, BURKITT, South Africa's Past in Stone and Paint, S. 110—159, ADAM, Primitive Art, S. 85—92.
[69] ADAM., a. a. O., S. 88.

Kopfe tragen. Um sie herum stehen Zuschauer beiderlei Geschlechts und klatschen in die Hände.[70] Es kann sich also nur um den mimetischen Tanz eines Antilopenclans handeln.

Mit der Kunst der Buschmänner lassen sich auch die aus dem älteren Paläolithikum stammenden Höhlenmalereien in Frankreich und besonders in Ostspanien vergleichen.[71] Die Ähnlichkeit ist so groß, daß sie von einigen Autoritäten ein und demselben Volk zugeschrieben werden. Unter den paläolithischen Motiven finden sich einfache Mäander, Spiralen und roh gezeichnete Tierfiguren. Auf höherer Stufe findet man erstaunlich lebensnah getroffene Hirsche, Bisons und andere Tiere, ferner Jagd- und Kampfszenen und Männer mit Hirschschädeln. Häufig begegnet man dem schablonenartigen Umriß der menschlichen Hand.[72] Es fehlen Anzeichen, daß die Höhlen als Wohnung gedient haben, auch befinden sich einige Zeichnungen an noch unzugänglicheren Stellen als bei North-Kimberley. Die Höhle von Niaux beispielsweise ist etwa 1½ km lang und bietet in Nähe des Eingangs viele geeignete Wandflächen, doch finden sich erst nach über 450 m Entfernung Spuren einer Bemalung. Alle Archäologen sind heute der Ansicht, daß mit diesen Malereien hauptsächlich magische Zwecke verfolgt wurden.

Es ist natürlich schwierig, einen verkleideten Menschen von dem Tier selbst zu unterscheiden, doch ist in einigen Fällen ein Mißverständnis ausgeschlossen. Eine der Pyrenäenhöhlen enthält das Bild eines Mannes mit einem Hirschgeweih und einem kurzen Schwanze.[73] In dem Abri von Mège fand man ein Hirschhorn, auf dem drei menschliche Gestalten abgebildet sind, die mit Gamsfellen bekleidet und mit Gamsschädeln maskiert sind und ihrer Haltung nach zu tanzen scheinen.[74] Es handelt sich auch hier um einen totemistischen Tanz.

Da die paläolithischen Gemeinwesen totemistischer Natur waren, müssen wir annehmen, daß sie auch mit dem totemistischen Kreislauf von Geburt und Tod vertraut waren. Auch hier kommt uns wieder der Spaten zu Hilfe. Für Australien gibt es zwar kein Beispiel der Bestattung in der Hockerstellung, der „embryonalen" Lage, sie ist aber unter höher entwickelten Stämmen in allen Erdteilen weitverbreitet. Sie ist ebenfalls in der Regel in paläolithischen und fast durchweg bei neolithischen Grabstellen anzutreffen.[75]

Die typischen australischen Verstümmelungsmethoden bei der Initiation sind die Subinzision und das Ausbrechen eines Zahnes. Ob erstere schon im Paläolithikum Europas praktiziert wurde, wird nie mit dem Spaten des Archäologen festgestellt werden können. Unter den Überresten der Capsienkultur Nordafrikas finden sich jedoch einige Schädel, an denen die mittleren oberen Schneidezähne

---

[70] Ebd., S. 4, vgl. SCHAPERA, The Khoisan Peoples of South Africa, S. 203.
[71] BURKITT, Prehistory, S. 192—221, MACALISTER, A Textbook of European Archæology, Bd. 1, S. 455—505, ADAM, a. a. O., S. 69—77.
[72] MACALISTER, a. a. O., Bd. 1, S. 456. Die Umrißlinie der Hand erscheint auch in libyschen Höhlen: PEEL, „Rock-paintings from the Libyan Desert", An 13, 1939, 399.
[73] BURKITT, Prehistory, S. 311, BALDWIN BROWN, The Art of the Cave-Dweller, S. 123—124.
[74] BURKITT, ebd., S. 308; siehe Abb. 1. MACALISTERs Einwände gegen die totemistische Deutung dieser Malereien (ebenda, Bd. 1, S. 505) gehen auf seine falschen Auffassungen vom Totemismus überhaupt zurück.
[75] BURKITT, ebd., S. 163; siehe oben S. 24, Anm. 48.

fehlen. Sie sind ohne Zweifel gewaltsam entfernt worden.[76] Wir haben hier einen paläolithischen Initiationsritus vor uns.

Das Zeichen der ausgespreizten Hand ist im Mittelmeergebiet und im Nahen Osten noch heute als apotropäisches Symbol weit verbreitet. Dort kann man es an Türen und Wänden und selbst als Tätowierung auf dem Antlitz von Frauen erblicken.[77] Bei einigen paläolithischen Exemplaren fehlen ein oder mehrere Finger entweder ganz oder teilweise.[78] Auch hier handelt es sich um einen Initiationsritus, wie er von den Australnegern und den Buschmännern vorgenommen wird.[79] Ein derart scharf ausgeprägter Brauch kann nur eine Entstehungsursache haben.

Waren diese prähistorischen Völker schließlich totemistisch, so müssen sie auch exogam gewesen sein, da die Exogamie ein Wesensmerkmal des Totemclans darstellt. Die Parallele liegt also auf der Hand. Archäologie und Ethnologie unterstützen in Zusammenarbeit die von Morgan vor nunmehr siebzig Jahren aufgestellte These, daß die soziale Entwicklung der Menschheit überall von der Gentilgesellschaft ausgegangen ist.

Abb. 1. Gemsentanz: paläolithische Zeichnung auf Hirschhorn

Die archäologischen Daten, die Morgan noch unbekannt waren, sind zwar unanfechtbar, blieben aber trotz des von ihm gegebenen Anstoßes nach wie vor unberücksichtigt. Die Spatenarbeit war mit größtem Können geleistet worden. Warum unterließen es also die Nachfolger Morgans, obwohl ihnen das nötige Material zu Gebote stand, die entsprechenden Tatbestände aneinanderzufügen? Das liegt daran, daß ihnen das Verständnis für die Einheit und den Zusammenhang der menschlichen Kultur abhanden gekommen war. Es ist unter den bürgerlichen Spezialisten in den Gesellschaftswissenschaften Ehrensache geworden, nicht in das Gehege des Kollegen einzudringen. So gilt es unter Archäologen als „illegitim", sich der ethnologischen Daten systematisch und nicht nur bei Gelegenheit zu bedienen. Genau so unzulässig ist es für Ethnologen und Sozialanthropologen, auf die Bedeutung der Forschungsergebnisse ihrer Wissenschaft für die Archäologie zu verweisen. Bestenfalls stellt man gelegentlich eine „merkwürdige" Übereinstimmung fest. So schreibt einer von ihnen:

> Der Anthropologe befaßt sich nicht mit der Vergangenheit, sondern mit der Gegenwart ... Wenn dabei einige Vorstellungen und Gebräuche entdeckt werden, die merkwürdigerweise denen des ältesten, in grauer Vorzeit begrabenen Menschen, wie viel-

---

[76] VAYSON DE PRADENNE, a. a. O., S. 158.
[77] MACALISTER, a. a. O., Bd. 1, S. 509, vgl. SEYRIG, „Antiquités syriennes", 20, 1939, S. 189—192.
[78] MACALISTER, a. a. O., Bd. 1, S. 458, 511.
[79] HOWITT, a. a. O., S. 746—747, KRIGE, a. a. O., S. 4; siehe ferner FRAZER, Folklore in the Old Testament, Bd. 3, S. 198—241, LUQUET, „Sur les mutilations digitales", JP 35, 1943, S. 548—598.

leicht auch denen unserer eigenen, längst verschollenen Vorfahren gleichen, so ist das eine ganz andere Sache.[80]

Der Ethnologe behandelt den prähistorischen Totemismus ebenso, wie der Archäologe den Totemismus überhaupt behandelt. In beiden Fällen wird von einer „ganz anderen Sache" gesprochen, von der zu reden sich niemand veranlaßt fühlt. Würde man nämlich die ganze Geschichte von Anfang bis Ende erzählen, so würde in der Gegenwart nicht nur die geradlinige Fortsetzung der Vergangenheit erkannt, sondern auch der Schleier von der Zukunft fortgezogen werden. Da liegt der Hund begraben.

[80] GOLDENWEISER, Anthropology, S. 47.

II. DIE NOMENKLATUR DER VERWANDTSCHAFT

1. Der Aufbau des Stammes

Die neuen Einheiten entstanden durch die Selbstteilung der Urhorde. Zuerst zerfiel sie in zwei Hälften, die sich beide wieder in zwei oder mehrere Einheiten unterteilten. Das Ganze ergab dann einen Stamm mit zwei Stammeshälften, die beide aus einer Reihe von Clanen bestanden. Darauf teilten sich auch die Clane, so daß der Stamm jetzt aus zwei Stammeshälften bestand, die beide eine bestimmte Anzahl von Phratrien oder Clangruppen enthielten. Die Grundeinheit ist jeweils der Clan. Die Phratrie ist eine Gruppe von Clanen, die aus einem einzigen Clan hervorgegangen sind. Die Stammeshälfte besteht aus einer Gruppe von Phratrien und ist aus der anfänglichen Zweiteilung hervorgegangen.[1] Der Stamm stellt den Gesamtkomplex dar und bewahrt die Einheit des ursprünglichen Kerns.

In Wirklichkeit hat sich das Stammessystem natürlich nicht mit so vollendeter Präzision entwickelt. Es gab Komplikationen und Abweichungen. Das war bei einem sich unter verschiedenartigen Umweltsbedingungen abwickelnden organischen Prozeß unausbleiblich. Auch wurde dieses Schema nicht einzig und allein durch ökonomische Faktoren aufrechterhalten. Ein derart feingliedriges Gefüge mußte zwangsläufig durch Krieg oder Hunger in Mitleidenschaft gezogen werden. Es ist uns bekannt, daß in einigen Fällen das System durch Eingliederung fremder Clane oder durch die Übernahme alteingesessener Clane von einer Phratrie in die andere künstlich wiederhergestellt wurde. Aber die Tatsache, daß solche willkürlichen Begradigungen vorgenommen wurden, zeugt von der Lebenskraft des Systems und seiner festen Verwurzelung im Bewußtsein der Menschen.

Wir sind heute in der Lage, die Exogamievorschrift genauer zu formulieren. Sie bezieht sich auf den Geschlechtsverkehr überhaupt, nicht nur auf die Ehe.[2] In Afrika und Amerika wird im allgemeinen nur die Eheschließung innerhalb des Clans untersagt, während für Nordamerika bezeugt ist, daß ursprünglich die Phratrie die exogame Einheit bildete.[3] In den rückständigeren australischen Stämmen

---

[1] Die Stammeshälfte (moiety) hat sich als tragende Einheit hauptsächlich in Australien erhalten, läßt sich aber auf der ganzen Erde nachweisen: SPENCER, The Arunta, S. 41–43, RIVERS, History of the Melanesian Society, Bd. 2, S. 500–506, ders., Kinship and Social Organisation, S. 205–206, LAYARD, The Stone Men of Malekula, S. 53–73, MORGAN, Die Urges., S. 76–79, 137–138, 147, DORSEY, „Siouan Sociology", ARB 15, 1893–1894, 230–232, RADIN, a. a. O., S. 121, 141–142, 163, 265, EGGAN, The Social Anthropology of North American Tribes, S. 268, 287, HUTTON, a. a. O., S. 125, HAECKEL, „Totemismus und Zweiklassensystem bei den Sioux-Indianern", As 32, 1937, 450 u. 795–848, FRAZER, Totemism and Exogamy, Bd. 1, S. 256–271, 314–514, Bd. 2, S. 274, Bd. 3, S. 33, 90, 119, 121, 125, 130, 266, 280.
[2] HOLLIS, The Nandi, their Language and Folklore, S. 6, ROSCOE, The Bagesu etc., S. 33, HUTTON, a. a. O., S. 133, GURDON, a. a. O., S. 194.
[3] MORGAN, a. a. O., S. 76, FRAZER, a. a. O., Bd. 3, S. 79, vgl. BURADKAR, „Clan Organisation of the Gonds", MI 27, 1947, 127 ff.

stellt noch immer die Stammeshälfte diese Einheit dar.[4] Die Exogamie der Phratrie rührt aus einer Zeit, als der Einzelclan noch diese Funktion ausübte, während uns die Exogamie der Stammeshälfte zu dem Ursprung dieses Gebotes zurückführt, der in der anfänglichen Zweiteilung der Horde zu suchen ist.

Die Bildung von Stammeshälften stellt den ersten und damit entscheidenden Schritt beim Aufbau dieses Systems dar. Die bei einem in exogame Stammeshälften gegliederten Stamm typischen fortwährenden Wechselheiraten rufen automatisch ein fein verästeltes Netzwerk verwandtschaftlicher Beziehungen hervor, die jedes Individuum mit allen anderen durch das doppelte Band des Blutes und der Ehe verknüpfen. Diese Wechselheiraten werden in einem eigens zu diesem Zweck geschaffenen System von Verwandtschaftsbezeichnungen zum Ausdruck gebracht. An dieser Nomenklatur pflegt man auch dann noch festzuhalten, wenn sich die ihr zugrunde liegenden Beziehungen schon längst gewandelt haben. Daher müssen wir die primitiven Formen der Verwandtschaftsterminologien erforschen, um den Schlüssel zur Vorgeschichte der Ehe zu finden.

Diese Untersuchung führt uns in das Gebiet der historischen Sprachwissenschaft, in der der Grundsatz gilt, daß sich die Wörter langsamer verändern als die in ihnen enthaltenen Bedeutungen. Bei der Untersuchung der Terminologien stoßen wir nun in fast allen Fällen auf Widersprüche zwischen den tatsächlich vorhandenen Verwandtschaftsbeziehungen und denen, die durch die Nomenklatur eigentlich zum Ausdruck gebracht werden sollen. Derartige Widersprüche liefern uns den Beweis, daß die Nomenklatur ein Erbgut aus einem früheren Stadium der Gesellschaft darstellt, als sie noch mit der Wirklichkeit übereinstimmte. Diesen Grundsatz formulierte Morgan zu einer Zeit, als beide Wissenschaften, Sprachwissenschaft und Ethnologie, noch in den Kinderschuhen steckten. Die gesamte Evolutionsforschung hat sowohl in den Natur- als auch in den Gesellschaftswissenschaften die Richtigkeit dieser Ansicht bestätigt. Wie die Thesen der Biologie, der Wissenschaft vom Aufbau der heute lebenden Organismen, durch die Paläontologie, die Wissenschaft von den Versteinerungen, gestützt werden, so können wir durch die Anwendung der sprachwissenschaftlichen Methode in die Vergangenheit primitiver Völker eindringen, wenn deren Geschichte ansonsten auch unbekannt sein mag.

Von diesen Prämissen ausgehend, wollen wir uns die drei von Morgan unterschiedenen Haupttypen der Verwandtschaftsterminologie einmal näher ansehen. Seine Ergebnisse beruhen auf der Analyse von 150 Sprachen aller Kontinente bis auf Australien. Ich habe noch ungefähr weitere 130 unter Einschluß der heute zugänglich gewordenen australischen gesammelt und untersucht.[5] Die Arbeit an

---

[4] FRAZER, a. a. O., Bd. 1, S. 339–395.
[5] Meine Hauptquellen sind, abgesehen von MORGAN, folgende: Australien: SPENCER und GILLEN, Native Tribes of Central Australia, S. 66, 77, 79, dieselben, Northern Tribes of Central Australia, S. 77–78, 80–88, dieselben, Native Tribes of the Northern Territory of Australia, S. 65–81, dieselben, The Arunta, S. 41–61, HOWITT, Native Tribes of South-East Australia, London 1904, S. 160, 169, ders., „Native Tribes of South-East Australia", JAI 37, 1907, 287, RADCLIFFE-BROWN, „The Social Organisation of the Australian Tribes", in: O 1, 1931, 34–63, 206–246, 322–341, 426–456, CAMERON, „Some Tribes of New South Wales", JAI 14, 1885, 354. Ozeanien: HOSE und MCDOUGALL, Pagan Tribes of Borneo, S. 80, SELIGMAN, The Melanesians of British

diesem Gegenstand hat mich von der Richtigkeit der allgemeinen Schlußfolgerungen Morgans überzeugt. Ich habe sie aber besonders im Hinblick auf bestimmte, ihm damals noch unbekannte oder unerklärliche Abweichungen vom Grundtypus in einigen Punkten erweitern müssen.

2. Das klassifikatorische System: Typ I

Dem ersten Typ begegnen wir bei einer Anzahl polynesischer Sprachen und einer australischen, dem zweiten in Australien, Polynesien, Indien, Nordamerika und teilweise in Afrika. Das sind die beiden Formen des, wie Morgan es nannte, klassifikatorischen Systems. Der dritte Typ wird das deskriptive System genannt. Er tritt zwar sporadisch in Asien und Amerika und besonders bei den Eskimo auf, ist aber mit diesen Ausnahmen auf die indogermanischen und semitischen Sprachen beschränkt.

Typ I ist sehr einfach, denn es gibt für jede Generation nur eine oder zwei Bezeichnungen. Alle Angehörigen meiner Generation sind meine „Brüder" bzw. „Schwestern", d. h. die auf die leiblichen Geschwister angewandten Termini gelten auch für alle Vettern und Basen bis zu einem unendlich entlegenen Grade. Ähnlich sind die Angehörigen der ersten aufsteigenden Generation sämtlich meine „Väter" bzw. „Mütter", während die der ersten absteigenden Generation sämtlich meine „Söhne" bzw. „Töchter" darstellen, ja in einigen Sprachen alle ohne jede geschlechtliche Differenzierung sogar nur als „Kinder" bezeichnet werden. Für die aufsteigende und absteigende zweite Generation gibt es nur einen einzigen Ausdruck, der ohne Unterscheidung der Geschlechter sowohl auf die Großeltern als auch auf die Enkel einschließlich sämtlicher Seitenverwandten angewendet wird.

Nach Morgans Auffassung weist dieser Typ auf eine Zeit hin, in der es innerhalb einer Generation keinerlei Beschränkung des geschlechtlichen Verkehrs gegeben hatte. Mein Vater kann demnach der Bruder meiner Mutter und meine Mutter ihrerseits die Schwester meines Vaters sein. Meine Brüder und Schwestern sind

---

New Guinea, S. 66, 481, 707, RIVERS, The History of the Melanesian Society, Bd. 1, S. 28 – 32, 177 – 192, 214 bis 293, 299, 341, 376, 392 – 398, Bd. 2, S. 506, CODRINGTON, The Melanesians, S. 35, IVENS, The Islands Builders of the Pacific, S. 76, FOX, The Threshold of the Pacific, S. 20, FIRTH, We, the Tikopia, S. 248, LAYARD, Stone Men of Malekula, S. 127 – 132, FORTUNE, The sorcerers of Dobu, S. 37, BATESON, G., Naven, S. 280, WILLIAMSON, The Social and Political Systems of Central Polynesia, Bd. 2, S. 148, 198, 201 – 212. Afrika: SELIGMAN, Pagan Tribes of the Nilotic Sudan, S. 52, 117, 152, 218, 258, 315, 379, 434, 507, ROSCOE, The Baganda, S. 130, ders., The Bakitata or Banyoro, S. 18, ders., The Northern Bantu, S. 273, 292, TORDAY u. JOYCE, „Ethnography of the Bahuana", JAI 36, 1906, S. 285, RATTRAY, The Tribes of the Ashanti Hinterland, Bd. 1, S. 1 – 41. Amerika: EGGAN, Social Anthropology of North American Tribes, ROJAS „Kinship and Nagualism in a Tzeltal Community", AA 49, 1947, 578 ff., HOEBEL, „Comanche and Shoshone Relationship Systems", AA 41, 1939, S. 440 – 457, STRAUSS, „The Social Use of Kinship Terms among Brazilian Indians", AA 45, 1943, S. 308 – 409. Asien: CZAPLICKA, Aboriginal Siberia, S. 30, 35, 41, 59, MAN, „On the Aboriginal Inhabitants of the Andaman Islands", JAI 12, 1883, 421, RADCLIFFE-BROWN, The Andaman Islanders, S. 54 – 56, SELIGMAN, The Veddas, S. 64, PERERA, „Glimpses of Singhalese Social Life", IA 33, S. 143, RIVERS, The Todas, S. 483, HUTTON, The Sema Nagas, S. 139, MILLS, The Ao Nagas, S. 128, 163, ders., The Rengma Nagas, S. 128, I. H. N. EVANS, The Negritos of Malaya, S. 303, LIN YUEH-HWA, „Kinship System of the Lolo", HJA 9, 1945 – 1947, 81 – 100, STURTEVANT, Hittite Glossary. Europa: KRETSCHMER, „Die griechische Benennung des Bruders", Gl 2, 1910, 201 – 213, DURHAM, Some Tribal Origins, Laws and Customs of the Balkans, S. 151 – 152.

mit meinen Schwägern und Schwägerinnen identisch, während deren Kinder von meinen eigenen nicht zu unterscheiden sind. Hierin kommt die Endogamie der primitiven Horde zum Ausdruck.

Der Gebrauch einer einzigen, gemeinsamen Bezeichnung für die Großeltern- und Enkelgeneration spiegelt die Unterteilung der Gruppe in die drei Altersklassen Kind, Erwachsener und Greis wider. Wenn das Kind sprechen lernt, macht es die Erfahrung, daß es sich auf der untersten Stufe einer aus „Großeltern", „Vätern" oder „Müttern" und „Brüdern" bzw. „Schwestern" bestehenden Gemeinschaft befindet. Gelangt das Kind bei der Geschlechtsreife in die zweite Stufe, so tritt ein neuer Verwandtschaftsgrad, der die „Söhne" und „Töchter" umfaßt, in sein Bewußtsein, während die „Großeltern" nunmehr inzwischen aus seinem Gesichtskreis entschwunden sind.[6]

Es gibt zwei Termini für „Bruder" und „Schwester", von denen der eine von einem Mann auf seine Brüder und von einer Frau auf ihre Schwestern, der andere von einem Mann auf seine Schwestern und von einer Frau auf ihre Brüder angewandt wird. So bedeutet beispielsweise bei den Tikopia *taina* „Bruder", wenn der Sprechende ein Mann, jedoch „Schwester", wenn er eine Frau ist; *kave* bedeutet „Bruder", wenn der Sprecher eine Frau, „Schwester", wenn er ein Mann ist. Diese Termini nennt man „selbstreziprok". Wenn A für B *taina* ist, ist B ebenso *taina* für A. Der gemeinsame Terminus für „Großeltern" und „Enkel" ist gleichfalls selbstreziprok. So heißen bei den Dobu meine Großeltern für mich *tubuna*, während ich für sie auch *tubuna* heiße. Dieses Prinzip stellt ein Wesensmerkmal des klassifikatorischen Systems dar. Bei einigen polynesischen Sprachen kann man ihn selbst in den Bezeichnungen für Eltern und Kinder aufspüren. Beispielsweise bedeutet *tama*, das proto-polynesische Wort für „Vater", in einigen Sprachen „Sohn" oder „Tochter". Bei den Tikopia finden wir *tama*, „Sohn" oder „Tochter", neben *tamana*, „Vater".

Es ist möglich, daß das ganze System ursprünglich selbstreziprok war. Dadurch würden wir einen ursprünglichen Kern von drei Bezeichnungen erhalten, von denen eine zwischen überspringenden, die zweite zwischen angrenzenden Generationen und die dritte innerhalb der gleichen Generation Verwendung fand. Die drei Termini würden dann den verschiedenen Verhaltensweisen entsprechen, die für die drei Altersstufen kennzeichnend sind.

Morgans Interpretation des Typs I wurde nun von Rivers mit der Begründung verworfen, es sei nicht wahrscheinlich, daß der älteste Typus des klassifikatorischen Systems gerade von den Polynesiern und nicht von anderen, weit rückständigeren Völkern bewahrt worden sein soll. Nach seiner Ansicht sind die polynesischen Terminologien dieses Typs Entartungserscheinungen. Die bei diesen Sprachen im Vergleich zu Typus II fehlenden Unterscheidungen seien verlorengegangen. Das

---

[6] Es ist allgemeine Regel, besonders in Australien, daß der ältere Bruder und die ältere Schwester zusammen mit ihren klassifikatorischen Kollateralverwandten von dem jüngeren Bruder und der jüngeren Schwester durch besondere Termini unterschieden werden. Das ist die einzige altersmäßige Unterscheidung, die für dieses System kennzeichnend ist, und ich stimme mit KRICHEVSKY, S. 257–328, darin überein, daß sie nicht von Anfang an bestanden hat, sondern wahrscheinlich auf der Unterscheidung zwischen Älteren und Jüngeren in Hinsicht auf die Initiation beruhte (RIVERS, Kinship and Social Organisation, S. 187–189).

wird jedoch nicht durch die innere Evidenz bestätigt, soweit überhaupt vergleichende Untersuchungen angestellt wurden. Wo demgegenüber polynesische Wörter für den „Mutterbruder" und die „Vatersschwester" vorhanden sind, handelt es sich entweder um isolierte und auf eine einzige Sprache oder Gegend beschränkte Formen, die daher nicht auf das proto-polynesische System bezogen werden können, oder um Komposita, die auf der Basis der ursprünglichen Wörter für „Vater", „Mutter", „Bruder" und „Schwester" gebildet wurden und sich mit beachtlicher Gleichförmigkeit über das ganze Gebiet verteilen.[7] So heißt bei den Fotuna *tua-tina*

Erläuterungen zu Tabelle I

Die linke und rechte Außenspalte enthält eine Liste der Verwandtschaftsgrade bis zur ersten Seitenlinie. Die Abkürzungen bedeuten: m. s. = vom Mann aus gesehen, w. s. = von der Frau aus gesehen.

Aus den Spalten I—III geht hervor, wie diese Verwandtschaftsgrade bei Typ I und II des klassifikatorischen Systems und — in Spalte III — beim deskriptiven System klassifiziert werden. Die einzelnen Verwandtschaftskategorien sind durch waagerechte Linien voneinander getrennt.

In den restlichen Spalten findet man die Verwandtschaftsbezeichnungen, wie sie in fünf Sprachen benutzt werden. Einige Besonderheiten sind fortgelassen worden. Dobu (Polynesien) entspricht dem Typ I, außer daß hier für die Schwiegereltern, für die Kinder des Brudes (w. s.) sowie für die Kinder der Schwester (m. s.) besondere Bezeichnungen bestehen, durch die eine Entwicklung des Systems auf Typ II hin zum Ausdruck kommt. Tikopia (Polynesien) steht zwischen Typ I und II. Die in diesen beiden Sprachen auftretenden Doppelbezeichnungen für Bruder und Schwester werden je nach Geschlecht des Sprechenden verwendet. Urabunna (Südaustralien) und Telugu (Südindien) gehören zu Typ II. Die in diesen beiden Sprachen auftretenden Doppelformen für Bruder und Schwester werden benutzt, um vom Standpunkt des Sprechenden aus die älteren Geschwister von den jüngeren zu unterscheiden. Werden sie auf die Ortho-Cousins angewandt, so dienen sie zur Unterscheidung der Kinder des älteren Vatersbruders von denen des jüngeren sowie der Kinder der älteren Mutterschwester von denen der jüngeren. Für die Termini des deskriptiven Systems wurde das Deutsche herangezogen.

Quellen: Fortune, R., *The Sorcerers of Dobu*, S. 37, Firth, R., *We, the Tikopia*, S. 248 und Rivers, W. H. R., *History of Melanesian Society*, Bd. 1, S. 299 und 341, Spencer, B. und Gillen, F. J., *The Native Tribes of Central Australia*, S. 66, Morgan, L. H., *Systems of Consanguinity and Affinity of the Human Family*, S. 523, Nr. 2.

[7] Die weite Verbreitung der primären polynesischen Termini kann man an folgenden Beispielen erkennen: *tama*, „Vater", erscheint in dieser Form auf Motu, Trobriand, Tube-tube, Neuirland, Bugotu, Florida, Eddystone, Guadalcanar, Arag (Pentecost-Ins.), Fidschi und Samoa; vgl. ferner *tamana* (Tikopia, Aniwa, Fotuna, Dobu), *taman* (Kayan), *tamau* (Kingsmill), *tamai* (Mota, Tonga), *sama* (Duff, vgl. *sina*, „Mutter"), *etma* (Anaiteum, vgl. *etpo*, „Großvater u. -mutter"), *timin* (Weasisi), *rimini* (Kwamera, vgl. *rini*, „Mutter"), *ta* (Tavua, vgl. Navatusila *ngwanita*, „Vatersschwester"), *ama* (Nokanoka, vgl. *ina*, „Mutter"), *amai*, „Vatersbruder" (Kayan), *ma* (Nggao, Loh, Narambula), *maa* (Lau, Fiu), *mau* (Savo, vgl. Arosi *mau*, „Mutterbruder"), *wama* (Rafurafu, vgl. *waforo*), *mama* (Koita, Vella Lavella, Hiw, vgl. Rafurafu *mamau*, „Mutterbruder"), *imam* (Vanua Lava, Rowa), *ma-kua* (Hawaii) etc.; *tina*, „Mutter", erscheint in dieser Form auf den Salomonen und auf Fidschi, vgl. dazu *tinana* (Tikopia, Fotuna), *tinan* (Kayan), *sina* (Motu, Tube-tube, Duff), *sinana* (Dobu), *tinau* (Kingsmill), *rini* (Kwamera), *etna* (Neuirland, vgl. Anaiteum *etma*, „Vater"), *ina* (Nokanoka) etc.

Tabelle I Verwandtschaftsterminologien

Tatsächlicher Verwandtschaftsgrad	I	II	III	Dobu	Tikopia	Urabunna	Telugu	Deutsch	Tatsächlicher Verwandtschaftsgrad
Vatersvater				tubuna	tupuna	kadnini	tata	Großvater	Vatersvater
Muttervater						thunthi			Muttervater
Vatersmutter						nowillie	avva	Großmutter	Vatersmutter
Mutter der Mutter						kadnini			Mutter der Mutter
Vater				tamana	tamana	nia	tandri	Vater	Vater
Vatersbruder									Vatersbruder
Gatte d. Mutterschwester							mama	Onkel	Gatte d. Mutterschwester
Gatte der Vatersschwester					tuatina	kawkuka	mena-mama		Gatte der Vatersschwester
Mutterbruder				bwosiana	tamana fongovai		mama		Mutterbruder
Schwiegervater								Schwiegervater	Schwiegervater
Mutter				sinana	tinana	luka	talli	Mutter	Mutter
Mutterschwester									Mutterschwester
Gattin des Vatersbruders							atta	Tante	Gattin des Vatersbruders
Gattin des Mutterbruders					masikitanga	nowillie	men-atta		Gattin des Mutterbruders
Vatersschwester				lawana	tinana fongovai		atta		Vatersschwester
Schwiegermutter								Schwiegermutter	Schwiegermutter
Bruder				tasina bzw. nuuna	taina bzw. kave	nuthie bzw. kupuka	anna bzw. tammudu	Bruder	Bruder
Sohn des Vatersbruders								Vetter	Sohn des Vatersbruders
Sohn der Mutterschwester									Sohn der Mutterschwester
Sohn des Mutterbruders						wittewa	bava		Sohn des Mutterbruders
Sohn der Vatersschwester									Sohn der Vatersschwester
Schwager					ma, taina			Schwager	Schwager

				kakua bzw. kupuka	akka bzw. chellelu	Schwester	Schwester
Tochter des Vatersbruders		nuuna bzw. tasina	kave bzw. taina			Base	Tochter des Vatersbruders
Tochter der Mutterschwester							Tochter der Mutterschwester
Tochter des Mutterbruders				nupa	vadine		Tochter des Mutterbruders
Tochter der Vatersschwester							Tochter der Vatersschwester
Schwägerin			taina, ma			Schwägerin	Schwägerin
Sohn		natuna	tama	biaka	koduku	Sohn	Sohn
Bruderssohn (m. s.)							Bruderssohn (m. s.)
Schwestersohn (w. s.)		kedeana	iramutu			Neffe	Schwestersohn (w. s.)
Bruderssohn (w. s.)		wana		thidnurra	men-alludu alludu		Bruderssohn (w. s.)
Schwestersohn (m. s.)		?	fongona				Schwestersohn (m. s.)
Schwiegersohn						Schwiegersohn	Schwiegersohn
Tochter		natuna	te mafine	biaka	kuthuru	Tochter	Tochter
Bruderstochter (m. s.)							Bruderstochter (m. s.)
Schwestertochter (w. s.)		kedeana	iramutu			Nichte	Schwestertochter (w. s.)
Bruderstochter (w. s.)		wana		thidnurra	mena-kodalu kodalu		Bruderstochter (w. s.)
Schwestertochter (m. s.)		?	fongona				Schwestertochter (m. s.)
Schwiegertochter						Schwiegertochter	Schwiegertochter
Sohnessohn				kadnini thunthi	manamadu	Enkel	Sohnessohn
Tochtersohn		tubuna	makopuna				Tochtersohn
Sohnestochter				kadnini thunthi	manamaralu	Enkelin	Sohnestochter
Tochter der Tochter							Tochter der Tochter

„Mutterbruder" und ist aus *tua* „Bruder" und *tina* „Mutter" zusammengesetzt, während bei den Nokanoka *nganei-tama* „Vatersschwester" bedeutet und aus *ngane* „Schwester" und *tama* „Vater" gebildet ist.[8] Das Wort der Tonga für den Sohn des Bruders der Mutter ist auf ähnliche Weise aus den Grundtermini für diese drei Verwandtschaftsgrade zusammengesetzt (*tama-a-tuasina*), während die entsprechende Bezeichnung bei den Fidschi (*tavale*) wörtlich *concumbens* bedeutet und somit eigentlich ein Epitheton zu den ursprünglichen Termini für Bruder und Schwester darstellt.[9] Da diese Komposita offensichtlich sekundäre Bildungen darstellen, sind es auch die von ihnen bezeichneten Unterscheidungen.

Die polynesische Gesellschaft war zwar tatsächlich in mancher Hinsicht fortgeschritten, kannte jedoch noch keine Metallgewinnung. Das sollte man in Verbindung mit einem anderen Umstand berücksichtigen. Polynesien besteht aus vielen, über einen großen Teil des Pazifik verstreuten Inselchen und ist in sprachwissenschaftlicher Beziehung das einheitlichste Gebiet der Erde. Die Polynesier siedelten sich dort zwischen dem zehnten und vierzehnten Jahrhundert unserer Zeitrechnung an. Diese seemännische Großtat beweist, daß ihre Kultur damals höher war als heute. Mit anderen Worten: Ihre Kultur begann zu stagnieren, als sie den durch die Periode der Wanderungen gekennzeichneten Höhepunkt der Entwicklung überschritten hatte. Daher erlitten ihre Sprachen seit der Trennung voneinander auch nur geringfügige Veränderungen. Sollte es sich herausstellen, daß der Ausbreitung eine Epoche raschester Entwicklung aus primitiven Anfängen vorausgegangen war, dann müssen wir folgerichtig auch die Anomalie, daß ein primitives Verwandtschaftssystem weiter bestehen konnte, als Teil eines durch außerordentlich heftige Widersprüche gekennzeichneten dialektischen Prozesses verstehen.

3. *Rituelle Promiskuität*

Da die Urhorde schon lange vom Erdboden verschwunden ist, können sich diejenigen Gegner Morgans, deren Gefühl für menschliche Würde verletzt worden ist, mit dem Gedanken trösten, daß uns direkte Belege für sexuelle Promiskuität zwangsläufig fehlen. Wie wir aber aus dem Totemismus gelernt haben, finden die durch den ökonomischen Fortschritt überholten gesellschaftlichen Institutionen eine Freistätte in der Religion. Sie zieht gerade deswegen die Aufmerksamkeit des Erforschers der Menschheitsgeschichte auf sich, da in ihr überlebte Formen praktischen Verhaltens sowie außer Kurs gekommene Vorstellungen aufeinandergeschichtet sind. Noch lange, nachdem die Menschen aufgehört haben, wie ihre Väter zu handeln, hängen sie an der Vorstellung, daß ihr Wohlergehen irgendwie vom Wohlwollen der Ahnen abhängen könne. Folglich drängen bei

---

[8] Die Form *ngane* scheint durch Prokope aus **tua-kane* (Samoa *tua-ngane*, Duff *to-kane*, etc.) abgeleitet zu sein, wobei das zweite Element entweder das Geschlecht der Verwandten oder des Sprechers selbst bezeichnet: daher Tavua *ngwandi* (**ngwane-tina*), „Mutterbruder". Vgl. auch Mota *ra-veve*, „Vatersschwester", das sich aus *veve*, „Mutter", und einem ehrenden Präfix *ra* zusammensetzt.

[9] B. H. THOMSON, „Concubitancy in the Classificatory System of Relationship", in: JAI 24, 1895, 371.

kritischen Situationen im Leben des Individuums oder zu Zeiten allgemeinen Notstandes urväterliche Sitten wieder ans Tageslicht.

Bei dem Stamm der Aranda in Australien muß jede Frau vor der Ehe mit mehreren zu ihr in bestimmtem Verwandtschaftsverhältnis stehenden Männern in vorgeschriebener Reihenfolge geschlechtlich verkehren. Alle übrigen Verwandtschaftsgrade gehören zu den verbotenen.[10] Dem Akt der Eheschließung geht somit eine formelle Anerkennung der weitergehenden älteren Rechte voraus.

Bei diesem wie auch bei vielen anderen Stämmen muß jede verheiratete Frau einmal in ihrem Leben an einer Zeremonie teilnehmen, bei der sie für die Dauer der Veranstaltung von allen anwesenden Männern als Gemeineigentum unter Vernachlässigung der Exogamiegebote angesehen wird. Nur ihr Vater, ihre Brüder und Söhne bleiben von diesem Recht ausgeschlossen. Die Eingeborenen behaupten, der ausschweifende Charakter dieser Veranstaltungen stände in Einklang mit urväterlicher Praxis.[11]

Erkrankt auf den Fidschiinseln ein Häuptling, so wird sein Sohn bei einem Priester mit der Bitte um Einweihung vorstellig, damit sein Vater wieder gesunden könne. Der Novize stirbt bildlich, damit der Kranke am Leben bleiben kann. Nach der Initiation findet ein öffentliches Fest statt, bei dem für die Dauer der Veranstaltung sämtliche Exogamiegebote und Besitzrechte aufgehoben sind. „Während seiner Dauer benehmen wir uns genauso wie die Ferkel", bemerkte dazu einer der Eingeborenen sanftmütig. Während sich Geschwister sonst nicht einmal berühren dürfen, verkehren sie bei diesem Anlaß wie Mann und Frau miteinander. Die doppelte Bedeutung dieser zeremoniellen Rückkehr zur Urgemeinschaft in geschlechtlichem und gesellschaftlichem Sinne kommt treffend in der Behauptung der Eingeborenen zum Ausdruck, daß es bei diesen Anlässen „keine Besitzer von Schweinen oder Frauen" gäbe. Diese Einzelheiten berichtet Fison, ein frommer, aber sonst ehrenhafter christlicher Missionar. Bei ihm heißt es unter anderem:

> Wir können keinen Augenblick annehmen, es handele sich hierbei um einen bloßen Ausbruch sexueller Ausschweifung, dem weder Bedeutung noch Absicht zugrunde läge. Er ist Teil eines religiösen Ritus und wird als für die Vorfahren annehmbar betrachtet. Aber wieso sollte das für sie annehmbar sein, wenn es nicht in Übereinstimmung mit dem Brauchtum längst vergangener Tage stände?[12]

4. Das klassifikatorische System: Typ II

Beim Typ II des klassifikatorischen Systems wird jede Kategorie des Typs I noch einmal unterteilt. Es gibt hier eine besondere Bezeichnung für den Mutterbruder im Unterschied zum Vater und Vatersbruder, wobei dieser Terminus den Schwiegervater einschließt. Ferner gibt es eine besondere Bezeichnung für die Schwester des Vaters zum Unterschied von der Mutter und der Schwester der

---

[10] SPENCER etc. The Arunta, S. 472—476.
[11] Ebd., S. 472—476, dies., Northern Tribes of Central Australia, S. 73.
[12] FISON, „The Nanga", JAI 14, 1885, 30.

Mutter, wobei dieser Name die Schwiegermutter mit einbegreift. Es gibt weiter gesonderte Bezeichnungen für die Kinder des Mutterbruders und der Schwester des Vaters zum Unterschied von Bruder und Schwester, die nach wie vor den Kindern des Vatersbruders bzw. der Mutterschwester gleichgesetzt sind. Diese Termini umschließen auch den Schwager und die Schwägerin. Die Bezeichnungen für den Sohn und die Tochter werden vom Mann auf seine eigenen Kinder und die seines Bruders, von der Frau auf ihre eigenen Kinder sowie die ihrer Schwester angewandt. Doch gibt es hierbei besondere Bezeichnungen für die Kinder der Schwester eines Mannes wie auch für die des Bruders einer Frau, unter denen auch der Schwiegersohn und die Schwiegertochter verstanden werden. Die Eltern des Vaters werden von denen der Mutter unterschieden, ebenso die Kinder des Sohnes von denen der Tochter.

Wie schon bei Typ I wird jede Bezeichnung in klassifizierendem Sinne verwandt, d. h., sie umgreift eine unendliche Reihe von Kollateralverwandten. So schließt beispielsweise die Bezeichnung für den Vater den Bruder des Vaters, den Sohn des Bruders des Vaters des Vaters, den Sohn des Sohnes des Bruders des Vaters des Vaters des Vaters usf. mit ein. Die Bezeichnung für die Mutter schließt die Schwester der Mutter, die Tochter der Schwester der Mutter der Mutter, die Tochter der Tochter der Schwester der Mutter der Mutter der Mutter usf. mit ein. Der Terminus für die Schwester des Vaters umgreift auch die Tochter des Bruders des Vaters des Vaters, wie auch der für den Bruder der Mutter den Sohn der Schwester der Mutter der Mutter mitbezeichnet. Ähnlich schließen die Bezeichnungen für Bruder und Schwester auch die Kinder aller Personen ein, die „Vater" bzw. „Mutter" gerufen werden, während die Termini für Sohn und Tochter von einem Manne auf die Kinder der von ihm „Bruder" genannten Personen angewandt werden und die Frau mit den Kindern aller Personen, die von ihr „Schwester" genannt werden, ebenso verfährt.

Wir stellen daran fest, daß die Generation des Sprechenden in zwei Kategorien zerfällt. Die erste umschließt Brüder und Schwestern, die Kinder des Bruders des Vaters und die der Schwester der Mutter. Das sind die „Ortho-Cousins", die Parallelvettern. Die zweite umschließt die Kinder des Mutterbruders und die der Vatersschwester. Das sind die „Cross-Cousins", die „Kreuzvettern". Es ist wichtig, sich diesen Unterschied klarzumachen.

Unter den Kreuzvettern versteht man auch den Schwager, wenn der Sprechende ein Mann ist, oder die Schwägerin, ist der Sprechende eine Frau. Ist nun der Kreuzvetter eines Mannes sein Schwager, dann muß seine Kreuzbase seine Frau sein. Ist die Kreuzbase einer Frau ihre Schwägerin, dann muß ihr Kreuzvetter ihr Ehegatte sein.

Während Ehemann und Ehefrau in den meisten Sprachen, wie ich sogleich darlegen werde, mit besonderen Ausdrücken bezeichnet sind, wird in Australien unter dem Terminus für die Kreuzvettern auch die Ehefrau, ist der Sprechende ein Mann, und der Ehemann, wenn der Sprecher eine Frau ist, verstanden. Mit anderen Worten: Die Kinder des Bruders der Mutter und der Schwester des Vaters stehen zu einem Manne im Verhältnis eines Schwagers beziehungsweise einer Ehefrau, zu einer Frau im Verhältnis eines Ehemannes bzw. einer Schwägerin. Ähnlich ist in der vorangehenden Generation der Schwiegervater gleichzeitig der Bruder der Mutter und die Schwiegermutter zugleich Schwester des Vaters. In der darauffolgenden Generation ist der Schwiegersohn eines Mannes auch sein Schwestersohn und der Schwiegersohn einer Frau zugleich der Sohn ihres Bruders. Das ganze System beruht auf fortwährenden Wechselheiraten zwischen Kreuzvettern.

Kreuzvetternehen stellen die spezifische Form ehelicher Beziehungen zwischen zwei exogamen Gruppen dar und mußten aus der Praxis der Wechselheirat innerhalb entsprechender Generationen hervorgehen. Alle Verwandten werden nach dem Gesichtspunkt klassifiziert, ob sie zur Gruppe des Sprechers oder einer anderen gehören. Wie beim Typ I die charakteristischen Verwandtschaftsverhältnisse in einer endogamen Horde zum Ausdruck gelangen, entspricht folglich auch Typ II der Gemeinschaft zweier exogamer Stammeshälften. Zwischen beiden besteht lediglich der Unterschied, daß bei Typ II jede Kategorie von Typ I nochmals unterteilt wird. Das ist eine Folge der Zweiteilung der Horde.

5. Die Gruppenehe

Einzig und allein bei dieser Interpretation kann man den logischen Charakter des Systems erkennen. Das sprachliche Beweismaterial ist derart erdrückend, daß man sich zu dieser Ausdeutung selbst dann verstehen müßte, wenn keine weiteren Stützen für diese Theorie vorhanden wären. In Wirklichkeit wird aber die Praxis der Wechselheirat zwischen Kreuzvettern noch immer in ganz Australien, ferner teilweise in Polynesien und Melanesien, bei einer Anzahl drawidischer Stämme Indiens und in verschiedenen Teilen Nord-, Mittel-, Südamerikas und Afrikas befolgt.[13]

Die Kreuzvetternehe kann individuell oder kollektiv sein. Außerhalb Australiens ist sie zwar heutzutage überall individuell, dennoch hat ein Mann durch die Heirat mit der ältesten aus einer Gruppe von Schwestern auch ein Anrecht auf die jüngeren, sobald diese mündig geworden sind. Unter solchen Bedingungen besteht zwischen der auf dem Grundsatz kollektiver Verwandtschaftsverhältnisse beruhenden Terminologie und ihrer praktischen Handhabung ein Widerspruch. In einigen Teilen Australiens aber ist die Kreuzvetternehe noch immer kollektiv oder war es doch bis vor nicht allzu langer Zeit. Eine Gruppe von Brüdern paarte sich mit einer entsprechenden Gruppe von Schwestern.[14] Hier stimmt die Nomenklatur mit den wirklichen Verhältnissen überein. Ohne Zweifel war das ehedem überall der Fall, wo Typus II vorlag. Wie durch die Unterteilung jeder Kategorie des Typus I der Endogamie in der Horde durch das Exogamiegebot ein Ende gesetzt wurde, geht auch aus der Abwesenheit weiterer Unterscheidungsmerkmale innerhalb der neugeschaffenen Kategorien hervor, daß die geschlechtlichen Beziehungen keinen weiteren Beschränkungen unterlagen und die Ehe somit kollektiv war. In Wirklichkeit ist man kaum berechtigt, auf dieser Stufe überhaupt von

---

[13] BRIFFAULT, a. a. O., Bd. 1, S. 563—584.
[14] HOWITT, Native Tribes of South East Australia, S. 173—187, SPENCER etc., a. a. O., S. 73, 95.

Ehe zu sprechen, weil ja, wie man später noch sehen wird, mit der formellen Ehe gerade diejenigen individuellen Verhältnisse umschrieben werden, durch die schließlich die kollektiven verdrängt werden sollten.[15] In jeder Generation waren die Männer einer Stammeshälfte die wirklichen oder zumindest möglichen Gatten der Frauen aus der anderen Stammeshälfte.

Morgans Theorie der Gruppenehe ist mit hartnäckigem Eifer bekämpft worden und wird noch immer mit der gleichen Lautstärke denunziert, obwohl bereits siebzig Jahre seit ihrer Verkündung verflossen sind. Der alte Mann scheint ein zähes Leben besessen zu haben. Man hat uns immer wieder versichert, daß seine Schlußfolgerungen wegen neuerer Erkenntnisse überholt seien. Diese Einstellung würde zweifellos größeres Vertrauen erwecken, wäre sie durch eine Reinterpretation der Tatbestände untermauert. Offensichtlich ist aber das für Morgan belastende Beweismaterial derart erdrückend, daß es einfach nicht zusammengetragen werden kann. Sein Korpus von 150 Sprachen könnte heute mit Leichtigkeit auf den doppelten oder gar dreifachen Umfang gebracht werden, doch ist das bislang nicht geschehen. Die neu hinzugekommenen Materialien liegen in Hunderten von Monographien und Zeitschriften verstreut, dennoch stellt Morgans *Systems of Consanguinity and Affinity* aus dem Jahre 1871 noch immer die grundlegende Sammlung der Fakten dar. In bezug auf die tatsächlichen, von den terminologischen Gegebenheiten abweichenden Eheformen ist nur ein einziger Versuch unternommen worden, sein Werk auf den modernsten Stand zu bringen: Er stammt von Briffault und stellt eine der stärksten Stützen der Auffassung Morgans dar.[16] Er hat mit Brillanz die unwissenschaftliche Art entlarvt, mit der die Gegner Morgans argumentieren, und zu dessen Gunsten eine weit reichhaltigere und vollständigere Musterung konkreter Tatsachen veranstaltet, als es je von der Gegenseite geschehen ist. Wenn ich das behaupte, habe ich Westermarcks *Geschichte der menschlichen Ehe* dabei nicht vergessen. Wer auch nur ein wenig Vertrauen zu dem letztgenannten Werk besitzt, sollte um so mehr Briffault zu Rate ziehen.[17]

Von Lowie, einem der Widersacher, die Morgan in neuester Zeit erwachsen sind, stammt die Bemerkung, dessen Glaube an den sozialen Fortschritt sei „die natürliche Begleitmusik zu dem Glauben an die Existenz historischer Gesetzmäßigkeiten gewesen, besonders, wenn er mit dem evolutionären Optimismus der siebziger Jahre gefärbt auftrat".[18] Lowie glaubt also nicht an historische Gesetze und gibt damit zu, daß seine eigenen Ansichten über den Verlauf der Geschichte unwissenschaftlich sind. Warum verlangt er dann von uns, wir sollten seine Meinung akzeptieren? Das von ihm Gesagte ist natürlich in dem Sinne völlig richtig, daß Morgans zu Recht mit Darwins Leistung verglichenes Werk ein intellektuelles Meisterstück aus den besten Tagen des Kapitalismus darstellt.[19] Ebenso wahr aber ist, daß Lowies mangelnder Glaube an den sozialen Fortschritt, der in bissigen Aphorismen über „diesen planlosen Mischmasch, dieses aus Fetzen und Flicken bestehende Etwas, Zivilisation genannt",[20] zum Ausdruck kommt, ein gleichermaßen charakteristisches Erzeugnis des verfaulenden Kapitalismus ist.

[15] BRIFFAULT, a. a. O., Bd. 2, S. 1–96. [16] Ebd., Bd. 1, S. 614–781. [17] Ebd., Bd. 1, S. 764–765, Bd. 2, S. 16–64, etc.
[18] LOWIE, a. a. O., S. 427. [19] ENGELS, Der Ursprung der Familie, des Privateigentums und des Staats, S. 19.
[20] LOWIE, a. a. O., S. 428.

6. Der Verfall des klassifikatorischen Systems

Da die Zweiteilung der Horde den Ausgangspunkt für das Entstehen der Gruppenehe bildete, muß der kollektive Charakter der Verwandtschaftsverhältnisse anfangs voll wirksam gewesen sein, d. h., alle männlichen Mitglieder des einen Clans waren die Gatten aller gleichaltrigen Frauen des anderen. Als aber die beiden ursprünglichen Clane durch weitere Unterteilung zu Clangruppen oder Stammeshälften geworden waren, verringerte sich auch der Spielraum der geschlechtlichen Beziehungen, obwohl er sich dem Namen nach noch immer zusammen mit der weiteren Unterteilung der Stammeshälfte ausweiten konnte, in der Praxis auf den einen oder den anderen Teil-Clan. Statt einer kollektiven Einheit gab es jetzt mehrere. Derselbe Vorgang wiederholte sich, als der Clan zur Phratrie wurde, bis sich das Exogamiegebot schließlich nur noch auf den Einzel-Clan bezog. Damit hat das Stammessystem den Höhepunkt seiner Entwicklung erreicht und stellt nunmehr, ausgehend von der undifferenzierten Horde, einen Komplex von Stammeshälften, Phratrien und Clanen dar.

Als dieser Kulminationspunkt überschritten war, nahmen die Triebkräfte des wirtschaftlichen und gesellschaftlichen Differenzierungsprozesses, von denen die Weiterentwicklung dieses Systems abhängig war, einen zerstörenden Charakter an. Als die Produktionsweise begann, das Individuum in den Mittelpunkt zu stellen, geriet sie mit der kollektiven Organisation der Produzenten in Widerspruch. Je stärker sich der Einzelproduzent in die Lage versetzt sieht, den Eigenbedarf zu decken, desto stärker entwickelt er sich auch zum Privateigentümer. Somit bricht auch die Kollektivehe zusammen. Statt daß sich wie bisher eine Gruppe von Brüdern jeweils mit einer Gruppe von Schwestern vereinigte, wobei jeder Mann auf jede Frau das gleiche Anrecht hatte, heiratete jetzt jeder Bruder für sich eine oder mehrere Schwestern und besaß nun auch die alleinige Verfügungsgewalt über diese. Das Verfahren unterlag der einzigen Einschränkung, daß die Frauen bei der Abwesenheit ihres Gatten dann auch für die anderen Männer verfügbar waren. Als sich später der älteste Bruder als Clan-Ältester das Vorzugsrecht auf die Erbschaft gesichert hatte, erlangte er ein entsprechendes Recht auf die gesamte Gruppe von Schwestern und trat es erst bei seinem Tode an seine jüngeren Brüder ab.

Die Ehe einer Gruppe von Schwestern mit einem Mann nennt man Sororat, während das Anrecht auf die Witwe oder die Witwen des älteren Bruders mit Levirat bezeichnet wird.[21] Diese über die ganze Erde verbreiteten Bräuche kennzeichnen die einseitige Entwicklung der individuellen Ehe zugunsten des Geschlechts, das die führende Rolle im Produktionsprozeß an sich gerissen hatte. Die Umkehrung des Sororats, bekannt unter der Bezeichnung Brüder-Polyandrie — wobei eine Gruppe von Brüdern mit einer Frau verheiratet ist —, findet man weit weniger häufig, da ja die gesellschaftliche Vorherrschaft des weiblichen Geschlechts immer an das Fortbestehen des Gemeinbesitzes, also auch der Gruppenehe in ihrer unveränderten Form, gebunden zu sein pflegt.[22]

---

[21] Über Sororat und Levirat siehe BRIFFAULT, a. a. O., Bd. 1, S. 614—629, 766—781.   [22] Ebd., Bd. 1, S. 628.

Kehren wir zum Typus II zurück, so stellen wir fest, daß von dem Zeitpunkt an, da die Stammeshälfte nicht mehr die exogame Grundeinheit darstellt, das gesamte System einen Widerspruch in sich trägt. Es hat sich das Bedürfnis herausgebildet, innerhalb jeder Kategorie eine neuerliche, in der Nomenklatur noch nicht vorgesehene Unterscheidung vorzunehmen. Es handelt sich um die Unterscheidung zwischen den leiblichen, derselben kollektiven Einheit entstammenden Geschwistern und denen, die in anderen derartigen Einheiten geboren sind und nach dem klassifikatorischen System die „Brüder" und „Schwestern" eines Mannes darstellen; ferner zwischen den unmittelbaren „Vätern" und „Müttern", zu denen auch die leiblichen Eltern gehören, und den entfernteren „Vätern" und „Müttern", die nur in loser Beziehung zu dem Sprecher stehen.

Dieser Diskrepanz begegnet man durch die Einführung deskriptiver Beiwörter, so daß Bezeichnungen wie „naher Bruder", „entfernter Bruder", „leiblicher Bruder" usf. entstehen. Derartige, die primären Termini einschränkende Beiwörter sind in diesem System weitverbreitet.[23] Sie bringen ein neues Prinzip zur Geltung, da die neugeschaffenen Kategorien eines „nahen Vaters" und eines „nahen Bruders" auf einen fest umrissenen Personenkreis beschränkt sind. Aber auch dann stellen sie nur einen Notbehelf dar.

Als sich das Recht auf die Einehe durchgesetzt hatte, wurde es ratsam, die wirklichen Ehegatten von den anderen Kreuzvettern, die wirklichen Eltern von den übrigen „Vätern" und „Müttern" und die tatsächlichen Schwiegereltern von den anderen „Mutterbrüdern" und „Vatersschwestern" zu unterscheiden. Die durch diese Neuerung hervorgerufene Spannung wirkte sich naturgemäß an der davon unmittelbar betroffenen Stelle — der Terminologie — am stärksten aus, so daß sich auch bei den meisten Sprachen außerhalb Australiens und bestimmter Gebiete Melanesiens besondere Termini für den Gatten und die Gattin herausbildeten. Daß diese Termini jüngeren Ursprungs sind, verrät ihre in vielen Fällen noch erkennbare Bedeutung, wie „Mann", „Frau", „Partner", „Paar", „Zweigespann" usw.[24] Hatte aber dieses deskriptive System erst einmal Eingang gefunden, so setzte es sich bei jeder sich bietenden Gelegenheit durch, bis die Einehe schließlich als neue Einheit feste Formen angenommen hatte. Der Zusammenbruch des klassifikatorischen Systems der Verwandtschaftsbezeichnungen war somit durch den Zusammenbruch des auf der Stammesgliederung beruhenden Gesellschaftssystems herbeigeführt worden.

Bevor wir diesen Prozeß in seinen Einzelheiten verfolgen, wollen wir uns das Schicksal der Verwandtschaftsterminologien solcher Völkerschaften vor Augen führen, deren Entwicklung auf der Stufe der Stammesbildung zum Stillstand gekommen war.

Zum Typus II bestehen zwei Hauptabweichungen. Die erste ist für Australien kennzeichnend, wo das Stammessystem intakt geblieben ist. Auf diesem Konti-

---

[23] MORGAN, Systems of Consanguinity and Affinity of the Human Family, S. 523, Nr. 1, 2, 4, 5, 17, SPENCER etc., Native Tribes of Central Australia, S. 79, dies., Northern Tribes etc., S. 78, 85, 88, dies., The Arunta, S. 47—55, RIVERS, History of Melanesian Society, Bd. 1, S. 192, 237, 248, 266, 275, 376, ders., The Todas, S. 483, SELIGMAN, The Veddas, S. 64, ders., Pagan Tribes of the Nilotic Sudan, S. 507, HUTTON, a. a. O., S. 139, C. E. FOX a. a. O., S. 20, ROSCOE, The Baganda, S. 130, MEEK, a. a. O., S. 114.

[24] MORGAN, a. a. O., S. 369.

nent finden wir bei vielen Sprachen eine Art der Terminologie, die uns durch ihre Kompliziertheit ein Rätsel aufzugeben scheint, bis wir erkennen, daß sie in genau der gleichen Weise aus dem Typus II entwickelt wurde wie Typus II aus Typus I. Genauso wie beim Typus II jede Kategorie von Typus I noch einmal unterteilt wurde, verfuhr man auch beim Typus IIa, wie man ihn nennen kann, mit jeder Kategorie vom Typus II. Genauso wie man beim Typus II der Promiskuität durch das Gebot, Ehen nur zwischen Kreuzvettern zu schließen, Beschränkungen auferlegte, wird nunmehr beim Typus IIa die Ehe zwischen Kreuzvettern wiederum durch das Verbot eingeschränkt, bestimmte Kreuzvettern zu ehelichen.[25]

Bei allen diesen Stämmen ist die Ehe zwischen Kreuzvettern ersten Grades untersagt. Dementsprechend wurde auch die gesamte Terminologie rekonstruiert. Statt nur einer Kategorie von Kreuzvettern gibt es jetzt deren zwei, zur Ehe zugelassene und nicht zugelassene. Die erstere umschließt Gatten und Gattin, Schwager und Schwägerinnen, die Kinder der Tochter des Bruders der Großmutter mütterlicherseits und die des Sohnes der Schwester des Großvaters väterlicherseits usf. Die letztere umfaßt die Kinder des Mutterbruders und der Vatersschwester sowie alle von diesen „Bruder" und „Schwester" genannten Personen, wie zum Beispiel die Kinder des Sohnes der Schwester der Großmutter mütterlicherseits und die der Tochter der Schwester des Großvaters väterlicherseits usw. Statt einer einzigen Bezeichnung für den Bruder der Mutter, den Schwiegervater und alle Personen, die von diesen „Bruder" genannt werden, gibt es jetzt deren zwei, eine für den Mutterbruder und seine „Brüder" nach dem klassifikatorischen System und eine zweite für den Schwiegervater und dessen klassifikatorische „Brüder". Diese Unterteilung tritt uns auch in der Stammesorganisation selbst entgegen. Statt des normalen Aufbaus in Stammeshälften und Phratrien stellen wir fest, daß jede Stammeshälfte zwei Phratrien und jede Phratrie zwei Unterphratrien enthält.[26] Es handelt sich hierbei nur um eine andere Ausdrucksweise für die im System der Blutsverwandtschaft enthaltene Heiratsvorschrift. Ich muß mir meine Frau aus einer bestimmten Subphratrie der Stammeshälfte holen, die meiner eigenen entgegengesetzt ist. Die Mitglieder dieser Subphratrie stellen die Kreuzvettern dar, die ich nach der oben angegebenen Definition heiraten darf.

Bei den Aranda stoßen wir noch auf eine weitere Komplikation. Mir ist es hier nicht nur untersagt, eine Frau aus der nicht zur Ehe zugelassenen Kategorie von Kreuzvettern zu nehmen, ich darf darüber hinaus nicht einmal eine Frau aus einer zulässigen Kategorie ehelichen, falls sie zur gleichen lokalen Gruppe wie ich gehört. Auch diese Einschränkung hat in den Termini für die Verwandtschaftsbeziehungen ihren Ausdruck gefunden.

Der Leser kann hier mit Recht fragen, ob es unter diesen Umständen für einen Aranda nicht schwierig ist, überhaupt eine Frau zu finden. Das ist tatsächlich in solchem Grade der Fall, daß die Vernichtung des Stammes noch durch

---

[25] THOMSON, G., Aischylos und Athen, S. 417. Systeme, die dem Typ IIa entsprechen und vielfach noch feiner durchgebildet sind, hat man in einigen Gebieten Melanesiens nachweisen können: LAYARD, a. a. O., S. 143—153.
[26] Es ist unter dem Namen „Acht-Klassen"-System bekannt: SPENCER etc., Native Tribes etc., S. 77—79, dies., Northern Tribes etc., S. 78—85, dies., Native Tribes of the Northern Territory etc., S. 73—75, dies., The Arunta, S. 41—46.

seine eigenen Heiratsvorschriften beschleunigt wird. Es handelt sich hier um einen pathologischen Zug der australischen Gesellschaft.

Man könnte auch die Frage stellen, wie diese primitiven Ureinwohner eine derartig verwickelte Nomenklatur, die uns schon an Hand eines Schaubildes Kopfschmerzen bereitet, im Kopfe zu behalten imstande sind. Das bereitet den Primitiven keine Schwierigkeit. Da sie weder Getreide abzumessen noch Vieh zu versorgen haben, können diese Farbigen auch nicht weiter als bis fünf zählen.[27] Ihre Verwandtschaftsverhältnisse können sie aber mit einer Leichtigkeit im Kopfe behalten, die den weißen Mann glauben macht, er selber sei dumm. Umgekehrt erscheint ihnen aber unsere Terminologie ebenso schwierig wie die ihre uns. Der wahre Grund, daß sie ihr klassifikatorisches System mit so zahlreichen Komplikationen belastet haben, liegt in ihrem Unvermögen, die intellektuelle Revolution zu vollziehen, die darin besteht, das System im Sinne der individuellen Verwandtschaftsbeziehungen von neuem zu durchdenken.

Der Typus II a tritt überall gleichzeitig mit der patrilinearen Abfolge auf, und es wird berichtet, daß er in der Gegenwart noch immer in Ausbreitung begriffen ist.[28] Die Tatsache, daß er sich noch in jüngster Zeit entwickelt, ermöglicht uns eine Erklärung.

Obwohl diese Stämme in ihrer Entwicklung zurückgeblieben sind, stehen sie seit einem Jahrhundert in dauerndem Kontakt mit europäischen Goldgräbern, Schafzüchtern, Missionaren, Polizisten und anderen Vorkämpfern unserer Kultur. Sie haben die Achtung vor dem Privateigentum zusammen mit dem Glauben an Gott eingesogen. Indem sie die Eheschließung zwischen Kreuzvettern ersten Grades und denen, die zur gleichen Lokalgruppe gehören, verboten haben, sind die Blutsbande zwischen dem Gatten und der Gattin auf ein Minimum reduziert worden, wodurch wiederum die Autorität des Mannes steigen konnte. Spencer und Gillen erkannten, daß durch die Besonderheiten ihres Verwandtschaftssystems „das Anfangsstadium der Absonderung von Individuen in Richtung auf die Bildung einer regelrechten Familie, wie wir sie verstehen" gekennzeichnet wird.[29] Sie stellen den Versuch dar, innerhalb eines totwunden, infolge seiner Erstarrung zu einer radikalen Erneuerung unfähigen Systems eine Regel für die Individualehe aufzustellen.

Ähnliche Kräfte wirkten sich auch bei den nordamerikanischen Indianern aus, bei denen wir die charakteristischsten Beispiele für die erwähnte zweite Abweichung, Typus II b, antreffen. In den West- und Zentralstaaten muß sich ein Mann nach der allgemeinen Vorschrift seine Frau nicht nur außerhalb des eigenen Clans, sondern sogar außerhalb der ersten drei kollateralen Verwandtschaftsgrade suchen, d. h. eine Frau, die keinerlei effektiven Anspruch auf Blutsverwandtschaft erheben kann.[30] Auch diese Entwicklung hat wahrscheinlich erst in jüngerer Zeit stattgefunden, da einige Stämme nach wie vor die einfache Form der Eheschließung zwischen Kreuzvettern beibehalten haben.[31]

[27] SPENCER etc., The Arunta, S. 21. [28] FRAZER, Totemica, S. 5, 52, 256. [29] SPENCER etc., a.a.O., S. 49.
[30] MORGAN, Systems of Consanguinity etc., S. 164, ders., Die Urgesellschaft, S. 388.
[31] EGGAN, a. a. O., S. 95, BRIFFAULT, a. a. O., Bd. 1, S. 572.

Der Verfall des klassifikatorischen Systems

Die meisten dieser amerikanischen Indianer gehören zur Stufe der höheren Jäger oder zur ersten Feldbauerstufe. Ihre Stammesinstitutionen sind fortgeschrittener und deshalb weniger stabil als die der Australier. Das Auftreten der Individualehe wirkte sich bei ihnen deshalb auch nicht in einer Verfeinerung des klassifikatorischen Systems, sondern in seiner Dislokation aus.

Nach dem Verzicht auf die Kreuzvetternehe stellt naturgemäß das verwandtschaftliche Verhältnis der Kreuzvettern zueinander den schwächsten Punkt des Systems dar. Es mußte ein Mittel gefunden werden, um Gatten und Gattin, Schwager und Schwägerin von den Kreuzvettern unterscheiden zu können. In den meisten dieser Sprachen gibt es für den Gatten und die Gattin besondere Bezeichnungen, obwohl bei einigen von ihnen noch immer der Schwager (von der Frau gesehen) mit dem Gatten und die Schwägerin (vom Manne gesehen) mit der Gattin unter einem Terminus begriffen werden.[32] Bei den Tinneh und den Stämmen der Rocky Mountains sind die Kinder des Mutterbruders und die der Vatersschwester, da sie nicht mehr den zur Ehe zugelassenen Personengruppen angehören, in die Kategorie „Bruder" und „Schwester" überführt worden.[33] Bei den Dakota werden sie mit den Termini für Schwager (*tahan, shechay*) und Schwägerin (*hanka, echapan*) unter Hinzufügung eines Suffixes bezeichnet (*tahanshe, shechayshe, hankashe, echapanshe*).[34] Wo das eine oder andere dieser Hilfsmittel angewandt wurde, blieb die Terminologie stabil. In sehr vielen Sprachen sind die Kreuzvettern jedoch in Kategorien überführt worden, die außerhalb ihrer eigenen Generation liegen. Auf diese Weise wurde ein neuer Widerspruch in das System getragen, der in einigen Fällen zu außerordentlicher Verwirrung führte. So sind bei den Minnitarie die Kinder des Mutterbruders mit dem Sohn bzw. der Tochter gleichgesetzt. So verfuhr man auch mit ihren reziproken Verwandten, so daß die Kinder der Vatersschwester in der gleichen Kategorie wie Vater und Mutter, die Vatersschwester in der der Großmutter usf. erscheinen. Bei den Osage verfuhr man umgekehrt. Die Kinder der Vatersschwester sind mit dem Sohn bzw. der Tochter, die Kinder des Mutterbruders mit dem Mutterbruder bzw. der Mutter gleichgesetzt. Die weiteren Dislokationen können aus Tabelle II ersehen werden.[35] Alle übrigen Systeme der amerikanischen Indianer, die solche Dislokationen aufweisen, nähern sich dem einen oder anderen dieser beiden Typen an.

Eine Begründung dafür, daß die Termini für Sohn und Tochter in einigen Sprachen auf die Kinder des Mutterbruders, in anderen auf die der Vatersschwester ausgedehnt wurden, bietet wahrscheinlich die hier und dort geübte Praxis der Ehe mit der Frau des Mutterbruders bzw. mit dem Manne der Vatersschwester.[36] Im

---

[32] MORGAN, Systems of Consanguinity, etc. S. 291, Nr. 26—27, 34—36, 53, EGGAN, a. a. O., S. 105.
[33] MORGAN, a. a. O., S. 291, Nr. 56, 59, 63—64, 66. Möglicherweise gehen einige dieser Systeme unmittelbar auf Typ I zurück. [34] Ebd., S. 291, Nr. 9—16.
[35] Minnitarie-Typ: MORGAN, a. a. O., S. 291, Nr. 26—32, 34—35, EGGAN, a. a. O., S. 289. Osage-Typ: MORGAN, a. a. O., S. 291, Nr. 18—24, 46, 48, 52, 55, EGGAN, a. a. O., S. 252. Diese beiden Typen stehen mit der Art der Erbfolge im Zusammenhang. In acht von zehn Fällen des ersteren Typs handelt es sich um Mutterfolge; für die beiden übrigen ist die Art der Abfolge nicht bekannt. In acht von zwölf Fällen des zweiten Typs ist sie patrilinear; bei zweien matrilinear. Siehe unten Anm. 37.
[36] EGGAN, a. a. O., S. 274, RIVERS, History of Melanesian Society, Bd. 1, S. 47—49, JUNOD, Life of a South African Tribe, Bd. 1, S. 266, 290, EARTHY, a. a. O., S. 14, FRAZER, Totemism and Exogamy, Bd. 2, S. 387, 510.

Tabelle II
Dislokationen bei den Verwandtschaftssystemen der nordamerikanischen Indianer

MINNITARIE

Wirklicher Verwandtschaftsgrad:		*gleichgesetzt mit:*
Sohn	⎫	Sohn
Tochter	⎬ des Mutterbruders	Tochter
Gattin des Sohnes		Schwiegertochter
Gatte der Tochter	⎭	Schwiegersohn
Sohn	⎫	Vater
Tochter	⎬ der Vatersschwester	Mutter
Gattin des Sohnes		Mutter
Gatte der Tochter	⎭	Vater
Vatersschwester		Großmutter
Gatte der Vatersschwester		Großvater
Sohnessohn	⎫	Enkel
Sohnestochter	⎬ des Mutterbruders	Enkelin
Tochtersohn		Enkel
Tochter der Tochter	⎭	Enkelin

OSAGE

Wirklicher Verwandtschaftsgrad:		*gleichgesetzt mit:*
Sohn	⎫	Sohn
Tochter	⎬ der Vatersschwester	Tochter
Gattin des Sohnes		Schwiegertochter
Gatte der Tochter	⎭	Schwiegersohn
Sohn	⎫	Mutterbruder
Tochter	⎬ des Mutterbruders	Mutter
Gattin des Sohnes		Gattin des Mutterbruders
Gatte der Tochter	⎭	Vater
Sohn	⎫	Enkel
Sohnestochter	⎬ der Vatersschwester	Enkelin
Tochtersohn		Enkel
Tochter der Tochter	⎭	Enkelin

ersteren Falle pflegen die Kinder des Mutterbruders, im letzteren die der Vatersschwester Stiefkinder zu sein, die in diesen Sprachen gewöhnlich den leiblichen Kindern gleichgesetzt sind. Solche Ehen treten ihrer Natur gemäß nur gelegentlich und in Ausnahmefällen auf, können deshalb zwar nicht die Dislokationen im System verursacht, aber vielleicht deren Ablauf und Richtung beeinflußt haben.

Das Verfahren, nach und nach terminologische Dislokationen vorzunehmen, ist nicht auf Amerika beschränkt, sondern ebenso in Melanesien wie auch in Afrika anzutreffen.³⁷ Aus der Verwirrung, zu der die Anwendung dieses Prinzips besonders bei den verwandtschaftlichen Verhältnissen von Eltern und Kindern zueinander führen muß, wird ersichtlich, daß das klassifikatorische System die Beziehung zur Wirklichkeit verloren hat. Die Individualfamilie ist jetzt zur Reproduktionseinheit geworden. Sie besteht aus einem Mann, einer oder mehreren Schwestern und deren Nachwuchs. Das auf eine gänzlich anders geartete Einheit zugeschnittene klassifikatorische System bricht nunmehr völlig auseinander. Der nächste Schritt, den diese Stämme nicht vollziehen konnten, mußte an seine Stelle ein ganz neues System setzen, das mit der veränderten Wirklichkeit wieder in Einklang steht.

7. Das deskriptive System

Die indogermanische Sprachfamilie stammt von der Sprache eines Volkes ab, das einen bestimmten Teil der großen, sich von der Ukraine ostwärts erstreckenden Ebene bewohnte. Im dritten Jahrtausend v. d. Z. verließ dieses Volk seine Wohnsitze und begab sich nach allen Himmelsrichtungen auf die Wanderschaft. Dabei zerfiel seine Sprache in eine Reihe abgeleiteter Sprachen, von denen sich die heute noch lebenden oder schriftlich überlieferten indogermanischen Sprachen herleiten.

Einige Archäologen wollen das indogermanische Urvolk mit der neolithischen Kurgan-Kultur Südrußlands identifizieren. Aus den Grabhügeln oder „Kurganen", von denen diese Kultur ihren Namen erhalten hat, sind Tongefäße, Pferdegebisse und Bruchstücke von Wagenrädern zutage gefördert worden. Daraus geht hervor, daß wir es hier mit nomadisierenden Viehzüchtern zu tun haben.³⁸ Die sprachwissenschaftlichen Daten deuten darauf hin, daß die Indogermanen zum Zeitpunkt ihrer Auswanderung im wesentlichen ein Hirtenvolk waren, das daneben auch einige Kenntnis im Feldbau und in der Metallgewinnung besaß. Ferner müssen sie in Clan-Niederlassungen organisiert gewesen sein und eine Art Häuptling oder König gehabt haben. Die Abstammung wurde in der männlichen Linie gerechnet, und die Frauen traten in den Clan oder Haushalt über, zu dem ihr Gatte gehörte.³⁹ Man kann sie demgemäß zur zweiten Hirtenstufe rechnen.

Sprachwissenschaftler, die keine Kenntnis des klassifikatorischen Systems besaßen, haben nun durch eine vergleichende Analyse der erhaltenen Sprachen deren primitive Nomenklatur der Verwandtschaftsbezeichnungen rekonstruiert. Dabei konnten sie einige darin enthaltene offensichtliche Anomalien nicht deuten.⁴⁰ Denn einerseits werden nach dieser Nomenklatur augenscheinlich nicht weniger als

---

[37] Minnitarie-Typ: RIVERS, a. a. O., Bd. 1, S. 28, 30—31, 192 (ausschließlich matrilineare Fälle). Osage-Typ: ROSCOE, The Bakitara or Banyoro, S. 18, ders., The Northern Bantu, S. 292, SELIGMAN, Pagan Tribes etc., S. 117, 258, BATESON, G., Naven, S. 280 (sämtlich patrilineare Beispiele).
[38] J. L. MYRES in CAH, Bd. 1, S. 83—85.
[39] CHILDE, The Aryans, S. 78—93, MEILLET, Einführung in die vergleichende Grammatik der indogermanischen Sprachen, S. 240.
[40] Ebd., S. 239—241; siehe ferner G. THOMSON, a. a. O., S. 425—440.

fünf verschiedene Verwandtschaftsbezeichnungen in bezug auf die Ehe unterschieden, andererseits fand man keine Spur der ursprünglichen Bezeichnungen für den Mutterbruder, die Geschwisterkinder, Neffen und Nichten, Onkel und Tanten. In Hinblick auf diese Verwandtschaftsgrade steht das System in scharfem Kontrast zu den späteren indogermanischen Terminologien und den verschiedenen Formen des klassifikatorischen Systems, die wir weiter oben für alle Gebiete der Erde feststellen konnten.

Die altertümlichste aller erhaltenen indogermanischen Terminologien bietet das Lateinische. Wir wollen es deshalb einer Analyse unterziehen.

Im klassischen Latein gibt es für die Kinder der Vatersschwester oder des Mutterbruders keine eigentlichen Termini. Die Kinder des Vatersbruders aber sind meine *patrueles*, die der Mutterschwester meine *consobrini*.[41] Das sind die Parallelvettern, die nach Typus II des klassifikatorischen Systems dem Bruder bzw. der Schwester gleichgesetzt werden. So ist es auch im Lateinischen; denn diese Bezeichnungen sind eigentlich Beiwörter zu den Termini *frater* und *soror* und werden in der Tat auch häufig so verwandt. Es werden beispielsweise der *frater patruelis* und der *frater consobrinus* dem *frater germanus*, dem „leiblichen Bruder", entgegengesetzt.[42] Andererseits kann aber auch auf die Beiwörter verzichtet werden. So werden *frater* und *soror* oft allein in der Bedeutung: Kinder des Vatersbruders oder der Mutterschwester, d. h. in klassifikatorischem Sinne verwandt.[43]

Im Typus II des klassifikatorischen Systems ist mein Vatersbruder dem Namen nach mit meinem Vater und meine Mutterschwester mit meiner leiblichen Mutter identisch, während meine Vatersschwester und mein Mutterbruder durch andere Termini bezeichnet werden. So ist im Lateinischen mein Vatersbruder mein *patruus*, was eine bloße Erweiterung des Wortes *pater* darstellt. Meine Mutterschwester ist meine *matertera*, eine Erweiterung von *mater*, während meine Vatersschwester meine *amita* und mein Mutterbruder mein *avonculus* ist.

Avonculus ist ein Diminutiv für *avos*, das im Lateinischen Großvater heißt. Im klassifikatorischen System wird der Vater des Vaters unter demselben Begriff wie der Bruder der Mutter der Mutter gefaßt. Das deshalb, weil er unter den Bedingungen der Ehe zwischen Kreuzvettern tatsächlich der Bruder der Mutter der Mutter ist. Wenn nun der Bruder der Mutter meiner Mutter mein *avos* ist, kann naturgemäß auch der Bruder meiner eigenen Mutter mit *avonculus* bezeichnet werden.

Im Lateinischen sind die ursprünglichen idg. Termini für Sohn und Tochter verlorengegangen. So ist es auch im Keltischen. Vendryes hat dazu festgestellt, daß diese bei der italo-keltischen Gruppe auftretende Besonderheit ihren Ursprung in

---

[41] Der Terminus *consobrinus* wurde manchmal ganz allgemein auf jeden Vetter ersten Grades angewandt (daher unser „Cousin"), seine ursprüngliche Bedeutung erhellt jedoch aus seiner Etymologie (*consuesrinus). *Matruelis* für den Sohn des Mutterbruders und *amitinus* für den Sohn der Vatersschwester sind beides späte Bildungen, die im Zusammenhang mit der Kodifizierung des Römischen Rechts in Analogie zu *consobrinus* entstanden.

[42] CIC. pro Planc. 11,27; de fin. 5,1,1. PLAUT. Aul. 2,1,3; vgl. ir. *dearbh-bhráthair*, „Bruder", eigentlich „leiblicher Bruder" im Gegensatz zu *bráthair*, „Glaubensbruder" (altir. *brathir* „Bruder" oder „Sohn des Vatersbruders").

[43] CIC. pro Cluent. 24,60, ad Att. 1,5,1, CATULL. 66,22, OV. Met. 1,351.

einer gesellschaftlichen Veränderung haben muß, die vor der Trennung des Keltischen vom Italischen stattgefunden hat.[44] Lat. *filius* und *filia* sind eigentlich Adjektive, die, wie man vermutet, von *felo*, „saugen", abgeleitet sind.[45] Es liegt deshalb hier eine Analogie zu *patruelis* und *consobrinus* vor, von denen wir eben festgestellt haben, daß sie deskriptive Beiwörter der klassifikatorischen Termini darstellen.

Sobald wir den klassifikatorischen Ursprung der indogermanischen Terminologie einmal erkannt haben, erklären sich die scheinbaren Anomalien von selbst.

Als klassifikatorischer Terminus stand idg. **aṷos* sowohl für den Vatersvater als auch für den Bruder der Mutter der Mutter. Im Lateinischen, Armenischen und Altnorwegischen nahm er die einfache Bedeutung „Großvater" an. In lat. *avonculus*, air. *amnair*, ahd. *oheim* und in lit. *avynas* wurde er durch ein an die Wurzel angefügtes Element -*en* modifiziert und nunmehr auf den Mutterbruder übertragen.[46] Im Neuhochdeutschen, Französischen und Walisischen nahm die so abgewandelte Form die allgemeine Bedeutung „Onkel "an.

Die Tatsache der Übertragung von **aṷos* auf den Mutterbruder läßt auf den Verlust eines älteren Terminus für diesen Verwandtschaftsgrad schließen. Der verlorengegangene Terminus lautete idg. **suékuros* und stand für den Mutterbruder, den Schwiegervater und den Gatten der Schwester des Vaters. Er wurde dann für die Bezeichnung des Schwiegervaters (lat. *socer*) verwandt. Idg. **suékrūs*, das Vatersschwester, Schwiegermutter und Frau des Mutterbruders bedeutete, wurde auf die gleiche Weise auf die Schwiegermutter eingeschränkt (lat. *socrus*). Damit verschwand auch die Bezeichnung für die Vatersschwester. Sie wurde im Lateinischen durch *amita* ersetzt, das mit ahd. *ana* und apreuß. *ane* verwandt ist. Die beiden letztgenannten Termini bedeuten „Großmutter". Daraus geht hervor, daß lat. *amita*, „Vatersschwester", aus idg. **ana*, das die Mutter der Mutter und die Schwester des Vaters des Vaters bezeichnete, genauso durch Erweiterung der Wurzel gebildet wurde wie lat. *avonculus*, „Mutterbruder", das aus dem indogermanischen Terminus für den Vater des Vaters und den Bruder der Mutter der Mutter hervorgegangen ist.

Der Bruder des Vaters und die Schwester der Mutter wurden von dem Vater und der Mutter terminologisch durch Erweiterung der Wortwurzel unterschieden. Formen, die analog zu lat. *patruus* und *matertera* gebildet sind, finden sich auch im Griechischen, Sanskrit, Althochdeutschen, Angelsächsischen und Walisischen.[47]

Unter idg. **bhrātēr* und **suésōr* wurden auch im Lateinischen die Parallelvettern mit einbegriffen. Im Slawischen wurden diese Termini auf die Kreuzvettern ausgedehnt. In den anderen Sprachen, abgesehen vom Griechischen, das gesondert behandelt werden soll, waren sie auf den leiblichen Bruder und die leibliche Schwester beschränkt. Die Termini für die Parallelvettern gingen auf diese Weise verloren.

Das idg. **daiṷēr*, das den Schwager und die männlichen Kreuzvettern umfaßte, wurde zur Kennzeichnung des Schwagers verwandt (lat. *levir*). Das entsprechende

---

[44] VENDRYES, „La position linguistique du celtique", PBA 23, 1937, S. 26.
[45] WALDE und POKORNY, Vergleichendes Wörterbuch der indogermanischen Sprachen, Bd. 1, S. 830.
[46] ERNOUT und MEILLET, Dictionnaire étymologique de la langue latine, s. v. Avonculus.
[47] Griech. μήτρως, „Mutterbruder", hat in den anderen Sprachen keine Parallele und wurde in Analogie zu πάτρως gebildet.

Femininum *g(e)lōu- bezog sich später auf die gleiche Weise nur noch auf die Schwägerin (lat. glos). Dadurch wurden die Termini für die Kreuzvettern beseitigt.

Die idg. Termini *sunus und *dhughtē̆r wurden auf den leiblichen Sohn beziehungsweise die Tochter beschränkt. Im Italo-Keltischen verschwanden sie aber ganz. Dadurch wurden die Benennungen für die Kinder des Bruders eines Mannes und die der Schwester einer Frau beseitigt. Idg. *geme-, worunter der Gatte einer Tochter, der Sohn der Schwester eines Mannes und der Sohn des Bruders einer Frau verstanden wurden, und das entsprechende Femininum *snusós, wurden auf den Gatten einer Tochter, beziehungsweise die Frau eines Sohnes beschränkt (lat. gener und nurus). Auf diese Weise wurden die Termini für Neffen und Nichten ausgeschieden.

Wir haben oben gesehen, daß bei einer Ehe zwischen Kreuzvettern der Vater meines Vaters zugleich der Bruder der Mutter meiner Mutter ist. Vom Manne aus gesehen ist somit der Sohn meines Sohnes auch der Sohn der Tochter meiner Schwester. Es handelt sich hier um reziproke Verwandtschaftsgrade. Wie dementsprechend idg. *aŭos den Großvater und den Bruder der Mutter bezeichnete, wobei der letztere Terminus schließlich zu „Onkel" verallgemeinert wurde, so begriff man auch unter dem entsprechenden Gegenterminus *anépōtios sowohl den Enkel als auch den Sohn der Schwester, wobei der letztere mit der Zeit die allgemeine Bedeutung „Neffe" annahm. Während aber die zweite Art der Anwendung von *aŭos mit einer Modifizierung der Wortwurzel verknüpft war, trat das bei dem entsprechenden Gebrauch von *anépōtios nicht ein, so daß auch die Scheidung weniger scharf war. Im Sanskrit wurde der Terminus auf den Enkel beschränkt, im Altirischen auf den Schwestersohn. Im Griechischen, Altnorwegischen, Althochdeutschen und Altslawischen wurde er zu „Neffe" verallgemeinert. Im Lateinischen, Altlitauischen und Angelsächsischen schwankte seine Bedeutung zwischen Neffe und Enkel.

Es bleibt noch idg. *ienatēr übrig, womit die Frau des Bruders des Gatten bezeichnet wird.[48] Dieser Terminus ist dem klassifikatorischen System fremd; denn da wird die Frau des Bruders des Gatten mit der Schwester identifiziert.[49] Er gehört deshalb in die letzte Phase der Entwicklung der Ursprache, in der, wie wir sahen, die gesellschaftliche Grundeinheit in einer Gruppe von Brüdern bestand, die mit ihren aus anderen Gruppen gekommenen Frauen in Gemeinschaft lebten.

Die indogermanische Nomenklatur kann somit als Normalfall des Typus II im klassifikatorischen System angesehen werden. Durch Beschränkung jeder Bezeichnung auf einen der möglichen Verwandtschaftsgrade wurde sie neu aufgebaut, wobei die näheren Verwandtschaftsgrade den entfernteren und die verwandtschaftlichen Beziehungen von seiten des Mannes denen von seiten der Frau vorgezogen wurden. Für die ihrer Bedeutung entkleideten Kategorien wurden durch Modifikationen der Wortwurzeln deskriptive Beiwörter und in einigen Fällen

---

[48] Lat. *ianitrices*, griech. εἰνάτερες, sanskr. *yātar*, altslaw. *jentry*. Deskriptive Termini für diesen Verwandtschaftsgrad sind in klassifikatorischen Systemen nichts Ungewöhnliches: MORGAN, Systems etc., S. 291, Nr. 3, 59, 63, S. 523, Nr. 1–2, 4, 10, SELIGMAN, Pagan Tribes etc., S. 218, 379, ROSCOE, The Baganda, S. 130 ff.

[49] MORGAN, a. a. O., S. 291, Nr. 64, EGGAN, a. a. O., S. 105 ff.

Das deskriptive System

Tabelle III
Die indogermanische Nomenklatur der Verwandtschaftsgrade

Tatsächlicher Verwandtschaftsgrad	idg.	lat.
Vatersvater	*auos	avus
Muttervater		
Vatersmutter	*auia	avia
Mutter der Mutter	*ana	
Vater		pater
Vatersbruder	*patēr	patruus
Gatte der Mutterschwester		
Gatte der Vatersschwester		
Mutterbruder	*suékuros	avonculus
Schwiegervater		socer
Mutter		mater
Mutterschwester	*mātēr	matertera
Gattin des Vatersbruders		
Gattin des Mutterbruders		
Vatersschwester	*suékrūs	amita
Schwiegermutter		socrus
Bruder		
Sohn des Vatersbruders	*bhrātēr	frater
Sohn der Mutterschwester		
Sohn des Mutterbruders		
Sohn der Vatersschwester	*daluēr	
Schwager		levir
Schwester		
Tochter des Vatersbruders	*suésōr	soror
Tochter der Mutterschwester		
Tochter des Mutterbruders		
Tochter der Vatersschwester	*g(e)lōu-	
Schwägerin		glos
Sohn		filius
Bruderssohn (m. s.)	*sunus	
Schwestersohn (w. s.)		nepos
Bruderssohn (w. s.)		
Schwestersohn (m. s.)	*geme-	
Schwiegersohn		gener
Tochter		filia
Bruderstochter (m. s.)	*dhughtēr	
Schwestertochter (w. s.)		nepos
Bruderstochter (w. s.)		
Schwestertochter (m. s.)	*snusós	
Schwiegertochter		nurus
Sohnessohn	*anépōtios	
Tochtersohn		nepos
Sohnestochter	*anépōtia	
Tochter der Tochter		

durch Übertragung auf andere Generationen neue Termini entwickelt. Es handelt sich also hier um dieselben Hilfsmittel, die wir bei primitiven Sprachen auf dem ganzen Erdball feststellen konnten. Das indogermanische System setzt an der Stelle ein, an der die anderen abbrechen. Fügen wir das ganze Beweismaterial zusammen, so müssen wir darin zwangsläufig einen einheitlichen, kontinuierlichen historischen Prozeß entdecken. Insbesondere wird durch die bei dem indogermanischen System feststellbare Tendenz, den einzelnen Termini durch Verlagerung in andere Generationen eine neue Bedeutung zu unterlegen, unsere Analyse der viel weiter gehenden, für die nordamerikanischen Sprachen charakteristischen Dislokationen vollauf bestätigt. Der Grund, daß sich diese Tendenz bei der erwähnten Sprachengruppe in stärkerem Maße auswirkte als im Indogermanischen, ist darin zu suchen, daß es den Indianern Amerikas nicht gelang, über die Stammesgesellschaft hinauszugelangen, während die eine indogermanische Sprache sprechenden Völker eine derart rasche Entwicklung durchliefen, daß sie nach einer abgekürzten Epoche der Labilität ihr gesamtes System der Verwandtschaftsbeziehungen auf neuer Grundlage reorganisieren konnten.

Diese neue Grundlage bildete die Individualfamilie. Beim deskriptiven System wird der Vater von seinen Brüdern, die Mutter von ihren Schwestern, die Brüder und Schwestern von den Parallelvettern und die Söhne und Töchter von den Neffen und Nichten unterschieden. Schwiegervater und -mutter, Schwager und Schwägerin, Schwiegersohn und -tochter werden ebenfalls jeweils durch besondere Termini bezeichnet. Die Familie ist nunmehr genau umrissen. Andererseits verschmelzen im Gegensatz zum Typus II des klassifikatorischen Systems der Bruder des Vaters und seine Schwester terminologisch mit denen der Mutter, ferner die Parallelvettern mit den Kreuzvettern, die Kinder des Bruders mit denen der Schwester, die Großeltern väterlicherseits mit denen von seiten der Mutter und die Kinder des Sohnes mit denen der Tochter. Diese durch die Praxis der Kreuzvetternehe notwendig gewordenen Unterscheidungen sind nun hinfällig geworden.

Als sich Morgan seinerzeit mit diesen Problemen befaßte, stand ihm noch nicht das zur Rekonstruktion der indogermanischen Nomenklatur erforderliche Material zur Verfügung. Dennoch wies er als erster auf die Bedeutung des klassifikatorischen Systems für die indogermanische Sprachwissenschaft hin.[50] Er erkannte, daß das unsere Sprache kennzeichnende deskriptive System nicht das ursprüngliche gewesen sein konnte. Hätten die nach ihm tätigen Wissenschaftler diesen Hinweis aufgegriffen, so wäre die indogermanische Nomenklatur schon längst gedeutet worden.

Morgans Theorie des klassifikatorischen Systems wurde von den namhaften Feldforschern Fison, Howitt, Spencer und Gillen, die die australischen Stämme untersuchten, anerkannt. Sie förderten nach seinem Tode neues Tatsachenmaterial zutage, durch das seine Schlußfolgerungen nur bestätigt werden konnten. Wie Fison in einem Brief an Morgan offen zugab, rührte seine Zurückhaltung

---

[50] MORGAN, Die Urgesellsch., S. 408—409, vgl. RIVERS, W. H. R. bei HASTINGS, Encyclopædia of Religion and Ethics, Bd. 7, S. 703.

lediglich von dem bei seinen religiösen Kollegen entstandenen Aufsehen her.[51] Morgan selbst hatte Schwierigkeiten mit seinem Ortsgeistlichen Rev. J. H. McIlvaine, mit dem er bei der Ausarbeitung seiner *Urgesellschaft* viele ernsthafte Gespräche führte, da er befürchten mußte, daß das Werk als mit dem Alten Testament unvereinbar angesehen werden könnte. Als das Buch erschien, schrieb ihm sein geistlicher Berater, der durch seine freundschaftlichen Gefühle offenbar mit Blindheit geschlagen war: „Ich halte es für ein großes Werk und für das entschieden stärkste Argument gegen die Darwinisten und zugunsten der Unveränderlichkeit der Arten, das je der Welt geschenkt wurde."[52]

Andere ließen sich jedoch nicht so leicht täuschen. Marx begrüßte das Werk sofort bei seinem Erscheinen, wie er ja auch Darwins *„Entstehung der Arten"* zu einer Zeit begrüßt hatte, als das Buch von der akademischen Welt mit Entrüstung abgelehnt wurde. Engels erklärte, es „hat für die Urgeschichte dieselbe Bedeutung wie Darwins Entwicklungstheorie für die Biologie und Marx' Mehrwerttheorie für die politische Ökonomie."[53] Das ist natürlich der Grund für die Ächtung dieser und der anderen Theorien. Der Widerstand gegen Darwin brach schließlich zusammen, da seine Theorie für die industrielle Entwicklung unerläßlich war, doch Morgan und Marx sind außerhalb der Sowjetunion und der neuen Demokratien nach wie vor tabu.

Dem liegt mehr als lediglich ein religiöses Vorurteil zugrunde. Wie die Gottesvorstellung entsteht auch die Familie zugleich mit dem Privateigentum. Da die bürgerlichen Denker annahmen, daß das Privateigentum „im Anfang war", begriffen sie auch instinktiv, daß man Morgan auf der ganzen Linie bekämpfen müsse. So führen sie zwar diesen Kampf einmütig, doch ohne klare Frontstellung, da sie sich völlig unfähig erwiesen haben, eine echte Alternative aufzustellen.

Radcliffe-Brown behauptete, „man könne gegen Morgan und seine Anhänger geltend machen, daß zwischen den Verwandtschaftsbezeichnungen irgendeines Stammes und der gegenwärtigen gesellschaftlichen Organisation volle Übereinstimmung besteht." Daher „besteht gar keine Veranlassung zu der Annahme, daß die Terminologie der Verwandtschaft ein Überbleibsel einer grundverschiedenen gesellschaftlichen Organisationsform darstelle, die in eine rein hypothetische Vergangenheit gehöre."[54] Seine Erklärung des klassifikatorischen Systems, die er auf dieser Grundlage aufbaute, habe ich schon an anderer Stelle als unhaltbar zurückgewiesen.[55]

---

[51] FISON schrieb folgendes: „Ich meinerseits akzeptiere sie [die Ungeteilte Gemeinde, d. h. die endogame Horde] als hinlänglich erwiesen, mache aber von dieser Erkenntnis aus zwei Gründen keinen ausdrücklichen Gebrauch: erstens rechne ich mit erbittertem Widerspruch und entschloß mich daher, den Raum für eine Auseinandersetzung möglichst einzuengen; zweitens bedeutet die Ungeteilte Gemeinde nicht mehr und nicht weniger als ‚Promiskuität', und das würde entsetzlichen Anstoß bei vielen meiner besten Freunde, die ich unter unseren Geistlichen habe, erregen. ... Mit einem Wort, ich bezweifele keineswegs, daß es früher einmal eine Ungeteilte Gemeinde gegeben hat, erachte es aber für meine Zwecke nicht erforderlich, diesen Umstand herauszustellen, und wegen meiner Umgebung wäre es darüber hinaus für mich sogar besser, nicht davon zu reden, solange eine Darlegung des Tatbestandes unnötig ist" (STERN, Lewis Henry Morgan, S. 162). Dornenvoll ist das Leben, und Flüsterzungen können die Wahrheit vergiften.
[52] STERN, a. a. O., S. 27.   [53] ENGELS, Ursprung der Familie etc., S. 19.
[54] RADCLIFFE-BROWN, „The Social Organisation etc.", O 1, 1931, 427.
[55] THOMSON, Aischylos und Athen, S. 418–424. Ehe er HOWITTs Feststellungen in Frage stellte, hätte RADCLIFFE-BROWN, der die Karera zu einer Zeit untersuchte, als sie bereits zu ein paar Dutzend englisch spre-

Inzwischen hat ein bedeutender Anthropologe den Versuch unternommen, das Gegenteil zu beweisen: Kroeber leugnet nämlich, daß sich Verwandtschaftsterminologien überhaupt im Lichte der gesellschaftlichen Organisationsform erklären lassen.

Hätte man sich deutlicher vor Augen gehalten, daß die Verwandtschaftsbezeichnungen in erster Linie von sprachlichen Faktoren abhängen und sich nur gelegentlich und dann auch nur auf indirektem Wege auf gesellschaftliche Verhältnisse beziehen, so würde man vermutlich schon seit langem grundsätzlich erkannt haben, daß der Unterschied zwischen deskriptivem und klassifikatorischem System subjektiv und oberflächlich ist.[56]

Dem Leser, der sich sein Hirn zermartert hat, um das Aranda-System zu begreifen, wird die Belehrung zweifellos tröstlich sein, daß es im Grunde mit dem ihm geläufigen identisch ist.

Es bedurfte dann nur noch eines weiteren Schrittes, um das ganze Problem dem Reich der Wirklichkeit zu entrücken. Diesen Schritt verdanken wir Malinowski, der die Entdeckung machte, „es ist einfach eine Tatsache, daß es ein klassifikatorisches System nicht gibt und nie gegeben hat".[57] Das gleiche hat Lowie in bezug auf den Totemismus gesagt. Er ist „nicht davon überzeugt, daß all der Scharfsinn und alle Gelehrsamkeit, die an diesem Gegenstand verschwendet wurden, die Realität des Phänomens ‚Totemismus' haben erweisen können".[58] Das Problem wird gelöst, indem man sein Vorhandensein ableugnet. Das ist das letzte Wort des bürgerlichen Skeptizismus, der auch hier wie gewöhnlich in Geschwätz ausmündet.

Die Freude über die Erleichterung, die uns Malinowskis Entdeckung verschafft hat, wird nicht unerheblich durch sein Eingeständnis gedämpft, daß die derzeitige anglo-amerikanische sozialanthropologische Schule hinsichtlich der Lösung ihrer Grundaufgabe völlig versagt hat:

Als Mitglied des „inneren Kreises" darf ich sagen, daß ich mir bei jedem Zusammentreffen mit Frau Seligman oder Dr. Lowie und bei jeder Diskussion mit Radcliffe-Brown oder Kroeber augenblicklich darüber klar werde, daß mein Gesprächspartner nichts von der Sache versteht. Zum Schluß habe ich im allgemeinen das Gefühl, diese Feststellung träfe auch auf mich zu. Das bezieht sich auf alle unsere Veröffentlichungen zum Thema Verwandtschaft und beruht ganz und gar auf Gegenseitigkeit.[59]

So weit sind die Gelehrten von der Übereinstimmung ihrer Auffassungen entfernt! Nachdem sie sich all die Jahre um Morgans Widerlegung bemüht haben, haben sie nur einander ad absurdum führen können. Inzwischen wird Morgans Werk in der durch Engels erweiterten Gestalt von den Ethnologen und Archäologen der Sowjetunion auf breiter Front fortgesetzt.

---

chender Vagabunden, die sich in Nähe der Schaffarmen aufhielten, zusammengeschmolzen waren („Three Tribes of Western Australia", JAI 43, 1913, 144), dessen warnenden Hinweis beherzigen sollen („Native Tribes of South-East Australia", JAI 37, 1907, 278): „Wenn der Forscher keine Kenntnis von den veränderten Bedingungen nimmt, unter denen die Überreste solcher Stämme leben..., werden seine Feststellungen denen seiner Vorgänger widersprechen, deren Behauptungen sich auf Sitten und Gebräuche stützen, die zu der Zeit in Geltung waren, als die Stammesangehörigen noch das Leben von Wilden führten."

[56] KROEBER, „The Classificatory System of Relationship", JAI 39, 1909, 82.
[57] MALINOWSKI, „Kinship", M 30, 1930, S. 22.
[58] LOWIE, a. a. O., S. 137.   [59] MALINOWSKI, a. a. O., S. 21.

III. VOM STAMM ZUM STAAT

1. Der Irokesenbund

Morgans Forschungen über die Irokesen stellen eine Pionierleistung der Feldforschung und ein Meisterstück ihrer Art dar. Während seiner Aufenthalte bei diesem Indianerstamm fand er auch den Schlüssel zu der Stammesorganisation Altgriechenlands und Altroms. In seinen Hauptbemerkungen zur indianischen Gesellschaft sagt er:

> Die Verfassung der amerikanischen Ureinwohner begann mit der Gens (Clan) und endete mit dem Bunde von Stämmen; letzteres war der höchste Punkt, bis zu dem ihre Verfassungsinstitutionen sich emporschwangen. Dies brachte in organischer Reihenfolge hervor: zuerst die Gens, eine Gesamtheit von Blutsverwandten, die einen gemeinsamen Gentilnamen hatten; zweitens die Phratrie, eine Vereinigung verwandter Gentes, die sich für gewisse gemeinsame Zwecke zu einer höheren Assoziation verbunden hatten; drittens den Stamm, eine Vereinigung der zumeist in Phratrien organisierten Gentes, deren Mitglieder denselben Dialekt sprachen; und viertens einen Bund von Stämmen, dessen Mitglieder die Dialekte der nämlichen Grundsprache redeten. Hieraus ging hervor eine Gentilgesellschaft (*societas*), die sich durchaus unterschied von einer politischen Gesellschaft oder dem Staat (*civitas*). Der Unterschied zwischen diesen beiden ist groß und fundamental. Als Amerika entdeckt wurde, gab es daselbst weder eine politische Gesellschaft noch Staatsbürger, weder einen Staat noch irgendwelche Zivilisation. Um eine volle Kulturperiode waren die fortgeschrittensten amerikanischen Indianerstämme zurück hinter dem Beginn der Zivilisation, so wie dieser Ausdruck richtig verstanden wird.[1]

Es gab sechs Irokesenstämme und dementsprechend auch sechs Dialekte. Vier Stämme waren in je zwei Phratrien und acht Clane unterteilt. Die anderen beiden hatten keine Phratrien und auch nur drei Clane.[2] Ihr gemeinsamer Ursprung wird durch die Clan-Namen erwiesen, von denen drei bei allen sechs Stämmen erscheinen, während nur zwei sich auf einen Einzelstamm beschränken.

Alle Clane sind bis auf eine Ausnahme nach Tieren benannt. Das sind die Clan-Totems. Es heißt da beispielsweise, daß eine Schildkröte an einem heißen Sommertag, nachdem der Teich, in dem sie lebte, von der Sonne ausgetrocknet war, ihren Panzer abgeworfen und die Gestalt eines Mannes angenommen habe. Das war dann der Ahnherr des Clans, dessen Name und Emblem die Schildkröte wurde.[3]

---

[1] MORGAN, Die Urgesellschaft, S. 55—56. Die Irokesen sind noch einmal von QUAIN erforscht worden, der die Ansicht vertritt, ihre hochentwickelte militärische Organisation sei durch die Berührung mit europäischen Kolonisten hervorgerufen worden (QUAIN, „The Iroquois", in: MEAD, Cooperation and Competition among Primitive Peoples, S. 245—247).
[2] MORGAN, a. a. O., S. 59.
[3] E. A. SMITH, „Myths of the Iroquois", ARB 2, 1882, 77.

Tabelle IV
Der Irokesenbund

Stamm	Phratrie	Clane				
Seneca	I II	Bär Hirsch	Wolf Schnepfe	Biber Reiher	Schildkröte Falke	
Cayuga	I II	Bär Hirsch	Wolf Falke	Schildkröte Biber	Schnepfe	Aal
Onondaga	I II	Wolf Hirsch	Biber Bär	Schildkröte Aal	Schnepfe	Ball
Tuscarora	I II	Bär Grauer Wolf	Biber Gelber Wolf	Gr. Schildkröte Kleine Schildkröte	Aal Schnepfe	
Mohawk		Bär	Wolf	Schildkröte		
Oneida		Bär	Wolf	Schildkröte		

Zu Morgans Zeit bildete der Clan die exogame Einheit. Gemäß der Tradition jedoch soll es einst die Phratrie gewesen sein. Das wird durch das irokesische Wort für „Phratrie" bestätigt, das eine „Bruderschaft" bezeichnet. Clane der gleichen Phratrie waren „Bruder"-Clane; Clane verschiedener Phratrien waren „Vettern"-Clane.[4] Die Seneca versicherten, daß ihr Stamm ursprünglich nur zwei Clane, Bär und Hirsch, hatte. Diese teilten sich später, wobei die ursprünglichen Einheiten als Senioren-Clane in ihren zugehörigen Phratrien fortbestanden.

Der Clan hatte einen gemeinsamen Wohnsitz, das „lange Haus", das von Gärten umgeben war. Über dem Eingang war eine Zeichnung eingeritzt, die das Clan-Emblem darstellte.[5] Das Haus und die Gärten wurden von den Frauen besorgt, während die Männer mit Jagd und Kampf beschäftigt waren. Der Ackerbau wurde mit der Hacke betrieben. Hauptfrucht war der Mais. Nach einem Zeitraum von zehn bis zwanzig Jahren war der Boden erschöpft, und der Stamm wanderte aus und gründete eine neue Ansiedlung.[6]

Abkunft und Erbfolge waren mutterrechtlich. Jeder Clan verfügte über eine Reihe eigener Personennamen. Jeder von diesen konnte einem Kind verliehen werden, vorausgesetzt, daß er nicht von einem lebenden Mitglied des Clans getragen wurde.[7] Das persönliche Eigentum eines Mannes wurde nach seinem Tode unter seine Onkel mütterlicherseits, seine Brüder und seine Schwestersöhne ver-

---

[4] MORGAN, a. a. O., S. 76.
[5] MORGAN, The League of the Iroquois, S. 318. Da er dieses Werk vor seiner Entdeckung der Gens schrieb, nannte er das ein „Stammesemblem".
[6] HALE, The Iroquois Book of Rites, S. 50, FRAZER, Totemism and Exogamy, Bd. 3, S. 3—4.
[7] MORGAN, Die Urgesellschaft, S. 66—68.

teilt. Seine eigenen Kinder waren nicht erbberechtigt. Die Erben einer Frau waren ihre eigenen Kinder, ihre Schwestern und deren Kinder. Auf diese Weise verblieb das Claneigentum innerhalb des Clans. Die Toten wurden von ihren eigenen Clan-Angehörigen betrauert, während die Vorbereitung des Grabes und die eigentliche Bestattung durch andere Clane vorgenommen wurde. Eine Person von Rang konnte von ihrer ganzen Phratrie betrauert werden. In diesem Falle wurde das Begängnis gewöhnlich von der anderen Phratrie vorgenommen. Zu Morgans Zeit wurden die Toten unterschiedslos bestattet, doch schloß er aus verschiedenen Anzeichen, daß jeder Clan einst seinen eigenen Begräbnisplatz besessen hatte.[8]

Die Irokesen feierten im Jahr sechs Feste. Die Aufsicht führte dabei eine bestimmte Anzahl von Amtspersonen, Männer und Frauen, die aus allen Clanen gewählt wurden. Es gab keine unterschiedlichen Clan-Kulte. Ihre Stelle wurde durch das Ritual bestimmter Geheimbünde eingenommen, die nach Vorbild des Clans organisiert waren. Das ist ein besonderes Charakteristikum der Indianerstämme, obgleich man bei einigen noch die totemistische Fruchtbarkeitszeremonie in abgewandelter Form erkennen kann. Der Büffeltanz der Mandanen, der zur gegebenen Jahreszeit zur Fortpflanzung dieses Tieres veranstaltet wird, unterscheidet sich zum Beispiel nur insofern von dem bekannten Grundtyp, als er das ausschließliche Vorrecht eines besonderen Clanes ist.[9]

Der Clan hatte das Recht, Fremde zu adoptieren, die dadurch vollberechtigte Mitglieder wurden. Sie wurden „Brüder" oder „Schwestern" der Personen, die ihre Adoption veranlaßt hatten, und erhielten einen Clan-Namen. Gefangene wurden entweder adoptiert oder hingerichtet. Die Sklaverei war unbekannt.[10]

Der Clan war für das Verhalten seiner Mitglieder und für den Schutz ihrer Interessen verantwortlich. War ein Angehöriger des Clans von einem Mitglied eines anderen getötet worden, so wurde gegen diesen Clan eine formelle Beschwerde und eine Forderung auf Wiedergutmachung erhoben. Wenn ein annehmbarer Ausgleich angeboten wurde — gewöhnlich handelte es sich dabei um Sachleistungen —, war die Angelegenheit bereinigt. Andernfalls wurde eine Gruppe von Rächern ernannt, die den Mörder verfolgen und töten sollte. Falls die beiden Parteien zu verschiedenen Phratrien gehörten, wurde der Rechtsstreit gewöhnlich von der Phratrie für den betroffenen Clan geführt.[11]

Es gab kein festgelegtes Verfahren für den Fall des Totschlags innerhalb eines Clans. Vergehen dieser Art waren außerordentlich selten. Dadurch, daß es kein Privateigentum gab, fehlte auch der Hauptanreiz zu derartigen Verbrechen. Ein positiv wirksames Abschreckungsmittel lag in dem Geist enger Solidarität, der den Clan beseelte.

Der Clan hatte einen eigenen Häupling (*sachem*), der durch freie Wahl aller Erwachsenen beiderlei Geschlechts bestimmt wurde. Er wurde auf Lebenszeit gewählt, konnte aber jederzeit wieder abgesetzt werden, wenn er das Vertrauen

---

[8] Ebd., S. 63—64, 70—72, 81, vgl. FRAZER, a. a. O., Bd. 1, S. 75.
[9] FRAZER, a. a. O., Bd. 3, S. 137, 472. [10] MORGAN, a. a. O., S. 68—69.
[11] Ebd., S. 65—66, 80—81.

seiner Wähler nicht rechtfertigte.[12] Das Amt wurde nach und nach erblich, indem es beim Ableben seines Trägers auf einen seiner Brüder oder Schwestersöhne überging. Bei den Irokesen war es auf die Männer beschränkt, aber es ist zweifelhaft, ob diese Beschränkung alten Datums ist. Die Winnebago aus Wisconsin beobachteten die Regel, daß, wenn kein Bruder oder Schwestersohn vorhanden war, die Nachfolge auf den nächsten weiblichen Verwandten mütterlicherseits überging.[13]

Jeder Stamm hatte sein eigenes Territorium und einen eigenen Stammesrat. Er tagte öffentlich, entschied über Krieg und Frieden und bestätigte die Clan-Häuptlinge, die auch von ihm abgelehnt werden konnten. Er mußte einstimmige Beschlüsse fassen. Er bestand aus den Clan-Häuptlingen, einer Reihe von Kriegshäuptlingen, die auf Grund persönlicher Tapferkeit gewählt wurden, und einer besonderen Kategorie von Häuptlingen, deren in einigen Clanen erbliches Amt in der Vertretung ihres Stammes auf der Bundesversammlung bestand.[14]

Diese letztgenannte Körperschaft, das höchste Organ der Irokesen, bestand aus den eben erwähnten Sonderhäuptlingen. Sie tagten gleichfalls öffentlich und waren zu Einstimmigkeit verpflichtet. Die Zustimmung aller sechs Stämme war erforderlich, um sie aktionsfähig zu machen.[15] Mit der eigentlichen Durchführung militärischer Maßnahmen wurden zwei oberste Kriegshäuptlinge betraut, die aus dem Wolfs- und dem Schildkrötenclan der Seneca gewählt wurden.[16]

Morgan machte einige lehrreiche Bemerkungen zu der Art und Weise, in der sich diese Stämme von der Ausgangseinheit trennten und sich später wieder vereinigten:

> Neue Stämme sowohl wie auch neue Gentes bildeten sich fortwährend durch natürliches Wachstum, und dieser Vorgang wurde durch die große Ausdehnung des amerikanischen Kontinents merklich beschleunigt. Die Methode war sehr einfach. Sobald in einem Gebiet, das in Hinsicht der Nahrung besondere Vorzüge darbot, Überbevölkerung eingetreten war, mußte nach und nach ein Teil der Bevölkerung abziehen. Indem sich dieser Abzug von Jahr zu Jahr fortsetzte, entwickelte sich eine beträchtliche Bevölkerung in einiger Entfernung vom ursprünglichen Sitz des Stammes.... So wurde ein neuer Stamm geschaffen.... Wenn durch die Vermehrung der Volkszahl die Mittel zum Lebensunterhalt beeinträchtigt wurden, zog der überschüssige Teil fort nach einem neuen Wohnsitz, wo er sich mit Leichtigkeit einrichten konnte, weil die Verfassung in jeder Gens und in jeder zu einer Horde vereinigten Anzahl von Gentes vollkommen geordnet war....

> Die Bedingungen, unter denen neue Konföderationen ins Dasein treten, und die Prinzipien, auf denen sie beruhen, sind äußerst einfach. Sie wachsen ganz natürlich im Laufe der Zeit aus schon vorher dagewesenen Elementen heraus. Wo ein Stamm in mehrere sich geteilt hatte und wo diese Aufteilungen unabhängige, aber aneinandergrenzende Territorien in Besitz genommen hatten, stellte der Bund eine höhere Organisation unter ihnen wieder her auf der Grundlage der gemeinsamen Gentes, die sie besaßen, und der verwandten Dialekte, die sie sprachen. Das in der Gens verkörperte Bewußtsein der Verwandtschaft, der gemeinsame Stammbaum der Gentes und ihre gegenseitig noch verständlichen Dialekte boten die natürlichen Elemente zu einem Bündnis dar.

---

[12] Ebd., S. 60–62.   [13] Ebd., S. 133–134.
[14] Ebd., S. 95–101.   [15] Ebd., S. 112.   [16] Ebd., S. 124–125.

Die Gentes bildeten daher die Grundlage und den Mittelpunkt des Bundes, und der gemeinsame Sprachstamm bestimmte seinen Umfang.[17]

Wir sehen daran, wie vollkommen das Stammessystem einer Gesellschaft angepaßt war, die sich ständig auf der Wanderung befand. Die Vermehrung der Zahl der Stämme war die einfache Fortsetzung des Prozesses jener Selbstteilung, durch die der Stamm selbst erst entstanden war. Aber in der Föderation wird diese Bewegung umgekehrt. An diesem Punkt der Entwicklung beobachten wir in dem Amt der obersten Kriegshäuptlinge das erste Abweichen vom Grundsatz der Gleichberechtigung. In der Liga der Irokesen befinden sich die Stämme auf dem besten Wege, in der höheren, dafür aber in Klassen gespalteten Einheit des Staates aufzugehen.

Die Gründung der Liga galt der gemeinsamen Kriegführung. Sie wurde im Staate New York nach der Vertreibung der Algonkin vorgenommen.[18] Die Irokesen hatten damals die obere Grenze erreicht, über die hinaus auf der Grundlage des bestehenden Produktionsniveaus keine freie Ausdehnung mehr möglich war. Da sie sich aber noch immer auf der Stufe nomadisierender Feldbauern befanden, kämpften sie nur um Land. Wenn der Ackerbau vor Gründung der Liga bei ihnen eine höhere Stufe erreicht hätte, wären auch sie wie die Dorfindianer Mittelamerikas seßhaft geworden; oder, anders gesehen: wenn es ihnen möglich gewesen wäre, den Ackerbau im Rahmen der Liga weiter zu entwickeln, hätten sie zweifellos dieses Instrument dazu benutzt, andere Stämme zwecks irgendeiner Form der Ausbeutung, wie es die Azteken-Liga in dem mehr begrenzten Gebiet Mexikos tat, zu unterwerfen. So aber wurde ihr Fortschritt von den Nachfolgern des Kolumbus unterbrochen.

2. *Das römische Stammessystem*

Jeder Römer, zumindest jeder vornehme Römer, hatte drei Namen: ein *nomen* oder „Namen", ein *praenomen* oder „Vornamen" und ein *cognomen* oder „Zunamen". Das *praenomen* war an die Person gebunden; das *nomen* bezeichnete seine *gens* oder den Clan, das *cognomen* seine *familia* oder Familie. Gaius Iulius Caesar gehörte zur Familie Caesar aus der Gens Iulia.

Die *familia* war eine Unterabteilung der *gens*. Sie umfaßte den *pater familias*, seine Frau, seine Söhne und unverheirateten Töchter, die Söhne und unverheirateten Töchter seiner Söhne, seine Sklaven und das übrige zum Haushalt gehörige Vermögen.[19] Die *gens* war eine Gruppe von *familiae*, die in der männlichen Linie von einem gemeinsamen Ahnherren abstammten. Das Wort *familia* bezeichnete ursprünglich das Vermögen an Sklaven (*famuli*), das heißt erworbene Güter, die als solche nicht zu dem Kollektiveigentum der *gens* gehörten.

Ist kein Testament vorhanden, so geht das Vermögen des Verstorbenen in erster Linie auf seine Frau und seine Kinder über; sind keine Kinder vorhanden, auf

---

[17] Ebd., S. 88, 104—105.   [18] Ebd., S. 140, ders., Systems of Consanguinity etc., S. 150—151.
[19] MORGAN, Die Urgesellsch., S. 241—243, JOLOWICZ, Historical Introduction to the Study of Roman Law. S. 122.

seine indirekten Abkömmlinge in der männlichen Linie; dann zu seinen Agnaten, das sind seine Brüder und unverheirateten Schwestern, die Brüder seines Vaters und dessen ledige Schwestern; schließlich, wenn keiner von diesen vorhanden ist, zu seiner *gens*. Kehren wir diese Prioritätsregeln um, so erhalten wir ihre historische Reihenfolge. Sie kennzeichnet die aufeinanderfolgenden Eingriffe in den Gemeinbesitz der *gens*. Die verheirateten Schwestern und Töchter waren davon ausgeschlossen, da die Frau durch die Eheschließung Mitglied der *gens* ihres Mannes wurde.

Die frühe Geschichte der römischen Eheschließung ist dunkel. Jede Rekonstruktion kann nur einen Versuch darstellen. In der frühen Republik hatte es drei Formen der Ehe gegeben — *usus, confarreatio* und *coemptio*.[20] Die erste war ein bloßes Beiwohnen. Sie erforderte keinerlei Zeremonie, war nach Belieben lösbar und sah keine Vorkehrungen für die Vermögensübertragung vor. Sie ähnelte den wenig dauerhaften mutterrechtlichen Ehen bei den ältesten Etruskern, über die im folgenden gesprochen werden soll[21], und gehört wahrscheinlich in eine Zeit, als Ehen zwischen Plebejern und plebejische Eigentumsrechte von den Patriziern noch nicht anerkannt worden waren. Die patrizische Form war die *confarreatio*, ein Übertragungsakt, durch den die Braut unter die Gewalt des Ehemannes gestellt wurde. Die *coemptio*, die entsprechende plebejische Form, war ein Kaufakt, durch den der Ehegatte vertraglich das Eigentumsrecht an seiner Ehefrau erlangte. Als später der Unterschied zwischen Patriziern und Plebejern verschwunden war, wurden diese Formen durch eine Verbindung ersetzt, die ebenso locker wie ehedem der *usus* war. Zu diesem Zeitpunkt waren aber die Interessen des Privateigentums schon durch das Recht testamentarischer Verfügung gesichert.

Die hinter diesen patriarchalischen Formen patrizischer Eheschließungen stehende Absicht ist deutlich:

(Cato sagt:) Wenn du deine Frau beim Ehebruch ertappst, darfst du sie ohne Prozeß straflos töten; wenn du aber selbst Ehebruch treibst, darf sie es nicht wagen, dich auch nur mit dem Finger zu berühren.[22]

Durch die *confarreatio* wurde die Freiheit der Frau eingeengt, damit die Erbfolge vom Vater auf den Sohn garantiert wurde. Die *coemptio* dehnte das gleiche Prinzip auf die unteren Stände aus. Durch beide wird ersichtlich, wie die formelle Ehe durch das Wachstum des Privateigentums in Form einer juristischen Beschränkung der alten Stammesrechte ins Leben gerufen wurde:

Der erste Klassengegensatz, der in der Geschichte auftritt, fällt zusammen mit der Entwicklung des Antagonismus von Mann und Weib in der Einzelehe, und die erste Klassenunterdrückung mit der des weiblichen Geschlechts durch das männliche.[23]

Da die *familia* eine Unterabteilung der *gens* war, wurde der Familienname *cognomen* genannt, ein ‚Zuname' oder zusätzlicher Name. Wurde das *nomen* ohne

---

[20] WESTRUP, „Recherches sur les formes antique de mariage dans l'ancien droit romain", OKD 30, 1, 1943, 1—86, JOLOWICZ, a. a. O., S. 113—116, 243—244.
[21] Siehe unten S. 98—99, 105. Über das Alter des Wortes *usus* siehe WESTRUP, a. a. O., S. 34—79.
[22] GELL. 10, 23,5.   [23] ENGELS, Der Ursprung der Familie etc., S. 65—66.

besondere Unterscheidung gebraucht, so bezeichnete es die *gens*. Während andererseits *familia* ein spätes Wort ist, das zugleich das erworbene Eigentum mitbezeichnet, leiten sich *gens* und *nomen*, „Blutsverwandtschaft" und „Name", wie wir gesehen haben, von dem primitiven Clan her, in dem man den Blutsverwandten an seinem Clan-Namen und seinem Clan-Abzeichen erkennen konnte (Seite 22f.). Betrachten wir nun diese *nomina* etwas näher, so wird ihr Ursprung augenfällig. So ist beispielsweise die Gens Aquilia der Adler-Clan. Bei den anderen Gentilnamen ist es ähnlich: Asinia bedeutet Esel, Aurelia, Gold, Caecilia Eidechse, Caninia Hund, Capraria Ziege, Cornelia Kornelkirsche, Fabia Bohne, Ovidia Schaf, Porcia Schwein, Valeria Schwarzadler, Vitellia Kalb usf. Die Legende, nach der Romulus und Remus von einem Specht aufgezogen und von einer Wölfin gesäugt worden seien, ist mehr als ein bloßes Phantasiegebilde. Andere Stammes- und Territorialnamen bezeugen uns, daß diese Tiere für heilig gehalten wurden.

Hier und dort treffen wir auf noch greifbarere Überreste des Totemismus. Die Gens Quinctia befolgte ein Tabu in bezug auf das Tragen von Goldschmuck; die Familie Serrani von der Gens Acilia verbot ihren Frauen, Leinen zu tragen.[24] Die Torquati aus der Gens Manlia trugen eine bestimmte Halskette, die Cincinnati aus der Gens Quintilia eine besondere Haartracht.[25] Ähnliche Bräuche finden sich in reicher Fülle bei primitiven Völkern unter Bedingungen, die ihren totemistischen Ursprung außer Frage stellen.

Jede *gens* hatte ihr Oberhaupt (*princeps*),[26] ein eigenes Heiligtum (*sacellum*), einen besonderen Begräbnisplatz[27] und in älterer Zeit auch ihr eigenes Land.[28] Als die Gens Claudia aus dem Sabinerland nach Rom übersiedelte, wurde ihr in Nähe des Kapitols eine Begräbnisstätte und an den Ufern des Anio Landbesitz zugewiesen.[29] Der Gentilkult betraf den *genius*, den Geist des eigentlichen Ahnherrn, oder eine der Staatsgottheiten, die durch den Gentileponym besonders gekennzeichnet wurden, wie z. B. Silvanus Naevianus der Naevii, Diana der Calpurnii, Veiovis der Iulii usw.[30] Die Verwandlung des Ahnengeistes in eine eponyme Gottheit bezeichnet die Umbildung des Totems in einen Gott.

Es gibt zwar keinen Beleg dafür, daß ein Personenname ausschließlich an eine bestimmte *gens* geknüpft war, doch lehrt die Geschichte des Marcus Manlius, der seiner Gens Manlia solche Schande bereitete, daß sie die Verwendung des Namens Marcus untersagte, daß die *gens* bei der Namengebung ihrer Mitglieder ein Wort mitzureden hatte.[31] Ihre Zustimmung war ebenfalls für die Adoption eines Sohnes erforderlich, der dadurch *nomen* und *cognomen* seines Adoptivvaters annahm. Die Adoptionszeremonie wird als Nachahmung des Geburtsaktes beschrieben.[32]

---

[24] PLIN. nat. hist. 33,21. 19,8, vgl. FRAZER, Totemism and Exogamy, Bd. 2, S. 270, 295, Bd. 4, S. 24.
[25] SUET. Cal. 35.
[26] CIC. ad fam. 9,21,2, FEST. 61, DION. HALIK. R. A. 6,69,1.
[27] CIC. de leg. 2,22,55, de off. 4,17,55, Tusc. Disp. 1,7, pro Arch. 22, VAL. MAX. 9,2,1, SUET. Nero 50, PLUT. Poplic. 23, CASS. DIO 44,51, VELL. 2,119,5, CIL I, 65—72, 375.
[28] MOMMSEN, Römische Geschichte, Bd. 1, S. 36, 66.
[29] SUET. Tib. 1.
[30] CIL VI, 645, CIC. de har. resp. 32, CIL I, 807. Die *gens* feierte eigene Festtage: MACR. sat. 1,16,7, DION. HALIK. R. A. 2,21. 9,19, FEST. 313.   [31] LIV. 6,20,14; DAREMBERG-SAGLIO, a. a. O., Bd. 2,2; S. 1510.
[32] Corp. Gloss. Lat. 4,304,44, PLIN. Pan. 8,1, vgl. CASSIOD. var. ep. 4,2.

Diese Vorstellung ist ihrem Wesen nach universal. Die Adoption ist einfach ein besonderer Initiationsritus.[33] Der Fremdling stirbt als Fremder und erwacht als Mitglied des Clans zu neuem Leben.

Das Solidaritätsgefühl der *gens* wird am Beispiel der Fabii deutlich, die, über 300 Mann stark, gegen Veii einen Krieg auf eigene Kosten und Gefahr führten.[34] Als Appius Claudius ins Gefängnis geworfen wurde, trugen alle Claudii Trauer, einschließlich eines Mitgliedes, der sein persönlicher Feind war.[35] Man erwartete ebenso von der *gens*, daß sie jedem in Armut oder Not geratenen Mitglied Beistand leistete.[36] Der Zusammenhang zwischen *gentilis* und *generosus*, ‚Blutsverwandtschaft' und ‚Güte', ist vielen Sprachen gemeinsam. Von allen Clan-Banden ist dies das dauerhafteste. Ich habe von in der Fremde gestrandeten Iren gehört, die ihnen völlig Unbekannte nur wegen des gemeinsamen Familiennamens um Hilfe ersuchten, genauso wie das Mädchen Tess bei Thomas Hardy die D'Urbervilles aufsuchte, um Anspruch auf verwandtschaftliche Unterstützung zu erheben.

Es wird zwar nirgendwo ausdrücklich erklärt, daß die *gens* exogam war, doch wissen wir, daß die Römer Ehen zwischen nahen Verwandten mißbilligten.[37] Wenn diese Vorschrift seit undenklichen Zeiten befolgt worden war, erklärt es sich von selbst, daß sie nie niedergeschrieben zu werden brauchte.

Es heißt, daß es zu Anfang 300 *gentes* gegeben habe, die sich in 30 *curiae* unterteilt haben sollen.[38] Die *curia*, die von griechischen Schriftstellern regelmäßig mit *phratria* übersetzt wurde,[39] ist die Phratrie oder eine Gruppe verwandter *gentes*. Jede *curia* hatte ein besonderes Heiligtum, dem ein *curio* genannter Priester vorstand. Die dreißig *curiones* bildeten ein heiliges Kollegium unter der Leitung des *curio maximus*, der von den *comitia curiata* gewählt wurde.[40] Das war die Versammlung aller waffenfähigen Männer, ein wahrhaftes „Aufgebot der Clane". Sie wurde so genannt, weil die Abstimmung kurienweise vorgenommen wurde. Jede *curia* hatte eine Stimme, die den Willen der Mehrheit ihrer *gentes* zum Ausdruck brachte.[41] Die Kuriatkomitien entschieden über alle Fragen, die die Ver-

---

[33] HARTLAND in HASTINGS, a. a. O., Bd. 1, S. 106, GRÖNBECH, a. a. O., Bd. 1, S. 244 ff., KOVALEVSKY, Tableau des origines et de l'évolution de la famille et de la propriété, S. 125, RUSSELL etc., a. a. O., Bd. 2, S. 237, vgl. Joh. 3, 4—5, Römer 8, 12—17. Die christliche Taufe ist gleichzeitig Wiedergeburt (S. 22 f., Anm. 38) und Adoption: „Allmächtiger, barmherziger Gott und Vater, wir sagen Dir von Herzen Lob und Dank, daß Du auch dies Kind durch das Bad der Wiedergeburt und Erneuerung des heiligen Geistes ... zu Deinem Kinde und zum Erben Deiner himmlischen Güter gemacht hast." (Tauftext der ev. Landeskirche Berlin—Brandenburg). Siehe auch EISLER, Orpheus the Fisher, S. 63—65, FRAZER, Folklore in the Old Testament, Bd. 2, S. 27—38.
[34] LIV. 2, 48—50.
[35] LIV. 6,20, 2—3.
[36] LIV. 5,32,8—9, DION. HAL. R. A. 2,10,2.
[37] PLUT. Mor. 265d, 289d. Über das Problem der *enuptio gentis*, das sich jedoch nicht unmittelbar auf die vorliegende Frage bezieht, siehe ENGELS, Der Ursprung etc., S. 122—126, KAGAROV, «Фр. Энгельс и проблема римского рода» (Friedr. Engels und das Problem des römischen Volkes), in: DEBORIN und andere, Вопросы истории доклассового общества (Fragen zur Geschichte der Gesellschaft vor der Herausbildung von Klassen), S. 637—640.
[38] LIV. 1,13,6, PLUT. Rom. 20.
[39] DION. HAL. R. A. 2.7,3; 6,89,1, PLUT. Rom. 20, Popl. 7, CASS. DIO frag. 5, 8—9.
[40] LIV. 27,8,1.
[41] DION HAL. R. A. 2,14,3; 4,20,2.

leihung des Bürgerrechts an Fremde und die Überführung eines Bürgers von einer Familie in die andere durch Adoption betrafen.[42]

Genauso wie zehn *gentes* eine *curia* bildeten, bestand eine *tribus* wiederum aus zehn *curiae*. Es gab drei Stämme – die Ramnes, die hauptsächlich aus Latinern bestanden, die Tities, ein sabinischer Stamm, und die Luceres, die ein etruskisches Element einschlossen.[43] Jeder hatte ein eigenes Stammesoberhaupt, und zusammen bildeten sie den Stammesbund, der unter dem Namen Populus Romanus bekannt ist.[44]

Das höchste Organ des Bundes war der *senatus* oder Rat der Ältesten. Die Zahl der Senatoren war schon sehr früh vermehrt worden. Niebuhr nahm an, daß es ursprünglich nur die Clanoberhäupter (*principes gentium*) waren.[45] Die ausführende Gewalt wurde durch den *rex* oder König verkörpert, der vom Senat und den *comitia curiata* gemeinsam gewählt wurde.[46] Der *rex* war Oberkommandierender, Hoherpriester und oberster Richter in einer Person. Nach der Abschaffung des Königtums wurden seine politischen Funktionen auf die neugeschaffenen Konsuln übertragen, während das königliche Priesteramt in der Person des *rex sacrorum* weiterlebte.[47]

Zu allen diesen Fragen nehmen moderne Historiker ohne ersichtlichen Grund eine skeptische Haltung ein. So ist es nach Jolowicz „mehr als zweifelhaft", ob in den *comitia curiata* die vom König vorgelegten Anträge zum Gesetz erhoben wurden, „auch glauben moderne Autoritäten nicht daran, daß die römischen Historiker mit ihrer Behauptung recht hätten, der König sei von den Komitien gewählt worden, wo doch der Gedanke an eine Volksvertretung bei der uns aus historischer Zeit bekannten Zusammensetzung des Senats derart fern liegt, daß es unglaubhaft erscheint, er sei schon in ältester Zeit geltend gemacht worden".[48] Obwohl sich die römischen Historiker zumindest in gleichem Maße dieses Widerspruchs bewußt gewesen sein müssen, billigten sie die Überlieferung, weil sie damals wahrscheinlich zu gewichtig war, um verworfen werden zu können. Das Wort *rex* tritt in verwandter Form und mit gleicher Bedeutung auch in den keltischen Sprachen auf, und die Kelten *hatten* ein Wahlkönigtum.[49]. So verhielt es sich aller Wahrscheinlichkeit nach auch mit den gallischen Ratsversammlungen, die von den Römern selbst ihrem Senat gleichgesetzt wurden, während einige gallische Stämme, die außer dem Rat noch über einen besonderen Kriegsherren verfügten, ähnlich den Irokesen organisiert waren.[50] Diese Schule von Historikern verfällt ganz einfach in den Fehler, die Stammesinstitutionen des alten Rom erklären zu wollen, ohne erst einmal die Frage aufzuwerfen, was eine Stammesgesellschaft eigentlich ist.

[41] GAI. 1,99, JOLOWICZ, a. a. O., S. 86, 119, 125.
[42] LIV. 1,13,8.
[43] DION. HAL. R. A. 2,47.
[44] NIEBUHR, Römische Geschichte, Bd. 1, S. 338–339.
[45] LIV. 1,17,32; 1,35,6, CIC. de re publ. 2,12,3.
[46] LIV. 2,2,1; 6,41,9.
[47] JOLOWICZ, a. a. O., S. 16–17.
[48] HUBERT, Les Celtes depuis l'époque de la Tène etc., S. 265, SKENE, Celtic Scotland, Bd. 3, S. 141.
[49] HUBERT, a. a. O.; S. 269–270.

3. Matrilineare Erbfolge in der römischen Königszeit

Der erste König des Populus Romanus war Romulus selbst, der Gründer der Stadt. Der größere Teil der Sabiner war damals unabhängig und wurde von ihrem König Titus Tatius regiert. Romulus' Nachfolger war ein Sabiner, Numa Pompilius, ein Schwiegersohn des Titus Tatius. Der nächste König war ein Latiner, Tullus Hostilius. Auf ihn folgte ein zweiter Sabiner, Ancus Martius, ein Sohn der Tochter des Numa. Dann erfolgte die etruskische Eroberung. Tarquinius Priscus, der nächste König, war ein Etrusker. Sein Nachfolger war Servius Tullius, ein etruskischer oder latinischer Sklave, der die Tochter des Tarquinius heiratete. Auf diesen folgte sein Schwiegersohn, Lucius Tarquinius, ein Sohn des Priscus. Mit ihm endete die Königsherrschaft.

Nach dieser Überlieferung wird das Königtum regelmäßig in der weiblichen Linie weitergegeben.[51] Ancus Martius ist der Sohn der Tochter seines Vorgängers, Pompilia. Das besagt, daß er die Königswürde durch seine Mutter erlangte. Ähnlich hatte Numa, der Vater der Pompilia, die Tochter seines Vorgängers geehelicht. Servius Tullius heiratete die Tochter des Priscus und Lucius die Tochter des Servius Tullius. Es ist nicht anzunehmen, daß die Römer einer späteren Epoche eine Überlieferung erfunden haben sollten, die ihren Vorurteilen derart zuwiderläuft.

Die Nachfolgeschaft des Schwiegersohns auf den Schwiegervater ist das anerkannte Verfahren bei mutterrechtlicher Erbfolge. Das Amt wird zwar von Männern bekleidet, aber durch Frauen weitergegeben. Die Vorschrift bei den Irokesen, daß das Amt vom Bruder der Mutter auf den Sohn der Schwester übergehen müsse, beruht auf demselben Grundsatz, nur mit dem Unterschied, daß das römische Verfahren eine fortgeschrittenere Entwicklungsstufe der Ehe voraussetzt. Wenn nun das Königtum vom Schwiegervater auf den Schwiegersohn übergeht, so geht die Königinnenwürde von der Mutter zur Tochter über. Soll das heißen, daß der König in gewissem Sinne im Namen seiner Frau regiert? Wir werden im nächsten Kapitel sehen, daß das der Fall ist.

Von den Etruskern weiß man, daß sie mutterrechtlich organisiert waren. Bei einigen ihrer Grabinschriften folgt auf den Namen des Verstorbenen der des Vaters. Das weist auf die patrilineare Erbfolge. Bei anderen werden beide Elternteile genannt. Hier ist keine Entscheidung möglich. Bei anderen ist nur der Name der Mutter beigefügt.[52] *Genus huic materna superbum nobilitas dabat, incertum de patre ferebat.*[53] Diese Grabinschriften bezeichnen den Niedergang des Mutterrechts.

Griechische Historiker berichten, daß die Etrusker „ihre Frauen gemeinsam" hatten und „die Kinder ihren eigenen Vater nicht kannten".[54] Genau das gleiche

---

[51] FRAZER, The Golden Bough. 1. The Magic Art and the Evolution of Kings, Bd. 2, S. 270–272. Die zwischen sabinischen und latinischen Königen ständig wechselnde Thronfolge kann man mit dem „tanistry" genannten gälischen Brauch vergleichen: SKENE, a. a. O., Bd. 3, S. 150. (tanistry = Vererbung des Grundbesitzes usw. an den von den Familienmitgliedern aus ihrer Mitte zu Wählenden — d. Hrsg.)

[52] R. S. CONWAY, in CAH, Bd. 4, S. 405. Ebenso in lykischen Inschriften: CIG 4266b, 4316a, 4278, 4215, 4300. Lat. *parens*, „Vater" oder „Mutter", bedeutete ursprünglich nur „Mutter": ODGERS, The Latin Parens.

[53] VERG. Aen. 11, 340–341.

[54] THEOP. 222, vgl. LIV. 4, 2, 6.

Tabelle V
Die sabinischen und etruskischen Könige Roms

Titus Tatius
|
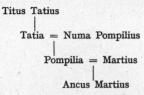

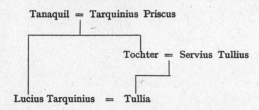

behaupten sie von den prähistorischen Athenern.[55] Es handelt sich bei dieser Ausdrucksweise einfach um die herkömmliche Beschreibung des Matriarchats, in dem die Frau die Freiheit besitzt, den Mann ihrer Wahl und so viele ihr beliebt zu ehelichen. Von Ehebruch kann dabei keine Rede sein — das war erst eine Erfindung des Mannes. Die Frau behielt die Gewalt über ihre Kinder ohne Rücksicht auf die Vaterschaft. So war bei den Lykiern Anatoliens das Kind eines Freien und einer Sklavin selbst unfrei, während das eines Sklaven und einer Freien als freigeboren galt.[56] Aus diesem Grunde konnte auch ein Sklave durch die Ehe mit einer etruskischen Prinzessin König der Ewigen Stadt und der Bruder der Königin sein Nachfolger werden, nachdem er seine Stellung durch die Ehe mit ihrer Tochter gefestigt hatte.

Bei den Sabinern lebten Erinnerungen an das Mutterrecht in Form der Sagen um Drances und Camilla fort. Der erstere wurde durch die Stellung seiner Mutter König der Rutuli, die letztere war die Kriegerkönigin der Volsci.[57] Die Sabiner, Volsker und Rutuler waren alle gleicher Herkunft. Der Raub der Sabinerinnen wird gewöhnlich als ein Beispiel für die Raubehe angesehen; das ist zwar richtig, doch hat man einsehen müssen, daß diese Methode der Frauenbeschaffung weniger häufig ist, als man einmal angenommen hatte. Wenn aber die Sabiner mutterrechtlich organisiert waren, ist es möglich, daß die Römer nicht so sehr hinter den Damen selbst her waren als hinter deren Ländereien.

Bei den latinischen Königen tritt die Mutterfolge nicht in Erscheinung. Heißt das, daß bei den Latinern das Vaterrecht herrschte? War das der Fall, so

---

[55] Siehe unten S. 105.
[56] HEROD. 1,173,5. Der gleiche Brauch wurde im alten China befolgt: WITTFOGEL, Wirtschaft und Gesellschaft Chinas, S. 400.
[57] VERG. Aen. 11.

waren sie den anderen italischen Stämmen schon einen Schritt voraus — den ersten Schritt auf dem Wege zur Eroberung der Welt.

Eine weitere Frage lautet: Wie kann das Matriarchat bei den Sabinern mit der Tatsache, daß das indogermanische Urvolk bei seiner Ausbreitung vaterrechtlich organisiert war, in Einklang gebracht werden? Die Antwort muß die Vorgeschichte Italiens geben, die bislang noch nicht durch den Spaten aufgedeckt werden konnte. Wir müssen daran denken, daß die Erbvorschriften Veränderungen unterliegen, da sie durch ökonomische Kräfte bestimmt werden. Einige Kapazitäten möchten die italischen Völkerschaften mit der *terramara*-Kultur in Verbindung bringen, die auf dem Feldbau beruhte und deshalb wahrscheinlich mutterrechtlich war.[58] Auf jeden Fall entwickelten sich die Völker unter etruskischem Einfluß, der auch ihre heimischen Einrichtungen betroffen haben muß. Diesem Prozeß werden wir in der Vorgeschichte Griechenlands wiederbegegnen.

4. Der Populus Romanus

Die *gens*, *curia*, *tribus* und der *populus* sind dasselbe wie der Clan, die Phratrie, der Stamm und die Liga der Irokesen. Der Populus Romanus und die Liga der Irokesen sind Strukturformen gleichen Typus. Es gibt dabei nur einen wichtigen Unterschied.

Die Irokesenstämme entfalteten sich auf natürlichem Wege durch Ausbreitung und verbanden sich durch einfache Vereinigung, wodurch ihrer Binnenstruktur keine Gewalt angetan wurde. Die römische Bundesgenossenschaft wurde auf künstlichem Wege aus einer Reihe ungleichartiger Elemente durch einen Willkürakt geschaffen. Ihr künstlicher Ursprung kann zwar nicht aus der symmetrischen Gruppierung der *gentes* und *curiae* gefolgert werden, da das seine Ursache in der Vorliebe mündlicher Überlieferung für runde Zahlen hat, doch wird er durch das Wort *tribus* erwiesen, das wegen seiner Bedeutung ‚Drittel' das Bündnis der drei Stämme voraussetzt. Die Bundesgenossenschaft wurde ausdrücklich zu dem Zwecke geschaffen, die neue Niederlassung in Rom zu organisieren. Aus ihr wird deutlich, was der nächste Schritt in der Geschichte der Irokesen gewesen wäre, wären sie noch dazu gekommen, ein seßhaftes Leben anzunehmen. Wie Morgan zeigen konnte, ähnelt sie in der Tat beträchtlich der Verfassung, die die Liga der Azteken annahm, als sie die Stadt Mexiko gründete.[59] Der Populus Romanus bezeichnet den Wendepunkt, an dem der Clanangehörige sich in einen Bürger und das Stammessystem sich in einen Staat verwandelte.

Umgekehrt kann man am Schicksal der Irokesenstämme erkennen, was die Römer einmal gewesen waren. In noch früherer Zeit hatten sich die verschiedenen Zweige der sabellischen Urbevölkerung in der gleichen Weise über die italische Halbinsel ausgebreitet wie die Indianer in Nordamerika. Jahr für Jahr hatten die

---

[58] T. E. PEET in CAH, Bd. 2, S. 568—574.
[59] MORGAN, Urgesellsch., S. 157—181, vgl. BANCROFT, a. a. O., Bd. 2, S. 226—227.

sabellischen Stämme nach der Überlieferung eine Schar gerade eingeweihter junger Männer und Frauen ausgesandt, sich eine neue Heimat zu suchen.

Ein Schwarm dieser Auswanderer, die den Stier ihres Gottes Mars zu ihrem Abzeichen und Omen erwählten, wandte sich südwärts in die Schluchten rund um Bovianum, der ‚Stierstadt‘, wo sie später als Samniten bekannt wurden. Eine andere Gruppe, die den Wolf (*hirpus*) verehrten, stieß in der gleichen Richtung weiter vor und erscheint später als die Hirpini. Eine dritte, vom Specht (*picus*) geleitete Gruppe drängte nach Nordosten in Richtung auf den Teil der adriatischen Küste südlich von Umbrien, der später nach ihr Picenum benannt wurde, während eine vierte Gruppe, die sich ausdrücklich zu ihrer eigentlichen Gottheit Mars bekannte, im Herzen der sabellischen Hochebene nahe dem Fucinersee den kriegerischen Stamm der Marsi bildete.[60]

Der Populus Romanus wurde mit Vorbedacht zu dem Zwecke geschaffen, die neue Niederlassung an den Ufern des Tiber einzurichten. Wer diese für die Zukunft so bedeutsame Tat als das Werk eines einzelnen ansehen möchte, wird nicht so ganz unrecht haben. Für die von Romulus an alle und jeden ergangene Aufforderung, sich ihm anzuschließen und auf dem Kapitol eine neue Heimat zu suchen, gibt es in der griechischen Geschichte einen Parallelfall. Im sechsten Jahrhundert v. d. Z. erbaten sich einmal die Griechen von Kyrene Siedler aus dem Mutterland, die sich an der Neuaufteilung des Bodens beteiligen sollten. Diese Aufgabe wurde durch die Rekonstruktion ihres Stammessystems gelöst, wobei die Neuankömmlinge zusammen mit den alteingesessenen Kolonisten in einen aus drei Stämmen bestehenden Bund aufgenommen wurden und jedem Stamm ein Teil des Gemeindelandes zugewiesen wurde. Das ganze Verfahren fand unter der Oberaufsicht eines besonders dazu bestimmten Schiedsrichters statt.[61] Wie man sieht, war die Stammesgliederung sowohl in Griechenland als auch in Rom in den betreffenden Zeiträumen zu einer reinen Formsache — einer leeren Hülle — geworden und beruhte nur mehr dem Namen nach auf wirklicher Blutsverwandtschaft. Die griechischen Stadtstaaten schüttelten jedoch während der ganzen Dauer ihres Bestehens dieses System nicht ab, sondern fuhren fort, die Bürgerschaft nach Stämmen zu organisieren. Darin liegt ein wenn auch unbewußtes Zeugnis für die Abhängigkeit der Gegenwart von der Vergangenheit.

[60] MYRES, History of Rome, S. 19.
[61] HEROD. 4, 159. 161.

IV. GRIECHISCHE STAMMESINSTITUTIONEN

1. Aioler, Dorer und Ioner

Die Griechen unterschieden drei Zweige ihres Volkstums, die zugleich die Träger ihrer drei Hauptdialekte waren. Die Aioler bewohnten Thessalien, Boiotien und die Landschaft Aiolis an der gegenüberliegenden Küste Kleinasiens. Die Dorer besiedelten den Osten und Süden des Peloponnes und erstreckten sich über das Meer bis zu den südlichen Kykladen, Kreta, Rhodos und der karischen Küste. Die Ioner bewohnten Attika, die mittlere und nördliche Ägäis und den Teil der Küste Anatoliens, der nach ihnen Ionien benannt wurde.

Die Dorer kamen zuletzt. Deshalb besaßen sie auch die am besten erhaltenen Stammestraditionen. Sie betraten Südgriechenland gegen Ende des zweiten Jahrtausends v. d. Z. Zu dieser Zeit waren sie ein Bund von drei Stämmen: Die Hylleis, die von Hyllos, einem Sohn des Herakles, abstammten; die Dymanes, deren Gott Apollon war, und die Pamphyloi, ‚Männer aller Stämme', die die Demeter verehrten.[1] Sie kamen aus dem Hochland von Doris im Mittelgriechenland.[2] Doris lag zwischen den Höhenzügen des Parnassos und Oita an der Quelle des Kephisos, der die reiche Ebene Boiotiens durchfließt. Südlich des Parnassos liegt Delphi, der Hauptsitz Apolls, dessen Kult in prähistorischer Zeit aus Kreta und Südwestkleinasien dorthin verpflanzt worden war.[3] Der Oita war der Sterbeort des Herakles, des Helden der boiotischen Stadt Theben.[4] Es gab prähistorische Kulturzentren der Demeter in Lebadeia im Kephisostal und in Pyrasos im südlichen Thessalien, die die Dorer in Besitz genommen haben sollen, bevor sie sich nach Süden wandten.[5] Der Name des dritten Stammes und die Tatsache, daß wir es mit drei Stammeskulten zu tun haben, legen die Vermutung nahe, daß der dorische Bund ähnlich dem Populus Romanus ein künstliches Gebilde darstellte, das unter dem Einfluß der prähistorischen Kulturen von Delphi und Boiotien in Mittelgriechenland entstanden war. Als sich die Dorer auf dem Peloponnes und den Inseln der südlichen Ägäis niederließen, nahmen sie ihre Stammesorganisation mit sich.[6] Das muß nicht besagen, daß wirklich immer alle drei Stämme an jeder Wanderung teilnahmen. Es ist viel wahrscheinlicher, daß das System durch die Wanderungen in Unordnung geraten war und an ihren neuen Wohnsitzen auf der Grundlage des traditionellen Musters wiederhergestellt wurde.

---

[1] PATON und HICKS, Inscriptions of Cos, S. 341, MEILLET, Geschichte des Griechischen, S. 102.
[2] STRAB. 10,4,6, vgl. 8,7,1, HEROD. 1,56, PAUS. 5,1,2.
[3] Siehe unten Seite 237—239.   [4] APOLLOD. 2,7,7.
[5] PAUS. 9.39. 1—5, Il. 2,695—696, HDT. 1,56.
[6] Die drei Stämme sind für die meisten dorischen Ansiedlungen belegt, während sie in Telos nicht vorzukommen scheinen (IG 12,3,38). Wir erfahren, daß einer von ihnen, die Dymanes, aus freien Stücken von Troizen nach Halikarnassos ausgewandert sei (STEPH. BYZ. Ἁλικαρνασσός).

Tabelle VI
Zeittafel für das prähistorische Griechenland

Datum	Festland	Kykladen	Kreta	Ägypten
3300	Neolithikum		Neolithikum	
3200	Neolithikum		Neolithikum	
3100	Neolithikum		Neolithikum	
3000	Neolithikum		Neolithikum	
2900	Neolithikum		Jüngeres Neolithikum	Dynastien I–III
2800	Neolithikum		Jüngeres Neolithikum	Dynastien I–III
2700	Neolithikum		Jüngeres Neolithikum	Dynastien I–III
2600	Neolithikum		Frühminoisch I	IV
2500	Neolithikum		Frühminoisch I	IV
2400	Frühhelladisch	Frühkykladisch	Frühminoisch II	V
2300	Frühhelladisch	Frühkykladisch	Frühminoisch II	V
2200	Frühhelladisch	Frühkykladisch	Frühminoisch III	VI
2100	Frühhelladisch	Frühkykladisch	Frühminoisch III	VII–XI
2000	Frühhelladisch	Frühkykladisch	Mittelmin. I	VII–XI
1900	Mittelhelladisch	Mittelkykladisch	Mittelminoisch II	XII
1800	Mittelhelladisch	Mittelkykladisch	Mittelminoisch II	XII
1700	Mittelhelladisch	Mittelkykladisch	Mittelminoisch III	XIII – XVII
1600	Mittelhelladisch	Mittelkykladisch	Mittelminoisch III	XIII – XVII
1500	Späthelladisch I	Spätkykladisch	Spätminoisch I	XVIII
1400	Späthelladisch II	Spätkykladisch	Spätmin. II	XVIII
1300	Späthelladisch III	Spätkykladisch	Spätminoisch III	XVIII
1200	Späthelladisch III	Spätkykladisch	Spätminoisch III	XIX
1100	Submykenisch	Submykenisch	Subminoisch	XX

Siehe auch Pendlebury, *The Archæology of Crete*, S. 301. Die späthelladischen Perioden werden auch mykenische genannt.

Die Ioner hatten vier Stämme. Ihre Namen — Aigikoreis, Hopletes, Argadeis und Geleontes — haben bislang noch keine Erklärung gefunden. Das kann nicht weiter verwundern, da man auch in der modernen Völkerkunde viele Beispiele für Stammesnamen kennt, die rein zufällig erworben wurden.[7] Über ihre Kultur wissen wir nur, daß die Geleontes den Zeus Geleon verehrten und der Schutzherr des Bundes Poseidon Helikonios war, der Gott vom Berge Helikon in Westboiotien.[8] Die Liga bestand sicherlich schon vor der Kolonisation Ioniens, da wir denselben vier Stämmen in Attika wieder begegnen. Über den Zeitpunkt und die Art und Weise, wie dieser Bund zustande gekommen war, werden wir später sprechen.[9]

---
[7] MORGAN, Urgesellsch., S. 95–96.
[8] IG 2², 1072, HDT. 1,148.   [9] Siehe S. 331.

2. Das attische Stammessystem

Die griechischen Bezeichnungen für Stamm, Phratrie und Clan sind im Attischen *phylé, phratría* und *génos*. Die *phylé* ist eigentlich das „Gewächs" oder der „Stamm". Die *phratría* bezeichnet genauso wie der irokesische Terminus für die gleiche Einheit (S. 60) eine „Bruderschaft". Das bedeutet Kollateralverwandtschaft der zugehörigen Teilclane. Das Wort *génos*, das dem lat. *gens* entspricht, geht auf eine in den indogermanischen Sprachen tief eingebettete Wurzel zurück.

Im Äolischen und Dorischen ist *génos* durch *pátra*, „Vaterschaft", ersetzt. Das setzt die Erbfolge in der männlichen Linie voraus.[10] Im Attischen finden wir neben *gennétes*, dem regulären Wort für „Gentilgenossen", auch *homogálaktes*, „von der gleichen Milch genährt". Das erlaubt den Schluß auf Erbfolge in der weiblichen Linie.[11] Das sind Varianten, mit denen wir rechnen mußten, falls Veränderungen in der Art der erblichen Abfolge vorgenommen wurden.

Als das Stammessystem verfiel, wurden diese Wörter auch in weiterem Sinne verwandt. Wir können dann feststellen, daß das Wort *phylé (phŷlon)* ganz allgemein zur Bezeichnung jeder Gruppe von Blutsverwandten benutzt wird, manchmal sogar ganz offensichtlich für den Clan.[12] Der Gebrauch von *génos* war noch schwankender. Es nahm die Bedeutung „Verwandtschaft", „Gattung", „Geburt", „Herkunft" und „Volk" an, ohne sich auf seinen Stammesursprung zu beziehen.[13] Das gleiche hat sich natürlich auch in den heutigen Sprachen zugetragen. Die ursprünglichen Wörter für diese Einheiten sind verlorengegangen, und die neuen, die von den Ethnologen geprägt wurden, wie „Stamm" und „Clan", werden häufig sehr unscharf angewendet.[14] Aber die Griechen standen ihrer Stammestradition viel näher als wir, und obgleich sie manchmal die Wörter ungenau verwenden, haben sie niemals die Dinge selbst in Verwirrung gebracht.

Aristoteles sagt uns, daß die Athener der Frühzeit in vier Stämme zerfielen. Jeder enthielt drei Phratrien, jede Phratrie dreißig Clane und jeder Clan dreißig Männer. Er fügt hinzu, daß die vier Stämme den vier Jahreszeiten entsprechen, die zwölf Phratrien den Monaten des Jahres und die dreißig Clane in jeder Phratrie der Zahl der Monatstage.[15] Daß es in jedem Stamm drei Phratrien gegeben habe, ist völlig glaubhaft, auch ist die Aufteilung der Clane nicht schematischer als bei den Römern. Doch was soll die Parallele mit dem Kalender besagen?

Unter der Demokratie wurde die Zahl der Stämme auf zehn erhöht. Ebenso wurde das Jahr nach politischen Gesichtspunkten in zehn Perioden zerlegt. Während jeder Periode amtierte ein ständiges, aus einem der Stämme gewähltes Komitee. Stellte dieser Grundsatz, daß die Stämme abwechselnd fungierten, eine

---

[10] PIND. Pyth. 7,5; 8,38, Nem. 4,77; 6,36; 8,46; 11,20, Isth. 6,63, HEROD. 2,143,1, SIG 438.
[11] HESYCH. ὁμογάλακτες, SUID. ὀργεῶνας, ARISTOT. Pol. 1252b, 6, POLL. 6,156.
[12] Od. 14,68, HEROD. 4,149,1.
[13] Daher heißt es Schol. PLAT. Phileb. 30d: „γεννῆται sind keine durch das Blut oder die Geburt miteinander verwandte Personen, sondern Mitglieder der nach γένη geordneten Phratrien". HARPOKR. γεννῆται: „Die Bezeichnung γεννῆται, d. h. Mitglieder des gleichen γένος, wurde nicht einfach auf Verwandte, nämlich Blutsverwandte (οἱ vor ἐξ αἵματος muß getilgt werden) bezogen, sondern auf solche, die auf die sogenannten γένη verteilt waren", vgl. auch POLL. 3,9.
[14] Vgl. MORGAN, Die Urgesellschaft, S. 55. [15] ARISTOT. frag. 385.

Neuerung dar, dann dürfen wir annehmen, daß er in der durch Aristoteles vermittelten Tradition rückwirkend in die Vergangenheit projiziert worden ist. Doch kann bezweifelt werden, daß es sich hierbei wirklich um ein neues Prinzip handelt. Die demokratische Verfassung sollte die äußere Form des Systems, das von ihr abgelöst worden war, wiederherstellen.[16] Wenn die vier ursprünglichen Stämme zu bestimmten Zwecken wirklich in aufeinanderfolgenden Abschnitten des Jahres getrennt fungiert haben sollten, würde eine derartige Anordnung völlig in Übereinstimmung mit den Formen ritueller Zusammenarbeit gestanden haben, die für andere Stammesgesellschaften so kennzeichnend sind. In diesem Falle besteht das einzige unhistorische Element in der Übertragung dieser Parallele von den Phratrien auf die Clane. Das wäre dann eine formale Vereinfachung, zu der die mündliche Überlieferung immer neigt.

Es bleibt noch die Gesamtsumme von dreißig Männern pro Clan, die nicht mit Hilfe des Kalenders erklärt werden kann. Die Zahl beruht wahrscheinlich auf einer herkömmlichen Methode, zum Zwecke der Aushebung oder Besteuerung die vermutliche Anzahl von Menschen abzuschätzen, wie das bei dem angelsächsischen „hundred" der Fall ist, das dem Namen nach einhundert Haushaltsvorstände bedeutet. Diese Analogie findet sich bei Grote. Ein anderes Beispiel, das er zu seiner Zeit noch nicht kennen konnte, liefern die Inschriften der Insel Samos, wo jeder Stamm in „Tausende" und jedes „Tausend" wieder in „Hunderte" unterteilt ist.[17]

Wie man auch immer die Symmetrie dieses Systems und seine Parallele mit dem Kalender interpretieren mag, der Kern der Überlieferung, der das organische Verhältnis der drei Stämme zueinander betrifft, wird davon nicht berührt. Hier befindet sich Aristoteles in einer Reihe mit Polybios, Dionysios, Plutarch und Cassius Dio. Sie alle behandeln die Begriffe *phylé, phratría* und *génos* als Äquivalente zu den entsprechenden lat. *tribus, curia* und *gens*.[18] Der Stamm war eine Gruppe von Phratrien, die Phratrie eine Gruppe von Clanen. In diesem Punkte besteht bei den antiken Autoritäten Einmütigkeit, und da die moderne stammesgeschichtliche Forschung auf der ganzen Welt das gleiche Resultat erzielt hat, dürfen wir behaupten, daß keine der Tatsachen, die sich auf die gesellschaftliche Struktur des prähistorischen Griechenlands beziehen, besser verbürgt ist.

Vor diesen klar umrissenen Hintergrund müssen wir nun die Ansicht heutiger Historiker stellen, die unter Vernachlässigung der äußeren Beweismittel alle Mühe darauf verwendet haben, um das Zeugnis des Aristoteles zu entkräften. Nach Gardner und Cary, die in der *Cambridge Ancient History* schrieben, bestanden die athenischen Stämme aus „so und soviel unabhängigen Kriegerscharen". Die Phratrien, die ursprünglich „freiwillige Vereinigungen, die sich in erster Linie aus Kriegskameraden zusammensetzten, gewesen zu sein scheinen", waren zugestandenermaßen Unterabteilungen der Stämme. Aber die Clane, die

---

[16] G. THOMSON, Aischylos und Athen, S. 217—218.
[17] GROTE, Geschichte Griechenlands, Bd. 2, S. 44. VINOGRADOFF, Growth of the Manor, S. 144, Supp. Epig. Gr. 1, 350. 354—355. 362 etc. Vgl. 2. Mose 18, 21—22, THOMPSON, Archæology of South America, S. 49. Aristoteles' „Dreißig" steht wahrscheinlich mit der τριακάς, einer Unterabteilung des δῆμος, in Verbindung: SIG 912,19.
[18] Siehe S. 66, Anm. 39.

als „Teilvereinigungen" beschrieben werden und „eher künstliche Familiengruppierungen als eine untereinander verwandte Gruppe" darstellten, waren keine Unterabteilungen der Phratrien.[19] Die Qualität der Argumente, die zur Unterstützung dieser Feststellungen angeführt werden, ist eine Betrachtung wert.

In Athen, wie in vielen anderen, ja wahrscheinlich allen griechischen Staaten dienten die Stämme als Truppeneinheiten.[20] In der Ilias werden die Achaier „nach Stämmen und Phratrien" aufgestellt.[21] Die militärische Funktion des Stammessystems ist natürlich so alt wie die Kriegsführung überhaupt, aber das System ist noch älter. Der Gedanke, daß es seinen Ursprung in der Kriegsführung hatte, ist eine grundlose Erfindung.

In bezug auf das Verhältnis zwischen Phratrie und Clan versichert uns Cary, daß „ein entscheidendes Argument gegen Aristoteles durch ein erhaltenes Fragment eines altattischen Gesetzes geliefert wird, das den Phratrien vorschrieb, nicht nur Mitglieder der Clane, sondern auch andere Kategorien von Bürgern als Mitglieder aufzunehmen".[22] Dieses Gesetz gehört ins sechste Jahrhundert, als sich das alte attische System in Auflösung befand. Weit davon entfernt, den Beweis für die Irrigkeit der Behauptung des Aristoteles zu erbringen, daß die Phratrie eine Gruppe von Clanen ist, beweist es umgekehrt, daß der Grieche im Recht ist; denn, wären clan-fremde Personen vorher nicht ausgeschlossen gewesen, hätte auch keine Notwendigkeit bestanden, ihre Zulassung auf dem Gesetzeswege zu erzwingen. Gesetze werden nicht erlassen, um die Menschen zu zwingen, etwas zu tun, was sie schon immer aus freien Stücken getan haben. Möglicherweise würde dem Historiker seine Aufgabe erleichtert, wären die Gesetze so beschaffen, aber sie sind es nicht.

In seiner Beweisführung heißt es weiter: „Ferner ist es sicher, daß die Clane keine Unterabteilungen der Phratrien dargestellt haben. Im allgemeinen gehörten nicht alle Mitglieder eines Clans zur gleichen Phratrie, sondern verteilten sich nach Belieben auf diese Gruppen. Der Clan der Eteobutadai, dessen Mitglieder *en bloc* zu ein und derselben Phratrie gehörten, muß als Ausnahme angesehen werden.[23] Es folgt daraus, daß die Clane in keiner geregelten Beziehung zu den Phratrien standen." Soweit ist diese Feststellung ganz richtig. Da sie aber den Zustand *vor* der demokratischen Revolution beschreiben will, als das alte System noch in Geltung war, sollte der arglose Leser darauf aufmerksam gemacht werden, daß das zugrunde liegende Zeugnis aus der Zeit *nach* der Revolution stammt, als das bisherige System abgeschafft worden war. Wird diese kleine, aber notwendige Berichtigung vorgenommen, so erkennt man auch sogleich, daß die richtige Schlußfolgerung auf das Gegenteil der hier gezogenen hinausläuft. Wie wir eben feststellten, wurde die mit dem Bürgerrecht verknüpfte Mitgliedschaft zu einer Phratrie im sechsten Jahrhundert allen clan-fremden Personen ermöglicht. Das bedeutete einen ersten Schlag gegen die Phratrie überhaupt. Der nächste Schlag

---

[19] M. CARY in CAH 3, 583—585, vgl. F. E, ADCOCK in CAH 3,688.
[20] ISAIOS 2,42, HEROD. 6,111,1, THUK. 6,98,4.
[21] Il. 2,362—363.
[22] CAH 3,584; siehe unten S. 80.   [23] AISCHIN. 2,147.

erfolgte gegen Ende des Jahrhunderts, als das Bürgerrecht unter der neuen demokratischen Verfassung überhaupt aufhörte, von der Zugehörigkeit zu einer Phratrie abzuhängen. Die Folge war, daß sowohl die Phratrie als auch der Clan aus dem politischen Leben ausgeschaltet wurden und somit dem Untergang geweiht waren. Folglich erregt nicht der Umstand, daß die organisch gewachsenen Bande zwischen diesen Einheiten „im allgemeinen" zerschnitten waren, unser Interesse, sondern gerade die hier als bloße Zufälligkeit abgetane Ausnahme von der Regel. Die Eteobutadai oder Butadai bildeten den konservativsten und exklusivsten aller attischen Clane und rühmten sich, das Blut des erdgeborenen Erichthonios in ihren Adern zu haben.[24] Zu ihren erblichen Privilegien gehörte neben anderen Priesterämtern auch der Kult der Athena Polias, der Schutzpatronin des Staates.[25] Im sechsten Jahrhundert hatten sie die anderen Großgrundbesitzer unter der Flagge des Konservativismus gegen die von der Kaufmannschaft geforderten Reformen aufgeboten.[26] Selbst zur Zeit der demokratischen Revolution scheinen sie sich noch immer im Besitze einiger angestammter Landgüter befunden zu haben, da damals noch ein Zweig des Geschlechts in Butadai ansässig war, das nach Ausweis des Namens den ursprünglichen Wohnsitz des Clans bildete.[27] Wenn wir folglich ein Jahrhundert später diesen ganzen blaublütigen, zählebigen Clan in der gleichen Phratrie eingeschrieben finden, kann der richtige Schluß nur lauten, er habe treu zur einstmals allgemein üblichen Regel gestanden.

Schließlich wird uns versichert, daß „der künstliche Charakter der Clane von antiken Autoren ausdrücklich bezeugt wird. Darauf deuten auch der offensichtlich mythische Charakter der Ahnherren hin, von denen sie ihre Namen herleiten, und die Langlebigkeit verschiedener Clane, die ohne Unterbrechung bis in die Zeit des Römischen Imperiums fortbestanden". Bei den antiken Autoren wird jedoch die künstliche Struktur der Clane nur in dem Sinne bezeugt, daß man durch Adoption in sie aufgenommen werden konnte. Das kann man aber ebensogut von allen Clanen auf der ganzen Erde behaupten, da im primitiven Denken kein Unterschied zwischen Geburt und Wiedergeburt gemacht wird. Will man andererseits die auch für den griechischen Clan gültige gemeinsame Abkunft seiner Mitglieder mit dem Hinweis auf den gewöhnlich mythischen Charakter des eponymen Ahnherren abstreiten, dann muß auch die von heute noch existierenden totemistischen Clanen behauptete und in vielen Fällen durch erhaltene Genealogien bezeugte gemeinsame Herkunft einen Mythos darstellen, da bei diesen der Ahnherr meistens ein Tier oder eine Pflanze ist. Auf Carys abschließenden Seitenhieb, der künstliche Charakter der Clane werde durch ihre Langlebigkeit bezeugt, kann man nur erwidern, daß es selbst in einem Obdachlosenasyl manchmal noch Leute gibt, die auf ihren uralten Adel pochen.

Wenn Grote in dieser Frage eine abwartende Position bezog, so ist das verzeihlich, denn er schrieb vor Morgans Entdeckungen und hatte somit guten Grund zu

---

[24] APOLLOD. 3,14,8, PLUT. Mor. 843e.
[25] APOLLOD. 3,15,1, PAUS. 1,26,5, AISCHIN. 2,147.
[26] HEROD. 1,59—60.
[27] PLUT. Mor. 841b.

der Annahme, daß „die gentilen und phratrischen Vereinigungen Gegenstände (sind), in deren Anfang wir einzudringen nicht beanspruchen können".[28] Aber abgesehen von den anderen Errungenschaften der Sozialethnologie stehen uns die Entdeckungen Morgans schon seit einem halben Jahrhundert zur Verfügung. Wenn wir schließlich feststellen, daß nach Auflösung der klassischen Schilderung, die Aristoteles von der attischen Stammesgesellschaft entworfen hat, in die unabhängigen Kriegerscharen, freiwilligen Vereinigungen und künstlichen Gruppierungen der *Cambridge Ancient History* nur das eine erreicht wurde, das bereits Aufgehellte wieder zu verdunkeln, können wir nicht umhin zu fragen, warum Grotes Nachfolger wohl so entschlossen die Dunkelheit dem Tageslicht vorziehen. Kann es daran liegen, daß dieses verstaubte Schränkchen, in das hineinzublicken er nicht beanspruchen *konnte*, sie aber nicht *wollen*, ein Gerippe birgt — den Ursprung der Familie, des Privateigentums und des Staates nämlich?

3. Der Haushalt

Den Athener erkannte man offiziell an seinem Vornamen, dem der seines Vaters folgte, und der Bezeichnung seines Demos (*dêmos*). Der Demos war der städtische oder ländliche Bezirk, in dem er bei seiner Geburt eingeschrieben worden war. In anderen Staaten finden wir an Stelle des Vatersnamens den des zugehörigen Clans.[29] Es gab kein *cognomen*, das die Familie bezeichnete. Das griechische Gegenstück zu *familia* war der *oîkos*, „Haushalt", oder die *anchisteía*, womit die „nächste Verwandtschaft" innerhalb des weiteren Kreises des *génos* bezeichnet wurde.[30] Er bestand aus dem Gründer und seinen Kindern, den Kindern seiner Söhne und den Kindern der Söhne seiner Söhne. Starb er, so erbten seine Söhne das Anwesen. Sie konnten es gemeinsam bewirtschaften oder aufteilen. In beiden Fällen jedoch besaßen sie es gemeinsam als Miterben. War einer der Söhne dem Gründer im Tode vorausgegangen, so ging sein Anteil auf seine Söhne, oder, falls auch diese verstorben waren, auf seine Enkel über. In der vierten Generation jedoch wurde das Anwesen unter die Urenkel des Gründers aufgeteilt, deren jeder nunmehr einen eigenen Haushalt gründete.[31] Diese Beschränkung betraf die Institution in jeder Hinsicht. Die Pflicht, den Gründer im Alter zu unterhalten und sein Grab zu pflegen, ging von den Söhnen auf die Enkel und Urenkel über.[32] Die Verantwortung, im Falle des Totschlags die Verfolgung aufzunehmen, dehnte sich bis auf die Kinder der Vettern ersten Grades des Opfers aus, die als Abkömmlinge desselben Urgroßvaters die entferntesten Verwandten darstellten, die noch zum Haushalt gehörten.[33] Starb ein Mann ohne Nachkommenschaft, so beerbten ihn der Reihen-

---

[28] GROTE, a. a. O., 2,47. [29] CIG 3064.
[30] H. E. SEEBOHM, The Structure of Greek Tribal Society, S. 54—64, 88—97.
[31] Ebd., S. 56—64.
[32] ISAIOS, 4,19; 8, 32, AISCHIN. 1,13.
[33] DEMOSTH. 43,57, PLAT. Nomoi 871b, vgl. 877c. Die gleiche Beschränkung betraf den Zugang weiblicher Verwandter zum Hause des Verstorbenen: DEMOSTH. 43,62; 57,66, SIG 1218. In beiden Fällen war das Motiv die Verhinderung der Blutrache des betroffenen Clans: Siehe S. 415—416.

folge nach sein Vater, seine Brüder und deren Kinder, die Kinder der Brüder seines Vaters und die Kinder der Söhne der Brüder seines Vaters. War keiner der Genannten noch am Leben, so ging das Anwesen nicht zu entfernteren Verwandten, sondern in den Haushalt der Mutter des Verstorbenen über.[34]

Die Abweichungen, durch die sich der *oîkos* von der *familia* unterscheidet, haben ihre Ursache darin, daß das attische Eigentumsrecht im Vergleich zum römischen unentwickelt war. Die Begrenzung auf die vierte Generation ist ein archaischer Wesenszug, den die *familia* wahrscheinlich abgelegt hatte, als der Besitz veräußerlich wurde. Das Recht freier testamentarischer Verfügung war dem attischen Recht unbekannt, so daß das Grundstück wenigstens dem Namen nach unveräußerlich war.[35] Ferner war die römische Gattin Mitglied der *familia* ihres Mannes und folglich Miterbin seines Vermögens. Die athenische Ehefrau verblieb dagegen in der Vormundschaft ihres eigenen *oîkos*. Dementsprechend hatte sie an dem Gesamterbe ihres Gatten keinerlei Anteil, es sei denn, sein *oîkos* war verwaist. Dann ging das Anwesen in ihren *oîkos* über.[36]

Die Mehrzahl unserer Kenntnisse über den *oîkos* stammt aus Athen, doch finden sich ähnliche Erbvorschriften bei gleicher Begrenzung nach Generationen in dem einzigen erhaltenen Gesetzeskodex von Gortyn auf Kreta[37] und dem Prinzip gemeinsamer Erbfolge, das dem homerischen Mythos von der Aufteilung der Welt unter die Söhne des Kronos zugrunde liegt. Zeus erhielt den Himmel, Poseidon das Meer, Hades die Dunkelheit. Die Erde und der Olymp verblieben in Gemeinbesitz.[38] Die drei Elemente stellen das persönliche und somit aufteilbare Eigentum dar; der unbewegliche Besitz — der Boden und das Haus — wird gemeinsam verwaltet.

Der Ursprung des *oîkos* ist von Seebohm erläutert worden:

Bestenfalls konnte jemand erleben, daß ihm zu seinen Lebzeiten Urenkel geboren wurden. Es konnte sich zuweilen auch zutragen, daß in Kriegszeiten oder anläßlich einer Invasion seine Söhne und Enkel ausrückten und als Soldaten dienten, so daß der alte Mann mit seinen Urenkeln allein zurückblieb. ... So ist leicht einzusehen, daß, besonders in Fällen, wo das Vermögen nach dem Tode des Vaters nicht geteilt wurde, die Vettern zweiten Grades (d. h. alle, die von einem gemeinsamen Urgroßvater abstammten) als die natürliche obere Grenze der unmittelbaren Nachkommen eines *oîkos* und als die entferntesten Angehörigen angesehen wurden, die einen Teil des von ihrem Ahnherren hinterlassenen Erbes beanspruchen konnten. Nach dem Tode des Urgroßvaters, des Oberhauptes des Hauses, wünschten seine Nachkommen wahrscheinlich, das Besitztum aufzuteilen und ihrerseits ein neues Haus zu gründen. Der älteste Sohn wurde gewöhnlich nach seinem Großvater väterlicherseits benannt. Er führte im allgemeinen den Namen des ältesten Zweiges fort und war für den weiteren Vollzug der kultischen Handlungen am Grabmal des Urgroßvaters verantwortlich. ... So scheint sich auf natürlichem Wege eine innere Gruppe von Blutsverwandten herausgebildet zu

---

[34] ISAIOS 7,22; 11,1–2, DEMOSTH. 43,51. In DEMOSTH. 43,11–12 wird der Kläger, ein Enkel des Vetters ersten Grades des Verstorbenen, von seinem Großvater adoptiert und dadurch zum Mitglied des οἶκος erhoben.
[35] Dieses Privileg ist dem primitiven Recht unbekannt: DIAMOND, Primitive Law, S. 248–250.
[36] H. E. SEEBOHM, a. a. O., S. 27–28.
[37] Lex Gort. 5, 10–21.
[38] Il. 15, 187–193.

haben, die so eng miteinander verbunden waren, daß andere, außenstehende Mitglieder des *génos* nur indirekt dazu gezählt wurden.[39]

Ähnliche Formen des Haushalts, bei denen in einigen Fällen die gleiche Abgrenzung festzustellen ist, hat man bei den Kelten, Germanen, Slawen und Hindu gefunden.[40] Es läßt sich dabei die gemeinsame Herkunft nachweisen. Wir haben gesehen, daß es unter den indogermanischen Verwandtschaftsbezeichnungen einen Terminus gab — der für die Gattin des Bruders des Ehemannes —, der sich nicht auf das klassifikatorische System beziehen läßt (Seite 54). Das kann man nun als eine Neuerung ansehen, die durch den patriarchalischen Haushalt entstand. Denn in diesem wohnte unter dem gleichen Dach auch eine Anzahl von Frauen. Sie waren miteinander nur durch ihre Ehe mit einer gleichen Anzahl von Brüdern verwandt, die den auf den Gründer folgenden Generationen angehörten. Daraus folgt, daß der indogermanische Clan schon zu diesem frühen Zeitpunkt den Keim der heutigen Ehe in sich trug. Das ist ein Zeichen dafür, daß die Ausbreitung dieser Völker wie auch der Zusammenbruch ihres klassifikatorischen Systems eine Folge des von den individuellen Eigentumsrechten ausgeübten Druckes waren.

4. Vorhellenische Clane in Attika

Eines der Argumente, die Cary gegen Aristoteles geltend machte, bestand in dem attischen Gesetz, das die Aufnahme von Personen, die keinem Clan angehörten, in die Phratrien vorschrieb (Seite 76). Der Wortlaut ist folgender: „Die Phratrie soll verpflichtet sein, *orgeónes* und *homogálaktes* aufzunehmen."[41] Cary machte keinen Versuch, diese Kategorien zu identifizieren. Er setzte einfach voraus, daß es clanfremde Personen waren. Diese Annahme kann nicht ohne weiteres hingenommen werden, da Philochoros, der das Gesetz anführt, den Zusatz macht, die *homogálaktes* „seien das, was wir Gentilgenossen nennen (*gennétai*)".

Die *orgeónes* waren Mitglieder einer religiösen Gilde, die einmal im Monat zusammentrat, um der örtlichen Gottheit oder dem Heros ihres Demos Opfer zu bringen.[42] Diese Gilden waren eine attische Besonderheit und hatten einen offiziellen Status. Wenn ein Bürger einen Sohn adoptierte, stellte er ihn den Mitgliedern seine Phratrie (*phrátēres*), den Angehörigen seines Clans (*dēmótai*) und den zuständigen *orgeónes* vor.[43] Die Phratrie war keine territoriale Einheit, doch gehörten die *dēmótai* wie auch die *orgeónes* zur selben Ortschaft. Es darf deshalb vermutet werden, daß die *orgeónes* weiter nichts als die *dēmótai* waren, die eine bestimmte religiöse Funktion ausübten.

Dieses Zeugnis stammt aus der Zeit nach der demokratischen Revolution, als die Demen zu Grundeinheiten der örtlichen Verwaltung umgebildet wurden. Es

---

[39] H. E. SEEBOHM, a. a. O., S. 54—55.
[40] Ebd., S. 49—54, F. SEEBOHM, Die englische Dorfgemeinde, S. 238, KOVALEVSKY, a. a. O., S. 60—100.
[41] PHILOCH. 94, vgl. POLL. 3,52.
[42] PHOT. ὀργεῶνες, POLL. 8, 107, Anecd. Graec. (Bekker) 1, 191, 27. 227, 15; SIG 1100, 24; 1101, 15.
[43] ISAIOS, 2,14. Die ὀργεῶνες werden nicht immer in dieser Formel vermerkt (ISAIOS 7,27), vermutlich, weil es sie nicht in allen Gegenden Attikas gegeben hat.

hatte sie natürlich auch schon vor der Revolution gegeben, doch lediglich als Dörfer ohne offiziellen Status. Wir dürfen folgern, daß die *orgeônes* eine Körperschaft darstellten, die von den *dēmótai* zur Pflege des Dorfkultes gewählt wurde.

Wir kennen annähernd 200 attische Demen ihrem Namen nach. Wenigstens vierzig davon sind Clannamen.[44] Der Demos Philaidai lag beispielsweise in der Nähe von Brauron, wo Philaios, der Eponym des Clans Philaidai, attischen Boden vom Meer kommend betreten hatte.[45] Zumindest in solchen Fällen war der Demos ganz sicher eine Niederlassung des Clans. Außerdem treffen wir auf ungefähr fünfundzwanzig Demen, die nach einem Tier oder einer Pflanze benannt sind, z. B. Aigilia (wilder Hafer), Hagnus (Weide), Marathon (Fenchel), Myrrhinus (Myrte), Rhamnus (Wegdorn). Sie weisen auf Lokalkulte mit Pflanzenmagie und Baumverehrung, deren weite Verbreitung für das prähistorische Griechenland erwiesen ist. Das Wort *orgeôn* ist wahrscheinlich mit *órgia*, Geheimriten oder „Orgien", und mit *orgás* in Zusammenhang zu bringen. Letzteres war ein bestelltes oder unbestelltes Bodenstück,[46] wie der heilige Pappelhain außerhalb der Stadt Ithaka.[47] Solche Haine gibt es heute noch auf den Ionischen Inseln.[48] Sie stellen ein Charakteristikum des Dorfes in vielen Teilen Europas und Asiens dar. In Indien dienen sie noch heute der Verehrung der örtlichen Erdgöttin.[49]

Die ältesten Einwohner Attikas, von denen man weiß, waren die Pelasger, ein nichtgriechisches Volk, mit dem wir später bekannt gemacht werden sollen. Ich nehme an, daß die *orgeônes* ursprünglich die Clanmitglieder der Pelasger waren. Das waren mutterrechtliche Clane. Daher der Name *homogálaktes*, „mit der gleichen Milch genährt". Sie lebten in Dörfern, deren jedes einen heiligen Hain (*orgás*) zur Pflege des Clankultes (*órgia*) hatte. Die griechisch sprechenden Eindringlinge brachten ihr eigenes Stammessystem mit, von dem die Ureinwohner ausgeschlossen blieben. Daher fielen die alten pelasgischen Dorfkulte der Vergessenheit anheim, insoweit sie nicht durch die neuen Clane aufgesogen wurden. Trotzdem starben sie nicht aus. Im sechsten Jahrhundert bildeteten sie einen natürlichen Sammelplatz für Landstreicher, Ausgestoßene, Eindringlinge und andere Elemente, die ihre Stammesbindung verloren hatten und durch die Landnahme entwurzelt waren. Nach der demokratischen Revolution erhielten sie ihren Besitz zurück und fanden einen Platz in dem neuen System von Demen, das an die Stelle der alten aristokratischen Clane getreten war.

5. *Totemistische Überreste: Schlangenverehrung*

Das athenische *génos* behielt seinen Ahnenkult unter der Leitung seines Oberhauptes, des *árchōn*, bei.[50] Es verfügte über ein besonderes Heiligtum und einen

---

[44] PAULY-WISSOWA, Realenzyklopädie der klassischen Altertumswissenschaft, s. v. δῆμοι. [45] PLUT. Sol. 10.
[46] HARPOKR. ὀργεῶνας. Ὀργεών verhält sich zu *ὀργά wie πατρεών zu πάτρα (IG 12,1,892).
[47] Od. 17, 204—211, vgl. 6, 291—294. [48] ANSTED, The Ionian Islands, S. 191—195.
[49] BADEN-POWELL, The Indian Village Community, S. 23, RUSSELL, a. a. O., Bd. 1, S. 44, GURDON, a. a. O., S. 33, EHRENFELS, a. a. O., S. 96, vgl. EARTHY, a. a. O., S. 25, RATTRAY, The Ashanti, S. 246.
[50] IG 2, 605; 3,5.97.680.702. Diese Bedeutung von ἄρχων findet sich im griech.-engl. Wörterbuch von LIDDELL und SCOTT nicht.

Abb. 2. Athene mit Schlange: Relief von Melos

eigenen Begräbnisplatz, an dem die Toten als Heroen verehrt wurden.[51] Der Totenkult, wie wahrscheinlich der Clankult überhaupt, wurde ähnlich der *órgia* der Dorfgemeinschaft monatlich einmal vorgenommen.[52] Trugen diese Kulte totemistischen Charakter?

In dieser Annahme wird man nach einer vergleichenden Analyse des Totemismus derart bestärkt, daß man viel eher für die gegensätzliche Auffassung die Beibringung von Beweisen verlangen könnte. Diejenigen, die das Vorhandensein totemistischer Elemente in der griechischen Religion leugnen, konnten ihre Position nur verteidigen, indem sie diese Frage aus dem größeren Zusammenhang der allgemeinen Religionsgeschichte herauslösten. Das hat aber zur Folge, daß eins der hervorstechendsten Merkmale griechischer Kultur, die wichtige Rolle der Tiere und Pflanzen in Mythos und Ritual, unerklärt geblieben ist.

Wie wir bereits sahen, hat die *Cambridge Ancient History* den Clan als eine „künstliche Gruppierung von Familien" behandelt und somit den Ursprung der Familie mit dem Dunkel einer undurchdringlichen Vergangenheit umgeben. So vermeiden diese Autoritäten auch beim Clan das Wort Totemismus, als sei es zu unfein, und versichern uns dagegen, daß „eine Verwandtschaft der griechischen Religion mit dieser hypothetischen prädeistischen Kulturstufe nicht in Betracht kommt."[53] Es wird zwar zugegeben, daß Apollon Lykeios ein Wolfsgott ist.[54] Sollte aber dieser Wolfsgott jemals wirklich ein Wolf gewesen sein, dann liegt das so weit zurück, daß er seinen Kopf nicht durchs Fenster zu stecken braucht. Selbst Nilsson, dem die griechische Archäologie viel zu verdanken hat, beharrt bei der Auffassung, es gäbe „nichts in der griechischen Religion, was eine totemistische Erklärung erforderlich machen könnte", und es sei „unbewiesen und zweifelhaft, ob es jemals bei den Vorvätern der Griechen einen Totemismus gegeben hat".[55] Man kann an Hand von Einzelbeispielen nachweisen, daß Nilssons sonst so zwingende Beweisführung in diesem Punkte versagt.

Die Verehrung der Schlangen stellt eines der Hauptmerkmale der griechischen Religion dar und ist in ununterbrochener Folge von der mykenischen bis in christliche Zeit bezeugt. Ein Überblick über diese Kulte verschafft uns nicht nur Einblick in den griechischen Totemismus, sondern wirft darüber hinaus auch einiges Licht auf die allgemeine Geschichte des Totemismus.

Im Epeiros, einem schon immer äußerst rückständigen Teil des griechischen Festlandes, gab es bis in christliche Zeit einen heiligen Hain des Apollon. Dort

---

[51] PLUT. Them. 1, HEROD. 5,61,2, PAUS. 1,2,4—5 (vgl. POLL. 8,103), IG 2,596; DEMOSTH. 43,79; 57,28.
[52] SOPH. El. 281, vgl. PLUT. Mor. 296f., SIG 1218—1219, A. MOMMSEN, Feste der Stadt Athen, S. 3—5.
[53] W. R. HALLIDAY in CAH 2,613.   [54] Ebd., 2,632.
[55] NILSSON, History of Greek Religion, S. 77—78, vgl. DEUBNER, Attische Feste, S. 171.

versorgte eine Priesterin, die allein den Tempelbezirk betreten durfte, einige
Schlangen, die der Sage nach vom delphischen Drachen abstammten. Sie wurden
mit Honigkuchen gefüttert. Fraßen sie diese bereitwillig, so galt das als Zeichen für
ein glückliches Jahr.[56] Wir haben hier einen prädeistischen Schlangenkult vor uns,
der in die Sphäre des Apollon von Delphi gehört.

Abb. 3. Grabhügel mit Schlange: attisches Vasenbild

Auf dem Kronionhügel von Olympia, der den heiligen Hain überragt, gab es
ein Heiligtum der Eileithyia, der Göttin der Geburt, in dem eine Sosipolis, „Retter
des Staates", genannte Schlange wohnte. Auch sie wurde mit Honigkuchen gefüttert, die ihr wiederum von einer Priesterin, die als einzige verhüllten Hauptes
eintreten durfte, gereicht wurden.[57] Als die Männer von Elis der Sage nach mit
den Arkadern handgemein werden wollten, soll eine Frau aus Elis ihr Neugeborenes
in der Mitte zwischen beiden Heeren niedergelegt haben. Das Kind verwandelte
sich augenblicklich in eine Schlange und setzte den Feind in derartigen Schrecken, daß er die Flucht ergriff. An der Stelle, an der später das Heiligtum errichtet
wurde, verschwand die Schlange daraufhin im Erdreich.[58]

In seiner Monographie über Olympia, in der E. N. Gardiner den klassischen
griechischen Athleten sorgsam gegen die Beschimpfungen von seiten der vergleichenden Anthropologie abschirmt, tut er diesen Kult und die damit verbundene
Sage als „für den leichtgläubigen Aberwitz des vierten Jahrhunderts typisch"
ab.[59] Er hat dabei übersehen, daß während der ganzen klassischen Periode, also
zur Zeit des strahlendsten Ruhmes Griechenlands, ein fast gleichartiger Kult

---

[56] AEL. de nat. anim. 11,2. In Lavinium gab es einen ähnlichen Kult: ebd., 11,16.
[57] PAUS. 6,20,2. In diesem Heiligtum hat man die Idaiische Grotte aus PINDARs Ol. 5,18 wiedererkannt (C. ROBERT, „Sosipolis in Olympia", MDA 18, 1893, 41). Das deutet auf minoische Herkunft hin. Das Standbild der Gottheit Sosipolis in Elis hielt das Füllhorn der Amaltheia in der Hand (PAUS. 6,25,4). Das ist ein minoisches Sinnbild (siehe S. 202, Anm. 10). Siehe ferner S. 237.
[58] PAUS. 6,20, 4—5. Andere Beispiele von Schlangenkulten, die mit der Geburt zusammenhängen, siehe bei PIND. Ol. 6,45, APOLLOD. 3,6,4.
[59] GARDINER, Olympia, its History and Remains, S. 125.

auch auf der Akropolis blühte. An einer berühmten Stelle bei Herodot lesen wir, daß beim Einbruch der Perser in Attika die im Heiligtum des Erechtheus gehaltene Schlange auf geheimnisvolle Weise verschwand und dadurch das Volk mit dem Gedanken an eine Evakuierung der Stadt versöhnte.[60] Auch in diesem Falle wurden dem Reptil monatlich Honigkuchen gereicht. Sie wurde auch die „das Haus hütende Schlange" genannt, da ihr die Sicherheit des Staates obgelegen haben soll.[61] Damit war der Mythos von Erichthonios verknüpft, der ein Sohn der Erdgöttin, nach einer anderen Fassung der Athene selbst gewesen sein soll.[62] Er soll in Schlangengestalt zur Welt gekommen oder bei seiner Geburt von zwei Schlangen gewartet worden sein.[63] Sein Geist wurde durch das im Heiligtum gehaltene Tier verkörpert, und von ihm stammte der athenische König Erechtheus ab, dessen Tochter Kreusa ihren neugeborenen Sohn vor der Aussetzung zum Andenken an den Ahnherrn mit einem Schlangenhalsband schmückte.[64]

Zu diesem Kult bemerkt Nilsson: „Wenn Athene mykenischer Zeit entstammt, kann man verstehen, weshalb sie mit der Schutzschlange des Hauses in Verbindung gebracht wurde. Die im minoischen Hausaltar verehrte Göttin war eine Schlangengöttin." Woher stammte nun aber die Schlangengöttin? „Man hat daran gedacht", fährt er fort, „daß die Schlange die Seele der Toten darstelle ... Die Schlange ist jedoch nicht immer die Vertreterin der Toten. In der antiken wie auch der modernen Volkskunde ist sie als Beschützerin des Hauses bekannt, und im heutigen Griechenland wird sie noch immer ‚Herrin des Hauses' genannt und mit Opfergaben beschenkt. Es ist nicht nötig, nach einer anderen Erklärung für die minoische Haus-Schlangengöttin Ausschau zu halten".[65] Sein Beweisgang ist also folgender: Athena war in historischer Zeit mit der Schlange verbunden, weil sie schon in prähistorischer Zeit aus dem gleichen Grunde mit ihr verknüpft war, aus dem die Schlange von der heutigen griechischen Bauernschaft Herrin des Hauses genannt und mit Gaben bedacht wird. Aus welchem Grunde denn nun aber? Diese Erklärung, über die hinaus wir nicht suchen sollen, erklärt gar nichts.

Die Volkskunde des heutigen Griechenlands ist für die Erforschung des alten von unbestreitbarem Wert. Bevor wir aber zwei Jahrtausende überspringen sollen, hätte man uns wahrlich einen Blick auf die von Jane Harrison beschriebenen Grabreliefs gestatten sollen. Auf diesen erblicken wir beispielsweise den Verstorbenen bei einer Mahlzeit, während sich im Hintergrunde eine Schlange emporrichtet oder aus einer Schale trinkt, die er in der Hand hält. Die Schlange ist der Doppelgänger des Toten. Ferner sei auf die ebenfalls von der Verfasserin angeführte schwarzfigurige Vase verwiesen, auf der sich eine Schlange von dem Grabmal erhebt, um einen sich in den Hintergrund zurückziehenden Mann zu verfolgen.[66]

---

[60] HEROD. 8,41,2—3.
[61] HESYCH. οἰκουρὸν ὄφιν.
[62] APOLLOD. 3,14,6; siehe S. 212.
[63] PAUS. 1,24,7, HYG. poet. astron. 2,13, EURIP. Io 21—23, 1427—1429.
[64] EURIP. Io 18—26.
[65] NILSSON, a. a. O., S. 26—27, 13, vgl. derselbe, The Minoan-Mycenæan Religion etc., S. 283—284, A. J. EVANS, The Palace of Minos, Bd. 4, S. 153—158.
[66] J. E. HARRISON, Prolegomena to the Study of Greek Religion, S. 237, 325—331, dies., Themis, S. 267—271. Siehe Abb. 3 und 4.

Wie sich dem Orestes die Furien seiner Mutter in Schlangengestalt oder als schlangenähnliche Frauen an die Fersen hefteten, ist auch in diesem Fall der Flüchtling ein Mörder, der vom Geist seines Opfers verfolgt wird. Diese schlangengestaltigen

Abb. 4. Totenmahl: lakonisches Relief

Erinyen waren die Geister der Verstorbenen. Wieder verdanken wir es weitgehend Nilssons eigenen Beweisgängen, daß man der einhelligen Meinung ist, die griechischen Heroenkulte hätten ihren Ursprung in der Totenverehrung.[67] Bekanntlich pflegten die toten Helden in Gestalt von Schlangen zu erscheinen. In seinem Bericht über den Tod des Kleomenes erzählt uns Plutarch, eine Schlange habe dessen Leichnam aus den Fängen von Geiern geborgen, indem sie sich um seinen Körper herumgewickelt habe. Der antike Autor fügt hinzu: „Die Alten glaubten, die Schlange sei enger als irgendein anderes Tier mit den Helden verbunden gewesen."[68]

Ein anderer Schlangen-Heros, Kychreus mit Namen, erscheint auf einigen griechischen Galeeren in der Schlacht bei Salamis. Es wird berichtet, er sei aus Salamis vertrieben und von Demeter in Eleusis aufgenommen worden und dort in Tiergestalt als Diener der Göttin verblieben.[69] Auch Demeter war eine minoische

---

[67] NILSSON, History of Greek Religion, S. 103—104.   [68] PLUT. Kleom. 39.
[69] PAUS. 1,36,1, APOLLOD. 3,12,7, DIOD. SIC. 4,72, PLUT. Sol. 9, Thes. 10, HESIOD. frag. 107 = STRAB. 9,1,9.

Schlangengöttin. Dieses Zeugnis stammt von dem ehrwürdigen Hesiod und liefert uns gerade den Anknüpfungspunkt, den Nilsson unter Verweis auf die moderne Volkskunde abgetan hat.

Die Bauernbräuche im heutigen Europa stellen nur trümmerhafte Reste des außer Gebrauch geratenen Rituals dar und benötigen gewöhnlich erst dieses Ritual, um für uns verständlich zu werden. Folglich würde es sehr wenig gegen das antike Zeugnis besagen, hätte die Schlange in der modernen Volkskunde ihre ursprüngliche Bedeutung völlig verloren. Das ist aber nicht der Fall. Ungetaufte Kinder werden im Volksmund *drákoi*, „Schlangen", genannt, weil man glaubt, sie könnten sich in Schlangen verwandeln und dann verschwinden.[70] Gerade das ereignete sich bekanntlich mit dem Säugling von Olympia.

Das direkte Zeugnis ist zwar entscheidend, Vergleiche können aber dennoch von Nutzen sein, da es immer vorteilhaft ist, diese Probleme in möglichst großem Rahmen zu sehen. Wenn wir uns aber nun schon einmal über Altgriechenland hinauswagen, warum sollen wir dann beim heutigen Griechenland Halt machen? Was die Schlangenverehrung angeht, so waren sich die Griechen mit den alten Ägyptern und Semiten und den primitiven Völkern aller Zeiten und Erdteile einig. Der Glaube, daß die Schlangen Tote verkörpern können, gehört zum gemeinsamen Erbe der Menschheit.[71] Durch das Häuten erneuert die Schlange ihre Lebenskraft und wird dadurch zum Sinnbild der Unsterblichkeit und der Kraft, von neuem ins Leben zu treten. Daraus erklärt sich ihre Rolle in den zahllosen Märchen, die eine Erklärung dafür bieten wollen, wie der Tod und all unser Leid in die Welt gekommen sind. In den melanesischen Sprachen bedeutet die übliche Redewendung für „ewiges Leben" wörtlich „seine Haut abstreifen".[72] Im ägyptischen Totenbuch bittet der Verstorbene darum, der Schlange gleich zu werden: „Ich bin die Schlange Sata ... Ich sterbe und werde wiedergeboren."[73] Die Phoiniker glaubten, die Schlange habe nicht nur die Fähigkeit, sich zu verjüngen und ihre Jugend zu erneuern, sondern auch ihre Stärke und Statur zu vergrößern.[74] Und wenn sie durch das Häuten ihr Alter verliert, brauchen wir auch nicht weiter nach einer Erklärung für das griechische Wort für „Schlangenhaut", nämlich „*gḗrōs*, hohes Alter" (lat. *senectus*), Ausschau zu halten.

Die Zulu bestatten ihre Toten in heiligen Hainen, deren jeder entsprechend der Zahl von Dörfern des Gebiets eine Anzahl Begräbnisplätze enthält. Außer für den Priester sind diese Haine für alle übrigen tabu. Ihm erscheinen die Toten häufig, manchmal als Säugetiere, doch gewöhnlich als Schlangen.[75] Als sich einmal die Bewohner eines Krals auf einem Hochzeitsfest befanden, wurden einige alte Frauen, die in einer der Hütten zurückgeblieben waren, durch den Anblick zweier Schlangen erschreckt, die die Wand entlang krochen. Der herbeigerufene Dorf-

---

[70] HARRISON, Prolegomena etc., S. 331, POLITES, Παροιμίαι, Bd. 2, S. 58, DEMETRAKOS, *Μέγα λεξικὸν τῆς ἑλληνικῆς γλώσσης*, s. v.
[71] BRIFFAULT, a. a. O., Bd. 2, S. 641–651, 660–673.
[72] Ebd., Bd. 2, S. 643.
[73] BUDGE, The Gods of the Egyptians, Bd. 2, S. 377. Die gleiche Vorstellung liegt der griechischen Sage von Glaukos, dem Sohn des Minos, zugrunde (APOLLOD. 3, 3, 1–2).
[74] EUSEB. praep. evang. 1, 10, 46–49.   [75] JUNOD, a. a. O., Bd. 2, S. 376–377, 384–385.

häuptling konnte sie mit folgenden Worten beruhigen: „Fürchtet euch nicht — es sind nur unsere Götterahnen, die gekommen sind, um am Fest teilzunehmen."[76] Wenn bei den Massai eine angesehene Persönlichkeit stirbt, geht ihre Seele in eine Schlange über, die dann in den Kral kommt, um nach ihren Kindern zu sehen.[77] Ein Grieche würde sagen, sie sei ein Heros und Wächter des Hauses geworden. Zu jeder Massai-Familie und jedem Clan gehört eine bestimmte Schlangenart, die die Ahnen verkörpern soll. Ein im Kampf überwundener Mann pflegt seine Familienschlangen herbeizurufen: „Rächer des Hauses meiner Mutter, kommt heraus!"[78] Für solch einen Anruf hätte es bei dem Volke, das mit den Erzählungen um Klytaimestra und Sosipolis aufgewachsen ist, keiner Erklärung bedurft. Wenn diese Bantu einmal ihre Freiheit errungen haben, werden sie gute Archäologen abgeben.

In der Form der Schlangenverehrung wurde das Clan-Totem durch ein verallgemeinertes Sinnbild der Reinkarnation ersetzt. Das ist Totemismus in gewandelter Gestalt.

6. *Totemistische Überreste*: *Clanembleme*

Kehren wir auf die Akropolis von Athen zurück. Wir haben gesehen, daß die Schlange in der Familie des Erechtheus sowohl als Ahnherr wie auch als Emblem erscheint. Das ist fast dasselbe, als würde man sagen, die Erechtheidai seien ein Schlangenclan gewesen. Man weiß aber nicht, ob sie als Clan bestanden haben. Der Name war eine dichterische Bezeichnung für die Athener, und in historischen Zeiten wurde der Kult selbst von den Butadai verwaltet.[79] Da das Beweismaterial in diesem Falle unvollständig ist, kann man mit Sicherheit nur so viel sagen, daß eine totemistische Ideologie zugrunde liegen muß.

Abb. 5. Stierschädel auf einem Schild: attisches Vasenbild

Die Spartoi von Theben wurden so genannt, weil sie ihren Stammbaum auf die Drachenzähne zurückführten, die Kadmos bei der Gründung der Stadt gesät hatte.[80] Epameinondas, der 362 v. d. Z. bei Leuktra gefallene Führer der Thebaner, wurde in einem Grabmal bestattet,

---

[76] Ebd., Bd. 2, S. 384, vgl. HOLLIS, The Nandi etc., S. 90. Ein alter Priester der Batonga schilderte JUNOD, wie ihm anläßlich einer Opferhandlung beim Betreten eines heiligen Hains eine Schlange, der Vater des Makundju, entgegengekommen, im Kreis um ihn und seine Begleiter herumgeglitten sei und folgendes gesprochen habe: „Ich danke euch! So seid ihr also noch immer hier, meine Kinder! Ihr seid gekommen, mich mit Geschenken zu überhäufen"; und als JUNOD fragte, ob das auf Wahrheit beruhe oder ein Märchen sei, erwiderte der Greis: „Eine unbezweifelbare Tatsache! Dies sind hohe Wahrheiten!" (JUNOD, a. a. O., Bd. 2, S. 384—385). Der einzige wesentliche Unterschied zwischen den griechischen Schlangenkulten und dem der Bantu besteht darin, daß die ersteren unter der Leitung von Frauen standen.

[77] HOLLIS, The Masai etc., S. 307—308, vgl. KRIGE, a. a. O., S. 53, 62, 65, 174, 285. Den Übergang vom Clan-Kult zum Staatskult kann man am Schlangenorakel der Baganda vom Victoriasee erkennen: Das Orakel ist öffentlich, doch das Amt des auslegenden Priesters erbt sich in einem bestimmten Clan fort: ROSCOE, The Baganda, S. 320—322.

[78] HOLLIS, a. a. O., S. 308. [79] HARPOKR. Ἐτεοβουτάδαι, PAUS. 1,26,5, APOLLOD. 3,15,1.

[80] Schol. PIND. Pyth. 5,101, Schol. EURIP. Phoin. 942. PAUS. 8,11,8.

das als Zeichen seiner Zugehörigkeit zu diesem Clan einen Schild mit einem Drachenwappen trug.[81] Wenn der Clan-Ahnherr ein Drache und das Abzeichen des Clans auch ein Drache war, muß der Drache das Totem des Clans gewesen sein.

Es gab einen phrygischen Clan, die Ophiogeneis, d. h. die „Schlangengeborenen". Er besaß ein ererbtes Rezept zur Heilung von Schlangenbissen und führte seinen Stammbaum auf ein Kind zurück, das eine Schlange mit einer Frau in einem heiligen Hain der Artemis gezeugt hatte.[82] Hier ist ein totemistischer Mythos des normalen Typs mit einem Kult verknüpft, dem wir schon in Epeiros begegnet waren.

Alle großen attischen Clane hatten ihre angestammten Abzeichen, die sie, wie die Spartoi, auf ihren Schilden zur Schau trugen. Da war z. B. das *triskelés* der Alkmaionidai, das Pferd der Peisistratidai, das Pferdehinterteil der Philaidai, der Rinderschädel der Butadai und andere, die nicht näher identifiziert werden konnten.[83] Das *triskelés* ist die Swastika oder das Hakenkreuz, dessen Herkunft dunkel ist.[84] Die Peisistratidai führten ihren Stammbaum durch Nestors Sohn Peisistratos auf Poseidon zurück. Eines der heiligen Tiere dieses Gottes war das Pferd.[85] Die Hinterpartie des Pferdes bei den Philaidai stellte offensichtlich ein „split totem" dar und war somit Ergebnis der Teilung eines Clans.[86] Die andere Hälfte bildeten wahrscheinlich die Eurysakidai. Philaios und Eurysakes, die beiden Söhne des Aias, wanderten von Salamis nach Attika aus und ließen sich hier nieder, der eine in Brauron, der andere in Athen.[87] Weil der Rinderschädel zur Zeit des größten politischen Einflusses der Butadai auf Münzen erschien, konnte er als Abzeichen dieses Clans ermittelt werden. Es ist wahrscheinlich, wenn auch nicht ganz sicher, daß diese „Söhne des Rinderhirten" (*bútēs*) ein erbliches Amt bei dem athenischen Buphonia-Fest bekleideten.[88] Dieses Fest trägt deutliche Spuren der Herkunft von einem gemeinsamen Clan-Fest.[89] Es bestand aus einem Stieropfer mit folgendem Sühneritus, wie er gemeinhin für die Übertretung eines Tabus vorgenommen wird.[90]

[81] PAUS. 8,11,8.
[82] STRAB. 13,1,14, AELIAN. de nat. anim. 12,39.
[83] SELTMAN, Athens, its History and Coinage etc., S. 24, 30, 49, vgl. PLUT. Alk. 16.
[84] HADDON, Evolution in Art, S. 282.
[85] HEROD. 5,65,4.
[86] FRAZER, Totemism and Exogamy, Bd. 1, S. 10, 58, 77, Bd. 2, S. 397, 520, 356, Bd. 3, S. 100, Bd. 4, S. 175.
[87] PLUT. Sol. 10, STEPH. BYZ. Φιλαῖδαι, HARPOKR. Εὐρυσάκειον, PAUS. 1,35,3, PHEREKYD. LER. 20.
[88] Es handelt sich um die Wörter ἱερέως Βούτου (IG 2, 1656), von denen J. TOEPFFER (Attische Genealogie, S. 159) annimmt, sie ständen für ἱερεὺς Βούτου, nicht aber für ἱερεὺς Βούτης, doch der die Buphonien leitende Priester trug die Bezeichnung βούτης (HESYCH. s. v.); vgl. ferner IG 3,71,294, wo βουζύγης gleichzeitig der Titel des Priesters und der Name des Eponyms seines Clans ist (TOEPFFER, a. a. O., S. 136).
[89] ROBERTSON SMITH, Die Religion der Semiten, S. 233–234.
[90] FRAZER, Totemism and Exogamy, Bd. 1, S. 18–20, Bd. 2, S. 156–158, 160, Bd. 3, S. 67, 81. Mit der Sitte, einen Stier auszuwählen, der veranlaßt wurde, einige zu diesem Zwecke auf den Altar gestreute Körner zu fressen (PAUS. 1,24,4), verfolgte man die Absicht, dem Tier die Verantwortung dafür zuzuschieben: andere Kunstgriffe ähnlicher Art siehe bei PAUS. 2,35,6, PORPHYR. de abst. 1,25, PATON, a. a. O., S. 83, vgl. AISCH. Agam. 1296–1297. Die Tierhaut wurde danach mit Stroh ausgestopft und vor einen Pflug gespannt (PORPHYR. de abst. 2, 29–30), was darauf hindeutet, daß das Tabu, das überschritten wurde, mit dem alten Verbot, Pflugochsen zu schlachten, identisch gewesen ist: AEL. var. hist. 5,14, Schol. ARAT. 132, DIOG. LAERT. 8,20, vgl. PHILOSTR. imag. 2,24.

Ein anderer attischer Clan, die Euneidai, bekleidete das Priesteramt des Dionysos Melpomenos und stammte durch Hypsipyle von dem Weingott Dionysos ab.[91] Als Hypsipyle einst hingerichtet werden sollte, wurde sie durch die unerwartete Ankunft ihrer beiden Söhne errettet, die sich durch das Vorzeigen ihres Clanabzeichens, einer goldenen Rebe, auswiesen.[92] Schließlich seien noch die Ioxidai von Lykien erwähnt, Nachkommen des Theseus, denen es untersagt war, Spargel zu verbrennen. Sie verehrten diese Pflanze zum Andenken an ihre Ahnherrin Perigune, die sich auf der Flucht vor Theseus in einem Spargelbeet verborgen hatte.[93]

Ob diese Überlieferungen „eine totemistische Erklärung erforderlich machen", muß der Leser selbst entscheiden. Er wird sich daran erinnern, daß diejenigen, die diese Erklärung verwerfen, keine andere zu bieten haben. Besonders das letztgenannte Beispiel, bei dem das totemistische Tabu fortbestand und die Pflanze nach wie vor in totemistischer Form verehrt wurde, scheint einen unbestreitbaren Beleg zu liefern. Frazer, der den Totemismus wenigstens studiert hatte, gab zwar zu, daß „diese ererbte Ehrerbietung, die von allen Mitgliedern der Familie oder des Clans einer bestimmten Tier- oder Pflanzenart entgegengebracht wurde, an Totemismus erinnert", fügte aber vorsichtig hinzu, daß „das nicht unbedingt ein Beweis dafür zu sein braucht".[94] Eine derart feine Unterscheidung, wie sie hier getroffen wird, legt die Vermutung nahe, daß die Norm für die Beweiskraft in dem Maße erhöht wird, wie sich das Material anreichert. Um Frazer Gerechtigkeit widerfahren zu lassen, sei daran erinnert, daß er fünfundzwanzig Jahre vor seiner oben zitierten Bemerkung die Meinung zum Ausdruck brachte, „man könne den Totemismus als Tatsache für die Ägypter und als sehr wahrscheinlich für die Semiten, Griechen und Latiner ansehen".[95] In jener Zeit waren die bürgerlichen Denker weniger knauserig mit Verallgemeinerungen als heutzutage.

7. *Clankulte und Staatskulte*

Da es kein Mitglied des olympischen Götterhimmels gibt, das nicht auf irgendeine Weise mit Pflanzen oder Tieren in Verbindung steht, ist die Annahme berechtigt, daß die griechische Religion im allgemeinen auf totemistischer Grundlage beruht. Ein umfassendes Studium würde in dieser Hinsicht wertvolle Ergebnisse zeitigen. An dieser Stelle werde ich nur an Hand einiger weniger konkreter Beispiele den von mir angenommenen wesentlichen Entwicklungsprozeß der griechischen Religion erläutern, der in der Umwandlung der Clan- in Staatskulte auf Grund der Auflösung der Gentilgesellschaft und des Aufkommens des Stadtstaates besteht.

Im Jahre 514 v. d. Z. wurde der athenische Tyrann Hipparchos ermordet. Seine Mörder waren zwei junge Adlige, Harmodios und Aristogeiton, die den

---

[91] IG 3, 274, 278, PAUS. 1,2,5; 1,31,6, HESYCH. Εὐνεῖδαι, vgl. Il. 7,468—469. Sie waren berufsmäßige Lyraspieler und Tänzer (HESYCH., HARPOKR., PHOT. s. v.) und leiteten die πομπαί, die staatlichen Prozessionen (POLL. 8,103): siehe S. 152.
[92] Anthol. Pal. 3,10, EURIP. fr. 765.   [93] PLUT. Thes. 8.
[94] FRAZER, Apollodorus, Bd. 2, S. 125.   [95] FRAZER, Totemism and Exogamy, Bd. 1, S. 86.

Gephyraioi angehörten. Dieser Clan war einer der Zweige aus dem Geschlecht des Kadmos. Seine erste Heimat auf griechischem Boden war Eretria auf Euboia gewesen. Von hier wanderte der Clan über die Meerenge nach Tanagra in Boiotien. Als er nach dem Trojanischen Krieg aus Tanagra vertrieben wurde, ließ er sich in Athen nieder und unterhielt einen erblichen Geheimkult der Demeter Achaia. Das erfahren wir durch Herodot.[96] Das ist ein klarer Fall für einen Clankult, der als solcher bis ins fünfte Jahrhundert fortbestand.

Kadmos, von den Griechen als Phoiniker beschrieben, erreichte Theben auf der Suche nach seiner Schwester Europa, die Zeus an der Küste Syriens geschändet und dann nach Kreta entführt hatte.[97] Europa wurde die Mutter des Minos, des sagenhaften Königs von Knossos. Sie ist eine Parallelgestalt zu Demeter, da beide ihrem Wesen nach von der minoischen Muttergottheit herrühren.[98] Ein vermutlich von den Kadmeioi gegründeter Kult der Demeter Europa bestand in Lebadeia in der Nähe von Theben,[99] und in Theben selbst soll der Tempel der Demeter Thesmophoros einst der Palast des Kadmos gewesen sein.[100] Man kann daraus schließen, daß die Kadmeioi kretische Einwanderer waren, die einen Kult der minoischen Muttergöttin mitbrachten. Ihre phoinikische Abkunft soll in einem späteren Kapitel behandelt werden.

An seinem Lebensende verwandelte sich Kadmos in eine Schlange. Die boiotischen Schiffe, die nach Troia fuhren, trugen am Bug eine Figur des Kadmos, der eine Schlange trägt.[101] Es scheint daher, daß die Demeter der Kadmeioi wie auch die Athene der Erechtheidai eine Schlangengöttin war. Sie lebte bei den Gephyraioi in deren Kult der Demeter Achaia fort.

Demeter Achaia wurde auch in Tanagra, Thespiai und Marathon verehrt.[102] Zwischen Tanagra und Marathon lag Aphidna, der Geburtsort von Harmodios und Aristogeiton.[103] Augenscheinlich hatte sich nur ein Zweig des Clans in Athen niedergelassen.

In Athen beschränkte sich der Kult nach Herodots Zeugnis ausschließlich auf diesen Clan. Wir wissen jedoch aus Inschriften des fünften Jahrhunderts, daß für die Priesterin der Demeter Achaia neben anderen Religions- und Staatsbeamten ein Sessel in der ersten Reihe des Dionysos-Theaters reserviert war.[104] Es ist leicht möglich, daß es sich hierbei um ein Privileg handelt, das den Gephyraioi in Anerkennung ihrer Verdienste beim Sturz der Tyrannis verliehen

---

[96] HEROD. 5,57. 61.
[97] APOLLOD. 3,1,1.
[98] NILSSON, The Mycenæan Origin of Greek Mythology, S. 33, FARNELL, Cults of the Greek States, Bd. 2, S. 479, ROSCHER, Ausführliches Lexikon der griechischen und römischen Mythologie, Bd. 1, Sp. 1417, PERSSON, „Der Ursprung der eleusinischen Mysterien", ARW 21, 1922, 303—308, PICARD, „Sur le patrie et les pérégrinations de Déméter", REG 40, 1927, 336.
[99] PAUS. 9,39,5.
[100] PAUS. 9,16,5. Die thebanischen Thesmophorien wurden in den Kadmeia begangen: XEN. Hell. 5,2,29.
[101] APOLLOD. 3,5,4, EURIP. Iph. Aul. 253—258.
[102] FARNELL, a. a. O., Bd. 3, S. 323—324. Das nahe Tanagra gelegene Oropos war durch einen gemeinsamen Eretreus-Kult (STRAB. 9,2,10) und einen gemeinsamen Dialekt (BUCK, Greek Dialects, S. 172) mit Eretria verbunden.
[103] PLUT. Mor. 628d.
[104] IG 3, 373, vgl. ISAIOS 5, 47.

Clankulte und Staatskulte

wurde. Wir haben damit ihren Clan-Kult bis zu dem Punkt verfolgt, an dem er durch den Staat übernommen wurde.

Aus anderen Beispielen geht der Übertragungsakt selbst hervor. Als die Messenier im vierten Jahrhundert das spartanische Joch abschüttelten, führten sie die Mysterien der Demeter in Andania, ihrer alten Hauptstadt, wieder ein. Der Clan, zu dem dieser Kult gehörte, war noch vorhanden, und wir besitzen den Wortlaut eines Beschlusses, durch den das Oberhaupt des Clans, Mnasistratos, zum ersten Hierophanten unter der neuen Herrschaft gewählt wurde und gleichzeitig die Verwaltung der Mysterien in die Hände des Staates legte.[105]

Ein anderes Beispiel liefert eine Inschrift von Chios, wo eine aus sechs Clanen bestehende Phratrie, die Klytidai, wohnte. Sie besaß einen Kult des Zeus Patroios. Zu der in Frage stehenden Zeit hatten mehrere Bürger, die zu keinem der Teilclane gehörten, ihre Aufnahme in die Phratrie erlangt. Wie schon in Attika (Seite 76), verlor auch in Chios die Phratrie ihren exklusiven Charakter. Diese Bürger erhoben nun Anspruch auf Teilnahme am Kult. Es wurde ein Beschluß gefaßt, daß dem Gott ein Tempel errichtet werden und die Clanangehörigen ihre *sacra* aus den Privathäusern an bestimmten Festtagen zum Tempel bringen sollten. Diese Regelung sollte sofort in Kraft treten, und nach Ablauf einer bestimmten Zahl von Jahren sollten die *sacra* für immer im Tempelgebäude aufgestellt werden.[106] Der Tempelbau, der zweifellos auf Kosten des Gemeinwesens vorgenommen wurde, bezeichnet den Übergang vom Clan zum Staat.

Aus allen Teilen Griechenlands hören wir von Priestern, die das Recht auf ihr Amt durch ihre Geburt erworben hatten.[107] Als der Staat den Kult übernahm, behielt der Clan gewöhnlich sein altes Vorrecht bei. Wir erfahren, daß in Ithome und auch in Aigion ein Priester das Recht hatte, das Götterbild in seinem Hause aufzubewahren, mit Ausnahme der Anlässe, bei denen es zum Jahresfest ins Freie gebracht wurde.[108] Wir schließen daraus, daß es einst zu seinem Clan gehört hatte. Wir hören von einem Kult in Halikarnassos, zu dem außer dem öffentlichen Jahresfest ein monatlicher Privatgottesdienst gehörte, der an jedem Neumond vollzogen wurde.[109] Hier liegt ein Übergangsstadium vor, bei dem Clankult und Staatskult verbunden auftreten. Man könnte noch andere Beispiele der gleichen Art aufzählen. Sie alle zeigen uns, was Aristoteles mit seiner Behauptung meinte, es sei für die Demokratie kennzeichnend gewesen, die Zahl der Kulte zu verringern und sie gleichzeitig dem gesamten Volk zugänglich zu machen.[110] Die alten Familien wurden zwar nicht enteignet, mußten sich jedoch der staatlichen Kontrolle unterwerfen.

Wir sind deshalb natürlich nicht zu der Annahme verpflichtet, daß alle diese Clankulte eine ununterbrochene Geschichte seit der Zeit der Stammesgesellschaft aufzuweisen hatten. Es gab ständig Kämpfe zwischen rivalisierenden Clanen um die

---

[105] SIG 736, Anm. 3,9. Andania war einst der Sitz der messenischen Könige gewesen (PAUS. 4,3,7); somit kann es sich hierbei anfangs wie schon in Theben um einen Palastkult gehandelt haben. Siehe ferner S. 150.
[106] SIG 987.
[107] IG 12,3,514—519. 522. 865. 869, Supp. Epig. Gr. 4,282 etc., vgl. PLAT. Nomoi 759a.
[108] PAUS. 4,33,2; 7,24,4, vgl. 9,16,5; REINACH, Traité d'épigraphie grecque, S. 141.
[109] SIG 1015,24, vgl. PORPHYR. de abst. 2,16, CLEM. AL. strom. 3,2.   [110] ARISTOT. Pol. 1319b, 19.

politische Macht, die ja mit der Wahrnehmung der religiösen Angelegenheiten Hand in Hand ging. Ein einzelner Clan konnte das Vorrecht über fremde Kulte erringen oder zur Aufgabe eines Teils seines eigenen Kults gezwungen werden. An diesen Kämpfen hatten unsere Freunde, die Butadai, lebhaften Anteil genommen. Die ältesten Kulte auf der Akropolis von Athen gehörten der Athena Polias und dem Poseidon Erechtheus. Sie befanden sich beide in der Obhut der Butadai, müssen aber ursprünglich unabhängig voneinander gewesen sein.[111] Athene und Poseidon traten als Nebenbuhler im Kampf um den Besitz der Akropolis auf.[112] Die Schlange im Heiligtum des Erechtheus gehörte der Athene.[113] Da dieses Tier den Heros Erichthonios, den Großvater des Erechtheus, verkörperte, muß die Verehrung beider auch im Palastkult der Erechtheidai eingeschlossen gewesen sein. Zwar behaupteten die Butadai, ihr Eponym Butes sei ein Bruder des Erechtheus gewesen und stamme dadurch auch von Erichthonios ab.[114] Das sagten die Butadai aber in Wahrnehmung ihrer Interessen, denn bei Hesiod erscheint Butes als Sohn Poseidons.[115] Da haben wir den Schlüssel zur Lösung des Problems. Nachdem sie sich den Königskult angeeignet und ihn mit ihrem angestammten Poseidonkult verknüpft hatten, behaupteten sie die Rechtmäßigkeit ihres Besitzes, indem sie den Gründer ihres Clans an die von ihnen verdrängte Dynastie anschlossen.

Das gleiche ereignete sich auch anderer Stelle. In Syrakus waren die Mysterien der Demeter Erbgut des Clans, zu dem der aus Gela eingewanderte Hieron gehörte. Dieser Clan war von Telinos, seinem Ahnherren, von Telos, einer Insel auf der Höhe des Vorgebirges von Knidos, wo noch ein zweiter Kult der Göttin bestand, nach Gela verpflanzt worden.[116] Die Demeter von Syrakus war aber auch unter dem Namen Sito, „Korn", und Simalis, einem völlig ungriechischen Wort, bekannt.[117] Das läßt vermuten, daß die vorgriechische Bevölkerung der Stadt eine sizilische Korngöttin verehrt hatte, die von Hieron neben seine Demeter gestellt wurde, als er sich zum Herren des Staates Syrakus machte.

8. Die Clangrundlage der Eleusinischen Mysterien

Wollen wir uns in dem Gewirr der Clankulte, in denen die großen panhellenischen Festlichkeiten verwurzelt sind, zurechtfinden, so tun wir gut daran, die älteste Geschichte der Eleusinischen Mysterien zu untersuchen.

Hier gab es zwei leitende Clane, die Eumolpidai und die Kerykes. Dazu kamen noch die Krokonidai, die eine untergeordnete Rolle spielten.[118] Der Gründer

---

[111] APOLLOD. 3,14,8, PLUT. Mor. 843b.   [112] Siehe S. 212—213.   [113] HESYCH. οἰκουρὸν ὄφιν.   [114] APOLLOD. 3,14,8.

[115] HESIOD. frag. 101. Es bestand noch eine dritte Version, nach der Butes ein Enkel des Ion war (APOLL. 1,9,16, HYGIN. fab. 14). Sie war vermutlich die jüngste der drei Varianten: siehe S. 330—331.

[116] HEROD. 7,153—154, vgl. Schol. PIND. Ol. 6,92—95. 158; FARNELL, a. a. O., Bd. 3, S. 322.

[117] ATHEN. 109a, 416b. Die Anspielung bezieht sich vielleicht auf die μυλλοί genannten Kuchen, die die Gestalt von *pudenda muliebria* hatten und von den Frauen anläßlich der syrakusanischen Thesmophorien gebacken wurden: ATHEN. 647a.

[118] Die Krokonidai (TOEPFFER, a. a. O., S. 101—109, DEUBNER, a. a. O., S. 75—77) waren ein Krokus-Clan und standen in Verbindung mit den Safranfäden (κροκός), die die Mysten an der rechten Hand und dem rechten Fuß trugen (PHOT. κροκοῦν).

Eumolpos war gemeinsamer Ahnherr der Eumolpidai und der Kerykes. Es war zu erwarten, daß der Clan, der die hervorragendste Rolle in der Leitung des Kultes spielte, auch einen ehrenvollen Platz in der Überlieferung behaupten würde. Aber in dieser Tradition stellen wir einige bemerkenswerte Risse fest.

Der Gott der Eumolpidai war nicht Demeter, der die Mysterien geweiht waren, sondern Poseidon. Eumolpos selbst war ein Fremdling und kam aus Thrakien.[119] Es ist leicht möglich, daß er aus dieser Richtung einen Kult des Poseidon mitgebracht hat, den ja vieles mit dem Norden verband, doch kaum einen der Demeter, der man in der Frühzeit nicht weiter nördlich als in Südthessalien begegnet.[120] Die barbarische Abkunft bildete offensichtlich für seine Nachfahren einen Stein des Anstoßes, da uns ein Autor versichert, der Gründer der Mysterien sei kein Thraker, sondern eine andere Person gleichen Namens gewesen.[121] Daß diese korrigierte Lesart sich nicht durchsetzte, lag wahrscheinlich an dem Vorhandensein deutlicher thrakischer Elemente in den Mysterien, besonders an dem Namen Brimo für Demeter oder Persephone.[122] Das Ritual ist eben weniger schmiegsam als der Mythos.

Die Zuordnung der Kerykes zu Eumolpos wurde von den Kerykes selbst nicht akzeptiert. Sie behaupteten, Keryx sei der Sohn des Hermes und einer Tochter des Kekrops, des ersten Königs von Athen.[123] Die Gestalt des Kekrops führt uns vier Generationen hinter den von der Überlieferung genannten Zeitpunkt der Ankunft des Eumolpos oder der Demeter zurück. Auch Hermes hinterließ seine Spuren in den Mysterien. Er war der Gemahl der Daeira, die bei Aischylos in einer altertümlichen Form der heiligen Ehe mit Persephone gleichgesetzt wird.[124] Danach hat es den Anschein, als sei die mystische Theogamie von Eleusis älter als die Ankunft der Demeter gewesen. Wer brachte die Göttin hierhin?

In Athen war sie seit ältesten Zeiten als Demeter Thesmophoros verehrt worden.[125] Nach Herodot soll das Ritual der Thesmophorien durch die Töchter des Danaos von Ägypten hierher verpflanzt worden sein. Die Danaiden ließen sich in Argolis nieder und gaben den Kult an die Frauen der alteingesessenen Pelasger weiter.[126] Das erscheint glaubhaft, wenn wir die wohlbekannte Vorliebe des erwähnten Historikers für ägyptische Ursprünge in der Weise modifizieren dürfen, daß wir zwischen Ägypten und Griechenland Kreta einschieben.

An verschiedenen Stellen der Landschaft Argolis gab es Überlieferungen, in denen die Ankunft der Demeter erwähnt wird. So in Argos selbst, ferner in Hermione und Troizen. Die Argeier behaupteten, der eleusinische König Triptolemos, der von der Göttin die Kunst des Feldbaus erlernt und sie dann seinem

---

[119] APOLLOD. 3,15,4, ISOKR. 12,193, PAUS. 1,38,2.
[120] Il. 2, 695—696.
[121] ISTER 21 (FHG).
[122] CLEM. AL. Protr. 2,13, TZETZ. ad HESIOD. Erga 144, PS.-ORIG. Philos. 170; J. HARRISON, Prolegomena etc., S. 551—553. Der Name des Immarados, eines Sohnes des Eumolpos (PAUS. 1,38,3), scheint für *Ισμαρόδωρος = εὔμολπος zu stehen: er wird auch Ismaros (APOLLOD. 3,15,4) genannt. Diesen Namen trug ein Berg in Thrakien (Od. 9,198) in der Nähe von Maroneia (STRAB. 7 fr. 44, vgl. Od. 9,196).
[123] PAUS. 1,38,3.
[124] AISCH. frag. 277, Schol. APOLLON. RHOD. 3,847; LOBECK, Aglaophamus, S. 1212—1215; siehe S. 133.
[125] Siehe S. 174—176. [126] HEROD. 2,171.

Volk weitergereicht hatte, sei in Wirklichkeit der Sohn eines ihrer argeiischen Priester gewesen, der sich in Eleusis niedergelassen hatte.[127] Offensichtlich betrachteten sie die Demeter von Eleusis als Abkömmling ihrer eigenen. Die Athener waren jedoch mit dieser Version nicht einverstanden; denn sie wollten nichts von einer Verpflichtung Argos gegenüber wissen. Anders die Arkader. Deren Demeter Mysia in Pellene trug ihren Namen, wie sie sagten, nach einem Mysios (dem „Mysten"?), der sie in Argos willkommen geheißen hatte.[128] Das ist ein bedeutsamer Fingerzeig; denn die Demeter von Eleusis besaß Verbindungen zu Arkadien.

In Eleusis begegneten ihr an der „Quelle der Blumen" Metaneira und deren Töchter.[129] Metaneira war die Königin und Gattin des Keleos. Eine ihrer Töchter war mit Krokon, dem Eponym der Krokonidai, verheiratet, deren verfallenen Palast noch Pausanias auf der eleusinischen Seite der alten attischen Grenze gesehen hat.[130] Die „Quelle der Blumen" lag an der Straße nach Megara auf der gegenüberliegenden Seite der Stadt.[131] Diese Straße hätte Demeter benutzen müssen, wenn sie aus dem Peloponnes nach Eleusis gekommen sein sollte.

Wenn wir den Peleponnes von Megara her betreten, gelangen wir nach Phleius. Hier befanden sich in einem Ort namens Keleai Lokalmysterien der Göttin, die von einem gewissen Dysaules, einem Bruder des Keleos, gegründet wurden.[132] Keleos, Keleai — die Beziehung ist unverkennbar. Keleos ist der männliche Eponym von Keleai, wie Thespios von Thespiai, Alalkomeneus von Alalkomenai oder Eleuther von Eleutherai.[133] Obgleich er König von Eleusis ist, trägt er einen peloponnesischen Namen. Folglich ist auch der von ihm vertretene Kult peloponnesischen Ursprungs. Wegen des überragenden Einflusses von Eleusis erscheint aber der wahre Tatbestand in der vorliegenden Überlieferung auf den Kopf gestellt. Er wird als in Eleusis gebürtig bezeichnet, während seine peloponnesische Herkunft durch die Behauptung erklärt wird, der Kult von Keleai sei ein Sproß des eleusinischen gewesen.

Keleai ist ein Ortsname des üblichen Typus'. Wie Thespiai, Alalkomenai, Eleutherai, Potniai und Alesiai bezeichnet er gleichzeitig einen örtlichen Frauenkult und bedeutet wörtlich „rufende Frauen" (*kaléo, kélomai*).[134] Einmal monatlich ziehen die Frauen zu den Kreuzwegen und rufen den Mond an. Dieser Brauch ist weitverbreitet.[135] In Griechenland und Italien war er mit Artemis, später mit Isis, vor allem aber mit Demeter verknüpft. Servius beschreibt uns, wie die italischen Landfrauen an den Kreuzwegen ein Geheul anstimmen, das Demeters

---

[127] PAUS. 2,18,3; 2,35,4—8; 1,14,2. Sie soll auch in Pheneos (PAUS. 8,15,3), Lakiadai (PAUS. 1,37,2), Sikyon (PAUS. 2,5,8), Kos (Schol. THEOKR. 7,5) und Sizilien (DIOD. SIC. 5,4) angekommen sein.

[128] PAUS. 7,27,9; 2,18,3.

[129] Hom. Hymn. 2,105—110. 161. 184—187. 206—207. PAUS. 1,39,1.

[130] PAUS. 1,38,1—3.

[131] PAUS. 1,39,1.

[132] PAUS. 2,14,1—4, HARPOKR. Δυσαύλης. Keleai, das homerische Araithyree (PAUS. 2,12,5, Il. 2,571), kann von Pyraia, wo es einen weiteren Demeterkult gab (PAUS. 2,11,3), nicht weit entfernt gelegen haben. Dysaules wird auch als Vater des Triptolemos bezeichnet: PAUS. 1,14,3.

[133] DIOD. SIC. 4,29, PAUS. 9,33,5, STEPH. BYZ. Ἐλευθεραί.

[134] Vgl. κελεός, „Specht". Klazomenai, eig.: die „kreischenden Frauen", wurde von der Stadt Phleius gegründet: PAUS. 7,3,9.

[135] HASTINGS, a. a. O., s. v. Crossroads.

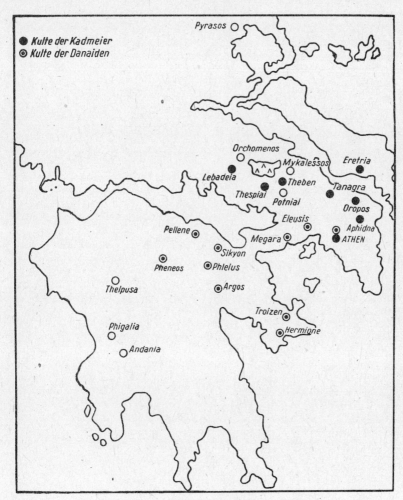

Karte II. Demeterkulte

Suche nach ihrer verlorenen Persephone nachahmen soll.[136] Gerade in dieser Gegend gibt es noch andere Beispiele dafür. In Megara gab es einen Felsen mit Namen Anaklethra, den Felsen der „Anrufung" (*anakaléo*). Hier hatte Demeter nach ihrer Tochter gerufen. Dieses Ereignis wurde von den megarischen Frauen in einem Geheimritus gefeiert.[137] In Eleusis selbst gab es einen Felsen der Betrübnis, auf dem sich die Göttin weinend niedergelassen hatte.[138] Das Ritual ist nicht überliefert, doch muß es dem von Megara geähnelt haben.[139] Es liefert uns den Schlüssel zu dem Namen Demeter Achaia, die Trauernde Demeter (*áchos*, „Gram").[140]

Auf den Hügeln westlich von Phleius lag die Stadt Pheneos. Sie besaß zwei Demeterkulte. Einer von ihnen soll von einem Nachkommen des Eumolpos gegründet worden sein. In dem anderen, der als älter bezeichnet wird, wurde sie Demeter Thermia genannt.[141] Es handelt sich hier um eine dialektische Variante von Demeter Thesmophoros.[142] Dieser Kult wurde von Trisaules gegründet, dessen Name uns Dysaules ins Gedächtnis zurückruft, den Bruder von Keleos. Arkadien war wie Attika die alte Heimat der Pelasger. Arkas, der erste König, soll den Ackerbau eingeführt haben, den er genau wie Triptolemos von Demeter erlernt haben soll.[143] Einer seiner Söhne, Azan, erhielt seinen Namen von den Azanes,[144] deren Gebiet auch die Stadt Pheneos einschloß.[145] Ein zweiter Sohn, Apheidas, war der Eponym von Apheidantes, einem Dorf nahe Tegea.[146] Beide tauchen in Attika wieder auf, Azan im Demos Azenia,[147] Apheidas im Clan der Apheidantidai.[148] Zu allem Überfluß wird deren Mutter, die Gattin des Arkas, als Metaneira, Tochter des Krokon, angegeben.[149]

Herodot hatte recht. Der Kult der Demeter von Eleusis war ursprünglich eine Lokalform der Thesmophorien,[150] die von den pelasgischen Krokonidai aus Arkadien eingeführt wurden. Dieser Clan hatte den Kult wiederum von den Pelasgern der Landschaft Argolis erhalten. Von den drei die Göttin in Eleusis verehrenden Clanen hatte der die engsten Verbindungen zu ihr, dessen Anteil in historischer Zeit am wenigsten ersichtlich war.

---

[136] APUL. Met. 11,2, SERV. ad VERG. Aen. 4,609, Ecl. 3,26, vgl. Hom. Hymn. 2,20—26.
[137] PAUS. 1,43,2. In Athen (Eleusis?) beschwor der Hierophant die Göttin Persephone, indem er auf ein ἠχεῖον schlug (Schol. THEOKR. 2,36). In Pheneos züchtigte er den Erdboden mit Rutenhieben und trug dabei eine Maske, die Demeter vorstellte (PAUS. 8,15,2—3). [138] APOLLOD. 1,5,2.
[139] CORNFORD, „The 'Aπαρχαί and the Eleusinian Mysteries", in: QUIGGIN, Essays and Studies Presented to William Ridgeway, S. 161.
[140] PLUT. Mor. 378e. Eine andere Erklärung wird im Etym. Magn. s. v. 'Aχαία geboten.
[141] PAUS. 8,15,1—4.
[142] Vgl. dazu κόρμοι statt κόσμοι (BUCK, a. a. O., S. 53) und Demeter Thermesia in Troizen (PAUS. 2,34,6).
[143] PAUS. 8,4,1.
[144] PAUS. 8,4,2. Demeter wurde auf dem Berge Azanion (LACT. PL. ad STAT. Theb. 4,292) und in Phrygien in einer von Azanas (PAUS. 10,32,3) von Arkadien aus gegründeten Ansiedlung verehrt.
[145] STEPH. BYZ. 'Aζανία. [146] PAUS. 8,45,1.
[147] POLEM. HIST. 65, STRAB. 9,1,21.
[148] IG 2, 785. [149] APOLLOD. 3,9,1.
[150] Die Thesmophorien von Eleusis sollen von Triptolemos gestiftet worden sein, nachdem er dort König geworden war (HYGIN. fab. 147). Andererseits muß das attische Fest, das dem boiotischen sehr ähnelte (vgl. PAUS. 9,8,1), von dem Kult der Demeter Achaia beeinflußt worden sein, da die aus diesem Anlaß gebackenen Brotlaibe (vgl. S. 92, Anm. 117) ἀχαῖναι genannt wurden (ATHEN. 109e).

Die Untersuchung des Clanursprungs der Eleusinischen Mysterien hat uns in die Lage versetzt, die Vorgeschichte eines der bedeutsamsten Kulte innerhalb der griechischen Religion zu enträtseln. Als Sonderform der minoischen Muttergöttin kann Demeter sehr wohl letztlich aus Ägypten stammen, das bekanntlich zur minoischen Kultur manche Verbindungen hatte.[151] Sie erreichte Griechenland auf zwei Hauptrouten, die durch Kadmos und Danaos repräsentiert werden. Der erstere gelangte über Euboia nach Boiotien, der letztere über Argos auf den Peloponnes. In Attika begegneten sie sich und flossen ineinander: Demeter Achaia kam aus Boiotien, Demeter Eleusinia vom Peloponnes.

9. Das Verfahren bei Totschlag

Die Gentilgesellschaft kennt zwei Kapitalverbrechen, Blutschande und Hexerei. Blutschande besteht in der Verletzung der Exogamievorschriften, Hexerei im Mißbrauch der dem Wohl der Gemeinschaft dienenden Magie für persönliche Zwecke.[152] Beide Vergehen wurden summarisch von der Gemeinschaft als Ganzem geahndet. Andere Vergehen, einschließlich des Totschlags, stellten das dar, was wir Beleidigungen nennen würden: Wiedergutmachung zu fordern, stand dem Anhang des Opfers zu. Dieses Verfahren ist unter dem Namen primitive Selbsthilfe bekannt.[153]

Nach attischem Recht war die Anklage wegen Totschlags eine private (*díkē*), keine Staatsklage (*graphē*).[154] Die Initiative ging dabei vom Haushalt des Opfers und seiner Phratrie aus.[155] Die Termini für Anklage und Verteidigung bedeuteten eigentlich „verfolgen" und „fliehen" (*diōko* und *pheúgo*). Vergleiche im Englischen „hue and cry" (hetzen und schreien).[156]

In älterer Zeit, als der Totschlag noch kein moralisches Stigma trug, gab es keine Unterscheidung zwischen vorsätzlicher und fahrlässiger Tötung. War der Täter nicht imstande oder nicht bereit, eine annehmbare Wiedergutmachung zu leisten, so wurde er gezwungen, aus der Heimat zu fliehen. Darin lag keine besondere Härte, da er überall als Schutzflehender einen unabweisbaren Anspruch auf die Gastfreundschaft jedes von ihm darum ersuchten Fremden hatte. Kurz bevor sich Telemach in der Odyssee nach Ithaka einschiffte, wurde er von einem Fremdling angesprochen, der ihm erklärte, er habe einen Mord begangen und die Verwandten des Erschlagenen seien ihm auf den Fersen. Ohne auch nur einen Augenblick zu zögern, nahm ihn Telemach mit sich und gewährte ihm Gastfreundschaft, solange es ihm zu bleiben gefiel.[157] In anderen Fällen wird der Flüchtling nicht nur mit dem Notwendigsten versorgt, sondern von seinem Gastgeber sogar mit einem Stück Land versehen. Manchmal erhält er obendrein noch eine seiner Töchter zur Frau.[158]

---

[151] Zu Danaos' Verbindungen mit Ägypten siehe S. 320—321.
[152] DIAMOND, a. a. O., S. 280, ROBERTSON SMITH, Die Religion der Semiten, S. 203, vgl. BRIFFAULT, a. a. O., Bd. 2, S. 568, ROSCOE, The Bakitara etc., S. 34, GURDON, a. a. O., S. 77.
[153] CALHOUN, The Growth of Criminal Law in Ancient Greece, S. 62—67.
[154] Ebd. S. 9.   [155] DEMOSTH. 43,57.   [156] CALHOUN, a. a. O., S. 64.
[157] Od. 15,272—281. 508—546.   [158] HESIOD. frag. 144 = PAUS. 9,36,7, Schol. Il. 6,155 und Schol. 14,120.

Diese Bräuche setzen einen Überfluß an Boden voraus. Besaß ein Häuptling mehr Land, als er bestellen konnte, war er gern bereit, einen des Weges kommenden Fremdling damit auszustatten, da dieser eine willkommene Verstärkung seiner Mannschaft darstellte.

In der Wahl zwischen gütlichem Vergleich und der Rache und in der Art, wie letztere genommen wurde, erkennen wir die Praxis der Irokesen wieder. Bei Homer fehlt aber eine Einzelheit. Es ist zwar klar, daß der Anhang des Opfers zur Rache verpflichtet war, doch mangelt es an einem Hinweis auf die Haftpflicht der Angehörigen des Mörders. Warum sich die homerischen Gesänge über diesen Punkt ausschweigen, braucht jetzt nicht erörtert zu werden. Die Tatbestände können aus anderen Quellen herangezogen werden. Es gibt nachhomerisches Material, nach dem der Clan für das Verhalten seiner Mitglieder verantwortlich war oder zumindest gewesen war. Als im Jahre 621 v. d. Z. Kylons Putschversuch mißglückt war, suchten er und seine Anhänger an den Altären Zuflucht. Sie wurden aber ergriffen und von einigen Leuten der Alkmaioniden ermordet. Die religiöse Befleckung, die sie sich damit zuzogen, galt als so schwerwiegend, daß sie diesem Clan noch nach zwei Jahrhunderten zum Vorwurf gemacht wurde.[159] Auf einer Inschrift von Mantineia können wir lesen, daß einige Männer für Mordtaten, die sie im Heiligtum der Athena Alea begangen hatten, mit einer Geldbuße belegt wurden. Dabei wurde festgesetzt, daß im Weigerungsfalle die Clane der Schuldigen für immer aus dem Heiligtum ausgeschlossen werden sollten.[160] Sogar noch in späterer Zeit, als der Clan als Institution schon auseinandergefallen war, lebte der Grundsatz kollektiver Verantwortlichkeit in der folgenden, traditionell gewordenen öffentlichen Verwünschungsformel fort: „Wenn ich diesen Eid breche, sollen ich und mein Clan zugrunde gehen!"[161] Manchmal hieß es auch „ich selbst, mein Haus und mein Clan."[162] Dieselbe Anordnung der Wörter ist noch heute bei primitiven Völkern im Gebrauch.[163]

Diese Sitten machen es uns möglich, eins der Grundelemente griechischen Denkens zu analysieren.

Die griechischen Wendungen, die Genugtuung für erlittenes Unrecht bedeuteten, waren im Ionischen *tísin lambáno*, im Attischen *díkēn diōko*. Die ionische Form bedeutet „Zahlung entgegennehmen", was der oben beschriebenen Vorschrift, Entschädigung zu leisten, entspricht. Die attische Wendung beruht auf demselben Gebrauch von *diōko*, den wir schon als Terminus für die gerichtliche Anklage angetroffen haben. *Díkē* wird bei Homer für „Art und Weise" oder „Sitte", auch für „Urteil" verwandt. Auch Hesiod benutzt das Wort im Sinne von „Urteil" und für die personifizierte Gerechtigkeit. Im Attischen bezeichnete es in erster Linie eine Privatklage im Gegensatz zur *graphḗ*. Die abstrakte Vorstellung der Gerechtigkeit wird durch *dikaiosýnē* wiedergegeben, das aus *díkaios*, „gerecht", gebildet ist. Andere adjektivische Bildungen sind *éndikos*, „gerecht", und *ékdikos*, „ungerecht".

[159] THUK. 1,126, HEROD. 5,71.
[160] IG 5,2,262, SIG 9.
[161] SIG 37,1. 360,50. 526,40, Supp. Epigr. Gr. 4,58, LYKURG. Leokr. 79, vgl. AISCH. Choeph. 1004. 1014, HEROD. 6,86,3.2.
[162] DEMOSTH. 23,67. [163] HUTTON, a. a. O., S. 166.

Das Verfahren bei Totschlag

Die Grundbedeutung von *dikē* ist „Pfad". Es ist mit *deíknymi* (lat. *dico*) verwandt, welches „zeigen", „weisen" — „den Weg weisen" bedeutet. *Díkēn diṓko tiná* heißt aus diesem Grunde eigentlich „jemand den Weg entlang verfolgen" oder „ihn fortjagen". Pfadfinden ist im Leben der Wilden eine wichtige Sache.[164] Auch in den indogermanischen Sprachen lassen sich die Wörter für „Pfad" sehr weit zurückverfolgen.[165] Vom ausgetretenen Pfade abzukommen, war gefährlich, und im alten Attika wurden diejenigen verflucht, die sich weigerten, Fremden den Weg zu zeigen.[166]

Pfade bilden auch die natürliche Grenze zwischen Grundstücken und Territorien. Daher rührt der weitverbreitete Brauch, Abfälle auf Straßen und Kreuzwege zu werfen. Das gab wieder Veranlassung zu dem Aufkommen apotropäischer Riten.[167]

Der Übergang von „Weg" im Sinne von „Pfad" zu „Weg" im Sinne von „Gewohnheit, Brauch" ist ein gradliniger Fortschritt vom Konkreten zum Abstrakten. Lassen wir uns nun von dem Gesetz über den Totschlag führen, so besteht ganz ähnlich keinerlei Schwierigkeit, die Entwicklung von „Pfad" über „Rache" zu der Allgemeinvorstellung der Bestrafung zu verfolgen. Es besteht eine genau so ungezwungene Stufenfolge von „Pfad" über „Richtung" zu dem Begriff „gerechtes Urteil". Das erklärt, weshalb von „geraden, gerechten" und „krummen, ungerechten" Urteilen die Rede ist.[168] Ein gerechtes Urteil ist *éndikos*, „auf dem (richtigen) Wege", ein krummes ist dagegen *ékdikos*, „vom rechten Wege abgekommen". In der Metapher ist die ursprüngliche Bedeutung des Wortes aufbewahrt. Schließlich führt die Personifizierung der Dike als Göttin der Bestrafung oder des Urteils zur Formulierung der abstrakten Idee der Gerechtigkeit.

Bisher hatten wir es mit Fällen zu tun, die den Mord an Mitgliedern verschiedener Clane betrafen. Was geschah jedoch, wenn jemand einen Angehörigen des eigenen Clans umgebracht hatte? Der Unterschied ist von entscheidender Bedeutung. Da die Solidarität des Clans auf der kollektiven Produktion beruhte, konnte das Individuum auch nur als Mitglied der Gruppe sein Leben fristen. Solange der Clan als Ganzes Eigentümer war, bildete auch später noch die Clanzugehörigkeit das feste Band zwischen seinen blutsverwandten Mitgliedern.[169] Die Strafe für den Mord an einem Clanverwandten entsprach deshalb ihrer Härte nach auch der Seltenheit dieses Verbrechens.

In der altgermanischen Gesellschaft herrschten ähnliche Gebräuche. Das Verfahren bei einem Mordfall zwischen verschiedenen Clanen wird von Grönbech wie folgt beschrieben:

Die Verwandten des Getöteten treten *in pleno* als Kläger auf. Es ist die Sippe des Mörders, die das Versprechen abgibt, Schadenersatz zu leisten, und es ist wiederum

---

[164] JUNOD, The Life of a South African Tribe, Bd. 2, S. 54—55.
[165] MOORHOUSE, „The Name of the Euxine Pontus", CQ 34, 1940, 123—128.
[166] DIPHIL. 62. Vgl. KRIGE, a. a. O., S. 214: „Es war für jeden Zulu Pflicht, auf Ersuchen den Weg zu weisen, und sie konnten im Weigerungsfalle mit einer Geldstrafe belegt werden."
[167] HASTINGS, a. a. O., s. v. Crossroads.
[168] Il. 18,508; 23,579—580, HESIOD. Erga 219—221. 250.
[169] Vgl. SMITH und DALE, a. a. O., Bd. 1, S. 296, ROSCOE, The Baganda, S. 12, ders., The Bayankole, S. 5.

die Sippe, die die Buße entrichtet. Es ist die Sippe des Getöteten, die die Buße empfängt, und die Summe wird so geteilt, daß sie an jedes Mitglied der Gruppe gelangen kann.[170]

Grönbech erklärt an anderer Stelle, die Tötung eines Menschen ist „schließlich kein Verbrechen gegen das Leben selbst, kann nicht einmal als etwas Unnatürliches angesehen werden", soweit sie zwischen verschiedenen Clanen vorfällt. Der Totschlag innerhalb des Clans ist dagegen eine ganz andere Sache:

> Andererseits erhebt sich die Heiligkeit des Lebens in absoluter Unverletzbarkeit in dem Augenblick, wo wir in die Sippe treten, mit ihrem Urteil über Blutvergießen als Schändung des Heiligsten, als Verblendung, als Selbstmord. Der Ausschlag kommt so jäh und unverkennbar, wie wenn ein Nerv von einer Nadel berührt wird. ... Aber wenn der Bannspruch gesprochen ist und die Sippe sich von dem verurteilten Manne losgesagt hat, indem sie den Eid mitgeschworen hat, mit welchem das Gesetzesthing ihn „hinausschwört",... ist der Ausgestoßene tot. Er ist aus dem Leben der Menschen hinausgeschleudert worden.[171]

So war es auch in Griechenland. Wer das Blut eines Anverwandten vergossen hatte, wurde aus dem Gemeinwesen gehetzt und von den Flüchen seiner Verwandten oder, wie man sagte, dem Rachegeist seines Opfers verfolgt, der ihn niederwarf und verschlang, bis von ihm nichts weiter als ein Haufen Knochen übrigblieb.[172] Fluch und Rachegeist sind das gleiche. Die Arai oder Erinyes versinnbildlichen die kollektive Verwünschung des Clans, der die Seelen seiner Ahnen anruft, sich zu erheben und den Verbannten zu vernichten.[173] Folglich wurde er wahnsinnig oder war es richtiger schon bei der Tat, die so fürchterlich, so unaussprechlich ist, daß sie allein schon den Beweis für sein Unvermögen liefert, sich als ordentliches Mitglied der Gesellschaft aufzuführen. Uns sind viele Beispiele bekannt, nach denen Wilde durch die Entdeckung, unabsichtlich ein ausdrückliches Tabu übertreten zu haben, tatsächlich zu Tode erschreckt worden sind.[174] Das naturwüchsige Bewußtsein ist weit weniger differenziert als das des Zivilisierten und kann deshalb auch viel leichter zerrüttet werden. So birgt das

---

[170] GRÖNBECH, a. a. O., Bd. 1, S. 49, vgl. TAC. Germ. 21.
[171] GRÖNBECH, a. a. O., Bd. 1, S. 227. So erfolgte in Wales für den Mord an einem Blutsverwandten „keine Hinrichtung des Mörders, ... kein *galanas* (Geldbuße), nichts als eine feierliche Verfluchung und die schimpfliche Ausstoßung aus der Gemeinschaft" (F. SEEBOHM, Tribal Custom in Anglo-Saxon Law, S. 42). Aus dieser Unterscheidung, die sowohl für das keltische als auch das germanische Recht ohne Einschränkung galt (ebd., S. 63, 66, 164, 166), erklärt sich auch, warum im frühmittelalterlichen England „bei dem an einem Verwandten begangenen Totschlag der Täter noch immer keinerlei gesetzliche Maßnahmen oder gar strafrechtliche Verfolgung zu gewärtigen hatte: er wurde der Kirche übergeben, und seine Bestrafung bestand in geistlicher Buße" (ebd., S. 336, vgl. GRÖNBECH, a. a. O., Bd. 1, S. 33).
[172] AISCH. Eum. 244—266.
[173] AISCH. Eum. 420.
[174] Ein Eingeborener Melanesiens antwortete auf die Frage, was er empfände, hätte er Blutschande betrieben: „Wir machen so etwas nicht; täte es jemand doch, würde er augenblicklich seinen Verstand verlieren, er würde aufwachen und Hand an sich legen" (WERTHAM, Dark Legend: A Study in Murder, S. 179, vgl. MALINOWSKI, Sex and Repression in Savage Society, S. 95). Es ist ein weitverbreiteter Glaube, daß eine Verletzung des totemistischen Tabu den Wahnsinn oder den Aussatz oder beides zur Folge hat (FRAZER, Totemism and Exogamy, Bd. 1, S. 16—17), und uns sind Fälle bekannt, daß Eingeborene die Nahrungsaufnahme verweigerten und nach Empfang geringfügiger Speerwunden starben, da sie einfach überzeugt waren, der Speer sei behext gewesen: SPENCER, etc. The Arunta, S. 403—404.

Verbrechen die Strafe schon in sich: War der Mörder schon bei der Tat von Sinnen, so raubt ihm das Bewußtsein seines Vergehens, wenn er wieder zur Vernunft gekommen ist, erneut die Sinne.

Diese Art von Psychologie brachte auch die griechische Vorstellung der *átē* hervor, der von den Erinyes verhängten tödlichen Verblendung. In dem kultivierteren Milieu der homerischen Gesänge war das Wort weitgehend seines grausamen Inhalts entledigt worden und bezeichnete im allgemeinen wenig mehr als einen Zustand geistiger Abwesenheit, die verhängnisvolle Folgen haben konnte. Andererseits erhielt sich der Ausdruck im Dorischen auf Kreta als einfacher Rechtsterminus für die Strafe oder den Schadenersatz.[175] In dem einen Falle hat der subjektive Aspekt, im anderen der objektive die Kraft besessen, sein Gegenteil auszuschließen. Aber die ursprüngliche Einheit ist noch bei Aischylos erhalten, der das Wort sowohl für die plötzliche, das Verbrechen verursachende Gemütsverwirrung als auch auf die darauf folgende Selbstzerstörung anwendet.[176]

10. Das Erbinnengesetz

Einige Bemerkungen, die Dikaiarchos, ein Schüler des Aristoteles, zur Entwicklungsgeschichte der griechischen Stammesgesellschaft gemacht hat, sind uns in einer byzantinischen Paraphrase erhalten geblieben. Sie zeigen uns, wie dieser Prozeß notgedrungen der Mißdeutung anheimfallen mußte, wenn er im Lichte der aus der Klassengesellschaft entstandenen Vorurteile betrachtet wurde.

Der Clan (*pátra*) ist eine der drei griechischen gesellschaftlichen Grundeinheiten, die uns als Clan, Phratrie und Stamm bekannt sind. Wenn eine verwandte Gruppe von Menschen, die sich ursprünglich auf die Familie beschränkte, auf den zweiten Grad ausgedehnt wurde, entstand die mit Clan bezeichnete Einheit, die nach ihren ältesten und einflußreichsten Mitgliedern benannt wurde, wie z. B. die Aiakidai und die Pelopidai. Die Phratrie entstand dadurch, daß die Töchter mit Männern aus anderen Clanen verheiratet wurden. Die Braut hörte auf, am religiösen Leben des Clans ihres Vaters teilzuhaben, weil sie nunmehr in das ihres Gatten einbezogen war. Um deshalb das zwischen Bruder und Schwester zerrissene Band neu zu knüpfen, wurde eine neue religiöse Einheit, eben die Phratrie, gebildet. So entwickelte sich die Phratrie genauso aus der Verwandtschaft zwischen Brüdern, wie der Clan aus der Verwandtschaft von Kindern und Eltern entstanden war. Der Stamm entfaltete sich aus dem Prozeß der Verschmelzung zu Städten und Völkern, deren Komponenten Stämme genannt wurden.[177]

Dikaiarchos geht wie sein Lehrer von dem Vordersatz aus, die uranfängliche Einheit der Gesellschaft sei das Ehepaar gewesen. Aristoteles hatte die Erklärung geliefert, wie sich nach dieser Auffassung diese Einheit zur Familie, zur Dorfgemeinschaft und zur Stadt ausgeweitet hat.[178] Denselben Beweisgang wendet

---

[175] Lex Gort. 11,34.
[176] AISCH. Agam. 396—397, Choeph. 270—271, 381, 595—596, Eumen. 379—381. In meiner Ausgabe der Choephoroi ist Vers 383—384 falsch übersetzt worden; es muß richtig heißen: „*mittels* einer ruchlosen, verbrecherischen Hand."
[177] DIKAIARCH. 9.   [178] ARISTOT. Pol. 1252.

Dikaiarchos hier auf den Stamm an. Die Voraussetzung ist natürlich falsch, so daß er beträchtliche Schwierigkeiten hat, sie mit den Tatsachen in Übereinstimmung zu bringen. Die Tatsachen selbst werden jedoch genau wiedergegeben. Der Clan ist eine organische Einheit innerhalb der Phratrie, die ihrerseits wiederum eine Gruppe untereinander heiratender Clane darstellt. Es war erst modernen Historikern vorbehalten, die Tatsachen zugunsten einer Übereinstimmung mit der getroffenen Voraussetzung zu verfälschen.

Er denkt nicht in erster Linie an das attische System. Das zeigt uns sein Gebrauch des Terminus *pátra* an Stelle des attischen *génos* und seine Behauptung, die Braut würde Mitglied des Clans ihres Gatten. Er behauptet ferner, daß „die Töchter mit Männern aus anderen Clanen verheiratet wurden." Dieses Zeugnis ist besonders wertvoll, da im Athen der historischen Zeit die Exogamievorschrift völlig verschwunden ist. Daß sie jedoch früher bestanden hat, kann man den Erbschaftsgesetzen entnehmen, die uns die Umstände nennen, unter denen sie nicht befolgt zu werden brauchte. Wir wollen uns aber zuerst einen analogen Fall ansehen.

Die semitischen Völker waren ursprünglich mutterrechtlich organisiert.[179] Als sich aber die Israeliten im Lande Kanaan niederließen und zum Ackerbau übergingen, waren sie schon vaterrechtlich organisiert. Alles Vermögen, das unbewegliche wie das persönliche, wurde auf die Söhne vererbt. Wenn nun aber keine Söhne vorhanden waren? Im Buch Numeri lesen wir (4. Mose 27, 8):

> Wenn jemand stirbt und hat nicht Söhne, so sollt ihr sein Erbe seiner Tochter zuwenden.

Das bedeutet, daß der Nutznießer der Ehemann wurde, der ja gemäß der Exogamievorschrift zu einem anderen Clan gehören mußte. Dementsprechend wurde verfügt (ebd. 36,8):

> Und alle Töchter, die Erbteil besitzen unter den Stämmen der Kinder Israel, sollen freien einen von dem Geschlecht des Stammes ihres Vaters, auf daß ein jeglicher unter den Kindern Israel seiner Väter Erbe behalte.

Das „Geschlecht des Stammes" ist der Clan.[180] Die Erbin wurde verpflichtet, in ihren eigenen Clan einzuheiraten, damit das Vermögen in der männlichen Linie verblieb.

Im attischen Recht, das im sechsten Jahrhundert v. d. Z. kodifiziert wurde, erbten die Söhne das väterliche Vermögen unter der Bedingung, daß sie ihre Schwestern bei der Eheschließung mit einer Mitgift ausstatteten. Die Aussteuer bildete den Erbanteil der Tochter. Waren keine Söhne vorhanden, so erbten die Töchter das Ganze, konnten aber dann zur Heirat des nächsten Anverwandten ihres Vaters gezwungen werden.[181] In Gortyn bestand die gleiche Verfügung, mit der einen Ausnahme, daß die Tochter einen frei verfügbaren Anteil erbte, der aber

---

[179] ROBERTSON SMITH, Kinship and Marriage in Early Arabia, S. 27—34.
[180] Ders., Die Religion der Semiten, S. 210.
[181] Die Erbin war verpflichtet, sogleich nach Eintritt der Reife den ihr zunächst stehenden Verwandten zu ehelichen (ISAIOS 6,14); war der nächste Anverwandte bereits verheiratet, so trennte er sich von seiner Gattin, um die Erbin heimführen zu können (ISAIOS 3,64). Sie war keine Erbin im eigentlichen Sinne des Wortes, sondern lediglich ein Anhängsel des Anwesens (*ἐπίκληρος*).

kleiner als der des Sohnes war. Ferner konnte die Erbin die Ehe mit dem nächsten Anverwandten verweigern, indem sie ihm einen Teil ihres Erbes überließ.[182] Obwohl jünger, ist das Verfahren von Gortyn archaischer als das attische. Beide beruhen aber auf dem gleichen Grundsatz wie das jüdische. Die Exogamievorschrift war zusammen mit der Freiheit der Frau dem Interesse des Mannes am Privateigentum aufgeopfert worden.[183]

Um zusammenzufassen: Das griechische Stammessystem ähnelt dem der Römer und der Irokesen nach Struktur, Ursprung und Entwicklung. Der *oîkos* hatte sich im Schoß des *génos* genauso entwickelt wie die *familia* innerhalb der *gens*: durch das Entstehen kleinerer Gruppen innerhalb des Clans, die nach und nach unabhängig wurden. Der Untergrund der griechischen Religion besteht aus totemistischen Clankulten. Der Grundsatz der Clansolidarität, den wir in parallelen Bräuchen bei den Griechen, Germanen und Indianern entdeckten, liegt der Terminologie und dem gesamten Verfahren des griechischen Strafrechts zugrunde. Das Material für die Existenz der Exogamie ist zwar nur indirekt, aber nicht weniger beweiskräftig, da die Exogamie der Clanstruktur inhärent ist.

Es bleibt uns noch die Art und Weise der Erbfolge und der Bestimmung der Abkunft zu erörtern. Das soll uns in den folgenden Kapiteln beschäftigen. Damit ist nicht nur die Frage nach den vorgriechischen Kulturen im ägäischen Raum verknüpft, sondern auch das Problem des Eigencharakters des Hellenentums. Das vorliegende Kapitel soll mit einigen allgemeinen Betrachtungen abschließen, die uns helfen werden, die eben genannten größeren Fragen unter dem richtigen Gesichtswinkel zu betrachten.

11. Altgriechische Ethnologie

Da die Griechen sowohl inmitten von zurückgebliebenen Völkerschaften, die noch auf verschiedenen Stufen der Wildheit und Barbarei standen, als auch fortgeschrittenen, aber dennoch archaischen Reichen des Nahen Ostens wohnten, konnten sie die Tatsache nicht übersehen, daß die Stellung der Frau in diesen umliegenden Ländern von den Verhältnissen in ihrem Gebiet sehr verschieden war. Die Berichte und Bemerkungen, die zu diesem Thema gemacht wurden, sind von größtem Interesse. In bezug auf ihre Genauigkeit sind sie natürlich bis auf die durch andere Quellen bestätigten Nachrichten problematisch. Deshalb neigten auch die meisten Gelehrten dazu, sie als wertlose Geschichten leichtgläubiger Reisender anzusehen. Heutige Ethnologen haben größere Achtung vor ihnen gewonnen. Abgesehen aber von der Frage der Genauigkeit sind sie deshalb von Bedeutung, weil sie uns die Begriffe darbieten, die der Tradition entsprechend zur Beschreibung urtümlicher Einrichtungen zu einer Zeit verwandt wurden, als es noch keine wissenschaftlich betriebene Völkerkunde gab.

Eine unserer ältesten Berichterstatter ist Herodot. Er stammte aus Kleinasien, war ein weitgereister Mann und hatte nicht nur die griechischen Lande, sondern

---

[182] Lex Gort. 4, 31—44; 7,54—8,6.
[183] PLUT. Sol. 21: „Das Vermögen muß innerhalb des *génos* der Verstorbenen verbleiben."

auch Afrika, Ägypten, Syrien, Mesopotamien und die Schwarzmeerstaaten besucht. Zugegeben, er ist nicht immer zuverlässig, aber einiges von dem, was er uns berichtet, steht in vollem Einklang mit dem, was wir von anderen antiken und auch modernen Autoritäten erfahren.

Die Agathosyroi von Skythien, sagte er, „haben ihre Frauen gemeinsam, weil sie alle Brüder sein und als solche nicht in Eifersucht und Feindschaft miteinander leben wollen".[184] Daß der gemeinsame Besitz von Frauen Hand in Hand mit dem Gemeinbesitz am Vermögen gehe, war eine vertraute Vorstellung. Wir begegnen ihr bei Aristophanes und Platon wieder.[185]

Von einem anderen skythischen Stamme, den Galaktophagoi, sagt Nikolaos von Damaskus, sie „haben ihr Eigentum und ihre Frauen gemeinsam und nennen ihre Alten Väter, ihre Jungen Söhne und ihre Altersgenossen Brüder".[186] Das hört sich wie Typus I des klassifikatorischen Systems an (Seite 35). Bei den Geloi, die gleichfalls Skythen sind, sollen die Frauen nach Eusebius' Angabe „den Boden bestellen, die Häuser errichten, die gesamte Arbeit verrichten und sich zu jedem Manne, der ihnen zusagt, gesellen, ohne dem Vorwurf des Ehebruchs ausgesetzt zu sein".[187] Die sexuelle Freizügigkeit der Frauen bildet das ergänzende Gegenstück zu ihrer aktiven Rolle in der Produktionstätigkeit. Einige der Oberen Libyer, erzählt uns Aristoteles, „haben ihre Frauen gemeinsam".[188] Einzelheiten dazu liefert uns wieder Herodot. Nach seinem Bericht gibt es bei den Machlyes in Libyen „keine Einschränkungen im Geschlechtsverkehr: sie leben nicht ständig zusammen, sondern begatten sich wie das Vieh". Wie viele Missionare sind nicht angesichts dieses Greuels in Schreckensrufe ausgebrochen! Wenn die Kinder ein bestimmtes Alter erreicht haben, „kommen die Männer zusammen und erklären den, dem es am ähnlichsten sieht, für den Vater".[189] Das mag Einbildung sein, doch konnte es offensichtlich unter derartigen Bedingungen keinerlei Vorstellung einer individuellen Vaterschaft geben. Bei den Nasamones in Libyen „herrscht Weibergemeinschaft, und wenn einer eine Frau beschlafen will, macht er es ungefähr so wie die Massageten, stellt seinen Stock weg und vollzieht den Beischlaf mit ihr".[190] Auch hierfür gibt es eine reiche Fülle moderner Parallelbeispiele. „Wenn ein Mann sich verheiratet, ist es Sitte, daß die junge Frau sich in der ersten Nacht der Reihe nach von allen Hochzeitsgästen beschlafen läßt."[191] Diese Praxis, der wir schon im heutigen Australien begegnet sind (S. 40—41), ist so weitverbreitet, daß man ihr in Anspielung auf Herodot den Namen Nasamonismus beigelegt hat. Es handelt sich hierbei nur um eine Sonderform vorehelicher Promiskuität, wie er sie auch von den Lydern, Zyprioten und Babyloniern und Plautus von den Etruskern berichtet.[192] Von den Massagetai aus Zentralasien sagt er an anderer Stelle, sie „haben ihre Frauen gemeinsam . . . Wenn einem Manne nach einer Frau gelüstet, so hängt er seinen Köcher an den Wagen und vollzieht unbedenklich den Beischlaf mit

---

[184] HEROD. 4,104. [185] ARISTOPH. Pl. 510—626, PLAT. Pol. 416d.
[186] NICOL. DAM. 123. [187] EUSEB. praep. ev. 6,10,18.
[188] ARISTOT. Pol. 1262a, 9.
[189] HEROD. 4,180,5—6, vgl. NICOL. DAM. 111.
[190] HEROD. 4,172,2. [191] HEROD. l. c.
[192] HEROD. 1,93,3; 1,199, PLAUT. Cist. 2,30,20.

ihr".¹⁹³ Die Massagetai oder Großen Getai sind auch aus chinesischen Quellen bekannt, aus denen darüber hinaus ihre mutterrechtliche Ordnung hervorgeht. Einige Autoritäten wollen sie mit den hindustanischen Dschat gleichsetzen.¹⁹⁴ Wenn sich das als richtig erweisen sollte, gehören sie der Vorgeschichte unserer eigenen Kultur an.

Strabon war mit den Verhältnissen Kleinasiens, Ägyptens, Italiens und des westlichen Mittelmeeres wohlvertraut und berichtet, daß die Kantabrer Spaniens „eine Form des Matriarchats (*gynaikokratía*) besitzen; die Töchter sind erbberechtigt und verheiraten ihre Brüder".¹⁹⁵ Die gleiche Erbvorschrift bestand im alten Ägypten.¹⁹⁶ Nach Nikolaos' Angabe „hielten die Aithiopier ihre Schwestern hoch in Ehren, auch wurde die Königswürde auf die Schwestersöhne, nicht aber auf die leiblichen Söhne vererbt".¹⁹⁷ Das wird durch die Überlieferungen zur Dynastie der Gottesgemahlinnen bestätigt.¹⁹⁸ „Wenn man in Lykien", berichtet Herodot, „einen Mann nach seinem Namen fragt, nennt er zur Antwort seine Mutter und deren Mutter".¹⁹⁹ Theopompos berichtet, daß bei den Etruskern die Männer „ihre Frauen gemeinsam hatten" und „die Kinder ihren eigenen Vater nicht kannten".²⁰⁰ Daß die Lykier und Etrusker mutterrechtliche Völker waren, hat uns die Archäologie bestätigt.

Diese Zitate geben Aufschluß darüber, daß mit dem Ausdruck „die Frauen gemeinsam haben" eine besondere, mit Gemeinbesitz überhaupt verbundene Abart der Gruppenehe gemeint war und daß mit der Angabe, daß Kinder „ihre Väter nicht kennen", auf die Abfolge in der weiblichen Linie Bezug genommen wird. Die Griechen waren mit den Tatbeständen der primitiven Gesellschaft wohlvertraut.

In diesem Lichte müssen wir auch die den ersten König Athens, Kekrops, betreffende Überlieferung deuten, dem man die Einführung der Ehe zuschrieb. Vor ihm „hatte es keine Ehe gegeben; der Geschlechtsverkehr war ungebunden, so daß weder Söhne ihre Väter noch Väter ihre Söhne kannten".²⁰¹ Somit hatte auch in Athen einst die Gruppenehe mit der Abkunft in der weiblichen Linie vorgeherrscht.

Wir haben keinen Anlaß, diese Überlieferung zu verwerfen. Die Athener hätten sich kaum eine Geschichte ausgedacht, in der ihre Vorfahren als Wilde dargestellt wurden. „Die Griechen lebten einmal genau so, wie die Barbaren heutzutage." Mit diesen denkwürdigen Worten verkündete Thukydides mit bemerkenswerter Einsicht den Grundsatz der vergleichenden Methode in der Sozialanthropologie.²⁰² Die gleiche Wahrheit ist in den Werken des Aischylos und des Hippokrates enthalten.²⁰³ Das war die materialistische Tradition. Aber schon zur Zeit des Thukydides

---

[193] HEROD. 1,216.
[194] BRIFFAULT, a. a. O., Bd. 1, S. 354—359, RUSSELL, a. a. O., Bd. 3, S. 225—226. Andere Auffassungen siehe bei TARN, The Greeks in Bactria and India, S. 81.
[195] STRAB. 3,4,18.
[196] Siehe S. 121—123.
[197] NICOL. DAM. 142.
[198] REVILLOUT, L'ancienne Egypte, Bd. 2, S. 147.
[199] HEROD. 1,173,5. [200] THEOPOMP. HIST. 222.
[201] CLEARCH. 49, CHARAX 10, IOAN. ANTIOCH. 13, vgl. VARR. ap. AUGUSTIN, de civ. dei 18,9.
[202] THUK. 1,6,6. [203] G. THOMSON, a. a. O., S. 229—230.

setzte die Reaktion darauf ein. Die materialistische Annahme einer gesellschaftlichen Entwicklung war mit der durch das Entstehen der Sklaverei genährten Doktrin, daß Griechen und Barbaren von Natur aus verschieden seien, unvereinbar. Wenn man solche Tatbestände wie Urkommunismus, Gruppenehe und Matriarchat auch für die Anfänge der griechischen Zivilisation annehmen würde, was würde dann aus dem Dogma, auf das sich die herrschende Klasse mit dem wachsenden Verfall des Stadtstaates in immer stärkerem Maße zu stützen begann: daß seine ökonomische Basis, die auf Privateigentum, der Sklavenarbeit und der Unterjochung der Frau beruhte, Ausfluß natürlicher Gerechtigkeit sei? Wären die Schriften der späteren Materialisten, Demokritos und Epikuros, nicht verlorengegangen, würden wir sicher eine tiefer schürfende Analyse der frühgriechischen Gesellschaft als die des Aristoteles besitzen. Zum Teil gingen sie aber aus folgendem Grunde verloren: Platon wollte, daß die Werke Demokrits verbrannt werden sollten.[204] Dieser Wunsch wurde ihm erfüllt.

Kein ernsthafter Forscher kann Aristoteles' *Politik* lesen, ohne Bewunderung für seine Gelehrsamkeit und sein tiefes Verständnis zu empfinden. Wäre dieses Buch auch verlorengegangen, so wäre die Welt um ein Meisterwerk antiken Denkens ärmer gewesen. Doch das darf uns nicht davon abhalten, seine Grenzen zu erkennen. Er wußte recht gut, daß die Griechen einst in Stämmen gelebt hatten. Er muß auch mit der Überlieferung vertraut gewesen sein, daß sie einmal ohne Sklaven ausgekommen waren.[205] Er war sich vermutlich der Rolle bewußt, die Kekrops in der Geschichte der Ehe gespielt haben soll. Auf jeden Fall aber hatte er das Beispiel des spartanischen Staates seiner Epoche vor Augen, wo die Ehevorschrift so wenig bindend war, daß ein gutes halbes Dutzend Brüder sich in eine Frau teilen konnten und Ehebruch nicht strafbar, ja nicht einmal schimpflich war.[206] Da er aber im Stadtstaat die einzig mögliche Grundlage zivilisierten Lebens erblickte, entwickelte er eine Theorie, in der das verheiratete Paar unter der Vorherrschaft des Mannes und mit Unterstützung durch die Sklavenarbeit die Urzelle der Gesellschaft bildet.[207] Der von Thukydides aufgestellte Grundsatz wurde somit von vornherein ausgeschlossen.

Wo Aristoteles versagte, können wir auch nicht viel mehr von Herodot erwarten. Während all seiner Reisen dämmerte ihm nie die von Thukydides so deutlich ausgedrückte Wahrheit. Alles, was er uns über das ägyptische Matriarchat zu berichten weiß, ist die Bemerkung, „die Söhne waren nicht verpflichtet, ihre Eltern zu unterhalten, wohl aber die Töchter".[208] Dieser Hinweis auf die Erbvorschrift findet sich an einer Stelle, wo er sich mehr an der Unterhaltung seiner Leser als an der Interpretation der Tatbestände interessiert zeigt. Daher ist es auch nicht verwunderlich, daß er seinen Bericht über das Matriarchat bei den Lykiern mit

---

[204] ARISTOX. frag. hist. 83.   [205] HEROD. 6,137,3.
[206] Dieser Brauch der Eheschließung ist ein Beispiel für die „Brüderpolyandrie" (siehe S. 45). Die Kinder werden als allen gehörig betrachtet: POLYB. 12,6,8. Umgekehrt können die Gattinnen verschiedener Männer zeitweilig ausgetauscht werden: HEROD. 6,62, PLUT. Lyk. 15, XEN. Lak. Pol. 1,9. Das Ausleihen der Gattinnen war auch in Rom eine alte Sitte: STRAB. 11,9,1, PLUT. Cato mai. 25, vgl. APPIAN. b. c. 2,99, QUINTIL. inst. orat. 3,5,11; 10,5,13.
[207] ARISTOT. Pol. 1252b.   [208] HEROD. 2,35,4.

der Bemerkung einleitet, „es gäbe dafür bei den Völkern der Menschheit kein entsprechendes Gegenstück".[209] Hier war der Wunsch Vater des Gedankens. Die Bedeutung dieser falschen Behauptung ist darin zu sehen, daß sie, aus später zu erörternden Gründen, dem Vorurteil der Griechen seiner Epoche Ausdruck verleiht.

12. Linguistisches Beweismaterial für die Mutterfolge

Als die Kapitalistenklasse im achtzehnten und neunzehnten Jahrhundert mit völligem Selbstvertrauen Vergangenheit und Zukunft überschaute, hat eine lange Reihe fortschrittlicher Denker — um nur Adam Smith, Ferguson, Millar, Bachofen, Morgan, McLennan und Tylor zu nennen — viel geleistet, um das traditionelle Selbstbildnis der antiken Gesellschaft, dem Platon und Aristoteles die letzten Pinselstriche zugefügt hatten, in manchen Punkten zu korrigieren. Als aber der Kapitalismus seinem Untergang entgegensteuerte, wurde es offensichtlich, daß solche Tatbestände wie das Privateigentum und die Stellung der Frau den gleichen Vorurteilen, wie wir ihnen schon bei Aristoteles begegneten, auch bei der modernen Bourgeoisie ausgesetzt sind. In unserem Jahrhundert nun haben diese Vorurteile an Empfindlichkeit sogar noch zugenommen, weil sie angesichts der Abschaffung des Privateigentums und der Beseitigung der sozialen Ungleichheit der Geschlechter in der Sowjetunion noch unvernünftiger geworden sind. So würden denn zum zweitenmal in der Geschichte diese Ansichten über die antike Zivilisation ausgetilgt.

Es gibt natürlich Ausnahmen. Evans, Ridgeway, Harrison, Glotz, Briffault und andere bestanden nach wie vor auf dem matriarchalischen Charakter des prähistorischen Griechenlands. Aber abgesehen von Briffault, der sich schließlich dem Marxismus zuwandte, handelte es sich dabei in erster Linie um Archäologen, denen die natürliche Beschaffenheit ihres Forschungsgebietes von vornherein eine materialistische Haltung aufzwang. Und selbst als sie die Wahrheit erkannten, kann man von ihnen nicht behaupten, sie hätten deren Bedeutung richtig eingeschätzt. Bei den Geschichtsforschern üblicher Art und erst recht natürlich im Zauberkreis des „reinen Gelehrtentums" wird über diese Dinge nicht gesprochen. Rostovtzeff sagt in seiner *Geschichte der Alten Welt*, daß die „Demokratie die Frau von der Straße in das Haus verbannte".[210] Die Tatsache wird zwar vermerkt, es unterbleibt aber jeder Versuch einer Erklärung, warum sich denn die Demokratie so wenig ritterlich verhalten hat. Es gilt vielmehr als ausgemacht, daß die Demokratie die Frau auf den Platz stellte, an dem sie schon längst hätte stehen müssen. Und die *Cambridge Ancient History* verschweigt sogar die Tatsache überhaupt.

Wörter sind sehr verräterisch. Sie legen sprechende Kunde von der versunkenen Vergangenheit ab.

---

[209] HEROD. 1,173,4.
[210] ROSTOVTZEFF, Geschichte der alten Welt, Bd. 1, S. 325.

Der typische griechische Clan-Name hat die patronymische Endung -ídas (-ídes), die auf einem Element -id- beruht, das im Griechischen weiblich ist.[211] Daraus folgt, daß in ältester Zeit die Frauen, nicht die Männer als Vertreter des Clans angesehen wurden.

Für das griechische *adelphós* und *adelphḗ*, „Bruder" und „Schwester", gibt es in den anderen indogermanischen Sprachen keine Parallele.[212] Idg. *bhrā́tēr* und *$s\underset{.}{u}ésōr$* erscheinen im Griechischen als *phrā́tēr* und *éor*, sind aber keine Verwandtschaftsbezeichnungen. Die Verpflanzung dieser Bezeichnungen ist das auffallendste Merkmal der griechischen Terminologie und macht eine Erklärung erforderlich.

Phrā́tēr bezeichnete die Zugehörigkeit zu einer Phratrie. Wenn in Athen ein Knabe mündig wurde, wurde er anläßlich der Apaturia in die Phratrie seines Vaters aufgenommen. Das war das Fest „der Söhne der gleichen Väter".[213] In welchem Sinne waren die *phrā́tēres* „Brüder" und zugleich „Söhne der gleichen Väter"?

In Sparta wurden die Knaben in *agélai* genannte Bruderschaften aufgenommen.[214] Der Terminus *kásios*, „Bruder", wurde auf alle Brüdern und Vettern der gleichen *agéla* angewandt.[215] In der Form *kásis* oder *kásēs* wurde er benutzt, um jemand als zur gleichen Generation des Sprechenden gehörig zu bezeichnen.[216] Die Schlußfolgerung liegt auf der Hand. Die attisch-ionischen *phrā́tēres* und die dorischen *kásioi* waren ursprünglich, jede Generation für sich genommen, die Söhne der Brüder des Vaters, die Söhne des Bruders des Großvaters väterlicherseits usw. Sie waren also „Brüder" im klassifikatorischen Sinne.

Das Wort *éor* begegnet nur in einem späten griechischen Lexikon, wo es in einer Eintragung als „Tochter oder Base", in einer anderen als „Verwandte" erklärt wird.[217] Die Erklärungen sind offensichtlich ungenau und verworren, die ursprüngliche Bedeutung des Wortes steht aber außer Zweifel, da es das griechische Äquivalent des idg. *$s\underset{.}{u}ésōr$* darstellt.

Die Termini *adelphós* und *adelphḗ* sind Adjektive, d. h., es sind eigentlich deskriptive Beiwörter, die für *phrā́tēr adelphós* und *éor adelphḗ* stehen. Das Wort *adelphós* heißt „dem gleichen Mutterleib entstammend".[218] So ist der *phrā́tēr adelphós* der von der gleichen Mutter stammende Bruder im Gegensatz zum *phrā́tēr ópatros*, dem „Bruder vom gleichen Vater".

Die Geschichte dieser Wörter spiegelt sich in ihnen selbst wider. Als die griechisch sprechenden Eindringlinge in der Ägäis in den Kreis der älteren kretischen und anatolischen Kulturen gelangten, übernahmen sie die Erbfolge in der weib-

---

[211] MEILLET und VENDRYES, Traité de grammaire comparée des langues classiques, S. 390—391, BUCK, Comparative Grammar of Greek and Latin, S. 341, CHADWICK, The Heroic Age, S. 359. Das Patronymikon in der Sprache der Sema Naga ist von HUTTON, a. a. O., S. 131—132 mit ähnlichen Ergebnissen analysiert worden.

[212] Diese Untersuchung des Wortes ἀδελφός stützt sich auf KRETSCHMER, „Die griechische Benennung des Bruders", Glotta 2, 1910, S. 201—213.

[213] A. MOMMSEN, a. a. O., S. 323—349. Der dritte Vokal bietet eine Schwierigkeit, siehe DEUBNER, a. a. O., S. 232, Anm. 1. Könnte das Wort Ἀπατούρια eine epische, durch das Metrum (wie πολυβότειρα) bestimmte Form sein, die in Analogie zu μοῦνος = μόνος (*μόνϝος) gebildet wurde?

[214] PLUT. Lyk. 16—21.

[215] HESYCH. κάσιοι.

[216] HESYCH. κάσης, statt dessen man vielleicht κάσις lesen sollte.   [217] HESYCH. ἔορ, ἔορες.

lichen Linie. Darum wurde auch der neue Gebrauch der Bezeichnungen für Bruder und Schwester durch deskriptive Beiwörter gekennzeichnet, die dann schließlich an ihre Stelle traten. Die Männer behielten jedoch die patrilineare Phratrie bei, so daß das Wort *phrátēr* in dieser Beziehung weiterbestand. Die Frauen hatten keine entsprechende Organisation, so daß das Wort *éor* verschwand. Die sprachlichen Daten werden mittels dieser Hypothese vollständig erklärt. Mit jeder anderen bleiben sie unverständlich.

Die Bedeutung des griechischen *adelphós* gehört zu dem, „was ja jeder Schuljunge weiß". Doch wieviele von ihnen sind zu der Frage ermutigt worden, warum denn vom Bruder eigentlich gesagt werden müßte, daß er „aus demselben Mutterleib stammt?" Es gibt sogar Berufsgelehrte, die nie danach gefragt haben. Der Geist des Fragens ist der Anfang der Weisheit. Die Griechen erinnern uns ständig daran, daß intellektuelle Neugier eine ihrer Haupttugenden gewesen ist. Man kann nicht behaupten, daß sie unter der metaphysischen „Disziplin" einer klassischen Bildung noch immer fortblüht.

[218] KUIPER, „Beiträge zur griechischen Etymologie", Gl 21, 1933, S. 287, behandelt κασίγνητος als der Form nach zu lat. cognatus, der Bedeutung nach zu ἀδελφός analog, d. h. „der mit einem zusammen geboren ist"; κάσις wäre demnach eine hypokoristische Bildung. Doch scheint es mir richtiger, daß κασίγνητος ursprünglich consobrinus im Gegensatz zu ἀδελφός bedeutete, d. h. „Bruder" im klassifikatorischen Sinne: SUID. s. v., Il. 9,464; 16,456.

ZWEITER TEIL

MATRIARCHAT

In eurem Namen, Mütter, die ihr thront
Im Grenzenlosen, ewig einsam wohnt,
Und doch gesellig. Euer Haupt umschweben
Des Lebens Bilder, regsam, ohne Leben.
Was einmal war, in allem Glanz und Schein,
Es regt sich dort; denn es will ewig sein.

Goethe

V. DIE MATRIARCHALISCHEN VÖLKER DER ÄGÄIS

1. Was ist Matriarchat?

Einen Hauptfaktor im Prozeß der Scheidung des Menschen vom Tierreich bildete die relativ lange Dauer seiner Wachstumsphase, während der er für Erziehung und Unterricht empfänglich war. Diese wurden ihm von seiten der Frauen zuteil, die wegen ihrer Mutterfunktionen auch die Herrschaft in der Gruppe erlangen mußten, solange es noch keine ökonomische Produktion gab. Auf dieser Entwicklungsstufe bestand die einzige erkennbare Funktion der Männer in der Zeugung des Nachwuchses. Die Lebensgewohnheiten der Gruppe, ihre Verhaltensnormen und ererbten Traditionen bildeten in ihrer Gesamtheit die Keimzelle der menschlichen Kultur und wurden durch die Frauen entwickelt und weitergereicht.[1]

Wie wir im ersten Kapitel gesehen haben, hatte der darauffolgende Konflikt der Geschlechter seine Ursache in der Entwicklung der Produktion. Bei der auf der Jagd beruhenden Wirtschaftsweise entstand ein Widerspruch zwischen der ökonomischen Rolle des Mannes und seiner gesellschaftlichen Stellung. Aus dieser Tendenz, die noch durch die beiden Abkömmlinge der Jagd — Viehzucht und Kriegführung — verstärkt wurde, ergab sich schließlich in den Gebieten, wo sie sich frei entfalten konnte, eine Umkehrung in der Stellung der Geschlechter zueinander. Das ist der Grund, daß bei den Stämmen der Neuzeit, die keinen Ackerbau treiben, die Mutterfolge bei nahezu fünfzig Prozent der Jäger- und bei allen Hirtenvölkern abgeschafft worden ist.[2]

Man hat gegen Morgan geltend gemacht, daß die Abstammungsrechnung in der weiblichen Linie nicht unbedingt mit der führenden Rolle der Frau in der Gesellschaft verbunden sein muß. Das ist ganz richtig. In vielen, vielleicht sogar den meisten uns bekannten mutterrechtlich organisierten Stämmen liegt die Macht tatsächlich in der Hand der Männer. Die Erbfolgevorschrift selbst wird dabei oft durch leicht durchschaubare Kunstgriffe umgangen, wie wenn z. B. ein Mann seine Söhne durch entsprechende Namensgebung in seinen eigenen Clan hineinzieht oder ihnen vor seinem Ableben den erworbenen Reichtum in Form eines Geschenks vermacht.[3] In der Kunst, Ausflüchte zu ersinnen, offenbart der Primitive den Erfindungsreichtum eines modernen Juristen. Unter dem Vorwand, alles sei beim alten geblieben, wird die vollzogene Änderung gerechtfertigt.

---

[1] BRIFFAULT, a. a. O., Bd. 1, S. 96—110, 195—297.
[2] HOBHOUSE etc. a. a. O., S. 152 führen die Navaho von Arizona als Beispiel für ein Hirtenvolk mit Mutterfolge an, doch nach FRAZER, Totemism and Exogamy, Bd. 2, S. 242 scheint es zweifelhaft, ob man sie als Hirten klassifizieren kann.
[3] FRAZER, a. a. O., Bd. 1, S. 71, Bd. 3, S. 42, 72, 308; Bd. 2, S. 195, Bd. 3, S. 245, Bd. 4, S. 290.

Die Faktoren, die zur Vorherrschaft des Mannes überzuleiten geeignet sind, wurden durch die Entdeckung des Ackerbaus wesentlich in ihrer Wirksamkeit gehemmt. Im Gegensatz zu den beiden Beschäftigungen eines Nomaden, der Jagd und der Viehzucht, ebnet der Ackerbau einem der bedeutungsvollsten Schritte in der gesamten Geschichte menschlichen Fortschritts, dem Übergang zu einem seßhaften Leben, den Weg. Erst nachdem er gelernt hatte, den Boden zu bestellen, konnte der Mensch im vollen Wortsinn ein „politisches Wesen" werden, ein Lebewesen also, das in Städten lebte.[4] Das ist der Schritt, den die Irokesen gerade in dem Augenblick hätten vollziehen können, als sie durch die Europäer besiegt wurden. Dadurch wurde ihre Entwicklung unterbrochen, so daß sie hinter den Azteken zurückblieben, die ihre Töpferkunst und Architektur, ihre Bilderschrift und den lunisolaren Kalender eben dem Übergang von dem Nomadendasein zu seßhaftem Leben verdankten. In der Alten Welt ist der Gegensatz noch auffallender. Einige Teile des eurasischen Steppengebietes sind erst in unserer Generation zur Zivilisation übergegangen, während die reichen alluvialen Täler Südasiens seit undenklichen Zeiten Zeugen des Aufstiegs und Untergangs großer Reiche waren. Die Anfänge der städtischen Zivilisationen des Nil, Euphrat und Indus, die ihren Reichtum aus der Fruchtbarkeit des Bodens zogen, lagen im vierten Jahrtausend v. d. Z., während die dazwischen liegenden Wüsten bis in unsere Zeit hinein die Heimat derer waren, „die in Hütten wohnten und Vieh zogen".[5] Es ist nicht nötig, auf die überragende Bedeutung des Ackerbaus weiter hinzuweisen. Wesentlich ist dabei, daß diese Produktionsweise von Frauen in die Wege geleitet wurde, die dadurch die entscheidende Rolle bei der Entstehung der Zivilisation spielen konnten.

Was ist also das Matriarchat? Um diese Frage zu beantworten, müssen wir in Übereinstimmung mit unserer Methode im Bereich der Ethnologie nach einem lebenden Beispiel für ein matriarchalisches Gemeinwesen suchen. Aber hierbei stoßen wir auf eine Schwierigkeit, die in der Natur unseres Forschungsgegenstandes begründet liegt. Die günstigsten Bedingungen für den Fortbestand des Matriarchats konnten nur in einem raschen Übergang vom Sammeln von Früchten zum Feldbau bestehen. Das sind aber gleichzeitig auch die optimalen Bedingungen für die Entwicklung der Zivilisation. Das Auftreten des von uns gesuchten gesellschaftlichen Zustandes wurde gerade durch die dazu notwendigen Bedingungen vereitelt. Das erklärt, weshalb es heute nur so wenige Beispiele für das Matriarchat gibt. Es liegt unter den Kulturen begraben, die über ihm errichtet wurden.

Was wir suchen, kann höchstwahrscheinlich in solchen Gebieten entdeckt werden, in denen auf den raschen Übergang zu den oberen Stufen der Barbarei eine Stabilisierung folgte. Solche Gebiete gibt es in Süd- und Südostasien. Ich zitiere Marx:

> Jene uraltertümlichen, kleinen indischen Gemeinwesen z. B., die zum Teil noch fortexistieren, beruhn auf gemeinschaftlichem Besitz des Grund und Bodens, auf unmittelbarer Verbindung von Agrikultur und Handwerk und auf einer festen Teilung der Arbeit, die bei Anlage neuer Gemeinwesen als gegebner Plan und Grundriß dient ...

[4] ARISTOT. Pol. 1253a, 9.
[5] 1. Mos. 4,20.

Der einfache produktive Organismus dieser selbstgenügenden Gemeinwesen, die sich beständig in derselben Form reproduzieren und, wenn zufällig zerstört, an demselben Ort, mit demselben Namen, wieder aufbauen, liefert den Schlüssel zum Geheimnis der *Unveränderlichkeit* asiatischer *Gesellschaften*, so auffallend kontrastiert durch die beständige Auflösung und Neubildung asiatischer *Staaten* und rastlosen Dynastenwechsel. Die Struktur der ökonomischen Grundelemente der Gesellschaft bleibt von den Stürmen der politischen Wolkenregion unberührt.[6]

Die Khasi sind ein etwa 200 000 Menschen zählendes Volk, das das Bergland im Nordosten von Dacca bewohnt und an Bengalen und Assam angrenzt. Sie sind kulturell von der Umwelt abgeschlossen. Ihre Sprache gehört zur Kol-Familie, die durch die Santhal und Munda von Chutia Nagpur und dem Bergland von Satpura in den Zentralprovinzen repräsentiert werden. Ihr Hauptwirtschaftszweig ist der Ackerbau, der durch Jagd, Fischfang und Viehhaltung ergänzt wird. Die Hauptfrucht ist der Reis. Die Bedeutung der Bodendüngung ist ihnen wohlbekannt. In den meisten Teilen des Landes ist der Pflug noch nicht eingeführt.

Ungefähr die Hälfte des Territoriums der Khasi ist in winzige Eingeborenenstaaten aufgeteilt. Das übrige gehörte zu Britisch-Indien. Die britische Herrschaft bestand indirekt oder direkt seit 1835. Seit dem Jahre 1842 wurde die Bevölkerung von einem Kollegium walisischer Missionare religiös betreut. Die erfreulichen Ergebnisse dieser Bemühungen wurden von Oberstleutnant Gurdon in einer für uns wertvollen Monographie aufgezeichnet. „Diejenigen Khasi, die zum Christentum bekehrt wurden", so berichtete er uns — ihre Zahl beträgt über 20 000 —, „wenden sich oft dem Glauben mit großem Eifer zu ... und halten den Feiertag in geradezu vorbildlicher Weise ein. Es ist ein erfreuliches Schauspiel, zu beobachten, wie Männer, Frauen und Kinder in ihrem besten Staat am Sonntagmorgen mit genau demselben sonntäglichen Ausdruck auf ihren Gesichtern in Scharen zur Kirche wallen, wie man es in England sehen kann."[7] Trotz dieser unzweifelhaften Wohltaten haben es die Khasi fertiggebracht, ihre einheimischen Bräuche beizubehalten. Deren Bedeutung mag der Leser an Hand der folgenden Bemerkungen von Lyall beurteilen:

Ihre gesellschaftliche Organisation bietet eins der vollkommensten Beispiele noch erhaltener matriarchalischer Institutionen. Sie werden mit derartiger Folgerichtigkeit und Gründlichkeit eingehalten, die für den, der es gewohnt ist, den Status und die Autorität des Vaters als die Grundlage der Gesellschaft anzusehen, außerordentlich bemerkenswert ist. Nicht nur ist die Mutter das Oberhaupt, Quelle und einziges einigendes Band der Familie. In dem rückständigsten Teil des Berglandes, dem Synteng-Gebiet, ist sie alleiniger Eigentümer des unbeweglichen Besitztums. Allein durch sie wird das Erbe weitergegeben. Den Vater verbindet keinerlei Verwandtschaft mit seinen Kindern, die zum Clan ihrer Mutter gehören. Was er erwirbt, geht in das Vermögen seiner eigenen matriarchalischen Gruppe ein, und bei seinem Tode werden die Gebeine im Kromlech der Verwandtschaft seiner Mutter beigesetzt. In Jowai wohnt und ißt er nicht im Hause seiner Gattin, sondern sucht es nur nach Anbruch der

---

[6] MARX, Das Kapital, Bd. 1, S. 374—376. Die Stabilität der indischen Gesellschaftsordnung wird durch altgriechische Quellen bezeugt, siehe E. R. BEVAN in: Cambr. Hist. Ind., Bd. 1, S. 391.
[7] GURDON, a. a. O., S. 6.

Dunkelheit auf. Die Verehrung der Ahnen, die die Grundlage der Frömmigkeit des Stammes bildet, bezieht sich nur auf die Urahnin und ihren Bruder. Die flachen Gedenksteine, die zum dauernden Angedenken an die Toten aufgestellt werden, sind nach der den Clan repräsentierenden Frau benannt. Dahinter befinden sich aufrechtstehende Steine, die den männlichen Verwandten mütterlicherseits gewidmet sind. In Übereinstimmung mit diesem Schema der Ahnenverehrung sind auch die anderen Geister, denen Sühnopfer dargebracht werden, meistens weiblichen Geschlechts, obgleich auch hier männliche Wesen auftreten. Am meisten werden die Mächte der Krankheit und des Todes, die alle weiblich vorgestellt werden, verehrt. Die beiden Schutzpatrone des Haushalts sind Göttinnen, wenn auch zusammen mit ihnen der erste Vater des Clans angebetet wird. Bei allen Opferhandlungen sind Priesterinnen anwesend, während die männlichen Offizianten lediglich ihre Stellvertreter sind. In einem bedeutenden Staatswesen, Khyrim, ist die Hohepriesterin und das wirkliche Oberhaupt des Staates eine Frau, die somit in ihrer Person priesterliche und königliche Funktionen vereinigt.[8]

Das Zentrum im Leben der Khasi bildet das Dorf. Es liegt gewöhnlich am Fuße eines Hügels, an denen das Land überreich ist. Ist es einmal errichtet, wird es nur unter Zwang verlegt. Es mag von Zyklonen oder Plünderern zerstört werden, nach der Katastrophe kehren seine Bewohner immer wieder zurück und bauen es an der gleichen Stelle wieder auf. Die Häuser stehen dicht beieinander, und es gibt keinen Unterschied zwischen den der Familie des Oberhaupts gehörigen und den anderen. Rund herum liegen die Kromlechs und die Clan-Begräbnisstätten, ferner die heiligen Haine, die der Dorfgottheit geweiht sind. Sie sind tabu, und ihr Holz ist dem Totenkult vorbehalten.[9]

Das Brachland gehört zum Dorf, und jeder darf es betreten, um Gras zum Ausbessern der Dächer und Feuerholz zu holen. Der Ackerboden besteht aus Clan-Ländereien, die sich in Gemeinbesitz befinden, ferner Priesterland für die Unterhaltung der Geistlichen und Königsland für das Oberhaupt und seine Familie. Es gibt auch eine Reihe von Privatgrundstücken, die durch Kauf erworben wurden. Sie stellen die einzige Ausnahme dar, die obendrein noch durch die Vorschrift eingeschränkt wird, daß das Land den Frauen gehört. In den östlichen Gebieten ist ein Mann, der ein Stück Land käuflich erworben hat, zwar zu seiner Nutznießung berechtigt, bei seinem Tode aber fällt es wieder seiner Mutter und deren Erbin zu. Im Westen hat er, vorausgesetzt, er ist verheiratet, das gleiche Recht. Er darf es sogar teilweise seinen Kindern vermachen. Ist er aber ledig, wird es ganz einfach als von ihm zugunsten seines Clans erworben angesehen.[10]

In einem Sprichwort der Khasi heißt es: „Aus der Frau entsprang der Clan." Die Clane sind streng exogam. Die Ehe innerhalb des Clans ist die größte Sünde, die ein Khasi begehen könnte. Er wird in solchem Falle aus der Gemeinschaft ausgestoßen und verliert sein Anrecht auf die Bestattung im Grabmal des Clans. Jeder Clan ist in Haushalte aufgeteilt. Diese unter dem Namen *shi kpoh*, „ein Mutterleib", bekannte Einheit umfaßt alle, die mütterlicherseits bis zur vierten Generation von einer gemeinsamen Ahnherrin abstammen. Es handelt sich hierbei

---

[8] C. J. LYALL in: GURDON, a. a. O., S. XIX—XX.
[9] Ebd., S. 33.
[10] Ebd., S. 82—87.

um einen mutterrechtlichen *oîkos* (Seite 78—79). Die *materfamilias* leitet den Kult der Familiengöttin und auch den der Clan-Ahnherrin, wenn sie der ältesten Familie angehört. Der Clanbesitz, der allen Angehörigen des Clans den Lebensunterhalt garantiert, wird im Auftrage der ältesten *materfamilias* vom Bruder ihrer Mutter verwaltet. Auf sie folgen der Reihe nach ihre älteren Schwestern, wobei jeweils die jüngste von ihnen das Amt übernimmt. Sind keine Schwestern vorhanden, dann folgen die Töchter, von denen die jüngste das Haus erbt und die älteren nur einen Anteil am beweglichen Vermögen erhalten. Sind auch keine Töchter vorhanden, so geht der Besitz an die Töchter der Schwestern, von da an die Schwestern der Mutter und deren weibliche Nachkommenschaft in weiblicher Linie über.[11]

Dem Mann ist dadurch kein großer Spielraum gelassen. Als Gatte ist er den Leuten seiner Frau ein Fremder, die kurz und bündig von ihm als dem „Erzeuger" sprechen. Die Ehe ist bis zu dem Grade monogam, als eine Frau jeweils nur einen Mann hat. Die Scheidung kann aber derart leicht vollzogen werden, daß, wie Gurdon sagt, „die Kinder in vielen Fällen ihren Vater nicht einmal dem Namen nach kennen". Das stört sie jedoch nicht. Sie sind im Hause ihrer Mutter aufgezogen worden und verbleiben dort auch, ob nun ein Vater vorhanden ist oder nicht.[12]

Die Pflege der Staatsreligion, die von den Clankulten zu unterscheiden ist, obliegt meistens männlichen Priestern. Letztere sind aber einer merkwürdigen Beschränkung ihrer Amtsbefugnis unterworfen. Der Priester vollzieht zwar das Opfer, doch muß immer eine Priesterin anwesend sein. Der Priester ist ihr Stellvertreter. Wie Gurdon darlegt, handelt es sich hier um einen Überrest aus einer Zeit, als die Priesterin noch allein amtiert hatte.[13]

Wo das Oberhaupt ein Mann ist, sind seine Brüder seine Nachfolger. Zuerst die ältesten, dann die Söhne seiner Schwestern, die Söhne der Töchter seiner Schwestern und schließlich die Söhne der Schwestern seiner Mutter. Sind keine männlichen Erben vorhanden, geht die Nachfolge auf die Frauen über — seine Schwestern, deren Töchter usf. Zu Gurdons Zeit war das Oberhaupt der Khyrim eine Frau. Von ihr berichtet er die wichtige Einzelheit, daß sie ihre weltlichen Pflichten ihrem Sohn oder dem ihrer Schwester zu übertragen pflegte.[14] Man kann daraus schließen, daß auch das Oberhaupt, wie der Priester, seine Stellung durch die Stellvertretung für die weiblichen Inhaber des Amtes errungen hatte.

Wir können nun die gesamte Geschichte der Erbfolge unter einem neuen Aspekt betrachten. Wo die Abfolge in der weiblichen Linie erhalten ist, nimmt sie im allgemeinen die Form der Nachfolge des Schwestersohns auf den Mutterbruder an. Diese Form wird demgemäß als die Norm angesehen. In Wirklichkeit stellt sie aber nur eine Übergangslösung dar. Die ursprüngliche Form ist im Clan der Khasi

---

[11] Ebd., S. 77, 82—83, 88. Die bei den Khasi geltende Vorschrift ist das Gegenstück zum *Borough English* (Brauch der Erbfolge auf den jüngsten Sohn oder jüngsten Bruder — d. Hrsg.), das unter den Bedingungen einer raschen Ausdehnung entstanden sein soll, siehe VINOGRADOFF, The Growth of the Manor, S. 314—315, SEEBOHM, Die englische Dorfgemeinde, S. 238, KOVALEVSKY, Tableau des origines etc., S. 135.
[12] GURDON, a. a. O., S. 81—82, ENGELS, Der Ursprung etc., S. 52.
[13] GURDON, a. a. O., S. 120—121.
[14] Ebd., S. 70—71.

erhalten. Hier folgt die Tochter auf die Mutter, während die Männer ausgeschlossen bleiben. Diese Form wird dadurch verändert, daß die Ämter der Frau dem Manne übertragen werden. Das kann der Bruder, wie bei den Khasi oder den Irokesen, oder der Gatte sein, wie bei den römischen Königen (Seite 68). Die Erbfolge geht dann vom Mann auf den Mann, aber in weiblicher Linie, über: vom Mutterbruder auf den Schwestersohn oder vom Schwiegervater auf den Schwiegersohn. So kommen wir schließlich zur vaterrechtlichen Regel, bei der, genau im Gegensatz zum Matriarchat, die Erbfolge vom Mann auf den Mann in männlicher Linie unter Ausschluß der Frauen vorgenommen wird.

Die Tatsache, daß im Matriarchat der Khasi all die Rechte der Frau, die anderswo nur in Bruchstücken oder in Überlieferungen aus der Vergangenheit auftreten, als funktionale Einheit erhalten sind, stellt eine einmalige Erscheinung dar. Wir haben jedoch reichliches Material besonders aus diesem Teil Asiens, daß In-

Tabelle VII

Entwicklung der patrilinearen Erbfolge

M = Mann, F = Frau. Die Erbberechtigten sind durch Kursivdruck hervorgehoben.

Direkte matrilineare Erbfolge (von der Mutter auf die Tochter).

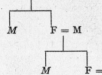

Indirekte matrilineare Erbfolge (vom Mutterbruder auf den Schwestersohn). Die Rechte der Frau werden auf ihren Bruder übertragen.

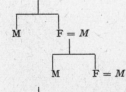

Indirekte matrilineare Erbfolge (vom Schwiegervater auf den Schwiegersohn). Die Rechte der Frau werden auf ihren Gatten übertragen.

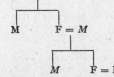

Patrilineare Erbfolge (vom Vater auf den Sohn).

stitutionen dieser Art einst überall anzutreffen waren. Die Garo von Assam haben dieselben Eigentums- und Erbschaftsvorschriften. Hier finden sich aber zwei bedeutsame Abwandlungen. Der Gatte zieht vollen Nutzen aus dem Eigentum seiner Ehefrau. Seine Witwe ist verpflichtet, den Gatten ihrer jüngsten Tochter zu ehelichen. Auf diese Weise erbt der Mann, ohne daß das mutterrechtliche Prinzip verletzt wird.[15] In Südchina gibt es noch heute Stämme, die von weiblichen Oberhäuptern regiert werden.[16] Das alte China war vollständig mutterrechtlich organisiert. Nach dem Bericht von Granet „übertrugen die Frauen ihre Namen auf ihre Kinder, während die Gatten nur Gefährten darstellten, die einer Gruppe von Ehefrauen angegliedert waren".[17] Wir wissen von chinesischen Annalisten, daß Nordtibet im zehnten Jahrhundert d. Z. ein hochorganisiertes Matriarchat hatte. Es wurde Nu-Kuo genannt, „Königreich der Frauen". Der Gatte der Königin hatte keinerlei Bedeutung und auch keinen Anteil an der Regierung. Diese lag in Händen eines Staatsrats, der von der Königin einberufen wurde und aus Frauen des Palastes bestand. Die Beschlüsse dieser Körperschaft wurden von männlichen Beamten ausgeführt, die den Titel „Stellvertreter der Frauen" trugen.[18] Wieder können wir sehen, wie aus dem Gatten der Königin nach und nach der König wird. Dieser Tatbestand ist so bedeutsam, daß weitere Belege wünschenswert erscheinen. Zu diesem Zwecke wenden wir uns Afrika zu.[19]

Bei den Baganda wird das Totem heutzutage vom Vater ererbt, während es früher in der weiblichen Linie blieb. Die alte Vorschrift wird noch in der Königsfamilie eingehalten, die wegen ihrer priesterlichen Funktionen von Natur aus konservativ ist. Der König ist absoluter Herrscher, doch merkwürdigerweise von zwei Frauen abhängig. Die Königin und die Königinmutter haben beide Anteil an der Königswürde. Jede hat einen eigenen Hofstaat und eigenen Grundbesitz, der von eigenen Beamten verwaltet wird. Eine der Pflichten der Königinmutter ist es, den König mit den täglichem Bedarf an Lebensmitteln zu versorgen. Ihr Tod wird als großes Unglück besonders für den König angesehen. Es wird von ihrem Clan ohne Verzug ein Nachfolger gewählt, als ob er nicht ohne sie weiterleben könne. Die Königin sitzt auf dem gleichen Thron wie er und leistet bei der Krönungszeremonie den gleichen Eid. Sie ist für ihn von der Königinmutter ausgewählt worden und ist seine Schwester.

Bei den Baganda ist das Amt der Königinmutter vorwiegend priesterlicher Natur, während sie im Königreich Benin in Süd-Nigeria ihren eigenen Hofstaat hält und vom König in allen Staatsangelegenheiten konsultiert wird. Sie und ihre Töchter leben zusammen. Sie heiraten nie, sondern nehmen sich aus jeder Gesellschaftsschicht so viele Liebhaber, wie ihnen gefällt. In Lunda regiert die Königinmutter zusammen mit dem König. Ihre Zustimmung ist für alle seine Maßnahmen erforderlich, wie auch ihre Anwesenheit bei seinem öffentlichen Auftreten unerläßlich ist. Während seiner Abwesenheit genießt sie höchste Autorität.

---

[15] FRAZER, Totemism and Exogamy, Bd. 2, S. 323. [16] BRIFFAULT, a. a. O., Bd. 3, S. 23.
[17] GRANET, La civilisation chinoise, S. 405, vgl. BISHOP, „Beginnings of Civilisation in Eastern Asia", An 14, 1940, 305.
[18] BRIFFAULT, a. a. O., Bd. 3, S. 23—24, vgl. Bd. 1, S. 647—653.
[19] Wegen der folgenden Beispiele siehe die bei BRIFFAULT, a. a. O., Bd. 3, S. 28—36 zitierten Zeugnisse.

Alle fortgeschritteneren afrikanischen Monarchien stimmen mit diesem halbmatriarchalischen Typ überein, der eine Vorstufe erkennen läßt, bei der der König nur einer der Gatten der Königin gewesen war. In den zurückgebliebeneren Königreichen von Loango, Daura und bei den Abron an der Elfenbeinküste verfügt der König kaum über irgendwelche Macht. Er ist Sohn eines Sklaven. In Agonna, Latuka, Ubemba und anderswo gibt es gar keinen König. Der Herrscher ist eine Königin, die unverheiratet bleibt und Sklaven zu Liebhabern hat.

Bei diesen afrikanischen Königreichen ist die Entwicklung auf das Patriarchat hin durch Eroberungskriege gefördert worden, die sich anfangs aus dem Prozeß der Expansion der Stämme ergaben und später in außerordentlichem Maße durch das verhängnisvolle Auftreten des Sklavenhandels und das Eindringen von Mohammedanern und Europäern verschärften. Das ursprüngliche Matriarchat, das auf dem Feldzauber beruhte, wurde somit jäh umgemodelt. Wir kennen tatsächlich mehrere Beispiele dieser kühnen Negerinnen, die an der Spitze ihrer Heere genauso kraftvoll und hoffnungslos gegen europäische Bajonette anrannten wie einst die britannische Königin Boudicca gegen die Römer. Aber die ausgedehnte Kriegführung hatte auf die Dauer die Schwächung ihrer Autorität zur Folge. Daß sie mit Erfolg ihre große Macht über ihre Söhne und Gatten aufrechterhalten konnten, verdankten sie ihrem Priesteramt, das wegen seines agrarischen Charakters das besondere Vorrecht ihres Geschlechts war.

Man soll sich deshalb nicht etwa vorstellen, daß die Machtbefugnisse der afrikanischen Könige hauptsächlich weltliche Dinge betrafen. Im Gegenteil: Überall ist er der Hohepriester und der höchste Regenmacher. Wie jedoch Briffault gezeigt hat, spricht aus seinen sakralen Funktionen die gleiche Vergangenheit. In Dahomey ist die Herrschaft des Königs über die Frauen des Königshauses unbestritten, und er wird als Abkömmling des Regengottes verehrt, von dem man annimmt, er wohne in seinem Palaste. Es sind aber seine Frauen, die unter der Bezeichnung „Mütter" das heilige Wasser aus den Quellen schöpfen und den Regenzauber vornehmen. Daher überrascht es uns auch nicht, wenn wir entdecken, daß in weniger fortgeschrittenen Gemeinwesen als den Dahomey die Regenmacher überall Frauen sind. In Chigunda (Zentralafrika) versammelt sich der ganze Stamm zur Regenzeremonie, die Zauberhandlung selbst wird einzig und allein von Frauen vorgenommen. Bei den Damara spricht die Tochter des Häuptlings Gebete um Regen und unterhält zu diesem Zwecke ein heiliges Feuer, das nie gelöscht wird. So bittet auch bei den Herero die Tochter des Häuptlings um Regen und wartet das heilige Feuer in der Hütte seiner Lieblingsfrau. Der Leser wird sich an das ewig-brennende Feuer der römischen Vestalinnen erinnern, die, wie Frazer gezeigt hat, ursprünglich die Frauen der römischen Könige waren.[20]

Dank Frazers großartiger Untersuchungen ist jetzt allgemein anerkannt, daß sich das Königtum letztlich vom Feldzauber herleitet, während seine militärischen und politischen Funktionen zweitrangiger Natur sind. Der König sichert seine Stellung, indem er in seiner Person oder unter seiner Kontrolle alle soziale Energie vereinigt, die auf die Fruchtbarmachung von Mensch und Natur gerichtet ist.

[20] FRAZER, The Golden Bough. 1. The Magic Art and the Evolution of Kings, Bd. 2, S. 228.

Auf diese Weise ist er mit der höchsten Macht über das Wohlergehen seines Volkes ausgestattet, wird als Gott verehrt und in sein Amt durch ein besonderes Initiationsritual eingeführt — die Krönungszeremonie, die bedeutet, daß er wiedergeboren und nicht länger Mensch, sondern Gott ist.[21] Die wirkliche Natur seiner hohen Stellung wird mit den Worten lebendig zum Ausdruck gebracht, mit denen die Jukun von Nigeria ihren neuen König begrüßen. Sie beugen sich vor ihm nieder und rufen: „Unser Regen, unsere Früchte, unsere Gesundheit, unser Reichtum!"[22]

Wenn der König seine Laufbahn als bloßer Gefährte der Frauen der Königsfamilie begann, wird auch das leicht verständlich, was für den modernen Verstand das verwirrendste seiner ursprünglichen Merkmale ist. Wieder verdanken wir Frazer die Entdeckung, daß seine Amtsdauer in früherer Zeit auf eine bestimmte Periode beschränkt war, an deren Ende er hingerichtet wurde. Halten wir uns die Ehesitten dieser afrikanischen Königinnen vor Augen, die ihre Gatten deshalb als Sklaven behandeln, weil sie es wirklich sind, können wir auch erkennen, daß unter diesen Umständen der Tod des Königs nur ein vorgesehenes Ereignis im Zyklus eines Frauenrituals darstellte. Bei den Schilluk des Sudan, die ihre Könige noch vor nicht allzulanger Zeit töteten, erfreuten sich die Fürstinnen desselben Rechts der freien Liebe. Außerdem pflegten sie in früherer Zeit den König mit eigener Hand zu erdrosseln.[23]

Es war für diese „Königinnen" unumgänglich, zu empfangen, damit die Erde Früchte trage. Ihr sexuelles Leben war ein Kreislauf mimetischer Magie. Demgemäß stellte man sich den Erzeuger als Gott vor. Das war zweifellos in erster Linie der Mondgott, der im primitiven Denken die Ursache für die Schwangerschaft der Frau und die Fruchtbarkeit des Bodens bildete. Nachdem die Männer, in denen der Gott Gestalt angenommen hatte, ihren Zweck erfüllt hatten, wurden sie getötet. Sie mußten sterben, damit die Feldfrüchte am Leben bleiben konnten. Dieses Ritual, das das Entstehen der Mythen um Ischtar und Tammuz, Isis und Osiris und Venus und Adonis verursachte, ist der Vorläufer der heiligen Ehe der Griechen, wo es den Verhältnissen der Einehe angepaßt wurde.

Keiner kann diese Bantu-Königreiche studieren, ohne an das Königtum der Pharaonen zu denken. Im ältesten Ägypten wurde die Königswürde in der weiblichen Linie vererbt.[24] Die Kinder einer Mutter königlichen Gebluts waren gleichfalls königlich, während der König seinen Söhnen nur dadurch seine Stellung vererben konnte, daß er eine seiner Schwestern oder eine Tochter der Schwestern seiner Mutter ehelichte.[25] Das ist das Gesetz der matriarchalischen Endogamie, das im alten Ägypten wie noch heutzutage bei den Baganda beobachtet wird.

---

[21] HOCART, Kingship, S. 70—98.
[22] MEEK, A Sudanese Kingdom etc., S. 137. Der König der Jukun war nicht nur der Gefahr der Hinrichtung ausgesetzt, falls er seine Aufgabe, Fruchtbarkeit hervorzurufen, nicht erfüllen konnte, er war auch trotz seiner dem Namen nach absoluten Autorität von derart vielen Tabus eingeengt, daß die Macht in Wahrheit durch die Priester ausgeübt wurde, die als Vermittler zwischen ihm und dem Volk auftraten: MEEK, a. a. O., S. 333—334.
[23] BRIFFAULT, a. a. O., Bd. 3, S. 36—37, FRAZER, The Golden Bough — The Dying God, S. 17—18.
[24] PETRIE, A History of Egypt, Bd. 2, S. 183, vgl. ders., Social Life in Ancient Egypt, S. 110—111.
[25] PETRIE, A History of Egypt, Bd. 2, S. 95—96. Vgl. KOSCHAKER, „Fratriarchat, Hausgemeinschaft und Mutterrecht in Keilschriftrechten", ZA 41, 1933, 81.

Entstammte die Mutter des Königs selbst der Königsfamilie, so regierte er aus eigener Machtvollkommenheit, während sie die gleiche hohe Stellung wie die Bantu-Königinmutter einnahm. Manchmal werden sie auf Denkmälern Seite an Seite sitzend dargestellt.[26] Stammte er nicht aus königlichem Hause, dann regierte er auf Grund seiner Ehe.[27] Genauso wie er der verkörperte Gott war, war auch die Königin eine „Frau des Gottes" und genoß ein Ansehen, das kaum geringer als seines war. Die berühmte Königin Hatschepsut aus der XVIII. Dynastie herrschte über dreißig Jahre lang in Partnerschaft mit ihrem Vater und später mit ihrem Neffen Thutmosis III.[28]

Wenn der König außerhalb des Königshauses heiratete, gelangte die Erbfolge wieder in die weibliche Linie. Folglich baute der Gründer einer neuen Dynastie gewöhnlich vor und heiratete in die alte Dynastie ein.[29] Dem selben Grundsatz sind wir schon bei den sabinischen und etruskischen Dynastien Roms begegnet.

Das altägyptische Königtum unterscheidet sich von den heutigen Bantu-Königtümern dadurch, daß in Ägypten die gesamte Gesellschaft mehr oder weniger mutterrechtlich organisiert war. Die normale Erbvorschrift besagte, daß das Vermögen eines Mannes auf seine älteste Tochter überging, wenn er auch besondere Besitztümer seinem Sohne überlassen konnte.[30] Wenn die Frau das Vermögen in der zweiten Generation in Besitz hatte, so erhebt sich die Frage, wie es der Mann in der ersten besitzen konnte? Die Antwort lautet, daß er es genau genommen überhaupt nicht besaß. Er erfreute sich lediglich der Nutznießung, die ihm durch seine Ehe ermöglicht wurde. Das führt uns wieder zu der Modifikation der Vorschrift der Khasi zurück, wie sie von den Garo vorgenommen wurde, wodurch das gesamte Eigentum in die Hände der Frauen gelegt wurde. Dementsprechend heiratete der Sohn seine Schwester und folgte damit dem Beispiel der Pharaonen. Die ägyptische Geschwisterehe wurde durch den Anspruch des Mannes auf Eigentumsrechte innerhalb eines matriarchalischen Systems notwendig gemacht. Petrie brachte das folgendermaßen zum Ausdruck: „Die Ehe mit der Schwester brachte das matriarchalische Eigentum mit der vaterrechtlichen Erbregel in Einklang."[31]

Im Alten Reich war die Stellung der Frau bedeutend gewesen, und in der Familie spielte die Ehefrau eine mindestens ebenso große Rolle wie der Mann. Mit Beginn der V. Dynastie begegnen wir jedoch Anzeichen einer Veränderung. Wir entdecken, daß es den Adligen nunmehr gestattet ist, neben den Lieblingsfrauen, den *nept pa* oder Herrinnen des Haushalts, noch eine „Frau zweiten Grades" zu heiraten.[32] Auch die Priesterämter fallen in zunehmendem Maße unter die Botmäßigkeit

---

[26] PETRIE, A History etc., Bd. 1, S. 114.
[27] Ebd., Bd. 2, S. 240, BUDGE, History of Egpt, Bd. 4, S. 145.
[28] HALL, Ancient History of the Near East, S. 232, FETRIE, History of Egypt, Bd. 2, S. 183.
[29] REVILLOUT, L'ancienne Egypte, Bd. 2, S. 57, H. R. HALL in: CAH. Bd. 1, S. 279, vgl. BANCROFT, Native Races etc., Bd. 2, S. 142; DIOD. SIC. 17, 107, ARRIAN. Anab. 3, 22, 5.
[30] BREASTED, Geschichte Ägyptens, S. 69, H. R. HALL, in: CAH, Bd. 1, S. 279. Das ist von J. PIRENNE (Histoire des institutions et du droit privé de l'Ancien Egypte) bestritten worden.
[31] PETRIE, Social Life etc., S. 110.
[32] REVILLOUT, a.a. O., Bd. 2, S. 31, 39, 57—58. Die Ehe mit einer zweiten Frau wird im babylonischen und hethitischen Recht anerkannt (CUQ, Études sur le droit babylonien, les lois assyriennes et les lois hittites, S. 471) und findet sich auch bei den alten Iren (DILLON, The Cycles of the Kings, S. 38).

von Männern, während sich die Frauen aus dem öffentlichen Leben zurückziehen. Die Art und Weise, wie sich ihr Rückzug vollzieht, ist charakteristisch. Nach Revillout „beweisen die Inschriften von Beni Hassan, daß in dieser Periode die Frau ihre Rechte an den erblichen Regierungsämtern, die der Zustimmung oder Ablehnung des Souveräns unterlagen, ihrem Sohn oder ihrem Gatten übertrug".[33] Die Frau war nunmehr durch den „Stellvertreter der Frau" ersetzt worden.

Es gab nach Meinung von Hall „in Ägypten immer deutliche Spuren des Mutterrechts, doch keine in Babylonien".[34] Ich zögere, seine Autorität in Zweifel zu ziehen. Robertson Smith nahm an, alle semitischen Völker seien ursprünglich mutterrechtlich organisiert gewesen.[35] Auch scheint das Matriarchat etwas mehr als nur eine vage Spur in den ältesten sumerischen Stadtstaaten hinterlassen zu haben, die von Hall selbst folgendermaßen beschrieben werden:

Jede Stadt wurde von einem erblichen Herrscher regiert, der gleichzeitig Hoherpriester der Lokalgottheit war. Er trug den Titel eines *patesi*, durch den sein Inhaber als irdischer Stellvertreter der Götter bezeichnet wurde. Die sumerische Sprache besaß ein Wort, das den Herrscher einer höheren politischen Organisation bezeichnet: Das war der *lugal*, „König", was eigentlich „großer Mann" bedeutete. Dieses Wort besaß keinen theokratischen Nebensinn und ... scheint als Titel von jedem *patesi* angenommen worden zu sein, der erfolgreich mit Macht oder List mehrere Städte unter seiner Herrschaft vereinigte.[36]

Das Amt des *patesi* war theokratischer Natur, während das eines *lugal* auf der militärischen Macht beruhte. Diese Unterscheidung steht mit der normalen Entwicklung des Königtums beim Verfall des Matriarchats in Einklang. Wir stellen fest, daß am Anfang der sumerischen Geschichte Baranamtarra, Frau des Lugalanda, des *patesi* von Lagasch, die Stadt gemeinsam mit ihrem Gatten beherrschte. Sie trug den ehrenvollen Titel „die Frau" und besaß ihren eigenen Hofstaat, der von dem zum *patesi* gehörenden „Haus des Mannes" zu unterscheiden ist. Die Gattin des nächsten *patesi* Urukagina nahm eine ähnliche Stellung ein. Ihr Name war Schagschag, ihr Titel „die Göttin Bau". Der oberste Staatsdiener trug unter Lugalanda den Titel „Schreiber im Hause der Frau" und unter Urukagina „Schreiber der Göttin Bau". Er gehörte deshalb in beiden Fällen zum Gefolge der Gattin des *patesi*. Außerdem wurden unter beiden Regierungen die offiziellen Dokumente in ihrem Namen ausgestellt. All das legt die Vermutung nahe, wie schon Langdon bemerkt hat, daß die *patesi* bloße Lebensgefährten waren, während die tatsächliche Macht in den Händen ihrer Frauen lag.[37] Wenn das kein Matriarchat ist, kommt es dem doch sehr nahe. Auch waren derartige Verhältnisse nicht nur für Lagasch charakteristisch. In Zabschali wie auch in Anschan hören wir von einem *patesi*, der mit der Tochter eines *lugal* verheiratet ist. In wenigstens einem Falle, nämlich in Markaschi, bekleidete die Tochter eines *lugal* tatsächlich das Amt des *patesi*.[38]

---

[33] REVILLOUT, a. a. O., Bd. 2, S. 57, 91.
[34] HALL, Ancient History etc., S. 205.
[35] ROBERTSON SMITH, Kinship and Marriage etc.
[36] HALL, a. a. O., S. 178—179.
[37] S. H. LANGDON in: CAH, Bd. 1, S. 385—386.   [38] R. C. THOMPSON in: CAH, Bd. 1, S. 509—510.

Matriarchalische Einrichtungen hat man auch für das älteste Elam festgestellt.[39] Von hier wurden sie auf die persischen Kaiser übertragen. Der Leser des Aischylos wird sich an die majestätische Gestalt der Königin-Mutter Atossa erinnern, die während der Abwesenheit ihres Sohnes die Herrschaft des Königreiches innehatte.[40] Dareios, der Vater des Xerxes, war ihr zweiter Gatte. Ihr erster war ihr Bruder Kambyses, nach dessen Tode sie nach den Worten des Herodot fortfuhr, „alle Macht in Händen zu halten".[41] Das ist zweifelsohne der Grund, weshalb Dareios sie heiratete. Ein späterer Dareios, Zeitgenosse Alexanders des Großen, gelangte auf den Thron, indem er eine seiner Schwestern heiratete, die insgesamt „Prinzessinnen königlichen Geblüts" waren.[42] Die kühne Rolle, die in den dynastischen Kämpfen der makedonischen Monarchie Frauen spielten, legt die Vermutung nahe, daß auch dieses Königtum matriarchalische Elemente enthielt.[43] Sei dem, wie ihm sei, für Alexanders Nachfolger, die Ptolemäer, Arsakiden und Seleukiden, ist die Geschwisterehe jedoch ausdrücklich bezeugt. Die Ptolemäer übernahmen sie von den Pharaonen, die Arsakiden und Seleukiden von den Persern. So war Laodike, Tochter Antiochos' III., nacheinander mit ihren drei Brüdern Antiochos, Seleukos IV. und Antiochos IV. verheiratet. Mit Seleukos hatte sie einen Sohn, gleichfalls Antiochos mit Namen, der unter der Regentschaft ihres dritten Bruders und nachmaligen Gatten, Antiochos IV., zum König ausgerufen wurde. Tarn behauptet, das Motiv des Regenten für seine Heirat sei gewesen, seinem Mündel die Nachfolge zu sichern.[44] Die war aber schon durch seine Abstammung gesichert. Es ist wahrscheinlicher, daß er selbst Nachfolger werden wollte. Das wurde er dann auch; denn wenig später wurde der Knabe ermordet und Antiochos IV. zum König ausgerufen. Wer war der Mörder?

Arrian teilt uns mit, Kleinasien sei seit den legendären Tagen der Semiramis „von Frauen beherrscht" worden.[45] Das kann übertrieben sein, obwohl er es eigentlich wissen mußte, da er ja dort geboren war. Aus zwei Gründen wird in modernen Geschichtswerken über den Nahen Osten die Stellung der Frau nicht erörtert. Einmal handelt es sich dabei um den völligen Mangel an Verständnis für das Matriarchat und die ziemlich bequeme Annahme, die antike Gesellschaft habe der unsrigen im wesentlichen ähnlich gesehen, es sei denn, daß ein Unterschied ausdrücklich verbürgt ist. Zum anderen liegt das an den antiken Zeugnissen selbst, die sich hauptsächlich mit dem politischen Leben beschäftigen und dadurch ein einseitiges Bild liefern. Nach dem Niedergang des Matriarchats beschränken sich die öffentlich anerkannten Privilegien der Frauen auf die Religion. Das hinderte sie

---

[39] KÖNIG, „Mutterrecht und Thronfolge im alten Elam", in: Festschrift der Nationalbibliothek in Wien, Wien 1926, S. 529—52.
[40] AISCH. Per. 153—160. Aischylos scheint mit der persischen Lebensweise wohlvertraut gewesen zu sein, siehe: KÖNIG, Relief und Inschrift des Königs Dareios I. am Felsen von Bagistan, S. 88—90.
[41] HEROD. 7, 3, 4, vgl. 3, 31. 68. 88.
[42] ARRIAN. Anab. 2, 11—12, vgl. LUKIAN. de sacr. 13, 5. Bei den persischen Magi herrschte matriarchalische Endogamie: XANTH. 28.
[43] PLUT. Alex. 9.
[44] TARN, The Greeks in Bactria etc., S. 185. Siehe ferner von Wesendonk, „Zur Verwandtenehe bei den Arsakiden", ARW 30, 1933, S. 383—88.
[45] ARRIAN. Ind. 1, 23, 7.

aber keineswegs daran, einen unauffälligen Einfluß auf weltliche Angelegenheiten auszuüben. Noch lange, nachdem sie die Form hatten preisgeben müssen, behielten sie inhaltlich ihre Stellung bei und entwickelten auf diese Weise eines der Hauptmerkmale ihres Geschlechts.

2. Die Lykier

Abb. 6. Philister: ägyptische Malerei

Wir wollen nunmehr das Netz enger ziehen. Das sprachliche Beweismaterial hat uns zu dem Schluß bewogen, daß die griechisch sprechenden Einwanderer in der Ägäis unter mutterrechtliche Einflüsse gerieten (Seite 108—109). Welche Unterstützung erhalten wir für diese Schlußfolgerung aus ihrem eigenen Überlieferungsschatz?

Das ägäische Becken wurde nie völlig hellenisiert. Im Norden blieb es noch weiterhin Einbrüchen ausgesetzt, z. B. denen der Thraker, Phrygier, später der Makedonen, der Gallier und der Slaven. Erst nach den Eroberungen Alexanders des Großen drang die griechische Sprache ins Innere Anatoliens. Hinter der Landschaft Aiolis wohnten die Phrygier, hinter Ionien die Lyder und hinter den dorischen Niederlassungen weiter südlich die Karer und Lykier. Eine nichtgriechische Sprache wurde in einigen Teilen der Insel Kreta noch bis ins vierte Jahrhundert v. d. Z. gesprochen.[46]

Die Lykier trugen ihren Namen nach dem Nationalgott, Apollon Lykeios, der in Wolfsgestalt verehrt wurde (*lýkos*).[47] Seine Mutter Leto soll sich, bevor sie ihn zur Welt brachte, in einen Wolf verwandelt haben oder von Wölfen an die Stelle geführt worden sein, an der er später geboren wurde.[48] Sie selbst nannten sich Trmmli, was im Griechischen vokalisiert als Termilai erscheint. Aus ägyptischen Annalen, in denen sie unter ihrem griechischen Namen (Luka) erscheinen, erfahren wir, daß sie im dreizehnten Jahrhundert zusammen mit anderen ägäischen Völkern das Nildelta heimgesucht hatten. Ein Jahrhundert später wanderte ein Teil von ihnen und ein Teil der Karer durch Pamphylien und Kilikien nach Ägypten, wo sie Philister genannt wurden.[49]

Deren matriarchalische Institutionen sind schon erwähnt worden (Seite 69 und 105). Die Abkunft wurde in der weiblichen Linie gerechnet. Wenn Plutarch den lykischen Clan der Ioxiden erwähnt (Seite 89), nennt er sie „Ioxidai oder

---

[46] NILSSON, Homer and Mycenæ, S. 65—66.
[47] Script. poet-hist. (Westermann) 77.
[48] AELIAN. de nat. anim. 10,26, ANTONIN. LIBER. 35. Apollon erscheint auf Münzen der Stadt Tarsos in Begleitung von Wölfen: IMHOOF-BLUMER, „Coin Types of Kilikian Cities", JHS 18, 1898, 171. Damit scheint die Bedeutung von Il. 4,101 λυκηγενέι hinreichend geklärt; denn hier handelt es sich lediglich um die epische Form für λυκογενεῖ, vgl. Il. 2, 54 Πυλοιγενέος, 3, 182 μοιρηγενές, und siehe ferner W. G. HEADLAM in G. THOMSON, Æschylus, Oresteia, Bd. 2, S. 10. Folglich besteht keine Notwendigkeit für KRETSCHMERs hypothetische Form *Λύκη (hethit. Lugga) = Λυκίη (KRETSCHMER, „Die Stellung der lykischen Sprache", Gl 28, 1939, 102). Siehe ferner KRETSCHMER, „Der Name der Lykier und andere kleinasiatische Völkernamen", KF 1, 1930, S. 14—17.
[49] H. R. HALL in CAH, Bd. 2, S. 282—284.

Ioxides". Das besagt, daß die weibliche Form die eigentlich richtige war.[50] Auch die Erbfolge war mutterrechtlich. Töchter hatten bei der Erbschaft den Vorrang vor den Söhnen.[51] Die Grundeinheit der Gesellschaft war, wie wir aus Grabinschriften wissen, der matriarchalische Haushalt. Einige dieser Inschriften enthalten eine uns schon vertraute matriarchalische Formulierung: „Neiketes, Sohn der Parthena. ... Neiketes, Sohn der Lalla. ... Eutyches, Vater unbekannt... Alexandros, Vater unbekannt."[52] Systematische Ausgrabungen in diesem Gebiete werden unsere Kenntnis des anatolischen Matriarchats vervollkommnen.

Nach griechischer Überlieferung hatte der König Proitos mit lykischer Hilfe die Festung Tiryns, die einen der bedeutendsten mykenischen Plätze in der argeiischen Ebene darstellte, erobert und ausgebaut.[53] Aus derselben Generation stammt Bellerophon, Sohn des Glaukos und Enkel des Sisyphos, der nach einem Aufenthalt am Hofe des Proitos nach Lykien weiterwanderte, dort die Tochter des Königs heiratete und einen Anteil am Königreich erhielt. Er hatte eine Tochter namens Laodameia und einen Sohn Hippolochos. Laodameia wurde durch Zeus die Mutter Sarpedons, der die Lykier in den Kampf um Troia führte. Hippolochos war der Vater eines anderen Glaukos, Sarpedons Kampfgenossen vor Troia.[54] Als die Griechen Ionien kolonisierten, wurden Mitglieder dieser Familie in Milet und anderen Orten zu Königen gewählt.[55] Ein anderer Zweig blieb in Lykien in der Stadt Xanthos. Hier gab es ein der Stadt gehöriges Land, das Glauku Demos hieß.[56]

Tabelle VIII

Die Nachkommen des Sisyphos

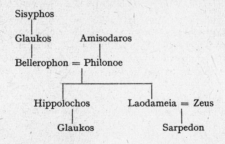

[50] PLUT. Thes. 8.   [51] NICOL. DAM. 129.
[52] Tituli Asiae Min. 2, 176 a. 48. b, 20. 46: πατρὸς ἀδήλου, vgl. ebd. 2, 601. Möglicherweise war in diesen Fällen die Mutter eine Priesterin von der gleichen Art wie die babylonische Nin-An, „Gottesbraut". Sargon, dessen Mutter wahrscheinlich eine Nin-An war, „kannte seinen Vater nicht": R. C. THOMPSON in CAH, Bd. 1, S. 536—537.
[53] APOLLOD. 2,2,1, wo als Bellerophons Schwiegervater Amphianax oder Iobates angegeben wird. Letzteres war ein lykischer Name: Tit. As. Min. 2, 283. Nach Schol. Il. 6,170 hieß er Amisodaros, vgl. Il. 16, 328. Amisos war eine Stadt in Paphlagonien (STRAB. 2,1,1—11). Wegen des Wortausganges vgl. Pixodaros (S. 128).
[54] Il. 6. 152—206. Es gibt eine irische Überlieferung, die der Sage von Bellerophon sehr ähnlich ist, siehe DILLON, a. a. O., S. 35. Spuren einer Erbfolge vom Schwiegervater auf den Schwiegersohn lassen sich auch in der skandinavischen Mythologie ermitteln: CHADWICK, The Origin of the English Nation, S. 312.
[55] HEROD. 1,147.   [56] ALEX. POLYHIST. 82—83.

Die Tatsache, daß der Führer der Lyker vor Troia Sarpedon war und nicht Glaukos, erregte schon die Aufmerksamkeit der antiken Homer-Kommentatoren. Sie deuteten sie auch ganz richtig als Zeichen der Ehre, die seiner Mutter zuteil wurde.[57] Da Bellerophon seine königliche Stellung durch Heirat mit der Tochter des Königs errungen hatte, ging die Erbfolge auf deren Tochter über. Das ist, wie wir gesehen haben, eine Form der indirekten mutterrechtlichen Erbfolge.

Die Glaukidai müssen Griechisch gesprochen haben, sonst hätten die Ioner sie nicht zu ihren Königen erhoben. Auch können sie das Griechische nicht erst in Lykien erlernt haben, da sich die hiesige Landessprache bis in christliche Zeit erhielt. Deshalb muß das Geschlecht des Sisyphos schon Griechisch gesprochen haben, als es den Peloponnes verließ. Genau dies Ergebnis hatten wir auf Grund der sprachlichen Analyse zu erwarten. Ein griechischer Clan, der sich unter einem fremden, matriarchalischen Volk niederließ, erlangte die Macht, nachdem er sich der bodenständigen Erbfolgesitte anpaßte.

Das ist nicht der einzige Fall seiner Art. Die Dorer von Argolis waren zwar in ihren angestammten drei Stämmen organisiert, hatten aber außerdem einen vierten, die Hyrnatheis, der sich aus der unterworfenen Bevölkerung zusammensetzte.[58] Die Geschichte ihres Eponyms Hyrnetho (dorisch Hyrnatho) war wie folgt. Temenos, das Oberhaupt der Dorer, dem Argolis zugewiesen worden war, beleidigte seine Söhne, indem er den Gatten seiner Tochter Hyrnetho, der den Namen Deiphontes trug, bevorzugte. Aus Furcht, ihr Recht auf die Erbfolge zu verlieren, stifteten sie einige Verbrecher an, ihm aufzulauern und ihn zu töten. Doch der alte Mann lebte noch so lange, um mit vergehendem Atem das Königreich seiner Tochter und seinem Schwiegersohn zu vermachen. Nachdem diese durch das Volk in ihrem Amt bestätigt waren, übten sie die Regierungsgewalt gemeinsam aus.[59] Diese Geschichte mag unhistorisch sein, doch dadurch wird ihr Wert als Zeugnis für einen alten Brauch nicht geschmälert. Außer daß sie die Konflikte beleuchtet, die den Übergang vom Mutterrecht zum Vaterrecht begleiteten, liefert sie uns ein griechisches Beispiel für das Prinzip, daß ein Mann, der seinem Schwiegervater als König auf dem Thron folgt, dies nur in der Eigenschaft als Gemahl der Königin vermag, die ihrerseits auf Grund ererbten Rechtes regiert.[60]

3. *Die Karer und Leleger*

Die Karer und Leleger wohnten an der Meeresküste Anatoliens. Sie genau zu unterscheiden ist etwas schwierig. Herodot betrachtete die Leleger als einen Zweig

---

[57] EUSTATH. ad Il. 12,101. Ebenso verdankten auch die Kinyradai von Zypern, die von Teukros und einer Tochter des Kinyras abstammten, ihre Priesterwürde im Aphroditeheiligtum dem letztgenannten (PAUS. 1,3,1, TAC. hist. 2,3). Siehe S. 446.

[58] IG 4, 517, Steph. Byz. *Δυμᾶνες*, SIG 594, Anm. 4.   [59] NICOL. DAM. 38, APOLLOD. 2,8,5.

[60] So war es auch in Megara: Sikyon ehelichte eine Tochter des Pandion und erhob gegen seinen Schwager Nisos Anspruch auf den Thron; darauf wurde die Herrschaft unter beide aufgeteilt; auf Nisos folgte dessen Schwiegersohn Alkathoos, auf diesen sein Schwiegersohn Telamon: PAUS. 1,39,6. 41,6. 42,4. In Korinth folgte Iason durch seine Ehe mit Medea auf den Thron (PAUS. 2,3,10); auf Oros von Troizen folgte dessen Tochtersohn (PAUS. 2,30,5), vgl. PAUS. 4,30,3 und ferner 7,1,3; 8,5,6, PARTHEN. 1, DIOD. SIC. 4,33.

der Karer, der den alten angestammten Namen beibehalten hätte. Nach anderer Ansicht waren sie ein ganz anderes Volk, das die Karer versklavt hatten und das ursprünglich auf die Inseln Samos und Chios beschränkt war.[61] In historischer Zeit gab es nur noch schwache Erinnerungen an sie, während die Karer allen als die nicht-griechischen Einwohner des nach ihnen benannten Landes wohlbekannt waren.

Die Hauptniederlassung der Griechen in Karien war Halikarnassos, der Geburtsort von Herodot. Der Historiker selbst war wahrscheinlich karischer Abkunft, denn die Namen seines Vaters und seines Onkels, Lyxes und Panyasis, sind nicht-griechisch.[62] Obgleich sie dem griechischen Einfluß mehr ausgesetzt waren als die Lykier, bewahrten auch sie ihre Sprache und ihre Kultur. Herodot muß die Karer gut gekannt haben. Da er das lykische Matriarchat als einmalig (Seite 107) bezeichnet, scheint daraus hervorzugehen, daß die Karer in seinen Tagen schon vaterrechtlich organisiert waren. Selbst hier muß man jedoch Vorbehalte machen.

Der bekannteste karische König war Mausolos, der im vierten Jahrhundert v. d. Z. herrschte. Seine Gattin war seine Schwester Artemisia. Er hatte zwei Brüder, Idrieus und Pixodaros. Idrieus war mit einer weiteren Schwester, Ada mit Namen, verheiratet. Mausolos starb kinderlos. Auf ihn folgte seine Frau und Schwester Artemisia, die ihm zu Ehren das berühmte Mausoleum errichtete. Auf sie folgte wiederum Idrieus, dann Ada. Diese Dame wurde von Pixodaros vertrieben. Er unterwarf sich den Persern und überließ das Königreich dem persischen Satrapen, der seine Tochter heiratete. Auf Bitten der Ada wurde der Satrap schließlich durch Alexander den Großen vertrieben. Sie herrschte auf diese Weise ein zweites Mal über ihr angestammtes Reich.[63] Wir stellen also fest, daß hundert Jahre nach Herodot die karische Dynastie die gleiche Vorschrift mutterrechtlicher Endogamie einhält wie die Pharaonen.

Wir erfahren durch Herodot selbst, daß seine Vaterstadt Halikarnassos zur Zeit der Perserkriege von einer karischen Königin regiert wurde, die, dem Namen Artemisia nach zu urteilen, der gleichen Dynastie angehörte. Ihre Mutter stammte aus Kreta, ihr Vater hieß Lygdamis. Ihr Gatte war schon tot. Obgleich sie einen erwachsenen Sohn hatte, behielt sie ihre königliche Macht „wegen ihrer männlichen Gesinnung" bei. Ihr Machtbereich erstreckte sich über die benachbarten Inseln Kos, Kalymnos und Nisyros.[64] Als Xerxes in Griechenland einfiel, stellte sie ihm ein Kontingent von fünf Kriegsschiffen zur Verfügung, die sie selbst befehligte. Als während der Schlacht bei Salamis die Flucht der Perser begonnen hatte und das Flaggschiff der Königin von den Athenern stark bedrängt wurde, rettete sie sich, indem sie geschickt wendete und dabei ein persisches Fahrzeug rammte. Die Athener glaubten, das solle bedeuten, sie sei auf ihre Seite übergelaufen, und ließen deshalb von der Verfolgung ab. Die Perser ihrerseits nahmen

---

[61] HEROD. 1,171,2, PHIL. THEANG. 1 = FHG 4, 475, PHEREK. 111, STRAB. 7,7,2. 14,2,27.
[62] SUID. 'Ηρόδοτος, DURIS 57. Das Fortleben solcher Ortsnamen wie Ouassos und Onzossyasos (SIG 46) legt die Vermutung nahe, daß auch in Halikarnassos selbst das Karische nach wie vor gesprochen wurde.
[63] STRAB. 14,2,17, ARRIAN. Anab. 1,23,7–8. Wegen Pixodaros vgl. HEROD. 5,118, SIG 169,16; siehe auch S. 126, Anm. 53. ARRIAN l. c. behauptet, die Geschwisterehe sei in Karien üblich gewesen.
[64] HEROD. 7,99.

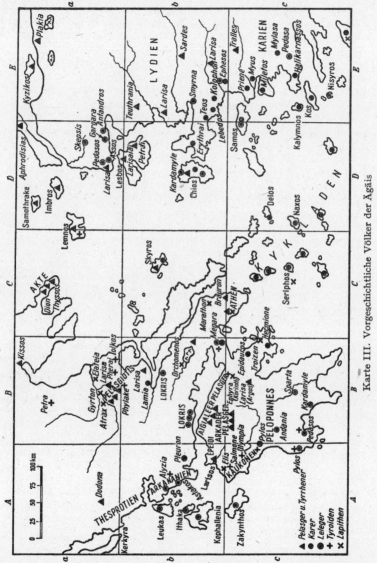

Karte III. Vorgeschichtliche Völker der Ägäis

nun an, das von ihr in den Grund gebohrte Schiff sei ein feindliches gewesen. Xerxes, der die Schlacht vom Ufer verfolgte und über das Versagen seiner eigenen Admirale empört war, machte die berühmte Bemerkung: „Meine Männer sind Weiber geworden, die Weiber aber Männer."[65] Der besondere Reiz dieses Vorfalls liegt darin, daß sich an Bord eines der athenischen Schiffe, vielleicht sogar als Augenzeuge, der Dramatiker befand, dessen größte Charakterrolle an männlicher Willenskraft selbst eine Artemisia übertraf.

Die ionischen Eroberer Milets nahmen sich karische Frauen, die jedoch den Mord an ihren Männern übelnahmen und sich weigerten, mit ihren neuen Gatten an einem Tisch zu sitzen oder sie bei Namen zu nennen.[66] Das läßt den Schluß zu, daß die Frauen in der ersten Zeit der Kolonie ihre einheimische Organisation bis zu einem gewissen Grade beibehalten hatten. In Teos, einer anderen ionischen Niederlassung, hat man eine Liste der Jahresbeamten aufgefunden.[67] In jedem Falle folgte dabei auf den Namen des Mannes der seines Clans und seines *pýrgos*. Der *pýrgos* war sein Dorf. Er ist das Äquivalent zum attischen Demos. In elf von fünfundzwanzig Fällen haben nun Clan und Dorf den gleichen Namen, z. B. „Euthyrrhemon Boides von Boios". Das besagt, daß die Identität der beiden Einheiten noch immer weitgehend gewahrt war. Die Clannamen ihrerseits sind bemerkenswert. Einer von ihnen, Philaides, ist attischen Ursprungs (Seite 88), ein anderer, Kothides, stammt aus Euboia,[68] ein dritter, Maliades, aus Thessalien.[69] Mehrere, wie Bryskides und Daddeios, sind karischer Herkunft.[70] Da diese karischen Clane im Besitz ihrer einheimischen Niederlassungen verblieben und deren angestammte Namen beibehielten, müssen sie mithin auch ihre einheimischen Institutionen erhalten haben. Wenn das für Teos der Fall war, muß es auch in anderen ionischen Kolonien so gewesen sein.

In prähistorischer Zeit hatten sich die Karer und Leleger bis weit über Karien hinaus erstreckt. Sie sollen aus der Landschaft Troas nach dem Trojanischen Krieg vertrieben worden sein.[71] Der alte Name für Kos war Karis, ferner gab es eine Stadt in Chios, die Karides genannt wurde.[72] Sie werden als ursprüngliche Einwohner von Naxos erwähnt.[73] Dort begegnen wir dem Personennamen Lygdamis.[74] Naxos selbst scheint mit der karischen Stadt Naxia in Verbindung gestanden zu haben.[75] Die Karer von Naxos sollen aus Lamia, das im äußersten Süden von Thessalien liegt, gekommen sein.[76] Epidauros und Troizen an der Küste von Argos waren karische Niederlassungen.[77] Die Akropolis von Megara wurde nach dem König Kar, dem „Karer", Karia genannt.[78] Der Kult des Zeus Karios, mit dem

---

[65] HEROD. 8,87—88, vgl. ARISTOPH. Lys. 675.
[66] HEROD. 1,146,3. Herodot behauptet, die ionische Frauentracht sei karischen Ursprungs gewesen (5,88).
[67] CIG 3064.   [68] STRAB. 10,1,8.
[69] Vgl. STRAB. 9,5,8.   [70] Vgl. PAUS. 7,3,6.
[71] STRAB. 7,7,2, vgl. II. 21,85—88. Antandros, Skepsis, Pedasos, Gargara und Assos hatten einstmals den Lelegern gehört: STRAB. 13,1,49—58.
[72] HELLAN. 112, EPHOR. 34. Als Ureinwohner von Samos und Chios werden die Karer genannt: PAUS. 7,4,8—9 STRAB. 14,1.15.
[73] DIOD. SIC. 5,51.   [74] HEROD. 1,61,4, vgl. 7,99,2.
[75] ALEX. POLYHIST. 54—55.   [76] DIOD. SIC. 5,51.
[77] ARISTOT. frag. 491 = STRAB. 8,6,15.   [78] PAUS. 1,40,6.

Mittelpunkt in Mylasa, der Hauptstadt von Karien, findet sich auch in Boiotien[79] und Attika.[80]

Ein anderer König von Megara hieß Lelex. Die Leleger aus Megara waren die eigentlichen Gründer des messenischen Pylos.[81] Lelex hieß auch der erste König von Sparta, dessen früheste Bewohner als Leleger beschrieben werden.[82] Wir hören auch von Lelegern in Leukas, Akarnanien, Lokris und Boiotien.[83] Schließlich sagt Thukydides, daß die Karer während der minoischen Seeherrschaft von den Kykladen vertrieben worden seien, und fügt hinzu, daß zu seiner Zeit mehr als die Hälfte der alten Gräber, die in Delos ausgegraben wurden, Leichen enthielten, die an ihren Beigaben als Karer ermittelt wurden.[84]

Trotzdem hat der karische Herrschaftsbereich festumrissene Grenzen. Er wird von einer Linie begrenzt, die von Leukas nach Lamia und von da quer über das Meer nach Chios führt. Die vorgeschichtlichen Bewohner des Gebiets nördlich dieser Linie, die die Griechen erwähnen, waren die Pelasger.

4. Die Pelasger

Die Pelasger, die noch immer ihre eigene Sprache hatten, wohnten an verschiedenen Plätzen der nördlichen Ägäis — Akte an der makedonischen Küste, Kreston irgendwo in der gleichen Gegend, Lemnos und Imbros,[85] Plakia und Skylake im Gebiet von Kyzikos an der Propontis.[86] Sie werden auch in Samothrake, der Troas, Lydien, Lesbos und Chios verzeichnet.[87]

Im eigentlichen Griechenland entdecken wir ihre Spur im Namen des alten Altars des Zeus Pelasgios in Dodona[88] und in der thessalischen Ebene, die unter dem Namen Pelasgikon Argos oder Pelasgiotis bekannt war.[89] Sie werden als erste

---

[79] HEROD. 1,171,6, STRAB. 14,2,23, PHOT. Κάριος Ζεύς.
[80] HEROD. 5,66.
[81] PAUS. 1,39,6; 4,36,1. Eine andere Ansiedlung des Lelex, die man wegen ihres Namens als solche erkannt hat, war Pedasos in Süd-Messenien (Il. 9,152). Als die Leleger aus dem troianischen Pedasos vertrieben wurden (siehe Anm. 71), flohen sie nach Halikarnassos und gründeten hier Pedasa (STRAB. 13,1,58). Das messenische Kardamyle (Il. 9,150) wurde vermutlich von aus Chios kommenden Lelegern gegründet, denn dort gab es eine Stadt gleichen Namens (THUK. 8,24,3).
[82] PAUS. 3,1,1, vgl. 3,12,5. Ein Sohn dieses Lelex gründete Andania (PAUS. 4,1,2), und die Stadt Therapne trug den Namen seiner Tochter (PAUS. 3,19,9). Die spartanischen Leleger trieben Ackerbau: ihr König Lelex hatte einen Sohn namens Myles, der „Müller", den in Alesiai (eig.: „die mahlenden Frauen") Korn mahlte, und einen Enkel mit dem Namen Eurotas, der das Eurotas-Tal entwässerte: Schol. EURIP. Or. 626.
[83] ARISTOT. frag. 560 = STRAB. 7,7,2; siehe ferner S. 362—365.
[84] THUK. 1,4,8.
[85] THUK. 4,109,4 (vgl. STRAB. 7, fr. 35), HEROD. 1,57; 5,26 (vgl. STRAB. 5,2,4);[?]4,145,2. Die sich auf die Pelasger beziehenden Überlieferungen wurden von Hellanikos von Lesbos gesammelt, dessen Phoronis wahrscheinlich auf einem Epos dieses Namens beruhte: PEARSON, Early Ionian Historians, S. 159.
[86] HEROD. 1,57, vgl. DEIOCH. 5—6 = FHG 2,17—18, HEKAT. 205, EPH. 104.
[87] HEROD. 7,42, STRAB. 5,2,4; 13,3,3 STEPH. BYZ. Νινόη.
[88] Il. 16,233, STRAB. 7,7,10, PLUT. Pyrrh. 1.
[89] Il. 2,681.840, STRAB. 5,2,4. 9,5,22. Das Wort ἄργος, das „Ebene" bedeutete (STRAB. 8,6,9, vgl. J. D. DENNISTON ad EURIP. Elek. 1), war vermutlich pelasgischen Ursprungs; und falls, wie ich später darlegen werde (S. 334), der achaiische Name für Thessalien Hellas lautete, dann kann man das homerische Ἑλλάδα καὶ μέσον Ἄργος (Od. 1,344) als eine Bezeichnung dieses Gebiets mit Hilfe der beiden austauschbaren Namen deuten.

Einwohner Boiotiens und des peloponnesischen Achaia[90] und ganz besonders als die Urbevölkerung von Attika, Argolis und Arkadien erwähnt.[91] In der Nähe von Olympia befanden sich Überreste eines Stammes, die die Kaukones hießen und sich einstmals über ganz Elis erstreckten. Auch das waren wahrscheinlich Pelasger.[92] Ein Stamm gleichen Namens wird zusammen mit den Pelasgoi in der *Ilias* als Verbündete der Trojaner erwähnt. Ferner taucht der Name weiter nördlich in der Form Kaukones oder Kaukoniatai in Paphlagonien an der Schwarzmeerküste wieder auf.[93] Es findet sich aber keine Spur der Pelasger im Südteil des Peloponnes oder auf den Kykladen, obgleich sie in der *Odyssee* als eines der Völker genannt werden, die auf Kreta wohnen.[94]

Der Name ist nach Kretschmer eine ethnische Ableitung von *pélagos*.[95] Das ist ein indogermanisches Wort für „ebene Oberfläche" oder „Ebene". Im Griechischen wurde es aber auf die See bezogen (lat. *aequor*). Das übliche griechische Wort für „Meer" war *thálassa*, das nicht-indogermanisch ist. Wurde es von den griechischen Eindringlingen dem „Seevolk", entlehnt, das sie in der Ägäis vorfanden — den Pelasgern?

Obwohl sie weit verstreut wohnten, scheint ihre Kultur einheitlich gewesen zu sein. Einer der bezeichnendsten Ortsnamen, Larisa, findet sich an verschiedenen Stellen von Thessalien, Attika, Argolis, Elis, Kreta, der Troas, von Aiolis und Lydien.[96] Die Verehrung des Hephaistos, des Feuergottes, die sicherlich vorgriechischen Ursprungs war, war auf Athen und Lemnos konzentriert.[97] Er taucht auch in dem pelasgischen Kult der Kabeiroi auf, der auf Samothrake, Lemnos und Imbros fortbestand.[98] Schon A. B. Cook zog den Schluß, Hephaistos müsse eine pelasgische Gottheit sein.[99] Das war aller Wahrscheinlichkeit nach auch Hermes. Auch er war mit den Kabeiroi verknüpft und besaß einen nicht-griechischen Kult in Imbros.[100] Auf dem Festlande befanden sich seine ältesten Sitze in Arkadien und in Attika. Er soll an den Abhängen des Berges Kyllene in Arkadien geboren sein.

---

[90] STRAB. 9,2,25, HEROD. 7,94.
[91] HEROD. 1,57; 4,145,2; 6,137,1, vgl. THUK. 2,17; EURIP. frag. 228, HEROD. 2,171; HEROD. 1,146, PAUS. 8,1,4. [92] Strab. 8,3, 17. 12, 3, 5, Od. 3, 366.
[93] Il. 10,429; 20,329, STRAB. 8,3,17. Die Kaukoniatai bei STRAB. 8,3,17 sind augenscheinlich mit den Kaukones bei demselben Autor 12,3,2—5 identisch.
[94] Od. 19,177.
[95] KRETSCHMER, „Zur Geschichte der griechischen Dialekte", Gl. 1, 1909, S. 16—17, doch vgl. CUNY, „Le nom des Ioniens", RHA 7, 1947, S. 21. Mangels selbständigen Beweismaterials müssen derartige Etymologien mit Zurückhaltung behandelt werden.
[96] Il. 2,841, STRAB. 9,5,3. 9,5,19; 13,3,2—3, PAUS. 2,24,1; 7,17,5. Das kretische Larisa ging später in der Stadt Hierapytna auf (STRAB. 9,5,19). Larisa hieß eine Tochter des Pelasgos (PAUS. 2,24,1), und Larisa Kremaste war auch unter dem Namen Larisa Pelasgia bekannt (STRAB. 9,5,12).
[97] Il. 1,593, PHILOCH. 6, SOPHOK. Phil. 986—987, DION. CHALK. 2 = FHG 4,393, Il. 2,722 schol. V, NIKAND. Ther. 472 schol., Schol. LYKOPHR. 224. Hephaistos taucht auf den Münzen von Kyzikos, Bithynien und Lydien auf: FARNELL, Cults of the Greek States, Bd. 5, S. 394.
[98] HEROD. 2,51; 3,37, STRAB. 9,3,20, PAUS. 9,25,5—10.
[99] COOK, Zeus, Bd. 3, S. 226; siehe auch K. BAPP in: ROSCHER, Lexikon etc., Bd. 3, Sp. 3040—3041.
[100] STEPH. BYZ. Ἴμβρος: Er war dort unter dem Namen Imbramos bekannt. Hermes erscheint auf Münzen von Imbros (HEAD, Historia Numorum, S. 261), ferner in Lemnos (AISCH. Agam. 295—296) und Thrakien, dessen Könige sich rühmten, von ihm abzustammen (HEROD. 5,7, vgl. FARNELL, a. a. O., Bd. 5, S. 317). Zweifelsohne hatten ihn die Thraker von den Pelasgern übernommen. Zu seinem Namen siehe Kretschmer, „Der Name der Lykier etc.", KF 1, 1930, 3—4.

Dort wurde er als Ahnengott verehrt.[101] In Kyllene in der Landschaft Elis bestand sein Abbild einfach in einem *penis erectus*.[102] Hier liegt eine Analogie zu den phallischen Bildnissen vor, die *hermaî* genannt wurden und pelasgischen Ursprungs gewesen sein sollen.[103] Der Hermes von Eleusis, Stammvater des Clans der Kerykes, war mit dem Mythos von Daeira verbunden (Seite 93), der wiederum mit den Mysterien von Samothrake verknüpft war.[104]

Woher waren die Pelasger gekommen? Nicht aus dem Süden. In Kreta werden sie ausdrücklich von den Eteokretes oder Echten Kretern unterschieden.[105] Sie erscheinen an keiner anderen Stelle der südlichen Ägäis. Auch von Südwestanatolien können sie nicht gekommen sein. Diese Gegend gehörte den Karern und Lydern. Alle Zeichen weisen nach Norden, zur Küste von Makedonien, zusammen mit den Inseln Samothrake, Lemnos und Imbros, die an den Zugängen des Hellespont liegen. Da wir sie über den Hellespont und die Propontis hinweg an der Nordküste Kleinasiens entlang nachweisen konnten, gibt es gewichtige Gründe für die Vermutung, daß ihre Urheimat irgendwo an der gegenüberliegenden Seite des Schwarzen Meeres liegt.

Thukydides hatte durch seine Vorfahren Verbindungen zur Nordküste der Ägäis und beschreibt die Pelasger von Akte, Lemnos und Attika als Tyrrhenoi (Tyrsenoi).[106] Sophokles bezieht die gleiche Bezeichnung auf die Pelasger von Argolis.[107] Das war der Name, unter dem die Etrusker den Griechen bekannt waren. Nach griechischer Überlieferung waren die Etrusker aus irgendeiner Gegend der Ägäis nach Italien ausgewandert. Herodot meint, von Lydien. Andere Schriftsteller beschreiben sie als Pelasger aus Thessalien oder von Lemnos und Imbros.[108] Umgekehrt behaupteten die Etrusker von Caere, sie stammten von thessalischen Pelasgern ab.[109]

Tyrrhenos ist ein Völkername, der sich von Tyrrha, einer Stadt in Lydien, herleitet.[110] Diesen Namen trug ein Bruder des Tarchon. Letzteres ist die griechische Form für Tarquinius.[111] Deren Vater Telephos erscheint in Italien als Ahnherr der Tarquinii, in Lydien als König von Teuthrania.[112] Schließlich sind einige auf Lemnos entdeckte Inschriften in einer der etruskischen nahe verwandten Sprache

---

[101] Hom. Hymn. 4,1—7, PAUS. 8,17,1—2, AISCH. frag. 273. Sein Geburtsort wurde auch mit Theben und Tanagra angegeben (PAUS. 8,36,10; 9,20,3), und er besaß einen bedeutenden Kult in Pheneos (PAUS. 8,14,10; 8,16,1, vgl. 8,47,4).

[102] PAUS. 6,26,5.

[103] HEROD. 2,51, PAUS. 4,33,3. Der ithyphallische Hermes erscheint auf Münzen von Imbros: HEAD, a. a. O., S. 261.

[104] PAUS. 1,38,7, vgl. CIC. nat. deor. 3,22,56, PROPERT. 2,2,9—12, HEROD. 2,51; TOEPFFER, Attische Genealogie, S. 96, LOBECK, Aglaophamus, S. 1215—1348.

[105] Od. 19,177.

[106] THUK. 4,109,4. Der kretische Γελχανός und der etruskische Velchans (lat. Volcanus) können beide gemeinsam mit Hephaistos den Tyrrhenoi-Pelasgoi zugewiesen werden: KRETSCHMER, „Die Stellung der lykischen Sprache", Gl. 28, 1940, 109.

[107] SOPHOKL. frag. 248.

[108] HEROD. 1,94, STRAB. 9,5,22; 5,2,4; KRETSCHMER, „Pelasger und Etrusker", Gl 11, 1921, 276—285;

[109] STRAB. 5,2,3.

[110] Etymol. Magm. Τύρρα; TOEPFFER, Att. Geneal., S. 195.   [111] LYKOPHR. 1248.

[112] LYKOPHR. 1249 schol., STEPH. BYZ. Ταρχώνιον, DION. HALIK. Antiqu. Rom. 1,28,1, DIOD. SIC. 4,33. Zu Telephos siehe KRETSCHMER, „Der Name der Lykier etc.", Gl I, 1909, 13—14.

abgefaßt. Was man über die lydische Sprache weiß, ist zwar wenig, reicht jedoch aus, um ihre Verwandtschaft zur gleichen Familie nachzuweisen.[113]

Wie bei den Etruskern fand sich auch bei den Lydern die voreheliche Promiskuität (Seite 104), die ein Überrest der Gruppenehe ist. Von den Etruskern weiß man, daß sie mutterrechtlich organisiert waren. Das macht es sehr wahrscheinlich, daß auch die Lyder zur Zeit der Wanderung matriarchalisch waren. Wir hören von drei lydischen Dynastien, den Atyadai, Herakleidai und den Mermnadai. Die letztgenannte bildete das Haus des Kroisos. Die Stammbäume sind unentwirrbar, doch erfahren wir, daß Sadyattes aus der Dynastie der Mermnadai seine Schwester zur Frau nahm. Das gleiche soll auch sein Sohn und Erbe Alyattes getan haben.[114] Herodot sagt, in der vorausgegangenen Dynastie habe die Erbfolge vom Vater auf den Sohn stattgefunden.[115] Damit will er die Vaterfolge andeuten. Obgleich es keine Veranlassung gibt, den Tatbestand zu bezweifeln, ist die Richtigkeit der Schlußfolgerung noch fraglich. Auch die Geschwisterehe hat die Erbfolge Vater-Sohn zum Ergebnis, da sie zu diesem Zwecke vorgenommen wird. Doch ursprünglich liegt die mutterrechtliche Erbfolge vor: Der Sohn erbt eigentlich von der Mutter. Es ist deshalb möglich, daß die Herakleidai dieselbe Regel wie die Mermnadai befolgten. Es ist tatsächlich mehr als wahrscheinlich, da wir allen Grund zu dem Verdacht haben, daß die von Herodot vermittelte Überlieferung einem Eingriff ausgesetzt war. Nach seiner Angabe war der Gründer der Dynastie ein Sohn des Herakles und einer lydischen Sklavin, einer Tochter des Iardanos. Das ist eine Version, die von der des Sophokles und anderen auffällig abweicht. Nachdem Herakles von Eurystheus in die Sklaverei verkauft worden war, wurde er von Omphale, der Tochter des Iardanos, gekauft. Sie war kein Sklavenmädchen, sondern eine Königin, die nach dem Tode ihres Gatten die Alleinherrschaft innehatte.[116] Der lydische Herakles in dieser Erzählung kommt dem Etrusker Servius Tullius gleich (Seite 68).

Waren die Lyder und Etrusker mutterrechtlich organisiert, so waren es auch ihre Verwandten, die Pelasger. Die Pelasger von Lemnos treten in einer der bekanntesten Sagen Griechenlands auf. Die Argonauten stachen von Thessalien aus auf der Suche nach dem Goldenen Vlies in See und gingen in Lemnos vor Anker. Diese Insel wurde damals unter der Königin Hypsipyle, Tochter des Thoas, „von Frauen beherrscht". Einige Zeit vorher hatten sich die Frauen von Lemnos an Aphrodite vergangen und waren zur Strafe mit einem üblen Geruch behaftet worden, so daß sie von ihren Männern im Stich gelassen wurden. Die Frauen rächten sich, indem sie bis auf Hypsipyle, die ihren Vater verschonte, alle männliche Angehörigen ermordeten. Iason, der Führer der Argonauten, verliebte sich in die Königin, und beider Sohn, Euenos, gründete den Clan der Euneidai (Seite 89).[117]

---

[113] CORTSEN, „Die lemnische Inschrift", Gl 18, 1930, 101–109, KRETSCHMER, „Die Stellung d er lykischen Sprache", Gl 28, 1940, S. 108, R. S. CONWAY in CAH, Bd. 4, S. 408.
[114] NICOL. DAM. 63, SUID. Ἀλυάττης.
[115] HEROD. 1,7,4.
[116] SOPH. Trach. 252–253, DIOD. SIC. 4,31,5–8, HYGIN. fab. 32.
[117] HEROD. 6,138, APOLLON. RHOD. 1,609–623, APOLLOD. 1,9,17, HYGIN. fab. 15.

Die Pelasger

Die Bedeutung dieses Mythos ist zuerst von Bachofen erklärt worden und läßt keinen Zweifel offen.[118] Er enthält in seinem Kern die Erinnerung an das pelasgische Matriarchat, wenn auch in einer veränderten Form, die der darauffolgenden Erniedrigung des weiblichen Geschlechts Ausdruck verleiht:

> Den Vorrang an Greueln hat der lemnische
> Der Sage nach; jedermann bespeit ihn mit
> Abscheu. Auch dies Schnöde gleicht
> Lemnischem Frevel. Es verfällt ein Geschlecht
> Das ob seiner Frevel die
> Götter hassen und die Menschen verachten.
> Den ehrt keiner, den die Götter verwerfen.[119]

Das hört sich wie eine Verfluchung der alten Ordnung durch die neue an.

Die attischen Tyrrhenoi-Pelasgoi waren ein Zweig der lemnischen.[120] Sie waren von den Athenern beim Bau der Mauer rund um die Akropolis beschäftigt worden.[121] In dieser Zeit gab es noch keine Sklaven, und die freigeborenen athenischen Knaben und Mädchen, die zu den Neun Quellen gingen, um Wasser zu holen, waren ständig tätlichen Angriffen von seiten der Pelasger ausgesetzt. Diese wurden deshalb aus Attika vertrieben und siedelten sich in Lemnos an.[122]

Die attischen Demokraten waren auf ihre pelasgische Herkunft stolz. Sie nannten sich „Söhne der Erde".[123] Herodot bezeichnet sie als hellenisierte Pelasger.[124] Einer ihrer ersten Könige war Kekrops, der Stifter der Ehe (Seite 105).[125] Vor ihm hatten sich die Frauen nach Belieben Gatten gesucht und ihre Kinder nach sich selbst benannt. Das ist genau das gleiche, was wir über die Etrusker erfahren (Seite 105).

Die Etrusker hatten noch weitere Verbindungen zu Kleinasien — nicht nur mit Lydien, sondern auch mit Karien und Lykien. Das beweisen uns zahlreiche gleichlautende Ortsnamen. Darüber hinaus begegnen wir im gesamten ägäischen Becken und im Hinterland Kleinasiens bis nach Kilikien im Süden und bis zum Kaukasus im Norden solchen auf nichtgriechischen Elementen basierenden Ortsnamen (-nth-, -nd-, -ss-, -tt-), wie Korinthos, Kelenderis, Myndos, Parnassos, Knossos, Hymettos und Adramyttion.[126] Das Wort *thálassa* (att. *thálatta*) gehört

---

[118] BACHOFEN, Das Mutterrecht, S. 84—87.
[119] AISCH. Choeph. 631—337, deutsch von Wolde.
[120] THUK. 4,109.
[121] HEROD. 6,137,2, DION. HALIK. Ant. Rom. 1,28,4.
[122] HEROD. 6,137,3—4.
[123] ARISTOPH. Vesp. 1076, EURIP. Ion 20.
[124] HEROD. 1,57,3.
[125] HEROD. 8,44,2.
[126] KRETSCHMER, Einleitung in die Geschichte der griechischen Sprache, S. 401—406, ders., „Zur ältesten Sprachgeschichte Kleinasiens", Gl 21, 1933, 92—96, SCHWYZER, Griechische Grammatik, Bd. 1, S. 60—61, EISLER, „Die Seevölkernamen in den altorientalischen Quellen", C 5, 1928, 73ff., BLEGEN, „The Coming of the Greeks", AJA 32, 1928, S. 146—154, HALEY, „The Coming of the Greeks", AJA 32, 1928, S. 141ff., NILSSON, Homer and Mycenæ, S. 64—65. Die Formen mit -nth-, die in Griechenland häufig sind, treten dagegen in Anatolien mit der einzigen Ausnahme von Xanthos (Lykien, Troas) nicht auf, während es umgekehrt lediglich vier Beispiele von Wörtern auf -nd- im eigentlichen Griechenland zu geben scheint, nämlich Pindos, Andania, Kelenderis und Karandai in Aitolien (SIG 546,14).

zum gleichen Grundtyp. Sie sind naturgemäß am häufigsten in Karien und Lykien, wo die vorgriechischen Sprachen am längsten erhalten geblieben sind. Da sie aber weit über dieses Gebiet hinaus anzutreffen sind, muß das ägäische Becken einstmals ein einheitliches Sprachgebiet dargestellt haben, dessen Mittelpunkt in Kleinasien gelegen hat.

Schließlich war die Sprache der Etrusker mit denen verwandt, die noch heute im Kaukasus gesprochen werden. Diese Entdeckung wurde vor fünfzig Jahren von Thomsen gemacht und ist später von Marr bestätigt worden.[127]

Ich habe hier die Grenze, bis zu der ich vordringen konnte, erreicht. Die Probleme, die sich aus der Verwandtschaft des Etruskischen und anderer kleinasiatischer Sprachen mit den kaukasischen ergeben, sind noch durch die Entdeckung eines gemeinsamen sprachlichen Substrats, das das gesamte Gebiet vom Schwarzen Meer bis nach Syrien und von der Ägäis bis nach Sumer umfaßt, erheblich kompliziert und erweitert worden.[128] Wenn darüber hinaus diese Sprachen aus Südrußland stammen, wo die indogermanische Diaspora stattgefunden haben soll, können auch einige der nichtindogermanischen Elemente im Griechischen, die sehr fest verwurzelt erscheinen, so alt wie das Griechische selbst sein. Überhaupt ist es denkbar, daß der Begriff des Indogermanischen als festumrissene Kategorie revisionsbedürftig wird. Derartig weitreichende Probleme können auf einigen wenigen Seiten natürlich nicht gelöst, ja nicht einmal hinreichend deutlich dargestellt werden. Wir müssen uns mit Geduld wappnen und die weiteren Fortschritte auf dem Forschungsgebiet der Vorgeschichte Kleinasiens erwarten. Abgesehen davon wollte ich nur Wert auf die Feststellung legen, daß die frühgriechischen Überlieferungen, die sich mit diesen alten ägäischen Völkerschaften befassen, nicht nur als Ausgeburten der Unwissenheit des Volkes oder als Spekulationen von Antiquaren abgetan werden können. Fügt man die einzelnen Teile zusammen, so erhält man ein zusammenhängendes Bild, das mit dem uns durch die archäologische und sprachwissenschaftliche Forschung gelieferten übereinstimmt.

5. Die Minoer

Die ältesten bekannten Bewohner der Kykladen waren Siedler, die aus dem Westen und Süden, vornehmlich aus Kreta, kamen und die Kupfergewinnung kannten. Diese unter dem Namen „Frühkykladisch" bekannte Kultur entwickelte sich unter minoischem Einfluß. Schon zu Anfang des dritten Jahrtausends breitete sie sich nach dem Peloponnes, nach Mittelgriechenland und dem südlichen Thessalien aus (Frühhelladisch). Man kann mit einiger

---

[117] THOMSEN, V., „Sur le parenté de la langue étrusque", OKD 1899, 1, S. 373–398, MARR, Der japhetitische Kaukasus und das dritte ethnische Element im Bildungsprozeß der mittelländischen Kultur, vgl. BLEICHSTEINER, „Die kaukasische Sprachgruppe", As 32, 1937, 72, HALL, „The Caucasian Relations of the Peoples of the Sea", K 22, 1928, 335–344, ders., The Civilisation of Greece in the Bronze Age, S. 292–293.

[118] KRETSCHMER, „Zur ältesten Sprachgeschichte Kleinasiens", Gl 21, 1933, 76–180, SIGWART, „Zur etruskischen Sprache", Gl 8, 1917, 148–159.

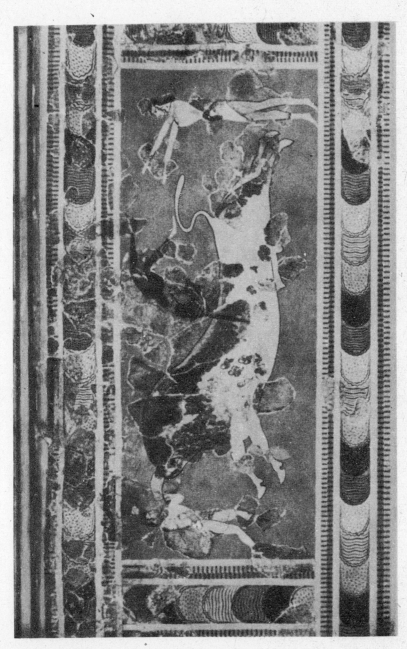

TAFEL II

STIERSPIEL. MALEREI AUF STUCKRELIEF AUS DEM PALAST VON KNOSSOS (ERGÄNZT) 16. Jh. v. u. Z.

Sicherheit behaupten, daß sie von den Karern und Lelegern eingeführt worden ist.[129]

Unter der neolithischen Bevölkerung Kretas befand sich auch ein Element aus Nordafrika. Für ihren Lendenschurz und die Gliedtasche sowie ihren achtförmigen Schild gibt es Parallelbeispiele aus Libyen und dem vordynastischen Ägypten.[130] Die Ortsnamen des obenerwähnten Typs finden sich auf Kreta häufiger als anderswo außerhalb Anatoliens. Auch erhielt sich der Kult der Doppelaxt noch in Karien, nachdem er in Knossos schon in die Sage eingegangen war.[131] Aus diesen und anderen Gründen ist man allgemein der Auffassung, daß die minoischen Kreter mit den Karern, Lelegern und Lykiern verwandt gewesen seien.

Diese Verbindungen haben in der griechischen Überlieferung ihre Spuren hinterlassen. Sarpedon, dem wir in der *Ilias* als Enkel des Bellerophon begegnet waren (Seite 126), erscheint an anderer Stelle als Bruder des Minos, Königs von Knossos.[132] Das erste ist die griechische Version, das zweite die der Lykier und Minoer. Kretischer Ursprung wurde dem Kult des Zeus Atabyrios auf der Insel Rhodos und in der karischen Ansiedlung in Milet zugeschrieben.[133] Die Lykier wie auch die Karer von Kaunos sollen von Kreta gekommen sein.[134]

In diesen Überlieferungen stellt Kreta den Brennpunkt dar. Es findet sich kein Hinweis für eine in umgekehrter Richtung verlaufende Bewegung von Anatolien nach Kreta. Aber ihre Version blieb nicht unbestritten. Die Karer behaupteten, ihre Vorfahren wären vom anatolischen Festland aus auf die Inseln der Ägäis gelangt. Zum Beweis wiesen sie auf ihre Verwandtschaft mit den Lydern hin, die ihrerseits *keine* Verbindung zu den Inseln hatten.[135]

Daß die minoische Kultur in gewissem Sinne matriarchalisch war, ist allgemein anerkannt. Eine der wenigen Tatsachen, die die Griechen abgesehen von Sagen dafür anführten, war, daß „es für die Frauen Kretas üblich gewesen sei, in der Öffentlichkeit aufzutreten".[136] Dieser Brauch machte auf sie starken Eindruck, da er mit ihren eigenen Gepflogenheiten in Widerspruch stand. Diese Frauen traten aber nicht nur in der Öffentlichkeit auf. Wir erblicken sie auch auf den von Evans ausgegrabenen Fresken, Gemmen und Siegeln, wo sie als eifrige Boxer, Stierspringer, Akrobaten, Wagenlenker und Jäger erscheinen.[137] Sie stellten sogar Tonkrüge her.[138] In Griechenland hören wir nie im Alltagsleben von weiblichen Töpfern, und selbst in der Religion sind nur schwache Spuren erhalten, wie die Verehrung der Athene als Schutzherrin des Handwerks und jene merkwürdigen,

---

[129] D. G. HOGARTH in CAH, Bd. 2, S. 555, FRÖDIN und PERSSON, Asine, S. 432. Fast sämtliche Beispiele für den Ortsnamen Minoa finden sich im karo-lelegischen Gebiet: Amorgos (NICOL. DAM. 47, ANDROT. 19), Paros (NIKAN. 6), Delos (A. J. EVANS, The Palace of Minos, Bd. 3, S. 74), Lakonien (STRAB. 8,6,1), Nisaia (STRAB. 9,1,4).
[130] HALL, The Civilisation of Greece etc., S. 25—27.
[131] Zu anderen Verbindungen mit Anatolien siehe PENDLEBURY, The Archæology of Crete, S. 42.
[132] HEROD. 1,173.
[133] APOLLOD. 3,2,1, EPHOR. 32.
[134] HEROD. 1,172—173.
[135] HEROD. 1,171,5—6.
[136] PLUT. Thes. 19.
[137] GLOTZ, La civilisation égéenne, S. 167.
[138] EVANS, The Palace of Minos, Bd. 1, S. 124—125.

aus Gold verfertigten Frauen, die Hephaistos in seiner Schmiede beschäftigte.[139] Und doch läßt der Vergleich des Beweismaterials keinen Zweifel, daß die Kunst, Lehm zu formen, von Frauen erfunden ist.[140] Diese minoischen *potières* bildeten das Bindeglied zwischen der griechischen Zivilisation und der primitiven Praxis.

Die minoischen Erbvorschriften werden nicht eher bekannt sein, als bis die Inschriften gedeutet sind. Es ist aber unwahrscheinlich, daß sie von denen, die wir in Lykien und in anderen Teilen des Nahen Ostens angetroffen haben, grundverschieden gewesen sein sollen.[141] Das Material, das uns die Religion bietet und das verhältnismäßig vollständig ist, soll in Kapitel VII untersucht werden.

6. Die Hethiter

Wir haben unseren Rundgang um die Ägäis abgeschlossen und auf allen Seiten Spuren des Matriarchats angetroffen. Doch ein Volk beansprucht noch unsere Aufmerksamkeit.

Man nimmt an, daß die Hethiter vom Kaukasus her nach Anatolien gekommen seien.[142] Sie waren ein Mischvolk, das Viehzucht trieb und sehr kriegslustig war.[143] Der Gebrauch des Eisens war ihnen wenigstens seit dem dreizehnten Jahrhundert v. d. Z. bekannt.[144] Eine ihrer Sprachen war indogermanisch. Ihre Hauptstadt war Chattuschasch (das heutige Boghasköi) in Nordwest-Kappadokien.[145] Sie errichteten ein ausgedehntes Reich, das ganz Kappadokien, einen Großteil von Syrien und einige Bezirke im mittleren Anatolien umfaßte. Weiter westlich fand man hethitische Baudenkmäler in der lydischen Hauptstadt Sardeis, auf den Höhen von Sipylos und das Tal des Hermos entlang bis hinab ans Meer.[146] Man hat vermutet, daß die Atyadai, die erste lydische Dynastie, hethitische Oberherren gehabt haben.[147] Myrsilos, der letzte der Herakleidai, trug denselben Namen wie Mursilis, der um 1350 v. d. Z. König der Hethiter wurde.[148] Die dritte lydische Dynastie, die Mermnadai, kam aus dem Land der Leukosyroi oder „Weißen Syrer" und könnte hethitisch gewesen sein.[149] Ferner scheint der Ahnherr der Etrusker, Tarchon oder Tarquinius, nach dem hethitischen Kriegsgott Tarkhun benannt worden zu sein.[150]

---

[139] HOM. Epigr. 14, Il. 18, 417—421.
[140] BRIFFAULT, a. a. O., Bd. 1, S. 466—477, MASON, Woman's Share in Primitive Culture, S. 91—113.
[141] In griechischer Zeit war in Gortyn der Sohn einer Freigeborenen und eines Sklaven selbst frei, wenn er im Hause der Mutter zur Welt gekommen war: Leg. Gort. 7,1, vgl. S. 69.
[142] CAVAIGNAC, Le problème hittite, S. 14—15.
[143] Ebd., S. 5, 42.
[144] Ebd., S. 4, HALL, The Civilisation etc., S. 253, vgl. STRAB. 12,3,19, AISCH. Prom. 740—741.
[145] CAVAIGNAC, a. a. O., S. 1—2.
[146] D. G. HOGARTH in CAH, Bd. 2, S. 264. 548, vgl. GARSTANG, The Hittite Empire, S. 18, LETHABY, „The Earlier Temple of Artemis at Ephesus", JHS 37, 1917, 13.
[147] GARSTANG, a. a. O., S. 18.   [148] HEROD. 1,17; HOGARTH in CAH, Bd. 2, S. 264.
[149] NICOL. DAM. 49, APOLLOD. 2,5,9; GARSTANG, a. a. O., S. 171.
[150] KRETSCHMER, „Die Stellung der lykischen Sprache", Gl 28, 1939, 104. 112—114, BLÜMEL, „Homerisch ταρχύω", Gl 15, 1926, 78—84.: lykisch *tarχu, „stark sein", griech. ταρχύω, hethit. *tarhh-*, „mächtig sein" (STURTEVANT, Hittite Glossary, S. 153). Unter den in hethitischen Dokumenten auftretenden Eigennamen finden sich Tarkundaraba, Tarkulara, Tarkunazi, Tarkumuva, vgl. STRAB. 14,5,18. Tarkondimotos (Kilikien): LAROCHE, „Recherches sur les noms des dieux hittites", RHA 7, 46, 1946—1947, S. 89.

Einige dieser Gleichungen stellen reine Vermutungen dar, im wesentlichen besteht aber Einmütigkeit. Auf der Höhe ihrer Macht erstreckte sich der Einfluß der Hethiter die Wasserstraßen des Hermos und des Maiandros hinab bis zum Ägäischen Meer.

Die ersten hethitischen Könige waren patriarchalisch und polygam. Dabei verlief die Erbfolge vom Vater auf den Sohn. In den Tagen ihrer Größe aber entdecken wir die Königin und die Königinmutter in einflußreicher Stellung. Die letztere erscheint in enger Verbindung mit dem König bei seinen Amtshandlungen.[151] Danach ist es möglich, daß ihre angestammten Einrichtungen unter anatolischem Einfluß verändert wurden. Genauso verhält es sich mit ihrer Religion. Sie übernahmen aus Babylonien die Göttin Ischtar, von den Mitanni die Göttin Hepat und deren Gemahl Teschub.[152] Unter den Felsreliefs in Chattuschasch befindet sich die Skulptur einer Kriegerin, einer Göttin oder Priesterin, in der wir vielleicht die Urform der Amazonen erkennen dürfen.[153]

7. Die Amazonensage

Die Sage von den Amazonen hat die Griechen derart bezaubert, daß sie sie überallhin verbreiteten. Sie wuchs daher zugleich mit ihrer räumlichen Ausdehnung, bis schließlich die ganze Welt mit diesen romantischen Gestalten bevölkert war, während der Ursprung der Sage in Vergessenheit geriet.

Nach der herrschenden Überlieferung befand sich ihre Heimat an der Nordküste Anatoliens oder noch weiter östlich im Kaukasus. Herodot berichtet, wie sie nach ihrer Niederlage und Gefangennahme durch die Griechen ihre Sieger übermannten und auf dem Seewege zur Krim entkamen, wo sie sich mit den Skythen anfreundeten.[154] Bei späteren Schiftstellern sind sie noch weiter herumgekommen. Nach Diodor stammten sie aus Libyen. Nachdem sie sich der Herrschaft über dieses Land bemächtigt hatten, zogen sie unter ihrer Königin Myrine bis an die westlichen Grenzen der Welt. Hier, im märchenhaften Atlantis, überwältigten sie die Gorgonen. Dann wandten sie sich ostwärts nach Ägypten, schlossen ein Bündnis mit Horus, dem Sohn der Isis, und kämpften sich nach Arabien und Syrien durch. Sie unterwarfen die Bergbewohner des Tauros und zogen weiter durch Anatolien, bis sie an die ägäische Küste gelangten. Hier gründeten sie mehrere Städte und benannten sie nach ihren tapfersten Führerinnen. Von da zogen sie an Lesbos und Samothrake vorbei nach Thrakien. Nachdem sie auf diese Weise die ganze Welt erobert hatten, kehrten sie im Triumphzug in ihre libysche Heimat zurück.[155]

Im ganzen ägäischen Gebiet und längs der Nordküste Anatoliens gab es lokale Denkmäler, Amazoneia genannt, und Sagen, die die Erinnerung an ihre Abenteuer

---

[151] CAVAIGNAC, a. a. O., S. 52, 72, 85.   [152] Ebenda, S. 116.
[153] Ebenda, S. 116, GARSTANG, a. a. O., S. 86—87. Das Geschlecht der Figur ist nicht genau feststellbar: GURNEY, The Hittites, S. 200—201.
[154] HEROD. 4,110—113, vgl. AISCH. Prom. 749—751, STRAB. 11,5,4—5; 12,3,14; PAUS. 1,41,7, HIPPOKR. de aër. 17.
[155] DIOD. SIC. 3,52—54.

wachhielten. Das Gebiet jedoch, in dem sie Städte gegründet haben sollen, ist genauer umschrieben. Einige dieser Städte lagen an den Gestaden der Propontis und Paphlagoniens.[156] Die übrigen befanden sich insgesamt an dem Teil der ägäischen Küste, der später unter dem Namen Aiolis und Ionia bekannt wurde. Die Namen der Städte waren: Myrine, Mytilene, Elaia, Anaia, Gryneia, Kyme, Pitane, Smyrna, Latoreia nahe bei Ephesos und schließlich Ephesos selbst, das von einer Amazone namens Smyrna regiert worden sein soll.[157]

Abb. 7. Amazone: attisches Vasenbild

Das alte Heiligtum der Artemis in Ephesos — Diana der Ephesier — wurde von Amazonen errichtet.[158] Diese Überlieferung ist durch Ausgrabungen bestätigt worden, die Gruppen von Statuen weiblicher Jäger oder Krieger zutage förderten. Es handelt sich hierbei augenscheinlich um Dienerinnen der Göttin, wie die Korai auf der Akropolis von Athen. Diese Denkmäler wurden in einer Abhandlung von Lethaby veröffentlicht, der bei den ältesten Resten deutliche Spuren hethitischen Einflusses wahrnahm. Garstang verknüpft gleich ihm die Amazonen mit einem hethitischen Kult, aus dem die Verehrung der späteren Artemis hervorgegangen sein soll. [159]

[156] Thiba (ARRIAN. frag. 58), Sinope (HEKAT. frag. 352), Nikaia (EUSTATH. ad DION. PERIEG. 828, vgl. PLUT. Thes. 26), Amastris (DEMOSTH. BITHYN. 9 = FHG 4, 385), Kynna und Myrleia = Apameia (STEPH. BYZ. s. vv.).
[157] DIOD. SIC. 3,54, ARRIAN. frag. 58, STRAB. 12,3,21. 14,1,1, SERV. ad VERG. Aen. 4,345, ATHEN. 31 d.
[158] PAUS. 7,2,7, TAC. Ann. 3,61. [159] LETHABY, a. a. O., S. 10.

Die Herkunft ihres Namens wird gemeinhin so erklärt, daß sie eine oder beide Brüste, da sie ihnen im Kampfe hinderlich waren, in der Kindheit auszubrennen pflegten. So wurden sie unter dem Namen „die Busenlosen" (*ámazoi*) bekannt.[160] Nach anderer Ansicht hatten einige Frauen aus Ephesos den naturgegebenen Beruf ihres Geschlechts aufgegeben und sich auf Kriegführung und Ackerbau geworfen. Da sie nun bei der Mahd (*amáo*, mähen) Gürtel (*zônai*) um ihre Hüften trugen, wurden sie Amazonen genannt.[161] Wir brauchen diesen Etymologien kein Gewicht beizulegen, doch enthält die zweite einen bedeutsamen Hinweis. Von den Verfechtern derselben Auffassung wurden sie nämlich mit einigen kaukasischen Stämmen gleichgesetzt, bei denen nach Strabon „den Frauen das Pflügen, Anpflanzen, Weiden und die Pferdezucht oblag".[162] Der gleiche Gedanke kehrt bei Diodor wieder, wenn er uns über ihr gesellschaftliches Leben berichtet:

> Die Amazonen waren ein Volk, das von Frauen regiert wurde und deren Lebensweise sich erheblich von der unsrigen unterschied. Die Frauen wurden für den Kampf geschult und waren deshalb für eine bestimmte Zeitdauer, während der sie Jungfrauen blieben, zum Waffendienst verpflichtet. Nach ihrer Entlassung aus dem Kriegsdienst suchten sie den Umgang mit Männern, um Kinder zu bekommen, behielten aber die Kontrolle über die öffentlichen Angelegenheiten in ihren Händen, während die Männer ein häusliches Leben wie die Frauen in unserer Gesellschaft führten.[163]

Um das Bild abzurunden, brauchen wir nur noch hinzuzufügen, daß sie nach Angabe Arrians „die Abkunft in der weiblichen Linie rechneten".[164]

Dieser Mythos entstand in seiner griechischen Gestalt als Sinnbild der matriarchalischen Institutionen einer theokratischen Ansiedlung der Hethiter in Ephesos, die der anatolischen Muttergöttin geweiht war.[165] Von hier aus verbreitete er sich über die gesamte Ägäis. In der ganzen Epoche der griechischen Kolonisation, in deren Verlauf die Hellenen in sämtliche Winkel des Mittelmeeres gelangten, dehnte sich die Sage fortwährend in dem Verhältnis aus, wie die Griechen selbst mit den noch immer mutterrechtlich organisierten Völkern, auf die sie allüberall stießen, vertraut wurden. Oder, um es anders auszudrücken: Die Amazonen begannen als Mägde der Kriegsgöttin in Chattuschasch und wurden nach und nach zu einem einheitlichen mythischen Begriff, der all die anderen matriarchalischen Gestalten, die an dem sich ständig ausdehnenden Horizont der Griechen auftauchten, in sich aufnahm, wie beispielsweise die Lyderin Omphale, die Lemnierin Hypsipyle, die Assyrerin Semiramis, die Königinnen und Königinmütter Ägyptens und Äthiopiens, die Massagetin Tomyris und die befähigten, hochbegabten Frauen zahlloser anderer primitiver Stämme Arabiens, Libyens, Italiens, Galliens und

---

[160] DIOD. SIC. 3, 52.
[161] THEMISTAG. 3 = FHG 4, 512.
[162] STRAB. 11, 5, 1.
[163] DIOD. SIC. 3, 52.
[164] ARRIAN. frag. 58; MARKWART, „Woher stammt der Name Kaukasus?" C 6, 1, 1930, S. 29.
[165] Die hethitische Muttergöttin war mit der armenischen, die die sagenhafte Semiramis inspirierte, verwandt. Als die Griechen die Heimat der Amazonen letztlich in den Kaukasus verlegten, sind sie möglicherweise einer Tradition gefolgt, nach der Artemis aus dem Kaukasus stammte. Der Ortsname Kizkal'ah, „Mädchenburg", begegnet noch immer häufig bei Anhöhen in Armenien und Aserbeidshan, auf denen sich Erdaufschüttungen befinden: C. F. LEHMANN-HAUPT in ROSCHER, a. a. O., Bd. 4, Sp. 701.

Spaniens.¹⁶⁶ Die Amazonen und die Frauen von Lemnos sind polare Ausdrucksformen des gleichen Gedankens. In der Sage von Lemnos ist die Vorstellung vom Mutterrecht auf das Niveau einer Revolte gegen den späteren gesellschaftlichen Zustand herabgedrückt worden, der, einmal errichtet, den Anspruch erhob, seit eh und je bestanden zu haben. In der Form der Amazonensage wurde sie von der Wirklichkeit losgelöst, ins Romantische umgesetzt, um ungebunden, als harmloser Einfall, auf den Schwingen des Gedankens dahinzugleiten.

8. Die Minyer

Wir müssen nun in Betracht ziehen, welchen Platz wir den ersten Trägern der griechischen Sprache in dieser mutterrechtlichen Welt zuweisen können.

Das Eindringen der neuen Sprache muß schon zu Anfang des zweiten Jahrtausends eingesetzt haben. Wenn die Einwanderer, wie von vielen angenommen wird, aus dem Donaubecken kamen, müssen sie das Tal des Axios (Vardar) hinabgezogen oder andernfalls entlang der adriatischen Küste nach Epeiros gelangt sein. In beiden Fällen würden sie von der reichen, vom Peneios und seinen Zuflüssen bewässerten Ebene angezogen worden sein. Es ist tatsächlich der Vorschlag unterbreitet worden, sie mit der neolithischen Kultur gleichzusetzen, die nach einer thessalischen Ortschaft Dimini genannt wurde.¹⁶⁷ Die Leute von Dimini waren Einwanderer aus dem Norden, die sich im östlichen Thessalien niedergelassen hatten und weiter südlich bis nach Korinth Ausläufer vorgeschickt hatten. Dort fand man Reste von ihnen, über denen solche der kykladischen Kultur (Frühhelladisch), die weiter oben erwähnt wurde (Seite 136), gelagert waren. Sie hatten befestigte Dörfer und führten einen neuen Wohnhaustyp ein, das „Megaron". Diese Gleichsetzung erfolgt natürlich nur vermutungsweise, deutet aber zumindest nach Südthessalien und Boiotien, wo sich die Wege, auf denen die ältesten Völkerwanderungen vom Norden nach Süden verliefen, derart überschneiden, daß die Forschung hier ein ergiebiges Tätigkeitsfeld gewinnen kann.

Bevor wir uns der traditionellen griechischen Genealogien bedienen, ist es nötig, so weit wie möglich ihren historischen Wert abzuschätzen. In einem Sinne sind sie natürlich, wie wir sehen werden, sämtlich Phantasieprodukte. Trotzdem dürfen sie keineswegs außer acht gelassen werden, da auch Fiktionen von Bedeutung sind. Die Söhne des Hellen — Aiolos, Doros und Xuthos, der Vater des Ion — sind in dem Sinne handgreifliche Produkte der Phantasie, daß es Personen dieses Namens nie gegeben hat. Sie verkörpern das nationale Selbstbewußtsein der Griechen, ihr Wissen um ihre Einheit als Griechen und um ihre Verschiedenheit

---
¹⁶⁶ Bei den Nayar von Kerala hat sich das Matriarchat bis nach dem ersten Weltkrieg erhalten, und ihre Frauen, „deren Schönheit, Selbstbewußtsein und guter Geschmack sprichwörtlich sind, stellen auch einen weit gesünderen Typ als die Mädchen der Brahmanen dar, d. h. die patriarchalisch beherrschten Frauen des gleichen Landes, ... und haben eine solche Höhe der intellektuellen und charakterlichen Bildung sowie der körperlichen Tüchtigkeit erreicht, daß sie den Männern darin gleichkommen": EHRENFELS, Mother-right in India, S. 58—59.
¹⁶⁷ HALL, The Civilisation of Greece etc., S. 248. Über die Dimini-Kultur siehe HANSEN, Early Civilisation in Thessaly, S. 22—76.

als Aioler, Dorer und Ioner. Das wiederum ist keine Phantasie, sondern eine Tatsache.

In der primitiven Gesellschaft tragen die Ältesten des Clans einen reich verästelten Stammbaum in ihren Köpfen, der alle lebenden Mitglieder und ebenso viele Verstorbene samt ihren Eheverbindungen enthält, wie es für die Übermittlung der Traditionen des Clans und die Steuerung des Verhaltens seiner Mitglieder nötig erscheint. Mit der Zeit aber büßen die Clanangehörigen der Vergangenheit ihre Individualität ein, gehen ineinander über und verlieren sich in der Allgemeinvorstellung von einem Ahnherrn des Clans. Dieser spielt anderen gleichartigen Gestalten gegenüber die Rolle eines Bruders oder Vetters, je nachdem wie sich die Clane auseinander entwickelt haben. Die Chronologie neigt dazu, per-

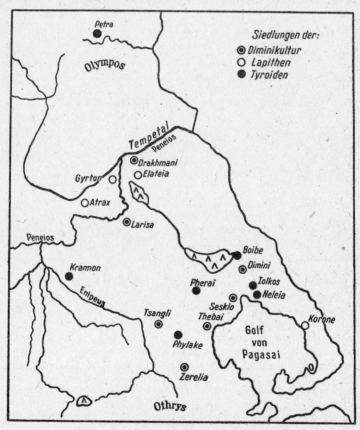

Karte IV. Die Dimini-Kultur (Thessalisch II)

spektivisch verkürzt zu werden, der Sinn für den Ursprung bleibt jedoch erhalten

Solche Traditionen behalten ihre Lebenskraft, solange die Verwandtschaftsbeziehungen den ausschlaggebenden Faktor im gesellschaftlichen Leben bilden. Wenn die Gentilgesellschaft zusammenbricht, werden sie zu einem Schema verfestigt. Mit der Entwicklung des Klassenkampfes sind sie willkürlichen Rekonstruktionen und Verzerrungen ausgesetzt. Gerade diese späteren Redaktionen bilden die Hauptquelle für das Auftreten von Irrtümern. Wo die Genealogien verhältnismäßig wenig angetastet wurden, wie bei den Skandinaviern auf Island und den Maori, sind sie auch innerhalb bestimmter Grenzen von bemerkenswerter Genauigkeit.[168] Die griechischen Stammbäume gehören jedoch einem fortgeschritteneren Stadium an. Demgemäß ist die Möglichkeit des Irrtums auch entsprechend größer. Andererseits aber bietet die aus der Autonomie der Stadtstaaten herrührende große Unterschiedlichkeit der griechischen Überlieferung das Material für eine ähnliche Analyse wie die einzelnen Lesarten bei mehreren Handschriften eines antiken Textes.

Der historische Wert einer Überlieferung wird nicht unbedingt durch die Tatsache zunichte gemacht, daß sie in verschiedenen Versionen auf uns gekommen ist. Von zwei Varianten können beide gültig sein, selbst wenn sie einander widersprechen. Butes war ein Sohn des Poseidon; doch Butes war auch ein Sohn des Pandion (Seite 92). Keine von beiden Behauptungen beruht auf Tatsachen. Die eine versinnbildlicht den letzten Ursprung der Butadai, den wir in einem anderen Kapitel untersuchen werden.[169] Die andere bringt ihre Zulassung zu den Kulten der Erechtheidai zum Ausdruck. Wir können versichert sein, daß sie sich bei der Übernahme des Kults der Athena Polias und des Erechtheus auch wirklich einer Zeremonie der Angliederung oder Adoption unterwarfen. Gemäß den Stammesvorstellungen schließt nun die Einführung eines neuen Clans eine Berichtigung der Stammbäume in sich ein. Das ist sozusagen ein formelles Verbuchen des Wiedergeburtsaktes, durch den die Vereinigung ermöglicht wurde.

Ein Wesensmerkmal der griechischen Stammbäume springt uns gleich zu Anfang ins Auge. Von dem Zeitpunkt an, da sie ins helle Licht der Geschichte eintreten, werden recht häufig Frauen erwähnt. Das rührt weitgehend daher, daß die Einzelheiten noch in frischer Erinnerung sind. Außerdem behielten die alten Familien auch unter den Bedingungen der Demokratie viel von ihrem einstigen hohen Ansehen bei. Manchmal verfolgten sie mit den Wechselheiraten auch politische Ziele. Aber in der Zeit davor, bis zur Dorischen Wanderung, glänzen die Namen der Frauen sozusagen durch Abwesenheit. Die Genealogien, die dieser Periode angehören, verfolgten hauptsächlich die Absicht, die Erbfolgelinie des Clans wegen der damit verbundenen Privilegien zu erhalten. Da nun die Abfolge in der männlichen Linie gerechnet wurde, konnte man dabei auf die Frauen verzichten. Wenn wir aber noch weiter zurückgehen, dann treffen wir auf eine größere Zahl von Frauen, als es sonst der Fall ist. Man nehme den Stammbaum der Kodri-

---

[168] CHADWICK, The Growth of Literature, Bd. 1, S. 270—276, Bd. 3, S. 242—243.
[169] Siehe S. 214—215.

dai, dem Solon und Platon angehörten.¹⁷⁰ Er erstreckt sich über zweiunddreißig Generationen, vom vierzehnten Jahrhundert bis zum vierten. In den ersten drei wird in fast jedem Falle der Name der Frau vermerkt, auch in der vierten trifft das in mehreren Fällen zu. Nach der vierten Generation findet sich aber bis in die dreißigste keine einzige Frau. Einige dieser ältesten Namen sind bloße Benennungen, denen keinerlei wirkliche Bedeutung zukommt. Sie müssen aber einst mehr dargestellt haben, sonst hätten sie sich nicht derart tief in der Tradition verwurzeln können. Die größte Schwierigkeit erwächst uns bei der Deutung dieser prähistorischen Stammbäume aus der Tatsache, daß sie, bevor sie auf uns gelangten, in einer Periode weitergereicht wurden, in der der Anteil der Frau bei der Festlegung der Erbfolge und der Abkunft nicht mehr verstanden wurde.

Die Stadt Orchomenos, zum Unterschied von anderen Städten gleichen Namens das minysche genannt, lag etwas nördlich von der Mündung des Kephisos in den Kopais-See.¹⁷¹ Sie ist der nördlichste Punkt, an dem die minoische Kultur fest verankert war. Seit ältester Zeit lag Orchomenos mit Theben, einem anderen Zentrum minoischer Kultur, wegen der Herrschaft über die Ebene von Boiotien im Streit. Ihre Rivalität dauerte bis 364 v. d. Z., als Orchomenos erobert und die Bevölkerung in die Sklaverei verkauft wurde. Dabei gingen auch ihre Überlieferungen bis auf wenige Reste unter. Die Thebaner hatten triumphiert. Dennoch vermochten sie nicht, die Erinnerung an die Zeit auszulöschen, da ihre Stadt von Königen aus Orchomenos regiert oder sogar gegründet worden war.¹⁷²

Der erste König von Orchomenos war Andreus, ein Sohn des Peneios. Während seiner Regierungszeit erhielt ein Neuankömmling, Athamas, auf dem Berge Laphystion und am Ufer des Sees in Koroneia und Haliartos Land zugewiesen. Andreus heiratete eine Enkelin des Athamas. Sein Sohn Eteokles folgte ihm auf dem Thron.¹⁷³ Während dessen Regierungszeit wanderte ein Sohn des Sisyphos, Almos, in das Land ein und gründete ein Dorf, das nach ihm Almones benannt wurde. Auf Almos folgte der Sohn seiner Tochter, Phlegyas mit Namen. Auf diesen folgte Chryses, Sohn der Schwester seiner Mutter. Die Phlegyai waren ein kriegerisches Volk, das das Land bis nach Delphi hin verwüstete. Sie wurden schließlich vom Blitz und durch Erdbeben vernichtet.

Dann folgte eine neue Dynastie, die von Minyas gegründet wurde. Er war ein Sohn des Poseidon und besaß märchenhafte Reichtümer, die er in unterirdischen Schatzkammern hortete.¹⁷⁴ Sein Sohn hieß Orchomenos. Klymenos war der nächste König, ein Urenkel des Athamas. Dessen Sohn Erginos war es, der Theben eroberte. Trophonios und Agamedes, die Söhne des Erginos, waren berühmte Baumeister und errichteten Altäre und Schatzhäuser. Die Königswürde ging dann

---

¹⁷⁰ Der Stammbaum ist bei PETERSEN, Quaestiones de historia gentium Atticarum, S. 94, aufgeführt.
¹⁷¹ Diese Darstellung der Dynastien von Orchomenos stammt aus PAUS. 9,34—37; die Hauptvarianten werden in den Fußnoten angeführt.
¹⁷² APOLLOD. 2,4,11, DIOD. SIC. 4,10,3—5, PAUS. 9,37; Od. 11,263—265.
¹⁷³ Eteokles wird auch als Vater des Minyas und Orchomenos bezeichnet: Schol. PIND. Isth. 1,79.
¹⁷⁴ Minyas wird abwechselnd als Sohn Poseidons und einer Tochter entweder des Aiolos (Schol. PIND. Pyth. 4,120) oder des Okeanos (Schol. PIND. Ol. 14,5) oder des Boiotos (Schol. APOLLON. RHOD. 1,230) oder des Hyperphas (Schol. Od. 11,326) oder als Sohn von Orchomenos, Eteokles, Aleos oder Ares (Schol. PIND. Isth. 1,79) bezeichnet.

auf Askalaphos und Ialmenos über, die dem Ares von der Urenkelin des Klymenos geboren worden waren. Sie führten das Kontingent von Orchomenos in den Trojanischen Krieg.

Diese Stammbäume sind verworren, unzusammenhängend und widerspruchsvoll. Sie stellen die von Antiquaren unternommenen Versuche dar, die nur in Splittern erhaltene lokale Überlieferung mit der homerischen Dichtung und anderen literarischen Quellen in Übereinstimmung zu bringen. Trotzdem ist es möglich, sie zu entwirren und den roten Faden aufzufinden.

Den Namen Peneios, des Vaters des ersten Königs, trägt auch der Fluß, der durch die thessalische Ebene fließt. Almos, der Eponym von Almones, hinterließ seinen Namen auch in einem Dorf Thessaliens, das unter verschiedenen Namen als Almos, Salmon, Halmonia und Salmonia bekannt wurde.[175] Es lag nahe dem thessalischen Orchomenos (dem späteren Krannon), das einstmals, wie wir erfahren, Minyeios genannt worden war.[176] Sisyphos, der Vater des Almos, war in Korinth beheimatet, aber Aiolos, der Vater des Sisyphos, stammte aus Thessalien.[177]

Tabelle IX
Die Könige von Orchomenos

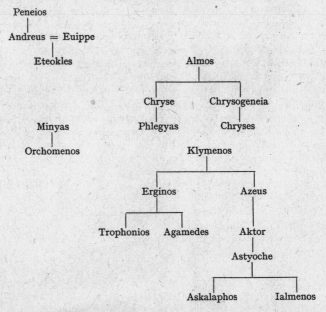

---

[175] PLIN. nat. hist. 4,29, STEPH. BYZ. Μινύα, HELLAN. 27.
[176] PLIN. nat. hist. 4,29.
[177] APOLLOD. 1,9,3. 1,7,3. Sisyphos selbst wird als aus Thessalien stammend bezeichnet: siehe unten Anm. 223.

So viel über die Variänten. Phlegyas erscheint an anderer Stelle als Sohn des Antion. Dieser war aber ein Enkel von Lapithes, des Eponymen eines thessalischen Stammes.[178] Einer seiner Brüder war Gyrton. Diesen Namen trug eine Stadt in Nordostthessalien oberhalb des Tempetals.[179]

Ein anderer Sohn des Peneios war Atrax. So hieß eine Stadt weiter oben im Tal.[180] Kaineus, Enkel des Atrax, war ein berühmter Anführer der Lapithen.[181] Sein Vater war Elatos, der Eponym von Elateia, das im selben Tal unterhalb von Gyrton liegt.[182]

Mögen sich diese Überlieferungen auch im einzelnen widersprechen, so stimmen sie doch in dem Hinweis überein, daß Orchomenos einst von einigen Zweigen der Lapithen, die über Nordost-Thessalien nach Boiotien kamen, gegründet worden ist. Noch mehr: Ihre thessalische Heimat, die durch die Eponymen umrissen wird, fällt mit dem Gebiet des heutigen Drakhmani zusammen. Dort fand man auch reichliche Überreste der Dimini-Kultur.[183] Es ist deshalb möglich, daß sich die neolithische Kultur des Bezirks von Drakhmani mit den Lapithai der griechischen Überlieferung deckt.

Tabelle X

Die Lapithen

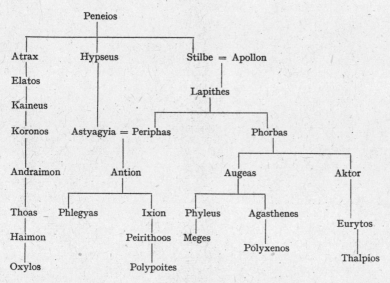

[178] Phlegyas war ein Bruder des Ixion (STRAB. 9,5,21), der Sohn des Antion (AISCH. frag. 89), des Periphas oder des Lapithes (DIOD. SIC. 4,69). Auch aus den übrigen Varianten geht seine Zugehörigkeit zu den Lapithen hervor.
[179] STEPH. BYZ. Γύρτων. [180] STEPH. BYZ. Ἄτραξ.
[181] ANTONIN. LIBER. 17. [182] DIKAIARCH. HIST. 30.
[183] HANSEN, Early Civilisation in Thessaly, S. 26—28, 33—37, 43—44, 50—55, 78—113, 182—184.

Aiolos erscheint in der Dichtung Homers als Vater des Sisyphos und des Kretheus.[184] Hesiod beansprucht die gleiche Vaterschaft für Athamas, Salmoneus und Perieres.[185] Spätere Schriftsteller dehnen sie noch weiter aus. Wie Doros und Ion, die uns bei Homer nicht begegnen, stellt auch Aiolos eine verhältnismäßig späte Erfindung dar. Er versinnbildlicht einen der drei Zweige, in die sich die Griechen geteilt hatten, als sie sich in ihrer neuen Heimat niederließen. Deshalb kann man in bezug auf die älteste Geschichte der Stämme und der mit diesen verbundenen Clane mit ihm nichts anfangen. Trotzdem ist die Tatsache von Bedeutung, daß er thessalischen Ursprungs gewesen sein soll. Außerdem sind zumindest zwei seiner Söhne, Sisyphos und Kretheus, unabhängig von ihm mit dem gleichen Gebiet verbunden. Wie wir gesehen haben, trägt Almos, der Sohn des Sisyphos, einen thessalischen Namen. Sisyphos selbst herrschte in Ephyra, in dem man Korinth wiedererkannt hat. Es gibt aber noch ein zweites Ephyra in Elis und ein drittes in Thessalien.[186] Das könnte besagen, daß sich Einwanderer aus Thessalien in Korinth und Elis niedergelassen haben. Wir werden sehen, daß das auch der Fall war. Man wird sich erinnern, daß Sisyphos der Großvater des Bellerophon gewesen ist, von dem wiederum die ionischen Könige abstammten. Wie ich weiter oben dargelegt habe, liegt hierin ein Hinweis, daß sein Geschlecht griechisch sprach (Seite 127). Kretheus war der Gründer von Iolkos, das an der Nordseite des Meerbusens von Pagasai lag.[187] Seine Gattin war Tyro. Sie gebar ihm drei Söhne: Aison, Pheres und Amythaon.[188] Aison vertritt Aisonis, eine andere Ansiedlung an diesem Golf. Pheres gründete Pherai im gleichen Gebiet.[189] Aisons Sohn war Iason, der Führer der Argonauten. Er stach von Iolkos aus in See.[190] Ich habe schon auf seinen Aufenthalt auf Lemnos hingewiesen, wo er den Stammherrn der Euneidai, Euneos, zeugte (Seite 134). Amythaon, der dritte Sohn des Kretheus und der Tyro, wurde der Vater von Melampus und Bias. Diese zogen zum Peloponnes, wo Melampus eine Tochter des Proitos zur Frau nahm. Proitos war der König von Argos, der Bellerophon gastlich aufgenommen hatte.[191] In Elis gab es einen Bach namens Minyeios, in dem Melampus die Töchter des Proitos reinigte, nachdem sie von Dionysos zum Wahnsinn getrieben worden waren.[192] Aus ihm entsprang der Priesterclan der Klytidai, der die Aufsicht über die Olympischen Spiele hatte.[193]

[184] Il. 6, 152—154, Od. 11,235—237.
[185] HESIOD. fr. 7.
[186] Il. 6,152—153, APOLLOD. 1,9,3, STRAB. 7,7,10; 8,3,5. Das thessalische Ephyra hieß später Krannon (STRAB. 8,3,5; 9,5,21). Nahe Dodona befand sich ein vierter Ort dieses Namens, eine thessalische Gründung (PIND. Nem. 7,37, STRAB. 7,7,5). Ein fünftes Ephyra lag in Aitolien (STRAB. 8,3,5), wo es eine Kolonie der Lapithen gab, deren Repräsentant bei HOMER Thoas heißt (Il. 2,638; siehe Tabelle X).
[187] APOLLOD. 1,9,11.   [188] Od. 11,235—239.
[189] PHEREK. 58, APOLLOD. 1,9,14.
[190] APOLLOD. 1,9,16.
[191] APOLLOD. 1,9,11. 2,2,2.
[192] Il. 11,722, PAUS. 5,5,7. 5,6,3.
[193] PAUS. 6,17,6. Weitere Nachkommen des Melampus und des Bias kann man in Megara, Messenien und Akarnanien nachweisen (PAUS. 1,43,5. 4,34,4, HEROD. 7,221). In Mantineia gab es ein Heiligtum des Poseidon Hippios, das von Trophonios und Agamedes errichtet wurde (PAUS. 8,10,2), ferner Grabstätten der Töchter des Pelias (PAUS. 8,11,2). Diese Kulte gehörten sicherlich den Tyroidai oder Lapithai an.

Bisher haben wir, abgesehen von der Beziehung zu Aiolos, die wir außer acht lassen wollten, noch keine direkte Verbindung zwischen Sisyphos und Kretheus hergestellt. Hier müssen wir aber noch eine Kleinigkeit beachten. Sisyphos soll mit Tyro Kinder gehabt haben, die sie bei der Geburt getötet haben soll.[194] Das sieht wie eine Erinnerung an eine alte Verbindung zwischen Sisyphos und Tyro aus, die von der korinthischen Tradition unterdrückt worden ist.

Tyro war auch in Elis ansässig. Dort erscheint sie als Tochter des Salmoneus, des Eponyms von Salmone im Norden von Olympia.[195] Dort verliebte sie sich in den Flußgott Enipeus. Entweder ihm oder dem in Gestalt des Enipeus auftretenden Poseidon gebar sie nun Zwillingssöhne, Pelias und Neleus mit Namen.[196] Pelias „wohnte in Thessalien", wo er Alkestis zeugte. Neleus zog südwärts nach dem messenischen Pylos, wo wir in der *Odyssee* seinem Sohn Nestor begegnen.[197] Als die Dorer in den Peloponnes einbrachen, flohen diese Neleidai von Pylos nach Attika und gründeten dort einige der berühmtesten Clane von Athen: die Alkmaionidai, Peisistratidai, Paionidai und die Kodridai.[198] Die Kodridai leiteten die Auswanderung nach Ionien und wurden dort in verschiedenen Städten, wie schon ihre entfernten Verwandten, die Nachkommen Bellerophons aus Lykien, als Könige eingesetzt.[199]

Diese Überlieferung ist in verschiedener Hinsicht von Bedeutung. Erstens ist kaum anzunehmen, daß eine Reihe von Wanderbewegungen, die derart große Gebiete und Zeiträume umfaßte, nicht ein Teil der großen Wanderung gewesen sein soll, durch die sich die griechische Sprache in ihrem angestammten Gebiet herausbildete. Die Vermutung liegt äußerst nahe, daß das Geschlecht des Kretheus wie das des Sisyphos griechisch gesprochen hat.

Zweitens ist der Name des Wohnsitzes, den Salmoneus in Elis innehatte, nur eine Nebenform für das thessalische Almos.[200] Der Fluß Enipeus, in dessen Gott sich Tyro verliebt hatte, erscheint in Thessalien als Nebenfluß des Peneios.[201] Der Bach Minyeios erinnert an das minysche Orchomenos und das thessalische Orchomenos oder Minyeios. Umgekehrt gab es in Elis einen Fluß namens Peneios.[202] Ferner ist die Erzählung, nach der Bias, ehe er die liebliche Tochter des Neleus heiraten konnte, das Vieh von Phylakes Auen wegzuführen ausgesandt wurde, offensichtlich von Thessalien übernommen worden, da Phylake zwischen dem Meerbusen von Pagasai und dem thessalischen Enipeus liegt.[203]

---

[194] HYGIN. fab. 60; 239. Neleus soll insgeheim in Korinth bestattet worden sein: PAUS. 2,2,2.
[195] APOLLOD. 1,9,7—8, STRAB. 8,3,32.
[196] Od. 11,235—259.
[197] Od. 11,281—286, APOLLOD. 1,9,9, PAUS. 4,2,5. Daß das messenische, nicht das triphylische Pylos der Wohnsitz Nestors gewesen ist, wurde vor nicht allzulanger Zeit durch Ausgrabungen bestätigt: BLEGEN und KOURONIOTIS, „Excavations at Pylos, 1939", AJA 43, 1939, 557—576.
[198] HEROD. 5,65,4, PAUS. 2,18,8. Einige Nachkommen der Neleidai wohnten nach wie vor in Messenien: STRAB. 8,4,1.
[199] HEROD. 1,147. 9,97. HERODOT beschreibt die Kodridai als Kaukones. Daraus entnehme ich, daß zu ihren Anhängern auch Kaukones aus Pylos gehörten.
[200] Siehe oben Anm. 175.
[201] STRAB. 8,3,32. 9,5,6, vgl. APOLLOD. 1,9,8.
[202] STRAB. 8,3,2. 5.
[203] Od. 11,287—297, APOLLOD. 1,9,12, STRAB. 9,5,8. 9,5,14.

Dann bleibt noch Tyro selber übrig. Tochter des Salmoneus in Elis und Gattin des Kretheus in Thessalien, stellt ihr Name die Verbindung zwischen den beiden Zweigen des Geschlechts her. Sie ist die gemeinsame Ahnherrin, die erste Mutter des Clans. Könnte es sein, daß Salmoneus und Kretheus an die Spitze des Stammbaumes gesetzt wurden, um die Überlieferung einer mutterrechtlichen Abstammung an die Vorstellung einer späteren Zeit anzupassen? Behalten wir diese Möglichkeit im Auge und wenden wir uns den Minyai zu.

Die Minyai, die Bewohner des minyschen Orchomenos, waren nach Minyas benannt, der die Stadt neu gegründet hatte. Er scheint aus dem thessalischen Orchomenos, dem früheren Minyeios, gekommen zu sein. Obgleich er aus Thessalien stammte, hat er keine Verbindung zu den Lapithai oder Tyroidai. Er bezeichnet das Eindringen eines neuen Elementes. Den Schlüssel dazu müssen wir bei der Archäologie suchen.

Kurz nach 2000 v. d. Z. wurde Orchomenos von einem Volk zerstört und wiederbesiedelt, das eine bestimmte Art von Töpferei pflegte, die als „minysche Topfware" bekannt ist. Diesen Namen verlieh ihr Schliemann, und vielleicht ist er treffender, als er vermuten konnte. Keramische Erzeugnisse dieser Art fand man in Thessalien, Makedonien und Troia. Sekundäre Ausstrahlungen erfolgten bis nach Mittel- und Südgriechenland, wo sie über dem Frühhelladischen liegen (Seite 136—137). Vor vielen Jahren hatte Forsdyke den Schluß gezogen, daß sie von Troia kommend nach Griechenland gelangt sei. Heurtleys kürzlich erfolgte Ausgrabungen in Makedonien unterstützen diese Ansicht.[204] Heurtley nahm an, sie sei in Thessalien und Mittelgriechenland von Einwanderern aus Nordwestanatolien entwickelt worden, die über Makedonien gekommen waren. Ferner behauptete er, sie und die frühhelladische Kultur hätten einen gemeinsamen Ursprung „irgendwo östlich von Troia" genommen. Mit dem erforderlichen Vorbehalt möchte ich den Schluß ziehen, daß, ebenso wie das Frühhelladische ein Erzeugnis der Karer und Leleger gewesen ist (Seite 136—137), Heurtleys Einwanderer die Pelasger waren.

Unter den Minyai wurde Orchomenos in den Gesichtskreis des minoischen Kreta gezogen. Das ist der Zeitraum, auf den wir die künstlerischen Leistungen des Trophonios und Agamedes und die die Töchter des Minyas betreffenden Überlieferungen beziehen können. Sie sind von besonderem Interesse, weil sie auf enge Verbindungen mit den Tyroidai hindeuten.

Minyas hatte eine Anzahl Töchter. Sie hießen Klymene, Periklymene, Eteoklymene und Phersephone.[205] Da Klymenos ein Beiname des Hades war und Persephone dessen Königin, deuten diese Namen auf einen minoischen Palastkult der Demeter-Persephone hin, der dem von Kadmos in Theben begründeten entspricht (Seite 90).[206]

---

[204] FORSDYKE, „The Pottery called Minyan Ware", JHS 34, 1914, 126—156, HEURTLEY, Prehistoric Macedonia S. 118—123.
[205] Schol. APOLLON. RHOD. 1,230, PHEREK. 56.
[206] LASOS ap. ATHEN. 642e = DIEHL, Anthologia Lyrica Graeca, Bd. 2, S. 60, KALLIM. fr. 139 Mair, vgl. PAUS. 2,35,4; siehe ferner SMYTH, Greek Melic Poets, S. 300.

Tabelle XI
Minyas und Tyro

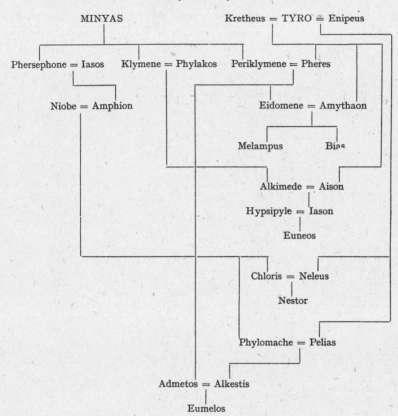

Phersephone war die Mutter des Amphion, der zwei Töchter mit Namen Chloris und Phylomache hatte.[207] Diese heirateten Neleus und Pelias, Tyros und Enipeus' Söhne.[208] Periklymene heiratete Pheres, einen der Söhne der Tyro und des Kretheus. Sie hatten zwei Kinder: Admetos und Eidomene.[209] Admetos heiratete Alkestis, die Tochter des Pelias und der Phylomache. Eidomene heiratete Amy-

---

[207] PHEREK. 56. Amphion wird auch als Sohn der Antiope, der Enkelin des Hyrieus, bezeichnet. Das weist auf Hyria unterhalb des Kithairon hin: APOLLOD. 3,5,5.

[208] Od. 11,281—282, APOLLOD. 1,9,10. Neleus soll sowohl über Orchomenos als auch über Pylos geherrscht haben (PHEREK. 56), wahrscheinlich infolge seiner Ehe mit Chloris. Die Gattin des Pelias heißt an einer Stelle auch Anaxibia, Tochter des Bias (APOLLOD. 1,9,10).

[209] APOLLON. RHOD. 1,230—233 u. schol., APOLLOD. 1,9,14.

thaon, den zweiten Sohn der Tyro und des Kretheus, und gebar ihm zwei Söhne, Melampus und Bias.[210] Klymene heiratete Phylakos, und beider Tochter Alkimede wurde die Frau des Aisón, Tyros und Kretheus' dritten Sohnes, und brachte Iason zur Welt.[211] All das klingt ganz wie die Überlieferung zweier verschwägerter Clane.

Die Minyai waren eigentlich die Bewohner von Orchomenos. Aber Iason und die Argonauten werden ebenfalls als Minyai bezeichnet. Warum sind wohl die Einwohner von Iolkos mit diesem Namen belegt worden? Die eine Erklärung, die in der Antike geboten wurde, besagte, daß Minyai von Orchomenos sich in Iolkos angesiedelt hatten.[212] Das ist sehr wahrscheinlich, da der Südosten Thessaliens recht zahlreiche mykenische (späthelladische) Überreste gezeitigt hat. Sie sind dürftiger als die aus Boiotien und wurden aus dieser Richtung eingeführt.[213] Eine andere Erklärung liefert Apollonios, der gelehrte Verfasser der *Argonautika*. Nach ihm hatten die Minyai von Iolkos ihren Namen von ihren Anführern, die von den Töchtern des Minyas abstammen sollen.[214] Mit anderen Worten: Die Nachkommen der Tyro, die sich rund um den pagasaiischen Golf niedergelassen und sich mit der Dynastie von Orchomenos verschwägert hatten, gehörten in weiblicher Linie den Minyai an.

Wir gelangen zur gleichen Schlußfolgerung, wenn wir das Problem von einer anderen Seite her angehen.

Auf dem boiotischen Agriania-Fest verfolgte ein Priester des Dionysos mit gezogenem Schwert eine Schar von Frauen. Gelang es ihm, die letzte einzufangen, so durfte er sie töten. Der Mythos, der dazu die Erklärung bietet, bezieht sich auf die Töchter des Minyas. Als sie sich weigerten, in die Mysterien des Dionysos eingeweiht zu werden, wurden sie von einem wahnsinnigen Verlangen nach Menschenfleisch ergriffen. Sie ließen das Los entscheiden. Die Schwester, auf die das Los fiel, gab ihr eigenes Kind her, damit es in Stücke gerissen und verzehrt würde. Darauf wurden sie wahnsinnig, irrten im Gebirge umher und nährten sich von Efeu, Eibenlaub und Lorbeer.[215] Die letztgenannte Einzelheit steht mit einem anderen Merkmal des Festes in Orchomenos in Übereinstimmung. „Die Frauen", berichtet uns Plutarch, „fallen in ihrer Wut über den Efeu her, reißen ihn in Stücke und verschlingen ihn".[216]

Dieses Ritual gehört zu einem wohlbekannten Typus. Es wird ein Mensch aus der Ansiedlung getrieben und in der Umgebung als Sündenbock für die Gemeinschaft geopfert.[217] Die *pompai* oder Prozessionen in der griechischen Religion, bei denen das Götterbild aus der Stadt hinausgeleitet und nach Vollzug eines Opfers wieder zurückgebracht wurde, waren Riten des gleichen Musters.[218]

[210] APOLLOD. 1,9,10—11.
[211] APOLLON. RHOD. 1,45—47. 230—233. Es bestanden noch mehrere andere Fassungen der die Herkunft Iasons betreffenden Sage: ROSCHER, Lexikon etc., Bd. 1, Sp. 197.
[212] STRAB. 9,2,40.   [213] HANSEN, a. a. O., S. 107.
[214] APOLLON. RHOD. 1,229—232.
[215] PLUT. Mor. 299e, ANTONIN. LIBER. 10.
[216] PLUT. Mor. 219a.
[217] FRAZER, The Golden Bough, Bd. 6: The Scapegoat.
[218] G. THOMSON, Aischylos und Athen, S. 175—176.

Die Agriania wurden auch in Argos gefeiert. Dort waren sie mit den Töchtern des Proitos verknüpft. Als Dionysos nach Argos kam, weigerten sich die Frauen, eingeweiht zu werden. Der Gott strafte sie mit Wahnsinn, worauf sie die Säuglinge an ihrer Brust erwürgten und hinunterschlangen. Die Töchter des Proitos insbesondere streiften, von Raserei befallen, über den ganzen Peloponnes. Sie wurden von Melampus verfolgt, der eine Schar junger Männer anführte, die einen ekstatischen Tanz vollführten. Während der Verfolgung starb eine der Frauen. Es wird zwar nicht gesagt, daß sie von Melampus getötet wurde, doch hört es sich so an. Schließlich erreichten die Überlebenden den Fluß Minyeios in der Nähe Olympias. Dort unterzog sie Melampus einem Reinigungsritus und nahm eine von ihnen zur Frau.[219]

Aus der Übereinstimmung beider Mythen geht klar hervor, daß den argeiischen Agriania das gleiche Ritual zugrunde lag wie den boiotischen.[220] Wir dürfen den Schluß ziehen, daß das Fest durch einen Zweig der Tyroidai in den Peloponnes eingeführt wurde. Dieser Zweig wird in den Genealogien durch Melampus vertreten, der den Ritus von den Minyai von Orchomenos in der weiblichen Linie ererbt hatte.

Auch die Euneidai von Attika, die von Iason abstammten, besaßen einen Dionysoskult, der mit Dionysos Kittos, dem Efeu-Dionysos, verknüpft war. Er zeichnete sich durch Flötenspiel und Tanz aus. Eines der Privilegien des Clans bestand in der Aufsicht über die staatlichen Prozessionen (*pompai*).[221] Das scheint gleichfalls auf Orchomenos zurückzugehen, wo die Vorfahren der Euneidai den Kult als Minyai in der weiblichen Linie erworben haben.

Waren diese Minyai nun Griechen? Nilsson nimmt an, sie seien ionische Griechen.[222] Ich glaube aber, man muß hier eine Unterscheidung treffen. Obgleich sich die Minyai mit den Tyroidai durch Wechselheiraten verbinden, gibt es keine gemeinsamen Ahnherren. Deshalb würde ich es vorziehen, die Minyai von Orchomenos nicht als griechisch anzusehen, sondern, wie ich schon vorschlug, als pelasgisch. Doch die Minyai von Iolkos sind davon zu unterscheiden. Wenn das Geschlecht der Tyro griechisch war, dann waren diese Leute — minoisierte Griechen. Aber ich würde es vermeiden, sie Ioner zu nennen, da die Annahme, das Ionische habe in dieser frühen Periode als selbständiger Dialekt schon bestanden, auf schwachen Füßen steht. Es ist viel wahrscheinlicher, daß aus ihrer Sprache später das Ionische und das Aiolische hervorgegangen sind. Das würde erklären, warum sie selbst stets als Nachkommen des Aiolos galten, während ihre Nachkommen in Attika und Ionien als Abkömmlinge von Ion bezeichnet wurden.

Es ist reizvoll, noch einen Schritt weiter zu gehen. Ich hatte angenommen, daß die Lapithai Nordthessaliens — Atrax, Gyrton und Elatos — in Verbindung mit

---

[219] APOLLOD. 2,2,2, HEROD. 9,34, STRAB. 8,3,19, DIOD. SIC. 4,68, PAUS. 2,18,4. 5,5,10. 8,18,7.
[220] Der Monatsname Agrianios (= att. Thargelion, SIG 1031, Anm. 1) erscheint in Boiotien, Sparta, Rhodos, Kos, Kalymnos und Byzanz: PATON etc., Inscriptions of Cos, S. 327—330, FARNELL, Cults of the Greek States, Bd. 5, S. 300. Diese Verbreitung stimmt mit der Hypothese überein, daß er von Boiotien aus auf den Peloponnes gelangte: siehe G. THOMSON, „The Greek Calendar", JHS 63, 1943, 56.
[221] PAUS. 1,31,6; siehe S. 89, Anm. 91.
[222] NILSSON, The Mycenæan Origin of Greek Mythology, S. 155, derselbe, Homer and Mycenæ, S. 96.

den Dimini-Siedlungen um Drakhmani gesehen werden müßten, da diese Ortschaft direkt nördlich von Elateia liegt. Außerhalb dieses Distrikts trifft man in den rings um den pagasaiischen Golf gelegenen Niederungen auf besonders reichhaltige Reste der Diminikultur. Das war die Heimat der Tyroidai. Das eigentliche Dimini liegt dicht bei dem antiken Iolkos. Weiter sieht es so aus, als seien die Tyroidai von Norden her an den Meerbusen gelangt. Denn der Gott, in den sich Tyro verliebte — der Vater von Pelias und Neleus —, wird als Poseidon Petraios bezeichnet, was sich auf das am Nordhang des Olymps gelegene Petra bezieht.[223] Waren die Lapithai und Tyroidai zwei Zweige des Dimini-Volkes? Es könnte dagegengehalten werden, daß die Lapithen in den Genealogien mit Apollon in Verbindung stehen. Das mag aber in späteren Einflüssen aus Delphi seine Ursache haben. Denn wir werden in einem der folgenden Kapitel entdecken, daß ihre Nachkommen, die Lapithai von Attika und aus dem Peloponnes mit Poseidon, besonders mit Poseidon Petraios in Verbindung gebracht werden.[224] Sollte die Dimini-Kultur überhaupt ihre Spuren in der griechischen Überlieferung zurückgelassen haben, so träfe das am ehesten auf die Lapithai und Tyroidai zu. Wenn wir diese Ansicht akzeptieren, dürfen wir behaupten, daß das die Leute waren, die die Kultur von Orchomenos in sich aufnahmen und die „minysche Ware" auf den Peloponnes brachten.

Ein Punkt muß noch geklärt werden. Unsere Schlußfolgerung lief darauf hinaus, daß diese griechischsprachigen Dörfer rund um den Golf von Pagasai im kulturellen Austausch mit der städtischen Kultur von Orchomenos gestanden hätten. Aber diese Kultur erreichte um 1400 v. d. Z. ihren Höhepunkt, während andererseits Tyro, falls wir die traditionelle Chronologie übernehmen, nicht vor 1300 angesetzt werden kann. Sie käme also viel zu spät.

Auf solche Schwierigkeiten werden wir wiederholt bei den griechischen Genealogien stoßen. In einem späteren Kapitel werde ich den Beweis antreten, daß die traditionelle Chronologie nicht in der vorliegenden Form übernommen werden kann.[225] Inzwischen möge man sich daran halten, daß unsere Einstellung zu dem chronologischen Rahmen, in dem diese Stammbäume stehen, von der Beurteilung des Gehalts der letzteren abhängig ist. Wenn wir die überlieferte Datierung der Tyro als bare Münze nehmen, erblicken wir in ihr sofort auch eine wirkliche Gestalt. Ich bezweifle jedoch, ob jemand das tun will. Wenn sie aber keine historische Gestalt ist, kann sie auch nicht datiert werden. Sobald wir aber in ihr ein reines Sinnbild für den gemeinsamen mutterrechtlichen Ursprung einer Gruppe griechischer Clane erblicken, verschwindet auch die chronologische Schwierigkeit.

Als die ältesten faßbaren Vorfahren der Kodridai und der Alkmeonidai aus den Nebeln des Enipeus im chalkolithischen Thessalien auftauchen, geraten sie in den Bann der matriarchalischen Priesterkönige von Orchomenos, mit denen sie Handel treiben und Heiratsverbindungen eingehen. Aber sie sind schon ein kriegerisches Volk, das sich einen Befestigungsring rund um den Golf von Pagasai geschaffen

---

[223] PIND. Pyth. 4,138. Das Heiligtum des Poseidon Petraios soll zur Erinnerung an die Geburt des Sisyphos, der in Gestalt eines Pferdes durch einen mit dem Dreizack des Gottes auf den Felsen geführten Schlag hervorgebracht wurde, errichtet worden sein: Etym. Magn. *Ἵππιος ὁ Ποσειδῶν*. [224] Siehe S. 213—214. [225] Siehe S. 345—346.

hat. So wenden sie sich auch bald dem Meer zu, stellen Beziehungen zu Lemnos und Troia her und entdecken von hier aus, vielleicht mit Hilfe pelasgischer Lotsen, einen Weg nach der Kolchis auf der entgegengesetzten Seite des Schwarzen Meeres. Dann wandten sie sich nach Süden und trafen auf Königreiche an der Westküste des Peloponnes. Es kann sein, daß sie zu diesem Zeitpunkt wieder zur vaterrechtlichen Ordnung übergegangen waren. Als aber etwas später ihre Nachkommen die Ägäis überquerten und nach Ionien gelangten, befanden sie sich in einer Lage, die der ihrer Vorfahren von Iolkos nicht unähnlich war: Sie waren gezwungen, karische Frauen zu nehmen und ihre neuen Stadtstaaten dort in bewußtem Gegensatz zu der riesengroßen matriarchalischen Welt aufzubauen, die sich von ihrer Türschwelle bis ins Herz Anatoliens hinein erstreckte.

9. *Einige matriarchalische Überreste*

Ich muß befürchten, daß selbst die Leser, denen es gelang, sich den Weg durch das klassifikatorische Verwandtschaftssystem zu bahnen, an den Folgen dieser Genealogien zu tragen haben. Das ist bedauerlich, aber nicht zu ändern. Wollen wir begreifen, wie wir zu dem geworden sind, was wir heute sind, müssen wir uns daran gewöhnen, die Dinge vom Standpunkt unserer weit zurückliegenden Vorfahren zu betrachten, die, da ihr Leben in erster Instanz von der Verwandtschaft bestimmt war, eben überall Verwandtschaft erblickten. Wir müssen einen genealogischen Blick für diese Welt gewinnen.

Der Erholung halber soll das vorliegende Kapitel durch eine Untersuchung beschlossen werden, ob in einem Teil von Hellas „eine kleine Stadt am Fluß- oder Meeresufer" gefunden werden kann, in der das Mutterrecht hinreichend lange bestanden hat, um ins Licht der Geschichte einzutreten.

Lokroi Epizephyrioi war eine griechische Kolonie an der Stiefelspitze Italiens. Sie wurde zu Anfang des siebenten Jahrhunderts v. d. Z. von Lokris aus gegründet, einer Stadt in Mittelgriechenland, deren erste Einwohner von Aristoteles als Leleger bezeichnet werden.[226]

Polybios sagt von der Kolonie, wie sie sich ihm im zweiten Jahrhundert v. d. Z. darbot, folgendes: „Alle ihre angestammten Ehren werden durch die Frauen weitergereicht, wie z. B. die hohe Stellung, deren sich die Nachkommen der Hundert Familien erfreuen."[227] Aus anderen Quellen erfahren wir, daß die Leute von Lokroi wie die Lyder und Etrusker die voreheliche Promiskuität pflegten.[228] Ihre Stadt soll ferner der erste griechische Staat gewesen sein, in dem Gesetze aufgezeichnet wurden.[229] Daraus wird erklärlich, daß sie durch die formale Verfestigung ihrer Institutionen, die zu einem ungewöhnlich frühen Zeitpunkt erfolgte, auch die matrilineare Erbfolge beibehalten konnten.

---

[226] ARISTOT. fr. 560 = STRAB. 7,7,2. Welches Lokris er meinte, ist unsicher (STRAB. 6,1,7).
[227] POLYB. 12,5,6. Daß ἀπὸ τῶν γυναικῶν „durch Frauen" und nicht lediglich „von Frauen" bedeutet, geht aus ARRIAN. fr. 58 hervor. [228] KLEARCH. 6.
[229] ARISTOT. Polit. 1274a, 6—7, EPHOR. 47, Schol. PIND. Ol. 10,17. Nach diesem Gesetzeswerk war die Entäußerung der angestammten Besitzungen ein illegaler Akt: ARISTOT. Pol. 1266b, 6.

Die Hundert Familien waren die Nachkommen des aus dem Mutterland stammenden Adels. Als Ursache der Auswanderung und Koloniegründung wird ein Skandal bezeichnet, den diese hochgeborenen Damen durch ihren ungebundenen Verkehr mit Sklaven hervorgerufen hätten.[230] Zu ihrer Verteidigung kann man anführen, sie seien nicht schlechter als Omphale oder Tanaquil oder die Königinnen der Bantu in Afrika gewesen. Wenn die Überlieferung dann fortfährt, die Siedler als eine rohe Horde entlaufener Sklaven und Ehebrecher zu brandmarken, müssen wir wieder über das durch die Verbrechen von Lemnos geschaffene Vorurteil lächeln. Unsere gelehrten Historiker denken jedoch anders darüber. „Daß eine Abteilung Kolonisten, aus solchem wenig versprechendem Materiale gebildet, in große Gesetzlosigkeit und Unordnung verfallen sein sollte", so versichert uns Grote ernsthaft, „darüber braucht man sich keineswegs zu wundern; diese Übel scheinen aber in den frühen Jahren der Kolonie so auf das äußerste unerträglich gewesen zu sein, daß sich selbst Jedem die Notwendigkeit einer Abhilfe aufzwang. Daraus entstand eine Erscheinung, die im Gange der griechischen Gesellschaft neu war — die erste öffentliche Bekanntmachung geschriebener Gesetze."[231] Wenn wir uns vergegenwärtigen, welche Folgerung diese Theorie vom Ursprung der Gesetzgebung in sich birgt, daß nämlich die verworfensten Verbrecher die naturgegebenen Führer auf dem Vormarsch zu gesetzlicher Ordnung darstellten, ist es schwer, sich das Lachen zu verbeißen.

Lokroi Epizephyrioi mag eine Ausnahme dargestellt haben, was den schlechten Auftakt anbelangt. In dieser Gegend gab es aber noch andere Kolonien, die im gleichen Zeitraum gegründet wurden und deren Bedingungen in ökonomischer Hinsicht, wenn nicht sogar in moralischer, durchaus ähnlich waren.

Taras (Tarentum), das am Stiefelabsatz Italiens liegt, war noch älter als Lokroi. Es wurde von einigen Männern aus Sparta gegründet, die Partheniai, „Mädchensöhne", genannt wurden. Als die Spartaner mit der Eroberung von Messenien, die mehrere Jahre in Anspruch nahm, beschäftigt waren, trösteten sich ihre Frauen auf die gleiche Weise wie Klytaimestra, und diese „Mädchensöhne" waren das Ergebnis. Ihre Väter werden als daheimgebliebene Spartaner bezeichnet. Nach Abschluß des Feldzuges kehrten die Gatten zurück und bestraften die Verführer durch die Versetzung in den Leibeigenenstand.[232] So lautet der Bericht. Er ist aber nicht sehr überzeugend. Wenn die Übeltäter freigeborene Spartaner waren, dann taten sie etwas, was im vierten Jahrhundert kein Vergehen darstellte (Seite 106). Wir dürfen deshalb daran zweifeln, daß das im achten Jahrhundert als schimpflich angesehen wurde. Darüber hinaus kann der Grund, daß sie „Mädchensöhne" genannt wurden, nur der sein, daß ihre Mütter unverheiratet waren. In Wahrheit scheinen ihre Väter seit ehedem Leibeigene gewesen zu sein — Leibeigene

---

[230] DIONYS. PERIEG. 365–367, POLYB. 12,6b. Die „Sklaven" können ebensogut Leibeigene gewesen sein, da das Wort δοῦλος beide Kategorien bezeichnet. [231] GROTE, Geschichte Griechenlands, Bd. 2, S. 298.
[232] THEOPOMP. 190, ANTIOCH. HIST. 14, SERV. ad VERG. Aen. 3,551. Nach einer anderen Version waren die Väter der Partheniai zum Zwecke der Zeugung von Nachkommen heimgesandte Soldaten (EPHOR. 53); doch werden sie als ἐπεύνακτοί, „zusätzliche Bettgenossen", bezeichnet. Dieser Terminus deutet auf das Vorhandensein einer bevorrechteten Klasse von Leibeigenen hin, wie es die κατωνακοφόροι in Sikyon waren (THEOPOMP. 195). In Il. 16,180 bedeutet παρθένιος „Sohn einer Ledigen".

mit einer privilegierten Stellung, wie sie die innehatten, die sich der Gunst der lokrischen Damen erfreuten. Bisher hatten die Sprößlinge solcher Vereinigungen ein Anrecht auf das mütterliche Vermögen besessen. Jetzt aber, da die reiche Ebene Messeniens zur Besitzergreifung einlud, wurde das bisherige Verfahren aufgegeben. Somit wurden diejenigen, die nur auf mütterlicher Seite Spartaner waren, gezwungen, „stolz ihr Geburtsrecht auf dem Rücken tragend" ihr Glück jenseits des Meeres zu suchen. Die Gründung von Taras wie auch die von Lokroi war nur eine Episode in dem Konflikt, der im Mutterlande wegen des Erbrechts an Grund und Boden andauerte, — dem Kampf um das Land.[233]

Kypselos, der erste Tyrann von Korinth, riß im Jahre 657 v. d. Z. die Macht an sich. Er gehörte dem Clan der Kaineidai an, der von dem Lapithen Kaineus abstammte (Seite 147).[234] Er wurde wenige Meilen von Korinth entfernt im Städtchen Petra, das an das Petra am Fuße des Olymps erinnert, geboren.[235] Vor ihm war die Stadt von den Bakchidai regiert worden, die von sich behaupteten, sie seien mit den dorischen Eroberern gekommen, doch woher, wissen wir nicht. Anfangs hatten sie als Könige geherrscht. Als dann das Königtum abgeschafft wurde, behielten sie ihre Machtstellung mittels der Jahresbeamten bei, die ausschließlich aus ihren Reihen ernannt wurden.[236] Wie Herodot es ausdrückte, befolgte der Clan den Brauch, „nur untereinander zu heiraten". Hier haben wir eine Bestätigung unserer Ansicht, daß der altgriechische Clan normalerweise exogam war. Warum waren nun die Bakchidai endogam? Der Geschichtsschreiber fährt fort:

Amphion, einer von ihnen, aber hatte eine lahme Tochter namens Labda. Die wurde, da keiner der Bakchidai sie heiraten wollte, die Frau Eetions, des Sohnes des Echekrates, der aus der Ortschaft Petra, eigentlich ein Lapithe und ein Sohn des Kaineus war.[237]

Kurz darauf erhielten die Bakchidai ein rätselhaftes Orakel aus Delphi, das sie schließlich dahingehend ausdeuteten, daß der Sohn des Eetion der Untergang der Stadt sein werde. Als nun Labda nach Ablauf der Frist von einem strammen Knaben entbunden wurde, beschlossen sie, ihn zu töten. Zehn von ihnen gingen zum Hause des Eetion, angeblich, um einen Freundschaftsbesuch abzustatten. Unterwegs hatten sie verabredet, der erste, der das Kind in die Hand bekäme, sollte es am Boden zerschmettern. Labda hegte keinen Verdacht und gab es einem von ihnen auf den Arm. In diesem Augenblick lächelte es zufällig. Das griff dem Mörder ans Herz, und er gab es an einen seiner Gefährten weiter. Auch dieser wurde vom Mitleid überwältigt und tat das gleiche. So wurde der strahlende Säugling von einem zum anderen gereicht und schließlich in die Arme der liebenden Mutter zurückgelegt. Als sie das Haus verlassen hatten, beschuldigten sich die weichherzigen Mörder wechselseitig und gingen dann mit dem festen Entschluß ins Haus zurück,

---

[233] Als der spartanische König bei Ausbruch des Krieges gefragt wurde, warum er gegen seine dorischen Brüder in Messenien kämpfen wolle, antwortete er: „Ich will unsere noch ungeteilte Erbschaft in Besitz nehmen" (PLUT. Mor. 231e), d. h. das Land aufteilen. Bei anderer Gelegenheit wurden die Spartaner durch die Zusage, „eine schöne Ebene, die sie mit der Leine vermessen könnten" (HEROD. 1,66), zu erhalten, dazu verleitet, in Tegea einzufallen.
[234] HEROD. 5,92β.   [235] Schol. PIND. Pyth. 4,246.
[236] PAUS. 2,4,3. Von ihnen gab es über 200 (DIOD. SIC. 7, ed. WESSELING, 4,15).
[237] HEROD. 5,92β.

„es nun alle zusammen umzubringen". Aber inzwischen war in Labda ein Verdacht aufgestiegen, und sie hatte das Kind in einer Kiste versteckt. Und so erreichte Kypselos das Mannesalter, stürzte die Bakchidai und wurde Tyrann von Korinth.[238]

Es wäre unklug, zu viel aus dieser albernen Geschichte herauslesen zu wollen. Man muß aber den besonderen Ehebrauch als Tatsache hinnehmen, denn er liefert den Schlüssel für das übrige. Wade-Gery hat vermutet, er wäre „vielleicht aus ihrer Abneigung erwachsen, den Anteil einer Erbin außerhalb ihres Clans vererbt zu sehen".[239] Aber das patriarchalische Gesetz der Erbin wird nur bei Abwesenheit männlicher Erben wirksam, ist also keine allgemeine Regel. Wir haben im vorliegenden Kapitel aus zahllosen Beispielen entnehmen können, daß die Praxis ständiger Wechselheiraten zwischen nahen Verwandten ein Mittel darstellt, die Mutter-Tochter-Erbfolge zugunsten der des Vaters auf den Sohn zu umgehen. Wenn wir deshalb annehmen, daß wir es hier mit einem Normalfall matriarchalischer Endogamie zu tun haben, ist keine weitere Erklärung dafür erforderlich, warum die Männer zögerten, das Kind zu töten, oder warum das Kind mit einem Anspruch auf ihr Erbe heranwuchs. Der Knabe war Angehöriger ihres Clans.

Schließlich ist der Hinweis angebracht, daß auf einer Reihe ägäischer Inseln, einschließlich Lesbos, Lemnos, Naxos und Kos, die mutterrechtliche Erbfolge in bezug auf den Grundbesitz noch zu Ende des achtzehnten Jahrhunderts die Regel war. Die Tatsachen wurden uns durch einen englischen Reisenden namens John Hawkins übermittelt. Er schreibt:

> Am Ende des Jahres 1797 übermittelte ich Herrn Guys folgendes Ergebnis der Forschungen, die ich habe unternehmen können: Daß auf einem großen Teil der Inseln des Archipels die älteste Tochter als Mitgift das Haus der Familie zusammen mit der Inneneinrichtung und einem Drittel oder einem noch größeren Teil des Eigentums der Mutter erhält, was in Wirklichkeit auf den meisten dieser Inseln den Hauptteil der Subsistenzmittel ausmacht; daß die anderen Töchter in der Reihenfolge, wie sie heiraten, gleichfalls ein Anrecht auf das zur betreffenden Zeit von der Familie bewohnte Haus und ferner einen Anteil am verbleibenden Vermögen erhalten; daß schließlich diese Beobachtungen auch auf die Inseln Mitilini, Lemnos, Skopelos, Skyros, Syros, Kea, Ipsara, Mykonos, Paros, Naxia, Siphnos, Santorin und Kos zutreffen, wo ich meine Informationen entweder in eigener Person gesammelt oder durch andere erhalten habe.[240]

Ich bin nicht in der Lage, für dieses bemerkenswerte Überbleibsel oder Neuaufleben eine Erklärung zu bieten. Dazu wird man erst imstande sein, wenn man sich mit dem noch unerforschten Gebiet der Formen des griechischen Landbesitzes unter dem Byzantinischen und Ottomanischen Reich befaßt hat. Ich habe diesen Tatbestand nur erwähnt, um diejenigen Gelehrten, die es für ausgeschlossen halten, daß etwas so Ungriechisches wie das Matriarchat jemals in der prähistorischen Ägäis bestanden hat, in ihrer Auffassung zu bestärken. Das wird zweifellos der Fall sein, wenn sie erfahren, daß es dort sogar noch zur Zeit ihrer Urgroßväter in voller Blüte stand.

---

[238] HEROD. 5,92γ–ε. [239] H. T. WADE-GERY in CAH, Bd. 3, S. 534.
[240] HAWKINS. bei WALPOLE, Travels in Various Countries of the East, S. 392.

VI. DIE ERSCHAFFUNG EINER GÖTTIN

1. *Geburt und Menstruation*

In den ersten Entwicklungsphasen der menschlichen Gesellschaft war es für den Fortbestand der Gattung lebensnotwendig, die Arbeit im Kollektiv zu verrichten, da die Jagd und das Sammeln von Früchten viele Hände erforderten. Da sich ja der gelegentlich auftretende Bevölkerungsüberschuß anderswo niederlassen konnte, lag die Gefahr nicht in einem Zuviel, sondern eher in einem Zuwenig an Menschen, denn das konnte den Tod der Gruppe bedeuten. Die Produktion der Subsistenzmittel stand in enger Wechselbeziehung zur Fortpflanzung der Gruppe selbst. Stellte schon die niedrige Produktionstechnik einen Unsicherheitsfaktor dar, so wirkte sich das natürlich auch auf die Vermehrung der Gruppe aus. Die Säuglingssterblichkeit erreicht bei primitiven Völkern eine außerordentliche Höhe. Die magischen Riten, die überall das freudige Ereignis einer Geburt umgeben, verdanken ihr Entstehen einfach der materiellen Notwendigkeit.[1]

Ähnliche Bedingungen kehren auch auf höherer Stufe beim Übergang zum Feldbau wieder. Solange die neue Technik noch in den Kinderschuhen steckte, waren erhebliche Anstrengungen erforderlich, den Wald zu roden und den so gewonnenen Boden vor der Verwilderung zu schützen. Die neue Ansiedlung wurde von bisher unbekannten Gefahren umlauert — ansteckenden Krankheiten und wilden Tieren, die beide das Leben und den Wohlstand der Menschen in Frage stellten. In den germanischen wie auch den semitischen Sprachen bedeutet „bestellen" gleichzeitig auch soviel wie „bauen" (vgl. dtsch. bauen, arab. ʿamara).[2] Man mußte die Wildnis zähmen, denn sie drang immer wieder machtvoll vor. Unter derartigen Bedingungen war es der Einzelfamilie unmöglich, sich allein anzusiedeln. Sicherheit war nur durch eine möglichst große Zahl von Siedlern verbürgt. Gedeih und Verderb der von den Frauen in mühevoller Arbeit gepflegten Saaten war von den Geburtsgöttinnen abhängig.

Die neues Leben spendenden Körperfunktionen der Frau waren von einem Zauber umgeben, dessen Schrecken von Anfang an durch ein machtvolles Tabu stärker ins Bewußtsein gehoben wurde. Briffault schreibt dazu folgendes:

Obgleich in der Tierpsychologie nichts vorhanden ist, was einem Tabu oder einem ausdrücklich formulierten Verbot gleichkäme, wird doch in einem einzigen Falle den mächtigsten tierischen Trieben von außen her ein Bann auferlegt. ... Bei den weiblichen Säugetieren findet während der Schwangerschaft und der Stillperiode entweder überhaupt kein Geschlechtsverkehr statt, oder er wird zumindest nicht als

---

[1] Ich will damit nicht behaupten, daß mit diesen Riten ganz bewußt die Absicht verfolgt wurde, den Fortbestand der Gattung zu gewährleisten, sondern nur, daß sie den ideologischen Ausdruck des mütterlichen Impulses bildeten.
[2] ROBERTSON SMITH, Die Religion der Semiten, S. 68.

erwünscht empfunden. Das männliche Tier wird bei diesen Gelegenheiten regelmäßig abgewiesen. Obwohl die sexuelle Aktivität der Frau eine größere Kontinuität als bei vielen Tieren aufweist, tritt bei ihr in der ausgeprägten Form der Menstruation eine weitere Unterbrechung ein. ... Die Abweisung des Männchens durch das Weibchen stellt die einzige Analogie aus dem Tierreich zu einer „Prohibition" im menschlichen Bereich dar. Sie kann bei den Tieren nur dadurch Gestalt annehmen, daß das Weibchen aktiven Widerstand leistet oder sein Heil in der Flucht sucht. Aus diesem Grunde kann sich diese Erscheinung in der Tierpsychologie auch nicht in einem ausdrücklichen Verbot niederschlagen. Das kann nur durch die ständig weitergereichte Tradition geleistet werden. Erst auf der Ebene des Menschen kann das Verbot durch das Medium der Sprache die Stellung eines anerkannten Prinzips einnehmen.[3]

Als das erste Tabu überhaupt übernahm also das Verbot des Geschlechtsverkehrs während der Schwangerschaft und der Menstruation die Rolle des Prototyps aller folgenden Tabus.

Es ist wichtig, dabei zu beachten, daß sich der menschliche Fruchtbarkeitszauber nur auf den Prozeß, nicht aber auf das Ergebnis bezieht, also auf den Wochenfluß und nicht eigentlich auf das Kind. Folglich werden alle Blutungen, menstruale wie auch lochiale, ohne Unterschied als Manifestationen der dem weiblichen Geschlecht innewohnenden lebensspendenden Kraft angesehen. Im naturwüchsigen Denken wird demzufolge die Monatsblutung ganz folgerichtig als ein Prozeß betrachtet, der von der gleichen Beschaffenheit wie der Geburtsakt ist.[4]

Dieser Zauber hat doppelte Bedeutung. Einerseits hat er gerade seiner Macht wegen etwas Furchterregendes an sich. Andererseits stellt er wie der elektrische Strom eine Energiequelle dar, die, außer Kontrolle gelassen, großen Schaden anrichten kann. So verhält es sich auch mit dem Tabu. Unter dem einen Aspekt ist die Frau, der man sich nicht nähern darf, unverletzlich, heilig. Von einem anderen Gesichtspunkt aus ist sie aber befleckt, unrein. Sie ist das, was die Römer *sacra* nannten, geheiligt und verflucht zugleich. Da nun die Frau in der patriarchalischen Gesellschaft die Kontrolle über das religiöse Leben verloren hatte, waltete der negative Aspekt vor. Nicht nur ihre sexuellen Funktionen werden als unrein an sich betrachtet. Dem gleichen Urteilsspruch unterliegt auch die Natur der Frau überhaupt. Sie wird zur Wurzel allen Übels, zur Eva, zu einer Hexe.[5]

Diese Vorstellungen sind überall anzutreffen. In keiner Sphäre des menschlichen Lebens kann man eine größere Übereinstimmung der Auffassungen wahrnehmen als in bezug auf die Behandlung menstruierender und im Kindbett liegender Frauen. Dieses Thema wird des längeren von Briffault abgehandelt, der seine Beispiele allen Völkern und jeder Kulturstufe entnommen hat.[6] Ich brauche an dieser Stelle nur die augenfälligsten Merkmale aufzuzählen, um daran ihre Tragweite für die griechische Religion darzulegen.

Bei den Hererostämmen Südafrikas bringt der Hirte täglich die morgens gemolkene Milch zu einer Wöchnerin, damit sie sie mit den Lippen segnet.[7] Wird in

---

[3] BRIFFAULT, a. a. O., Bd. 2, S. 364 f.   [4] Ebenda, Bd. 2, S. 366.
[5] Ebd., Bd. 2. S. 407.   [6] Ebd., Bd. 2, S. 364—439.   [7] Ebd., Bd. 2, S. 410.

Nordamerika das Korn von Würmern befallen, so gehen des Nachts menstruierende Frauen unbekleidet durch die Felder.[8] Ähnliche Gebräuche werden noch heute bei der europäischen Landbevölkerung befolgt.[9] Plinius d. Ält. empfahl als Gegenmittel gegen schädliche Insekten, menstruierende Frauen sollten mit nackten Füßen, gelöstem Haupthaar und bis über die Hüften emporgehobenen Röcken durch die Felder gehen. Nach Columellas Zeugnis war Demokritos der gleichen Auffassung: die Frauen, so sagte er, sollten barfuß und mit fliegendem Haar dreimal um die Getreidefelder laufen.[10] Dem lag offensichtlich der Gedanke zugrunde, daß dadurch die fruchtbringende Kraft ausgestrahlt würde, mit der man bei solchen Anlässen den weiblichen Körper geladen glaubte. Bei den Zulu müssen beispielsweise die die Felder umschreitenden Mädchen zwar nackt sein, doch nicht unbedingt zu diesem Zeitpunkt ihre Menses haben.[11] Es handelt sich hierbei um den Ursprung des wohlbekannten Frauenritus, die Geschlechtsteile durch Emporheben der Röcke zu entblößen — eines Ritus, der in Griechenland besonders mit Demeter verknüpft war.[12] Der vielen griechischen Kulten gemeinsame Brauch, nach dem anbetende Frauen ohne Fußbekleidung, Stirnbänder und Gürtel in einer Prozession schreiten, gehört zum gleichen Vorstellungskreis.[13] Als diese Vorstellungen schließlich ihres abergläubischen Aufputzes entledigt worden waren, wurden die barfüßig, mit gelöstem Haar und entschleiert singend über die Felder tanzenden Mädchen zu einem traditionellen Motiv, einem der schönsten der griechischen Poesie.[14]

Der Glaube an die lebenspendenden Eigenschaften der Schwangerschaft und der Menstruation trat überall in Verbindung mit tiefstem Abscheu und größtem Schrecken auf, ohne daß man darin einen Widerspruch erblickte.[15] Eine Frau, die sich in solchem Zustand befindet, muß in strenger Absonderung gehalten werden, so als habe sie einen Leichnam berührt. Einem Manne droht das Verhängnis, wagt er es auch nur, den Blick auf sie zu richten. Die bloße Berührung ihrer Hand oder ihres Fußes kann zur Verkrüppelung des Viehs oder zur Vernichtung der Feldfrüchte führen. Im Falle einer Geburt ist nur den Hebammen der Zugang zu der Hütte erlaubt, in der die Frau ihrer Niederkunft entgegensieht. Nach erfolgter Geburt müssen alle Kleidungsstücke und Kochgerätschaften zusammen mit der Plazenta, der Nabelschnur und allen Blutspuren sorgfältig beseitigt oder an einen Ort gebracht werden, an dem keine Gefahr besteht, daß sie

[8] SCHOOLCRAFT, Indian Tribes of the United States, Bd. 5, S. 70.
[9] BRIFFAULT, a. a. O., Bd. 2, S. 389, 410.
[10] PLIN., nat. hist. 28,78, COLUM. de re rust. 11,3,64.
[11] KRIGE, The Social System etc., S. 200.
[12] CLEM. AL. Protr. 2,20—21, HEROD. 2,60,2, DIOD. SIC. 1,85. Die Wahl obszöner Ausdrücke — ein Wesenszug des Demeterkultes — stellt eine Abwandlung dieses Brauchs dar: Hom. Hymn. 2,203—205, DIOD. SIC. 5,4, Schol. LUKIAN. Dial. Mar. 7,4, HEROD. 5,83,3, PAUS. 7,27,10, HESYCH. γεφυρίς, SUID. τὰ ἐκ τῶν ἀμαξῶν σκώμματα, PLUT. Mor. 417c, APOLLON. RHOD. 4,1701—1730, APOLLOD. 1,9,26. 2,5,11, THEOPHR. hist. plant. 7,3,9. 9,8,8; siehe ferner BRIFFAULT, a. a. O., Bd. 3, S. 204.
[13] KALLIM. Demet. 1—6, 125—126, SIG 736,4, NONN. Dion. 9,243—248, VERG. Aen. 4,509, OVID. Fast. 3,257.
[14] KALLIM. Dem. 124—125, BION 1,21—22, OPPIAN. Ven. 1,497—498, NONN. Dion. 5,374,405—407. 8,16—19. 9,248. 14,382, LONGOS 1,4. 2,23, ACHILL. TAT. 1,1,7, vgl. ALKMAN, 1,15, AISCH. Prom. 140, SOPH. Oid. Kol. 348—349, THEOKR. 19 (24), 36, POLITES, ’Ἐκλογαὶ ἀπὸ τὰ τραγούδια τοῦ ἑλληνικοῦ λαοῦ, S. 74. 113—115.
[15] BRIFFAULT, a. a. O., Bd. 2, S. 365—390.

jemand berühren oder auf sie treten könne.¹⁶ Bei einigen Völkern genügt es, sie an einer Straße oder an Kreuzwegen niederzulegen, da man der Meinung ist, die Befleckung würde dann durch vorbeiziehende Wanderer fortgetragen.¹⁷ Auch die Frau selbst muß sich Waschungen und anderen Formen der Reinigung unterziehen, ehe sie wieder in die Gemeinschaft aufgenommen werden kann. Während ihrer Regel muß sie gewöhnlich das Dorf überhaupt verlassen und sich in den Wald zurückziehen, wo sie entweder allein oder zusammen mit ihrer weiblichen Dienerschaft in einer abgeschiedenen Hütte wohnt. Auch in diesem Falle muß sie vor der Rückkehr alle Spuren ihrer Befleckung vernichten und in einem fließenden Gewässer baden. Die erste Periode eines Mädchens ist gewöhnlich Gegenstand besonderer Vorkehrungen, da sie mit der Einführung in das Geschlechtsleben zusammenfällt. Wo es noch Initiationsriten der Frauen gibt, ist die erste Monatsblutung darin einbegriffen.¹⁸ Ein Bericht über die Initiation von Mädchen bei den südafrikanischen Bantu soll als Beispiel dafür dienen.

Fühlt ein Mädchen seine erste Periode nahen, so wählt sie eine verheiratete Frau aus dem Nachbardorf, die ihre „Nährmutter" sein soll. Ist der Tag dann gekommen, so läuft sie zu dieser Nährmutter, „um mit ihr zu weinen". Sie lebt dann einen Monat lang in Zurückgezogenheit. Gewöhnlich werden drei oder vier Mädchen gemeinsam eingeweiht. Zu diesem Zweck sperrt man sie in eine Hütte ein, die sie nur verhüllten Angesichts verlassen dürfen. Jeden Morgen werden sie von bereits eingeweihten Frauen an einen Teich geleitet und nehmen dort ein Bad. Ihre Begleiterinnen singen dabei obszöne Lieder und tragen Stöcke in der Hand, um jeden ihren Weg kreuzenden Mann davonzujagen, da man glaubt, ein Mann werde durch ihren Anblick auf der Stelle geblendet. Nach der Rückkehr zur Hütte dürfen sie sich nicht dem Feuer nähern — obwohl das Wasser an ihnen herabläuft und sie vor Kälte zittern —, sondern werden von den älteren Frauen gekratzt, gehänselt und sonstwie gequält, wobei diese mit ihren unzüchtigen Liedern fortfahren und die Mädchen über geschlechtliche Dinge aufklären und ihnen ans Herz legen, nie einem Manne etwas über ihre Monatsblutung zu verraten. Nach Ablauf des Monats wird das Mädchen seiner Mutter zurückgegeben und festlich bewirtet. Sie hat „ihr Unglück hinter sich".¹⁹

Von den Wöchnerinnen in Altgriechenland glaubte man, sie seien genau so befleckt wie jemand, der fremdes Blut vergossen oder einen Leichnam berührt hat.²⁰ In Eleusis blieben alle, die einen Totschlag begangen, einen Leichnam berührt

---

[16] Ergänze BRIFFAULTs Hinweise durch EARTHY, The Valenge Women, S. 69—70. 75, ROSCOE, The Baganda, S. 21, 54, vgl. ders., The Bakitara etc., S. 159: „Sämtliche Abfälle wurden an einen Ort geworfen, an dem keine Gefahr bestand, daß man auf sie treten oder sie sonstwie störend beeinflussen könnte, und wo auch in Zukunft sämtlicher Müll des Hauses und der Kot des Kindes hingebracht werden konnte."

[17] JUNOD, The Life of a South African Tribe, Bd. 1, S. 200—201, vgl. ders., Bd. 2, S. 478; PETRON. 134. In PLAT. Nomoi 873 b wird angeordnet, daß sich die Kreuzwege, an denen sich die Leichname von Mördern niedergelegt werden sollen, jenseits der Stadtgrenzen befinden müssen, vgl. ebd. 855 a; siehe ferner HASTINGS, Encyclopædia etc., s. v. Crossroads.

[18] BRIFFAULT, a. a. O., Bd. 2, S. 371—372.   [19] JUNOD, The Life, etc, Bd. 1, S. 177.

[20] EURIP. Iph. Taur. 381—383, vgl. PLUT. Mor. 170b, THEOPHR. Charakt. 16,9, ARISTOPH. Lys. 912—913. Die Zulu betrachten folgende Kategorien als unrein: Schwangere und Menstruierende, stillende Mütter, Personen, die eben geschlechtlichen Umgang gehabt haben, einem Leichenbegräbnis beiwohnten oder einen Leichnam berührt haben (KRIGE, The Social System etc., S. 82).

oder sich einer Wöchnerin genähert hatten, so lange von der Teilnahme an den Mysterien ausgeschlossen, bis sie sich einer Reinigung unterzogen hatten.[21] In Hesiods „Werken und Tagen" werden alle Männer davor gewarnt, sich in demselben Wasser zu waschen, das bereits von einer Frau benutzt wurde.[22] Aus Inschriften erfahren wir, daß für eine Reihe von Tagen nach der Menstruation und der Entbindung keine Frau einen Tempel betreten durfte, und dann auch nur, nachdem sie sich durch ein Bad gereinigt hatte.[23] Der durch die Menstruation erzeugte Schrecken war im antiken Italien genauso groß wie bei den heute lebenden Wilden. Das Vertrauen des Plinius auf ihre bei richtiger Anwendung eintretenden heilsamen Wirkungen konnte keinesfalls seine Überzeugung herabmindern, daß sie im allgemeinen verderbenbringend wäre:

Aber nicht leicht wird man etwas finden, das ungeheuerlichere Wirkungen als der Wochen- und Monatsfluß der Frauen hervorbringen kann. Denn kommen sie während der Zeit ihres Unwohlseins in die Nähe eines Gefäßes mit Wein oder schreiten darüber hinweg, so wird er augenblicklich sauer, mag er auch noch so jung sein. Die Feldfrüchte verdorren durch ihre Berührung und kommen um. Wenn sie in diesem Zustand irgendwelche Gräser berühren, so sterben diese ab; die Kräuter und jungen Knospen eines Gartens werden vom Rost befallen und verkohlen völlig, wenn sie auch nur daran vorübergehen.[24]

Mit Hilfe dieser abergläubischen Vorstellungen können wir auch eine merkwürdige sizilische Volkssage interpretieren:

Hera gebar dem Zeus ein Mädchen namens Angelos, und Zeus gab sie zu den Nymphen in Pflege. Als sie aufgewachsen war, stahl sie die Myrrhe, mit der Hera ihr Gesicht rot zu färben pflegte. Als Hera den Diebstahl entdeckte, wollte sie sie bestrafen; doch das Mädchen entschlüpfte ihr und lief zum Hause einer Frau, die eben entbunden hatte, und von da zu einigen Männern, die einen Leichnam hinaustrugen. Da gab Hera die Verfolgung auf, und Zeus gebot den Kabeiroi, sich des Mädchens anzunehmen und sie zu reinigen; so wurde sie von den Kabeiroi fortgeleitet und im See Acheron gereinigt.[25]

Angelos wurde mit Artemis identifiziert.[26] Weshalb sie ihrer Mutter die Schminke stahl, wird sofort erklärt werden, doch ist auch so schon deutlich geworden, daß ihre Flucht aus dem Hause und die doppelte Befleckung durch die Geburt und den Tod von einer dritten gleichartigen Pollution, die der Erzähler unterdrückt hat, veranlaßt worden war.

Aristoteles, Plinius und andere antike wie mittelalterliche Naturforscher glaubten, der Embryo würde aus dem Blut gebildet, das nach dem Aufhören der Menstruation im Uterus zurückgehalten würde.[27] Das ist das Blut des Lebens. Daher besteht die am häufigsten angewandte Methode, Personen oder Sachen mit einem

---

[21] PORPHYR. de abst. 4,16, THEON SMYRN. 14, vgl. APOLLOD. 2,5,12.
[22] HESIOD. Erga 753.
[23] SIG 982—983. 1042.
[24] PLIN. nat. hist. 7,64.
[25] Schol. THEOKR. 2,12.
[26] HESYCH. s. v. Ἄγγελον.
[27] ARISTOT. de generat. animal. 2,4, derselbe, de part. animal. 2,6,1, PLIN. nat. hist. 7,66, BRIFFAULT, a. a. O., Bd. 2, S. 4, 44.

Tabu zu belegen, — sei es ein den Monats- oder Wochenfluß betreffendes oder ein anderes nach diesem ursprünglichen Muster geformtes Verbot — darin, sie mit Blut oder der Farbe des Bluts zu zeichnen. In Übereinstimmung mit der ambivalenten Natur des Tabus überhaupt hat dieses Blutzeichen somit die doppelte Wirkung, die Berührung mit dem Objekt zu untersagen und ihm gleichzeitig Lebensenergien mitzuteilen. Überall auf der Erde befolgen menstruierende oder schwangere Frauen die Sitte, ihren Körper mit rotem Ocker zu bestreichen, da sie damit die Männer von sich abwehren und zugleich ihre Fruchtbarkeit erhöhen zu können glauben. In vielen Hochzeitszeremonien wird die Stirn der Braut mit roter Farbe bemalt — das ist ein Zeichen, daß sich nur der eigene Mann ihr nähern darf und daß sie ihm Kinder bringen wird.[28] Hier haben wir den Ursprung der Kosmetik vor uns. Bei den Valenge, einem Stamm der Bantu, besitzt jede Frau ein Töpfchen mit rotem Ocker. Dieser Farbstoff ist ihrem Geschlecht heilig und dient ihnen bei zeremoniellen Anlässen zur Bemalung des Gesichts und des Leibes.[29] Aus der großen Zahl der Gelegenheiten, bei denen sie ihn benötigt, sei nur folgendes Beispiel herausgegriffen. Nach der Niederkunft werden Mutter und Kind damit gesalbt: dadurch wird das Kind am Leben bleiben und die Mutter wieder aufkommen. Bei der Initiation wird das Mädchen von Kopf bis Fuß rot bemalt: dadurch wird es von neuem geboren und erlangt seine Fruchtbarkeit. Zum Abschluß der Trauerzeit schreitet die Witwe über ein Feuer hinweg und wird anschließend mit der gleichen Farbe bestrichen: hierdurch wird sie von der Befleckung durch den Tod befreit und kehrt zu den Lebenden zurück.

Rot bedeutet Erneuerung des Lebens. Aus diesem Grunde sind die Gebeine aus Grabstellen des Altpaläolithikums und des Neolithikums rot bemalt.[30] Der symbolische Charakter läßt nichts an Deutlichkeit vermissen, wenn wir auch noch, wie es häufig der Fall ist, das Skelett in der embryonalen Stellung antreffen (Seite 24 und 30). Was konnte der primitive Mensch mehr tun, um der Seele des Verschiedenen die Wiedergeburt zu sichern, als den Leichnam mit der Farbe des Lebens zu bestreichen und ihn wie das Kind im Mutterleib zurechtzulegen?

2. *Anbetung des Mondes*

Es findet sich bei allen Völkern der Erde der Gemeinplatz, daß die Fortpflanzungsfunktionen der Frau durch den Mond geregelt werden. Ob sich für diesen Glauben eine wissenschaftliche Begründung finden läßt, ist zu bezweifeln. Die jüngste Forschung hat sich gegen diese Annahme ausgesprochen, obgleich ihre Ergebnisse keine zwingende Beweiskraft besitzen, da sie sich ausschließlich auf die Angaben zivilisierter Frauen stützen.[31] Wie die Wahrheit auch aussehen mag,

---

[28] BRIFFAULT, a. a. O., Bd. 2, S. 412—417.
[29] EARTHY, The Valenge etc., S. 123, vgl. ebd. S. 73, 76, HOLLIS, The Nandi etc., S. 58, BURKITT, Prehistory, S. 222—223.
[30] Ebd., S. 163, 184, 191, CHILDE, Dawn of European Civilisation, Index s. v. Ochre.
[31] GUNN, JENKIN und GUNN, „Menstrual Periodicity", JOG 44, 1932, S. 872, vgl. FOX, Selene, or Sex and the Moon, S. 75, 80; ders., „Lunar Periodicity in Reproduction", PRS (B) 95, 1924, S. 547.

allein die Tatsache, daß die menstruale Periode derart eng mit der des Mondes übereinstimmt, müßte geradezu zwangsläufig den Gedanken an eine direkte Verbindung zwischen beiden hervorrufen. Dieser Glaube liegt allen mit dem Mond verbundenen primitiven Bräuchen zugrunde. Sie sind derart fest verwurzelt, daß sie sich sogar noch bei zivilisierten Völkern, die schon lange die Mondverehrung aufgegeben haben, in beinahe unversehrter Form in den niederen Gefilden der Folklore und des Aberglaubens erhalten haben.

Abb. 8. Mondkult: minoische Gemme

Im Bereich der Magie genießt der Mond eine bei weiterem größere Aufmerksamkeit als die Sonne und ist allgemein der erste Zeitmesser überhaupt.[32] Die ursprüngliche Kalendereinheit bildete der Mondmonat mit siebenundzwanzig oder achtundzwanzig Tagen, der durch die Vollmondphase in zwei Teile zerlegt wurde.[33] Später erzielte man eine Dreiteilung, indem man zwischen die beiden bisherigen Perioden die Vollmondphase als dritte einschob.[34] Schließlich teilten die Babylonier den Monat in vier Viertel ein und schufen damit das Vorbild unseres Vier-Wochen-Zyklus.[35] Die Abhängigkeit des Kalenders von den Phasen des Mondes spiegelt sich in der gemeinsamen Basis wider, die unseren Wörtern „Mond", „Monat" und „Maß" (engl. measure) zugrunde liegt.[36]

[32] NILSSON, Primitive Time Reckoning, S. 148—149, vgl. BRIFFAULT, a. a. O., Bd. 2, S. 577—583.
[33] NILSSON, a. a. O., S. 155.
[34] Ebd., S. 167—170.
[35] Ebd., S. 171, LANGDON, Babylonian Menologies and Semitic Calendars, S. 86—87.
[36] Die früher vertretene Ansicht, daß idg. *māter mit dieser Basis verbunden sei, ist aufgegeben worden, und man erklärt jetzt ma- als ein Lallwort (WALDE-POKORNY, Wörterbuch der indogermanischen Sprachen, s. v.), doch lassen sich beide Deutungen durchaus miteinander in Einklang bringen; denn „die Entwicklung der Sprache ist ein Differenzierungsprozeß" (BRÉAL, Essai de sémantique, S. 33).

Der Mond wird als Ursache der Menstruation angesehen. Auf den Murray-Inseln, um ein typisches Beispiel dafür herauszugreifen, erscheint der Mond als junger Mann, der die Frauen schändet und dadurch die Blutflüsse verursacht.[37] Da man bekanntlich im Menstrualblut den Ausgangsstoff zur Bildung des Embryos erblickt, wird der Ausfluß als eine Form des Abortes betrachtet, der im Volkmund noch immer unter dem Namen „Mondkalb" bekannt ist. Unter diesen Voraussetzungen lag die Folgerung nahe, daß der Mond auch die Ursache der Befruchtung darstelle. So verhält es sich tatsächlich im primitiven Denken. Die Maori behaupten, der Mond sei der wirkliche Gatte aller Frauen.[38] Der wahre Sachverhalt wird erst dann anerkannt, wenn die Feststellung der Vaterschaft gesellschaftliche Bedeutung angenommen hat, und selbst dann noch pflanzt sich der alte Glaube fort, daß die Frauen vom Mond empfangen. Dementsprechend wird der Mond in primitiven Sprachen als männliches Wesen bezeichnet, als der Herr der Frauen.[39] Im Slawischen und Deutschen ist er noch heute männlichen Geschlechts wie einst auch im Keltischen, Griechischen und Lateinischen. Griech. *selēnē* ist ein Ersatz für *mēnē*, eine weibliche Ableitung von *mēn*, das als Wort für „Monat" weiterlebte. In Anatolien wurde der Mond nach wie vor als männliches Wesen, das die Griechen Men nannten, verehrt.[40] Aus der Vorstellung, der Mond sei die Ursache der Empfängnis, folgte ferner der Glaube, er sei auch der Urheber der Inspiration und der Besessenheit der Frauen. Daher rührt die traditionelle Verknüpfung des Mondes mit der Hysterie, der Epilepsie und allen anderen für göttlich erachteten Krankheiten.[41] Der Zusammenhang zwischen dem Einfluß des Mondes und der Mondsüchtigkeit liegt auf der Hand.

Da die Mondverehrung, wie wir gesehen haben, letztlich durch das weibliche Geschlechtsleben und die damit verbundenen Körperfunktionen hervorgerufen worden war, setzte man sie auch zu den gesellschaftlichen Aufgaben der Frau in Beziehung. Ihr oblag es, Wasser zu schöpfen, Pflanzen zu züchten und Tau und Regen in ausreichender Menge herbeizuziehen. Folglich wurde der Mond als Urheber des Wachstums in der Pflanzenwelt und als Quelle aller lebenspendenden Wasser angesehen. So ist er in Indien „der Träger des Samens, der Träger der Pflanzen". In Babylonien war er der Urquell alles pflanzlichen Lebens. Daher wird er auch mit der heiligen Pflanze oder dem heiligen Baum identifiziert, so in Indien mit der *soma* und in Nordamerika mit dem Mais. Die Eingeborenen vom Rio Grande pflegten zu sagen, „immer, wenn der Mond wächst, strömt der Lebenssaft".[42] Pflanzliche Säfte, besonders aromatische Gummi, die man als Weihrauch oder Salben verwendet, verdanken ihre Eigenschaften dem Wirken des Mondes. „Die Kraft des Harzes der Akazie (samura) als Amulett ist mit der Vorstellung verbunden, daß es ein Klumpen Menstrualblutes (haid) ist, d. h., daß der Baum als Weib gedacht wird", berichtet Robertson Smith von den Semiten.[43]

[37] BRIFFAULT, a. a. O., Bd. 2, S. 583—584.   [38] Ebd., Bd. 2, S. 432.
[39] NILSSON, Primitive Time Reckoning, Bd. 2, S. 583—597.
[40] ROSCHER, Lexikon etc., Bd. 2, Sp. 2687.
[41] BRIFFAULT, a. a. O., Bd. 2, S. 608—610.
[42] Ebd., Bd. 2, S. 624—638. Vgl. A. JEREMIAS bei ROSCHER, Bd. 4, Sp. 1470.
[43] ROBERTSON SMITH, Die Religion der Semiten, S. 94.

Die ägyptische Mondgöttin Nit hatte den Webstuhl erfunden, und in der europäischen Folklore wird der Mond noch heute als spinnende Gottheit beschrieben. Auch hierbei handelt es sich um weibliche Tätigkeiten. Daneben finden wir den Mond in vielen Überlieferungen der Primitiven auch mit dem Kornmahlen, der Töpferkunst und dem Kochen beschäftigt.[44] Da ferner die Magie einst die Domäne der Frau gewesen war, stellte dieses Gestirn auch eine reiche Quelle für Zauberhandlungen und -sprüche dar, besonders für den Liebeszauber. Obwohl die Magie der Frauen später in den Bann getan wurde, blieb er doch bis auf den heutigen Tag der Schutzpatron der Schwarzen Kunst.[45]

Die Vorstellung, der Mond sei die Quelle der Fruchtbarkeit, wurde durch die subjektive Ausdeutung der auftretenden Mondphänomene noch erweitert. Der Mond nimmt zu und ab, wächst und schwindet, stirbt und gebiert sich neu und wird auf diesem Wege zum universalen Sinnbild für die Erneuerung des Lebens. Bei allen primitiven Völkern ist der Glaube an die Auferstehung nach dem Tode mit dem Zunehmen des Mondes verbunden.[46] Auf diese Weise wurde er zu anderen, ähnlich gearteten Symbolen, besonders zur Schlange, deren Bedeutung oben im vierten Kapitel (Seite 86) erörtert wurde, in Beziehung gesetzt. In Australien und Melanesien sagt man, der Mond streife jeden Monat seine Haut ab, während andererseits die Schlange überall als Verführer der Frauen und Wächter an den heiligen Wassern erscheint.[47] Diese Ideenverknüpfung wird durch die phallische Gestalt des Tieres und seine Gewohnheit, häufig Teiche und Quellen aufzusuchen, noch unterstützt.[48] Die Bedeutung, die die Schlange im Frauenritual einnimmt, läßt sich besonders gut am Ritus des Geheimbundes der Mpongwe-Frauen in Westafrika ablesen. Sie halten ihre Zusammenkünfte tief im Walde und unter äußerster Geheimhaltung ab, so daß keine von ihnen weiß, wer eigentlich ihr anerkanntes, „Mutter" genanntes Oberhaupt darstellt. Jede daran teilnehmende Frau muß eine der kleinen, zwischen den Mangrovenwurzeln lebenden Schlangen einfangen. Dann entkleiden sie sich völlig und stimmen, die Schlangen in der Hand haltend, schlüpfrige Gesänge an und verbringen die Nacht mit Tanzen und Singen, bis sie erschöpft zu Boden sinken.[49]

Die lebenspendenden Eigenschaften sollen auch, so sagt man, in den Steinen, besonders in Kristallen und durchscheinenden Gemmen, aber auch in Menschenknochen und im Haar enthalten sein.[50] Dem anläßlich der Initiation erfolgenden Ausbrechen eines Zahnes und dem Abschneiden des Haares (Seite 24) mißt man deshalb so hohe Bedeutung bei, da diese Körperteile die Eigenschaft besitzen, sich wieder zu erneuern. Dort, wo dem Mond Opfer dargebracht werden, besteht eine bemerkenswerte Übereinstimmung in der Auswahl der Opfertiere.[51] Hauptsächlich sind das der Hase, die Ziege und das Ferkel, alles Tiere, die noch heute in der Hexenkunst eine gewisse Rolle spielen. Daneben tritt auch die Taube auf, die besonders für die semitischen Frauenkulte charakteristisch ist, und die Katze, die ihre

---

[44] BRIFFAULT, a. a. O., Bd. 2, S. 624–628.   [45] Ebd., Bd. 2, S. 620–623.
[46] Ebd., Bd. 2, S. 651–652.   [47] Ebd., Bd. 2, S. 664–673.
[48] Ebd., Bd. 2, S. 667, ROSCOE, The Bakitara etc., S. 43–44.
[49] BRIFFAULT, a. a. O., Bd. 2, S. 548.
[50] Ebd., Bd. 2, S. 692–694. 702–709.   [51] Ebd., Bd. 2, S. 610–623.

sprichwörtlichen neun Leben gerade dieser Verbindung verdankt. In Altägypten wurde die Katze sogar kultisch verehrt. Dafür gibt uns Plutarch folgenden Grund an:

> Die bunte Färbung dieses Tieres, seine nächtliche Lebensweise und seine eigentümliche Art, sich fortzupflanzen — all das zusammen läßt es besonders geeignet erscheinen, als Symbol des Mondes zu dienen. Man sagt, die Katze werfe ein Junges bei der ersten Geburt, zwei bei der zweiten und so fort bis zur siebenten. Das macht insgesamt achtundzwanzig Kätzchen, genauso viel, wie der Monat Tage hat. Haftet dieser Rechnung auch der Geruch des Fabelhaften an, so weiß doch jeder, daß die Augen einer Katze größer und leuchtender bei Vollmond, kleiner und stumpfer bei abnehmendem Monde erscheinen.[52]

Wie Briffault dazu bemerkt, „gehören die Opfertiere der Frauen überall zu den kleinen Gattungen". Er erklärt das damit, „daß die Frauen in den meisten Fällen im Gegensatz zu den Jägern und Hirten keine großen Tiere zum Opfer darbringen können und sich deshalb in ihrer Auswahl auf die kleineren Gattungen beschränkt sehen".[53] Das trifft zweifellos auf die späteren Entwicklungsstufen zu, doch zu Anfang spielte wahrscheinlich die Zähmung von Tieren die Hauptrolle. Wie man annimmt, begann dieser Vorgang damit, daß die Jäger die jüngeren und kleineren Tiere heimbrachten und die Frauen sie als Schoßtiere im Hause behielten.[54]

Auch auf den Tanz übte der Mondzauber seinen Einfluß aus. Die Irokesen führen dem Mond zu Ehren einen Tanz auf, um seine Gesundung herbeizuführen, wenn er ihrer Meinung nach krank ist. Das gleiche tun die Kalifornier, um sein Abnehmen zu verhindern. Die in Südkalifornien beheimateten Digueño pflegten regelmäßig bei Neumond Wettläufe zu veranstalten, um seinem Wachsen nachzuhelfen, während die Pawnee behaupten, ihre Balltänze seien vom Großen Hasen zum Andenken an seinen Bruder, den Wolf, der den abnehmenden Mond verkörperte, gestiftet worden.[55] In solchen Fällen stellt der Ball ein mimetisches Symbol dar.

3. Der Mond in der griechischen Volksreligion

Die Theorie des Aristoteles, nach der sich der Embryo aus den Menses entwickelt, steht in Einklang mit seiner schon von Empedokles geäußerten Annahme, daß die Menstruation normalerweise gegen Ende des Monats eintritt, wenn der Mond im Abnehmen begriffen ist.[56] Seine Darlegungen über das Rückenmark liegen auf derselben Ebene. „Die Körperteile", sagt er, „werden aus dem Blut geformt; der Embryo bildet sich aus dem Blut, und ebenso verhält es sich mit dem Knochenmark, das weiter nichts als das im Knochen befindliche Element Blut darstellt."[57]

---

[52] PLUT. Mor. 376e.
[53] BRIFFAULT, a. a. O., Bd. 2, S. 619.
[54] THURNWALD, Economics in Primitive Communities, S. 77, FRAZER, Totemism and Exogamy, Bd. 1, S. 14—15.
[55] BRIFFAULT, a. a. O., Bd. 2, S. 746—749.
[56] ARISTOT. hist. animal. 7,2 (582b), de gener. animal. 2,4,9, SORAN. Gyn. 21 (ROSE 185), vgl. GALEN. 9,903; ROSCOE, The Baganda, S. 24.
[57] ARISTOT. de part. animal. 2,6,1.

Das Wort *aiōn*, „Mark", wurde zu der Bedeutung „Ewigkeit" erweitert. Es ist zwar nirgends bezeugt, daß eine direkte Verbindung zwischen dem Knochenmark und dem Mond hergestellt wurde, doch muß Aischylos etwas Derartiges vorgeschwebt haben, als er vom Knochenmark behauptete, es „herrsche" in der Brust; denn mit diesem Terminus wurde in der Astrologie der von den Himmelskörpern ausgeübte Einfluß bezeichnet.[58] Als Symbol für die Ewigkeit taucht der Mond auch im Mythos von Endymion auf, der während seines ewigen Schlafes allnächtlich von Selene besucht wurde.[59]

Wie anderswo, so wurde der Mond auch im griechischen Volksdenken als Quelle der alles befruchtenden Feuchtigkeit angesehen. Nach Plutarch ist der Tau bei Vollmond am schwersten, und in der Dichtung tritt er als Tochter des Mondes auf.[60] Nach stoischer Auffassung lebt der Mond von Quellen und Bächen.[61] Der Mond, sagt Plinius, bringt die Feuchtigkeit hervor, die dann von der Sonne verzehrt wird. Nach Cicero löst der Mond einen Feuchtigkeitsstrom aus, der das Wachstum der Lebewesen fördert und alles aus der Erde Hervorsprießende zur Reife bringt.[62] Die Epilepsie und verwandte Krankheiten wurden dem gleichen Einfluß zugeschrieben,[63] und von den Symptomen anderer Leiden glaubte man, ihr Auftreten und Verschwinden vollzöge sich im Einklang mit den Mondphasen.[64] Vollmond galt als günstigster Zeitpunkt zur Aussaat, zum Pflanzen [65] und für Eheschließungen.[66] Neugeborene wurden von ihren Ammen ins Freie getragen und „dem Mond gezeigt".[67] Eins der wirksamsten Amulette bildete der Mondstein, den man den Kindern an die Halskette band, an Obstbäume hängte und als Liebeszauber und Heilmittel gegen die Fallsucht verwandte.[68] Auf demselben Grundsatz beruhte auch die Wahl des Zeitpunktes für das Abschneiden von Pflanzen, das Fällen von Bäumen und die Schafschur, Verrichtungen, die sämtlich bei abnehmendem Monde vorgenommen wurden.[69] Diese Regel wurde von Kaiser Tiberius

---

[58] G. THOMSON, Aeschylus, Oresteia, Bd. 2, S. 13.
[59] APOLLOD. 1,7,5, PAUS. 5,1,4.
[60] PLUT. Mor. 367d, 659b, ALKMAN fr. 43, vgl. THEOPHR. de caus. plant. 4,14,3, MACROB. Sat. 7,16,31, GALEN. 9,903, Hom. Hymn. 32,11—12, VERG. Georg. 3,337, NONN. Dion. 40,376. 44,221, Il. 23,597—599, AISCH. fr. 44, AISCH. Agam. 1390—1391, APOLLON. RHOD. 3,1019—1021.
[61] PORPHYR. de antr. nymph. 11, vgl. PLUT. Mor. 659b, PLIN. nat. hist. 2,223, ARISTOT. Meteor. 1,10.
[62] PLIN. nat. hist. 20,1, CIC. de nat. deor. 2,19,50.
[63] GALEN. 9,903, MACROB. Sat. 1,17,11, ARTEMIDOR. DALDIAN. 104,14, Orphica Lithica 50,474—484, vgl. Schol. ARISTOPH. Nub. 397, HESYCH. βεκκεσέληνος, Psalm 121,6; ROSCOE, The Baganda, S. 24, EARTHY, The Valenge Women, S. 73.
[64] GALEN. 19,188, PLIN. nat. hist. 28,44. So verhielt es sich auch mit den Weissagungen: in Argos gab es ein Heiligtum des Apollon, an dem eine Frau jeden Monat Orakel erteilte, wenn sie das Blut eines Widders getrunken hatte (PAUS. 2,24,1). Der prophetische Trancezustand ist wahrscheinlich das „epileptische Äquivalent" (der Dämmerzustand). Er ähnelt dem epileptischen Anfall bis auf den nicht eintretenden Verlust des Bewußtseins und die ausbleibenden heftigen konvulsivischen Zuckungen (BLEULER, Lehrbuch der Psychiatrie, S. 338). Möglicherweise geht griech. μαντική wie auch μανία auf dieselbe Wurzel wie μήν zurück (siehe oben Anm. 36).
[65] PALLAD. 1,6,12, Geoponika 1,6,1. 5,10,1, LYDUS de mens. 2,8.
[66] EURIP. Iph. Aul. 716—717, PIND. Isth. 8,44—45, DIO CHRYS. Or. 7,245 R. Das Gebären verlief am leichtesten bei Vollmond: CIC. de nat. deor. 2,46,119, PLUT. Mor. 282d, 658f, 939f, Il. 21,483 schol. A.
[67] PLUT. Mor. 658f, vgl. ATHEN. 139a, DIOD. SIC. 5,73; BRIFFAULT, a. a. O., Bd. 2, S. 590—591, vgl. NILSSON, Primitive Time Reckoning, S. 149—154.
[68] DIOSK. MED. de mat. med. 5,159, HESYCH. σεληνίς, vgl. GALEN. 9,859, AELIAN. de nat. animal. 14,27, PLAUT. Epidic. 5,1,33, PLUT. Mor. 282a, 287f—288b.
[69] PLIN. nat. hist. 18,321—322, VARRO de re rust. 1,37.

sorgfältig beobachtet, wenn er sich das Haar schneiden ließ.[70] Wurde diese Vorsichtsmaßregel außer acht gelassen, so bezahlte man dafür mit der Kahlheit des Kopfes.

Die Verbindung mit der Schlange geht auch aus dem von Aristoteles ohne Bedenken akzeptierten Volksglauben hervor, nach dem die Schlange ebenso viele

Abb. 9. Mainade: attisches Vasenbild

Rippen besitze, wie es Monatstage gibt.[71] Als Wächter der Wasser erscheint die Schlange in vielen griechischen Mythen, deren bekanntester die Eroberung Delphis durch Apollon zum Inhalt hat:

> Nahe dabei fließt schön ein Quell. Der Herrscher Apollon
> Tötete dort die Drachin mit seinem gewaltigen Bogen,
> Ein gar riesiges, feistes und wildes Untier, das vieles
> Elend schuf den Menschen im Lande, vielen von ihnen . . .[72]

Ebenso vertraut war die Schlange den Griechen auch als Schänder der Frauen, wie wir aus den im Tempel des Asklepios, des Schlangenheros von Epidauros, ent-

---

[70] PLIN. nat. hist. 16,194. [71] ARISTOT. hist. animal. 2,17,23, PLIN. nat. hist. 11,82.
[72] Hom. Hymn. 3,300—303, vgl. APOLLOD. 3,6,4, PAUS. 9,10,5.

deckten Inschriften entnehmen können. Einmal suchte eine Frau den Tempel auf, um ihre Fruchtbarkeit wiederzuerlangen, und verbrachte dort die Nacht, wie es seit alters her üblich war. Ihr träumte, der Gott nähere sich ihr mit einer Schlange, mit der sie dann geschlechtlichen Umgang hatte. Neun Monate darauf kam sie mit einem Zwillingspaar von Knaben nieder.[73] Hier steht die Schlange für den Gott, der die ihn anbetende Frau durch sein tierisches Medium schwängert. Man darf noch hinzufügen, daß die Heilkräfte der im Asklepiostempel gehaltenen Schlangen auf deren Fähigkeit zurückgeführt wurden, ihr Leben durch das Abstreifen der Haut zu erneuern.[74]

Um diesen Vorstellungskreis noch näher zu beleuchten, wird es fürs erste genügen, neben den westafrikanischen Schlangentanz, der oben auf Seite 167 beschrieben wurde, ein aus Makedonien stammendes Gegenstück zu stellen:

> Alle Weiber in diesem Lande, sagt man, sind von uralten Zeiten her den orphischen Mysterien und dem geheimen Dienste Dionysos' ergeben . . . Olympias, die dergleichen Mysterien mehr als andere nachhing und bei feierlichen Aufzügen sich der Begeisterung ganz nach Art der Barbaren überließ, führte in den Bacchantenchören große zahmgemachte Schlangen mit herum, die oft aus dem Efeu und den mystischen Körben hervorkrochen, sich um die Thyrsosstäbe und Kränze der Weiber wanden und dadurch die Männer in Schrecken setzten.[75]

Olympias war die Mutter Alexanders des Großen. Es wird berichtet, daß einige Zeit vor dessen Geburt der heimkehrende Gatte sie in ihrem Bett schlafend vorfand, eine Schlange ihr zur Seite.[76]

4. Kräutermagie

Wir sind nunmehr in der Lage, die der Verehrung der stattlichen Göttinnen des griechischen Pantheon zugrunde liegende Magie freizulegen.

Die Kräutermagie fällt überall in den Zuständigkeitsbereich der Frauen. In ihrem Forschungsbericht über die Valenge schreibt Fräulein Earthy:

> Nahezu alle Bäume und Pflanzen haben magische Bedeutung. Wenn die Frauen mich botanische Proben sammeln sahen, war ihre Neugierde sogleich erregt, . . . da sie im Geiste immer eine Verbindung zwischen Pflanzen und Rezepten für magische oder medizinische Zwecke herzustellen gewohnt sind.[77]

Der altgriechischen Kräuterkunde, die man an Hand der Werke des Dioskorides und des älteren Plinius studieren kann, ist von seiten der Wissenschaftler, die sich mit der griechischen Religion befassen, bislang nicht die verdiente Aufmerksamkeit zuteil geworden.

Aus dem griechischen Namen für die Päonie, *ménion* oder *selenogónon*, deren Wurzel bei der Geburt oder der Menstruation medizinische Anwendung fand,

---

[73] SIG 1169,19, vgl. 1168,112. Über die Beziehungen zwischen diesem Gott und der Schlange siehe FRAZER, Pausanias's Description of Greece, Bd. 3, S. 65—66.
[74] Schol. ARISTOPH. Plut. 733.
[75] PLUT. Alex. 2, deutsch von Kaltwasser.
[76] PLUT. Alex. 2, vgl. SUET. Oct. 94.   [77] EARTHY, The Valenge Women, S. 24.

geht hervor, daß sich ihre Eigenschaften vom Mond herleiteten.[78] Der Diptam (*diktamnos*) wurde zur Unterstützung der Wehen angewandt und in die der Geburtsgöttin Eileithyia geweihten Kränze eingeflochten.[79] Die Myrte bewirkte den Verschluß der Gebärmutter und verhinderte damit eine Frühgeburt. Die Lilie galt als Mittel zur Abkürzung der Menstruation.[80] Diese Blumen waren der Aphrodite heilig.[81] Die zur Familie der Weidengewächse gehörige *lýgos* sollte entweder die Menstruation herbeiführen oder auch aufhalten können.[82] Artemis hieß in Sparta Lygodesma, die „in Weiden Gebundene", da man ihr Götterbild auf Weidenreisern gebettet gefunden haben will.[83] Ein mit Weidenzweigen geschmücktes Standbild der gleichen Göttin befand sich in der attischen Ortschaft Agra.[84] Auf die gleiche Weise soll die Hera von Samos unter einem Weidenbaum, um den herum man ihr später ein Heiligtum errichtete, das Licht der Welt erblickt haben.[85] Aus dem wilden Galgant (*kýpeiros*) wurden Getränke bereitet, die den Uterus öffnen sollten.[86] Aus der Strohblume (Helichrysum), die die Menses unterstützen sollte, verfertigten die spartanischen Mädchen Kronen, die sie der Hera weihten.[87] In Alkmans Hymnos auf Hera lautet das Gebet eines Mädchens: „Ich flehe dich an und bringe dir ein Gewinde aus Strohblumen und wildem Galgant dar."[88] Eine der Funktionen Junos, der römischen Hera, bestand in der Unterstützung der Monatsblutung.[89] Hera, Artemis und Aphrodite wurden sämtlich als Geburtsgöttinnen verehrt.[90]

Von allen Pflanzen, die die Griechen kannten, war ihnen der Granatapfel am vertrautesten. Demeter wurde beständig mit einer Mohnkapsel oder einem Granatapfel oder gar beidem in der Hand abgebildet.[91] Das Standbild der Athena Nike in Athen trug einen Helm in der Rechten und in der Linken einen Granatapfel.[92] In Olympia gab es eine Statue des Athleten Milon, der einen Granatapfel in der Hand hielt. Milon war ein Priester der Hera.[93] In Argos trug das Standbild der Hera in der einen Hand ein Szepter und in der anderen einen Granatapfel. Die sich darauf beziehende Bemerkung des Pausanias lautet: „Ich will über den Granatapfel nichts weiter mitteilen, da die mit ihm verknüpfte Sage den Charakter eines Geheimnisses trägt."[94] Worin bestand dieses Geheimnis?

---

[78] DIOSK. MED. 3,157, PLIN. nat. hist. 26,151. Zur Frage der Verwendung von Kräutermedizinen bei der Menstruation im mittelalterlichen und neuzeitlichen Europa siehe MCKENZIE, The Infancy of Medicine, S. 284—286.
[79] THEOPHR. hist. plant. 9,16,1, Schol. ARAT. 33.
[80] PLIN. nat. hist. 23,159—160. 24,50. 21,126. Die λύγος oder ἄγνος ist die *vitex agnus castus*: HORT, Theophrastus, Enquiry into Plants, Bd. 2, S. 437.
[81] PAUS. 6,24,7, OVID. Met. 10,512. Der Granatapfel war in Zypern heilig: ATHEN. 84c. In Boiai (Lakonien) war die Myrte der Artemis Soteira, der „Retterin" der Gebärenden, heilig (siehe unten S. 223): PAUS. 3,22,12.
[82] DIOSK. MED. 1,134, PLIN. nat. hist. 24,59—60. [83] PAUS. 3,16,11.
[84] Schol. EURIP. Hipp. 73 (lies λύγῳ statt λόγῳ). [85] PAUS. 7,4,4.
[86] PLIN. nat. hist. 21,118. Die Samenkörner wurden in gerösteter Form verzehrt, um die Monatsblutung zu stillen. Der κύπειρος ist der *cyperus longus*: HORT, a. a. O., Bd. 2, S. 461. [87] PLIN. nat. hist. 21,148, ATHEN. 678a.
[88] ALKMAN 24. [89] VARRO ap. AUGUSTIN. de civ. dei 7,2.
[90] FARNELL, Cults of the Greek States, Bd. 1, S. 196, Bd. 2, S. 444, 655—656.
[91] ROSCHER, Lexikon etc., Bd. 2, Sp. 1342—1343, 1345.
[92] HELIOD. HIST. fr. 2 = FHG 4,425, vgl. FARNELL, a. a. O., Bd. 1, S. 327.
[93] PAUS. 6,14,6, PHILOSTR. vita Apollon. Tyan. 4,28.
[94] PAUS. 2,17,4. Bei Statuetten aus dem Heraion an der Mündung des Sele in Lukanien trägt Hera ein Körbchen mit Granatäpfeln: ZANOTTI-BIANCO, „Archæological Discoveries in Sicily and Magna Græcia", JHS 57, 1937, 244; siehe ferner G. W. ELDERKIN, „The Marriage of Zeus and Hera", AJA 41, 1937, 429—431, BOSSERT, „Die Beschwörung einer Krankheit in der Sprache von Kreta", OL 34,1931,327.

Kräutermagie

Die Frucht des Granatapfels ist von leuchtend roter Färbung. Das gleiche gilt auch von seinem Samen (*kókkos*), aus dem man gewöhnlich einen Farbstoff gewann, von dem das griechische Wort für Scharlach abgeleitet ist (*kókkinos*).[95] Der Granatapfel sollte das Blut versinnbildlichen. Das ist zwar die gängige Auffassung, doch wird dabei die wirkliche Bedeutung des Symbols übersehen. Gewöhnlich sah man darin das Sinnbild für den gewaltsam herbeigeführten Tod.[96] Das ist zweifelsfrei für gewisse Fälle völlig richtig. So soll diese Pflanze aus dem Blute des Dionysos gesprossen sein, als er von den Titanen erschlagen wurde.[97] Ferner erblühte sie auch über dem Leichnam des Selbstmörders Menoikeus und wurde von den Erinyen auf das Grab des Eteokles gepflanzt, dessen Tod sie verursacht hatten.[98] Wenn man von Granatäpfeln träumte, so deutete das auf Wunden hin, die man empfangen sollte.[99] Bei allen diesen genannten Beispielen handelt es sich aber nur um abgeleitete Zuordnungen. Die Verwendung des Granatapfels als Heilmittel bei der Menstruation und der Schwangerschaft[100] deutet darauf hin, daß er in der Hand Demeters die gleiche Bedeutung wie der Mohn besaß, der ausdrücklich als Symbol der Fruchtbarkeit bezeichnet wird.[101] In den Eleusinischen Mysterien sowie den arkadischen Mysterien zu Ehren der Despoina (Persephone) war er in Anspielung auf ein wohlbekanntes Ereignis aus der Persephone-Sage, die wir sogleich näher untersuchen wollen, mit einem Tabu belegt.[102] In Athen mußten sich die an den Thesmophorien teilnehmenden Frauen des Granatapfels und auch des Geschlechtsverkehrs enthalten. Sie schliefen jede Nacht auf einem Lager aus Weidenzweigen, die die doppelte Wirkung besaßen, einmal den Geschlechtstrieb zu unterdrücken und zum anderen die Schlangen zu verscheuchen.[103] Da die Frauen sich der Weidenzweige als Gegenmittel gegen geschlechtliche Regungen bedienten, müssen

Abb. 10. Göttin mit Granatapfel: attische Statue

---

[95] STRAB. 13,4,14. Es gibt zwei Spielarten, eine rote und eine weiße, und es war vermutlich die letztere, die zum Stillen der Monatsblutung verwandt wurde. Dem läge das noch heute auf dem Balkan beobachtete Prinzip zugrunde, daß rote Blumen stets zu Blutflüssen anregen: KEMP, Healing Ritual, S. 37; siehe ferner MCKENZIE, The Infancy of Medicine, S. 247—249.
[96] FRAZER, Pausanias' Description etc., Bd. 3, S. 184—185.
[97] CLEM. ALEX. Protr. 2,16.
[98] PAUS. 9,25,1, PHILOSTR. Imag. 2,29,4.
[99] ARTEMID. DALD. 1,73.
[100] PLIN. nat. hist. 23,107. 112.
[101] EUSEB. praep. evang. 3,11,6, vgl. KALLIM. Demet. 45, THEOKR. 7,155—157; EVANS, The Palace of Minos, Bd. 3, S. 458. Die mit dem Granatapfel verwandte Myrte wurde zu Kränzen gewunden, die die eleusinischen Hierophanten trugen: Schol. SOPH. Oid. Kol. 683, vgl. Schol. ARISTOPH. Ran. 330.
[102] PORPHYR. de abst. 4,16, PAUS. 8,37,7.
[103] CLEM. ALEX. Protr. 2,16, PLIN. nat. hist. 24,59, AELIAN. de nat. animal. 9,26, vgl. HESYCH. κνέωρον, OVID. Met. 10,431—435.

wir annehmen, daß sie andererseits den Genuß des Granatapfels wegen seiner stimulierenden Wirkung vermieden. Dessen Farbe war also nicht in erster Linie ein Sinnbild des im Kampfe vergossenen Blutes, sondern des Blutes der Fruchtbarkeit — des menstrualen wie des lochialen.

5. Die Thesmophorien und Arrhephorien

Der Zweck der Thesmophorien lag in der Fruchtbarmachung der Felder. Warum hüteten sich dann die Frauen vor fruchtbarmachenden Einflüssen? Die Antwort auf diese Frage wird uns zeigen, was aus einem primitiven Ritual wird, wenn seine ursprüngliche Funktion in Vergessenheit geraten ist.[104]

Das Fest fand gegen Ende des Monats Oktober statt. Einige Monate zuvor, wahrscheinlich anläßlich der Skirophorien, die im Juni oder Juli abgehalten wurden, hatten die Frauen der Demeter eine Anzahl Ferkel geopfert und sie in einer Höhle niedergelegt. Nachdem sie sich jetzt drei Tage lang von jeder Befleckung frei gehalten hatten,[105] betraten sie die Höhle erneut, klatschten in die Hände, um die Schlangen zu verscheuchen, und hoben die verwesten Überreste wieder auf, um sie mit dem für die Herbstaussaat bestimmten Saatgetreide zu vermengen. Die Ferkel werden als „Sinnbilder für die Geburt des Menschen und der Feldfrüchte" bezeichnet.[106] Nach einer Sage wurde ein Hirte, der sich in der Nähe befand, als Persephone in die Unterwelt entführt wurde, samt seiner Schweineherde vom Erdboden verschlungen.[107]

Wie den Hasen, die Taube und andere den Frauen zugehörige Tiere hielt man auch das Schwein für außerordentlich fruchtbar.[108] Aus diesem Grunde war es das gegebene Symbol für die Fruchtbarkeit. Darüber hinaus konnte es aber auch an die Stelle der Frau selbst treten. Hier haben wir die Erklärung, weshalb das Wort für dieses Tier (*choîros*) in der Vulgärsprache auch die *pudenda muliebria* bezeichnen konnte.[109] Auch das Wort *kókkos* wurde in diesem Sinne verwandt.[110] Das Blut des Schweines stellte ein Surrogat für die *kathármata* der Frau, ihr Menstrual- und Lochialblut dar. Den Ursprung dieses Festes bildete die primitive Praxis, diese *kathármata* zum Zwecke der Fruchtbarmachung des Saatkorns an geheimer Stelle niederzulegen.[111] Als diese Funktion später auf das Blut des Schweines überge-

---

[104] Die Hauptquellen sind: Schol. LUKIAN. Dial. Meretr. 2,1; DEUBNER, Attische Feste, 43—66.
[105] Derselbe Brauch wurde auf demselben Fest in Abdera (DIOG. LAERT. 9,43), Sparta (HESYCH. τριήμερος) und im Isiskult in Tithoreia (PAUS. 10,32,14) beobachtet.
[106] Schol. LUKIAN. Dial. Meretr. 2,1. Dem liegt die Annahme zugrunde, daß die Vermehrung bei Menschen wie auch bei Feldfrüchten durch die Fruchtbarmachung (Initiation) der Frauen hervorgerufen würde (TALBOT, Woman's Mysteries of a Primitive People, S. 86). Daher rühren solche Doppelformen wie Damia und Auxesia (HEROD. 5,82—83), Hegemone und Karpo (PAUS. 9,35,2), Dionysos Polites und Auxites (PAUS. 8,26,1).
[107] CLEM. ALEX. Protr. 2,17.   [108] Schol. LUKIAN. Dial. Meretr. 2,1.
[109] VARRO de reb. rust. 2,4,10.   [110] HESYCH. s. v.
[111] Daß die Griechen dieselben Vorsichtsmaßnahmen wie andere Völker (siehe oben Anm. 16) bei der Vernichtung der καθάρματα, besonders der von Frauen und Epileptikern, ergriffen, geht aus PAUS. 2,31,8. 5,5,10. 8,41,2, HIPPOKR. de morb. sacr. 4, klar hervor, und ein Hinweis auf deren ursprüngliche Bedeutung ist vielleicht in dem Namen des damit verknüpften Festes, der Skirophorien, enthalten: PLIN. nat. hist. 7,63, ARISTOT. de gener. animal. 4,7,1, ATHEN. 647a. Die Volksetymologie (Schol. ARISTOPH. Ekkl. 18), die sich auf einen weißen Schirm (σκίρον = σκιάδειον) bezieht, kann als höfliche Erfindung abgetan werden.

gangen war, wurden auch die geschlechtlichen Körperfunktionen der Frau ihrer positiven Bedeutung entkleidet, als Befleckung angesehen und in den Bann getan.

Das Ritual beschränkte sich in dieser Form nicht nur auf Demeter. In einer bestimmten Nacht des Jahres pflegten zwei der Athena Polias geweihte Mädchen einen geheimen Gegenstand in einer Kiste von der Akropolis herabzutragen. Sie betraten eine Höhle, die sich am Fuß des Hügels befand, legten dort ihre Last nieder und kehrten dann mit einem anderen Gegenstand zurück, der dort bei früherer Gelegenheit abgelegt worden war.[112] Über den Inhalt der Kiste ist zwar

Abb. 11. Frau beim Opfern eines Ferkels: attisches Vasenbild

nichts bekannt, doch kann man aus der Erichthonios-Sage entnehmen, worum es sich handelte. Als dieser in Schlangengestalt zur Welt gekommen war, legte ihn Athena in eine Kiste und übergab diese den Töchtern des Kekrops mit der Maßgabe, sie nicht zu öffnen. Als sie es dennoch taten, wurden sie von Wahnsinn ergriffen und stürzten sich die Akropolis hinunter.[113] Die Schlange hat die gleiche Bedeutung wie das Schwein, und auch das Tabu hat sich auf dieselbe Weise herausgebildet.

Diese Zeremonie war unter dem Namen Arrhephoria bekannt, was nach der von Deubner gebotenen Erklärung ein „Tragen geheimer Dinge" bedeutet.[114] Ähnlich verhält es sich auch mit den Thesmophoria; denn dieses Wort bedeutet ein „Tragen der *thesmoí*". Ein *thesmós* ist etwas „Niedergelegtes", womit im allgemeinen ein „Gesetz" oder eine „Verordnung" gemeint ist. In späterer Zeit wurde diese Bezeichnung auf Demeter in ihrer Eigenschaft als Göttin der Ehe bezogen.[115] Ein

---

[112] PAUS. 1,27,2—3.
[113] APOLLOD. 3,14,6: siehe Abb. 36. Alle derartigen Erzählungen, die die Ursache des Wahnsinns in dem Anblick geheiligter Gegenstände suchen (PAUS. 3,16,9. 7,19,7, DERKYL. 7), gehen auf prädeistische Magie zurück.
[114] DEUBNER, Att. Feste, S. 9: ἀρρηφόρια = ἀρρητοφόρια (Etymol. Magn. ἀρρηφόροι), vgl. τέτραχμος (τετράδραχμος), κιόκρανον (κιονόκρανον), ἀκμόθετον (ἀκμονόθετον). Die Alternativform ἐρρηφόρια (HESYCH. ἀρρηφόροι, IG 2, 1379 bis 1385; 3,902. 916) geht auf eine Vermengung mit dem Pandrososkult (ἔρση=δρόσος) zurück: siehe S. 211—212. Die Arrhephorien fielen in den Monat Skirophorion (Etymol. Magn. s. v.) und stellen wahrscheinlich nur eine Nebenform der Skirophorien dar.
[115] DEUBNER, a. a. O., S. 44—45.

derartiges Ritual ist aber offensichtlich älter als irgendwelche Ehegesetze, außerdem bezeichnete *thesmós* auch in konkretem Sinne „eingelagerte" oder „niedergelegte" Gegenstände.[116] In unserem Falle sind das eben ursprünglich die *kathármata*. Die gemeinsame Quelle beider Feste bildete also der Fruchtbarkeitszauber der Frauen.

6. Waschungsriten

Während Demeters Rolle hauptsächlich in der Kultivierung der Getreidepflanzen bestand, war Artemis die Göttin des Waldlandes, der Sümpfe und der Wiesen:

> ... Artemis eilt pfeilfreudig über die Gipfel,
> Über Taygetos' Höh'n und des Erymanthos Gebirge,
> Freudig sich tummelnd im Lauf mit Ebern und flüchtigen Hirschen.
> Um sie spielen und jauchzen die flurdurcheilenden Nymphen,
> Töchter des donnernden Zeus, da freut im Herzen sich Leto.
> Denn vor allen leuchtet an Haupt und Antlitz die Tochter,
> Jedem sogleich erkennbar, so schön auch alle die andern.[117]

In Letrinoi befand sich an den Ufern des Alpheios ein Heiligtum der Artemis Alpheiaia. Einst verliebte sich Alpheios in die Göttin. Da er wußte, daß sie der Keuschheit angelobt war und deshalb niemals seinen Annäherungsversuchen stattgeben würde, schlich er sich heimlich an sie heran, als sie mit ihren Nymphen anläßlich eines die ganze Nacht währenden Festes im Freien weilte. Aber Artemis und ihre Gespielinnen hatten Wind von seinen Absichten bekommen und ihre Gesichter mit Schlamm bestrichen, so daß es ihm unmöglich war, sie voneinander zu unterscheiden und die richtige herauszufinden.[118] Dieser Mythos hat einen Geheimritus zur Voraussetzung, bei dem die heiratsfähigen Mädchen an den Fluß hinuntergingen und die lebenspendenden Wasser in sich aufnahmen, indem sie sich mit Schlamm bestrichen. Daß dem Alpheios heilende Wirkungen zugeschrieben wurden, zeigt sein Name, der „Fluß des Aussatzes" bedeutet (*alphós*).[119] Überhaupt war das gesamte Flußtal reich an derartigen Heilungsmöglichkeiten. Etwas weiter unterhalb von Letrinoi befand sich Lepreos, die Stadt der Aussätzigen, mit einem Heiligtum des Zeus Leukaios, des Gottes der „weißen Krankheit". In der gleichen Gegend gab es außerdem einen Bach namens Anigros mit einer Höhle, zu der Leprakranke wallfahrteten.[120]

Andere Lokalmythen sind nach dem gleichen Muster gestaltet. Leukippos von Pisa verliebte sich in Daphne. Er hüllte sich in Frauengewänder und wurde ihr Busenfreund, indem er sie und ihre Gespielinnen auf ihren Jagdzügen begleitete. Eines Tages jedoch beschlossen die Mädchen, ein Bad im Flusse Ladon zu nehmen. Als sich Leukippos weigerte, zogen sie ihm gewaltsam die Kleider vom Leibe und

---

[116] ANAKR. 58.
[117] Od. 6,102–108.
[118] PAUS. 6,22,9, vgl. TELESILL. 1.
[119] STRAB. 8,3,19, Schol. LYKOPHR. 1050–1053.
[120] PAUS. 5,5,5. 5,5,11, STRAB. 8,3,19.

Abb. 12. Mädchen am Brunnen: attisches Vasenbild

Abb. 13. Artemis und Aktaion: attisches Vasenbild

erstachen ihn, als sie sein Geschlecht erkannten.[121] Der Ladon ist ein Nebenfluß des Alpheios und entspringt an den Abhängen des Erymanthos. Ein anderes Beispiel stammt aus Boiotien. An einem heißen Sommertage befand sich die von der Jagd ermüdete Artemis in einem dicht bewaldeten Tal und nahm gerade ein Bad in der sogenannten Jungfernquelle, als sie von einem Mann, Aktaion, der mit seinen Jagdhunden in die gleiche Gegend verschlagen worden war, entdeckt wurde.

[121] PAUS. 8,20,3.

12 Thomson, Frühgeschichte

Um ihn zu hindern, das Geschaute weiterzuerzählen, verwandelte ihn die Göttin in eine Hirschkuh, die sogleich von den Hunden zerrissen wurde.[122]

Über das gesamte griechische Gebiet verstreut gab es Quellen und Bäche, die Parthenia oder Parthenios hießen.[123] Die Mädchen pflegten an solchen Stellen zu baden, um sich vor der Teilnahme an religiösen Festlichkeiten zu reinigen.[124] Auch war es Sitte, daß Bräute vor der Hochzeitsfeier entweder in einem am Orte gelegenen Flusse selbst oder wenigstens in dem Wasser badeten, das aus ihm geschöpft worden war.[125] Alle derartigen Bräuche gehen auf die Initiationszeremonien zurück.[126] Der Akt des Eintauchens in Wasser diente ursprünglich dazu, die Mädchen bei ihrer ersten Menstruation zu reinigen und sie zugleich fruchtbar zu machen. Das Hochzeitswasser wurde als „lebenspendend" bezeichnet und sollte gleichfalls diese Wirkung besitzen.[127] In der Troas drückten sich die Bräute noch bestimmter aus. Wenn sie im Skamandros badeten, pflegten sie den Flußgott mit folgenden Worten anzurufen: „Skamandros, nimm mir meine Jungfräulichkeit!"[128] Daraus geht hervor, daß man auch in Griechenland wie in anderen Ländern einst der Ansicht war, das Mädchen würde in Wahrheit von den Wassern geschwängert. Es ist somit ziemlich deutlich, daß diese Mädchen, die nach ihrem Bade in den Brautstand treten, das menschliche Vorbild für die Nymphen liefern, die ja der Wortbedeutung nach „Bräute" (*nymphai*) der Flußgötter sind und ihnen heroische Söhne gebären.

7. Die Töchter des Proitos

Der Bach Anigros, an den sich die Leprakranken zurückzogen, war in älterer Zeit unter dem Namen Minyeios bekannt. Das ist der gleiche Wasserlauf, in dem Melampus die Töchter des Proitos gereinigt und dadurch von ihrem Wahnsinn geheilt hatte (Seite 148 und 153). Wir können nun etwas tiefer in das hinter diesem Mythos liegende Ritual eindringen.[129]

Die Mädchen wurden wahnsinnig, „als sie die Reife erlangten",[130] das heißt also bei ihrer ersten Menstruation. Nach der einen Darstellung brachte sie Dionysos um

---

[122] HYGIN. fab. 181. Ebenso erschoß Artemis auf dem Berge Pholoe in Arkadien Buphagos, der sie zu vergewaltigen versucht hatte: PAUS. 8,27,17.
[123] PAUS. 6,21,7, STRAB. 8,3,32. 10,2,17, Hom. Hymn. 2,99 usw.
[124] PLUT. Mor. 771f, 772b, vgl. ARISTOPH. Lys. 913. Daher rühren Lokalmythen von der Art, wie sie aus Haliartos berichtet werden, wo der Säugling Dionysos von seinen Ammen in der Quelle von Kissusa gewaschen worden sein soll: PLUT. Lys. 28, vgl. PAUS. 9,20,4, und siehe ferner G. THOMSON, Aischylos und Athen, S. 153—154. In Messenien wurden die von der Geburt des Zeuskindes stammenden καθάρματα von den Nymphen in den Fluß Neda geworfen, wo die Kinder von Phigalia — wahrscheinlich zum Zeitpunkt ihrer Reife — ihr Haupthaar der Gottheit zu weihen pflegten: PAUS. 8,41,2, vgl. 8,28,2 und 1,43,4, POLL. 3,38.
[125] THUK. 2,15,5, POLL. 3,43, EURIP. Phoin. 344—348. HARPOKRAT. λουτροφόρος, PLUT. Mor. 772b.
[126] EARTHY, a. a. O., S. 167: „Jede Körperwaschung trägt mehr oder weniger zeremoniellen Charakter. ... Sie ist eine Art Reinigung von der moralischen Befleckung durch Krankheit, Tod oder Verlust von Angehörigen. ... Erkrankte Personen pflegen sich erst nach ihrer Gesundung wieder zu waschen." Die Dardaneis (Illyrien) pflegten sich nur dreimal im Leben einer Waschung zu unterziehen: bei der Geburt, der Hochzeit und dem Tode (NICOL. DAM. 110).
[127] NONN. Dion. 3,89, Schol. EURIP. Phoin. 347.   [128] PS.-AISCHIN. Epist. 10,3.
[129] Dieser Abschnitt beruht großenteils auf ROSCHER, Selene und Verwandtes, S. 70—71.
[130] APOLLOD. 2,2,2, HESIOD. fr. 27 = STRAB. 8,6,6.

ihren Verstand, nach einer anderen war es Hera. Dionysos kam aus nördlicher Richtung und wurde eben von diesem Melampus nach Herodots Zeugnis bei den Griechen eingeführt.[131] Das gestattet den Schluß, daß die peloponnesischen Agriania einem älteren gleichartigen Kult aufgepfropft worden waren. Nach der zweiten Version wurden die Mädchen deshalb vom Wahnsinn ergriffen, weil sie Heras Gold gestohlen hatten.[132] Wir erinnern uns, daß Angelos dieser Göttin die Schminke geraubt hatte (Seite 163). Schließlich wurden die Mädchen in Kühe verwandelt.[133] Wie ich schon erwähnte, erlangten sie ihre Gesundheit durch ein Bad im Anigros oder Minyeios wieder, und Melampus warf nach ihrer Reinigung die *kathármata* in das Wasser.[134] Nach einer dritten Variante reinigte er sie in der Nähe von Lusoi in einem Heiligtum der Artemis Lusia, der Badenden Artemis.[135]

Worin bestand nun ihr Leiden? Die Beantwortung dieser Frage wird nur dadurch erschwert, daß in der primitiven Heilkunde Krankheiten, die man heute zu unterscheiden gelernt hat, noch unter einem gemeinsamen Namen erscheinen. Die Lepra ist zwar von der Epilepsie verschieden, doch haben beide im naturwüchsigen Denken vieles miteinander gemeinsam. Der Leprakranke wurde wegen der Ansteckungsgefahr aus der Gemeinschaft ausgeschlossen. Wenn andererseits der Epileptiker spürte, daß ihm ein Anfall bevorstand, lief er ins Freie und sogar in die Wildnis.[136] Wollte daher Aischylos den physischen Zustand eines von den Erinyen Verfolgten schildern, so verband er die Symptome beider Krankheiten.[137] Ferner glaubte man, der Fallsüchtige sei von einem wilden Tier besessen.[138] Daraus erklärt sich die Verwandlung der Proitiden in Kuhgestalt. Derartige therianthropische Trugbilder, die eigentlich Symptome der Schizophrenie darstellen, finden sich bei zivilisierten Völkern selten, treten dagegen bei Wilden, die noch in einer totemistischen Psychologie befangen sind, recht häufig auf.[139] Des weiteren glaubten die Griechen, daß die Epilepsie bei den Frauen durch den Verschluß der Gebärmutter, der die Menstruation verhinderte, hervorgerufen wurde.[140] Damit befanden sie sich natürlich im Irrtum, denn ein derartiger Zustand kann wohl zur Hysterie, doch niemals zur Epilepsie führen. Aber wegen der ähnlichen Symptome wurden beide Leiden gleichgesetzt, und noch lange, nachdem Hippokrates die Grundlagen für eine wissenschaftlich betriebene Medizin geschaffen hatte, hielt sich die Vorstellung, die Hysterie sei ein der Frau eigentümlicher Affekt und werde durch Verstopfung der Gebärmutter (*hystéra*) hervorgerufen.[141]

Die Vorstellung, daß einige Frauen plötzlich den Verstand verlieren und ins freie Feld laufen könnten, erscheint unserem Begriffsvermögen zwar phantastisch,

---

[131] HEROD. 2,49. [132] SERV. ad VERG. Ekl. 6,48.
[133] PROB. ad VERG. Ekl. 6,48.
[134] PAUS. 5,5,10.
[135] PAUS. 8,18,8, vgl. 2,7,8.
[136] HIPPOKR. de morb. sacr. 4.
[137] AISCH. Choeph. 277—295.
[138] HIPPOKR. de morb. sacr. 4: daher rührt ihr Name θεία νόσος (ARET. SD 1,4), „heilige Krankheit"; JUNOD, The Life of a South African Tribe, Bd. 2, S. 479.
[139] ROSCHER, Selene und Verwandtes, S. 71, FRAZER, Pausanias's Description of Greece, Bd. 5, S. 381—383, BLEULER, Lehrbuch der Psychiatrie, S. 105.
[140] GALEN. 11,165. [141] ARISTOT. de gener. animal. 4,7,6.

doch wird unsere Zweifelsucht sehr bald durch das Studium der primitiven Psychologie zersteut.[142] Den Griechen galt das keineswegs als phantastisch. Uns sind Fälle von Massenhysterie aus Sparta und Lokroi Epizephyrioi bekannt, wo beide Male Frauen die Opfer waren.[143] In Sparta heilte sie ein Medizinmann namens Bakis, der sich dabei auf Instruktionen des delphischen Orakels stützte. In Lokroi pflegten sie ruhig bei der Mahlzeit zu sitzen und dann plötzlich, wie einer überirdischen Stimme gehorchend, in Raserei aufzuspringen und aus der Stadt zu laufen. Ihre Heilung erfolgte, als sie Paiane zu Ehren des Apollon absangen.

Es gibt noch andere Elemente in den Agriania, die wir bisher noch nicht erwähnt haben, wie den Kindermord und die Verfolgung und Tötung der beim Lauf Zurückbleibenden. Das soll einem späteren Stadium unserer Untersuchungen vorbehalten bleiben.[144] Der hauptsächliche Sinngehalt des argeiischen Mythos ist nunmehr dargelegt. Es handelt sich um eine Widerspiegelung des Schreckens, der durch den Zauber verursacht wird, welcher den physiologischen Vorgängen im weiblichen Körper anhaftet.

8. Griechische Göttinnen und der Mond

Es ist jetzt schon ein halbes Jahrhundert her, seit Roscher nach einer gründlichen Zusammenstellung der Materialien zu dem Schluß gelangte, daß buchstäblich alle griechischen Göttinnen in erster Linie Mondgottheiten darstellten.[145] Doch finden seine Ansichten keine allgemeine Billigung. Seine Gegner, Farnell an der Spitze, werfen ihm vor, daß er seine Folgerungen weitgehend aus den Angaben hellenistischer Quellen zieht, die einer Zeit angehören, als die griechische Religion starken orientalischen Einflüssen ausgesetzt war. Die Kontroverse ist bisher noch nicht beigelegt und wird auch nicht eher zu Ende geführt werden, als bis sich die Erforscher der griechischen Religion zu einer wirklich wissenschaftlichen Methode verstehen werden.

Nicht alle der von Roscher benutzten Quellen stammen aus später Zeit, und selbst diese besitzen größeren Wert, als Farnell zugeben will. Es läßt sich nicht bestreiten, daß bei der Auflösung der griechischen Stadtstaaten und ihrem Aufgehen in den kosmopolitischen Riesenreichen der Makedonen und Römer orientalische Kulte in großer Zahl ins Land strömten, doch hatten diese größtenteils letztlich den gleichen Ursprung wie die griechischen. Die prähistorische Religion Anatoliens und der Ägäis, die von Anbeginn babylonischen und ägyptischen Einflüssen ausgesetzt war, entwickelte sich in Griechenland in verschiedenen Richtungen,

---

[142] FRAZER, Apollodorus, S. 147 zitiert aus I. H. N. EVANS, The Negritos of Malaya: „Ein männlicher Angehöriger der Jukun beklagte sich in meiner Gegenwart über eine seltsame Angelegenheit ... daß alle Frauen seiner Ansiedlung wiederholt von einer Art Wahnsinn — wahrscheinlich einer Art von Hysterie — ergriffen würden und singend in den Dschungel liefen, jede Frau für sich allein, sich dort mehrere Tage und Nächte aufhielten und schließlich fast nackt oder mit zerfetzter Kleidung zurückkehrten ... Eine Frau mache damit den Anfang und alle übrigen schlössen sich ihr daraufhin an."

[143] Schol. ARISTOPH. Av. 962, ARISTOX. fr. 36.

[144] Siehe G. THOMSON, Aischylos und Athen, S. 151—153.

[145] ROSCHER, Selene und Verwandtes.

die jeweils durch das Eigenleben der Stadtstaaten bestimmt wurden. Infolgedessen brach mit dem Verlust der Unabhängigkeit auch der religiöse Überbau dieser Stadtstaaten zusammen, so daß die Griechen aufs neue den Einflüssen der weniger differenzierten Kulte Anatoliens und des Ostens ausgesetzt waren. Auf diese Weise wurde der Boden für die mystische Eschatologie der späteren Orphiker und Neuplatoniker vorbereitet, eine Lehre, die trotz der feineren Ausgestaltung durch Einführung spekulativer Neuerungen wissenschaftsfeindlich und verlogen blieb und im Grunde nichts anderes als eine Neuauflage einiger der primitivsten Elemente der altgriechischen Religion darstellte.

Die Schwäche der Position Roschers besteht nicht in der Auswahl seiner Quellen, sondern in seiner Behandlung der Mondverehrung als eines „Dinges an sich", das man ohne Bezugnahme auf das Gefüge einer primitiven Gesellschaft untersuchen könne. Die lunaren Assoziationen, die nahezu allen griechischen Göttinnen und vielen Göttern eigen sind, stellen Überreste aus einer Zeit dar, in der man glaubte, das Leben einer Frau werde durch den Mond gelenkt.

Bei Hekate, der Göttin der Zauberei, tritt die Verbindung zum Mond am offensten zutage. War am Monatsende der Mond am Himmel verschwunden, so pflegte die griechische Hausfrau im ganzen Hause den Fußboden zu fegen und den Kehricht an einen Kreuzweg zu bringen. Dort warf sie ihn mit abgewendetem Gesicht fort und trat dann den Heimweg an, ohne sich einmal dabei umzusehen. Solche Müllablagerungen waren unter dem Namen „Hekates Nachtmahl" bekannt.[146] Dem lag die Vorstellung zugrunde, daß die beim Auskehren mit aufgenommenen menschlichen Exkremente mit Zauberkraft geladen und daher gefahrbringend seien. Eine vergleichende Analyse der Zeugnisse führt unausweichlich zu dieser Interpretation, die außerdem noch durch direkte griechische Quellen bestätigt wird. Auf einer Inschrift aus Iulis (Keos) ist ein Gesetz aufgezeichnet, durch das die Leichenbegängnisse geregelt werden. Nachdem darin das Verbot ausgesprochen wird, Totenfeiern am letzten Tage des Monats abzuhalten — Katholiken nennen das heute noch „Monatserinnerung" —, erklärt es das Gesetz als Verstoß gegen die guten Sitten, den Kehricht des Hauses auf die Gräber zu werfen.[147] Aus dem ausdrücklichen Verbot geht hervor, daß diese Praktiken einst gang und gebe gewesen waren. Sie waren aus der Annahme entstanden, daß diese monatlich vorgenommenen Kehrichtablagerungen dem Toten die Wiedergeburt erleichterten.

Am sechzehnten jedes Monats, gleich nach Vollmond, pflegten die Frauen zu den Kreuzwegen zu gehen und dort Hekate runde, mit Kerzen bestecke Kuchen darzubringen, die sie „Leuchter" (*amphiphôntes*) nannten.[148] Sie verfolgten damit die Absicht, das Mondlicht vor dem Schwinden zu bewahren. Auch der Artemis

---

[146] HARPOKRAT. ὀξυθύμια, Schol. AISCH. Choeph. 97, PLUT. Mor. 708—709, Schol. ARISTOPH. Plut. 594, POLL. 5,163, THEOPHR. Char. 16,7, ATHEN. 325 a.
[147] SIG 1218,22.
[148] ATHEN. 645a, PHOT. ἀμφιφῶν. In Athen entwickelte sich dieser Ritus zu einer Gedenkfeier an die Schlacht von Salamis, die am 16. des Monats Munychion stattfand (PLUT. Mor. 349f), genauso wie in England Allerheiligen mit der Erinnerung an die Pulververschwörung des Guy Fawkes zusammengelegt wurde: siehe ferner JEANMAIRE, Couroi et Courètes, S. 398—399.

wurden solche „Leuchter" dargebracht.¹⁴⁹ Das ist nur eine von den zahlreichen Gemeinsamkeiten, die zwischen diesen beiden Göttinnen bestehen. Aischylos, ein weder später noch zweifelhafter Gewährsmann, spricht vom Monde als dem „Auge der Tochter Letos" und behandelt an anderer Stelle Hekate und Artemis als eine einzige Geburtsgöttin.¹⁵⁰ Hekate heißt ursprünglich einfach Artemis Hekate, Schwester des Apollon Hekatos, und ist die Göttin, die ihre Pfeile oder die Wehen der Gebärenden „von weit her versendet".¹⁵¹ Beide Göttinnen tragen auch die Bezeichnung *trioditis*, was sich auf die Kreuzwege bezieht, an denen sich „drei Wege treffen", und *triprósopos*, die „Dreigesichtige".¹⁵² Da sich das Kreuzwegritual auf den Mond bezog, glaubte man auch in den drei Wegen die drei Mondphasen wiederzuerkennen. „Der Mond", sagt Porphyrios, „ist eigentlich Hekate; sie symbolisiert seine drei Phasen und die von ihm verliehenen Kräfte: aus diesem Grunde stellt sich ihr Einfluß in dreifacher Gestalt dar."¹⁵³ Porphyrios war ein aus Syrien stammender Neuplatoniker und lebte im dritten Jahrhundert d. Z., doch mehr als tausend Jahre zuvor hatte Hesiod bereits erzählt, wie Hekate „einen Anteil an Erde, Himmel und Meer" erhalten hatte.¹⁵⁴ Die Vorstellung von einer dreifaltigen Hekate war also weit älter als der Neuplatonismus.

Abb. 14
Dreigesichtige Hekate: Gemme

In der orphischen Literatur werden die drei Mondphasen in verschiedener Weise interpretiert. „An den ersten drei Tagen", so lesen wir bei einem Autor, „wird der Mond Selene genannt; am sechsten erhält er den Namen Artemis, am fünfzehnten ist er dann Hekate."¹⁵⁵ — „Wenn er sich oberhalb der Erde befindet", heißt es bei einem anderen, „trägt er den Namen Selene; befindet er sich innerhalb der Erde, nennt man ihn Artemis; ist er aber darunter, so heißt er Persephone."¹⁵⁶ Handelt es sich hier auch um späte Belege, so reichten sie doch eine altererbte Tradition weiter. Epicharmos setzte Persephone mit dem Monde gleich, da sich beide eine Zeitlang unterhalb der Erde befänden.¹⁵⁷ Dieser Autor lebte im sechsten

---

[149] In diesem Ritual wurden Hekate und Artemis miteinander gleichgesetzt: Schol. ARISTOPH. Pl. 594. Wegen ihrer Gestalt als „Mond" bezeichnete Kuchen wurden Selene, Hekate, Artemis und Apollon dargebracht: POLL. 6,76.
[150] AISCH. fr. 170, vgl. EURIP. Phoin. 109—110; AISCH. Hiket. 684—685. FARNELL verwarf dieses Zeugnis als eine „irrige Auffassung" (Cults of the Greek States, Bd. 2, S. 460). Das ist gewiß eine merkwürdige Art, an das Studium der griechischen Religion heranzugehen. An anderer Stelle hält AISCHYLOS die Göttin Artemis „irrigerweise" für eine Tochter Demeters: AISCH. fr. 333, vgl. EURIP. Ion. 1048.
[151] Hom. Hymn. 9,2,6, Il. 5,53. 7,83, Hom. Hymn. 3,277, Il. 1,14 etc., vgl. THEOKR. 27,27. Zur anatolischen Herkunft der Hekate siehe NILSSON, Griechische Feste mit Ausschluß der attischen, S. 397, ders., Primitive Time Reckoning, S. 368. Der Name ist höchstwahrscheinlich nichtgriechisch, da die griechische Deutung sekundär ist.
[152] Orphica Hymn. Mag. 3,8. 5,25 ABEL, ATHEN. 325a, CHARIKL. 1, BERGK PLG 3, 682; siehe Abb. 14.
[153] PORPHYR. ap. EUSEB. praep. evang. 3,11, 32.
[154] HESIOD. Theog. 427.
[155] Schol. EURIP. Med. 396.
[156] SERV. ad VERG. Aen. 4,511.   [157] EPICH. 54, vgl. SERV. ad VERG. Georg. 1,39, CIC. de nat. deor. 2,27,68

Jahrhundert v.d.Z. In der Tat ist diese Gleichsetzung schon in dem homerischen Hymnos auf Demeter enthalten. Es ist Hekate, an deren Ohr die Schreie der geraubten Persephone dringen (Augenzeuge der Entführungsszene ist nur die Sonne); es ist weiter Hekate, die die untröstliche Demeter aufsucht, um ihr das Gehörte mitzuteilen, und es ist wiederum Hekate, die das auferstandene Mädchen in ihre Arme schließt, um dann als treusorgende Dienerin an ihrer Seite zu bleiben.[158] Wer ist Persephone eigentlich? Was will die sie umrankende Sage, die seitdem von vielen Dichtern gestaltet worden ist, wirklich aussagen?

9. Der Raub der Persephone

Die Höhle, in die die Frauen ihre beim Thesmophorienfest geopferten Ferkel warfen, wurde *mégaron* genannt. Mit diesem Wort wurden überall die Höhlen bezeichnet, die der Demeter und der Persephone heilig waren.[159] Es konnte sich aber auch auf ein Haus oder einen Palast beziehen. In diesem Sinne verwendet es Homer. Auch die Kluft, in der Hades mit der geraubten Persephone verschwand, war ein *mégaron*.[160]

Die ältesten Heiligtümer, aber auch die ältesten Wohnstätten bestanden aus solchen Höhlen.[161] Das entnehmen wir der griechischen Überlieferung, die durch die archäologischen Funde bestätigt wird.[162] Höhleneingänge und Abris dienten im paläolithischen Europa als Wohnstätten, während die eigentlichen Höhlen als Heiligtümer Verwendung fanden. Als sie im Neolithikum aufgehört hatten, als Unterkunft zu dienen, blieben sie noch weiterhin als Heiligtümer, Grabstätten und Kornspeicher in Gebrauch. In Griechenland haben diese Höhlenheiligtümer viele minoische Überreste gezeitigt, so besonders die in der Nähe von Knossos gelegene Grotte von Amnisos, die in der *Odyssee* erwähnt wird.[163] Die primitivsten minoischen Gräber sind einfach Höhlen und nichts weiter. Es gab auch künstlich geschaffene Kammern, die man aus dem Erdreich aushob und mit Monolithen einfaßte.[164] Die megalithischen Denkmäler Westeuropas werden von einigen Archäologen als Nachbildungen natürlicher Höhlen angesehen.[165] Künstliche Grabmäler wurden anfangs den Höhlen nachgebildet und später in Anlehnung an die Architektur des Wohnhauses erbaut.[166] Das Grabmal war eben das Haus der Toten.

---

[158] Hom. Hymn. 2, 24—26. 47—58. 438—440.
[159] Schol. LUKIAN. Dial. Meretr. 2,1, PLUT. Mor. 378e, PAUS. 1,39,5. 3,25,9. 8,37,8. 9,8,1, CLEM. ALEX. Protr. 2,14, EUSTATH. ad Od. 1,27, PHOT. μάγαρον. Die Steinkreise, die dem gleichen Zwecke dienten (PAUS. 2,34,10. 2,36,7), waren zweifellos künstliche μέγαρα.
[160] Hom. Hymn. 2,379.
[161] PORPHYR. de antr. nymph. 20, PS.-LUKIAN. Amor. 34.
[162] CHILDE, Dawn of European Civilisation, S. 4, 221, 231, 285 usw., BURKITT, Prehistory, S. 90—91, 161.
[163] Od. 19,188; NILSSON, Mycenæan Minoan Religion, S. 50—71. Diese Höhlen, ausstaffiert mit Statuetten und anderen rituellen Gegenständen, regten zu der traditionellen Beschreibung der Nymphengrotte an, wie sie Od. 13, 102—112 zu finden ist. Vgl. auch Od. 12,317, LONGOS 1,4.
[164] CHILDE, a.a.O., S. 50—51, 67.   [165] CHILDE, a.a.O., S. 50—51, 209.
[166] A. J. EVANS, The Palace of Minos, Bd. 1, S. 72, PENDLEBURY, The Archæology of Crete, S. 63, XANTHUDIDES, Vaulted Tombs of Mesará, S. 135.

In Anatolien hoben die Phryger — wie wahrscheinlich auch schon vor ihnen die Hethiter — in natürlich entstandenen Erdwällen Gruben aus, stützten sie mit Holzstempeln ab und benutzten sie als Unterkünfte zum Schutz vor Hitze und Kälte.[167] Ähnliche Gruben, die als Kornspeicher Verwendung fanden und in die man mittels einer Leiter hinabstieg, entdeckte man in reicher Zahl in Kappadokien, Armenien, Italien, Deutschland, Libyen und Spanien. Im Lateinischen werden sie „Brunnen" (*putei*) genannt. Varro berichtet, daß sich Getreide, das man in einer derartigen, gut verschlossenen Grube lagerte, viele Jahre darin halten konnte: Weizen fünfzig, Hirse mehr als hundert Jahre lang.[168]

Der römische *mundus* war von der gleichen Struktur.[169] Bei der Stadtgründung wurde in der Mitte des Geländes eine Grube ausgehoben, die der Aufnahme der Erstlingsfrüchte dienen sollte. Alljährlich, am 24. August, wurde sie geöffnet, um das Saatkorn aus der neuen Ernte aufzunehmen, und dann wieder am 8. November, wenn man ihr die Körner für die Herbstaussaat entnahm. Die anläßlich der Öffnung stattfindende Zeremonie war äußerst feierlich. Es war, als würde eine Tür zu den Geistern der Verstorbenen aufgestoßen. Jane Harrison bemerkt dazu: „Der gleiche Bau diente als Schatzkammer, Lagerhaus und Grabmal. Die Geister der Verstorbenen und das Saatgetreide wohnen von Anbeginn nebeneinander."[170]

Auch in Eleusis wurde Korn eingelagert.[171] Viele griechische Staaten pflegten die Erstlinge des Feldes der Eleusinischen Demeter zuzusenden. Dort wurden sie in unterirdischen Kammern bis zum Herbst unter Verschluß gehalten, dann herausgenommen und verkauft.[172] Zu welchem Zwecke wurden sie verkauft? Cornford bemerkt hierzu: „Sicherlich nicht, um verzehrt zu werden, sondern um, wie die *sacra* der Thesmophorien, mit dem Saatgetreide vor der Aussaat vermischt zu werden."[173] Es handelte sich ganz einfach um ein rituelles Überbleibsel des früher geübten Brauchs, das Saatkorn auf diese Weise zu speichern.

Der „Felsen der Betrübnis" in Eleusis war zu diesem Namen gekommen, weil sich Demeter weinend auf ihm niedergelassen haben soll. Er entspricht somit dem „Stein der Anrufung" von Megara, auf dem die Göttin ihre Tochter von den Toten zurückforderte (Seite 96). In den homerischen Hymnen wird der „Felsen der Betrübnis" nicht erwähnt. Dort wird von Demeter gesagt, sie sitze neben dem Jungfrauenborn.[174] Das war keine natürliche Quelle (*krēne*), sondern ein *phréar*, eine Zisterne oder künstlich geschaffene Grube wie der lateinische *puteus*. Cornford zog daraus den Schluß, der Jungfrauenborn sei eigentlich eine Kornkammer und der Felsen der Betrübnis der dazu gehörige Deckel gewesen.[175] In Anspielung auf den

---

[167] VITRUV. 2,1,5.
[168] VARRO de re rust. 1,57, XENOPH. Anab. 4,5,25, DIOD. SIC. 14,28, TAC. Germ. 16, vgl. DEMOSTH. 8,45, ARTEMID. DALD. 2,24.
[169] FOWLER, „Mundus Patet", JRS 2, 1912/13, 25–33, J. E. HARRISON, „Sophocles' Ichneutæ and the Dromenon of Kyllene and the Satyrs", in: QUIGGIN, Essays and Studies Presented to William Ridgeway", S. 136 bis 152.
[170] HARRISON, a. a. O., S. 143. Der *mundus* war dem Dis Pater und der Proserpina heilig: MACROB. Sat. 1,16, 17–18.
[171] SIG 83,11.   [172] HARRISON, a. a. O., S. 145.
[173] CORNFORD, „The Ἀπαρχαί and the Eleusinian Mysteries", QUIGGIN, a. a. O., S. 164–165.
[174] Hom. Hymn. 2,99.   [175] CORNFORD, a. a. O., S. 161.

Strauß, den Persephone vor ihrer Entführung an dieser Stelle gepflückt hatte, trug der Jungfrauenborn auch die Bezeichnung „Quell der Blumen"[176] Hier haben wir also die Stelle anzunehmen, an der die Entführung vorgenommen wurde — eine unterirdische Kornkammer, ein Totenhaus, eine Schwelle zur Unterwelt.

Die Eleusinischen Mysterien beging man im September, während die Aussaat in historischer Zeit im Oktober, in älterer Zeit aber schon einen Monat früher stattfand.[177] Da man im Monat Juni die Ernte einbrachte, wurde das Saatgetreide folglich vier Monate lang, ein Drittel des Jahres, eingelagert. Das ist gerade der Zeitraum, den Persephone nach dem Mythos in der Unterwelt verbringen muß

Aus diesen Gründen deutete Cornford den Raub der Persephone als Symbol für den Brauch, das Saatgetreide von der Ernte bis zur Aussaat in unterirdischen Gruben aufzuspeichern.[178] Die Heiligkeit, von der diese Kornkammern infolge ihrer uralten Verknüpfung mit Heiligtümern und Grabstätten umgeben waren, brachte den Glauben hervor, das auf diese Weise gelagerte Getreide werde durch die Berührung mit den Toten fruchtbar gemacht. Das Ganze fand dann seinen Niederschlag in dem Mythos von der durch Hades entführten Jungfrau, die von ihrer Mutter betrauert und schließlich unter der Bedingung freigelassen wurde, daß sie für ein Drittel jedes Jahres zu ihrem unterirdischen Liebhaber zurückkehre. Persephone ist der Geist des Saatkorns, das in die Erde gesenkt wird und zu neuem Leben erblüht.

Mit dieser Interpretation zeigt sich Cornford von seiner besten Seite — als klarsichtiger, kühner Materialist. Es verbleibt aber noch ein geringer Rest von Einzel-

Abb. 15. Persephone im Hades: attisches Vasenbild

---

[176] PAUS. 1,39,1. In der sizilischen Version war die Entführung an einer Quelle nahe Enna lokalisiert: DIOD. SIC. 5,4.
[177] PLUT. fr. 11,23. PROKL. ad HESIOD. Erga 389 = Carm. Popul. 50.   [178] CORNFORD, a. a. O., S. 157—191.

tatsachen, die durch seine Deutung nicht erklärt werden können. Auf eine Schwierigkeit hat er selbst schon verwiesen: Wenn Persephone im Herbst geraubt wurde, wie konnte sie dann Frühlingsblumen pflücken? Er erklärte dies als spätere Zutat, die „wegen der im Frühjahr erfolgenden rituellen Darstellung der Gesamtsage" beigefügt wurde.[179] Man kann ohne Schwierigkeit Parallelen dazu auffinden. Die süditalischen Griechen feierten ein Fest zu Ehren Demeters und Persephones, bei dem sich die Frauen wildwachsende Blumen pflückten, um damit ihr Haar zu schmücken.[180] Ein ähnliches Fest wurde unter dem Namen Erosantheia oder Fest der Frühlingsblumen auf dem Peloponnes begangen.[181] Woher stammt aber die Verknüpfung solcher Feste mit dem Geist des Saatkorns?

Wenden wir uns den Anfängen des homerischen Demeterhymnus zu:

> Von Demeter sing ich, der heiligen, lockigen Göttin,
> Und ihrer Tochter mit schlanken Füßen, die Aidoneus
> Mit dem Willen des Zeus, des schauenden Donnerers, raubte,
> Als sie fern von Demeter, der Göttin der schimmernden Früchte
> Und der goldenen Wehr, mit Okeanos üppigen Töchtern
> Spielte und Blumen gepflückt, Violen, Rosen und Krokos,
> Auf der Wiese so weich, und Hyazinthen und Lilien
> Und Narzissen. Die ließ, die rosige Jungfrau zu täuschen,
> Gaia sprossen auf Zeus Befehl, dem großen Umfasser
> Hades zu lieb; . . . .
> Staunend suchte die Jungfrau mit beiden Händen das schöne
> Spiel zu greifen. Da klaffte plötzlich gähnend die Erde
> Auf der nyseischen Flur; draus stürmte der große Umfasser
> Mit den unsterblichen Rossen, vielnamiger Sohn des Kronos,
> Raubte die Jungfrau, so sehr sie sich sträubte, und führte auf goldnem
> Wagen sie jammernd fort.[182]

Es gab auch andere Fassungen dieser Sage. In Megalopolis wurde sie zwar blumenpflückend dargestellt, doch standen ihr dabei Athena und Artemis zur Seite.[183] In Olympia waren zwar die Nymphen ihre Gefährtinnen, doch spielten sie dort Ball miteinander.[184] Balltänze finden sich im griechischen Ritual häufig. Der spartanische Ballkampf (*sphairomachía*) wurde von den Knaben bei der Initiation vollführt,[185] und auf der Akropolis von Athen war den Arrhephoroi, den Mädchen, die die Kiste in die Höhle am Fuß des Berges hinabtrugen (Seite 175), ein Hof für das Ballspiel vorbehalten.[186]

Wir brauchen uns nicht allzusehr in die Botanik der homerischen Hymnen zu vertiefen. Der Dichter hat seine Blumen augenscheinlich im Hinblick auf deren besondere Schönheit ausgewählt. Doch die letzte der erwähnten Blumen steht für

---

[179] CORNFORD, a. a. O., S. 166.   [180] STRAB. 6,1,5.
[181] HESYCH. ἠροσάνθεια, vgl. PAUS. 2,35,5.
[182] Hom. Hymn. 2,5–18.
[183] PAUS. 8,31,2, vgl. HYGIN fab. 146.
[184] PAUS. 5,20,3.
[185] EUSTATH. ad Od. 8,376 = FHG 2,69, PAUS. 3,14,6, vgl. KARYST. 14 = FHG 4,359, ATHEN. 14d. Ich vermute, daß diese Balltänzer einst Mädchen gewesen waren: siehe S. 220–221.
[186] PLUT. Mor. 839b.

Der Raub der Persephone

sich. Wie die Hyazinthe und der Krokus[187] war auch die Narzisse Demeter und Persephone heilig, und die diese Göttinnen anbetenden Frauen flochten sie zu Girlanden.[188] Dieses mythische Blumenpflücken beruht also auf der Kräutermagie. In jedem Frühjahr zogen die Frauen auf die Wiesen hinaus, um dort Pflanzen zu sammeln, aus denen sie ihre Farbstoffe, Medikamente und Zaubermittel gewannen. Weit davon entfernt, zu den späten Erfindungen zu gehören, gehört dieser Teil des Mythos im Gegenteil gerade zu dem ältesten Überlieferungsgut; denn die Kräutermagie ist älter als der Feldbau.

Im Hymnos wird die Entführung als eine Raubehe beschrieben — eine patriarchalische Art der Verbindung, durch die zum Ausdruck gebracht wird, daß die Braut dem Gatten folgen muß. Wo blieb aber in diesem Falle der Vater des Mädchens, und warum kam er nicht zur Hilfe? Ihr Vater soll Zeus gewesen sein, doch geht das aus dem Hymnos nicht hervor.[189] In Wahrheit ist Persephone ursprünglich vaterlos, wie auch schon Demeter. Den Namen erhielt sie von ihrer Mutter Rhea, die ihr auch versprochen hatte, ihr zu Ehren Mysterien zu stiften.[190] Ähnlich verhält es sich auch in Eleusis, wo sie von der Königin in den Palast eingeladen und gastlich aufgenommen wird.[191] Der Mythos steht somit vor einem matriarchalischen Hintergrund. Damit will ich keineswegs behaupten, daß die Hochzeitsfeier eine späte Zutat darstellt, sondern nur, daß sie hier der Form nach verändert worden ist. Zu den Eleusinischen Mysterien gehörte eine Heilige Hochzeit des Hierophanten und der Hohenpriesterin.[192] Leider fehlen uns hierzu die Einzelheiten. Bei den phrygischen Mysterien des Sabazios, die wahrscheinlich aus den zu Ehren der hethitischen Muttergöttin abgehaltenen hervorgegangen sind, ließ die Priesterin eine goldene Schlange durch ihr Gewand auf den Boden gleiten — den „Gott durch den Busen".[193] Hier haben wir die echte matriarchalische Form der Zeremonie vor uns, die aber, wie wir annehmen müssen, ursprünglich nicht mit einer aus Gold künstlich gefertigten Schlange und innerhalb eines Tempels, sondern in einem jener prähistorischen Höhlenheiligtümer vorgenommen wurde, in denen Schlangen im Überfluß vorhanden sind.

Hekate hörte zwar die Schreie des geraubten Mädchens, konnte aber die Entführung nicht mit eigenen Augen beobachten. Sie war zu der Zeit gerade in ihrer Höhle und blieb damit unsichtbar.[194] Sie erschien erst nach Ablauf von neun Tagen und trug eine Fackel in der Hand.[195] In der Zwischenzeit war Demeter beständig auf der Suche nach ihrer Tochter und rief an den Kreuzwegen nach ihr (Seite 94—96).

---

[187] HESYCH. δαμάτριον, PAUS. 2,35,5, SOPH. Oid. Kol. 683—685. Man glaubt, daß die Hyazinthe den Eintritt der Pubertät beschleunigen könne: PLIN. nat. hist. 21,170.
[188] SOPH. Oid. Kol. 683—685.
[189] HESIOD. Theog. 912—913.
[190] Hom. Hymn. 2,122. 459—469.
[191] Hom. Hymn. 2,169—230. Im Kern bestanden die Mysterien wahrscheinlich aus einem matriarchalischen Palastkult (DEUBNER, a. a. O., S. 88—91) gleich den S. 90—91 u. 150 besprochenen.
[192] ASTER. Hom. 10 = MIGNE 40,323, PS.-ORIGEN. Philos. 5,1 = CRUICE 170, CLEM. ALEX. Protr. 2,13. Der Frauenritus im Demeterkult von Sikyon wurde in einer „Brautkammer" vollzogen: PAUS. 2,11,3.
[193] CLEM. ALEX. Protr. 2,14. Bei einigen Persephonekulten scheint ein Ritus dieser Art einbegriffen gewesen zu sein: HEAD, Historia Numorum, S. 476.
[194] Hom. Hymn. 2,25.
[195] Hom. Hymn. 2,51—52.

Diese neun Tage, an denen Hekate unsichtbar bleibt und Demeter umherwandert, stellen die Periode des sterbenden Mondes dar, das letzte Monatsdrittel, die Zeit also, in der das Kreuzwegritual vollzogen wurde.[196] Ferner blieb ja Persephone ein Drittel des Jahres in der Unterwelt. Es scheint demnach, Epicharmos hatte gar nicht so unrecht, als er Persephone mit dem Mond identifizierte.[197]

Im Neolithikum gab es keinen Sonnenkalender. Er wurde erst viel später eingeführt, nachdem sich eine gut organisierte Priesterschaft etabliert hatte und ein offizieller Zyklus agrarischer Feste festgelegt war.[198] Selbst in Griechenland behielten die den Ahnherren gewidmeten Clankulte noch in historischer Zeit ihre lunare Basis bei (Seite 80 und 91). Gehen wir bis auf Hesiod zurück, so entdecken wir, daß bei ihm das Leben der Bauern fast ausschließlich durch den Mond geregelt wurde. Die jährlich erfolgende Lagerung des Saatgetreides war einem gleichartigen, aber primitiveren Brauch aufgepfropft worden, der nicht alljährlich, sondern allmonatlich befolgt wurde.[199]

Warum wurde Persephone von Demeter betrauert und gesucht? Nach den durch den Mythos geschaffenen Bedingungen ist ihr Verhalten durchaus natürlich, so daß die Frage überflüssig erscheinen mag. Aber in solchen Fällen muß man gerade nach *den* Tatbeständen fragen, die in der Darstellung als selbstverständlich behandelt werden. Ich glaube, daß wir die Antwort darauf einem Brauch entnehmen können, der uns von den nordamerikanischen Mohawk berichtet wird:

> Wenn eine junge Frau ihre Reife nahen fühlt, dann zieht sie sich zurück und verbirgt sich mit der gleichen Umsicht, mit der sich ein Verbrecher außerhalb der Reichweite des Gesetzes zu halten pflegt. Wird dann ihre Abwesenheit von ihrer Mutter oder anderen weiblichen Anverwandten entdeckt, so verständigen sie ihre Nachbarinnen, worauf eine Suche nach der Vermißten einsetzt. Es vergehen manchmal drei bis vier Tage, ehe das Mädchen wiedergefunden wird. Sie hungert während der ganzen Zeit und würde, davon bin ich überzeugt, eher den Tod ertragen als sich bemerkbar machen, bevor man sie gefunden hat.[200]

Bevor Persephone endlich ihr Totenhaus verlassen konnte, wurde sie verleitet, einen Granatkern zu verzehren.[201] Wir wissen bereits, was es damit für eine Bewandtnis hatte: Sie verurteilte sich dadurch selbst dazu, in regelmäßigen Abständen in die Unterwelt zurückzukehren. In der uns vorliegenden Sage handelt es sich um eine alljährlich wiederkehrende Periode von vier Monaten, doch ursprünglich war damit die Menstruationsperiode des sterbenden Mondes gemeint.

Wer ist nun Persephone? Ist sie eine Mondgöttin, wie Roscher angenommen hat? Ist sie eine Kornmagd, wie Cornford uns gezeigt hat? Ist sie die Königin der Toten, als die sie ihren antiken Anbetern galt? Sie ist alles zusammen, „Göttin, Maid

---

[196] Bei den im Westen auftretenden Formen der Thesmophorien betrug die den Frauen auferlegte Enthaltsamkeitsperiode neun Tage: OVID. Met. 10,431—435, vgl. DIOD. SIC. 5,4, Orph. fr. 47.
[197] Hom. Hymn. 2,398—400.
[198] NILSSON, Primitive Time Reckoning, S. 173, 231—232.
[199] Der Übergang wurde durch die Tatsache unterstützt, daß die Griechen in ältester Zeit nur drei Jahreszeiten kannten (NILSSON, a. a. O., S. 71—72); oder vielleicht sollten wir eher sagen, daß die drei Jahreszeiten nach dem Vorbild der drei Enneaden festgelegt wurden.
[200] D. CAMERON zitiert bei BRIFFAULT, a. a. O., Bd. 2, S. 369.   [201] Hom. Hymn. 2,371—374.

und Königin", aber sie ist ebenso eine einfache junge Frau, die Verkörperung all dessen, was die Mädchen in ihrer Gesamtheit — angefangen von den Töchtern der paläolithischen Höhlenbewohner mit ihrem tierhaften Blick und schäbigen Äußeren bis zu den nett gekleideten jungen Damen, die eine Augenweide bei den athenischen Karnevalsfeiern bildeten, — am eigenen Leibe erfahren mußten.

10. Die weibliche Statuette

Abb. 16.
Venus von Willendorf: altsteinzeitliche Statuette

Zu den ältesten noch erhaltenen Plastiken gehört ein Exemplar, das man in den Lößablagerungen des oberen Paläolithikums von Niederösterreich gefunden hat. Es ist aus einem Stück weichen Rogenstein geschnitten, elf Zentimeter groß, und stellt eine nackte Frau dar, deren Arme über der Brust verschränkt sind. Man kennt es unter dem Namen Venus von Willendorf. Den Bewunderern der Venus von Milo aus dem Louvre mag diese Bezeichnung unangemessen erscheinen, denn diese paläolithische Venus ist dick, hat ausladende Hüften und pralle Brüste und ist mit rotem Ocker bemalt.[202]

Diese weiblichen Statuetten haben sich in den neolithischen und chalkolithischen Ablagerungen Zentraleuropas, des Mittelmeerraums und des Nahen Ostens zu Hunderten angefunden und sind gewöhnlich aus Lehm gebrannt (Terrakotta), manchmal aber auch in Stein geschnitten. Obwohl weit seltener als weibliche, finden sich auch männliche Figuren, ja auch Nachbildungen von Tieren.

Aus der Phase I der Donauländischen Kultur wurden weibliche Statuetten nur in geringer Anzahl aufgefunden, dafür aber reichlicher aus der Phase II, während sie in Phase III gänzlich verschwinden. Phase III zeichnet sich durch die Entwicklung der Viehzucht und der Kriegführung aus (Seite 12).[203] Waren diese ökonomischen Veränderungen von einem Niedergang der gesellschaftlichen Stellung der Frau begleitet, wie es in der Regel auch der Fall ist, so muß man in dieser Tatsache auch die Erklärung für das Verschwinden der weiblichen Statuette suchen.[204]

Die Gumelnitakultur Rumäniens weist reiche Überreste ritueller Materialien auf. In Phase I treffen wir auf eine große Anzahl gut modellierter Tonstatuetten, die sämtlich Frauen darstellen. Auch in Phase II findet man sie noch vor, doch treten daneben auch Nachbildungen männlicher Gestalten in Verbindung mit tönernen Phalli auf. Über den Gumelnita-Ablagerungen breitet sich eine jüngere Kultur aus, die durch Streitäxte und Pfeilspitzen aus

Abb. 17. Thessalische Statuette: Terrakotta aus Sesklo

---

[202] MACALISTER, A Textbook of European Archæology, Bd. 1, S. 447, BURKITT, Prehistory, S. 222; siehe Abb. 16.
[203] CHILDE, Dawn of European Civilisation, S. 99—108.
[204] Ebd., S. 108.

Feuerstein gekennzeichnet ist. Hier sind keine weiblichen Statuetten mehr anzutreffen.[205]

Eine ähnliche Aufeinanderfolge hat sich auch für das neolithische Thessalien herausgestellt:

> Im allgemeinen bestehen die älteren Statuetten sämtlich aus gereinigtem Ton. Sie sind gewöhnlich poliert und in einigen Fällen in der Rot-auf-Weiß-Manier oder auf ähnliche Art bemalt. Die große Mehrzahl dieser menschengestaltigen Statuetten stellt Frauen dar, nur wenige sind männlichen Geschlechts. ... Die meisten dieser frühen Darstellungen des weiblichen Körpers weisen dicke Leiber auf, deren anatomische Einzelheiten stark übertrieben wiedergegeben sind. ... Sie sind sitzend oder stehend dargestellt, manchmal ruht ein Fuß dabei unter dem Körper. Die Arme hängen neben den Hüften herab, sind vor dem Leib verschränkt oder unterstützen die Brüste.[206]

Auch in der Dimini-Kultur (Thessalisch II) finden sich noch aus Stein oder Ton gefertigte Statuetten. Es tauchen dabei zwei neue Typen auf: eine sitzende Frau mit einem Säugling auf dem Arm und ein sitzender ithyphallischer Mann, dessen Hände auf seinen Knien ruhen. Ferner begegnen uns auch Tiernachbildungen. Im ganzen sind jedoch die Dimini-Statuetten weniger zahlreich und von minderwertigerer Ausführung als die der vorangegangenen Periode. Diese Rückentwicklung kann man noch im Thessalisch III verfolgen, dann aber verschwinden die Statuetten völlig von der Bildfläche.[207]

Die minoischen Statuetten wurden von Evans beschrieben. Es haben sich zwar auch Bruchstücke männlicher Figuren angefunden, doch bilden die weiblichen ebenfalls die übergroße Mehrheit. Der hier am häufigsten auftretende Typus hat seine nächsten Anverwandten in Anatolien und ist kurzleibig, untersetzt und steatopyg. Evans fügt folgende Angaben hinzu:

> Die Zeugnisse lassen darauf schließen, daß es schon im Neolithikum sowohl auf ägäischer als auch auf anatolischer Seite verwandte Abarten hockender oder sitzender weiblicher Figuren gegeben hat, die aus Ton verfertigt waren und feiste oder steatopyge Proportionen aufwiesen. Daß einer der in Stein geschnittenen Abkömmlinge dieser Statuettengattung sogar weit östlich davon am Mittellauf des Euphrats auftauchte, ist eine Erscheinung, die in Verbindung mit der Ausbreitung einer Parallelgruppe weiblicher Figuren auf einem großen Teil des semitischen Wohngebiets und sogar bis zu den Wohnsitzen der Träger der Anau-Kultur Südturkestans hin größte Aufmerksamkeit verdient. ... Zu den ältesten Exemplaren dieser orientalischen Klasse gehören die als die babylonische Muttergöttin identifizierten Tonstatuetten, die man in Nippur gefunden hat und die um 2700 v. d. Z. entstanden sind.[208]

Während sich somit die Statuetten Südosteuropas und Südwestasiens in gewissem Maße unter babylonischem Einfluß entwickelt haben, ist es offensichtlich, daß das Bildwerk der babylonischen Muttergöttin aus den gleichen Anfängen hervorgegangen sein muß. Es besteht folglich kein Grund zu der Annahme, der für das gesamte Gebiet typische Kult sei babylonischen Ursprungs gewesen.

---

[205] Ebd., S. 126—129.
[206] HANSEN, Early Civilisation in Thessaly, S. 43—44.
[207] Ebd., S. 68—71, 91; siehe Abb. 17.
[208] A. J. EVANS, The Palace of Minos, Bd. 1, S. 45, 51.

Evans fährt dann fort, daß man andererseits „die auf der Insel Kreta gefundenen primitiven Bildwerke keinesfalls von denen trennen kann, die uns in den Schreinen und Heiligtümern der großen Muttergöttin entgegentreten".[209] In Griechenland hat

Abb. 18. Minoische Statuette: Terrakotta aus Knossos

man ebenfalls eine Unzahl dieser weiblichen Figürchen gefunden, die der gesamten neolithischen und chalkolithischen Periode entstammen. Da nun die griechischen Göttinnen der historischen Zeit nachweislich mit den minoischen in Verbindung standen, sind wir zu dem Schluß genötigt, daß sie auf den gleichen neolithischen Prototyp zurückgehen.

Bei seinen Ausgrabungen in Mykene — den ersten, die in dieser Gegend unternommen wurden — stieß Schliemann auf eine große Anzahl weiblicher Statuetten. Sie sind derart roh gearbeitet, daß er sie fälschlicherweise für Nachbildungen von Rinderschädeln hielt und als Abbilder der „kuhäugigen" Hera deutete.[210] War das zwar eine irrtümliche Annahme, so kann man doch andererseits nicht daran zweifeln, daß sie in der Tat Hera versinnbildlichen sollten. In einem an der Mündung des süditalienischen Flusses Sele gelegenen Tempel der gleichen Göttin fanden sich über 200 Terrakottastatuetten, die eine Frau darstellen.[211] Sie sind erheblich jüngeren Datums und dem Stil nach völlig von den mykenischen Exemplaren verschieden, müssen aber ihren Ursprung ähnlichen Motiven verdankt haben, so daß sie ohne Zweifel Bildwerke der Göttin sind. Eines ihrer häufigsten Attribute besteht in einem mit Granatäpfeln gefüllten Korb, den sie in der Hand trägt. Archaische Statuetten hat man auch in Heraia in der Nähe von Korinth und im Artemistempel von Sparta gefunden.[212]

Übereinstimmend ist man der Ansicht, daß diese Gegenstände irgendwie mit der Förderung der Fruchtbarkeit zusammenhängen. Bei einigen Exemplaren ist dies jedenfalls unverkennbar, doch hat man sich mit dieser Feststellung begnügt. Bei dem Versuch, dieses Problem zu lösen, muß man von einigen grundsätzlichen Überlegungen ausgehen. Erstens sind solche Kulte, bei denen menschengestaltige Bildwerke eine Rolle spielen, weder auf diesen Teil der Erde noch auf die Vergangenheit überhaupt beschränkt. Da sich die Funde in ununterbrochener Folge über den

---

[209] Ebd., Bd. 1, S. 52.
[210] NILSSON, The Minoan-Mycenæan Religion, etc., S. 260–262.
[211] ZANOTTI-BIANCO, „Archæological Discoveries etc.", S. 244.
[212] H. G. G. PAYNE, Perachora, S. 197–227, DAWKINS, The Sanctuary of Artemis Orthia at Sparta, S. 145–162.

ganzen Zeitraum vom Spätpaläolithikum bis in die Eisenzeit hinein erstrecken, muß man zweitens damit rechnen, daß sie zu verschiedenen Zeiten auch verschiedenen Zwecken gedient haben. Zwischen dem ältesten und jüngsten Exemplar liegt fast die gesamte Entwicklungsgeschichte der Magie. Drittens erfordern auch die Fundorte und sonstigen Umstände besondere Aufmerksamkeit. Die meisten Funde wurden in Grabstätten gemacht; viele der späteren Exemplare müssen als Weihgaben gedient haben; denn einige weisen Durchbohrungen auf und konnten somit aufgehängt werden. In einigen Fällen sollen offensichtlich auch die Körperstellung und die Gesten etwas ganz Bestimmtes zum Ausdruck bringen. Schließlich liegt auch in der unterschiedlichen Entstehungszeit, wie sie aus den einzelnen Schichten der Donauländischen, Gumelniţa- und Thessalischen Kultur hervorgeht, ein deutlicher Hinweis, daß man diese Statuetten nur im Lichte des primitiven, von der Feldbautechnik bestimmten Matriarchats untersuchen sollte.

Auch aus den neolithischen Ablagerungen Japans hat man eine Anzahl aus Lehm geformter weiblicher Statuetten, an denen die sexuellen Merkmale stark übertrieben wiedergegeben sind, bergen können.[213] Aus Holz geschnitzte, hochstilisierte weibliche Statuetten haben sich ferner auf den Philippinen und den südöstlichen Karolinen angefunden.[214] In einigen Gegenden Afrikas spielen hölzerne Puppen im Frauenritual eine gewichtige Rolle. Gerade an dieser Stelle, wo der rituelle Zusammenhang noch erhalten ist, muß daher unsere Untersuchung einsetzen.

Wie unsere eigenen Kinder, so spielen auch die der Wilden gern mit Puppen, und auch hier handelt es wieder um ein typisches Mädchenspielzeug. Wie wir alle zugeben werden, handelt es sich beim Spiel mit Puppen um eine Vorbereitung auf die Mutterschaft. Dieses Spiel wird aber bei den Wilden mit weit größerem Ernst als in einer modernen Kinderstube betrieben. Bedauerlicherweise wissen wir nur sehr wenig darüber, da sich der männliche Wilde kaum darum bekümmert — täte er es doch, so gälte das als unschicklich —, während der männliche Anthropologe seinerseits überhaupt keine Notiz davon nimmt. Würde er sich aber doch danach erkundigen, so würde die eingeborene Frau wohl schwerlich dem weißhäutigen Universitätsprofessor die Geheimnisse anvertrauen, die sie selbst vor ihrem eigenen Gatten ängstlich hütet. Leider bietet die gesellschaftliche Stellung, die unsere Frauen einnehmen, ihnen keinen großen Anreiz, sich mit der Anthropologie zu beschäftigen. Das hat zur Folge, daß wir für den Anteil der Frau am Leben der Wilden, dessen Kenntnis für das Studium seiner Ursprünge von allerwichtigster Bedeutung ist, fast gar keine Belege besitzen. Wir sind deshalb in besonderem Maße Fräulein Earthy zu Dank verpflichtet, die uns einen umfangreichen und freimütigen Bericht über die Initiation der Mädchen aus dem südafrikanischen Stamm der Valenge geliefert hat.[215]

---

[213] MATSUMOTO, „The Stone Age People of Japan", AA 23, 1921, 58, ADAM, Primitive Art, S. 111—112. Auch auf Wohnplätzen des oberen Paläolithikums in Ostsibirien: VAYSON DE PRADENNE, La préhistoire, S. 183.
[214] BOAS, Primitive Art, S. 69, ADAM, a. a. O., S. 125.
[215] EARTHY, The Valenge Women, S. 111—124. Zum Mangel an weiblichen Sozialanthropologen siehe HAMBLY, Origins of Education among Primitive Peoples, S. 284, EHRENFELS, Mother-right in India, S. 63.

Zu Beginn des Frühjahrs erläßt der lokale Häuptling eine Verlautbarung, nach der alle Mädchen, die im vergangenen Jahr die Pubertät erreicht haben, zur Teilnahme an der Einführungsweihe aufgerufen werden. Die sich daran anschließenden Zeremonien erstrecken sich über einen ganzen Monat und stehen unter Leitung einer *nyambutsi* genannten Frau, die dieses Amt von ihrer Mutter ererbt hat. Auch die in einem besonderen Körbchen aufbewahrten Initiationssymbole sind ein Erbstück und werden von Generation zu Generation von der Mutter an die Tochter weitergereicht. Sie bestehen aus einer Trommel, einem Horn, Nachbildungen der Genitalien beider Geschlechter und männlichen und weiblichen Puppen, die alle mit rotem Ocker bemalt sind. Haben sich die Kandidatinnen versammelt, so führt am ersten Tage eine Schar bereits eingeweihter Frauen unter Anführung der *nyambutsi* einen Nackttanz auf. Dabei wird die Trommel gerührt, die ein Symbol des Mutterleibes ist. Die dabei zuschauenden Novizen werden von Schauder ergriffen und schluchzen bitterlich. Ist der Tanz vorüber, so unterziehen sich die Mädchen am Abend des gleichen Tages der Reihe nach einer Operation, bei der das Jungfernhäutchen mit dem heiligen Horn durchstoßen wird. An den folgenden Tagen erhalten sie eine systematische Unterweisung in den Tatbeständen des Geschlechtslebens. Zu diesem Zweck werden die Puppen aus dem Korb genommen und dienen zusammen mit den Nachbildungen der Genitalien als praktische Anschauungsmaterialien für den Verlauf des Geschlechtsakts. Man behandelt sie mit größter Ehrfurcht, da sich in ihnen die Wirkungskraft der Geister der Vorväter manifestieren soll. Während dieser Zeit erlernen die Novizen eine Geheimsprache und werden aufgefordert, einander zu bestehlen, ohne Gefahr zu laufen, dafür bestraft zu werden. Am Morgen des letzten Tages in diesem Monat wird der Tanz vom ersten Tage mit dem Unterschied wiederholt, daß die auftretenden Tänzerinnen jetzt mit rotem Ocker bestrichen sind. Diesmal weinen die Mädchen aber nicht mehr, sondern ersuchen die *nyambutsi*, ihren Korb ein letztes Mal zu öffnen. Ihrer Bitte wird stattgegeben, und die eingeweihten jungen Frauen umtanzen ausgelassen die Puppen, klatschen in die Hände und singen dazu:

> Erwählte Kindlein, erwählte Kindlein,
> Kindlein, wir grüßen Euch, denn ihr seid schön!

Jetzt ist alles überstanden. Die *nyambutsi* packt ihre Schätze zusammen, und die Mädchen gehen nach Hause und legen ihren Schmuck ab, den ihre Mütter dann liebevoll in einer geheimen Ecke der Hütte verstauen.

Die Magie ist eine mimetische Handlung — eine Nachschöpfung oder ein So-tun-als-ob —, und Spiele sind Sprößlinge der Magie. In der kindlichen Sphäre ist das Rollenspiel zum Selbstzweck geworden, aber im Zauber wird es mit Bewußtsein vorgenommen und ist zielgerichtet. Verfertigt ein Landmann ein wächsernes Abbild seines Widersachers und durchbohrt es dann mit Nadeln oder läßt es über dem Feuer schmelzen, so betreibt er damit eben primitive Magie. Bei den Valenge dienen die Puppen dem gleichen Zweck. Im objektiven Sinne stellen sie Geräte dar, an denen die wirkliche Ausübung des Geschlechtsaktes demonstriert wird, aber in subjektiver Hinsicht erhält die Darstellung selbst den Charakter einer magischen Vorbereitung. Man kann das magische Element nicht von der wirklich ausgeübten Technik trennen; denn es bildet ganz einfach nur den subjektiven Aspekt dazu. Nachdem die Puppen einmal vorgeführt wurden, stellen sie nicht länger mehr Mann und Frau dar, sondern sind jetzt zu Kindern geworden und haben somit das durch die Demonstration gegebene Versprechen eingelöst. Sie bringen darüber hinaus aber das weitere Versprechen zum Ausdruck, daß sich zu gegebener Zeit der ganze Vorgang im wirklichen Leben wiederholen soll.[216]

Kehren wir nun zu den Statuetten zurück, so erkennen wir an dem ursprünglichen Überwiegen der weiblichen Exemplare, daß sie anfänglich nicht dem gleichen Zweck wie die Puppen der Valenge gedient haben können. Sie führen uns in eine Zeit zurück, als man den Zusammenhang zwischen Begattung und Empfängnis noch nicht durchschaut hatte, ein Tatbestand, den man heute noch bei den auf der untersten Entwicklungsstufe lebenden Wilden beobachten kann.[217] Sie dienten einem Zauber, der sich in erster Linie auf die Menstruation und das Gebären richtete und sich später auch auf die Initiation, Hochzeit, Krankheit und Tod ausdehnte, also auf jede krisenhafte Lebenssituation, die den Zustrom von Fortpflanzungsenergie oder, anders gesprochen, die Erneuerung des Lebens erforderlich machte.

Da in den späteren Schichten neben den männlichen Figuren auch Phalli auftreten, liegt der Schluß nahe, daß diese Stufe dem Ritual der Valenge entspricht. Zwar werden die Figuren nach wie vor von und für Frauen verfertigt, doch dienen sie nunmehr als Puppen zur Darstellung des Geschlechtsakts. Die dritte Stufe wird durch die Herausbildung anthropomorpher Gottheiten gekennzeichnet und bringt uns in den zeitlich bestimmbaren Bereich der griechischen Funde. Da die Bildwerke in enger Verbindung zu einer als Frau vorgestellten Gottheit stehen, werden sie jetzt mit ihr vermengt und schließlich sogar gleichgesetzt. So wird aus der Statuette eine Kultstatue.

Abb. 19. Kykladische Marmorstatuette

Die ältesten griechischen Statuetten stammen von den Kykladen. Sie sind meist in Grabstätten gefunden worden.

[216] HIMMELHEBER, zitiert bei ADAM, a. a. O., S. 97, berichtet von der Elfenbeinküste, daß man gelegentlich sehen kann, wie eine Frau eine Puppe auf ihrem Rücken trägt, um „ihrem Körper begreiflich zu machen, daß sie ein Kind wie dieses wünscht". Wachsbildnisse der „Mutter" werden noch heutzutage in Tirol als Heilmittel gegen Unfruchtbarkeit dargebracht: MCKENZIE, The Infancy of Medicine, S. 298.
[217] Ihre Unwissenheit kann uns nicht überraschen, wenn wir uns vergegenwärtigen, daß es „bei den Eingeborenenstämmen Australiens so etwas wie eine Jungfrau nicht gibt" (SPENCER etc., Native Tribes of the Northern Territory etc., S. 25): siehe S. 232, Anm. 182. Selbst wenn man den Vorgang begriffen hat, wird der Geschlechtsakt oft einfach als das Medium angesehen, mittels dessen eine Frau durch tierische oder pflanzliche Geister geschwängert wird: KARSTEN, The Civilisation of the South American Indians, S. 427–429.

Den hervorstechendsten Typ bildet eine nackte Frau, deren Arme unter der Brust verschränkt sind.[218] Exemplare dieses Typus sind dann nach Kreta eingeführt worden, wo man sie in frühminoischen Gräbern entdeckt hat. Die mittel- und spätminoischen Statuetten zerfallen in drei Klassen: solche, die in Gräbern gefunden wurden, Votivgaben aus den Heiligtümern und kultische Idole. Bei fast allen weiblichen Exemplaren ruhen die Hände unterhalb oder vor der Brust. Manchmal ist eine Hand auch emporgehoben. Mit dieser Haltung nehmen sie die sogenannten „tanzenden Mädchen" vorweg, das sind Bronzestatuetten, die glockenförmige Röcke tragen und deren eine Hand vor die Stirn, die andere an die Taille gelegt ist. Diese Haltung nannte Nilsson die „Gebärde des Segnens." Die gleiche Stellung nehmen auch einige der aufgefundenen männlichen Exemplare ein, während bei anderen Plastiken der gleichen Art die Hände zu beiden Seiten des Brustkorbs ruhen.[219]

Abb. 20. Die „Gebärde des Segnens": Bronze aus Knossos

Nilsson teilte die mykenischen Exemplare, die man ebenfalls in Gräbern und Schreinen aufgefunden hat, in drei Typen ein. Beim ersten ist der Kopf mit einer Kappe bekleidet, und das Haar fällt locker den Rücken herab. Die Arme bilden bloße, hörnerartige Vorsprünge — hier liegt die Quelle für Schliemanns Irrtum.[220] Die Exemplare des zweiten Typus tragen keine Kappe, und auch die Arme fehlen. Beim dritten ruhen die Arme auf der Brust und sind manchmal gekreuzt.[220]

Diese Körperhaltungen tragen ohne Zweifel symbolhaften Charakter. In Aigion befand sich eine Kultstatue der Eileithyia, deren eine Hand vorgestreckt war, während die andere eine Fackel hielt.[221] Die gleiche Göttin erscheint in der gleichen Körperhaltung auch auf einem Vasenbild, das die Geburt der Athena darstellt,[222] und in einem Gedicht heißt es von Artemis, sie halte ihre Hände über einer Frau ausgestreckt, die in den Wehen liegt.[223] Farnell erklärte das als eine Geste, die den Geburtsvorgang unterstützen sollte. Wenn umgekehrt die Entbindung hinausgezögert werden sollte, wurden die Finger ineinander verflochten und damit die Hände fest geschlossen.[224]

[218] NILSSON, The Minoan-Mycenæan Religion, S. 251; siehe Abb. 19.
[219] NILSSON, a. a. O., S. 252—256; siehe Abb. 20.
[220] Ebd., S. 260—262.   [221] PAUS. 7,23,6.
[222] FARNELL, The Cults etc., Bd. 2, S. 614.
[223] Anthol. Palat. 6,271.
[224] OVID. Met. 9,292—300, PLIN. nat. hist. 28,59, vgl. ANTONIN. LIBER. 29, II. 19,119, PAUS. 9,11,3. Frauen betraten den Tempel der Iuno in Rom nur mit gelöstem Haar: OVID. Fast. 3,257—258. Es ist noch immer viel-

Nachdem wir das festgestellt haben, dürfen wir den Schluß ziehen, daß die sehr häufig dargestellte sitzende oder kauernde Stellung den eigentlichen Augenblick der Entbindung wiedergeben sollte. Wir wissen, daß sich bei den Eingeborenen die Frau dabei hinhockt oder -kniet und von den Hebammen festgehalten wird. Ferner besitzen wir einige archaische griechische Statuetten knieender Frauen, die sogenannten Eileithyiai oder Genetyllides, d. h. Geburtsgöttinnen.[225]

Bei den Jukun in Nigeria führen die Königstöchter einen sehr einfach gestalteten Regentanz auf. Die Tänzerin führt dabei die Hände zu wiederholten Malen vom Kopf zur Hüfte und umgekehrt — das ist die „Gebärde des Segnens". Diese Parallele wird dadurch um so interessanter, als man annimmt, es beständen historische Beziehungen zwischen den Priesterkönigen der Jukun und dem alten Ägypten.[226] Es liegt die Vermutung nahe, die von den Statuetten eingenommenen verschiedenartigen Körperstellungen hätten Einzelstadien eines Tanzes — des „heiligen Sangs der Eileithyia" — darstellen sollen.[227] Das würde gleichzeitig die Ansicht bestätigen, daß man in diesen Gesten nicht nur ein wirksames Mittel zur Steigerung des Ertrags an Feldfrüchten, sondern auch eine Garantie für den glücklichen Verlauf der Geburt eines Kindes gesehen habe. Weil diese Puppen in allen Wechselfällen des Lebens, also auch beim Tode, Hilfe leisten konnten, haben sie sich in derart großer Zahl in Grabstätten angefunden.

Es bleiben uns noch die in Heiligtümern niedergelegten Exemplare zu deuten, die Nilsson als Votivgaben klassifizierte. Diese Bezeichnung sollte man vorderhand vermeiden, da sie den Gang der Untersuchung beeinflußt. Ohne Zweifel handelt es sich bei vielen von ihnen, insbesondere bei denen aus den jüngeren Schichten, um Weihgeschenke, doch kann man nicht alle Opfergaben als Weihgaben bezeichnen. Außerdem müssen ihre neolithischen Vorläufer zu prädeistischen Kulten gehört haben, denen der Gedanke an eine Gabe im eigentlichen Sinne noch unbekannt gewesen ist.[228]

Die griechischen Höhlenheiligtümer haben in reichem Maße rituelle Überreste gezeigt. Ferner ist die Natur dieses Rituals aus den damit in Verbindung stehenden Überlieferungen klar ersichtlich. So kennen wir die Höhle von Amnisos, in der Hera von Eileithyia entbunden worden war,[229] ferner die verschiedenen Grotten, in denen Zeus von Rhea zur Welt gebracht worden sein soll,[230] und die zahlreichen Nymphengrotten, die es überall gegeben hatte.[231] Viele von ihnen enthalten Teiche

---

fach Brauch, in einem Hause, in dem eine Frau in den Wochen liegt, alle Knoten zu lösen und alle Schlösser zu entriegeln: FRAZER, The Golden Bough. 2. Taboo and the Perils of the Soul, S. 294—298. Bei den Batonga „darf kein Knoten ein Grab betreten" (JUNOD, The Life of a South African Tribe, Bd. 1, S. 140) — damit der Tote wieder auferstehen kann.

[225] EARTHY, The Valenge Women, S. 69. 71, ROSCOE, The Baganda, S. 51, ders., The Bakitara etc., S. 242, ders., The Bagesu and Other Tribes of the Uganda Protectorate, S. 24, vgl. HUTTON, The Sema Nagas, S. 233; FARNELL, The Cults of the Greek States, Bd. 2, S. 613—614, vgl. Hom. Hymn. 3, 116—118.

[226] MEEK, A Sudanese Kingdom, etc. S. 183, 191, 196, 202, 207.

[227] KALLIM. Del. 257, vgl. OVID. Met. 9, 300—301.

[228] Viele Grabbeigaben, die gewöhnlich als Votivgeschenke klassifiziert werden, sind wahrscheinlich Zaubermittel: KARSTEN, The Civilisation etc., S. 244—245. 251—252.

[229] Od. 19, 188, STRAB. 10, 4, 8, PAUS. 1, 18, 5.

[230] PAUS. 8, 36, 3, KALLIM. Iov. 10, vgl. APOLLON. RHOD. 4, 1130—1136.

[231] ROSCHER, Lexikon etc., Bd. 3, Sp. 509—511. 529—534.

oder Quellen. Heilige Quellen waren genau so zahlreich wie heilige Höhlen und besagen auch das gleiche wie diese. Da gibt es die Quellen, an denen Rhea nach ihrer Niederkunft gereinigt wurde,[232] ferner die sogenannten Jungfrauenquellen und solche, in denen die Mädchen vor der Teilnahme an Festlichkeiten ein Bad nahmen (Seite 176—178), außerdem noch die den Nymphen heiligen Quellen.[233] Seit unvordenklichen Zeiten bildeten diese Örtlichkeiten den Schauplatz der Frauenmysterien, die in Verbindung zur Initiation, Menstruation, Hochzeit und Geburt standen. Daher ist es auch nicht verwunderlich, daß man bei ihnen derart viele Statuetten gefunden hat.

Da die Figürchen zum Kult gehörten, wurden sie naturgemäß auch in Heiligtümern aufbewahrt, weil dort keine Gefahr bestand, daß sie Schaden erleiden oder gar selbst wegen des in ihnen enthaltenen Zaubers verursachen könnten. Als die Vorstellung von einer Göttin Gestalt angenommen hatte, wurden sie als deren Eigentum betrachtet und leiteten demgemäß auch ihre Wirkungskraft von dieser her. Umgekehrt glaubten auch die Frauen, die den Zauber der Figürchen in sich aufnahmen, indem sie mit ihnen magische Handlungen vornahmen, sie würden von der Gottheit erfüllt, ja sogar mit ihr wesensgleich.[234] Zu diesem Zeitpunkt waren die Statuetten bereits über ihre ursprüngliche Funktion hinausgewachsen und wurden jetzt unterschiedslos als Verkörperung der Göttin selbst oder zumindest ihrer Anbeterinnen angesehen. Das erleichtert uns das Verständnis dafür, daß sie als Opfergaben Verwendung finden konnten.

Ein Weihgeschenk im eigentlichen Sinne ist ein Gegenstand, der in Erfüllung eines Gelübdes dargebracht wird. Bist du in Bedrängnis geraten, so leistest du Gott das Versprechen, ihm dies oder jenes darzubringen, falls du wieder aus deiner mißlichen Lage befreit wirst. Die Gabe wird häufig im voraus entrichtet. Der Gläubige mag sich dabei schmeicheln, dies sei ein Zeichen seines großen Gottvertrauens, in Wirklichkeit gehört diese Handlungsweise jedoch einem primitiveren Entwicklungsstadium dieses Brauchs an. War das Vieh von einer Krankheit befallen, so pflegten die griechischen Bauern Abbilder von Ochsen anzufertigen und im Tempel niederzulegen: [235]

Dies sind meine Ochsen; sie halfen mir die Felder bestellen. Sie sind zwar nur aus Teig, nimm sie aber trotzdem gütigst entgegen, Demeter, und bewirke dafür, daß meine wirklichen Ochsen am Leben bleiben und mir die Felder an Garben reich machen.[236]

---

[232] PAUS. 8,28,2.
[233] ROSCHER, a. a. O., Bd. 3, Sp. 509—511.
[234] Den gleichen Vorgang kann man bei der Entwicklung der aus dem Holz des heiligen Baumes geschnitzten Bildwerke zu Porträtstatuen verfolgen. Das Bildnis der Artemis Lygodesma wurde aus dem ihr geheiligten Weidenholz verfertigt: PAUS. 3,16,11. Die alte Statue der argeiischen Hera war aus Birnenholz: PAUS. 2,17,5, vgl. PLUT. Mor. 303 a. Das Standbild des Asklepios Agnitas war aus dem Holz des ágnos: PAUS. 3,14,7. Das Anfangsstadium kann man am korinthischen Kult des Dionysos erkennen, den man vor der Errichtung einer besonderen Statue einfach als Baum verehrte: PAUS. 2,2,6.
[235] FARNELL, a. a. O., Bd. 2, S. 579.
[236] Anthol. Palat. 6,40, vgl. 55. Nach dem gleichen Grundsatz brachten Genesene Nachbildungen von Körperteilen der Gottheit zum Dank für die Heilung dar: ROUSE, Greek Votive Offerings, S. 211. Viele derartige Gegenstände hat man in den minoischen Grottenheiligtümern aufgefunden: NILSSON, The Minoan-Mycenæan Religion, S. 63, 69.

Warum wird die Göttin so billig abgespeist? Die Darbringung einer Kopie an Stelle des Originals kann man nicht durch den Hinweis erklären, es handele sich um eine Art von Sühnopfer. Hier handelt es sich vielmehr um ein Beispiel für mimetische Magie. Da es meinem Feinde gut ergeht, verfertige ich ein wächsernes Abbild von ihm und werfe es ins Feuer. Kränkelt mein Vieh, so stelle ich Nachbildungen von gesundem Vieh her. Hier liegt der Angelpunkt des Verfahrens.[237] Die Weihung eines Bildwerkes stellt sozusagen einen nachträglichen Einfall dar, der aus der Überlegung geboren wurde, es sei erforderlich, das Abbild an einem sicheren Ort niederzulegen, da es einen Zauber in sich birgt.

Genauso verhält es sich auch mit den Statuetten. Stellten sie die Anbetende selbst dar, so begab sich diese durch den Akt der Weihung unter den Schutz der Göttin. Das geschah sowohl in Zeiten wirklicher Gefahr, im Falle einer Krankheit oder bei bevorstehender Niederkunft, als auch dann, wenn die Gefahr nur in der Einbildung bestand, wie bei der Initiation, der Hochzeit oder beim Verlust eines Angehörigen. Waren diese Statuetten aber Abbilder der Göttin, so bildeten sie die angemessene Gegengabe für eine von ihr erlangte Gunstbezeigung. Wichtiger als die Interpretation des vollzogenen Aktes, die unwesentlich wurde, war der eigentliche rituelle Vorgang, die Weihung selbst, die nunmehr an die Stelle der magischen Handlung getreten war.

Auf dem Marktplatz von Troizen konnte Pausanias noch eine Reihe von Standbildern bewundern, die Frauen und Kinder darstellten und von Athenerinnen, die während des persischen Einfalls hierher evakuiert worden waren, errichtet wurden.[238] Hier liegt ein rückschauendes Motiv zugrunde, der Dank für die erfolgte Rettung. Wir wissen aber, daß auch zu Ehren abwesender oder vermißter Personen derartige Statuen errichtet wurden, um deren glückliche Heimkehr sicherzustellen.[239] Hier ist die magische Vorstellung noch in vollem Umfang erhalten. Ähnlich verfolgte man ursprünglich mit der Errichtung von Statuen Verstorbener nicht etwa die Absicht, das Andenken an sie wachzuhalten, sondern ihnen ein ewiges Leben in der Welt der abgeschiedenen Seelen zu gewährleisten.

In ganz Griechenland war es einst Brauch, für die Sieger bei athletischen Wettkämpfen sowie für die Priester bei Ablauf ihrer Amtszeit Statuen zu errichten. Auf welchem Wege der Athlet zu göttlichen Ehren gelangte, soll bei der Untersuchung der Olympischen Spiele erörtert werden. Bei Priestern und Priesterinnen leitete sich der Charakter ihrer Heiligkeit unmittelbar aus ihrer religiösen Funktion her. So wurden beispielsweise den athenischen Arrhephoroi, deren Amtszeit ein Jahr betrug, bei ihrem Ausscheiden ehrenhalber Statuen errichtet.[240] Diese bestanden in Bildnissen der priesterlichen Mädchen in deren Eigenschaft als Stell-

---

[237] Das älteste mir bekannte Beispiel steht im babylonischen Epos von der Erschaffung der Welt 1, 61–65, wo Apsu von Ea in Schlaf versenkt wird, indem er eine Nachbildung verfertigt und darüber eine hypnotisierende Beschwörungsformel rezitiert: BUDGE u. SMITH, Babylonian Legends of the Creation, S. 37.
[238] PAUS. 2,31,7.
[239] BENVENISTE, „Le sens du mot κολοσσός", RP 58, 1932, 118–135.
[240] IG 2, 1378–1385. 1390–1392. 3,887. 916–918, vgl. PAUS. 2,17,3. 2,35,8. 7,25,7, HEROD. 2,143. Alle Statuen auf der athenischen Akropolis waren Weihgeschenke: PAUS. 5,21,1. Die Heiligkeit dieser Arrhephoroi geht auch aus der Vorschrift hervor, daß jeder beliebige Goldschmuck, den sie anlegten, der Gottheit heilig werden mußte: HARPOKRAT. ἀρρηφορεῖν.

vertreterinnen der Göttin, deren Natur sie durch den Umgang mit den *sacra* in sich aufgenommen hatten. Die Bildhauerkunst der Griechen begab sich nie völlig dieser magischen Assoziationen.

Zu den ältesten archaischen Skulpturen gehört eine in Delos aufgefundene Marmorstatue. Sie stellt eine aufrechtstehende Frau mit gelöstem Haupthaar dar, deren Arme seitlich herabhängen, während der Körper mit einem langen *chitōn* bekleidet ist. Darunter befindet sich folgende Inschrift:

Nikandra weihte mich der Göttin, die ihre Pfeile von weither versendet, Nikandra, die unvergleichliche Tochter des Deinodikes von Naxos, Schwester des Deinomeneus, jetzt die Gattin des Phraxos.[241]

Wie die abschließenden Wörter besagen, wurde das Standbild anläßlich der Eheschließung geweiht. Wen stellt es nun eigentlich dar, Artemis oder Nikandra? Vielleicht hätte auch Nikandra selbst auf diese Frage die Antwort schuldig bleiben müssen.

Und damit gelangen wir in Griechenland wie auch anderswo endlich an das Schlußkapitel der langen Geschichte, die mit der Venus von Willendorf ihren Anfang genommen hatte. Als Sokrates und Phaidros einst an einem heißen Sommertage die schattigen Gestade des Ilissos entlangschlenderten, gelangten sie an ein Nymphenheiligtum und erblickten dort eine Anzahl von Votivgaben, die aus Bildwerken und Puppen bestanden. Das griechische Wort für Puppe lautet *kórē*, „Mädchen". Offenbar war ihnen dieser Anblick wohlvertraut, deshalb nahmen sie nur kurz im Vorbeigehen Notiz davon.[242] Wer hat die Puppen an dieser Stelle niedergelegt und aus welchem Grunde? Die Antwort darauf liefert uns ein Widmungsepigramm:

Dir, Artemis der Sümpfe, bringt Timarete, einer Jungfrau die Jungfrau, wie es sich schickt, als kommende Braut ihre Trommel, ihren Ball und ihr Stirnband, ihre Puppen und deren Kleider dar. O Tochter der Leto, strecke deinen Arm über ihr aus und segne sie und halte sie rein und unberührt von aller Unbill.[243]

Timarete steht kurz vor ihrer Hochzeit, deshalb ist es an der Zeit, sich von den Kindersachen zu trennen. Handelt es sich auch nur um Spielzeug, so darf es doch nicht einfach fortgeworfen werden, sondern muß der Göttin, der es seit jeher zu Recht angehört hat, zurückerstattet werden, da ihm noch immer ein zarter Hauch aus der Zeit anhaftet, als Timaretes längst verschollene Ahnherrinnen die gleichen, von der Kraft, das Leben zu erneuern, durchpulsten Symbole in der feuchten, mondbeschienenen Dunkelheit einer paläolithischen Grotte in Händen gehalten hatten.

---

[241] GDI 5423. In einem der SAPPHO zugeschriebenen Epigramm wird eine unter ähnlichen Begleitumständen geweihte Statue ausdrücklich als ein Porträt des Gebers bezeichnet: Anthol. Palat. 6,269.
[242] PLAT. Phaidr. 229—230.
[243] Anthol. Palat. 6,280, vgl. 189. 309, SIG 1034, K. M. ELDERKIN, „Jointed Dolls in Antiquity", AJA 34, 1930, 455—479.

VII. EINIGE MATRIARCHALISCHE GOTTHEITEN DER ÄGÄIS

1. Demeter

Während die Statuetten in die Rolle von Puppen herabsanken, begannen sich die matriarchalischen Göttinnen, die die Figürchen von der primitiven Magie übernommen hatten, ihrer neuen patriarchalischen Umgebung anzupassen. Die Anfänge dieses Prozesses kann man in der spätminoischen Periode aufdecken.

Die gebräuchlichste minoische Bestattungsart bestand in der Sammelbeisetzung in natürlichen Höhlen oder Kuppelgräbern.[1] In Mochlos und in der Mesará-Ebene sind die Gräber in Gruppen zusammengestellt und bilden einen Friedhof. Das erlaubt uns den Schluß, daß mehrere Verwandtschaftsgruppen zusammen eine Dorfniederlassung bildeten.[2] Kollektivbegräbnisse waren auch auf den Kykladen, in Attika sowie auf dem Peloponnes allgemein üblich.[3] In der mittelhelladischen Periode geraten sie zwar auf dem Festland außer Gebrauch, erscheinen aber aufs neue in der spätmykenischen Periode in Form von Familiengräbern, die in kleinen Gruppen beieinanderliegen. Eines der Grabgewölbe im Schachtgräberrund von Mykene war zwei Jahrhunderte hindurch ständig in Benutzung, auch hat man an den Skeletten eine Familienähnlichkeit nachweisen können.[4] Neuere Ausgrabungen in Malthi (Messenien) haben ein spätheladisches Dorf ans Tageslicht gefördert, das über 300 Räume umfaßt, die in bunter Reihenfolge die dicht beieinanderstehenden Häuser ausfüllen. Die Ortschaft war befestigt, und außerhalb des Walles befand sich nahe dem Haupttor ein großer, von Monolithen in der Art des Gräberrunds von Mykene eingefaßter Begräbnisplatz.[5]

Andererseits hatte schon seit der frühminoischen Periode auf Kreta und den Kykladen die Einzelbestattung in Urnen, Steinkisten oder Tonsärgen eingesetzt

Abb. 21. Trojanische Gesichtsurne

---

[1] CHILDE, Dawn of European Civilisation, S. 22–23, A. J. EVANS, The Palace of Minos, Bd. 1, S. 70–72, HALL, The Civilisation of Greece in the Bronze Age, S. 44.
[2] CHILDE, a. a. O., S. 23, PENDLEBURY, The Archæology of Crete, S. 63–65.
[3] CHILDE, a. a. O., S. 50–51. 67.
[4] Ebd., S. 76, vgl. S. 209.
[5] VALMIN, The Swedish Messenia Expedition.

und rasch um sich gegriffen.⁶ Die Beisetzung in Urnen stellt vielleicht einen Sonderfall dar, da viele der aufgefundenen Exemplare für Kinder bestimmt waren. Es ist ein weitverbreiteter Brauch, Kinder in Urnen zu bestatten und diese entweder im Hause selbst oder nahebei zu vergraben. Man verfolgte dabei die Absicht, die Mutter mit Hilfe der Seele des verstorbenen Kindes wieder zu befruchten.⁷ Im allgemeinen muß man aber die Einzelbestattung als Zeichen für den Zerfall des Clans ansehen. Daraus geht nämlich hervor, daß sich die mykenischen und kykladischen Kulturen bereits auf dem Wege vom Stamm zum Staat befanden. Dieser Prozeß wiederholte sich in der Folgezeit in ganz Griechenland, wenn er sich auch unter jeweils anderen Bedingungen abwickelte.

Abb. 22
Von einer Ziege gesäugtes Kind: minoisches Siegel

Wir wissen zwar über das minoische Stammessystem zur Zeit noch nichts, doch sind totemistische Überreste in reichem Maße vorhanden. In Praisos bestand ein Tabu auf das Fleisch einer Sau, das durch eine Überlieferung gestützt wurde, nach der Zeus als Kind von einer Sau gesäugt worden war.⁸ In dieser Gegend wohnten die Eteokretes oder Echten Kreter, das heißt, sie gehörten dem minoischen Urvolk an.⁹ Da nun der Name des Zeus indogermanischer Herkunft ist, sind wir zu dem Schluß berechtigt, daß er von den griechisch sprechenden Eindringlingen neben einen einheimischen Totenkult gestellt worden ist. In anderen Gegenden der Insel stand Zeus in Beziehung zur Ziege.¹⁰ An den Abhängen des Aigaion, des Geißberges, der ihm heilig war, befindet sich eine natürliche Grotte, die Höhle von Psychro. In ihr entdeckte man eine

Abb. 23
Minoische Doppelaxt: Intaglio aus Knossos

---

⁶ CHILDE, a. a. O., S. 24. 50—51, EVANS, a. a. O., Bd. 1, S. 149—150.
⁷ FRÖDIN und PERSSON, Asine, S. 437. Bei den Valenge „werden alle Kinder, die tot zur Welt kommen oder innerhalb der ersten Lebensmonate sterben, in Urnen beigesetzt" (EARTHY, a. a. O., S. 153); „der Wassertopf ist eines der Symbole des Mutterleibes" (ebd., S. 66). „Das Tongefäß, in dem die (südamerikanischen) Indianer ihre Toten bestatten, kann als Wiedergabe des Mutterschoßes angesehen werden" (KARSTEN, a. a. O., S. 34—35); „das Tongefäß ist eine Frau; ebenso wie die Erde selbst, aus der der Ton gewonnen wurde, als Frau betrachtet wird" (ebd., S. 246—247, vgl. 251—252). Neolithische Krüge, auf denen ein Frauenkopf und weibliche Brüste abgebildet sind, hat man auf Zypern gefunden (LANG, „Archaic Survivals in Cyprus", JAI 12, 1883, 187). Charakteristisch für die sogenannten Gesichtsurnen von Anatolien sind Abbildungen eines Frauenkopfes (CHILDE, a.a.O., S. 41; siehe Abb. 21). All das steht in Beziehung zum Pandoramythos, den ich in einem späteren Bande zu erörtern hoffe. Zum Ritual der Topfherstellung siehe KARSTEN, a. a. O., S. 240—241, BRIFFAULT, a. a. O., Bd. 1, S. 466—467.
⁸ ATHEN. 376a.
⁹ STAPHYL. 12 = FHG 4,507.
¹⁰ Er wurde auf dem Berge Ida von der Nymphe Amaltheia aufgezogen, die ihn aus einem Füllhorn (HESYCH. Ἀμαλθείας κέρας) mit Ziegenmilch ernährte (ERATOSTH. Kat. 13, HYGIN. astron. 2,13). An Vieh besaßen die Bewohner des minoischen Kreta hauptsächlich Schweine und Ziegen (CHILDE, a. a. O., S. 21).

minoische Vase, die mit Ziegen und Doppeläxten bemalt ist.[11] Man möchte annehmen, daß die Ziege den gleichen Dienst wie die Sau verrichtet hat, da wir ein minoisches Siegel besitzen, auf dem eine Ziege abgebildet ist, die einen Säugling stillt.[12]

Die charakteristischen Symbole der minoischen Religion bestehen in der Säule, der Doppelaxt und dem Stiergehörn, während die wichtigsten Tiere die Schlange, die Taube und der Stier sind. All diese Sinnbilder stammen aus Anatolien. Die Säule ist der heilige Baum in stilisierter Form.[13] Die Axt muß ihre Heiligkeit in erster Linie ihrem Zweck, dem Holzfällen, verdankt haben. Diese Arbeit oblag übrigens in der primitiven Gesellschaft den Frauen.[14] Als Werkzeug zum Fällen von Bäumen hat die Axt nahe Berührung mit dem Blitz und wurde damit zum Zaubermittel, das den Regen herbeiziehen sollte. In noch späterer Zeit wurde sie zur Streitaxt und zum Opferwerkzeug. In dieser letztgenannten Funktion erfuhr ihre Kraft noch eine weitere Steigerung, da sie mit dem Blut des heiligen Stieres in Berührung kam.[15] Von den Tieren haben wir die Schlange und die Taube schon besprochen (Seite 81 bis 87 und 167). Der Stier war als Verkörperung der männlichen Zeugungskraft der vergöttlichte Führer der Herden. Die kultische Verehrung von Rindern, die man noch bei Hirtenvölkern der Gegenwart studieren kann, ist auch schon für das neolithische Europa durch die aufgefundenen Stierfigürchen bezeugt.[16]

Abb. 24
Minoischer Stierkampf: Intaglio aus Knossos

Der minoischen Muttergöttin dienten Priesterinnen, denen männliche Tempeldiener zur Seite standen. Auf einem minoischen Goldring sieht man drei Priesterinnen auf einer Wiese tanzen. Ihre Brüste sind unbedeckt, außerdem tragen sie Volantröcke. Unter ihren Füßen blühen Lilien. Zu ihren Häuptern schwebt die Göttin, darunter reckt sich ihr eine Schlange entgegen, als wolle sie sich vom Grund erheben und zu ihr hingelangen.[17] Auf einem Goldring von Mykene sieht man, wie

---

[11] GLOTZ, La civilisation égéenne, S. 291, NILSSON, The Minoan-Mycenæan Religion, S. 56—58.
[12] A. J. EVANS, „Knossos Excavations, 1903", ABS 9, 1903, 88; siehe Abb. 22.
[13] Ders., „The Mycenæan Tree and Pillar Cult", JHS 21, 1901, S. 99—204.
[14] MASON, Woman's Share in Primitive Culture, S. 133. Die minoische Doppelaxt hat man nirgendwo in der Hand einer männlichen Gottheit gefunden: PENDLEBURRY, The Archæology of Crete, S. 274. Ein charakteristisches Motiv der neolithischen Kultur an der Tarn und der Garonne stellt eine Frau dar, die eine Doppelaxt trägt: CHILDE, a. a. O., S. 294.
[15] GLOTZ, a. a. O., S. 270—271. [16] CHILDE, a. a. O., S. 137, ROSCOE, The Bayankole, S. 90.
[17] GLOTZ, a. a. O., S. 287; siehe Abb. 71. — In den Obstbäumen auf einer dieser Gemmen hat man Granatapfelbäume erkannt: BOSSERT, „Die Beschwörung einer Krankheit in der Sprache von Kreta", OL 34, 1931, Sp. 327.

sich eine Priesterin in der Haltung einer Trauernden über den Altar beugt, während sich eine zweite im Tanz bewegt und dabei die Ellbogen anwinkelt, so daß sich ihre Handflächen in Hüfthöhe befinden. Zur Rechten sieht man einen Offizianten damit

Abb. 25. Mykenische Kultszene: Goldring aus Mykene

Abb. 26. Tanz an heiligem Baum: Goldring aus Mykene

beschäftigt, einen Baum niederzubeugen, damit die Priesterinnen sich die Früchte pflücken können.[18] Auf einem Kultidol von Gurnia ist die Göttin als eine Gebärende dargestellt.[19] Unter diesem Aspekt wurde sie auch in Amnisos in der Grotte der Eileithyia angebetet. Wir müssen das so verstehen, daß die griechische Göttergestalt der Eileithyia, deren Name nicht-indogermanischen Ursprungs ist,

---

[18] GLOTZ, a. a. O., S. 276; siehe Abb. 26.
[19] HAWES etc., Gournia etc., S. 11, Tafel 10.

sich unmittelbar von der minoischen Geburtsgöttin herleitet. Einige Gelehrte sind sogar noch weiter gegangen und haben vermutet, daß zwischen Eileithyia und Eleusis eine etymologische Verbindung bestehe.[20]

Zur Bestätigung der minoischen Abstammung Demeters, über die ich bereits in Kapitel IV gesprochen habe, darf ich die Aufmerksamkeit auf einige ihrer Kultdenkmäler lenken. Im Louvre befindet sich ein Terrakottarelief, auf dem Demeter aus dem Boden emportaucht. In ihren Händen hält sie Kornähren, und um beide Arme ringeln sich Schlangen. Das Relief ist zwar jüngeren Datums, doch dürfte der Typ dieser Darstellungen recht alt sein.[21] Bei einigen der ältesten in Eleusis gefundenen Statuetten trägt sie einen hohen, zylindrischen Hut von der im heutigen Griechisch *pappás* genannten Art.[22] Diese beiden Typen haben zwar nichts miteinander gemein, doch erinnern sie an einige mittel- und spätminoische Statuetten, bei denen die Göttin oder ihre Priesterin mit hohem Hut, glockenförmigem Rock und über der Brust geöffnetem Mieder dargestellt ist. Die Arme sind ausgestreckt, und in einer oder beiden Händen hält sie eine Schlange, während sich noch weitere um Arme, Schultern und Kopf ringeln.[23] Gerade dieser minoische Typus lädt zum Vergleich mit der traditionellen Vorstellung ein, nach der die Erinyen Frauengestalten sind, die im Haar und in den Händen Schlangen tragen.[24] In Arkadien wurde die Göttin tatsächlich als Demeter Erinys verehrt.[25] Es hat demnach den Anschein, daß sie aus einer Sonderform der Erinyen hervorgegangen ist, zu denen sie in ähnlichem Verhältnis stand wie Artemis zu den Nymphen. Persephone war in Eleusis unter dem Namen Kore, die Jungfrau, bekannt; in Andania hieß sie Hagne, die „Reine Jungfrau".[26] Der Name der Ariadne, der sagenhaften Fürstin

Abb. 27. Aufstieg der Demeter zum Olymp: Terrakotta-Relief

[20] NILSSON, Minoan-Mycenæan Religion, S. 450—451.
[21] ROSCHER, Lexikon etc., Bd. 2, Sp. 1359, vgl. A. J. EVANS, The Palace of Minos, Bd. 3, S. 458; Abb. 27.
[22] FARNELL, The Cults of the Greek States, Bd. 3, S. 215; siehe Abb. 28.
[23] HALL, The Civilisation of Greece etc., S. 127—128, PENDLEBURY, a. a. O., Tafel 28,2. Diese minoischen Statuetten kann man mit einem syrischen Figürchen vergleichen, das bei PRITCHARD, Palestinian Figurines, S. 36, beschrieben ist: „Die unbekleidet dargestellte weibliche Gestalt scheint in der linken Hand eine Schlange zu halten; eine zweite Schlange ringelt sich um den Hals der Figur und weist mit dem Kopf in die Gegend der Genitalien."
[24] AISCH. Choeph. 1046—1048; ROSCHER, Lexikon, Bd. 1, Sp. 1331—1334.
[25] PAUS. 8,25,4.   [26] SIG 736,34.

Abb. 28
Pappás-Typ der Demeter:
Terrakotta aus Eleusis

Abb. 29
Minoische Schlangen-
priesterin: Statuette

Abb. 30
Britomartis:
Intaglio aus Lyttos

Abb. 31. Niederschwebender Gott: minoisches Siegel

von Knossos, ist die kretisch-dorische Form für *eriágne*, die „Sehr reine Jungfrau",[27] während andererseits ihr Schicksal — nachdem Theseus sie nach Naxos

---

[27] HESYCH. *ἀδνόν*. Die Form Ἀριάγνη erscheint auf Vasenbildern: ROSCHER, Lexikon, Bd. 1, Sp. 539. Sie wurde auch mit Aphrodite gleichgesetzt: PLUT. Thes. 20.

gebracht hatte, wurde sie dort von Dionysos geraubt und verschwand mit ihm in den Bergen[28] — nichts weiter als der Raub der Persephone in anderer Gestalt ist. Eine dritte Figur des gleichen Typus ist Britomartis. Sie trägt einen Namen, der zu den wenigen minoischen Wörtern gehört, die wir verstehen können: er bedeutet „süße Jungfrau".[29] Nachdem sie neun Monate lang von Minos verfolgt worden war, konnte sie sich schließlich durch einen Sprung in die See der Verfolgung entziehen.[30]

Der minoischen Muttergöttin stand ein männlicher Partner zur Seite, der entweder ihr Sohn oder ihr Gatte oder gar beides in einer Person war. Dieser Gott erscheint in der neolithischen Periode überhaupt nicht. Erst in der mittel- und spätminoischen Periode tritt er ins Blickfeld, doch bleibt seine Stellung bis zuletzt untergeordnet.[31] Er verkörpert das patriarchalische Prinzip, das sich innerhalb des Matriarchats herauszubilden begann. In Knossos scheint er mit dem Stier identifiziert worden zu sein. Daher rührt der Mythos vom Minotauros, der von der Königin Pasiphae geliebt wird. Dieses Verhältnis beruht vielleicht auf einer heiligen Hochzeit, bei der der einen Stierkopf tragende König die männliche Rolle einnimmt.[32] Tritt er als Sohn auf, dann ist er Zeus, den Rhea der Amaltheia anvertraut hatte. Als Gatte ist er Iasion, den Demeter auf einem gepflügten Feld umarmte.[33] Auch in Eleusis führte die heilige Hochzeit zur Geburt eines

Abb. 32. Minoischer Priester: Relief aus Knossos

Abb. 33 Demeter und Triptolemos: attischer Becher

---

[28] DIOD. SIC. 5,51.
[29] Etymol. Magn. Βριτόμαρτις, SOLIN. 11,8. Auch sie wurde mit Artemis identifiziert: HESYCH. Βριτόμαρτις, PAUS. 3,14,2.
[30] KALLIM. Artem. 189—203.
[31] A. J. EVANS, The Palace of Minos, Bd. 4, S. 46, GLOTZ, La civilisation égéenne, S. 290—293, NILSSON, Minoan-Mycenæan Religion, S. 343, PENDLEBURY, The Archæology of Crete, S. 273; siehe Abb. 31.
[32] APOLLOD. 3,1,2. 3,15,8; COOK, Zeus, Bd. 1, S. 464—496. 521—525. [33] Od. 5,125—127.

göttlichen Kindes, das im Mythos als Demeters Pflegesohn Demophon oder Triptolemos erscheint.[34] Der Gebrauch des Pfluges wurde der Menschheit durch Triptolemos vermittelt, der seine Kenntnisse wiederum von Demeter erlangt hatte.[35] So fällt das erste Auftreten des Mannes im Mythos mit seinem Eindringen in die Kunst des Feldbaus zusammen (Seite 19).

Von allen griechischen Göttinnen bewahrte sich Demeter am stärksten ihre Eigenart. Nur in dem religiösen Zentrum von Eleusis entwickelte sich ihr Kult zu neuen Formen und wurde zu einer panhellenischen Mysterienreligion. Doch selbst hier verlor die Göttin ihren agrarischen Charakter nicht völlig, während sie an anderen Orten sogar nach wie vor das andere Geschlecht von der Teilnahme an ihrem Kult ausschließen konnte. Sie war die einzige Muttergöttin, die ihren Charakter unversehrt erhalten konnte.

2. Athene

Thukydides berichtet uns, daß die ersten Ansiedlungen in Griechenland nicht, wie es später der Fall war, an der Küste, sondern im Innern des Landes lagen, weil sie dort vor dem Zugriff von Piraten sicherer waren.[36] Seine Feststellung kann man durch Gegenüberstellung der ältesten Ortschaften — Theben, Orchomenos, Athen und Mykene — mit den karo-lelegischen Siedlungen Hermione, Epidauros und dem messenischen Pylos illustrieren. Des weiteren teilt uns der antike Autor mit, daß zu dieser ältesten Zeit die Pelasger den größten Teil der Bevölkerung ausgemacht hätten.[37]

Gewöhnlich lag damals ein solches Dorf auf einer natürlichen Bodenerhebung. Dehnte sich dann die Ansiedlung aus und entwickelte sich zu einer Stadt, so wurde daraus die Zitadelle oder Akropolis. Athen ist dafür ein sprechendes Beispiel. Wir können feststellen, daß in ganz Griechenland die Akropolis der Athene heilig war, so in Athen selbst, in Argos, Sparta, Troia, Pergamon, Smyrna, Rhodos und vielen anderen Orten.[38] Aristeides kleidete das in die Worte, daß „Athena unumschränkt über die Höhen aller Städte gebietet".[39] Das ist natürlich eine Übertreibung; denn die Göttin hatte keineswegs überall eine Heimstätte. Doch war diese Assoziation so weitverbreitet, daß sie sich zu einem ihrer besonderen Kennzeichen herausbildete. Ferner muß diese Verknüpfung aus den Umständen erwachsen sein, unter denen sich ihr Kult ausbreitete.

Sie war auf dem Peloponnes besonders tief verwurzelt. In Aliphera (Arkadien) gab es eine ihre Geburt betreffende Lokalsage.[40] Im Norden der Landschaft Elis floß ein Bach namens Larisos, und hier wurde sie als Athena Larisaia verehrt.[41]

---

[34] Hom. Hymn. 2, 223—249. Apollod. 1,5,2.
[35] J. E. HARRISON, Prolegomena etc., S. 273, vgl. PAUS. 8,4,1.
[36] THUK. 1,7.   [37] THUK. 1,3,2.
[38] PAUS. 2,24,3 (Argos), 3,17,1 (Sparta), Il. 6,88 (Troia), SIG 1007,40 (Pergamon), STRAB. 14,1,4 (Smyrna), POLYB. 9,27,7 (Rhodos, Akragas), PAUS. 2,29,1 (Epidauros), 2,32,5 (Troizen), 3,23,10 (Epidauros Limera), 3,26,5 (Leuktra), 4,34,6 (Korone), 6,21,6 (Phrixa),7,20,3 (Patrai), 8,14.4 (Pheneos), 10,38,5 (Amphissa), XENOPH. Hellen. 3,1,21 (Skepsis), GDI 345 (Larisa in Thessalien).
[39] ARISTEID. 1,15.   [40] PAUS. 8,26,6.   [41] PAUS. 7,17,5.

Denselben Beinamen trug sie auch auf der Akropolis von Argos, die in ältester Zeit unter dem Namen Larisa bekannt war.[42] Es handelt sich hier um einen pelasgischen Ortsnamen (Seite 132). In Athen muß ihr Kult wahrscheinlich bei der

Abb. 34. Athene: attisches Vasenbild

Stadtgründung eingeführt worden sein. Die Ureinwohner waren hier die Pelasger, und ihr König Kekrops war auch der Diener der Athena. Das legt den Schluß nahe, daß sie von ihren Anhängern, den Pelasgern, nach hierher verpflanzt worden war. Aber aus welcher Richtung war dieses Volk gekommen?

Bei den Boiotern gab es eine Tradition, nach der eine Stadt namens Athen in den Fluten versunken sein soll, durch die der Kopaissee hervorgebracht wurde. Nach Strabon und Pausanias stammt diese Überlieferung aus der Zeit, als Kekrops

[41] PAUS. 2,24,3.

über Boiotien herrschte. Das setzt zwar voraus, daß das attische Athen das ältere war,[43] doch wird diese Tradition durch keine davon unabhängige Nachricht gestützt, während andererseits das Motiv für die Erfindung der Überlieferung einleuchtet. Die Athener waren dem Gedanken abhold, irgend etwas den dümmlichen Boiotern verdankt zu haben. Dennoch scheint es sicher, daß sie im Falle der Göttin Athena ihnen doch zu Dank verpflichtet waren. Ihre Beinamen Tritogeneia und Alalkomeneis, die sich auf die Überlieferung beziehen, nach der sie an den Gestaden des Triton nahe Alalkomenai geboren wurde, müssen uralt sein, da sie in homerischen Gesängen bereits ihrer lokalen Bedeutung entkleidet auftreten.[44] Aus diesen Gründen können wir uns der Meinung Meyers anschließen, nach der Athena von Boiotien kommend nach Athen gelangt ist.

Haben wir erst einmal boiotischen Boden betreten, so werden wir noch weiter nach Norden geführt. In historischer Zeit war Athene die Nationalgöttin des boiotischen Bundes und wurde als Athena Itonia verehrt. Das Epitheton weist auf die Ortschaft Itonos in Südthessalien. Dort war sie unter dem gleichen Beinamen die Nationalgöttin des thessalischen Bundes.[45] Der boiotische Bund ging auf die Boiotoi zurück, die die Landschaft Boiotien zur Zeit des Trojanischen Krieges in Besitz genommen hatten. Die Thessaloi überrannten Thessalien im gleichen Zeitraum: sie waren es, die die Boiotoi nach Boiotien hineintrieben. Daraus wird ersichtlich, daß der Kult der Athena Itonia aus Südthessalien nach Boiotien gekommen ist. Da aber ihre Kulte in Athen und an anderen Orten schon lange vor dem Trojanischen Krieg bestanden hatten, können wir nicht annehmen, daß die Göttin von den Thessaloi oder den Boiotoi nach Thessalien eingeführt worden ist. Sie müssen sie vielmehr beide von dem Volk übernommen haben, auf das sie dort gestoßen waren. Da ferner behauptet wird, daß die Pelasger in Thessalien zahlreicher gewesen seien als in jeder anderen Gegend Griechenlands, dürfen wir mit Sicherheit annehmen, daß die Göttin in erster Linie ihnen angehört hatte.[46]

Entlang der Südküste des Golfs von Malis, der Thessalien von Boiotien trennt, liegen die Städte Lokris Epiknemidia und Lokris Opuntia. Die Beinamen sollen sie von einer weiteren Siedlung des gleichen Volkes, Lokris Ozolis am Meerbusen von Korinth, unterscheiden. Die Einwohner von Lokris Opuntia hatten einen merkwürdigen Brauch. Jedes Jahr pflegten sie zwei Mädchen nach Troia zu entsenden, wo sie dem Dienste der trojanischen Athena geweiht wurden.[47] Das wird uns als Sühnehandlung für die Sünde des Aias erklärt, ihres Führers im Trojanischen Kriege. Dieser hatte sich bei der Plünderung der Stadt an Kassandra, einer Tochter des Priamos, vergangen, die eine Priesterin des Apollon war. Es handelt sich hier natürlich um eine aitiologische Erfindung, bei der die Wahrheit auf den Kopf gestellt ist. Der Brauch an sich deutet darauf hin, daß der lokrische Athenakult ein Abkömmling des trojanischen war.

[43] STEPH. BYZ. Ἀθῆναι, STRAB. 9,2,18, PAUS. 9,24,2; MEYER, Geschichte des Altertums, Bd. 2, 1,277—278.
[44] PAUS. 9,33,7, Il. 4,415. 5,908 etc.
[45] PAUS. 9,34,1. 10,1,10, STRAB. 9,2,29, THUK. 1,12,3.
[46] STRAB. 5,2,4.
[47] TIMAIOS HIST. 66, POLYB. 12,5,6; WILHELM, „Die lokrische Mädcheninschrift", JOH 14, 1911, 163—256, KRETSCHMER, „Die Hypachäer", Gl 21, 1933, S. 256—257.

In der *Ilias* ist Athena die Schutzpatronin von Troia und residiert in ihrem auf der Akropolis gelegenen Tempel. Doch ihre Priesterin Theano ist keineswegs eine Trojanerin, sondern die Tochter des Kisseus, der in Thrakien beheimatet war. Wie Strabon berichtet, wohnte er in dem Teil Thrakiens, der später unter dem Namen Makedonien bekannt wurde, auf der Halbinsel Chalkidike nämlich, wo es einen Berg namens Kissos und einstmals auch eine Stadt gleichen Namens gegeben hatte, die später in Thessalonike (Saloniki) aufging.[48] Dieses Gebiet war von Pelasgern bewohnt gewesen, deren Sprache dort auch weiterlebte (Seite 131). Kissos erscheint außerdem als der Eponym der Kissioi, eines in der Nähe von Susa im unteren Mesopotamien beheimateten Stammes.[49] Susa liegt zwar von Troia weit entfernt, doch ist bekannt, daß das Haus des Priamos Verbindungen zum Orient hatte. Einer der Verbündeten der Trojaner war Memnon, der Sohn des Tithonos und Gründer Susas, dessen Akropolis unter dem Namen Memnonion bekannt war. Dieser Tithonos war Priamos' Bruder, seine Frau hieß Kissia.[50] Hekabe wird in der nachhomerischen Überlieferung als eine Tochter des Kisseus bezeichnet.[51] Danach scheint es zwei Stämme der Kissioi gegeben zu haben, einen östlichen und einen westlichen, von denen der letztere die Dynastie des homerischen Troia stellte.

Memnon wiederum wurde von einem gewissen Teutamos, der der vagen Beschreibung nach ein König von Assyrien oder Asien gewesen sein soll, zur Unterstützung des Priamos nach Troia abgesandt.[52] Kretschmer hat die auf *-amos* ausgehenden Eigennamen untersucht und nachgewiesen, daß sie typisch anatolisch sind.[53] Der pelasgische Hermes trug in seiner Heimat Imbros den Namen Imbramos (Seite 132).[54] Die mit Priamos verbündeten pelasgischen Häuptlinge — sie kamen sämtlich aus dem trojanischen Larisa — waren Enkel des Teutamos.[55] Über das thessalische Larisa hatte einst ein pelasgischer König namens Teutamidas oder Teutamias geherrscht.[56] Auch der Name des Priamos gehört in diese Klasse. Hier besteht ein allseitiger Zusammenhang. Falls die Kissioi Pelasger waren, dann müssen wir ihre Urheimat im Kaukasus suchen (Seite 133). Dort finden wir eine Ortschaft namens Kissa[57] — das heutige Kisseh — an der Küste zwischen Trapezunt

[48] Il. 11,222–224, STRAB. 7, fr. 24, vgl. Schol. LYKOPHRON 1232.
[49] HEROD. 3,91,4. 5,49,7. 7,62,2. STRAB. 15,3,2. Die Kissioi von Susa waren mit den Medoi verbunden (HEROD. 7,62,2. 2,86,1. 2,10,1, POLYB. 5,79,7), die der Überlieferung nach mit dem Kaukasus in Verbindung standen und einst unter dem Namen Arioi bekannt waren (HEROD. 7,62,1); die Kissioi werden zusammen mit den Arioi in AISCH. Choeph. 422 genannt. Die Arioi (Areioi) können noch weiter östlich jenseits von Hyrkanien nachgewiesen werden, wo sie eine Stadt namens Susia besaßen: ARRIAN. Anab. 3,25,1.
[50] Od. 4,188–189, Il. 11,1, STRAB. 15,3,2 p. 728, SIMON. 27 Bergk, Il. 20,237, HEROD. 5,49. 53–54, AISCH. Pers. 123, fr. 405, DIOD. SIC. 2,22.
[51] EURIP. Hek. 3, VERG. Aen. 7,320. 10,705. Dieser Kisseus wurde manchmal mit dem homerischen Kisseus gleichgesetzt (Schol. EURIP. Hek. 3 AM), doch nach PHILOCHOROS (FHG 4,648) war er der Eponym eines „phrygischen" Dorfes oder Clans. Die Mutter des Priamos heißt nach einer Version Plakia (APOLLOD. 3,12,3). Das war der Name einer pelasgischen Ansiedlung (siehe S. 131).
[52] DIOD. SIC. 2,22, IOANN. ANTIOCH. 24 = FHG 4,550.
[53] KRETSCHMER, Einleitung in die Geschichte der griechischen Sprache, S. 325.
[54] STEPH. BYZ. Ἴμβρος, HEAD, Historia Numorum, S. 261.
[55] Il. 2,840–843, STRAB. 13,3,2; LEAF, Troy, S. 198–213.
[56] APOLLOD. 2,4,4. Der ursprüngliche Name des Theophrastos, der aus Lesbos gebürtig war, lautete Tyrtamos. ARISTOTELES überredete ihn, diesen Namen abzulegen, da er so häßlich sei: STRAB. 13,2,4.
[57] ARRIAN. Ind. 26,8. Nach HERZFELD, Archæologica' History of Iran, S 2, ist der Name der Κίσσιοι aus akkad. *Kaššu, Kaššê* abgeleitet, vgl. STRAB. 11,12,4: Κοσσαῖοι aus aram. *qussāyē* (heute *Ba-qsa*). Alle diese Formen

(Trabzon) und Batum. Wenn es weiter zwei Zweige dieses Volkes gegeben hat, die in entgegengesetzter Richtung auswanderten, so bietet diese Tatsache die Erklärung für den Mythos von Tithonos, der von dem westlichen Zweig in die Ägäis eingeführt wurde und nach dem Tithonos von der Morgenröte entführt worden sein soll.[58] Handelt es sich bei diesen Kissioi von Troia und Makedonien

Abb. 35. Athene, Erichthonios und Kekrops: attisches Relief

etwa um die Pelasger, die, wie wir in Kapitel V angenommen haben (Seite 150), Träger der durch die „minysche Ware" gekennzeichneten Kultur waren? Ich bin davon überzeugt, daß diese und auch andere die pelasgische Einwanderung betreffende Fragen durch eine tiefer schürfende Analyse der literarischen, also der mythographischen wie auch der topographischen Angaben, beantwortet werden können. Im Augenblick bin ich aber nur an der Feststellung interessiert, daß Athena eine Göttin der Pelasger war.

Kekrops wird als „Sohn der Erde", d. h. als pelasgischer Ureinwohner bezeichnet. Sein Körper lief in einen Schlangenleib aus.[59] Er besaß drei Töchter — Aglauros oder Agraulos, Herse und Pandrosos. Der erste Name ist etymologisch unsicher, doch Herse, der „Tau", und Pandrosos, die „ganz und gar Betaute", stellen Ausstrahlungen des Kultes des heiligen Ölbaums dar, der — nahe dem

---

„setzen ein ursprüngliches *Kas* voraus, zu dem der echte Plural *Kasip* lauten müßte, was durch griech. *Κάσπιοι* bezeugt wird."

[58] Hom. Hymn. 5,218.

[59] APOLLOD. 3,14,1; ROSCHER, Lexikon, Bd. 2, Sp. 1019; siehe Abb. 35.

Tempel der Athena Polias — im Pandroseion wuchs.[60] Als Athena einmal Hephaistos in seiner Schmiede aufgesucht hatte, um ihn zu bitten, ihr einige Waffenstücke herzustellen, fiel der Feuergott über sie her. Bei dem Handgemenge fiel sein Samen auf ihren Schenkel. Angewidert ergriff die Göttin ein Stück Wolle (*érion*) und streifte damit die Befleckung auf den Boden (*chthōn*). Daraus entsprang das Schlangenkind Erichthonios, das Athena den Töchtern des Kekrops in Obhut gab (Seite 175).[61] Diese Sage ist in der uns vorliegenden Gestalt ein besonders ungeschicktes Zugeständnis an die spätere athenische Doktrin von der Jungfräulichkeit ihrer Göttin. Es hätte kaum die Notwendigkeit bestanden, diese Version zu erfinden, wären nicht beide Gottheiten einstmals in irgendeiner Form der heiligen Hochzeit vereinigt gewesen. Die wirkliche Mutter des Schlangenkindes war die Schlangengöttin, und diese Göttin stand, wie ihr minoisches Gegenstück, mit dem heiligen Ölbaum in Verbindung, der von den Töchtern des Königshauses gepflegt wurde. Ihr Kult war also matriarchalisch.

Unter der Herrschaft des Kekrops sollen sich zwei bedeutungsvolle Ereignisse zugetragen haben. Das eine war die Einführung der Ehe (Seite 105), das andere der Streit zwischen Athena und Poseidon um den Besitz der Akropolis. Während Athena ihren heiligen Ölbaum im Pandroseion einpflanzte, brachte Poseidon mit seinem Dreizack die heilige Quelle innerhalb der Umfriedung des Erechtheions zum Fließen. Kekrops wurde zur Entscheidung aufgefordert und sprach Athena den Sieg zu.[62] Ähnliche Sagen, in denen jeweils Poseidon als einer der Widersacher auftrat, waren in Troizen, Argos und Korinth im Umlauf. Über den Besitz Troizens stritt er mit Athena und gab sich schließlich mit der Rolle eines Teilhabers zu-

Abb. 36. Athene mit den Töchtern des Kekrops: attisches Vasenbild

[60] APOLLOD. 3,14,2, PAUS. 1,2,6. 1,27,2. Der Pandrosos und Athena wurden von den ἔφηβοι Opfer dargebracht: IG 2,481.

[61] APOLLOD. 3,14,6.

[62] HEROD. 8,55, APOLLOD. 3,14,1. Der innerhalb des Hauses gelegene Brunnen — es handelte sich wahrscheinlich um eine künstlich angelegte Zisterne — soll Meerwasser enthalten haben (PAUS. 1,26,5). Man kann ihn mit dem babylonischen *apsu* (S. H. LANGDON in CAH, Bd. 1, S. 399, BUDGE und SMITH, Babylonian Legends of the Creation, S. 8) und dem χωνευτήριον oder θάλασσα im ἱερόν der heutigen griechischen Kirchen vergleichen: Das ist ein kleines unterirdisches Wasserbecken, in das Wasser gegossen wird, das zum Taufakt und anderen Waschungen benutzt wurde, d. h. also die καθάρματα (ANTONIADIS, Place de la liturgie dans la tradition des lettres grecques, S. 10).

frieden.⁶³ In Argos widersetzte sich ihm Hera und brachte ihm ebenfalls eine Niederlage bei.⁶⁴ In Korinth, wo Helios sein Rivale war, wurde die Stadt selbst dem Sonnengott zugesprochen, während Poseidon den Isthmus erhielt, auf dem ihm zu Ehren die Isthmischen Spiele gestiftet wurden.⁶⁵ Nach einer anderen Überlieferung wurden die Spiele zum Gedenken an Melikertes abgehalten, dessen Mutter Ino eine Tochter des Kadmos war.⁶⁶ Megareus, der Eponym des auf dem Isthmus gelegenen Megara, war ein Sohn des Poseidon und stammte aus Onchestos in der Nähe des minyschen Orchomenos.⁶⁷ Die Träger dieser aus Boiotien stammenden Überlieferungen müssen nicht unbedingt die Kadmeioi oder Minyai gewesen sein, sondern Leute, die mit ihnen in Verbindung gestanden hatten. In Thessalien sind wir dem Poseidon als dem göttlichen Ahnherrn der Tyroidai begegnet (Seite 149), und noch weiter nordwärts besaß er einen alten Kult in Petra, nahe der Mündung des Peneios (Seite 157).⁶⁸

Poseidon kam aus dem Norden. Wer brachte ihn nach Attika und in den Peloponnes? Die Tyroidai konnten es nicht gewesen sein, da sie erst nach der Dorischen Wanderung nach Attika gelangten. Auch die Boiotoi, die ebenfalls von ihm abzustammen behaupteten, scheiden aus, da sie zwar bis auf den Peloponnes vordringen konnten, aber keine Spur in Attika hinterlassen haben. Es bleiben uns nur noch die Lapithai, deren Anwesenheit für Attika, Korinthia und den nördlichen Peloponnes bezeugt ist.⁶⁹ Die Peirithoidai aus Attika waren ein Zweig der Lapithai, und Peirithoos war der Gefährte des Theseus, des Nationalheros' der Athener. Diese Sage stammt in der uns vorliegenden Form wahrscheinlich erst aus der zweiten Hälfte des sechsten vorchristlichen Jahrhunderts, als die Theseusgestalt von den athenischen Nationalisten als Gegenstück zum dorischen Herakles ausgestaltet wurde.⁷⁰ Vorher war er der Lokalheros von Marathon gewesen, wo auch die Peirithoidai ansässig waren. In der Ilias treffen wir ihn als Waffengefährten von Peirithoos und Kaineus in Thessalien wieder.⁷¹ Ursprünglich war er ein thessalischer Lapithe. Dadurch wird unser Problem gelöst, da Theseus nicht nur zu Poseidon, den Pindar und Euripides als seinen Vater bezeichnen, sondern auch zu Troizen und dem Isthmus in enger Verbindung steht.⁷²

---

⁶³ PAUS. 2,30,6. ⁶⁴ PAUS. 2,15,5. 2,22,4. ⁶⁵ PAUS. 2,1,6. ⁶⁶ APOLLOD. 3,4,3.
⁶⁷ PAUS. 1,39,5, APOLLOD. 3,15,8. Das homerische Nisa, das die Boiotoi bewohnt haben sollen (Il. 2,508), ist vielleicht mit Nisaia, dem Hafen von Megara, identisch: ALLEN, The Homeric Catalogue of Ships, S. 57.
⁶⁸ PIND. Pyth. 4,138.
⁶⁹ Augeias von Elis und die bei HOMER genannten Führer der Epeioi (Il. 2,615—624) waren Lapithen: DIOD. SIC. 4,69, PAUS. 5,1,11.
⁷⁰ TOEPFFER, „Theseus und Peirithoos", in: ROBERT, Aus der Anomia. Archäologische Beiträge, C. Robert dargebracht, S. 30—46. P. WEIZSÄCKER in ROSCHER, Lexikon, Bd. 3, Sp. 1761, HERTER, „Theseus der Athener", RM 88, 1939, 245, SCHEFOLD, „Kleisthenes", MH 3, 1946, S. 65—67.
⁷¹ EURIP. Herakleid. 32—37, HEROD. 9,73, EPHOR. 37, Il. 1,264—268, HESIOD. Scut. 178—182. Die Philaidai von Brauron (siehe S. 88) hatten Beziehungen zu den Lapithen. Die Mutter des Philaios war eine Tochter des Lapithen Koronos (STEPH. BYZ. Φιλαΐδαι), des Eponymen von Koroneia in Thessalien (STEPH. BYZ. Κορώνεια); es gab noch ein zweites Koroneia, das heutige Koroni, in der Nähe von Brauron (STEPH. BYZ. l. c.). Unter den in diesem Clan geläufigen Eigennamen befanden sich Kypselos (HEROD. 6,34; siehe S. 157) und Thessalos (PLUT. Per. 29). Der letztgenannte tritt auch bei den Peisistratiden auf, die ihn durch Wechselheiraten erhalten haben mögen, da Peisistratos von den Philaidai abstammte (PLUT. Sol. 10).
⁷² PIND. fr. 243, EURIP. Hipp. 887. 1167—1169 etc., BAKCHYLID. 16,33—36. Der achte Tag des Monats war Theseus und Poseidon heilig: PLUT. Thes. 36, PROKL. ad HESIOD. Erga 788. Theseus war in Troizen geboren

Poseidon verknüpfen noch zwei weitere Bande mit den Lapithen. Sie sind unabhängig von der Gestalt des Theseus und haben unmittelbaren Bezug auf das in Frage stehende Problem. Das erste Zeugnis stammt aus Korinth. Potidaia, eine korinthische Kolonie an der Küste Makedoniens, trägt seinen Namen, den wahrscheinlich der Stadtgründer selbst, ein Sohn des Tyrannen Periandros, ausgesucht hatte.[73] Periandros war der Sohn und Nachfolger des Kypselos, über dessen Schicksal ich in Kapitel V berichtet habe (Seite 157). Dieser Kypselos gehörte nun ebenfalls dem Lapithenclan der Kaineidai an, der sich in Petra nahe Korinth niedergelassen hatte.[74] Man darf vielleicht daraus entnehmen, daß sie aus dem thessalischen Petra, dem Sitz des Poseidon Petraios, gekommen waren. Die Lage des korinthischen Petra kann zwar nicht genauer bestimmt werden, lag es aber östlich der Stadt, wo sich der Hauptteil der Landschaft Korinthia befand, so muß es sich auf dem Isthmus befunden haben. Somit haben wir die Erklärung für das Eindringen Poseidons in Korinth gefunden: er wurde von einem Zweig der Lapithen dorthin verpflanzt.

In dem ursprünglich der Athena gehörigen Erechtheion (Seite 84) befand sich auch ein Altar des Poseidon Erechtheus, der die Verschmelzung des alten Schlangenheros mit dem neuen Gott versinnbildlichte. Daneben stand ein Altar des Butes, und die Wände des Heiligtums waren mit Porträts der Butadai geschmückt, die dort als Priester gewirkt hatten.[75] Butes war ein Sohn des Poseidon (Seite 92) und hatte eine Tochter namens Hippodameia, deren Hochzeit mit Peirithoos Anlaß zu dem berühmten Kampf zwischen Kentauren und Lapithen bildete.[76] Diese Butadai waren ein weiterer Zweig der Lapithai.

In Kapitel V wurde die Vermutung ausgesprochen, die Lapithai hätten zu den Völkern gehört, von denen die griechische Sprache in das prähistorische Thessalien eingeführt worden ist (Seite 153—154). Nun bildeten die Butadai die Creme der athenischen Aristokratie — clanverbunden, altfränkisch und reaktionär (Seite 77). Die Erhebung des Theseus zu einem Nationalhelden kann durchaus ihr Werk gewesen sein. Zu einem früheren Zeitpunkt ihrer Laufbahn hatten sie den Kult der Athena Polias an sich gerissen, mit dem sie unter den Bedingungen der aristokratischen Herrschaft auch die tatsächliche Kontrolle über die Stadt innehatten. Falls die Athener wirklich „hellenisierte Pelasger" waren (Seite 135), müssen die Butadai bei diesem Hellenisierungsprozeß ihre Hand mit im Spiele gehabt haben.

---

und säuberte den Isthmus von Straßenräubern: APOLLOD. 2,6,3. 3,16,1. Einer der ersten Könige von Korinth hieß Marathon (PAUS. 2,1,1) — eine weitere Verbindungslinie zu den Lapithen. Des weiteren kann man bei der Amphiktyonie von Kalaureia einen lapithischen Ursprung annehmen. Den Mittelpunkt dieses religiösen Bundes bildete der Poseidontempel auf der Insel gleichen Namens, die zu Troizen gehörte (EPHOR. 59), und seine übrigen Mitglieder waren Hermione, Epidauros, Nauplia, Prasiai, Aigina, Athen und das minysche Orchomenos: STRAB. 8,6,14. Stammt daher die Heiligkeit der Zahl 8? Die Verbindung dieser Insel mit Boiotien und Thessalien geht auch aus der Überlieferung hervor, nach der sie einst Anthedon oder Hypereia hieß: ARISTOT. ap. PLUT. Mor. 295d, vgl. II. 2,508.734. Poseidon soll die Insel von Leto oder Apollon im Tausch gegen Delos erhalten haben: EPHOR. 59, PAUS. 2,33,2. Das stimmt mit der Tradition überein, daß karische Ansiedlungen in Troizen und Epidauros bestanden haben sollen (siehe S. 130—131).

[73] NICOL. DAM. 60.
[74] HEROD. 5,92β, vgl. DARESTE usw., Recueil des inscriptions juridiques grecques, Bd. 1, S. 342.
[75] PAUS. 1,26,5, PLUT. Mor. 841—483.
[76] DIOD. SIC. 4,70, Schol. V Il. 1,263, Od. 21,295—309, PAUS. 5,10,8, APOLLOD. Epit. 1,21.

Die Ansicht, daß sie von einem griechisch sprechenden Urvolk abstammten, gewinnt somit an innerer Wahrscheinlichkeit.

Als sich die Lapithen in Attika niederließen, waren sie anfangs von fremden Pelasgern umgeben, deren Kultur sie assimilierten und ihren Verhältnissen anpaßten. Aber alte Erinnerungen haben ein zähes Leben; sie blieben wegen des Kampfes um den Boden Generationen hindurch am Leben. So stolz die Aristokraten auf ihre nichtattische Herkunft waren, so verächtlich blickten sie auch auf das gemeine Volk, die Eingeborenen, herab, in denen sie nichts als „Söhne der Erde" sahen. Infolgedessen vollzog sich die demokratische Bewegung in der Form einer Auferstehung dieser „Söhne der Erde". Wie Munro treffend zum Ausdruck brachte, schrieben sie kühn ihre niedrige Herkunft als „demokratische Losung" und als „Protest gegen die Vorherrschaft einer fremden Nobilität" auf ihr Banner.[77]

Als sich die Butadai des Erechtheusheiligtums bemächtigt hatten, vollzogen sie den nächsten Schritt und verschmolzen ihren eigenen Clanahnherren mit der einheimischen Dynastie (Seite 92). Herodot, unsere älteste Quelle für die Geschichte des Streits zwischen Athena und Poseidon, enthält sich in diesem Falle taktvoll jeder eigenen Stellungnahme. Apollodor aber bringt deutlich zum Ausdruck, daß Poseidon zuerst dagewesen und Athena nur deshalb erfolgreich geblieben sei, weil Kekrops falsches Zeugnis abgelegt habe.[78] Dieser „Sohn der Erde" war also meineidig geworden. Von der Art waren die kleinen Kunstgriffe, mit denen diese herrschaftliche Familie ihre Vergangenheit legitimierte.

Was ist aber zu unserer pelasgischen Athena zu sagen? Sie wurde zum Vergleich genötigt. Sie ist zwar noch immer Herrin der Akropolis, doch hat sie dafür einen hohen Preis bezahlen müssen. Worin dieser Preis bestand, kann man aus einer anderen Version der Sage entnehmen. Danach wurde der Streit durch eine demokratische Abstimmung des athenischen Volkes beigelegt. Dieses Votum ist in der Tat demokratischer als alle anderen, die in der Demokratie vorgenommen wurden. Wie es heißt, hatten in der Regierungszeit des Kekrops Frauen und Männer gleichermaßen das Recht, in der Volksversammlung abzustimmen. Als ihnen nun der hier erwähnte Streitfall vorgelegt wurde, stimmten die Männer für Poseidon, die Frauen aber für Athene. Letztere erhielten eine knappe Mehrheit von einer Stimme. Somit wurde die Göttin zwar in ihrem Besitz bestätigt, doch die Männer übten Vergeltung, schlossen die Frauen für immer von der Volksversammlung aus, entzogen ihnen das Recht, sich als Athener zu bezeichnen, und erließen ein Verbot, die Kinder weiterhin nach der Mutter zu benennen.[79] Bei den Frauen handelt es sich in dieser Erzählung um matriarchalisch organisierte Pelasgerinnen, während die Männer patriarchalische Einwanderer sind. Der Konflikt der Kulte fällt mit der Einführung der patrilinearen Erbfolge, der Entziehung des Wahl- und Bürgerrechts der Frauen und dem Übergang von der Gruppenehe zur Einehe zusammen. Mit einer für den Mythos überraschenden Klarheit bringt er die Einheit

---

[77] MUNRO, „Pelasgians and Ionians", JHS 54, 1934, 116.
[78] HEROD. 8,55, APOLLOD. 3,14,1.
[79] VARRO ap. AUGUSTIN. de civ. dei 18,9; siehe S. 105.

aller menschlichen Beziehungen — der ökonomischen, politischen, sozialen und sexuellen — zum Ausdruck.

Derart tiefgreifende Veränderungen müssen sich über einen langen Zeitraum erstreckt haben. Auch die Athena-Vorstellung kann nur schrittweise von den Aus-

Abb. 37. Poseidon und Hephaistos bei der Geburt der Athene: attisches Vasenbild

wirkungen dieser Veränderungen betroffen worden sein. Wir können diesen Vorgang zwar nicht in allen Einzelheiten verfolgen, doch ist uns das Endergebnis wohlbekannt. Mit ihrer Schlange, dem heiligen Ölbaum und den jungen, nach dem Tau benannten Priesterinnen, die die *sacra* der Göttin in ein unterirdisches Gemach tragen und ihr zu Ehren ein Ballspiel veranstalten, ist die prähistorische Athene kaum von der minoischen Muttergöttin zu unterscheiden, die auf Siegelringen und Intaglios zu ihren Gläubigen herniederschwebend dargestellt ist, die sich tanzend im Lilienfeld bewegen, die heiligen Früchte pflücken und sich die Schlangen der Göttin ins Haar winden. Diese Wesensmerkmale waren zu fest verwurzelt, als daß sie hätten ausgemerzt werden können; sie waren aber von anderen Vorstellungen überlagert und neu interpretiert worden. Athene war niemals verheiratet, weil es zu Zeiten des Pelasger noch keine Ehe gegeben hatte, aber in der neuen Ära wurde das so ausgelegt, als zöge sie die Jungfernschaft vor.[80] Sie hatte nie eine Mutter gehabt, da sie als Muttergöttin selbst die Verkörperung der Mutterschaft war, doch nunmehr wird sie zur Lieblingstochter Zeus', des Vaters, erhoben, aus dessen Haupt sie in voller Rüstung hervorgesprungen sein soll.[81] Bleibt sie auch noch weiterhin die Schutzherrin der Webkunst, des Töpferhandwerks wie auch der schönen Künste,[82] so wird sie doch darüber hinaus vor allen Dingen zu einer Göttin der kriegerischen Tüchtigkeit, der Beredsamkeit vor Gericht und des angemessenen maßvollen Urteils — also der Ideale der Demokratie.[83] Ihr neuer, offizieller Aspekt wird mit seiner erhabenen, jedoch auch abschreckenden Pracht an der aus Gold und Elfenbein verfertigten Kolossalstatue deutlich, die ihr Pheidias im Parthenon errichtete — „eine schöne Jungfrau, groß, strahlenden Auges, mit dem Aigisschild gewappnet und mit einem bis auf die Knöchel wallenden Gewande bekleidet, den bebuschten Helm auf dem Haupte, einen Speer in der Hand und einen Schild ihr zu Füßen".[84] Als göttliches Oberhaupt eines patriarchalischen Staatswesens hat sie so viel Männlichkeit angenommen, als mit ihrem durch ihre Herkunft bestimmten Geschlecht zu vereinen war. Man braucht nur noch hinzuzufügen, daß sich unter dem zu ihren Füßen stehenden Schild unaufdringlich eine kleine Schlange ringelte — Erichthonios.[85]

3. Die ephesische Artemis

Der Kult der Artemis von Ephesos war schon uralt, als sich die Ioner an dieser Stelle niederließen.[86] Wenn er, wie man annimmt, auf die Hethiter zurückgehen sollte, dann muß er mindestens bis ins dreizehnte vorchristliche Jahrhundert zurückreichen.[87] Kein anderer griechischer Kult weist eine derart kontinuierliche Entwicklungsgeschichte auf. Für die folgenden Ausführungen bin ich Picard verpflichtet, der den Kult von seinen Anfängen in der Zeit der Hethiter bis hinunter zu den Tagen des Demetrios rekonstruiert

Abb. 38. Ephesische Artemis: Statuette aus Ephesos

---

[80] AISCH. Eumen. 740.   [81] HESIOD. Theog. 929k—m; siehe Abb. 37.
[82] Hom. Hymn. 5,7—15, vgl. Il. 9,390, Od. 7,110—111. 20,72. Daher ihr Titel Ergane: PAUS. 1,24,3. 3,17,4. 8,32,4. 9,26,8.
[83] G. THOMSON, Aeschylus, Oresteia, Bd. 1, S. 56.
[84] MAXIM. TYR. 14,6.
[85] PAUS. 1,24,7, HYGIN. astron. 2,13.
[86] PAUS. 7,2,6.
[87] LETHABY, „The Earlier Temple of Artemis at Ephesus", JHS 37, 1917, S. 1—16.

218   Einige matriarchalische Gottheiten der Ägäis

hat, als dieser aus seiner Verehrung der Diana der Epheser ein Vermögen ziehen konnte.[88]

Dieser Kult bezog sich ursprünglich auf Leto. Sie wurde in einem hölzernen Bildwerk dargestellt, das angeblich in den Sümpfen des Kaystros aufgefunden und dann an einem heiligen Baum befestigt wurde.[89] Das älteste Heiligtum bestand aus einem den Baum umgebenden einfachen Hofraum. Unterhalb des Baumes befand sich ein kleiner Altar.[90] Dieser Kult verkörpert den gleichen Typus, dem wir schon auf den Abbildungen der minoischen Gemmen begegnet sind (Seite 201 bis 203). In der frühharchaischen Periode wurde dieses einfache Bauwerk zu einem charakteristischen griechischen Tempel umgestaltet und zu einem Haus für die Göttin und deren Statue ausgebaut.[91] Der Tempel wurde verschiedentlich neu errichtet, bis er schließlich einen der größten in der griechischen Welt darstellte. Dem Dienste der Göttin widmete sich eine zahlreiche und hochorganisierte Gemeinschaft von Priestern und Priesterinnen.[92] Das Jahresfest fand zu Beginn des Frühlings statt und nahm einen ganzen Monat in Anspruch.[93] Es wurde mit öffentlichen Opfern und Tänzen eröffnet, auf die dann athletische Wettkämpfe folgten.[94] Letztere unterschieden sich dadurch von anderen Veranstaltungen der gleichen Art, wie z. B. den Olympischen Spielen, daß bis ins sechste Jahrhundert hinein Frauen unbeschränkten Zugang hatten und den Spielen zuschauen durften.[95] Die Sieger wurden in ein heiliges Kollegium aufgenommen.[96] Der Grundcharakter der ephesischen Göttin wird von Picard folgendermaßen umrissen:

Abb. 39. Muttergottheit mit Zwillingen: attisches Vasenbild

Ihr gehörte das gesamte Reich der Natur an. Sie führte die Herrschaft über die Blumen des Frühlings und die Fruchtbarkeit des Bodens. Ihr unterstanden die Elemente, sie herrschte über Luft und Wasser. Sie lenkte das Leben der wilden Tiere,

---

[88] Apostelgesch. 19,24—27.
[89] PICARD, Ephèse et Claros, S. 13—14.
[90] Ebd., S. 18—19.   [91] Ebd., S. 20—21.
[92] Ebd., S. 28. 104.
[93] CIG 2954. Das war der Monat Artemision, den PICARD (a. a. O., S. 328) mit dem attischen Thargelion gleichsetzt, doch möglicherweise war er der attische Munychion, wie der delische Artemision und der rhodische Artamitios: SIG 974, Anm. 5.
[94] PICARD, a. a. O., S. 332.
[95] THUK. 3,104,3. In Olympia war es üblich, daß zwar Mädchen, aber keine verheirateten Frauen bei den Spielen zuschauen durften (PAUS. 5,6,7). Eine Ausnahme bildete die Priesterin der Demeter Chamyne (PAUS. 6,20,9).
[96] PICARD, a. a. O., S. 340.

zähmte und beschützte sie. Abwechselnd war sie Wohltäterin und Todbringerin, heilte Krankheiten und war Göttin der Gesundheit. Sie war auch die Führerin der Seelen auf ihrer Wanderung in das Jenseits.[97]

Darüber hinaus blieb sie, den homerischen Gesängen zum Trotze, in denen sie als jungfräuliche Jägerin gezeichnet ist, die dem Umgang mit einem Manne entsagt hatte, bis zuletzt eine Helferin der Frauen bei den Nöten der Geburt.[98]

Durch den heiligen Baum wird uns die Stelle ihrer Geburt bezeichnet; denn Leto hatte sich an ihn gelehnt, als sie von den Wehen befallen wurde.[99] Hier haben wir den Kern des Kultes vor uns. Unter den Tempelruinen fanden sich auch mehrere Statuetten des *kurotróphos*-Typus, eine ihr Kind stillende Frau. Die älteste Fassung besteht ganz einfach aus einer Mutter mit ihrem Kinde, d. h. Leto und Artemis. Bei einigen späteren Exemplaren finden sich jedoch zwei Kinder.[100] Neben das Töchterchen trat nunmehr auch ein Knäblein. Allmählich nahm Artemis den Platz ihrer Mutter ein, während der ephesische Apoll nie dem Säuglingsalter entwuchs.

Etwas über dreißig Kilometer nördlich von Ephesos besaß Apollon in der Nähe von Kolophon einen heiligen Hain namens Klaros. Auch an dieser Stelle hatte sich der Kult ursprünglich auf die Mutter, Leto, bezogen. Auch hier gebar sie ein Kind, in diesem Falle einen Sohn, der schließlich die höchste Stelle im Kult einnehmen sollte.[101] Warum trat in Ephesos die Tochter an die Stelle der Mutter, in Klaros aber der Sohn? Die Antwort darauf liefert Picard:

> Im allgemeinen widersetzte sich Klaros dem Osten und seinen Traditionen in stärkerem Maße als Ephesos.... Ein Gott wie Apollon, der himmlische Herrscher über eine patriarchalische Gesellschaft, mußte naturgemäß in Kolophon eine günstigere Aufnahme finden.[102]

Abb. 40. Artemis Orthia: Elfenbeinschnitzerei aus Sparta

---

[97] PICARD, a. a. O., S. 377.   [98] APUL. Met. 11,2.   [99] TAC. Ann. 3,61.
[100] PICARD, a. a. O., S. 455–456. 479–481. Andere Beispiele für den κουροτρόφος-Typus siehe bei HANSEN, Early Civilisation in Thessaly, S. 69 (Thessalisch II, „eine auf einem vierbeinigen Schemel sitzende Frau mit einem Säugling im Arm"), NILSSON, The Minoan-Mycenæan Religion, S. 261 (Mykenisch, aus Aigina, „vier Frauenidole mit einem Kind und eines mit zwei Kindern"). Wie andere Göttinnen wurde auch Artemis als Kurotrophos angebetet: FARNELL, Cults etc., Bd. 2, S. 577. .
[101] PICARD, a. a. O., S. 455–456.   [102] Ebd., S. 457.

Die ephesische Artemis behielt ihren matriarchalischen Charakter bei. Sie besaß viele orientalische Wesenszüge, die sie aber nicht einfach orientalischen Einflüssen verdankte.[103] Man kann eher sagen, daß sie durch die Zulassung derartiger Einflüsse ihrem Ursprung treu geblieben ist. Da die Hethiter diesen Kult zur Zeit ihrer höchsten Machtentfaltung gestiftet hatten, erwies er sich, als ihn die Griechen den Händen der Karer und Leleger entwanden, gegen jede radikale Veränderung gefeit. Obgleich sich die Griechen außerstande sahen, dem Kult im ganzen ein patriarchalisches Gepräge zu verleihen, führten sie doch eine Neuerung ein, die von entscheidender politischer Bedeutung war. Zu den heiligen Kollegien gehörten Priesterinnen und Priester gleichermaßen, doch besagte eine Vorschrift, daß keine Frau bei Todesstrafe das Allerheiligste betreten durfte.[104] Auf diese Weise sicherten sich die Männer die zentrale Leitung des Kults. Erinnern wir uns, daß diese Griechen karische Frauen geehelicht hatten (Seite 130), so wird uns die Bedeutung dieser Vorschrift ersichtlich, deren gebieterischer Ton außerdem einen Beweis für die Hartnäckigkeit der matriarchalischen Tradition liefert.

Der Tempel der Artemis Orthia von Sparta stand in den Niederungen des Eurotas. Durch Ausgrabungen wurde eine Anzahl weiblicher Figürchen ans Tageslicht gefördert.[105] Das Bild der Göttin soll in einem Bett aus Weidenzweigen gefunden worden sein, weshalb sie Lygodesma, die „in Weiden Gebundene", genannt wurde.[106] Die Parallele zu dem Bildnis von Ephesos ist so offensichtlich, daß der Verdacht naheliegt, die spartanische Artemis sei ein Abkömmling der ephesischen gewesen. Wie wir uns erinnern, waren die Ureinwohner Spartas Leleger (Seite 131). Gerade an diesem Heiligtum wurden die spartanischen Knaben, wenn sie die Pubertät erlangt hatten, jenem in einer Geißelung bestehenden Ordal unterzogen, das ihren Volksnamen zum Inbegriff der Strenge werden ließ. Diese Zeremonie stellte eine Probe der Ausdauer oder Stärke dar und war somit der Form nach eine für die Gentilordnung überhaupt typische Einrichtung (Seite 24). Nur in einem Punkte wich sie von der Norm ab: Die Knaben wurden nämlich in Gegenwart der Priesterin ausgepeitscht, die das geheiligte Bildwerk in ihren Armen hielt.[107] Es ist eine unabänderliche, durch die schwersten Sanktionen erhärtete Vorschrift der primitiven Initiation, daß das andere Geschlecht dabei streng ausgeschlossen bleibt. Das spartanische Ordal ist daher in dieser entscheidenden Einzelheit einer Veränderung unterzogen worden. Die Anwesenheit einer Priesterin bei einem von Priestern vollzogenen Ritus besagt, wie wir von den Khasi wissen (Seite 117), daß die Priesterin einstmals die Leitung der Kulthandlung innegehabt haben muß. Wir haben ferner gehört, daß die Weide (*lýgos*) eine der Pflanzen war, die man wegen ihrer die Menstruation fördernden Wirkung anwandte (Seite 172).

[103] Das war in einigen Fällen die unmittelbare Ursache, so z. B., als sich die Magi nach dem Pfahl einen Platz in diesem Kult sicherten: PICARD, a. a. O., S. 130.
[104] ARTEM. DALD. 4,4. Ebenso war auch die Anwesenheit verheirateter Frauen bei den Olympischen Spielen ein Kapitalverbrechen: PAUS. 5,6,7. Es scheint ein nichtgriechisches Element im ephesischen Kult fortbestanden zu haben, denn Aristophanes spricht davon, daß die Göttin dort von lydischen Mädchen verehrt worden sei: ARISTOPH. Nub. 599—600.
[105] DAWKINS, The Sanctuary of Artemis Orthia at Sparta, S. 145—162.
[106] PAUS. 3,16,11. Nach einer anderen Überlieferung hat es Orestes von Tauris zurückgeholt: PAUS. 3,16,17.
[107] PAUS. 3,16,11.

Eine in der Geißelung bestehende Prüfung, die der spartanischen sehr ähnlich gewesen sein soll, hat es auch in Alea in Arkadien gegeben. Hier wurde sie an Frauen vollzogen.[108] Die Auspeitschung spartanischer Frauen geschah also deshalb im Beisein einer Priesterin, weil dieser Akt einem Ritus entstammte, bei dem die Novizen Mädchen gewesen waren und die Durchführung in der Hand einer Priesterin gelegen hatte.[109]

Keiner der in dieser Gegend gefundenen Überreste stammt aus der Zeit vor der Dorischen Einwanderung. Das bedeutet, daß der Kult dort zwar von den dorischen Ansiedlern eingeführt wurde, jedoch nicht, daß er deshalb dorischen Ursprungs war. Es hat immer im Interesse von Eroberern gelegen, ihre Position durch die Übernahme der Kulte eines unterworfenen Volkes zu festigen. Tatsächlich wissen wir nun aber, woher die spartanische Artemis gekommen war. Ihr Kultplatz in Sparta hieß Limnaion (von *limnē*, „Sumpf"), und der Kult trug seinen Namen nach dem Dorf Limnai an der messenischen Grenze, wo es ein Heiligtum der Artemis Limnatis gab, der Göttin „der Sümpfe".[110]

Die Bedeutung des Beinamens Orthia oder Orthosia — beide Formen treten auf — ist unbekannt. Wir können lediglich sagen, daß Orthia auch der Name eines Dorfes in Elis, Orthosia der eines anderen Dorfes in Karien war.[111] Er ist jedenfalls für Sparta nicht typisch. Es sind uns zehn Kulte der Artemis Orthia (Orthosia) überliefert, die bis auf drei sämtlich auf dem Peloponnes beheimatet sind.[112] Weiter geht aus dem eben Gesagten klar hervor, daß Artemis Orthia und Artemis Limnatis dem Wesen nach die gleiche Göttin bezeichnen. Es gibt sieben Kulte der Artemis Limnatis (Limnaia), und sie befinden sich alle auf dem Peloponnes.[113] Ihnen kann man noch die Artemis Stymphalia vom gleichnamigen See in Arkadien und Artemis Alpheiaia aus Letrinoi (Seite 176) zur Seite stellen, die ganz offensichtlich zur gleichen Gattung gehören.[114] Es gab auch noch eine weitere Artemis Alpheiaia in Olympia.[115] Diese „Göttin der Sümpfe" wiederum kann sich nicht wesentlich von der Artemis Agrotera, der Göttin „der Fluren", unterschieden haben. Dieser Beiname erscheint an neun Stellen, von denen allein fünf auf dem Peloponnes liegen.[116] Daraus ergibt sich, daß sich von den vierundzwanzig Kult-

---

[108] PAUS. 8,23,1. In einigen Demeterkulten, vielleicht bei den Thesmophorien, geißelten die Frauen sich gegenseitig mit einer μόροττον genannten Pflanze (HESYCH. s. v.). Das diesen Geißelungen zugrunde liegende Motiv geht aus einem Ritus der Nandi klar hervor, in dem die Geschlechtsteile der Novizen mit Brennesseln geschlagen werden: HOLLIS, The Nandi etc., S. 54.

[109] Die Artemis Agrotera aus dem nahe Athen gelegenen Agra war auch mit der Initiation verbunden; die ἔφηβοι veranstalteten ihr zu Ehren Wettläufe und Prozessionen: IG 2,467—471.

[110] STRAB. 8,4,9 p. 362, PAUS. 3,16,7. 4,4,2. 4,31,3, TAC. Ann. 4,43.

[111] PAUS. 5,16,6, STRAB. 14,1,47.

[112] Schol. PIND. Ol. 3,54, vgl. PAUS. 5,16,6, HESYCH. 'Ορθία (Elis, Arkadien), PAUS. 2,24,5 (der Berg Lykone nahe Argos), FARNELL, Cults of the Greek States, Bd. 2, S. 572 (Epidauros), CIG 1064 (Megara), Schol. PIND. Ol. 3,54 (Athen), HEROD. 4,87,2 (Byzantion), ROBINSON, „Inscriptions from Olynthus", APA 65, 1934, 120 (Olynthos).

[113] PAUS. 2,7,6 (Sikyon), 7,20,7—8 (Patrai), 8,5,11 (Tegea), 4,31,3 (Kalamai), 3,23,10 (Epidauros Limera), 3,14,2 (Sparta). In dem zuletzt genannten Kult hieß sie auch Artemis Issora, wie in Teuthrone (PAUS. 3,25,4).

[114] PAUS. 8,22,7. 6,22,8. [115] PAUS. 5,14,6, STRAB. 8,3,12.

[116] XEN. Hell. 4,2,20 (Lakonien), PAUS. 5,18,8 (Olympia), 2,29,1 (Epidauros), 1,41,3 (Megara), 7,26,3 (Aigeira), 1,19,6 (Agrai), LOLLING, „Aufgrabung am Artemision auf Nord-Euboia", MDA 8, 1883, 202 (Euboia), Supp. Epig. Gr. 1,213 (Akarnanien), CIG 2117 (Phanagoreia).

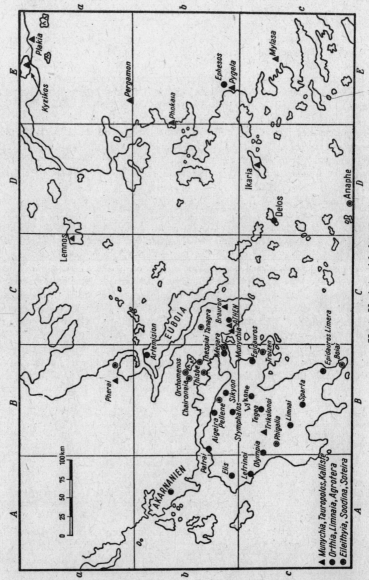

Karte V. Artemiskulte

zentren der Orthia-Limnatis-Agrotera nicht weniger als 18 auf dem Peloponnes befinden. Die restlichen verteilen sich wie folgt: zwei in Athen, eines in Byzantion, einer Kolonie Megaras, zwei weitere in Artemision (Euboia) und Phanagoreia, beides ionische Kolonien, und das sechste in Akarnanien. Diese Kulte tragen ausgesprochen peloponnesisches Gepräge, eine Tatsache, die mit der Ansicht, daß sie von den Karern oder Lelegern aus Anatolien eingeführt worden seien, in Übereinstimmung steht.[117]

Außerhalb des Peloponnes wurde Artemis hauptsächlich in Boiotien verehrt. Doch trug sie hier andere Beinamen. In Chaironeia hieß sie Soodina, „Erlöserin von den Geburtswehen";[118] in Thisbe hieß sie Soodina oder Soteira, die „Erlöserin".[119] Unter der zuletzt genannten Bezeichnung erscheint sie ferner in Megara, Troizen, Lakonien und auf den südlichen Kykladen.[120] In Chaironeia, Thisbe, Thespiai und Orchomenos treffen wir auch auf eine Artemis Eileithyia.[121] Daraus dürfen wir entnehmen, daß sich die karische Geburtsgöttin in Boiotien mit ihrem minoischen Gegenstück vereinigte.

In Thessalien stoßen wir in Magnesia auf eine Artemis Soteira, aber die für Thessalien typische Form der Göttin war Artemis Enodia, die „der Kreuzwege",[122] eine lokale Abart der Artemis-Hekate, die vielleicht mit der thrakischen Brimo oder mit Bendis verwandt ist.[123] Nirgendwo können wir in Thessalien eine Orthia oder Limnatis oder Agrotera entdecken. Das Auftreten dieser Beinamen wird somit im Norden von der gleichen Linie begrenzt wie das karische Siedlungsgebiet (Seite 130—131).

4. Die brauronische Artemis

Wir müssen nunmehr diese jungfräuliche Jägerin bis in die dunkelsten Winkel der griechischen Religion hinein verfolgen.

Der Stammherr der Arkader war Arkas, der „Bärenmann" (*árktos*). Kurz vor seiner Geburt war seine Mutter, eine Begleiterin der Artemis, in eine Bärin verwandelt worden.[124] Sie hieß Kallisto, Megisto oder Themisto. Diese Beinamen

---

[117] So in einigen Fällen auf Kreta. An mehreren Stellen wurde sie mit der kretischen Britomartis-Diktynna gleichgesetzt (siehe S. 206): PAUS. 3,14,2 (Sparta), 10,36,5 (Phokis), EURIP. Hipp. 145. 1130 (Troizen), HOMOLLE, „Comptes des hiéropes du temple d'Apollon délien", BCH 6, 1882, 23 (Delos).

[118] IG 7,3407.

[119] SCHMIDT, „Reisefrüchte", MDA 5, 1880, 129, LATISCHEW, „Zur Epigraphik von Böotien und Lamia", MDA 7, 1882, 357, FARNELL, Cults of the Greek States, Bd. 2, S. 568. In ganz Boiotien wurde sie bei der Hochzeit unter dem Namen Eukleia verehrt: PLUT. Aristeid. 30.

[120] PAUS. 1, 40,2. 1,44,4. 2,31,1. 3,22,12, CIG 2481, LEGRAND, „Inscriptions de Trézène", BCH 16, 1892, 93. Auch in Pellene, Megalopolis, Phigaleia und Athen: PAUS. 7,27,3. 8,30,10. 8,39,5, FARNELL, a. a. O., Bd. 2, S. 586.

[121] CIG 1596, FARNELL, a. a. O., Bd. 2, S. 568, SCHMIDT, a. a. O., S. 129, LATISCHEW, a. a. O., S. 357. In dieser Form wurde sie mit Artemis Locheia gleichgesetzt: PLUT. Mor. 659a, vgl. CIG 1768, 3562, AISCH. Hiket. 684—685.

[122] STÄHLIN, Das hellenische Thessalien, S. 54. 71. 107, Supp. Epig. Gr. 3,485.

[123] HEAD, Historia Numorum, S. 307—308, LYKOPHR. 1176—1180, HESYCH. Βενδῖς, APPIAN. Bell. Civ. 4,105, EURIP. Ion 1048.

[124] APOLLOD. 3,8,2, PAUS. 1,25,1. 8,3, 6—7, ERATOSTH. Katast. 1, HYGIN. fab. 155. 176—177. Ähnliche totemistische Mythen waren mit der Geburt des Apollon verknüpft (siehe S. 125).

kamen eigentlich der Artemis selbst zu.[125] In Brauron, einem Ort an der attischen Küste, befand sich ein Tempel der Artemis Brauronia. Hier vollführten die Mädchen, in safrangelbe Gewänder gehüllt, vor der Hochzeitsfeier einen sogenannten Bärentanz.[126] Ein weiterer Bestandteil dieses Festes war das Ziegenopfer. Es geschah einmal, daß das Volk wegen der Tötung eines Bären von der Göttin mit einer Seuche heimgesucht wurde. In der Hoffnung, die Göttin besänftigen zu können, opferte ihr ein Einwohner eine Ziege, die er in die Kleider seiner Tochter gesteckt hatte.[127]

Der arkadische Mythos, der die Verwandlung einer werdenden Mutter in eine Bärin zum Inhalt hat, erklärt sich aus dem attischen Ritual des Bärentanzes, den die angehenden Bräute vollführen. In diesem Ritual gibt es aber zwei Einzelheiten, die im Mythos fehlen — das Ziegenopfer und die vorgetäuschte Opferung eines Mädchens. Die Ziege, so können wir annehmen, bildete den Ersatz für einen Bären. Das läßt darauf schließen, daß das Ritual aus einer früheren Epoche oder einem anderen Lande stammt, wo man Bären leichter beschaffen konnte als im Attika der historischen Zeit. Aber wie verhielt es sich mit dem Mädchen? Wir haben weiter oben schon die Sage von den athenischen Kindern vernommen, die den Belästigungen der Pelasger von Lemnos ausgesetzt waren (Seite 135). Nach einer anderen Überlieferung wurden die Pelasger beschuldigt, Raubzüge auf die Küste von Brauron unternommen, attische Mädchen entführt und zu Schiff nach Lemnos gebracht zu haben.[128] Was hatten sie dort mit ihnen vor? Wie uns berichtet wird, verehrten die Bewohner von Lemnos eine „große Göttin", der zu Ehren Mädchen hingeschlachtet wurden.[129] Nichts ist so fein gesponnen, es kommt doch an die Sonnen!

Als sich die tausend Schiffe starke Flotte der Achaier in Aulis versammelt hatte, wurde sie durch starke Stürme an der Weiterfahrt nach Troia gehindert. Dieser Umstand wurde durch den Seher so gedeutet, daß Artemis aufgebracht sei und nur besänftigt werden könne, wenn man ihr die Tochter des Königs zum Opfer bringe. Deshalb schickte sich Agamemnon an, Iphigeneia hinschlachten zu lassen, die zu diesem Zwecke in ein safranfarbenes Gewand gehüllt wurde. Doch im letzten Augenblick wurde sie entrückt und durch eine Hirschkuh, einen Stier oder Bären ersetzt.[130] Sie wurde über das Meer nach Tauris, der heutigen Krim, getragen. Dort herrschte ein König namens Thoas, der jeden an seine Gestade verschlagenen Fremdling der Artemis zu opfern pflegte. Dort wurde Iphigeneia als Priesterin der Göttin eingesetzt. Viele Jahre darauf landete hier ihr Bruder Orestes, der wegen des Mordes an seiner Mutter im Exil leben mußte. Der König ordnete das Opfer an, doch Iphigeneia, die in dem Fremden ihren Bruder erkannte, fand einen Vorwand,

---

[125] MÜLLER, Prolegomena zu einer wissenschaftlichen Mythologie, S. 73—76, FARNELL, a. a. O., Bd. 2, S. 435. Als Kalliste wurde sie in Athen und Trikolonoi verehrt: PAUS. 1,29,2. 8,35,8.
[126] Schol. ARISTOPH. Lys. 645, HARPOKRAT. ἀρκτεῦσαι.
[127] HESYCH. Βραυρωνία ἑορτή, EUSTATH. ad Il. 331,26, SUID. Ἔμβαρός εἰμι.
[128] HEROD. 4,145. 6,138,1, PLUT. Mor. 247a, Schol. A Il. 1,594.
[129] STEPH. BYZ. Λῆμνος, PHOT. μεγάλην θεόν, HESYCH. μεγάλη θεός.
[130] PROKL. Chrest. 1,2 = KINKEL 19, AISCH. Agam. 249, EURIP. Iph. Aul. 87—98. 358—360. 1541—1589, APOLLOD. Epit. 3,21—23, Schol. LYKOPHR. 186.

um ihn und das Götterbild an den Strand schaffen zu können. Hier bestiegen sie das Schiff und kehrten sicher in die Heimat zurück.[131] Wir wollen uns nun wieder Lemnos zuwenden: Als die lemnischen Frauen ihre männlichen Angehörigen ermordeten, verschonte einzig Hypsipyle ihren Vater (Seite 134). Sein Name war Thoas. Sie rettete ihn, indem sie ihn mit den Gewändern des Dionysos bekleidete und an den Strand schaffte. Dort bestiegen sie ein Schiff und segelten nach Tauris, wo er König wurde.[132]

Die Geschichte dieser Bärengöttin liegt nun offen zutage. Sie gehörte zu den Pelasgern, die sie von den entfernten Küsten des Schwarzen Meeres erst nach Lemnos, von dort nach Attika und schließlich nach Arkadien gebracht hatten. Somit muß sie auf dem Wege durch die Propontis in die Ägäis gelangt sein. Das war eines der Gebiete, in denen die pelasgische Sprache noch in historischer Zeit gesprochen wurde (Seite 131). Hier treffen wir auch auf einen Bärenberg — die Höhe, auf der Kyzikos erbaut wurde.[133] Der kaukasische Ursprung der Pelasger ist somit erwiesen. Auch andere Überlieferungsbruchstücke lassen sich nunmehr mit Leichtigkeit einordnen. Der Name der Kaukones, auf die wir in Elis, der Troas und in Paphlagonien gestoßen waren (Seite 132), weist auf den Kaukasus hin. Auf dem ebenfalls von Pelasgern bewohnten Chios gab es außerdem ein Dorf namens Kaukasa mit einem Kult der Artemis Kaukasis — der kaukasischen Artemis.[134]

Der Bärentanz von Brauron war der Initiationsritus eines Bärenclans, bei dem einer der das Totem verkörpernden Novizen hingerichtet wurde. Menschenopfer anläßlich der Initiation ereignen sich gelegentlich auch noch bei Stämmen der Gegenwart.[135] Die gleiche Göttin besaß aber neben dem Bären noch andere heilige Tiere. Eines davon war der Stier, nach dem sie Tauro oder Tauropolos genannt wurde. Dieser Bezeichnung begegnen wir in Attika, auf Lemnos und in Kappadokien.[136] Natürlich ist sie auch im Namen ihrer ursprünglichen Heimat Tauris enthalten.

Wenn die Artemis von Brauron pelasgischen Ursprungs war, müssen wir auch ihre Verwandtschaft zu Athene in Betracht ziehen. Deshalb wollen wir uns umschauen, ob es einen Berührungspunkt zwischen den Kulten beider Göttinnen gibt. Wir entdecken ihn auch wirklich in Troia. Die lokrischen Mädchen, die man als Dienerinnen zur trojanischen Athena schickte (Seite 209), mußten sich zuerst einmal einer Prüfung unterziehen: Man ließ sie um ihr Leben laufen. Hatten sie dabei Glück und erreichten das Heiligtum, ohne vorher eingefangen zu werden, so wurden sie Priesterinnen; andernfalls wurden sie Athene zum Opfer gebracht.[137] Wieder erkennen wir die „große Göttin" von Lemnos.

---

[131] EURIP. Iph. Taur. 28—41, HEROD. 4,103,1, APOLLOD. Epit. 3,23. Nach EURIPIDES wurde das Bildwerk erst von Tauris nach Athen und von dort nach Halai in der Nähe von Brauron gebracht: EURIP. Iph. Taur. 89—91. 1446—1467, vgl. PAUS. 1,23,7. Nach anderen Versionen wird es nach Laodikeia in Kappadokien oder Susa überführt: PAUS. 3,16,8. 8,45,3. Alle diese Varianten stehen mit der Ansicht, daß es sich um einen pelasgischen Mythos handelt, in Übereinstimmung.
[132] Hygin. fab. 15, vgl. 120.   [133] STRAB. 12,8,11, NIKANDER Alexiph. 6—8.
[134] HEROD. 5,33,7, vgl. SIG 1014,20, IG 12,5,1078.   [135] WEBSTER, Primitive Secret Societies, S. 35.
[136] FARNELL, a. a. O., Bd. 2, S. 569—570. Ein anderer ihrer anatolischen Beinamen lautete Leukophryene: SIG 558,12. 561,26, STRAB. 14,1,40, TAC. Ann. 3,62, vgl. PAUS. 1,26,4. 3,18,9. Leukophrys war ein alter Name für Tenedos: STRAB. 13,1,46.   [137] Schol. LYKOPHR. 1141.

Es hat danach den Anschein, als wäre das Gros der Pelasger auf dem Landwege über Makedonien und Thessalien nach Mittelgriechenland gelangt, während eine andere, kleinere Gruppe vielleicht erst später auf dem Seewege über die Troas und Lemnos eintraf. Athena würde dann zur ersten Wanderbewegung gehört haben, die Bären- und Stiergöttin zur zweiten. Warum wurde die letztere nun Artemis genannt? Die Gleichsetzung war vermutlich eine Folge des Einflusses der großen Göttin von Ephesos. Vielleicht wurde sie erst in der Troas vorgenommen. Aus einem Fragment der Kypria, einem der verlorenen Epen, erfahren wir, daß die Tochter des Chryses nach ihrer Gefangennahme durch die Achaier in der Troas geopfert werden sollte.[138] Augenscheinlich war diese trojanische Artemis nur eine Nebenform der trojanischen Athene, und die Verquickung beider erklärt sich aus der Tatsache, daß sich in dieser Gegend die pelasgischen und lelegischen Wohngebiete überschneiden.

Es gab dort noch andere verwandte Züge. Die ephesische Artemis hatte ihre Beziehungen zur Mutterschaft und zum Mondkult nie verloren.[139] Die spartanische Artemis besaß in unmittelbarer Nähe der Stadt ein Heiligtum, zu dem die Ammen mit den Neugeborenen kamen[140] — eine Variante des Brauches, den Säugling dem Mond zu zeigen (Seite 169). Die brauronische Artemis trug Gewänder, die aus Kleidungsstücken der im Kindbett verstorbenen Frauen verfertigt waren.[141] Außerdem trug sie den Beinamen Munychia,[142] der sich zweifellos auf den Mond bezog.[143] In der Nähe Athens gab es eine Stadt dieses Namens, und hier fiel das Fest der sechzehnten des Monats Munychion (April—Mai).[144] Das hat zur Voraussetzung, daß es auf dem alten, monatlich befolgten Brauch beruhte, am Abend nach Vollmond Opferkuchen darzubringen (Seite 181—182). Artemis Munychia taucht auch in Pherai, Pygela, Kyzikos und Plakia auf, — alles Orte, die innerhalb des pelasgischen Siedlungsgebietes liegen.[145]

Die Entwicklungsgeschichte der Artemisvorstellung unterstreicht die Richtigkeit der Behauptung, daß die griechischen Gottheiten Erzeugnisse eines vielfältigen Prozesses darstellen, der die Verschmelzung verschiedenartiger Kulturen in sich schließt. Die pelasgische Artemis kann man ebensowenig wie Athene als nichthellenisch ausscheiden. Sie ist nur in dem Sinne vorhellenisch, daß die Mädchen von Brauron schon lange ihren Bärentanz vollführten, bevor an dieser Stelle oder in den anderen attischen Dörfern ein Wort Griechisch gesprochen wurde, aber gerade aus diesem Grunde trugen sie um so mehr zu der Herausbildung der reifen Artemisgestalt bei, der Göttin, die in der berühmtesten Sage aus Hellas das Blut der Tochter Agamemnons forderte. Diese Gottheit wurde von den jungen Frauen Braurons bis zu dem Tage verehrt, an dem für den Kult dieser jungfräulichen

---

[138] EUSTATH. ad Il. 1,366.
[139] PICARD, Ephèse et Claros, S. 368.
[140] ATHEN. 139a, HESYCH. Κορυθαλλίστριαι, Κυριττοί, vgl. PLUT. Mor. 657e.
[141] EURIP. Iph. Taur. 1463—1467.
[142] Schol. ARISTOPH. Lys. 645.
[143] Μουνυχία scheint für *μονϝονυχία zu stehen, einem Epitheton des Mondes, wie μούνυχες für *μονϝόνυχες, vgl. S. 175, Anm. 114.
[144] PLUT. Mor. 349f.
[145] KALLIM. Artem. 259, STRAB. 14,1,20, CIG 3657, LOLLING, „Mittheilungen aus Kleinasien", MDA 7, 1882, 155.

Mutter die Totenglocke ertönte, die sie zur Übergabe ihrer Heiligtümer an die
Gebenedeite Jungfrau nötigte. Die Ursprünge des Hellenentums darf man also
nicht in der Rumpelkammer einer undurchdringlichen, dunklen Vergangenheit
auf den Hochebenen des Balkans oder gar in den Steppen der Ukraine suchen.
Sie liegen auf griechischem Boden, gleich unter der Oberfläche.

5. Hera

Hera weicht in noch stärkerem Maße als Athene von der gemeinsamen Urform
ab. Sie war vermutlich die erste, die ihr matriarchalisches Gepräge ablegte. In
Mykene, Agamemnons Königssitz in der argeiischen Ebene, wurde sie zur Nationalgöttin des achaiischen Bundes, der Troia berannt hatte, und wurde damit schon
zu früher Zeit zur Königin des Olymps und Gattin des Zeus erhoben, des himmlischen Herrschers über die neue, patriarchalisch gestaltete Welt.

In historischer Zeit wurde sie in fast allen Gegenden Griechenlands besonders
als Göttin der Ehe angebetet, doch verlor ihr argeiisches Heraion niemals seinen
Primat. In der *Ilias* sind es die Städte Mykene, Argos und Sparta, die sie allen
anderen vorzog.[146] Der spartanische Kult der Hera Argeia wurde von Argos übernommen.[147] Am weitesten nördlich besaß sie ein Heiligtum in Pharygai, einer Stadt
am Golf von Malis, die von Ansiedlern aus Argos gegründet worden war.[148] Auch
in den meisten Städten Boiotiens besaß sie Kultzentren, doch scheint die älteste
Kultstätte in diesem Gebiet am Berg Kithairon an der Ostspitze des Korinthischen Meerbusens gelegen zu haben.[149] An dieser Stelle des Golfs wurde sie entlang
der ganzen Küste verehrt, so in Korinth, Heraia und Sikyon.[150] Diese Landschaften
hatten einen Teil des Königreichs von Mykene gebildet.[151] Ausgrabungen lieferten
den Beweis, daß sich der Kult von Heraia aus dem argeiischen Heraion herleitete.
Die Tradition sagt über ihre beiden Kulte in Sikyon das gleiche aus.[152] Ihr Tempel
in Olympia, der älteste in dieser Gegend überhaupt, kann nicht von der Überlieferung getrennt werden, daß die Spiele vom argeiischen Herakles gestiftet
worden seien.[153] In Athen ist von ihrer Anwesenheit nichts zu verspüren, auch besaß sie auf der Akropolis kein Heiligtum. In Euboia stellen ihr Mythos und Ritual
fast eine Kopie des Kults aus Argos dar.[154]

---

[146] Il. 4,50—52. [147] PAUS. 3,13,8.
[148] STRAB. 9,4,6. Sie tritt im Argonautenmythos als Hera Pelasgis auf: APOLLOD. 1,9,8, APOLLON. RHOD. 1,14.
[149] PAUS. 9,2,7. 9,9,3. [150] FARNELL, a. a. O., Bd. 1, S. 248.
[151] Siehe S. 333.
[152] H. G. G. PAYNE, Perachora, S. 22; PAUS. 2,11,1—2, Schol. PIND. Nem. 9,30. Die Könige von Sikyon waren Vasallen Agamemnons gewesen: PAUS. 2,6,7. Ihr Fest in Aigina war von Ansiedlern aus Argos eingeführt worden: Schol. PIND. Pyth. 8, 113.
[153] PIND. Ol. 10,23—59. Die Hera von Olympia trug wie die von Argos einen Brautschleier (G. W. ELDERKIN, „The Marriage of Zeus and Hera", AJA 41, 1937, 424—425); Die Heraia von Olympia wurden von Hippodameia gestiftet, deren Gebeine aus Mideia hierher gebracht worden waren (PAUS. 5,16,4. 6,20,7). Das Fest wurde wahrscheinlich im Monat Parthenios begangen (F. M. CORNFORD in J. E. HARRISON, Themis, S. 230), und der Name des Baches Parthenias nahe Olympia (PAUS. 6,21,7) stimmt mit dem der Quelle der Hera Parthenos in Nauplia überein (siehe S. 229—230).
[154] FARNELL, a. a. O., Bd. 1, S. 253; siehe S. 231.

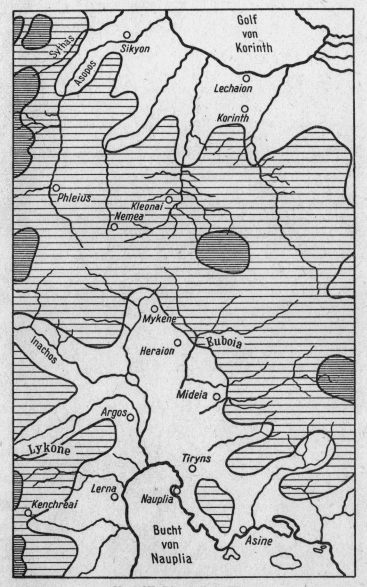

Karte VI. Die argeiische Ebene

Wenn das argeiische Heraion den Brennpunkt ihrer Verehrung auf dem Festland bildete, so folgt daraus beinahe mit Notwendigkeit, daß sie über das Meer nach Argos gekommen sein muß. Ihr ältestes, aus Birnenholz verfertigtes Bildnis im Heraion stammte aus Tiryns.[155] Diese Stadt lag nur einige Kilometer von Nauplia entfernt, wo es einen Kult der Hera Parthenos gegeben hatte.[156] Nauplia muß wegen seines ausgezeichneten natürlichen Hafens der Landeplatz gewesen sein, den die minoischen Händler am häufigsten anliefen. Es gibt bei Hermione noch einen zweiten guten Hafen, und auch hier befand sich ein Kult der Hera Parthenos. Der Überlieferung zufolge sollen Zeus und Hera an dieser Stelle gelandet sein, als sie von Kreta nach Griechenland kamen.[157]

In der ägäischen Welt gab es nur ein einziges Kulturzentrum, das den Anspruch erheben konnte, größere Bedeutung als das argeiische Heraion zu besitzen: anerkanntermaßen besaß der Heradienst auf Samos ein besonders hohes Alter. Ihr Tempel war sogar noch größer als der der ephesischen Artemis.[158] Ihr Bildwerk soll aus Argos gekommen sein, was jedoch von den Samiern bestritten wurde, die darauf bestanden, sie sei in dem Heiligtum unter einem Weidenbaum zur Welt gekommen.[159] Wie Hermione war auch Samos eine karische Ansiedlung und hatte einst den Namen Parthenia getragen.[160] Somit stand die samische Hera zur Hera Parthenos von Hermione und Nauplia in Beziehung, während andererseits die ihre Geburt betreffende Sage auf Verbindungen zur karischen Artemis hinweist.

Nichts deutet auf eine anatolische Herkunft der Heragestalt hin, während uns die Lokaltradition von Hermione bereits auf Kreta verwiesen hat. Dort wurde sie in Knossos in Form einer heiligen Hochzeit mit Zeus verehrt.[161] Hier liegt ohne Zweifel ein Rest des minoischen Palastkultes vor (Seite 206). Nicht weit von Knossos entfernt liegt die Grotte von Amnisos, wo sie Eileithyia zur Welt gebracht haben soll.[162] Aus diesen Gründen dürfen wir mit Sicherheit annehmen, daß sich Hera aus einer bestimmten Form oder einem besonderen Aspekt der minoischen Muttergöttin entwickelt hat.

Die heilige Hochzeit gehört zu den verbreitetsten Wesensmerkmalen, die ihr Kult aufzuweisen hat. In ihrem Kult in Plataiai wurde ein als Braut geschmücktes Bildnis auf die Spitze des Berges Kithairon geleitet.[163] In Athen wurde ihre Vereinigung mit Zeus alljährlich festlich begangen.[164] In Euboia fand die Hochzeit auf dem Berge Oche statt.[165] Auch in Samos wurde die Göttin durch ein in Brautgewänder gehülltes Bildwerk dargestellt.[166] In Nauplia wurden alljährlich zu Beginn

---

[155] PAUS. 2,17,5.   [156] PAUS. 2,38,2.
[157] STEPH. BYZ. Ἑρμιών, vgl. Schol. THEOKR. 15,64.
[158] HEROD. 3,60,1.   [159] PAUS. 7,4,4.
[160] STRAB. 10,2,17. 14,1,15. Der Bach namens Imbrasos, der hinter dem Heiligtum vorbeifließt, trägt einen karischen Namen (SIG 46,57—59 Ἰμβρᾱσσιδος ... Ἰμβάρσιδος), der wahrscheinlich mit pelasg. Imbros, Imbramos verwandt ist (siehe S. 132, Anm. 100).
[161] DIOD. SIC. 5,72; G. W. ELDERKIN, a. a. O., S. 424—425.
[162] PAUS. 1,18,5. Sie wurde in Athen und Argos als Eileithyia verehrt: ROSCHER, Lexikon, Bd. 1, Sp. 2091, HESYCH. Εἰλεθυίας.
[163] PAUS. 9,3,3—9.   [164] PHOT. ἱερὸς γάμος.
[165] STEPH. BYZ. Κάρυστος.
[166] AUGUSTIN. de civ. dei 6,7, LACTANT. Inst. 1,17. Vorehelicher Geschlechtsverkehr war in Samos erlaubt. Dort gab es einen Lokalmythos, nach dem sich Zeus und Hera insgeheim vereinigten. Schol. A Il. 14,296.

des Frühlings Mysterienspiele aufgeführt, bei denen sie nach der Hochzeit ein Bad nahm, um ihre Jungfräulichkeit wiederzuerlangen.[167] Auf diese Weise wurde die lokale Hera Parthenos mit der offiziellen, dem Zeus angetrauten Gattin in Einklang gebracht. In Hermione soll sich ihr der Bräutigam in Gestalt eines Kuckucks genähert haben. Hier liegt eine Rückerinnerung an die Epiphanien in Vogelgestalt vor, die für die minoische Muttergöttin so charakteristisch sind.[168]

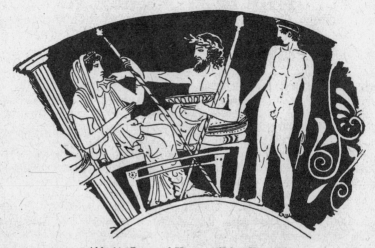

Abb. 41. Zeus und Hera: attisches Vasenbild

Die heilige Hochzeit wurde manchmal als die Vereinigung eines Stieres mit einer Kuh dargestellt. Das ist der tiefere Sinn des Mythos von Io, die, in diesem einen Punkt stimmen Jane Harrison und Farnell überein, Heras Doppelgängerin ist.[169] Io war eine Priesterin der Hera. Es war ihr Vater, der das alte Bildnis aus Birnenholz in Tiryns aufgestellt hatte.[170] Zeus verliebte sich nun in sie und zwang den Vater, sie von Haus und Hof zu vertreiben und in die Sumpfwiesen von Lerna zu jagen. Hier wurde sie in eine Kuh verwandelt und unter dem wachsamen Blick der hundert Augen des Hirten Argos, der mit der Haut eines Stieres bekleidet war, auf die Weide getrieben. Dann durchwanderte sie, verfolgt von Zeus oder dessen eifersüchtiger Königin, die ganze Welt, bis sie schließlich an das ägyptische Flußdelta gelangte. Durch eine Berührung seiner Hand gab ihr Zeus ihre ursprüngliche Gestalt und ihren menschlichen Verstand zurück. Durch die gleiche Berührung empfing sie aber auch einen Sohn namens Epaphos. Viele Generationen darauf brach

---

[167] PAUS. 2,83,2.
[168] PAUS. 2,36,1–2; NILSSON, Minoan-Mycenæan Religion, S. 285–294. In der ursprünglichen Form des Mythos näherte sich ihr, wie wir annehmen dürfen, ein wirklicher Kuckuck. Es handelt sich hierbei um einen Mythos der Parthenogenesis (siehe S. 194, Anm. 217, S. 232, Anm. 182).
[169] FARNELL, a. a. O., Bd. 1, S. 182, J. E. HARRISON, „Primitive Hero Worship", CR 7, 1893, 74–78.
[170] APOLLOD. 2,1,3, PAUS. 2,17,5, PLUT. Daid. 10; ROSCHER, Lexikon, Bd. 3, Sp. 1754.

Danaos, ein Nachkomme des Epaphos, mit seinen Töchtern zu Schiff von Ägypten auf, ging in Nauplia an Land und ließ sich in Argos, der Heimat seiner Vorväter, nieder.[171]

So wird uns die Sage durch Aischylos berichtet. Wir erkennen auf den ersten Blick, daß Io etwas mit den Töchtern des Proitos gemeinsam hat (Seite 178 bis 180). In Ägypten wurde sie mit Isis gleichgesetzt, deren heiliges Tier die Kuh war.[172] Wie alt dieser Teil der Erzählung war, läßt sich schwer sagen, doch gibt es andere Versionen, in denen Ägypten überhaupt keine Rolle spielt. In Euboia hieß es, sie habe Epaphos in einer Höhle an der Küste zur Welt gebracht.[173] Die prähistorischen Bewohner der Insel Euboia waren die Abantes, die sich unter Führung von Abas, eines der ersten Könige von Argos, dort niedergelassen hatten.[174] Auch der Name der Insel selbst — die Insel der „schönen Kühe" — ist bezeichnend, denn er deutet nicht nur auf Io hin, sondern erinnert uns auch daran, daß das argeiische Heraion am Abhang eines Berges mit Namen Euboia gestanden hat. Man sagte, er sei nach Heras Amme benannt worden.[175] Das bedeutet, daß diese Bezeichnung ursprünglich ein Epitheton der Göttin selbst gewesen ist. So gebar auch Io ihr Kind an einem Abhang oberhalb des Tempels, in dem sie als Priesterin diente. Der Mythos reduziert sich somit auf die Weihe einer Jungfrau zur Priesterin, die in einer heiligen Hochzeit die Göttin Hera verkörperte, während der männliche Part von einem als Stier auftretenden Priester gespielt wird.[176] In dieser Fassung stimmt der Mythos haargenau mit dem vom Minotauros überein. Als sich Pasiphae, die Gattin des Minos, in einen Stier verliebte, baute ihr der kunstreiche Daidalos eine hohle Nachbildung einer Kuh, in die sie dann hineinschlüpfte, um von dem Stier besprungen zu werden.[177] Der Sproß dieser erfindungsreichen Vereinigung war der Minotauros, ein Mann mit dem Kopf eines Stieres. Er bildete das Gegenstück zu Epaphos, den uns Aischylos als Kalb beschreibt.[178]

Abb. 42
Der Minotauros:
Münze aus Knossos

Zeus und Hera wurden überall als Schutzpatrone des Ehestandes angebetet, als das olympische Paar, das gemeinsam der gesetzlichen Vereinigung von Mann und Frau seinen Segen gab.[179] Farnell zog den Schluß, dieser Aspekt der beiden Gottheiten sei derart alt, daß sich jede weitere Analyse erübrige.[180] Es ist natürlich

---

[171] AISCH. Prom. 672—709. 733—761. 816—841. 872—902, Hiket. 1—18. 305, PAUS. 4,35,2, APOLLOD. 2,1,2.
[172] APOLLOD. 2,1,3, DIOD. SIC. 1,24—28, HEROD. 2,41; siehe S. 320. Ebenso wie der Mythos von ihrer Fahrt nach Ägypten durch ihre Beziehungen zu Isis beeinflußt war, beruhte auch ihr Überqueren des Bosporos auf einer Verwechslung mit dem Rinderkult von Nordwestanatolien: ARRIAN. fr. 35.
[173] STEPH. BYZ. Ἀβαντίς, Κάρυστος. Bulle, Kuh und Kalb erscheinen auf Münzen von Karystos: HEAD, Historia Numorum, S. 357. Hierhin zog sich Hera nach einem Streit mit Zeus zurück: PAUS. 9,3,1.
[174] Schol. PIND. Pyth. 8,73.   [175] PAUS. 2,17,1.
[176] COOK, Zeus, Bd. 1, S. 464.—496.   [177] DIOD. SIC. 4,77, CLEM. ALEX. Protr. 4,51.
[178] AISCH. Hiket. 41.
[179] AISCH. Eumen. 214, ARISTOPH. Theem. 973—976, und Schol., SUID. τελεία, POLL. 3,38, FPG 2,57.
[180] FARNELL, a. a. O., Bd. 1, S. 199—201. Auf diese Hypothese hin äußerte er die Vermutung, daß die Seirenen in der Hand der argeiischen Hera, die eine Variante der Horen oder Chariten darstellen (siehe S. 283 f.), „einfach den Zauber des Ehelebens bedeuten könnten" (ebenda, Bd. 1, S. 184).

richtig, daß die Vereinigung in Form der heiligen Hochzeit letztlich nichts anderes als die rituelle Darstellung des Geschlechtsaktes war, den der Mensch von den Tieren ererbt hat. Doch von allen Formen, in denen sich diese Vereinigung vollziehen kann, war die Ehe die allerjüngste. Nur aus Gewohnheit oder Gründen der Schicklichkeit sprechen wir in diesem Falle überhaupt von einer „Hochzeit". Die heilige Hochzeit der Griechen reicht sicherlich in mykenische Zeit und noch weiter zurück, jedoch nicht in Form einer Vereinigung zwischen Zeus und Hera.

Stammt Hera nun wirklich von der minoischen Muttergöttin ab, so kann Zeus nicht von altersher ihr Partner gewesen sein, da er das einzige Mitglied des griechischen Götterhimmels ist, von dem wir mit Sicherheit behaupten können, daß sein Name indogermanischen Ursprungs ist. Er wurde zweifelsohne zu einem sehr frühen Zeitpunkt eingeführt, doch muß es einige Zeit gedauert haben, bis seine Stellung gefestigt war. Wahrscheinlich verdankte er seinen Aufstieg der Macht der Achaier, die in der Mehrzahl ihren Stammbaum auf ihn zurückführten. Wie wir in Kapitel XII sehen werden, gehörten die Achaier zur spätmykenischen Periode, als die matriarchalische Struktur der ägäischen Gesellschaft schon unterhöhlt war. Diese Revolution in der wirklichen Welt rief auch einen Umschwung in der Welt der Ideen hervor. Die alten matriarchalischen Mythen wurden in ihr Gegenteil verkehrt. Sie starben zwar nicht aus, doch wurden sie den neuen Verhältnissen angepaßt und bis zur Unkenntlichkeit verzerrt. Dieser Periode müssen wir auch die Eheschließung zwischen Zeus und Hera zuschreiben.

Hätten Zeus und Hera schon immer das ideale Ehepaar dargestellt, so könnten wir zum mindesten erwarten, ihre Vereinigung mit Nachkommenschaft gesegnet zu sehen.[181] Aber das ist nicht der Fall. Zeus hat zwar Hunderte von Kindern, doch heißt deren Mutter in keinem Falle Hera. Anderseits verfügt auch Hera über mehrere Nachkommen, doch ist Zeus nicht ihr Vater. Auch kann man ihr Eheleben keineswegs als vorbildlich bezeichnen. Ihre in der *Ilias* beschriebenen Ehestreitigkeiten bilden eine unerschöpfliche Quelle der Heiterkeit. Von welchem Gesichtspunkt man auch immer herangeht, überall zeigt sich: diese mißratene olympische Familie ist offensichtlich eine Erfindung. Athene soll dem Haupt des Zeus entsprungen sein, doch war sie einstmals eine typische Muttergöttin, die der Definition nach eben vaterlos sein muß. Artemis und Apollon sollen von Zeus gezeugt worden sein, doch wußten die ältesten Heiligtümer von Ephesos und Klaros nur von einer Mutter zu berichten. Ares und Hephaistos galten schon als Söhne Heras, bevor man Zeus für den Vater gehalten hat. Da der eine aber ein Thraker und der andere ein Pelasger war, können sie ursprünglich nichts miteinander zu tun gehabt haben.[182] Mit der einzigen Ausnahme der Eileithyia, die, da man beide,

---

[181] COOK, „Who was the Wife of Zeus?" CR 20, 1906, 365—378, 416—419.
[182] Hera gebar Ares ohne Zeus' Hilfe, nachdem sie eine Blume berührt hatte: OVID. Fast. 5, 229—256. Wie COOK dazu bemerkt, „tauchen wir hier in die gleichen Schichten primitiver Vorstellungen ein, nach denen die Geburt der Hebe einem Lattich zugeschrieben wurde" (a. a. O., S. 367): Myth. Vat. 1, 204. Zu ähnlichen parthenogenetischen Mythen bei den alten Iren siehe CHADWICK, The Growth of Literature, Bd. 1, S. 216. Vgl. ferner ROSCOE, The Baganda, S. 48: „Frauen, die unerwarteterweise in anderen Umständen waren, pflegten darauf zu verweisen, daß eine Blüte des Wegerichs, den sie gerade ausgruben, abgefallen sei und die Schwangerschaft verursacht habe." Siehe ferner FRAZER, Folklore in the Old Testament, Bd. 2, S. 372.

Mutter und Tochter, bis nach Knossos zurückverfolgen kann, ein echtes Anrecht
auf Hera als Mutter zu haben scheint, sind ihr alle Kinder unterschoben worden.
Herodot bemerkt dazu, Homer und Hesiod seien die Schöpfer der griechischen
Theogonie gewesen:[183] das soll besagen, der Götterhimmel ist ein Erzeugnis der
epischen Überlieferung, die ihrerseits mit ihren Wurzeln tief in die mykenische
Periode hinunterreicht.

Da Hera zum Typus der minoischen Muttergöttin gehört hat, muß sie einen
Gemahl gehabt haben (Seite 206). Wer war das?

Herakles und Iphitos waren Zwillinge, der eine göttlichen, der andere sterblichen Ursprungs.[184] Das bildete den Ausgangspunkt der Heraklessage. Diese Angabe stimmt mit dem weitverbreiteten Brauch überein, ein Zwillingskind zu
töten. Das war wegen der Schwierigkeit, beide zugleich aufzuziehen,[185] erforderlich und wurde mit dem Glauben entschuldigt, der Getötete erlange Unsterblichkeit.[186] Herakles wurde in Theben geboren, seine Mutter stammte aber aus
der argeiischen Ebene, und eben diese Landschaft wurde das Zentrum seiner
Taten.[187] Seine Sage war also in den beiden Hauptgebieten der mykenischen Kultur lokalisiert,[188] und das bedeutet, daß sie minoischen Ursprungs war. Eines der
bezeichnendsten Merkmale besteht in dem Verhältnis des Helden zu der Göttin,
die an dem Geburtsort seiner Mutter beheimatet war. Sie war es, die ihn um sein
Erbe brachte, als er noch im Mutterleib lag, und ihm die Schlangen zusandte, die
ihn erdrosseln sollten, sobald er das Licht der Welt erblickt hatte.[189] Sie war es,
die ihn zum Wahnsinn trieb, so daß er seine Gattin und die Kinder ermordete. Sie
stachelte die Amazonen auf, gegen ihn zu Felde zu ziehen, und als er vom Ende
des Erdkreises mit der Herde des Geryon heimkehrte, schickte sie ihm die Bremse
entgegen, die das Vieh in alle vier Himmelsrichtungen auseinanderjagte.[190] Von
Anfang bis Ende blieb sie seine unversöhnliche Feindin.

Es gehört zu den anerkannten Grundsätzen der mythologischen Analyse, daß,
falls das angemessene Verhältnis zwischen zwei Vorstellungen gestört ist, der
Mythos leicht in sein Gegenteil verkehrt worden sein kann. In Heras Feindschaft
zu Herakles liegt ein „zu lauter Protest", und wenn wir uns von der literarischen
Version der Sage den Lokaltraditionen zuwenden, entdecken wir Reste von Überlieferungen, die etwas ganz anderes aussagen. In Sparta besaß sie ein Heiligtum,
das er ihr aus Dankbarkeit für ihre Hilfe im Kampf mit Hippokoon errichtet hatte.[191]
Als er sie mit dem Riesen Porphyrion ringen sah, schoß er den Angreifer nieder.[192]
Als er zum Garten der Hesperiden gezogen war, wurde er dort von ihr begrüßt.
Als er dann mit den Goldenen Äpfeln wieder heimgekehrt war, bereitete sie ihm

---

[183] HEROD. 2,53,2.
[184] HESIOD. Scut. 48—52.
[185] MEEK, A Sudanese Kingdom etc., S. 357.
[186] FRAZER, The Golden Bough, 1. The Magic Art and the Evolution of Kings, S. 267—269.
[187] APOLLOD. 2,4,6. 2,5,1.
[188] NILSSON, The Mycenæan Origin of Greek Mythology, S. 207.
[189] Il. 19,95—133, PIND. Nem. 1,33—40, APOLLOD. 2,4,5—8.
[190] EURIP. Herakl. Main. 843—873, APOLLOD. 2,4,12. 2,5,9—10.
[191] PAUS. 3,15,9.
[192] APOLLOD. 1,6,2.

erneut ein herzliches Willkommen.[193] Nach diesen Überlieferungen ist er ihr Partner und Helfer.

Die Griechen versuchten nun, diesen verwirrenden Widerspruch durch die Behauptung zu lösen, es habe zwei Heroen dieses Namens gegeben — den argeiischen Recken mit den behaarten Armen und einen sanftmütig blickenden kretischen Jüngling, der der ältere von beiden gewesen sei.[194] In Megalopolis befand sich eine Gruppe von Standbildern, unter ihnen Demeter mit ihrer Tochter und diesem kretischen Herakles an ihrer Seite.[195] In Mykalessos stand derselbe Herakles als Tempeldiener im Dienste der Demeter.[196] Nach der literarischen Überlieferung gilt zwar der argeiische Herakles als der Gründer der Olympischen Spiele, doch behaupteten die dort fungierenden Priester, die es ja eigentlich wissen mußten, es sei der andere aus Kreta gewesen.[197] Auf einem Streifzug durch das Land in der Nähe von Olympia kam Dion Chrysostomos an einem am Wege liegenden Heraklesheiligtum vorbei, neben dem eine alte Frau hockte. Auf seine Frage antwortete sie in breitem Dorisch, sie sei die Hüterin des Heiligtums und habe von der Göttermutter die Gabe der Weissagung verliehen bekommen. Die Bauern aus der Umgebung pflegten sie über das Gedeihen ihrer Herden und Feldfrüchte zu befragen.[198] Gemeinsame Kulte des Herakles und seiner Mutter scheinen in den ländlichen Gebieten üblich gewesen zu sein.[199] In diesen vom Wege abgelegenen Landesteilen fuhr die Bauernschaft fort, den Heros nach wie vor in seiner alten Gestalt zu verehren. Sie beugten sich nur insofern der offiziellen Auffassung, daß sie den Helden von der olympischen Gattin des Zeus, die ihnen wenig bedeutete, auf eine Göttin übertrugen, die sich ihren schlichten, matriarchalischen Charakter bewahrt hatte.

Schließlich bliebe noch sein Name zu erörtern. Während seiner ganzen geschichtlichen Entwicklung, sei es nun als Heras Feind oder Demeters Freund, war der Heros unter einem Namen bekannt, der „nach Hera benannt" bedeutet. Das ist völlig mißdeutet worden. Nachdem Nilsson des längeren den argeiischen und den thebanischen Herakles untersucht hat, ohne dabei ein Wort über den aus Kreta stammenden zu verlieren, stellt er fest, „der Name Herakles bildet den Ausgangspunkt für die Rolle, die Hera in der Heraklessage spielt".[200] Nach dieser

---

[193] GRUPPE, Griechische Mythologie und Religionsgeschichte, S. 460—461. Diese anläßlich der Hochzeit Heras gezogenen Äpfel (ATHEN. 83c) waren wahrscheinlich Granatäpfel oder Quitten (siehe S. 172). Äpfel und Quitten waren und sind noch immer Liebes- oder Hochzeitsgaben: THEOKR. 2,120. 3,10. 5,88, VERG. Ecl. 3,71, CLAUD. Epith. Pall. 15, POLITES, 'Ἐκλογαί etc., Nr. 138, vgl. Skirnismal 19: „Der Äpfel elf hab' ich hier, eitel golden, die will ich dir geben, Gerd" (trad. Genzmer). Attischen Bräuten wurde empfohlen, eine Quitte zu verzehren, bevor sie sich zu ihrem Bräutigam legten: PLUT. Mor. 138d. [194] HEROD. 2,43—44, PAUS. 9,27,6—8.
[195] PAUS. 8,31,3. Mit Demeter Eleusinia stand Herakles auf dem Taygetos in Beziehung: PAUS. 3,20,5.
[196] PAUS. 9,19,5. 9,27, 8.
[197] PIND. Ol. 10,23—59, PAUS. 5,7,6—7. Auch hier stand er vermutlich mit Demeter in Verbindung, deren kultisches Epitheton in Olympia Χαμύνη lautete (PAUS. 6,20,9. 6,21,1), d. h. Χαμαιεύνη (Il. 16,235), in Anspielung auf die Tradition, nach der er und seine Gefährten auf Lagern von Olivenblättern zu ruhen pflegten (PAUS. 5,7,7); siehe G. THOMSON, Aischylos und Athen, S. 127. Die beiden Versionen kann man mit Hilfe der Hypothese miteinander in Einklang bringen, daß der den Spielen zugrunde liegende Kult zu einer Zeit von Mykene aus gestiftet wurde, als der argeiische Herakles noch seinen matriarchalischen Charakter besessen hatte.
[198] DIO CHRYSOST. 1,61 R. [199] FARNELL, Greek Hero Cults and Ideas of Immortality, S. 129.
[200] NILSSON, The Mycenaean Origin of Greek Mythology, S. 211. Die Griechen waren sich darüber völlig im klaren: Herakles war entweder deshalb nach Hera benannt, weil er seine Arbeiten auf ihr Geheiß verrichtete oder weil er ihr in der Titanenschlacht das Leben gerettet hatte: PIND. fr. 291, Etymol. Magn. Νεῖλος, vgl. KRETSCHMER, „Mythische Namen", Gl 8, 1916/17, S. 122.

Hypothese stellt sich die ursprüngliche Namengebung des Helden als reiner Zufall dar; ebenso ist auch die darauf folgende Verknüpfung mit der Göttin rein zufällig erfolgt, und ihre Feindschaft schließlich bleibt ein undurchdringliches Geheimnis. Wenn wir den Schlüssel fortwerfen, so dürfen wir nicht erwarten, das Tor zur Lösung des Problems öffnen zu können. Sein Name schreit es uns förmlich ins Gesicht, daß er der männliche Partner der Muttergöttin ist; denn er versinnbildlicht die Stellung der Geschlechter zueinander in einer Gesellschaftsformation, in der der Sohn nach der Mutter benannt wird.

Die Doppelaxt war ein Symbol für den Blitz (Seite 201—202). In der karischen Hauptstadt Mylasa gab es einen Nationalkult des Zeus Labrandeus, des „Zeus mit der Doppelaxt". „Wie kommt es", fragt der unermüdliche Plutarch, „daß der karische Zeus mit einer Axt in der Hand an Stelle des Szepters oder des Blitzes abgebildet ist?" Als Herakles die Königin der Amazonen getötet hatte, beraubte er sie ihrer Waffen, zu denen auch eine Axt gehörte, und schenkte sie der lydischen Königin Omphale, in deren Diensten er damals stand. Seitdem wurde sie als Erbstück unter den Herakliden (Herakleidai) von Generation zu Generation weitergereicht, bis der letzte von dem Karer Arselis erschlagen wurde. Arselis brachte die Axt nach Mylasa und gab sie dem Zeusstandbild in die Hand.[201] Zeus Labrandeus erhielt also seine Axt von Herakles, der sie seinerseits von den Hethitern bekommen hatte.

Abb. 43. Etruskische Rüstung: Stele aus Vetulonia

Auf einem altetruskischen Grabdenkmal ist ein Krieger dargestellt, der eine Doppelaxt in der Hand hält und dessen Helm einen ungeheuer großen Busch trägt.[202] Der Helmbusch stellt ein Charakteristikum der Lykier und Karer dar und soll von ihnen erfunden worden sein.[203] Des weiteren stehen der etruskische Herkle und Unial sowie der römische Herkules und Juno in genau dem gleichen Verhältnis zueinander, das wir für den griechischen Herakles und Hera angenommen haben. Auf einer römischen Bronze sehen wir, wie Herkules von Jupiter der Juno vorgestellt wird. Seine Absicht besteht aber in mehr als einer bloßen Versöhnung. Das beweisen die männlichen und weiblichen Geschlechtsteile, die zu

---

[201] PLUT. Mor. 301f. Dieser lydische Herakles war das gleiche wie Sandas, der Partner der Kybebe oder Kupapa (siehe S. 445): O. HÖFER in ROSCHER, Lexikon, Bd. 4, Sp. 319—333.
[202] R. S. CONWAY in CAH. 4, S. 392; siehe Abb. 43.
[203] HEROD. 1,171,4; HALL, The Civilisation etc., S. 136.

ihren Füßen liegen.²⁰⁴ Es handelt sich hier in der Tat um eine heilige Hochzeit. Bei römischen Eheschließungen wurde der Brautgürtel der Göttin Juno geweiht, und der darin befindliche Knoten, den der Bräutigam auf dem Hochzeitslager

Abb. 44. Juno und Herkules: römische Bronze

löste, hieß *nodus Herculaneus*.²⁰⁵ Dieses Zeugnis ist bei Cook zitiert, der daraus den Schluß zieht, daß „als zu einem sehr frühen Zeitpunkt der Heraklesult nach Italien verpflanzt wurde, Herakles noch der anerkannte Partner Heras war".²⁰⁶ Die überlieferten Daten gestatten es uns nicht zu entscheiden, zu welcher Zeit der

---

²⁰⁴ COOK, „Who was the Wife of Zeus?", S. 374, ROSCHER, Lexikon, Bd. 1, Sp. 2259; siehe Abb. 44. Ein etruskischer Spiegel, auf dem Herakles und Hera und im Hintergrund Zeus und Hebe abgebildet sind, trägt die Inschrift: *hercle unial clan*, auf deutsch: „Herakles, Sohn der Hera" (Cook, a. a. O., S. 416).
²⁰⁵ FEST. 63.
²⁰⁶ COOK, a. a. O., S. 375.

griechische Mythos umgeschmolzen wurde, doch gab es mindestens einen Lokalkult, in dem der Heros seine Gattenfunktion beibehalten hatte. Bei den Hochzeiten, die in Kos in seinem Tempel gefeiert wurden, reichte man auch ihm Speisen dar, als sei er einer der Hochzeitsgäste.[207]

Wir können zwar nur bis zu diesem Punkt deutlich sehen, doch reizen uns gewisse schwache Anzeichen, weiter in die Vergangenheit einzudringen. Die Vereinigung des Herakles und der Hera von Knossos erinnert uns daran, daß sich auch Demeter und Iasion auf einem kretischen Brachfeld umarmten.[208] Die aus Kreta stammenden Begleiter des Herakles, mit denen er die Olympischen Spiele stiftete, hießen Paionaios, Epimedes, Idas und Iasios.[209] Die beiden ersten sind bloße Eponymen der primitiven Medizin; Idas ist nach dem kretischen Ida benannt; Iasios ist kaum von Iasion zu unterscheiden.[210] Daraus erhalten wir eine ganze Reihe von Gleichungen: Herakles-Iasion, Demeter-Persephone, Hera-Eileithyia und Eileithyia-Eleusis. Wenn wir einmal unter besseren Bedingungen die Geschichte Heras und Demeters auf deren Heimatboden erforschen können, werden wir auch imstande sein, beide bis zu ihrem Ursprung, der neolithischen Muttergöttin, zurückzuverfolgen.

Noch eine letzte Frage: Wenn sich Hera von Herakles trennte, um Zeus zu ehelichen, wer war dann ursprünglich die Gattin des Zeus gewesen? Aristoteles teilt uns mit, daß das Land um Dodona die Urheimat der Hellenen war.[211] Hier besaß Zeus seit undenkbaren Zeiten ein Heiligtum, vielleicht sein ältestes auf griechischem Boden. Wenn irgendwo, dann können wir hier an dieser Stelle hoffen, sein indogermanisches Gepräge von allen ägäischen Einflüssen unberührt zu entdecken. Wie wir wissen, hieß Hera in Dodona Dione.[212] Dione oder Dia ist einfach das Femininum von Zeus (idg.* $dj\bar{e}us$). In Übereinstimmung mit der unterschiedlichen Stellung der Geschlechter zueinander wurde in dem einen Falle die patriarchalische indogermanische Göttin nach ihrem Herren, im anderen der matriarchalische minoische Gott nach seiner Herrin benannt, während die Verschmelzung beider Kulturen im patriarchalischen Griechenland in der heiligen Hochzeit der matriarchalischen Göttin mit dem patriarchalischen Gott ihren angemessenen symbolischen Niederschlag fand.

6. Apollon

Die Ausführungen zu diesem Thema erheben keineswegs den Anspruch auf Vollständigkeit. Eine der bedeutenderen Göttinnen, nämlich Aphrodite, ist beispielsweise ausgelassen worden. Ich werde anläßlich meiner Darstellung der homerischen Helena einiges über sie zu sagen haben. Das vorliegende Kapitel soll mit einigen Betrachtungen zur Gestalt des Apollon abgeschlossen werden. Es soll dabei ge-

---

[207] PATON und HICKS, Inscriptions of Cos, S. 76.
[208] Od. 5,125—127.
[209] PAUS. 5,7,6.
[210] PICARD, „Sur la patrie et les pérégrinations de Déméter", REG 40, 1927, 357.
[211] ARISTOT. Meteor. 1,14.
[212] Schol. Od. 3,91.

238   Einige matriarchalische Gottheiten der Ägäis

zeigt werden, wie er sich aus dem matriarchalischen Artemis- und Letodienst heraus entwickelte und zur Selbständigkeit gelangt ist.

Einige Merkmale des Apollon, wie z. B. seine Verbindung mit dem Bernsteinhandel, weisen in nördliche Richtung nach Mitteleuropa.[213] Diese Kennzeichen mögen indogermanischen Ursprungs sein. Hauptsächlich hat dieser Gott jedoch Beziehungen zu Südwestanatolien und Kreta, wie uns Nilsson gezeigt hat.

Feste zu Ehren des Apollon sind auf dem Festland verhältnismäßig selten, und er hat sich überall älterer Feste bemächtigt, die ihm ursprünglich nicht angehörten. ... Im Gegensatz zu allen anderen griechischen Göttern, die die Vollmondzeit vorzogen, besetzte Apollon den siebenten Tag des Monats, an dem alle seine Feste gefeiert wurden. Die Übereinstimmung mit dem babylonischen *shabattu* ist vollständig und kann kein Zufall sein. ... Seine Mutter Leto stammt aus Südwestkleinasien. Nur in dieser Gegend trifft man auf Personennamen, die mit Leto zusammengesetzt sind — das ist ein besonders starkes Argument. Ihr Name wird von Philologen mit dem karischen Wort *lada*, „Frau", in Verbindung gebracht. Ihre Kulte sind in Griechenland nicht sehr zahlreich und von unbestimmbarem Alter; nur in Kreta wird ihr zu Ehren ein Fest veranstaltet.[214]

Im Lichte der Arbeit von Picard über Klaros kann man Nilssons Ergebnisse noch weiter ausbauen. Wir haben gesehen, daß die Madonna von Klaros durch ihren Sohn ersetzt wurde. Eine ähnlich verlaufende Entwicklung kann man auch für den Apollon anderer karischer Ansiedlungen, besonders von Milet und Delos,

Abb. 45. Apollon und Artemis: Vase aus Melos

---

[213] KRAPPE, „*Ἀπόλλων Κύκνος*", CP 37, 1942, 353—370. Es hat den Anschein, daß Apollon trotz seiner anatolischen Herkunft nicht aus Lykien stammte (KÖNIG, Die Stele von Xanthos, Metrik und Inhalt, S. 11), und der Name Apulunas, der sich auf einen Gott der Torwege bezieht (Apollon Agyieus?), ist kürzlich auf einem hethitischen Altar entziffert worden: NILSSON, Greek Popular Religion, S. 79, vgl. LAROCHE, „Recherches sur les noms des dieux hittites", RHA 7, 46, 1946—1947, 80.

[214] NILSSON, Minoan-Mycenæan Religion, S. 443—444, vgl. derselbe, Primitive Time Reckoning, S. 366—367, PICARD, Ephèse et Claros, S. 458—459. 463. Mit Leto, „die Frau", vergleiche *mu-al-li-da-at* (Μύλιττα), „die Frau, die gebiert", einen Beinamen der babylonischen Geburtsgöttin: LANGDON, The Babylonian Epic of Creation, S. 217.

annehmen. In historischer Zeit wurde sein Kult in Delphi derart einflußreich, daß
er alle anderen überflügelte, doch selbst in Delphi erinnerte man sich noch daran,
daß die ersten Hüter seines Heiligtums Fremde aus Kreta waren.[215] Falls er von
Kreta aus nach Delphi gelangt ist, dürfen wir sicher sein, daß er andererseits nach
Kreta von Anatolien aus gekommen war.

Als der karische Apollon nach Delos kam, war seine Mutter, die „Frau", noch
stark genug, sich und ihrer Tochter dort einen Platz zu sichern.[216] Als er aber unterhalb des Parnassos an Land ging, erklärte er ganz einfach, er sei „der Sohn des
Zeus".[217] In Delphi gar verschwanden die Mutter und die Schwester aus Mythos
und Ritual.[218] Der delphische Apollon ist demnach ein getreues Spiegelbild der
gesellschaftlichen Veränderungen, denen er sein Dasein verdankt. In Ephesos ging
das göttliche Erbe von der Mutter auf die Tochter über, in Klaros und Delos von
der Mutter auf den Sohn. In Delphi jedoch ziehen sich Mutter und Tochter gänzlich zurück und lassen den mit der Autorität des allmächtigen „Vaters" ausgestatteten „Sohn" allein auf dem Platz zurück. Beim Anblick seiner ehrfurcht-
gebietenden Gestalt könnten wir wirklich beinahe vergessen, daß er seinen Lebensweg als Knäblein in den Armen eines neolithischen Figürchens begonnen hatte.

[215] Hom. Hymn. 3,475—480.
[216] Seine Geburt soll hier erfolgt sein: KALLIM. Del. 36—58, SIMON. 26b Bergk. Die ephesische Herkunft des delischen Kultes geht andeutungsweise aus dem alten Namen der Insel, Ortygia (ATHEN. 392d), hervor. Diesen Namen trug die ephesische Grotte, in der er zur Welt gekommen sein soll (TAC. Ann. 3,61), und die ursprüngliche Beziehung des Kultes zur Geburt und Initiation, besonders der Initiation von Mädchen, geht aus HEROD. 4,34,35, KALLIM. Del. 255—257. 296—306, PAUS. 1,18,5. 8,21,3 hervor.
[217] Hom. Hymn. 3,480.
[218] FARNELL, Cults of the Greek States, Bd. 2, S. 465.

DRITTER TEIL
KOMMUNISMUS

*Darum sollt ihr das Land nicht verkaufen für immer;
denn das Land ist mein.*　　　　　　　*3. Mos. 25, 23*

*Mein Feld war Gottes Erde. Wo auch immer ich
pflügte, dort lag mein Acker. Land war frei. Es war
etwas, das niemand sein eigen nannte. Arbeit war das
einzige, was die Menschen ihr eigen nannten.*
　　　　　　　　　　　　　　　　　Tolstoi

VIII. DAS LAND

1. Die Anfänge des Privateigentums

Es ist für Jägervölker kennzeichnend, daß sich der einzelne Jäger seine Beute nicht persönlich aneignet, sondern sie zur Verteilung nach Hause bringt.[1] Diese Vorschrift steht in vollem Einklang mit einer Wirtschaftsform, in der wegen des niedrigen Entwicklungsstandes der Produktivkräfte Produktion und Konsumtion gleichermaßen kollektiven Charakter trugen.[2] Als die Arbeitsproduktivität anstieg, neigte der Einzelne mehr und mehr dazu, den durch eigener Hände Arbeit erworbenen Reichtum für sich und seine unmittelbaren Verwandten zu beanspruchen. Das ist die Keimzelle, aus der das Privateigentum und die Familie hervorgeht, durch die wiederum die Stammesgesellschaft in einen Staat umgewandelt wird. In den Anfangsstufen bildet sich das Privateigentum jedoch innerhalb dieses Stammessystems heraus und trägt sogar zu seiner Festigung bei, indem es die Tendenz zur Zusammenarbeit verstärkt, auf der, wie wir gesehen haben, die Existenz des Stammes beruht. Durch ein engmaschiges Netz mannigfaltiger Dienstleistungen ist ein Clan mit dem anderen verknüpft, und jeder strebt, von einem Geist schöpferischen Wetteifers beseelt, den anderen an Ansehen zu überbieten.[3] Wer Wild oder Beute im Überfluß aufzuweisen hat, macht von seinem Erfolg Mitteilung, indem er einen anderen Clan zu einem Festschmaus mit seinem eigenen Clan einlädt. Seine Einladung ist gleichzeitig eine Herausforderung, da sie seinen Nebenbuhlern die Verpflichtung zur Revanche auferlegt, um wenn möglich mit Zins und Zinseszins ihr verlorenes Prestige wiederherzustellen.[4] Bei Nichterfüllung kann diese Verpflichtung in eine Form von Dienstleistungen umgewandelt werden. Damit findet dann die Gleichberechtigung der Clane ihr Ende, und aus der Zusammenarbeit wird nun ein Konkurrenzkampf. Zu gleicher Zeit beginnt sich der gleiche Prozeß auch innerhalb des Einzelclans selbst auszuwirken, der infolgedessen in eine Reihe einzelner Familien aufgesplittert wird.

---

[1] SPENCER etc., Northern Tribes of Central Australia, S. 609, dies., Native Tribes of the Northern Territory of Australia, S. 36, dies., The Arunta, S. 52, 490, HOWITT, Native Tribes of South-East-Australia, S. 756, MALINOWSKI, The Family among the Australian Aborigines, S. 283—286, BANCROFT, Native Races of the Pacific States of North America, Bd. 1, S. 118, 417, 506, RIVERS, Kinship and Social Organisation, S. 108, WILLIAMSON, Social and Political Systems of Central Polynesia, Bd. 3, S. 235, WOLLASTON, Pygmies and Papuans, S. 129, SMITH, E. W. und DALE, M., The Ila-speaking Peoples of Northern Rhodesia, Bd. 1, S. 384, HOBHOUSE etc., Material Culture and Social Institutions of the Simpler Peoples, S. 244, LANDTMAN, The Origin of the Inequality of the Social Classes, S. 7, BURADKAR, „Clan Organisation of the Gonds", MI 27, 1947, 155.

[2] ROTH, Ethnological Studies among North-West Queensland Aborigines, S. 96, 100, MATHEW, Two Representative Tribes of Queensland, S. 87, HOLLIS, The Nandi etc., S. 24, vgl. J. L. MYRES in CAH 1, S. 50.

[3] MORGAN, Die Urgesellschaft, S. 81, SPENCER etc., Northern Tribes of Central Australia, S. 164, HUBERT, Les Celtes etc., S. 235, LANDTMAN, a. a. O., S. 70.

[4] BANCROFT, a. a. O., Bd. 1, S. 192, 217, Bd. 2, S. 711, ROSCOE, The Baganda, S. 6, FRAZER, Totemism and Exogamy, Bd. 3, S. 262, 300—301, 342—344, 519, 545, GRANET, La civilisation chinoise, S. 197, 315, GRÖNBECH, Kultur und Religion der Germanen, Bd. 2, S. 9 und 72, HUBERT, a. a. O., S. 65, 233—237.

Diese den Stämmen überhaupt innewohnenden Tendenzen zur Herausbildung des Privateigentums sind in der Neuzeit durch die kapitalistische Ausbeutung noch in verstärktem Maße gefördert worden. Sie kennzeichnen den Punkt, bis zu dem sich die Rechte des Einzelnen innerhalb der Stammesgesellschaft bestenfalls entwickeln können. Wenn wir daraus Rückschlüsse auf die Vorgeschichte der zivilisierten Völker ziehen wollen, müssen wir folglich gewärtigen, daß das Gemeineigentum bis in eine weit höhere Entwicklungsstufe hinein bestanden hat. Wenn wir uns der eigenen Vergangenheit zuwenden, entdecken wir viele Anzeichen, daß einen der Hauptfaktoren in diesem Prozeß der Übergang zur Weidewirtschaft darstellte. Das lat. *pecunia*, von *pecus* „Vieh" abgeleitet, spricht allein schon eine recht deutliche Sprache und wird ferner durch ähnliche Etymologien in vielen anderen Sprachen gestützt.[5] Wild ist leicht verderblich, Land unbeweglich; aber Herden kann man leicht an sich reißen, teilen oder austauschen. Da Hirtenstämme sich im allgemeinen auf ständiger Wanderschaft befinden, sind sie auch schnell bei der Hand, ihren Reichtum durch Viehraub oder Kriegszüge zu vermehren; weil die Kriegführung nun Angelegenheit der Männer ist, verstärkt sich damit auch die dieser Wirtschaftsweise inhärente Tendenz (Seite 19), den Reichtum in deren Händen zu konzentrieren. Diese kühnen, ruhelosen Stämme plündern ein Gebiet nach dem anderen, töten die Männer und führen die Frauen als bewegliche Habe mit sich fort und lassen sich schließlich auf einem für den Feldbau geeigneten Landstrich nieder, machen sich die einheimische Bevölkerung tributpflichtig — das ist der erste Schritt zu deren Leibeigenschaft.[6] Diesem Ursprung entstammten die Kassiten, die Babylon überrannten, ferner die Hyksoskönige Ägyptens und die achaiischen Plünderer, die das minoische Kreta annektierten.[7] Mit dem Besitz des Pferdes, des schnellsten aller zähmbaren Tiere, verfügten die indogermanischen Nomadenvölker noch über einen weiteren Aktivposten. Nicht wegen irgendeiner angeborenen Überlegenheit konnten sie ihre Sprache auf einem derart großen Gebiet durchsetzen, sondern einfach dank der besonderen Verbindung sozialer und historischer Umstände, die es ihnen ermöglichten, die seßhaften Ackerbaukulturen des Nahen Ostens zu unterwerfen und zu assimilieren.

Für die erfolgreiche Kriegführung ist ein einheitlicher Oberbefehl unerläßlich, daher besitzen diese Stämme ein Militärkönigtum.[8] Nach einem glücklich verlaufenen Feldzuge wurde dem König und seinen Unterhäuptlingen der Löwenanteil sowohl an der beweglichen als auch der unbeweglichen Beute zuerkannt.

---

[5] HEICHELHEIM, Wirtschaftsgeschichte des Altertums, Bd. 1, S. 47.

[6] Vgl. ROSCOE, The Bakitara or Banyoro, S. 6—9. Das Anfangsstadium kann man an Hand von STRABONs Bericht über die Massageten und andere kaukasische Nomadenstämme erkennen, die sich gegenüber den Bewohnern des Flachlandes das Recht sicherten, deren Gebiet zu bestimmter Zeit des Jahres zu überfallen und auszuplündern: STRAB. 11,8,3; vgl. 7,4,6.

[7] Die Sprache der Kassiten, die Babylonien ca. 1700 v. u. Z. betraten und das Pferd dort einführten, war teilweise indogermanisch: HALL, Ancient History of the Near East, S. 199—203. Die Hyksos oder „Hirtenkönige", die um 1600 v. u. Z. in Ägypten einfielen, bestanden aus anatolischen und indogermanischen Elementen, und die Geschwindigkeit, mit der ihre Eroberungszüge verliefen, hat man auf den Gebrauch des mit Pferden bespannten Streitwagens zurückgeführt: Ebenda, S. 212—213, ENGBERG, The Hyksos Reconsidered, S. 23, 41—50. Dieser wurde wahrscheinlich aus Ägypten oder Kleinasien übernommen und tauchte in Kreta im Mittelminoisch III auf: HALL, The Civilisation of Greece in the Bronze Age, S. 84—85.

[8] Siehe S. 272—276.

Der auf diese Weise akkumulierte Reichtum bringt naturgemäß Ungleichheiten hervor, die das gesamte Gefüge der Gesellschaft von der Spitze an zu erschüttern beginnen.

2. Die Eigentumsfrage in Frühgriechenland

Das Problem der Formen des altgriechischen Landbesitzes wird in der *Cambridge Ancient History*, die sich ein ganzes Kapitel lang über den „glorreichen Sieg" von Marathon verbreitet, mit folgender Bemerkung abgetan:

> Die Griechen hatten schon lange das Stadium hinter sich gelassen, in dem — falls es überhaupt jemals existiert hat — das Land Gemeinbesitz des Clans und Privateigentum unbekannt war.[9]

Es drängt sich uns die Frage auf, ob es demnach möglich ist, daß das Privateigentum schon seit der Einhegung des Gartens Eden bestanden hat? Über diesen Punkt läßt sich der Schreiber vorsichtshalber gar nicht erst aus. Es genügt ihm, diesen Zeitpunkt so weit in die Vergangenheit zurückverlegt zu haben, daß er der unbequemen Frage nach dem Ursprung dieses Eigentumsverhältnisses möglichst unangefochten aus dem Wege gehen kann. Ein solches Verfahren kann schwerlich etwas mit wahrer Geschichtsschreibung zu tun haben.

In der *Ilias* lesen wir, wie

> ...... zwei Männer sich um die Grenze des Feldes
> Zanken, das Maß in der Hand, auf gleichbesessenem Acker
> Und in kleinem Bezirk um gleiche Teile sich streiten.[10]

Welche Art von Landbesitz liegt hier zugrunde? Kaum die gleiche wie bei uns; denn das Land wird als Gemeinbesitz bezeichnet. Um das zu begreifen, müssen wir diesen Tatbestand im Zusammenhang mit allen anderen dieses Thema berührenden Angaben untersuchen. Das sollte man wenigstens für eine elementare Forderung des gesunden Menschenverstandes halten. Aber auch hier müssen wir feststellen, daß unsere führenden Autoritäten, die doch sonst so peinlich genau argumentieren, erschreckend wortkarg werden. Hören wir uns an, was Nilsson, der bedeutendste Homerarchäologe der Gegenwart, dazu zu sagen hat:

> Es ist zwar eine alte Annahme, daß Homer den Boden als Gemeineigentum bezeichnet und daß dieses Eigentum von Zeit zu Zeit neu aufgeteilt wurde, doch kann man die dafür als Beweis angeführte Stelle genauso gut auch anders interpretieren. Es ist durchaus nicht sicher, ob das Wort *epíxynos* „der Gemeinde gehörig" bedeutet; es kann ganz einfach auch „gemeinsam", d. h. „von ungeklärtem Eigentumsstand", besagen. Somit kann es sich um eine Art von Streitfall handeln, wie er häufig zwischen Bauern wegen der Ackergrenzen vorfällt.[11]

Was mit der feinen Unterscheidung zwischen „der Gemeinde gehörig" und „gemeinsam" und mit der sogar noch subtileren Gleichung „gemeinsam, d. h.

---
[9] F. E. ADCOCK in CAH 4, S. 42.
[10] Il. 12,421–423.
[11] NILSSON, Homer and Mycenæ, S. 242.

von ungeklärtem Eigentumsstand" gemeint sein soll, das sind Fragen, die den Mutterwitz des Lesers genauso fruchtlos auf die Probe stellen dürften wie meinen. Selbst wenn es gelingen sollte, diese Fragen zu beantworten, wird der Leser sich die weitere Frage vorlegen müssen, warum die Beteiligten mit der Aufteilung des Bodens in gleiche Teile beschäftigt sind, wenn doch gerade das Eigentumsrecht an dem Grundstück selbst strittig sein soll. Des weiteren handelt es sich bei dieser „alten Annahme", die zugunsten einer dunklen Hypothese fallen gelassen werden soll, um die vor einem Jahrhundert von Esmein gelieferte und aus dem vergleichenden Studium dieses Gegenstands erwachsene Interpretation.[12] Die „alte Annahme" war folglich überhaupt keine bloße Vorstellung, sondern ein gut fundiertes Argument, an dessen Stelle Nilsson nur deshalb eine völlig unbegründete eigene Vermutung setzen möchte, um die fragliche Homerstelle ohne viel Federlesens im Lichte moderner kapitalistischer Eigentumsverhältnisse interpretieren zu können. Das kann *auch* nichts mit echter Geschichtsschreibung zu tun haben.

Warum sind die bürgerlichen Historiker so zurückhaltend, wenn es um das Privateigentum geht? Sie waren nicht immer so ängstlich. Die ersten — Ferguson, Millar, Adam Smith — sprachen mit Stolz über dieses Eigentum. Sie glaubten, daß der menschliche Fortschritt davon abhänge, und taten recht daran. Diese Autoren nahmen Marx und Engels vorweg, indem sie darin den entscheidenden Faktor bei der Weiterentwicklung der Zivilisation erkannten. Diese Erkenntnis konnte ihnen auch schon deshalb gar nicht verschlossen bleiben, weil die Entwicklung zu kapitalistischen Eigentumsformen, deren Wortführer sie waren, noch immer durch die Reste des Feudalismus behindert wurde. Wie ganz anders damals die bürgerliche Einstellung zum Eigentum war, kann man an einige Bemerkungen von Sir John Sinclair ermessen, einem glühenden Verfechter der Einhegungsgesetze, der 1795 folgendes schrieb:

Die Vorstellung gemeinsamen Landbesitzes muß sich, wie man mit Recht bemerkt hat, aus einem barbarischen Zustand der Gesellschaft herleiten, als die Menschen noch keine höhere Beschäftigung als die von Jägern und Schafhirten kannten oder bestenfalls gerade erst von den Vorzügen gekostet hatten, die die Kultivierung des Bodens bieten konnte.[13]

Im Gegensatz zu den Ausführungen der *Cambridge Ancient History* ist diese Feststellung eines ungebildeten Grundherren aus den Tagen des „Bösen Königs Georg" wissenschaftlich korrekt. Natürlich entspringt sowohl die Kühnheit, mit der die alte Einstellung geltend gemacht wurde, als auch die ausweichende Verschwiegenheit in bezug auf die neue dem bürgerlichen Interesse an der Erhaltung des Privateigentums. Doch die Welt hat sich inzwischen verändert. Dank des Wachstums der sozialistischen Bewegung und in neuester Zeit besonders wegen des Beispiels der Sowjetunion ist es nicht länger möglich, den Kommunismus als etwas Prähistorisches abzutun. Somit ist der Gegenstand also tabu geworden. Es wäre überflüssig, darzulegen, welche Einstellung der Auffindung der Wahrheit förderlicher ist.

---

[12] ESMEIN, „La propriété foncière dans les poèmes homériques", NRH 14, 1890, 821—845.
[13] HAMMOND, The Village Labourer, S. 12.

Gelegentlich beschuldigt man uns Marxisten, wir stellten die Tatsachen auf den Kopf und schnitten sie so zurecht, daß sie auf unsere Leitsätze passen. Umgekehrt wird aber in Wirklichkeit ein Schuh daraus. Es ist bei der Bourgeoisie Brauch geworden, dem Gegner die eigenen Vergehen vorzuwerfen. Die induktive Methode, zu der sich diese Empiriker bekennen, kann zu bestimmten Zwecken gute Dienste leisten, vorausgesetzt, man wendet sie uneingeschränkt auf das gesamte relevante Material an, obgleich sie selbst dann noch immer unzulänglich bleibt. Beschränkt man sich aber darauf, wie im vorliegenden Falle, sie auf ein winziges Eckchen des gesamten Bereichs, das nur in Verbindung mit dem Ganzen verstanden werden kann, anzuwenden, so verbaut man sich im Endergebnis die Möglichkeit, allgemeine Schlußfolgerungen zu ziehen. Im achtzehnten und neunzehnten Jahrhundert wurde die vergleichende Methode, ohne die es keine moderne Wissenschaft gäbe, von den bürgerlichen Wissenschaftlern mit großartigem Erfolg angewandt. In letzter Zeit ist sie jedoch von ihnen aufgegeben worden, obwohl das verfügbare Material weit umfangreicher geworden ist. Auge in Auge mit der wachsenden Macht des Sozialismus gaben sie nacheinander die von ihren Vorgängern erkämpften Positionen wieder auf. Denn: ist das Privateigentum einmal entstanden, so wird es auch wieder verschwinden. *„Oh Fauste, nun hast du nur ein einzig Stündlein noch."* Gelänge es andererseits, der Erforschung seiner Ursprünge aus dem Wege zu gehen, so könnten wir unsere Augen noch ein Weilchen vor den Schatten verschließen, von denen es heutzutage bedroht ist. *O lente, lente currite, noctis equi.* So wendet sich die Geschichtsschreibung immer mehr nach innen, hört auf, eine Wissenschaft zu sein und wird zu einer „Kunst".

Die hartnäckige Blindheit, zu der diese Haltung schließlich führen kann, tritt uns in den Bemerkungen entgegen, die Toutain zu dem Problem, das die zitierte Iliasstelle aufwirft, gemacht hat:

> Hier haben wir ein vollständiges Bild des Kollektiveigentums vor uns, behauptet Esmein. Man muß wirklich ein Sklave vorgefaßter Meinungen sein, um die Szene in dieser Weise interpretieren zu können. Im Gegenteil scheint mir das Verhalten der beiden Nachbarn Zeugnis für das Vorhandensein des Privateigentums und für die Hartnäckigkeit abzulegen, mit der beide um den ihnen zustehenden Anteil kämpfen.[14]

Das ist alles, was er zu sagen hat — kein eigenes Argument, keine Erwiderung auf Esmeins Argumente. Wer von beiden ist nun der Sklave? Dazu kommt noch, daß diese unverblümte Absage mit der Verurteilung der vergleichenden Methode überhaupt verbunden wird:

> Aus dem Umstand, daß sich der Boden bei einigen primitiven Völkern in Gemeineigentum befunden hat, kann man nicht den Schluß ziehen wollen, das gleiche System habe ohne Unterschied und in der gleichen Form bei allen anderen primitiven Völkerschaften auch bestanden. Wer das tut, vergißt dabei völlig, daß die Form des Bodeneigentums nicht unabhängig von der Beschaffenheit des Bodens und des Klimas sein kann. ... Auf jeden Fall ist eine Methode, die in solchen Fragen von einem Land auf das andere Schlüsse ziehen möchte, meiner Meinung nach äußerst gefährlich.[15]

[14] TOUTAIN, L'économie antique, Paris, 1927, S. 19.
[15] Ebd., S. 16—17; demgegenüber VINOGRADOFF, The Growth of the Manor, S. 18: „Es scheint kaum etwas auf dem Gebiet des archaischen Rechts gesicherter zu sein als die Theorie, daß der Boden ursprünglich Gruppen- und

Die besondere Form des Landbesitzes richtet sich jedoch in jedem Falle nicht nur nach dem Boden und dem Klima, sondern nach dem Gesamtkomplex der vorhandenen natürlichen und gesellschaftlichen Bedingungen. Das ist die Grundvoraussetzung, der Toutain nicht ins Auge blicken möchte. Andererseits wird man gern zugeben, daß es mit gewissen Gefahren verknüpft ist, „in solchen Fragen" von einem europäischen Land zum anderen angesichts des Übergangsstadiums, in dem sich unser Kontinent gegenwärtig befindet, Schlüsse zu ziehen.

3. *Urformen des Grundbesitzes*

Es ist nunmehr an der Zeit, die Tatbestände zu untersuchen. Das wird keine leichte Aufgabe sein, da die Geschichte der Formen des Landbesitzes noch nicht geschrieben ist. Für Griechenland wie auch für andere Gegenden der Erde gibt es noch viele ungelöste Probleme. Bestenfalls kann hier der Versuch unternommen werden, die Methode zu umreißen, die zur Lösung dieser Fragen führen wird, wenn sie mit tieferer Sachkenntnis angewandt wird, als ich sie besitze.

Ich will mit der Aufzählung der Resultate beginnen, zu denen Hobhouse, Wheeler und Ginsberg durch ihre statistische Analyse der ethnologischen Daten gelangt sind:

Wir können die Gesamttendenz am besten mit der Feststellung zum Ausdruck bringen, daß das Prinzip des Gemeineigentums auf den unteren Kulturstufen vorwaltet und bei den Hirtenvölkern nach wie vor leicht überwiegt, und daß das Privateigentum erst auf den höheren Feldbaustufen zunehmende Tendenz aufweist. Doch auch hier tritt es teils in Verbindung mit dem Gemeinschaftsprinzip, teils in Abhängigkeit von der Stellung des Häuptlings, in einigen Fällen sogar von einer Art Lehensverhältnis auf. Anscheinend haben wir es hier mit etwas zu tun, was jenem Nebeneinander von Herrengut und Gemeineigentum entspricht, das wir am Beginn unserer eigenen Geschichte vorfinden. Immer dann, wenn ein Volk aus dem Stadium der Barbarei in die Zivilisation überzutreten beginnt, stellen wir fest, daß genossenschaftliche, individuelle und seigneurale Prinzipien miteinander verquickt auftreten ... und es scheint, als bestehe die folgende Stufe auf dem Wege zur Zivilisation darin, dem Grundherrn das Übergewicht zu verleihen.[16]

Um diesen Verallgemeinerungen die nötige Grundlage zu verschaffen, will ich, beginnend mit Junods Bericht über die Bathonga Südafrikas, einige typische Beispiele aus Afrika, Asien und Europa anführen.

Das bei den Batonga gültige System stammt noch aus der Zeit, als ihr Viehbestand noch nicht durch die in den letzten Jahren wütenden Seuchen dezimiert war. Es gehört daher zu einer Wirtschaftsweise, die im wesentlichen auf der Viehzucht beruhte. Bis zu einem gewissen Grade hat jetzt auch der Pflug Eingang gefunden, doch stellt er noch eine Neuerung dar. Das Land gehört dem Häuptling, doch nur in dem Sinne, daß er es allen Bedürftigen zuweist. Jedes Oberhaupt

---

kein Individualeigentum gewesen und seine Aneignung durch Einzelpersonen das Ergebnis eines langsam verlaufenen Entwicklungsprozesses gewesen ist."
[16] HOBHOUSE etc., a. a. O., S. 253.

eines Dorfes erhält aus seiner Hand eine ausgedehnte Landfläche zugeteilt. Er verteilt die besten Stücke davon unter die seiner Gerichtsbarkeit unterstehenden Haushalte. Diese Besitzungen sind erblich, doch nicht veräußerlich. Land kann weder gekauft noch verkauft werden. Ähnlich verfährt man auch, wenn sich ein Neuankömmling in dem Gebiet niederlassen will. Durch den bloßen Akt der Unterwerfung unter den Häuptling erwirbt er das Recht, so viel Land zu fordern, wie er braucht. Der Siedler übernimmt es dann, den Boden zu roden und zu kultivieren. Es liegt im Interesse des Häuptlings, ihn dazu zu ermutigen, da der Wert des Bodens dadurch gesteigert wird und der Reichtum des Gebietes und die Bevölkerungszahl zunehmen. Außerdem pflegen die Neusiedler gewisse Dienstleistungen zu verrichten.[17] Ein derartiges System hat einen Überfluß an Land zur Voraussetzung. In jedem Bezirk gibt es genügend Land, um neu Hinzukommende anzusiedeln und um wandernde Rodung zu betreiben. Die Batonga näherten sich gerade der ökonomischen Grenze, die ihrer Ausdehnung unter solchen Verhältnissen gesteckt war, als die Engländer mit ihrer Kopfsteuer dazwischentraten und dadurch die männlichen Angehörigen des Stamms zwangen, in die Bergwerke zu gehen.

Wenden wir uns Indien zu, so finden wir hier gänzlich anders geartete, stark differenzierte Verhältnisse vor, die im einzelnen denen nahekommen, die man für die ursprüngliche indogermanische Kulturstufe angenommen hat. Der Boden der fruchtbarsten Landstriche läßt sich schwer roden und muß außerdem bewässert werden.[18] Diese Faktoren lassen es nicht zu, ständig neuen Boden in Bearbeitung zu nehmen. Eine weitverbreitete Form, der *raiyatwari*-Typus einer Dorfgemeinschaft, wird von Baden-Powell folgendermaßen beschrieben:

In den Landstrichen, in denen Dörfer dieses Typus überwiegen, können wir fast immer auch Zeugnisse für eine Gentilstruktur der Gesellschaft entdecken. . . . Dort war das Land einzelnen Clanen zugewiesen worden. Es umfaßte eine Anzahl von Dörfern, die alle ihren eigenen Dorfältesten oder ihren eigenen Häuptling besaßen. . . . Jede einzelne Dorfeinheit besteht aus einer Reihe von Wirtschaften oder Familienbesitzungen . . . Da der Dorfälteste oder der Häuptling immer eine bedeutende Persönlichkeit darstellte, ist es zweifellos auf dessen Einfluß zurückzuführen, daß gerade diese Gegend zur Rodung und Ansiedlung ausersehen wurde. . . . Wir können feststellen, daß der Dorfälteste zumindest in jüngerer Zeit darüber zu befinden hatte, wann jeweils jungfräulicher Boden unter den Pflug genommen wurde, und auch bei den Streitfällen, die sich aus der Inbesitznahme neuer Ländereien ergeben konnten, das entscheidende Wort sprach. War einmal — vielleicht sogar in noch späterer Zeit — ein Raja eingesetzt worden, so besagte ein ungeschriebenes Gesetz, daß ohne dessen Einverständnis kein Ödland erworben werden durfte, obwohl er es in der Praxis oft stillschweigend gestattete, ja sogar offen zum Durchbrechen dieser Sitte ermunterte; denn die staatlichen Autoritäten sahen es in der Frühzeit nur allzu gern, daß mehr Land kultiviert wurde, erhöhten sich doch dadurch auch die Einkünfte des Königs, die in einem Teil des Ernteertrages bestanden und von alters her dessen Haupteinnahmequelle ausmachten. . . . Als Wohnsitz der Grundeigentümer dient gewöhnlich ein zentral gelegenes Dorf, das inmitten der anbaufähigen Ländereien angelegt wurde. Der Dorfälteste

---

[17] JUNOD, Life of a South African Tribe, Bd. 2, S. 6—7, vgl. KRIGE, The Social System of the Zulus, S. 176—177, SMITH und DALE, The Ila-speaking Peoples etc., Bd. 1, S. 387.
[18] BADEN-POWELL, The Indian Village Community, S. 51, 66.

verfügte dabei über ein Wohnhaus, das größer und besser gebaut war als die anderen. ... Wir kennen Beispiele, daß der Dorfälteste sein Haus zu einem richtigen Fort, einer Zufluchtsstätte vor räuberischen Überfällen, ausbauen ließ. ... Für die Ausübung seines Amtes wurde er mit beträchtlichem Landbesitz belohnt, der nicht selten der beste des ganzen Dorfes war. ... Außerdem verfügte er über verschiedene andere Privilegien und Vorrechte.[19]

Im folgenden umreißt der Verfasser die gesellschaftliche Stellung der Handwerker und die Besitzverhältnisse an Grund und Boden:

Die am Orte wohnenden Handwerker und das Gesinde erhalten für ihre Arbeit keine Bezahlung, sondern werden von der Dorfgemeinschaft gegen eine festgesetzte Entschädigungssumme beschäftigt, die manchmal in einem Stückchen zinsfreien (oder vielleicht auch steuerfreien) Bodens, manchmal auch in kleineren Geldzahlungen zur Erntezeit wie auch aus herkömmlichen Zuteilungen von soundso vielen Getreidegarben bestehen können. Das individuelle Besitztum geht nun beim Tode des Besitzers dem Gesetz der Hindu gemäß ungeteilt auf seine Nachkommen über, die es dann unter sich aufteilen, soweit es die Verhältnisse gestatten. Allein der Dorfälteste war oder ist für solche das Dorf als Ganzes betreffenden Ausgaben wie die Bewirtung von Gästen, die Abhaltung von Festlichkeiten und ähnliches verantwortlich.[20]

Den Modus, nach dem die Besitzungen aufgeteilt wurden, kann man an den Dörfern ablesen, die in Südwestbengalen in dieser Weise organisiert sind. Es gibt dort besondere Parzellen für die privilegierten Personen: eine für den regionalen Machthaber, eine weitere für den Dorfältesten und eine dritte für den Priester. Der Rest des anbaufähigen Bodens wurde in einzelne Grundstücke aufgeteilt und den Haushalten je nach ihren Bedürfnissen zugewiesen. Dieser Boden unterlag der periodisch vorzunehmenden Neuaufteilung.[21] Ursprünglich bestand das Einkommen des Raja ganz einfach aus dem Ertrag seiner Sondergrundstücke (*majhhas*), die von Arbeitskräften bewirtschaftet wurden, die ihrerseits dafür in jedem Dorf steuerfreie Grundstücke besaßen. Im Laufe der Zeit wurde dieses System jedoch durch eine allgemeine Steuererhebung auf alle Ländereien des Dorfes ersetzt.[22]

Das Verfahren, den Boden von Zeit zu Zeit neu aufzuteilen, sollte soweit wie möglich die tatsächliche Gleichheit der Besitzungen im Verhältnis zu den wechselnden Bedürfnissen der einzelnen Familien für die Dauer gewährleisten. Das geschah durch das Los, und in einigen Fällen war das Verfahren recht kompliziert, wie man folgendem Bericht aus Peschawar entnehmen kann:

Die Bodenstücke wurden ausgelost. ... War das zur Verteilung gelangende Land von unterschiedlicher Qualität, so pflegten die Clanältesten eine Anzahl von Bodenkreisen oder -gruppen festzulegen, die aus gutem, mittlerem und schlechterem Boden bestanden

---

[19] BADEN-POWELL, a. a. O., S. 9–15, vgl. RUSSELL u. LAL, Tribes and Castes of the Central Provinces of India, Bd. 1, S. 43–44: „Der *patel* oder Dorfälteste, dem das Eigentumsrecht durch die britische Regierung übertragen worden war, hat es sicher vorher nicht besessen; er war einfach der Sprecher und Vertreter der Dorfgemeinschaft." Zur Erteilung persönlicher Eigentumsrechte als Mittel der britischen Politik in Indien siehe DUTT, Indien heute, S. 243–248.
[20] BADEN-POWELL, a. a. O., S. 16–19.
[21] Ebd., S. 179–180, vgl. ebd., S. 132, 324–325, DANGE, Land Fragments and our Farmer, S. 35–38.
[22] BADEN-POWELL, a. a. O., S. 181.

oder sich sonstwie unterschieden. Dann mußten die einzelnen Personengruppen ihre Landanteile aus jeder dieser Bodenklassen entnehmen. Trotz der Klassifizierung des Bodens wurde jedoch nicht in jedem Falle die Gleichartigkeit der Landanteile gewährleistet, so daß man lange Zeit hindurch periodisch einen Tausch oder eine Neuaufteilung vornahm.[23]

4. Die englische Dorfgemeinschaft

Henry Maine gebührt das große Verdienst, die den Dorfgemeinschaften Europas und Asiens zugrunde liegenden Gemeinsamkeiten nachgewiesen zu haben. Ein Studium der vorfeudalistischen Formen des europäischen Landbesitzes befähigt uns, wertvolle Schlüsse auf entsprechende Verhältnisse in Altgriechenland zu ziehen. Solche Schlußfolgerungen müssen natürlich mit Behutsamkeit gezogen werden, doch wird uns dadurch immer wieder das Verständnis bruchstückhafter Überlieferungen ermöglicht, die für sich allein genommen unverständlich bleiben würden. Schon im Jahre 1885 erkannte Ridgeway mit erstaunlichem Scharfsinn die Tragfähigkeit dieser Methode, als er seinen bemerkenswerten Artikel über das homerische System des Landbesitzes veröffentlichte. Unter klassischen Philologen rief er jedoch damit nur sehr geringes Interesse hervor, und es fand sich niemand, der die gewiesene Spur weiter verfolgte. Den einzigen weiteren Fortschritt in dieser Richtung verdanken wir H. E. Seebohm, der durch seine Forschungen über die primitiven Formen des Landbesitzes tiefe Einblicke in das homerische Problem erlangte.[24] Ehe wir uns der Vorarbeit dieser Männer bedienen können, müssen wir erst einmal, genau wie sie, die Grundlage schaffen, indem wir das System des Landbesitzes erforschen, das in unserer englischen Heimat bis ins sechzehnte Jahrhundert hinein vorherrschte und in zahlreichen Resten noch später fortbestand, von denen einige selbst heutzutage noch nicht ganz verschwunden sind. Hier wie auch in anderen Dingen fängt man mit der Forschung am besten im eigenen Hause an.

Das typisch englische Dorf war von einer Anzahl offener Felder oder „Schläge" (*shots*) umgeben. Jeder von ihnen war in soundso viele Streifen zerlegt, die alle zu verschiedenen Besitzungen gehörten. Solange die Frucht auf den Feldern stand, waren sie von einer Einzäunung umgeben, nach der Ernte aber standen sie allen als Weidefläche zur Verfügung. Auch das Wiesenland war in Streifen zerlegt, die alljährlich durch das Los unter die Besitzer von Ackerland verteilt wurden. Über die Benutzung des Brachlandes, das nicht der Aufteilung unterlag, entschied die gesamte Dorfgemeinschaft. Die Gehöfte samt dem dazugehörigen Hofland wurden

---

[23] Ebd., S. 253–255, vgl. 262, 324–325. Das Verfahren der periodischen Neuaufteilung hat sich in einigen Gegenden des Mittleren Ostens erhalten. Siehe dazu WARRINER, Land and Poverty in the Middle East, S. 18, 66–67, vgl. ferner ebendort S. 19: „In Palästina, Transjordanien und Syrien gibt es noch eine andere Form halbkollektiven Eigentums ... Ursprünglich wurde mit der Seßhaftwerdung des Stammes das Ackerland jedes Dorfes zu gleichen Teilen unter die Dorfbewohner aufgeteilt, wobei jeder einen Streifen Land in verschiedenen Zonen des zum Dorf gehörigen Bodens erhielt. Um nun die Besitzgleichheit der Dorfbewohner aufrechtzuerhalten, wurde der Boden von Zeit zu Zeit neu vergeben."

[24] RIDGEWAY, „The Homeric Land System", JHS 6, 1885, S. 319–339, ders., „Measures and Weights", in: A Companion to Greek Studies, S. 438–444, H. E. SEEBOHM, The Structure of Greek Tribal Society.

von den einzelnen Familien gesondert bewirtschaftet, obwohl auch diese zu früherer Zeit in einigen Fällen Gegenstand der Neuverteilung gewesen waren.[25] Im Westen Englands, in Wales, Schottland und Irland bestand ein anderes, unter dem Namen „run-rig" bekanntes System, nach dem der gesamte Boden, die Ackerfläche wie auch das Wiesenland, alljährlich neu verteilt wurde. In dieser Hinsicht war das run-rig-System archaischer als das erstgenannte,[26] denn es beruhte unmittelbar auf dem Grundsatz, daß

der Boden nicht ein für allemal Einzelpersonen zugewiesen war, sondern im Eigentum der Stammesgemeinschaft verblieb. Zum Zwecke landwirtschaftlicher Nutzung wurde er nach bestimmten Regeln unter die in Frage kommenden Wirtschaften verteilt, wobei die zur Bebauung vorgesehenen Streifen jeweils ausgelost wurden.[27]

Die Länge eines Streifens war je nach Lage und Beschaffenheit des Bodens verschieden, wurde aber nach dem Herkommen mit 40 Ruten festgelegt, d. h. er betrug eine „Furchenlänge" oder ein *furlong* (etwa 200 m). Das war die Entfernung, über die der Pflug ohne Zwischenhalt bequem gezogen werden konnte. Die Breite eines Streifens bestimmte sich ursprünglich nach der Zahl der Furchen von gegebener Länge, die in einer gegebenen Zeit — einem ganzen oder halben Tage — gepflügt werden konnten. Daher rührt das *journel* im Französischen und der *Morgen* im Deutschen, die beide „Streifen" und „Ackerfläche" zugleich bedeuten.[28] Das englische „*acre*" (40,47 a) hat den gleichen Ursprung. Ist es 1 *furlong* lang, dann beträgt seine Breite 4 Ruten (rd. 20 m), und das war wiederum die herkömmliche Breite eines Streifens.[29]

Die Grundeinheit, nach der man die Größe eines Besitztums maß, war die Hufe. Sie war in den einzelnen Bezirken verschieden groß, wurde aber im allgemeinen mit 120 *acres* (48,56 ha) veranschlagt.[30] Zur Zeit der Angelsachsen war der Landbesitz unveräußerlich.[31] Er wurde im ganzen auf die Söhne vererbt, die ihn entweder gemeinsam bestellten oder in gleich große Anteile zerlegten. Das ist die sogenannte *gavelkind*-Regel, die sich in der Grafschaft Kent noch erhalten hat.[32] Der einzelne Besitz bestand nicht aus einem zusammenhängenden Stück Land, sondern aus mehreren Streifen, die sich auf die verschiedenen „shots" verteilten,

---

[25] F. SEEBOHM, Die englische Dorfgemeinde, S. 74—81, VINOGRADOFF, The Growth of the Manor, S. 165—166, 173.

[26] F. SEEBOHM, a. a. O., S. 295—298.

[27] VINOGRADOFF, a. a. O., S. 18.

[28] F. SEEBOHM, a. a. O., S. 85.

[29] F. SEEBOHM, a. a. O., S. 2. SEEBOHMs Gleichsetzung des *strip* mit dem *acre* ist von ORWIN, The Open Fields, S. 43, mit der Begründung angefochten worden, daß seine Größe jeweils wechsele. Doch das trifft in gleichem Umfang auf andere Landmaße wie Bovate, Carucate und Virgate zu. ORWIN identifiziert das *strip* mit der „land" genannten bearbeiteten Bodenfläche, die automatisch durch einen mit dem Streichblech ausgestatteten Pflug entsteht, wie er noch heute in England allgemein gebräuchlich ist. Selbst wenn wir diese Ansicht übernehmen, müßten die Ausmaße des „land" näher bestimmt werden. Außerdem kann man gegen diese Auffassung einwenden, daß der Gebrauch des Streichbleches auf Nordwesteuropa beschränkt zu sein scheint, während sich das „strip"-System in vielen Gegenden Europas und Asiens findet. Der altgriechische Pflug besaß kein Streichblech: siehe Abb. 46 und 47.

[30] F. SEEBOHM, a. a. O., S. 26—38, VINOGRADOFF, a. a. O., S. 141—144.

[31] Ich beziehe mich dabei auf Bauernhöfe, nicht auf große Güter. Die letzteren, oder richtiger die sie betreffenden Eigentumsrechte, waren voll übertragbar.

[32] H. E. SEEBOHM, a. a. O., S. 95, vgl. BADEN-POWELL, a. a. O., S. 417.

so daß jeder Besitzer seinen Anteil an den unterschiedlichen Bodenqualitäten besaß.[33]

Die Hufe wird von Beda als ein Grundstück definiert, dessen Größe den Bedürfnissen einer Durchschnittsfamilie entspricht — *terra unius familiae*. Bloch hat darauf verwiesen, daß der Autor dieses Wort dabei im römischen Sinne verwandt hat:

Bedas Worte liefern uns aller Wahrscheinlichkeit nach den Schlüssel zu der ursprünglichen Form dieser Einrichtung. Wir dürfen dabei keineswegs aber an die zahlenmäßig beschränkte Matrimonialfamilie unserer Tage denken. Da wir aber über die geschichtliche Rolle, die die Blutsverwandtschaft am Anbeginn unserer Zivilisation spielte, nur äußerst ungenügend unterrichtet sind, haben wir allen Grund zu der Annahme, daß die Gruppe, deren Lebensgrundlage ursprünglich die Manse bildete, in einer patriarchalisch organisierten Großfamilie bestanden hat, die mehrere Generationen und die Haushalte mehrerer Kollateralverwandten umfaßte, die alle an einem gemeinsamen Herd lebten.[34]

Mit diesen gemeinsam geführten Haushaltungen werden wir auf die tatsächlich oder nur in der Einbildung oder gar in beiderlei Sinne existierenden Verwandtengruppen zurückgeführt, in denen die Angelsachsen organisiert waren, als sie auf englischem Boden landeten.[35] Ihre Namen, die in den uns vertrauten Tootings, Wokings, Eppings und Hoppings noch heute fortleben, beruhen allesamt auf der patronymischen Endung *-ingas*,[36] aus der hervorgeht, daß das Dorf von einem Clan oder einer nach dem Vorbild des Clans organisierten Gruppe gegründet worden ist.[37]

5. Die Landwirtschaft in Altgriechenland

Der griechische Winter ist durch reichliche Regenfälle, der Sommer dagegen durch Trockenperioden gekennzeichnet. Die jährliche Niederschlagsmenge nimmt rasch zu, je größer die Höhenlage ist und je weiter man nach Norden kommt. In einigen Bezirken fällt der Regen derart reichlich, daß der Humusboden weggewaschen wird, während an anderen Stellen der Mangel an Feuchtigkeit nur durch künstliche Bewässerung wettgemacht werden kann. Wir wissen zwar, daß man schon in prähistorischer Zeit die künstliche Bewässerung kannte, doch wurde sie

---

[33] VINOGRADOFF, a. a. O., S. 175—177.
[34] BLOCH, „The Rise of Dependent Cultivation and Seignorial Institutions", Cambridge Economic History, Bd. 1, 1941, S. 268. Er setzt die Manse mit der Hufe gleich.
[35] CHADWICK, The Origin of the English Nation, S. 303.
[36] VINOGRADOFF, a. a. O., S. 140, vgl. F. SEEBOHM, a. a. O., S. 240—241.
[37] Aus dem Beweismaterial der letzten beiden Abschnitte geht hervor, daß TAC. Germ. 26 folgendermaßen übersetzt werden sollte: „Jede Gemeinde nimmt der Reihe nach einen der Zahl der Bauern entsprechenden Landstrich in Besitz. Das Land wird dann gemäß der sozialen Stellung der einzelnen aufgeteilt. Die großen Bodenflächen erleichtern die Aufteilung. Die Felder werden jährlich gewechselt, und es bleibt immer noch Boden übrig. Sie mühen sich auch nicht, die Fruchtbarkeit zu steigern oder die Anbaufläche zu erweitern, indem sie etwa Obstbäume anpflanzen, Weideflächen abgrenzen und Gärten bewässern." Diese Übersetzung, aus der hervorgeht, daß periodisch neuer Boden aufgesucht wurde, statt die Felder brach liegen zu lassen, ist die einzige, die der Lage der Dinge entspricht, ohne dem lateinischen Wortlaut Zwang anzutun. Vgl. F. SEEBOHM, a. a. O., S. 232—234.

damals nur in geringem Umfang angewandt, soweit es die Beschaffenheit des Landes zuließ, und es sind uns auch keine wesentlichen Fortschritte in dieser Technik aus historischer Zeit bekannt.[38]

Abb. 46. Pflügen: attisches Vasenbild

Die einzelne Besitzung wurde in zwei Teile zerlegt, die abwechselnd ein um das andere Jahr bestellt wurden.[39] Für die Zeit vor dem vierten vorchristlichen Jahrhundert findet sich kein einziges Beispiel eines Wechsels in der Fruchtfolge, und da sich der Boden nicht allein durch Brachliegen erholen konnte, ergänzte man dieses Verfahren durch Umgraben, Abbrennen und Düngen.[40] Das Umgraben des Bodens eignet sich gut für den Weinbau auf Lehmböden, ist aber für den Anbau von Getreidepflanzen weit weniger empfehlenswert. Das Abbrennen stellt ein bloßes Palliativ dar. Die Bodendüngung wird zwar bei Homer, nicht aber bei Hesiod erwähnt.[41] Die einfachste Düngemethode besteht darin, das Vieh auf die Brache zu treiben. Davon hören wir aber nur einmal aus dem dritten Jahrhundert, während es in einigen erhaltenen Pachtverträgen sogar verboten wird.[42] Der Grund, weshalb diese Methode nicht allgemein angewandt wurde, ist sicherlich darin zu suchen, daß das an den Ackerboden grenzende Weideland der Niederung gewöhnlich von sehr schlechter Qualität ist. Außerdem läßt das ausgesprochene Verbot den Schluß zu, daß die Felder nicht in ausreichendem Maße eingehegt waren, um das Vieh am Betreten der Äcker zu hindern.

Abb. 47. Pflügen: Vase aus Vari

[38] Zum altgriechischen Feldbau siehe A. S. DORIGNY in DAREMBERG und SAGLIO, Dictionnaire des antiquités grecques et romaines, Bd. 4, S. 902–910, MICHELL, Economics of Ancient Greece, S. 38–88. MICHELL gibt eine bewundernswürdige Darstellung der Landwirtschaft, sagt aber nichts über die Formen des Landbesitzes.
[39] Il. 18,541, PIND. Nem. 6,9–11, SUID. ἐπὶ καλάμῃ ἀροῦν.
[40] XEN. Oikon. 16,14–15. 18,2.
[41] Od. 17,299.
[42] MICHELL, a. a. O., S. 54.

Wenn man das Brachland wieder bestellen wollte, so wurde es vorher mindestens dreimal gepflügt. Das erste Pflügen erfolgte im Frühjahr mit dem künstlichen, gezimmerten Pflug (*pektón árotron*), der von einem Paar Ochsen gezogen wurde.[43] Das zweite fand nach der Ernte statt und wurde im Winkel von neunzig Grad zum ersten vorgenommen,[44] Diesmal wurde der natürliche Pflug (*autógyon árotron*) verwandt, den man gern von Maultieren ziehen ließ, da sie rascher als Ochsen schreiten und eine geradere Furche ziehen.[45] Das dritte Pflügen fand kurz vor der Aussaat im Oktober statt.[46]

Abb. 48. Olivenernte: attisches Vasenbild

Die hauptsächlich angebauten Getreidepflanzen waren die Gerste und der Weizen. Die Gerste war schon länger bekannt und auch leichter anzubauen und blieb das Hauptnahrungsmittel der Sklaven.[47] Sie wurde im Oktober mit Beginn der Regenzeit ausgesät. Der Anbau von Weizen erforderte einen größeren Arbeitsaufwand, da die Pflanzen schon bald nach der Aussaat durch ein Übermaß oder einen Mangel an Regen zugrunde gerichtet werden konnten. Deshalb wurde er den ganzen Spätherbst hindurch mehrere Male in unregelmäßigen Zeitabständen ausgesät.[48] Die Ernte wurde je nach dem Breitengrad und der Höhenlage des Ortes

[43] HESIOD. Erga 432–433. 460, Od. 13,32.   [44] HESIOD. Erga 462, PLIN. nat. hist. 18,178.
[45] Il. 10,351–353, Od. 8,124, HESIOD. Erga 46.
[46] In Attika nach dem am 5. Pyanepsion, dem Säemonat, abgehaltenen Fest der Proerosia: PLUT. Mor. 378 e.
[47] SEMPLE, The Geography of the Mediterranean Region, S. 342–343, G. THOMSON, Aeschylus, Oresteia, Bd. 2, S. 109–110.   [48] XEN. Oik. 17,4, THEOPHR. hist. plant. 8,6,1.

im Mai oder Juni eingebracht. Gedroschen wurde nicht mit dem Flegel, sondern mit Hilfe von Kühen, die das Korn auf einer Tenne mit ihren Hufen heraustrampelten. Dann wurde das Korn geschleudert und in einer Schwinge (*liknon*) geworfelt, schließlich in Körbe geschüttet und gegen den Wind geworfen, der die Spreu hinwegtrug.

Abb. 49. Reigentanz: ionisches Vasenbild

Der relativ niedrige Stand der Getreideerzeugung ist der Beschaffenheit des Bodens zuzuschreiben, der sich besser für den Gartenbau, besonders den Anbau von Feigen, Reben und Oliven eignet. Feigen dienten größtenteils der Ernährung der Sklaven. Oliven bedürfen zwar nur geringer Pflege, da sie aber erst nach mehreren Jahren Erträge abwerfen, waren die Pflanzer schweren Verlusten durch Plünderungszüge und Kriegsfälle ausgesetzt.[49] Dennoch war der Anbau von Oliven und Reben, wie auch heute noch, äußerst gewinnbringend. In der Epoche der Demokratie bestanden die Hauptausfuhrgüter Athens genauso wie im minoischen Knossos aus Öl und Wein. Der Mangel an einheimischen Getreidesorten wurde durch den überseeischen Handel wieder ausgeglichen, und es ist bezeichnend, daß die besten Weizenanbaugebiete — Thessalien, Elis und Lakonien — lange Zeit hindurch politisch rückständig blieben.

In den meisten Gegenden des Landes eignen sich die Weideflächen der Niederungen nur für die Zucht von Schafen, Ziegen und Schweinen. Das Großvieh

[49] SEMPLE, a. a. O., S. 394, 434, HEITLAND, Agricola, S. 104.

weidet den ganzen Sommer hindurch auf den Bergwiesen, während das Zugvieh zu jeder Jahreszeit auf Stallfütterung angewiesen ist. Wegen des Mangels an gutem Weideland ist die Kuhmilch nur von geringer Qualität. Käse wird hauptsächlich aus Schafs- oder Ziegenmilch zubereitet. Die wichtigsten Schafzuchtgebiete waren Thessalien, Boiotien, der Isthmus von Korinth und das Bergland an der Küste Anatoliens.

6. *Die Formen des Landbesitzes im heutigen Griechenland*

Mit geringfügigen Veränderungen wird die Landwirtschaft von der griechischen Bauernschaft auch heute noch auf die eben dargelegte Art und Weise betrieben. Deshalb wird es zweckmäßig sein, an dieser Stelle den gegenwärtigen Formen des griechischen Landbesitzes und darunter besonders denen, die noch in den abgelegeneren Bezirken anzutreffen sind und Reste älterer Besitzverhältnisse darstellen, einige Aufmerksamkeit zu schenken.[50]

Ein großer Teil der Bauernschaft ist ausgewandert und lebt jetzt in Amerika, da das Landvolk, wie einst in Solons Tagen, durch die Armut von Haus und Hof vertrieben wurde. Von den Daheimgebliebenen verfügen viele nur über etwa 0,8 ha Boden, von dem sie ihren Lebensunterhalt fristen müssen. In vielen Bezirken liegen die Ackerflächen weit verstreut und überschneiden sich teilweise. Daraus ist zu entnehmen, daß die Anbauflächen einst in Streifen aufgegliedert waren. Die Bauern leben gemeinsam in Dörfern, und es gibt keine alleinstehenden Gehöfte. Ist kein Testament vorhanden, so wird das Anwesen zu gleichen Teilen unter die Kinder oder die nächsten Anverwandten aufgeteilt. Ebenso darf der Erblasser nur über so viel Boden testamentarisch verfügen, als bei gleichmäßiger Teilung jedem einzelnen unmittelbaren Erben zukommen würde. Eine Erbteilung kann auf Wunsch vorgenommen werden. Die Erben entschließen sich oft dazu, den Besitz gemeinsam zu bewirtschaften. Das System, die Familienanwesen gemeinsam zu leiten, ist heutzutage zwar fast überall verschwunden, stand aber noch im vorigen Jahrhundert in voller Blüte. Wir besitzen in Ansteds Monographie über die Ionischen Inseln (1863) einen wertvollen Bericht über diese Einrichtung. Danach erbten beim Ableben des Vaters die Söhne und Töchter des Verstorbenen je einen gleich großen Anteil am väterlichen Besitz, pflegten ihn aber in der Regel nicht zu teilen. Standen sie noch in jungen Jahren, so lebten sie so lange auf dem Hof zusammen, bis sie durch die Eheschließung oder die Wahl einer anderen Beschäftigung getrennt wurden. Die Schwestern erhielten bei der Heirat eine Aussteuer in Höhe ihres Erbanteiles ausgezahlt. Wenn einige Brüder nicht am Orte arbeiteten, sondern ihren Lebensunterhalt auf andere Weise bestritten, zahlten sie auch dann noch nach wie vor ihr gesamtes Einkommen, ganz gleich, aus welchen Quellen es stammen mochte, in den Familienfonds ein, dessen Grundlage das väterliche

---

[50] Dieser Gegenstand müßte in Verbindung mit den byzantinischen Formen des Landbesitzes untersucht werden. Zu letzteren siehe ASHBURNER, „The Farmer's Law", JHS 30, 1910, 85—108. 32, 1912, 68—95, u. 35, 1915, S. 76—84., besonders JHS 32, 1912, 70.

Besitztum bildete. Es kam häufig vor, daß einer von ihnen daheimblieb und die Wirtschaft führte, während sich sein Bruder in der nächstgelegenen Stadt niederließ und für den Verkauf der Erträge des gemeinsamen Grundstückes sorgte. Andere wieder wurden Schullehrer oder Rechtsanwälte. Dennoch blieb ihr jeweiliges Einkommen gemeinsames Eigentum aller, und es mußte über alle Transaktionen genau Rechenschaft abgelegt werden. Starb einer von ihnen, so ging der Anteil auf seine Kinder über. Waren dann die Töchter des Verstorbenen großjährig geworden, so erhielten sie, ungeachtet des väterlichen Einkommens, aus dem gemeinsamen Fonds den ihnen zustehenden Anteil als Aussteuer ausgezahlt.[51]

Das ist das System, wie es Ansted in Santa Mavra (Leukas) und, wenn auch in geringerem Ausmaß, in Kephallenia und Zante (Zakynthos) vorgefunden hat. Es weist eine bemerkenswerte Ähnlichkeit mit dem athenischen *oîkos* auf (Seite 78 bis 80). Der einzige wesentliche Unterschied besteht darin, daß im antiken Griechenland das Eigentumsrecht mit der vierten Generation erlosch.

7₃ *Das Open-field-System in Altgriechenland*

Die Großfamilie im heutigen Griechenland stellt nur einen isolierten Überrest aus vorkapitalistischer Zeit dar, während der *oîkos* der Antike ein integrierender Bestandteil des gesellschaftlichen Lebens dieser Epoche war. Der Stadtstaat war eine Gemeinschaft aller einzelnen *oîkoi*. Der Rechtstitel, den die Familie auf ihr Besitztum besaß, leitete sich aus ihrer Abkunft von einem der Gründer der Stadt her und hatte gleichzeitig den Genuß der Bürgerrechte zur Folge. In Handelsstädten wie Athen waren diese altertümlichen Besitzformen zwar zum größten Teil bereits verschwunden, doch war in Sparta der ursprüngliche Charakter der Anwesen nie völlig in Vergessenheit geraten.[52] Auch in vielen überseeischen Kolonien muß man sich dieser Art des Grundbesitzes noch erinnert haben. Selbst in Athen befolgte man noch bei der Verleihung des Bürgerrechts an einen Zugewanderten das Verfahren, ihn in einen bestimmten Stamm, eine Phratrie und einen Demos einzuschreiben[53] und ihn in manchen Fällen sogar mit einem Haus und dem zugehörigen Grund und Boden auszustatten.[54] Nur dadurch konnte er ein vollwertiges Mitglied der Gemeinschaft werden. Wir hören häufig davon, daß jemand vor einem attischen Gerichtshof Anspruch auf ein Grundstück erhob, da er mit dem verstorbenen Besitzer verwandt sei,[55] jedoch nie von Streitfällen, bei denen es sich um den Nachweis des Kaufs und Verkaufs von Ländereien gehandelt hätte:

---

[51] ANSTED, The Ionian Islands, S. 199–201. Es ist natürlich nicht anzunehmen, daß sich diese Art des Haushalts unmittelbar aus dem οἶκος herleitet, obgleich dadurch nichtsdestoweniger Licht auf den letzteren geworfen wird. Wahrscheinlich ist dieser Typ mit der jugoslawischen *zadruga* verwandt: LODGE, Peasant Life in Yugoslavia, S. 92–111.
[52] HERAKL. PONT. RP. 2,7.
[53] SIG 162. 175. 40. 226,16. 310, 21. 312,30. 353,5. 531,30. 543.
[54] LOLLING, „Inschriften von Hellespont", MDA 9, 1884, 60, vgl. IG² 53, DEMOSTH. 18,91 etc.
[55] ISAIOS 1,17.

Die Argumentation verfolgt stets den Zweck, die nahe, natürliche oder durch Adoption erlangte Verwandtschaft des Klägers zu dem vorigen Eigentümer nachzuweisen, und man scheint es für selbstverständlich angesehen zu haben, daß immer dann unanfechtbare Erbansprüche vorliegen, wenn der Kläger den erforderlichen Verwandtschaftsgrad nachgewiesen hat.[56]

Natürlich kann das keineswegs bedeuten, daß Grundstücke niemals gekauft oder verkauft wurden, sondern nur, daß man selbst in Athen, unter den Bedingungen einer geldwirtschaftlichen Ökonomik, in Vermögensüberschreibungen kein juristisches Mittel erblickte, das geeignet war, die aus der Verwandtschaft entspringenden Ansprüche außer Kraft zu setzen. In anderen Städten galt die Veräußerung der angestammten Grundstücke tatsächlich als ungesetzliche Handlungsweise.[57]

Der Stadtstaat war somit aus einem Bund von Großfamilien hervorgegangen, von denen jede für alle Zeiten Besitzerin eines Landgutes war, das sie von einem der Stadtgründer ererbt hatte. Das Grundstück war zur gleichen Zeit abgesteckt worden, als die Familie gegründet wurde. Wenn es in der Folgezeit geteilt werden mußte, so geschah das gleiche auch mit der Familie selbst, in deren Besitz es sich befand. Die Familie war also an den Boden gefesselt, von dem sie sich ernährte. Angesichts dieses Tatbestandes ist es nunmehr unsere Aufgabe, so weit wie möglich das Verfahren zu ermitteln, nach dem die Landanteile vergeben wurden.

Wir haben im Verlauf unserer Untersuchungen schon einige Fortschritte in dieser Richtung gemacht. Es ist weiter oben dargelegt worden, daß die attischen Demen ihren Ausgang von Clansiedlungen genommen haben, die den gleichen Typ wie die angelsächsischen Siedlungen auf *-ing* und *-ham* verkörpern (Seite 80 bis 81), und daß ferner das Erbfolgegesetz beim *oikos* dem des angelsächsischen *gavelkind*-Systems entspricht. Wir müssen uns natürlich dabei auch vor Augen halten, daß das altenglische System des Landbesitzes keineswegs eine auf dieses Land beschränkte Besonderheit darstellte. Analogen Formen begegnen wir in allen Teilen Europas, Indiens, Chinas, Mittel- und Südamerikas.[58] Mit einem Wort, es ist für die primitive Dorfgemeinschaft charakteristisch,[59] und wenn wir überhaupt mit irgendwelchen Vorstellungen an die Untersuchung der griechischen Formen des Landbesitzes herangehen dürfen, so sollten wir uns dabei diese Institution vor Augen halten und nicht die Grenzstreitigkeiten zwischen Gutsherren des zwanzigsten Jahrhunderts.

Im demokratischen Athen war die Politik des Staates unter anderem auch darauf gerichtet, der Arbeitslosigkeit zu steuern und zu gleicher Zeit die strategischen Außenposten zu sichern, indem man verarmte Bürger auf dem in Übersee eroberten Territorium ansiedelte.[60] Das zu diesem Zwecke ausgesuchte Land wurde

[56] H. E. SEEBOHM, The Structure of Greek Tribal Society, S. 83.
[57] ARISTOT. Polit. 1319a, 9, HERAKLEID. PONT. RP. 2,7.
[58] F. SEEBOHM, Die englische Dorfgemeinde, S. 124—140, 141—176, 228—277, SKENE, Celtic Scotland, Bd. 3, S. 139, KOVALEVSKY, Tableau des origines et de l'évolution de la famille et de la propriété, S. 162—170, WITTFOGEL, Wirtschaft und Gesellschaft Chinas, S. 348—409, BANCROFT, Native Races of the Pacific States of North America, Bd. 2, S. 226, THOMPSON, The Archæology of South America, S. 49.
[59] H. E. SEEBOHM, The Structure etc., S. 88.
[60] GRUNDY, Thucydides and the History of His Age, S. 177—178, 201.

zu gleichen Teilen in so viele Parzellen unterteilt, wie Bürger für das Kolonisierungsprojekt gewonnen waren. Die einzelnen Landanteile wurden daraufhin durch das Los vergeben. Die Siedler mußten sich zwar innerhalb des betreffenden Territoriums niederlassen, bestellten aber in der Regel das Land nicht selbst, sondern überließen es den einheimischen Besitzern. Diese konnten unter der Bedingung auf ihrem Grundstück verbleiben, daß sie eine jährliche Pachtsumme entrichteten. Die bekannteste dieser *klēruchíai* oder „Landlose", wie sie genannt wurden, ist die Kolonie von Lesbos, die 427–426 v. d. Z. gegründet wurde. Im voraufgegangenen Jahre hatte sich die Bevölkerung dieser Insel, mit Ausnahme der Stadt Methymna, gegen die athenische Herrschaft erhoben. Die Führer dieser Aufstandsbewegung waren hingerichtet und der Insel eine Pflanzstadt auf den Nacken gesetzt worden, deren Anlage von Thukydides folgendermaßen beschrieben wird:

> Die Athener teilten ihre Felder, nur die der Methymner ausgenommen, in dreitausend Teile, von denen sie dreihundert für die Götter als geheiligt absonderten, auf die übrigen aber eine gleiche Anzahl Kleruchen aus ihrer eigenen Mitte setzten, die sich durchs Los darin teilten, so daß die Lesbier das Land selbst bauen und ihnen von jedem Erbe jährlich eine Schatzung von zwei Minen (*mnat*) zahlen mußten.[61]

Die einzelnen Bodenanteile waren sämtlich gleichwertig. Das lag in der Natur des Siedlungsplanes und wird durch die einheitliche Pachtsumme noch bestätigt. Die einheimische Bevölkerung durfte auf ihren Grundstücken verbleiben. Auf welche Weise wurde nun das Land unter die athenischen Kleruchen verteilt? Wenn wir der allgemeinen Annahme folgen, daß die Insel vordem in Einzelwirtschaften aufgeteilt war, die voneinander abgegrenzt und wie moderne kapitalistische Landwirtschaftsbetriebe geleitet wurden, so müßten sie sich auch der Größe nach sämtlich voneinander unterschieden haben. Folglich wäre es dann unmöglich gewesen, sie in gleiche Teile zu zerlegen, ohne die angestammten Besitzungen der Bevölkerung durch einschneidende Maßnahmen zu reorganisieren. Doch nach Thukydides' Zeugnis hat man dergleichen nicht vorgenommen. Eine andere Möglichkeit würde darin bestanden haben, die Pachthöhe je nach Größe der einzelnen Landwirtschaften unterschiedlich festzusetzen und das sich daraus ergebende Gesamteinkommen unter die Inhaber der einzelnen Landlose zu verteilen. Doch davon ist keine Rede. Allein unter der Voraussetzung, daß es sich hier um eine primitive Dorfgemeinschaft gehandelt hat, kann man das angewandte Verfahren richtig deuten. Fand man für die vorzunehmende Teilung eine Maßeinheit in Gestalt des Streifens bereits vor, dann war es auch möglich, Grundstücke von verschiedener Größe durch Zusammenlegen oder Aufteilen in Landlose von gleichem Umfang zu verwandeln, ohne in die bestehenden Besitzverhältnisse einzugreifen. Jede zu einem Dorf gehörige Ackerfläche wurde dann mit soundso vielen Landlosen veranlagt, und es konnte, wie in Indien, den Dorfbewohnern selbst überlassen bleiben, die Pachtsumme für jeden einzelnen festzulegen.

Diese Schlußfolgerung hat jedoch derart weitreichende Konsequenzen, daß man sich am besten damit begnügt, die Aufmerksamkeit der Historiker auf ein Pro-

---

[61] THUK. 3,50, vgl. SIG 1,76.

blem zu lenken, das ihnen offensichtlich bisher entgangen ist. Aber die eine oder andere Überlegung, die sich aus der vorliegenden Frage ergibt, kann man ohne Bedenken an dieser Stelle vortragen. Es besteht kein Grund zu der Annahme, das in Lesbos geübte Verfahren habe eine Ausnahme dargestellt. In der Kolonie von Chalkis auf Euboia, die achtzig Jahre vor der von Lesbos gegründet wurde (506 v. d. Z.), besitzen wir eine weiteres Beispiel dafür.[62] In diesem Falle betrug die Zahl der Landlose 4000. Zum fraglichen Zeitpunkt befand sich der Grundadel von Euboia noch immer im Besitz der Macht, und es waren diese Grundherren, nicht die Bauernschaft selbst, die von den Athenern enteignet wurden. Sie hatten sich mit größerem Erfolg als die attischen Grundeigentümer in ihrem Besitz behaupten können, da auf Euboia der Kampf um den Boden durch die koloniale Expansion abgeschwächt worden war. Daraus geht hervor, daß bei gegebenen Kolonisationsmöglichkeiten keine sachlich begründeten Bedenken gegen die Annahme bestehen, ein primitives System des Grundeigentums habe einst unmittelbar neben einem sich rasch entwickelnden Seehandel existiert. Es ist zwar erwiesen, daß die demokratische Entwicklung auf Lesbos viel früher eingesetzt hat, doch gelangte sie andererseits auch schon im sechsten Jahrhundert durch den Persereinfall zum Stillstand.[63]

Durch die Koloniegründung wurden die Bauern von Lesbos in die Stellung von Pächtern hinabgedrückt. Ein ähnliches Problem tauchte auch in bezug auf andere griechische Staaten auf, die von Anfang an auf der Grundlage einer tributpflichtigen Bauernschaft beruhten. Als die Dorer Sparta eroberten, beließen sie die einheimische Bevölkerung im Besitz ihres Landes und erlaubten ihr, in ihren angestammten Dörfern wohnen zu bleiben.[64] Trotzdem teilten sie den Boden unter sich in unveräußerliche Familiengüter auf und ließen diese von der einheimischen Bauernschaft bearbeiten, die dafür eine Pacht in Höhe von 50% der Erträge entrichten mußte.[65] Auch diese Landgüter waren von gleicher Größe, d. h., sie waren bei der Staatsgründung dem Umfang nach den Bedürfnissen der neuen Eigentümer angepaßt worden, damit sie die notwendigen Erträge aus dem Boden ziehen konnten, die sie für die gemeinsamen Mahlzeiten beisteuern mußten.[66] Wie die Verhältnisse auf Lesbos im fünften Jahrhundert auch immer gewesen sein mögen, für das Sparta des elften Jahrhunderts steht fest, daß es sich hier keinesfalls um eine Landnahme großen Stils gehandelt haben kann. Auch hier enthält wiederum die Tatsache, daß die einheimische Bevölkerung nicht von ihrem Grund und Boden vertrieben wurde, einen deutlichen Hinweis, daß die neuen Pachtgrundstücke auf der Grundlage des Streifensystems verteilt wurden. Da die spartanische Aristokratie ihre Herrschaft zu einem so frühen Zeitpunkt durch einen Eroberungsakt stabilisiert hatte, konnte sie in der Folgezeit jedem Wechsel der Verhältnisse erfolgreich

---

[62] HEROD. 5,77,2. 6,100.
[63] Wir besitzen mehrere Inschriften aus Lesbos (römische Zeit) mit Listen von Bauernhöfen einschließlich der Angaben, wieviel Boden für Getreide, Oliven, Wein und Gras vorgesehen war. Die Größe der landwirtschaftlichen Betriebe ist äußerst unterschiedlich: IG 12,2,33—37.
[64] LIV. 34,27, vgl. S. 331—333.
[65] HERAKL. PONT. RP. 2,7, ARISTOT. Pol. 1270a, TYRTAI. 5.
[66] PLUT. Lyk. 8, POLYB. 6,45,3.

Widerstand leisten. Einen weiteren Beweis für den primitiven Charakter der spartanischen Herrenschicht liefert uns die Art der Stadtgründung selbst. Noch zur Zeit des Thukydides trifft es nicht den Kern der Sache, überhaupt von einer Stadt zu sprechen, da es sich hier um eine Gruppe einander benachbarter Dörfer handelte.[67] Aller Wahrscheinlichkeit nach war die Stadt in dieser rudimentären Form unter Beibehaltung der ursprünglichen, jetzt aber tributpflichtig gemachten Dorfgemeinschaft geschaffen worden.

Der Ursprung der wissenschaftlich betriebenen Geometrie wird von Herodot folgendermaßen erklärt:

> König Sesostris hat ganz Ägypten aufteilen und jedem ein gleich großes Stück Land anweisen lassen, wovon er eine jährliche Abgabe für seinen Staatsschatz erhob. Jeder aber, dem die Fluten des Nils von seinem Lande etwas abgerissen hatten, mußte es dem König sogleich melden, der dann seine Beamten hinschickte, um nachzusehen und auszumessen, um wieviel kleiner des Grundstück geworden sei, und die Höhe der davon künftig zu entrichtenden Abgabe zu bestimmen. Infolgedessen, glaube ich, hat man dort die Feldmeßkunst (*geometría*) erfunden, und von da ist sie dann auch nach Griechenland gelangt.[68]

Es kann durchaus sein, daß die Griechen ihre Kenntnisse nicht so unmittelbar, wie Herodot annahm, den Ägyptern verdankten, doch wird der Kern seiner Ausführungen durch die Etymologie des Wortes bestätigt. Den Ausgangspunkt für die Geometrie bildete die Notwendigkeit, das Land aufzuteilen.

Wir haben gesehen, daß die Flächenmaße des westlichen Europas — *acre*, *journel* und *Morgen* — auf den Dimensionen des Streifens beruhten. Es gibt im Griechischen einen analogen Terminus, der uns die Aufgabe, die Ausmaße des griechischen Streifens zu ermitteln, erleichtern kann.

Das Wort *gýes*, das bei Homer als Flächenmaß verwandt wird, bedeutet eigentlich „Pflugbaum" oder „Krummholz".[69] Es wird auch für eine primitive Art von Pflug gebraucht, der einfach aus einer Astgabel besteht, wie man ihn noch heute gelegentlich in ländlichen Bezirken antreffen kann. Wir dürfen mit Ridgeway den Schluß ziehen, daß *gýes* als Maßeinheit ursprünglich einen „Pflugacker" bezeichnete, d. h. diejenige Ackerfläche, die man in einer bestimmten Zeit durchpflügen konnte. Der Zeitraum betrug wahrscheinlich einen Tag, da eines der homerischen Wörter für „Abend" *bulytós* heißt, die Zeit nämlich, wenn die „Ochsen ausgespannt" werden.[70]

Die antiken Kommentare teilen uns mit, daß der *gýes* dasselbe wie ein *pléthron* war.[71] Das war ein Längenmaß von 100 Fuß (etwa 31 m).[72] Demzufolge bezeichnete *gýes* eine gepflügte Fläche, deren eine Seite 100 Fuß maß. Welche Seite war das nun? Es gibt noch ein anderes homerisches Landmaß, das *úron*. Wir hören von einem „*úron* von Ochsen" und von einem „*úron* von Maultieren", wobei das letztgenannte das größere ist.[73] Das Wort ist wahrscheinlich eine heteroklitische

---

[67] THUK. 1,10,2.   [68] HEROD. 2,109, vgl. 1,66,2.   [69] Il. 9,579, Od. 7,113. 18,374.
[70] Il. 16,779, Od. 9,58.   [71] Schol. Il. 9,579.
[72] Il. 21,407, Od. 11,577.
[73] Il. 10,351—353, Od. 8,124—125.

Form von *úros*, „Grenze", das wiederum mit *ureús*, „Maultier", und lat. *urvum*, „Pflugsterz", zusammenhängt.[74] Das *úron* der Maultiere beschreiben die antiken Kommentare als „die Menge Land, die ein Maultier in einem Zug pflügen kann, d. h. ein *pléthron*".[75] Daraus können wir entnehmen, daß *gýes* und *úron* identisch sind. Sie sind der „Pflugacker", der bei gegebener Furchenlänge eine Gesamtbreite von 100 Fuß hatte.

Für die Länge einer Furche haben wir nur einen Anhaltspunkt. Wenn wir im Auge behalten, daß die Längenmaßeinheiten aller Länder auf dem Feldbau beruhen, so können wir feststellen, daß im Griechischen 6 *pléthra* ein *stádion* ausmachen, d. h. 600 Fuß. Das *stádion* war ein Standardlängenmaß, von dem sich das Wort Stadion, „Rennbahn", herleitet. Die Rennbahnen in Olympia und anderswo maßen alle 600 Fuß in der Länge.[76] Im Dorischen von Argos hat das Wort nun nicht die Form *stádion*, sondern *spádion*. Es handelt sich hierbei nicht um phonetische Varianten, sondern um zwei grundverschiedene Wörter. Und beides sind angemessene Bezeichnungen für die Länge einer Furche; denn *sta* bedeutet „stehen" und *spa* „ziehen". Beide Ausdrücke beziehen sich auf die Entfernung, über die der Pflug von den Ochsen oder den Maultieren bis zum nächsten Halt und der folgenden Wendung gezogen wird. Die griechische Längeneinheit des *stádion* hat deshalb den gleichen Ursprung wie das englische *furlong* (d. i. eine Furchenlänge). Diese Hypothese findet ihre Bestätigung, wenn wir feststellen, daß die Breite einer griechischen Rennbahn gewöhnlich etwa 100 Fuß betrug.[77] Die ursprüngliche Rennbahn war eben ein „Streifen".

Nach dieser zwar langen, doch nicht unergiebigen Abschweifung wollen wir nun wieder zu der Homerstelle zurückkehren, von der wir ausgegangen waren:

> . . . wie zwei Männer sich um die Grenze des Feldes
> Zanken, das Maß in der Hand, auf gleichbesessenem Acker
> Und in kleinem Bezirk um gleiche Teile sich streiten:
> So schied beide auch hier die Brustwehr. Aber darüber
> Hieben sie nun drauflos und schlugen einer dem anderen
> Auf die gerundeten, schweren und leichtgeschwungenen Schilde.[78]

Als Breite des Streifens war das *úron* die Entfernung von einem Furchenrain zum anderen. Der griechische Ackerrain bestand aus einer Reihe von Steinen (*úroi*), wie man sie noch heute in Palästina sehen kann, wo es sie schon gegeben hat, als den Kindern Israels verboten worden war, die Grenzsteine des Nachbarn zu verrücken.[79] Die Verbindung zwischen *úron*, der Breite des Streifens, und *úros*, der Reihe von Steinen, durch die ein Streifen vom anderen getrennt wurde,

---

[74] BOISACQ, Dictionnaire étymologique de la langue grecque, s. vv.
[75] Schol. AV II. 10,351.
[76] PAULY-WISSOWA 2,5,1969.
[77] PAULY-WISSOWA, l. c. Es ist wahrscheinlich, daß der „Streifen" die dem ζυγόν, einem für Amorgos im vierten Jahrhundert v. u. Z. bezeugten Flächenmaß (SIG 963), zugrunde liegende Bodeneinheit darstellte. Im byzantinischen Griechisch bedeutete das ζεῦγος diejenige Ackerfläche, die ein Ochsenpaar an einem Tage umpflügen konnte: Cod. Iustin. 10,27,2. Das moderne στρέμμα scheint auf einer türkischen Bodeneinheit gleicher Art zu beruhen.
[78] Il. 12,421—425.
[79] Il. 21,403—405, 5. Mose 19,14.

ist somit hergestellt. Und diese aus Feldsteinen bestehende Grenzzeile entspricht auch der mit Zinnen bestückten Brustwehr, über die hinweg sich Griechen und Trojaner kämpfend ineinander verbissen hatten. Der Vergleich ist treffend. Nach dem Gleichnis sind die beiden Männer damit beschäftigt, die Grenzen ihrer Ackeranteile abzustecken, die ihnen auf einem der noch nicht vergebenen Felder zugewiesen worden sind. Das Feld ist nicht groß — vielleicht ist es hier und dort bereits durch private Einfriedungen verkleinert worden. Somit sind beide aufs eifrigste bemüht, den ihnen zustehenden Anteil zu erhalten. Sie sind aber beileibe nicht die Eigentümer des Ackerlandes, sondern teilen es nur zum Zwecke der Nutzung unter sich auf. Vielleicht muß es eines Tages von neuem aufgeteilt werden. Deshalb wird es auch als „gemeinsam" in dem nicht ungewöhnlichen Sinne bezeichnet, daß es Gemeineigentum einer Dorfgemeinde darstellt, zu der diese beiden späten Vertreter des Urkommunismus gehören.

8. *Die Neuaufteilung des Bodens*

Es ist durchaus möglich, daß zu der Zeit, als die *Ilias* und die *Odyssee* ihre endgültige Gestalt annahmen, der Brauch, den Boden periodisch neu aufzuteilen, bereits im Absterben begriffen war. Aber Homer verfolgt ja nicht die Absicht, uns alles zu erzählen, so daß wir gut daran tun werden, das Beweismaterial zu überprüfen, bevor wir irgendwelche Schlußfolgerungen ziehen.

Zu Beginn des sechsten vorchristlichen Jahrhunderts, als es auf dem platten Lande Attikas zu gären begann, führte Solon einige Agrarreformen durch. Sie ermöglichten es, der Krisensituation glücklich Herr zu werden, ohne jedoch die Bauernschaft befriedigen zu können, deren Forderung bekanntlich in einer „Neuaufteilung des Bodens" bestanden hatte.[80] Eine derartige Aktion wurde demgegenüber in Kyrene, einer griechischen Kolonie an der libyschen Küste, tatsächlich durchgeführt. Irgendwann im sechsten Jahrhundert wurden Neusiedler aus dem Mutterland eingeladen, an einer „Neuaufteilung des Bodens" teilzunehmen. Auf dieser Grundlage wurde dann die gesamte Bevölkerung mit Einschluß der neu Hinzugekommenen in drei Stämme eingeteilt, nachdem man besondere Güter für den König in seiner Eigenschaft als Oberpriester ausgesondert hatte.[81]

Das Verlangen der attischen Bauern war nicht, wie man es gemeinhin darstellt, revolutionärer Natur, also eine umstürzlerische Herausforderung der geheiligten Rechte des Privateigentums, sondern konterrevolutionär, nämlich ein Protest gegen die private Aneignung des Bodens, durch die die alten, geheiligten Rechte der Gemeinschaft verletzt wurden. Wie wir aus dem Beispiel Kyrenes entnehmen können, war der Gedanke an eine Neuaufteilung noch immer im Volke lebendig. Unsere Aufgabe besteht nur noch in dem Nachweis, daß sie periodisch vorgenommen wurde.

[80] ARISTOT. Athen. Pol. 11,2. Eine Wiederaufteilung des Bodens wurde im fünften Jahrhundert v. u. Z. in Leontinoi verlangt: THUK. 5,4,2.
[81] HEROD. 4,159—161, vgl. THUK. 8,21.

Die Neuaufteilung des Bodens

Die Griechen waren mit diesem Verfahren wohlvertraut. Strabon berichtet uns, daß die Dalmatier ihr Land alle acht Jahre aufs neue verlosten,[82] und bei den Vaccaei in Spanien geschah dies, nach Diodors Zeugnis, sogar alljährlich:

> Die Vaccaei teilen das Land jedes Jahr neu auf, und jeder erhält einen bestimmten Anteil an den Erträgen, die gemeinschaftliches Eigentum darstellen. Die private Aneignung wird mit dem Tode bestraft.[83]

Zu Beginn des sechsten Jahrhunderts verließ eine Schar von Dorern die Inseln Rhodos und Knidos und segelte nach Sizilien. Sie beabsichtigten, dort in Lilybaion eine Kolonie zu gründen, wurden aber von den Phoinikern daran gehindert. Darauf fuhren sie zu den Liparischen Inseln weiter und vereinigten sich dort mit der einheimischen Bevölkerung. Der Rest der Geschichte soll mit Diodors Worten wiedergegeben werden:

> Da sie in Lipara gut aufgenommen worden waren, erklärten sich die Siedler einverstanden, das Land mit den Bewohnern zu teilen... Wegen der ständigen Beutezüge der etruskischen Seeräuber bauten sie sich im Laufe der Zeit eine Flotte und nahmen eine Arbeitsteilung vor. Einige fuhren fort, gemeinschaftlich den Boden zu bebauen, während sich die übrigen zur Verteidigung gegen die Seeräuber zusammenschlossen. Sie verwalteten ihren Besitz gemeinsam und hielten auch gemeinschaftliche Mahlzeiten ab. Nachdem sie dieses Gemeinschaftsleben eine Zeitlang geführt hatten, teilten sie die Insel Lipara selbst, auf der sich auch die Stadt befand, auf, bestellten aber auf den anderen Inseln den Boden nach wie vor gemeinsam. Schließlich teilten sie alle Inseln für den Zeitraum von jeweils zwanzig Jahren auf und nahmen nach Ablauf dieser Frist jedes Mal eine Neuverteilung vor. Zur See konnten sie einige Siege über die Etrusker erringen, und von der Beute sandten sie manchen ansehnlichen Zehnten nach Delphi.[84]

Diodor hat uns mehr gegeben, als wir von ihm erwartet hatten. Er berichtet uns nicht nur, daß zumindest in einem griechischen Stadtstaat das System einer periodischen Neuaufteilung des Bodens bestanden hat, sondern führt uns auf eine noch frühere Stufe zurück, als jede Dorfgemeinschaft den Boden gemeinsam besessen und bebaut hatte, ohne daß man auch nur von Zeit zu Zeit eine Neuaufteilung vornahm.

Der Leser wird sich nun fragen, wie es modernen Historikern, insbesondere Toutain, dessen vernichtendes Urteil über die sklavische Gesinnung Esmeins uns noch in den Ohren klingt, gelungen ist, diese Stelle „anders" zu interpretieren. Toutain nimmt sich die Freiheit, sie erst gar nicht zu erwähnen. Das gleiche tut auch der Schreiber in der *Cambridge Ancient History*, wenn er uns versichert, die Griechen hätten schon längst die von Diodor geschilderte Entwicklungsstufe hinter sich gelassen. Wahrscheinlich empfanden beide Autoren tiefe Genugtuung darüber, daß die Frage ein für allemal durch Guiraud in dessen Buch *La propriété foncière en Grèce* erledigt worden war, das noch heute das Standardwerk zu diesem Thema darstellt und dessen „Lebendigkeit und Klarheit" Toutain verschiedentlich zu rühmen weiß. Hier eine Probe besagter „Lebendigkeit und Klarheit":

---

[82] STRAB. 7,5,5.
[83] DIOD. SIC. 5,34, vgl. NICOL. DAM. 126.
[84] DIOD. SIC. 5,9.

Was das Vorhandensein eines Agrarkollektivismus auf den Liparischen Inseln angeht, so haben wir keine Veranlassung, die Glaubwürdigkeit Diodors in Frage zu stellen. Nur in bezug auf das Motiv, das zu diesem System geführt haben soll, kann sein Bericht einigen Zweifel erwecken. Théodore Reinach hat kürzlich an Hand einer Livius-Stelle den Nachweis erbracht, daß die Bewohner der Liparischen Inseln genauso wie die Etrusker Seeräuber waren. Unter diesen Umständen ist leicht einzusehen, daß ihr Kommunismus keinesfalls einen Überrest vergangener Zeiten, sondern ein für den besonderen Zweck künstlich geschaffenes Regime darstellte. Weder ein politisches noch ein soziales Prinzip ist hier im Spiele. Die Inselbewohner schufen sich ganz einfach die Institutionen, die einer Schar von Räubern am ehesten angemessen waren... Außerdem zerbrach dieses System recht bald an der Liebe zum Privateigentum, die ja eine große Macht über die Menschen besitzt. Spätestens im Laufe des fünften Jahrhunderts begannen sie mit der Aufteilung der Hauptinsel, die ohne Zweifel als einzige befestigt und bewohnt war. Die anderen Inseln blieben ungeteilt.[85]

Ehe wir uns auf „politische und soziale Prinzipien" einlassen, wollen wir uns erst einmal der Tatbestände versichern. So gibt Diodor fürs erste gar kein Motiv für die Wahl dieses Systems an, sondern das hat erst Guiraud fertiggebracht. Ferner findet sich auch kein Anhaltspunkt, zu welcher Zeit die Insel geteilt wurde. Des weiteren war Diodor offensichtlich der Meinung, daß wenigstens einige der übrigen Inseln bewohnt waren, und Strabon, die einzige andere uns zur Verfügung stehende Quelle, stimmt mit ihm in diesem Punkte überein. Er zählt im ganzen acht Inseln auf und vermerkt davon nur zwei als unbewohnt.[86] Guirauds Interpretation der fraglichen Stelle findet somit durch den Wortlaut des Passus selbst ihre Widerlegung. Es ist zwar eine Tatsache, daß Livius die Inselbewohner als Piraten bezeichnet, was sie auch zweifelsohne waren. Da Guiraud aber den Wortlaut der Stelle nicht wiedergibt, so wollen wir das tun, um Klarheit zu gewinnen. *Mos erat civitatis velut publico latrocinio partam praedam dividere.*[87] — „Sie befolgten den Brauch, die in einer Art kollektiven Straßenraubs erlangte Beute untereinander zu verteilen." — Diese griechischen Kommunisten waren zumindest konsequent. Nachdem sie in frommer Scheu den Göttern einen Zehnten geweiht hatten, teilten sie das übrige unter sich auf. Alles Eigentum, das bewegliche wie das unbewegliche, das erworbene wie auch das ererbte, gehörte der Gemeinschaft. Das Bild des Urkommunismus ist somit vollständig.

Nachdem wir die Tatsachen sichergestellt haben, können wir nun nach den ihnen zugrunde liegenden Prinzipien forschen. Da sich die Inselbewohner in der Fremde nicht besser als gewöhnliche Räuber aufführten, hatten sie sich natürlich auch im eigenen Lande nicht dazu verstehen können, jenes Gefühl der Hochachtung vor dem Privateigentum zu entwickeln, in dem Guiraud wie schon vor ihm Sir John Sinclair das Kriterium jeder Zivilisation erblickte. Dennoch ist es voreilig anzunehmen, ihre Institutionen seien bar jedes „politischen oder sozialen Prinzips" ge-

---

[85] GUIRAUD, La propriété foncière en Grèce, S. 13—14.
[86] STRAB. 6,2,10—11, THUK. 3,88,2, PAUS. 10,11,14. Einzig die Hauptinsel war das ganze Jahr hindurch ständig bewohnt.
[87] LIV. 5,28.

wesen. Wenn diese prinzipienlosen Inselbewohner Seeräuber waren, so trifft diese Feststellung ebenso auf Etrusker, Karthager, Phoiniker und Karer[88] wie überhaupt auf alle seefahrenden Völker der Antike, einschließlich der Griechen, zu, die immer dann zu diesem Gewerbe griffen, wenn die Gelegenheit günstig war.[89] Auch die achaiischen Helden der *Ilias* und *Odyssee* waren Piraten und wiesen mit Stolz auf ihre Erfolge hin,[90] und wie wir binnen kurzem sehen werden, teilten sie ihre auf unehrenhafte Weise erworbenen Güter auf die gleiche Art unter sich auf.[91] Die zivilisierten Griechen, deren politische und gesellschaftliche Grundsätze oft genug von Guiraud und anderen der Menschheit als Spiegel vorgehalten wurden, konnten an der Kaperei nichts entdecken, was mit der Ehre eines Mannes von Stand unvereinbar gewesen wäre, und in vielen Verträgen sahen sie ausdrücklich die Wahrnehmung des Rechts auf Seeraub vor.[92] Schließlich besteht ja im Prinzip zwischen Seeraub und Straßenraub auch gar kein Unterschied. Wie tief sich auch immer Piraten, Plünderer, Eroberer und Staatengründer vor der Heiligkeit des Privateigentums, sobald sie es erst einmal an sich gerissen hatten, beugen mochten — die Grundlage dazu haben sie sich alle wie die Leute von Lipara durch Diebstahl geschaffen. Hätte sich Guiraud dazu verstanden, diesen Gedanken folgerecht in seinem Kopfe zu entwickeln, würde er sich Auge in Auge mit dem politischen und sozialen Prinzip befunden haben, das auch für seine eigene Zivilisation gilt, nämlich dem Raub. *La propriété c'est le vol.*[93]

Nachdem er das aus dieser und anderen Quellen stammende gesamte Beweismaterial für das Vorhandensein eines altgriechischen Gemeineigentums „anders interpretiert" hat, gelangt Guiraud zu folgendem Schluß:

> Man muß schon besonders voreingenommen sein, wollte man diesen Quellen auch nur den geringsten Wert beimessen. In der gesamten antiken Literatur findet sich keine einzige Stelle, die bei vernünftiger Interpretation einer derartigen Behauptung als Stütze dienen kann.[94]

Wenn Vernunft in der Freiheit von jeglicher Voreingenommenheit besteht, sind wir alle bis zu einem gewissen Grade angekränkelt. Es fragt sich nur, wie weit? Doch ist es diesem „lebendig" schreibenden Historiker wenigstens in einem Falle gelungen, ein politisches und soziales Prinzip aufzustellen. Er hat uns mit entwaffnender Klarheit vor Augen geführt, daß die Liebe zum Privateigentum bei der heutigen Bourgeoisie derart mächtig ist, daß sie sich ein Leben ohne es gar nicht vorstellen kann:

> Was ihr nicht faßt, das fehlt euch ganz und gar,
> Was ihr nicht rechnet, glaubt ihr, sei nicht wahr.

---

[88] DIOD. SIC. 5,9, POLYB. 3,24,4, THUK. 1,4,7—8, Od. 15, 415—484.
[89] HEROD. 1,166. 6,17, THUK. 1,5, DEMOSTH. 50,17, LYKURG. Leokr. 18.
[90] Il. 11. 625, Od. 4,81—90. 9,40—42. 14,229—234.
[91] Siehe S. 273—274.
[92] HASEBROEK, Staat und Handel im alten Griechenland, S. 125—129.
[93] ENGELS, Ursprung der Familie etc., S. 114.
[94] GUIRAUD, a. a. O., S. 21—22.

9. Die Methode der Bodenverteilung

Wir wollen zur *klēruchía* zurückkehren. Nachdem die Zahl der Siedler festgelegt war, wurde das zur Besiedlung vorgesehene Land in die gleiche Anzahl Ackerlose zerlegt. Nach welchen Gesichtspunkten die Siedler ausgewählt wurden, wissen wir zwar nicht, doch muß es gelegentlich vorgekommen sein, daß mehr Bewerber vorhanden waren als Land zur Verfügung stand, und da man bekanntlich in der Demokratie in weitestem Umfange das Los entscheiden ließ, kann man annehmen, daß das auch bei der Auswahl der Bewerber der Fall war. Des weiteren müssen wir annehmen, daß die Pachtgrundstücke nach den gleichen Gesetzen vererbt wurden wie im Mutterland. Jeder Inhaber eines Landloses wurde zum Gründer eines *oíkos*, des Familienanwesens vom herkömmlichen Typus. Die einzige Ausnahme bestand darin, daß es nicht mit Erbansprüchen belastet war und deshalb leichter veräußert werden konnte. Uns sind viele Beispiele dafür bekannt, daß Besitzer von Bodenanteilen entgegen den gesetzlichen Regelungen ihr Grundstück verkauften und in die Heimatstadt zurückkehrten.[95]

Zum Unterschied von einer gewöhnlichen Kolonie (*apoikía*) behielten die Mitglieder einer *klēruchía* ihre sämtlichen Rechte als athenische Staatsbürger bei.[96] Die Kolonie war ein neuer Stadtstaat, der nur durch religiöse Bande an die Mutterstadt gekettet, im übrigen aber politisch völlig unabhängig war. Abgesehen davon war sie nach dem gleichen Prinzip aufgebaut. Die Kolonie Kyrene wurde im siebenten Jahrhundert v. d. Z. von Thera aus gegründet, als diese Insel von einer Hungersnot heimgesucht wurde. Auf der ganzen Insel wurde zu diesem Zweck immer einer von zwei Brüdern durch das Los zur Übersiedelung bestimmt.[97] Ähnlich verfuhren die Vorfahren der Etrusker, als sie aus Lydien auswanderten. Auch in diesem Falle bot eine Hungersnot den äußeren Anlaß. Der König teilte sein Volk in zwei gleiche Teile und ließ das Los entscheiden, wer von beiden auswandern müsse.[98] Es war also offensichtlich eine traditionelle Methode, die Gründer einer Kolonie durch das Los auszuwählen.

In der Mitte des fünften Jahrhunderts wurde in Brea an der thrakischen Küste eine athenische Kolonie gegründet. Der Beschluß, der die Durchführungsbestimmungen enthielt, ist uns erhalten geblieben. Unter anderem war vorgesehen, daß „zehn Männer, aus jedem Stamm einer, als Landverteiler ausgewählt werden sollten und diese Kommission dann den Boden aufteilen solle".[99] Im Unterschied zum Landvermesser (*geōmétrēs*), der die Bodenanteile bezeichnen mußte, bestand die Aufgabe des Landverteilers (*geōnómos*) in der Vergebung der Landlose. Wir können daraus entnehmen, daß die Besitzungen durch das Los verteilt und auf irgendeine Weise nach dem Stammessystem zusammengefaßt wurden. Letzteres findet in Platons Richtlinien zur Errichtung des idealen Staates seine Bestätigung. In diesem Falle ist die Ausgangssituation natürlich nur fiktiv, doch neigt man all-

---

[95] GROTE, Geschichte Griechenlands, Bd. 3, S. 516—517.
[96] E. M. WALKER in CAH 4, 161.
[97] HEROD. 4, 153, vgl. PARTHEN. 5.
[98] HEROD. 1, 94, 5.
[99] TOD, A Selection of Greek Historical Inscriptions, S. 88—90.

gemein zu der Auffassung, daß das von ihm empfohlene Verfahren der tatsächlich geübten Praxis entspricht:

Die nächste Forderung ist nun die, daß man erstens die Stadt möglichst in der Mitte des ganzen Landes anlegt. . . . Zweitens aber soll die Zwölfteilung vorgenommen werden: Man soll nämlich zunächst der Hestia, dem Zeus und der Athena einen Tempel, die sogenannte Akropolis, errichten und mit einer Ringmauer versehen. Diese soll den Ausgangspunkt bilden für die zwölf Teile, in welche die Stadt selbst und das ganze Land zerlegt wird. Die Gleichwertigkeit dieser zwölf Teile soll dadurch erzielt werden, daß diejenigen mit gutem Boden kleiner, die auf schlechtem Boden größer sind. Aus diesen werden dann durch Teilung 5040 Landlose gebildet, von denen dann ein jedes wieder in zwei Teile zerfällt, so daß immer zwei Abschnitte zusammen ein Los ausmachen und zwar so, daß der eine Abschnitt in der Nähe der Stadt, der andere fern von ihr liegt. Und auch die Männer sollen in 12 Abteilungen geteilt werden, nachdem man das sonstige Vermögen ebenfalls möglichst gleichmäßig auf die zwölf Teile verteilt hat, auf Grund des vorhandenen Verzeichnisses. Und sodann soll man 12 Lose für die 12 Götter mischen und den einem jeden Gott durch das Los zufallenden Teil nach ihm benennen und ihm weihen als sogenannte Phyle (Stamm).[100]

Platon gelangte zur Gesamtzahl seiner Einzelgrundstücke auf ähnlich mystische Weise wie Plutarch zu seiner Formel für die Gesamtsumme der Jungen einer Katze (Seite 168), nur daß diesmal eine geometrische Reihe aufgestellt wurde: $1 \times 2 \times 3 \times 4 \times 5 \times 6 \times 7 = 5040$. Doch selbst hier liegt ein historischer Tatbestand zugrunde; denn die Zahl beträgt etwas über die Hälfte der als angemessen erachteten Höchstsumme.[101] Die athenische Kolonie von Amphipolis war in 10000 Liegenschaften aufgegliedert, und die Syrakusaner setzten die gleiche Anzahl für die Errichtung ihrer Kolonie in Aitna fest.[102]

Inhaber der Landlose waren bei Platon die Familienoberhäupter, wie aus anderen Stellen seiner *Gesetze* klar hervorgeht. Doch werden diese Familien als Bestandteile einer höheren Einheit, des Stammes nämlich, behandelt. Auch dies findet durch andere Quellen seine Bestätigung. Im alten Rhodos gab es beispielsweise drei Ansiedlungen — Lindos, Ialysos und Kameiros.[103] Wie wir aus der *Ilias* erfahren, entsprachen sie den drei eingewanderten Stämmen. Außerdem wurden sie durch das Los vergeben, wie aus Pindars Bericht über diese Orte hervorgeht. Denn im gleichen Gedicht berichtet er uns, daß die Götter bei der Verteilung der Welt das Los entscheiden ließen. Der Sonnengott sei zu dieser Zeit zufällig abwesend gewesen und konnte deshalb keinen Anteil erhalten. Zum Ausgleich erhielt er dafür die Insel Rhodos zugesprochen, die sich damals noch unter der Meeresoberfläche befand. Er hatte sie sich deshalb ausbedungen, weil er bemerkt

---

[100] PLAT. Nomoi 745.
[101] ARISTOT. Pol. 1267b,3.
[102] THUK. 1,100, DIOD. SIC. 11,49.
[103] Il. 2,655—656, PIND. Ol. 7,73—74, vgl. SIG 339, Anm. 2. Nach der Ilias war Tlepolemos aus Ephyra, wahrscheinlich dem thessalischen Ephyra, der Städtegründer, vgl. DIOD. SIC. 5,58; doch bei PINDAR wird die Insel durch die drei Söhne des Helios besiedelt, und nach einer dritten Version durch Althaimenes aus Kreta: APOLLOD. 3,2, 1—2. Tatsächlich fanden mehrere Besiedelungen nacheinander statt: STRAB. 14,2,6—10. Wir besitzen eine Liste rhodischer Clane, die nach Phratrien geordnet sind, und einige von ihnen tragen die äolische Namensendung -*ειοι*: IG 12, 1, 695.

hatte, daß sie bald aus den Fluten auftauchen würde. Dieses Übereinkommen wurde schließlich von Lachesis, der Göttin des Zuteilens, gutgeheißen.[104] Die Verteilung der soeben eroberten Welt an die Söhne des Kronos erscheint somit als Präzedenzfall für die Aufteilung der eben erst eroberten Insel unter die Söhne des Helios, die Gründer der drei Stammesniederlassungen, die ihren Namen trugen.

Bis hierher haben wir noch keinen Hinweis auf den Clan gefunden. Es ist aber nicht schwer, den Grund dafür anzugeben. Im voll ausgebildeten Stadtstaat bestand der Stamm als politische und militärische Organisationsform noch lange Zeit, nachdem die Phratrie schon zu einer bloßen religiösen Vereinigung herabgesunken war und der Clan sich in einzelne Familien aufgespalten hatte. Bis zu einem gewissen Grade erhielt sich der Clan noch in den Reihen der Aristokratie, doch wurden die Einwohner einer Kolonie im allgemeinen den unteren Klassen, also den landlosen Bürgern, entnommen.[105] Das war nun aber die Gesellschaftsschicht, in der sich die Clanbindungen am vollständigsten gelöst hatten. Um überhaupt auf Spuren des Clans treffen zu können, müssen wir bis in prähistorische Zeit zurückgehen.

Wir haben gesehen, daß die athenische *klēruchía* grundsätzlich jener Organisationsform entsprach, die sich einst in der großen Periode kolonialer Ausdehnung, zwischen dem achten und sechsten vorchristlichen Jahrhundert, zwangsläufig ergeben hatte. Das war die Epoche der Wanderungen, in der sich die Griechen über das gesamte Mittelmeerbecken verstreuten. Gehen wir nun zeitlich noch weiter zurück, dann können wir erkennen, daß diese Kolonisation, durch die ja Pflanzstädte von der gleichen Struktur wie die Mutterstädte geschaffen wurden, eine Fortsetzung der noch weiter zurückliegenden Wanderbewegungen darstellte, in deren Verlauf einst in Griechenland und der Ägäis die Mutterstädte selbst gegründet worden waren.

Die Griechen wußten um diesen kontinuierlichen Prozeß. Sie erinnerten sich, wie einst Tlepolemos, der Gründer von Rhodos, kurz vor Beginn des Trojanischen Krieges „eine gerechte Verteilung des Landes vornahm" und wie, zu noch früherer Zeit, Makareus auf Lesbos „den Boden geteilt hatte"; wie sich Kydrolaos „auf Samos niedergelassen und das Land in Ackerlose zerlegt hatte" und wie ferner Tenedos, der Eponym der gleichnamigen Insel, den Boden unter sein Volk aufgeteilt und für seinen Eigenbedarf ein gesondertes Grundstück (*témenos*) erhalten hatte, auf dem er nach seinem Tode als Heros verehrt wurde.[106] Daraus wird deutlich, daß es sich bei diesen prähistorischen Ansiedlungen ganz und gar nicht um Stadtstaaten, sondern um Stammesbünde gehandelt hat. Wir sollten deshalb auch erwarten, daß der Clan bei diesen noch eine größere Rolle als später gespielt hat. Und das ist auch wirklich der Fall. Die ionische Kolonie Teos, die nach dem Einfall der Dorer gegründet wurde, war in *pýrgoi* oder Demen unterteilt, und bis ins fünfte Jahrhundert hinein waren einige davon noch immer von den Clanen be-

---

[104] PIND. Ol. 7,54—76, vgl. APOLLOD. 2,8,4, PAUS. 8,4,3.
[105] Im Dekret von Brea (Z. 41) ist festgelegt, daß die Kolonisten den Reihen der ärmsten Gesellschaftsschichten entstammen müssen, vgl. PLAT. Nomoi 735—736, ISOKR. 4,182.
[106] DIOD. SIC. 5,59,81—83.

wohnt, deren Namen sie trugen (Seite 130). Auch die drei Bezirke von Rhodos waren in Demen aufgeteilt. Einer davon hieß Netteia und gehörte den Nettidai, ein anderer trug den Namen Hippoteia und war der Wohnsitz der Hippotadai.[107] Durch dieses Zeugnis wird der Schluß bestätigt, den ich aus meiner Untersuchung der attischen Demen gezogen habe (Seite 80 bis 81). Wir können zwar für Attika nur einen einzigen Clan benennen, der nach wie vor seinen angestammten Demos bewohnte, nämlich die Butadai (Seite 77). Der Grund dafür ist in der Tatsache zu suchen, daß die politische Organisation des Landes durch die soziale Umwälzung des sechsten Jahrhunderts eine Umgestaltung erfahren hatte. Aber selbst in Attika waren die alten, wenn auch nunmehr zerschnittenen Bande nicht ganz in Vergessenheit geraten. So stammte beispielsweise Kimon, ein Angehöriger der Philaidai, aus der Ortschaft Lakiadai, die zwischen Athen und Eleusis lag; er muß aber gewußt haben — andernfalls wüßten wir es ja nicht —, daß seine Vorfahren aus dem nahe Brauron gelegenen Philaidai gekommen waren, wo seinerzeit Philaios seinen Fuß auf attischen Boden gesetzt hatte (Seite 88). Ferner gab es eine Überlieferung, nach der König Theseus anläßlich der Reorganisation des Landes durch die ländlichen Bezirke gereist sei, um „die Demen und Clane zu besuchen".[108] Daraus kann man den Schluß ziehen, daß diese beiden Einheiten ursprünglich in jener weit zurückliegenden Zeit ein und dasselbe gewesen sind. Ich habe diesen Schluß bereits in Kapitel IV gezogen (Seite 80 bis 81), doch liefert das Wort selbst die endgültige Bestätigung dafür. Bei Homer bezeichnet *dêmos* sowohl eine Strecke bebauten Landes als auch die darauf lebende Bevölkerung.[109] Es bedeutet eigentlich „Teilung" und ist mit dem Wort *dasmós* verwandt, das regelmäßig auf die Aufteilung oder Zuweisung von Boden angewendet wurde.[110] Ursprünglich war der Demos also sowohl eine territoriale wie auch soziale Einheit — eine Clanniederlassung wie das engl. Woking, Tooting und Epping, das frz. Aubigny, Corbigny und Pontigny, das dtsch. Geislingen, Göttingen, Tübingen[111] und die hebräischen „Geschlechter" oder Clane, die sich im Gelobten Lande niederließen:

> Rede mit den Kindern Israel und sprich zu ihnen: Wenn ihr über den Jordan gegangen seid in das Land Kanaan, so sollt ihr alle Einwohner vertreiben vor eurem Angesicht! ... Und ihr sollt das Land austeilen durchs Los unter eure Geschlechter. Denen, deren viele sind, sollt ihr desto mehr zuteilen, und denen, deren wenige sind, sollt ihr desto weniger zuteilen. Wie das Los einem jeglichen zufällt, so soll er's haben; nach den Stämmen eurer Väter sollt ihr's austeilen.[112]

---

[107] SIG 932,24.33. 118,5. 695,21.   [108] PLUT. Thes. 24.

[109] Il. 5,710. 20,166 etc., vgl. κλᾶρος, 1. „Grundstück", 2. „Erben des Grundstücks", arab. *hayy*, „Stamm" oder „Stammesgebiet" (ROBERTSON SMITH, Kinship and Marriage in Early Arabia, S. 39), angelsächsisch *hid*, „Haushalt" oder „Grundstück eines Haushalts" (VINOGRADOFF, The Growth of the Manor, S. 141), RAMSAY, Asianic Elements in Greek Civilisation, S. 85—86, SKENE, Celtic Scotland, Bd. 3, S. 173—177.

[110] BOISACQ, s. v. δῆμος. Heutige Gelehrte, die es unterließen, das Gefüge der Stammesgesellschaft zu analysieren, sind zwangsläufig blind gegenüber dieser zwischen Clan und Dorf bestehenden inhärenten Beziehung. So folgte F. E. ADCOCK dem Beispiel CARYs (siehe S. 75—76) und schloß den Clan gänzlich aus seinen Bemerkungen zum Ursprung der πόλις aus („der Clan — das *génos* —, der der Denksphäre der Aristokratie entstammt, wird erst später geschaffen"); als er dann den Tatbestand, daß die Stammesangehörigen in Dörfern lebten, interpretieren mußte, konnte er folglich dazu lediglich bemerken, sie hätten das „instinktiv" getan (CAH 3,688).

[111] F. SEEBOHM, Die englische Dorfgemeinde, S. 235—250.

[112] 4. Mose 33,51—54.

Und Josua sprach zu den Kindern Israel: Wie lange seid ihr so laß, daß ihr nicht hingeht, das Land einzunehmen, das euch der Herr, eurer Väter Gott, gegeben hat? Schafft euch aus jeglichem Stamm drei Männer, daß ich sie sende und sie sich aufmachen und durchs Land gehen und es aufschreiben nach ihren Erbteilen und zu mir kommen. ... Ihr aber schreibt die sieben Teile der Lande auf und bringt sie zu mir hierher, so will ich euch das Los werfen hier vor dem Herrn, unserm Gott.[113]

Abb. 50. Brettspiel: attisches Vasenbild

10. *Die Entstehung der Privilegien*

Das griechische Wort für Grundbesitz lautet *klêros*, d. h. „Los". In der Dichtung werden *moîra*, „Anteil", und *láchos*, „das Zugeteilte", im gleichen Sinne verwandt. Diese Wörter sind sämtlich indogermanischen Ursprungs. Die Grundbedeutung von *klêros* war „ein Stück Holz", wie das ir. *clár*, „Brett" oder „Balken". Daraus geht hervor, daß man zum Loswerfen Holzspäne verwendete. Die Basis *kla* erscheint auch in gr. *kládos*, „Zweig", und *kláo*, „brechen", und ist ebenfalls im got. *hlauts* enthalten, das mit seinem engl. Synonym *lot* verwandt ist. Diese Etymologien beweisen uns, daß der Gebrauch des Loses ein uraltes Charakteristikum der indogermanischen Kultur darstellt. Hier liegt das Prinzip zugrunde, daß jedes Mitglied der Gemeinschaft einen Rechtstitel auf einen gleichen Anteil am Produkt der gemeinsamen Arbeit besaß.[114]

Doch war dieses Prinzip schon in Altgriechenland durch die Sitte eingeschränkt worden, gewisse Grundstücke zur ausschließlichen Nutzung Priestern, Königen und anderen Oberhäuptern vorzubehalten. In der Pflanzstadt Lesbos wurde der zehnte Teil aller Besitzungen für die Götter „ausgesondert" (Seite 260).

---

[113] Josua 18, 3—6.
[114] In Griechenland blieb das Ausloseverfahren später noch bei denjenigen Wahlgängen in Gebrauch, durch die die Vorzugsrechte beim Aufsuchen des delphischen Orakels und die Wahl der Clan-Oberhäupter bestimmt wurden: AISCH. Eumen. 32, TOEPFFER, Attische Genealogie, S. 21 u. 125, PATON, Inscriptions of Cos, S. 137.

Die Entstehung der Privilegien

Die Siedler von Brea mußten von dem ihnen zugewiesenen Land bestimmte Grundstücke zugunsten der Priesterschaft „aussondern".[115] Ähnliche Ländereien wurden auch in Kyrene für den Unterhalt des Königs „ausgesondert".[116] Als König Nausithoos nach den Worten der *Odyssee* die Phaiaken in ihre neue Heimat geführt hatte, baute er ihnen eine befestigte Stadt, teilte die Ackerfläche auf und errichtete Tempel zu Ehren der Götter.[117] Aus den homerischen Gesängen ist klar ersichtlich, daß das Land nach wie vor unter der Kontrolle des Volkes stand, wenn auch der König bestimmte Privilegien verleihen konnte. So war Bellerophon zwar vom König von Lykien mit königlichen Ehren ausgestattet worden, dennoch erhielt er seinen aus fruchtbarem Boden bestehenden Landbesitz aus den Händen des Volkes.[118] Als sich Aineias zum Kampf mit Achilleus anschickte, wurde er von diesem warnend darauf hingewiesen, daß er im Falle eines Sieges weder darauf rechnen könne, aus der Hand des Priamos königliche Ehren zu erhalten, da dieser ja für seine eigenen Söhne sorgen müsse, noch vom Volke mit Grundbesitz ausgestattet werden würde.[119] Die Ältesten von Aitolien, wahrscheinlich handelte es sich dabei um die Clanvorsteher, versuchten Meleagros dadurch als Mitkämpfer zu gewinnen, daß sie ihm Grundeigentum im fruchtbarsten Teil ihres Landes anboten.[120] Derartige Reservate wurden *teménea* genannt, d.h. Grundstücke, die aus der unter das Volk verteilten gesamten Ackerfläche „herausgeschnitten" (*témno*) oder „ausgesondert" (*exhairéo*) worden waren. Das *témenos* ist also die Keimzelle des Privateigentums, das sich im Schoße der Stammesgesellschaft herausbildet.

Der gleichen Verquickung des Rechtes der Gemeinschaft mit dem des Individuums begegnen wir auch bei der Teilung der Beute. Die Verteilung wird auf die gleiche Weise vorgenommen und stellt einen durch das Los herbeigeführten *dasmós* dar; und wie der König schon ein besonderes Landgut erhielt, so empfing er auch bei der Beuteteilung ein besonderes „Privilegium" (*géras*) oder eine „Belohnung" (*timé*), die von der allgemeinen Auslosung ausgenommen waren.[121] Der verwandelte Odysseus brüstete sich damit, auf neun Beutezügen der Anführer gewesen zu sein und jedesmal reiche Gaben erhalten zu haben, die nach Menge und Güte den ihm eigentlich bei der Verteilung zustehenden Anteil überstiegen.[122] Nach der Plünderung der Stadt Thebe „verteilten die Söhne Achaias

---

[115] TOD, a. a. O., S. 88—90, vgl. AISCH. Eumen. 403—405.
[116] HEROD. 4,161,3.
[117] Od. 6,9—10.
[118] Il. 6,193—195.
[119] Il. 20,178—186.
[120] Il. 9,574—580. Die Ältesten waren wahrscheinlich die Clanoberhäupter: GLOTZ, La solidarité de la famille dans le droit criminel en Grèce, S. 12. Im *témenos* müssen auch die zugehörigen Arbeitssklaven mit einbegriffen gewesen sein: JEANMAIRE, Couroi et Courètes, S. 75, vgl. Il. 9. 154—156. Die Bedingungen, unter denen die Besitzrechte am *témenos* übertragen wurden, sind nicht klar; wahrscheinlich waren sie mit dem Häuptlingsamt verbunden.
[121] Il. 1,166—167. 368—369. 2,226—228, vgl. AISCH. Agam. 945, EURIP. Trach. 248. 273, vgl. BANCROFT, Native Races etc., Bd. 2, S. 225, BADEN-POWELL, The Indian Village Community, S. 195, ROBERTSON SMITH, Kinship and Marriage etc., S. 65.
[122] Od. 14,229—233. Bis zum Ende des achtzehnten Jahrhunderts u. Z. wurde in der Ägäis der Gewinn aus der Fahrt eines jeden heimkehrenden Handels- oder Piratenschiffes in zwei Teile geteilt. Einen davon erhielten die Aktionäre des Schiffes, der andere wurde zu gleichen Teilen unter der Mannschaft aufgeteilt: MELAS, *'O Ναύαρχος Μιαούλης*, S. 35.

die Beute redlich und behielten die Tochter des Chryses dem Atriden Agamemnon vor".[123] Als er später zur Herausgabe des Mädchens gezwungen worden war, verlangte Agamemnon eine Entschädigung dafür, wurde aber von Achilleus darauf hingewiesen, daß es dafür zu spät sei:

> Wie denn nur fänden die Gabe (*géras*) die hochgemuten Achaier?
> Nirgends wissen wir doch vorrätige Beutegeschenke.
> Was wir geraubt aus verwüsteten Städten, ist lange vergeben,
> Unbillig wär es den Leuten, dies wieder zusammenzuholen.
> Gib nur dem Gott das Mädchen zurück, wir andern Achaier
> Werdens dir dreifach und vierfach ersetzen, wenn Zeus es uns endlich
> Gnädig verleihe, das mauergewaltige Troia zu plündern.[124]

An diesem Grundsatz, daß der erworbene Reichtum durch das Volk verteilt werden müsse, hielt man mit Zähigkeit fest, und das nicht nur in so abgeschiedenen Winkeln wie den Liparischen Inseln (Seite 265 bis 266). Noch im Jahre 484 v. d. Z. machten die Athener den Vorschlag, den Überschuß aus den Silberbergwerken von Laureion unter die gesamte Bürgerschaft zu verteilen. Themistokles überredete sie aber dazu, das Geld statt dessen für den Bau einer Flotte zu verwenden.[125] Die alte Stammessitte war mit den wachsenden Ansprüchen des Staates unvereinbar geworden.

Wie mit der Beute, so verfuhr man auch mit der Nahrung. In alten Zeiten, so berichtet uns Plutarch, als die Mahlzeiten noch durch Moira oder Lachesis nach dem Grundsatz der Gleichheit verabfolgt wurden, war man bei der Verteilung anständig und großzügig verfahren; und zum Beweis für diese Behauptung weist er darauf hin, daß das alte Wort für „Mahl" eigentlich „Teilung" bedeutete.[126] Seine Etymologie ist richtig: *daís* ist mit *dasmós* verwandt. Die *moîrai* an Fleisch wurden gleichmäßig verteilt. Als der verwandelte Odysseus sein Haus betrat, wurde gerade das Fleisch für die abendliche Mahlzeit aufgetragen. Telemachos bestand nun darauf, dem Bettler den gleichen Anteil zu reichen, den die Freier erhalten hatten.[127] Im homerischen Hymnos auf Hermes wird das Fleisch, das den zwölf Göttern dargebracht werden soll, in zwölf Stücke zerlegt und dann durch das Los verteilt.[128]

Andererseits blieb aber das Rückenstück, also das beste Teil, als *géras* dem Vornehmsten vorbehalten, der beim Mahl den Vorsitz führte. Als Menelaos seine Gäste zu Tisch gebeten hatte, reichte er ihnen das Rückenstück, das die Diener vor ihm hingelegt hatten.[129] Die gleiche Aufmerksamkeit erwies der Schweinehirt Eumaios dem verkleideten Odysseus: eine dramatische Geste, da er, ohne es zu

---

[123] Il. 1,368—369.
[124] Il. 1,123—129.
[125] HEROD. 7,144, vgl. 3,57,2.
[126] PLUT. Mor. 644a, vgl. Od. 8,470, HESIOD. Theog. 544, THEOGN. 677—678. Über die öffentlichen Mahlzeiten Altgriechenlands, in denen in abgewandelter Form das ursprüngliche gemeinsame Mahl weiterlebte, siehe FUSTEL DE COULANGES, Der antike Staat, Berlin 1907, S. 182, NILSSON, History of Greek Religion, S. 254—255, ROBERTSON SMITH, Die Religion der Semiten, S. 215.
[127] Od. 20,279—282.
[128] Hom. Hymn. 4,128—129.
[129] Od. 4,65—66, vgl. Il. 7,321, Hom. Hymn. 4,122.

ahnen, seinem eigenen Herrn das ihm zustehende Stück Fleisch darreichte.[130] Oidipus verfluchte seine Söhne, als sie ihm die Keule statt des Schulterstücks vorlegten.[131] Im Heiligtum des Amphiaraos in Oropos besaß der Priester nach altem Brauch das Anrecht auf das Schulterstück eines jeden geschlachteten Opfertieres.[132] Die Vorrechte, deren sich die spartanischen Könige erfreuten, lagen fast auf der gleichen Linie; denn beide besaßen ein Königsgut und bekleideten ein Priesteramt. Zu Beginn eines Feldzuges brachten sie eine beliebige Anzahl Schafe und Ziegen als Opfer dar und behielten sich davon die Rückenstücke und Häute vor. Jedesmal, wenn sie sich an den gemeinsamen Mahlzeiten beteiligten, wurden ihnen von den Tischgenossen etwa zwei Liter Gerste und ein Viertelliter Wein gereicht.[133] Nach Thukydides beruhte eben das Königtum auf „festumrissenen Vorrechten".[134] Und die Verpflichtungen, die sich daraus für die so Geehrten ergaben, werden uns in einer berühmten Iliasstelle genannt:

> Glaukos, sag an, was ehrt man uns beide gerade am meisten
> Hoch durch ragenden Sitz, durch Fleisch und schäumende Becher
> In der Lykier Land, und dünken allen wie Götter?
> Ja, an den Ufern des Xanthos bebauen wir riesige Güter (*témenos*)
> Schön mit blühenden Bäumen und weizenwogenden Feldern.
> Darum sollten wir jetzt in der Lykier vordersten Reihen
> Unerschütterlich stehn, ins Feuer des Kampfes uns stürzen,
> Daß manch einer im Volk der gepanzerten Lykier spräche:
> „Wahrlich, nicht ohne Ruhm beherrscht der Lykier Lande
> Unserer Könige Paar und zehrt gemästete Schafe
> Und des erlesenen Weines Genuß. Doch, wahrlich, erhaben
> Ist ihre Stärke; sie kämpfen vorn in der Lykier Reihen."[135]

Königliche Ehren wurden also vom Volke in Anerkennung militärischer Leistungen verliehen.

Das griechische Wort für „Vorrecht" ist *géras*; „Greisenalter" heißt auf Griechisch *gēras*. Der Ursprung der Privilegien, die den Ältesten zuerkannt wurden, ist in Kapitel I erörtert worden (Seite 22). In einer auf der Jagd beruhenden Wirtschaftsweise traten sie in Form der Befreiung von den Nahrungstabus und als wohlerworbenes Recht auf einen Anteil am erlegten Wild auf. Als sich diese Ältesten im Laufe der Zeit in Zauberer, Häuptlinge, Priester bzw. Priesterinnen und Könige oder Königinnen verwandelten, wurde auch ihr sich ständig erhöhender gesellschaftlicher Rang den überkommenen Formen angeglichen. Im *géras* an Fleisch, dem *géras* an der Beute und dem *géras* oder *témenos* an Boden schlug sich

---

[130] Od. 14,433—438.
[131] Schol. SOPH. Oid. Kol. 1375.
[132] SIG 1004,30—31. In Kos war das Opfer bestimmter Fleischstücke einzelnen Clanen vorbehalten: PATON, a.a.O., S. 88—90, vgl. SIG 271. 589, PLUT. Mor. 294c, DIOD. SIC. 5,28. Beispiele aus der Neuzeit siehe bei KRIGE, The Social System of the Zulus, S. 55—56, JUNOD, The Life of a South African Tribe, Bd. 1, S. 329, EARTHY, The Valenge, S. 37, 159, ROSCOE, The Bayankole, S. 165, HUTTON, The Sema Nagas, S. 75, GURDON, The Khasis, S. 48, IVENS, The Melanesians of the South-East Solomon Islands, S. 408.
[133] HEROD. 6,56, XEN. Lak. Pol. 15,3. In Kos gab es ein Priesteramt mit dem Titel γεραφόρος βασιλέων; PATON, a. a. O., S. XXXV. Zu den königlichen Privilegien der Kodridai in Ephesos siehe unten S. 476.
[134] THUK. 1,13,1.
[135] Il. 12,310—321, vgl. 17,250.

jeweils auf den einzelnen Entwicklungsstufen — der Jagd, der Kriegführung und dem Feldbau — der Prozeß nieder, durch den sich die gesellschaftliche Ungleichheit aus dem Urkommunismus nach und nach herausbildete.

Durch die Verwendung des Loses wurde die Gleichheit aller im Prinzip gewährleistet. Der Akt der Verteilung wurde der Möglichkeit parteiischer Entscheidungen entzogen, indem man ihn außerhalb menschlicher Einflußnahme stellte. Jenseits der menschlichen Beeinflussung galt er nun als magischer Vorgang, als Anrufung der Moirai oder „Loszuteiler", der Göttinnen, die jedem einzelnen sein Schicksal, sein Los, bestimmten. Ursprünglich stellen diese Gottheiten lediglich eine mythische Widerspiegelung des Auslosungsverfahrens dar. Auf welche Weise verwandelten sich nun diese egalitären Losgeister in die drei Parzen, die Moirai der Griechen, jene unerbittlichen Gottheiten, die beieinander sitzen und den Faden des Menschenschicksals spinnen und jedem bei seiner Geburt alle Wechselfälle des Lebens, besonders aber das Todeslos, zumessen? Diese Frage soll uns im nächsten Kapitel beschäftigen.

IX. DES MENSCHEN LEBENSLOS

1. Clane mit erblichen Berufen

Auf den höheren Entwicklungsstufen der Stammesgesellschaft neigen die Berufsarten, die der Tendenz zur Spezialisierung unterworfen sind, dazu, sich in einzelnen Clanen weiterzuvererben. Im alten Griechenland hören wir von einer ganzen Reihe derartiger Berufsclane: den Asklepiadai (Ärzten), Homeridai (Barden), Iamidai, Branchidai, Krontidai (Sehern) und den Kerykes, Theokerykes und Talthybiadai (Herolden).[1] In Sparta gehörten alle Herolde den Talthybiadai an. Nach Herodots Worten war die Ausübung des Heroldsamtes das *géras* dieses Clans.[2] Es gab aber noch viele andere, deren Namen einen Beruf bezeichnen, so die Poimenidai (Hirten), Buzygai (Führer von Ochsengespannen), Phreorychoi (Brunnengräber), Daidalidai (Bildhauer), Hephaistiadai, Eupyridai und Pelekes (Waffen- und Grobschmiede).[3] Diese Berufsclane kann man auch als Gilden bezeichnen. Die mittelalterliche Gilde, eine Berufsvereinigung, in die man nur durch eine Art Kooption aufgenommen werden konnte, war, wie Grönbech nachgewiesen hat, nichts anderes als eine Abart des Berufsclans.[4] Aber die griechischen Gilden standen ihrem Ursprung noch näher. In alter Zeit waren die Homeridai leibliche Nachkommen Homers gewesen; erst in späterer Zeit nahmen sie auch solche Sänger in ihren Clan auf, deren Vorfahren in keinem Verwandtschaftsverhältnis zu dem Gründer standen.[5] Neben das Geburtsrecht trat nun die Kooptierung. Am Beispiel der Asklepiadai, die auf die gleiche Weise ihre Reihen auffüllten, können wir auch das dabei angewandte Verfahren ermitteln. Das neu aufgenommene Mitglied bekräftigte durch einen Schwur die eingegangenen Verpflichtungen, die unter anderem folgendes beinhalteten: „Meinen Lehrer in dieser Kunst will ich meinen Eltern gleichachten, mit ihm zusammenleben und ihn mitversorgen, wenn er Not leidet; seine Nachkommen will ich meinen eigenen Brüdern gleichstellen".[6] Dies war eine Form der Adoption, die im Clan als Ritus der Wiedergeburt ein völlig normales Verfahren dargestellt hatte (Seite 22 bis 24). Wahrscheinlich war trotz dieser Abwandlungen die alte Verfahrensweise nicht völlig in Vergessenheit geraten, sondern erbte sich von Geschlecht auf Geschlecht

---

[1] ROSCHER, Lexikon, s. vv. Asklepios, Branches, HESYCH. Κροντίδαι, Θεοκήρυκες. Zu den Kerykes siehe oben S. 92—93, TÖPFFER, Attische Genealogie, S. 80—92. Zweige der Iamidai gab es in Elis, Sparta, Messenien und Kroton, HEROD. 9,33. 5,44,2, PAUS. 3,12,8. 4,16,1. 6,2,5. 8,10,5, PIND. Ol. 6. Über Berufsclane in der Neuzeit siehe HOLLIS, The Nandi etc., S. 8—11, LANDTMAN, The Origin of the Inequality etc., S. 83.
[2] HEROD. 7,134.
[3] TOEPFFER, Att. Genealogie, S. 136—146. 166. 310—315.
[4] GRÖNBECH, Kultur und Religion der Germanen, Bd. 1, S. 33f.
[5] Schol. PIND. Nem. 2,1, HARPOKRAT. 'Ομηρίδαι, vgl. STRAB. 14,1,35: siehe S. 481.
[6] HIPPOKR. Jusj., 1,298—300 JONES. Es wird zwar nicht ausdrücklich gesagt, daß dies der Eid der Asklepiaden sei, doch wüßte ich nicht, welche andere Organisation damit gemeint sein könnte.

fort. Im vierten Jahrhundert war es Aristoteles, der den Asklepiadai angehörte, noch möglich, sich auf seine Abkunft von Asklepios zu berufen.[7] Solche Behauptungen wurden nicht in Zweifel gezogen, da in der griechischen Antike wie später auch im europäischen Mittelalter der Sohn den gleichen Beruf wie der Vater auszuüben pflegte.

Die Asklepiadai führten ihre Abstammung auf den Schutzpatron der Heilkunst zurück; die Homeridai auf den größten aller Sänger; die Iamidai auf einen Sohn des Apollon, des Gottes der Wahrsagekunst; die Kerykes auf einen Sohn des Hermes, des Gottes der Herolde; die Talthybiadai auf den Herold Talthybios; die Daidalidai auf den bekannten Handwerksmann aus dem Mythos um das minoische Kreta (Seite 231); die Buzygai auf Buzyges, der als erster Ochsen vor den Pflug gespannt hatte. In jedem Falle also wurde der ererbte Beruf auf den Gründer des Clans zurückgeführt.

Bevor Zeus Kronos und die Titanen bekriegte, schwor er den Göttern, im Falle des Sieges nicht nur die bereits bestehenden Privilegien zu achten, sondern sogar neue an die zu verleihen, die noch keine besaßen. Die Folge war, daß er nach Abschluß des Krieges ersucht wurde, die Oberherrschaft über den Himmel zu übernehmen.[8] Die Königswürde wurde ihm also wegen seiner militärischen Erfolge verliehen. Nach der Machtergreifung schritt er dann zur Vergebung neuer Ehrenrechte. Das *géras* des Hephaistos war das Feuer;[9] die dem Atlas zugeteilte *moîra* bestand darin, das Himmelsgewölbe zu tragen;[10] entsprechend ihrer *moîra* hatten sich die Nymphen um die Jugendzeit der Sterblichen zu bekümmern;[11] Apollon blieb die Pflege von Musik und Tanz vorbehalten, während das *láchos* des Hades in der Wehklage bestand.[12] Einmal wurde Aphrodite, deren *moîra* oder *timé* darin bestand, Liebe zu erregen, an einem Webstuhl arbeitend betroffen, woraufhin Athena sich bitter beklagte und damit drohte, den ihr von den Moirai zugewiesenen Beruf nicht länger ausüben zu wollen, da ihr ja von Aphrodite der *kléros* gestohlen worden sei.[13] Als Apollon den Muttermörder Orestes aus den Händen der Erinyen befreit hatte, wurde er von diesen beschuldigt, er habe das *láchos* gestohlen, das sie bei ihrer Geburt von den Moirai erhalten hätten.[14] Asklepios wurde für ein ähnliches Vergehen in Strafe genommen: dadurch, daß er die Toten zum Leben zu erwecken suchte, hatte er sich die *moîra* des Hades angemaßt.[15]

Nach Herodot waren Homer und Hesiod die eigentlichen Schöpfer der griechischen Theogonie; denn sie „sind die ersten Griechen, bei denen von Abstammung, Namen und Gestalt, sowie von Ehren und Künsten der Götter überhaupt die Rede ist".[16] Genauso wie die fremden Stämme in die ägäische Welt eingebrochen

---

[7] DIOG. LAERT. 5,1.
[8] HESIOD. Theog. 73–74. 112–113. 383–403. 881–885, vgl. AISCH. Prom. 218. 244–247, ALKMAN 45.
[9] AISCH. Prom. 38.
[10] HESIOD. Theog. 520.
[11] HESIOD. Theog. 348.
[12] STESICH. 22.
[13] HESIOD. Theog. 204–205, NONN. Dion. 24, 274–281.
[14] AISCH. Eumen. 173. 335–336. 730.
[15] AISCH. Agam. 1004–1014.   [16] HEROD. 2, 53.

waren und sie überrannt hatten, rissen auch die Söhne des Kronos die Weltherrschaft an sich. Die fremden Eroberer hatten das Land durch das Los aufgeteilt, also hatten auch die Söhne des Kronos die Welt auf die gleiche Weise unter sich verteilt. Die Könige dieser Stämme verdankten also ihre hohe Stellung militärischen Verdiensten, ebenso war es auch um den König des Olympos bestellt. Ähnlich spiegelt die im Mythos beschriebene Arbeitsteilung unter den Göttern das System der Berufsclane wider — ein System, durch das sich die berufliche Tätigkeit eines Menschen, also sein Lebenslos oder Geburtsrecht, nach der Zugehörigkeit zu dem Clan bestimmte, in den er hineingeboren worden war.

2. *Die Moiren als Spinnerinnen*

Wie vollzog sich eigentlich die Umwandlung der Moiren, der „Anteile" am Reichtum oder der „Teilungen" der Arbeit, in die drei bekannten Spinnerinnen des Schicksals? Um die Antwort darauf zu finden, müssen wir versuchen, es besser zu machen als Wilamowitz, der diese Vorstellung als „bloße poetische Erfindung" abtat, als ob sich poetische Erfindungen entweder von selbst erklärten oder gar überhaupt nicht zu deuten seien.[17]

Die Drei war eine magische Zahl, die unter anderem auch mit den drei Mondphasen in Zusammenhang stand.[18] Als Zeitteiler und Gegenstand der Verehrung durch die Frauen war der Mond in doppelter Weise mit den immer als weiblich vorgestellten Moiren verknüpft, deren Namen Klotho, Atropos und Lachesis lauten. Klotho, die älteste der drei, stellt einfach die Personifikation des Spinnens dar. Homer erwähnt sie unter der gemeinsamen Bezeichnung Klothes, nennt aber nirgendwo die beiden anderen.[19] Atropos erscheint in der späteren Literatur als die Göttin mit der gefürchteten Schere, mit der sie „den feingesponnenen Lebensfaden durchschneidet", ein Bild, das augenscheinlich auf den Vorgang des Kappens des Gewebes vom Webstuhl zurückgeht. „Ich reiße mein Leben ab wie ein Weber; er bricht mich ab wie einen dünnen Faden."[20] Aber diese Vorstellung findet sich noch nicht in der frühgriechischen Literatur[21] und paßt auch nicht zu der traditionellen griechischen Interpretation des Namens: sie, die nicht zurückgewendet, deren Faden nicht ungesponnen gemacht werden kann.[22] Und selbst

---

[17] WILAMOWITZ, Der Glaube der Hellenen, Bd. 1, S. 359. KRAUSE, „Die Ausdrücke für das Schicksal bei Homer", Gl 25, 1936, 152, bezeichnet es als „Spekulation". W. DREXLER in ROSCHER, Lexikon, Bd. 1, Sp. 2715, behauptet, die Moirai seien Göttinnen der Wolken und der Nebel, in denen der Primitive eine „Art von Gespinst" gesehen hätte, wenn er sie in Strähnen am Sommerhimmel habe entlangziehen sehen.

[18] BRIFFAULT, a. a. O., Bd. 2, S. 603—606.

[19] Od. 7,197. Die Dreiheit erscheint zum ersten Male bei HESIOD. Theog. 218. Die verallgemeinerte Bedeutung von ἐπικλώθω (Il. 24,525, Od. 1,17) beweist, daß der Begriff Κλῶθες in homerischer Zeit bereits alt war. Eine andere stereotype Ausdrucksweise der gleichen Art stellt θεῶν ἐν γούνασι κεῖται (Il. 17,514, Od. 1,267) dar, die sich auf die noch ungewirkte Wolle bezieht, die auf den Knien der Spinnenden ruht; ONIANS, „On the Knees of the Gods", CR 38, 1924, 2—6.

[20] Jesaja 38,12.

[21] Es ist mir nicht gelungen, diesen Gedanken in der antiken Literatur überhaupt nachzuweisen, obgleich VERG. Aen. 10,814 darauf hinzudeuten scheint.

[22] AISCH. Eumen. 335—336 (siehe meine Anmerkung dazu), PLAT. Polit. 620e, KALLIM. Lav. Pall. 103, NONN. Dion. 25,365. 40,1, LUKIAN. Iupp. Trag. 18, EURIP. fr. 491, IOAN. DIAK. ad HESIOD. Scut. 236.

diese Deutung, die auf Aischylos zurückgeht, ist nicht leicht mit dem Verfahren des Spinnens oder Webens in Einklang zu bringen und scheint so etwas wie einen nachträglichen Einfall darzustellen. Es fällt der Spinnerin keineswegs schwer, das Gesponnene wieder abzuwickeln, ebenso ist es der Weberin ein Leichtes, das Gewebte wieder aufzuräufeln: Penelopeia ist ein klassisches Beispiel dafür. Möglicherweise beruht daher diese Wortdeutung auf einer falschen Etymologie. Dem Wort liegt die Vorstellung des Wendens oder Drehens (*trépo*) zugrunde —, daran ist kein Zweifel. Es kann jedoch sein, daß das Präfix nicht verneinend, sondern verstärkend ist. In diesem Falle wäre Atropos einfach eine Nebenform zu *átraktos* mit Wechsel von *p* und *k* — also nicht „die, die nicht gedreht werden kann", sondern die „sich Drehende", die Personifizierung der Spindel. Es bleibt noch Lachesis, die Göttin des *láchos* oder des zugewiesenen Anteils. Ihr Platz neben den anderen beiden Göttinnen legt die Vermutung nahe, daß auch ihr Name ursprünglich einen mit der Kunst des Spinnens verwandten Vorgang bezeichnet haben muß — entweder die Zuteilung unbearbeiteter Wolle an die Spinnerinnen oder, was auf das gleiche hinausläuft, die zur Auffüllung einer Spindel benötigte Wollmenge.[23]

Wie wurden nun aus dieser Dreiheit die bekannten Schicksalsspinnerinnen? Die Antwort auf diese Frage muß man in der Funktion ihrer menschlichen Vorbilder suchen. Wir müssen dabei auch im Auge behalten, daß dem Menschen sein Schicksal in Augenblick der Geburt gesponnen wird, wie die in diesem Punkte einhellige Überlieferung aussagt.[24] Dadurch geraten die Moirai in die Nähe der Eileithyia, die gleichfalls als Spinnerin bezeichnet wird.[25] Von diesem Gesichtspunkt aus erscheinen die Moirai als die Hebammen, jene älteren weiblichen Verwandten, die bei der Niederkunft Beistand leisten.[26] Was war es nun, woran diese Frauen bei der Geburt eines Kindes gerade spannen? Auf diese Frage kann ich nur eine einzige Antwort finden: sie fertigten Kleidung für das Neugeborene an.

Der Hauptzweck der Kleidung besteht zumindest in den kälteren Klimazonen im Schutz des Körpers; aber bei allen primitiven Völkern ist diese ursprüngliche Funktion von magischen Verhaltensweisen überdeckt, die sich aus der Vorstellung herleiten, zwischen der Kleidung eines Menschen und seinem Leben bestehe irgendeine enge Beziehung. Daraus erklärt sich die Sitte, den Körper mit magischen Zeichnungen, die entweder mit Farbe aufgetragen oder eintätowiert werden, zu zieren oder sich mit Halsketten, Armbändern und Ringen zu schmücken.[27] Im antiken Griechenland wurde das Neugeborene in Windeln gewickelt und mit Amuletten geschmückt. Solche Gegenstände nannte man zusammenfassend *gnōrísmata*, „Kennzeichen", weil sie hinreichend voneinander verschieden waren, um den

---

[23] Orphic. frag. (Kern) test. 70, Anthol. Pal. 7,5, ERINNA 23.
[24] Il. 20,127—128, Od. 7,197—198, AISCH. Eumen. 348, EURIP. Hel. 212, Iph. Taur. 203, Bakch. 99, vgl. PLUT. Mor. 637 ff.
[25] PAUS. 8,21,3, vgl. PIND. Ol. 6,42.
[26] Vgl. EARTHY, The Valenge, S. 69, ROSCOE, The Baganda, S. 51, ders., The Bakitara etc., S. 242, ders., The Bagesu and Other Tribes etc., S. 24, HUTTON, The Sema Nagas, S. 233.
[27] ROBERTSON SMITH, Die Religion der Semiten, S. 259—260, KARSTEN, The Civilisation of the South American Indians, S. 1—197, HOLLIS, The Nandi etc., S. 27.

Träger einwandfrei identifizieren zu können.²⁸ Wenn ein unerwünschtes Kind ausgesetzt wurde, so gab man ihm seine Kennzeichen mit. Das geschah selbst dann, wenn die Eltern — weit davon entfernt zu hoffen, es könnte am Leben bleiben — entschlossen waren, es umkommen zu lassen. Als daher der kleine Kyros einem Hirten mit der Weisung übergeben wurde, er solle das Kind den wilden Tieren des Gebirges zum Fraß überliefern, war er reichlich mit bestickter Wäsche und goldenem Schmuck versehen; und als der mitleidige Schafhirt an Stelle des Knaben sein eigenes totgeborenes Kind unterschob, übertrug er die Kennzeichen von dem einen auf das andere Kind.²⁹ Der Brauch, die Kennzeichen bei der Aussetzung beizulegen, kann daher im allgemeinen sein Entstehen nicht der Hoffnung auf ein späteres Wiederauffinden des Kindes verdankt haben, wenn das auch in einzelnen Fällen der Hintergedanke gewesen sein mag. Es handelte sich dabei im Gegenteil um eine rituelle Handlung, die auf dem Glauben beruhte, die Seele des Kindes wohne zum Teil auch in seiner Kleidung, die die Kennzeichen seiner Herkunft trug.

Bei den Arabern wird das Vieh mit einem Unterscheidungsmerkmal gebrandmarkt, das *wasm* heißt und nach Robertson Smith ursprünglich ein Clantotem gewesen ist, wie es auch die Bantu gebrauchen, um damit sowohl das Vieh des Clans als auch die Clanmitglieder selbst zu kennzeichnen.³⁰ Das Wort *wasm* ist mit *ism* verwandt, das im Arabischen „Name" bedeutet. Dieselbe Gleichung — „Kennzeichen" und „Name" — hat sich auch in den indogermanischen Sprachen gefunden (Seite 23). Die Spartoi von Theben besaßen zwei Embleme, die Schlange und den Speer. Der Sage nach soll jedes Mitglied von Geburt an ein Kennzeichen in Form eines Speeres am Körper getragen haben. Da aber Muttermale nicht erblich sind, spricht vieles für die Annahme, daß es sich bei dem Zeichen des Speeres in Wahrheit um eine Tätowierung gehandelt hat.³¹ Es diente somit dem gleichen Zweck wie jenes Schlangenhalsband, mit dem die Tochter des Erechtheus ihr Kind bei der Aussetzung zum Gedenken an ihren Ahnherren, den Schlangenmann, schmückte (Seite 84). Als Orestes heimgekehrt war, bewies er seiner Schwester, die ihn seit seiner Kindheit nicht mehr gesehen hatte, seine Identität, indem er ein Kleidungsstück vorzeigte, das sie ihm einst gewoben hatte. Es sind damit wahrscheinlich seine Windelbänder gemeint.³² Sie waren mit Tiermustern bestickt. Die ganze Antike hindurch bildeten Tiere ein traditionelles Motiv auf dem Metallschmuck und der Wäsche von Kleinkindern. Es finden sich dafür bei Menander mehrere Beispiele. So ist Syriskos gerade dabei, die Kennzeichen eines Findlings zu untersuchen:

---

²⁸ Römische Kinder trugen um den Hals eine kleine Kapsel, die einen Phallos enthielt; die Knaben, bis sie die *toga virilis* anlegten, die Mädchen wahrscheinlich bis zur Hochzeit: DAREMBERG-SAGLIO s. v. Bulla. Was mit den griechischen Erkennungszeichen geschah, wissen wir nicht so genau, doch wurden sie im Falle des Orestes sorgfältig aufbewahrt, und in einem anderen Falle von einem Mädchen bei der Hochzeit geweiht; LONGOS 4,37, vgl. S. 199. In Athen wurden die Windelbänder gewöhnlich aus den für diesen Zweck aufbewahrten Kleidungsstücken verfertigt, in denen die Eltern in Eleusis eingeweiht worden waren: Schol. ARISTOPH. Plut. 845.
²⁹ HEROD. 1,111,3. 113,2, vgl. Hom. Hymn. 3,121—122.
³⁰ ROBERTSON SMITH, Kinship and Marriage etc., S. 213, HOLLIS, The Masai etc., S. 290, ders., The Nand etc., S. 22.
³¹ ARISTOT. Poet. 1454b, DION CHRYSOST. 1,149R, HYGIN. fab. 72, PLUT. Mor. 563a; J. E. HARRISON, Themis, S. 435, vgl. COOK, Zeus, Bd. 2, S. 122.   ³² Schol. AISCH. Choeph. 230.

„Hier ist ein Ring! Ach, der ist nur vergoldet, innen von Eisen. Doch hier auf dem Stein? — Ein Ochse oder ein Ziegenbock." Und an einer anderen Stelle: „Doris, bring das Kästchen mir heraus mit dem bunten Schmuck. Nun ja doch, das ich dir in Verwahrung gab ... Ist's nicht ein Ziegenbock oder sonst irgendein Tier? ... Das ist der Schmuck, in dem sie mich auffanden, als ich noch ein kleines Kind war."[33] Diese *gnōrísmata* bildeten Überreste aus einer Zeit, als die Kinder noch mit dem Clantotem gekennzeichnet wurden, und besagten, daß das Kind als Reinkarnation des Ahnherren eines Clans durch das Geburtsrecht die altererbten Pflichten und Vorrechte seines Clans — dessen *moîra* — übernommen hatte. Daher spiegelten auch die Moirai als Verkörperungen der Frauen, die die Windeln für den Säugling webten und mit Stickereien versahen, das hohe Ansehen jenes althergebrachten Brauches wider, durch den jedem Menschen sein Geburtsrecht festgelegt wurde.

Zu dieser Schlußfolgerung gelangen wir auch auf einem anderen Wege. Der *daímōn* der Orphiker und der Pythagoreer war der *genius* oder Schutzgeist, der von Geburt an einem jeden Menschen zur Seite steht und in allen Wechselfällen seines Lebens die entscheidende Rolle spielt. Diese Funktion übt auch der ägyptische *ka*, der mexikanische *nagual* und der *manitu* der nordamerikanischen Indianer aus[34] — sämtlich individuelle Totems, die in Analogie zu dem Clantotem gebildet wurden und vielfach noch mit diesem verbunden sind.[35] Selbst im Griechischen finden wir neben diesem individuellen *daímōn* noch einen erblichen, dem ganzen Clan gehörigen *daímōn* vor.[36] Außerdem wird dieses Wort ständig in einer Weise verwandt, daß es im Grunde genommen mit *moîra* beliebig vertauscht werden kann. Im Griechischen heißt „sein Glück versuchen" abwechselnd einmal „seinen *daímōn* auf die Probe stellen" und ein anderes Mal „seine *moîra* ermitteln".[37] Empedokles erklärt, es gebe zwei Arten von *daímones* oder *moîrai*, die am Beginn des Lebens einem jeden zur Seite stehen.[38] Iphigeneia klagt in demselben Atemzuge laut über den unheilbringenden *daímōn*, der sie dem Mutterleibe entrissen habe, und über die Moiren, die ihre Mutter von einem so unglückseligen Kinde entbunden hätten.[39] Den Ausschlag gibt schließlich die Etymologie, nach der *daímōn* mit *daís*, „Mahl", und *dasmós*, „Teilung", verwandt ist (Seite 274). Es ist also der Geist der Vorfahren, der einem jeden seine *moîra* festsetzt.

Die Moiren traten auch bei der Initiation, der Hochzeit und beim Tode in Erscheinung. Kehrte ein schon totgesagter Athener, der von seinen Angehörigen bereits nach Gebühr betrauert worden war, wieder in die Heimat zurück, so wurde

---

[33] MENAND. Epitr. 170—174, Perikeir. 631—660. In PHILOSTR. Imag. 1,26 streuen die Horen Blumen auf die Windelbänder des kleinen Hermes, „damit sie nicht der Kennzeichnung ermangelten".
[34] T. E. PEET in Cambr. Anc. Hist. 1,334, BUDGE, The Gods of the Egyptians, Bd. 1, S. 163, MORET, Des clans aux empires, S. 9, 101—102, MEEK, A Sudanese Kingdom etc., S. 202—207, BANCROFT, Native Races etc., Bd. 2, S. 277, SCHOOLCRAFT, Indian Tribes etc., Bd. 5, S. 196.
[35] WEBSTER, Primitive Secret Societies, S. 154.
[36] AISCH. Agam. 1478. 1568.
[37] AISCH. Theb. 493, Choeph. 511.
[38] EMPEDOKL. 122 = PLUT. Mor. 474b.
[39] EURIP. Iph. Taur. 203—207, vgl. Hel. 212—214, Il. 3,182. Der δαίμων γενέθλιος bei PIND. Ol. 13,105 ist dasselbe wie der πότμος συγγενής in PIND. Nem. 5,40.

er durch eine in der mimischen Darstellung des Geburtsvorganges bestehende Zeremonie erneut in die Gemeinschaft aufgenommen und mit dem Worte *deuterópotmos* bezeichnet, d. h. als ein Mensch, dem ein zweiter *pótmos* zuteil geworden war; *pótmos* ist nun aber in gewissem Sinne mit *moîra* synonym, da dieses Wort das einem durch das Los „Zufallende" bezeichnet (lat. *casus*).[40] Dem Mythos nach waren die Moiren am Hochzeitslager des Zeus und der Hera zugegen.[41] Nach kultischem Brauch brachte die junge Braut eine Locke ihres Haares der Artemis und den Moiren dar.[42] Von der Brautnacht wurde gesagt: „ ... mit dieser Nacht beginnt ein neuer *pótmos*, ein neuer *daímōn*."[43] Und schließlich zeigen Redewendungen wie *moîra thanátū*, „Todesanteil, -los", daß dem Menschen auch für das Leben nach dem Tode ein bestimmter Anteil zugewiesen war.[44] Der Schlüssel zu diesem Ideenkomplex ist darin zu suchen, daß Geburt, Initiation, Hochzeit und Tod, also die normalen Einschnitte oder *moîrai* des menschlichen Lebens, im primitiven Denken als gleichartige Ereignisse angesehen wurden.

Die Moiren waren ursprünglich Verkörperungen altererbten Brauchtums, Sinnbilder der ökonomischen und sozialen Funktionen im Urkommunismus, wie sie das Verteilen des erlegten Wildes, das Austeilen der eingebrachten Beute, die Zuweisung des Bodens und die Arbeitsteilung zwischen den einzelnen Clanen darstellen. Mit anderen Worten: die Moiren entwickelten sich aus den neolithischen Muttergöttinnen, die ihrerseits wieder aus den weiblichen Oberhäuptern des matriarchalischen Clans hervorgegangen waren und die kollektive Autorität zahlloser Generationen von Ahnherrinnen symbolisierten, die von Anbeginn in den Clanen die unbestrittene Macht über das Leben der Menschen in Händen gehalten hatten. Aischylos hat sich noch daran erinnert, daß die Welt zu Anfang von den Moiren beherrscht worden war.[45]

3. Die Horen und Chariten

Nachdem wir Herkunft und Wesen der Moiren festgestellt haben, können wir ohne weiteres auch die Horen (*Hôrai*) und Chariten (*Chárites*) deuten, die in der englischen Poesie als Hours und Graces (Grazien) bekannt sind.

Die Namen der Horen — Eunomia, Eirene und Dike — können erst in der Klassengesellschaft gebildet worden sein.[46] Der Name der Eunomia, „Gesetz und Ordnung", bedarf keiner weiteren Erklärung. Eirene, „Frieden", bezeichnet eine Vorstellung, die erst mit der Bildung von Stadtstaaten Gestalt anzunehmen begann,[47] und wie wir schließlich sogleich sehen werden, trat die Gestalt der Dike in der nachhomerischen Literatur an die Stelle der Moira. Dennoch sind diese Frauen-

---

[40] PLUT. Mor. 265 a, HESYCH. δευτερόποτμος. Bei den Hindu muß ein aus der Fremde heimkehrender Mann „wiedergeboren" werden; FRAZER, The Golden Bough — Taboo and the Perils of the Soul, S. 113.
[41] ARISTOPH. Aves 1731—1743, PIND. fr. 30.
[42] POLL. 3,38.
[43] ANTIPHON SOPH. fr. 49.
[44] AISCH. Pers. 917. Agam. 1462, vgl. Il. 16,457. 23,9.
[45] AISCH. Prom. 531—534.
[46] HESIOD. Theog. 901—902.   [47] HASEBROEK, Staat und Handel etc., S. 125.

gestalten älter, als ihre Namen erkennen lassen. Ihr ursprüngliches Wesen offenbart sich uns einerseits in der gemeinsamen Bezeichnung, die sie führen — sie bezieht sich auf die Abschnitte des Jahres —, und andererseits in der Verehrung, die

Abb. 51. Die Chariten: attisches Relief

sie als Fruchtbarkeitsgeister genossen.[48] Sie bestimmten nicht nur, zu welcher Jahreszeit die einzelnen Feldarbeiten zu verrichten seien,[49] sie füllten nicht nur ihre Körbe mit Blumen, Garben und Früchten,[50] sondern warteten auch bei der Hochzeit der Semele auf,[51] wickelten den neugeborenen Hermes in Windeln und wiegten ihn auf ihren Knien.[52] Die Chariten heißen Euphrosyne (Frohsinn), Thaleia (Jubel) und Aglaia (Glanz).[53] Sie tanzten auf der Hochzeit des Kadmos[54] wie auch auf der des Peleus,[55] sie tanzten zusammen mit Aphrodite,[56] tanzten mit

[48] PHILOCHOR. 18. 171, vgl. ARISTOPH. Pax 308.
[49] HESIOD. Theog. 903, PAUS. 1,40,4.
[50] EUSEB. praep. evang. 3,11,38, vgl. Anthol. Pal. 6,98.
[51] NONN. Dion. 8,4—5. vgl. MOSCH. Idyl. 2,164.
[52] PIND. Pyth. 9,59—62, PHILOSTR. Imag. 1,26, vgl. EURIP. Bakch. 418—420, PAUS. 2,13,3. Sie waren auch Geburtsgöttinnen; NONN. Dion. 3,381—382. 9,12—16. 16,396—398. 48,801.
[53] HESIOD. Theog. 907—909.
[54] THEOGN. 15—16.
[55] QUINT. SMYRN. 4, 140.
[56] Od. 18,193—195, vgl. 8,362—366, Il. 5,338.

den Horen auf den Olympischen Spielen,[57] und sie tanzten endlich auch im Verein mit Horen und Moiren bei der Geburt der Persephone.[58]

Offensichtlich stellen diese drei Dreiheiten in Wirklichkeit nur eine einzige dar. Zum Unterschied von den individualisierten Muttergöttinnen, die erst nach dem Aufkommen des archaischen matriarchalischen Staates aus ihnen hervorgegangen waren, verkörperten sie einfach eine namenlose Vielheit weiblicher Vorfahren. Sie begegnen immer wieder als eine Art Chor, bei dem die eine oder andere Muttergöttin die Rolle der Chorführerin spielt. So wurde Artemis in Verbindung mit den Moiren angebetet.[59] Demeter trug den Beinamen „Geleiterin der Horen".[60] Die Hera von Argos trug eine mit Abbildungen der Horen und Chariten geschmückte Krone auf dem Haupte.[61] In der *Odyssee* ist es Aphrodite, die den Reigen der Chariten anführt.[62] In der attischen Überlieferung wird die gleiche Göttin als die älteste der Moiren bezeichnet.[63] In Wirklichkeit war sie aber eine der jüngsten.

4. Die Erinyen

Auf den ersten Blick scheinen die Erinyen gänzlich anders geartet zu sein:

> Vom Schlaf gefesselt siehst du dort die Rasenden.
> Da sind sie hingesunken, ekelhaft Gezücht,
> Der Urwelt greise Kinder. Gott und Mensch und Tier
> Verabscheu'n ihren Umgang. Nur zu Henkerdienst
> Sind sie geboren; hausen auch im Tartaros,
> In unterird'scher Finsternis Abscheulichkeit,
> Den Menschen und den Himmelsgöttern gleich verhaßt.[64]

Es war ihre besondere Aufgabe, den Totschlag an einem Verwandten, den Meineid, die Verletzung der Kindespflichten und die Verweigerung des Gastrechts zu ahnden. Über das erste dieser Vergehen habe ich schon in Kapitel IV gehandelt. Die übrigen entsprechen den drei „ungeschriebenen Gesetzen" der Eleusinischen und Orphischen Mysterien: Ehre die Götter, ehre deine Eltern und ehre den Fremden.[65] Die von den Erinyen verhängten Strafen waren Wahnsinn, Hungersnot, Unfruchtbarkeit und Pest. Ursprünglich nahm man an, sie vollzögen die Strafe augenblicklich und führten den sofortigen Tod des Missetäters herbei. Daraus erklärt sich ihre Rolle bei der Eidprobe, die von Rhadamanthys, dem sagenhaften Gesetzgeber des minoischen Kreta, eingeführt worden sein soll.[66] Der Angeklagte sprach

---

[57] Hom. Hymn. 3,194—196.
[58] Orphica Hymn. 43.
[59] CIG 1444.
[60] Hom. Hymn. 2,54. 192. 492, vgl. KALLIM. Demet. 122—124, NONN. Dion. 11,501—504, IG 12,5,893 'Ἀπόλλων Ὡρομέδων, vgl. KALLIM. Apoll. 87, PAUS. 3.18,10. 8,31,3.
[61] PAUS. 2,17,4.
[62] Od. 18,193—195.
[63] PAUS. 1,19,2.
[64] AISCH. Eumen. 67—73, deutsch von Wilamowitz-Moellendorff.
[65] G. THOMSON, Æschylus, Oresteia, Bd. 1, S. 51—52, Bd. 2, S. 269—272.
[66] PLAT. Nomoi 948.

eine Verwünschungsformel, die sich nur auf ihn bezog: er flehte damit die Götter an, ihn und seinen Clan im Falle der Schuld zu vernichten (Seite 98). Als nun der Eid aufgehört hatte, eine wirkliche Probe auf Schuld oder Unschuld des Beklagten darzustellen und zu einem einfachen Mittel geworden war, durch die Bekräftigung der eigenen Aussage den Zeugen der Gegenpartei einzuschüchtern,[67] zogen sich die Erinyen in die Welt der Abgeschiedenen zurück und peinigten dort als Beauftragte der Unterweltsgöttin Persephone die Seelen der Verdammten.

Schon aus den homerischen Gesängen geht ihre enge Beziehung zu den ungeschriebenen Gesetzen hervor, wenn diese Gesetze auch keinesfalls etwa ein primitives Gepräge trugen. So findet sich die Eidprobe erst auf den höheren Stufen der Gentilgesellschaft. Die Pflicht des Kindes zu Gehorsam den Eltern gegenüber setzt das Vorhandensein der Familie voraus. Schließlich wollte man dadurch, daß man die Schutzflehenden und Fremden für heilig erklärte, dem Menschenmangel auf dem Lande begegnen (Seite 97—98) und später den Handelsinteressen entgegenkommen. Dies läßt zusammen mit der Bezugnahme auf Rhadamanthys und Persephone den Schluß zu, daß die ungeschriebenen Gesetze ein aus dem minoischen Kreta überkommenes Erbe bildeten.[68]

Die Erinyen spielen besonders in dem Mythos von Oidipus, der dem Hause des Kadmos angehörte, eine hervorragende Rolle. Er selbst und später auch seine Söhne hatten von seinem Vater Laios einen Fluch ererbt, den die Erinyen verkörperten und durch den die Dynastie schließlich zugrunde gerichtet wurde.[69] So lautete die von Delphi getragene Überlieferung.[70] In der *Odyssee* dagegen wird Oidipus nicht von der Furie seines Vaters, sondern der seiner Mutter verfolgt,[71] und abgesehen davon, daß diese Geister weiblichen Geschlechts sind, gibt es auch noch andere Anzeichen dafür, daß sie ursprünglich der weiblichen Linie angehörten.[72] Althaia rief sie gegen ihren Sohn Meleagros zu Hilfe, um ihn für den Mord an ihrem Bruder bestrafen zu lassen, und das Verbrechen, für das sie sich Orestes und Alkmaion an die Fersen hefteten, bestand im Muttermord.[73] In allen Fällen handelt es sich um den Mord an einem Verwandten, der das schlimmste Verbrechen darstellt, dessen sich ein Stammesangehöriger schuldig machen konnte. Wenn wir also feststellen, daß die Erinyen als „Flüche"[74] bezeichnet und als Schlangen vorgestellt wurden, können wir sie folglich auch im wesentlichen als einen Sonderaspekt der gleichen matriarchalischen Ahnherrinnen ansehen, die mit ihren Verwünschungsformeln die Unverletzlichkeit des Stammesbrauchtums verteidigten.

Auch die Erinyen traten gelegentlich in Verbindung mit anderen Göttinnen auf, doch handelte es sich dabei nur um Demeter und Persephone. Bei Homer

---

[67] DIAMOND, Primitive Law, S. 52.
[68] Die Eidprobe tritt in den Gesetzen von Gortyn stärker als bei anderen primitiven Gesetzeswerken hervor: DIAMOND, a. a. O., S. 364—365. Die dorischen Eroberer Kretas übernahmen von der Urbevölkerung, die noch weiter nach den Gesetzen des Minos lebte, viele Einrichtungen: ARISTOT. Pol. 1271 b.
[69] PIND. Ol. 2,42—46, AISCH. Theb. 710—712. 751—752. 770—772. 776, SOPH. Oid. Kol. 1434.
[70] HEROD. 4,149.   [71] Od. 11,279—280.
[72] Sie wurden wie die Moiren ausschließlich von Frauen angebetet: EURIP. Melanip. Capt. 18—21.
[73] Il. 9,565—572, APOLLOD. 1,8,3. 3,7,5.   [74] Siehe S. 100.

teilen sie sich mit Persephone in der Pflicht, die Seelen der Meineidigen zu bestrafen.[75] Ferner trug die arkadische Demeter Erinys ihren Namen,[76] und Demeter trat bekanntlich überall in Verbindung mit der Schlange auf (Seite 85—86 und 204). Die Erinyen sind also die Moiren des minoischen Kreta.

5. *Der indogermanische Ursprung der Moiren*

Die verschiedenen Versuche, eine indogermanische Etymologie für das Wort *erinýs* aufzustellen, sind erfolglos geblieben. Befaßt man sich mit dem Griechischen, das starke Elemente aus anderen, uns zum größten Teil unbekannten Sprachen enthält, so bedarf es stärkerer Beweismittel als einer bloßen linguistischen Möglichkeit, um eine indogermanische Etymologie aufstellen zu können, da wir wegen der Lage dieses Falls außerstande sind, die Wahl zwischen verschiedenen, in entgegengesetzte Richtung weisenden Möglichkeiten zu treffen. Zu dem vorliegenden Beispiel kann lediglich soviel gesagt werden, daß das Wort die Bedeutung „Wahnsinn" in sich schließt, wie aus lat. *Furia* und griech. *erinýo*, „rasen", hervorgeht.[77] Es handelt sich hier um eine tief eingewurzelte Vorstellung, und es hat sich bislang dafür kein ursprünglich indogermanischer Terminus auffinden lassen, der diesen Gedanken zum Ausdruck bringt.

Das Wort *moîra* dagegen ist ganz unzweifelhaft indogermanischer Herkunft, und das ermöglicht uns, in unserer Analyse noch einen Schritt weiter zu gehen. Da die Moiren mit dem Mutterrecht in Verbindung stehen, müssen sie sich bis weit in die indogermanische Vorgeschichte zurückverfolgen lassen. Dieselbe Schlußfolgerung ergibt sich aus der Rolle, die sie beim Austeilen der Fleischportionen spielen; denn dadurch werden wir letztlich auf eine auf der Jagd beruhende Wirtschaftsform verwiesen. Unter diesen Umständen dürfen wir erwarten, bei anderen Ausläufern der indogermanischen Kultur auf verwandte Vorstellungen zu stoßen. Dieser Gegenstand ist jedoch zu umfangreich, um hier erschöpfend behandelt werden zu können, doch sei es erlaubt, einige Worte zu den römischen Parcae, den keltischen Matres Deae und den germanischen Nornen zu sagen.

Die Parcae helfen uns nicht viel weiter. Als Geister der Geburt haben sie ohne Zweifel letztlich den gleichen Ursprung wie die Moiren, daß man sie sich aber als Spinnerinnen vorstellte, ist auf griechischen Einfluß zurückzuführen. Doch abgesehen davon unterscheiden sie sich nur geringfügig von der Schar guter und böser Geister und den Personifizierungen und Abstraktionen, aus denen die römischen *pontifices* ein allumfassendes kunstvolles System von Zaubersprüchen und Beschwörungsformeln schufen, mit dessen Hilfe sie das einfache Volk in beständiger Furcht vor zu erwartenden göttlichen Zornesausbrüchen halten konnten.[78] Falls sich die Vorstellung von einer Moira überhaupt im Lateinischen erhalten

---

[75] Il. 9,454—457.
[76] PAUS. 8,25,4.
[77] PAUS 8,25,6.
[78] ROSCHER, Lexikon, s. v. Indigitamenta, vgl. POLYB. 6,56,6—12.

hat, wird man sie wahrscheinlich hinter solchen Wörtern wie *caro*, „Fleisch" (umbr. *káru*, „Anteil"), *sors*, „Los" (*sero*, „flechten") und *casus* (vgl. griech. *pótmos*) suchen müssen.[79]

Die Matres Deae hat man auf Hunderten von Weihreliefs und Metalltafeln abgebildet gefunden. Diese Darstellungen stammen vorwiegend aus dem zweiten nachchristlichen Jahrhundert und fanden sich in Norditalien, Frankreich, Spanien, Britannien und dem linksrheinischen Germanien.[80] Einmal werden sie als drei

Abb. 52
Matres Deae:
Relief aus Avigliano

Abb. 53
Die Venus von Laussel:
altsteinzeitliche Schnitzerei

sitzende Frauen dargestellt, die Fruchtkörbe auf dem Schoß halten, das andere Mal als eine Gruppe tanzender Frauen, die einander an den Händen halten. Bei einigen der als sitzend dargestellten Gruppen hält eine Gestalt ein Füllhorn in der Hand: das ist das gleiche wie im Griechischen das Horn der Amaltheia.[81] Das eben genannte Merkmal ist deshalb von besonderem Interesse, da es an die Venus von Laussel erinnert, ein in Stein geschnittenes Bild einer nackten Frau, die ein Büffelhorn in der Hand hält.[82] Die Matres Deae kann man also als Verschmelzung der keltischen Muttergöttinnen mit Gestalten aus älteren Kulten ansehen, bei denen ebenfalls die Frauenstatuette eine Rolle spielte.

Von den Nornen sind zwar keine kultischen Denkmäler überliefert, doch erscheinen diese Gestalten besonders im Mythos und weisen eine starke Ähnlichkeit mit den Moiren auf. Auch sie sind Göttinnen der Geburt, der Ehe und des Todes; auch sie sind Spinnerinnen des Schicksals.[83] Griechischer Einfluß kommt hier nicht in Betracht, da er nur auf dem Umwege über Rom hätte wirksam werden können.

---

[79] BUCK, Comparative Grammar of Greek and Latin, S. 49, ERNOUT und MEILLET, Dictionnaire étymologique de la langue latine, s. vv.
[80] M. IHM in ROSCHER, Lexikon, Bd. 2, Sp. 2464–2479; siehe Abb. 52.
[81] Siehe S. 201, Anm. 10.
[82] Cambr. Anc. Hist., Tafeln, Bd. 1, S. 8; siehe Abb. 53.
[83] PAUL, Grundriß der germanischen Philologie, Bd. 3, S. 282, MANNHARDT, Germanische Mythen, S. 576, 609, vgl. CHADWICK, The Growth of Literature, Bd. 1, S. 203, 218, 646. Die Frage, ob der Moira-Begriff auch in anderen idg. Sprachen auftaucht, kann ich nicht beantworten, doch ist es bemerkenswert, daß griech. $\mu o \tilde{\iota} \varrho \alpha$, 1. „Anteil", 2. „Ansehen", 3. „Schicksal" mit den beiden irischen Wörtern *cion*, 1. „Anteil", 2. „Zuneigung", und *cinneamhaint*, „Schicksal", übereinstimmt.

Die römische Vorstellung von den spinnenden Parcae stellte aber eine bloße literarische Entlehnung dar und blieb deshalb auf die gebildeten Schichten beschränkt. Wenn sie im Volksdenken hätte Eingang finden können, hätte sich das auch auf die Vorstellung von den Matres Deae auswirken müssen. Obwohl wir aber über reiche Funde verfügen, kennen wir nur ein Exemplar, auf dem sie mit den Parcae gleichgesetzt werden, während es kein Beispiel für die Matres Deae als Spinnerinnen gibt. Daher scheint es klar zu sein, daß die Nornen wie schon die Moiren ein gemeinsames indogermanisches Erbgut darstellen.

6. Die Wandlung des Moira-Begriffes

Die Moiren und Erinyen stehen in der griechischen Mythologie in enger Beziehung zueinander. Aischylos sagt, zu Anfang sei die Welt von der „Moiren Dreigestalt und der Erinyen Treu" beherrscht worden, die damals mächtiger als Zeus waren.[84] Die thebanischen Frauen erheben laute Klage gegen „Moira, die du bitteren Kummer verhängtest, o edler Oidipusschatten, o schwarze Erinys".[85] Als es Agamemnon reute, Achilleus seines *géras* beraubt zu haben, schrieb er seine Verfehlung der Bösartigkeit von Zeus, der Moira und der Erinys zu.[86] Als Zeus den Meeresgott Poseidon ermahnte, seine *moîra* nicht zu überschreiten, erinnert er ihn dabei daran, daß der Anteil des ältesten Bruders unter der Obhut der Erinys steht.[87]

In der nachhomerischen Dichtung tritt des öfteren Dike an die Stelle der Moira. Als beispielsweise Agamemnon und Menelaos dem Leichnam des Aias das Begräbnis, also die Moira des Toten, verweigerten, verflucht sie der Bruder des Toten im Namen des Zeus, der Erinys und der Dike, der „Vollendung Bringenden" (*telesphóros*).[88] Das war ein traditionelles Beiwort der Moiren. In der *Oresteia* rufen die Eltern, die von ihren Kindern niedergeschlagen wurden, Dike und die Erinyen an, und ebenso erklärte Herakleitos, daß der Sonnengott, sollte er die ihm vorgeschriebenen „Maße" (*métra*) überschreiten, von den Erinyen, den Schergen der Dike, ausfindig gemacht werden würde.[89] Der Gedanke des *métron* war eine nachhomerische Weiterentwicklung der *moîra*-Vorstellung.[90] Die angeführten Stellen verdeutlichen, daß Dike die Funktionen der Moira übernommen hat und beide wiederum mit den Erinyen verwandt sind.[91] Das Wesen dieser Verwandtschaft scheint darin zu bestehen, daß es zwar Moira ist, die durch das Übertreten der dem menschlichen Handeln gesteckten Grenzen beleidigt wird, die eigentliche Bestrafung des Missetäters jedoch in der Hand der Erinyen liegt. Die Moiren

---

[84] AISCH. Prom. 531—534.
[85] AISCH. Theb. 962—964.
[86] Il. 19,86—87.
[87] Il. 15,204.
[88] SOPH. Aias 1389—1392, vgl. 1326—1327, Ant. 1070—1075, AISCH. Prom. 527.
[89] AISCH. Eumen. 514—515, HERAKLEIT. 94.
[90] G. THOMSON, Aischylos und Athen, S. 82.
[91] Vgl. PIND. Pyth. 4,145—146 mit PLAT. Nom. 943e, HESIOD. Erga 256—262. So nimmt das homerische κατὰ μοῖραν, „angemessen", das spätere κατὰ δίκην vorweg: Il. 1,286, HEROD. 7,35,2 etc.

fassen die entsprechenden Beschlüsse, die Erinyen führen sie aus.[92] Diese traditionelle Zusammenarbeit zwischen Moiren und Erinyen entspricht der Kulturmischung, die der griechischen Zivilisation zugrunde liegt, während die Vorherrschaft des indogermanischen Bevölkerungsanteils in der größeren Autorität der Moiren ihre mythische Widerspiegelung erfuhr.

Als Agamemnon den von ihm begangenen Fehler zu erklären suchte, verknüpfte er den Namen des Zeus mit der Moira und der Erinys. In welcher Beziehung stand Zeus eigentlich zu den Moiren? Mit dieser Fragestellung wenden wir uns der Entwicklungsgeschichte des Königtums zu. Da auch das Königsamt aus dem beruflichen Spezialisierungsprozeß hervorgegangen war, wurde es schließlich vom Vater auf den Sohn vererbt.[93] Dennoch blieb die Thronfolge lange Zeit der Ratifizierung durch das gesamte Volk unterworfen. Als die Söhne des Temenos ihren Vater ermordet hatten, um sich selbst die Thronfolge zu sichern, griff das Volk ein und übertrug die Königswürde auf den Schwiegersohn des Getöteten.[94] Telemachos hoffte, das Königsamt seines Vaters übernehmen zu können, doch konnte er vorerst nur sein Recht auf dessen Vermögen geltend machen.[95] Auch daraus, daß man Agamemnon beschuldigte, der Beute mehr entnommen zu haben, als ihm von Rechts wegen zustand, können wir den Schluß ziehen, daß der König im Laufe der Zeit als sein gutes Recht zu beanspruchen begann, was in Wahrheit eine Gabe seines Volkes darstellte.[96] Genauso verhält es sich auch mit Zeus. Nach Aischylos war Zeus anfänglich außerstande, sich über die Autorität der Moiren hinwegzusetzen.[97] Als sein Sohn Sarpedon den Tod auf dem Schlachtfelde erleiden sollte, trägt er sich mit dem Gedanken an dessen Rettung, schreckt aber vor dem Eingreifen zurück, als ihn Hera darauf aufmerksam macht, daß die anderen Götter seinem Beispiele folgen könnten, falls er die Beschlüsse des Schicksals mißachten würde.[98] Andererseits besagen solche immer wiederkehrenden Wendungen wie *moîra theôn* („Fügung der Götter") und *epeklôsanto theoí* („die Götter verhängen"), daß die Gewalt der Moiren schon im Schwinden ist,[99] und ihre schließlich erfolgende Unterwerfung offenbart sich in späterer Zeit in der Kultbezeichnung *moiragétēs*, „Führer der Moiren", die Zeus von Olympia und Apollon von Delphi trugen.[100] Die neuen Götter haben den Sieg davongetragen; der Staat ist an die Stelle des Stammes getreten.

Die Kunst des Spinnens auszuüben, war Aufgabe der Frauen. Unter diesem Gesichtspunkt läßt sich die Bedeutung der Moiren gut mit einem anderen Ausdruck griechischen Denkens vergleichen, der seinen Ursprung in der Arbeit der Männer hatte. Der Begriff „Weide" liegt einem Wort zugrunde, das wegen seiner

---

[92] Aus diesem Grunde bringen auch die Erinyen das Pferd des Achilleus zum Schweigen, nachdem es alles gesagt hat, was zu verkünden ihm bestimmt war: Il. 19,418.
[93] Vgl. ROSCOE, The Baganda, S. 13, RADIN, Indians of South America, S. 16.
[94] APOLLOD. 2,8,5; siehe S. 127.
[95] Od. 1,389—398.
[96] Il. 9,330—334. 367—368.   [97] AISCH. Prom. 534.
[98] Il. 16,433—449.
[99] Od. 11,292. 22,413. 1,17. Il. 24,525.
[100] PAUS. 5,15,5. 8,37,1. 10,24,4, vgl. 1,40,4, EURIP. fr. 260, Elektr. 1247—1248, Mel. fr. adesp. 5, Orph. Hymn. 59,11—14, fr. 248,4.

gesellschaftlichen Bedeutung schließlich Moira verdrängen sollte. Das Wort *nómos* bezeichnete ursprünglich genau wie *moîra* eine „Teilung" oder einen „Anteil", unterschied sich aber davon in doppelter Hinsicht. Erstens stand es in keiner Beziehung zu der Vorstellung des Losens, und zweitens wurde es nur auf das Weideland angewendet.[101] Noch lange Zeit, nachdem die *moîra* des Clans in Familienbesitzungen aufgesplittert war, blieben die Weideflächen in Gemeineigentum, und ihre Benutzung wurde durch das Gewohnheitsrecht geregelt. Auf diese Weise erlangte das Wort *nómos* die Bedeutung „allgemeiner Brauch", „anerkannte Sitte" und bezeichnete somit den gesetzlich festgelegten Brauch.[102] Beide Begriffe wurzelten im Leben des Stammes; während aber der Begriff der Moira schon zurücktrat, gelangte die Vorstellung vom Nomos erst viel später im demokratischen Stadtstaat zur vollen Blüte. Der Niedergang der Moira und der Aufstieg des Nomos entsprechen dem Übergang vom matriarchalischen Stamm zum patriarchalischen Staat.

Mit der Herausbildung der Klassengegensätze wurde die Anwendung des Loses bei der Verteilung des gesellschaftlichen Reichtums mehr und mehr eingeschränkt, so daß schließlich die Moiren, die das angeborene Recht aller auf die Früchte ihrer Arbeit verteidigt hatten, in die unerbittlichen Parzen verwandelt wurden, deren Autorität man dazu benutzte, die Menschen mit ihrem wenn auch noch so traurigen Los in der neuen Gesellschaftsordnung, in der die Mehrheit enteignet worden war, zu versöhnen. Da sie nun einmal ihres angeborenen Rechtes auf dieser Welt, ihres Anteils „an der Fruchtbarkeit des Bodens und der Fülle an Korn und Wein" beraubt worden waren, blieb ihnen keine andere Wahl, als sich mit der mystischen Hoffnung zu trösten, das verlorene Erbe dereinst jenseits des Grabes in einer Scheinwelt wiedererlangen zu können. Das Geburtsrecht war zum Todesrecht geworden.

[101] CORNFORD, From Religion to Philosophy, S. 27—31.
[102] Vgl. ἦθος, 1. „Wohnort", 2. „Gewohnheit", „Brauch".

X. DIE ENTSTEHUNG DER STÄDTE

1. *Thukydides über Urgriechenland*

Mit seinen einleitenden Ausführungen zum Ursprung und zur Entwicklung der griechischen *pólis* stellt sich Thukydides als materialistischer Geschichtsforscher ersten Ranges vor:

Offenbar hatte nämlich das heutige Griechenland einstmals noch keine fest ansässige Bevölkerung, vielmehr war es in älterer Zeit nichts Ungewöhnliches, daß die Bewohner ihren Wohnsitz wechselten und den alten ohne weiteres aufgaben, wenn sie von einem zahlenmäßig überlegenen Volke hinausgedrängt wurden. Handelsbeziehungen bestanden genauso wenig wie sichere Verkehrsverbindungen, weder zu Lande noch zur See, so daß man den Lebensunterhalt von den Erträgen des eigenen Landes bestreiten mußte und nicht daran denken konnte, Reichtümer zu sammeln oder den Boden sorgfältiger zu bebauen, da man nie wissen konnte, ob nicht ein anderer kommen und alles an sich reißen würde, zumal die Wohnsitze nicht befestigt waren. Was man zum täglichen Leben benötigte, glaubten sie überall erhalten zu können, und so wanderte man unbedenklich aus. Darum ist es aber damals nirgendwo zur Bildung größerer Städte oder zur Anhäufung von Machtmitteln gekommen. Von solchen Wanderungen aber wurden die fruchtbarsten Länder am meisten betroffen, so das heutige Thessalien und Boiotien sowie der größte Teil des Peloponnes mit Ausnahme von Arkadien und die sonstigen besonders ertragreichen Gegenden. Denn es waren gerade die wegen der Ergiebigkeit ihres Bodens schon zu einem gewissen Wohlstand gelangten, infolgedessen aber auch in innere Zerwürfnisse geratenen und dadurch in ihrer Widerstandskraft geschwächten Länder, die die Begierde fremder Stämme am meisten erregten. Attika dagegen mit seiner mageren Scholle, wo seit ältester Zeit keine inneren Zwistigkeiten vorgefallen waren, hat stets dieselbe Bevölkerung besessen. ...

Wie schwach es in alter Zeit um die Kräfteverhältnisse bestellt war, entnehme ich namentlich auch daraus, daß es vor dem Trojanischen Kriege offenbar noch zu keinen gemeinsamen Unternehmungen der Hellenen gekommen ist. Meiner Meinung nach gab es damals auch diesen Gesamtnamen noch gar nicht; und er scheint vor Hellen, dem Sohn Deukalions, überhaupt nicht vorgekommen zu sein. Vielmehr führten die einzelnen Völkerschaften, so namentlich die Pelasger, alle noch ihre besonderen Bezeichnungen. ... Zu jener Zeit waren diese verschiedenen Völkerschaften, die eine gemeinsame Sprache redeten und schließlich allesamt als Hellenen bezeichnet wurden, wegen ihrer Schwäche und mangels gegenseitiger Beziehungen vor dem Trojanischen Kriege noch außerstande, sich zu gemeinsamen Unternehmungen zu vereinigen, und auch zu diesem Zuge haben sie sich erst verbunden, als sie mit der Seefahrt schon vertrauter geworden waren.

Denn Minos war der erste, von dem die Überlieferung meldet, er habe eine Flotte besessen. Seine Herrschaft erstreckte sich über den größten Teil der heutigen Griechischen See und die Kykladen, die er zumeist erst selbst besiedelte und nach der Vertreibung der Karer der Botmäßigkeit seiner Söhne unterstellte. Wie leicht zu verstehen ist, tat er auch sein Möglichstes, um das Meer von den Seeräubern zu befreien, damit seine Einkünfte ungefährdet einlaufen konnten. Denn die alten Griechen und die Barbaren auf den Inseln und in den Küstenländern legten sich, nachdem sie auch über das Meer in lebhafteren Verkehr miteinander getreten waren, alsbald auf den Seeraub, wobei immer die mächtigsten, teils eigenen Gewinstes willen, teils auch um den Ärmeren einen Lebensunterhalt zu verschaffen, die Führung übernahmen. Sie überfielen die unbefestigten und noch aus einzelnen Dorfgemeinschaften bestehenden Städte und plünderten sie aus. Diese Raubzüge bildeten geradezu die Hauptquelle ihres Lebensunterhalts, ohne daß diese Tätigkeit für entehrend gehalten wurde, ja im Gegenteil, sie führte sogar zu Ehre und Ansehen. Gibt es doch auf dem Festlande auch jetzt noch Gegenden, wo man sich etwas darauf zugute hält, wie denn auch bei den alten Dichtern an Seefahrer bei ihrer Ankunft regelmäßig die Frage gerichtet wird, ob sie Räuber seien, ohne daß sie selbst daran Anstoß nehmen oder die Fragenden ihnen damit einen Vorwurf machen wollen. Übrigens war das Räuberunwesen auf dem festen Lande nicht minder im Schwange. Bis auf den heutigen Tag herrscht ja in Griechenland vielfach noch die alte Lebensweise, so bei den ozolischen Lokrern, den Aitolern, den Akarnanen und in den ihnen benachbarten Landesteilen.

Die Städte, die erst in jüngerer Zeit gegründet wurden, als man sich schon besser auf die Schiffahrt verstand und reicher geworden war, wurden mit Mauern umgeben und unmittelbar an der See oder auch auf Landengen angelegt, um von hier aus den Handel bequemer betreiben und die Machtstellung den Nachbarn gegenüber besser behaupten zu können. Die alten Städte auf den Inseln wie auf dem Festlande dagegen wurden wegen der beständigen Raubzüge meist in einiger Entfernung von der See gegründet.[1]

Derart unsichere Verhältnisse ließen es ratsamer erscheinen, seinen Reichtum in Vieh anzulegen, da das den Vorteil hatte, daß die Bewohner ihre Schaf- und Rinderherden mitnehmen konnten, falls sie zur Umsiedlung gezwungen wurden. Die homerischen Gesänge enthalten zahlreiche Anspielungen auf Beutezüge, die insbesondere dem Vieh galten,[2] und auch die von Thukydides erwähnten Streifzüge plündernder Räuberbanden trugen zweifelsohne weitgehend denselben Charakter. Die gleichen Bedingungen mußten sich aber umgekehrt auf den Feldbau ungünstig auswirken. Wegen der notwendigen Bewässerungsanlagen bildeten insbesondere Wein- und Olivenpflanzungen eine sich erst spät rentierende Geldanlage (Seite 256), und deshalb wurden diese Kulturen in alter Zeit nicht angebaut. Da die Ansiedlungen nicht ständig bewohnt waren, war eine festere Bindung an den Boden undenkbar. Deshalb beschränkte sich der Ackerbau in den zurückgebliebeneren Gebieten auf den Anbau von Getreidesorten, die sich rasch bezahlt machten. Bei diesem Zustand des Landes war es am günstigsten, den Feldbau ständig zu verlegen. Das wiederum förderte die Tendenz zur periodischen Neuaufteilung des anbaufähigen Bodens.[3]

---

[1] THUK. 1,2—5. 7.
[2] Il. 1,154. 11,672. 20,91. Od. 21,16—19.
[3] Vgl. DAS, „Notes on the Economic and Agricultural Life of a Little-known Tribe on the Eastern Frontier of India", As 32, 1937, 445. Er berichtet folgendes über die Kuki-Stämme aus dem Bergland von Manipur: „Wanderackerbau ist der Akkumulation von Reichtum in der Hand von Einzelpersonen und der sich daraus ergebenden Rangerhöhung nicht förderlich; andererseits ist dadurch ein äußerst demokratischer Geist in ihrem gesellschaftlichen und politischen Leben erzeugt worden."

Thukydides gebraucht den Terminus *pólis* für beide Siedlungstypen, die unbefestigte Gruppe von Dörfern und die befestigte Stadt. Diese großzügige Anwendung des Begriffes läßt auf eine ununterbrochene Entwicklungslinie schließen, die von der ursprünglichen Dorfgemeinschaft bis zur Bildung der Hauptstadt eines Weltreichs verlief, deren Untergang er selbst miterlebte.

2. *Städtebildung in geschichtlicher Zeit*

Die unterschiedliche kulturelle Entwicklung von Stadt und Land ist eine bekannte Erscheinung im modernen Kapitalismus, in dem die Belange der ländlichen Bezirke systematisch denen der Stadt untergeordnet werden. Die Industriestadt ist das für die kapitalistische Produktion typische Verwaltungs- und Wohnzentrum; das Dorf stellt dagegen einen Überrest aus dem Feudalismus dar.

In Altgriechenland gab es einen ähnlichen Gegensatz, doch stand dieser im Einklang mit dem niedrigeren Entwicklungsniveau der Gesellschaft überhaupt und fand seinen Ausdruck in dem Gegensatz zwischen Zivilisation und Barbarei. Der Stadtstaat bildete das anerkannte Sinnbild zivilisierten Lebens und stand der barbarischen oder halbbarbarischen Lebensweise der offenen Dörfer gegenüber. Strabon lenkt verschiedentlich die Aufmerksamkeit auf das dörfliche Leben der Barbaren:

> Einige Autoren behaupten, daß die Iberer Spaniens über tausend Städte besäßen, doch nehme ich an, sie beziehen sich dabei auf die größeren Dörfer. Mag es nun an der geringen Qualität des Bodens oder an den großen Entfernungen oder an der wilden Natur des Landes überhaupt liegen, soviel steht jedenfalls fest, daß die natürlichen Bedingungen die Bildung einer größeren Anzahl von Städten nicht zulassen, und abgesehen von der Süd- und Ostküste lassen die Lebensgewohnheiten der Bevölkerung auf nichts dergleichen schließen. Die Mehrheit aller Iberer wohnt in Dörfern und muß damit als unzivilisiert gelten.[4]

Er ist sich dessen wohl bewußt, daß die Griechen einstmals auf die gleiche Weise gelebt hatten:

> Zu Homers Zeit war die heute Elis genannte Stadt noch nicht gegründet, und die Bevölkerung lebte in Dörfern. ... Erst nach den Perserkriegen entstand die Stadt durch die Vereinigung mehrerer Demen. Das gleiche gilt für nahezu alle peloponnesischen Ortschaften, außer denen, die bereits bei den Dichtern genannt werden. Es handelt sich dabei nicht um Städte im geläufigen Sinne des Wortes, sondern um einzelne Gruppen von Demen eines bestimmten Gebietes, aus denen später die uns bekannten Städte hervorgingen. So entstand beispielsweise Mantineia durch die Zusammenlegung von fünf Demen, und Tegea und Heraia lagen acht, Patrai sieben und Dyme wieder acht Demen zugrunde.[5]

Ähnlich hatte auch das Gebiet von Megara aus fünf Bezirken bestanden, von denen jeder eine Anzahl Dörfer enthielt, die sich schließlich zu der Stadt dieses Namens

---

[4] STRAB. 3,4,13, vgl. 4,1,11. 5,2,1 5,4,2. 5,4,12, DIOD. SIC. 5,6, HEROD. 1,96.
[5] STRAB. 8,3,2, vgl. POLYB. 4,73,7.

vereinigten.[6] In vielen Fällen verlief die Stadtgründung schubweise — erst vereinigten sich mehrere Dörfer zu einer neuen Stadt, dann wieder einige solcher Städte zu einer Großstadt. In römischer Zeit gab es beispielsweise auf der Insel Keos zwei Städte, Iulis und Karthaia, doch waren es früher vier gewesen.[7] Die Gründung der Stadt Rhodos fand im Jahre 408 v.d.Z. statt. In die neue Hauptstadt, die nach der Insel benannt wurde, siedelte die Bevölkerung der drei alten Städte Lindos, Ialysos und Kameiros über. Da die letzteren aus einer Reihe von Demen bestanden hatten, ist es offensichtlich, daß auch sie einst aus einer Gruppe benachbarter Dörfer gebildet worden waren.[8]

An diesen Beispielen kann man erkennen, daß sich der Prozeß der Bildung von Stadtstaaten in der gesamten griechischen Geschichte ständig wiederholte. Zur Zeit des Thukydides lebten die Griechen Aitoliens und Akarnaniens noch immer in offenen Ortschaften,[9] und selbst Sparta bestand „nach altgriechischer Sitte" nur aus einer Gruppe von Dörfern.[10] Ungefähr eine Generation darauf traten zwei Ereignisse ein, die sozusagen eine praktische Demonstration der Anatomie eines Stadtstaates darstellten. Im Jahre 386 v.d.Z. wurden die Bewohner von Mantineia von den Spartanern gezwungen, ihre Stadt zu zerstören und sich auf die Dörfer zu zerstreuen, aus denen sie einst gebildet worden war.[11] Die Sieger versuchten, das Rad der Geschichte zurückzudrehen. Als das spartanische Joch 16 Jahre später wieder abgeschüttelt war, vereinigten sich die *disiecta membra* von Mantineia aufs neue. Außerdem wurde eine neue Stadt namens Megalopolis aus allen Städten und Dörfern gegründet, die mehrere Meilen im Umkreis lagen.[12] Wir begreifen jetzt, was Aristoteles damit sagen wollte, wenn er die *pólis* als „eine Vereinigung mehrerer Dörfer" definierte.[13]

3. Vom Stammeslager zum Stadtstaat

In Kapitel VIII habe ich den Nachweis geführt, daß der attische *dêmos* dem wohlbekannten Typus einer Dorfgemeinschaft entstammte — dem Gebiet, das zu einem Clan gehörte. Das übliche Wort für „Dorf" hieß im Griechischen *kōmē*. Aristoteles weist ausdrücklich darauf hin, daß *kōmē* (*kōmā*) das dorische Äquivalent zu dem attischen *dêmos* darstellte; und genauso wie Plutarch Demos und Clan zusammen nennt und damit andeutet, daß beide einst identisch waren (Seite 271), so bezeichnet Aristoteles an anderer Stelle den Stadtstaat (*pólis*) als

---

[6] PLUT. Mor. 295b, THUK. 4,70.
[7] STRAB. 10,5,6, vgl. 14,2,19, PATON, Inscriptions of Cos, S. XXVII.
[8] STRAB. 14,2,6—9, SIG 339, Anm. 2. 570, Anm. 4.
[9] THUK. 3,94,4.
[10] THUK. 1,10,2.
[11] XEN. Hell. 5,2,5—7.
[12] PAUS. 8,27, DIOD. SIC. 15,72.
[13] Aristot. Polit. 1252b. In SIG 344 (hellenistische Periode, Teos) besitzen wir einen Beschluß zum Wiederaufbau der Stadt, wobei das Ziel verfolgt wird, die Bevölkerung von Lebedos, die seitdem unter dem Namen Teioi bekannt werden sollte, aufzusaugen. Dadurch verloren sie ihre Eigenständigkeit, abgesehen davon, daß sie über einen eigenen Begräbnisplatz verfügen durften.

„eine Vereinigung von Clanen (*géné*) und Dörfern (*kômai*)".[14] Das typisch griechische Dorf war ursprünglich eine Clanniederlassung.

Die Geschichte der *pólis* ist in ihrem Namen enthalten, der von Stufe zu Stufe verschiedene Bedeutungen annahm. Im allgemeinsten Sinne wird das Wort als Abstraktum gebraucht und bezeichnet den „Stadtstaat", also die für die zivilisierte Gesellschaft charakteristische Organisationsform. Im engeren Sinne ist es ein Konkretum und steht für die eigentliche Stadt mit Einschluß der benachbarten Dörfer. Auf dieser Stufe bildet sich ein Unterschied zwischen der Zitadelle und der Unterstadt, zwischen der *akrópolis* und dem *ásty* heraus. Der zuerst genannte Terminus, der im späteren Griechenland allgemein gebräuchlich ist, kommt in der *Odyssee* zweimal vor, während er in der *Ilias* nur in der getrennten Schreibweise *ákré pólis* auftritt. An mehreren Stellen wird die Zitadelle ohne nähere Kennzeichnung einfach *pólis* genannt.[15] Damit gelangen wir zur Grundbedeutung des Wortes: Es bezeichnet eine natürliche Festung, also das am besten geeignete Gelände, das man sich für die Errichtung einer Dorfniederlassung in solchen unruhigen Zeiten, wie sie Thukydides geschildert hat, denken konnte.

Geleitet von den allgemeinen Erwägungen, die wir in den vorangegangenen Kapiteln angestellt haben, und, wo es möglich ist, unter Benutzung zusätzlichen Materials, das für die Klärung einzelner Fragen von Belang sein könnte, wollen wir jetzt versuchen, das Entstehen dieser griechischen Dörfer zu skizzieren. Es wird sich zwar nicht vermeiden lassen, daß unsere Wiedergabe stark vereinfacht ist, doch kann sie uns eine Arbeitshypothese liefern, die wir im folgenden auf ihre Richtigkeit hin prüfen können.

Die ältesten griechischen Stammesniederlassungen waren nur vorübergehend besiedelt. Sie mögen ein oder mehrere Jahre oder gar eine ganze Generation lang bewohnt gewesen sein, doch früher oder später war der Stamm gezwungen, weiterzuziehen. Es leuchtet ein, daß sich bei einem derartig häufigen Wechsel des Wohnsitzes auch die Struktur eines nomadischen Stammeslagers fortgesetzt reproduzieren mußte; denn abgesehen davon, daß die Ansiedlung festere Formen angenommen hatte, stellte sie nach wie vor nichts anderes als ein Lager dar.

Wir besitzen reiches Material, das sich auf das Stammeslager bezieht, obgleich es bisher noch nicht zusammengestellt worden ist. Ich will einige typische Beispiele dafür anführen. Bei den australischen Aranda wird das Lager in Form eines Kreises angelegt, der in zwei Halbkreise, für jede Stammeshälfte (*moiety*) eine, und in Viertel, eins für jede Phratrie, unterteilt. Es bleibt den Mitgliedern jeder Phratrie überlassen, an welcher Stelle sie innerhalb des zugewiesenen Viertels ihren Windschutz aufschlagen, wenn nur ein Stück davon für den Versammlungsplatz freibleibt.[16] Die Lager der nordamerikanischen Indianer sind nach dem gleichen Prinzip angelegt. Bei dem Stamm der Kansas beispielsweise, der in zwei Phratrien zu je acht Clanen unterteilt ist, hat das Lager die Form eines von der Marschrichtung in zwei Hälften zerlegten Kreises, so daß jede Phratrie in einem

---

[14] ARISTOT. Poet. 1448a, Polit. 1281a, 14.
[15] Od. 8,494. 504, Il. 6,88. 257, 297, 317. 22,383 etc.; Il. 6,86. 17,144, Od. 14,472—473.
[16] SPENCER, The Arunta, S. 501—504.

Halbkreis untergebracht ist. Deshalb wird auch die Exogamievorschrift häufig mit den Worten ausgedrückt, daß jeder Mann seine Frau nur aus dem anderen Halbkreis nehmen darf.[17] Das Stammeslager bildet somit eine graphische Darstellung des Stammessystems. Wenn der Stamm dann sein Nomadenleben aufgegeben hat, werden die Dorfniederlassungen nach dem gleichen Schema angeordnet. Jeder Clan bewohnt ein eigenes Dorf oder einen bestimmten Teil davon.[18] In Mexiko war das Land unter die Clane (*calpulli*) verteilt und mußte alljährlich von neuem vergeben werden, während die Stadtgemeinden, in denen die Bevölkerung wohnte, so viele Bezirke enthielten, wie Clane vorhanden waren.[19]

Wir haben gesehen, daß die drei alten Stadtgemeinden auf Rhodos der Zahl nach mit den drei Stämmen übereinstimmten (Seite 269—270) und daß die umliegenden Dörfer der Zahl der Clane entsprachen (Seite 271). Das alte Rhodos bildet daher ein typisches Beispiel einer Stammesniederlassung. Ähnlich waren auch die Aitoloi, die noch im fünften Jahrhundert in offenen Dörfern lebten, in drei Stämme unterteilt: die Apodotoi, Eurytanes und Ophioneis.[20] Auch die Bevölkerung von Malis bestand aus drei Teilen, und die Insel Zakynthos war eine *tetrápolis* oder ein Verband von vier Städten.[21] Einen ähnlichen Ursprung kann man für die altattische *tetrápolis* von Marathon, Oinoe, Probalinthos und Trikorythos annehmen, die als religiöse Vereinigung noch fortbestand.[22] In all diesen Fällen handelt es sich um Stammesbünde, die sich entweder in aufsteigender oder absteigender Richtung entwickelten.

Wir wollen uns klarzumachen versuchen, auf welche Weise solche Niederlassungen errichtet wurden. Das bedeutet, daß wir auf die neolithische Dorfgemeinschaft zurückgreifen müssen. Der Einfachheit halber setze ich voraus, daß die Siedler bereits patriarchalisch organisiert sind, obgleich das für das neolithische Griechenland eher die Ausnahme als die Regel bildete.

Das gesamte von einem Stamm zu bewirtschaftende Territorium wie auch die den Clanen zugeteilten Ländereien werden nach der Beschaffenheit des Bodens, den Wasserverhältnissen und vielleicht auch unter Berücksichtigung der Verteidigungsfähigkeit ausgewählt. Soweit möglich, errichtet jeder Clan sein Dorf auf einer Felsenhöhe oder sonst einem dafür geeigneten Ort. Das günstigste Gelände wird dem Clan zugewiesen, dem der Stammesälteste angehört. Ist es groß genug, so wird das ganze Dorf darauf erbaut; andernfalls läßt sich der Häuptling mit seiner Familie allein auf dem zum Zentrum des Gebietes ausersehenen Platz nieder, während sich die anderen Haushalte dicht anschließen, damit die Bewohner in Zeiten der Gefahr sich rasch in die Umzäunung des Häuptlings zurückziehen können. Es kann aber auch sein, daß das ganze Dorf von Palisaden oder einem Wall umgeben ist und dann den anderen Dörfern als Zufluchtsstätte dient.[23]

---

[17] DORSEY, „Siouan Sociology", ARB 15, 1894, 230—232, vgl. ebd. S. 216—221. 233, HALE, The Iroquois Book of Rites, S. 184, HAECKEL, „Totemismus und Zweiklassensystem bei den Sioux-Indianern", As, 32, 1937, 457—460.
[18] GATSCHET, A Migration Legend of the Creek Indians, Bd. 1, S. 154, BOURKE, The Snake Dance of the Moquis of Arizona, S. 229.
[19] BANCROFT, Native Races etc., Bd. 2, S. 226—227.   [20] THUK. 3,94,4—5.
[21] THUK. 3,92. 2,30.
[22] SIG 541, Anm. 1. Sie könnte von den Lapithen gestiftet worden sein (siehe S. 213).
[23] TRITSCH, „Die Stadtbildungen des Altertums und die griechische Polis", K 22, 1928, 70, vgl. BADEN-POWELL, The Indian Village Community, S. 67.

Innerhalb des Dorfes hat jeder Haushalt seinen eigenen Wohnsitz, an den sich ein umzäunter Garten anschließt. An irgendeiner Stelle der Ansiedlung, vielleicht vor dem Haus des Häuptlings, befindet sich eine freie Fläche — die *agorá* der Antike, die *plateía* der Neuzeit oder der Dorfanger, wie wir ihn kennen. Der in der Mitte dieses Platzes stehende Dorfbaum, den möglicherweise noch eine Steinbank für die Alten umgibt, ist noch heute in Griechenland ein vertrauter Anblick.[24] An diesem Ort versammeln sich die Angehörigen des Clans. Die Häupter der einzelnen Haushalte genießen das Recht, sich im Hause des Häuptlings zu versammeln, dort ihre Mahlzeit einzunehmen und Beratungen abzuhalten. Als Oberhaupt des führenden Haushalts vertritt der Häuptling im besonderen Sinne den Ahnherren des Clans, so daß seinem Herd besondere Heiligkeit anhaftet. Er ist der altererbte Herd des Clans und erinnert an die Zeit, als der Clan noch nicht in Familien aufgesplittert war und sich sämtliche Mitglieder um ein einziges Lagerfeuer gruppiert hatten. Außerhalb des Dorfes, doch noch innerhalb des Territoriums des Clans erstrecken sich die gepflügten Äcker, jenseits davon die Viehweiden und das Brachland. Feldbau und Viehzucht unterliegen der Kontrolle durch die Dorfversammlung, die unter Leitung der Ältesten zusammentritt. Die Anbaufläche wird in Form kleiner, offener Besitzungen unter die einzelnen Familien verteilt und muß in regelmäßigen Abständen neu vergeben werden. Das Weideland wird nicht geteilt. Es gibt nur eine einzige vollausgebildete Arbeitsteilung: diejenige zwischen den Geschlechtern.

Soviel zu der inneren Organisation des Dorfes. Die Beziehungen zwischen den einzelnen Dörfern werden nach den gleichen Grundsätzen geregelt. Genauso wie das Haus des Clanhäuptlings den besten Schutz im Dorfe gewährt, weist auch das Dorf des Stammeshäuptlings die sicherste Lage des gesamten Stammesgebietes auf. Genauso wie der Clanhäuptling am angestammten Herd des Clans den Vorsitz führt, leitet auch der Stammeshäuptling die Geschicke im großen vom angestammten Herd des Stammes aus. Genauso wie der Clanhäuptling die Häupter der übrigen Haushalte, die Ältesten des Clans, gastlich bewirtet, verfährt auch der Stammeshäuptling mit den übrigen Clanhäuptlingen, den Ältesten des gesamten Stammes. Wie schon jedes Dorf einen Versammlungsplatz für die Gentilgenossen besitzt, so finden sich auch die Stammesgenossen aus allen Clanen im Hauptdorf ein, um unter Leitung des Stammeshäuptlings und der Stammesältesten über die wichtigsten, die gesamte Gemeinschaft berührenden Fragen wie Krieg und Frieden, Auswanderung und Aufnahme von Fremdlingen Beschlüsse zu fassen.

Bis hierher haben wir die Gemeinschaft als eine sich selbst genügende Einheit behandelt, die zwar zu anderen, ähnlich organisierten Gemeinschaften Beziehungen unterhalten mag, deren auf der neolithischen Autarkie beruhende Eigenstruktur aber im ganzen dadurch nicht erschüttert werden kann. Eine neue Stufe wird erst durch die Einführung von Metallen betreten. Werkzeuge aus Metall sind

---

[24] HEROD. 4,15,4, vgl. BADEN-POWELL, a. a. O., S. 23 , GURDON, The Khasis, S. 33, CHADWICK, The Growth of Literature, Bd. 1, S. 324. Zum Verhältnis der *agorá* zum Haus des Königs siehe TRITSCH, „Die Agora von Elis und die altgriechische Agora", JOA 27, 1932, S. 64—105, WYCHERLEY, „The Ionian Agora", JHS 62, 1942, 21—22.

bei weitem leistungsfähiger als solche aus Holz oder Stein. Sie werden entweder am Orte selbst hergestellt oder aber von umherziehenden Schmieden eingeführt. In beiden Fällen ist die Wirkung die gleiche: Die Arbeitsproduktivität steigt in solchem Maße, daß es nunmehr möglich ist, eine Anzahl Spezialisten zu unterhalten wie den Schmied, Maurer, Lohgerber usw. Natürlich eröffnen diese neuen Arbeitsteilungen ihrerseits die Möglichkeit zu weiteren Verbesserungen in der Produktionstechnik. Jetzt leben in jeder Gemeinschaft außer dem Häuptling, den Ältesten und denen, die die Felder bebauen, noch eine Reihe von Handwerkern, die *dēmiurgoí*, wie sie in Griechenland hießen, also Leute, die „für die Gemeinschaft arbeiten" und, wie daraus zu entnehmen ist, von der Gemeinschaft in Naturalien bezahlt wurden.[25]

Zur Entwicklung dieser neuen Fertigkeiten war es erforderlich, nicht nur über einen gewissen Überschuß an landwirtschaftlichen Produkten zu verfügen, sondern auch diesen Überschuß, der sich bislang in kleineren Mengen auf die einzelnen Feldbauern verteilte, an einer Stelle zu konzentrieren, um damit möglichst vorteilhaft wirtschaften zu können. Das erreichte man dadurch, daß man ihn der Verfügungsgewalt der Häuptlinge unterstellte. Die Häuptlinge werden damit zu Empfängern eines regelmäßigen, in Form des Zehnten oder als Dienstleistungen entrichteten Tributs. Solche Zahlungen werden von den Clanmitgliedern bereitwillig als angemessene Rückerstattung empfangener Wohltaten geleistet, mag es sich dabei um wirkliche Wohltaten handeln wie den Schutz vor umherziehenden Plünderern oder die Führung in einem erfolgreich verlaufenen Feldzug oder nur um eingebildete, wie eine gut ausgefallene Ernte oder andere glückliche Ereignisse, deren Eintritt man den magischen Kräften des Häuptlings zuschrieb. Doch allen diesen Erscheinungen liegt ein ökonomischer Faktor zugrunde. Nur auf diesem Wege kann ein ausreichendes Mehrprodukt zum Zwecke der weiteren technischen Entwicklung akkumuliert werden. Selbst dann haben die Metalle noch Seltenheitswert; denn das Streben der Häuptlinge ist auf die alleinige Verfügungsgewalt über die Metallvorräte gerichtet. Die mit Kupfer oder Bronze arbeitenden Handwerker erfinden für sie eine neuartige Waffe, das Schwert, mit dessen Hilfe sie sich gewaltsam das Mehrprodukt der benachbarten Gemeinschaften aneignen.[26] Die Kriegführung wird zu einem Erwerbszweig. Auf welchem Wege die Häuptlinge in den Besitz des Löwenanteils an Land und Beute gelangen, ist in Kapitel VIII geschildert worden. Jeder von ihnen nennt jetzt ein *témenos* sein eigen, das von im Kriege erbeuteten Sklaven bewirtschaftet wird, und ihm steht jetzt ein derart reichliches Mehrprodukt zur Verfügung, daß er sich mit der Herstellung von Gütern für den Austausch befassen kann.

Der Warenaustausch entwickelte sich fast unmerklich aus den gastfreundschaftlichen Beziehungen der Stämme untereinander. Die Gesetze des gesellschaftlichen Miteinanders bildeten sich innerhalb des Stammes zwischen Freunden und Verwandten heraus und waren anfänglich nur auf diesen Kreis beschränkt geblieben. Alle Außenstehenden galten als Fremde und Feinde, die man nach Belieben töten

---

[25] Od. 3,432—435. 17,383—385. 19,135.
[26] Vgl. CHILDE, Scotland Before the Scots, S. 48.

oder berauben konnte.[27] Als dann friedliche Beziehungen zwischen den Stämmen hergestellt wurden, erfolgte auch die Aufnahme eines Fremden in diesen Kreis von Verwandten durch einen symbolischen Akt, bei dem man mit ihm die Nahrung teilte. Robertson Smith bemerkt dazu: „Die, welche sich zu einem Mahl vereinen, bilden auch für alle sozialen Angelegenheiten eine Gemeinschaft; die, welche nicht miteinander essen, sind einander fremd und haben weder religiöse Gemeinschaft noch gegenseitige soziale Verpflichtungen."[28] Wer einmal bei Tische bewirtet worden ist, gilt nicht mehr als Fremder. Aus dem Feind ist nunmehr ein Gastfreund (lat. *hostis*) geworden. Als Odysseus schutzsuchend an den Hof von Phaiakien gelangte, bestand die erste Handlung des Königs darin, ihm einen Platz an der Tafel zuzuweisen.[29] Ebenso empfängt der scheidende Gast aus der Hand seines Gastgebers ein Geschenk als Unterpfand der nunmehr hergestellten verwandtschaftlichen Beziehungen. Somit erblickte man im Laufe der Zeit im Austausch von Geschenken eine Gewähr für die Aufrechterhaltung freundschaftlicher Beziehungen. Mit jedem beim Abschied überreichten Geschenk wird dem Empfänger die Verpflichtung auferlegt, irgendwann später die gleiche Ehre zu erweisen. Als Athene sich in Gestalt eines Schiffskapitäns von Telemachos verabschiedet, überreicht er ihr ein Erbstück als Geschenk, worauf ihm die Göttin verspricht, ihn bei ihrer Rückkehr mit einer noch wertvolleren Gegengabe zu erfreuen.[30] Während des Trojanischen Krieges spricht Euneos, mit einer Schiffsladung Wein von Lemnos kommend, im griechischen Lager vor. Nachdem er tausend Maß als Geschenk an Agamemnon und Menelaos überreicht hat, verteilt er den Rest an alle und jeden, um dafür Metalle, Ochsen, Häute und Sklaven als Gegenleistung zu empfangen.[31] Hier haben wir es mit einem unmittelbaren Tauschakt zu tun, dem aber formell noch eine Schenkung vorausgeht, deren wohlwollende Aufnahme eine Sicherheitsgarantie für die darauf folgende Transaktion bildet. Zur gleichen Zeit stellt sie aber auch eine Nebeneinnahme der Könige dar — eine dem Handel auferlegte Steuer.

Daraus wird erklärlich, warum sich der Tauschhandel unter der Kontrolle des Häuptlings entwickelt. Hat die Gemeinschaft erst einmal im ganzen eine Produktionshöhe erreicht, auf der nur noch für den Markt produziert wird, so verwandelt sich der Versammlungsplatz des zentral gelegenen Dorfes in einen Marktplatz, auf dem die Oberhäupter der einzelnen Clane ihr Mehrprodukt gegen das anderer Gemeinschaften austauschen. Derselben Entwicklungslinie folgen auch die Handwerker. Solange ihre Leistungsfähigkeit in vollem Umfange durch die Bedürfnisse der anderen Clanmitglieder in Anspruch genommen wird, beschränkt sich ihre Tätigkeit auf das eigene Dorf. Sobald es ihnen aber bei verbesserter Produktionstechnik ermöglicht wird, mehr Güter herzustellen, als Bedarf im eigenen Dorfe

---

[27] Daher γνωτός; 1. „bekannt", 2. „Verwandte", vgl. engl. "kith and kin" (etwa: „Freunde und Verwandte").
[28] ROBERTSON SMITH, Die Religion der Semiten, S. 206.
[29] Od. 7,167—171.
[30] Od. 1,309—318, vgl. Il. 6,230—231; BANCROFT, a. a. O., Bd. 1, S. 192: „Selbst ihr System des Austauschs von Geschenken ist eine Art Handel, da sie vertrauensvoll damit rechnen, daß ihnen der volle Wert der überreichten Gabe bei der nächsten festlichen Gelegenheit mit dem Gegengeschenk zurückerstattet wird."
[31] Il. 7,467—475, vgl. das sumerische *nigba*: LANGDON in Cambr. Anc. Hist. 1,378.

vorhanden ist, werfen auch sie ihr Mehrprodukt auf den Markt. Die Folge ist, daß sämtliche gesellschaftlichen Verhältnisse umgewandelt werden. Der Eigentümer eines *témenos* und Empfänger des Zehnten kann nicht länger mehr den Anschein erwecken, bei seinen Privilegien handele es sich um die angemessene Entschädigung für geleistete Dienste, da er sie nunmehr als Profitquelle verwertet und dadurch die Macht und die Hetzpeitsche in Händen hält, um das Maß der Ausbeutung zu steigern. Genauso verhält es sich auch mit den Handwerkern. Nachdem sie einmal zur Warenproduktion übergegangen sind, stellen sie fest, daß es sich bezahlt macht, auch mit den Bewohnern ihres Dorfes auf kommerzieller Grundlage zu verkehren. Sie hören auf, „Arbeiter für die Gemeinschaft" zu sein, und sind jetzt Arbeiter auf eigene Rechnung. Das Ergebnis besteht früher oder später darin, daß sowohl der Häuptling wie der Handwerker ihr Dorf verlassen und sich in der Nähe des Marktes niederlassen. Das Zentraldorf wird zum Marktflecken. Das an das Dorf gebundene Handwerk stirbt zwar nicht völlig aus, doch ist das Dorf nicht länger mehr autark, sondern wird in wachsendem Maße von der spezialisierten Arbeit der Stadt abhängig. Durch diesen Schritt zerreißen Clanoberhaupt und Handwerker ihre Bindungen an den Clan. Die einen hören auf, die Sonderinteressen ihrer Clane wahrzunehmen. Sie entwickeln sich zu einem Landadel, geeint gegen die ärmeren Gentilgenossen durch das gemeinsame Klasseninteresse, eine Klasse also gegen die andere. Die Handwerker organisieren sich ihrerseits in Gilden, die nach Analogie des Clans gebildet sind; solange aber die Wirtschaftsform vorwiegend agrarisch bleibt, sind sie nicht imstande, die führende Rolle des Landbesitzes in Frage zu stellen.

Die Kleinbauern, diese Vettern vom Lande, verfolgen trotz ihrer begrenzten Mittel das gleiche Ziel. Das Fortbestehen des *témenos* liefert den sprechenden Beweis für seine wirtschaftliche Überlegenheit. Da es nicht der Wiederaufteilung unterworfen war, konnte man es des besseren Schutzes der Saaten halber ständig eingehegt halten und langfristige Kapitalanlagen vornehmen. Als die offenen Felder nur noch geringe Erträge abwarfen, nahm man neues Land unter den Pflug, das nun aber nicht mehr der Kontrolle durch die Gemeinde unterlag, sondern in Privateigentum verwandelt wurde. Währenddessen wurde durch die Zunahme der Bevölkerungszahl auch die Größe der einzelnen Ackerlose auf den offenen Feldern bei jeder neuen Wiederaufteilung immer stärker vermindert, so daß man schließlich auf jede Neuaufteilung verzichtete. Als die Besitzungen dann unveränderlich geworden waren, wurde die Tatsache, daß sie kein zusammenhängendes Stück Land bildeten, sondern auf die einzelnen Streifen verteilt lagen, die jetzt aber ihren Sinn verloren hatten, zu einem ständigen Ärgernis für die Bauern — einer weiteren Benachteiligung des kleinen Mannes in seinem erbitterten Kampf um Land.

Schließlich wurde durch die revolutionäre Umgestaltung der ökonomischen Basis der Gesellschaft auch deren kulturelles Leben umgewandelt. Als die Clanoberhäupter in die Stadt umsiedelten, brachten sie ihre Clankulte mit; und als sie ihre Clanstreitigkeiten angesichts ihrer gemeinsamen Klasseninteressen beigelegt hatten, wurden die Kulte reorganisiert und zu Staatsfeiern umgebildet, die von ihnen gemeinsam geleitet wurden (Seite 89 bis 92). Dabei verfolgte man die Absicht, die neue gesellschaftliche Ordnung mit göttlicher Sanktion zu versehen.

So verlief in großen Zügen der Prozeß, durch den die Stammessiedlung, die mit Hilfe des Loses in gleich große Anteile für jeden einzelnen unter Berücksichtigung seiner Bedürfnisse aufgeteilt war, in den Stadtstaat verwandelt wurde, also eine Stadt, die von einem Landadel beherrscht wurde und von der verarmten Bauernschaft umgeben war, die in unselbständig gewordenen Dörfern lebte. Der neue Verband war der angemessene Ausdruck der neuen landwirtschaftlichen und gewerblichen Arbeitsteilung, die, einmal eingeführt, weitere Arbeitsteilungen hervorrief und dadurch das menschliche Leben auf der Basis der Sklavenarbeit zu höherer Mannigfaltigkeit emporführte.

Obgleich sich dieser Prozeß in verschiedenen Teilen des Landes während der ganzen Antike wiederholte, war seine besondere Form in jedem einzelnen Falle nicht nur durch die örtlichen Bedingungen, die natürlich unendlich verschiedenartig waren, sondern auch durch den allgemeinen Entwicklungsstand bestimmt, den die Gesellschaft zur fraglichen Zeit erreicht hatte. Je später der Zeitpunkt, desto entschiedener war auch sein Klassencharakter. Das setzt uns in die Lage, die Vorgänge um Mantineia im vierten Jahrhundert v. d. Z. zu interpretieren (Seite 295). Die Spartaner, die die Auflösung der Stadt verfügten, handelten — wie übrigens immer — im Interesse der Großgrundbesitzer. Nach unserer Darstellung der *pólis* waren es jedoch gerade diese Interessen, durch die die Städte entstanden sind. Das stimmt auch, doch hatten sich inzwischen die Zeiten geändert. Während des sechsten vorchristlichen Jahrhunderts führte die Warenproduktion in allen fortgeschrittenen Stadtstaaten rasch zu einer weiteren Revolution, die den Sturz des Grundadels durch die Kaufmannsklasse zum Inhalt hatte. Im vierten Jahrhundert hielten die Grundherren nur noch in solchen rückständigen Gebieten wie Arkadien die Macht in den Händen. Deshalb kam der Anstoß zur Städtebildung in diesen Gegenden nicht von ihnen, sondern von den Kaufleuten und Handwerkern, die diesen Prozeß als Teil des allgemeinen Kampfes gegen den grundbesitzenden Adel vorantrieben. Dessen Zielsetzung war es, den Prozeß aufzuhalten oder gar umzukehren, wie er es im Falle Mantineias eine Zeitlang versuchte.

Durch die gleiche Überlegung erhalten wir auch den Schlüssel zu einem merkwürdigen Wesenszug der politischen Terminologie der Griechen. In Athen bezeichnete der Terminus *árchōn* sowohl das Oberhaupt eines Clanes (Seite 81) als auch einen auf ein Jahr gewählten Staatsbeamten. Die zuerst genannte Bedeutung dieses Wortes war auch die ältere; die letztere hatte sich erst mit dem Aufkommen des Stadtstaates aus ihr heraus entwickelt. Bei Beginn der aristokratischen Herrschaft hatten die Clanoberhäupter die regierende Körperschaft der Stadt gebildet. Im Verlauf der demokratischen Revolution wurden diese Ämter unter die Kontrolle des Volkes gestellt, der alte Titel jedoch beibehalten. In anderen Staaten, die jünger als Athen waren, trugen die Jahresbeamten die Bezeichnung *dēmiurgoí*, „Handwerker".[32] Der neue Terminus spiegelt somit die inzwischen eingetretene Veränderung im Kräfteverhältnis der Klassen zueinander wider.

[32] THUK. 5,47,9, HESYCH. δημιουργός, SIG 183 etc.

4. Phaiakien und Pylos

In der Insel Scheria, auf der Odysseus im letzten Abschnitt seiner Irrfahrten von den Phaiaken gastlich aufgenommen wurde, hat man Kerkyra, das heutige Korfu, wiedererkannt.[33] Die Einwohner werden als Auswanderer bezeichnet, die aus dem nicht näher bestimmbaren Hypereia stammen, von wo sie durch die ständigen Plünderungen seitens ihrer wilden Nachbarn, der Kyklopen, vertrieben worden seien.[34] Sie waren ausgezeichnete Seefahrer. Einmal beförderten sie Rhadamanthys an einem einzigen Tage von Kreta nach Euboia und zurück.[35] Der homerische Bericht über sie ist zwar im großen und ganzen eine Erfindung, doch erinnert ihr dem Rhadamanthys geleisteter Dienst an die minoische Thalassokratie, und es lohnt, darauf zu verweisen, daß wir von Siedlungen der Leleger wissen, die am gleichen Küstenstrich — auf Leukas und in Akarnanien — gelegen waren (Seite 131).

Abb. 54. Minoisches Schiff: Siegel

Was Thukydides uns über die Städte berichtet, die nach der Vernichtung der Seeräuber durch Minos gegründet wurden, sämtlich befestigt waren und in Küstennähe lagen, entspricht genau der Lage von Scheria, wie sie in der *Odyssee* beschrieben wird. Die Stadt liegt auf einer Halbinsel und bedeckt sie völlig. Man gelangt zu ihr über eine schmale Landenge, zu deren beiden Seiten je ein Hafen liegt.[36] Zwischen den Häfen befindet sich der Marktplatz, eine unbebaute, mit Steinen gepflasterte Fläche, in deren Mitte sich ein Heiligtum des Poseidon erhebt.[37] Hier stehen Bänke aus poliertem Stein, die dem König und seinen Ratgebern vorbehalten sind.[38] Landeinwärts ist der Zugang unmittelbar hinter dem Marktplatz durch eine Mauer versperrt, die quer über die Landenge verläuft. Die Felder und Weiden mit Einschluß des königlichen *témenos*, das an einen heiligen Hain der Athena angrenzt, befinden sich sämtlich auf dem Hauptteil der Insel.[39] Von dem *témenos* wird gesagt, es läge in Rufweite von der Stadt entfernt.[40] Das war offensichtlich ein gangbares Maß für Entfernungen, da es in der *Odyssee* mehrere Male erwähnt wird; und wenn wir das *kos* der Hindu vergleichsweise heranziehen dürfen, so betrug es ungefähr 2,4 km. Das *kos* ist ein Standardmaß in Indien und beruht auf der alten Vorschrift,

---

[33] HELLANIK. 45, STRAB. 1,2,37. 6,2,4. 7.3.6, vgl. THUK. 3,70,4.
[34] Verschiedentlich wird es nach Sizilien oder Argos verlegt (Schol. Od. 6,4, STEPH. BYZ. *Ἄργος*), doch beruht das lediglich auf Ableitungen aus dem Kyklopenmythos, der in Anatolien entstanden zu sein scheint: ROSCHER, Lexikon, Bd. 2, Sp. 1688.
[35] Od. 7,321–324, vgl. HEROD. 1,171,2.
[36] Od. 6,262–265.
[37] Od. 6,266–267.
[38] Od. 8,5–7, vgl. Il. 18,503–504; TRITSCH, „Die Agora von Elis etc.", S. 83, 87, 99.
[39] Od. 6,259. 291–293.
[40] Od. 6,294, vgl. 5,400. 9,473. 12,181.

daß sich das Gebiet eines Dorfes nur so weit von seinem Mittelpunkt erstrecken darf, als man die Stimme eines Mannes hören kann.[41]

Der Königspalast befindet sich in der Stadt, und im angrenzenden Garten entspringt eine Quelle, aus der die Stadtbewohner ihr Wasser schöpfen.[42] Es ist jedoch ein wenig irreführend, wenn man den Führer der Gemeinschaft als einen König bezeichnet, zumindest ist er kein Alleinherrscher. Alkinoos ist zwar *basileús*, doch neben ihm stehen noch 12 weitere Träger dieses Titels.[43] Diese 13 Häuptlinge bilden den Ältestenrat (*bulé*). Sie versammeln sich im Palast des Königs, um hier ihre Mahlzeiten einzunehmen und zu Rate zu sitzen, aber draußen auf dem Marktplatz führen sie bei den Volksversammlungen den Vorsitz gemeinsam.[44] Am Morgen nach der Ankunft des Fremdlings führt sie Alkinoos zu ihren Sitzen in der ihnen vorbehaltenen Einfriedung, während inzwischen sein Herold — der öffentliche Ausrufer — das Volk zur Versammlung lädt. Vor Beginn der Versammlung werden Anstalten getroffen, um den Fremden gastlich zu bewirten und seine Heimreise vorzubereiten. Alkinoos lädt die anderen Fürsten zu einem Gastmahl in sein Haus, währenddessen ein Schiff ausgerüstet und mit 52 jungen Leuten bemannt werden soll, die man aus der Stadtbevölkerung ausgewählt hat.[45] Nach dem Schmaus wird die Tischgesellschaft vom Sänger des Königs unterhalten und kehrt dann zum Marktplatz zurück, um Sport- und Tanzvorführungen beizuwohnen. Dann beschließt man, dem Fremden Geschenke zu reichen. Von jedem Fürsten erhält er einen Mantel, einen Chiton und ein Talent Gold.[46] Am Abend dieses Tages kehren die Fürsten zum Nachtmahl in den Palast zurück, und im Anschluß daran gibt sich ihnen Odysseus zu erkennen und berichtet über seine Abenteuer. Von seinen Erzählungen entzückt, schlägt Alkinoos unter Zustimmung seiner Amtsgenossen vor, daß ihm jeder außer den bereits gemachten Geschenken noch ein Becken und einen Dreifuß überreichen solle. Die entstehenden Kosten soll das Volk tragen.[47]

In Übereinstimmung mit dem aristokratischen Geist, den das griechische Epos atmet, wird nur gelegentlich auf das einfache Volk angespielt. Aus diesen zufälligen Hinweisen können wir entnehmen, daß die Gemeinde Scheria aus einer einzigen Stadt besteht. Es gibt in der Umgebung keine Dörfer. Das scheint zwar im Widerspruch zu dem von uns gezeichneten hypothetischen Bild zu stehen, doch müssen wir daran denken, daß die Gemeinde nicht auf ihrem jetzigen Gebiet entstanden ist, sondern von Auswanderern an einer Stelle gegründet wurde, deren Lage dem Seehandel besonders günstig ist. Und wenn wir ihre Verfassung etwas genauer ins Auge fassen, können wir Spuren einer früheren Entwicklungsstufe entdecken, als sie noch mit der dargelegten Grundform übereinstimmte. So scheint die Stärke der Besatzung, die Odysseus heimgeleiten soll, unter Bezug auf die

---

[41] BADEN-POWELL, a. a. O., S. 12.
[42] Od. 7,112—131.
[43] Od. 8,390—391.
[44] Od. 7,136—137. 185—227. 8,40—45. 4—7.
[45] Od. 8,35—36.
[46] Od. 8,390—393.
[47] Od. 13,13—15, vgl. 19,196—198.

Anzahl der Fürsten festgesetzt worden zu sein, so daß jeder 4 Männer zu stellen hatte. Das deutet wieder darauf hin, daß die Stadt in 13 Bezirke gegliedert war. Als sich die Fürsten damit einverstanden erklären, dem Fremdling noch je ein Becken und einen Dreifuß als zusätzliches Geschenk zu überreichen, wird uns ferner zu verstehen gegeben, daß die Kosten dafür jedem einzelnen Stadtbezirk auferlegt werden. In diesen Bezirken oder *dêmoi*, wie sie im Attischen genannt worden wären, erkennen wir die getrennt liegenden Dörfer der ursprünglichen Ansiedlung wieder, die jetzt aus Sicherheitsgründen und wegen des Handels auf einem kleineren Gelände konzentriert waren.

Als Telemachos in Pylos an Land ging, war die Bevölkerung gerade am Strand versammelt. Das war aber nicht der übliche Versammlungsplatz; denn vor Nestors Palast, der sich in einiger Entfernung vom Meere erhob, stand eine Bank aus geglättetem Stein, auf dem sich Nestor wie schon ehedem sein Vater niederzulassen pflegte.[48] Man kann daraus den Schluß ziehen, daß sich das Volk bei gewöhnlichen Zusammenkünften dort eingefunden hatte, während es sich im vorliegenden Falle um einen außerordentlichen Anlaß handelte. Es wurde nämlich gerade dem Meeresgott Poseidon, der auch der göttliche Ahnherr des Königshauses war, ein Stieropfer dargebracht. Am Strand befanden sich neun *hédrai* mit je 500 Menschen und je neun Stieren.[49] Aus der großen Anzahl der Beteiligten geht klar hervor, daß es sich bei diesen *hédrai* nicht um „Sitze" im Sinne von Bänken oder Sesseln handeln kann, sondern um einzelne, besonders bezeichnete Plätze für die neun Gruppen, in die die Bevölkerung gegliedert war. Das wird durch andere Stellen bei Homer bestätigt, aus denen hervorgeht, daß der Marktplatz gewöhnlich in dieser Weise aufgeteilt war.[50] Und genauso wie das Volk am Strand in neun Gruppen aufgestellt war, so bestand auch Nestors Königreich, wie wir aus der *Ilias* erfahren, aus neun einzelnen Gebieten. Ferner führte Nestor, genauso wie jede einzelne Gruppe neun Stiere zum Opfer beisteuerte, ein Truppenkontingent von neunzig Vasallen nach Troia, zehn aus jedem Gebiet.[51] Sein Königreich war also auf der Stammesgrundlage organisiert.

5. *Die Anfänge Athens*

Wir gehen nun zum größten aller Stadtstaaten über, dessen Entstehung uns Thukydides mit dem Scharfblick des geschulten Archäologen folgendermaßen beschreibt:

Seit der Herrschaft des Kekrops und der ersten Könige bis in die Zeit des Theseus lebten die Bewohner Attikas in mehreren Städten, deren jede ein eigenes *prytaneîon*

---

[48] Od. 3,406—412. Der Marktplatz von Troia lag unmittelbar vor dem Palast: Il. 2,788—789. Die olympischen Götter versammelten sich auf der Spitze des Olympos, d. h. auf ihrer Akropolis: Il. 8,2—3. Siehe ferner TRITSCH, „Die Agora von Elis etc.", S. 104.
[49] Od. 3,5—8.
[50] Il. 2,99. 211, Od. 3,31. 8,16.
[51] Il. 2,591—602, vgl. Schol. Od. 3,7; GLOTZ, La cité grecque, S. 44. Diese Zahlen sind sorgfältig berechnet worden, denn die Gesamtsumme von 4500 (9 × 500) Männern am Strande entspricht der Zahl des Truppenkontingents (90 × 50); vgl. S. 360.

und einen eigenen *árchōn* besaß. Außer in Zeiten der Gefahr trafen die *árchontes* nicht mit dem König zu gemeinsamen Beratungen zusammen, sondern führten mit Hilfe des jeweiligen Rates der Stadt eine unabhängige Politik. Manchmal führten sie sogar Krieg miteinander, so z. B. als die Eleusinier Eumolpos im Kampfe gegen Erechtheus unterstützten. Theseus aber, ein mächtiger und weitsichtiger König, reorganisierte das Land, indem er all diese städtischen Ratsversammlungen und Behörden auflöste und nach Athen verlegte, wo er eine einzige zentrale Ratsversammlung und ein *prytaneîon* einrichtete. Er griff nicht in ihre Vermögensverhältnisse ein, sondern zwang sie lediglich, Bürger einer einzigen Stadt zu werden, die dadurch, daß ihr nun alle angehörten, rasch an Größe zunahm, so daß Theseus seinen Nachfolgern einen mächtigen Staat hinterließ. Seit dieser Zeit feiern die Athener zur Erinnerung an dieses Ereignis ein öffentliches Fest, das den Namen Synoikia trägt. Vor dieser Zeit hatte die Stadt nur aus der Akropolis und der unterhalb davon nach Süden gelegenen Gegend bestanden. Den Beweis dafür liefert die Tatsache, daß fast alle alten Tempel entweder auf der Akropolis selbst oder auf der Südseite der Stadt angelegt sind.... Auch der jetzt unter dem Namen Enneakrunos bekannte Brunnen, der, bevor ihn die Tyrannen einfassen ließen, eine offene Quelle namens Kallirrhoe war, genoß in früherer Zeit wegen seiner Nähe als Heiligtum höchstes Ansehen; und auch jetzt noch ist es Sitte, sein Wasser für die der Hochzeit vorangehenden Riten und andere heilige Zwecke zu benutzen. Und eben deshalb, weil man sich hier zuerst angebaut hatte, wird die Akropolis auch heute noch von den Athenern die Stadt (*pólis*) genannt.[52]

Das *prytaneîon*, das in keinem Stadtstaat fehlt,[53] war das Rathaus, dasjenige Gebäude, das den Herd der Stadt, auf dem ein ewiges Feuer brannte, beherbergte.[54] Sollte eine neue Kolonie gegründet werden, so nahmen die Auswanderer brennende Holzscheite von diesem Herd mit, um damit das Feuer im neuen *prytaneîon* zu entfachen.[55] Das war das Gebäude, in dem vornehme Gäste und ausländische Gesandte auf Staatskosten beköstigt wurden, aber auch Bürger, die sich durch militärische Heldentaten oder bei den panhellenischen Spielen um die Stadt verdient gemacht hatten.[56] Der Etymologie nach ist das *prytaneîon* das Haus des *prýtanis*, d. h. des „Präsidenten". Wenn also der Historiker davon spricht, daß jede Stadt ihr *prytaneîon* und ihren *árchōn* besaß, so bezieht er sich dabei auf das Gebäude, in dem der höchste Archon die anderen bewirtete, wenn sie sich unter seiner Leitung als Ältestenrat um den heiligen Herd der Gemeinde versammelt hatten. So führt eine lange, aber ununterbrochene Entwicklungslinie vom ersten Lagerfeuer bis zum heutigen Rathaus.

Weitere Einzelheiten über die Rolle des Theseus erhalten wir durch Aristoteles. Nach dieser Quelle habe er das Volk in drei Klassen eingeteilt — Eupatridai, Geomoroi und Demiurgoi.[57] Die Eupatriden waren die Familien der Archonten, die das erbliche Recht besaßen, im zentralen Rat der Stadt zu sitzen. Ihr Titel,

---

[52] THUK. 2,15.
[53] Schol. ARISTEID. Pan. 103,16, LIV. 41,20.
[54] Schol. PIND. Nem. 11,1, PAUS. 5,15,9. Bei einigen öffentlichen Eidesleistungen hatte Hestia den Vorrang vor Zeus: SIG³ 27,10, vgl. PLAT. Nomoi 745b. 848d, PAUS. 5,14,4.
[55] Etymol. Magn. πρυτανεῖα.
[56] DAREMBERG-SAGLIO s. v. Prytaneion. Zum πρυτανεῖον von Olympia siehe GARDINER, Olympia, Its History and Remains, S. 167–169.
[57] ARISTOT. fr. 385, PLUT. Thes. 25.

Die Anfänge Athens

„Söhne wohlgeborener Väter", läßt darauf schließen, daß ihre Konsolidierung als aristokratische Klasse mit der offiziellen Anerkennung der patrilinearen Erbfolge zusammenfiel. Die Geomoren waren die kleinen Grundbesitzer, die nach wie vor auf dem Lande lebten. Die Demiurgen — Handwerker — hatten, wie man annehmen darf, bereits begonnen, sich in den Städten zu konzentrieren. In historischer Zeit besaß eine Berufsgruppe, die der Töpfer, ein eigenes Stadtviertel, den Kerameikos, wohnte also in einem der Stadtbezirke oder Demen und war dort wahrscheinlich schon in sehr alter Zeit angesiedelt worden.[58] Könnten wir die Geschichte dieser Stadtbezirke weiter zurückverfolgen, so würden wir vermutlich dabei entdecken, daß sie sich, obwohl sie wegen der ständigen Ausdehnung der Stadt von Zeit zu Zeit reorganisiert wurden, einst aus den Dörfern entwickelt hatten, die sich um die Akropolis herum gruppierten, als diese natürliche Festung dem ursprünglichen Wortsinn entsprechend noch eine wirkliche *pólis* gewesen war.

Das Wesentlichste von dem, was uns Thukydides und Aristoteles zu diesem Thema mitteilen, stammt sicherlich aus mündlicher Überlieferung und kann in den Hauptpunkten als gesicherter Tatbestand gelten. Die einzigen Zweifel können sich auf die Art und Weise, in der diese Veränderungen vorgenommen wurden, und auf ihre Verknüpfung mit der Gestalt des Theseus beziehen. Der von ihm schließlich durchgeführten Zentralisierung müssen der Natur der Sache nach in kleinerem Rahmen ähnliche Vorgänge vorausgegangen sein. Nach Strabon bestand sein Werk in der Zentralisierung eines aus zwölf Städten bestehenden Bundes, der bereits von Kekrops ins Leben gerufen worden war.[59] Athen war eine der zwölf; eine andere war die in Nordostattika gelegene *tetrápolis*, auf die ich schon weiter oben Bezug genommen habe (Seite 297). Daran können wir erkennen, daß selbst der Bund des Kekrops nicht der erste seiner Art gewesen ist. Ebenso muß auch der darauf folgende Aufstieg der Eupatriden Hand in Hand mit dem Niedergang des Königtums erfolgt sein, von dem wir wissen, daß er schrittweise vor sich ging. Als die Dorer den Peloponnes erobert hatten, wurde das Königsamt bei den Medontidai erblich, einem Zweig der Neleidai, den die Dorer aus Pylos vertrieben hatten. Die erste Einschränkung ihrer Machtbefugnisse scheint in der Schaffung eines besonderen obersten Heerführers (*polémarchos*) bestanden zu haben, der von und aus den Reihen der Eupatriden gewählt wurde.[60] Um die Mitte des achten Jahrhunderts ist das Amt zwar noch immer bei den Medontidai erblich, wird aber zu einem Wahlkönigtum mit zehnjähriger Amtszeit umgestaltet, das dann schließlich zu Beginn des folgenden Jahrhunderts durch neun jährliche Magistraturen (*árchontes*) ersetzt wird, die von allen Eupatriden bekleidet werden können. Doch selbst damals verschwand es nicht völlig von der Bildfläche. Der Rat trat auch noch weiterhin in der Halle des Königs unter Leitung des *árchōn basileús*, des „Königsarchonten",[61] zusammen, so daß die Medontidai bis zuletzt wenigstens ein Restchen ihrer königlichen Vorrechte bewahrten. Sie besaßen am Fuße der Akropolis ein Stück Land — ihr altes *témenos*.[62]

---

[58] PHILOCH. 72, MENEKL. BARK. 3 = FHG 4,449.   [59] STRAB. 9,1,20.
[60] ARISTOT. Athen. Polit. 3,3, PAUS. 4,5,10. 1,3,1, IUSTINUS 2,7; CARY in Cambr. Anc. Hist. 3,590—591.
[61] ARISTOT. Athen. Polit. 57.   [62] IG 1,497.

Endlich gibt auch die Person des Theseus ein Rätsel auf. Es besteht Grund zu der Annahme, daß er ursprünglich nach Nordostattika gehörte und erst gegen Ende des sechsten Jahrhunderts zu einem Nationalheros erhoben wurde (Seite 213). Daraus folgt, daß sein Anteil an der Zentralisierung Attikas eine aus dieser Periode stammende Erfindung gewesen sein muß, durch die man ihm zu besonderen Ehren verhalf. Im fünften Jahrhundert galt er als der Gründer der athenischen Demokratie, der den niederen Adel nötigte, seine Landsitze mit den Annehmlichkeiten des Stadtlebens zu vertauschen und dann seinem arbeitsreichen Leben einen würdigen Abschluß verlieh, indem er sein Amt niederlegte und die Regierungsgeschäfte in die Hand des Volkes legte.[63] Man möge es uns erlassen, diese reizende Geschichte für bare Münze zu nehmen, die, wie Schefold kürzlich dargelegt hat,[64] wahrscheinlich Kleisthenes, der Schöpfer der athenischen Demokratie, erfunden hat. Die Vorstellung, daß sich der lokale Adel gegen die Umsiedlung in die Stadt sträubte, paßt gut zu den Verhältnissen des fünften Jahrhunderts, als die attischen Freisassen für ihre Anhänglichkeit an Haus und Hof bekannt waren.[65] Die Eupatriden dagegen hatten nichts zu verlieren, aber alles zu gewinnen, wenn sie in die Stadt zogen; denn sie behielten ihr Vermögen und vergrößerten außerdem ihre Macht. Deshalb bedurften sie keines äußeren Druckes, um ihre Interessen wahrzunehmen, und errichteten an Stelle des Königtums ein eigenes Regime, das schließlich derart unerträglich wurde, daß das Volk einen Aufstand machte, die Granden aus dem Lande jagte und ihre weitläufigen Parks unter sich aufteilte. Zugunsten dieses Teils der Sage kann man bestenfalls ins Feld führen, daß die Autorität der ersten Könige zweifellos durch ein immer noch vorhandenes starkes Gefühl der Stammesmitglieder für die Gleichheit aller eingeschränkt wurde. Diese Gleichheit war im wirklichen Leben zwar zerstört, erbte sich aber im Volksdenken in Form demokratischer Ideale fort, die weder durch die Zeit noch durch die Widerwärtigkeiten des Lebens ausgelöscht werden konnten. Es ist nicht ausgeschlossen, daß diese alten Erinnerungen in der neuen Demokratie des fünften Jahrhunderts wiedererweckt und dann in die uns vorliegende Überlieferung gekleidet wurden.

[63] PLUT. Thes. 25.
[64] SCHEFOLD, „Kleisthenes", MH 3, 1946, 65—67.
[65] THUK. 2,16,2. ARISTOPH. Equit. 805—807.

VIERTER TEIL

DIE HEROENZEIT

*Keinen größ'ren Reichtum kenn' ich als Speer und Schwert
Samt einem schönen Schild aus Fell zum Schutz des Leibes.
  Das ist es, was pflügt für mich und erntet,
   Und was den süßen Saft der Rebe mich keltern läßt;
Heiße drum Gebieter der Schar Leibeigner.*
                                        Hybrias

   *Brüder kämpfen
   Und bringen sich Tod,
   Schwestersöhne
   brechen die Sippe.*
                Völuspä

XI. DIE MYKENISCHEN DYNASTIEN

1. *Die traditionelle Chronologie*

Seit dem vierten vorchristlichen Jahrhundert zählten die Historiker die Jahre nach Olympiaden, also nach den Zeiträumen, die zwischen zwei alle vier Jahre abgehaltenen Olympischen Spielen lagen. Die historischen Ereignisse der einzelnen Städte wurden wie bisher nach den Namen der Jahresbeamten datiert. Für die weiter zurückliegenden Zeiträume waren die Geschichtsschreiber bei ihren Berechnungen auf die überlieferten Genealogien angewiesen. Den ersten Versuch einer umfassenden Chronologie stellt der Parische Marmor dar, eine lange Inschrift aus den Jahren 264 und 263 v.d.Z. Einige Jahre später wurde durch Eratosthenes ein zweiter Versuch in dieser Richtung unternommen, dessen Ergebnisse sich nicht wesentlich von denen des Parischen Marmors unterscheiden. So nimmt er beispielsweise für den Fall Troias das Jahr 1183 v.d.Z. an, während der Stein dafür das Jahr 1209 v.d.Z. nennt.

Die moderne Archäologie eröffnete einen gänzlich neuen Zugang zu diesen Fragen. So sind minoische Gegenstände auf ägyptischem Boden ans Licht gekommen, während andererseits ägyptische auf minoischem gefunden wurden. Dadurch ließ sich die griechische Vorgeschichte in vielen Punkten mit den ägyptischen Annalen synchronisieren, die ihrerseits nach dem ägyptischen Kalendersystem datiert sind, das auf astronomischen Beobachtungen beruht. Wenn diese Methode auch genauere Zeitbestimmungen verspricht, bleiben doch noch viele Schwierigkeiten bestehen.

Die Archäologie machte dem akademischen Skeptizismus vieler Gelehrter des neunzehnten Jahrhunderts ein Ende, die die Heroen und Heroinen der griechischen Sage als gänzlich unhistorisch abtaten. Heute ist man allgemein der Auffassung, daß diese Überlieferungen in den meisten Fällen einen historischen Kern enthalten, der aber vielfach von fabelhaften Erzählungen überwuchert ist. Einige moderne Historiker sind sogar in das andere Extrem verfallen. So nahm Bury beispielsweise solche Gestalten wie Perseus, Herakles, Minos, Theseus und Iason für geschichtliche Gestalten, indem er darauf verwies, daß die Griechen selbst an deren Leibhaftigkeit geglaubt hätten und die bei Homer mitgeteilten Stammbäume von bemerkenswerter Folgerichtigkeit seien.[1] Aber die Griechen waren nicht weniger fest von der historischen Wirklichkeit ihres Stammvaters Hellen, den sie in das Jahr 1521 v.d.Z. verlegten, und des Schöpfers der Menschheit Prometheus überzeugt, dessen Blütezeit sie mit 1600 v.d.Z. angaben. Zumindest Hellen und Prometheus sind reine mythische Erfindungen, doch unterscheiden sie sich von anderen

---

[1] J. H. BURY in Cambr. Anc. Hist. 2,478, vgl. MYRES, Who were the Greeks?, S. 340—346.

Gestalten nur dem Grade nach. Und was die Folgerichtigkeit der homerischen Stammbäume anbetrifft, so kann man dafür genausogut auch eine andere Interpretation finden, nach der es sich eher um ein Zeichen ihres künstlichen Charakters handelt. Eine Unzahl ursprünglich voneinander unabhängiger Überlieferungsreihen wurde reduziert und auf ein einheitliches System eben dieser Stammbäume gebracht, die je nach Bedarf zurechtgestutzt und entstellt wurden. So werden sie von Nilsson eingeschätzt, dessen Ansicht durch die Tatsache gestützt wird, daß sie in verschiedenen Punkten durch die Archäologie widerlegt werden.[2]

Tabelle XII
Die Chronologie des Eratosthenes

v. d. Z.

1313	Gründung Thebens durch Kadmos
1261	Geburt des Herakles
1225	Fahrt der Argonauten
1213	Zug der Sieben gegen Theben
1200	Thronbesteigung Agamemnons in Mykene
1183	Fall Troias
1176	Salamis (Zypern) von Achaiern gegründet
1124	Thessalien von den Thessaloi erobert
1104	Einfall der Dorer in den Peloponnes
1053	Lesbos von Aiolern besetzt
1044	Ionische Wanderung

So wurde beispielsweise Minos der dritten Generation vor dem Trojanischen Krieg zugerechnet, d.h. nach der Datierung des Eratosthenes zur Generation von 1260 v. d. Z. Er war der kretische König, der die karischen Piraten vom Ägäischen Meer fegte (Seite 131). Die Macht von Knossos wurde im fünfzehnten Jahrhundert wahrscheinlich von den Achaiern gebrochen. Deshalb übernahm ihn Bury samt der Datierung als einen achaiischen Herrscher Kretas.[3] Doch dann kann er nicht das Seeräuberunwesen beseitigt haben, da wir aus ägyptischen Quellen wissen, daß durch den ungestümen Einbruch verschiedener Völkerschaften, einschließlich der Achaier selbst, deren Ansichten über legitime Seefahrt man an Hand entsprechender Stellen aus *Ilias* und *Odyssee* beurteilen mag, chaotische Zustände in der Ägäis herbeigeführt wurden.[4] Man kann das Datum dieser Überlieferung nur dann aufrechterhalten, wenn man ihm ihren Wesensgehalt zum Opfer bringt. Es ist jedoch weit vernünftiger, den Inhalt zu akzeptieren und die Datierung zu verwerfen. Die Tradition, die die minoische Thalassokratie zum Inhalt hat, ist authentisch, bezieht sich aber auf die Zeit vor dem Fall von Knossos.[5]

---

[2] NILSSON, Homer and Mycenæ, S. 58.   [3] BURY, History of Greece, Bd. 2, S. 475.
[4] Siehe S. 267, Anm. 90.
[5] HALL, The Civilisation of Greece etc., S. 265–266. Nach der Inschrift auf dem Parischen Marmor (11,19) gab es zwei Könige mit dem Namen Minos, der eine im fünfzehnten und der andere im dreizehnten Jahrhundert v. u. Z., vgl. PLUT. Thes. 20, DIOD. SIC. 4,60. Höchstwahrscheinlich stellte der Name einen Königstitel dar, wie Pharao oder Caesar.

Ähnliche Überlegungen lassen sich mit überraschender Einhelligkeit bei allen prähistorischen Gestalten anstellen, soweit sich für sie überhaupt ein Platz auf dem archäologischen Hintergrund ermitteln läßt. Sie müssen sämtlich hinaufdatiert werden. Diese frühen Generationen wurden von den Chronisten, die die Überlieferung in Worte kleideten, wegen ihrer großen zeitlichen Ferne sozusagen in perspektivischer Verkürzung gezeichnet. Wenn das aber so ist, müssen wir auch mit der Annahme, es handele sich um historisch greifbare Gestalten, äußerst zurückhaltend sein. Man muß sie als volkstümliche Sinnbilder weit zurückliegender, doch eindrucksvoller Geschehnisse, wie Wechsel der Dynastien, Invasionen, Kriege und Wanderungen ansehen.

Abb. 55. Goldene Totenmaske aus einem Schachtgrab in Mykene

2. Der archäologische Rahmen

Kurz vor 1600 v. d. Z. gelangte in Mykene ein starkes Herrscherhaus zur Macht, dessen Könige und Königinnen in den Schachtgräbern bestattet sind.[6] Die ältesten dieser Grabstätten weisen nur geringe Anzeichen minoischen Einflusses auf, doch tritt er in den späteren sehr stark hervor und schlägt sich in einer reichen Fülle goldener und silberner Becher und Diademe, mit Ornamenten gezierter Bronze-

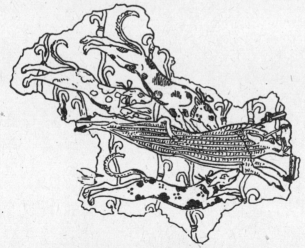

Abb. 56. Mykenische Eberjagd: Fresko aus Tiryns

[6] In diesen Bemerkungen zu den mykenischen Dynastien bin ich WACE gefolgt.

schwerter und mit Einlegearbeiten versehener Dolche nieder, auf denen realistische Jagdszenen abgebildet sind. Von besonderem Interesse ist dabei ein Silberrhyton, auf dem ein sich unterhalb der Mauern einer belagerten Stadt abspielender Kampf eingegraben ist. Die angreifenden Kämpfer tragen Helmbüsche aus Pferdehaar, die uns an die Karer und Lykier erinnern (Seite 235). Diese Könige befestigten Mykene und Tiryns und beherrschten das ganze Land bis zum Isthmus von Korinth, über den sie den Kontakt mit den ersten Herrschern von Theben und Orchomenos aufrechterhielten.

Abb. 57. Besteigen eines Schiffes: Siegel aus Tiryns

Ungefähr um 1500 v. d. Z. wurden sie von der Kuppelgrabdynastie abgelöst. Grabhügel dieses Typus hat man auch in Messenien und Lakonien freigelegt. Unter dieser Dynastie machte sich die Machtfülle Mykenes auf dem ganzen Peloponnes bemerkbar; die Beziehungen zu Theben und Orchomenos wurden enger, und die mykenische Kultur konnte sich über diese beiden Städte bis nach Südthessalien hin ausbreiten.

Ungefähr zwischen 1450 und 1400 v. d. Z. wurden alle Städte auf Kreta mit Einschluß von Knossos durch Feuer zerstört. Ob diese Katastrophe auf kriegerische Handlungen oder natürliche Ursachen wie zum Beispiel ein Erdbeben zurückzuführen ist, konnte bis jetzt nicht ermittelt werden; aber unter den aus späterer Zeit stammenden Überresten findet sich nichts, was auf ein Eindringen fremder Völker schließen läßt; und es scheint naheliegend, daß sich bereits vor diesem Ereignis Achaier auf kretischem Boden befunden haben.[7]

Nach dem Fall von Knossos wurde Mykene zum politischen und kulturellen Mittelpunkt der ägäischen Welt. Zu Beginn des vierzehnten Jahrhunderts erschien ein neuer König, der die Stadt wieder aufbauen ließ. Im Zentrum der Burg erhob sich der Palast, umgeben von den Wohnungen der Hofbeamten und den Speichern

---

[7] PENDLEBURY, The Archæology of Crete, S. 281, WACE, „History of Greece in the third and second Millenium B. C.", H. 2, 1953, 87–88.

für die königlichen Einkünfte an Korn und Öl. Die Stadtmauer wurde aus ungeheuer großen Steinblöcken erbaut und hatte eine Dicke von drei und mehr Metern. Den Haupteingang bildete das berühmte Löwentor, überwölbt von einer großen Steinplatte, auf der in Reliefdarstellung zwei beiderseits einer heiligen Säule einander zugekehrte, aufrechtstehende Löwen abgebildet sind. Gleich diesseits des Tores war ein Steinkreis errichtet, der den Begräbnisplatz der Schachtgrabdynastie einfaßte, während sich jenseits davon auf einem Hügelkamm das vielleicht vom gleichen König erbaute Kuppelgrab erhob, das unter dem Namen

Abb. 58. Das Löwentor von Mykene

„Schatzhaus des Atreus" bekannt ist. Das einfache Volk von Mykene lebte in der unterhalb der Burg gelegenen Stadt.[8]

Zu einem späteren Zeitpunkt, doch noch im gleichen Jahrhundert, wurde in Tiryns ein neuer und noch größerer Palast errichtet. Abgesehen vom eigentlichen Palast war diesmal die Burg nicht bewohnt, sondern diente mit ihren starken Befestigungsanlagen als Zufluchtsstätte für die Einwohner der sich rings herum erstreckenden Stadt. Man kann annehmen, daß die Herrscher von Tiryns

[8] WACE, a. a. O., S. 92.

mykenischen Königen, die das ganze Land bis nach Korinth hin unmittelbar beherrschten, lehnspflichtig waren. In dem östlich von Lechaion gelegenen Koraku besaßen sie einen Hafen, von dem aus ihre Handelsschiffe den Korinthischen Meerbusen entlang und hinüber nach Thisbai fuhren, einer Stadt am Anfang der nach Theben und Orchomenos führenden Straße.[9]

Aus Mykene stammende Gegenstände haben sich im ganzen ägäischen Raum und weit darüber hinaus im Überfluß angefunden. In westlicher Richtung drangen sie bis nach Sizilien und Spanien vor. Nach Osten hin bestand ein reger, ununterbrochener Verkehr mit Troia, Zypern, Syrien und Ägypten. Diese Beziehungen waren nicht immer friedlicher Natur, und im dreizehnten und zwölften Jahrhundert scheinen die Träger der mykenischen Kultur eher wie Mordbrenner und entwurzelte Banden und nicht wie ehrliche Kaufleute aufgetreten zu sein.

Obwohl ihr minoischer Ursprung zu allen Zeiten unverkennbar ist, besitzt die mykenische Kultur einige nichtminoische Züge. Die hervorstechendsten bilden der „Megaron" genannte Typus eines Hauses, ferner das mit Ärmeln versehene Gewand, die Sicherheitsnadel und der Gebrauch des Bernsteins, alles Dinge, die aus dem Norden zu kommen scheinen.[10]

3. Die traditionellen Dynastien

Wie weit lassen sich die Sagen von Mykene, Tiryns, Theben und Orchomenos in diesen Rahmen einpassen? Wir haben uns bereits in Kapitel V an dieses Problem herangewagt, so daß wir mit den dort getroffenen Schlußfolgerungen beginnen können. Wir hatten vorgeschlagen, die Frühkykladische und Frühhelladische Kultur mit den Karern und Lelegern gleichzusetzen (Seite 136—137), während die durch die „minysche Ware" gekennzeichnete Kultur den Pelasgern zugeschrieben wurde (Seite 150). Die erste dieser Gleichsetzungen scheint nach allem recht naheliegend zu sein und bedarf keiner weiteren Erläuterungen, während die zweite weit verwickelter ist. Minysche Ware hat man zwar auf den Kykladen, aber nicht auf Kreta gefunden, während andererseits die Pelasger auf Kreta, aber nicht auf den Kykladen nachgewiesen werden konnten. Soll unsere Hypothese aufrechterhalten werden, so muß dieser Widerspruch geklärt werden. Es ist anzunehmen, daß die Pelasger genauso wie andere kretische Völker aus östlicher Richtung gekommen sind, da man sie in Anatolien in südlicher Richtung bis nach Tralleis im Flußtal des Maiandros nachweisen konnte.[11] In diesem Falle ist es durchaus möglich, daß sie vom Gros der von der Troas aus über Makedonien nach Thessalien wandernden Völker abgesplittert wurden, bevor sich die besonderen Merkmale der minyschen Ware herausgebildet hatten. Doch selbst dann geht aus der Tatsache, daß sie auf den Kykladen nicht zu Hause sind, hervor, daß bei der Ausbreitung der minyschen Ware nach Süden noch ein anderer Faktor im Spiele gewesen sein muß. Hier sei es erlaubt, die Tyroidai und Lapithai zu zitieren. Von diesen beiden

---

[9] WACE, CAH, Bd. 2, S. 457—460.
[10] NILSSON, Homer and Mycenæ, S. 72—82. [11] STEPH. BYZ. Νινόη.

Urvölkern hören wir zum ersten Male in Verbindung mit Thessalien, wo wir sie versuchsweise mit der Dimini-Kultur identifiziert haben (Seite 153 bis 154). Beide gerieten in die Einflußsphäre von Orchomenos, und beide breiteten sich nach Südgriechenland aus. Auf Tyroidai stoßen wir in Korinth, Elis und Messenien, auf Lapithen in Attika, Korinth, Elis, Arkadien, Argolis und auch auf den Kykladen. Phorbas und Triopas, die in den argeiischen Stammbäumen, aber auch auf Rhodos erscheinen, tragen Namen, die für Lapithen typisch sind.[12] Magnes, dessen Söhne Diktys und Polydektes sich in Seriphos niederließen, war sicherlich ein Thessalier und möglicherweise auch ein Lapithe.[13] Aus diesen Gründen darf man die Vermutung aussprechen, daß die minysche Ware in Südgriechenland durch die Pelasger mit Unterstützung der Tyroidai und Lapithen verbreitet wurde, die diese Kultur in Thessalien oder Boiotien von ihnen übernommen hatten.

Der Stammbaum des Orchomenos besteht nur aus einigen zusammenhanglosen Fetzen. Abgesehen von ihren Verbindungen mit Thessalien, die wir in Kapitel V untersucht haben, darf man die Minyer als minoisierte Pelasger ansehen, die einen Palastkult der Demeter besaßen, und die baulichen Großtaten des Trophonios und Agamedes beruhen zweifellos auf Anregungen, die von den bei Ausgrabungen im Kopais-Becken entdeckten spätmykenischen Baulichkeiten ausgingen. Mehr können wir darüber nicht sagen.

Poseidon hatte mit Libya zwei Söhne namens Belos und Agenor. Belos wurde König von Ägypten, während sich Agenor in Phoinikien ansiedelte und vier Kinder zeugte — Europa, Phoinix, Kilix und Kadmos. Europa wurde von Zeus, der sich ihr in Gestalt eines Stieres näherte, nach Kreta entführt, wo sie Minos zur Welt brachte. Kilix, der ausgezogen war, sie zu suchen, ließ sich in Kilikien nieder, während Kadmos seinen Weg nach Rhodos und Thasos nahm und schließlich in Delphi anlangte. Hier wurde ihm vom Orakel der Rat erteilt, von der Suche abzulassen und einer Kuh bis zu der Stelle zu folgen, an der sie sich niederlegen würde. An diesem Ort erbaute er die Stadt Theben.[14]

Was sollen wir mit dieser Überlieferung anfangen? Einfach von der Hand weisen können wir sie nicht; denn Kadmeioi gab es zumindest bis zum sechsten Jahrhundert in verschiedenen Gegenden Griechenlands, wo sie immer als Phoiniker betrachtet wurden.[15] Andererseits stammen die von den Phoinikern in der Ägäis hinterlassenen Spuren aber erst aus dem neunten Jahrhundert. Nach der einen Ansicht beruht die Kadmossage auf einer Verwechslung der Begriffe. Das Wort *phoinix* bedeutet sowohl „Phoiniker" als auch „Rothaut", und Kadmos, so hat man vorgeschlagen, sei nur insofern ein Phoiniker, als er ein „rothäutiger" Minoer aus Kreta ist.[16] Daß es sich bei den Kadmeioi in gewissem Sinne um Minoer handelte, geht klar aus der Legende um Europa und aus dem Demeterkult dieses Volkes hervor, der in Kapitel IV näher untersucht wurde (Seite 89—91). Es läßt sich aber kein Beweis dafür beibringen, daß die Minoer tatsächlich oder wenigstens höchstwahrscheinlich wegen ihres Teints „Rothäute" genannt worden seien. Ich bin viel-

---

[12] PAUS. 2,16,1, HYGIN. astron. 2,14. [13] APOLLOD. 1,9,6. [14] APOLLOD. 3,1,1. 3,4,1.
[15] HEROD. 2,49. 5,58 etc.
[16] Siehe NILSSON, Homer and Mycenæ, S. 131.

mehr der Ansicht, daß der Schlüssel zu diesem Problem durch die kürzlich in Ugarit (Ras Schamra) an der Mündung des Orontes in Syrien erzielten Ausgrabungsergebnisse geliefert wird. Seit sehr weit zurückliegender Zeit bildete diese Stadt einen Stapel- und Umschlagplatz für den zwischen Mesopotamien, Ägypten, Anatolien und Kreta verlaufenden Handel. Dort haben sich viele minoische und mykenische Gegenstände angefunden, deren älteste aus dem siebzehnten Jahrhundert v.d. Z. stammen.[17] Woolley hat sogar vermutet, daß die Mittelminoische Kultur möglicherweise einige charakteristische Merkmale unmittelbar diesem Gebiet verdankt habe.[18] Aus dem zweiten vorchristlichen Jahrtausend kennen wir nicht weniger als sieben verschiedene hier gesprochene Sprachen, einschließlich des Babylonischen, Hethitischen, Ägyptischen und des Proto-Phönikischen, das dem Phönikischen und dem Hebräischen zugrunde liegt.[19] Deshalb ist es durchaus möglich, daß die Kadmeioi zu den Phoinikern gehörten und auf dem Umweg über Kreta zu einer nicht näher bestimmbaren Zeit innerhalb der mittelminoischen Periode nach Griechenland gelangt sind. In Wahrheit ist es sogar mehr als möglich, denn auf den Keilschrifttexten von Ugarit wird ein phoinikischer Mythos mitgeteilt, nach dem der Stiergott El und die Muttergöttin Ascherat in enger Analogie zu Zeus und Europa stehen.[20] Wieder einmal können wir feststellen, daß die antike Überlieferung unvorhergesehenerweise durch die heutige Archäologie bestätigt wird, und in diesem Falle sind die sich daraus ergebenden Schlußfolgerungen, wie ich in einem späteren Band nachweisen werde, von außerordentlicher Tragweite.

Der argeiische Stammbaum reicht siebzehn bzw. achtzehn Generationen hinter den Trojanischen Krieg zurück. Er ist zwar der längste, den wir besitzen, doch ist sein Inhalt enttäuschend. Man merkt ihm auf Schritt und Tritt an, daß er im Interesse der Stadt Argos, deren Oberherrschaft über Mykene und Tiryns erst aus der Zeit der Dorischen Wanderung stammt, willkürlichen Eingriffen und Veränderungen unterzogen worden ist. Ich habe ihn in Tabelle XIII in der von Pausanias mitgeteilten Form vorgelegt, dessen Bericht auf lokaler Überlieferung beruht.[21] Einige der darin auftretenden Namen besagen fast gar nichts, und in den folgenden Bemerkungen werde ich mich auf diejenigen beschränken, aus denen überhaupt etwas Positives herausgezogen werden kann.

An der Spitze des Stammbaums steht Phoroneus, gezeugt von Inachos, dem Gott des an der Stadt vorbeifließenden Flüßchens. Phoroneus wird als „der erste Mensch" bezeichnet, der die Nomaden gelehrt habe, in Städten zu leben.[22] In Megara begegnen wir ihm noch einmal als Vater Kars, des Karers (Seite 131). Das läßt vermuten, daß er die frühhelladischen Siedler vertritt. In der dritten und vierten Generation nach ihm begegnen wir den ersten Anzeichen von aus dem Norden stammenden Eindringlingen. Phorbas und Triopas sind dem Namen nach

---

[17] GASTER, „Ras Shamra, 1929–1939", An 13, 1939, S. 304–319, SCHAEFFER, Cuneiform Texts of Ras Shamra, S. 3.
[18] WOOLLEY, „Tal Atchana", JHS 56, 1936, 132.
[19] SCHAEFFER, a. a. O., S. 39. Über die Verwandtschaft zwischen der phönikischen und ugaritischen Sprache siehe ALBRIGHT, „The Phoenician Inscriptions of the Tenth Century B. C. from Byblus", JAO 67, 1947, S. 159–160.
[20] SCHAEFFER, a. a. O., S. 61.
[21] PAUS. 2,15–16, vgl. APOLLOD. 2,1–4.   [22] PAUS. 2,15,5.

Tabelle XIII
Der argeiische Stammbaum

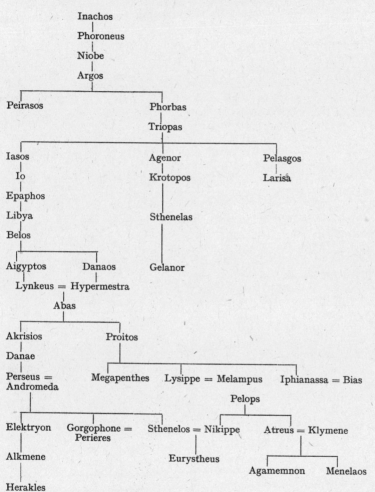

Lapithen (Seite 317), und Pelasgos spricht für sich selbst. Die Akropolis von Argos war unter dem Namen Larisa bekannt, einem authentischen Ortsnamen der Pelasger (Seite 132); man hat angenommen, sie sei nach einer Tochter dieses Pelasgos benannt worden. In der Stadt gab es ein vermeintlich ihm gehöriges Grabmal, in dessen Nähe sich auch ein Tempel der Demeter Pelasgis befand.[23] Iasos, einer seiner Brüder, figuriert bei Pausanias als der Vater von Io; bei Hesiod ist es ein gewisser Peiren, und bei Aischylos heißt er Inachos.[24] Diese Diskrepanzen wollen aber nicht viel besagen, da Io eine rein rituelle Figur darstellt, die die Herapriesterinnen versinnbildlichen soll (Seite 231). Wie wir gesehen haben, kam sie auf ihren Wanderungen bis nach Ägypten, und ihr Nachkomme Danaos kehrte wieder nach Argos zurück und wurde hier König an Stelle Agenors, der zu seinen Gunsten abdankte.[25] Danaos stellt von verschiedenen Aspekten her eine wichtige Gestalt dar.

Wie Kadmos kam auch er von der Levante. Wie Kadmos ließ auch er eine Ansiedlung auf der Insel Rhodos zurück. Wie schon Kadmos verpflanzte auch er den Demeterkult nach Griechenland. Dem können wir noch hinzufügen, daß Europa, die Schwester des Kadmos, Danaos zur Frau gegeben wurde.[26] Die Übereinstimmung ist recht weitgehend, so daß sich auch die Griechen dessen bewußt gewesen sein müssen. Das wird an dem Auftreten von Libya und Belos deutlich, die gar nicht in den argeiischen Stammbaum passen wollen. Danaos tritt erst in der fünften Generation nach Iasos auf, während Gelanor schon in der dritten Generation nach Agenor in Erscheinung tritt. Libya und Belos sind von den Kadmeioi übernommen worden (Seite 317). Auf diesen Gedanken kam man durch die soeben aufgezeigten Parallelen, auch hatten die argeiischen Altertumsforscher großes Interesse an der Beweisführung, daß ihre Stadt älter als Theben sei.

Wie Kadmos aus Phoinikien stammte, so Danaos aus Ägypten. War das eine nachträgliche Erfindung? Die Antwort hängt davon ab, was wir mit Io anfangen. Als die in eine Kuh verwandelte Frau setzte man sie der Isis gleich, deren heiliges Tier die Kuh war.[27] Es wäre leicht nachweisbar, daß diese Gleichsetzung erst aus dem siebenten Jahrhundert stammt. Ihr Sohn Epaphos wurde König von Ägypten und residierte entweder in Kanobos oder in Memphis.[28] Kanobos liegt an einem Mündungsarm des Nils, der an Naukratis und Sais vorbei nach Memphis hinaufführt. Naukratis, eine griechische Handelsniederlassung, war nicht lange vor 600 v. d. Z. gegründet worden. Sais war der Sitz der XXVI. Dynastie, die damals an der Macht war. Die Dynastie besaß aber auch Beziehungen zu Memphis.[29] Stünde dieses Zeugnis für sich allein, so bestünde gar kein Zweifel, daß die Sage von Ios Wanderung nach Ägypten von den Griechen aus Naukratis erfunden worden ist.

Doch es gibt noch eine andere Überlieferung, die mit der eben genannten nicht übereinstimmt. Als Herodot auf seinen Reisen auch nach Chemmis, einer am Oberlauf des Nils im Gau Theben gelegenen Stadt, kam, zeigte man ihm dort einen Tempel des Perseus, zu dem ein mit athletischen Wettkämpfen verbundener griechischer Kult gehörte — ein Brauch, der den Ägyptern ansonsten fremd ist. Die Priester versicherten ihm, daß Perseus auf seinem Weg nach Libyen, wo er das

---

[23] PAUS. 2,24,1. 2,22,1; siehe S. 93—94.
[24] APOLLOD. 2,1,3, AISCH. Prom. 614—615.
[25] APOLLOD. 2,1,4.
[26] APOLLOD. 2,1,5.
[27] Siehe S. 231, Anm. 172.
[28] AISCH. Prom. 872—878, APOLLOD. 2,1,4.
[29] H. R. HALL in Cambr. Anc. Hist. 3, 276, 285.

Haupt der Gorgo suchen wollte, auch in diese Stadt gekommen sei und hier zum Gedenken an seinen Ahnherrn Danaos, der aus Chemmis stammte und von hier zu Schiff nach Argos gefahren war, die Wettspiele gestiftet habe.[30] Diese Überlieferung kann man nicht ins siebente Jahrhundert verlegen, denn es ist höchst unwahrscheinlich, daß die damals lebenden Griechen, die soeben erst im Delta festen Fuß gefaßt hatten, mit dem Gau von Theben vertraut waren.

Das gleiche Problem taucht in Verbindung mit zwei Homerstellen auf, wo das ägyptische Theben als die reichste Stadt der Welt bezeichnet wird.[31] Ganz im

Abb. 59. Perseus und Gorgo: attisches Vasenbild

Gegenteil war das Theben des siebenten Jahrhunderts völlig bedeutungslos; denn es war im Jahre 663 v. d. Z. von den Assyrern zerstört worden und hatte sich nie wieder erholt. Die homerische Überlieferung muß sich demgemäß auf die Zeit vor der Zerstörung beziehen. Doch das ganze achte Jahrhundert hindurch bis hinauf ins zwölfte hatten die Griechen keinerlei Beziehungen zu Ägypten und wußten nur sehr wenig über dieses Land, wie wir aus der in der *Odyssee* zur Schau gestellten Unwissenheit entnehmen können.[32] Gehen wir bis ins dreizehnte Jahrhundert zurück, so entdecken wir, daß ägäische Plünderer das Delta heimsuchten; da sie aber in die Flucht geschlagen wurden, können sie kaum bis in die Nähe von Theben gekommen sein.[33] Somit erhalten wir als letztmöglichen Termin das vierzehnte Jahrhundert, als Theben zweifellos noch eine der reichsten Städte der Welt war. Damals war sie nämlich die Hauptstadt der XVIII. Dynastie. Und das war die Zeit, als die Kuppelgrabdynastie über Mykene gebot.

Die Lösung des sich aus Homer ergebenden Problems, die wir Lorimer und Nilsson verdanken,[34] liefert auch den Schlüssel zu unserem Problem. Noch auf den

---

[30] HEROD. 2, 91.
[31] IL. 9, 381—382, Od. 4, 126—127.
[32] Od. 3, 321—322. 4, 355—357; NILSSON, Homer and Mycenæ, S. 136.
[33] Siehe S. 339.
[34] LORIMER, „Homer's Use of the Past", JHS 49, 1929, 153, NILSSON, a. a. O., S. 157—158.

Grabmalereien der XVIII. Dynastie kann man ägäische Gesandte abgebildet sehen. Wenn sich ionische Händler im siebenten Jahrhundert in Naukratis niederließen, warum sollen sich dann nicht auch mykenische Kaufleute im fünfzehnten

Abb. 60. Minoer in Ägypten: ägyptische Malerei

Jahrhundert in Chemmis niedergelassen haben? Sollten demgemäß die Mykener dort wirklich einen Kult des Perseus gestiftet haben, dann wäre das der Präzedenzfall für die Ioner gewesen, für ihre Io eine ägyptische Heimat zu suchen. Der Mythos von Io und Danaos ist also das, was nach Ablauf mehrerer Jahrhunderte in der griechischen Volkserinnerung aus den Beziehungen geworden war, die zwischen Ägypten und Mykene einst zur Zeit der Kuppelgrabdynastie bestanden hatten.

Auf Danaos folgte Lynkeus, sein Neffe und Schwiegersohn, und auf diesen wieder Abas, der durch seinen Namen mit den Abantes von Euboia in Verbindung steht,[35] wo es eine lokale Nebenform des Io-Mythos gab (Seite 231). Proitos und Akrisios, die beiden Söhne des Abas, lagen sich wegen der Thronfolge in den Haaren. Proitos entfloh nach Lykien, kehrte mit einem lykischen Heer zurück und befestigte die Stadt Tiryns.[36] Er verheiratete seine Töchter mit Melampus und

Abb. 61. Ägäisches Schiff: ägyptische Malerei

[35] APOLLOD. 2,2,1, Schol. PIND. Pyth. 8,73, STEPH. BYZ. Ἀβαντίς.
[36] APOLLOD. 2,2,1.

Bias, die beide zu den Tyroidai gehörten (Seite 153). Er war es, der Bellerophon, der auch aus dem Norden stammte, nach Lykien entsandte (Seite 126). Akrisios war prophezeit worden, er werde von dem Sohn seiner Tochter Danae umgebracht werden. Deshalb schloß er sie in einer bronzenen unterirdischen Kammer ein, doch Zeus stieg zu ihr durch das Dach als Goldregen hernieder, und sie brachte daraufhin Perseus zur Welt. Mutter und Sohn wurden dann in eine Kiste gesteckt und ins Meer geworfen, die aber an der Kykladeninsel Seriphos wieder ans Ufer gespült wurde. Dort wuchs Perseus heran und machte sich auf den Weg nach Libyen, um das Haupt der Gorgo zu holen. Auf seinem Marsch durch Palästina befreite er Andromeda aus der Gewalt eines Meerungeheuers, und nach seiner Rückkehr nach Seriphos zog er mit ihr und seiner Mutter nach Argos weiter. Eingedenk der Prophezeiung floh sein Großvater in das thessalische Larisa.[37] Perseus folgte ihm und tötete ihn unabsichtlich durch einen Diskuswurf. Durch sein Mißgeschick von der Einforderung des väterlichen Erbes abgeschreckt, bewirkte er einen Tausch mit Megapenthes, der Proitos auf den Thron von Tiryns gefolgt war. Megapenthes wurde König von Argos, und Perseus ließ sich nach Gründung der festen Städte Mideia und Mykene in Tiryns nieder. Von seinen Söhnen wurde sein Nachfolger Elektryon Vater der Alkmene, die später Herakles gebar, während Sthenelos den Eurystheus zeugte, der Elektryon auf dem Thron folgte. An diesem Punkte erscheinen noch weitere Neulinge auf der Bildfläche. Die Mutter des Eurystheus ist eine Tochter des Pelops und dessen Nachfolger ihr Bruder Atreus.[38] Hier scheint eine Dislokation vorzuliegen, die durch die Schwierigkeit, die Stammbäume der Perseiden und Pelopiden in Übereinstimmung zu bringen, hervorgerufen wurde. Es wird uns in ziemlich mystischer Weise berichtet, daß Sthenelos Atreus „kommen ließ" und ihm die Stadt Mideia überließ. Nach dem Tode des Eurystheus soll dann wieder das Volk von Mykene Atreus haben „kommen lassen".[39] Atreus Gattin ist eine Tochter des Katreus und Enkelin des Minos. Gerade, als sich Menelaos in Kreta befand, um am Begräbnis des Katreus teilzunehmen, hat ihm Paris die Frau gestohlen.[40]

Aus all diesen Angaben kann man nicht viel an historischen Fakten entnehmen. Die Hinweise auf Lykien, die im Zusammenhang mit der Herrschaft des Proitos erfolgen, sind bemerkenswert deutlich, doch hier mangelt es uns an entsprechenden Zeugnissen von seiten der Archäologie. Danaes unterirdisches Gefängnis scheint eine schwache Erinnerung an die Schachtgräber darzustellen, die mit dem Brauch, Mädchen bei der Geschlechtsreife aus der Gemeinschaft auszusondern, vermengt wurde. Falls Perseus wirklich der Gründer einer neuen Linie war, wie es den Anschein hat, kann man in ihm die vagen Umrisse eines Repräsentanten der Kuppelgrabdynastie erblicken. Herakles ist im wesentlichen eine kultische Gestalt (Seite 233 bis 237), und nur eine seiner Heldentaten drängt sich uns an dieser Stelle auf. Er wurde bekanntlich von Eurystheus ausgesandt, um den kretischen Stier zu holen.[41]

---

[37] APOLLOD. 2,4,4. Mit dieser Darstellung sollte die Sage wahrscheinlich die argeiische Behauptung unterstützen, das argeiische Larisa sei älter als das thessalische: Schol. APOLLON. RHOD. 1,40.
[38] APOLLOD. 2,4,6.   [39] APOLLOD. 2,4 6, Epit. 2,11
[40] APOLLOD. Epit. 3,3.   [41] APOLLOD. 2,5,7.

Dieses Tier, das dem Minos gehörte, ist weiter nichts als eine Variante des Minotauros, des stierköpfigen Ungetüms von Knossos (Seite 231). Nach der athenischen Überlieferung wurde der Minotauros durch Theseus erschlagen,[42] der mit Herakles in eine Generation gestellt wurde. In diesen beiden Sagen können wir eine echte, wenn auch vage Erinnerung an den Fall von Knossos erkennen, und es ist bezeichnend, daß dieses Ereignis zeitlich unmittelbar vor der Thronbesteigung des Atreus angesetzt wurde. Wer war dieser Atreus und woher ist er gekommen? Diese Frage ist mit den Hauptproblemen der griechischen Vorgeschichte verknüpft, die sich als derart verwirrend erwiesen hat, daß man sie „das achaiische Rätsel" genannt hat.[43]

Abb. 62
Ariadne, Theseus und der Minotauros: Goldschmuck

Zwei letzte Punkte müssen noch geklärt werden. Angesichts der Tatsache, daß sich dieser Stammbaum über die gesamte mykenische Periode erstreckt, überrascht es uns, für die Zeit vor Perseus keinen Hinweis auf Mykene und nur zwei Anspielungen auf Kreta anzutreffen. Der erste Punkt erklärt sich, wie ich bereits vorgeschlagen habe, aus der späteren Vorherrschaft von Argos. Uns wird dadurch die Vermutung nahegelegt, daß, hätte es sich nicht um die durch Homer übermittelte Überlieferung gehandelt, in der die Erinnerung an Mykene als den Sitz Agamemnons aufbewahrt war, diese Stadt ganz und gar in Vergessenheit geraten wäre.[44] Ob die vor Perseus regierenden Könige als eigentlich argeiischer Herkunft angesehen werden können oder lediglich unter argeiischem Einfluß von Mykene übernommen wurden, ist eine Frage, die ich nicht beantworten kann. Der zweite Punkt betrifft den argeiischen wie auch den thebanischen Stammbaum. Wenn die Verehrung der Demeter, die Kadmos und Danaos auf verschiedenen Wegen nach Griechenland verpflanzten, minoischen Ursprungs war, wie kommt es dann, daß im einen Falle nur eine indirekte Verbindung zu Kreta besteht und im anderen überhaupt keine? Die Erklärung dafür wird, so glaube ich, durch den Verlauf der späteren Geschichte geliefert. Nach der dorischen Katastrophe wurde Kreta vom griechischen Festland abgeschnitten, und als das östliche Mittelmeer wieder erschlossen wurde, knüpften die Griechen direkte Handelsverbindungen zu Ägypten und der Levante an, ohne dabei Kreta zu berühren. Als die zerrissenen Fäden wieder neu geknüpft wurden, war die natürliche Folge, daß die Griechen die phoinikischen und ägyptischen Traditionen, die sich auf Kadmos und Perseus bezogen, in neuer Gestalt wiederherstellten, ohne sich dabei viel um den verblaßten Glorienschein des Minos zu kümmern.

[42] APOLLOD. Epit. 1, 7—9.
[43] BUCK, Greek Dialects, S. 7.
[44] In der Oresteia, die kurz nach dem Abschluß eines Bündnisses mit den Argeiern verfaßt wurde, ersetzte AISCHYLOS Mykene durch Argos, doch SOPHOKLES und EURIPIDES stellten die alte Ordnung wieder her.

XII. DIE ACHAIER

1. *Die Ausbreitung der Achaier*

In den homerischen Gesängen werden die unter Agamemnons Führung stehenden Kämpfer sämtlich ohne Unterschied als Argeioi, Danaoi oder Achaioi bezeichnet. Die Argeioi waren eigentlich die Bewohner von Argos oder Argolis, während die Danaoi ihren Namen nach Danaos erhalten hatten. Unter der Oberlehnsherrschaft von Mykene erstreckten sich diese Bezeichnungen auf all diejenigen, die zu der herrschenden Dynastie der argeiischen Ebene in einem Abhängigkeitsverhältnis standen. Der dritte Terminus scheint sich auf die gleiche Weise herausgebildet zu haben, denn an einer oder zwei Stellen wird er im Gegensatz zu der sonst üblichen Praxis auf eine bestimmte Völkerschaft angewandt. Und in diesem speziellen Sinne wurde die letztere Bezeichnung späterhin ausschließlich verwendet. Wenn spätere Autoren von den Achaiern sprechen, so meinen sie in jedem Falle — es sei denn, sie folgen bewußt der von Homer geschaffenen Tradition — ein wirklich existierendes Volk, das in einer genau umrissenen Landschaft beheimatet ist. Demnach ist es unsere vordringliche Aufgabe, die in geschichtlicher Zeit lebenden Achaier näher zu bestimmen.

Es handelt sich dabei in erster Linie um die Einwohner von Achaia. Landschaften dieses Namens gab es zwei. Die eine hieß Achaia Phthiotis und lag in Südostthessalien; der Einfachheit halber werde ich sie im folgenden kurz das thessalische Achaia nennen. Die in diesem Gebiet wohnenden Achaier waren den Thessaloi untertan, die die nach ihnen benannte Landschaft zur gleichen Zeit überflutet hatten, als die Dorer in den Peloponnes einbrachen. Das andere Achaia war ein Bund von zwölf Städten, die am südlichen Ufer des Korinthischen Meerbusens lagen. Ihre Namen lauteten: Pellene, Aigeira, Aigai, Bura, Helike, Aigion, Patrai, Pharai, Tritaia, Rhypes, Olenos und Dyme.[1] Das ist das peloponnesische Achaia.

Außerdem gab es noch eine Reihe kleinerer achaiischer Niederlassungen, die über das gesamte östliche Mittelmeer verstreut lagen. Die Bewohner der Insel Zakynthos, die bei Homer Kephallenes heißen,[2] werden von Thukydides als aus dem Peloponnes stammende Achaier bezeichnet.[3] Es handelt sich hier zweifellos um vor den Dorern geflohene Bevölkerungsteile. Im äußersten Süden Lakoniens, gleich unterhalb der Akropolis von Kyparissia, hatte Pausanias noch die Ruinen einer Stadt gesehen, die den Achaioi Parakyparissioi gehört hatte.[4] Die Akropolis

---

[1] HEROD. 1,145, PAUS. 7,6,1.
[2] Il. 2, 631.
[3] THUK. 2,66,1. Sie kamen aus Arkadien: PAUS. 8,24,3.
[4] PAUS. 3,22,9.

von Ialysos, einer der drei Städte auf Rhodos, war unter dem Namen Achaia bekannt, und von hier stammende Achaier nahmen an der Gründung der in Kilikien gelegenen Stadt Soloi teil.[5] Die Kiliker (Kilikes) hatten in alter Zeit den Namen Hypachaioi, Gemischte Achaier, getragen.[6] Ferner gab es eine andere Siedlung der Kilikes, die in der Nähe Troias lag.[7] Die Einwohner dieses Ortes behaupteten, mit ihren weiter südlich ansässigen Namensvettern verwandt zu sein,[8] und einige von ihnen wanderten nach dem Trojanischen Kriege wirklich nach dem südlichen Kilikien aus.[9] Eine weitere kilikische Stadt namens Olbe wurde von Aias, dem Sohn des Teukros, gegründet, dessen Nachfolger dort als Priesterkönige regierten.[10] Dieser Teukros stammte aus Salamis. Am Ende des Trojanischen Krieges war er von seinem Vater Telamon aus der Heimat vertrieben worden und nach Zypern gefahren, wo er bei Achaion Akte, dem achaiischen Gestade, an Land ging und hier das zyprische Salamis anlegte, das sogar noch im vierten Jahrhundert von seinen Nachkommen regiert wurde.[11] Noch weiter von Griechenland entfernt gab es im Nildelta eine Siedlung namens Archandru Polis, die nach einem Enkel des Achaios, einem Führer der Achaioi, benannt war.[12]

Wenden wir uns nun wieder der nördlichen Ägäis zu. Hier erfahren wir, daß das an der Küste Makedoniens gelegene Skione von peloponnesischen Achaiern gegründet wurde, die auf ihrem Heimweg von Troia her durch einen Sturm an Land getrieben worden waren.[13] Der Lagerplatz der Griechen vor Troia selbst hieß „Achaiische Ebene".[14] Nicht weit davon entfernt lagen zwei Dörfer namens Killa und Chryse. Killa kennzeichnet die Stelle, an der Killos, der Wagenlenker des Pelops, begraben wurde.[15] Chryse war die Heimat des Chryses, jenes Priesters, dessen Tochter, wie uns in der *Ilias* berichtet wird, soviel Aufregung verursacht haben soll.[16] Die Ortschaft war von Auswanderern aus Kreta gegründet worden, die den Namen Teukroi trugen. Diese Überlieferung kann man bis ins achte Jahrhundert zurückverfolgen,[17] doch bestand in Attika noch eine andere Version. Der Demos Xypete, der an der Salamis gegenüberliegenden attischen Küste gelegen war, trug früher den Namen Troon Demos oder Troia.[18] Der Sage nach soll ein Mann namens Teukros, der aus diesem Demos stammte — nicht der Sohn des Telamon, sondern einer seiner Vorfahren —, das trojanische Chryse angelegt haben.[19] Diese attische Tradition bezieht sich auf einen Feldzug gegen Troia, der

---

[5] ATHEN. 360e, STRAB. 14,5,8.
[6] HEROD. 7,91; KRETSCHMER, „Die Hypachäer", Gl. 21, 1933, 213—257, ders., „Nochmal die Hypachäer und Alakšanduš", Gl 24, 1935, S, 203—251.
[7] Il. 6,396—397, 415—416, vgl. 1,366.
[8] STRAB. 14,5,21.   [9] HEROD. 7,91, STRAB. 14,4,3.
[10] STRAB. 14,5,10.
[11] STRAB. 14,6,3 (vgl. HEROD. 7,90), ISOKR. 9,17—18.
[12] HEROD. 2,98. Andere zyprische Siedlungen, die man als achaiisch ansprechen kann, sind Kurion (HEROD. 5,113,1), Lapathos (STRAB. 14,6,3) und Golgoi (PAUS. 8,5,2).
[13] THUK. 4,120,1.
[14] STRAB. 13,1,31.
[15] THEOPOMP. Hist. 339, STRAB. 13,1,62—63.   [16] Il. 1,37—38.
[17] KALLIN. 7 = STRAB. 13,1,48.
[18] STRAB. 13,1,48; ROSCHER, Lexikon, Bd. 5, Sp. 1231.
[19] STRAB. 13,1,48.

noch vor dem eigentlichen Trojanischen Krieg unternommen worden war und an dem Telamon teilgenommen hatte. Nach der Einnahme der Stadt habe er eine Schwester des Priamos geheiratet.[20] Statt nach Griechenland heimzukehren, fuhren einige seiner Gefährten ostwärts und ließen sich im Kaukasus nieder. Von ihnen stammten die Heniochoi und Zygoi ab, echte Kaukasusvölker, die in der gesamten Antike bekannt waren und nie ihre achaiische Herkunft vergessen hatten.[21]

Offensichtlich sind diese Überlieferungen verworren, aber das berechtigt uns keinesfalls, sie zu verwerfen. Sie legen im Gegenteil davon Zeugnis ab, daß sie unabhängig voneinander entstanden sind. Es müssen zwischen diesen auf Troia, Attika, Salamis, Kilikien, Zypern und Kreta verstreuten Teukroi echte verwandtschaftliche Beziehungen bestanden haben. In Kilikien, Zypern und dem Kaukasus treten sie unmittelbar in Verbindung mit dem Namen Achaier auf, und man darf hinzufügen, daß die Achaier in der *Odyssee* als Einwohner Kretas bezeichnet werden.[22]

2. Die Aiakiden

Falls sich die Achaier zur Abfassungszeit der *Odyssee* auf Kreta befunden haben, waren sie möglicherweise auch schon vor der Dorischen Wanderung dort beheimatet. In diesem Fall waren vermutlich sie es, die die griechische Sprache mitbrachten; denn es ist bekannt, daß auf Kreta schon vor der Ankunft der Dorer Griechisch gesprochen wurde.[23]

Die Gefolgsleute des Achilleus im Trojanischen Kriege kamen aus dem Königreich seines Vaters Peleus, das im thessalischen Achaia lag. Sie werden als Myrmidonen, Achaier und Hellenen bezeichnet, deren Niederlassungen in Halos, Alope, Trachis, Phthia und Hellas lagen.[24] Die Bezeichnung Myrmidone ist ein Gattungsname, der sich auf sämtliche Einwohner des Königreichs bezog.[25] Das Volk war in fünf Gruppen geteilt, deren jede ein eigenes Oberhaupt besaß.[26] Diese fünf Gruppen entsprechen den soeben erwähnten fünf Siedlungen. Offensichtlich waren die Myrmidonen ein aus Achaiern und Hellenen bestehender Stammesbund.

Aiakos, der Sohn des Zeus und Großvater des Achilleus, wurde von Aigina auf der gleichnamigen Insel geboren.[27] Er hatte drei Söhne — Peleus, Telamon und

---

[20] APOLLOD. 2,6,4.
[21] STRAB. 9,2,42 (vgl. 2,5,31. 11,2,12—14, FHG 3,639), AMMIAN. MARC. 22,8,25, DION. HALIK 1,89,4; KRETSCHMER, „Die Hypachäer", Gl. 21, 1933, 241—243.
[22] Od. 19,175.
[23] Siehe S. 337.
[24] Il. 2,681—685. Es ist nicht klar, wie weit sich der Herrschaftsbereich des Peleus vom Sperch ios aus nach Süden erstreckte: STRAB. 9,5,5—9; ALLEN, The Homeric Catalogue of Ships, S. 109—114.
[25] Il. 1,180. 16,200. 266—269. 18,69. Möglicherweise gehörte der Name Myrmidon ursprünglich zu den vor-achaiischen Einwohnern, ebenso wie die Danaoi eigentlich die vor-achaiischen Einwohner von Argos waren (siehe S. 325). Eurytion, dem Peleus durch die Ehe mit dessen Tochter auf den Thron folgte (siehe Anm. 32), stammte von Myrmidon ab: APOLLOD. 1,7,3. 1,8,2.
[26] Il. 16,168—197.
[27] APOLLOD. 3,12,6, DIOD. SIC. 4,72,1—5,; PAUS. 2,5,1—2. 5,22,6. Die Person des Aiakos müßte eingehender behandelt werden, als ich es hier getan habe.

Phokos. Die beiden ersten wurden ihm von einer Tochter des Skiron, der aus Korinth stammte und ein Sohn des Poseidon oder des Pelos war, zur Welt gebracht.[28] Die Mutter des Phokos hieß Psamathe und war eine der Nereiden (Meernymphen).[29] Phokos, der „Seehund", war der Eponym von Phokis und der Ahnherr von Strophios und Pylades, deren traditionelle Freundschaft mit Agamemnon und Orestes aus der Pelopidensage wohlbekannt ist.[30]

Tabelle XIV

Die Aiakiden

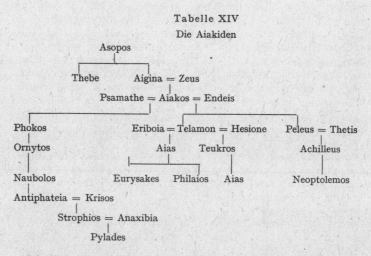

Griechenland wurde zu Lebzeiten des Aiakos von einer Trockenheit heimgesucht, die die Götter zur Strafe für einen von Pelops in Arkadien verübten Mord verhängt hatten. Sie fand erst dann ihr Ende, als Aiakos seinen Vater auf dem Berg Panhellenion in Aigina um Regen bat. In der darauffolgenden Generation wurde Phokos von seinen Halbbrüdern ermordet, die dafür verbannt wurden.[31] Peleus wandte sich nach Phthia und ehelichte hier Thetis, eine andere Nereide, die die Mutter des Achilleus wurde.[32] Neoptolemos, der Sohn des Achilleus, wanderte in das Bergland von Dodona aus.[33] Telamon ging nach Salamis und heiratete hier

[28] APOLLOD. 3,12,6, Epit. 1,1. Nach einer anderen Version ist Telamon der Sohn des Aktaios und der Glauke, der Tochter des Kychreus (siehe S. 85): PHEREKYD. 15. Das weist auf Wechselheiraten zwischen den Aiakiden und früheren (minoischen?) Ansiedlern an der attischen Meeresküste hin.
[29] HESIOD. Theog. 1003—1004, PIND. Nem. 5,7—13. Sie versuchte, sich dem Aiakos zu entziehen, indem sie sich in eine Robbe verwandelte (Schol. EURIP. Andr. 687) — eine totemistische Metamorphose, vgl. S. 223—224.
[30] PAUS. 2,29,4, Schol. EURIP. Orest. 33.
[31] APOLLOD. 3,12,6, PAUS. 2,29—30, DIOD. SIC. 4,72,6—7.
[32] Il. 18,85—87. 432—434. Es hieß, Peleus' erste Gattin sei eine Tochter seines Vorgängers Eurytion gewesen (siehe Anm. 25): APOLLOD. 3,13,1. Diese Überlieferung war HOMER bekannt: Il. 16,173—178. Es sieht so aus, als sei Thetis erst später eingefügt worden. Sie widersetzte sich ihrem Freier auf die gleiche Weise wie Psamathe: APOLLOD. 3,13,5; siehe Anm. 29.
[33] APOLLOD. Epit. 6,12, PLUT. Pyrrh. 1, PROKL. Chrest. 1,3. Von ihm stammten die Könige der Molossoi ab: STRAB. 7,7,8.

eine Enkelin des Pelops, die ihm Aias (Ajax) gebar. Mit Hesione, einer Schwester der Priamos, hatte er einen weiteren Sohn namens Teukros, den Gründer des zyprischen Salamis.[34]

Das ist der Inhalt der Aiakidensage, von der es mehrere Varianten gab. Nach der einen wurde Thessalien als Heimat des Aiakos angegeben.[35] Das stimmt mit der homerischen Überlieferung überein, nach der Peleus sein einziger Sohn war.[36] Seine Verbindung zu Phokos wird indirekt durch die Tatsache bestätigt, daß Aiakidas als Eigenname beim delphischen Adel wiederkehrt.[37] Auch seinen Beziehungen zu Aigina, über die sich Homer allerdings ausschweigt, müssen irgendwelche historische Tatbestände zugrunde liegen, da das Geschlecht der Aiakidai dort noch im fünften Jahrhundert in Blüte stand.[38] Daraus kann man aller Wahrscheinlichkeit nach den Schluß ziehen, daß die Aiakiden ein achaiischer Clan waren, der sich von Thessalien nach Phokis und bis hinunter zur Küste von Salamis und Aigina ausbreitete. Das ermöglicht uns die Erklärung dafür, daß nach der schließlich erfolgenden Systematisierung der Stammbäume Aigina statt Thessalien als die Heimat des Aiakos galt. Nachdem es eine glänzende Vorgeschichte erlebt hatte, wurde Thessalien über Jahrhunderte hinweg zum kulturellen Brackwasser, während Aigina einer der ersten Staaten war, die in den Strom des Überseehandels hineingezogen wurden, der sich nach der dorischen Invasion wieder zu beleben begann.

3. Die Ioner

Als nächstes wollen wir uns mit dem peloponnesischen Achaia befassen. Eine von Archandros, Enkels des Achaios, oder von Pelops selbst geführte und von einer Abteilung Boioter begleitete Schar thessalischer Achaier nahm Argolis und Lakonien in Besitz und blieb dort, bis sie von den Dorern vertrieben wurde.[39] Dann wanderten sie unter Führung eines Sohns des Orestes zur Nordküste des Peloponnes, wo sie die früheren Einwohner, die Ioner, vertrieben, und das Gebiet in Achaia umbenannten.[40] Die Ioner flohen zuerst nach Attika und setzten dann nach Anatolien über, wo sie den aus zwölf Städten bestehenden Panionischen Bund gründeten, dessen Mitgliederzahl den Gauen entsprach, die ihre Ahnherren auf dem Peloponnes bewohnt hatten.[41]

Mit dem Namen Ioner bezeichnete man in historischer Zeit die Griechen von Ionien und Attika, die eng verwandte Dialekte sprachen. Wie aber Herodot dazu bemerkt, waren die Athener und die nicht in den Bund aufgenommenen kleinasiatischen Ioner geneigt, diesen Titel von sich zu weisen, woraus hervorzugehen

---

[34] APOLLOD. 3,12,7, vgl. PIND. Isth. 6,45.
[35] STEPH. BYZ. Δία, SERV. ad VERG. Aen. 4,402.
[36] Il. 16,15 etc.
[37] Supp. Epigr. Gr. 2,298,14—15 etc.
[38] PIND. Nem. 4,11, 7.9—10, Ol. 13,109.
[39] PAUS. 7,1,7 (vgl. 2,6,5, HEROD. 2,98), STRAB. 7,5,5.
[40] STRAB. 8,7,1.
[41] HEROD. 1,145. 8,73, STRAB. 7,5,5, 8,7,1. 8,7,4. Der Bund war dem Poseidon Helikonios geweiht (HEROD. 1,148), was sich nur auf den Berg Helikon (Boiotien) beziehen kann, nicht auf Helike.

scheint, daß der Städtebund keine allzu feste Grundlage besaß.[42] Das wird durch die Umstände, unter denen die Auswanderung erfolgte, bestätigt. Die Gründer von Ionien werden als buntscheckiger Haufen bezeichnet, der aus Minyern von Orchomenos, Kadmeiern aus Theben, Abanten von Euboia, Neleiden aus Attika, arkadischen Pelasgern, Dorern aus Epidauros und vielen anderen bestand.[43] Bei dieser Zusammensetzung kann sich der ionische Dialekt, wie wir ihn kennen, nicht vor der Verschmelzung dieser verschiedenen Elemente in ihrer neuen Heimat herausgebildet haben.[44] Die homerischen Gesänge legen die gleiche Schlußfolgerung nahe; denn es findet sich in ihnen nirgendwo ein Hinweis auf Ioner, die zur Zeit des Trojanischen Krieges auf dem Peloponnes gelebt hätten. Die einzigen Ioner, von denen die Rede ist, waren die Athener, die Menestheus begleiteten.[45] Das stimmt mit der Überlieferung, daß Ionien ein alter Name für Attika gewesen sei,[46] und mit Herodots Behauptung überein, die „edelsten" ionischen Kolonisten seien die gewesen, die vom athenischen Prytaneion aufgebrochen waren.[47]

Zugestandenermaßen steht diese Folgerung in Widerspruch zu den in der Überlieferung genannten drei Söhnen des Hellen — Aiolos, Doros und Xuthos, dem Vater des Ion —, die an die Spitze des gesamten nationalen Stammbaums gesetzt wurden.[48] Aber keine dieser Personen wurzelt wirklich in der Vergangenheit. Sie bilden das Endstadium im Prozeß der Systematisierung, der die einzelnen Volkstraditionen unterzogen wurden — den letzten Pinselstrich, den Schlußstein des Gewölbes. In prähistorischer Zeit lebten die Griechen verstreut, getrennt voneinander, besaßen keinen gemeinsamen Namen und daher auch nicht das Bewußtsein gemeinsamer Herkunft (Seite 292). Erst mit Beginn der historischen Ära entwickelten sie ein nationales Selbstbewußtsein, das die Sage von Hellen und seinen Söhnen verkörpern sollte, die damals ersonnen wurde. Warum bei der Suche nach dem Stammvater die Wahl auf Hellen fiel, soll im Laufe des vorliegenden Kapitels erörtert werden. Homer kennt weder ihn noch — Aiolos ausgenommen — einen seiner Söhne. Aiolos tauchte als erster auf, da die aiolisch sprechenden Griechen der kleinasiatischen Küste als erste eine epische Überlieferung entwickelten. Doros, der nominelle Ahnherr der Dorer, besitzt keine Lebensgeschichte und keine belegte Nachkommenschaft, und die dorischen Fürsten bezeugten ihm auf merkwürdige Weise ihre Ehrerbietung, indem sie ihr Geschlecht auf Herakles zurückführten (Seite 72). Ähnlich verhält es sich auch mit Achaios. Würde er einen Platz in der Vergangenheit des Volkes besessen haben, so hätte ihn Homer nicht mit Stillschweigen übergangen, wo er uns doch so viel von den

---

[42] HEROD. 1,143,3.
[43] HEROD. 1,146,2.
[44] Diese Schlußfolgerung soll vom Standpunkt der Sprachwissenschaft nochmals geprüft werden (siehe unten S. 451 bis 458).
[45] Il. 13,685, vgl. 690. 2,546—552.
[46] STRAB. 9,1,5.
[47] HEROD. 1,146,2. HERODOT selbst läßt durchblicken, daß zwischen Ionern und Achaiern eine enge Verwandtschaft bestand: HEROD. 9,26,3. Er sagt, vor der Zeit Ions seien sie Pelasgoi Aigialees genannt worden (7,94). Ich verstehe das nicht so, daß die Pelager Ioner gewesen seien (KRETSCHMER, „Zur Geschichte der griechischen Dialekte", Gl 1, 1909, S. 9—59), was mir ganz unmöglich scheint, sondern daß dieser Teil des Peloponnes zu einem früheren Zeitpunkt von Pelasgern bewohnt gewesen war.
[48] APOLLOD. 1,7,3.

Achaiern erzählt. Ion stand seinerseits durch seine Mutter mit den Erechtheidai in Beziehung und wurde als Vater der eponymen Ahnherren der vier attisch-ionischen Stämme verehrt. Als die Neleidai nach Attika flohen, wurde das attische Stammessystem umgemodelt, um ihre Aufnahme zu ermöglichen. Der Ion-Mythos ist der formale Ausdruck der Erinnerung an dieses Ereignis. Als Enkel des Erechtheus steht er in Parallele zu Butes, dem Bruder des Erechtheus (Seite 144): beide sind mythische Gestalten, die den Vorgang der Angliederung oder Adoption versinnbildlichen.[49]

Hat es keine Ioner gegeben, bevor die Neleidai sich in Attika niederließen, was sollen wir dann mit der Sage beginnen, daß sie einst vom Peloponnes vertrieben worden sein sollen? Dieser Schwierigkeit werden wir mit der einfachen Hypothese Herr, daß diese Ioner mit den Achaiern identisch waren. Rückschauend dehnten die ionischen Griechen ihren Namen auf alle ihre Vorväter aus, die vom Peloponnes gekommen waren. Darauf deutet schon der Mythos selbst hin, wenn in ihm Ion und Achaios als Brüder erscheinen und dadurch den Schluß nahelegen, daß beide enger miteinander verwandt waren als jeder für sich genommen mit Aiolos oder Doros. Die gleiche Schlußfolgerung ergibt sich aus der Zusammensetzung des panionischen Bundes, der dieselbe Anzahl Städte enthielt wie der achaiische Bund auf dem Peloponnes.[50] Es war ganz natürlich, daß die Ioner in ihrer neuen überseeischen Heimat die überlieferte Form der *dodekápolis* reproduzierten, doch warum sollten die Achaier, von denen sie vertrieben worden waren, ausgerechnet dieses System übernommen haben? Die Kontinuität der politischen Organisationsform läßt auf eine Kontinuität der Bevölkerung schließen. Auf dem Peloponnes hat es niemals irgendwelche Ioner gegeben. Das war ganz einfach der Name, den die Ioner aus Ionien in späterer Zeit ihren achaiischen Ahnen gaben.

4. Die peloponnesischen Achaier

Vor der dorischen Wanderung bewohnten die peloponnesischen Achaier das Gebiet von Argolis und Lakonien. Abgesehen von dieser die nackte Tatsache verzeichnenden Überlieferung hinterließen sie in Argolis keinerlei Spuren,[51] doch in Lakonien treffen wir außer der Ansiedlung der Achaioi Parakyparissioi (Seite 325) auf alle möglichen traditionellen Bande zu Boiotien und Thessalien, von denen viele, wenn nicht die meisten, von den Achaiern geknüpft worden sein müssen.

Im ersten vorchristlichen Jahrhundert errichtete das eben erst von spartanischer Herrschaft befreite Volk Lakoniens eine Konföderation von vierundzwanzig Städten und nannten sie „Bund der Freien Lakonier" (Eleutherolakones). Zu ihm gehörten auch die Achaioi Parakyparissioi. Es ist zwar nicht erforderlich, alle Bundesstädte aufzuzählen, doch die folgenden sollten erwähnt werden: Gytheion,

---

[49] Die hier übernommene Ansicht über Ion und die Ioner ist von MEYER, Geschichte des Altertums, Bd. 3, S. 397 bis 403, bereits vertreten worden.
[50] POLYB. 2,417—418.
[51] HERODOT sagt, der vor-dorische Dialekt von Kynuria sei ionisch gewesen (HEROD. 8,73, vgl. PAUS. 2,37,3). Ich verstehe das so, daß das ein vor-achaiischer Dialekt ist: siehe S. 455, Anm. 73.

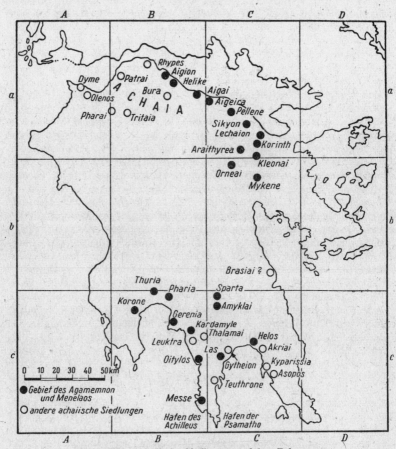

Karte VII. Achaiische Siedlungen auf dem Peloponnes

Teuthrone, Akriai, Leuktra, Charadra, Thalamai, Las, Oitylos, Gerenia, Brasiai und Asopos.[52]

In Gytheion gab es eine Überlieferung, nach der Orestes an diesem Ort vom Wahnsinn geheilt worden sein soll.[53] Teuthrone ist mit Teuthras, einem weiteren Sohne Agamemnons, verknüpft,[54] Akriai mit Akrias, einem Nebenbuhler des Aias, als dieser um die Hand der Hippodameia warb.[55] Leuktra, Charadra und Thalamai sollen von Pelops gegründet worden sein.[56] Alle diese lokalen Überliefe-

[52] PAUS. 3,21,6—7. [53] PAUS. 3,22,1. [54] Schol. A. Il. 5,705. [55] PAUS. 6,21,10.
[56] STRAB. 8,4,4, vgl. ATHEN. 625e. Epidauros und Letrinoi sollen durch Söhne des Pelops gegründet worden sein: PAUS. 2,26,2. 6,22,8.

rungen reichen in die Zeit zurück, als die Pelopiden die Macht auf dem Peloponnes innegehabt hatten.

Im 9. Gesang der *Ilias* bietet Agamemnon dem Achilleus, eifrig bestrebt, ihn wieder zu versöhnen, sieben Städte im Süden des Peloponnes an — Kardamyle, Enope, Hire, Pharai, Antheia, Aipeia und Pedasos.[57] Enope war mit Gerenia, einer der Freien Lakonischen Städte, identisch.[58] Pharai trägt denselben Namen wie eine Mitgliedsstadt des achaiischen Bundes. Im zweiten Gesang der *Ilias* gehören die genannten sieben Städte nicht zu Agamemnons eigenem Machtbereich, doch unterstehen mehrere Städte auf diesem Teil des Peloponnes, unter ihnen Las und Oitylos, seinem Bruder Menelaos.[59] Agamemnons Gebiet umfaßt nach der Angabe der *Ilias*, von Ost nach West gesehen, die Städte Mykene, Korinth, Kleonai, Orneai, Sikyon, Hyperesia, Gonoessa, Pellene, Aigion, Aigialos und Helike.[60] Wenn wir den südöstlichen, sich vom Isthmus nach Mykene erstreckenden Teil ausklammern, fällt dieser Bereich mit dem peloponnesischen Achaia zusammen. Aigion, Helike und Hyperesia — das spätere Aigeira[61] — waren tatsächlich Mitgliedstaaten des Bundes. Als der Sohn des Orestes die Achaier von Lakonien in das peloponnesische Achaia führte, suchte er also in einer seiner angestammten Landschaften Zuflucht, die schon zur Zeit seines Großvaters von Achaiern bewohnt war.

Die von Pelops aus Thessalien nach dem Peloponnes geführten Achaier wurden nach der Überlieferung von einer Schar Boioter begleitet (Seite 329). Auch sie ließen eine Spur zurück. Leuktra, eine der Freien Lakonischen und von Pelops gegründeten Städte, war eine Kolonie des anderen Leuktra in Boiotien und besaß einen Lokalkult der Ino, Tochter des Kadmos.[62] Ino wurde auch in Brasiai und Thalamai verehrt, und die letztgenannte Ortschaft hieß später Boiotoi.[63] Eine weitere freie lakonische Stadt, Asopos, trägt den gleichen Namen wie zwei Flüsse, von denen einer in Boiotien, der andere im peloponnesischen Achaia fließt.[64] Gytheion besaß einen Kult der Praxidikai, einer lokalen Nebenform der Erinyen.[65] Die Praxidikai wurden auch in Haliartos (Boiotien) verehrt und, soweit wir wissen, sonst nirgendwo.[66] In Gerenia gab es einen Kult des Asklepios Trikkaios, der aus dem thessalischen Trikka stammte.[67] Südlich von Teuthrone gab es zwei Häfen; der eine war nach Achilleus, der andere nach Psamatho oder Psamathe, der Mutter des Phokos, benannt.[68] Die Bevölkerung von Las stammte von einem Manne dieses Namens ab, der von Achilleus erschlagen wurde, als er als einer der Freier Helenas Sparta einen Besuch abgestattet hatte.[69] In Kardamyle gab es ein

---

[57] Il. 9,149—152. Aipeia ist von PAUSANIAS (4,34,5) mit Korone, das nach dem boiotischen Koroneia benannt ist, gleichgesetzt worden.
[58] PAUS. 3,26,8.
[59] Il. 2,581—586. Die Pelopiden hatten dieses Gebiet durch Einheirat in die angestammte Dynastie von Lakonien und Messenien erworben: siehe S. 365.
[60] Il. 2,569—577. Der Herrschaft Agamemnons erinnerte man sich noch in Sikyon: PAUS. 2,6,7.
[61] PAUS. 7,26,1—4.
[62] STRAB. 8,4,4, PAUS. 3,26,4.
[63] PAUS. 3,24,4. 3,26,1, STRAB. 8,4,4.
[64] PAUS. 2,5,2. 2,6,1.   [65] PAUS. 3,22,2.
[66] PAUS. 9,33,3.   [67] STRAB. 8,4,4. PAUS. 3,26,9.   [68] PAUS. 3,25,4.   [69] PAUS. 3,24,10.

Heiligtum der Nereiden, die dort zur Begrüßung des Neoptolemos an Land gekommen waren, als er sich anläßlich seiner Hochzeit mit Menelaos' Tochter in Sparta befand.[70] Diese Traditionen weisen alle nach Boiotien oder Thessalien, wobei sich einige insbesondere auf die Boioter, andere auf die Achaier beziehen.

5. Die Herkunft der Achaier

Wir wollen nach Norden zurückkehren. Wir haben entdeckt, daß die Achaier im thessalischen Achaia mit den Hellenen unter Führung des Peleus verbündet waren (Seite 327), und nun sahen wir, daß sehr enge Beziehungen zwischen ihnen und den Boiotoi bestanden. Wer waren diese Völker? Nach der Hypothese, die ich hier aufstellen will, handelt es sich bei ihnen um Zweige eines einzigen Urvolkes, das einst im Bergland von Epeiros gewohnt hatte.

Der Name „Hellas" wird im Schiffskatalog einer der Niederlassungen im thessalischen Achaia gegeben (Seite 327). An anderen Stellen der *Ilias* bezeichnet er das gesamte, sich von Phthia bis zu den Südgrenzen Boiotiens erstreckende Land.[71] Diese Ausweitung des Wortgebrauchs wird verständlich, wenn wir annehmen, daß Achaier, Boioter und Hellenen dem Wesen nach das gleiche Volk darstellten.

Die Boiotoi, nach denen Boiotien benannt wurde, kamen aus Thessalien. Thukydides teilt uns mit, daß dieses Volk die Inbesitznahme Boiotiens vor dem Trojanischen Kriege begonnen und nach sechzig Jahren vollzogen hatte.[72] Im Schiffskatalog befindet sich bereits das ganze Land in ihrer Hand, mit Ausnahme von Orchomenos und Aspledon, die noch immer von den Minyern beherrscht wurden (Seite 145). Sie müssen sich daher in zwei Etappen nach Süden bewegt haben. Die erste kann man mit der Wanderung gleichsetzen, durch die sie und die Achaier auf den Peloponnes gelangten. Die zweite erfolgte, als — nach Thukydides' Angabe — diejenigen von ihnen, die in Thessalien zurückgeblieben waren, durch die Thessaloi in südlicher Richtung verdrängt wurden. Diese Etappe kann man mit der aiolischen Wanderung gleichsetzen, durch die die griechische Sprache nach Nordwestanatolien verpflanzt wurde. Strabon berichtet, daß das Gros dieser Auswanderer aus Boiotern bestand.[73]

Die Boiotoi behaupteten, mit den Leuten von Aigina verwandt zu sein, und kleideten das in die Worte, Thebe, der Eponym von Theben, sei eine Schwester der Aigina, der Ahnherrin der Aiakidai, gewesen.[74] Ihr Vater hieß Asopos — ein Name, auf den wir soeben bei den peloponnesischen Achaiern gestoßen sind. Boiotos, der eponyme Stammvater, war ein Sohn des Itonos, und der Nationalkult bezog sich auf Athena Itonia.[75] Dieser Kult stammte aus Itonos, das im thessalischen Achaia lag (Seite 209). In der *Ilias* untersteht Itonos zusammen mit Phylake

---

[70] PAUS. 3,26,7.
[71] Il. 2,683. 9,447. 478. 2,683, schol. BL, STRAB. 9,5,6; siehe S. 131, Anm. 89.
[72] THUK. 1,12,3. Die Gephyraioi wurden von den Boiotoi aus Tanagra vertrieben (siehe S. 89—90): HEROD. 5, 57.
[73] STRAB. 9,2,4.
[74] HEROD. 5,80.
[75] DIOD. SIC. 4,67, PAUS. 9,1,1. 9,34,1, STRAB. 9,2,29.

Die Herkunft der Achaier

und anderen Ortschaften dem Protesilaos, der aus Phylake stammte und dort noch im fünften Jahrhundert verehrt wurde.[76] Daran können wir erkennen, daß Peleus nicht der einzige Herrscher des thessalischen Achaia gewesen ist. Protesilaos wird zwar nicht direkt als sein Verwandter bezeichnet, doch lehrt ein Blick auf die Karte, daß die beiden Herrschaftsbereiche sich derart überschneiden, daß sie nicht ohne enge Zusammenarbeit hätten regiert werden können. Protesilaos und seine Gefolgsleute kann man daher als eine Splittergruppe der Boiotoi ansehen, die in Thessalien noch beheimatet und dort aufs innigste mit den Achaiern verbunden waren.[77]

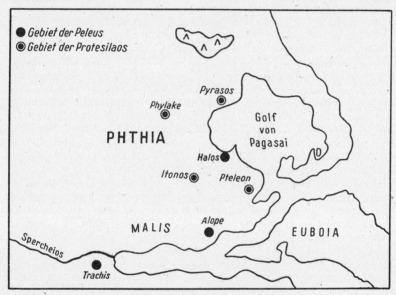

Karte VIII. Das thessalische Achaia

Als im 16. Gesang der *Ilias* Patroklos sich anschickt, seinen letzten Kampf zu bestehen, ersucht Achilleus im Gebet den Göttervater um seine glückliche Rückkunft:

> Zeus, du Herr von Dodona, pelasgischer Zeus in der Ferne,
> Herrscher des rauhen Dodona, wo deine Priester, die Selloi,
> Um dich liegen am Boden mit ungewaschenen Füßen![78]

---

[76] Il. 2,695—701, PIND. Isth. 1,58—59, vgl. ARRIAN. Anab. 1,11,5. Die Achaier, die sich in Skione niederließen (siehe S. 326), werden als Begleiter des Protesilaos bezeichnet: APOLLOD. Epit.6,15b. Man scheint mit Sicherheit sagen zu können, daß mit Ausnahme von Euenos, Guneus und Prothoos alle übrigen im Schiffskatalog genannten thessalischen Fürsten Achaier im strengen Wortsinne gewesen sind.
[77] Daß eine beträchtliche Zahl Boioter in Thessalien zurückblieben, geht aus der Überlieferung hervor, nach der zu den thessalischen Hörigen auch jene boiotischen Einwohner von Arne gehörten, die die Unterwerfung einer Auswanderung vorgezogen hatten: FHG 4,314.   [78] Il. 16,233—235.

Der Grund dafür, daß Achilleus in diesem feierlichen Augenblick den Herrn des weit entfernten Dodona anruft, liegt sicherlich darin, daß er, selber ein Abkömmling des Zeus, an den Gott seiner angestammten Heimat appelliert. Und als sein Sohn Neoptolemos sich nach dem Kriege in dieser Gegend ansiedelte, kehrte er damit gleichermaßen in das Land seiner Väter zurück. Des weiteren ist man allgemein der Auffassung, daß die Selloi oder Helloi nichts anderes als die Hellenen sind. Sie werden im griechischen Urtext als „Interpreten" bezeichnet, also als Priester, die denen, die das Orakel befragten, den Sinn der von dem Gott gesandten Zeichen ausdeuteten.

Aristoteles sagt, die Hellenen stammten aus dem Land rund um Dodona, wo sie unter dem Namen Graikoi bekannt gewesen seien.[79] Das kann den Namen erklären, unter dem sie den Römern bekannt wurden; denn ihre erste Berührung mit den italischen Völkerschaften erfolgte naturgemäß auf dem Wege über die Adria. Eine der im Schiffskatalog genannten boiotischen Ortschaften hieß Graia, das von Aristoteles mit dem späteren Oropos gleichgesetzt wird.[80] Setzen wir voraus, daß die Boiotoi diesen Namen von Dodona mitgebracht hatten, so können wir auch verstehen, wie es dazu kam, daß die Hellenen dort unter der Bezeichnung Graikoi bekannt wurden. Diese Annahme kann man ohne Bedenken treffen, da sich der Name Oropos auf die gleiche Weise erklären läßt. Wir haben schon darauf hingewiesen, daß Protesilaos aus dem im thessalischen Achaia gelegenen Phylake stammte. Wenige Kilometer südlich von Dodona gab es noch ein zweites Phylake, und das lag an einem Flusse namens Oropos.[81]

Diese etwas schwachen Bindeglieder werden durch ein Band verstärkt, das die ganze Antike hindurch seine Festigkeit bewies. Die Boioter sandten alljährlich eine Gruppe von Wallfahrern nach Dodona, die dort ein besonderes Vorrecht genossen. Normalerweise wurden die Antworten des Orakels durch Priesterinnen übermittelt, doch die Boioter hatten das Recht, sie aus dem Munde männlicher Interpreten zu empfangen.[82] Wir erkennen daran die Selloi wieder. Das Privileg war ein Andenken an uralte Blutsverwandtschaft.

Falls die Achaier und Boioter einen gemeinsamen hellenischen Ursprung hatten, müssen sie bei der Verbreitung der griechischen Sprache eine bedeutsame Rolle gespielt haben. Wir wollen sehen, wie sich ihre Wanderungen im Lichte der linguistischen Daten darstellen.

In den voraufgegangenen Kapiteln war von verschiedenen Blickrichtungen aus der Nachweis geführt worden, das Griechische sei zuerst von den Neleidai und Lapithai auf den Peloponnes verpflanzt worden (Seite 127, 142, 153—154, 214—215). Die ersteren ließen sich entlang der Westküste Messeniens, die letzteren in Argolis, Arkadien, Elis und in der Nachbarschaft des Isthmus nieder.[83] Wir haben keinen

---

[79] ARISTOT. Meteor. 1,14, vgl. STEPH. BYZ. Γραικός.
[80] Il. 2,498, STEPH. BYZ. Ὠρωπός = FHG 2,415.
[81] LIV. 45,26, STEPH. BYZ. Ὠρωπός. Ebenso erscheint auch das thessalische Arne in Boiotien wieder: Il. 2,507, STRAB. 9,2,34.   [82] EPHOR. 30 = STRAB. 9,2,4.
[83] In Elis herrschten die Lapithen über die Epeioi (Il. 2,620—624, DIOD. SIC. 4,69), die wahrscheinlich Karer waren: PAUS. 5,1,5, IOANN. ANTIOCH. 11 = FHG 4,546, HESYCH. Ἐνδυμίωνα Κᾶρα. Eine weitere Ansiedlung der Lapithen in diesem Gebiet war Dulichion: Il. 2,625—629, PAUS. 5, 1, 10.

Anhaltspunkt dafür, welchen Dialekt die Neleidai gesprochen haben, doch ist anzunehmen, daß er dem der Lapithen ähnlich war, über die noch einiges zu sagen sein wird, sobald wir uns mit dem Problem des homerischen Griechisch auseinandersetzen werden.

Die historischen Dialekte von Argolis, Messenien und Lakonien gehörten dem Dorischen an. Die Bewohner von Elis und Achaia sprachen Nordwestgriechisch, das dem Dorischen verwandt ist und zur gleichen Zeit eingeführt wurde. In Arkadien sprach man jedoch weder Dorisch noch Nordwestgriechisch, sondern einen mit dem Aiolischen verwandten Dialekt. Wessen Dialekt war das?

Das Dorische von Argolis und Lakonien enthält gewisse Formen, die man als arkadisch identifizieren konnte. Daraus geht hervor, daß das Arkadische einst in einem größeren Gebiet gesprochen wurde. Da nun Argolis und Lakonien die beiden von den Achaiern bewohnten Regionen waren, sind wir berechtigt, diese arkadischen Elemente mit ihnen in Verbindung zu bringen. Man hat entdeckt, daß ähnliche Elemente auch dem Dorischen von Kreta, Rhodos und Pamphylien zugrunde liegen. In allen diesen Gebieten waren die Achaier vor den Dorern beheimatet gewesen. Des weiteren ähnelt das Griechische von Zypern, wohin die Dorer nicht gelangt sind, dem Arkadischen so stark, daß es geradezu den gleichen Dialekt darstellt.[84] Deshalb ist es klar, daß dies die Sprache der Achaier war — eine Abzweigung des thessalischen Aiolisch. Als die Dorer in Argolis und Lakonien einbrachen, wurde der achaiische Dialekt von Flüchtlingen nach Arkadien und Achaia eingeführt.

Die Grundlage des in Boiotien gesprochenen Dialekts war das vom Nordwestgriechischen überlagerte Aiolische. Buck hat angenommen, daß die aiolische Basis die Sprache der Minyer gewesen und das nordwestliche Element von den Boiotoi eingeführt worden sei.[85] Diese Ansicht kann nicht mit den Tatsachen in Einklang gebracht werden. Das Aiolische der anatolischen Küste (Aiolis) unterscheidet sich insofern von dem in Thessalien und Boiotien gesprochenen, daß es nicht mit dem Nordwestgriechischen kontaminiert ist.[86] Es muß deshalb noch vor dem Eindringen des Nordwestgriechischen in Thessalien und Boiotien über die Ägäis verpflanzt worden sein. Doch die Boiotoi waren bereits vor dem Trojanischen Krieg in Thessalien und Boiotien ansässig, und darüber hinaus waren sie weitgehend die Träger der Auswanderung nach Aiolis — derart weitgehend, daß ihre neue Heimat gelegentlich Boiotike genannt wurde.[87] Die enge Verwandtschaft zwischen ihnen und den Achaiern, für die ich mehrere Gründe ins Feld geführt habe, wird somit durch die Ähnlichkeit des Aiolischen mit dem Arkadischen bestätigt.

Der Name des Zeus ist indogermanisch (Seite 232). Für Poseidons Namen hat sich noch keine befriedigende Etymologie auffinden lassen, aber es ist leicht möglich, daß er eine Parallelform des alten indogermanischen Regengottes darstellte.[88]

---

[84] BUCK, Greek Dialects, S. 6—7, NILSSON, Homer and Mycenæ, S. 86—87.
[85] BUCK, Greek Dialects, S. 3. Seine Annahme, daß die Boiotoi ihren Namen nach dem Berge Boion trugen, ist wahrscheinlich richtig, doch geht daraus nicht hervor, daß sie Nordwestgriechisch sprachen.
[86] BUCK, a. a. O., S. 5—6.   [87] STRAB. 9,2,5, vgl. THUK. 3,2,3. 7,57,5. 8,100,3.
[88] COOK, „Zeus, Jupiter, and the Oak", CR 17, 1903, 174—175.

War Zeus von den Achaiern nach Dodona gebracht worden, dann können sie die adriatische Küste entlang aus nördlicher Richtung gekommen sein, und dann wären sie nach Überqueren der Wasserscheide des Pindos dem Lauf des Peneios bis in die thessalische Ebene gefolgt. Dort waren vor ihnen die Tyroidai und Lapithai ansässig gewesen, die auf der östlichen Route den Axios hinunterzogen, bis sie, die Küste entlang wandernd, nach Petra kamen, wo sie einen Kult des Poseidon stifteten. Somit bezeichnen Dodona und Petra möglicherweise diejenigen Orte an den beiden Haupteinfallstoren nach Griechenland, an denen die indogermanische Sprache zuerst Fuß fassen konnte.

Die Ausweitung der Bezeichnung „Achaier" zu einem Gattungsnamen in der mykenischen Periode ist somit durch die unter Oberlehnsherrschaft der Dynastie von Mykene erfolgte Ausbreitung der Achaier erklärt, während der gemeinsame hellenische Ursprung der Achaier und Boioter, die die glänzende Kultur von Mykene, Theben und Orchomenos in sich aufnahmen und sie nach Aiolis und Ionien, der Wiege des griechischen Epos, verpflanzten, uns das Verständnis dafür ermöglicht, warum dem Namen „Hellenen" eine noch weitaus strahlendere Zukunft beschieden war.

6. Die Pelopiden

Wenn wir auf die Ausbreitung der Achaier zurückblicken, machen wir die Beobachtung, daß die große Mehrheit ihrer Ansiedlungen am Meere gelegen ist. Nicht zufällig war Achilleus der Sohn einer Meernymphe und Phokos nach dem Seehund benannt. Als sie Thessalien erreicht hatten, legten sie sich auf die Seefahrt. Wir dürfen annehmen, daß sie wie die Tyroidai die Schiffahrt im Pagasaiischen Golf erlernten. Die Tyroidai müssen in enger Beziehung zu ihnen gestanden haben, da einer ihrer Zweige noch in der Zeit des Trojanischen Krieges in Pherai und Iolkos beheimatet war.[89]

Es ist jetzt schon mehr als zwanzig Jahre her, daß Forrer mitteilte, er habe die Namen einiger griechischer Fürsten in den hethitischen Dokumenten von Chattuschasch entziffern können. Die meisten seiner Gleichsetzungen sind heftig angegriffen worden, und ich werde mich deshalb hier nur eines dieser Namen bedienen. Mehrere hethitische Könige, bei Mursilis (etwa 1350—1320 v. d. Z.) angefangen, standen mit den Herrschern eines Ahhijawa genannten Landes in Verbindung. Man ist der Auffassung, daß damit die Achaier gemeint sind. Es waren jedoch nicht die Achaier des griechischen Festlandes. Die genaue Lage von Ahhijawa ist noch nicht geklärt, doch scheint es irgendwo an der Süd- oder Westküste Kleinasiens gelegen zu haben. Der König dieses Landes tauschte mit Muwatallis, dem Sohn Mursilis' (etwa 1300 v. d. Z.), Geschenke aus, und eine Generation später ist dieses Volk mit dem König von Assuwa (nicht identifiziert) gegen die Hethiter verbündet. Im Jahre 1240 v. d. Z. fällt ihr König Attarisyas in Zypern ein.[90] Wir hören auch

---

[89] Il. 2,711—715.
[90] CAVAIGNAC, Le problème hittite, S. 41—42, 50, 58—59, 86, 92—95.

von Fürsten des Landes Ahhijawa, die sich am hethitischen Hof befinden, um zu lernen. wie man mit Pferd und Wagen umgeht.[91]

Die Achaier waren den Ägyptern ebenfalls gut bekannt. Im Jahre 1288 v. d. Z. wurde Ramses II. von den Hethitern bei Kadesch in die Flucht gejagt. Unter den Verbündeten der letztgenannten befanden sich die Luka (Lykier), Iliunna (Trojaner?) und die Kalikischa (Kiliker).[92] Sechzig Jahre später, in der Regierungszeit des Merneptah, wurde Ägypten erneut durch den vereinten Angriff der Libyer aus dem Westen und der „Horden von Nordvölkern aus allen Ländern" bedroht. Unter diesen befanden sich die Luka, Schardina, Turscha und Akaiwascha. Die Schardina sind entweder die Leute von Sardeis oder die Vorfahren der Sardinier: es kann sich aber auch um beide handeln.[93] Die Turscha sind die Tyrsenoi oder Tyrrhenoi, und die Akaiwascha sind die Achaier. Noch später, im Jahre 1194 v. d. Z., wurde eine ähnliche Horde von Nordvölkern durch Ramses III. im Nildelta geschlagen. Das können Nachzügler der zurückweichenden Flut dieser Völkerwanderung, die zur Gründung von Archandru Polis führte, gewesen sein (Seite 326).

Daraus geht klar hervor, daß die Achaier an den Küsten Anatoliens schon im vierzehnten Jahrhundert eine emsige Tätigkeit entfalteten, als sie mit dem Hethiterreich in Berührung standen. Nur unter Berücksichtigung dieser Zusammenhänge können wir auch die Rolle der Pelopiden ermitteln.

Viele Gelehrte haben die Ansicht vertreten, daß die Pelopiden zum gleichen Urvolk wie ihre achaiischen Gefolgsleute gehörten. Diese Auffassung hat vieles für sich und wird außerdem durch eine antike Quelle gestützt. Ein ansonsten unbekannter Schriftsteller namens Autesion soll Pelops als Achaier aus Olenos bezeichnet haben.[94] Es ist natürlich sehr naheliegend, daß sie als Oberherren der Achaier bis zu einem gewissen Grade selbst achaiisiert worden sind, doch gibt es Gründe, ihre achaiische Herkunft anzuzweifeln.

Falls Pelops, der die Achaier aus Thessalien in den Peloponnes führte, selbst ein Achaier gewesen ist, kann man erwarten, daß er in der Gegend, aus der sie gekommen waren, Spuren hinterlassen hat. Aber das ist nicht der Fall. Bevor er Boiotien verließ, gab er seine Schwester Niobe dem Amphion von Theben zur Gemahlin, dem sie eine Tochter namens Chloris schenkte, die später Neleus' Gattin wurde.[95] Das ist deswegen von Interesse, da es auf uralte Verbindungen zwischen den Dynastien von Theben, Mykene und Pylos hindeutet. Als er sein Reich auf dem Peloponnes begründet hatte, nahm er Laios aus dem Hause des Kadmos gastlich bei sich auf.[96] In Chaironeia wurde sein Szepter als heilige Reliquie aufbewahrt. Als Agamemnons Tochter Elektra Pylades ehelichte, hatte sie den Herrscherstab von

---

[91] CAVAIGNAC, a. a. O., S. 42.
[92] HALL, „The Keftiu and the Peoples of the Sea", ABS 8, 1902, S. 157 ff., ders., in Cambr. Anc. Hist. 2, 275—276, 281—283.
[93] Die Sardinier sind bis zum Kaukasus zurückverfolgt worden (KRETSCHMER, „Die Hypachäer", Gl 21, 1933, S. 225); zur Verwandtschaft zwischen den Bewohnern der Ägäis und der Bronzezeitkultur von Sardinien siehe CHILDE, The Dawn of European Civilisation, S. 242—246. [94] Schol. PIND. Ol. 1, 37.
[95] STRAB. 8,4,4 (vgl. NICOL. DAM. 17), Od. 11, 281—283, APOLLOD. 1,9,9.
[96] APOLLOD. 3,5,5, ATHEN. 602—603, Schol. EURIP. Phoin. 1760.

Mykene nach Phokis gebracht, von wo aus er dann nach Chaironeia gelangte.[97] Das ist alles, was darüber verlautet. Zwischen Pelops und Boiotien bestanden drei Verbindungslinien, von denen eine nach Mykene zurückführt, während sich in Thessalien überhaupt keine Spur von ihm findet. Abgesehen von der unbekannten Größe Autesion bekunden sämtliche antiken Autoren einmütig, daß er aus Anatolien stammte und ein Lyder, Paphlagonier oder Phryger gewesen sei.[98] Wir wollen uns seine Lebensgeschichte anhören, da sie ein lehrreiches Beispiel für die Methode bietet, mit der man Bruchstücke historischer Begebenheiten mit trümmerhaften rituellen Überresten zu einem typischen griechischen Mythos vermengte.

Sein Vater Tantalos, ein Sohn des Zeus, war auf dem Berge Sipylos in Lydien geboren worden.[99] Er hatte zwei Brüder, Broteas und Daskylos, und eine Schwester namens Niobe.[100] Tantalos, der mit den Göttern zusammen zu speisen pflegte, wartete ihnen bei einer Gelegenheit mit dem Fleisch des Knaben Pelops auf, den er zerstückelt und in einem Topf gekocht hatte. Als Zeus den Charakter des aufgetragenen Gerichts erkannt hatte, ordnete er an, daß es sogleich in den Topf zurückgegeben und somit zum Leben wiedererweckt werden solle. Das geschah, und das Kind wurde von Klotho herausgehoben.[101] Dem Knaben fehlte nur ein Stück von der Schulter, das Demeter oder Thetis bereits zu sich genommen hatte. Das fehlende Glied wurde durch eine Elfenbeinschiene ergänzt, so daß die Pelopiden später an einem weißen Muttermal an der Schulter erkannt wurden.[102] Tantalos wurde vom Blitzstrahl zerschmettert.

Als Pelops herangewachsen war, schenkte ihm Poseidon einen geflügelten Wagen, mit dem er das Meer überqueren konnte, ohne sich zu benetzen.[103] Als er sich auf dem Wege nach Griechenland befand, wurde er in Lesbos durch den Tod seines Wagenlenkers Killos aufgehalten. Er begrub ihn auf Lesbos oder in Killa in der Troas.[104] Er nahm seine Reise wieder auf und gelangte nach Pisa, einer Stadt nahe Olympia, in der damals Oinomaos, ein Sohn des Ares und der Harpina, die Herrschaft führte.[105] Oinomaos hatte eine schöne Tochter namens Hippodameia, um die sich viele Freier bewarben; aber sei es, daß ihm geweissagt worden war, ihr Sohn werde ihn töten, oder daß er selbst in sie verliebt war, jedenfalls widerstrebte es ihm, sie zu verheiraten. Er zwang jeden Freier, sich mit ihm in einem Wagenrennen zu messen. Das Rennen verlief über eine große Entfernung, nämlich von Pisa bis zum Isthmus von Korinth. Der Bewerber fuhr in Begleitung der erhofften Braut mit seinem Wagen voraus. Der König verfolgte ihn in einem anderen und durchbohrte ihn beim Überholen mit der Lanze.[106] Auf diese Weise hatte er bereits

---

[97] PAUS. 9,40.11—12.
[98] THUK. 1,9, PIND. Ol. 1,24, BAKCHYLID. 7,53, HEROD. 7,8 γ. 7,11,4, Schol. PIND. Ol. 1,37, APOLLON. RHOD. 2,790.
[99] PAUS. 2,22,3, HYGIN. fab. 82, APOLLOD. 3,5,6.
[100] PAUS. 3,22,4, Schol. APOLLON. RHOD. 2,358.
[101] PIND. Ol. 1,23—51.   [102] Schol. PIND. Ol. 1,37, HYGIN. fab. 83.
[103] PIND. Ol. 1,75—78. 87, APOLLOD. Epit. 2,3.
[104] THEOPOMP. 339, STRAB. 13,1,63.
[105] PIND. Ol. 1,65—88, PAUS. 5, 22, 6, Schol. APOLLON. RHOD. 1,752, vgl. PAUS. 6,21,8.
[106] APOLLOD. Epit. 2,4, DIOD. SIC. 4,73.

dreizehn Freier aus dem Wege geräumt, doch Pelops hatte mehr Glück. Die Jungfrau hatte sich in ihn verliebt und den Wagenlenker ihres Vaters namens Myrtilos überredet, die Achsnägel aus den Rädern zu entfernen. Die Folge war, daß Oinomaos stürzte und entweder dadurch zu Tode kam oder von Pelops mit dem Speer durchbohrt wurde.[107]

Inzwischen hatte sich Myrtilos in die Braut verliebt. Während sie die Ägäis überquerten (es ist nicht auszumachen, wie sie dahin gekommen waren), verließ Pelops den Wagen, um sich mit einem Trunk zu erfrischen, und in seiner Abwesenheit versuchte Myrtilos, sie zu vergewaltigen. Als Pelops zurückkam, stürzte er ihn in die See.[108] Als er nach diesen Abenteuern wieder in Griechenland eingetroffen war, eroberte er den Peloponnes (wir erfahren aber nicht, wie das vor sich ging) und gab ihm seinen Namen. Bisher hatte dieses Land Apis oder Pelasgiotis geheißen.[109] Er folgte seinem Schwiegervater auf dem Thron und hatte eine stattliche Anzahl Söhne, von denen Atreus und Thyestes eine Zeitlang in Makistos (Triphylia) residierten und dann nach Mykene und Tiryns übersiedelten.[110] Seine Gebeine wurden in einem *témenos* aufbewahrt, das ihm in Olympia geweiht worden war.[111] Seine Schwester Niobe, die er Amphion zur Frau gegeben hatte, gebar mehrere Kinder, auf die sie so stolz war, daß sie sich für glücklicher als Leto hielt, worauf ihr alle Kinder, ausgenommen Chloris, von Apollon und Artemis erschlagen wurden. Vom Schmerz gebeugt kehrte sie nach Sipylos heim und wurde hier zu Stein verwandelt.[112]

Das Kochen der Gebeine des jungen Pelops stellt einen Initiationsritus dar.[113] Klotho ist uns bereits als Geburtsgöttin vertraut (Seite 279 bis 280); hier tritt sie als Göttin der Wiedergeburt auf. Das Wettrennen um Hippodameia beruht auf dem *svayamwara*, dem Wettkampf vor der Hochzeit — eine matriarchalische Weiterentwicklung des Initiationsordals, dem sich die Jünglinge vor der Eheschließung unterziehen mußten.[114] Was uns hier daran am meisten interessiert, ist nicht der rituelle Kern, sondern der Überrest einer historischen Begebenheit.

Wenn Pelops seine Schwester in Boiotien als Braut vergab, kann er nicht auf direktem Wege von Sipylos nach Pisa gelangt sein. Aus dieser Diskrepanz geht hervor, daß wir es mit zwei verschiedenen Überlieferungen zu tun haben. Die erste, in der Thessalien, doch nicht Sipylos oder Pisa erwähnt werden, stellt die achaiische Version dar; die zweite, die Thessalien und die Achaier außer acht läßt, gehört nach Pisa.

Falls Pelops wirklich den Peloponnes eroberte, ist es merkwürdig, daß er Pisa an Stelle von Mykene oder einer anderen Stadt, die damals von anerkannter Bedeutung war, zur Hauptstadt erhob. Pisa hatte zu keiner Zeit eine besondere Rolle

---

[107] Schol. PIND. Ol. 1,127, PAUS. 6,21,7, APOLLOD. Epit. 2,6—7.
[108] APOLLOD. Epit. 2,8—9, Schol. A Il. 2,104.
[109] APOLLOD. Epit. 2,9.
[110] Schol. EURIP. Orest. 5.
[111] PAUS. 6,22,1.
[112] Il. 24,602—617, DIOD. SIC. 4,74, APOLLOD. 3,5,6.
[113] Siehe G. THOMSON, Aischylos und Athen, S. 116—119.
[114] BRIFFAULT, The Mothers, Bd. 2, S. 199—208.

gespielt, abgesehen davon, daß es eine Zeitlang die Oberaufsicht über die Olympischen Spiele geführt hatte, die jedoch erst im achten vorchristlichen Jahrhundert ihre bekannte panhellenische Bedeutung erlangten. Wäre Pisa jemals der Stammsitz der Pelopiden gewesen, so könnten wir erwarten, daß es in der *Ilias* als eines der Gebiete, die Agamemnon beherrschte, genannt würde. Doch das ist nicht der Fall. Man kann sich kaum des Verdachts erwehren, daß die Verbindung mit Pisa erst nachträglich in den Mythos eingefügt worden ist.

Kurz nach der Dorischen Wanderung wanderte eine Schar Achaier unter Führung eines gewissen Agorios von Helike im peloponnesischen Achaia aus und ließ sich in Elis nieder. Agorios war der Urenkel des Orestes.[115] Das liefert uns den Schlüssel zu dem vorliegenden Problem. Der Pelopskult wurde zu diesem späten Zeitpunkt von einem Zweig der Pelopiden nach Elis übertragen, wo er in Olympia mit Billigung der Festspielleitung eine neue Heimstätte fand; denn sie hatte offensichtlich reges Interesse daran, sich eine derart erlauchte Tradition anzueignen.

Andere Merkmale weisen in die gleiche Richtung. Hippodameia wurde in Olympia begraben, doch ihre Gebeine waren aus Mideia hierher überführt worden. In die eben genannte Stadt hatte sie sich nach einem Streit mit ihrem Ehegatten zurückgezogen.[116] Oinomaos existiert wahrscheinlich nur durch seine Beziehung zu Pelops. Es ist uns einerseits kein Name eines seiner Vorgänger bekannt, andererseits fragt man sich, warum er das Ziel des Wettrennens auf den Isthmus von Korinth verlegte. Das scheint darin begründet zu sein, daß er selbst aus dieser Gegend eingeführt worden ist; denn sein Großvater mütterlicherseits war der Flußgott Asopos.[117] Helike, Mideia, Korinth und der Asopos liegen sämtlich innerhalb des Territoriums, das nach Homer unter der Botmäßigkeit der Pelopiden von Mykene stand. Aus diesem Grunde glaube ich, daß der Pelopsmythos an dieser Stelle, in der Nordwestecke des Peloponnes, zuerst auf griechischen Boden verpflanzt wurde. Daraus kann man aber keineswegs den Schluß ziehen, daß Pelops selbst in Mykene regiert habe. Im Gegenteil, es gibt Anzeichen, die darauf hindeuten, daß er überhaupt nicht nach Griechenland gelangt ist. Es gab eine Überlieferung, nach der aus seinen Gebeinen das Bildwerk der trojanischen Athena geformt worden sei.[118] Sein Wagenlenker verstarb, lange bevor sie anatolischen Boden verlassen hatten, und die erwähnte Überlieferung legt nahe, daß das auch bei ihm der Fall war. Diese Tradition wird darüber hinaus durch eine andere gestützt, die in schlagendem Gegensatz zu der Version von Olympia besagt, Oinomaos sei König von Lesbos gewesen.[119] Das Wagenrennen wie auch das Kochen der Gebeine waren einfach altererbte Legenden, die die Pelopiden von Anatolien mitgebracht hatten.

Sipylos heißt der Berg, der das Hermos-Tal zwischen Sardeis und dem Meer überragt. Hier wurde die „in Tränen aufgelöste" Niobe in einen Felsen verwandelt.

---

[115] PAUS. 5,4,3.
[116] PAUS. 5,20,7. 6,20,7.
[117] PAUS. 5,22,6. 6,21,8. Pelops' Wagen wurde in Phleius aufbewahrt: PAUS. 2,14,4.
[118] DION. RHOD. 5 = CLEM. ALEX. Protr. 4,14, Schol. Il. 4,92, TZETZ. ad LYKOPHR. 53. 911, PAUS. 5, 13, 4–5.
[119] Schol. EURIP. Orest. 990: statt *Νῆσσαν* (DINDORF 2, 250, 5) lies *Ἴσσαν* (STRAB. 1,3,19).

Hier befand sich ein unter dem Namen „Thron des Pelops" bekannter Felsblock. Hier gab es ein altes Heiligtum der Göttermutter, das von seinem Bruder Broteas errichtet worden war. Nicht weit davon entfernt, im Tale eines Nebenflusses, befand sich die Stadt Thyateira, die ursprünglich Pelopeia hieß.[120] Der Hermos war das Hauptausfallstor, durch das die hethitische Kultur in die Ägäis eindrang. Die Niobegestalt, der Thron des Pelops und das Heiligtum des Broteas beziehen sich alle auf die hethitischen Baudenkmäler, die man noch heute auf den Höhen über Sipylos erblicken kann. Doch damit nicht genug, war sein dritter Bruder Daskylos ein Namensvetter von Gyges' Vater, des ersten Mermnaden (Seite 134), und der Wagenlenker Myrtilos ist ein Namensvetter von Myrsilos, dem letzten der lydischen Herakliden, und ebenso von Mursilis, dem hethitischen König, der in Chattuschasch seine Abmachungen mit den Fürsten von Ahhijawa aufzeichnen ließ. Die Tradition, daß Pelops ein Lyder gewesen sei, beruht offenbar auf historischer Grundlage.

Er war auch ein Paphlagonier und ein Phryger. Paphlagonien lag unmittelbar nördlich von Chattuschasch und war das Land der Leukosyroi, in denen man die Hethiter wiedererkannt hat. Die Phryger waren ein indogermanisch sprechendes, mit den Thrakern verwandtes Volk, das den Hellespont überquerte und das Hethiterreich überrannte. Wie die achaiischen Eroberer Kretas wurden auch sie vom Zauber der älteren Kultur gefangengenommen. Die phrygische Kybele war die hethitische Muttergöttin in neuer Form, und viele erhaltene phrygische Baudenkmäler sind, wenn nicht unmittelbares Produkt hethitischen Handwerksfleißes, so doch zumindest von hethitischen Originalen inspiriert. Unter ihnen befinden sich die Löwengräber von Ajazzin und Dimerli.[121] Über dem Eingang zu beiden Grabhügeln ist eine große Steinplatte angebracht, auf der zwei aufrechtstehende, einander zugekehrte Löwen, zwischen denen sich eine Säule erhebt, eingehauen sind. Garstang weist darauf hin, daß es sich hier um eine für die Hethiter charakteristische Vorstellung handelt. Wir sind ihr bereits in Mykene begegnet (Seite 315).

Die Griechen hatten keine unmittelbare Kenntnis von den Hethitern und konnten deshalb auch nicht wissen, daß sie von den Völkern, die später deren Kultur übernahmen, unterschieden werden müssen. Wenn sie Pelops als Lyder, Paphlagonier oder Phryger bezeichneten, haben sie daher mit der größtmöglichen Genauigkeit, deren sie fähig waren, zum Ausdruck gebracht, daß er ein Hethiter war.

---

[120] PAUS. 5,13,7. 3,22,4, STEPH. BYZ, Θυάτειρα. Es gibt noch viele andere Beziehungen zu Anatolien. Der *kordax* genannte Tanz, der in Olympia in Verbindung mit Artemis erscheint, stammte aus Sipylos: PAUS. 6,22,1. Das Heiligtum der Artemis Munychia in Pygela galt als Stiftung Agamemnons: STRAB. 14,1,20. Unter den voraufgegangenen Freiern der Hippodameia befanden sich Mermnes, Hippothoos, Alkathoos und Pelops aus Lokris Opuntia: PAUS. 6,21,10. Schol. PIND. Ol. 1,127. Mermnes ist der Eponym der Mermnadai (siehe S. 134). Hippothoos war ein Enkel des Teutamos: Il. 2,840—842; siehe S. 210. Alkathoos erscheint bei Hesiod als Sohn des Porthaon aus Pleuron (PAUS. 6,21,10), doch bei HOMER ist er der Schwager von Aineias, und seine Gattin heißt Hippodameia (Il. 13,428—429): die ersten Einwohner von Pleuron waren Leleger aus Nordwestanatolien (siehe S. 363). Über die Beziehungen zwischen Lokris und Troia siehe S. 209.

[121] GARSTANG, The Hittite Empire, S. 16, vgl. S. 85. Vielleicht geht er zu weit, wenn er die Gräber unmittelbar von einem hethitischen Original ableitet. Außerdem sind sie natürlich zeitlich viel jünger als das Löwentor von Mykene, doch das steht mit der Hypothese eines gemeinsamen anatolischen Prototyps nicht im Widerspruch.

Der Zusammenbruch des Hethiterreiches muß spätestens im Jahre 1200 v. d. Z. erfolgt sein, und Cavaignac weist den Einbruch der Phryger dem gleichen Zeitraum zu.[122] Wenn das richtig ist, scheint daraus zu folgen, daß Troia bereits zur Zeit des Trojanischen Krieges von den Eindringlingen in Besitz genommen war. In der nachhomerischen Überlieferung ist Hekabe eine aus Thrakien stammende Pelasgerin (Seite 210), doch bei Homer heißt ihr Vater Dymas und ist ein König der Phryger.[123] Priamos ist zwar selbst kein Phryger, doch ist der Stammbaum des trojanischen Herrscherhauses derart verworren, daß diese Diskrepanz nicht viel besagen will. Doch an einer Stelle erinnert er an einen Feldzug im Flußtal des Angarios, in dem er im Verein mit den Phrygern gegen die Amazonen gekämpft hatte.[124] Darin scheint ein Hinweis zu liegen, daß sie schon vor dem Trojanischen Krieg mit den Hethitern in Austausch gestanden hatten. Ferner ist erwähnenswert, wenn auch schwer zu erklären, daß sie auf diesem Feldzug von ihrem König Otreus, das ist die aiolische Form für Atreus, angeführt wurden.[125]

Eines der Attribute, die Kybele von der hethitischen Göttin ererbt hatte, bestand in ihrem von Löwen gezogenen Streitwagen.[126] Die Hethiter waren wegen ihrer Wagen berühmt, so daß man vielleicht für das Gefährt, das auf dem Lebensweg des Pelops eine Rolle spielte, die gleiche Herkunft annehmen kann. In Kappadokien wurde die Göttin unter dem Namen Ma bekannt, und ihr Kultzentrum lag in Komana, einer zur Zeit der Hethiter bedeutenden Stadt. Hier erhielt sich bis in römische Zeit ein hieratischer Clan namens Agamemnoneion Genos oder Orestiadai, der für sich in Anspruch nahm, das von Orestes aus Tauris mitgeführte Artemisbild in Verwahrung zu haben.[127]

Wer waren also diese Pelopiden? Die griechische Tradition weist auf die Hethiter hin. Doch in den Annalen von Chattuschasch findet sich kein Anhaltspunkt, daß sich die hethitische Herrschaft jemals bis auf das eigentliche Griechenland erstreckt habe. Vielleicht haben wir es mit einem anatolischen Zweig der Achaier zu tun, der die hethitische Kultur in sich aufgenommen hatte. Bei unseren gegenwärtig noch beschränkten Kenntnissen wäre es unklug, unbedingt eine endgültige Feststellung treffen zu wollen.

Der Stammbaum der Pelopiden umfaßt in der bei Homer gebotenen Form vier Generationen: 1. Peleus, 2. Atreus und Thyestes, 3. Agamemnon und Menelaos, Söhne des Atreus, und Aigisthos, Sohn des Thyestes, 4. Orestes, Sohn des Agamemnon. Die fünfte Generation, die von Tisamenos und Penthilos, Orestes' Söhnen, verkörpert wird, ist außer acht gelassen, da sie erst nach der Zeit auftritt, auf die sich die Gesänge beziehen. Dieser Stammbaum leitet sich vermutlich von der Familientradition der Penthilidai her, die zur Abfassungszeit der homerischen Gesänge Könige von Lesbos waren.[128]

[122] CAVAIGNAC, Le problème hittite, S. 152.
[123] Il. 16,718.
[124] Il. 3,185–189.
[125] Il. 3,186, Hom. Hymn. 5,111. 146, Etymol. Magn. Ὀτρεύς.
[126] GARSTANG, a. a. O., S. 114, vgl. A. J. EVANS, „The Ring of Nestor", JHS 45, 1925, 33–37.
[127] DIO. CASS. 36,13, STRAB. 12,2,3, CIG 4769.
[128] ARISTOT. Polit. 1311 b, 19, STRAB. 9,2,5. 10,1,8. 13,1,3, PAUS. 3,2,1.

Die auf dem Festland wohnenden Griechen pflegten eine andere Version der Überlieferung. Bei Hesiod ist nicht Atreus, sondern einer seiner Söhne namens Pleisthenes der Vater von Agamemnon und Menelaos.[129] Die Gestalt des Pleisthenes

Tabelle XV

Die Pelopiden

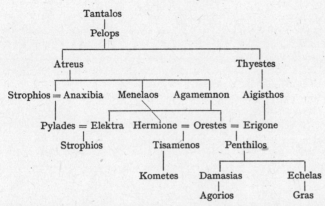

gibt uns ein Rätsel auf; denn weder läßt sich ein Motiv für seine Einfügung finden noch kann man ihn mit gutem Grund aus dem Stammbaum fortlassen. In beiden Fällen beweist uns seine Existenz, daß man sich der Zahl der Generationen nicht immer genau erinnert hatte.

Tisamenos und Penthilos waren Zeitgenossen der Dorischen Wanderung. Nach seiner Vertreibung aus Lakonien floh Tisamenos nach Helike, wo er starb und beigesetzt wurde.[130] Sein Sohn Kometes war bereits nach Anatolien ausgewandert.[131] Penthilos, der nachmalige Gründer der aiolischen Kolonie von Lesbos, ließ zwei Söhne auf dem Peloponnes zurück, von denen der eine namens Damasias Vater des Agorios wurde.[132] Es war der gleiche Agorios, der eine Schar Achaier nach Elis führte (Seite 342), wo er nach der lokalen Tradition von einem Fürsten namens Oxylos willkommen geheißen wurde. Hier können wir den Finger auf eine weitere wunde Stelle in der überlieferten Chronologie legen.

Eratosthenes setzte die durchschnittliche Zeitdauer einer Generation mit vierzig Jahren an. Diese Methode der Schätzung geht zumindest bis auf Thukydides zurück, der die Dorische Wanderung achtzig Jahre nach dem Fall Troias ansetzte und damit den zwei Generationen Rechnung trug, die zwischen Agamemnon und seinen von Dorern vertriebenen Enkeln lagen.[133] Wie Burn dargelegt hat, ist die

[129] HESIOD. fr. 98, vgl. STESICH. 15, AISCH. Agam. 1568.
[130] PAUS. 2,18,8. 2,38,1. 7,1,7—8.
[131] PAUS. 7,6,2.   [132] PAUS. 3,2,1. 5,4,3.
[133] THUK. 1,12,3, vgl. HEROD. 1,7,4. 2,142,2.

Zeitspanne viel zu lang.[134] Jedoch kann man der Schwierigkeit nicht durch die von ihm vorgeschlagene Methode Herr werden, einfach die von Eratosthenes angegebenen Daten herunterzusetzen. Das hieße annehmen, die Anzahl der Generationen sei richtig angegeben, aber es will mir scheinen, daß deren Summe nicht verläßlicher als ihre Länge ist. Pleisthenes bietet dafür ein treffendes Beispiel und Oxylos ein anderes. Nach der elischen Tradition ist dieser ein Enkel des Thoas und stammt aus Anatolien. Im Verein mit den Dorern nahm er Elis mit einer Schar Aitoloi in Besitz.[135] Das stimmt mit dem homerischen Schiffskatalog überein; denn da erscheint Thoas als Fürst der an der Belagerung Troias beteiligten Aitoloi.[136] Das stimmt ferner mit der Annahme überein, daß die Dorische Wanderung zwei Generationen nach dem Trojanischen Kriege stattfand. Aber es steht nicht mit dem Stammbaum des Agorios in Einklang, der der vierten Generation nach dem Kriege zugewiesen wird. Sie können natürlich trotz dieses Widerspruches Zeitgenossen gewesen sein, da die Lebenszeit einer Generation verschieden lang sein kann. Doch damit wird unser Vertrauen zur überlieferten Chronologie erschüttert; denn sie machte die Stammbäume vergleichbar, indem sie in einem gegebenen Zeitraum für verschiedene Familien die gleiche Anzahl Generationen ansetzte. Es ist viel wahrscheinlicher, daß der eine oder andere dieser Stammbäume angetastet worden ist. Welcher ist nun verläßlicher — der, welcher dem künstlichen, zusammenhängenden System des Eratosthenes folgt, oder die lokale Variante, die ihre Unabhängigkeit geltend macht?

Angesichts dieser Überlegungen haben wir keinen Anlaß, in Pelops mehr als ein Symbol für die anatolische Herkunft der Dynastie zu erblicken. Nachdem sie sich einmal in Mykene festgesetzt hatten, lag es nicht im Interesse dieser Könige, alle Namen ihrer kleinasiatischen Vorväter festzuhalten. Zweifellos wurden ihre eigenen Namen aufbewahrt, wahrscheinlich sogar schriftlich, solange sie an der Macht waren; aber nach dem Sturz der Dynastie spaltete sich die Tradition genauso wie sie selbst in zwei Zweige. Die Penthilidai von Lesbos behielten zwar ihre königliche Stellung bei, doch zeigt ihr Name, daß ihre Überlieferungen ihrer Funktion nach darauf beschränkt worden waren, die Herkunft von einem Sohn des Orestes, von dem sie ihren Status herleiteten, nachzuweisen. Die früheren Generationen, die zeitlich und räumlich in weiter Ferne lagen, neigten dazu, ins Reich des Mythos hinüberzugleiten. Unterdessen hatte der andere Zweig der Familie, mit Agorios an der Spitze, auf dem Peloponnes wieder Fuß gefaßt, jedoch nicht ohne in einer sozialen Umwälzung fast ebenso viel Schaden an der Familienüberlieferung wie am Familienvermögen erlitten zu haben. Was nun davon bei ihrer Umsiedlung nach Elis übrigblieb, wurde im Interesse der Priesterschaft von Olympia modifiziert.

In Übereinstimmung mit Homer bezeichneten die Argeier Mykene als den Ort, an dem sich Agamemnons Grabmal befand, doch die Spartaner zeigten sein Grab

---

[134] BURN, „Dates in Early Greek History", JHS 55, 1935, S. 130—146, vgl. CHADWICK, The Growth of Literature, Bd. 1, S. 193, 198. Möglicherweise bestand die Quelle des Irrtums in den Späteben, die im Athen des fünften Jahrhunderts v. u. Z. üblich wurden.

[135] PAUS. 5,3,6. Das war die Wanderbewegung, durch die der nordwestliche Dialekt nach Elis gelangte.

[136] Il. 2,638.

in Amyklai.[137] Wenn man, wie ich glaube, in Agamemnon keine festumrissene historische Gestalt sehen darf, sind wir der Notwendigkeit enthoben, zwischen diesen Alternativen zu wählen. Wir können uns mit der Feststellung begnügen, daß der von Menelaos vertretene spartanische Zweig der Dynastie seinen angestammten Kult mitnahm, als er sich am Eurotas festsetzte, und ihn an seiner neuen Begräbnisstätte weiter pflegte. Als sie diesen Ort dann verlassen hatten, lebte er noch lange in der Erinnerung als Begräbnisplatz ihrer alten Könige fort, deren größter Agamemnon war. Etwas Ähnliches hatte sich in ganz Lakonien zugetragen. Die Tradition der Pelopiden bestand fort, jedoch in verstümmelter Form, lokal begrenzt, unzusammenhängend und all die geschichtlichen Begebenheiten aus den Tagen einstiger Größe beinhaltend, deren sich die getretenen Sklaven erinnern konnten oder wollten.

[137] PAUS. 2,16,6. 3,19,6. Amyklai blieb auch noch einige Zeit nach der Dorischen Wanderung in achaiischer Hand: PAUS. 3,2,6. Die Überlieferung, die Agamemnons Wohnsitz nach Sparta verlegt, scheint den Dichtern der Odyssee bekannt gewesen zu sein: ALLEN, The Homeric Catalogue of Ships, S. 66—69.

XIII. DER ZUSAMMENSTOSS DER KULTUREN

1. Die soziale Struktur der Achaier

Nach all dem, was bereits gesagt worden ist, muß die eigentliche Geschichte des griechischen Matriarchats noch geschrieben werden. Es ist zwar erwiesen, daß ihm sämtliche entscheidenden Wesenszüge des Mutterrechts, wie sie aus unserer allgemeinen Untersuchung zu diesem Thema offenbar wurden, eigen gewesen sind, doch waren wir bisher noch außerstande, seine überragende Rolle im einzelnen nachzuweisen oder etwa die einzelnen Phasen seines Entstehens und Vergehens zu erkennen und voneinander abzugrenzen. Diese Aufgabe muß zurückgestellt werden, bis wir die minoische Schrift lesen können. Bis dahin läßt sich folgendes sagen. Zwischen der ersten und der letzten der neun minoischen Epochen verläuft ein Prozeß, der durch ständigen Wechsel gekennzeichnet ist. In ihm war die Herausbildung des Privateigentums auf Kosten der sich aus der Verwandtschaft ergebenden Rechte und eine schrittweise Verlagerung des Gleichgewichts in den gesellschaftlichen Beziehungen der beiden Geschlechter zueinander einbegriffen. Aber dieser Wandel vollzog sich innerhalb des matriarchalischen Rahmens, der trotz der sich ständig vertiefenden Gegensätze bis in die Periode hinein erhalten blieb, die wir im Laufe unserer Erörterungen erreicht haben. Hätte Griechenland einen weniger bequemen Zugang zu den umliegenden Ländern gehabt und wäre es leichter unter eine Zentralgewalt zu stellen gewesen, so würde sich das alte System genau so lange wie in Ägypten erhalten haben; es hätte die aufeinanderfolgenden Stöße barbarischer Einfälle auffangen können wie Ägypten die Hyksos. In der achaiischen Ära aber beschleunigte dieser Druck von außen in Verbindung mit den inneren Widersprüchen den Ausbruch einer Krise, aus der die uns bekannte griechische Kultur hervorging — eine auf der Grundlage des Privateigentums beruhende Klassengesellschaft, die auf ihren frühen Stufen durch einen bewußten Kampf zur Umwandlung oder Unterdrückung der aus matriarchalischer Vergangenheit stammenden Einrichtungen und Überlieferungen beseelt war.

Die Hauptmerkmale der achaiischen Gesellschaft, die bei Homer geschildert werden, sind von Chadwick analysiert worden, der auf viele die Situation erhellende Analogien zwischen diesem und anderen „heroischen" Zeitaltern verweisen konnte.[1] Ungezügelte, aber kraftvolle Eindringlinge unterjochen und assimilieren eine überlegene Kultur und verursachen dadurch eine ökonomische und soziale Umwälzung, die gekennzeichnet ist durch die Anhäufung von Reichtümern

---

[1] CHADWICK, The Heroic Age, ders., The Growth of Literature, vgl. ENGELS, Der Ursprung der Familie etc., S. 99—107, 168f.

in der Hand einer willensstarken Kriegerkaste, welche, zerrissen von mörderischen Auseinandersetzungen um die Thron- und Erbfolge, aus ihren Stammesbindungen herausbricht und mit raschem Schritt den Weg des gewalttätigen, selbstherrlichen Individualismus beschreitet — eine zwar glänzende, doch nicht minder kurze Karriere, da die Errungenschaften dieses Volkes auf dem Schwert und nicht auf der Entwicklung der Produktivkräfte beruhen.

Der Reichtum dieser achaiischen Fürsten besteht zuerst und vor allen Dingen in der Größe ihrer Herden. „Warum sollte ich gegen die Trojaner zu Feld ziehen," schreit Achilleus dem Völkerfürsten Agamemnon ins Gesicht, *„mein* Vieh haben sie mir nicht davongetrieben."[2] Ihrem eigenen Viehbestand müssen aus Naturalien bestehende Tribute der unterworfenen Völkerschaften hinzugefügt werden. Als Agamemnon seinem Gegenspieler die erwähnten sieben messenischen Städte anbietet, versichert er, daß die Einwohner ihn „gleich einem Gott mit Gaben verehren werden",[3] was bedeuten soll, daß sie ihm einen prozentualen Anteil von ihren Erträgen entrichten werden. Der Wert weiblicher Gefangener bemißt sich nach ihrer Geschicklichkeit am Webstuhl und wird mit soundso viel Stück Vieh angegeben.[4] Im übrigen gelüstet es diese habgierigen Abenteurer nach goldenen und silbernen Gefäßen, bronzenen Dreifüßen, Becken, Kelchen und allen Kunstgegenständen des minoischen Handwerks, deren sie habhaft werden können. Ihre Wertskala kann man an den bei ihren Wettspielen vergebenen Preisen ablesen. Wagenrennen: erster Preis — eine in der Arbeit geschickte Frau und ein Dreifuß, der 22 Maß faßt; zweiter Preis — eine sechsjährige trächtige Stute; dritter Preis — ein Becken, Fassungsvermögen 4 Maß, funkelnagelneu; vierter Preis — 2 Talente Gold; fünfter Preis — eine Schale.[5] Faustkampf: ein sechsjähriges, noch nicht zugerittenes Maultier und ein zweihenkliger Becher.[6] Ringen: ein Dreifuß im Werte von zwölf Rindern und ein Mädchen, das mit 4 Rindern bewertet wurde.[7] Wettlauf: erster Preis — ein silberner Mischkrug aus Sidon, der 6 Maß faßt; zweiter Preis — ein Stier; dritter Preis — ein halbes Talent Gold.[8]

Ihre moralischen Werte, ihre persönlichen Ideale und ihre Einstellung zum einfachen Volk spiegeln sich in den Göttersagen wider, die ihnen von den Sängern erzählt werden. Zeus wohnt auf der umwölkten Spitze des Olympos.[9] Anfangs hatte er dort als der Wolkensammler und Donnerer allein gehaust, während die anderen Götter anderswo wohnten — Hera in Argos, Aphrodite in Paphos, Athena im Hause des Erechtheus; doch nun lebten sie in einer einzigen himmlischen Festung beieinander — Zeus bewohnte den Palast in der Mitte, die anderen die umliegenden Herrenhäuser, die ihnen Hephaistos errichtet hatte. Zeus war ihr anerkanntes Oberhaupt, wird aber trotzdem, besonders von seiner Gattin, des öfteren herausgefordert. Er beruft seine Edlen zu Ratsversammlungen ein, auf denen über das Schicksal der Menschen entschieden wird, und bewirtet sie mit Fleisch, Wein und Musik. Diese Götter sind selbstsüchtig, skrupellos, begehrlich und allen Sinnen-

---

[2] Il. 1,154.   [3] Il. 9,154—155.
[4] Il. 23,703, 885, Od. 1,431.   [5] Il. 23,262—270.
[6] Il. 23, 653—656.   [7] Il. 23,702—705.
[8] Il. 23,741—751.
[9] NILSSON, Homer and Mycenæ, S. 267.

freuden äußerst zugetan. Nur in einem unterscheiden sie sich von ihren Gläubigen — sie sind unsterblich; und über dieses Vorrecht wachen sie eifersüchtig. Der Mensch darf sich über seinen sterblichen Rang nicht erheben, sonst wird er vom Blitzstrahl getroffen. Wie das einfache Volk zu seinen Fürsten steht, so steht der Mensch zu den Göttern.[10] Der achaiische Olympos ist das Spiegelbild der gesellschaftlichen Wirklichkeit.

Entkleidet man sie ihres heldischen Zaubers, so bleibt außer einer überschäumenden Lebenskraft wenig Bewundernswertes an diesen Menschen übrig. Wir wollen uns anhören, wie der in einen Bettler verwandelte Odysseus sich bemüht, einen guten Eindruck zu erwecken:

> Meine Herkunft rühme ich aus dem räumigen Kreta.
> Reich begütert war mein Vater. Noch andere viele
> Söhne wuchsen im Hause ihm auf, die alle der rechten
> Gattin entstammten, doch mich gebar ein erhandeltes Kebweib.
> Aber mich achtete gleich den ebenbürtigen Kindern
> Kastor, der Hylakide, als dessen Sohn ich mich rühme.
> Gleich einem Gott ward er im Volk der Kreter geachtet
> Wegen der Fülle des Reichtums und seiner so herrlichen Söhne.
> Aber da kamen die Götter des Todes und trugen den Vater
> Nieder in Hades' Haus, und das Vermögen verteilten
> Seine so stolzen Söhne und warfen darüber die Lose,
> Mir aber gaben sie nur sehr wenig und wiesen mir Wohnung.
> Doch ich erwählte ein Weib von reichbegüterten Leuten,
> War ich doch gar tüchtig, auch sonst zu vielem zu brauchen
> Und nicht feig im Kampf. Nun ist das alles geschwunden;
> Aber du wirst es auch heute noch spüren, siehst du die Stoppel
> Näher dir an, doch lastet auf mir zu drückende Drangsal.
> Mut verliehen mir einst und männerdurchbrechende Stärke
> Ares und Pallas. So oft ich zum Hinterhalte die besten
> Männer erwählte, um über die Feinde Verderben zu bringen,
> Dachte an keinen Tod die immermutige Seele.
> Weit als erster sprang ich hinaus, und unter den Feinden
> Traf mein Speer einen jeden, der nicht zu entrinnen vermochte.
> So war ich im Kampf, doch Arbeit liebte ich minder,
> Noch die Ruhe des Hauses, die treffliche Kinder heranzieht.
> Nein, ich liebte weit mehr die wohlberuderten Schiffe,
> Kriege und Streit und Pfeile und wohlgeglättete Speere,
> Harte Dinge, die anderen Leuten nur Schauer erregen,
> Mir aber waren sie lieb, ein Gott gebot es dem Herzen,
> Denn manch anderer Mann hat Freude an anderen Werken.
> Ehe die Söhne Achaias die Triften von Troia besetzten,
> Führte ich neunmal Krieger und eiligsegelnde Schiffe
> Gegen entlegene Völker und machte Beute die Menge.
> Davon erlas ich mir reichlich, erloste dann später noch vieles
> Weiter dazu. Schnell wuchs des Hauses Wohlstand, ich wurde
> Ein gefürchteter Mann, geehrt im Volke der Kreter.

[10] NILSSON, History of Greek Religion, S. 158—159.

Die soziale Struktur der Achaier

> Aber als nun der donnernde Gott den schrecklichen Kriegszug
> Über uns sandte, in dem so viele Männer erblaßten,
> Da befahl man mir und dem hehren Idomeneus, beide
> Sollten wir Schiffe führen gen Troia. Nun gab es kein Mittel,
> Solches zu weigern; uns zwang des Volkes drängende Mahnung.[11]

Sooft wir Phoinix in der *Ilias* begegnen, tritt er als ernsthafter, gottesfürchtiger Greis auf, doch hat auch er eine stürmische Vergangenheit gehabt. Er mußte einst

> ... die herrlichen Frauen von Hellas vor Zeiten verlassen,
> Fliehend im Streit mit dem Vater, dem Ormeniden Amyntor,
> Der um ein lockiges Weib mit schrecklichem Zorne mir drohte.
> Denn er liebte sie selbst, entehrend die eigene Gattin,
> Meine Mutter; und sie umschlang mir flehend die Kniee,
> Mich dem Weib zu gesellen, daß gram sie würde dem Greise.
> Und ich gehorchte und tats; gleich packte Argwohn den Vater.
> Fürchterlich schallte sein Fluch, er rief die grause Erinys,
> Niemals solle ein Sohn von mir auf den Knien ihm sitzen,
> Meines Geblüts; und es haben den Fluch die Götter vollendet,
> Zeus in der unteren Welt und die schreckliche Persephoneia.
> Und so beschloß ich ihn denn mit der Spitze des Erzes zu töten,
> Doch der Unsterblichen einer bezähmte den Zorn, denn er mahnte
> Mich an die Stimme des Volks und das laute Schmähen der Menschen,
> Daß man nicht Mörder des Vaters im Land der Achaier mich heiße.
> Aber im Herzen vermochte ich nimmer, es weiter zu tragen,
> Daß ich noch länger im Haus des zürnenden Vaters verbliebe.
> O, wie hielten Verwandte und alle die Freunde der Gegend
> Flehentlich bittend mich fest, daheim im Palaste zu weilen.
> Viele gemästete Schafe und glänzende, wandelnde Rinder
> Schlachteten sie und vielerlei Schweine im strotzenden Fette
> sengten und spannten sie über der Flamme des Gottes Hephaistos;
> Viel auch schöpfte und trank man Wein aus den Krügen des Alten.
> Also ruhten sie rings um mich neun Nächte zusammen,
> Wechselnd hielten sie Wacht und niemals löschte die Flamme,
> Eine unter der Halle des mauerumgürteten Hauses,
> Unter dem vorderen Haus vor den Pforten der Kammer die andre.
> Als nun aber die zehnte der finsteren Nächte gekommen,
> Brach ich das feste Gefüge der Tore am nächt'gen Gemache,
> Eilte hinaus, und über die Mauer des Hofes entsprang ich,
> Unbemerkt von den wachenden Männern und dienenden Mägden.
> Und ich entfloh in die Ferne durch Hellas' weite Gefilde,
> Bis ich nach Phthia gelangte, der nährenden Mutter der Länder,
> Und zu Peleus, dem König, und gütig empfing er den Fremden,
> Liebe erwies er mir stets, so wie der Vater ein spätes,
> Einziges Kind in der Fülle der Güter mit Liebe umwaltet;
> Und er machte mich reich und zu vielerlei Volkes Gebieter,
> Als der Doloper Herr bewohnt' ich die Grenzen von Phthia.[12]

[11] Od. 14, 199–239.   [12] Il. 9, 447–484.

Angesichts solcher Textstellen ist es ein wenig beunruhigend, auf den gefällig geschriebenen Seiten der gelehrsamen Homerforschung lesen zu müssen, die Achaier seien „eine edle und großmütige Rasse" mit einer „reinen und zarten Auffassung ehelicher Liebe" gewesen.[13]

Die „Vettern und Verwandten" (in obiger Übersetzung: Verwandte und Freunde), die solche Mengen Fleisch und Wein verzehrten, waren offensichtlich in einer Anzahl vertreten, die bei weitem die Grenzen einer Familie überschritt. Hier ertappen wir einen Achaier, als er gerade dabei ist, aus den durch den Clan gezogenen Schranken auszubrechen; und als er sich glücklich aus dem Staube gemacht hat, schließt er sich einem Fremden an, mit dem ihn eine rein individuelle Beziehung verknüpft — ein persönliches Lehnsverhältnis zwischen einem Vasallen und seinem Herren. Die Rolle, die die gesetzlich angetraute Frau spielt, ist gleichfalls sehr aufschlußreich. Indem er sich so vieler Frauen erfreute, wie er mit dem Schwert erbeuten oder mit Vieh bezahlen konnte, dürfte Ormenos dem Brauch seiner nördlichen Vorfahren treu geblieben sein; aber seine Gattin erhob Einspruch und schlug zurück, wie Klytaimestra. Diese Neuankömmlinge heirateten in die ansässige Nobilität ein, die ihre eigenen Vorstellungen von Frauenwürde hatte. Das ist der Grund, weshalb soviele dieser „heroischen" Erzählungen von den Kämpfen um Gattinnen und Nebenfrauen handeln. Helena selbst, die schönste von allen, hatte sich ihren Gatten unter den um ihre Hand anhaltenden Achaiern ausgesucht; und da sie das erstemal von ihrem Recht der freien Entscheidung Gebrauch gemacht hatte, war sie auch so frei, später anderen Sinnes zu werden. In diesem Falle war es der Ehegatte, der Einspruch erhob, und die Achaier schlugen sich auf seine Seite. Es bedurfte mehr als nur der schönen Larve Helenas, um die tausend Schiffe zu Wasser zu bringen. Paris hatte noch andere Schätze geraubt.[14] Da der Reichtum stets bei der Frau verblieb, waren die Kämpfe um schöne Damen Kämpfe um harte Münze.

2. Die Darstellung des Matriarchats bei Homer

Die homerischen Dichter waren sich der Tatsache wohl bewußt, daß die Welt, in der sich ihre Helden den Weg zum Ruhm freikämpften, von ihrer eigenen völlig verschieden war, und es gab mehrere Unterscheidungsmerkmale, die sie sorgfältig im Auge behielten. In ihrer Zeit war das Eisen an die Stelle der Bronze getreten, und die Dorer hatten auf dem Peloponnes die Macht inne; in den Gesängen ist Eisen eine Seltenheit, und über die Dorer schweigt man sich aus. In diesen Dingen zeichneten sie bewußt ein idealisiertes Bild der Vergangenheit. In bezug auf die Herausbildung des Privateigentums und die Konsolidierung der patriarchalischen Familie ist das Bild weitaus subjektiver gezeichnet und ermangelt daher auch der Deutlichkeit. Sie wußten jedoch, daß die Stellung der Frau eine Veränderung erfahren hatte, und wenn wir die Gesänge von diesem Gesichtspunkt aus unter-

---
[13] JEBB, Homer, S. 74, 76.
[14] Il. 3, 72. 7, 362—364.

suchen, können wir unter Anführung entsprechender Textstellen die wahren Tatbestände wieder ans Licht ziehen.

Die meisten Leser der *Ilias* werden mit mir einer Meinung sein, daß die sich in Troia abspielenden Szenen einen ungriechischen Charakter tragen. Im Gegensatz zu Agamemnon und seinen Edelleuten, diesen Heerführern, die im Kampfe ihren Mann stehen und als Schwertschwinger und Lanzenwerfer unübertrefflich sind, ist Priamos ein sanfter und milder, alles andere als kriegerischer Herrscher. Hektor könnte zugegebenermaßen als Achaier gelten, doch Paris, der eine ältere Gestalt der Sage zu verkörpern scheint,[15] ist wegen seines unmännlichen Wesens berüchtigt. Ebenso ist zwar die Stellung der Andromache als Gattin Hektors nicht sehr von der Penelopes verschieden, doch darf sich Helena frei auf den Straßen bewegen und die Vorbeigehenden mit ihrer Schönheit betören, und Hekabe ist eine würdevolle und einflußreiche Persönlichkeit. Sie ist es, nicht der König, die im Interesse der Sicherheit der Stadt die Göttin um Hilfe angeht:

> Sprachs, und nach dem Palaste begab sich die Mutter und sandte
> Eiligst die Mädchen, um rings in der Stadt die Matronen zu rufen.
> Selber schritt sie hinab zu dem tiefen, duft'gen Gemache,
> Wo sie die bunten, gestickten Gewänder bewahrte, die Arbeit
> Jener sidonischen Frauen, die einst der Held Alexandros
> Fern aus Sidon gebracht, als er weit die Meere durchfahren,
> Wo er dann Helena raubte, die Tochter des göttlichen Vaters.
> Hekabe wählte nun eins der Gewänder Athena zur Gabe,
> Das in dem bunten Gewirke das herrlichste war und das größte,
> Hell wie ein funkelnder Stern; es lag von allen zuunterst.
> Damit schritt sie von dannen, gefolgt von vielen Matronen.
> Wie sie nun hoch auf der Feste zum Tempel Athenas gekommen,
> Öffnete ihr die Pforten die blühendschöne Theano,
> Kisseus' Tochter, die Gattin des reisigen Helden Antenor,
> Die von den Troern Athena zur Priesterin weihend gegeben.
> Flehenden Rufes erhoben sie alle zur Göttin die Hände;
> Dann aber nahm das Gewand die blühendschöne Theano,
> Legte es über die Knie der schöngelockten Athena. . . .[16]

Der gleichen Göttin dienten natürlich auch in Athen und in anderen Städten während der ganzen Geschichte dieses Kultes Priesterinnen; doch wurden in späterer Zeit alle gottesdienstlichen Handlungen, die ihr von Staats wegen zuteil wurden — Opfer, Prozessionen und Spiele —, von den städtischen Beamten, also Männern, überwacht. Die trojanische Athena war also noch das, was die Athena von Athen einstmals gewesen ist.

Priamos' Palast war folgendermaßen angelegt:

> Rings errichtet mit Hallen geglätteter Säulen — doch drinnen
> Waren Gemächer an fünfzig mit glatten, steinernen Wänden,
> Eines neben dem andern gebaut; des Priamos Söhne
> Ruhten dort schlafend zur Seite der ehlich verbundenen Gattin;

---

[15] SCOTT, The Unity of Homer, S. 205—206.
[16] Il. 6, 286—303.

> Doch für die Töchter erhoben sich drüben am anderen Ende
> Zwölf gedeckte Gemächer im Hof aus glattem Gemäuer,
> Eines neben dem andern; die Schwiegersöhne des Königs
> Ruhten dort schlafend zur Seite der keuschen, würdigen Frauen.[17]

Diese Wohnstätte hat man als patriarchalischen Gemeinschaftshaushalt charakterisiert,[18] doch erkennt man nach kurzem Nachdenken, daß diese Deutung unmöglich ist. Der patriarchalische Gemeinschaftshaushalt besteht aus dem *pater familias*, seiner Gattin, den Söhnen und unverheirateten Töchtern und den Schwiegertöchtern. Nicht einbegriffen sind in ihm die verheirateten Töchter oder die Schwiegersöhne; denn sie leben in anderen Haushalten. Ein Wohnsitz wie der des Priamos muß der Natur der Sache nach eine Ausnahme dargestellt haben, da die verheirateten Kinder nicht gleichzeitig in zwei Häusern gewohnt haben können. Es handelt sich deshalb um eine Ausnahme, weil es ein Königspalast ist. Der Haushalt ist nach dem Grundsatz der matriarchalischen Endogamie gegliedert, durch die die Söhne in die Lage versetzt sind, sich die Nachfolge durch die Ehe mit den Schwestern zu sichern. Daß das einst in der Stadt des Priamos die Regel dargestellt hat, erweist die Anordnung seines Palastes.

Abb. 63. Mykenische Dame: Fresko aus Tiryns

Die homerischen Dichter haben sie zu beschreiben versucht, obgleich sie den Sinn nicht begriffen. Aber der Brauch selbst war ihnen bekannt. Aiolos, der König der Winde, wohnte auf einer Zauberinsel in einem Palaste, der von einer bronzenen Mauer eingeschlossen wurde:

> Und zwölf Kinder zeugte der König in seinem Palaste,
> Töchter waren es sechs und sechs jungblühende Söhne,
> Und die Töchter gab er seinen Söhnen zu Frauen.
> Bei ihrem lieben Vater und bei der würdigen Mutter
> Nehmen sie immer das Mahl. Da stehen unzählige Speisen
> Und durchduften das Haus; das hallt bis über den Hof hin
> Tags, und nachts, da ruhen sie bei den züchtigen Frauen
> In geschnitzten Betten auf weichen, wolligen Decken.[19]

In der Welt des Mythos herrschen noch immer die blutschänderischen Gewohnheiten einer überwundenen Vergangenheit, da sie dort, von der Wirklichkeit geschieden, keinen Schaden anrichten können.

Wir sind bereits in das wundersame Königreich Phaiakien eingeführt worden. Trägt es auch nur mythischen Charakter, so ist es doch aus Materialien zusammengefügt, die man der Wirklichkeit entnahm. Wir brauchen nur ein wenig tiefer

---

[17] Il. 6,243—250. Nestors Palast in Pylos war von der gleichen Art: Od. 3,387, 451.
[18] ERDMANN, Die Ehe im alten Griechenland, S. 126.
[19] Od. 10,5—12.

hineinzublicken, um diese Welt genauer kennenzulernen. Es ist die entschwundene Welt des minoischen Griechenland. Die von Quellen bewässerten königlichen Gärten, in denen in einer Ecke noch der Wein gekeltert wird, während in der anderen bereits die neue Ernte heranreift; der eigentliche Palast mit seinen Bronzetoren und den „glasig blauen Gesimsen", am Eingang von goldenen und silbernen Hunden bewacht; die behenden Füße der tanzenden Knaben, der purpurne Ball, der in die Luft geworfen und zum Takte der Musik im Sprunge wieder aufgefangen wird, während der Barde von der Liebschaft zwischen Ares und Aphrodite singt, schmachtend und verführerisch; und das freie, unabhängige Gebaren der Frauen — das könnten Szenen aus den Fresken vom Palaste des Minos sein.

Nausikaa erteilt Odysseus genaue Anweisungen, wie er sich ihren Eltern nähern solle:

> .... Und bist du dann innen im Hofe,
> So durcheile den Saal, zu meiner Mutter zu kommen.
> Drinnen sitzt sie am Herd im hellen Glanze des Feuers,
> Wie ein Wunder zu schaun, und spinnt die purpurnen Fäden,
> An die Säule gelehnt, und hinter ihr sitzen die Mägde.
> Neben ihr steht ein Thron für meinen Vater, den König,
> Wo er mit Wein sich labt und sitzt wie einer der Götter.
> Schreite an ihm vorbei und umfasse mit flehenden Händen
> Unserer Mutter Knie, damit du die Stunde der Heimkehr
> Schneller sähest und froh, und wohnest du auch in der Ferne.[20]

Der König ist nur eine dekorative Gestalt. Die Königin hat die Entscheidungsgewalt. Diese Königin ist eine bemerkenswerte Frau. Auf der Straße begegnet Odysseus einem Mädchen mit einem Wasserkrug in der Hand, das ihm den Weg zum Palast zeigt und ihm Auskunft über die königliche Familie erteilt:

> .... Die ward des Alkinoos Gattin,
> Der sie ehrte, wie nie eine Frau hiennieden geehrt ward,
> Wo nur irgend Weiber das Haus dem Gebieter verwalten.
> So ward jene von Herzen geehrt und wird es noch heute
> Von ihren lieben Kindern und von Alkinoos selber,
> Auch von den Leuten, die sie wie eine Göttin betrachten
> Und sie so begrüßen, so oft sie die Straßen durchwandert.
> Denn sie selbst ermangelt nicht edlen Verstandes, und wem sie
> Wohl will, schlichtet sie Zwist, ja selbst den Hader der Männer.
> Denn wenn sie dir nur im Herzen freundlich gewogen,
> O, dann hoffe getrost, die Deinen wiederzusehen
> Und dein prächtiges Haus und deiner Väter Gefilde.[21]

So weit ist alles aus einem Guß, doch als Odysseus an seinem Bestimmungsort angelangt ist, wickelt sich alles ganz anders ab:

> Da durchschritt den Saal der hehre Dulder Odysseus,
> Dicht in Nebel gehüllt, mit dem ihn Athena umschleiert,
> Bis er Arete und den phaiakischen König erreichte.

---

[20] Od. 6,303—315. [21] Od. 7,66—77.

> Um die Kniee Aretes schlang nun Odysseus die Hände,
> Und da flutete von ihm ab der göttliche Nebel.
> Lautlos verstummten die Fürsten beim Anblick des Mannes im Saale,
> Staunend schauten sie ihn. Da aber flehte Odysseus:
> „O Arete, Tochter des göttergleichen Rhexenor,
> Leidenbeladen nahe ich deinen Knieen und deinem
> Gatten und diesen Gästen. Die Götter mögen im Leben
> Alle segnen! Es möge ein jeder den Kindern im Hause
> Schätze hinterlassen und Ehrengaben des Volkes!
> Mir aber schafft Geleit, schnell in die Heimat zu kommen,
> Muß ich doch lang schon Leiden fern von den Meinen ertragen."
> Also sprach er und setzte sich in die Asche am Herde
> Neben dem Feuer. Die andern verharrten in tiefem Verstummen.
> Spät erst begann Echeneos, der greise, also zu reden,
> denn von den Phaiaken war er der älteste, wußte
> Wohl zu reden und rühmte sich langer, reicher Erfahrung,
> und so sprach er denn zu ihnen gütig und weise:
> „O Alkinoos, nein, das ist nicht schön und nicht schicklich,
> Einen Fremden am Herd in der Asche sitzen zu lassen,
> Aber dein Wort erwarten die andern und halten noch an sich.
> Drum erhebe du den Fremden und laß ihn auf schönen
> Silbernen Sessel sich setzen und heiße die Herolde neuen
> Wein zu mischen, aufs neue dem donnernden Gotte zu spenden,
> Da Kronion ja selber ehrwürdige Flehende leitet;
> Und die Schaffnerin biete dem Fremden vom Vorrat ein Nachtmahl."
> Als dies aber vernommen Alkinoos' heilige Stärke,
> Nahm er bei der Hand den kundigen, klugen Odysseus,
> Hieß ihn sich vom Herd erheben und bot ihm den schönen
> Sessel, von dem sein Sohn, der tapfre Laodamas, aufstand.[22]

Odysseus hat sein Bittgesuch an die Königin gerichtet, wie man ihn geheißen hatte, aber sie erteilt ihm keine Antwort. Schließlich ist es doch der König, der das Machtwort zu reden hat.

Was wir hier vor uns haben, sind zwei Variationen desselben Themas. Das eine Mal wirft sich der Schutzsuchende der Königin zu Füßen und umfaßt ihre Knie — eine symbolische Geste der Geburt, Wiedergeburt, Adoption und der Hilfesuche. Das andere Mal setzt er sich am Herd nieder — dem Mittelpunkt des Familienlebens — und wird vom König zu einem Platz am Tisch geführt und damit als Verwandter aufgenommen. In beiden Fällen handelt es sich um einen Ritus des Schutzsuchens, doch der erste ist matriarchalisch, der zweite patriarchalisch, und die Dichter, die der *Odyssee* ihre endgültige Form verliehen, waren sich unschlüssig, welchen sie wählen sollten.

Wenn wir uns die Vergangenheit dieses königlichen Paares näher ansehen, entdecken wir eine weitere Regelwidrigkeit. Wieder ist es das Mädchen mit dem Krug, das uns aufklärt:

---

[22] Od. 7, 139—171.

> Erst im Saale nahe dich der gebietenden Herrin;
> Sie ist Arete mit Namen genannt und stammt von denselben
> Eltern, die zugleich den König Alkinoos zeugten.
> Erst den Nausithoos zeugte der Erdumstürmer Poseidon
> Mit Periboia, die ja von allen Frauen die schönste
> Und die Jüngste unter des stolzen Eurymedon Töchtern,
> Der vor langen Zeiten die wilden Giganten beherrschte.
> Der verdarb sein frevelnd Volk und ging selber verdorben.
> Doch zu der Tochter gesellt, erzeugte Poseidon den stolzen
> Sohn Nausithoos, der dann die Phaiaken beherrschte
> Und zu Söhnen Rhexenor und auch Alkinoos zeugte.
> Erbenlos fiel der erste vom Silberbogen Apollons,
> Eben erst vermählt, nur eine Tochter Arete
> Hinterließ er daheim. Die ward Alkinoos Gattin.[23]

Am Schluß dieser Stelle werden wir davon unterrichtet, daß Arete eine Tochter des Bruders ihres Gatten ist. Das nennt man patriarchalische Endogamie und das entspricht dem attischen Erbinnengesetz (Seite 102—103). Arete war das einzige Kind, deshalb wurde sie mit dem nächsten Anverwandten des Vaters verheiratet. Das lesen wir nur wenige Zeilen nach der Versicherung, daß Arete „von den gleichen Eltern stammt" wie Alkinoos. Die Gelehrten haben versucht, die Lage dadurch zu retten, daß sie das Wort für „Eltern" mit „Vorfahren" übersetzten, doch damit geraten sie in Widerspruch zu Hesiod, der das Paar als Bruder und Schwester bezeichnete.[24]

Wenn irgendwo, dann hat Homer an dieser Stelle geschlafen. Wir haben ihn auf frischer Tat ertappt. Hier ist als Alternative zu der matriarchalischen Endogamieregel, die die griechischen Dichter nicht verstanden oder nicht verstehen wollten, ein Stammbaum erfunden worden, der mit dem ihnen vertrauten ehrwürdigen Erbinnengesetz übereinstimmt. Ein bloßes Ausgleiten der Zunge hat sie verraten. Es kann kein Zweifel bestehen, wie man das zu beurteilen hat, und die sich daraus ergebenden Folgerungen sind höchst beunruhigend. Bei wieviel anderen Stammbäumen haben sie auch noch Eingriffe aus ähnlichen Motiven vorgenommen, nur daß sie da geschickter vorgingen? Selbst in diesem Fall, wo das Vergehen offen zutage liegt, sind sie nahezu drei Jahrtausende lang unbemerkt davongekommen. Das nur deshalb, weil in Fragen, die die soziale Stellung der beiden Geschlechter betreffen, ihre modernen Herausgeber trotz all ihrer Gelehrsamkeit ebenfalls schlafen.

3. *Das Königreich des Odysseus*

Nachdem wir einen Zipfel des Schleiers gelüftet haben, können wir die Umrisse des ganzen Gemäldes durchschimmern sehen. Wenn wir Odysseus bis in seine Heimat Ithaka folgen, werden wir uns die Verwirrung ansehen können, die die

---

[23] Od. 7,53—66; siehe ROSCHER, Lexikon, Bd. 3, Sp. 2206—2207, J. A. K. THOMSON, Studies in the Odyssey, S. 168, KAGAROV, Пережитки etc., S. 37.

[24] HESIOD. fr. 95 = Schol. Od. 7,54. Auf diesen Widerspruch wies BURROWS, The Discoveries in Crete, S. 217, hin.

nüchtern denkenden achaiischen Korsaren anrichteten, als sie in diese exotische matriarchalische Welt einbrachen.

Die Unklarheiten und Inkonsequenzen in der homerischen Darstellung des Lebens auf Ithaka gehen teils auf die Dichter zurück, die nur sehr unvollkommen mit den in der Tradition bewahrten gesellschaftlichen Zuständen vertraut waren, doch einige wird man den Verhältnissen selbst zuschreiben müssen, die voller vorübergehender Anomalien waren, die sich aus dem Zusammenprall und der Vereinigung zweier verschiedener Kulturen ergeben hatten.

Das von den Kephallenern bewohnte Königreich des Odysseus besteht der Beschreibung nach aus den drei Inseln Ithaka, Samos (später Kephallenia genannt) und Zakynthos zusammen mit Krokyleia und Aigilips, die entweder Städte an der Küste Akarnaniens oder in der Bucht gelegene Inselchen waren.[25] Ithaka wird als felsig, dicht bewaldet und für die Pferdezucht ungeeignet geschildert, da es nur rauhes Weideland besitze.[26] Der Reichtum des Odysseus besteht hauptsächlich aus Vieh, das sich in der Mehrzahl auf dem Festland befindet. Die Bestandsaufnahme ergibt folgendes Bild. Auf dem Festland hat er 12 Rinder-, 12 Schaf-, 12 Schweine- und 12 Ziegenherden. Auf der Insel selbst besitzt er trotz der Schwelgerei der Freier noch immer 11 Ziegenherden, 600 Sauen und 360 Eber, außerdem ein *témenos* an Getreideland.[27] All das wird für ihn von einer nicht näher benannten Anzahl Sklaven gehütet bzw. bebaut, von denen einer, namens Eumaios, in der Sage eine hervorragende Rolle spielt. Er ist der Sohn eines Königs von Syros, einer Insel der Kykladen. Von phoinikischen Piraten wurde er in früher Jugend geraubt, an Odysseus' Vater Laertes verkauft und zusammen mit den anderen Kindern der Familie aufgezogen.[28] Vor dem Krieg hatte Odysseus die Absicht gehabt, ihm ein Haus, ein Stück Land und eine Frau zu geben — mit anderen Worten, ihn als unabhängigen Landwirt anzusiedeln.[29] Auch sind da noch eine Reihe Sklavinnen — zwölf, die in den Mühlen arbeiteten, und über fünfzig im Palast tätige.[30] Eine der letzteren namens Aktoris gehörte zu Penelopes Mitgift.[31] Die Schaffnerin Eurykleia, Odysseus' Amme, war von Laertes für zwanzig Rinder erhandelt worden. Laertes liebte sie zwar, nahm aber mit Rücksicht auf seine Frau keine geschlechtlichen Beziehungen zu ihr auf.[32]

Odysseus' aus Phokis stammende Mutter war schon verstorben, doch Laertes lebte noch. Im XXIV. Gesang, den man allgemein für einen der ältesten hält, erinnert er daran, wie er einst einen Raubzug auf das Festland unternommen habe, und spricht davon, daß er zu der Zeit König gewesen sei.[33] Aber sonst ist davon in dem Werke keine Rede, auch wird uns nicht berichtet, warum er abgedankt hat, falls er wirklich König gewesen ist. Die Ungewißheit, in der wir über diesen Punkt gelassen werden, legt die Vermutung nahe, daß Odysseus seinem Vater nicht auf den Thron gefolgt ist, sondern auf andere Weise König wurde.

---

[25] Il. 2,631—635, STRAB. 10,2,8—10.   [26] Od. 4,601—608. 13,242—247.
[27] Od. 14,13—20, 100—104. 17,299.   [28] Od. 15,403—484, 363—370.
[29] Od. 14,62—64, vgl. 17,320—323; VINOGRADOFF, The Growth of the Manor, S. 202. 230, BLOCH, „The Rise of Dependent Cultivation etc.", in: Cambr. Econom. Hist., Bd. 1, 1941, S. 239.
[30] Od. 20,105—108. 22,421—423.   [31] Od. 23,228.
[32] Od. 1,429—435.   [33] Od. 24,377—378.

Laertes lebt nicht im Palast, es wird auch nicht gesagt, daß das jemals der Fall war. Er wohnt in einiger Entfernung vom Palaste auf einem Landsitz, der aus einem Wohnhaus, einer Tenne und dem Garten besteht.[34] Im XXIV. Gesang wird es als sein eigenes, mit viel Mühe erworbenes Eigentum bezeichnet — d. h. eine Lichtung oder ein Stück Land, das er durch Urbarmachen von Ödland gewonnen

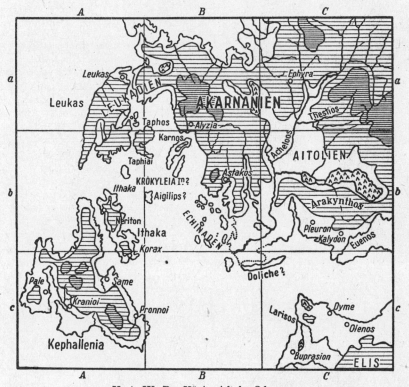

Karte IX. Das Königreich des Odysseus

hatte.[35] Der alte Mann verbringt seine Zeit mit kleinen Gartenarbeiten, während das Land von Dolios und seiner Familie für ihn bearbeitet wird.[36] Dieser Dolios ist ein Sklave, den Penelope von ihrem Vater Ikarios erhalten hatte, als sie heiratete und nach Ithaka kam.[37] Wie Aktoris war er ein Teil ihrer Mitgift. Im IV. Gesang trägt sie ihren Mägden auf: „Aber nun soll mir eine den greisen Dolios rufen, den mir mein Vater zum Diener gab, schon als ich hierherzog, der mir den blühenden

---

[34] Od. 1,189—193, 23,359—360.   [35] Od. 24,205—207.
[36] Od. 24,220—225, 387—390, 497.
[37] Od. 4,735—737.

Garten bestellt." Wem gehört dieser Garten? Wieder sehen wir, daß der XXIV. Gesang nicht auf einer Linie mit den übrigen liegt. Aus dem IV. Gesang geht hervor, daß sowohl das Land wie auch der darauf wirtschaftende Sklave zur Aussteuer gehört.

Odysseus segelte mit einem Kontingent von zwölf Schiffen nach Troia. Aus gelegentlichen Anspielungen kann man entnehmen, daß sich die Gesamtzahl der Besatzung auf 624 belief — ein Schiffsführer, ein Steuermann und fünfzig Ruderer je Schiff.[38] Das Königreich ist dadurch ernstlich entvölkert worden. Nicht nur der König selbst ist außer Landes, sondern er hat auch, wie man annehmen muß, einen Großteil der erwachsenen männlichen Bevölkerung mitgenommen. Während all dieser Jahre hat es keinen anerkannten Herrscher gegeben, keinen Ältestenrat und keine Volksversammlung.[39] Und inzwischen ist eine neue Generation herangewachsen, einschließlich einer großen Zahl ehrgeiziger junger Männer, die wie Telemachos ihren Vater nie gesehen haben. Sie sind frei von den Beschränkungen, die ihnen in normalen Zeiten von den Erwachsenen auferlegt worden wären. Deshalb ist es nicht unnatürlich, daß sie in der Annahme, Odysseus sei nicht mehr am Leben, die erlittenen Einbußen verschmerzen wollen und auf die Wahl eines neuen Königs drängen.

Aus den Reihen dieser jungen Leute rekrutieren sich die Freier. Ihre Zahl beträgt 108 — davon sind 12 aus Ithaka, 24 aus Samos, 20 aus Zakynthos und 52 von Dulichion (Doliche?).[40] Seit drei Jahren belästigen sie Penelope[41] und leben auf Kosten des Telemachos faul am Hofe. Ihre Aufdringlichkeit scheint auf einem nicht näher bestimmten Anspruch auf die Gastfreiheit der königlichen Tafel zu beruhen, wie sie in normalen Zeiten den Ältesten gewährt wurde.[42] Wenigstens genießen sie die passive Unterstützung des Volkes[43] und weigern sich, den Palast zu verlassen, ehe sich Penelope für einen von ihnen entschieden habe. Telemachos kann sich ihrer nicht entledigen; er kann nur sein Erbrecht am Haus seines Vaters und an dessen Vermögen geltend machen.[44] Das wurde von ihnen auch anerkannt. Einer der Beweggründe, aus denen sie seine Ermordung planten, wodurch die Familie ausgelöscht worden wäre, bestand in der Hoffnung, sein väterliches Erbe unter sich aufteilen zu können.[45] Andererseits weist er mit beißender Ironie den Verdacht von sich, er rechne mit der Nachfolge auf den Thron des Königreiches. Er gibt zu, daß es auf den Inseln noch andere Fürsten gibt, die seinem Vater auf dem Thron folgen könnten.[46] Worauf hoffen also die Freier, wenn einer von ihnen Penelope

---

[38] Il. 2,637, Od. 9,60—61, 159—160. 195, 289, 311. 10,116, 128—134, 203—208.
[39] Od. 2,26—27.
[40] Od. 16,247—251. Wo Dulichion lag, ist nicht auszumachen. Antike Autoren identifizierten es mit Kephallenia (STRAB. 10,2,14); in neuerer Zeit hat man es mit Leukas (ALLEN, The Homeric Catalogue of Ships, S. 83—87) und mit den zwischen Ithaka und dem Festland liegenden Inseln gleichgesetzt (RODD, Homer's Ithaca, S. 78—97). Die Einwohner werden als Taphioi bezeichnet: EURIP. Iph. Aul. 283—287. In der Ilias gehört es Meges, dessen Vater aus Elis stammte (2,625—629), doch in der Odyssee wird es von einem Akastos beherrscht, dessen Eltern nicht bekannt sind, und Meges wird nicht erwähnt (14,335—336).
[41] Od. 13,377—378.
[42] GLOTZ, La cité grecque, S. 55.
[43] Od. 2,239—241, vgl. 16,375.
[44] Od. 1,397—398.
[45] Od. 2,335—336. 368.   [46] Od. 1,394—396.

gewinnen sollte? Die Antwort auf diese Frage, um die sich die ganze Geschichte dreht, wird nirgendwo deutlich erteilt, sondern als gegeben vorausgesetzt. Aber bei Lage der Dinge ist nur eine Antwort möglich, und sie entschlüpft auch bei einer Gelegenheit im XV. Gesang. Telemachos sagt dort, die Ansicht der Freier sei, ,,meine Mutter zu freien und Odysseus' Würde (*géras*) zu erben".[47] Wer Penelopes Hand erhält, folgt damit auch Odysseus auf den Thron. Das Königtum wird nicht in der männlichen Linie vererbt, sondern wird zugleich mit der Hand der Königin vergeben.

Odysseus greift die Freier in dem Augenblick an, als sie sich im Bogenschießen messen wollen. Die Äxte sind in der Halle in einer Reihe aufgestellt worden, und Penelope hat das Versprechen abgelegt, derjenige, der den Bogen ihres Gatten spannen und einen Pfeil durch alle Äxte hindurchschießen könne, solle sie zur Frau haben. Hier haben wir ein weiteres Beispiel für einen Wettkampf vor der Hochzeit (Seite 341), und es sei darauf verwiesen, daß es in der nachhomerischen Überlieferung heißt, Odysseus selbst habe Penelope einst dadurch errungen, daß er seine Nebenbuhler in einem von ihrem Vater veranstalteten Wettlauf aus dem Felde schlug.[48] Im II. Gesang wird Telemachos von den Freiern aufgefordert, seine Mutter wieder zu ihrem Vater zurückzusenden, damit er ihr einen zweiten Ehegatten aussuche.[49] Im XV. Gesang wird sie sogar von Ikarios und ihren Brüdern bestürmt, Eurymachos, einen der Anführer aus der Schar der Freier, zu ehelichen.[50] Es wird uns nicht berichtet, wo ihr Vater zu Hause ist, doch nach dem Wortlaut dieser Stelle scheint er nicht sehr weit entfernt zu wohnen. In der späteren Literatur hat er seinen Wohnsitz in Sparta gehabt. Das kann aber nicht in der *Odyssee* gemeint sein, denn sonst hätten wir von ihm hören müssen, als Telemachos sich dort aufhielt. Die in der *Odyssee* unterdrückten diesbezüglichen Mitteilungen erhalten wir aus einer bei Strabon angeführten Tradition, die er den späteren Epen entnommen hat. Ikarios und Tyndareos waren demnach Brüder, die in Sparta geboren und erzogen wurden. Im frühen Mannesalter mußten sie das Land fluchtartig verlassen und suchten bei Thestios, dem König von Pleuron, Zuflucht. Diese Stadt lag am Eingang zum Golf von Korinth. Tyndareos kehrte schließlich nach Sparta zurück und wurde König, doch Ikarios blieb im Norden und erhielt das Königreich Akarnanien, in dem er gemeinsam mit seinen Söhnen Alyzeus und Leukadios regierte.[51] Das sind also die in der *Odyssee* erwähnten Brüder der Penelope. Alyzeus vertritt Alyzia, eine Stadt in Akarnanien, und Leukadios steht für Leukas. Da sich beide nahe dem Territorium des Odysseus befinden, wie es uns in der *Odyssee* beschrieben wird, müssen wir daraus schließen, daß er dort als Lehnsmann des Ikarios herrschte, nachdem er dessen Tochter geheiratet hatte.

Es gibt noch eine andere Version der Ehe des Odysseus — eine Lokaltradition aus Sparta. Danach bat ihn Ikarios nach der Hochzeit, bei ihm wohnen zu bleiben. Als aber Odysseus ablehnte und das junge Paar nach Ithaka abreiste, folgte ihnen der aufdringliche Schwiegervater. Schließlich wandte sich Odysseus an seine

---

[47] Od. 15, 518—522. [48] PAUS. 3,12,1.
[49] Od. 2,113—114.   [50] Od. 15,518—522.
[51] STRAB. 10,2,9. 10,2,24.

Gattin und stellte sie vor die Wahl, entweder zu ihm zu ziehen oder ohne ihn zu ihrem Vater zurückzukehren.[52] Das ist ein klares Beispiel einer Volkserinnerung an den Übergang von der matrilokalen zur patrilokalen Ehe. Man wird sich daran erinnern, wie Jakob, nachdem er zwanzig Jahre mit den Verwandten seiner Frauen zusammengelebt hatte, wobei er vierzehn davon um seiner Gattinnen willen diente, mit ihnen gemeinsam in sein Vaterhaus floh und von dem entrüsteten Laban verfolgt wurde, der erkannt hatte, daß ihm das Vermögen seiner Töchter verlorenging.[53] Genauso verhält es sich auch mit Penelope: sie zog es vor, ihre Eltern zu verlassen und sich ihrem Mann anzuschließen.

Wir sehen also, daß die *Odyssee* voll blasser Erinnerungen an die Spannungen und Widersprüche ist, durch die der Übergang vom Mutter- zum Vaterrecht gekennzeichnet wird. Dadurch wird die Frage aufgeworfen, wie weit man die Personen und Völker der Sage mit den Völkergruppen gleichsetzen kann, deren aktive Rolle bei der damals erfolgten Herausbildung des Griechentums bekannt ist.

4. Die Leleger Westgriechenlands

Betrachten wir die Erziehung, das Verhalten und das Äußere des homerischen Odysseus, so kann man ihn vom homerischen Achilleus nicht unterscheiden. Ob er ein Achaier im strengen Wortsinne war, kann man nicht mit Bestimmtheit sagen. Sein Großvater Arkeisios wird in dem Werk erwähnt, doch liefert er nicht den Schlüssel zur Persönlichkeit seines Enkels.[54] Seine Familie scheint sich auf den Inseln in einer isolierten Lage zu befinden und keine Blutsverwandten außerhalb ihres engen Kreises zu besitzen. Selbst Mentor, dem er für die Dauer seines Kriegsdienstes die Aufsicht über seine häuslichen Angelegenheit übertragen hatte, ist nur ein alter Freund der Familie.[55] Die einzige Person, auf die er sich, abgesehen von seinen nächsten Anverwandten, als einen Sippengenossen bezieht, ist Eurylochos, der zweite Befehlshaber seines Kontingents.[56] Nach Angabe antiker Kommentare war Eurylochos der Gatte seiner Schwester Ktimene, von deren Hochzeit im Epos gesagt wird, sie habe der Familie eine bedeutende Brautgabe eingebracht.[57]

Einige Überlieferungen, die sich auf die Kephallener beziehen, werden zwar nicht in der *Odyssee* selbst angeführt, stimmen aber mit dem dort Gesagten überein und sind für die Einschätzung der Rolle des Ikarios bedeutsam. Die Bevölkerung von Ithaka pflegte ihr Wasser aus einer unmittelbar vor der Stadt fließenden Quelle zu schöpfen. Sie befand sich in einem heiligen Pappelhain nahe einem am Wege liegenden Heiligtum der Nymphen, das von Polyktor, Neritos und Ithakos errichtet worden ist. Diese Nachricht stammt aus der *Odyssee*.[58] Dieses Trio bestand offensichtlich aus Lokalheroen. Polyktor ist ansonsten unbekannt,

---

[52] PAUS. 3,20,10.
[53] 1. Mose 31,1–43, vgl. EURIP. frag.318.
[54] Od. 13,182. 16,118.
[55] Od. 2,225–227.
[56] Od. 10,205, 441.
[57] Schol. Od. 10,441. 15,363–367.   [58] Od. 17,204–211.

außer daß der Vater eines der Freier seinen Namen trug, woraus man schließen kann, daß seine Nachkommen noch auf den Inseln lebten.[59] Neritos ist der Eponym eines im Zentrum von Ithaka gelegenen Berges, während Ithakos der Insel selbst seinen Namen gegeben hat. Es scheint, die Dichter der *Odyssee* haben mehr über diese altehrwürdigen Gestalten gewußt, als sie in dem Epos mitgeteilt haben. Aus anderen Quellen erfahren wir, Neritos und Ithakos seien Brüder gewesen und in Kephallenia zur Welt gekommen. Ihr Vater hieß Pteralaos und hatte zwei weitere Söhne namens Taphios und Teleboas.[60] Die Taphioi und Teleboai gingen auf den kleinen, zwischen Leukas und dem Meerbusen von Korinth verstreut liegenden Inseln dem Straßenraub nach. Die ersteren werden verschiedentlich in der *Odyssee* erwähnt; die letzteren wurden nach Apollodoros' Zeugnis von einer aus Mykene kommenden Strafexpedition heimgesucht.[61] Beide stammten sie aus Akarnanien und wurden von einigen Autoren als das gleiche Volk angesehen.[62] Die Taphioi wurden auch als Phoiniker bezeichnet, die von Kadmos abstammen sollten.[63] Nach einer anderen, von Aristoteles gestützten Überlieferung sind Taphios und Teleboas Söhne des Poseidon und der Hippothoe.[64] Bei Apollodoros wird Hippothoe als Enkeltochter des Perseus bezeichnet, aber nach Aristoteles war ihr Vater ein aus Leukas stammender „Sohn der Erde" und trug den Namen Lelex.[65] Die beiden Versionen sind nicht unvereinbar. Perseus stammte von den Kykladen; die durch Minos von den Kykladen verjagten Seeräuber waren Karer und Leleger. Demnach lautet der Schluß, daß die Taphioi und Teleboai und mit ihnen die Kephallener ein aus Kadmeiern und Lelegern gemischtes Volk waren, das sich nach seiner Vertreibung aus der Ägäis in die Adria zurückzog und wie Hornissen die Zugänge zum Meerbusen von Korinth umschwirrte.

Diese Schlußfolgerung wird durch die Topographie bestätigt. Abgesehen von Ithake (Ithaka) und Astakos an der Küste Akarnaniens finden sich auf *-ake* und *-akos* auslautende Ortsnamen im übrigen Griechenland überhaupt nicht, während sie in Anatolien gehäuft auftreten.[66] Der Fluß Euenos, der nahe Pleuron ins Meer einmündet, hat nahe Troia einen Namensvetter.[67] Samos, der homerische Name für Kephallenia, entspricht dem ägäischen Samos, das einer der ältesten Wohnsitze der Leleger war (Seite 128). Einer der Söhne des Ankaios, der über die Leleger des ägäischen Samos herrschte, hieß Alitherses. Das ist in der *Odyssee* der Name des alten Wahrsagers von Ithaka.[68]

---

[59] Od. 18,299.
[60] AKUSIL. 30, Schol. APOLLON. RHOD. 1,747. Der Stammbaum ist verworren: siehe ROSCHER, Lexikon, Bd. 3, Sp. 3261—3262. [61] Od. 1,105. 181. 419. 14,452. 15,427. 16,426, APOLLOD. 2,4,6.
[62] STRAB. 10,2,24. Schol. APOLLON. RHOD. 1,747, HESYCH. Τηλεβόαι. Telebois war der alte Name von Akarnanien (STEPH. BYZ. Τηλεβοίς) und Teleboai der der Taphioi (STRAB. 10,2,20).
[63] Etymol. Magn. 748, 40. [64] ARISTOT. fr. 546. [65] APOLLOD. 2,4,5, ARISTOT. fr. 546.
[66] Ich schließe Phylake aus, das ein griechisches Wort ist. Beispiele: Artake, Rhyndakos und Chabake an der Schwarzmeerküste; Idakos und Andriake in Thrakien; Acharake in Lydien; Mazaka in Kappadokien; Symbake in Armenien. Die Eigennamen Assarakos und Hyrtakos sind gleichfalls anatolischer Herkunft.
[67] STRAB. 7,7,8. 13,1,67.
[68] PAUS. 7,4,1, Od. 2,157—159. HEURTLEY fand in den Ruinen von Pelikata, die er als den Palast des Odysseus identifizierte, reiche Reste frühhelladischer Keramik und zog daraus den Schluß, daß „in Ithaka minysche und mykenische Einflüsse eine ältere, nach wie vor fortlebende Kultur nur dünn überdeckten": "The Site of the Palace of Odysseus", An 9, 1935, 414.

Tabelle XVI
Perieres und Thestios

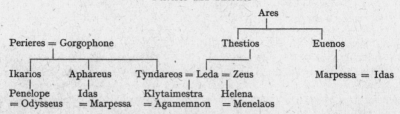

Damit haben wir die Lebensgeschichte des Ikarios erzählt. In Sparta geboren, floh er mit seinem Bruder nach Pleuron, wo er von Thestios gastlich aufgenommen und zum König von Akarnanien erhoben wurde. Das ist die eine Version, neben der noch zwei andere bestehen. Die Spartaner behaupteten, sie hätten Sparta nie verlassen. Einer ihrer Könige namens Perieres heiratete eine von Perseus' Töchtern und hatte von ihr vier Söhne: Ikarios, Tyndareos, Hippokoon und Oibalos. Als er starb, stritten sie um die Thronfolge. Von Ikarios unterstützt, vertrieb Hippokoon seinen Bruder Tyndareos, der den Eurotas wenige Kilometer aufwärts nach Pellana floh. Dann wurde Hippokoon von Herakles erschlagen und Tyndareos wieder in seine Rechte eingesetzt. Er wurde König und ehelichte Leda, die Tochter des Thestios.[69] Man kann es wenigstens für die älteste Zeit bezweifeln, daß die Spartaner Thestios für den König der jenseits des korinthischen Meerbusens gelegenen Stadt Pleuron gehalten haben, da sie ihn auch als den Gründer eines Dorfes namens Thestia ansahen, das an den Ufern ihres eigenen Eurotas lag.[70] Die messenische Version unterschied sich wieder von der ebengenannten. Sie besagte, daß Tyndareos zu Aphareus, einem anderen Bruder, entfloh und von ihm mit der Stadt Thalamai belehnt wurde, wo er Leda heiratete. Es wird uns nicht berichtet, aus welcher Gegend Leda stammte, doch Idas, ein Sohn des Aphareus, entführte die liebliche Marpessa, deren Vater Euenos ein Bruder des Thestios war und in Pleuron lebte.[71]

Es ist zwecklos, die Frage zu stellen, welche dieser Varianten die richtige ist; denn sie sind alle Produkte dichterischer Phantasie. Trotzdem enthalten sie einen historischen Kern, der sich in den verschiedenen Widersprüchen kundtut. Hätte man diesen Mythos ebenfalls in ein System gebracht, wie so viele andere, wäre seine Bedeutung wahrscheinlich nicht mehr zu ermitteln gewesen. In der vorliegenden Gestalt verrät er sich selbst. Wir besitzen ihn in dreifacher Form, deren jede eine Lokalität vertritt. Somit gilt es, das Problem seines wahren Ursprungs zu lösen und damit einwandfrei seine Ausbreitung zu erklären.

---
[69] PAUS. 3,1,4—5.
[70] CEDR. Hist. Comp. 212 = MIGNE 121. MAL. Chron. 82 = MIGNE 97,164.
[71] APOLLOD. 1,7,7—8. Ein Hinweis auf matrilineare Erbfolge ist in der Sage von Meleagros enthalten, der die Brüder seiner Mutter, die Söhne des Thestios, tötete, weil sie ihm die Haut des kalydonischen Ebers, die er Atalante (einer Erscheinungsform der Artemis) hatte geben wollen, mit der Begründung fortgenommen hatten, wenn er sie nicht für sich selbst behalten wolle, gehöre sie ihnen durch „Geburtsrecht": APOLLOD. 1,8,2—3.

Außer in Leukas und Akarnanien bewohnten die Leleger Lokris Ozolis weiter innen im Golf sowie sein östliches Ende. Lelex hieß einer der ersten Könige von Megara. Sein Enkel Pylas führte eine Gruppe Leleger von hier nach Messenien und gründete Pylos. Von den Neleiden daraus vertrieben, wanderten sie die Küste aufwärts und gründeten in Triphylien ein zweites Pylos.[72] Lelex hieß auch der erste König von Sparta, dessen Ureinwohner Leleger waren. Einer der Stadtbezirke, der an der Verehrung der Artemis Orthia teilhatte, hieß Pitana. Das ist die einzige Ortschaft im griechischen Mutterland, die nach einer Amazone benannt ist — der gleichen, die Pitana (Pitane) in Aiolis gründete.[73] In Kapitel VII verfolgten wir den Kult der Artemis Orthia bis nach Ephesos zurück, von wo er durch Karer und Leleger auf den Peloponnes gebracht wurde.

Leda hatte zwei Töchter, Klytaimestra und Helena. Klytaimestras Vater war Tyndareos, doch Helena kam aus einem Ei, das von Leda gelegt oder gefunden wurde, nachdem sie von Zeus in Gestalt eines Schwans besucht worden war.[74] Dieser totemistische Mythos bildet den Kern der gesamten Überlieferung. Der Name Tyndareos ist nicht-indogermanisch. Die Verbindung -nd- ist dem Griechischen außer als Ergebnis einer Zusammensetzung oder Kontraktion fremd. Sie ist aber besonders häufig in Karien — Lindos, Myndos, Karyanda, Alabanda usw. Und Leda — im Dorischen Lada — kann nichts anderes als eine Nebenform zu Leto, *lada*, der karischen „Frau", sein (Seite 238).[75]

Klytaimestra und Helena, die Gattinnen von Agamemnon und Menelaos, führen uns wieder zu den Pelopiden zurück. Diese Dynastie besaß drei Herrschaftsgebiete — den Bezirk zwischen Mykene und dem Isthmus, das peloponnesische Achaia und Lakonien mit Einschluß Südmesseniens. Das erste war das alte mykenische Königreich der Perseiden. Zur Inbesitznahme Achaias bestimmte sie vielleicht die Notwendigkeit, den Meerbusen von Seeräubern frei zu halten. Das dritte wurde von dem Palast des Menelaos in Therapne aus regiert, und Therapne war eine von Lelex' Töchtern.[76] Aus diesen Gründen dürfen wir annehmen, daß sich Menelaos den Besitz Lakoniens sicherte, indem er in die herrschende Dynastie der Leleger einheiratete, genauso wie Odysseus die Tochter des Ikarios zur Frau nahm.

5. *Die Überlegenheit der Achaier*

Hinter dem Werk der humanen Dichter, die die *Ilias* und *Odyssee* verfaßten, verbirgt sich eine grausame und gewalttätige Epoche, in der die kühnen Bahnbrecher des Privateigentums die üppige, priesterliche, überfeinerte Kultur des

---

[72] PAUS. 4,36,1.   [73] PAUS. 3,16,9, DIOD. SIC. 3,54, HERAKL. PONT. 34.
[74] EURIP. Hel. 16—22, SAPPH. 105, APOLLOD. 3,10,7.
[75] KRAPPE, „'Απόλλων Κύκνος", CP 37, 1942, 363. Ledas Verknüpfung mit dem Schwan erinnert uns daran, daß Wasservögel in den Kulten der Artemis Limnaia von Sparta und Stymphalos eine Rolle spielten: HARRISON, Themis, S. 114, IHMOOF-BLUMER, „Numismatic Commentary on Pausanias", JHS 7, 1887, 103. Penelope trägt den Namen eines Wasservogels (πηνέλοψ). Sie soll in Mantineia bestattet worden sein (PAUS. 8,12,5) und die Mutter des arkadischen Gottes Pan gewesen sein: PIND. fr. 422, HEROD. 2,145,4, vgl. PAUS. 8,14,4—5. Diese arkadische Penelope leitet sich von Kulten der Artemis Limnaia her (J. A. K. THOMSON, Studies in the Odyssey, S. 48—50), die von Karern und Lelegern eingeführt worden waren (siehe S. 221).   [76] PAUS. 3,19,9.

minoischen Matriarchats ausgeplündert hatten. Die alte Welt von Phaiakien ist zum Untergang verurteilt; die Zukunft liegt in dem zerklüfteten Ithaka. Die Dichter nahmen an Odysseus eine Verwandlung vor, doch trotz allem bleibt er wie Achilleus das Muster heroischer Mannheit. Ruhelos, verschlagen, wagemutig wie er ist, hat er zehn Jahre seines Lebens auf Kriegszügen und zehn weitere reisend, Handel treibend, plündernd, Reichtümer aufhäufend und sich in den Armen einer Kirke oder Kalypse erquickend verbracht. Inzwischen hat sich Penelope, von eigennützigen Freiern belagert, ihren ständigen Werbungen verschlossen, sich am Webstuhl abgerackert und in demütigem Gehorsam der Rückkunft ihres Herrn geharrt:

> Geh drum wieder ins Haus, besorge deine Geschäfte,
> Laß dort spinnen und weben, gebiete den dienenden Mägden,
> Ihre Arbeit zu tun. Doch reden ist Sache der Männer,
> Aller und meiner zumeist, denn ich bin Herrscher im Hause.[77]

Ihre Lage ist nicht so günstig wie die Aretes. Penelope ist das Spiegelbild heroischen Frauentums und steht in bewußtem Gegensatz zu Klytaimestra, die den Hieb zurückgab und lieber sterben als nachgeben wollte. Nach zehnjähriger Abwesenheit kehrt Agamemnon mit einer Beischläferin zurück, und keiner erhebt seine Stimme dagegen. Klytaimestra hat sich mit einem Liebhaber getröstet, doch das steht auf einem anderen Blatt. Die Heldin der alten Ordnung ist die Verbrecherin in der neuen. Aischylos, der große Dichter der neuen Gesellschaftsordnung, rechtfertigte zwar die Unterwerfung der Frau, doch es steckte in ihm etwas, ererbt vielleicht von seinen alten Familientraditionen, das sich dagegen empörte; das war in sein Unterbewußtsein verdrängt worden und tauchte nun als Erzeugnis seiner Phantasie, als Symbol des gesellschaftlichen Konflikts wieder auf und fand seinen Ausdruck in der herrlichen Gestalt, die in dem Meisterwerk griechischer Dichtkunst die beherrschende Rolle verkörpert.[78]

Die grundlegende Einheit der reifen griechischen Gesellschaft, in der die Erbfolge vom Vater auf den Sohn verlief, in der die Gattin an einen Mann gebunden war, während der Ehemann jede Freiheit genoß, war nach einem langwierigen Kampf einem gänzlich andersgearteten System aufgepfropft worden, in der die Abkunft in der weiblichen Linie gerechnet wurde, in der es keine formelle Ehe gab und die Frau den Gatten wählte, der ihr gefiel. Und diesen Kampf hatte das Volk geführt, das als eins seiner wirksamsten Mittel zur Festigung der neuen patriarchalischen Ideologie die epische Tradition schuf, die durch die *Ilias* und *Odyssee* verkörpert wird. Dieser bedeutungsvolle historische Umstand verleiht den Dichtungen ihre dynamische Lebenskraft.

---

[77] Od. 1, 356—359.
[78] Der Mord an Agamemnon hat die gleiche soziale Bedeutung wie die Verbrechen der lemnischen Frauen (siehe S. 134—135) und der Danaiden (siehe G. THOMSON, Aischylos und Athen, S. 315). Bei den Panwar-Radschputen bekommt die künftige Braut von ihrer Mutter eine förmliche Predigt in Versen zu hören, die mit der Anweisung schließt, ihren Bräutigam zu vergiften, wenn sie ihn nicht dazu überreden könne, gemäß der matriarchalischen Vorschrift bei ihr Wohnung zu nehmen (RUSSELL, Tribes and Castes etc., Bd. 4, S. 344). Das wird heute als ein Scherz angesehen, doch war er einst, wie EHRENFELS dazu bemerkt (Mother-right in India, S. 142), „keineswegs bloße Ironie, sondern rauhe Wirklichkeit".

Den Abstieg und endlichen Zusammenbruch der minoischen Kultur hat man mit dem Verfall und Untergang von Rom verglichen. Beide Male brach eine fortgeschrittenere, aber erschöpfte Gesellschaftsform unter dem Ansturm der Barbaren zusammen; hier wie dort nahmen die Eroberer die Kultur der Eroberten in sich auf und entwickelten eine besondere Gattung der Dichtkunst, das Epos; in beiden Fällen war das Endergebnis eine neue Gesellschaftsordnung höherer Art. Doch bestehen trotzdem grundsätzliche Unterschiede, und einen davon hat man bisher nie erklären können. Die germanischen Völkerschaften, die sich in den römischen Provinzen niederließen, übernahmen die lateinische Sprache; die Achaier bewahrten sich nicht nur ihre eigene Sprache, sondern zwangen sie auch den Besiegten auf. In dieser Hinsicht hat ihr Erfolg mehr mit der arischen Eroberung Indiens gemein, in deren Verlauf die Sprache der Eindringlinge sich Schritt für Schritt mit der Zertrümmerung der vorarischen matriarchalischen Kulturen ausbreitete.[79] Einer der Hauptfaktoren, der es den Achaiern ermöglichte, anderen ihre Sprache aufzudrängen, bestand in ihrer gesellschaftlichen Organisationsform, die wegen ihrer Anpassung an das Wachstum des Privateigentums mit ungeheuren historischen Möglichkeiten geladen war und gleichzeitig wegen ihres patriarchalischen Charakters überall dort, wo das Griechische durch Wechselheiraten mit den einheimischen Mundarten zusammenstieß, zugunsten der Männer und der Sprache der Männer den Ausschlag gab.

In welchem Maße und mit welchem Erfolg sie vor der Ankunft der Dorer, die den Prozeß zu Ende führten, diese Aufgabe gelöst hatten, wissen wir nicht, da es unmöglich ist, zu sagen, wie weit ihnen Homer in seinem Gemälde nachträglich geschmeichelt hat; doch das Schicksal des Orestes läßt erkennen, daß der väterliche Anspruch zur Zeit der Pelopiden noch nicht gesichert war. Und was noch mehr besagt: als seine Enkel über die Ägäis flohen, fanden sie sich wieder in eine matriarchalische Welt versetzt. Der Kampf mußte von neuem ausgefochten werden. Als die Kunst der achaiischen Sänger nach Aiolien und Ionien verpflanzt wurde, trat sie in eine neue Entwicklungsphase ein und reifte langsam zum Epos heran.

Die griechische Kultur stieg nicht in friedvolle Täler hinab wie Iris vom Olympos. Sie war die Frucht harten Ringens und wurde in zahllosen Kriegszügen und Schlachten und inmitten der Rauchschwaden brennender Städte und der Seufzer heimatlos gewordener Gefangener erstritten. Die Kraft, die sie vorantrieb, war der Klassenkampf. Will man darüber hinwegsehen, dann versagt man den Griechen die gebührende Hochachtung und erweist der Gegenwart einen schlechten Dienst.

[79] EHRENFELS, a. a. O., S. 138.

FÜNFTER TEIL

HOMER

Das Verhältnis zwischen formelhafter Musik und Sprache wird einmal genauso Gegenstand wissenschaftlicher Erörterung sein wie der Anlaß zu künstlerischer Offenbarung.

Yeats

XIV. DIE DICHTKUNST

1. Sprache und Magie

Den Gegenstand dieses Kapitels bilden Ursprung und Entwicklung der Dichtkunst. Das ist ein Problem der Soziologie, Psychologie und Sprachwissenschaft und wird auch so behandelt werden. Bei denen, die sich damit begnügen, die Kunst um ihrer selbst willen zu genießen, wird diese Fragestellung wenig Gegenliebe hervorrufen, doch habe ich die Erfahrung gemacht, daß die Poesie, wissenschaftlich untersucht, den Genuß nicht schmälert, sondern erhöht. Um sich ihrer ganz erfreuen zu können, müssen wir verstehen, was sie eigentlich ist. Und um zu begreifen, was sie darstellt, müssen wir untersuchen, wie sie entstanden ist und wie sie sich entwickelt hat. Ferner glaube ich, daß wir aus dem Studium der urtümlichen Dichtung einige nützliche Lehren in bezug auf die Zukunft unserer eigenen Poesie ziehen können. Wie weit diese Ansprüche gerechtfertigt sind, wird der Leser selbst zu entscheiden haben. Fürs erste will ich darlegen, was mich dazu veranlaßte, diese Haltung einzunehmen, dann gehe ich zum Thema selbst über.

Am vertrautesten ist mir die englische, griechische und irische Dichtung. Diese Verbindung ergab sich rein zufällig. Aber es trifft sich, daß die griechische und englische zu den schönsten Beispielen kultivierter Poesie zählen, während die irische, obgleich jünger als die griechische, in mancher Beziehung auf einer primitiveren Stufe steht. Somit wurde mir durch die Beschäftigung mit diesen drei Dichtungen eine große historische Perspektive zuteil.

Einer der auffallendsten Unterschiede zwischen der griechischen und englischen Dichtkunst besteht darin, daß die altgriechische Poesie mit der Musik vermählt war. Es gab keine reine Instrumentalmusik — Musik ohne Text —, und ein großer Teil der schönsten Gedichte war für musikalische Begleitung verfaßt. Auch im Irischen besteht eine enge Verbindung zwischen Poesie und Musik. Hierbei sind wir nicht nur auf Schlußfolgerungen angewiesen, sondern können es heute noch tagtäglich erleben. Ich werde nie vergessen, wie ich das erstemal einen geschulten Bauernsänger einige mir schon seit langer Zeit in gedruckter Form vertraute irische Gedichte in überliefertem Stil habe singen hören. Das war für mich etwas völlig Neuartiges. Ich hatte nie etwas Ähnliches vernommen, weder in der Dichtkunst noch in der Musik.

Die irische Poesie weist noch eine zweite Besonderheit auf, die mir ebenfalls neu war und mich tief beeindruckte. Den meisten Engländern ist die Poesie ein Buch mit sieben Siegeln. Weder kennen sie sie, noch kümmern sie sich darum. Und selbst unter den wenigen, die Anteil an ihr nehmen, gibt es nicht sehr viele, von denen man behaupten könnte, die Dichtkunst begleite sie in ihrem täglichen Leben. Beim irischen Landvolk ist das ganz anders. Für sie hat Poesie überhaupt nichts mit Büchern gemein, denn die meisten von ihnen sind Analphabeten. Sie lebt auf ihren Lippen. Sie ist Eigentum aller. Jeder kennt sie, jeder liebt sie. Sie sprudelt immer wieder in der täglichen Unterhaltung hervor. Und sie wird noch immer schöpferisch weiterentwickelt. Immer, wenn ein bemerkenswertes Ereignis eintritt, wird es in einem eigens dazu verfaßten Lied gefeiert. Ich sage „verfaßt", doch dieses Wort will kaum dazu passen. Diese Gesänge sind nicht in unserem Wortsinn verfaßt. Es sind Stegreifdichtungen. In vielen irischen Dörfern gab es bis vor kurzem einen ausgebildeten, in der Tradition verwurzelten Dichter, der die Gabe hatte, Gedichte hervorzubringen, die oftmals einen kunstvollen Versbau aufwiesen — weit kunstvoller, als es bei unseren, in modernem Englisch geschriebenen der Fall ist —, und das aus der Eingebung des Augenblicks heraus. In dem mir am besten bekannten Dorf lebte ein berühmter Dichter, der vor ungefähr vierzig Jahren verstarb. Fast alle seine Gedichte waren improvisiert und aus der Situation geboren. Ich erinnere mich, daß mir seine Familie berichtete, wie er am Abend seines Todes im Bett lag, den Kopf auf den Ellbogen gestützt und einen ununterbrochenen Strom von Versen von sich gebend.

Wenn ich nach diesen eigenen Erlebnissen zur griechischen Poesie zurückkehre, muß ich mir immer wieder die Frage vorlegen, ob die altgriechischen Dichter wie Aischylos und Pindar zum Beispiel ihre Gedichte wie wir verfaßten, mit Feder, Papier und bei angestrengtem Nachdenken, oder ob sie wie jener des Schreibens und Lesens unkundige irische Poet in einer Art Verzückung dichteten.

Der Mann, von dem ich sprach, war natürlich außerordentlich begabt. Er war Dichter von Beruf, einer, der sein Handwerk unter Anleitung eines Dichters der vorangegangenen Generation erlernt hatte. Doch bald erkannte ich, daß zwischen dem Berufsdichter und der übrigen Gemeinde keine scharfe Grenzlinie gezogen werden konnte. Der Unterschied zwischen beiden bestand nur dem Grade nach. In gewisser Weise waren sie alle Dichter. In der Unterhaltung neigen sie beständig dazu, in ein Versmaß zu verfallen. Genauso wie die überkommene Dichtung dort bei weit mehr Menschen als in unserer Gesellschaft bekannt ist, hat auch der Einzelne etwas von einem Dichter an sich. Ich will dafür ein Beispiel beibringen — eins von vielen möglichen.

Eines Abends, als ich durch das Dorf schlenderte, das hoch über dem Atlantik gelegen ist, kam ich an den Dorfbrunnen. Dort begegnete ich einer guten Bekannten, einer alten Bauernfrau. Sie hatte gerade ihre Eimer gefüllt und ließ nun ihre Blicke über das Meer schweifen. Ihr Gatte war schon verstorben, und ihre sieben Söhne waren alle, wie sie es ausdrückte, nach Springfield, Massachusetts, „entrückt" worden. Einige Tage zuvor war ein Brief von einem ihrer Söhne eingetroffen, in dem er sie dringend bat, nachzukommen, denn sie könnte dann ihren Lebensabend angenehm verbringen. Er versprach auch, das Geld für die Überfahrt zu schicken, falls sie sich dazu entschließen könnte. Das erzählte sie mir alles bis ins kleinste und beschrieb dabei ihr Leben — den beschwerlichen Weg zum Heuschober auf der Höhe, den Verlust ihrer Hühner, die dunkle, verräucherte Hütte; und dann sprach sie von Amerika, wie es sich in ihrer Vorstellung ausnahm — ein Dorado, wo das Geld auf der Straße liegt —, und die Eisenbahnfahrt nach Cork, die Überfahrt über das große Wasser und ihren heißen Wunsch, daß ihre Gebeine dereinst in irischer Erde ruhen möchten. Beim Sprechen wurde sie von Erregung ergriffen, ihre Sprache wurde flüssiger, schöner und farbiger, bekam Rhythmus und Melodik, und ihr Körper schwang hin und her, als sänge sie ein verträumtes Wiegenlied. Dann lachte sie auf, ergriff ihren Eimer, wünschte mir einen guten Abend und ging heimwärts.

Diese unvermittelte Kundgabe aus dem Munde einer alten, unwissenden Frau, der künstlerische Ansichten fern lagen, trug dennoch alle Merkmale echter Dichtung an sich. Sie war inspiriert. Was wollen wir damit zum Ausdruck bringen, wenn wir von einem Dichter sagen, er sei inspiriert?

Als diese Fragen in meinem Denken Gestalt annahmen, wurde ich mir klar darüber, daß ich in den gesamten Problemkreis des Ursprungs der Dichtkunst hineingeriet; und ich begriff, das einzig Richtige, was man tun könne, sei eine methodisch einwandfreie Untersuchung. In diesem Kapitel will ich die Ergebnisse meiner Untersuchungen, so weit sie mich geführt haben, dem Leser vorlegen.

Die primitive Dichtung kann man nicht an Hand der literarischen Denkmäler der Vergangenheit erforschen, da sie ihrem Wesen nach mündlich, vorliterarisch ist. Nur unter besonderen Bedingungen wird sie jemals in schriftliche Form gekleidet. Man muß sie in ihrer heute noch existierenden Form studieren, wie sie auf den Lippen der Wilden lebt. Aber die Dichtung dieser Völker können wir nicht verstehen, wenn wir nichts von ihrer Gesellschaftsform wissen. Ferner bildet die Poesie eine Sonderform der mündlichen Aussage. Wenn wir den Ursprung der Dichtkunst ermitteln wollen, müssen wir also den Ursprung der Sprache erforschen, d. h. den Ursprung des Menschen überhaupt, da die Sprache eines seiner Hauptcharakteristika ausmacht. Wir müssen also bis zu den Uranfängen zurückgehen.

Wir sind noch immer von einer befriedigenden Antwort auf die Frage nach der Entstehung des Menschen weit entfernt. Es gibt aber eine Grundtatsache, über die sich alle Wissenschaftler einig sind. Der Mensch unterscheidet sich vom Tier durch zwei Hauptmerkmale — den Werkzeuggebrauch und den Besitz der Sprache.[1]

Die Primaten unterscheiden sich dadurch von den unteren Wirbeltieren, daß sie aufrecht stehen und ihre Vorderfüße als Hände verwenden können. Diese Entwicklung, die Hand in Hand mit einer fortschreitenden Verfeinerung der motorischen Zentren des Gehirns verlief, wurde durch die besonderen Bedingungen ihrer Umwelt in die Wege geleitet. Es waren Waldtiere, und das Leben auf Bäumen erforderte Behendigkeit, enges Zusammenwirken von Gesichtssinn und Tastvermögen, das gleichzeitige Sehen mit beiden Augen und eine sichere Beherrschung des Muskelspiels. Und nachdem sich die Hände einmal herausgebildet hatten, wurde dadurch das Gehirn vor neue Aufgaben und neue Möglichkeiten gestellt. Somit bestand von Anfang an zwischen Hand und Hirn eine innige Wechselbeziehung.[2]

Der Mensch unterscheidet sich von den Menschenaffen, den ihm am nächsten stehenden Primaten, durch die Fähigkeit, sowohl aufrecht gehen wie stehen zu

---

[1] ELLIOT SMITH, The Evolution of Man, ENGELS, Dialektik der Natur, BÜCHER, Arbeit und Rhythmus, PAGET, Human Speech.   [2] ELLIOT SMITH, a.a.O., S. 17–46, CLARK, From Savagery to Civilisation, S. 1–6.

können. Man hat angenommen, daß sein aufrechter Gang durch die Abnahme der Waldbestände verursacht wurde, wodurch er gezwungen war, auf dem Boden zu leben. Sei dem wie ihm sei, jedenfalls können wir die wichtigste Tatsache darin erblicken, daß beim Menschen die funktionale Trennung zwischen Hand und Fuß voll durchgeführt ist. Seine Zehen verloren ihr Greifvermögen, seine Finger erlangten dagegen einen Grad der Geschicklichkeit, wie er bei Affen unbekannt ist. Affen können mit Stöcken und Steinen umgehen, doch nur die menschliche Hand kann sie zu Werkzeugen umbilden.

Dieser Schritt war entscheidend; denn er hatte eine neue Lebensweise zur Folge. Mit Werkzeugen ausgerüstet, konnte er seinen Lebensunterhalt jetzt selbst produzieren, anstatt ihn durch bloße Aneignung von Früchten usw. zu bestreiten. Statt nur nach dem zu greifen, was ihm die Natur bot, grub er den Boden um, bepflanzte und bewässerte ihn, erntete Feldfrüchte, vermahlte die Samenkörner und backte Brot daraus. Er benutzte das Werkzeug, um die Natur zu beherrschen. Und während er darum rang, sie sich zu unterwerfen, wurde er sich bewußt, daß sie von eigenen Gesetzen regiert wurde, die von seinem Willen unabhängig waren. Er lernte erkennen, wie die Prozesse ablaufen, und konnte sie selbst hervorrufen. Als er die objektive Notwendigkeit der Naturgesetze erkannte, erlangte er die Macht, sie seinen eigenen Zwecken dienstbar zu machen. Er hörte auf, ihr Sklave zu sein, und schwang sich zu ihrem Herren auf.* Soweit er aber auf der anderen Seite die objektive Notwendigkeit gewisser Naturgesetze nicht erkannte, behandelte er seine Umwelt so, als könne er sie durch einen Akt seines souveränen Willens verändern. Wie in Kapitel I (Seite 16) dargelegt ist, stellt dies die Grundlage der Magie dar.

In den Anfangsstadien trug die produktive Tätigkeit kollektiven Charakter. Viele Hände wirkten zusammen, und unter diesen Bedingungen wurde durch den Werkzeuggebrauch eine neue Form der Verständigung geboren. Der tierische Schrei hat nur einen äußerst beschränkten Aussagecharakter. Beim Menschen wurden diese Lautkundgaben artikuliert, differenziert und als Mittel der Koordinierung der Bewegungen der bei der Arbeit befindlichen Gruppe systematisiert. Somit erfand der Mensch gleichzeitig mit den Werkzeugen auch die Sprache.[3] Wieder erkennen wir den engen Zusammenhang zwischen Hand und Hirn.

Wenn wir ein Kind beobachten, das zum erstenmal versucht, einen Spielzeughammer zu handhaben, können wir eine Vorstellung von der gewaltigen geistigen Anstrengung gewinnen, die bei den ersten Versuchen, sich eines Werkzeuges zu bedienen, aufgewandt werden mußte. Die Gruppe wirkte eng zusammen wie ein Kindergartenorchester, und jede Bewegung von Hand oder Fuß, jeder auf einen Stock oder Stein geführte Schlag wurde durch einen mehr oder weniger artikulierten Sprechgesang, der von allen im Chor vorgetragen wurde, im Takt unterstrichen. Ohne diese Singsangbegleitung konnte die Arbeit nicht verrichtet werden. Somit entwickelte sich die Sprache im Schoße der eigentlichen Produktionstechnik.

---

* ENGELS, Dialektik der Natur, S. 179—193, LENIN, Materialismus und Empiriokritizismus, S. 142—146.
[3] MALINOWSKI, „The Problem of Meaning in Primitive Language", in: OGDEN, The Meaning of Meaning, S. 310, ders., Coral Gardens and Their Magic, Bd. 2, S. 235.

Als die Geschicklichkeit des Menschen größer wurde, hörte die mündliche Begleitung auf, eine physische Notwendigkeit darzustellen. Die Arbeitenden wurden befähigt, einzeln tätig zu sein. Aber der kollektive Mechanismus verschwand deshalb nicht, sondern lebte als eine Art magischer Vorbereitung fort, die vor dem Herangehen an die eigentliche Aufgabe stattfand — als ein Tanz, in dem die kollektiven, koordinierten Bewegungen, die früher untrennbar mit der Arbeitsverrichtung selbst verbunden gewesen waren, reproduziert wurden. Das ist der mimetische Tanz, wie er noch heute von Wilden vollführt wird.

Unterdessen entwickelte sich die Sprache weiter. Sie hatte als richtungweisende Untermalung des Werkzeuggebrauchs ihren Ausgang genommen und wurde nun zu einer Sprache in unserem Sinne — einem vollartikulierten, ganz vom Bewußtsein gesteuerten Verständigungsmittel zwischen Einzelwesen. Im mimetischen Tanz bestand sie noch in Form des gesprochenen Teils weiter und behielt dort ihre magische Funktion bei. So finden wir in allen Sprachen zwei Sprechweisen vor — die gewöhnliche Sprache, das normale, alltägliche Verständigungsmittel, und die poetische, ein ausdrucksvolleres, den beim Ritual vorgenommenen kollektiven Handlungen angemessenes Medium mit phantastischem, rhythmischem und magischem Charakter.

Wenn diese Darstellung richtig ist, geht daraus hervor, daß die Dichtersprache wesentlich primitiver als die gewöhnliche ist, da sie Rhythmus, Phantasie und Melodik, die der Sprache überhaupt innewohnenden Eigenschaften, noch in höherem Grade bewahrt hat. Natürlich stellt das nur eine Hypothese dar, die aber durch die uns bekannten primitiven Sprachen gestützt wird. Bei ihnen können wir feststellen, daß der Differenzierungsprozeß, der zur poetischen und gewöhnlichen Sprache geführt hat, relativ unvollständig verlaufen ist.

Die Unterhaltung der Wilden hat einen stark betonten Rhythmus, der von reicher Gestikulation und einem singenden, melodischen Akzent untermalt wird. Bei einigen Sprachen ist der Akzent derart musikalisch und so entscheidend für den Sinngehalt des Ausgesagten, daß sich die Tonfolge bei der Komposition eines Liedes weitgehend nach der natürlichen Melodik der gesprochenen Wörter bestimmt.[4] Und der Sprecher neigt ständig dazu, in einen halbpoetischen Höhenflug der Phantasie zu verfallen, wie jene irische Landfrau. Beispiele für die beiden erstgenannten Merkmale können an dieser Stelle nicht beigebracht werden, wohl aber für das letztere.

Ein schweizerischer Missionar hatte einst im Zululand nahe der Bahnstrecke von Umbosi sein Lager aufgeschlagen. Für die Eingeborenen bedeutet diese Eisenbahnlinie den Weg nach Durban, Ladysmith und Johannesburg — eine Reise, die Jahr für Jahr sowohl von den Knaben des Krals unternommen wird, die die ihnen auferlegte Kopfsteuer aus der Heimat in die Minen treibt, wo ihre Jugendkraft ausgesogen wird, als auch von den Mädchen, von denen viele in den Seitenstraßenbordells ein noch härteres Schicksal erleiden. Einer der Diener befand sich im Lager

---

[4] SCHAPERA, The Bantu-speaking Tribes of South Africa, S. 282—283, 286, 401—402, RATTRAY, Ashanti, S. 245—247, vgl. PLAT. Polit. 398 d.

und säuberte die Töpfe. Bei dieser Arbeit hörte man ihn zufällig folgende Worte murmeln:

> Die in der Ferne brüllt,
> Die die jungen Männer zermalmt und sie zerschmettert,
> Die unsere Frauen verführt.
> Sie lassen uns im Stich, sie gehen in die Stadt und führen
> ein schlechtes Leben.
> Die Räuberin! Und wir bleiben allein zurück.[5]

Hier haben wir wieder ein kunstloses Selbstgespräch vor uns. Es ist nur ein alter schwarzer Diener, der etwas vor sich hinbrummt, und doch ist es Poesie. Die Eisenbahn nimmt seine Aufmerksamkeit gefangen. Er vergißt seine Töpfe darüber. Dann vergißt er den Zug. Er ist für ihn kein Zug mehr, sondern das Sinnbild für die Macht, die die teuersten Bande zerreißt. Der dumpfe Groll seines innersten Wesens hat seinen Ausdruck gefunden. Dann verhallt das Brüllen des Zuges, und er kehrt zu seinen Töpfen zurück.

Somit ist also die Sprache dieser Wilden bis zu einem Grade rhythmisch, melodisch und phantastisch, wie wir es sonst nur bei der Dichtkunst antreffen. Und wenn ihre gewöhnliche Sprache poetisch ist, dann ist ihre Poesie magisch. Die einzige Dichtung, die sie kennen, ist das Lied, und ihr Singen ist fast immer von Bewegungen des Körpers begleitet. Und seine Funktion ist magisch. Es soll durch Mimesis eine Veränderung der Außenwelt hervorrufen — der Realität die Illusion aufzwingen.

Bei den Maori gibt es einen Kartoffeltanz. Da die jungen Pflanzen leicht von Ostwinden vernichtet werden können, gehen die Mädchen auf die Felder und tanzen dort, wobei sie mit ihren Körpern das Rauschen von Wind und Regen und das Wachstum und Erblühen der Pflanzen vortäuschen; und während sie tanzen, singen sie dazu und rufen die Pflanzen auf, ihrem Beispiel zu folgen.[6] Sie vollziehen in der Vorstellung, was sie in der Wirklichkeit erfüllt sehen möchten. Das ist Magie — eine Illusionstechnik, die die wirkliche Technik ergänzt. Doch wenn auch illusionär, ist sie keineswegs wertlos. Der Tanz kann sich nicht unmittelbar auf das Gedeihen der Kartoffeln auswirken, doch er kann und muß einen spürbaren Effekt auf die Mädchen selber haben. Der Tanz hat ihnen den Glauben eingeflößt, daß dadurch die Feldfrüchte vor der Vernichtung bewahrt bleiben, und somit unterziehen sie sich mit größerem Vertrauen und also auch mit größerer Energie als zuvor der Aufgabe, die Pflanzen zu pflegen. Schließlich hat also der Tanz doch eine Wirkung auf die Früchte: er ändert die subjektive Haltung, die die Mädchen der Wirklichkeit gegenüber einnehmen, und verändert damit indirekt auch die Realität selbst.

Die Maori sind Polynesier. Das sind auch die Bewohner der Neuen Hebriden, bei denen es eine traditionelle Liedform gibt, die aus zwei miteinander abwechselnden, in verschiedenem Rhythmus verfaßten Strophen besteht. Die erste heißt das

---

[5] JUNOD, Life of a South African Tribe, Bd. 2, S. 196—197.
[6] BÜCHER, a. a. O., S. 409—410. Die in Frage stehende Kartoffelart ist die spanische (Batatas edulis).

„Blatt", die zweite die „Frucht".[7] Auf Tikopia, einer anderen polynesischen Insel, gibt es eine aus drei Strophen bestehende Liedform. Die Bezeichnung für die erste heißt eigentlich „unteres Ende eines Baumstammes", für die zweite „die Wörter dazwischen" und für die dritte das „Bund Früchte".[8] Die Terminologie beweist,

Abb. 64. Tänzerinnen: attisches Vasenbild

daß sich die Liedformen ebenso wie der Tanz der Maori-Mädchen aus den mimetischen Tänzen entwickelt haben. Die Poesie ist aus der Magie entstanden.

Wir wollen mit der Beweisführung noch etwas weiter gehen. Das Folgende ist einer der Zaubersprüche, die Malinowski auf den Trobriand-Inseln gesammelt hat:

> Es geht vorbei, es geht vorbei,
> Der stechende Schmerz im Schenkelknochen geht vorüber,
> Das Geschwür auf der Haut geht vorüber,
> Das große schwarze Übel im Unterleib geht vorüber,
> Es geht vorbei, es geht vorbei.[9]

Das Thema dieses Gedichtes ist nicht dichterisch, wohl aber die Form. Wie Malinowski dazu bemerkt, ist die Sprache dieser Zaubersprüche „durch ihren Reichtum an phonetischen, rhythmischen, metaphorischen und Alliterationseffekten,

---

[7] LAYARD, Stone Men of Malekula, S. 315.
[8] FIRTH, We, the Tikopia, S. 285.   [9] MALINOWSKI, Coral Gardens etc., Bd. 2, S. 236—237.

durch ihre seltsamen Kadenzen und Wiederholungen" gekennzeichnet.[10] Indem man fest behauptet, etwas sei so, wie man es gern haben möchte, erreicht man, daß das Gewünschte tatsächlich eintritt; und die Behauptung ist in eine Sprache eingebettet, die einen Abglanz der ekstatischen Musik des mimetischen Tanzes darstellt, bei dem man in der Vorstellung den Eintritt der erhofften Wirklichkeit vorwegnimmt.

Es folgt ein Lied von den Neuen Hebriden, das an zwei Frauen gerichtet ist, die in einem Stein leben sollen:

> Das Lied singt, das Lied ruft,
> Das Lied ruft: Laß sie meine Frau werden!
> Die Frau, die dort ist,
> Die zwei Frauen, die beiden,
> Die in dem heiligen Stein sind,
> Die darinnen sitzen, die in dem Stein wohnen,
> Das Lied ruft: Laß beide herauskommen![11]

Hier haben wir statt einer Feststellung, die Wirkliches und Eingebildetes miteinander verschmilzt, einen Befehl vor uns. Aber der Befehl ist nicht unmittelbar an die betroffenen Personen gerichtet, sondern durch die zwingende Magie des Liedes vermittelt. Das Lied ist zu einer übernatürlichen Kraft verselbständigt worden.

Das nächste Beispiel ist ein altes deutsches Holzfällerlied:

> Klinge du, klinge du, Waldung,
> Schalle du, schalle du, Halde,
> Halle wider, halle wider, Hainlein,
> Töne wider, großer Laubwald,
> Wider meine gute Stimme,
> Wider meine goldne Kehle,
> Wider mein Lied, das lieblichste!
>
> Wo die Stimme zu verstehen ist,
> Werden bald die Büsche brechen,
> Schichten sich von selbst die Stämme,
> Stapeln sich von selbst die Scheiter,
> Fügen sich zum Hof die Klafter,
> Häufen sich im Hof die Schober
> Ohne junger Männer Zutun,
> Ohne die geschärften Äxte.[12]

Die Holzfäller rufen die Bäume auf, zu Boden zu fallen, in Blöcke zu zerfallen, aus dem Wald zu rollen und sich auf dem Hof ihrem Liede gehorchend aufzustapeln. Das ist Dichtung. Sie wissen natürlich sehr gut, daß das nicht eintreten wird, aber sie stellen es sich gern vor, da es ihnen hilft, ihre Arbeit zu verrichten. Die Poesie ist aus der Magie erwachsen.

---

[10] Ebd., Bd. 2, S. 213, vgl. S. 222, CODRINGTON, The Melanesians, S. 334, LAYARD, a. a. O., S. 285, DRIBERG, The Lango, S. 245. [11] LAYARD, a. a. O., S. 142.
[12] BÜCHER, a. a. O., S. 473. Siehe ferner SCHOPP, Das deutsche Arbeitslied.

Mein nächstes Lied ist eine alte irische Weissagung.

> Gute Kunde: See fruchtbar, wogenüberspülter Strand,
> lächelnde Wälder;
> Zauber flieht, Gärten blühen, Kornfelder reifen,
> Immen schwärmen;
> Eine heitere Welt, Frieden und Fülle, glücklicher Sommer.[13]

Dies wurde von einem Seher als Verheißung einer guten Jahreszeit gesungen. Die erhoffte Wirklichkeit ist so beschrieben, als wäre sie schon eingetroffen.

Und somit gelangen wir fast unmerklich zu einer Art Dichtung, die allen Engländern vertraut ist:

> Sumer is icumen in,
> Lhude sing cuccu!
> Groweth sed und bloweth med
> And springth the wude nu —
> Sing cuccu!

> Sommer kam ins Land herein,
> Rufe laut, Kuckuck!
> Wächst die Saat und blüht die Wies'
> und prangt der Wald im Grün —
> Ruf', Kuckuck!

Die hier getroffene Aussage stellt wirklich einen Tatbestand fest, doch selbst in diesem Fall wird sie von einer Aufforderung begleitet. Die Jahreszeitenlieder, die im Leben der europäischen Landbevölkerung fest verwurzelt sind, wurden verfaßt, um die Erfüllung der Wünsche der Gemeinde zu feiern. Aber dem Preislied haftet noch immer ein Rest der Beschwörungsformeln an. Die Poesie ist aus der Magie hervorgegangen.

> Bright star, would I were stedfast as thou art!
> Glanzvoller Stern, wär' ich so stet wie du!

Den lieb' ich, der Unmögliches begehrt. Warum trachten die Dichter nach dem Unmöglichen? Weil das die eigentliche Funktion jeder Dichtung ist, die ihr von der Magie überkommen ist. Oder, um es genauer zu formulieren, die Funktion des Dichters besteht darin, in seinem Mitmenschen den Wunsch nach dem zu erwecken, das sich zwar verwirklichen läßt, aber noch nicht verwirklicht wurde. Das ist Belinskis „Idealisierung der Wirklichkeit" oder, wie es Gorki ausdrückte: „Unsere Kunst muß sich über die Wirklichkeit erheben und den Menschen über sie hinaustragen, ohne ihn von ihr zu lösen". Wer etwas mit den Augen des Dichters hat sehen lernen, sieht es in einem neuen Licht und ist jetzt besser als zuvor imstande, eine Sache anzupacken.

> Glanzvoller Stern, wär' ich so stet wie du!

Vergegenwärtigen wir uns die Umstände, unter denen diese Zeilen entstanden sind. Keats war vierundzwanzig Jahre alt und befand sich auf dem Wege nach

---

[13] JACKSON, Studies in Early Celtic Nature Poetry, S. 170; Revue celtique XXVI, S. 32.

Italien, um dort einen letzten Versuch zur Wiederherstellung seiner Gesundheit
zu machen. Er hatte Fanny Brawne zum letztenmal gesehen. Auf der Fahrt durch
den Kanal wurde sein Schiff durch schlechtes Wetter nach Lulworth Cove hinein-
getrieben, wo er an Land ging — sein letzter Spaziergang auf englischem Boden.
Als er am Abend auf das Schiff zurückgekehrt war, schrieb er dieses Sonett in einer
Ausgabe der Gedichte Shakespeares nieder. Vier Monate darauf starb er in Italien
an der Schwindsucht.

> Glanzvoller Stern, wär' ich so stet wie du!

Das ist ein bewußt ausgesprochener Wunsch — der Wunsch eines Todgeweihten.
Aber er ist bereits mit poetischen Erinnerungen geladen:

> But I am constant as the northern star,
> Of whose true-fix'd and resting quality
> There is no fellow in the firmament.

> Doch ich bin standhaft wie des Nordens Stern,
> Des unverrückte, ewig stete Art
> Nicht ihresgleichen hat am Firmament.*

Damit wird seine eigene Phantasie in Bewegung gesetzt, wie wenn ein Quell aus dem
Boden springt. Seine Einbildungskraft schwingt sich hoch empor. Er stellt sich
dem Stern gleich und dann dem Mond, der, wie wir in einem voraufgegangenen
Kapitel gesehen haben, von alters her als Sinnbild ewigwährenden Lebens verehrt
wurde. Und vom Mond wendet er seinen Blick zu dem Strom der Gezeiten hinab,
die über die Umrisse unseres Planeten hin- und zurückgleiten:

> Not in lone splendour hung aloft the night,
> And watching with eternal lids apart,
>   Like nature's patient, sleepless Eremite,
> The moving waters at their priestlike task
>   Of pure ablution round earth's human shores,
> Or gazing on the soft new-fallen mask
>   Of snow upon the mountains and the moors —

> Nicht hing ich nachts in einsam stolzer Pracht!
> Schaut nicht mit ewigem Blick beiseite zu,
> Einsiedler der Natur, auf hoher Wacht,
> Beim Priesterwerk der Reinigung, das die See,
> Die wogende, vollbringt am Meeresstrand;
> Nicht starrt' ich auf die Maske, die der Schnee
> Sanft fallend frisch um Berg und Moore band —

Dann, als er sich so in die Unendlichkeit zurückgezogen hat, aber noch immer für
das einschläfernde Wiegen des Schiffes empfänglich geblieben ist, steigt er, unsterblich geworden, wieder zur Erde hernieder:

> No, yet still stedfast, still unchangeable,
>   Pillow'd upon my fair love's ripening breast,

---

* SHAKESPEARE, Julius Caesar, 3,1,60, dtsch. von SCHLEGEL.

> To feel for ever its soft fall and swell,
>   Awake for ever in a sweet unrest,
> Still, still to hear her tender-taken breath,
> And so live ever —

> Rein, doch unwandelbar und unentwegt
> Möcht ruhn ich an der Liebsten weichen Brust,
> Zu fühlen, wie es wogend dort sich regt,
> Zu wachen ewig in unruhiger Lust,
> Zu lauschen auf des Atems sanftes Wehen —
> So ewig leben —

Aber das ist unmöglich. Es kann keine Liebe ohne Tod geben, und so verkehrt sich sein Gebet um Unsterblichkeit in das Gegenteil:

> And so live ever, or else swoon to death.
> So ewig leben — sonst im Tod vergehen!*

Er erwacht wie aus einem Traum. Aber durch den Schlaf hat er von sich abgeschüttelt, was ihn bedrückte. Er hat seinen Seelenfrieden wiedergewonnen. Die Welt ist objektiv noch immer die gleiche — die Welt

> Where youth grows pale, and spectre-thin, and dies —
> Wo Jugend blaß, gespenstisch wird und stirbt.**

Doch seine subjektive Haltung ihr gegenüber hat sich geändert. Somit ist sie für ihn doch nicht mehr die gleiche geblieben. Das ist die Dialektik der Poesie wie auch der Magie.

2. *Rhythmus und Arbeit*

Diesem Kapitel liegt als Text ein Satz zugrunde, den ich einem der Essays von Yeats entnommen habe: „Das Verhältnis zwischen formelhafter Musik und Sprache wird einmal genauso Gegenstand wissenschaftlicher Erörterung sein wie der Anlaß zu künstlerischer Offenbarung".[14]

Den Rhythmus kann man im weitesten Sinne als eine Reihe von Lauten definieren, die in regelmäßiger Abfolge von Hebung und Senkung angeordnet sind. Letztlich ist er zweifellos physiologisch begründet und vielleicht mit dem Herzschlag verbunden. Doch auf dieser Stufe ist er etwas, das der Mensch mit den anderen Lebewesen gemeinsam hat. Uns interessiert hier nicht die physische Wurzel des Rhythmus, worin sie immer bestehen mag, sondern das, was der Mensch daraus gemacht hat. Der Mensch hat den Rhythmus vermenschlicht, d. h. mit einer gesellschaftlichen Funktion ausgestattet, um dadurch die Willenskraft der Menschen zu gemeinsamer Aktion zu vereinen, oder später, um ihr Gefühlsleben zu organisieren und sie damit durch das Band wechselseitiger Sympathien enger aneinander zu ketten. Es ist nicht schwer zu erkennen, daß dieser vermenschlichte Rhythmus aus dem Werkzeuggebrauch herrührt.

---

* KEATS, Sonett 17, dtsch. von M. GOTHEIN.   ** KEATS, Ode an die Nachtigall 3,6, dtsch. von M. GOTHEIN.
[14] YEATS, Essays, S. 24.

Wir alle wissen, daß Kinder beim Schreibenlernen oft im gleichen Takt mit der Tätigkeit der Hand mit der Zunge rollen oder sogar die Wörter laut aussprechen, nicht weil jemand vielleicht zuhört, sondern um die Finger bei der Führung des Federhalters zu unterstützen. Der Einklang beider Bewegungen ist völlig unbeabsichtigt. Was hier wirklich vorliegt, ist ein „Übergreifen" vom motorischen Zentrum der Hand auf das angrenzende Nervenzentrum, das die Bewegungen des Zungenmuskels leitet. Wird das Kind im Schreiben sicherer, so verliert sich dieses Übergreifen.

Etwas Ähnliches liegt vor, wenn ein Mensch bei schwerer körperlicher Arbeit wie dem Anheben eines Balkens oder Steines vor dem Höhepunkt jeder Muskelanspannung eine Pause macht, frischen Atem holt und die Luft durch Schließen der Stimmritze zurückhält; wenn er sich dann nach erfolgter Anstrengung entspannt, wird die Glottis durch die zurückgehaltene Luft aufgesprengt und dabei ein Schwingen der Stimmbänder verursacht — ein unartikuliertes Grunzen.

Wie die Wilden, so neigen auch die Kinder dazu, beim Sprechen zu gestikulieren. Durch Gestikulationen soll nicht nur den anderen das Verständnis erleichtert werden. Kinder gestikulieren genauso heftig, wenn sie mit sich selbst sprechen. Sie handeln instinktiv wie bei den anderen eben beschriebenen Bewegungen. Die Bewegung der Sprechorgane überschneidet sich sozusagen mit den anderen Muskelbewegungen des Körpers. Für uns ist das Sprechen primär, die Gestikulation sekundär, doch will das nicht besagen, daß das auch bei unseren ältesten Urahnen der Fall war. Die innige Wechselbeziehung zwischen Sprache und Gebärdenspiel ist für die Psychologie der primitiven Menschen einwandfrei bezeugt.[15]

Auf der Grundlage dieser Überlegungen zog Bücher vor einem halben Jahrhundert den Schluß, daß sich die Sprache aus Reflexbewegungen der Sprechorgane entwickelte, die sich zufällig aus den Muskelanspannungen ergaben, die beim Gebrauch von Werkzeugen nötig wurden.[16] Als die Hände eine feinere Gliederung erhalten hatten, war das auch mit den Sprechorganen der Fall, bis sich schließlich das Bewußtsein dieser Reflexbewegungen bemächtigte und sie zu einem gesellschaftlich anerkannten System der Verständigung ausbaute.

All das trägt zwar hypothetischen Charakter, doch geht die enge Beziehung zwischen Rhythmus und Arbeit aus Beweisstücken konkreterer Natur klar hervor.

Selbst in Westeuropa sind wir noch mit Arbeitsgesängen vertraut.[17] Ich meine die Spinn-, Ernte-, Rudergesänge usw. Sie alle haben die Funktion, die Produk-

---

[15] GRAY, Foundations of Language, S. 155, R. B. SMYTH, The Aborigines of Victoria, Bd. 2, S. 412, RATTRAY, Ashanti, S. 247. Viele Eingeborenenvölker haben ausgefeilte „Taubstummen"-Sprachen, die sie benutzen, um Schweigetabus zu umgehen, SPENCER, The Arunta, S. 433, 600—608, HOWITT, Native Tribes of South East Australia, S. 723—735, R. B. SMYTH, a. a. O., Bd. 2, S. 4 u. 308.

[16] BÜCHER, a. a. O., S. 395. Vgl. CIC. Tusc. Disp. 2, 23, 56: „profundenda voce omne corpus intenditur venitque plaga vehementior." Nach BÜCHER ist eine in mancher Hinsicht ähnliche, nach der physiologischen Seite hin voller ausgestaltete, doch weniger Verständnis für die anderen Aspekte des Problems aufweisende Hypothese von PAGET aufgestellt worden.

[17] BÜCHER, a. a. O., S. 63—243. Englische Arbeitslieder werden bei A. L. LLYOD, The Singing Englishman, London 1944, besprochen.

tionstätigkeit zu beschleunigen, indem sie ihr einen rhythmischen, hypnotischen Charakter verleihen. Die Spinnerin singt, weil sie glaubt, ihr Gesang hilft das Spinnrad drehen; und da er ihr beim Drehen hilft, unterstützt er tatsächlich die Bewegung des Spinnrades. Das grenzt sehr nahe an die Magie. In einzelnen Fällen kann der Nachweis erbracht werden, daß diese Gesänge ihren Ursprung in Beschwörungsformeln gehabt haben.[18]

Arbeitsgesänge treten auf allen Kulturstufen und in der ganzen Welt in großer Fülle auf, es sei denn, sie wurden durch das Maschinengeräusch zum Schweigen gebracht. Außerdem sind sie für unsere Zwecke von besonderer Bedeutung, da sich in ihnen mit einigen bezeichnenden Abwandlungen die ursprüngliche Verwandtschaft zwischen Sprache und Arbeit erhalten hat.

Abb. 65. Backen bei Musikbegleitung: boiotische Terrakotta

Wir wollen jetzt zu einigen Beispielen übergehen. Das Rudern eines Bootes erfordert eine einfache Muskeloperation, die in regelmäßigen Abständen ohne Veränderung wiederholt wird. Der Takt wird den Ruderern durch einen ständig wiederholten Ausruf angegeben, der in seiner einfachsten Form zweisilbig ist: *O-op!* Die zweite Silbe bezeichnet den Augenblick der Anstrengung, die erste ist ein Ankündigungssignal.

Ein Boot treideln stellt eine schwerere Arbeit als das Rudern dar, so daß sich die Augenblicke der Anspannung nach größeren Zwischenräumen wiederholen. Dadurch wird mehr Raum für die Ankündigungssilbe gelassen, die sich deshalb verlängert wie in dem irischen Ruf der Schiffszieher: *Ho-li-ho-hup!* Manchmal läuft der Ruf in eine Entspannungssilbe aus wie bei einem entsprechenden russischen Ruf: *E-úch-njem!* Und in vielen Fällen ist er teilweise oder ganz artikuliert worden: *Heave-o-ho! Haul-away!*

Die beiden Elemente, Variable und Konstante, aus denen sich der einfache, zweisilbige Arbeitsruf zusammensetzt, kann man in der Hebung (Arsis) und Senkung (Thesis) der Prosodie wiedererkennen, die eigentlich das Heben und Senken der Hand oder des Fußes beim Tanz bezeichnen.[19] Somit wurzelt der Iktus oder das Schlagen des Rhythmus im primitiven Arbeitsprozeß — in den aufeinanderfolgenden Zügen am Balken oder den Schlägen des Werkzeugs auf Stein oder Holz. Er geht auf die Uranfänge menschlichen Lebens zurück, auf den Zeitpunkt, als der Mensch zum Menschen wurde. Das ist der Grund, warum er uns so aufwühlt.

Das nun folgende Liedchen wurde von Junod, dem schon erwähnten schweizerischen Missionar (Seite 375), aufgezeichnet, der es einen Tongajungen aus dem Stegreif hat singen hören, während er am Straßenrand für seine europäischen Arbeitgeber Steine klopfte:

[18] CHADWICK, The Growth of Literature, Bd. 3, S. 783.
[19] BÜCHER, a. a. O., S, 25, 402.

> Ba hi shaní-sa, ehé!
> Ba ku hi hlupha, ehé!
> Ba nwa makhofi, ehé!
> Ba nga hi njiki, ehé!
>
> Sie behandeln uns schlecht, ehé!
> Sie sind hart zu uns, ehé!
> Sie trinken ihren Kaffee, ehé!
> und geben uns keinen, ehé![20]

Das wiederholte *ehé!* ist der Arbeitsruf und bezeichnet die einzelnen Hammerschläge. Vorauf gehen jedesmal einige artikulierte Wörter, die improvisiert sind und die subjektive Einstellung des Arbeiters zu seiner Arbeit kennzeichnen sollen. Das Lied ist aus dem Ruf hervorgegangen, so wie auch der Ruf aus der Arbeit selbst erwachsen ist.

> Zieh durch, tauch' tief ein!
> Wie hüpft mein klopfendes Herz
> Beim Glanz, der aus deinem Auge blitzt,
> O Puhi-huia!
> Zieh durch, tauch' tief ein![21]

Das ist ein Ruderlied der Maori. Der Bootsmann stößt diesen Ruf in Abständen aus und füllt die Pausen mit improvisierten Schmeichelworten aus, die sich an die Adresse der im Boot reisenden Häuptlingstochter richten. Der Takt seiner Stegreifdichtung wird durch den Rhythmus der Wörter markiert. Der Ruf behält noch seine funktionale Bedeutung bei, ist aber bereits auf dem Wege, sich zu einem Kehrreim zu entwickeln.

Das nächste Beispiel bildet der Gesang der Wolgaschiffer:

> Ej-úch-njem! Ej-úch-njem! Jestschó rásyk! Jestschó da ras!
> Rasowjóm my bjerjósu, rasowjóm my kudrjáwu!
> Ajda da, ájda! Rasowjóm! Ajda da, ájda! Kudrjáwu!
> Ej-úch-njem! Ej-úch-njem! Jestschó rásyk! Jestschó da rás!
>
> Ej-úch-njem! Ej-úch-njem! Noch einmalchen, — noch einmal!
> Wickeln wir nun ab die Birke, wickeln wir nun ab die lock'ge!
> Ajda — da, ájda! Wickeln wir nun ab — ájda da, ájda — die lockige!
> Ej-úch-njem! Ej-úch-njem! Noch einmalchen, — noch einmal![22]

In diesem Falle werden die improvisierten Worte, die zur Arbeit ermuntern sollen, vom Treidelruf eingeleitet und abgeschlossen, der das übrige umrahmt und umgrenzt.

Daraus entwickelte sich dann das Arbeitslied, indem man den improvisierten variablen Teil zwischen den Augenblicken der physischen Anspannung erweiterte. Die Arbeiter ließen dabei entweder unbewußt überliefertes Gedankengut anklingen oder machten flüchtige Bemerkungen zu allgemein bekannten Begeben-

---

[20] JUNOD, a. a. O., Bd. 2, S. 284.
[21] ANDERSEN, Maori Life in Ao-tea, S. 373.
[22] BÜCHER, a. a. O., S. 235. Es gibt mehrere Versionen, da die Strophenmitte noch immer improvisiert wird.

heiten, je nachdem, was sich gerade an der Oberfläche ihres Bewußtseins befand. Wir besitzen ein uraltes griechisches Mahlliedchen — „Mahle, Mühle, mahle!" —, in das Anspielungen auf den Tyrannen Pittakos eingestreut sind.[23] Auch im heutigen Griechisch gibt es eines mit dem gleichen Refrain, das eine Frau aus dem Stegreif dichtete, als sie gegen ihren Willen Gerste für eine Gruppe Polizisten mahlen mußte, die sich auf der Suche nach ihrem Mann befanden.[24] Die an eine bestimmte Arbeitsvorrichtung gebundene Konstante behält im allgemeinen ihre Form unverändert bei, während die Variable in mannigfacher Weise täglich neu entsteht. Manche unverständliche Stelle in unseren Volksliedern ist wahrscheinlich dadurch zustande gekommen, daß der lebendige Zusammenhang, dem die Lieder ihr Dasein verdanken, in Vergessenheit geraten ist. Weitere Beispiele der gleichen Art kann man unter den Negerspirituals, die biblisches Wissen einprägen sollen und gleichzeitig den Arbeitern bei ihrer Tätigkeit Erleichterung verschaffen,[25] wie auch unter den englischen Matrosenshanties entdecken, wie in dem folgenden, das am Ausgang des achtzehnten Jahrhunderts entstand:

> Louis was the King of France afore the revolution,
> Away, haul away, boys; haul away together!
> Louis had his head cut off, which spoilt his constitution,
> Away, haul away, boys; haul away together![26]

Unterdessen hatte die Liedkunst ihre Verbindung zum Arbeitsprozeß gelöst. Nunmehr wurden Lieder in der Zeit der Muße improvisiert, wenn der Körper in Ruhe war. Trotzdem entsprachen sie dem vorgegebenen Muster. Das folgende Beispiel stammt aus Zentralafrika und wurde eines Abends von den Trägern aus der Karawane eines weißen Mannes gesungen, als sie am Lagerfeuer saßen:

> Der böse weiße Mann geht von der Küste landeinwärts — puti, puti!
> Wir wollen dem bösen weißen Manne folgen — puti, puti!
> Solange er uns zu essen gibt — puti, puti!
> Wir wollen die Berge und Flüsse überqueren — puti, puti!
> Mit dieses großen Kaufmanns Karawane — puti, puti![27]

Dieser Gesang wurde fortgesetzt, bis die Sänger eingeschlafen waren. Die improvisierten Verszeilen wurden von einzelnen vorgetragen, während das beständig wiederholte *puti* (was „Futter" bedeuten soll) von allen gemeinsam gesungen wurde. Daraus ergibt sich die uns vertraute, überall anzutreffende Gliederung in Solopartie und Chor.[28] Der Arbeitsruf ist nunmehr zu einem Kehrreim herabgesunken.

Auch die Konstante wird nach der Loslösung vom Arbeitsprozeß immer mehr ausgeweitet. Sie nimmt vollartikulierte Gestalt an und wird abgewandelt, um Ab-

---

[23] Carm. Popul. 30.   [24] POLITES, Eklogai etc., S. 241, Nr. 234
[25] BÜCHER, a. a. O., S. 263—273.
[26] Ebd. S. 239.
[27] BURTON, The Lake Regions of Central Africa, S. 361—362.
[28] BASEDOW, The Australian Aboriginal, S. 376, CODRINGTON, The Melanesians, S. 335, LAYARD, Stone Men of Malekula, S. 315, 611, ORDE BROWNE, The Vanishing Tribes etc., S. 167, P. A. TALBOT, The Peoples of Southern Nigeria, S. 808, DRIBERG, The Lango, S. 127, 129, 245, CHADWICK, The Growth etc., Bd. 3, S. 353, 355—356, 581, ENTWISTLE, European Balladry, S. 19, 35.

wechslung in das rhythmische Gefüge zu bringen, ohne jedoch dabei den Charakter regelmäßiger Wiederholung, auf dem die Einheit des Ganzen beruht, völlig zu zerstören.

> Why does your brand sae drop wi' blude,
> Edward, Edward?
> Why does your brand sae drop wi' blude,
> And why sae sad gang ye, O?
> O, I hae kill'd my hawk sae gude,
> Mither, mither,
> O, I hae kill'd my hawk sae gude,
> And I had nae mair but he, O.

> „Dein Schwert, wie ist's von Blut so rot?
> Edward, Edward!
> Dein Schwert, wie ist's von Blut so rot,
> Und gehst so traurig her? — Oh!"
> „O ich hab geschlagen meinen Falken tot,
> Mutter, Mutter!
> O ich hab geschlagen meinen Falken tot,
> Und keinen hab ich wie er — Oh!"[29]

Somit gelangen wir schließlich zur vierzeiligen Balladenstrophe, bei der der Kehrreim als solcher zwar verschwunden ist, aber noch in das rhythmische Gefüge eingebettet erscheint, das auf einem ständigen Wechsel von These und Antithese, von Frage und Antwort beruht:

> There liv'd a lass in yonder dale,
> And down in yonder glen O,
> And Kathrine Jaffray was her name,
> Well known by many men O.

> Lebt' eine Maid im Tale dort,
> Drunt' in der Schlucht so fern, O,
> Und Kathrin Jaffray war ihr Nam',
> Bekannt wohl manchem Herrn, O.[30]

Im Versmaß der Ballade bildet die Strophe einen musikalischen „Satz", das Reimpaar eine musikalische „Phrase" und jeder Vers dementsprechend ein „Motiv". In jeder Phrase gibt es zwei Motive und in jedem Satz zwei Phrasen. Die Glieder jedes Paares sind komplementär, ähnlich und doch verschieden. Das nennen Musikwissenschaftler die zweiteilige Form, den geraden Takt: AB.

Diese musikalische Deutung des Balladenversmaßes ist keine bloße Analogie, sondern stellt die einzig angemessene Methode der Analyse dar. Die Prosodie, wie sie in unseren Lehrbüchern geboten wird, ist von der lebendigen Geschichte der Poesie ebensoweit entfernt wie die herkömmliche Grammatik von der wirklich gesprochenen, sich entwickelnden Sprache. Die Ballade war ursprünglich ein

---

[29] Oxford Book of English Verse, S. 425, deutsch nach HERDER.
[30] GUMMERE, Old English Ballads, S. 169, 263.

Tanz, wie es noch heute in einigen Teilen Europas der Fall ist. Dafür ein Beispiel von den Färöern:

> Der Vorsänger singt den Text der Ballade, während der Rhythmus durch das Aufstampfen der Füße angegeben wird. Die Tänzer achten genau auf seine Worte, die klar und deutlich gesprochen werden müssen, da die Leitgedanken der poetischen Schilderung aus dem Gebärdenspiel der Tanzenden hervorgehen sollen. So faßt man sich beispielsweise fest bei den Händen, um das Schlachtgetümmel zu veranschaulichen. Ein jauchzender Sprung bringt Sieg zum Ausdruck. Alle Tänzer fallen am Schluß jeder Strophe gemeinsam in einen Chorgesang ein, während die Strophe selbst nur von einer oder zwei besonders geachteten Personen gesungen wird.[31]

Die Grundsätze, nach denen in der modernen Musikwissenschaft eine Analyse vorgenommen wird, gehören zur Wissenschaft vom Rhythmus überhaupt, d. h. zur gemeinsamen Grundlage der Poesie, der Musik und des Tanzes.

Die meisten unserer Volkslieder haben zweiteilige Form, einige aber sind komplizierter gebaut. Beim Gesang der Wolgaschiffer beispielsweise besteht die Strophe aus einem improvisierten Teil, der von dem Vers, der den traditionellen Treidelruf enthält, eingeleitet und abgeschlossen wird. In der musikalischen Terminologie ausgedrückt, heißt das: auf das erste Thema folgt ein zweites; dann wird das erste wiederholt oder wieder aufgenommen. Das ist die dreiteilige Form: ABA. Unter geschickten Händen wandelt sich A_2 zu etwas Neuem, das mehr darstellt als eine bloße Wiederholung von A_1: es ist A_1, das unter dem Einfluß von B eine neue Form angenommen hat. Somit ist die dreiteilige Form organischer, dialektischer als die zweiteilige. Aus diesem Grunde erlangte sie in der modernen Musik einen derart hohen Grad der Verfeinerung.[32] Beide Formen wurden von den Griechen verwandt. Zwar ist uns die Tonsprache der Griechen nicht erhalten, da aber ihre Poesie, abgesehen vom Epos und dem dramatischen Dialog, für den Gesangsvortrag verfaßt war, kann man den Rhythmus der Gedichte aus den Wörtern erschließen. Darüber habe ich in meinem *Greek Lyrik Metre* gehandelt, wo gezeigt wird, daß die griechische Strophe in genau der gleichen Art gebaut ist wie die moderne. Wir werden auf dieses Thema im nächsten Kapitel zurückkommen.

Ich fasse zusammen. Die drei Künste Tanz, Musik und Poesie waren ursprünglich einmal eine Einheit gewesen. Ihre gemeinsame Quelle bildete die rhythmische Bewegung des menschlichen Körpers bei der Arbeit im Kollektiv. Diese Bewegung setzte sich aus zwei Komponenten zusammen, der körperlichen und der mündlichen. Die erste bildete die Keimzelle des Tanzes, die zweite die der Sprache. Ausgehend von unartikulierten Ausrufen, mit denen der Rhythmus angegeben werden sollte, differenzierte sich die Sprache in die poetische und alltägliche Sprechweise. Der Stimme entkleidet und durch Schläge mit dem Werkzeug reproduziert, bildeten die unartikulierten Ausrufe die Keimzelle der Instrumentalmusik.

Der erste Schritt auf die Dichtkunst im eigentlichen Sinne des Wortes hin erfolgte durch die Trennung vom Tanz. Damit erhalten wir den Gesang. Beim Lied

[31] ENTWISTLE, a. a. O., S. 35. [32] MACPHERSON, Form in Music, S. 61—90.

bildet die Dichtung den Inhalt der Musik, während die Musik die Form der Dichtung darstellt. Dann entwickelten sich beide in verschiedener Richtung. Die Form der Dichtung ist ihre rhythmische Struktur, die sie zwar vom Gesang ererbt hat, die aber vereinfacht wurde, um den logischen Inhalt stärker hervortreten zu lassen. Die Dichtung erzählt eine Geschichte, die unabhängig von ihrer rhythmischen Form einen eigenen inneren Zusammenhang hat. Und so entwickelten sich später aus der erzählenden Versdichtung die Prosaerzählung und der Roman, in denen die poetische Diktion durch die gewöhnliche Sprache ersetzt wurde und die rhythmische Hülle abgeworfen ist, während die Fabel selbst in eine ausgewogene, harmonische Form gegossen wurde.

Inzwischen war eine Art Musik entstanden, die rein instrumentalen Charakter trug. Die Symphonie ist die Antithese des Romans. Ist der Roman Sprache ohne Rhythmus, so ist die Symphonie Rhythmus ohne Sprache. Natürlich besagt das nicht, daß der Roman der Form und die Symphonie des Inhalts ermangelt. Die Form eines Romans liegt in der rhythmischen Bewegung, mit der die Begebenheiten aufeinanderfolgen; der Inhalt der Symphonie — und der klassischen Musik überhaupt — liegt in ihren Melodien, die sich aus Volksliedern und -tänzen herleiten und insoweit letztlich mit der Sprache verwandt sind. Aber gerade weil sich diese Art Musik so weit von der gesprochenen Sprache entfernt hat, wurden all jene rhythmischen Prinzipien, die wir soeben erörtert haben, in einem nie dagewesenen Maße verfeinert. Es kam dazu, daß man sie als die eigentliche Domäne der Musik ansah. Wir pflegen sie als die „musikalische Form" zu bezeichnen, doch kann man sie noch im Gedicht aufspüren — nämlich in der Anordnung seines Inhalts, nicht nur in seiner metrischen Form —, wenn wir es nur mit dem gehörigen musikalischen Verständnis analysieren. Wir wollen zwei Musterbeispiele untersuchen, die nicht nur das erörterte Problem veranschaulichen, sondern zugleich noch einmal die enge Verwandtschaft von Poesie und Magie beweisen.

Sapphos Ode an Aphrodite ist das älteste Stück europäischer Lyrik. Und sie ist Lyrik im vollen Wortsinne — ein zur Lyra gesungenes Lied. Sappho war das Oberhaupt einer Kultgemeinschaft junger Damen, die der Aphrodite geweiht waren. Eines dieser Mädchen, dem sie leidenschaftlich zugetan war, hat ihre Liebe nicht erwidert.

> Blumenbunte, ewige Aphrodite
> Listenspinnend Kind du des Zeus · ich flehe:
> Schlage nicht mit Qualen und Schwermut meine Sinne · o Herrin!
>
> Eile jetzt hierher · so du je schon ehmals
> Mein Gebet · von ferne gehört · erfülltest
> Und das Haus des Vaters verlassend nahtest — golden geschirrt den
>
> Wagen — funkelnd hastende Finken waren
> Über dunklem Land dir Gespann · unzähliger
> Flügel Schwirren quer durch die strahlenhelle Kuppel des Himmels.
>
> Und sie kamen flink · aber du Glücksel'ge
> Fragtest — Lächeln über dem alterslosen
> Antlitz — was ich wieder erlitten · was ich wieder dich riefe?

> Was so sehr mein rasendes Herz als Gabe
> Wünsche? „Wen denn soll in dein Lieben wieder
> Peitho treiben — wer hat · o Sappho · Unrecht an dir begangen?
>
> Ja die heut noch flieht · sie wird bald verfolgen
> Die Geschenk nicht nimmt · sie wird dennoch geben
> Und die heut nicht liebt · sie wird bald schon lieben selbst wider Willen!" ...
>
> Komm auch jetzt zu mir und entwirre schwere
> Mühsal · ende was zu beenden sehnend
> Meine Sinne trachten und bleib du selber Kampfesgenossin.*

Sappho beginnt damit, im Gebet ihren Wunsch darzulegen. Dann ruft sie sich ins Gedächtnis zurück, wie früher ähnlichen Gebeten entsprochen wurde. Dann wird das Gebet wiederholt. Das ist die dreiteilige Form, die von einem bewußt schaffenden Dichter dynamisch gehandhabt wird. Das Gebet ist zu Anfang negativ formuliert, tastet sich heran; es endet mit der positiv gefaßten Bitte und voller Vertrauen, als ob dank dessen, was zwischen Beginn und Abschluß ausgesprochen worden ist, ein zustimmender Bescheid gewährleistet wäre.

Was liegt eigentlich dazwischen? Sie erinnert Aphrodite an die Vergangenheit. „Wenn je zuvor ... dann auch jetzt." Das war ein traditioneller Zug. Betete man zu den Göttern, so verlieh man seiner Bitte größeren Nachdruck, wenn man die Himmlischen an frühere Gelegenheiten erinnerte, wo man ihre Hilfe erhalten oder ihre Gunst erworben hatte.[33] Das war eine rituelle Formel, und durch das Ritual werden wir wieder auf die Magie zurückgeführt. Bei der Magie bewirkt man in der Phantasie, daß das Gewünschte Wirklichkeit wird. Das ist es gerade, was Sappho hier unternimmt, abgesehen davon, daß hier keine Handlung und kein Tanz, sondern nur eine Eingebung der Vorstellungskraft vorliegt. Sie fleht die Göttin an zu kommen; sie sieht sie im Geiste nahen — sieht sie und hört auch ihre Stimme; und dann, von der erfolgreichen geistigen Anspannung zu größerem Vertrauen inspiriert, wiederholt sei ihr Gebet. Das ist Magie, in Kunst umgesetzt.

In der englischen Dichtung, die der Musik weniger nahe steht, sind solche Reste der musikalischen Form nur sporadisch anzutreffen, so daß sie der Aufmerksamkeit von Literaturwissenschaftlern, die sich nicht für die Ursprünge der Dichtkunst interessieren, entgangen sind. Und doch ist ihnen allen das folgende Sonett von Shakespeare wohlbekannt, das ein ebenso gelungenes Beispiel für die dreiteilige Form darstellt wie irgendein griechisches Gedicht:

> When, in disgrace with fortune and men's eyes,
> I all alone beweep my outcast state,
> And trouble deaf heaven with my bootless cries,
> And look upon myself, and curse my fate,
> Wishing me like to one more rich in hope,
> Featur'd like him, like him with friends possest,

---

* deutsch nach E. MORWITZ in: C. M. BOWRA, Sappho.
[33] Il. 1,39—42. 394—395. 453. 5,116—117. 16, 236—238, Od. 4,763—766, PIND. Ol. 1,75—77, Isthm. 6,42—45, BAKCHYLID. 11,2—4, AISCH. Agam. 149. 525, SOPH. Oid. Tyr. 164—167, ARISTOPH. Ach. 405, Equit. 591—594, Thesm. 1157—58, Nubes 356—357, Vesp. 556, APOLLON. RHOD. 4,757, HEROD. 1,87,1 etc.

> Desiring this man's art and that man's scope,
>   With what I most enjoy contented least,
> Yet in these thoughts myself almost despising,
>   Haply I think on thee, and then my state,
> Like to the lark at break of day arising
>   From sullen earth, sings hymns at heaven's gate;
> For thy sweet love rememb'red such wealth brings
> That then I scorn to change my state with kings.

> Wenn ich verbannt von Glück und Menschenblick
> Bewein' allein mein Ausgestoßnenlos,
> Mich selber sehend fluche dem Geschick,
> Zum tauben Himmel schreie aussichtslos:

> Möcht ich wie einer sein mit Freunden viel,
> Wie er geformt, wie er von Hoffnung voll,
> Und wünsche eines Kunst, des andren Ziel —
> Deß mindest froh was meist mich freuen soll.

> In solchem Sinnen fast mich selbst verachtend
> Fällst du mir plötzlich ein: ich steig empor
> Und, wie die Lerche mit dem Frührot trachtend
> Aus trüber Erd, lobsing am Himmelstor.

> Dein, süße Liebe, denken bringt solch Glück.
> Nun weis' ich Tausch mit Königen zurück.[34]

Nur ein Kritiker hat die Struktur dieses Gedichtes erläutert, und das war ein Musikwissenschaftler.[35] Innerhalb von vierzehn Zeilen revolutioniert der Dichter seine Einstellung zur Welt. Zu Anfang ist er ein Ausgestoßener, der zum tauben Himmel emporschreit; am Ende ist er ein König, der Lobgesänge am Himmelstor singt. Und die Revolution vollzieht sich mit und durch das Wort *state*. Zuerst ist damit die Verzweiflung gemeint — die Molltonart. Wenn das Wort aber wiederkehrt, ist es in Dur umgesetzt, und damit werden wir zu dem schmetternden Triumph der Schlußzeilen hinübergeleitet.

Ein revolutionärer Wandel in unserer Einstellung zur Welt hat sich vollzogen. Ausgehend vom *Inhalt* der Gedichte — den Zauberformeln, Jahreszeitenliedern und jenem Sonett von Keats — zogen wir den Schluß, daß gerade darin die wesentliche Funktion der Poesie bestehe. Zur gleichen Schlußfolgerung gelangten wir nun durch die Untersuchung der *Form*.

3. *Improvisation und Inspiration*

Bei uns wird ein Gedicht selten — wenn überhaupt einmal — aus dem Stegreif geschaffen. Es ist zu einer Sache von Feder und Papier geworden. Es wird wohl zeitgenössische Dichter geben, deren Melodien buchstäblich ungehört verhallen.

---

[34] Sonett 29, deutsch von F. GUNDOLF, analysiert von HADOW, A Comparison of Poetry and Music, S. 10—12. Ein anderes schönes Beispiel für die dreiteilige Form stellt BLAKEs „Der Tiger" dar.
[35] HADOW, a. a. O., S. 10—12, vgl. G. THOMSON, Æschylus, Oresteia, Bd. 1, S. 14.

Die Verse sind vom Dichter niedergeschrieben, dann gedruckt und veröffentlicht worden, um schließlich vom Käufer als Einzelwesen in der Stille gelesen zu werden. Unsere Dichtkunst ist eine geschriebene Kunst, die schwieriger als die gewöhnliche Sprache ist und ein größeres Maß an bewußter Überlegung erfordert.

Es ist wichtig, sich zu vergegenwärtigen, daß dieser Zug der modernen Poesie ausgesprochen neuzeitlich ist. In Antike und Mittelalter und bei der Bauernschaft selbst heute noch ist der Dichter nicht von seinen Zuhörern durch die Schranke des Lesenkönnens geschieden. Seine Sprache ist von der des Alltags verschieden, doch ist es eine wirklich gesprochene Sprache, die er mit seinen Zuhörern gemein hat. Er spricht sie fließender als die anderen, doch das liegt nur an seiner größeren Übung. In gewissem Sinne kann man sie alle als Dichter bezeichnen.[36] Daher rührt die Anonymität der meisten Schöpfungen der Volkspoesie. Sie wird spontan im Alltagsleben geboren und geht unter Veränderung der Färbung von Mund zu Mund, von den Eltern zu den Kindern, von Jahrhundert zu Jahrhundert, bis die Fähigkeit zur Improvisation schwindet. Erst in diesem Augenblick erstarrt sie, und selbst dann noch hat sie sich eine besondere Eigenart bewahrt, die wir in die Worte kleiden, daß, wie vollkommen das Gedicht auch unter dem Gesichtspunkt handwerklichen Könnens immer sein mag, es ihm doch an der Qualität bewußter Kunst mangele. Gerade das ist es, was ihm fehlt: der Stempel der individuellen Persönlichkeit. Dieser Mangel ist aber auch unausweichlich; denn das Gedicht ist das Produkt einer ganzen Gemeinschaft, nicht nur eines einzelnen. Die Kunstpoesie gehört einer höher individualisierten Gesellschaftsform an.

Andererseits besteht die Rolle der Poesie noch immer, wie bisher, darin, das Bewußtsein von der Welt der Sinne abzuwenden und in die Welt der Phantasie zu versetzen. Diese Welt der Phantasie liegt natürlich nicht außerhalb der wirklichen Welt. Sie ist vielmehr die wirkliche Welt, die aller zufälligen, unwesentlichen Züge entkleidet ist und somit die ihr zugrunde liegenden Triebkräfte aufdeckt. Eine derartige Enthüllung erfordert einen Akt geistiger Konzentration, der das Zufällige und Unwesentliche ausschaltet, und dieser Akt wird durch die poetische Sprache vollzogen, die, wie wir gesehen haben, rhythmisch und phantastisch zugleich ist. Yeats brachte das folgendermaßen zum Ausdruck:

> Der Zweck des Rhythmus besteht in der Verlängerung des Augenblicks der sinnenden Betrachtung, des Augenblicks, in dem wir zugleich träumen und wachen. Das ist der einzige schöpferische Augenblick, da er uns mit einem verlockenden Gefühl der Gleichförmigkeit zum Schweigen bringt und doch zugleich durch ständigen Wechsel wach erhält und uns in einem vielleicht tatsächlich eintretenden Trancezustand dahindämmern läßt, in dem sich das Gemüt, befreit vom Drang des Willens, in Sinnbildern entfalten kann.[37]

---

[36] CHADWICK, a. a. O., Bd. 3, S. 65, 178, 659, LAYARD, a. a. O., S. 314—315, SCHAPERA, The Bantu-speaking Peoples etc., S. 285. Zur Improvisation siehe CHADWICK, a. a. O., Bd. 1, S. 578. Bd. 3, S. 64—65, 152, 156, 174, 181—183, 187, 213, 412, 529, 583, 616, 647—648, 659—663, 868. JEANROY, Les origines de la poésie lyrique en France ou moyen âge, S. 357, Schapera, a. a. O., S. 405, DRIBERG, a. a. O., S. 129, H. P. JUNOD, The Bantu Heritage, S. 85, ORDE BROWNE, a. a. O., S. 167, BONWICK, Daily Life and Origin of the Tasmanians, S. 29, W. BATESON, Letters from the Steppe, S. 165—166, LAYARD, a. a. O., S. 314—315, P. A. TALBOT, The Peoples of Southern Nigeria, S. 808. Das griechische Drama ging aus Improvisationen hervor (ARISTOT. Poet. 4, 14): siehe unten S. 402. [37] YEATS, Essays, S. 195—196.

Man kann sich über das Wort „befreit" streiten, doch das tut hier nichts zur Sache. Die Sprache der Poesie ist wegen ihres rhythmischen Charakters hypnotisch. Nicht so hypnotisch, daß wir dabei gänzlich in Schlaf verfallen. Wenn wir irgendein Versmaß einer beliebigen Sprache analysieren, entdecken wir immer wieder genau dieselbe Verbindung zwischen Gleichförmigkeit und Wechsel, jenes Wechselspiel von Gleich und Ungleich, das, wie Yeats erkannt hat, nötig ist, um das Gemüt in einer Art Trance, diesem besonderen Zauber der Poesie, in der Schwebe zu halten, gefangen zwischen Schlaf und Wachen im Reich der Phantasie.

Wenn wir also davon sprechen, ein Dichter sei inspiriert, meinen wir, daß er in dieser Künstlerwelt der Phantasie mehr als andere zuhause ist. Er besitzt in hohem Grade die Fähigkeit, durch die Oberfläche auf das Wesen der Dinge durchzustoßen und das auszudrücken, was er in Bildern wahrnimmt. Diese Bilder werden begierig aufgenommen, da in ihnen Gestalt annimmt, was seine Mitmenschen zwar fühlen, aber nicht selbst in Worte zu kleiden vermögen[38]:

> Und wenn der Mensch in seiner Qual verstummt,
> Gab mir ein Gott, zu sagen, wie ich leide.[39]

Die anderen werden von Sehnsüchten gequält, die sie nicht erklären, nicht ausdrücken können. Auch er ist außerstande, sie zu erklären, doch dank der Gabe der Inspiration kann er sie wenigstens zum Ausdruck bringen. Und wenn er seine Sehnsüchte in Worte faßt, erkennen seine Zuhörer darin ihre eigenen wieder. Dadurch, daß sie dem Vortrag seines Gedichts lauschen, machen sie die gleiche Erfahrung wie der Dichter, als er sein Werk verfaßte. Auch sie werden in die Welt der Phantasie versetzt, wo ihnen die gleiche Erlösung und Befreiung zuteil wird.

Im mimetischen Tanz stellen die Jäger unter Leitung ihres Anführers den erfolgreichen Verlauf der Jagd dar und verfolgen mit einer ungeheuren Willensanspannung das Ziel, die Illusion Wirklichkeit werden zu lassen. Tatsächlich tun sie damit nichts anderes, als ihrer Schwäche der Natur gegenüber Ausdruck zu verleihen. Doch durch diese Kundgabe erreichen sie in gewissem Grade, dieser Schwäche Herr zu werden. Ist der Tanz vorüber, so sind sie in der Tat bessere Jäger als zuvor.

In der Poesie begegnen wir diesem Prozeß auf höherer Ebene wieder. Der zivilisierte Mensch hat sich zwar die Natur weitgehend dienstbar machen können, dafür allerdings eine Komplizierung seiner gesellschaftlichen Verhältnisse in Kauf nehmen müssen. Die Urgesellschaft hatte eine einfache Struktur, war klassenlos und stand der Natur zwar schwach, doch in einer einheitlichen Front gegenüber. Die zivilisierte Gesellschaft ist differenzierter, reicher und verfügt über größere Machtmittel, doch wurde dieser Fortschritt nur unter der unausweichlichen Bedingung möglich, daß sie bis zum heutigen Tage in jedem Falle in sich gespalten ist. Daher wird der Konflikt zwischen Natur und Gesellschaft — die Grundlage für das Entstehen der Magie — von dem Konflikt zwischen dem Individuum und der Gesellschaft überlagert, auf dem die Dichtkunst beruht.

---

[38] CAUDWELL, Illusion and Reality, S. 171—172.
[39] GOETHE, Tasso, Vers 3432—3433.

Der primitive Dichter schafft nicht auf sich allein gestellt, sondern erfährt die Mitarbeit seiner Zuhörer. Ohne den Ansporn, den die lauschende Menge vermittelt, kann er überhaupt nicht schaffen. Er schreibt nicht, er trägt vor; er komponiert nicht, sondern improvisiert. So wie ihn die Eingebung überkommt, teilt sie sich seinen Zuhörern mit und ruft bei ihnen augenblicklich eine Resonanz hervor. Sie lassen sich unverzüglich und ohne Vorbehalte von der Illusion gefangennehmen. Wenn wir ein Gedicht lesen oder uns vorlesen lassen, kann uns zwar tiefe Rührung befallen, doch selten werden wir völlig davon mitgerissen. Eine primitive Zuhörerschaft reagiert dagegen weniger sublimiert, sondern überläßt sich mit allen Fasern einer Scheinwelt: sie vergessen sich völlig. Das habe ich viele Male in Westirland erleben können. Wir wollen uns einen Bericht über einen Sänger anhören, der in einer Hütte auf einer der Inseln im Onegasee eine Ballade rezitierte:

> Utka räusperte sich. Alles verstummte ringsum. Er warf seinen Kopf in den Nacken und schaute lächelnd in die Runde. Als er ihre ungeduldigen, aufmerksamen Blicke bemerkte, begann er sofort zu singen. Langsam wandelte sich der Gesichtsausdruck des alten Sängers. Alle Verschmitztheit war aus seinen Zügen gewichen. Sein Antlitz bekam einen kindlichen, naiven Ausdruck. Etwas wie Eingebung sprach aus seinen Zügen. Die taubengleichen Augen waren weit geöffnet und begannen zu strahlen. Zwei kleine Tränen glitzerten darin; eine plötzliche Röte überflog seine schwärzlichbraunen Wangen; sein kräftiger Adamsapfel tanzte auf und nieder. Er trauerte mit Ilja von Murom, der dreißig Jahre lang gelähmt saß, er jubelte mit ihm, als er seinen Triumph über den Räuber Solowei feierte. Auch alle Anwesenden lebten und litten mit dem Helden der Ballade. Von Zeit zu Zeit entrang sich einem der Zuhörer ein Ruf des Erstaunens, oder es klang das Lachen eines anderen durch den Raum. Ein Dritter vergoß Tränen und wischte sie unwillkürlich von seinen Wimpern. Sie saßen alle wie gefesselt da und blinzelten während des Gesanges mit keinem Auge. Jeden Ton dieser einförmigen, doch wundersamen, einschmeichelnden Weise liebten sie inbrünstig.[40]

Diese Leute waren sämtlich des Schreibens und Lesens unkundig; dennoch bedeutete ihnen die Poesie etwas, was man sicher nicht von der heutigen Bevölkerung Englands sagen kann. Wir haben einen Shakespeare und einen Keats hervorgebracht, das ist richtig, auch waren sie größer als Utka. Doch Utka war volkstümlich, und das ist etwas, was wir in unserem Lande heutzutage von Shakespeare und Keats nicht behaupten können.

Wir wollen Rußland verlassen und nach Mittelasien vordringen, um dort zu beobachten, wie die Turkmenen vor sechzig Jahren ihrer Dichtung lauschten:

> In Etrek war es, wo einer dieser Troubadours ein Zelt nahe an dem unserigen hatte, und da er uns abends mit seinem Instrument besuchte, so scharten sich auch bald einige junge Leute um ihn, und er mußte einige Heldenlieder zum besten geben. Sein Lied bestand aus gewissen rauhen Kehllauten, die wir eher für ein Geröchel als für einen Gesang halten möchten, und die er anfangs mit sanften, später, wenn er in Feuer kam, mit wilden Saitenschlägen begleitete. In dem Grade, in welchem der Kampf heftiger wurde, wuchs auch die Ereiferung des Sängers und die Begeisterung der jungen Zuhörer, und wirklich romantisch war der Anblick, wenn die jungen Nomaden, tiefe

---

[40] P. N. RYBNIKOV, zitiert bei H. M. und N. K. CHADWICK, The Growth of Literature, Bd. 3, S. 240—241.

Seufzer ausstoßend, die Mützen zur Erde warfen und mit einer wahren Wut in ihre Locken fuhren, als wenn sie den Strauß mit sich selbst beginnen wollten.[41]

Diese Turkmenen, der Dichter wie auch seine Zuhörer, waren buchstäblich in Trance verfallen.

Wenden wir uns der Antike zu, dann stoßen wir auf den Bericht eines byzantinischen Schriftstellers, der auf seinen Reisen an den Hof Attilas gelangte:

> Als die Abenddämmerung hereinbrach, wurden Fackeln angezündet, und zwei Hunnen traten vor Attila hin und priesen in Liedern seine Siege und seine kriegerische Tapferkeit. Die Schmausenden hefteten ihre Blicke auf die Sänger, einige gerieten in Verzückung, andere waren äußerst erregt, als sie sich der Kämpfe erinnerten, während jene, die durch ihr hohes Alter zur Untätigkeit verurteilt waren, in Tränen ausbrachen.[42]

Wenn wir Milton, Dante oder Homer lesen, behalten wir einen kühlen Kopf. Wie verhielten sich aber die alten Griechen, wenn sie die homerischen Gesänge vernahmen? Wir neigen zu der Annahme, daß sie sich genauso wie wir benahmen. Doch das ist ein Irrtum. In einem der Dialoge Platons beschreibt ein homerischer Sänger die Wirkung, die sein Vortrag bei ihm und seinen Zuhörern hervorruft:

> Sooft ich von etwas Traurigem singe, da füllen sich tatsächlich meine Augen mit Tränen; ist mein Gegenstand aber ein furchtbares, ungeheueres Schicksal, dann stehen mir vor Schrecken die Haare zu Berge, und mein Herz pocht. . . . Und immer, wenn ich von meinem Podium auf die Zuhörer herabschaue, sehe ich sie heulen und entsetzt vor sich hinstarren, ganz außer sich in Verzückung über die Worte, die sie hören.[43]

Wenn wir von einem Dichter sagen, er sei inspiriert, so ist das weiter nichts als eine hohle Phrase; wenn aber primitive Dichter über das Wesen ihrer Kunst befragt werden, erteilen sie alle die gleiche Antwort. Sie alle behaupten, im wahrsten Sinne des Wortes inspiriert zu sein — erfüllt von dem Odem eines Gottes. Wir wollen uns wieder nach Mittelasien begeben. Ich führe Radloff an, einen Bahnbrecher der modernen Folkloristik, der vor über 70 Jahren folgendes schrieb:

> Ein geschickter Sänger der Kirgisen kann jedes beliebige Thema, jede gewünschte Erzählung aus dem Stegreif vortragen, wenn ihm nur der Gang der Ereignisse klar ist. Als ich einen der tüchtigsten Sänger, die ich kennen gelernt, fragte, ob er dieses oder jenes Lied singen könnte, antwortete er mir: „Ich kann überhaupt jedes Lied singen, denn Gott hat mir diese Gesangesgabe ins Herz gepflanzt. Er gibt mir das Wort auf die Zunge, ohne daß ich zu suchen habe, ich habe keines meiner Lieder erlernt, alles entquillt meinem Innern, aus mir heraus."[44]

Wir werden an Caedmon erinnert, den angelsächsischen Dichter, der von sich behauptete, seine Gedichte von einem Engel erlernt zu haben, der ihm im Traume

---

[41] VÁMBÉRY, Reise in Mittelasien, S. 296.
[42] PRISC. HIST. 8 = FHG 4,92.
[43] PLAT. Ion 535.
[44] RADLOFF, Proben der Volkslitteratur etc., Bd. 5, S. XVII

erschienen sei,[45] und an Hesiod, den die Musen lehrten, als er seine Herden auf dem Helikon weidete,[46] ferner an Phemios und Demodokos, die Sänger von Ithaka und Phaiakien: „Selbstgebildet habe ich mich," sagte Phemios über sich, „mir legt die Gottheit mancherlei Lieder ins Herz."[47]

Bei allen primitiven Völkern ist der Dichter auch ein Prophet, der von einem Gott inspiriert oder besessen ist und mit göttlicher Stimme redet. Für die alten Griechen lag die Verbindung zwischen Prophetie (*mantiké*) und Wahnsinn (*mania*) schon in den Worten selbst. Ihnen war der magische Ursprung von Poesie und Prophetie selbstverständlich, denn die Merkmale beider Künste erinnerten sie an die orgiastischen Tänze, die in ihren Dionysoskulten noch gepflegt wurden. Ich zitiere wieder Platon:

> Alle guten Dichter verfassen ihre Gesänge nicht als Künstler, sondern von Gott ergriffen oder besessen. Ebenso verhält es sich mit den Lyrikern. Wenn sie dichten, sind sie genauso von Sinnen wie die Korybanten, wenn sie tanzen. Sobald sie in Harmonie und Rhythmus verfallen, geraten sie außer sich und gebärden sich wie Besessene, wie die Bakchen, die in ihrem Wahnsinn Milch und Honig aus den Flüssen saugen.[48]

Die Korybanten waren die Derwische Griechenlands — ekstatische Tänzer, die sich der anatolischen Muttergöttin geweiht hatten. Die Bakchen waren die Anhängerinnen des Dionysos, die unter dem Einfluß der Musik hysterische Anfälle erlitten, was man damit zu erklären suchte, daß man sie als *éntheoi* bezeichnete, also die, die „einen Gott in sich" trugen. Hier liegt der Ursprung unseres Begriffes „Enthusiasmus".[49] Auf dieser Stufe können wir nicht mehr von Poesie sprechen. Wir sind zu ihren Wurzeln vorgestoßen, die in der Magie liegen.

Inspiration und Besessenheit sind ein und dieselbe Sache. In der primitiven Gesellschaft werden Geistesstörungen, die mit dem Verlust des Bewußtseins und Krämpfen gekoppelt auftreten, auf die Besessenheit von einem Gott, einem Tier oder dem Geist des Ahnherren zurückgeführt.[50] Diese Vorstellung bildet sich aus der Ekstase des mimetischen Tanzes heraus, bei dem die Beteiligten das Bewußtsein ihrer Individualität verlieren, sobald sie die Tiere oder Geister verkörpern, die durch den Tanz dargestellt werden sollen.

Hysterie ist eine neurotische Krankheit — ein Konflikt zwischen dem Individuum und seiner Umgebung — und äußert sich in dem Verlust der Selbstbeherrschung. Bei den Wilden ist das eine häufige Erscheinung, nicht weil sie stärker zu solchen

---

[45] BEDA VEN. Eccl. Hist. 4,24.
[46] HESIOD. Theog. 22—23.
[47] Od. 22,347—348. 8,479—481.
[48] PLAT. Ion. 533e.
[49] G. THOMSON, Aischylos und Athen,.S. 395, 398—400.
[50] JUNOD, Life of a South African Tribe, Bd. 2, S. 479—503, SMITH und DALE, The Ila-speaking Peoples etc., Bd. 2, S. 136—152, SCHAPERA, The Bantu-speaking Peoples etc., S. 253, ROSCOE, The Baganda, S. 274, 318, 320—322, CODRINGTON, The Melanesians, S. 218, CHADWICK, a. a. O., Bd. 3, S. 449, 454, CZAPLICKA, Aboriginal Siberia, S. 307—325, KARSTEN, The Civilisation of the South American Indians, S. 18, EARTHY, The Valenge, S. 199, WEBSTER, Primitive Secret Societies, S. 151, 175, FALLAIZE in HASTINGS, Encyclopædia etc., Bd. 10, S. 122.

Konflikten neigen als wir, sondern weil ihr Bewußtsein weniger differenziert ist. Dieses Leiden wird durch die Magie geheilt. Wenn die ersten Symptome auftreten, wird über den Patienten ein Lied gesungen. Dadurch kommt der Anfall schneller zum Ausbruch.[51] Hier haben wir also Poesie vor uns, die auf einer rein magischen Entwicklungsstufe steht, oder, richtiger gesagt, es handelt sich überhaupt noch nicht um Poesie, sondern um diejenige Form therapeutischer Magie, aus der sich dann die Poesie herausbildete. Am Patienten wird ein Exorzismus vorgenommen. Der Geist, von dem er besessen ist, wird durch die Magie des Gesanges herausgerufen und ausgetrieben. Der Exorzist, der die Behandlung durchführt — der Schamane, Medizinmann und Zauberdoktor, wie er genannt wird —, leidet gewöhnlich selbst unter hysterischen Anfällen und hat eine bestimmte Ausbildung erfahren.[52] Der Exorzist steht somit in ähnlichem Verhältnis zu dem Patienten wie der Anführer des mimetischen Tanzes zu seinen Begleitern.

Die Prophetie ist eine Weiterentwicklung der Besessenheit. Eine der häufigsten Formen, unter denen ein Patient exorziert wird, besteht darin, daß man den bösen Geist zwingt, seinen Namen zu nennen, und oft fordert dieser nach der Namensnennung, daß man ihn als Gegenleistung für die Freigabe seines Opfers durch eine Gabe wieder gnädig stimmt. Auf diese Weise wird aus dem angewandten Verfahren ein Mittel, den Willen der Götter zu verkünden und damit die Zukunft vorauszusagen. Der hysterische Anfall nimmt die Form eines prophetischen Trancezustandes an, in dem der Patient zu einem Medium im modernen spiritualistischen Sinne wird — zu einem Gefäß für die Stimmen des Gottes oder Geistes.[53] In diesem Zustand bringt der Betreffende seine Befürchtungen, Hoffnungen und seine die Zukunft betreffenden Erwartungen zum Ausdruck, von denen er bei vollem Bewußtsein nichts weiß.

Und schließlich wird aus dem Propheten ein Dichter. Im urwüchsigen Denken wird keine scharfe Grenze zwischen Prophetie und Poesie gezogen. Den in den homerischen Epen genannten Sängern wird das zweite Gesicht zugeschrieben, und ihre Person ist unverletzlich.[54] Der Dichter ist der Prophet auf einer höheren gesellschaftlichen und psychologischen Entwicklungsstufe. Er unterscheidet sich darin vom eigentlichen Propheten, daß er sich der von ihm verbreiteten Illusion als einer Illusion bewußt ist; aber das Wirken seiner Einbildungskraft stellt nach wie vor einen Vorgang dar, in dem die Widersprüche zwischen dem Wirklichen und dem Möglichen — zwischen dem, was ist, und dem, was kommen wird — gelöst werden. Die Forderung der Gesellschaft an den Dichter besteht nach Belinski darin, er solle „ein Repräsentant ihres geistigen, idealen Lebens sein; ein Orakel, das die schwierigsten Fragen beantworten kann; ein Arzt, der zuerst bei sich selbst und dann bei anderen die allgemeinen Schmerzen und Leiden entdeckt und sie heilt, indem er sie in dichterischer Form wiedergibt." Und genauso wie die Weissagungen des Propheten allen ehrfürchtige Hochachtung abnötigen, so wühlt die dichterische Aussage alle Herzen auf.

[51] FALLAIZE a. a. O., SMITH und DALE, a. a. O., Bd. 2, S. 137—138.
[52] G. THOMSON, Aischylos und Athen, S. 396—397.   [53] Ebd., S. 398.
[54] HESIOD. Theog. 31—32, Od. 8,479—481. 22,345—346.

Abb. 66. Musen: attisches Vasenbild

All das hat Goethe schon erahnt. Ich will die ganze Stelle im Wortlaut anführen. Er läßt den Dichter folgende Verse sprechen:

> Die Träne hat uns die Natur verliehen,
> Den Schrei des Schmerzens, wenn der Mann zuletzt
> Es nicht mehr trägt, und mir noch über alles,
> Sie ließ im Schmerz mir Melodie und Rede,
> Die tiefste Fülle meiner Not zu klagen:
> Und wenn der Mensch in seiner Qual verstummt,
> Gab mir ein Gott, zu sagen, wie ich leide.

Neben Shakespeare ist Goethe vielleicht der größte europäische Dichter der Neuzeit. Hier umreißt er die Funktion des Dichters. Er hätte sie nicht treffender zum Ausdruck bringen können.

Es gibt noch einen anderen Gesichtspunkt, unter dem die Inspiration an dieser Stelle betrachtet werden soll. Genauso wie die Magie lange Zeit hindurch das besondere Anliegen der Frauen darstellte, entdecken wir auch, daß auf der ganzen Erde die sich in Wahrsagungen und Poesie äußernde Inspiration ganz besonders ihnen eigen ist.[55] Das Tatsachenmaterial ist um so überzeugender, da ihr Anteil

---

[55] BÜCHER, a. a. O., S. 434—452, BRIFFAULT, a. a. O., Bd. 2, S. 514—571, CHADWICK, a. a. O., Bd. 3, S. 186 bis 188, 413, 663, 895—898. Von 1202 in Estland, Lettland und Litauen gesammelten Liedern sind 678 Frauen-

an der Gestaltung des Lebens der Primitiven nicht annähernd so gut wie der der Männer dokumentiert ist.[56] Ich will mich an dieser Stelle nicht weiter über diesen Gegenstand verbreiten. Der Leser mag ihn an Hand der Werke von Bücher, Briffault und Chadwick studieren. Jedenfalls war es mehr als ein bloßer dichterischer Einfall, der Homer und Hesiod bewog, die Hilfe weiblicher Gottheiten zu erflehen. Der Anteil der Frau an der Entstehung der Musik wird durch das Wort selbst in Erinnerung gebracht.

gesänge, 355 Männergesänge und 169 nicht bestimmbar (BÜCHER, a. a. O., S. 450). Die Geschichte der Balladendichtung in Süd- und Westeuropa führt zu den gleichen Schlüssen: ENTWISTLE, a. a. O., S. 37–38.

[56] Siehe S. 192 und vgl. BÜCHER, a. a. O., S. 435–436, CHADWICK, a. a. O., Bd. 3, S. XXII.

XV. DER RITUELLE URSPRUNG DES GRIECHISCHEN EPOS

1. Die Problemstellung

Die Kunst wächst aus dem Ritual heraus. Trifft man diese Feststellung in allgemeiner Form, so wird sie kein ernsthafter Forscher verwerfen. Es ist zwar eine Tatsache, daß viele sie als belanglos beiseite schieben, das liegt aber daran, daß die Kunst genau so wie die Magie eine große Triebkraft in der Weltgeschichte ist oder sein kann und man sie deshalb gebändigt sehen möchte. Indem es diese Gelehrten verschmähen, ihre Anfänge zu ergründen, begeben sie sich der Möglichkeit, Kunst zu verstehen und damit zu genießen. Wir müssen sie ihren Händen entreißen. Sie haben kein Recht, ihr die Flügel zu beschneiden.

Die Bande, durch die die griechische Poesie mit dem Ritus verknüpft ist, liegen in den meisten Fällen offen zutage. Die homerischen Hymnen, die Oden Pindars, das attische Drama — das waren alles bewußte Akte der Verehrung der Götter. Nur beim Epos liegt es nicht auf der Hand. Die Literaturwissenschaft, die sich mit dem griechischen Epos befaßt, ist bisher in zwei Hauptrichtungen vorgegangen. Seit hundert und mehr Jahren hat eine Unzahl klassischer Philologen die Anatomie der *Ilias* und der *Odyssee* diskutiert. Die Auseinandersetzung darüber ist zwar noch immer nicht abgeschlossen, weist aber seit einiger Zeit deutliche Symptome der Ermattung auf, da das Thema ganz einfach ausgeschöpft ist. Inzwischen hat ein Professor der Anglistik der Forschung eine neue Richtung gewiesen. Indem Chadwick die vergleichende Methode auf das Epos verschiedener Völker anwandte, konnte er eine Anzahl von Wechselbeziehungen nachweisen, die es ermöglichen, diese poetische Gattung einem bestimmten Gefüge gesellschaftlicher und historischer Verhältnisse zuzuordnen. Doch die Frage nach ihrem rituellen Ursprung bleibt nach wie vor offen.

Die drei Hauptformen griechischer Poesie waren — in der Reihenfolge, wie sie zur Reife gelangten — das Epos, die Lyrik und das Drama. *Ilias* und *Odyssee* können im ganzen genommen nicht eher als im achten vorchristlichen Jahrhundert entstanden sein; Alkmans Verse, die ältesten, die uns aus den Trümmern der Lyrik überkommen sind, gehören ins siebente Jahrhundert; Aischylos tritt erst zu Beginn des fünften auf die Bildfläche. Das ist die chronologische Aufeinanderfolge, aus der jedoch lediglich hervorgeht, wann jede dieser Kunstformen eine Höhe erreichte, auf der sie bewußt geübt wurde. Betrachten wir die Gattungen vom Standpunkt ihres Entstehens, so ist die Reihenfolge genau umgekehrt. Im Drama ist Gesang, Tanz und die Darstellung durch einzelne Personen vereint; somit ist in ihm die ursprüngliche Einheit der mimetischen Magie noch erhalten geblieben. Die Chorlyrik umfaßt Gesang und Tanz. Das Epos ist reine Vortragskunst. Das lyrische Gedicht beruht auf der Strophe oder Stanze, während sich im Epos keine

Spur einer strophischen Gliederung findet. Somit kam die am wenigsten differenzierte der drei Gattungen, die daher auch die primitivste ist, als letzte zur Reife, während die Kunstform, die als erste zur vollen Ausbildung gelangte, zugleich am wenigsten primitive Züge aufweist. Doch selbst das ist nicht die ganze Wahrheit. Im Drama ist die Rezitation mit eingeschlossen, und, obgleich es der Struktur nach die primitivste Gattung ist, wenn man darunter das hohe Alter versteht, trifft das keineswegs auf die in ihm angewandte Technik noch auf seinen Inhalt zu. Unter diesem Gesichtswinkel betrachtet, steht es von allen drei Gattungen auf der höchsten Stufe der Vollendung.

Der Klärung dieser verwickelten Verhältnisse sind die Empiriker ausgewichen, was dazu führen mußte, daß eine wissenschaftlich fundierte Geschichte der griechischen Poesie bislang noch nicht in Angriff genommen worden ist. Dennoch lassen sich diese Verflechtungen leicht erklären. Die drei Kunstformen entsprechen den drei aufeinanderfolgenden Entwicklungsphasen der griechischen Gesellschaft — dem frühen Königtum, dem grundbesitzenden Adel und der Demokratie. Ihre wechselseitigen Widersprüche werden dann erklärlich, wenn man sich vergegenwärtigt, daß sie die Dialektik des Klassenkampfes widerspiegeln.

Das Problem soll im vorliegenden Kapitel unter drei Hauptgesichtspunkten erörtert werden: dem Aufbau der Strophe, der Herausbildung des Chors und den Beziehungen der beiden Geschlechter zueinander. Der Leser wird sich zweifellos die Frage vorlegen, ob diese Fragestellungen überhaupt irgendeine Beziehung zur *Ilias* und *Odyssee* haben können. Nun, wir werden sehen.

2. Die Strophe

Stanze und Strophe sind ein und dieselbe Sache. Die Stanze ist ein „Stand" oder eine „Pause"; die Strophe eine „Wendung", wie das lat. *versus*. Beide Ausdrücke bezeichnen eigentlich Unterteilungen der Tanzbewegung.

In der englischen Poesie gibt es zwei Hauptarten des Balladenversmaßes — den kurzen, achttaktigen Zweizeiler und den langen Zweizeiler, der vierzehn Takte umfaßt.[1] Bei der letztgenannten Art ist der Zweizeiler gewöhnlich unterteilt, so daß die bekannte vierzeilige Balladenstrophe entstand. Sie enthält vier Verse, die abwechselnd vier und drei Takte oder Hebungen umfassen. Ihr zweiteiliger Aufbau geht aus dem Endreim hervor, der sich nur im zweiten und vierten Vers findet, d. h. am Schluß jeder Phrase. Somit fallen die Reime mit den beiden Pausen in der Tanzbewegung zusammen, der kleineren und der größeren. Sie stellen sozusagen Nachklänge der entscheidenden, abschließenden Tanzschritte dar, die der Tänzer bei jeder Tour vollführt. Hier liegt der Ursprung des Reims. Er leitet sich aus der mündlichen Begleitung zu einer koordinierten Körperbewegung her.

Bei der vierzeiligen Balladenstrophe ist der rhythmische Aufbau auf den kleinsten Umfang beschränkt, der unter Erhaltung der organischen Einheit möglich ist. Doch die griechische Strophe steht ihrem chorischen Ursprung noch weit näher.

---

[1] GUMMERE, Old English Ballads, S. 307–309.

Jedes griechische lyrische Gedicht, d. h. alle Poesie, die in strophischer Form abgefaßt ist, wurde von der Lyra oder Flöte begleitet, und, mit Ausnahme der Monodie, von einem Chor getanzt. Dementsprechend ist auch der Aufbau großzügiger und feiner durchgebildet und gibt die vielfach verschlungene musikalische Begleitung und die einzelnen Stellungen von Hand und Fuß des Tänzers besser wieder.

Es gibt drei Arten der strophischen Form — die monostrophische, triadische und antistrophische. Bei der monostrophischen Ode wird eine einzelne Strophe ständig wiederholt, wie das auch bei der Stanze im modernen Vers der Fall ist (AAA). Die Triade besteht aus einer Strophe mit folgender Antistrophe — das ist einfach die wiederholte Strophe —, auf die dann eine Epode oder ein Abgesang folgt, ein System, das aus den gleichen oder zumindest ähnlichen rhythmischen Bestandteilen aufgebaut, aber anders zusammengesetzt ist und als Coda dient (AAB). Diese Triade wird dann ständig wiederholt (AAB AAB AAB). Die antistrophische Form ist eine Reihe von paarweise angeordneten Strophen und Antistrophen. Die Einzelglieder eines Paares sind miteinander identisch, jedes Paar unterscheidet sich aber von dem vorhergehenden (AA BB CC).

Die ältesten Oden, die wir besitzen — sie stammen von Alkman (etwa 660 v. d. Z.), Alkaios und Sappho (630 bis 580 v. d. Z.) —, sind sämtlich in monostrophischer Form verfaßt. Viele der von Alkaios und Sappho gedichteten Oden sind Monodien, die von einem Solisten ohne Tanzbegleitung gesungen wurden. Die Triade soll von Stesichoros erfunden worden sein, der der folgenden Generation angehörte. Sie war stets für einen Chor verfaßt und wurde in der aristokratischen Kunsttradition die vorherrschende Form. Nahezu alle Oden Pindars sind triadisch gebaut. Die gleichfalls chorische antistrophische Form ist auf das Drama beschränkt. Das ist die chronologische Reihenfolge. Unsere Aufgabe ist es nun, den Gang der Entwicklung festzustellen.

Sobald wir die lyrischen Formen vor den entsprechenden historischen Hintergrund stellen, treffen wir auf einige bezeichnende Komplikationen. Alkman lebte in Sparta zu einer Zeit, als die dortige Aristokratie ihre langandauernde Karriere begann, doch stammte er aus Sardeis in Lydien. Die spartanische Poesie dieses Zeitraums war hauptsächlich das Werk von Ausländern. Wir hören auch von Terpandros von Lesbos und Thaletas aus Kreta. Außerdem ergibt eine metrische Analyse der Gedichte Alkmans eine derartig enge Verwandtschaft zu Alkaios und Sappho, daß man alle drei einer gemeinsamen griechisch-anatolischen Tradition zuweisen muß.

Alkaios und Sappho stammten aus Lesbos. Sie gehörten der auf Terpandros folgenden Generation an und blieben in ihrer Heimat. Beide waren Aristokraten, doch das Lesbos ihrer Tage stand kurz vor der demokratischen Revolution. Wenn wir uns das vor Augen halten, wird uns auch die Entdeckung nicht überraschen, daß sie künstlerisch auf einer höheren Stufe als Alkman stehen.

Stesichoros wurde in Himera geboren, einer sizilischen Kolonie, die von Dorern aus Syrakus und Ionern aus Chalkis gemeinsam gegründet worden war. Er benutzte wie Alkman den dorischen Dialekt, doch mit anders gearteter Technik.

Es gibt keinen Anlaß, daran zu zweifeln, daß er der Erfinder der Triade gewesen ist, doch hat er sie natürlich keineswegs aus dem Nichts geschaffen. Er arbeitete mit vorgeformtem Material. Der Aufbau der Triade hat einen in zwei Halbchöre unterteilten Chor zur Voraussetzung, die die beiden Geschlechter, zwei Clane, zwei Altersgruppen oder sonst irgend etwas dargestellt haben mögen. Die Halbchöre sangen Strophe und Antistrophe antiphonisch, d. h. im Wechsel, während die Epode von allen gemeinsam vorgetragen wurde. Soweit wir aber aus den erhaltenen triadisch gebauten Oden ermitteln können, war keine davon wirklich antiphonisch gegliedert. Die Praxis der Antiphonie muß demnach schon längst aufgegeben worden sein, während die Struktur noch erhalten blieb. Stesichoros' Leistung bestand also darin, diese rituelle Form ihrer rituellen Funktion entkleidet und zu einer Kunstform umgestaltet zu haben.

Bei unserem dritten Typus, der antistrophischen Form, ist die Wiederholung auf ein Mindestmaß beschränkt worden. Darin besteht ihr besonderes Kennzeichen. Sie ist die biegsamste der drei Formen und deshalb auch die dramatischste. Da wir feststellen können, daß sie dem Drama eigentümlich ist, dürfen wir den Schluß ziehen, daß sie von den Dramatikern erfunden worden ist.

Wenn die Epode der Triade von allen gemeinsam gesungen werden sollte, muß sie ursprünglich ein Kehrreim gewesen sein. Und wenn sie ursprünglich sowohl der Strophe als auch der Antistrophe angefügt worden war (Ax Ax Ax), dann sind wir wieder bei der primitiven zweiteiligen Aufeinanderfolge von Solist und Chor, Improvisation und Refrain angelangt. Verschiedene Überlegungen lassen vermuten, daß das tatsächlich der Fall gewesen ist.

Wenn wir mit einer Untersuchung der antistrophischen Form den Anfang machen, gelangen wir zum gleichen Ergebnis. In einigen ihrer Oden verwenden die Dramatiker die Epode, doch nur als alleinstehende, abschließende Coda, die das Ende der ganzen Ode bezeichnen soll (AA BB CC D). Sie benutzen auch noch eine andere Art Coda, die unter dem Namen *ephýmnion* bekannt ist. Sie ist immer in einem einfachen, volkstümlichen Rhythmus abgefaßt und bei jedem Paar dem Schluß jedes Einzelgliedes angefügt (Ax Ax Bx Bx). Und diese Anordnung unterscheidet sich nur in einer Besonderheit — der Ungleichheit der Paare, in der wir soeben eine Neuerung zu erblicken gelernt haben — von der ursprünglichen Triade, wie sie oben dargestellt wurde.

Die Tragödie ist nach Aristoteles' Feststellung aus dem Dithyrambos hervorgegangen. Das war eine Abart der Chorode, von der bekannt ist, daß sie in ältester Zeit von einem Chorführer und einem Chor vorgeführt wurde. Der Chorführer trug eine Anzahl improvisierter Stanzen vor, während der Chor die Kehrreime dazwischenschob.[2] Lassen wir uns von dieser Feststellung leiten, so wird uns die Herausbildung der antistrophischen Form völlig klar. Sie begann mit der primitiven Aufeinanderfolge von Solo und Refrain. Auf der zweiten Stufe verschwand der Solist. Die ganze Ode wurde nunmehr vom Chor gesungen — eine monostrophische Ode

---

[2] ARCHIL. 77, vgl. PICKARD-CAMBRIDGE, Dithyramb, Tragedy, and Comedy, S. 19. Zur griechischen Konvention des Solo- und Chorgesanges siehe H. W. SMYTH, Greek Melic Poets, S. XXI, XL, XLVI, XLVIII, CXI, CXV, CXVI, CXXII, 503.

mit angefügten *ephýmnia*. Auf der dritten Stufe wurde die Ode biegsamer gestaltet, indem man sie in antistrophische Paare untergliederte. Schließlich wurden die *ephýmnia* abgestoßen, so daß die typische antistrophische Chorode, wie wir sie kennen, übrigblieb.

Des weiteren müssen wir beachten, daß die erhaltenen Muster griechischer Lyrik fast sämtlich Meisterwerke bewußter Kunstschöpfung darstellen. Die Oden, die man beim alltäglichen Gottesdienst in den Tempeln vortrug, müssen weniger kunstvoll ausgesehen haben. Wir wissen nur sehr wenig von ihnen zu sagen, doch reicht das für den Nachweis hin, daß sich in ihnen die Solo- und Chor-Tradition die ganze Antike hindurch am Leben erhielt. In der christlichen Liturgie ist sie auch heute noch lebendig. Sie hat sich in den Trauergesängen erhalten, bei denen die Improvisationen der Chorführer durch unartikulierte Klagerufe beantwortet wurden;[3] wir finden sie im kretischen Hymnus der Kureten wieder[4] und schließlich im Hymnus auf den elischen Dionysos. Der letztere wird von Plutarch angeführt, der seinen Refrain mit dem Wort Epode bezeichnet.[5]

Schließlich muß man auch die Bezeichnung selbst untersuchen. Was bedeutet eigentlich *epoidós*? Unter Bezugnahme auf das dritte Glied einer Triade wurde sie als „Nach- oder Abgesang", also als Coda, erklärt. Doch das trifft nur die technische Seite der Sache. In der Volkssprache bezeichnete sie einen „Zauber", einen „Bann" oder eine „Beschwörung", ein Lied, das „über" jemand „gesungen" wurde, wie das Klagelied über Hektors Leiche oder der Zauberspruch, der über einen Kranken gesungen wurde, um dessen Gesundung herbeizuführen, oder der über einen Verbrecher ausgesprochene Fluch, der ihn verdammen soll. Das ist zweifellos die primäre Bedeutung des Wortes. Der Refrain stellte ursprünglich eine Beschwörungsformel dar. In der *Oresteia* vollführen die Erinyen einen magischen Tanz in der Absicht, den Flüchtigen an der Stelle festzubannen.[6] Die Ode ist antistrophisch gebaut und enthält *ephýmnia*, und es sind diese Kehrreime, welche von den Furien beim Umtanzen des Opfers gesungen werden, die den Beschwörungsformeln ihre Wirksamkeit verleihen. Das *ephýmnion* wird auf die gleiche Weise auch in den *Schutzflehenden* verwandt, wo die Töchter des Danaos ihre Verfolger verfluchen und einen Sturm auf sie herabflehen, als sie an ihrem Zufluchtsort anlangen.[7] Diese Refrains führen uns auf geradem Wege zu den mimetischen Zauberformeln der primitiven Magie zurück.

Es bleibt noch die monostrophische Form zu erörtern. Hier können wir auf keinen greifbaren Überrest eines Kehrreims hinweisen, wie wir ihn in der Epode und dem *ephýmnion* erkennen konnten. In diesem Falle ist er gänzlich verlorengegangen. Aber es hat ihn sicherlich einmal gegeben. Der Beweis wird durch den inneren Aufbau der Strophe selbst geliefert, dem ich mich nun zuwenden will.

Im voraufgegangenen Kapitel hatte ich aus allgemeinen Erwägungen die Folgerung gezogen, daß die Stanze oder Strophe überall nach musikalischen Grund-

---
[3] Il. 24,719—776.
[4] DIEHL, Anthologia Lyrica Graeca, Bd. 2, S. 279—281.
[5] PLUT. Mor. 299b.
[6] AISCH. Eumen. 307—399.   [7] AISCH. Hiket. 118—181.

sätzen gebaut ist, die sich aus der Improvisation und dem Refrain bei kollektiv verrichteter Arbeit herleiteten. Ich will nun dazu übergehen, diese Behauptung an Hand des Griechischen durch eine ins einzelne gehende Analyse der Strophe zu untermauern. Ich werde der Reihenfolge nach die drei ältesten Musterbeispiele, die erhalten geblieben sind, untersuchen. Alkman wird durch sein *parthéneion*, den „Gesang der Jungfrauen" vertreten, Alkaios und Sappho durch die Strophen, die nach ihnen benannt sind. Die Erörterung wird notwendigerweise einen etwas technischen Charakter tragen, doch will ich sie so einfach wie möglich halten.

Das *parthéneion* Alkmans ist ein langer Choral, der für einen Chor von Tänzerinnen verfaßt wurde. Er ist monostrophisch, und die einzelne Strophe ist wie folgt gebaut:

A ἔστι τις σιῶν τίσις· ὁ δ᾽ ὄλβιος ὅστις εὔφρων

ἀμέραν διαπλέκει ἄκλαυτος. ἐγὼν δ᾽ ἀείδω

Ἀγιδῶς τὸ φῶς· ὁρῶ F᾽ ὥτ᾽ ἄλιον, ὅνπερ ἄμιν

Ἀγιδὼ μαρτύρεται φαίνην. — ἐμὲ δ᾽ οὔτ᾽ ἐπαινῆν

B οὔτε μωμῆσθαί νιν ἁ κλεννὰ χοραγός

οὐδ᾽ ἁμῶς ἐῇ· δοκεῖ γὰρ ἦμεν αὐτὰ

ἐκπρεπὴς τὼς ὥσπερ αἴ τις ἐν βοτοῖς στάσειεν ἵππον

παγὸν ἀεθλοφόρον καναχάποδα. — τῶν ὑποπετριδίων ὀνείρων.

Zum besseren Verständnis wird für die Leser, die dem griechischen Original nicht folgen können, eine deutsche Übertragung mit einer einfachen Vertonung gegeben, die nur dazu bestimmt ist, den rhythmischen Aufbau zu verdeutlichen (s. S. 405).

Die Strophe zerfällt in zwei Sätze (AB). Der erste Satz (A) enthält vier identische Phrasen. Jede Phrase ist aus zwei Motiven aufgebaut, der Frage und Antwort, von denen eines in einem dreifüßigen (_⌣_⌣_⌣_), das andere in einem gemischten drei- und vierfüßigen Metrum verfaßt ist (⌣_⌣⌣_⌣_⌣). Auch der zweite Satz (B) enthält vier Phrasen. Die ersten drei stehen in einem dreifüßigen Versmaß, das auf der metrischen Figur _⌣_⌣ beruht. Die vierte beginnt in einem vierfüßigen Metrum (_⌣⌣_⌣⌣_⌣⌣) und endet mit einer Figur, bei der drei- und vierfüßige Versmaße wiederum gemischt auftreten (_⌣⌣_⌣⌣_⌣_⌣), die an die zweiten Figuren des ersten

Satzes erinnern (◡‿◡◡‿◡‿◡). Die zweiteilige Struktur dieser Komposition ist somit klar durchschaubar.

Mit einer einzigen Ausnahme kehren sämtliche in dieser Strophe verwendeten metrischen Figuren in den anderen Alkman-Bruchstücken wieder. Sie gehören zu dem allgemeinen Bestand an konventionellen Versmaßen, mit denen er arbeiten konnte. Die Ausnahme betrifft die letzte Figur (‿◡◡‿◡◡‿◡‿◡). Ihre Form ist durch die Umgebung bestimmt, in die sie hineingestellt ist. Ihre Funktion besteht darin, die vierfüßigen Metra der vorangegangenen Figur in eine Wiederaufnahme des Abschlusses des ersten Satzes hinüberzuleiten. Mit anderen Worten: Sie stellt eine Kadenz dar, die genau dem gleichen strukturellen Zweck wie der Reim bei der vierzeiligen Balladenstrophe dient. Was ist eine Kadenz? „Die Weise noch einmal! — Sie starb so hin." Die Kadenz ist ein verklingender Nachhall des verlorengegangenen Refrains.

Wir wollen nun versuchen, uns vorzustellen, was aus dem Aufbau dieser Alkman-Verse geworden wäre, wenn sie von einem Solisten ohne Tanzbegleitung gesungen worden wären. Unter diesen Bedingungen würde der Umfang der metrischen Struktur in keinem tragbaren Verhältnis zu ihrer Funktion gestanden haben, die nunmehr allein auf die Begleitung der Stimme beschränkt ist.. Sie würde sich deshalb zu etwas von der folgenden Art verkürzt haben:

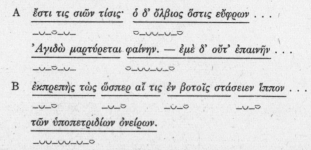

A ἔστι τις σιῶν τίσις· ὁ δ' ὄλβιος ὅστις εὔφρων ...

   Ἀγιδὼ μαρτύρεται φαίνην. — ἐμὲ δ' οὔτ' ἐπαινῆν ...

B ἐκπρεπὴς τὼς ὥσπερ αἴ τις ἐν βοτοῖς στάσειεν ἵππον ...

   τῶν ὑποπετριδίων ὀνείρων.

Wir werden im Augenblick an die alkaiischen Verse erinnert, die wir in der Schule gelesen haben:

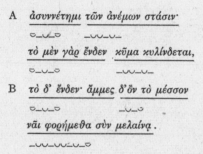

A ἀσυννέτημι τῶν ἀνέμων στάσιν·

   τὸ μὲν γὰρ ἔνδεν κῦμα κυλίνδεται,

B τὸ δ' ἔνδεν· ἄμμες δ' ὂν τὸ μέσσον

   νᾶι φορήμεθα σὺν μελαίνᾳ.

> Nicht mehr zu deuten weiß ich der Stürme Kampf;
> Denn bald von dorther wälzt sich die Wog' heran,
> Und bald von dort, und wir inmitten
> Schießen dahin in dem schwarzen Schiffe.

Die Anordnung der Phrasen des ersten Satzes ist ein wenig geändert, doch die Strophe zerfällt nach wie vor in zwei Sätze. Bei den aus zwei Figuren bestehenden Phrasen des ersten Satzes folgt dem dreifüßigen Metrum ein gemischtes, wie zuvor. Im zweiten Satz ist das dreifüßige Versmaß unabhängig entwickelt worden, wie bisher. Auch der Abschluß ist der gleiche geblieben. Ich habe bereits darauf hingewiesen, daß diese abschließende Figur sonst nicht bei Alkman erscheint. Sie tritt auch weder bei Sappho noch bei Alkaios auf, abgesehen von dem vorliegenden Kontext, wo sie den Abschluß der alkaiischen Strophe bildet.

Diese Ähnlichkeiten sind zu groß, als daß man sie einen Zufall nennen könnte. Sie zeigen uns, daß die alkaiische Strophe sich natürlich nicht direkt aus dem *parthéneion* des Alkman herleitet — das ist unmöglich —, sondern aus einem gemeinsamen griechisch-anatolischen Urbild. Alkman hat diese Struktur in ihrer älteren, umfangreicheren Form aufbewahrt, da sie in der von ihm verwendeten

Weise ihre ursprüngliche chorische Funktion noch beibehalten hat. In der alkaiischen Monodie, bei der der Tanz verschwunden und der Chor zu einer einzelnen Person zusammengeschrumpft ist, ist auch die metrische Struktur geschrumpft und hat ein Meisterwerk in Miniaturausführung zurückgelassen.

Abb. 67. Alkaios und Sappho: attisches Vasenbild

Die sapphische Strophe hat den gleichen geringen Umfang wie die alkaiische, auch ist die Anordnung der Phrasen ähnlich. Doch gibt es dabei einen bedeutsamen Unterschied.

> ποικιλόθρον᾽ ἀθάνατ᾽ Ἀφροδίτα,
> παῖ Διὸς δολόπλοκε, λίσσομαί σε,
> μή μ᾽ ἄσαισι μηδ᾽ ὀνίαισι δάμνα, πότνια, θῦμον.

> Blumenbunte, ewige Aphrodite
> Listenspinnend Kind du des Zeus · ich flehe:
> Schlage nicht mit Qualen und Schwermut meine Sinne · o Herrin!

Die rhythmische Wirkung dieses Gedichts, in dem ich immer eines der lieblichsten poetischen Werke gesehen habe, wird gewöhnlich beim Druck dadurch verdunkelt, daß man die letzten fünf Silben als gesonderten Vers behandelt. Es ist zwar richtig, daß bei der sapphischen Strophe in der lateinischen Form die abschließenden fünf Silben in der Tat einen besonderen Vers bilden. Das geht aus der Tatsache, daß sie oftmals durch einen Hiat isoliert wird, klar hervor. Aber diese lateinischen sapphischen Strophen waren Gedichte im reinen und simplen Wortsinne, die vorgetragen und nicht gesungen wurden, und wir werden sogleich sehen, daß die Isolierung der fünf letzten Silben die Folge des Verlustes eines musikalischen Kunstmittels war. In der griechischen sapphischen Strophe finden wir in keinem Falle an dieser Stelle einen Hiat. Ja, noch mehr: während die ersten beiden Verse immer auf ein Wort ausgehen, läuft die dritte Zeile, wie sie gewöhnlich gedruckt wird, oft in die vierte über. Das beweist uns, daß die abschließenden fünf Silben einen Teil des dritten Verses bilden.

Über diesen Punkt herrscht Klarheit, doch bleibt uns noch eine offensichtliche Anomalie zu erklären. Alkmans Strophe besteht aus zwei Sätzen, deren jeder vier Phrasen enthält. Auch die alkaiische besteht aus zwei Sätzen zu je zwei Phrasen. Die sapphische Strophe beginnt mit einem Satz zu zwei Phrasen, wie die alkaiische, aber im zweiten Satz scheinen wir, falls wir ihn als zusammenhängendes Stück ansehen, nur eine einzige Phrase vor uns zu haben.

Eine der häufigsten metrischen Figuren in der griechischen Lyrik stellt das Pherekrateion dar ($\_\circ\_\cup\cup\_\circ$ oder $\cup\_\cup\cup\_\circ$). Er wurde sehr gern als Kadenz verwertet. Diese Seite habe ich in meinem Werk *Greek Lyric Metre* ausführlich behandelt. Hier soll es genügen, dafür zwei Beispiele anzuführen. Das erste stammt von Anakreon:[8]

γουνοῦμαί σ' ἐλαφηβόλε ξάνθη παῖ Διός, ἀγρίων δέσποιν' Ἄρτεμι θηρῶν.

$\_\circ\_\cup\cup\_\circ$

Das zweite ist der Kehrreim eines traditionellen Hochzeitsliedes:[9]

Ὑμὴν ὦ Ὑμεναῖ' Ὑμήν, Ὑμὴν ὦ Ὑμεναῖ' ὦ.

$\circ\_\cup\cup\_\circ$

Behalten wir diese Kadenz im Ohr, so macht es keine Schwierigkeit, die sapphische Strophe zu analysieren:

A *ποικιλόθρον' ἀθάνατ' Ἀφροδίτα*

$\_\cup\_\circ$ $\_\cup\cup\_\circ$

παῖ Διός δολόπλοκε, λίσσομαί σε,

$\_\cup\_\cup$ $\_\cup\cup\_\circ$

B *μή μ' ἄσαισι μηδ' ὀνίαισι δάμνα, πότνια, θῦμον.*

$\_\cup\_\circ$ $\_\cup\cup\_\circ\_\cup\cup\_\circ$

Auch hier haben wir zuerst zwei identische Phrasen wie bei der alkaiischen Strophe. Jede davon enthält zwei metrische Figuren, dreifüßige und gemischte, wie in der alkaiischen Strophe. Die metrischen Gebilde für sich genommen sind leicht abgewandelt. Dem ersten ($\_\cup\_\circ$) sind wir bereits bei Alkman begegnet. Das zweite ($\_\cup\cup\_\circ$) ist beinahe mit einem anderen, von ihm stammenden ($\circ\_\cup\cup\_\circ$) und mit dem Pherekrateion ($\_\circ\_\cup\cup\_\circ$) identisch. Die dritte Phrase beginnt mit der Wiederholung der ersten beiden und schließt dann das Ganze mit einem Über-

---

[8] ANAKR. 1.
[9] Der Kehrreim hatte viele Formen: ARISTOPH. Av. 1743, Pax. 1332, EURIP. Troad. 314—331, THEOKR. 18,58.

leiten in die pherekrateische Kadenz ab. Somit hat das zweisilbige δάμνα einen doppelten metrischen Wert; denn einmal führt es die Wiederholung zu Ende, andererseits leitet es das Pherekrateion ein. Dieses Kunstmittel ist den Musikern unter der Bezeichnung „Übergreifen" vertraut.

Somit enthält also der zweite Satz schließlich doch zwei Phrasen. Und nun erkennen wir auch, daß sich die sapphische Strophe aus der primitiven Aufeinanderfolge von Solo und Refrain herausbildete, indem sie den zweiten Bestandteil, den Kehrreim, mit dem ersten verschmolz und ihm dadurch den Wert einer Kadenz verlieh. Wie ich bereits vorher schon gesagt habe, ist die Kadenz der Nachklang des verlorengegangenen Refrains. Es wird schwer halten, ein vollkommeneres Beispiel für eine rituelle, in Kunst umgegossene Form zu finden.[10]

3. Der Hexameter

Unsere Erörterung hat uns nun weit genug geführt, um uns bei der Untersuchung der Herkunft des epischen Versmaßes der Griechen, des daktylischen Hexameters, leiten zu können.[11]

Die Keimzelle der Poesie bestand in dem gesprochenen Element des undifferenzierten, aus primitivem Gesang und Tanz zusammengesetzten Komplexes. Als sich der Kern entwickelte, wurde die Schale gesprengt. Zuerst wurde der Tanz ausgeschieden, dann folgte die Musik. Auch die rhythmische Form wurde vereinfacht. Wir haben verfolgt, wie die Strophe verkürzt wurde. Jetzt werden wir sie gänzlich verschwinden sehen.

Der daktylische Hexameter muß in Verbindung mit dem trochäischen Tetrameter und dem jambischen Trimeter untersucht werden. Der Kürze halber werde ich mich auf diese drei Versmaße als Hexameter, Tetrameter und Trimeter beziehen.

Tetrameter und Trimeter treten zum ersten Male in den Fragmenten des Archilochos auf, dessen Hauptschaffensperiode wahrscheinlich in die zweite Hälfte des achten vorchristlichen Jahrhunderts fällt. Beide Metren wurden von Solon benutzt. Der Tetrameter wurde von den ersten dramatischen Dichtern übernommen und zum Träger des tragischen Dialogs erhoben. Später wurde er aber durch den Trimeter ersetzt, der nach Aristoteles dem Rhythmus der Umgangssprache näher stand.[12]

---

[10] Ich ergreife die Gelegenheit, die Aufmerksamkeit auf eine, wie mir scheint, Hauptschwäche meiner Darstellung in *Greek Lyric Metre* zu lenken. Ich meine den Fehler, nicht zwischen den verschiedenen Perioden und Schulen der Lyrik unterschieden zu haben: 1. die griechisch-kleinasiatische Schule (ALKMAN, SAPPHO und ALKAIOS); 2. die westliche Schule (STESICHOROS und IBYKOS); 3. die ausgereifte künstlerische Konvention eines SIMONIDES, BAKCHYLIDES, PINDAR und der Dramatiker. Meine Unterscheidung zwischen „Dorisch", „Aiolisch" und „Ionisch" ist in vollem Umfange nur auf die letztgenannten anwendbar.

[11] Bei diesem Gegenstand bin ich von einer anderen Seite her weitgehend zu den gleichen Schlüssen wie BERGK und USENER gelangt, deren Theorien heute allgemein verworfen werden. BOWRAs Ansicht, daß die Quelle des Hexameters „in einem primitiven Typus erzählender Dichtung, deren Basis nicht die Strophe, sondern der Vers sei, gesucht werden müsse" (Tradition and Design in the Iliad, S. 61—62), geht dem Problem lediglich aus dem Wege.

[12] ARISTOT. Poet. 4,18—19, vgl. DEMETR. PHAL. de eloc. 43.

Diese Metren sind wie folgt gebaut:

Hexameter: ‿⌣⌣‿⌣⌣ / ⌣ / ⌣‿⌣⌣‿⌣⌣‿

Tetrameter: ‿⌣‿◡‿⌣‿◡ / ‿⌣‿◡‿⌣◡

Trimeter: ◡‿⌣‿◡ / ‿⌣ / ‿⌣◡‿⌣◡

Sie werden oft einfach als Aufeinanderfolge soundso vieler Daktylen (‿⌣⌣), Trochäen (‿⌣) oder Jamben (⌣‿) behandelt. Diese Analyse zeigt zwar den Takt und die Länge des Verses an, sagt aber nichts über seine organische Struktur aus, die auf dem Einschnitt im Wortinnern, auch Zäsur genannt, beruht. Beim Hexameter und Trimeter fällt sie immer in die Mitte eines Versfußes. Der Versfuß ist eine Abstraktion und besitzt keinerlei organische Bedeutung, so wie ein einzelner Tanzschritt oder der isochrone Takt in der Musik. Die organische Einheit bildet die metrische Figur, die eine Reihe von Schritten oder Taktschlägen vertritt. Sie tritt als selbständige Einheit auf und nicht als eine Summe ihrer Einzelbestandteile.

Bevor wir weitergehen, muß ich die Kriterien erläutern, nach denen wir ein Beispiel griechischer Lyrik untersuchen wollen, um die Motive und Phrasen auseinanderhalten zu können, aus denen sich ein Gedicht zusammensetzt.[13] Es gibt deren drei: die Worttrennung, den Hiat und die Verwendung der syllaba anceps. Ob wir einen Einschnitt im Wortinnern jedesmal an der gleichen Stelle der Strophe antreffen, sooft sie wiederholt wird; ob ein auf einen Vokal auslautendes Wort vor einem anderen steht, das mit einem Vokal anlautet, wobei jeder der beiden Vokale selbständig im Versmaß vertreten ist; ob eine lange Silbe durch eine kurze ersetzt ist oder umgekehrt eine kurze durch eine lange: alle diese Besonderheiten treten normalerweise an der Berührungsstelle zweier metrischer Figuren auf. Natürlich handelt es sich dabei ursprünglich um eine musikalische Fermate, was der Pause im Tanz entspricht. Beispiele dafür kann man aus der oben angeführten Strophe aus einem Gedicht Alkmans entnehmen.

Behalten wir diese Feststellungen im Auge, so können wir erkennen, daß die einleitende metrische Figur jener Strophe in Wirklichkeit aus zwei Figuren zusammengesetzt ist. Das zeigt uns die Quantität der vierten Silbe. Im ersten, zweiten und dritten Vers wird diese Silbe kurz gemessen (‿⌣⌣⌣⌣), im vierten hingegen ist sie lang (‿⌣‿⌣). Mit anderen Worten: diese metrische Figur ist aus zwei ursprünglich selbständigen Elementen ‿⌣‿ und ‿⌣ zusammengesetzt. Das erste wird im zweiten Satz der gleichen Strophe (οὔτε μωμῆσθαί νιν ἁ κλεννὰ χοραγός), ferner in der alkaiischen Stanze (ὃν τὸ μέσσον) und der sapphischen (ποικιλόθρον᾽) gesondert verwendet. Das zweite Element tritt häufiger in den Gedichten Alkmans und anderer früherer Dichter auf:

Alkman 2: *Κάστωρ τε πώλων ὠκέων*

Alkman 61: *οὐδὲ τῶ Κνακάλω οὐδὲ τῶ Νυρσύλα*

Kehren wir zu unseren drei Metren zurück, so entdecken wir, daß die erste Besonderheit, durch die sie sich von den lyrischen unterscheiden, in ihrem mono-

---

[13] Die Einteilung in den Handschriften stammt erst aus alexandrinischer Zeit. Früher wurde lyrische Dichtung wie Prosa ohne Worttrennung niedergeschrieben.

phrastischen Charakter besteht, d. h., sie bestehen aus einem einzelnen, ständig wiederholten Vers. Zweitens sind sie isochron, d. h. von stets gleichbleibender Zeitdauer. Der Hexameter steht in einem vierzeitigen Takt, die anderen beiden in einem dreizeitigen oder Tripeltakt. Es treten keine gemischten Takte auf. Die Gleichförmigkeit ihrer Struktur wurde durch die Art, wie sie vorgetragen wurden, bedingt. Die in diesen Versmaßen verfaßten Gedichte wurden rezitiert. Die volle Aufmerksamkeit war auf das gesprochene Wort gerichtet. Aus diesem Grunde ist das metrische Muster derart einfach gehalten. Doch darf man diese Einfachheit nicht mit Ungeschliffenheit verwechseln. Im Gegenteil: nachdem es auf die beschriebene Weise eingeebnet worden war, wurde das metrische Gefüge als Klaviatur benutzt, auf der man neuartige rhythmische Feinheiten ersann, zu denen man bei der Strophe wegen ihrer andersartigen Struktur nicht fähig war. Es wurde jetzt möglich, eine unendliche Mannigfaltigkeit von Versabschnitten herauszubilden, die dem natürlichen Fluß der Umgangssprache angepaßt waren.

Einer der hervorstechendsten Wesenszüge des homerischen Griechisch besteht in seinem Reichtum an mehrsilbigen Wörtern. Im späteren Griechisch, so besonders im Attischen, wurden sie durch die Kontraktion benachbarter Vokale verkürzt und somit zahlenmäßig geringer. Diese Veränderung wirkte sich fühlbar auf den Rhythmus der Sprache aus, wie man durch die Übertragung eines Homerverses ins Attische sogleich bemerken kann:

ὅ σφιν ἐὺ φρονέων ἀγορήσατο καὶ μετέειπεν
ὅ σφιν εὖ φρονῶν ἠγορήσατο καὶ μετεῖπεν

Der homerische Vers ist aus Daktylen gebaut; im Attischen wird er trochäisch. Dieser Umstand muß bei der Verdrängung des Hexameters eine Rolle gespielt haben. Als die Sprache ihren daktylischen Charakter weitgehend verloren hatte, büßte dieses Versmaß seine Lebenskraft ein und überließ seinen Platz anderen Metren, die der Umgangssprache näher standen.

Im Hexameter und Trimeter kann die Zäsur, die immer in die Mitte eines Fußes fällt, an zwei verschiedenen Stellen eintreten: beim ersteren Metrum vor oder nach der zweiten Silbe des dritten Daktylos, beim letzteren im vierten oder fünften Versfuß. Es ist die Beweglichkeit der Zäsur, die diese Metren so biegsam macht. Dadurch wird nicht nur der Vers in zwei Einheiten zerlegt, die mit dem Taktgefüge des Ganzen im Widerstreit liegen, sondern auch jeder folgende Vers kann anders rhythmisiert werden, obgleich er metrisch mit dem vorangegangenen völlig gleichartig ist. Aus diesem fortwährenden Wechselspiel zwischen Gleich und Ungleich schöpft das Versmaß seine Lebenskraft.

Beim Tetrameter fehlen diese Vorzüge. Die Zäsur kann nur an einer Stelle eintreten, nämlich am Ende eines Fußes. Da sie immer mit dem Taktgefüge zusammentrifft, wird das Metrum weniger biegsam und damit ermüdender. Es ist nach Aristoteles' Worten zu „tänzerisch". Aus diesem Grunde ist es von den dramatischen Dichtern verworfen worden. Sie zogen den Trimeter vor, der mit seinem dreizeitigen Takt und der beweglichen Zäsur von allen drei Versmaßen der Umgangssprache am nächsten stand.

Woher stammt die Zäsur? Wir haben zwar erkannt, daß sie zur Erzielung der
rhythmischen Wirkung lebensnotwendig ist, doch dürfen wir deshalb nicht glauben,
daß sie aus einem inneren, natürlichen Bedürfnis heraus geboren wurde. Im
Griechischen wie auch in anderen Sprachen gibt es viele Metren, die keine Zäsur
kennen. Ihr Entstehen muß also geschichtliche Ursachen haben.

Der Tetrameter, das roheste der drei Metren, ist am ehesten geeignet, uns seine
Struktur zu enthüllen.

> ὦ βαθυζώνων ἄνασσα   Περσίδων ὑπερτάτη,
> _υ_◡_υ_◡   _υ_◡_υ_
>
> μῆτερ ἡ Ξέρξου γεραιά,   χαῖρε, Δαρείου γύναι.
> _υ_◡_υ_◡   _υ_◡_υ_

Berücksichtigen wir, an welcher Stelle eine syllaba anceps auftritt, so erhalten
wir folgendes Schema: ◡υ_◡_υ_◡/_υ_◡_υ_. Das ist eine aus zwei metrischen
Figuren bestehende Phrase, die sich voneinander nur durch die Endung unterscheiden, während die zweite Figur mit der übereinstimmt, die die Strophe Alkmans einleitet (*Περσίδων ὑπερτάτη — ἔστι τις σιῶν τίσις*). Die Zäsur leitet sich
also aus dem Einschnitt zwischen den beiden Figuren einer Phrase her.

Der Trimeter hat eine syllaba anceps an der ersten und letzten Stelle des
Verses, desgleichen an der fünften und neunten. So erhalten wir eine weitere zwei-
figurige Phrase, die durch folgende, häufiger auftretende Zäsur zerlegt wird:

> ◡_υ_◡/_υ_◡_υ_
> Θεοὺς μὲν αἰτῶ   τῶνδ' ἀπαλλαγὴν πόνων
> φρουρᾶς ἐτείας μῆκος, ἣν κοιμώμενος ...

Die zweite dieser Figuren ist die gleiche, die wir soeben aus dem Tetrameter her-
ausgeschält haben (*τῶνδ' ἀπαλλαγὴν πόνων — Περσίδων ὑπερτάτη — ἔστι τις
σιῶν τίσις*). Die erste eröffnet auch das alkaiische Gedicht (*θεοὺς μὲν αἰτῶ —
ἀσυννέτημι*).

Die zweite Figur ist, wie wir gesehen haben, aus zwei Bestandteilen zusammengesetzt (_υ_◡/_υ_). Somit ist der Trimeter aus drei Elementen gebaut. Alle drei
treten in der Lyrik häufig auf, wo sie getrennt und in ähnlichen Verbindungen
verwandt werden:

Alkaios 65: δέξαι με κωμάζοντα, δέξαι, λίσσομαί σε, λίσσομαι.

Alkman 2:   Κάστωρ τε πώλων ὠκέων δματῆρες ἱππόται σοφοί.

Anakreon 79: ἐρῶ τε δηὖτε   κοὐκ ἐρῶ καὶ μαίνομαι κοὐ μαίνομαι.

Die Beispiele könnten beliebig vermehrt werden, aber es ist nicht erforderlich,
sich darüber des längeren auszulassen. Wenn wir erkennen, daß die Verbindungen
◡_υ_◡/_υ_ und _υ_◡/_υ_ in der lyrischen Dichtung seit den ältesten Zeiten häufig
auftreten, ist gar kein Zweifel möglich, daß der aus den gleichen Bildungselementen
zusammengesetzte Trimeter eine metrische Verbindung der gleichen Art war.

Eines der Kennzeichen der epischen Sprache, die als Ganzes später erörtert werden soll, besteht in dem Gebrauch stehender Redewendungen. Viele davon weisen ein hohes Alter auf. Sie sind der Stoff, aus dem die epische Dichtung gemacht wurde. Die meisten bestehen aus einem Halbvers, der der Zäsur vorangeht oder auf sie folgt. Einer der häufigsten Typen des homerischen Verses ist aus zwei derartigen Phrasen gebaut, die gewöhnlich durch die weibliche Zäsur voneinander getrennt sind:

τὸν δ' ὡς οὖν ἐνόησεν ἀρηίφιλος Μενέλαος.
τὸν δ' αὖτε προσέειπε πολύτλας δῖος Ὀδυσσεύς.
ὣς ἔφατ' οὐδ' ἀπίθησε θεὰ λευκώλενος Ἥρη.

Der formale Charakter dieser erstarrten Verse, die oft wiederholt werden und ohne jede Veränderung überall dort auftreten, wo sie in der Erzählung benötigt werden, drückt ihnen den Stempel des Archaischen auf und legt die Vermutung nahe, daß auch der Hexameter aus der Vereinigung zweier metrischer Gebilde hervorgegangen ist, deren Nahtstelle noch an der Zäsur erkennbar ist. Woraus die ursprünglichen metrischen Figuren bestanden haben, läßt sich weit schwerer beantworten. Der Hexameter ist das älteste griechische Versmaß, und seine Vorgeschichte läßt sich kaum noch ermitteln. Was jedoch die Hauptfrage angeht, so dürfen wir mit einiger Sicherheit behaupten, daß er aus einer zweifigurigen Phrase von der Art entstanden ist, die einst in der ältesten griechischen Lyrik vorherrschend war und die auf der Frage- und Antworttechnik der zweiteiligen Form beruhte.

Diese Schlußfolgerung wird durch andersartiges Beweismaterial erhärtet, aus dem mit Sicherheit hervorgeht, daß, wie die dazwischenliegenden Entwicklungsstufen auch ausgesehen haben mögen, die Versform des griechischen Epos aus der Chorlyrik hervorgegangen ist.

In historischer Zeit wurde epische Poesie ohne Begleitung vorgetragen. Der Sänger deklamierte und hielt dabei einen Stab in seiner Hand. Hesiod spielt auf den Stab des Sängers an, außerdem heißt es in einer anderen Darstellung, er sei einst in einem Sängerwettstreit geschlagen worden, da er sich nicht selbst auf der Lyra habe begleiten können.[14] In der *Ilias* und *Odyssee* finden sich mehrere Schilderungen epischer Vorträge, die sich angeblich auf die Heroenzeit beziehen. In diesen Berichten heißt es jedesmal, der Sänger singe eine Weise und greife während seines Gesanges in die Saiten der Leier. Der in jüngerer Zeit auftauchende Stab war augenscheinlich ein Ersatz für die Lyra.

Es war nicht weiter schwierig, Trimeter und Tetrameter bis zurück zu ihrem Ursprung in der Liedkunst zu verfolgen, doch konnten wir keine direkte Beziehung zum Tanz herstellen. Im Epos tritt sie klar zutage. Als Telemachos im vierten Gesang der *Odyssee* in Sparta ankommt, feiert Menelaos gerade eine Hochzeit. Ein Sänger singt zur Leier, während zwei Kunsttänzer tanzend und singend in der Menge auf- und untertauchen.[15] In Phaiakien werden wir Zeuge einer ähnlichen Darbietung:

---

[14] PAUS. 10,7,3, vgl. MURKO, „Neues über südslawische Volksepik", NJK 43, 1919, 285. [15] Od. 4,17–19.

Also sprach der göttliche König. Da eilte der Herold,
Um die gewölbte Leier im Hause des Herrschers zu holen.
Es erhoben sich auch die neun im Volke erwählten
Leiter der Spiele, die stets für Ordnung sorgten beim Kampfspiel,
Um den schönen Platz weit für die Kämpfer zu ebnen.
Auch der Herold kam und brachte dem Sänger die Leier.
Der trat in die Mitte, wo rings sich ebenerblühte
Jünglinge, die geübt im Reigen, zum Tanze geordnet;
Ihre Füße glitten in lieblichen Tänzen. Verwundert
Sah mit staunenden Augen Odysseus die flüchtigen Glieder.
Aber der Sänger hub an, die Leier zu schlagen, und herrlich
Sang er von Ares' Liebe zu Kypris im prächtigen Stirnreif.[16]

Hier haben wir die epische Kunst in ihrem ursprünglichen Rahmen vor uns.

Der Prozeß der Herausbildung der griechischen Poesie aus dem primitiven Ritual, bei dem Gesang und Tanz miteinander verbunden sind, ist nun durch eine konkrete Analyse ihrer metrischen Formen dargelegt worden und hat im Ergebnis die Schlußfolgerungen unterstützen können, die in Kapitel XIV in bezug auf den Ursprung der Dichtkunst im allgemeinen gezogen wurden. Nachdem wir die Geschichte der künstlerischen Gestaltungen nachgezeichnet haben, wollen wir unsere Aufmerksamkeit den Gestaltern zuwenden. Es kann der Nachweis erbracht werden, daß der epische Dichter zum singenden und tanzenden Chor in der gleichen Beziehung steht wie der epische Hexameter zu der aus Gesang und Tanz bestehenden Einheit.

4. Der Chor

Die griechische Staatsreligion beruhte auf den Clankulten der Großgrundbesitzerfamilien, die sich in der *pólis* niedergelassen hatten (Seite 301—302). Jede Familie pflegte ihren eigenen Kult, in dem sie ein Mittel sah, ihr Ansehen zu erhöhen, während in dem Monopol, das alle Familien gemeinsam am Gottesdienst der Stadt besaßen, eine Sicherheitsgarantie für ihre Stellung als herrschende Klasse lag. Nach der demokratischen Revolution wurden die Kulte unter staatliche Aufsicht gestellt, obgleich in vielen Fällen die eigentliche Leitung in den Händen ihrer erblichen Eigentümer belassen wurde. Deshalb sind uns die Clankulte bis auf wenige Ausnahmen nur insoweit bekannt, als sie zu Staatskulten erhoben wurden, und naturgemäß unterlagen sie während dieses Prozesses bestimmten Veränderungen. Die Clankulte, die in ihrer ursprünglichen Form weiterbestanden, haben in unseren Quellen wegen ihres privaten Charakters nur geringe Spuren hinterlassen.

Trotz dieser einschränkenden Bemerkungen können wir zumindest die Umrisse des alten Clanrituals erkennen, das die Urform des Chorliedes bildete. Die chorische Lyrik war ein Charakteristikum der Aristokratie, wie das Drama für die Demokratie und das Epos für das heroische Königtum kennzeichnend waren.

---

[16] Od. 8,256—267.

Die Technik war ein Erbstück aus der Zeit der Stammesgesellschaft und wurde in diesen konservativen Familien unter verhältnismäßig wenigen Abänderungen weitergereicht. Obgleich sie erst zur Blüte gelangte, als das Epos seinen Höhepunkt überschritten hatte, war sie aus diesem Grunde der Struktur nach archaischer.

Ihr aristokratischer Charakter wird selbst aus den zeitlich spätesten lyrischen Aussagen offenbar. Pindar lebte zu einer Zeit, als außer in Sparta, Elis und Thessalien die alte Nobilität fast überall genötigt worden war, sich mit der Demokratie zu vergleichen. Alle uns erhaltenen Oden hat der Dichter für die Preisträger bei athletischen Wettkämpfen verfaßt. Diese Veranstaltungen zogen eine Menge fliegender Händler und Ausflügler an, doch waren die Wettspiele selbst ein Vorrecht des Adels. Nur Begüterte konnten ihre Zeit auf das gymnastische Training verwenden, und der begehrteste Preis — er wurde für den Sieg im Wagenrennen verliehen — war in Wahrheit für den Landadel reserviert, der ja allein über eine Tradition in der Reitkunst verfügte.

Die Ode war für die öffentliche Huldigung bestimmt, die dem Sieger bei seiner Heimkehr in der Heimatstadt zuteil wurde. Sie wurde von einem Berufsdichter verfaßt, der an den Begrüßungsfeierlichkeiten und dem Gesangsvortrag weiter keinen Anteil hatte, denn der Chor der Ausführenden setzte sich aus den Verwandten des Siegers zusammen und wurde von einem Musiker auf seinem Instrument begleitet. Die Ode war ein Enkomion, ein Lobgesang auf den Preisträger wie natürlich auch auf seine Familie. In der typischen Pindarode steht die Lobpreisung des hervorragenden einzelnen am Anfang und am Ende. Die Mitte ist der Wiedergabe eines Mythos vorbehalten, der in vielen Fällen den besonderen Überlieferungen der Familie oder des Clans des Siegers entnommen ist. So verfuhr man zur Zeit Pindars, doch stellte die Übertragung der Aufgabe an einen berufsmäßigen Dichter eine Neuerung dar. Für die ältere Zeit müssen wir statt dessen einen Choral zugrunde legen, der von den Verwandten des Siegers sowohl verfaßt wie auch vorgetragen wurde, also einen Hymnos zum Preise des Clans.

Pindar verfaßte noch viele andere Abarten der Ode, wie Hymnen, Prozessionslieder, Paiane, Dithyramben, Trauergesänge und *parthéneia*, die uns aber sämtlich nicht erhalten geblieben sind. Insbesondere wären seine Klagelieder für uns von Interesse gewesen. Wie anderswo handelte es sich dabei auch in Griechenland um eine uralte zeremonielle Handlung, die wie die Ode auf den Sieger im athletischen Wettkampf von der Nobilität um des Ansehens der Familie willen besonders gepflegt wurde. So erfahren wir, daß in mehreren Staaten Aufwandsgesetze bestanden, die Umfang, Dauer und Kosten eines Leichenbegängnisses begrenzten.[17] In Athen sind sie zur Zeit Solons erlassen worden. Sie zielten nicht einfach darauf ab, die private Verschwendungssucht in ihre Schranken

Abb. 68. Mykenische Tänzerin: Gemme aus Vaphio

[17] PLUT. Sol. 12, DEMOSTH. 43,62, SIG 1218—1219, GDI 2561.

zu verweisen, sondern richteten sich nachgerade gegen die Clane überhaupt. War jemand im Streit erschlagen worden, so folgte der gesamte Clan seiner Leiche auf den Begräbnisplatz des Clans, wo die Anverwandten am offenen Grabe einen Trauergesang anstimmten und sich in einen Zustand der Raserei hineinsteigerten. Das Ergebnis bestand dann in der Blutrache. Die entladende Wirkung derartiger Veranstaltungen klingt in der *Oresteia* nach, wo die Kinder Agamemnons an seinem Grabmal stehen und vom Lobgesang seiner Taten zu wildem Rachegeschrei übergehen.[18]

In seiner ursprünglichen, noch unkünstlerischen Form wurde der Trauergesang von Frauen vollführt. Das ist der Grund, warum in den besagten Aufwandsgesetzen nur einer festgesetzten Zahl von Frauen, die in einem bestimmten Verwandtschaftsverhältnis zu dem Verstorbenen stehen mußten, der Zutritt zum Hause des Toten erlaubt war und außerdem verschiedene einschränkende Bestimmungen ihr Verhalten am Grabe betrafen. Die Frauen, die hartnäckig an den Bräuchen der Vergangenheit festhielten, galten als die übelsten Unruhestifter. Ihre gedrückte Lage innerhalb der patriarchalischen Gesellschaftsordnung rief in ihnen eine sich forterbende Geringschätzung der gesetzlichen Ordnung hervor.

Der Aufbau des pindarischen Trauergesanges ist uns nicht bekannt, doch besitzen wir in der Wehklage um Hektor gegen Ende der *Ilias* ein älteres Beispiel dafür. Er wird der Reihe nach von Andromache, Hekabe und Helena angerufen, und nachdem jede ihren Spruch getan hat, brechen die übrigen Frauen ihrer Begleitung in Klagerufe aus. Die drei Sprechenden sind die Führer, die übrigen bilden den Chor.[19] Die rituellen Wesenszüge dieses Traueraktes sind bezeichnenderweise verwischt, doch wissen wir aus anderen Quellen, daß er sonst im allgemeinen aus einem Gesang bestand, also keinen gesprochenen Teil in sich schloß, und von einem ekstatischen Tanz der Frauen begleitet wurde, die sich dabei auf ihre Brüste schlugen und das Haar zerrauften.[20] Das ist die auf der ganzen Welt verbreitete Form des Trauergesanges, wie er noch in heutiger Zeit gepflegt wird.[21]

Der Verlust der *parthéneia* Pindars wird in gewissem Umfang durch die Fragmente eines entsprechenden Gegenstücks Alkmans wettgemacht. Ich meine die Verse, deren musikalische Struktur wir weiter oben untersucht haben. Sie liefern uns einige wertvolle Hinweise.

Den Anlaß zur Abfassung dieses *parthéneion* bildete vermutlich die Verleihung eines neuen Gewandes an das Standbild der Artemis.[22] Jährlich vorgenommene

---

[18] AISCH. Choeph. 305–476.
[19] Il. 24,719–776. An dieser Stelle ist ein Widerspruch festzustellen. Von den drei Frauen wird gesagt, sie „begannen die Klage" (723, 747, 761), während die anderen Frauen den Kehrreim sangen (746); doch hat man uns am Anfang berichtet, daß männliche Sänger die Chorführer seien (720–722). Ich schließe daraus, daß der ältere, von Frauen vorgetragene Trauergesang mit dem späteren berufsmäßig ausgeübten Typ vermengt worden ist, vgl. CHADWICK, a. a. O., Bd. 3, S. 61.
[20] Il. 18,50–51, AISCH. Choeph. 423–427, Pers. 123–128. 1039–1077, Hiket. 126–128, vgl. THUK. 2,34,4.
[21] BÜCHER, a. a. O., S. 442.
[22] Ich vermute, daß das Gewand mit Sternen bestickt war, vgl. Il. 6,295, Orphic. fr. 238. Dann wären Vers 60–63 verständlich: „Die aufgehenden Pleiaden wetteifern mit uns, da wir Orthia ein dem Sirius gleichendes Gewand durch die duftige Nacht bringen", d. h. es überstrahlt die Pleiaden.

Neueinkleidungen dieser Art waren eine häufige Erscheinung. In der *Ilias* hören wir von einem prächtig bestickten Gewand, das in einem Prozessionszug von Frauen der trojanischen Athena überbracht wurde.[23] Am 21. Tag des Monats Thargelion (Mai-Juni) wurde in Athen das Bildwerk der Athena Polias verhüllt, herabgenommen und gewaschen.[24] Dann wurde es in ein neues Gewand gekleidet, das von den *arrhephóroi* gewebt worden war (Seite 175).[25] Diese heilige Handlung wurde vom Clan der Praxiergidai vorgenommen.[26] Der Tag, an dem das Bildwerk entkleidet wurde, war eine *dies nefasta*, einer der schwärzesten im attischen Kalender.[27] Einige Gelehrte sind der Auffassung, daß sich der unheilverkündende Name dieses Tages aus der Zeremonie selbst herleitet,[28] doch kommt das nicht in Betracht, da der gleiche Tag auch in Hesiods *Werken und Tagen* als böse bezeichnet wird.[29] Er war deshalb unheilverkündend, weil er genau in die Periode des abnehmenden Mondes fiel, und die mit ihm verknüpfte zeremonielle Handlung war ursprünglich ein monatlich vorgenommener Reinigungsritus.

Unter den Priesterinnen der Artemis von Ephesos befand sich eine mit Namen *kosmèteira*. Ihr Amt war erblich, und ihre Bezeichnung läßt den Schluß zu, daß ihre Aufgabe in der Neueinkleidung des Götterbildes bestand.[30] Wann diese Handlung vorgenommen wurde, können wir zwar nicht sagen, doch handelt es sich dabei wahrscheinlich um ein weiteres Beispiel für einen Ritus der Reinigung oder Wiedergeburt. In dem in Brauron bestehenden Kult der gleichen Göttin wurde das Gewand aus Kleidern verfertigt, die im Kindbett verstorbene Frauen getragen hatten.[31]

Alkmans *parthéneion* wurde von einem aus zehn oder elf unverheirateten Mädchen bestehenden Chor aufgeführt. Wie für die Göttin, so bedeutete das auch für sie selbst einen Ritus der Wiedergeburt oder Initiation. Wahrscheinlich bildete der Mädchenchor eine *agéla*, eine aus den Kandidaten für die Initiation bestehende Genossenschaft. Es ist uns bekannt, daß sowohl Mädchen wie auch Knaben in solchen Bünden zusammengefaßt wurden.[32] Die Mitglieder einer *agéla* waren alle von gleicher Abkunft in der männlichen Linie (Seite 108), und in dieser Ode werden die beiden Chorführerinnen als Basen bezeichnet. Daraus scheint hervorzugehen, daß es sich bei der *agéla* um eine bestimmte Verwandtschaftsgruppe innerhalb des Clans gehandelt hat. Wenn sich das so verhält, dann ist auch der Ritus, den die jungen Damen vollziehen, ein Clankult.

Die musikalische Begleitung wurde von Alkman selbst besorgt. Das geht aus anderen Bruchstücken seiner Lieder hervor, wo er selbst am Gesang teilnimmt, z. B. da, wo er sich in scherzhafter Weise bei seinen Chorsängerinnen entschuldigt, daß er sich wegen seines Alters nicht mehr am Tanz beteiligen kann.[33]

---

[23] Il. 6,286–303.   [24] PLUT. Alkib. 34.   [25] HARPOKRAT. s. v. ἀρρηφορεῖν, ARISTOPH. Aves 826–827.
[26] PLUT. Alkib. 34, HARPOKRAT. Πραξιεργίδαι.
[27] PLUT. l. c., XEN. Hell. 1,4,12, POLL. 8,141.
[28] DEUBNER, Attische Feste, S. 22.   [29] HESIOD. Erga 803.
[30] SIG 1228, CIG 2823.
[31] EURIP. Iph. Taur. 1450–1467. Ähnliche Einkleidungen siehe bei HYPEREID. 4,25, PAUS. 3,16,2. 3,19,2. 5,16. 7,23,5, IG 5,2,265, 19.
[32] PIND. fr. 112.   [33] ALKMAN 94.

Dieses *parthéneion* stellt das älteste Chorlied dar, das wir kennen, doch haben wir Grund zu der Vermutung, daß derartige Oden schon viele Jahrhunderte vor Alkman gepflegt wurden. Die Griechen wußten sehr wohl, daß es „Dichter vor Homer" gegeben hatte, und führten zum Beweise auch einzelne Namen an. Wenigstens zweien von ihnen muß ein gewisser historischer Wert zuerkannt werden.

Der Name des Pamphos, eines Atheners, hat sich in einer erblichen Kultgemeinschaft von Frauen, den sogenannten Pamphides, fortgeerbt.[34] Sein Werk, durch das Sappho beeinflußt worden sein soll, umfaßte Hymnen an Demeter, Persephone und die Chariten.[35]

Olen hieß ein Lykier, der sich in Delos niederließ, wo er mehrere Hymnen auf Apollon verfaßte.[36] Eine davon wurde von einem Doppelchor von Knaben und Mädchen getanzt, die gerade die Reife erlangt hatten.[37] Eine andere richtete sich an die Adresse der Geburtsgöttin. Als Leto in den Wehen lag, sangen Schwäne aus Anatolien sieben Lieder „über ihr", während Nymphen aus Delos den „heiligen Sang der Eileithyia" vortrugen.[38] Olen schrieb man auch einen Herahymnos und die Erfindung des daktylischen Hexameters zu.[39]

Die Kulte, auf die sich diese Hymnen beziehen, waren sämtlich matriarchalischen Ursprungs, und die Hymnen selbst scheinen wie die Alkmans durch einen Frauenchor unter Leitung eines männlichen Chorführers aufgeführt worden zu sein. Diese Feststellung wird durch eine der bekanntesten griechischen Überlieferungen gestützt. Musik, Tanz und Poesie, all diese Künste standen unter der Schirmherrschaft Apollons und der Musen. Pindar berichtet uns, daß anläßlich der Hochzeit von Peleus und Thetis die Musen einen Reigen tanzten, den Apollon mit seiner siebensaitigen Lyra anführte.[40] Alkman ruft die Musen an und bittet sie, für den Chor seiner Tänzerinnen ein neues Lied zu singen.[41] Eine Terpandros zugeschriebene Ode beginnt mit einer Anrufung des Sohnes der Leto, des Führers der Musen.[42] Als die Olympier, so heißt es in der *Ilias*, getafelt haben und Wein herumgereicht wird, greift Apollon in die Saiten seiner Lyra, während die Musen dazu „einander antwortend", d. h. antiphonisch singen.[43] In den homerischen Hymnen singen sie, wiederum „einander antwortend", von den unsterblichen Gaben der Götter und den Leiden der Menschheit, während die Horen und Chariten Hand in Hand zur Musik Apollons tanzen, der seinerseits auch eine Rolle im Reigen übernimmt.[44] Dieser leierspielende Gott mit seinem aus Göttinnen bestehenden Chor stellt ganz einfach eine himmlische Widerspiegelung des prähistorischen *parthéneion* dar.

Bei einer Gelegenheit ist er abwesend — beim Leichenbegängnis des Achilleus:

---

[34] HESYCH. Παμφίδες.
[35] PAUS. 1,38,3. 1,39,1. 7,21,9. 8,35,8. 8,37,9. 9,27,2. 9,29,8. 9,31,9. 9,35,4.
[36] HEROD. 4,35, PAUS. 8,21,3. 9,27,2, SUID. Ὠλήν.
[37] KALLIM. Hymn. Del. 296—299.
[38] Ebd. 249—257.
[39] PAUS. 2,13,3. 10,5,7.
[40] PIND. Nem. 5,22—25, vgl. HESIOD. Scut. 201—206, PAUS. 5,18,4.
[41] ALKMAN 7, vgl. 68. 94.
[42] TERPAND. 3 Bergk.
[43] Il. 1,603—604.   [44] Hom. Hymn. 3,188—201.

Um dich traten die Töchter des greisen Gottes der Meerflut
Trauervoll jammernd und hüllten dich ein in Himmelsgewänder.
Alle neun Musen klagten im Wechsel mit lieblicher Stimme. . . .[45]

Den Griechen genügte der Hinweis, daß der Gott des Lichts und der Gesundheit hier nicht anwesend sein konnte, da er seiner Natur nach zu einer Totenklage unfähig war. Das war sprichwörtlich geworden.[46] Aber in Wirklichkeit handelte es sich bei seinem Unvermögen um eine Wirkung und nicht um die Ursache. Er konnte am Trauergesang nicht teilnehmen, da er den männlichen Chorführer vertrat, während die prähistorische Totenklage ausschließlich von Frauen vollführt wurde.

Abb. 69
Apollon mit Lyra:
attisches Vasenbild

In Hinblick auf die göttliche Schirmherrschaft wurde zwischen der Chorlyrik und dem Epos kein Trennungsstrich gezogen. Alle erhaltenen Epen beginnen mit einer Anrufung der Musen. Als Odysseus dem phaiakischen Sänger Demodokos ein Kompliment machen wollte, sagt er, dieser müsse von Apollon oder den Musen inspiriert sein.[47] Überhaupt ist der Dichter auf dieser Entwicklungsstufe nicht vom Priester zu unterscheiden. Die Person des Sängers ist geheiligt. Von Apollon inspiriert, besessen, war er sowohl Seher als auch Dichter. Er behauptete, die Zukunft zu kennen.[48] So verhielt es sich auch mit Apollon selbst. In ihm vereinigte sich deshalb die Sehergabe mit der Musik, weil die Musik in der primitiven Gesellschaft Träger aller Formen psychischer Bewußtseinsspaltungen mit Einschluß der prophetischen Verzückung ist. Er war zu gleicher Zeit Dichter, Seher und Priester — der männliche Priester in einem Frauenkult.

Wie alt war diese Vorstellung von Apollon und den Musen? Sie hatte sicherlich prähistorische Wurzeln. Wenn wir aber in unserer Analyse tiefer schürfen, fällt der göttliche Chor auseinander. Die Musen kamen aus dem Norden — vom Berge Helikon in Boiotien und von Pieria an den Hängen des Olympos.[49] Ihr Name bedeutet wahrscheinlich „wahnsinnige Frauen".[50] Sie lösen sich schließlich in einen *thíasos* von Frauen auf, von der gleichen Art wie die Bakchantinnen, jene ekstatischen Anbeterinnen des Dionysos, der auch aus dem Norden stammte.[51] In historischer Zeit lag ihr kultischer Mittelpunkt in Thespiai, wo sie von einer nach

---

[45] Od. 24,60—61, vgl. Il. 18,50—51.
[46] AISCH. Agam. 1058—1063, Pers. 608, EURIP. Hiket. 971—979, STESICH. 22, SAPPHO 109.
[47] Od. 8,487—488, vgl. Hom. Hymn. 25,2—3.
[48] Od. 8,479—481. 22,345—346, HESIOD. Theog. 31—32, Il. 1,70.
[49] HESIOD. Theog. 52—53, STRAB. 9,2,25. 10,1,17. [50] ROSCHER, Lexikon, Bd. 2, Sp. 3238.
[51] Die Musen treten tatsächlich in den Agrianien von Orchomenos als Anhänger des Dionysos auf: PLUT. Mor. 717a, vgl. ERATOSTH. Katast. 24,140.

Hesiod benannten Kultgemeinschaft verehrt wurden.⁵² In Delphi traten sie nicht weiter hervor, und auf Delos hatten die Deliaden und Minoiden ihre Stelle eingenommen.⁵³ Apollon dagegen stammte aus dem Süden, und zwar aus Kreta (Seite 237—239), wo man das ihm eigentümliche Instrument, die siebensaitige Lyra, noch heute auf dem Sarkophag von Hagia Triada abgebildet sehen kann.⁵⁴

Aus diesen Gründen darf man die Vermutung aussprechen, daß diese Vorstellung, die sich auf dem griechischen Festland, vielleicht in Boiotien, unter

Abb. 70. Frauen von Knossos: Fresko (z. T. ergänzt)

minoischem Einfluß herauskristallisierte, einem bestimmten Stadium des verfallenden Matriarchats entsprach und den Wendepunkt kennzeichnet, an dem solche Kulte, die früher den Frauen vorbehalten waren, unter die Kontrolle eines männlichen Priesters gestellt wurden.

Stellte der Führer dieses weiblichen Chors einen Eindringling dar, auf welchem Wege hatte er dann Zutritt erlangt? Indem er sich als Frau verkleidete. Das tat Pentheus, als er den Bakchantinnen nachspüren wollte.⁵⁵ Es war die selbstverständlichste Sache von der Welt, daß sich die Männer bei den dionysischen Feiern in Frauenkleider hüllten.⁵⁶ Die Kleidung der lydischen Priesterschaft waren eigentlich Frauengewänder.⁵⁷ Das darf uns keineswegs überraschen. Wir sollten

---

⁵² PAUS. 9,31,4, IG Sept. 1785, 4240, vgl. 1735, 1760, 1763. Der Name Thespiai ist eigentlich ein kultischer Beiname der Musen (siehe S. 94), und es ist möglich, daß sie hier und an anderen Orten Boiotiens die Chariten ersetzt haben, die in Orchomenos seit alter Zeit verehrt wurden (PAUS. 9,35,1; ROSCHER, Lexikon, Bd. 1, Sp. 877—878) und wahrscheinlich syrischen Ursprungs waren: GASTER, „The Graces in Semitic Folklore", JRA 1938, S. 37—56.
⁵³ A. J. EVANS, The Palace of Minos, Bd. 3, S. 74.
⁵⁴ EVANS, a. a. O., Bd. 2, S. 834—836; siehe Abb. 73.
⁵⁵ EURIP. Bakch. 821—836.
⁵⁶ LUKIAN. de cal. 16.
⁵⁷ RAMSAY, Asianic Elements etc., S. 174.

lieber die Mitren, Stolen und Kutten des heutigen Klerus mit kritischem Auge betrachten. Auf der ganzen Welt vollzog sich die Übertragung der religiösen Autorität von einem Geschlecht auf das andere auf die Weise, daß sich der Priester wie eine Priesterin kleidete.[58] Der Beweggrund dafür ist zweifelsfrei teilweise darin zu suchen, daß man den Tausch als annehmbar hinstellen wollte, indem man vorgab, es habe überhaupt keine Veränderung stattgefunden. Doch es liegt noch etwas mehr darin. Das traditionelle Kostüm war geheiligt, mit Zauberkräften geladen und somit unentbehrlich.

Auf einer der Fresken von Knossos ist ein Fest in einem Olivenhain abgebildet.[59] Im Vordergrund rechts tanzt ein vierzehn Frauen zählender Chor. Sie bewegen sich nach links und halten die Arme ausgestreckt. Hinter ihnen sind die Zuschauer gelagert. Unmittelbar hinter der tanzenden Gruppe sitzen mehrere Grüppchen plaudernder Frauen im Grase. Hinter diesen wiederum steht jenseits einer Schranke dichtgedrängt eine große Anzahl Männer, die die Vorführungen aufmerksam verfolgen. Dem Anschein nach sind die Männer bloße Zuschauer, während die im Grase gelagerten Frauen Teilnehmerinnen darstellen, die im Verlauf der Veranstaltung selbst eine Rolle übernehmen werden. Der linke Teil des Vordergrundes, dem sich die Tänzerinnen zugewendet haben, ist nicht erhalten, aber es ist wenig zweifelhaft, was auf ihm abgebildet war. Auf einem goldenen Siegelring aus dem gleichen Zeitraum erkennen wir drei Frauen, die in einem Lilien-

Abb. 71
Herniederschwebende Göttin: Minoisches Siegel

Abb. 72. Minoischer Chor: Terrakotta

[58] BRIFFAULT, a. a. O., Bd. 2, S. 531—536.   [59] A. J. EVANS, a. a. O., Bd. 3, S. 67—68.

feld tanzen.⁶⁰ Zwei von ihnen halten ihre Arme in die Höhe; eine vierte, die etwas höher über der Grundfläche steht, hält die eine Hand an die Hüfte, die andere an die Stirn (Seite 195). Noch weiter oben schwebt eine fünfte Gestalt, auch eine Frau, die aber in archaische Tracht gekleidet und von den übrigen durch eine gebrochene Wellenlinie getrennt ist. Das soll, wie Evans gezeigt hat, die Grenzlinie zwischen Himmel und Erde darstellen. Dem Ersuchen ihrer Anbeterinnen, dem weiblichen Chor mit dem weiblichen Chorführer, entsprechend, steigt die Göttin herab, um sie zu ihrem ekstatischen Tanz anzufeuern.

Evans hat Fresko wie Ring dem Mittel-Minoischen III zugewiesen. Doch blieb diese Darstellungsart nicht auf jene Periode beschränkt. Wir begegnen ihr in einer spät-minoischen Terrakottanachbildung wieder. Drei Frauen tanzen mit ausgestreckten Armen innerhalb eines Ringes, während eine vierte in der Mitte hockt und auf der Leier spielt.⁶¹ Der minoische Chor scheint seinen weiblichen Charakter völlig bewahrt zu haben — „ein Symptom", wie Evans dazu bemerkt, „der matriarchalischen Entwicklungsstufe".⁶² Erst im Spät-Minoisch III können wir Anzeichen eines Wandels entdecken. In dem Prozessionszug, der auf dem Sarkophag von Hagia Triada abgebildet ist, befindet sich auch ein junger Mann, der die Leier schlägt — ein angehender Apollon. Wir können sein Geschlecht nur an der Fär-

Abb. 73. Minoischer Lyraspieler: Sarkophag aus Hagia Triada

⁶⁰ Ebd., Bd. 3, S. 68; siehe Abb. 71.   ⁶¹ A. J. EVANS, a. a. O., Bd. 3, S. 73; siehe Abb. 72.
⁶² Ebd., Bd. 3, S. 75.

bung seiner Haut erkennen,[63] sonst hätten wir ihn ganz sicher für eine Frau gehalten, da er genau wie das Mädchen vor ihm in ein langes Gewand gehüllt ist, das ihm bis zu den Knöcheln reicht und ein auf der Brust offenes Leibchen hat. Er ist wie eine Frau gekleidet, da er die Rolle einer Frau übernommen hat.

Ausgehend von Alkman haben wir von einem unter Leitung eines Mannes stehenden weiblichen Chor auf ein älteres Gegenstück geschlossen, das einen weiblichen Chorführer besaß — vom Dichter auf den Priester und vom Priester auf die Priesterin. Welchen Platz nahm der Sänger in diesem Entwicklungsprozeß ein?

In historischer Zeit war der Sänger oder Rhapsode, wie er damals hieß, lediglich ein Vortragskünstler von Berufs wegen, kein Musiker oder schöpferischer Dichter. Aber in älterer Zeit hatte er seine eigenen Gesänge gedichtet und sich selbst auf dem Instrument begleitet. Das ist die Entwicklungsstufe, die von der traditionellen Gestalt eines Homer, „des blinden Barden vom felsigen Chios", vertreten wird. Homer sang von der Vergangenheit, doch die von ihm in seinem Epos beschriebenen Sänger besingen aus dem Stegreif zeitgenössische Begebenheiten. Und bei einer Gelegenheit trägt das Thema, wie wir bereits hervorgehoben haben, nicht heroischen Charakter, sondern ist ein Lied von Ares und Aphrodite, das als Begleitung zum Tanz eines Chors gesungen wird. Wenn wir also in die Vergangenheit blicken, verschmelzen Epos und Lyrik zu einer einzigen Gattung. Doch es fehlt uns noch immer ein Bindeglied. In *Ilias* und *Odyssee* sind der Sänger und seine Tänzer stets männlichen Geschlechts. Gemischte Tanzgruppen werden zwar erwähnt, doch treten sie ohne Sänger auf.[64] Um diese Frage klären zu können, müssen wir uns dem Problem von einer anderen Seite her nähern.

5. Das epische Vorspiel

Bei allen bedeutenderen religiösen Festen wurden Preise für den epischen Vortrag verliehen. Berufsmäßige Sänger reisten von Stadt zu Stadt und stellten sich zum Wettstreit, wo immer sie hingelangten.[65] Ihr bedeutendstes Zentrum war Delos.[66] Am delischen Apollonfest nahmen beide Geschlechter und alle Altersstufen in großer Anzahl neben den Chören teil, die verschiedene Städte zu den musikalischen Veranstaltungen meldeten. Auch Homer selbst soll sich hier am Wettstreit der Barden beteiligt haben.

Den epischen Deklamationen gingen einleitende Hymnen (*prooímia*) der Art voraus, wie sie in der unter dem Namen „Homerische Hymnen" bekannten Sammlung erhalten sind. Die meisten können ins siebente und sechste Jahrhundert datiert werden. Ihre Länge wechselt zwischen weniger als einem Dutzend und mehreren hundert Versen. Sie sind an die verschiedensten Gottheiten gerichtet und waren ohne Zweifel auch für verschiedene Feste bestimmt. Sie sind im

---

[63] Ebd., Bd. 2, S. 836.
[64] Il. 18,567—572. 590—606.
[65] PLAT. Polit. 600d, Ion 541b, Certamen Hom. et Hes. 55.
[66] Siehe unten S. 482.

epischen Versmaß und im epischen Dialekt verfaßt. Sie unterscheiden sich von den eigentlichen epischen Dichtungen nur in der Thematik. Das Epos handelt von heroischen Themen — dem „Ruhm der Männer", während diese Vorspiele alle den Göttersagen gewidmet sind. Dieses Unterscheidungsmerkmal hat die Überlieferung herausgebildet. Im homerischen Hymnos auf Helios schließt der Sänger nach der Lobpreisung des Gottes mit folgenden Versen:

> Heil dir, Herrscher! Gewähre uns huldreich ein glückliches Leben.
> Ich beginne mit dir und preise halbgöttlicher Männer
> Irdisch Geschlecht, deren Taten die Musen den Sterblichen wiesen.[67]

Abb. 74. Gemischter Chor: attisches Vasenbild

Fügen wir dieses Beweismaterial zusammen, so können wir die angewandte Verfahrensweise rekonstruieren. Der Wettstreit wurde durch ein Präludium, eine Hymne auf die Gottheit, der zu Ehren das Fest begangen wurde, eröffnet. Dann trat der erste Kandidat vor, nahm den Stab (*rhábdos*) in die Hand und begann mit dem Vortrag der *Ilias*. Hatte er die ihm zugemessene Partie vorgetragen, übernahm der nächste Kandidat den Stab und fuhr mit der Rezitation fort.

Diesen Wettbewerben zwischen Rezitatoren waren solche für Dichter vorausgegangen, die ihre Dichtungen während des Wettstreits selbst verfaßten. Die Erinnerung an einen derartigen Wettkampf zwischen Homer und Hesiod ist in mehreren Formen überliefert. Sie bieten trotz ihres verdächtigen Charakters einen deutlichen Hinweis auf die Art des Verfahrens, dem man dabei folgte. In einem der Fragmente Hesiods lesen wir: „Homer und ich waren die ersten Sänger, die in Delos von Apollon, dem Sohn der Leto, sangen und unser Lied zu neuen Hymnen formten."[68] Die Konkurrenten hatten abwechselnd aus dem Stegreif vorgetragen — der eine sang, der andere schwieg —, und die Lyra oder der Stab, den jeder nacheinander in die Hand nahm, bezeichnete die einzelnen Auftritte bei einer Komposition, die im Endeffekt ein einheitliches Ganzes darstellte.

Abb. 75. Lyraspieler: attisches Vasenbild

[67] Hom. Hymn. 31,17—19.   [68] HESIOD. fr. 265.

Daher der Terminus Rhapsode (*rhapsoidós*), der eigentlich „Lied-Zusammenfüger" bedeutet.[69]

Bei dem oben umrissenen Verfahren besteht eine klare, deutliche Trennungslinie zwischen dem religiösen und weltlichen Teil des Vortrags, zwischen dem Vorspiel und dem eigentlichen Epos, doch aus einem Grunde darf man vermuten, daß in älterer Zeit beide ohne Trennung ineinander übergingen. Im Hymnos auf den delischen Apollon stellt sich der Verfasser, zweifellos einer der Homeriden selbst, als Homer vor und beschreibt das Fest, wie es in den Tagen Homers gefeiert wurde:

> Und das große Wunder dazu, das ewig gepriesne:
> All die delischen Jungfraun als Dienerinnen des Schützen.
> Wenn sie nun zuerst Apollon im Liede gepriesen,
> Artemis auch, die pfeilerfreute Göttin, und Leto,
> Dann gedenken sie auch im Sang der Männer und Frauen
> Alter Zeit, und ihr Lied bezaubert die Scharen der Menschen.[70]

Das scheint in eine Zeit zu weisen, als der zweite Teil ohne Unterbrechung auf den ersten gefolgt war. Und in diesem Falle werden wir etwas unerwartet noch einmal zu Alkman zurückgeführt. Sein *parthéneion* ist nicht vollständig erhalten, sondern nur zum größten Teil. Es setzt mit einem Mythos ein — dem Kampf zwischen Herakles und den Söhnen des Hippokoon; es wird mit der Schilderung der zu vollziehenden Handlung, der Überreichung des Gewandes, fortgesetzt, wobei der zweite Teil mit einem heiteren Wechsel schlagfertiger Erwiderungen, die zwischen den Tänzern hin- und herfliegen, aufgenommen wird. Auch hier erkennen wir die gleiche Struktur — die „göttliche" Einleitung und die „menschliche" Fortsetzung.

Diese Aufeinanderfolge ist in der griechischen Poesie fest verwurzelt. Es war eine sprichwörtlich gewordene Regel, daß der Dichter „mit Gott anhob". „O Hymnen, die der Leier Klang regieren", sagt Pindar, „welchen Gott, welchen Heros, welchen Sterblichen sollen wir feiern?"[71] Als er das Hochzeitslied der Musen für Thetis beschreibt, sagt der gleiche Dichter: „Sie hoben an mit Zeus und sangen dann von Thetis und Peleus."[72] Alkman benutzt die gleiche Formel: „Ich will mit Zeus beginnen und singen", und Terpandros hatte sie schon vor ihm verwendet: „O Zeus, aller Dinge Anfang, Führer aller, dir weihe ich den Eingang dieses Hymnos."[73] Die ältesten Beispiele, die wir überhaupt kennen — sie stammen aus *Ilias* und *Odyssee* —, sollen sogleich angeführt werden. Die Pindarode bildet offensichtlich eine Ausnahme. Sie beginnt und endet mit der Erwähnung des Siegers. Doch der Dichter versteht es gewöhnlich, dieses Schema mit einem einleitenden Anruf der Götter zu verknüpfen.[74]

Wir können nunmehr erkennen, wie sich das in Delos geübte Verfahren herausgebildet hatte. Die epischen Rezitationen bilden ein eingedrungenes

---

[69] Vgl. BOWRA, Tradition and Design etc., S. 41.
[70] Hom. Hymn. 3, 156—161.
[71] PIND. Ol. 2, 1—2.
[72] PIND. Nem. 5, 25—26.
[73] ALKMAN 9, TERPAND. 1, vgl. XENOPHAN. 1, 13.
[74] PIND. Ol. 2, 1—5. 3, 1—4. 4, 1—10. 5, 1—3 etc.

neues Element. Sie wurden in der Ausbreitungsperiode der Homeriden dort eingeführt. Vorher hatte es lediglich einen chorischen Hymnos gegeben, der den Göttern und anschließend den Sterblichen gewidmet war. Die homerischen Deklamationen haben den Hymnos nicht gänzlich verdrängen können, doch sogen sie seinen weltlichen Teil in sich auf, so daß die Hymne zu einer bloßen Einleitung herabsank, einer rein formalen Eröffnung der eigentlichen Obliegenheit.

Wenden wir uns der *Ilias* und der *Odyssee* zu, so entdecken wir dort Spuren der gleichen Aufeinanderfolge. Beide Epen beginnen mit einer Anrufung der Musen. Sie ist sehr kurz gehalten — eine bloße Einleitungsformel der eigentlichen Erzählung.[75] Aber der Umstand, daß sie überhaupt dort steht, läßt den Verdacht aufkommen, daß das Heldenlied selbst einmal ähnlich wie ein Hymnos begonnen hatte. Das wird uns durch Hesiod bestätigt.

Die Anrufung am Anfang der *Werke und Tage* stellt eine in sich geschlossene Einheit dar — einen Zeushymnos in Kleinformat. Und in der *Theogonie* umfaßt die Einleitung mehr als hundert Verse und ist somit länger als die meisten homerischen *prooímia*. Uns wird darin berichtet, daß die Musen zuerst das Geschlecht der Götter besingen, dann zu Zeus übergehen, dem Vater der Götter und Menschen, und schließlich zu den Giganten und Menschen gelangen. Der Hauptteil des Gedichts ist dem Ursprung und der Geschichte der Götter gewidmet, doch darauf folgt eine Aufzählung aller Göttinnen, die sich mit Sterblichen vereinigten, und die Dichtung schließt mit den Worten: „Nun, olympische Musen, ihr Töchter des Zeus, besingt das Geschlecht der Frauen." Das Folgende, der sogenannte *Frauenkatalog*, ist nur in Bruchstücken überkommen, doch zeigt uns der Schluß der *Theogonie*, daß die beiden Gedichte bestimmt waren, als Ganzes genommen zu werden, und nacheinander die Geschichte der Götter und die der menschlichen Heroinen darstellten. Somit gehört das Thema des *Katalogs* zu den heroischen, handelt aber von Heroinen anstatt Heroen. Es besteht aus vorhomerischem Material und rührt aus dem prähistorischen Matriarchat her. Und zusammen mit der *Theogonie* stellt er einen Hymnos von der gleichen Struktur wie derjenige dar, in dem die delischen Jungfrauen zuerst Apollon und Leto feierten, um dann zu den Männern und Frauen der Vergangenheit überzuleiten. Die hesiodische Schule war somit weniger weltlich als die homerische, so daß die ältere Struktur erhalten bleiben konnte.

Es geht daraus offensichtlich hervor, daß Chorlyrik wie auch Epos nach Inhalt und Form auf einer gemeinsamen rituellen Grundlage beruhen. Wir haben feststellen können, daß ihnen die gleiche thematische Aufeinanderfolge zugrunde liegt. Wir müssen nun den Versuch machen, näher zu bestimmen, worin diese Aufeinanderfolge besteht.

---

[75] Das Vorwort der Odyssee endet folgendermaßen (1,10): „Von dort nimm die Geschichte auf und erzähle sie *uns*." Die damit beabsichtigte Andeutung besagt, daß sie schon viele Male vorher (daher die Emphase) von den Sängern berichtet worden sei und die gegenwärtige Wiedergabe mehr oder weniger aufs Geratewohl beginne, vgl. 8,500. 1,492. 8,493. Die Anrufungen, mit denen der Schiffskatalog und der Bericht über die Heldentaten des Agamemnon eingeleitet werden (2,484—492. 11,218—220), deuten darauf hin, daß diese Partien einst als besondere Lieder im Umlauf waren.

6. Gesänge nach dem Nachtmahl

Die in der *Odyssee* geschilderten Darbietungen der Sänger zerfallen in zwei Klassen, chorische und nicht-chorische. Die Beispiele für den chorischen Typ sind zu bestimmten Anlässen aufgeführt worden. In einem Falle handelte es sich um eine Hochzeit, im anderen war der Chorgesang der Unterhaltung des Gastes Odysseus gewidmet. Bei den Gelegenheiten, wo nicht-chorische Gesänge dargeboten wurden, war die Verfahrensweise einheitlicher.

Wir finden drei dieser nicht-chorischen Gesänge vor, von denen Demodokos zwei und Phemios einen vorträgt. Der erstgenannte singt vom Streit zwischen Odysseus und Achilleus und vom hölzernen Pferd;[76] der letztere von der Heimkehr der Achaier nach glücklich beendetem Kriege.[77] Bei allen diesen Liedern handelt es sich um heroische Themen, außerdem werden sie sämtlich nach dem Nachtmahl dargebracht. So erforderte es die Sitte:

> Wahrlich, wonnesam ist's, solch einem Sänger wie jenem
> Drüben zu lauschen, er singt so schön, als sängen die Götter.
> Wüßt ich mir wahrlich doch kein schöneres, besseres Endziel,
> Als wenn froher Sinn die ganze Gemeinde beseligt,
> Wenn sie reihweis sitzen beim Schmaus im Hause und innig
> Lauschen dem Sänger; es stehen vor ihnen die Tische beladen
> Voll von Wein und Fleisch, einschöpft vom Kruge der Mundschenk
> Jungen Wein und trägt ihn herbei und füllt die Pokale.[78]

Das Lied vom hölzernen Pferd wird auf Ersuchen des Odysseus vorgetragen:

> „Dich von allen Menschen, Demodokos, preis ich am meisten.
> Lehrten dich doch Zeus' Töchter, die Musen, oder Apollon.
> Denn gar richtig und gut, als hättest du's selber gesehen
> Oder von andern vernommen, besingst du das Leid der Achaier,
> was sie geleistet und was sie gelitten und wie sie sich mühten.
> Aber beginne ein Neues und sing von dem hölzernen Pferde. . . ."
> Sprachs, und der Sänger hob an, mit Gott beginnend, und stimmte
> An das Lied. . . .[79]

„Mit Gott beginnend" — die gleiche Formel auch hier im weit zurückliegenden heroischen Zeitalter. Außerdem erwecken die Worte den Anschein, als habe es sich dabei nicht um eine bloße Eröffnungsformel, sondern um eine Partie gehandelt, die vom eigentlichen Lied getrennt war.

Zu Anfang der *Odyssee* wird uns geschildert, wie Telemachos einen Fremden bewirtet — in Wirklichkeit handelte es sich um die in dieser Gestalt auftretende Athene. Telemachos möchte den Gast gar zu gern über den Verbleib seines Vaters befragen, doch hindert ihn daran die Anwesenheit der Freier. Erst nach dem Mahl bietet sich ihm Gelegenheit dazu.

---

[76] Od. 8,72—82, 485—495.
[77] Od. 1,325—327.
[78] Od. 9,3—10.
[79] Od. 8,487—499.

Als sie aber die Lust nach Trank und Speise gesättigt,
Richteten sie bereits ihr Herz auf andere Dinge,
Saitenspiel und Reigen; denn das sind die Zierden des Mahles.
Und schon reichte der Herold die schimmernde Leier dem Sänger
Phemios; doch gezwungen nur sang er im Kreise der Freier.
Wie er zum schönen Gesang die Saiten der Leier berührte,
Neigte Telemachos nah zu den leuchtenden Augen Athenas
Leise sein Haupt, damit ihn niemand vernähme, und sagte: ...[80]

Nach Abschluß der Unterhaltung enteilt Athena durch die Lüfte, und Telemachos kehrt in den Kreis der Freier zurück, die schweigend dasitzen und dem Sänger lauschen, der von der Heimfahrt der Achaier aus Troia singt.[81] Aber vorher war uns doch gesagt worden, sie hätten ihr Verlangen auf Gesang und Tanz gerichtet. Wie hat dieses Lied angefangen? Es hat den Anschein, als sei dem Solopart — dem Heldensang — eine Chorode voraufgegangen.

Das ist die Reihenfolge, wie wir sie auf Delos vorgefunden haben. Dort folgte auf den Hymnos an die Götter ein epischer Vortrag; hier haben wir eine Chorode, der ein Heldenlied folgt. In Delos bildeten die Epen ein von außen hineingetragenes Element — sie waren schon vollausgebildet dorthin gelangt; doch den Rahmen dieses Heldenliedes bildete ursprünglich — der Palast eines achaiischen Fürsten. Es kann also nicht neu hinzugetreten sein, sondern muß sich aus der Ode entwickelt haben. Betrachtet man das Heldenlied zusammen mit seinem chorischen Vorspiel, so kann man feststellen, daß es nach dem gleichen Schema wie die *Theogonie* und der *Frauenkatalog* Hesiods und der delische Hymnos gebaut ist.

Auch nachdem sich aus ihnen das Heldenlied entwickelt hatte, hörte man nicht auf, nach dem Nachtmahl Gesänge anzustimmen. Während der gesamten geschichtlichen Zeit bildeten sie eine durch das Herkommen geheiligte Sitte des Adels. Diese Konvention ist näherer Untersuchung wert, da sie in der ursprünglichen Fassung beibehalten wurde und deshalb Merkmale aufweisen könnte, die von der Kunst des epischen Heldenliedes später abgestreift worden sind. Die bekanntesten Beispiele hierfür liefern die attischen Trinklieder.

Nach dem Nachtmahl, wenn der Wein herumgereicht wurde, sang man gemeinschaftlich zu Ehren des Apollon einen Paian, während den Göttern, Heroen und Zeus, dem Erlöser, Trankopfer dargebracht wurden.[82] Dann wurde der Wein jedem einzelnen eingeschenkt. Man ließ einen Becher zusammen mit einem Myrten- oder Lorbeerzweig (*aisakos*) in der Runde kreisen. Der Reihe nach ergriff jeder Gast den Becher und den Zweig und trug, den Zweig in der Hand haltend, aus dem Stegreif eine Strophe vor, die sich gewöhnlich auf ein weltliches Thema bezog und entweder politischen oder aphoristischen Charakter trug.[83]

---

[80] Od. 1,150—157.
[81] Od. 1,325—327.
[82] AISCH. Agam. 257—258, XEN. Symp. 2,1, PLAT. Symp. 176a, Schol. PLAT. 916a, 28.
[83] PLAT. Gorg. 451e, ATHEN. 694a, Schol. ARISTOPH. Nubes 1364, PLUT. Mor. 615b. Es wäre interessant, die Geschichte dieser künstlerischen Konvention zu verfolgen, da sie in Griechenland noch heute weiterlebt und offensichtlich sehr alt ist. Wenn sich im angelsächsischen England die Dorfbewohner zu einem abendlichen Umtrunk versammelten, mußte jeder der Reihe nach zur Harfe singen (BEDA VEN. Eccl. Hist. 4,24). In Irland pflegte zu Beginn des vorigen Jahrhunderts die Dichterschule von Limerick in der gleichen Weise zusammenzutreten. Dabei

In diesem Zweig erkennen wir die Gerte, die die Musen für Hesiod gepflückt hatten, und den Stab der homerischen Rhapsoden wieder.[84] Im Paian erkennen wir das epische Vorspiel (*prooímion*) und in den improvisierten Strophen das Heldenlied wieder.

Diese Sitte war ohne Zweifel in Attika heimisch, doch war sie unter ionischen Einflüssen entwickelt worden. Die künstlerische Form des herkömmlichen ionischen Strophentyps geht zum größten Teil auf Pythermos von Teos zurück, der

Abb. 76. Trinkgelage: attische Schale

zu Anfang des sechsten vorchristlichen Jahrhunderts lebte. Ein Fragment seiner Gedichte ist uns erhalten geblieben. Es zeigt uns, daß seine Strophe genauso gebaut war wie die attische.[85] Die attische hatte folgende Struktur:

φίλταθ' Ἁρμόδι', οὔ τί πω τέθνηκας,
_◡_◡◡_   ◡_◡_◡

νήσοις δ' ἐν μακάρων σέ φασιν εἶναι,
_◡_◡◡_   ◡_◡_◡

ἵνα περ ποδώκης Ἀχιλεύς
◡◡_◡_ _◡◡_

Τυδείδην τέ φασιν ἐσθλὸν Διομηδέα.
_◡◡_◡_◡_   _◡◡_◡_

Die Ähnlichkeit mit der alkaiischen Strophe ist unverkennbar. Wieder haben wir eine aus vier Phrasen bestehende Stanze vor uns, von denen die ersten beiden identisch sind. Die Eröffnung ist im wesentlichen dieselbe wie bei der alkaiischen

---

wurden Strophen nach einem vorgeschriebenen Muster improvisiert, die man nur einmal zu hören braucht, um den Ursprung des Limerick zu erkennen (DINNEEN, Filidhe na Máighe). Während meiner Studienzeit wurden in Cambridge ähnliche Symposia einmal im Jahr abgehalten; da aber die Kunst der Improvisation zu Ungehörigkeiten verleitete, sind sie verboten worden.

[84] HESIOD. Theog. 30—31.
[85] DIEHL, Anthologia Lyrica Graeca, Bd. 2, S. 60.

Strophe, nur daß die beiden metrischen Gebilde in umgekehrter Reihenfolge auftreten und der Trochaios dem Daktylos vorangeht. Die beiden Stanzen gehören zum gleichen herkömmlichen Typ. Und man kann hier hinzufügen, daß Alkaios selbst wegen seiner Trinklieder hochberühmt war. Viele, möglicherweise sogar alle seiner Monodien gehören zu dieser Klasse, und mehrere von denen, die ihr ausdrücklich zugewiesen werden, sind in der alkaiischen Strophe verfaßt.

Abb. 77. Tanzendes Mädchen: attische Schale

Im attischen Symposion wird der weltliche Teil des Programms von allen Teilnehmern gemeinsam bestritten und stellt einen aus Solostücken bestehenden Rundgesang dar. In Symposion der Heroenzeit hatte er die Form eines einzigen erweiterten Solos, das von einem Berufssänger gesungen wurde. Darin liegt der Hauptunterschied zwischen beiden. Er ist aus den besonderen Bedingungen des heroischen Königtums heraus leicht zu erklären. Die Sänger gehörten zum Gefolge des Hofes, standen unter dem Schutz des Königs und wurden von ihm in ihrer Kunst, die eine spezialisierte Beschäftigung darstellte, gefördert. Die ungebildeten Stammeshäuptlinge, von denen diese Könige abstammten, hatten noch selbst am Gesang teilgenommen. Selbst bei Homer ist die Erinnerung an diesen Tatbestand noch nicht völlig ausgelöscht. Achilleus vertreibt sich die Langeweile, indem er zur

Lyra vom „Ruhme der Männer" singt.[86] Das soll nicht heißen, er sei Sänger von Beruf gewesen. In dem rauhen Land, aus dem er stammte, war die Kunstausübung weniger spezialisiert und noch in stärkerem Maße als in Mykene die Sache aller gewesen.

Wir müssen noch eine Unklarheit beseitigen, dann wird unsere Argumentation vollständig sein. Einige Trinklieder des Alkaios sind in der sapphischen Strophe verfaßt.[87] Hat Sappho auch Trinklieder geschrieben?

Die Vorstellung eines Symposion der Frauen fand vor dem Angesicht viktorianischer Gelehrter keine Gnade. Sie taten das als eine Besudelung des unbescholtenen Namens griechischen Frauentums ab.[88] Sie stellten ohne Unterlaß Betrachtungen darüber an, wie unschicklich es gewesen wäre, hätten die Frauen sich genauso beim Wein erfrischt wie die Männer, und das in einem Lande, wo die Anbetung des Weingottes ihr ureigenstes Anliegen darstellte und wo Wasser eine Kostbarkeit ist. Es kann nicht geleugnet werden, daß uns aus dem Athen der Demokratie kein derartiger Brauch überliefert ist, doch diese Stadt machte noch nicht Griechenland aus. Außerdem war das demokratische Athen gerade wegen seiner abschätzigen Einstellung den Frauen gegenüber bekannt. Die antiken Autoren scheinen durchaus nicht von Gewissensbissen geplagt worden zu sein; denn sie sagen von Praxilla, einer vornehmen Dame aus Sikyon, sie habe, wie Sappho übrigens auch, Trinklieder verfaßt.[89]

Sappho leitete eine Schule, die den jungen Damen von Lesbos den letzten Schliff vermitteln sollte. Diese Bezeichnung trifft jedoch nicht den Kern der Sache. Man sollte sie lieber „Initiationsschule" nennen, da dies die primitivere Form dieser Institution ist. Tatsächlich handelte es sich hierbei um eine Kultgemeinschaft von Frauen wie die spartanische *agéla*, für die Alkman sein *parthéneion* dichtete.

Die bedeutsamsten Ereignisse im Leben dieser kleinen Sippschaft bildeten die Tage, an denen eine der Schülerinnen ihren Freundinnenkreis verließ, um zu heiraten. Zu diesen Gelegenheiten verfaßte Sappho stets ein Hochzeitscarmen.[90] Die Mädchen nahmen an dem Zyklus der staatlich anerkannten Frauenfeste teil. Eines der bedeutendsten bildete das Adonisfest, für das Sappho ihre Trauergesänge dichtete.[91] Es wird uns nicht berichtet, wie diese Jungfrauen ihre Abende verbrachten, doch müssen sie private Vesperfeiern begangen haben, auf denen sie Sapphos Hymnen sangen. Deshalb darf man es für möglich erachten, daß auch sie nach dem Nachtmahl Gesänge anstimmten.

Während des Adonisfestes von Samos pflegten sich die Mädchen zu einem Umtrunk zusammenzufinden und dabei einander Rätsel vorzulegen.[92] Es ist unwahrscheinlich, daß dieser kultische Brauch sich auf Samos beschränkte, da wir ihn

---

[86] Il. 9,186—189.
[87] ALKMAN 77—78. 85. 92.
[88] REITZENSTEIN, Epigramm und Skolion, S. 18—19, H. W. SMYTH, Greek Melic Poets, S. CV. Es war Brauch bei den Frauen Illyriens, bei den Trinkgelagen der Männer zugegen zu sein: AELIAN. Var. Hist. 3,15. Daß eine ähnliche Sitte im prähistorischen Griechenland ebenfalls bestanden hat, kann man aus Od. 4,219—234, AISCH. Agam. 254—258 entnehmen. Natürlich bestand sie in Athen im Hinblick auf die Sklavenmädchen und Kurtisanen fort: PLAT. Symp. 176e.
[89] Schol. ARISTOPH. Vesp. 1240.
[90] SAPPHO 115—133, vgl. 96, 98.   [91] SAPPH. 21, 107.   [92] ATHEN. 451b.

auch von anderen Kulten her kennen. So pflegten die Frauen auf dem boiotischen Agriania-Fest sich auf die Suche nach dem verlorengegangenen Dionysos zu machen und im Anschluß an das Nachtmahl den Abend mit dem Auflösen von Rätseln zu verbringen.[93]

Das Rätsel, eine uralte und auf der ganzen Erde anzutreffende Erscheinung, war ursprünglich ein Mittel, um den Novizen bei der Initiation in geheime Dinge einzuweihen.[94] Wie in den meisten Gebieten Europas, so büßte es auch in Griechenland nach und nach seine Bedeutung ein und wurde zum Pfänderspiel der Kinder, doch an seinen einstmaligen magischen Gehalt erinnert noch die Sage von Kalchas, dem Wahrsager, der aus Gram darüber zugrunde ging, daß er ein ihm von einem Nebenbuhler vorgelegtes Rätsel nicht hatte lösen können.[95] Derartige Sagen stellen einen Gemeinplatz der indogermanischen Mythologie dar.[96] Im Griechischen behielt das Rätsel seine metrische Form bei, woraus hervorgeht, daß es — zumindest in älterer Zeit — gesungen wurde.

Wir müssen uns nun vorstellen, daß die Frauen bei solchen Festen in Gruppen zusammensaßen, vielleicht auch im Freien, wie die Damen auf dem erwähnten minoischen Fresko, und aus dem Stegreif in musikalischer Form eine fortlaufende Unterweisung über Gegenstände vornahmen, die der Situation angemessen erschienen. Mangelt es dem Bild auch an Vollständigkeit, so springt doch die Parallele zu den Abendgesellschaften der Männer in die Augen. In beiden Fällen liegt letztlich das Auf und Ab der Aufeinanderfolge von Solo und Refrain zugrunde, die unaufhörlich rund um das Zwielicht des Lagerfeuers eines Clans kreisten.

Auf den ersten Seiten dieser Untersuchung haben wir gesehen, wie die mimetische Darstellung des Wirkens des Clantotems schließlich die Form dramatischer Tänze annahm, welche die Erinnerung an die Leistungen der Vorfahren des Clans wachhielten und dadurch deren magische Energien heraufbeschworen, die die Nahrungsquellen reichlicher fließen machen sollten. Wir haben ferner gesehen, wie sich die Ahnengeister mit der Herausbildung der Klassengegensätze in Götter verwandelten. Selbst bei den griechischen Göttern bestanden noch angestammte Bindungen zu ihren Verehrern, denen sie als die Stammherren herrschender Clane erschienen. „Eins ist der Menschen, eins der Götter Geschlecht", sagt Pindar.[97] Im allgemeinen aber traten die Götter mit der sich festigenden Klassengesellschaft als ein Geschlecht für sich auf, das zwar seinen Anbetern väterliche Aufmerksamkeit schenkte, aber im Unterschied zu diesen das Vorrecht genoß, ewiges Leben zu besitzen.

Auf die gleiche Weise folgten wir der Entwicklung des totemistischen Rituals zu einer Opferhandlung, einem Festschmaus, in den man sich bei Tanz und Gesang mit dem Gott teilte. Hier liegt die Entstehungsgeschichte der Chorode, bei der die irdische Tafelrunde nach genossener Mahlzeit mit dem Lob ihrer Götter anhob und mit dem Gedenken an die überlieferten Taten ihrer heroischen Ahnherren fortfuhr.

---

[93] PLUT. Mor. 717a.
[94] PAULY-WISSOWA, s. v. Rätsel, CHADWICK, a. a. O., Bd. 3, S. 152—153, 834—836.
[95] STRAB. 14,1,27.
[96] CHADWICK, a. a. O., Bd. 1, S. 474.   [97] PIND. Nem. 6,1.

Anfangs wurden dabei in Übereinstimmung mit dem matriarchalischen Gefüge der Gesellschaft die einzelnen Rollen von Frauen übernommen, die das Lob der Göttinnen und Heroinen sangen; als aber später die Kriegführung in den Vordergrund getreten und es zur Anhäufung persönlichen Eigentums in den Händen militärischer Führer gekommen war, von denen viele patriarchalische Neuankömmlinge aus dem Norden waren, entstand ein neuer Typ der Chorode — kriegerisch, mannhaft, individuell, diesseitig. Der „Ruhm der Frauen" schwand dahin. Der „Ruhm der Götter" behielt seinen Ehrenplatz bei, wurde aber gekürzt und umgearbeitet, damit er in den neuen Rahmen hineinpaßte. Das Interesse wandte sich nunmehr dem „Ruhm der Männer" zu — denselben Männern, die vor dem Barden saßen und seinem Sange lauschten. Der Dichter — jetzt ein Mann — hatte seinen Chor von Tänzern entlassen, und es blieb ihm nur noch das eine zu tun — seine Leier beiseite zu legen.

XVI. HOMERISCHE ARCHÄOLOGIE UND LINGUISTIK

1. Datierbare Elemente

Die attischen Tragödiendichter ließen ihre Helden auf der Bühne in einem mehr oder minder zeitgenössischen Gewande auftreten und machten dabei von den Vorstellungen und Bräuchen ihrer eigenen Zeit Gebrauch, ohne sich um historische Übereinstimmung zu sorgen. Um die epische Überlieferung war es ganz anders bestellt. Wie die Heldendichtung überhaupt war sie bewußt archaistisch gehalten. Die mykenische Kultur wird in den Gedichten so geschildert, als ob sie noch in voller Blüte stände, während alle seitdem eingetretenen Veränderungen geflissentlich übergangen werden. Es gibt da noch keine Dorer auf dem Peloponnes, keine Ioner in Kleinasien. Die Waffen sind aus Bronze gefertigt, Gold und Silber ist im Überfluß vorhanden. Diese Dichter lebten in der Vergangenheit. Natürlich haben sich dabei Widersprüche ergeben. Aus gelegentlichen Anspielungen, die die Dichter unbeabsichtigt fallen ließen, ersehen wir, daß sie mit dem Gebrauch des Eisens wohlvertraut waren. Ferner haben wir bereits weiter oben gleich unter der Oberfläche sehr viele einander widersprechende Angaben entdeckt, was die soziale Stellung der Frau anging (Seite 352—365). Doch im allgemeinen hat die Archäologie bestätigen können, daß sie über genaue Kenntnis der Vergangenheit verfügten.

Abb. 78.
Goldbecher aus dem vierten Schachtgrab

Die homerische Archäologie ist ein Forschungsgebiet, auf dem die vergleichende Methode angewandt werden muß. Es ist ihre Aufgabe, die epischen Dichtungen im Lichte der ausgegrabenen Überreste und die Überreste im Lichte der Dichtungen zu interpretieren. Es gibt Bestandteile in den Gedichten — Beschreibungen materieller Gegenstände und sozialer Bräuche —, die die Archäologen bestimmten frühen oder späten Zeiträumen, vom fünfzehnten Jahrhundert angefangen bis herunter ins siebente, zuweisen konnten. Sie sind viele Male diskutiert worden. An dieser Stelle werde ich nur die eindeutigsten Beispiele auswählen, um daran bestimmte Grundsätze der Homerkritik zu erläutern.

Im XI. Gesang der *Ilias* stattet Patroklos Nestor einen Besuch ab und sieht auf dem Tisch des Zeltes einen Becher stehen:

> Rings mit goldenen Nägeln beschlagen; die Seiten des Bechers
> Schmückten der Henkel vier und an jedem von ihnen zwei goldne,
> Pickende Tauben, auch gingen zum Fuß des Bechers zwei Stützen.[1]

---
[1] Il. 11,632—635.

Die zuletzt genannte Einzelheit foppte die Homerforscher so lange, bis aus dem vierten Schachtgrab von Mykene ein Kelch mit merkwürdig geformten Henkeln ans Licht gefördert wurde, der genau der obigen Beschreibung entsprach.[2]

Im X. Gesang leiht Meriones seinen Helm dem Odysseus:

> .... und den Helm aus den ledernen Häuten des Büffels
> Setzt' er ihm auf. Er war im Innern mit vielerlei Riemen
> Fest beflochten; doch außen umgaben ihn überall dichte
> Reihen blendender Hauer, weißzahnigen Ebern entrissen ...[3]

Dieses Rätsel fand seine Auflösung, als man Wiedergaben von Helmen auffand, die im mykenischen Stil gehalten waren. Ergänzend dazu entdeckte man in den Grabstätten Bruchstücke von Hauern, die von Keilern stammten. Sie waren zurechtgeschnitten und an einer Seite durchbohrt, um sie befestigen zu können. Die einzelnen Stücke waren in die Lederkappe eingepaßt und auf der Innenseite zusammengeheftet.[4]

Abb. 79. Helm aus Eberzähnen: mykenische Elfenbeinschnitzerei

Diese beiden Gegenstände hat man ins fünfzehnte vorchristliche Jahrhundert datieren können. Somit bestätigte sich die herrschende Ansicht, daß die homerische Überlieferung auf die mykenische Periode zurückgeht. Doch damit ist noch keinesfalls erwiesen, daß auch die Textstellen, in denen diese Gegenstände beschrieben werden, das gleiche Alter aufweisen, da sich solche altertümlichen Beschreibungen in der heroischen Poesie im allgemeinen als traditionelle Themen fortzuerben pflegten und Generationen hindurch erzählt und wiedererzählt wurden. Nur der Inhalt der besagten Textstellen ist dadurch datiert worden.

Im XI. Gesang legt Agamemnon seinen Brustharnisch an, der ein Geschenk aus Zypern darstellte:

> An ihm waren aus Stahl schwarzblau zehn Streifen zu sehen,
> Zwölf dazwischen von Gold, aus Zinn daneben noch zwanzig;
> Stahlblau bäumten sich drauf drei Drachen nach beiderlei Seiten
> Aufwärts zum Hals, sie glichen den Bogen, die farbig Kronion
> Hoch in den Wolken zum Zeichen den sterblichen Menschen errichtet.[5]

Das Schlangenmotiv wurde in Mykene nicht zu dekorativen Zwecken verwandt, trat aber häufig in der phoinikischen Kunst und den frühgriechischen, im orientalischen Stil gehaltenen Kunstwerken auf.[6] Dieser Küraß kann also nicht viel älter als das siebente Jahrhundert sein.

Im XVII. Gesang wird von einem trojanischen Bundesgenossen, Euphorbos, gesagt, er trage sein Haar in „Flechten gewunden und mit Gold und Silber durchzogen".[7] Die mykenischen Krieger trugen keine Flechten, doch waren sie im

---

[2] NILSSON, Homer and Mycenæ, S. 137—138; siehe Abb. 78.   [3] Il. 10, 261—265.
[4] NILSSON, a. a. O., S. 138; siehe Abb. 79.
[5] Il. 11, 19—28.   [6] NILSSON, a. a. O., S. 125—126.   [7] Il. 17, 52.

sechsten Jahrhundert bei beiden Geschlechtern sehr beliebt.[8] Die Flechten des Euphorbos sind nicht älter als der Brustpanzer Agamemnons.

Die Wörter, mit denen ein bestimmter Gegenstand beschrieben wird, können der Form nach jünger als der Gegenstand sein, doch niemals älter. Wenn der Panzer und die Haartracht einem historisch frühen Zeitraum angehören, so ist das auch bei den Textstellen der Fall; und da es noch andere Erscheinungen gleichen Alters geben wird, die nur noch nicht aufgedeckt werden konnten, dürfen wir den Schluß ziehen, daß die Gesänge im Laufe des siebenten Jahrhunderts noch immer weiter ausgebaut wurden.

Um die Chronologie der homerischen Gesänge insgesamt festlegen zu können, ist es nicht damit getan, einzelne isolierte Stellen wie die hier besprochenen herauszugreifen. Wir müssen nach Bestandteilen forschen, die so fest eingebettet sind oder den Gesamtzusammenhang derart tief durchdringen, daß sie nicht als bloße Hinzufügungen erklärt werden können. Dafür gibt es mehrere Beispiele, doch die meisten davon sind noch immer umstritten. Ich werde mich in meiner Beweisführung auf zwei beschränken — die Art der Bestattung und die Herkunft Helenas.

2. Die Form der Bestattung

Die mykenischen Fürsten begruben ihre Toten. In den Gesängen Homers werden sie aber eingeäschert. Später bestanden in Griechenland die beiden Verfahren Seite an Seite nebeneinander. Das ist einer der meistdiskutierten Widersprüche der homerischen Archäologie. Lassen Sie mich mit einigen allgemeinen Bemerkungen zu den Bestattungssitten den Anfang machen.

Überall dort, wo Erdbestattung die Regel darstellt, war oder ist es gar noch heute Sitte, dem Leichnam Töpfe, Gefäße, Werkzeuge, Waffen und Gebrauchsgegenstände aller Art beizugeben. Die meisten Forscher erklären das damit, daß man den Verstorbenen für sein zukünftiges Dasein ausstatten wollte. Die gleiche Begründung wird in vielen Fällen auch von den betreffenden Völkern selbst angegeben. Es ist jedoch eine wohlbekannte Tatsache, daß man ständig neue Motive ersinnt, um die Beibehaltung von Verfahrensweisen zu rechtfertigen, die schon längst aufgehört haben, ihrem ursprünglichen Zweck zu dienen. Im vorliegenden Falle bereitet uns das angeführte Motiv ernsthafte Erklärungsschwierigkeiten; denn nicht alle Grabbeigaben haben einen Nützlichkeitswert. Einige davon, wie die Figürchen, Phalli und Amulette, haben augenscheinlich magische Bedeutung. Außerdem sind die Gefäßbeigaben offensichtlich mit Absicht zerbrochen worden, bevor sie in das Grab gelegt wurden.[9] Zumindest diese Gegenstände waren also nicht dazu bestimmt, später wieder verwandt zu werden. Es ist dagegen viel wahrscheinlicher, daß sie, wie Karsten behauptet hat, zerbrochen wurden, um den in ihnen enthaltenen Zauber freizusetzen; und in diesem Falle kann man das gleiche

---

[8] NILSSON, a. a. O., S. 127—130.
[9] KARSTEN, The Civilisation etc., S. 244—245, 246, 251—253, ROSCOE, The Bayankole, S. 147. Dieser Brauch lebt im heutigen Griechenland fort: POLITES, „On the Breaking of Vessels as a Funeral Rite in Modern Greece", JAI 23, 1894, 29—41.

auch für die anderen Grabbeilagen annehmen.[10] Da sie die persönliche Habe des Verstorbenen ausmachen, enthalten sie naturgemäß auch etwas von seiner Lebenskraft und besitzen somit in besonders hohem Maße die Kraft, ihn zu neuem Leben zu erwecken. Bei dieser Deutung reiht sich das geübte Verfahren zwanglos in die anderen Bestattungsbräuche ein, die gleichfalls weite Verbreitung haben, wie die Beerdigung in der embryonalen oder Hockerstellung, das Bemalen der Gebeine mit rotem Ocker, das Verstreuen von Körnern oder Blättern neben dem Leichnam und das Anpflanzen von Blumen auf der Grabstelle. Die Zeremonie der Erdbestattung bildet weiter nichts als eine Sonderform des Initiationsritus, mit der die Absicht verfolgt wird, die Erneuerung der Lebenskraft zu bewirken.

Das gleiche ist bei der Brandbestattung der Fall. Da Geburt gleich Tod ist und umgekehrt Tod gleich Geburt, ist die vorherige Tötung für die Wiedergeburt unumgänglich. Der alte Adam muß erst sterben, bevor der neue Mensch in ihm zum Leben erweckt werden kann. Einer der häufigsten Initiationsriten ist die Feuerprobe. Das ist nichts anderes als die Wiedergeburt, unter ihrem reinigenden Aspekt betrachtet. Und gerade das ist der Sinngehalt, der der Totenbestattung zugrunde liegt. Erd- und Brandbestattung stellen ganz einfach den positiven beziehungsweise negativen Aspekt des gleichen Grundsatzes dar, und diese beiden Aspekte sind mit dem Abgehen von dem dahinter liegenden Prinzip erst unterscheidbar geworden.

Man hat angenommen, daß die materialistische Auffassung mehr der bei Brandbestattung als bei der Erdbestattung zur Geltung gekommen sei.[11] Auch darin liegt ein Mißverständnis. Der Glaube, daß ein Leichnam durch die Berührung mit Geschirrscherben zu neuem Leben erweckt werden könne, ist ein typisches Beispiel für den rohen Materialismus der Primitiven. In der mit der Brandbestattung verbundenen Ideologie lebt der Tote als bloßer körperloser Geist fort. Die homerische Vorstellung von der Seele als dem Geist oder Schatten des einstmals lebendigen Menschen bedeutete einen weiteren Schritt auf dem Wege zum orphischen Mystizismus, in dem die Seele als unkörperlich und unsterblich angesehen wurde.

Wenn wir uns dem Problem von dieser Seite her nähern, entdecken wir, daß die Kluft zwischen der mykenischen Verfahrensweise und der homerischen Überlieferung weder so breit noch so tief ist, wie man angenommen hat.

Viele mykenische Grabstätten enthalten Spuren der Anwendung von Feuer, und aus einem Grab in Dendra, das nicht ausgeraubt worden ist, wurde deutlich, worin das Verfahren bestanden hat. Der Leichnam wurde so, wie er war, bestattet, doch die persönliche Habe des Verstorbenen wurde neben der Grabstelle in einer flachen Grube verbrannt. Ein zweiter Graben enthielt die verkohlten Reste geopferter Tiere und Menschen, die bei dem Leichenbegängnis abgeschlachtet worden waren.[12] Bei den Leichenspielen zu Ehren des Patroklos schlachtet Achilleus eine Anzahl Hunde und Pferde zusammen mit zwölf trojanischen Gefangenen und schleudert die Leichen in das Feuer, das er unter seinem toten Freunde angezündet hat.[13] Hier wird also der Leichnam selbst dem Feuer übergeben. Dieser

---

[10] KARSTEN, a. a. O., S. 244—245.   [11] LORIMER, „Pulvis et Umbra", JHS 53, 1933, 177.
[12] NILSSON, a. a. O., S. 155.   [13] Il. 23,164—169.

Vorgang wird als etwas Außergewöhnliches und besonders Schreckliches geschildert. Das normale homerische Begräbnis verlief viel einfacher. Nach einem Tieropfer wird der Leichnam verbrannt, die Knochen samt der Asche in einen Sarg getan, in eine Gruft gebettet und darüber ein Hügel aufgeschüttet, den dann ein Grabstein krönt.[14] Ist das Brand- oder Erdbestattung? Es ist zweifellos beides.

Die einfache Erdbestattung war besonders im achten und siebenten Jahrhundert verbreitet,[15] so daß die homerischen Dichter sie gut gekannt haben müssen. Doch sie verlieren in ihren Gesängen kein Wort darüber. Daraus muß man schließen, daß sie an *der* Bestattungsart festhielten, die in ihren Augen zur Heroenzeit allgemeingültig war. Wie wir schon sehen konnten, enthielt die von ihnen vermittelte Überlieferung Ungenauigkeiten. In mykenischer Zeit wurde die Leiche bestattet, und die Habseligkeiten wurden verbrannt; in den homerischen Gesängen wird der Leichnam zuerst verbrannt und dann bestattet. Das homerische Verfahren ist einfacher und leitet sich ohne Zweifel von den mykenischen Bräuchen her: aus welchem anderen Grunde sollten denn sonst die Aschenreste im Boden vergraben worden sein? Wenn diese Bestattungsmethode beim aiolischen und ionischen Adel die Regel war, der doch von den Dynastien von Mykene und Pylos abstammte, hätten wir darin die Erklärung gefunden, warum die Sänger annahmen, dieses Verfahren sei in der Heroenzeit gang und gebe gewesen; und wenn wir uns fragen, was die Emigranten bewogen haben könnte, von dem Brauchtum ihrer Väter abzugehen, kann die Antwort nur lauten: Sie konnten es sich unter den veränderten und engeren Verhältnissen, die sie in ihrer neuen Heimat antrafen, einfach nicht erlauben, daran festzuhalten.

Diese Schlußfolgerung wäre nur von geringem Wert, stände sie für sich allein; denn ich bin kein Archäologe. Sie steht aber in Übereinstimmung zu den Forschungsergebnissen von Lorimer, der es sogar für möglich erachtet, daß die Achaier im eigentlichen Griechenland ihre Toten seit unvordenklichen Zeiten verbrannt und diesen Brauch erst unter mykenischem Einfluß abgeändert haben.[16] Würden sie ihre Toten einfach verbrannt haben, ohne danach die Überreste zu bestatten, so gäbe es nichts, was der Archäologe entdecken könnte.

3. *Helena*

Helena, die einzig dank ihrer schönen Larve die bekannten tausend Schiffe zu Wasser gebracht haben soll, ist die Gestalt eines Mythos — eines Mythos von der ewigen Vergänglichkeit der Frauenschönheit.

> Heller Glanz strahlt aus den Höh'n,
> Königinnen starben jung und schön,
> Staub bedeckt Helenens Aug'.*

[14] Il. 24,788—801. 6,418—419, Od. 1,291. 2,222, Il. 21, 320—321. 23, 91. 239. 252—253, Od. 24, 65—84.
[15] LORIMER, a. a. O., S. 170—171.
[16] Ebd. S. 176.
* THOMAS NASH, aus: In Time of Pestilence.

Ich will versuchen darzulegen, daß durch eine systematische Untersuchung der Entstehungsgeschichte dieses Mythos unsere Bewunderung für die Dichter, die ihn schufen, nur gesteigert werden kann.

Daß sie mythischen Ursprungs ist, darüber besteht jetzt allgemein Übereinstimmung.[17] Gezeugt von Zeus, der als Schwan auftrat, geboren aus einem Ei, das

Abb. 80. Aphrodite mit Schwan: attische Schale

von der karischen „Frau" gelegt worden war (Seite 365), ist sie zugleich mit der karo-lelegischen Artemis der Sümpfe, die im Kult als Wasserhuhn dargestellt wurde,[18] und mit der phoinikischen Aphrodite-Astarte verwandt, die aus einem vom Mond herabgefallenen Ei ausgebrütet wurde.[19]

[17] NILSSON, The Mycenæan Origin of Greek Mythology, S. 74—75. 170—175.
[18] HARRISON, Themis, S. 114, IMHOOF-BLUMER, „Numismatic Commentary on Pausanias", JHS 7, 1886, 103.
[19] HYGIN. fab. 197, Auch das Ei der Helena soll vom Mond gefallen sein: ATHEN. 57f., PLUT. Mor. 637b.

Die Geschichte ihrer Flucht mit dem Geliebten wurde in den *Kypria* erzählt, einem der verlorengegangenen homerischen Epen, die uns nur aus einem kurzen Auszug bekannt sind. Während sich Paris besuchshalber bei Menelaos in Sparta aufhielt, wurde sein Gastgeber nach Kreta abberufen, und drei Tage darauf landete Paris mit Helena an der Küste von Troia. Diese Geschichte wird in der *Ilias* nur ein einziges Mal berichtet, und da rein zufällig, als Hekabe ein Gewand für Athena auswählt:

> Selber schritt sie hinab zu dem tiefen, duft'gen Gemache,
> Wo sie die bunten, gestickten Gewänder bewahrte, die Arbeit
> Jener sidonischen Frauen, die einst der Held Alexandros
> Fern aus Sidon gebracht, als weit er die Meere durchfahren,
> Wo er dann Helena raubte, die Tochter des göttlichen Vaters.[20]

Wie Herodot dazu bemerkte, widerspricht diese Darstellung der in den *Kypria* gegebenen.[21] Warum kehrte Paris von Sparta nach Troia auf dem Umwege über die Hauptstadt von Phoinikien zurück?

Die Wanderungen des Menelaos nach dem Falle Troias werden in der *Odyssee* erzählt.[22] Nachdem er mit Agamemnon in Streit geraten war, schiffte er sich ohne ihn ein, da er darauf bedacht war, die Ägäis vor Anbruch des Winters zu überqueren. Auf der Höhe von Lesbos holte er Nestor ein, der auch heimwärts eilte, und so fuhren beide bis Sunion gemeinsam. Dort wurde Menelaos durch den Tod seines Steuermannes aufgehalten. Als er seine Reise fortsetzte und sich schon dem Kap Maleia näherte, entführte der Sturm sein Schiff nach Kreta und Ägypten. Erst nach sieben Jahren gelangte er in die Heimat. Er besuchte Zypern, Phoinikien, Aithiopien, Ägypten und Libyen. Während seines Aufenthaltes in Ägypten mißachtete er ein an ihn ergangenes Göttergebot, ein Opfer darzubringen — um was für ein Opfer es sich handelte, wird uns nicht berichtet —, und wurde dafür durch widrige Winde auf der Insel Pharos aufgehalten. Dort begegnete ihm Proteus, der Meergreis, und sagte ihm sein Schicksal voraus:

> Dir aber sind beschieden, o gottgezeugter Atride,
> Tod und Ende nicht im rossenährenden Argos,
> Sondern es werden die Götter dich nach Elysions Fluren
> Senden zur äußersten Erde, wo Rhadamanthys, der blonde,
> Und wo das Leben selig und leicht den Menschen dahinfließt,
> Wo nicht Regen noch Schnee, noch je ein heftiger Sturmwind,
> Sondern Okeanos stets des lieblich tönenden Zephyrs
> Wehen aufwärts sendet zu aller Menschen Erquickung.
> Denn du bist Helenas Gatte und so der Eidam Kronions.[23]

Danach kehrt Menelaos nach Ägypten zurück, bringt das geforderte Opfer dar und macht sich auf den Heimweg nach Sparta, wo wir ihm wiederbegegnen, als

---

[20] Il. 6, 288—292.
[21] HEROD. 2, 117, vgl. AISCH. Agam. 696. Die Stelle in den Kypria wurde später umgeschrieben, damit sie mit der Ilias übereinstimme: PROKL. Chrest. p. 103, vgl. ALLEN, Homer, Origins and Transmission, S. 151.
[22] Od. 3, 130—169. 276—302. 4, 351—586.
[23] Od. 4, 561—569.

MYKENISCHE DAME. FRESKO AUS TIRYNS (ERGÄNZT) UM 1300 v. u. Z.

er Telemachos seine Lebensgeschichte erzählt und die emsig tätige Helena mit einem Korb Wolle am Herdfeuer sitzt.

Das Bemerkenswerte an dieser Geschichte ist, daß mit einer einzigen Ausnahme — nämlich der eben zitierten Stelle — Helena nirgendwo erwähnt wird. Man bedenke: Ihretwillen hatten „zornmüt'ge Fürsten, heißen Bluts" den Schwur abgelegt, Troia zu plündern; ja, wir werden sogar zu der Annahme veranlaßt, sie sei nach zehnjährigem Blutvergießen ihrem Gatten zurückgegeben worden und auf seiner siebenjährigen Meerfahrt seine ständige Begleiterin gewesen. Über ihre Rolle, die sie bei seinen Abenteuern gespielt hat, erfahren wir lediglich so viel, wie wir aus zwei flüchtig hingeworfenen Anspielungen entnehmen können. Ihr Arbeitskörbchen ist ihr von der Gattin des Polybos, des Königs von Theben, als Geschenk überreicht worden. Außerdem besitzt sie eine Arznei, ein Gegengift gegen Kummer und Sorgen, das ihr in Ägypten Polydamna, die Gattin des Thon, gegeben hat.[24]

Helena kam nach Phoinikien vor Ausbruch des Krieges; sie kehrte aus Ägypten nach Beendigung des Krieges heim. War sie überhaupt einmal in Troia gewesen?

Stesichoros beantwortete die Frage mit nein. Nur ihr Geist sei nach Troia gelangt. Der Krieg war um ein Trugbild ausgefochten worden. In einem seiner früheren Gedichte hatte Stesichoros die homerische Version als glaubwürdig übernommen; dann wurde er mit Blindheit geschlagen und schrieb seine berühmte Palinodie: „Diese Sage ist nicht wahr; du setztest deinen Fuß nie auf das Schiff noch gingst du zu den Türmen Troias".[25] Diesem Widerruf hat man verschiedentlich keinen besonderen Wert beimessen wollen, doch es ist kaum glaubhaft, daß ein griechischer Dichter gewagt haben sollte, die *Ilias* herauszufordern, wenn ihm keine das Gegenteil bezeugende Quelle zu Gebote gestanden hätte. Und offensichtlich verfügte Stesichoros über eine solche Quelle, denn nach Tzetzes war der Gedanke, bei Helena habe es sich um ein bloßes Trugbild gehandelt, bereits von Hesiod vorgebracht worden.[26]

Dieses Problem wird bei Herodot erörtert, der trotz all seiner Schwächen als Historiker ein scharfsinniger Literaturwissenschaftler war. Er nimmt in seinem Bericht über die ägyptischen Könige darauf Bezug und sagt:

> Pheros' Nachfolger, sagten sie (die Priester — d. Hrsg.), wäre ein König aus Memphis gewesen, der bei den Griechen Proteus hieße. Noch jetzt befindet sich in Memphis sein schönes, wohlgepflegtes *témenos*, das ihm im Süden des Hephaistostempels geweiht ist. Um ihn herum wohnen Phoiniker aus Tyros, und der ganze Stadtteil heißt das Tyrische Viertel. Im *témenos* des Proteus aber steht ein Tempel, den man den Tempel der fremden Aphrodite nennt. Ich vermute, es ist ein Tempel der Helena, der Tochter des Tyndareos, teils weil ich davon gehört, daß Helena sich eine Zeitlang bei Proteus aufgehalten, namentlich aber, weil man ihn den Tempel der fremden Aphrodite nennt; denn so viele Tempel der Aphrodite es auch sonst noch gibt, so wird sie doch nirgends die fremde genannt.[27]

[24] Od. 4,125—132. 220—230.
[25] STESICH. 11. Die Homeriden besaßen eine Überlieferung, nach der Helena Homer aufsuchte und ihn ein Gedicht über den „Feldzug gegen Troia" verfassen hieß: ISOKR. Hel. 64—65. Andere gleichartige Erzählungen siehe bei PAUS. 9,23,3, PLAT. Phaidon 60e, PLUT. Mor. 543a.
[26] HESIOD. fr. 266 = Schol. LYK. 822.   [27] HEROD. 2,112.

Gleich darauf wiederholt er die Sage, wie er sie von den Priestern des Heiligtums vernommen hat. Nach der Entführung bestieg Paris das Schiff, um nach Troia heimzukehren, wurde aber vom Kurs abgedrängt und in Ägypten an Land getrieben. Dort unterrichteten einige seiner Diener die Priester davon, wie er sich an Menelaos vergangen habe, und Thonis, der Befehlshaber des Wachtpostens an der Nilmündung, sandte einen Bericht darüber an Proteus. Daraufhin wurde Paris verhaftet, und nachdem Proteus Helena unter seinen Schutz gestellt hatte, befahl er ihm, das Land binnen drei Tagen zu verlassen.

Auf diese Weise, sagten die Priester, wäre Helena zu Proteus gekommen. Anscheinend hat auch Homer diese Geschichte gekannt. Sie paßte ihm aber gar nicht so gut in sein Gedicht wie die andere, die er darin aufnahm. Deshalb ließ er sie weg; offenbar war sie auch ihm nicht unbekannt. Man sieht das aus dem, was er in der *Ilias* (ohne sich damit anderswo in Widerspruch zu setzen) von den Irrfahrten des Alexandros eingeflochten hat, wie er mit Helena verschlagen und unter anderem auch nach Sidon in Phoinike gekommen sei.[28]

Herodot zitiert dann die Stelle, wo von dem Gewand für die trojanische Athena die Rede ist, und nachdem er diese der in den *Kypria* gebotenen Version gegenübergestellt hat, berichtet er, wie Menelaos Helena wiedererlangte:

Als Menelaos nach Ägypten gekommen und nach Memphis hinaufgefahren war und dort wahrheitsgemäß erzählt hatte, wie sich alles zugetragen, fand er die freundlichste Aufnahme und erhielt nicht nur Helena unversehrt zurück, sondern auch all sein Gut. Trotzdem verging er sich dann noch schwer gegen die Ägypter. Als er wieder abfahren wollte, wurde er durch widrige Winde aufgehalten, und als das immer länger dauerte, griff er zu einem entsetzlichen Mittel. Er nahm nämlich zwei Kinder ägyptischer Eltern und schlachtete sie zum Opfer. Nun aber, als das ruchbar geworden war, verfolgten ihn die darüber empörten Ägypter, und er entfloh mit seinen Schiffen nach Libyen.[29]

Die ständig wiederkehrenden Namen — Proteus, Pharos oder Pheros, Thon oder Thonis — deuten darauf hin, daß die herodoteische Version auf irgendeine Weise mit der homerischen verknüpft ist. Doch in der Hauptfrage trifft sie eine entgegengesetzte Feststellung: Helena gelangte niemals nach Troia, sondern nur bis nach Ägypten. Wie alt ist diese Geschichte von Helenas Aufenthalt in Ägypten?

Die Insel Pharos ist dem Delta unmittelbar vorgelagert. In der *Odyssee* wird von ihr gesagt, sie befände sich eine Tagereise von der Küste entfernt.[30] Eine derartig falsche Entfernungsangabe wäre nach dem Jahre 600 v. d. Z. unmöglich gewesen. Damals richteten die Griechen in dem im Nildelta gelegenen Naukratis eine Handelsniederlassung ein. Sie müssen deshalb schon eine gute Reihe von Jahren vorher mit den Zugängen zum Nil vertraut gewesen sein. Wie des weiteren Lorimer und Nilsson dargelegt haben, setzt die Anspielung auf das ägyptische Theben voraus, daß es die Hauptstadt des Königreiches gewesen ist. Die Stadt wurde von Assurbanipal im Jahre 633 v. d. Z. bis auf den Grund zerstört und war seit dem dreizehnten Jahrhundert nicht mehr die Hauptstadt des Landes gewesen (Seite 321).[31]

[28] HEROD. 2,116. [29] HEROD. 2,119. [30] Od. 4,354—357.
[31] LORIMER, „Homer's Use of the Past", JHS 49, 1929, 153, NILSSON, Homer and Mycenæ, S. 157—158.

Die Altertümlichkeit der herodoteischen Version wird noch durch einen anderen Punkt bestätigt, der eine Auskunft enthält, die in der homerischen Version fehlt. Die gelegentliche Anspielung auf das Opfer in der *Odyssee* erklärt sich aus dem, was Herodot in Memphis erfuhr. Daraus geht hervor, daß Menelaos zu einem ähnlichen Mittel seine Zuflucht nahm wie sein Bruder, als er in der gleichen Verlegenheit war. Ich meine die Opferung der Iphigeneia.

Herodots Gewährsleute waren die Aphroditepriester aus dem Tyrischen Viertel der Stadt. Die Überlieferung war deshalb phoinikischen Ursprungs. Und hier müssen wir noch von einer weiteren Version Kenntnis nehmen, die uns Dracontius mitteilt.[32] Paris und Helena begegneten einander in einem Tempel der Aphrodite auf Zypern und schifften sich nach Troia gerade in dem Augenblick ein, als Menelaos aus Kreta hier anlangte. Dracontius stammte aus Karthago und war somit auch ein Phoiniker.

Herodot und Dracontius stimmen in ihrer Vermutung überein, Helena gehöre eigentlich in die Levante, wo sie eine Erscheinungsform der Aphrodite-Astarte war. Diese Tatsache bildet den Hintergrund zu der bei Homer vorliegenden Anspielung auf die Reise nach Sidon. Es können erst die Homeriden gewesen sein, die Helenas Wohnsitz nach Sparta verlegten und sie nach Troia sandten. Sie versuchten, ihren levantinischen Ursprung vergessen zu machen, doch er entschlüpfte ihnen unbeabsichtigt, und das sollte später in den *Kypria* wieder gutgemacht werden. Die hesiodische Schule hingegen hielt die Erinnerung an diesen Tatbestand wach und versuchte, die richtige Ordnung wiederherzustellen, indem sie den Unterschied zwischen der leibhaftigen Helena und ihrem Trugbild erfand.

Es könnte dagegen eingewandt werden, daß die Phoiniker nicht vor dem neunten Jahrhundert v. d. Z. mit der Ägäis in Berührung kamen. Das ist richtig. Diese Tatsache wird durch das auf griechischem Gebiet ausgegrabene phoinikische Silbergeschirr erwiesen, das sich dem Stil nach an ägyptische und assyrische Vorbilder anlehnt. Diese Fundstücke gehören in das achte Jahrhundert. Aus noch älterer Zeit stammen vermutlich die aufgefundenen ägyptischen Skarabäen und Statuetten, die wahrscheinlich auf phoinikischen Handelsschiffen hierher gebracht worden sind. Zweifellos wurde in diesem Zeitraum auch Aphrodite unter dem Namen „Kypris" und „Kythereia" bekannt.[33] Ungefähr zu dieser Zeit wurde Zypern von Phoinikern besiedelt, und Kythera war eine ihrer ägäischen Handelsniederlassungen.[34] Deshalb vertritt Nilsson die Ansicht, daß die Phoiniker die Ägäis frühestens im zehnten Jahrhundert befahren haben können — zweihundert Jahre nach dem von der Überlieferung genannten Zeitpunkt des Trojanischen Krieges.[35]

Die Geschichten, die man sich in der *Odyssee* von den Phoinikern erzählt, deuten darauf hin, daß phoinikische Seefahrer die ägäischen Gewässer befuhren.

---

[31] DRACONT. Rapt. Hel.
[32] Il. 5,330. 8,288. 18,193, vgl. PAUS. 3,23,1.
[34] HEROD. 1,105.
[35] NILSSON, Homer and Mycenæ, S. 134.

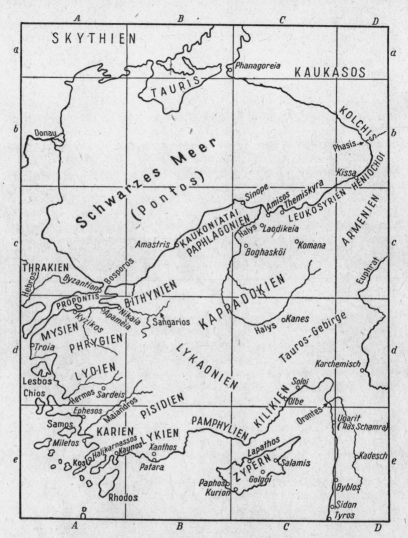

Karte X. Anatolien und das Schwarze Meer

Diese Geschichten müssen aus diesem Grunde dem zehnten Jahrhundert oder noch späterer Zeit zugeschrieben werden.[36] Aber die Reisen von Paris und Menelaos deuten andererseits auf die Anwesenheit ägäischer Seefahrer in phoinikischen Gewässern hin. Sie weisen in die Zeit zurück, als die Phoiniker noch nicht die Levante beherrschten — als sich die Seevölker nach Syrien und Palästina hinein ergossen und das Nildelta verheerten. Unter ihnen befanden sich auch die Achaier, die, wie wir aus hethitischen Dokumenten erfahren, sich schon frühzeitig, im Jahre 1240 v. d. Z., auf Zypern niedergelassen hatten.[37] Pheros scheint in die gleiche Zeit zu gehören; denn man hat in ihm einen König der XIX. Dynastie wiedererkannt.[38] Kann man die phoinikische Aphrodite so weit zurückverfolgen? Es hat den Anschein, daß das möglich ist.

Als wir in Kapitel XI die Herkunft des Kadmos untersuchten, hatten wir Gelegenheit, die kürzlich durchgeführten Ausgrabungen in Nordsyrien zu erwähnen, die Beziehungen zum minoischen Kreta und dem mykenischen Griechenland aufgedeckt haben und die Vermutung nahelegen, daß sich einige Bestandteile der mittelminoischen Kultur aus diesem Raum herleiten könnten (Seite 317—318). War das der Fall, so bestand dort eine zweigleisige Bewegung — von Syrien nach Kreta in der mittelminoischen Periode und von Mykene nach Syrien nach d m Fall von Knossos (Seite 316). Die erste Bewegungsrichtung liefert die Erklärung dafür, daß Kadmos, der Demeter von Kreta nach Griechenland verpflanzte (Seite 90), als Phoiniker angesehen wurde; die zweite läßt darauf schließen, daß der Helenamythos bei den seefahrenden achaiischen Eroberern der Levante seinen Ausgang genommen hatte.

Als Taubengöttin stammte Aphrodite-Astarte von der Göttin Kupapa ab, die uns in den hethitischen Hieroglyphen entgegentritt und nach Karchemisch gehörte;[39] und diese Kupapa stammt zusammen mit ihrem Gemahl Sandas aus Südwest-Anatolien, wo wir ihr unter dem Namen Kybebe begegnen.[40] Sie muß auch irgendwie mit der minoischen Taubengöttin (Seite 202), einer der Ahnherrinnen der griechischen Aphrodite, verwandt gewesen sein. Während die historische Aphrodite zwei ihrer Beinamen der phoinikischen Göttin verdankte, die im neunten und achten Jahrhundert hierher eingeführt worden war, bildete sich die Gestalt dieser Göttin selbst unter dem Einfluß der ägäischen Siedler heraus, die sich in Syrien niedergelassen hatten. All das läuft auf den Nachweis hinaus, daß die von den im Tyrischen Viertel amtierenden Priestern der Fremden Aphrodite erzählte Lebensgeschichte der Helena eine selbständige Überlieferung darstellt, in die sich einst Phoiniker und Achaier geteilt hatten.

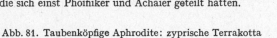

Abb. 81. Taubenköpfige Aphrodite: zyprische Terrakotta

[36] Od. 13,271—286. 14,288—291. 15,415—484, vgl. Il. 23. 740—747. [37] CAVAIGNAC, Le problème hittite, S. 95.
[38] WAINWRIGHT, The Sky-Religion in Egypt, S. 75.
[39] CAVAIGNAC, a. a. O., S. 168.
[40] HEROD. 5,102, HESYCH. Κυβήβη.

Wenn sich Helena in eine Göttin auflöst, was wird dann aus Menelaos? Besitzt er auch mehr Substanz als sie, so ist er doch nicht gänzlich von dieser Welt. Wie wir gesehen haben, war er für das Elysion bestimmt, und dieses einzigartige Privileg wurde ihm deshalb zuteil, „weil er der Schwiegersohn des Zeus war".[41] Hoch über dem Eurotas, ungefähr sechseinhalb Kilometer von Sparta entfernt, erhebt sich die mykenische Ortschaft Therapne. Hier befand sich ein Heiligtum, in dem er und Helena ihre letzte Ruhestätte gefunden haben sollen.[42] Das widerspricht durchaus nicht der Sage von seiner Unsterblichkeit; eher wird sie erst dadurch erklärlich, da er hier im Verein mit Helena als Gott verehrt wurde.[43] War er ein Priesterkönig, dessen Herrscherrechte sich aus seiner Ehe mit der lokalen Helena-Aphrodite herleiteten?

Ist das auch nur eine Vermutung, so wird sie doch durch einen analogen Fall gestützt. Die Kinyradai, Priesterkönige von Zypern, behaupteten, in der männlichen Linie von einem achaiischen Fürsten namens Teukros abzustammen, der eine Tochter des Aphroditepriesters Kinyras geehelicht hatte.[44] Ihrer Beziehungen zu den Achaiern wird auch bei Homer gedacht; denn es war Kinyras, der Agamemnon den bewußten Brustpanzer schenkte (Seite 435). Ihr Palast befand sich in Paphos, der Stadt, in der Aphrodite residierte.[45] Hier stand außerdem in historischer Zeit einer ihrer größten Tempel. Die Königsgräber lagen innerhalb des Tempelbezirks, und die Ausübung des Priesteramtes war ein Vorrecht dieser Familie.[46] Daß sie in gewissem Sinne als Lebensgefährten der Göttin angesehen wurden, geht aus der Überlieferung hervor, nach der Kypros, der Eponym der Insel, eines der Kinder war, die sie zusammen mit Kinyras hatte.[47]

Dieser Kult war von Nordsyrien nach Zypern gelangt. Im Libanon befand sich ein Heiligtum der Aphrodite, das ihr von Kinyras errichtet worden war.[48] In Byblos, einer dem Adonis, dem Geliebten der Aphrodite, geheiligten Stadt, stand ein Palast des Kinyras.[49] Er wird sogar als König von Assyrien bezeichnet.[50] Alle diese Angaben stehen in engem Zusammenhang miteinander. Ischtar und Tammuz, die babylonische Muttergöttin und ihr Partner, gelangten in mythischer Form auf dem Wege durch Syrien und Zypern als Aphrodite und Adonis nach Griechenland; im Ritual dagegen erscheint der Priesterkönig in Syrien und Zypern unter dem Namen Kinyras, in Sparta als Menelaos.

Ist dieser Analogieschluß richtig, dann können wir uns damit ein bedeutsames Ereignis in der Lebensgeschichte unserer Heroine verdeutlichen, nämlich ihre Flucht mit dem Geliebten. Daß die Geschichte der Entführung Helenas im Ritual

---

[41] Auch Kadmos und Rhadamanthys wurden zu den Elyseischen Gefilden, den phoinikischen „Feldern von El", entsandt: SCHAEFFER, Cuneiform Texts of Ras Shamra, S. 61.
[42] PAUS. 3,19,9, HEROD. 6,61,3.
[43] ISOKR. Hel. 63.
[44] PAUS. 1,3,2, PIND. Pyth. 2,15—17.
[45] Od. 8,362—363.
[46] TAC. Hist. 2, 3, PAUS. 2, 29, 4, PTOLEM. MEGALOP. 1 = FHG. 3, 66, Supp. Epigr. Gr. 6, 820.
[47] STEPH. BYZ. s. v. Κύπρος, PHILOSTEPH. HIST. 11 = FHG 3,30.
[48] LUKIAN. de Syr. dea 9, STRAB. 16,2,18, vgl. HEROD. 1,105,3.
[49] STRAB. 16,2,18, LUKIAN. de Syr. dea 6; HOOKE, Myth and Ritual, S. 82—83.
[50] HYGIN. fab. 58, 242, 270.

begründet ist, wird allgemein als richtig anerkannt. Unter den vielen Parallelen, die sich dazu aufstellen lassen, ragt als deutlichste der soeben von uns besprochene Kult heraus. Wie der gleichartigen Göttin in Syrien und Babylon dienten auch der Aphrodite von Paphos geweihte Freudenmädchen.[51] Herodot teilt uns mit, daß die zyprische Abart dieser Institution der babylonischen, die er uns im einzelnen beschreibt, sehr ähnlich war:

> Jedes Mädchen dort muß sich einmal im Leben am Tempel der Aphrodite hinsetzen und sich jedem beliebigen Fremden preisgeben. ... Sie sitzen im Haine der Aphrodite mit einem Kranz von Schnüren auf dem Kopfe, eine ganze Menge; denn es geht immer ab und zu. Auf den geraden Wegen, die nach allen Richtungen zwischen den Weibern durchführen, aber gehen die Fremden auf und ab, um sich eine auszusuchen. Ein Mädchen, das da sitzt, darf nicht eher nach Hause gehen, bis ihr irgendeiner ein Stück Geld in den Schoß geworfen und sie außerhalb des Heiligtums beschlafen hat. Wenn er ihr das Geld zuwirft, muß er sagen: „Zu Ehren der Göttin Mylitta." Aphrodite heißt nämlich bei den Assyrern Mylitta.[52]

Diese Sitte steht mit einer die Töchter des Kinyras betreffenden Sage in Verbindung. Aphrodite nötigte sie einmal, den Fremden beizuwohnen, und darauf flohen sie nach Ägypten.[53] Das gleiche tat auch Helena.

Wenn die alte, orientalische Helena, die nie nach Troia gelangt war, trotz des homerischen Einflusses in der hesiodischen Tradition weiterlebte, muß die Form der homerischen Helena nach der Ankunft der Dorer in Aiolis oder Ionien ausgestaltet worden sein. Die Frau, deren Schönheit zehn blutige und tränenreiche Jahre hindurch niemals aufhörte, den Männern den Atem zu benehmen, war eine Schöpfung der Dichter, die sie dadurch unsterblich machten:

> .... da saßen
> Älteste alle des Volkes auf der Zinne des skaiischen Tores,
> Nahmen bejahrt am Kampfe nicht teil, doch sprachen im Rate
> Trefflich und glichen zusammen Zikaden, die tief in den Büschen
> Lassen vom Baume herab die lieblichen Stimmen ertönen:
> Also saßen die Fürsten der Troer dort hoch auf dem Turme.
> Wie sie nun Helena sahen, die rasch dem Turme sich nahte,
> Riefen sie leise einander die flüchtig eilenden Worte:
> „Könnte man schelten, wenn Troer und schmuckgeschiente Achaier
> Wegen des herrlichen Weibes so lange die Leiden erdulden!
> Wahrlich, ihr Antlitz gleicht unsterblicher Göttin erstaunlich.
> Dennoch, so schön sie auch sei, sie möge in Schiffen enteilen,
> Daß sie nicht uns und den Kindern noch weiteres Elend bereite."[54]

Während die Wurzeln der *Ilias* und *Odyssee* in der fernen Vergangenheit des mykenischen Zeitalters liegen, scheinen andererseits die Gesänge als Ganzes erst während des zehnten und neunten Jahrhunderts in Kleinasien Gestalt angenommen zu haben und noch im siebenten ständig erweitert worden zu sein. Dieses

---

[51] HEROD. 1,199,5, CLEM. ALEX. Protr. 2,13, ARNOB. adv. nat. 5,19.
[52] HEROD. 1,199.
[53] APOLLOD. 3,14,3; FRAZER, The Golden Bough — Adonis, Attis, Osiris, S. 36—41.
[54] Il. 3,146—160.

Ergebnis, das die archäologische Forschung gezeitigt hat, stimmt mit der traditionellen Datierung Homers überein, der nach Meinung des Thukydides „lange nach Abschluß des Trojanischen Krieges" gelebt haben soll, während Herodot der Auffassung war, er habe „vor höchstens 400 Jahren" gewirkt, d. h. ungefähr um 950 v. d. Z.[55]

4. Der epische Dialekt

Die Sprache der Gesänge unterscheidet sich von allen anderen uns bekannten griechischen Dialekten, sowohl von den gesprochenen als auch den literarischen. Es springt ins Auge, daß es sich um einen hauptsächlich aus dem Aiolischen und Ionischen gemischten Dialekt handelt, zu dem noch eine ganze Anzahl arkado-kyprischer Elemente und hier und da ein Hauch des Attischen treten. Diese Gesänge bilden die ältesten griechischen Literaturdenkmäler, die wir besitzen. Abgesehen von einigen lyrischen Fragmenten und wenigen kurzen Inschriften aus dem siebenten Jahrhundert ist uns nichts Schriftliches überkommen, das älter als das sechste Jahrhundert wäre. Die Entstehungsgeschichte des epischen Dialektes muß man aus den Überresten einer viel jüngeren Periode erschließen. Ein einfaches Beispiel soll die Lage des Problems veranschaulichen. Das ionische Wort für „Haus" lautete οἶκος. Im Aiolischen und Arkado-Kyprischen sagte man Ϝοῖκος. Die letztere Form war die ältere, und sie entspricht dem lat. *vicus* und dem engl. *-wich*. Unser Homertext bietet nun stets οἶκος, ohne das Digamma, doch wird das Wort gewöhnlich so in den Vers gesetzt, daß das Digamma wegen des Metrums mitgesprochen werden muß. Daraus geht hervor, daß die homerische Form einst Ϝοῖκος gelautet hatte. War sie aiolisch, arkado-kyprisch, alt-ionisch oder einfach protogriechisch?

Man hat drei Hypothesen aufgestellt, um die Auffassung zu stützen, es handele sich um eine Mischung von Aiolisch und Ionisch. Sie sind sehr viel diskutiert worden und können hier ganz kurz abgehandelt werden.

Wilamowitz und Allen vertraten die Ansicht, daß dem homerischen Griechisch die lokale Mundart jenes mittleren Bereichs der kleinasiatischen Küste zugrunde lag, wo sich das Aiolische mit dem Ionischen überschneidet.[56] Zu diesem Gebiet gehören die Städte Smyrna und Chios, die beide von sich behaupteten, Geburtsort Homers zu sein. Der Dialekt ist uns durch einige Inschriften erhalten. Er setzt sich aus dem Ionischen mit einer Beimischung von Aiolisch zusammen, doch sind seine Übereinstimmungen mit dem homerischen Griechisch nicht groß genug, um eine direkte Verbindung zwischen beiden herzustellen. Insbesondere fehlen dem homerischen Griechisch einige charakteristische Aiolismen dieses Dialekts.[57] Die epische Dichtersprache kann von hier ausgegangen sein, doch geht das aus diesem Beweismaterial nicht einwandfrei hervor.

[55] THUK. 1,3,3, HEROD. 2,53,2.
[56] WILAMOWITZ-MOELLENDORFF, Über die ionische Warderung, S. 61, ALLEN, Homer, Origins and Transmissions, S. 98–109.
[57] NILSSON, Homer and Mycenæ, S. 168.

Meyer behauptete, das homerische Griechisch stelle die Muttersprache des Aiolischen und Ionischen dar. Diese Ansicht beruht auf der Annahme, diese Dialekte hätten sich erst nach der Kolonisierung der kleinasiatischen Westküste differenziert.[58] Doch das Ionische steht dem Attischen näher als dem Aiolischen. Es muß sich also von dem Aiolischen getrennt haben, bevor es sich vom Attischen schied. Die Loslösung vom Attischen kann aber nicht nach der Ionischen Wanderung stattgefunden haben. Folglich waren das Aiolische und Ionische bereits getrennte Mundarten, als sich die Griechen an der kleinasiatischen Küste niederließen.

Diese beiden Hypothesen gehen von der Annahme aus, das homerische Griechisch habe von einer Sonderform der gesprochenen Sprache seinen Ausgang genommen. Nun besteht eines der Wesensmerkmale der epischen Sprache Homers in ihrem Reichtum an austauschbaren Formen, die metrisch verschiedenen Wert besitzen, wie z. B. πίσυρες statt τέσσερες, „vier". Dubletten dieser Art können in keinem gesprochenen Dialekt ein stabiles Element gebildet haben. Sie deuten auf eine künstliche Verbindung verschiedener Dialekte hin. Von diesem Gesichtspunkt ausgehend behaupteten Fick und Bechtel, die Gesänge seien anfangs im Aiolischen verfaßt und später nach Ionien gebracht worden, wo die aiolischen Formen, soweit es das Metrum zuließ, ins Ionische umgesetzt wurden.[59] Es gelang ihnen, den Nachweis zu erbringen, daß einige der verwendeten Aiolismen ein hohes Alter aufweisen und daß viele dem Epos eigentümliche Formen in Wirklichkeit Aiolismen sind, die in ein ionisches Gewand gehüllt sind. Doch ihr Versuch, die Gesänge ins Aiolische zurückzuübersetzen, war ein Fehlschlag. Es blieb immer eine Anzahl durch das Versmaß geschützter Ionismen übrig, die sie nur beseitigen konnten, indem sie sie als Interpolationen bezeichneten. Das ionische Element erwies sich als unausrottbar.

Wenn wir die Möglichkeit ins Auge fassen, daß der epische Dialekt von Anbeginn an eine künstlich geschaffene Sprache war,[60] sind wir nicht mehr gezwungen, uns bei der Suche nach seinem Ursprung auf die kleinasiatische Küste zu beschränken. Tatsächlich laden die in diesem Kapitel erörterten archäologischen Daten ausdrücklich dazu ein, uns auf dem griechischen Festland umzusehen. Unter diesem Gesichtspunkt verspricht das arkado-kyprische Element in besonderem Maße, uns Aufschlüsse zu vermitteln, doch zuerst wollen wir uns mit dem Attischen befassen.

Durch das Metrum geschützte Attizismen sind nicht sehr zahlreich und treten außerdem selten auf.[61] Es besteht die einhellige Ansicht, sie seien nach der Einrichtung epischer Deklamationen, die im sechsten Jahrhundert in Athen erfolgte, von attischen Sängern eingeführt worden.[62] Selbst das mag ein zu weitgehendes Zugeständnis sein. Keiner der in der attischen Literatur erwähnten Rhapsoden ist nämlich von Geburt Athener. Sie können genausogut von ionischen Sängern

---

[58] MEYER, Forschungen zur alten Geschichte, Bd. 1, S. 132, Geschichte des Altertums, Bd. 2, S. 75.
[59] FICK, Die homerische Odyssee etc., ders., Die Ilias etc.   [60] MEISTER, Die homerische Kunstsprache.
[61] WACKERNAGEL, „Sprachliche Untersuchungen zu Homer", Gl 7, 1916, S. 161—319.
[62] NILSSON, Homer and Mycenæ, S. 162.

eingeführt worden sein, die auf ihren Reisen schon lange, bevor ihre Vortragskunst die offizielle Anerkennung der athenischen Behörden erfahren hatte, mit dem attischen Dialekt vertraut gewesen sein müssen. Wenn das der Fall ist, dann erweist sich eines der Hauptargumente, das zugunsten einer im sechsten Jahrhundert entstandenen Schicht der Gesänge ins Feld geführt wird, als null und nichtig.

Das Aiolische ist mit dem Arkado-Kyprischen derart eng verwandt, daß einige Gelehrte sie als Unterabteilungen eines einzigen Dialektes behandeln, den sie Achaiisch nennen. In prähistorischer Zeit muß ihre Verwandtschaft sogar noch enger gewesen sein. Für die mykenische Zeit müssen wir uns eine Form des Griechischen vorstellen, die in einen nördlichen und einen südlichen Unterdialekt geteilt war und sich die gesamte Küste von Thessalien abwärts, unter Umgehung von Attika, bis nach Lakonien, ferner über das Meer bis nach Kreta, Rhodos und Zypern erstreckte. Das ist die Ansicht Nilssons.[63]

Die folgenden Elemente des epischen Dialektes sind als aiolisch klassifiziert worden: der Genetiv des Singulars auf -*ao*, der Genetiv des Plurals auf -*άων*, der Dativ des Plurals auf -*σσι*, die Kasusendung -*φι*, die Substantive auf -*τήρ*, die Infinitive auf -*μεν* und -*μεναι*, der Aorist auf -*σσα*, das Perfektpartizip auf -*οντες*, die Pronomen *ἄμμες* und *ὕμμες*, die apokopierten Formen der Präpositionen *ἄν*, *κάτ*, *πάρ*, das Patronymikon auf -*ιος*, die Adjektive auf -*εννός*, die Adverbien auf -*νδις*, das Präfix *ἐρι*-, die Partikel *μάν* und die folgenden Wörter: *ποτί*, *κε*, *θεά*, *πίσυρες*, *ταγός* und *βροτός*.[64]

Die arkado-kyprischen Elemente sind: *πτόλις*, *πτόλεμος* (aiol. u. ion. *πόλις*, *πόλεμος*), *βόλομαι* (aiol. *βόλλομαι*, ion. *βούλομαι*), *τό νυ* (aiol. u. ion. *τόδε*) und die folgenden Wörter: *αὐτάρ*, *ἰδέ*, *δέατο*, *ἠπύω*, *δῶμα*, *κέλευθος*, *ἦμαρ*, *λεύσσω*, *ἄναξ*, *ἀνώγω*, *ἰητήρ*, *κέραμος*, *ἕλος*, *χραύω*, *αἶσα*, *οἷος*, *εὐχωλή*.[65]

Die Verschiedenartigkeit dieser beiden Listen springt ins Auge. Warum hat das Arkado-Kyprische so viel zum epischen Wortschatz und so wenig zu seinem Formenbestand beigesteuert? In Wahrheit ist die Liste der Aiolismen über Gebühr verlängert worden. Die Kausendungen auf -*ao* und -*άων*, die apokopierten Formen der Präpositionen, die Substantive auf -*τήρ* und die Partikeln *μάν* und *κε* hätten auf beiden Listen aufgeführt werden sollen, da sie ebenso arkado-kyprisch wie aiolisch sind. Die Klassifizierung dieser Elemente als Aiolisch ist ein Erbe aus der Zeit, als man es für selbstverständlich hielt, daß die epische Mundart in Kleinasien entstanden sei. Doch diese Bestandteile sind nicht aiolisch, sondern achaiisch.

Was das Verhältnis zwischen dem Aiolischen und Arkado-Kyprischen angeht, ist Nilssons Beweisführung geradlinig und überzeugend und konnte durch die Berichtigung, die wir eben vorgenommen haben, nur noch an Überzeugungskraft gewinnen. Erst als er sich dem Ionischen zuwendet, wird seine Argumentation verschwommen:

---

[63] Ebd., S. 176.
[64] Ebd., S. 163—167.
[65] BUCK, Greek Dialects, S. 132, BOWRA, „Homeric Words in Arcadian Inscriptions", CQ 20, 1926, 168—176. Mehrere dieser Wörter sind in den uns bekannten Urkunden auf Zypern beschränkt, doch gehen sie vermutlich alle auf den auf dem Peloponnes gesprochenen achaiischen Dialekt zurück.

Als die Achaier von den Dorern zersplittert und aus den Küstenprovinzen des Peloponnes vertrieben worden waren, wurde die epische Dichtkunst durch den nördlichen Zweig der Achaier, die Aioler, weitergepflegt. ... Als diese schließlich nach Kleinasien auswanderten, nahmen sie auch die Epen mit und reichten sie an die Ioner weiter.[66]

Wenn man die Wurzeln der Epik auf dem Festland suchen soll, wie Nilsson selbst ausdrücklich betont, müssen wir unsere Blicke auf den Peloponnes und hier vor allem auf Argolis richten, das damals das Zentrum der mykenischen Macht darstellte. Doch die Ioner kamen ja aus dem Peloponnes. Warum sind sie von ihrer Muse im Stich gelassen worden? Lieder bilden kein schweres Gepäck, auch nicht für Flüchtlinge. Warum mußten sie sie erst aus den Händen der Aioler wiederempfangen?

Diese Schwierigkeit erhebt sich nur, wenn man der stillschweigend getroffenen Annahme folgt, der ionische Dialekt als solcher sei auf dem griechischen Festland schon seit unvordenklichen Zeiten gesprochen worden. Wenn das Aiolische und Arkado-Kyprische während der Zeit der Wanderungen, wie Nilsson so klar gezeigt hat, Veränderungen durchlaufen hatten, muß das gleiche auch auf das Ionische zutreffen.

Die folgenden epischen Formen sind dem Attisch-Ionischen und Arkado-Kyprischen gemeinsam: 1. *εἰ* (aiol. *αἰ*); 2. *ἄν* (aiol. *κε*); 3. der Infinitiv auf *-ναι*; 4. *τέσσερες* = vier (att. *τέτταρες*). Diese Formen zeigen, daß das Ionische dem Arkado-Kyprischen näher steht als dem Aiolischen. Doch sind die verwandten Züge damit ausgeschöpft?

Das Hauptunterscheidungsmerkmal des attisch-ionischen Dialektes besteht in dem Vokalwechsel von *ᾱ* zu *η*. Im Ionischen verschwand ursprüngliches *ᾱ* völlig; im Attischen blieb es nur hinter *ε*, *ι* und *ρ* erhalten. Die epische Sprache stimmt mit dem Ionischen überein, doch gibt es eine Reihe von Ausnahmen, die bislang noch nicht erklärt werden konnten. Wie alt ist dieser Wechsel des Vokals? Eine Antwort auf diese Frage kann ein helleres Licht auf die Sprachgeschichte der epischen Gesänge werfen.

Diese einzelnen epischen Formen, in denen *ᾱ* erhalten geblieben ist, wurden gewöhnlich als Aiolismen angesehen, die, obgleich sie in vielen Fällen nicht durch das Metrum geschützt werden, aus irgendeinem Grunde nie ins Ionische umgesetzt wurden. Doch aus welchem Grunde denn? Warum bietet das Epos beispielsweise *λαός*, wenn das ion. *ληός* genausogut in das Metrum gepaßt hätte? Die Frage wird noch verwirrender, wenn wir ausschließlich die Form *νηός* statt des zu erwartenden *ναός* antreffen. Warum verfuhr man so wenig folgerichtig?

Wir wollen mit einer Einteilung der Formbeispiele beginnen. Sie zerfallen in drei Kategorien. In der ersten haben wir Formen mit *ᾱ*, die durch das Metrum geschützt werden: die Partikel *μάν* (ion. *μέν*), das Substantiv *θεά* (ion. *θεός*) und die folgenden Eigennamen: *Αἰνείας*, *Αὐγείας*, *Ἑρμείας*, *Ναυσικάα* (ion. *Αἰνής, *Αὐγής, *Ἑρμῆς*, *Ναυσικαίη). Die letzte dieser Formen ist spezifisch aiolisch, vergleiche ferner *Ἀθανάα* für *Ἀθαναία*. Zweitens gehören hierher Ortsnamen wie *Λάρισα*, *Φάρος*, *Φειά* (ion. *Λήρισα*, *Φῆρος*, *Φειή), deren Form man

[66] NILSSON, a. a. O., S. 177.

auf die allgemeine Tendenz der Ortsnamen zurückführen kann, dialektischen Modifizierungen zu widerstehen.

Alle diese Beispiele kann man als Sonderfälle ansehen. Außer bei ihnen ist ursprüngliches *ā* nur vor dem Hintervokal *o(ω)* erhalten geblieben. Die Antwort auf unsere Frage muß in der Dialektgeschichte dieses Doppelvokals gesucht werden.

Im Arkado-Kyprischen und Aiolischen hat sich *āo* in der Mitte eines Wortes erhalten können. Auslautendes *-āo* wurde im Arkado-Kyprischen zu *-av* und im Aiolischen zu *-ā*; *-āω* wurde in beiden Dialekten zu *-ā*. Zum Beispiel:

Ursprünglich	Arkado-Kyprisch	Aiolisch
λαός	λαός	λᾶος
ναύταο	ναύταυ	ναύτα
Ποσειδάων	Ποσοιδάν	Ποσείδαν
ναυτάων	ναυτᾶν	ναύταν

Im Ionischen war die Veränderung tiefgreifender. Die epischen Formen sollen gesondert betrachtet werden. Im Augenblick befassen wir uns mit dem Ionischen, wie wir es aus anderen Quellen kennen. Erstens: *āo (āω)* wurde zu *ηo (ηω)*; dann wurde *ηo (ηω)* zu *εω*; und schließlich wurde das zweisilbige *εω* zu einem Diphthong oder nach einem Vokal zu einem einfachen *ω* reduziert. Damit erhalten wir fünf Stufen: 1. *ā̄o (āω)*; 2. *ηo (ηω)*; 3. *εω*; 4. *εω*; 5. *ω*. Die erste Stufe ist gänzlich verschwunden. Das gleiche ist bei vielen Wörtern mit der zweiten Stufe der Fall. Bei anderen bestehen die zweite und dritte Stufe nebeneinander. Zum Beispiel:

I	II	III—IV	V
*λαός	ληός	λεώς	
*ναός	νηός	νεώς	
*ναύταο	ναύτηο	ναυτέω	
*ναυτάων	*ναυτήων	ναυτέων	
*Ποσειδάων	*Ποσειδήων	Ποσειδέων	
*παιάων	*παιήων	*παιέων	παιῶν

Die mit einem Sternchen gekennzeichneten Formen sind erschlossen. Die Kasusendung *-ηο* findet sich nur in frühen Inschriften.[67] Die Kasusendung *-ήων* tritt überhaupt nicht auf. Augenscheinlich muß der Übergang von der ersten zur dritten Stufe rasch vonstatten gegangen sein, besonders bei den Kasusendungen.

Die Verwendung von *āo (āω)* im Epos kann man wie folgt analysieren. In der ersten Kategorie treten nur Formen mit *ā* auf. Zum Beispiel: ἵλαος, ὀπάων, Ἀλκμάων, Ἀμυθάων, Ἰάονες, Μαχάων, Τυφάων. In der zweiten Kategorie bestehen die Formen mit *ā* und *ε* nebeneinander, doch ohne die Zwischenform mit *η*. Zum Beispiel: λαός und Πηνέ-λεως, Ποσειδάων und Ποσειδέων, der Singular des Genitivs auf *-αο* neben *-έω*, der Genitiv des Plurals auf *-άων* neben *-έων*. Im Genitiv des Singulars ist *εω* stets einsilbig, im Genitiv des Plurals im allgemeinen

---

[67] GDI 5423. REICHELT („Die Genitive auf *-οιο* und Verwandtes bei Homer", ZVF 43, 1909, 68) gibt die folgenden Zahlen für *-αο* und *-εω* in der Ilias und Odyssee: *-αο* 247mal, *-εω* vor einem Vokal (wo es durch *-αο* ersetzbar ist) 49mal, vor einem Konsonant (keine Austauschbarkeit) 27mal.

auch. In der dritten Kategorie bestehen η und ε nebeneinander: νηός und νεώς, „eines Schiffes". In der vierten Kategorie wird ausschließlich die Form mit η verwendet, doch ist die Kategorie sehr klein und beschränkt sich auf drei Formbeispiele: νηός, „Tempel", παιήονα und den Eigennamen Εὔνηος. Darin liegt ein weiterer Hinweis auf die Instabilität des Zwischenstadiums.

Wir haben schon darauf hingewiesen, daß die Klassifizierung dieser Formen mit āo (āω) als aiolisch irreführend ist. Sie treten in dem uns erhaltenen Aiolisch nicht häufiger als im Ionischen auf. Sollten sie wirklich aiolisch sein, dann müssen sie einer prähistorischen Phase dieses Dialekts zugewiesen werden, die man Proto-Aiolisch nennen könnte. Sie können aber genausogut einer prähistorischen Phase des Arkado-Kyprischen zugewiesen werden. Und es gibt noch eine dritte Möglichkeit: Sie könnten proto-ionisch sein. Mit anderen Worten: Sie gehören dem *grec commun* (dem gemeinsamen Urgriechisch) an, das hinter den dialektischen Varianten steht.[68]

Es scheint, man müsse die Lösung des Problems in der folgenden Richtung suchen. Die Formen ηo (ηω) waren Übergangsformen. Bevor η an die Stelle von ā trat, wurde es selber durch ε ersetzt. Mit anderen Worten: ein ursprüngliches ā, auf das der Hintervokal o (ω) folgte, war außerordentlich beständig. Veränderte es sich wirklich einmal, dann war ein rascher Übergang die Folge. Daraus geht hervor, daß der Ersatz von ā durch η erst nach der Ionischen Wanderung vorgenommen wurde.

Ist diese Schlußfolgerung richtig, so ermöglicht sie uns die Erklärung, warum das Epos zwar νηός für ναός, aber nicht ληός an Stelle von λαός bietet. Das erstere setzt ein aus dem ursprünglichen *ναϝός (vgl. lesbisch ναῦος) hervorgegangenes frühionisches *νηϝός voraus. Das Digamma ist verlorengegangen. Doch λαός — dessen Etymologie übrigens unbekannt ist — zeigt keine Spur eines Digamma. Da das ā von dem folgenden Vokal gedeckt wurde, war es in diesem Falle beständiger.

Ehe wir uns dieser Lösung anschließen, wollen wir überlegen, ob es vielleicht noch anderes Beweismaterial gibt, das uns zu einer zeitlichen Festlegung des Wechsels von ā zu ē verhelfen könnte.

Die Griechen waren den Assyrern, Persern und anderen Ostvölkern unter dem Namen „Ioner" bekannt — die Kinder Javan, wie sie im Alten Testament genannt werden. Die orientalischen Formen dieses Namens weisen sämtlich auf eine griechische Form *᾿Ιάϝονες. Die erste urkundlich bezeugte Berührung zwischen Assyrern und Griechen fällt in das Jahr 698 v. d. Z., als Sanherib einen Aufstand in Kilikien unterdrückte.[69] Es mögen vorher schon andere stattgefunden haben, doch auf jeden Fall hat es den Anschein, als hätten die Bewohner Ioniens eine gewisse Zeitlang nach der Wanderung das ursprüngliche ā ihres Völkernamens beibehalten.

Der Buchstabe *H*, der, soweit wir wissen, im Gegensatz zu *E* (kurzes *e*) langes *ē* bezeichnete, hatte ursprünglich für den *spiritus asper* (*h*-Laut am Anfang eines

---

[68] MEILLET, Aperçu d'une histoire etc., S. 163.
[69] PAULY-WISSOWA s. v. Iones; KING, „Sennacherib and the Ionians", JHS 20, 1900, 327—335, CUNY, „Le nom des Ioniens", RHA 7, 45, 1945—1946, 21.

Wortes) gestanden. Die Bedeutungsverschiebung war durch die Tatsache ermöglicht worden, daß der *spiritus asper* im Ostionischen verlorengegangen war. Nun wird in einigen der ältesten ionischen Inschriften, die ins siebente Jahrhundert gehören, der Buchstabe *H* nicht einfach für *ē* verwendet, wie es später der Fall war, sondern nur für ein abgeleitetes *ē*, das aus einem *ā* hervorgegangen war. Ursprüngliches *ē* wird in diesen Inschriften noch immer mit dem Buchstaben *E* wiedergegeben, der auch für das kurze *e* steht. Zum Beispiel: *NIKANΔPH Mʳ ANEΘEKEN EKHBOLOI IOXEAIPHI*.[70] Diese Unterscheidung kann nur besagen, daß abgeleitetes *ē* noch nicht mit ursprünglichem *ē* identisch geworden war. Mit anderen Worten: Der Wechsel von *ā* zu *ē* hatte noch nicht stattgefunden. Unter diesen Umständen bereitet es keinerlei Schwierigkeit, anzunehmen, daß ursprüngliches *ā* in bestimmten Positionen ein paar Jahrhunderte früher noch bestanden hatte.

Andererseits muß der Wechsel vor der Ionischen Wanderung begonnen haben. Das geht aus seinem Vorhandensein im Attischen klar hervor. Doch im Attischen ist sein Wirkungsbereich beschränkt: Er tritt nach ε, ι und ϱ nicht ein. Wir dürfen daraus den Schluß ziehen, daß seine Ausweitung über diese Grenzen hinaus in Ionien erst nach der Wanderung stattfand. Auch das steht mit der Annahme in Übereinstimmung, daß ep. *āo* (*āω*) aus dem Frühionischen stammt.

Falls schließlich der Wechsel weit vor der Wanderung stattgefunden haben sollte, dürften wir erwarten, Spuren davon auch auf dem Festland anzutreffen, aus dem die Auswanderer stammten. Den nächsten Zugang finden wir über den boiotischen Dialekt, in dem regelmäßig η für αι steht, doch niemals η für *ā*. Auf dem Peloponnes entdecken wir mehrere Entsprechungen zwischen Ionisch und Arkado-Kyprisch, doch nicht die, die wir suchen; wir stoßen ferner auf verschiedene arkado-kyprische Reste im argeiischen und lakonischen Dorisch; im nordwestlichen Dialekt von Elis finden wir Formen, die zwar nicht spezifisch arkado-kyprisch, aber dafür unverkennbar „achaiisch" sind; aber nirgendwo auf dem ganzen Peloponnes noch auf einem anderen Gebiet des Festlandes außer in Attika können wir die leiseste Spur eines η entdecken, das an die Stelle eines ursprünglichen *ā* getreten wäre. Erinnern wir uns daran, was Herodot über die Umstände, unter denen die Wanderung stattfand, mitgeteilt hat — daß die Kolonisten Flüchtlinge waren, die aus verschiedenen Teilen Mittelgriechenlands und des Peloponnes stammten und eine Vielzahl von Dialekten sprachen und daß sie von Attika aus das Mutterland verlassen haben – so haben wir guten Grund zu der Annahme, daß der Beginn des Vokalwechsels nur eine Einzelerscheinung innerhalb des gesamten durch die Dorische Wanderung hervorgerufenen Umbruchs gewesen sei.[71]

Ich habe dieses Problem in allen Einzelheiten untersucht, da dadurch neues Licht auf ein weiteres Problem geworfen wird: Worin bestand die Verwandtschaft zwischen den Vorgängern des Attisch-Ionischen und Arkado-Kyprischen, ehe die Wanderung einsetzte? Eines der dem Attisch-Ionischen und Arkado-Kyprischen gemeinsamen Elemente bildet die Partikel ἄν (aiol. κε). Hierin unterscheidet sich

---

[70] BUCK, Comparative Grammar etc., S. 72, LEJEUNE, Traité de phonétique grecque, S. 205.
[71] Vgl. LEJEUNE, a. a. O., S. 17.

das Arkadische vom Kyprischen, das nur — wie das Aiolische — die Partikel κε besitzt. Das Arkadische hat regelmäßig ἄν, benutzt aber auch κε in der Phrase εἴ κ' ἄν, die aus αἴ κε und εἰ ἄν zusammengesetzt ist, um den Hiat zu vermeiden.[72] Das deutet darauf hin, daß ἄν in das Arkadische später eingedrungen ist und vom Attisch-Ionischen ausgeliehen wurde. In diesem Falle müssen wir annehmen, daß

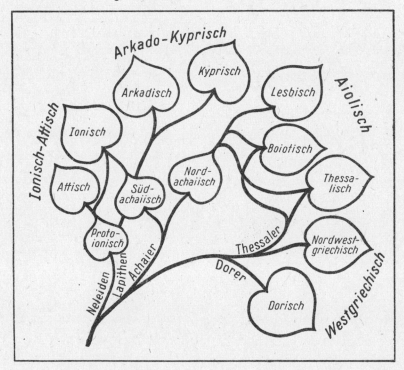

Tabelle XVII. Die griechischen Dialekte

eine frühe Form des letzteren — Proto-Ionisch — neben dem Achaiischen auf dem vor-dorischen Peloponnes gesprochen worden ist. Wie ich vermute, handelt es sich dabei um den Dialekt, auf den sich die antike Tradition bezieht, daß das Ionische einst im Norden und Nordosten des Peloponnes gesprochen worden sei.[73] Ferner glaube ich, daß es von den Lapithen eingeführt worden ist, deren Anwesenheit wir für dieses Gebiet haben nachweisen können (Seite 213). Hier wurde dieser Dialekt von dem Achaiischen überlagert, das mit ihm kontaminiert wurde.

[72] BUCK, Greek Dialects, S. 98.
[73] HEROD. 1,145—146. 7,94 (Nordküste), 8,73,3 (Kynuria), PAUS. 2,26,1 (Epidauros), STRAB. 9,1,5 (Megara).

Durch diese Rekonstruktion sind wir in der Lage, eine andere Besonderheit des epischen Dialektes zu erklären. Er besitzt für den Infinitiv athematischer Verben drei auswechselbare Formen, die unterschiedlichen metrischen Wert haben: -μεν, -ναι und -μεναι. Die erste tritt in dem auf dem Festland gesprochenen Aiolisch, aber auch dem Dorischen und Nordwestgriechischen auf; die zweite ist arkado-kyprisch und attisch-ionisch; der Gebrauch der dritten Form ist auf das

Karte XI. Die griechischen Dialekte

kleinasiatische Aiolisch beschränkt. Ich ziehe daraus den Schluß, daß -μεν die ursprüngliche achaiische Form war, daß die peloponnesischen Achaier die Endung -ναι aus dem Proto-Ionischen entliehen haben und -μεναι aus einer Verschmelzung beider hervorgegangen ist. Eine diesem Vorgang genau entsprechende Analogie liefert uns der rhodische Infinitiv auf -μειν, der aus der Verbindung von -μεν und dem athematischen Infinitiv auf -ειν entstanden ist.[74]

Demnach wurde in prähistorischer Zeit in Thessalien, Boiotien, auf dem Peloponnes, auf Kreta, Rhodos und Zypern ein achaiischer Dialekt gesprochen. Er teilte sich in zwei Zweige, den nördlichen und südlichen, aus denen dann das Aiolische und das Arkado-Kyprische hervorgingen. Auf den südlichen Zweig wirkte die Sprache der Lapithen ein, die sich damals schon in Attika und dem

---

[74] BUCK, Comparative Grammar etc., S. 305.

Norden des Peloponnes niedergelassen hatten. Gegen Ende des zweiten vorchristlichen Jahrtausends drangen westgriechische, mit dem Aiolischen eng verwandte Dialekte vor, deren Träger die Thessaloi, Aitoloi und Dorer waren. Inzwischen war das Achaiische über die Ägäis nach Anatolien verpflanzt worden, wo sich die beiden Dialektzweige zum kleinasiatischen Aiolisch und Ionisch entwickelten. Der erstgenannte Dialekt hatte keine Beziehung zum Westgriechischen, wurde aber, besonders im mittleren, durch Smyrna und Chios gekennzeichneten Bereich mit dem Ionischen kontaminiert. Das Ionische war von Anfang an eine Mischung von mehreren Dialekten und bildete sich aus einer Verschmelzung des Achaiischen, das bereits durch das Proto-Ionische beeinflußt war, mit einer Vielzahl lokaler Mundarten unter Einschluß des Attischen heraus.

Um die Chronologie der homerischen Gesänge festlegen zu können, muß man die Ergebnisse der sprachlichen Untersuchung durch archäologische Daten ergänzen. Neben der Linguistik bieten sie die einzige Möglichkeit, zu einigermaßen gesicherten Folgerungen zu gelangen. Die Argumentation mit Hilfe einer Erörterung des Stils, des Handlungsverlaufs, der Darstellung von Charakteren oder mit anderen literarischen Kriterien scheidet nach Lage der Dinge als nicht beweiskräftig aus. Sie stammen nämlich aus unseren eigenen vorgefaßten Meinungen über die Anlage eines Epos, und da die epische Kunst, ja sogar das Epos in schriftlich fixierter Gestalt in unserer Literatur bereits seit Jahrhunderten tot ist, sind diese Beweismittel aus inneren Gründen unzuverlässig. Das soll nicht heißen, daß man völlig auf sie verzichten muß, sondern nur, daß man mit ihrer Anwendung so lange warten sollte, bis wir nach Analyse der konkreten Angaben ermittelt haben, was die homerische Poesie eigentlich darstellte und worin sie sich von der unsrigen unterscheidet.

Die sprachwissenschaftlichen Kriterien haben für die Form der Gesänge die gleiche Bedeutung wie die archäologischen Daten für deren Inhalt. Doch haben die durch sie erschlossenen Beweismaterialien nur relativen Wert. Es gibt keine Dokumente, weder zeitgenössische noch ältere, auf die man die Sprache der homerischen Gesänge beziehen könnte. Man kann das Epos nur mit sich selbst vergleichen. Wir können Untersuchungen darüber anstellen, ob die *Ilias* älter als die *Odyssee* ist, ob einzelne Gesänge älter als andere sind und in welchem Verhältnis sie zu Hesiod und den homerischen Hymnen stehen; aber bestenfalls können wir daraus eine zeitliche Aufeinanderfolge herleiten, während das Problem der zeitlichen Fixierung auf andere Weise gelöst werden muß.

In dieser Richtung ist schon sehr viel Arbeit geleistet worden. Mit der Absicht, eine Datierung vorzunehmen, hat man wiederholt das relativ häufige Auftreten bestimmter Wortformen und -bedeutungen in beiden epischen Werken sowie in verschiedenen Teilen jedes Epos zum Gegenstand der Forschung erhoben. Zu Beginn unseres Jahrhunderts stimmte man im allgemeinen darin überein, daß die Auffassung der Analytiker durch die Forschungsergebnisse bestätigt würde, doch seit der Zeit haben Stawell und Scott die Aufmerksamkeit auf einige schwerwiegende Berechnungsfehler ihrer Vorgänger gelenkt und neue Näherungswerte ermittelt, die ihrer Meinung nach auf die einheitliche Verfasserschaft hindeuten.[75] Wenn wir die Frage nach dem Verfasser beiseite lassen, so wird durch ihre Untersuchungsergebnisse die Vermutung gestützt, die *Odyssee* sei im ganzen etwas jünger als die *Ilias*, doch viel älter als die Gesänge Hesiods und die homerischen Hymnen. Das stimmt mit dem Ergebnis der Untersuchungen überein, die Wackernagel in bezug auf die Attizismen vorgenommen hat. In der *Ilias* gibt es 18 Attizismen (je einer auf 871 Verse), in der *Odyssee* 26 (je einer auf 637 Verse).[76]

Ich glaube, daß diese Schlußfolgerung richtig ist. Wenn ich davor zurückschrecke, sie bedingungslos zu übernehmen, dann liegt das daran, daß weder Stawell noch Scott in erster Linie Spezialisten der griechischen Sprache waren und ihre Forschungsergebnisse nicht vollständig sind. Wir benötigen eine umfassende Untersuchung des gesamten homerischen Griechisch, die auf dem Niveau von Wackernagels *Sprachlichen Untersuchungen zu Homer* steht und von Gelehrten durchgeführt wird, die das Problem wie Wackernagel ohne Vorurteil in der Frage der Verfasserschaft aufgreifen können.

Soweit die Untersuchungen zur homerischen Sprache bisher vorangetrieben wurden, haben sie also Ergebnisse gezeigt, die mit denen der homerischen Archäologie übereinstimmen. Den Kern der epischen Überlieferung bildete ein Erbstück aus mykenischer Zeit. Dieser Teil wurde nach Kleinasien verpflanzt und hier wahrscheinlich in der Nachbarschaft von Smyrna und Chios von solchen Dichtern weiterentwickelt, deren Vorfahren teils aus Thessalien und Boiotien, teils aus dem Peloponnes stammten. Ihre Umgangssprache, die sich durch die Wanderungen mit anderen vermischt hatte, war überaus reich an Parallelformen. Die Dichter bedienten sich dieses natürlichen Vorteils, um auf eklektischem Wege ein Sprachmedium herauszubilden, das die Dialektgrenzen überschritt und durch seine metrische Geläufigkeit ausgezeichnet war. Es wurde schließlich auf der Grundlage des Ostionischen stabilisiert, das in Smyrna und Chios das Aiolische überwog. Die Überreste nicht-ionischer Formen machten sich als solche nicht weiter fühlbar, da sie integrierende Bestandteile des sprachlichen Mediums bildeten, das aus ihnen entstanden war. Darüber hinaus machte man weiterhin freien Gebrauch von ihnen, um die Gesänge erweitern zu können. Aber überall dort, wo keine metrischen Überlegungen dagegen sprachen, nahm die Sprache eine ionische Färbung an, und je weiter die Sänger auf ihren Reisen gelangten, in desto größerem Umfange übernahmen sie neue Formen aus dem Westionischen und Attischen und handelten damit in Übereinstimmung mit dem ihrer Dichtersprache von Natur aus innewohnenden Prinzip der Universalität. Somit bildeten sie innerhalb dieses einzigartigen Rahmens linguistischer Bedingungen ein hervorragendes, vollendetes Sprachmittel der erzählenden Poesie aus, das eine glücklich gewählte Verbindung zwischen Natur und Kunst darstellte.

---

[75] SCOTT, The Unity of Homer, S. 83–105, ders., „The Relative Antiquity of the Iliad and Odyssey", CP 6, 1911, S. 156–162, ders., „The Relative Antiquity of Homeric Books", CP 14, 1919, S. 136–146, SHEWAN, Lay of Dolon, STAWELL, Homer and the Odyssey, S. 93–104.

[76] WACKERNAGEL, „Sprachliche Untersuchungen zu Homer", Gl 7, 1916, 161–319. Ihre Verteilung ist wie folgt (von ihm als zweifelhaft gekennzeichnete Beispiele werden als ½ gezählt): Il. II 4, III 1½, IV ½, V ½, VII 1, X ½, XI 3, XII ½, XIII ½, XIV ½, XV 1½, XIX 1, XXI ½, XXIII 2½. Od. I 1, III 2, IV 1½, VI ½, VII 1½, VIII 4, XI 1, XIV 1, XV 2½, XVI 1, XVII 1, XVIII 2, XIX 1½, XX 2½, XXI 1, XXIV 2.

5. Der epische Stil

Die heroische Dichtkunst widmet sich der Erinnerung an die Taten berühmter Männer. Sie ist individualistisch, aristokratisch, patriarchalisch und kriegerisch. Diese ihre hauptsächlichen Merkmale sind alle für ein bestimmtes geschichtliches Stadium kennzeichnend — für das Aufkommen des Klassenkampfes. Die besonderen Bedingungen, unter denen sich der Klassenkampf entwickelt, sind in jedem Einzelfall verschieden. Die günstigsten Verhältnisse für das Wachstum der heroischen Poesie liegen da vor, wo sich der Übergang rasch und unvermittelt vollzieht — wo rückständige Völkerschaften, bei denen sich im Schoße des Stammessystems durch die Berührung mit einer überlegenen Kultur gesellschaftliche Gegensätze herausgebildet haben, diesem Druck von innen dadurch begegnen wollen, daß sie ihre zivilisierten Nachbarn ausplündern und schließlich erobern und sich deren Reichtümer und Kunst bemächtigen.

So verlief in wenigen Worten die Geschichte der germanischen Stämme, die auf die Grenzen des römischen Imperiums drückten. Wenn wir das erstemal von ihnen hören — in den *Kommentaren* Caesars —, leben sie noch im Stammessystem; aus dem Werk des Tacitus geht hervor, daß sie sich merklich weiterentwickelt haben, und einige Generationen darauf haben sie auf dem Territorium der Provinzen des Imperiums eigene Königreiche errichtet. Wir wissen durch Tacitus, daß sie alte Gesänge pflegten, in denen sie die Erinnerung an große Führer wie Arminius wachhielten.[77]

In seinem Bericht über das früh-ägäische Seeräubertum bemerkt Thukydides mit dem an ihm gewohnten Scharfblick, daß das hinter den Raubzügen liegende Motiv die persönliche Gewinnsucht der Anführer gewesen sei, die mit der Notwendigkeit gepaart war, für den Lebensunterhalt ihrer ärmeren Gefolgsleute zu sorgen.[78] Diese Räuberfürsten waren die Gründer der mykenischen Dynastien, und unter den Nebenprodukten ihrer Karriere befand sich auch die epische Kunst. Aus der Geschwindigkeit, mit der sie zur Macht gelangten, erklärt sich der Umstand, daß das griechische Epos so gänzlich von den chorischen Tänzen verschieden ist, aus denen es sich herausgebildet hatte. Wie im Leben, so erfolgte auch in der Kunst ein gewaltsamer Bruch mit der Vergangenheit. Aus dem gleichen Grunde aber sind im griechischen Epos, genauso wie im *Beowulf* und in den *Eddas*, viele urtümliche Wesensmerkmale erhalten geblieben, die in den sogenannten „literarischen" Epen der ausgereiften Klassengesellschaft verschwunden sind. Dieser Gegensatz ist um so auffallender, als Homer die europäische epische Überlieferung beherrscht hat. Vergil schuf sein Werk nach dem Vorbilde Homers, Dante lehnte sich an Vergil und Milton an beide an. Doch gibt es im homerischen Stil Merkmale, die zu übernehmen sie nie versucht haben. Das liegt daran, daß das homerische Epos in einem wesentlichen Punkte für sie fremdartig und unnachahmlich war: Es war vorliterarisch.

Das Problem der Niederschrift der Epen bildete den Ausgangspunkt der homerischen Kontroverse. Im achtzehnten Jahrhundert stellten Vico und andere die

---

[77] TAC. Germ. 2, Ann. 2,88. Genauso bei den Galliern: AMMIAN. MARC. 15,9,8.   [78] THUK. 1,5,1.

Behauptung auf, daß zu der Zeit, als die Gesänge vermutlich verfaßt wurden, die Kunst des Schreibens noch nicht bekannt gewesen sei. Diesen Gedanken griff dann Wolf im Jahre 1795 auf, als Europa unter dem Eindruck der Französischen Revolution stand.[79] Obgleich er in seiner Bewunderung für die homerischen Gesänge von keinem übertroffen werden konnte, behauptete Wolf, sie seien eine Sammlung von einzelnen kürzeren Liedern, die im sechsten Jahrhundert in Athen zu einem Ganzen zusammengefügt worden seien. Seine Ansicht wurde von Lachmann weiterentwickelt, der die *Ilias* in einzelne Bestandteile zerlegte, und wenig später von Kirchhoff, der die gleiche Methode auf die *Odyssee* anwandte.[80] Im Verlauf des neunzehnten Jahrhunderts durchbrach die homerische Frage alle Grenzen und wurde ein ergiebiges Jagdrevier für junge Gelehrte, die nach einem Doktorhut strebten. Das *non plus ultra* wurde erreicht, als Wilamowitz die Entdeckung machte, die *Ilias* sei „ein übles Flickwerk", und Fick die *Odyssee* als „ein Verbrechen gegen den gesunden Menschenverstand" in den Bann tat.[81] Die Opposition wurde zum Schweigen verurteilt. Im Laufe der Zeit wurde aber offensichtlich, daß es den Analytikern, weit davon entfernt, in irgendeiner Teilfrage zu einer einhelligen Meinung zu gelangen, lediglich gelungen war, die beiden Epen insgesamt als eine Interpolation zu verdammen. In unserem Jahrhundert haben sich die Unitarier angesichts dieses unbehaglichen Ergebnisses zu einem Gegenangriff aufgerafft und die volle Einheit der Verfasserschaft mit der gleichen Kühnheit verkündet, mit der sie vorher von den Analytikern geleugnet worden war:

Die Annahme ist durchaus möglich, daß Griechenland einen Mann besessen hat, der solch ein mächtiges, solch ein riesiges Kunstwerk ins Auge fassen konnte, es ist aber undenkbar, daß es in diesem Land zu irgendeiner Zeit zwei Männer oder eine Gruppe von Männern gegeben hat, die über eine derart hohe Befähigung verfügt hätten.[82]

Wer sich mit der Erforschung des bürgerlichen Denkens befaßt, wird sich über das Trügerische, das dieser dürren Streitfrage innewohnt, sogleich klar sein. Die eine Schule bürgerlicher Historiker hat jeden menschlichen Fortschritt mit dem Hinweis auf die bewußte Tätigkeit von Individuen zu erklären gesucht; die andere hat ihn dagegen auf das Wirken unerbittlicher ökonomischer Triebkräfte zurückführen wollen.[83] So erblicken die Unitarier in Homer lediglich ein erhabenes Beispiel für die wundersame Erscheinung, die Genie genannt wird, während er für die Analytiker nur der Namensträger einer willkürlich erfolgten Sammlung von Volksliedern ist, die völlig anonym und kunstlos auf den Lippen des Volkes entstanden sind. Es handelt sich auch hier um das alte bürgerliche Dilemma, um die schale Antithese zwischen Idealismus und mechanischem Materialismus.

Dank Schliemann und Evans ist es im Verlauf der letzten fünfzig Jahre zu unserer Kenntnis gelangt, daß die Kunst des Schreibens in der Ägäis schon seit 2500 v. d. Z.

---

[79] Die Geschichte der homerischen Frage siehe bei JEBB, Homer, S. 140—236, NILSSON, Homer and Mycenæ, S. 1—51.
[80] LACHMANN, Betrachtungen über Homers Ilias, KIRCHHOFF, Homers Odyssee.
[81] WILAMOWITZ-MOELLENDORFF, Die Ilias und Homer, S. 322, FICK, Die Entstehung der Odyssee, S. 168.
[82] SCOTT, a. a. O., S. 268—269. [83] PLECHANOV, Die Rolle der Persönlichkeit in der Geschichte.

geübt wurde. Das war die minoische Schrift. Das griechische Alphabet wurde vielleicht schon im neunten Jahrhundert von den Phoinikern eingeführt. Inzwischen ist urkundlich festgehalten worden, daß zwischen dem 2. Januar und dem 15. Februar des Jahres 1887 in Agram ein kroatischer Sänger aus dem Gedächtnis eine Reihe von Liedern vortrug, die insgesamt zweimal so lang waren wie *Ilias* und *Odyssee* zusammengenommen.[84] Somit kann Homer, ganz gleich, ob er zu einem früheren oder späteren Zeitpunkt gelebt hat, des Schreibens kundig gewesen sein, und selbst dann, wenn das nicht der Fall gewesen sein sollte, könnte er dennoch die unter seinem Namen laufenden Epen verfaßt haben. Bevor wir über diesen Punkt zu einer Entscheidung gelangen, müssen wir sein Werk im Lichte anderer Überlieferungen heroischer Dichtung untersuchen, von denen bekannt ist, daß sie ganz und gar durch das gesprochene Wort übermittelt wurden.

Die heutigen Kirgisen sind freie und gleichberechtigte Bürger der Kirgisischen Sozialistischen Sowjetrepublik, die im Gebirge Tienschan nördlich der Höhen des Hindukusch liegt. Vor der Großen Sozialistischen Oktoberrevolution von 1917 waren sie rückständige, von Krankheiten heimgesuchte Nomaden, die offensichtlich zum Untergang verurteilt, aber wegen ihrer Poesie berühmt waren. Sie sind noch immer für ihre Dichtkunst berühmt, obgleich sie sich in jeder anderen Hinsicht völlig verwandelt haben. Der folgende Bericht stammt von Reisenden des neunzehnten Jahrhunderts, die sie in ihren primitiven Lebensverhältnissen kannten.[85]

Sie waren alle Dichter. Fast jeder war imstande, heroische Verse aus dem Stegreif zu verfassen, wenn auch nur berufsmäßige Dichter in der Öffentlichkeit auftraten. Sie bereisten das ganze Land, rezitierten ihre Verse auf den Festlichkeiten und begleiteten sich dazu selbst auf einem zweisaitigen Instrument namens *köböz*. Jeder lokale Khan verfügte über seinen eigenen Sänger, dessen Aufgabe darin bestand, seine Leistungen im Liede zu feiern.

Einer dieser Sänger schloß sich einem russischen Expeditionskorps an, das 1860 nach Kirgisien entsandt worden war:

Abend für Abend lockte er mit seinem Gesang Scharen von gaffenden Bewunderern an, die begierig seinen Geschichten und Liedern lauschten. Seine Einbildungskraft war von bemerkenswerter Fruchtbarkeit, wenn es darum ging, Waffentaten seines Helden — des Sohnes irgendeines Khans — zu ersinnen, und schwang sich kühn in die Höhen des Wunderbaren auf. Den größten Teil seiner hinreißenden Vorträge dichtete er aus dem Stegreif, während nur der Gegenstand gewöhnlich der Überlieferung entnommen wurde.[86]

Ihre Technik wurde von Radloff beschrieben:

Man hört es dem kirgisischen Erzähler an, daß er zu sprechen liebt und durch eine zierlich gesetzte, wohlbedachte Rede Eindruck auf den Kreis seiner Zuhörer zu machen wünscht; ebenso kann man überall beobachten, daß die Zuhörerschaft Genuß an einer wohlgesetzten Rede findet und zu beurteilen versteht, ob eine Rede in der Form voll-

---

[84] MURKO, „Neues über südslavische Volksepik", S. 284.
[85] Die folgenden Zitate habe ich CHADWICK, The Growth of Literature, Bd. 3, S. 174–191, entnommen.
[86] MICHELL, The Russians in Central Asia, S. 290.

endet ist. Tiefes Schweigen umgibt den Redner, wenn er seine Zuhörer zu fesseln versteht; diese sitzen mit vorgebeugtem Oberkörper und mit leuchtenden Augen und lauschen den Worten des Redners, und jedes gewandte Wort, jedes sprudelnde Wortspiel ruft lebhafte Beifallsbezeugungen hervor. ...

Jeder nur irgendwie geschickte Sänger improvisiert stets seine Gesänge nach der Eingebung des Augenblicks, so daß er gar nicht imstande ist, einen Gesang zweimal in vollkommen gleicher Weise zu rezitieren. Man glaube nun nicht, daß dieses Improvisieren ein jedesmaliges Neudichten ist. Es geht dem improvisierenden Sänger gerade so wie dem Improvisator auf dem Klavier. Wie der letztere verschiedene ihm bekannte Läufe, Übergänge, Motive nach der Eingebung des Augenblicks in ein Stimmungsbild zusammenfügt und so das Neue aus dem ihm geläufigen Alten zusammenstellt, so auch der Sänger epischer Lieder. Er hat durch eine ausgedehnte Übung im Vortrage ganze Reihen von Vortragsteilen, wenn ich mich so ausdrücken darf, in Bereitschaft, die er dem Gange der Erzählung nach in passender Weise zusammenfügt. Solche Vortragsteile sind die Schilderungen gewisser Vorfälle und Situationen, wie die Geburt eines Helden, das Aufwachsen eines Helden, Preis der Waffen, Vorbereitung zum Kampf, das Getöse des Kampfes, Unterredung der Helden vor dem Kampfe, die Schilderung von Persönlichkeiten und Pferden, das Charakteristische der bekannten Helden, Preis der Schönheit der Braut. ...

Die Kunst des Sängers besteht nur darin, alle diese fertigen Bildteilchen so aneinander zu reihen, wie dies der Lauf der Begebenheit fordert, und sie durch neu gedichtete Verse zu verbinden. Der Sänger vermag nun alle die oben angeführten Bildteile in sehr verschiedener Weise zu besingen. Er versteht, ein und dasselbe Bild in wenigen kurzen Strichen zu zeichnen, er kann ausführlicher schildern oder in epischer Breite in eine sehr detaillierte Schilderung eingehen. Je mehr verschiedene Bildteilchen dem Sänger zur Verfügung stehen, desto mannigfaltiger wird sein Gesang und desto länger vermag er zu singen, ohne die Zuschauer durch die Eintönigkeit seiner Bilder zu ermüden. Die Masse der Bildteilchen und die Geschicklichkeit in der Zusammenfügung ist der Maßstab für die Fertigkeit des Sängers. Ein geschickter Sänger kann jedes beliebige Thema, jede gewünschte Erzählung aus dem Stegreif vortragen, wenn ihm nur der Gang der Ereignisse klar ist. Als ich einen der tüchtigsten Sänger, die ich kennengelernt, fragte, ob er dieses oder jenes Lied singen könnte, antwortete er mir: „Ich kann überhaupt jedes Lied singen, denn Gott hat mir diese Gesangesgabe ins Herz gepflanzt. Er gibt mir das Wort auf die Zunge, ohne daß ich zu suchen habe, ich habe keines meiner Lieder erlernt, alles entquillt meinem Innern, aus mir heraus." Und der Mann hatte vollkommen recht, der improvisierende Sänger singt, ohne nachzudenken, nur aus innerer Disposition das ihm stets Bekannte, sobald von außen an ihn die Anregung zum Singen tritt. ... Der tüchtige Sänger vermag einen Tag, eine Woche, einen Monat zu singen, ebenso wie er alle diese Zeit zu sprechen und zu erzählen vermag.[87]

Genauso wie die Gabe der Poesie dem ganzen Volke gemeinsam war, so traten, um das zuletzt noch anzuführen, auch auf dem niederen Niveau ihrer Alltagssprache die Merkmale poetischer Diktion zutage:

---

[87] RADLOFF, Proben der Volkslitteratur etc., Bd. 5, S. III, XVI. RADLOFF weist darauf hin, daß der Sänger seinen Vortrag der jeweiligen Situation anpaßt: „Sind reiche und vornehme Kirgisen anwesend, so weiß er geschickt Lobeserhebungen ihrer Geschlechter einzuflechten ... Sind nur arme Leute seine Zuhörer, so verschmäht er nicht, giftige Bemerkungen über die Anmaßungen der Vornehmen und Reichen einzuschieben, und zwar in je größerer Ausdehnung, je mehr er den Beifall der Zuhörer einerntet." (Proben der Volkslitteratur etc., Bd. 5, S. XVIII—XIX.)

Jedem Kirgisen rollt das Wort fließend und geläufig über die Zunge. Der Kirgise beherrscht nicht nur die Sprache so, daß er imstande ist, lange Improvisationen in gebundener Rede vorzutragen, nein, auch seine gewöhnliche Rede zeigt eine gewisse Rhythmik im Satz- und Periodenbau, die häufig das Sprachmaterial versartig anordnet. Seine Sprache ist reich an Bildern, sein Ausdruck scharf und präzise. . . .[88]

Radloff hat das Geheimnis der Sängerkunst entschleiert. Im Vers werden die Wörter kunstvoll angeordnet, und wenn dem Sänger dieses besondere Medium ebenso geläufig wie die Umgangssprache ist, so liegt das daran, daß ihm ein Repertoire traditioneller Formulierungen zur Verfügung steht, das sich über alle Themen und alle vorgeschriebenen rituellen Handlungen und Verfahrensweisen des primitiven Lebens erstreckt, die in dem von ihm besungenen Gegenstand beiläufig auftreten können. Er hat sie alle zusammen mit den übrigen Kennzeichen seiner Kunst erworben. Der epische Stil ist deshalb so gefällig, weil er formaler Natur ist. Sein konventioneller Charakter leitet sich von der Improvisation her, aus der er entstanden ist.[89]

Diesen Merkmalen begegnen wir überall wieder. Genauso wie der soziale Rahmen dieser kirgisischen Sänger im Palast des Odysseus wiederkehrt, so klingt auch ihr Sprachgebrauch in der *Ilias* und *Odyssee* an. Oder wenn wir wiederum, wie Chadwick es getan hat, das griechische Epos mit dem germanischen vergleichen, so entdecken wir dort die gleiche Verwendung stehender Beiwörter, bildhafter Wendungen und wiederholter Abschnitte, wenn es um die Beschreibung solcher Handlungen geht wie das Zubettgehen, das Aufstehen, die Zubereitung des Mahles, die Aufnahme Fremder und das Anschirren von Pferden. Wie er zum Ausdruck gebracht hat, „waren beide Gedichtsammlungen dazu bestimmt, durch mündliche Überlieferung weitergegeben zu werden".[90]

In dem Vorhandensein solcher Merkmale in *Ilias* und *Odyssee* liegt der Beweis dafür, daß sich diese Gedichte unter ähnlichen Bedingungen herausgebildet haben, wie sie Radloff uns beschrieben hat, doch hindert das keinesfalls daran, anzunehmen, daß sie in der uns vorliegenden Gestalt einer weit höheren Gesellschaftsordnung angehören. Sie gehören zweifellos zu einer höheren Gesellschaftsordnung, doch wenn wir begreifen wollen, wie sie zu dem geworden sind, das sie darstellen, müssen wir vorsichtig Schritt für Schritt vorgehen. Lassen sich bei Homers Umgang mit diesen „Produktionselementen" Anzeichen dafür entdecken, daß er über dieses vorliterarische Stadium einer noch fließenden mündlichen Überlieferung hinausgelangt ist?

Wie Bowra bemerkt hat, besitzen sie für den Zuhörer eine funktionale Bedeutung.[91] Tatsächlich sind sie sowohl für die Zuhörerschaft als auch für den Dichter selbst unerläßlich. Genauso wie sie es ihm ermöglichen, in flüssiger Aufeinanderfolge zu dichten, so verschaffen sie durch die dazwischengeschobenen Wörter, Phrasen und ganzen Abschnitte dem Hörer eine gewisse Entspannung und erlauben ihm, seine Aufmerksamkeit eine Zeitlang herabzumindern. Folglich pflegten sich diese Bestandteile so lange weiterzuvererben, wie die Gesänge

---

[88] RADLOFF, Aus Sibirien, Bd. 1, S. 507.
[90] CHADWICK, The Heroic Age, S. 320.
[89] Vgl. CHADWICK, The Growth of Literature, Bd. 3, S. 669.
[91] BOWRA, Tradition and Design etc., S. 81.

öffentlich rezitiert wurden. Das ist zwar richtig, doch da sie unter primitiveren Umständen die gleiche Funktion ausübten, kann uns diese Erwägung in der vorliegenden Frage nicht weiterhelfen.

Ein stehendes Beiwort kann der Bedeutung einer Stelle wenig Neues hinzufügen. Daraus folgt, wörtlich genommen, daß es dem einen Zusammenhang weniger angemessen sein wird als einem anderen. Das hat den primitiven Sänger wenig beunruhigen können, doch anspruchsvolle Dichter sind weit schwerer zu befriedigen. Es wird also ein Zeichen für den Fortschritt über die primitive Technik hinaus sein, wenn gezeigt werden kann, daß Homer diese statischen Epitheta dynamisch verwendet, d. h. in bewußter Rücksichtnahme auf den Zusammenhang.

In der *Odyssee* wird die Erzählung von Klytaimestras Ehebruch mit dem Hinweis auf den „tadellosen Aigisthos" eingeleitet (1,29). Dieses Adjektiv wird an anderen Stellen in seiner vollen eigentlichen Bedeutung verwandt. Doch in dem genannten Zusammenhang wäre es grotesk, wenn es mehr als ein stehendes Beiwort darstellen sollte.

Im XVI. Gesang der *Ilias* (v. 298) wird Zeus, als er gerade die Wolken von den Bergesspitzen hinwegtreibt, als „Blitzesammler" bezeichnet. Die Verwendung dieses Beiwortes an Stelle des gewöhnlicheren „Wolkensammler" ist von Bowra als Zeichen genauerer Charakterisierung begrüßt worden.[92] Doch mit dieser Feststellung gelangen wir nicht weit. Zeus einen „Wolkensammler" zu nennen, wenn er im Gegenteil die Wolken zerstreut, wäre zweifellos selbst für einen primitiven Sänger zuviel des Guten gewesen. Überdies war die andere Bezeichnung, wenn auch nicht so häufig, so doch ebenfalls traditionell;[93] und während sie einen offensichtlichen Widerspruch vermeidet, ist sie in Wirklichkeit genau so wenig der Situation angemessen.

Die übrigen, von Bowra angeführten Fälle brauchen nicht im einzelnen erörtert zu werden; denn sie enthalten nichts, was uns weiterhelfen könnte. Wenn Held Diomedes, „tüchtig im Schlachtruf", erschauernd dem Angriff des Kriegsgottes entgegensieht, dann sollen wir daraus ersehen, daß „das Epitheton ganz und gar nicht überflüssig oder gar unangemessen ist, sondern genau die richtige Vorstellung von einem tapferen Manne erweckt, der dieses eine Mal von Furcht ergriffen ist".[94] Mir scheint, Diomedes ist hier Menelaos ebenbürtig gezeichnet, der „tüchtig im Schlachtruf ist", wenn er sich vom Lager erhebt.[95] Bowra entgeht eben die Erkenntnis, daß eben dann, wenn diese Beiwörter nur gelegentlich verwandt worden wären, wie er annimmt, sie ihre Funktion als Ruhepausen nicht hätten beibehalten können. Das Ohr wäre dann ständig in der Erwartung eines *jeu d'esprit* gespitzt gewesen. Der Gebrauch dieses Merkmales bei Homer steht demnach in genauer Übereinstimmung mit der ursprünglichen Praxis.

Nach Homer trat Wandel ein. In Hesiods *Frauenkatalog* (v. 29) treffen wir in einer Liste der Freier Helenas auf folgende Verszeile:

$$\mathrm{\mathring{e}κ\ \delta'\ \mathrm{'}Iθάκης\ \mathring{e}μνᾶτο\ \mathrm{'}Oδυσσῆος\ \mathring{i}ερὴ\ ἴς.}$$

[92] Ebd., S. 83.
[93] Vgl. Il. 1,580, HESIOD. Theog. 390.
[94] BOWRA, a. a. O., S. 84.   [95] Od. 4,307.

Bei Homer ist ἱερὴ ἴς ein stehendes Beiwort für Telemachos, nicht aber für Odysseus. Aber hier denkt Hesiod an den noch jugendlichen Odysseus und fühlt deshalb, daß das homerische πολύτλας δῖος Ὀδυσσεύς, das der zukünftigen Entwicklung vorgreifen würde, nicht angemessen wäre. So beschreibt er den Vater mit dem gleichen Beiwort wie Homer den Sohn. Das ist wirklich original gedacht, gehört aber in die Periode des Verfalls der epischen Tradition.

Wir machen die Bemerkung, daß Hesiod bei der Übertragung der Formel ἱερὴ ἴς von Telemachos auf Odysseus eine nicht in den Vers passende Silbenquantität zugelassen hat; denn er behandelt die letzte Silbe von Ὀδυσσῆος als lang. Das leitet zu dem zweiten Kriterium unserer Untersuchung über. Abgesehen davon, daß sie dem Sinn zuwiderlaufen, verstoßen diese Formeln häufig auch gegen die Gesetze des Versmaßes.

Die Gesänge stecken voller metrischer Anomalien. Viele können mit dem Verlust des Digamma erklärt werden, das aus der gesprochenen Sprache ausschied, als die Gesänge Gestalt anzunehmen begannen. Doch bei Homer wird das Digamma nicht durchgängig in der gleichen Weise behandelt. Selbst beim gleichen Wort hat es manchmal funktionale Bedeutung, das andere Mal nicht: *Il.* II, 373 Πριάμοιο ἄνακτος, aber XXIV, 449 ποίησαν ἄνακτι. Die Erklärung liegt darin, daß es, nachdem es außer Gebrauch gekommen war, in einigen Fällen eingeschoben wurde, um die sonst eintretende falsche Quantität oder den Hiat zu rechtfertigen, während die Sänger, immer rasch bei der Hand, wenn es galt, sich austauschbare metrische Werte nutzbar zu machen, in anderen Fällen dem Sprachgebrauch folgten und das Digamma vernachlässigten.

Es gibt jedoch eine große Zahl von Anomalien, die sich nicht unmittelbar auf diese Quelle zurückführen lassen. Sie sind durch Analogie entstanden. Nachdem das Prinzip der falschen Quantität oder des Hiatus einmal unter den besonderen Bedingungen, die durch den Verlust des Digamma geschaffen wurden, aufgestellt worden war, wurde es auf andere Fälle übertragen. Dieser Punkt ist von Milman Parry aufgehellt worden, der an Hand von Hunderten von Beispielen zeigen konnte, wie die Sänger dadurch in die Lage versetzt wurden, den Anwendungsbereich ihrer „Produktionselemente" zu erweitern.[96] Man nehme beispielsweise die folgenden Verse:

Od. 2,2:	ὤρνυτ᾽ ἄρ᾽ ἐξ εὐνῆφιν Ὀδυσσῆος φίλος υἱός.
Od. 3,305:	ὤρνυτ᾽ ἄρ᾽ ἐξ εὐνῆφι Γερήνιος ἱππότα Νέστωρ.
Od. 4, 307:	ὤρνυτ᾽ ἄρ ἐξ εὐνῆφι βοὴν ἀγαθὸς Μενέλαος.
Od. 15, 59:	τὸν δ᾽ ὡς οὖν ἐνόησεν Ὀδυσσῆος φίλος υἱός.
Il. 3, 21:	τὸν δ᾽ ὡς οὖν ἐνόησεν ἀρηίφιλος Μενέλαος.
Il. 5, 95:	τὸν δ᾽ ὡς οὖν ἐνόησε Λυκάονος ἀγλαὸς υἱός.
Il. 21, 49:	τὸν δ᾽ ὡς οὖν ἐνόησεν Ἀχιλλῆα πτολίπορθον.
Il. 21, 415:	τὸν δ᾽ ὡς οὖν ἐνόησε θεὰ λευκώλενος Ἥρη.
Od. 19, 59:	ἔνθα κάθεζετ᾽ ἔπειτα περίφρων Πηνελόπεια.
Od. 19, 102:	ἔνθα καθέζετ᾽ ἔπειτα πολύτλας δῖος Ὀδυσσεύς.

[96] PARRY, Les formules et la métrique d'Homère, ders., „Studies in the Epic Technique of Oral Verse-making", HSC 41, 1930, S. 73—147.

Diese Verse, die sämtlich aus feststehenden Formeln zusammengefügt sind, tragen völlig regelmäßiges metrisches Gepräge. Doch wir finden auch andere:

Od. 16, 48: ἔνθα καθέζετ' ἔπειτα Ὀδυσσῆος φίλος υἱός.

Hier liegt ein Hiat vor, für den es keine linguistische Begründung gibt. Da die beiden Formeln wegen des ständigen Gebrauchs an der entsprechenden Stelle des Verses dem Sänger vertraut sind, werden sie unter Mißachtung der Erfordernisse des Metrums einfach nebeneinandergesetzt. Unregelmäßigkeiten dieser Art treten in reicher Fülle auf, da sie zugleich natürlich und notwendig waren, um dem Dichter freie Hand zur Anwendung seiner „Produktionselemente" zu geben.

Parry schrieb dazu: „Für Homer wie für alle Sänger bedeutete das In-Verse-Bringen ein Sich-Erinnern — sich der Worte, Ausdrücke und Phrasen aus den Rezitationen der Sänger zu erinnern, die ihm den überlieferten Stil des heroischen Verses hinterlassen hatten."[97] Wie wahr diese Feststellung ist, mag man an Hand zusammenhängender Stellen selbst beurteilen. Von den ersten 50 Zeilen der *Ilias* sind nicht weniger als 36 ganz oder teilweise aus Phrasen zusammengesetzt, die man als „Produktionselemente" ansehen kann.

Parry sprach Homer jede Originalität des Stils ab. Das hat bei den Literaturwissenschaftlern Anstoß erregt, doch in dem von ihm damit beabsichtigten Sinne hat er mit seiner Behauptung völlig recht. Die homerische Diktion ist traditionsgebunden, nicht individuell. Sie steht in Einklang mit den Verhältnissen, unter denen mündliche Rezitationen vorgenommen wurden. Aber der Stil ist ein trügerisches Ding. Altes Material kann auf neue Weise zusammengefügt werden. Alte Konventionen können qualitativ verfeinert werden, ohne daß dabei offen von überkommenen Methoden abgegangen wird. Wir haben sehen können, daß der epische Dialekt, der innerhalb eines bestimmten, durch objektive sprachliche Bedingungen gesetzten Rahmens ins Leben trat, von den Dichtern, die sich seiner in ihm liegenden Möglichkeiten klar bewußt waren, organisch ausgestaltet und erweitert wurde. Das gleiche trifft auch auf den epischen Stil zu.

Eines der Merkmale, durch die sich die *Ilias* von anderen frühen Epen unterscheidet, ist die reichliche Verwendung von Vergleichen. Das Gleichnis wird natürlich auch im germanischen Epos angewandt, doch in viel kleinerem Umfange. In der *Ilias* tritt es hochentwickelt auf und ist in das Gefüge des Gedichtes eingebettet.[98]

Die Mehrzahl der homerischen Gleichnisse ist dem Landleben entnommen. Sie liefern ein zusammenhängendes Gemälde einer einfachen, seßhaften Gesellschaftsschicht, die von Ackerbau und Viehzucht lebt. Man hat angenommen, sie seien verhältnismäßig spät entstanden und bezögen sich eher auf die Zeit der Dichter selbst als auf die heroische Vergangenheit.[99] Ihre Hauptmerkmale sind wohlbekannt. Sie neigen dazu, wiederholt zu werden, oft Wort für Wort; sie sind des öfteren so weit ausgearbeitet, daß sie die Berührung mit der Wirklichkeit verloren haben, und einige von ihnen passen einfach nicht in den Zusammenhang. Darin ähneln

---

[97] PARRY, Les formules etc., S. 6.
[98] SHEPPARD, The Pattern of the Iliad, Ldn. 1922. [99] FRÄNKEL, Die homerischen Gleichnisse.

Der epische Stil

sie den stehenden Beiwörtern. Genauso wie das Epitheton die Aufmerksamkeit erschlaffen läßt, so sorgt das Gleichnis für eine Zerstreuung. Es ist, zumindest was den Ursprung angeht, ebenfalls ein „Produktionselement".

Im II. Gesang bereiten sich die Achaier auf die Schlacht vor:

> Wie ein verheerendes Feuer die Fülle der Wälder entzündet
> Weit auf dem Scheitel des Berges mit fernhinleuchtenden Gluten:
> So beim Nahen des Heeres von endlos schimmernden Waffen
> Strahlte ein leuchtender Glanz und teilte die Lüfte des Himmels.
> Wie unermeßlich in Schwärmen die Scharen gefiederter Vögel,
> Gänse und Kraniche wohl und auch langhalsige Schwäne,
> Über die asische Au rings an des Kaystrios Fluten
> Hierhin und dorthin fliegen mit freudeprunkenden Schwingen,
> Kreischend zur Erde dann gleiten, daß Brausen die Aue erschüttert:
> So von den Schiffen und Zelten ergossen sich vielerlei Scharen
> In des Skamander Gefild, daß unten die Erde erdröhnte,
> Fürchterlich schallend vom Marsche der Krieger und Tritten der Rosse.
> Dann aber machten sie halt in Skamanders blühender Aue,
> Zahllos standen sie da wie Blätter und Blüten im Frühling.[100]

Soweit ist alles aus einem Guß, doch hören wir weiter:

> So wie die Schwärme von Fliegen in endlos dichtem Gewimmel,
> Die durch die Hürden der Herden zur Zeit des steigenden Jahres
> Streifen umher, wenn triefend die Milch die Gefäße befeuchtet:
> So unzählig stand das lockige Volk der Achaier
> Gegen die Troer im Felde bereit und drohte Vernichtung.[101]

Durch diesen Vergleich wird dem Bilde nichts Neues hinzugefügt, eher etwas abgezogen. Die Fliegen schwärmen immer noch, wenn die Truppen schon ihre Ausgangsstellungen bezogen haben. Ja, sie schwärmen darüber hinaus auch noch im XVI. Gesang, wo dasselbe Gleichnis wiederholt wird.[102] Eifrig bedacht, die Eindringlichkeit der geschilderten Szene noch zu steigern, hat der Dichter nach unserem Geschmack ein wenig zu frei von seinem Repertoire Gebrauch gemacht.

Das gleiche scheint an der berühmten Stelle, wo Hektor vor Achilleus davonläuft, eingetreten zu sein:

> Da nun rannten vorbei der Flüchtling und der Verfolger —
> Wahrlich, ein Starker voran, doch ein viel Stärkerer folgte —
> Eilenden Laufs, zwar nicht um ein Opfertier oder ein Stierfell
> Sich als Preis zu erringen bei rennenden Männern im Wettlauf,
> Nein, es galt ihr Lauf dem Leben des reisigen Hektor.
> Wie wenn die Hufe siegender Rosse die Biegung des Zieles
> Schnell und leicht umlaufen — da liegt der köstliche Kampfpreis,
> Eine Sklavin oder ein Dreifuß — zur Feier des Toten:
> So umrannten die beiden dreimal mit eilenden Füßen
> Priamos' ragende Feste.[103]

[100] Il. 2, 455—468.
[101] Il. 2, 469—473.
[102] Il. 16, 641—643.   [103] Il. 22, 158—166.

Wieder handelt es sich um ein traditionelles Gleichnis; wir haben es im gleichen Gesang schon einmal gehört.¹⁰⁴ Und es liegt wenig Sinn darin, die beiden Helden mit Rennpferden zu vergleichen, nachdem die viel eindrucksvollere Parallele zu dem Wettlauf von Männern gezogen wurde.

Um einem etwaigen Mißverständnis vorzubeugen, möchte ich betonen, daß ich diese weniger exakten Vergleiche keinesfalls als bloße Interpolationen abtun will.

Abb. 82. Wettlauf: attisches Vasenbild

Falls sie, wie ich überzeugt bin, „Produktionselemente" darstellen, die einem überlieferten Schatz an solchen Gleichnissen entnommen sind, dann gehören sie einer Zeit an, als die Epen noch keine feste Gestalt angenommen hatten — als sie nie zweimal in genau der gleichen Fassung vorgetragen wurden. Sie entstammen einer Entwicklungsphase der Dichtkunst, in der dank ihrer spezifischen Bedingungen die Möglichkeit einer Interpolation ausgeschlossen war, oder, was auf das gleiche hinausläuft, einem Stadium, in dem jede Poesie überhaupt nichts anderes als eine Interpolation darstellte. Und unter derartigen Verhältnissen waren solche Vergleiche vollauf gerechtfertigt. Wenn die Sänger dieser Epoche noch nicht die Lehre gezogen hatten, die spätere griechische Dichter ziehen sollten — „mit der Hand zu säen und nicht mit dem Sack"¹⁰⁵ —, so liegt das daran, daß sie in einem andersartigen Milieu schufen. Die Sparsamkeit in der Ausmalung der Einzelheiten, die durch diese Maxime empfohlen wird, wäre einer Überschätzung der Aufmerksamkeit der Zuhörer gleichgekommen.

[104] Il. 22, 22—23. [105] PLUT. Glor. Athen. 4.

Bis hierher scheint das homerische Gleichnis demnach gegenüber der primitiven epischen Technik keinen Fortschritt darzustellen. Doch dabei ist es nicht geblieben. Neben diesen kunstlosen Gleichnissen, die in verschwenderischer Fülle eingestreut wurden, um unausbleibliche Wirkungen hervorzubringen, finden wir andere, die sich durch Treffsicherheit und Lebendigkeit auszeichnen und deshalb seit eh und je den Neid späterer Dichter erweckt haben. Jeder Leser wird seine Lieblingsbeispiele dafür beibringen können. Meines stammt aus der bereits angeführten Stelle und schildert das Unvermögen Hektors, seinen Lauf fortzusetzen:

> Wie im Gebirge ein Hund, vom Lager scheuchend das Hirschkalb,
> Durch die Schluchten der Berge und Gründe der Täler dahinjagt;
> Ja, selbst wenn es sich birgt und duckt in buschiges Dickicht,
> Spürt er es doch und rennt beständig, bis er es findet:
> So vor dem schnellen Achilleus vermochte Hektor vergebens
> Sich zu bergen; ...

Obwohl völlig der Situation angemessen, ist dieser Vergleich dennoch traditionell. Wir haben solche Verfolgungsjagden schon mehrere Male erlebt. Doch der Dichter ist noch nicht am Ende seines Gleichnisses angelangt:

> Wie man im Traum es nicht vermag, zu ereilen den Flüchtling,
> Und dem einen das Fliehn, das Ereilen dem andern unmöglich,
> Konnten hier weder der eine entrinnen noch packen der andre.[106]

Diese Parallele ist von vollendeter Kunst. Sie lenkt nicht vom Gegenstand ab, sondern verdeutlicht die Situation. In der *Ilias* findet sie nirgendwo ihresgleichen. Dieser Vergleich trägt die Merkmale bewußter Kunst.

Durch die Gegenüberstellung einer Anzahl verwandter Bilder wird dieser Eindruck womöglich noch verstärkt. Eine festumrissene Kategorie von Vergleichen soll den Abstieg der Gottheit vom Ida oder Olympos untermalen:

> So ermunterte er die schon entbrannte Athena;
> Stürmisch fuhr sie hernieder vom Scheitel des hohen Olympos.
> Wie einen Stern entsendet der Sohn des verschlagenen Kronos,
> Schiffern zum deutenden Zeichen und weit gelagerten Heeren
> Hell im Glanze und rings im Regen sprühender Funken:
> So entstürzte Athena im Fluge nieder zur Erde.[107]

> Sprachs, und es folgte sogleich die laufbeflügelte Iris.
> Nieder vom Gipfel des Ida zur heiligen Ilios flog sie.
> Wie aus den Wolken der Schnee und der eisige Hagel entfliegen
> Unter dem stürmenden Hauch des äthergeborenen Nordwinds:
> so flog eilig dahin voll Eifer die hurtige Iris.[108]

Die Einleitungs- und Abschlußformel ist in beiden Fällen fast die gleiche, und die Vergleiche selbst könnten ohne Schaden für den Zusammenhang miteinander ausgetauscht werden. Die Tradition machte an diesen Stellen einen Vergleich erforderlich. Ein primitiver Dichter würde sich damit zufrieden gegeben haben,

---

[106] Il. 22,189—201.
[107] Il. 4,73—78. [108] Il. 15,168—172.

Abb. 83. Iris: attisches Vasenbild

immer das gleiche zu wiederholen, genauso wie er ein stehendes Beiwort ständig wiederholt. Homer bewahrt die Form, verändert aber den Inhalt. Er benutzt das Herkommen als Vorwand, um eine anschaulich gezeichnete Vignette einzufügen, die gegenüber dem Herkömmlichen eine Abwechslung bietet. Und manchmal ist er sogar noch verwegener:

> Sprachs, und Hera gehorchte, die Göttin mit blendenden Armen,
> Und sie schritt von den Höhen des Ida zum hohen Olympos.
> Wie der Geist des Mannes dahinfliegt, der über viele
> Länder gewandert und später erwägt mit findigen Sinnen:
> „Wär ich doch da und da!" Und hegt noch mancherlei Wünsche:
> So flog eilig dahin voll Eifer die göttliche Hera.[109]

Das ist ein geistvolle Ausgestaltung der Formel „Schnell wie Flügel oder Gedanken".[110] Doch abgesehen von der Vorstellung der Schnelligkeit hat dieses Bild nichts mit Hera zu schaffen, die sich zu diesem Zeitpunkt keineswegs in einer

[109] Il. 15,78—83.   [110] Od. 7,36.

reflektierenden Gemütsstimmung befindet — nein, sie ist bei ausgesprochen schlechter Laune. Es ist, als ob der Dichter aller Förmlichkeiten müde geworden sei und sich kühn dazu entschlossen habe, eine phantasievolle Neuerung einzuführen.

Diese Beispiele sind noch sozusagen mit leichter Hand eingestreut, da mit ihnen lediglich der Zweck verfolgt wird, die gewohnheitsmäßige Art der Fortbewegung der Unsterblichen zu untermalen. Wenn sie aber in der Tat mehr als das darstellen, so wird das der besonderen Eigenart des Dichters verdankt. Und wenn es die Gelegenheit erforderlich macht, etwas Außergewöhnliches auszusagen, dann rafft sich der Dichter auch dazu auf. Als sich die Erzählung in der *Ilias* dem unglückseligen Streit zwischen Agamemnon und Achilleus zuwendet, durch den die von Apollon gesandte Pest ausgelöst wurde, können wir lesen:

> Betend flehte der Priester, es hörte ihn Phoibos Apollon.
> Nieder schritt er vom Haupt des Olymp in zürnendem Eifer,
> Hoch auf den Schultern den Bogen mitsamt dem geschlossenen Köcher.
> Drinnen erklangen die Pfeile so hell um des Grollenden Schultern,
> Als er vorwärts enteilte, tief finster wie nächtiges Dunkel.[111]

Die formale Einleitung ist verschwunden, und das Gleichnis ist zu einem nachträglich angefügten Gedanken verkürzt worden. Dadurch wird es um so eindrucksvoller. Das ist ausgereifte Kunst — ein schönes Beispiel für die freie Handhabung ererbter Konvention.

Nahezu alle Gleichnisse der *Ilias* treten bei den Kampfschilderungen auf, wo sie der grausam-nüchternen Aufzählung der hingeschlachteten Männer Farbigkeit und Abwechslung verleihen. Das ist sicherlich mit voller Absicht geschehen. Nicht nur die Zwischenspiele, wie die Täuschung des Zeus (XIV. Gesang) und die Gesandtschaft an Achilleus (IX. Gesang) sind nahezu frei davon, auch in der *Odyssee*, die über eine abwechslungsreichere und schlichtere Handlung verfügt, gibt es fast überhaupt keine Gleichnisse. Hier haben wir ein handgreifliches Beispiel für die Kunst des Dichters vor uns, charakteristische Unterschiede zu treffen, ein Vermögen, durch das das Vorhandensein eines starken Gefühls für die Einheitlichkeit des Kunstwerkes bezeugt wird. Die Leistung der Homeriden bestand in mehr als einer bloßen Weitergabe der Gesänge. Indem sie weiterreichten, gestalteten sie auch um. Sie waren sämtlich Angehörige einer Zunft mit erblichem Charakter, doch ihre besten Vertreter waren schöpferische Künstler. Aber selbst diese bekundeten ihre Originalität eher in der Verfeinerung und harmonischen Ausgestaltung der Technik als in der Einführung tiefgreifender Neuerungen. Die *Ilias* und die *Odyssee* sind aus demselben Stoff verfertigt und in der gleichen Weise komponiert wie primitive Epen, doch die der improvisierten Versdichtung innewohnenden Eigenschaften sind bei ihnen bis zu dem Punkte hochgezüchtet worden, an dem sie, ohne etwas von ihrer spontanen Entstehungsweise einzubüßen, die Merkmale bewußter Kunst annehmen. Die gefällige, mühelos erscheinende Meisterschaft, durch die sich der homerische Stil auszeichnet, war das Ergebnis der Übung, Veredelung und Verfeinerung vieler Jahrhunderte.

[111] Il. 1,43—47.

Sämtliche ästhetischen Urteile entspringen letztlich der persönlichen Erfahrung. Deshalb will ich an dieser Stelle darlegen, wie eines meiner eigenen Mißverständnisse der homerischen Kunst seine Aufklärung gefunden hat.

Zuerst lasen wir in der Schule die *Odyssee*, und wie jeder Schüler war auch ich von Erregung gepackt, als ich auf die folgenden unübersetzbaren Zeilen stieß:

$$\sigma \grave{v} \ \delta' \ \dot{\epsilon} v \ \sigma \tau \varrho o \varphi \acute{a} \lambda \iota \gamma \gamma \iota \ \varkappa o v \acute{\iota} \eta \varsigma$$
$$\varkappa \epsilon \tilde{\iota} \sigma o \ \mu \acute{\epsilon} \gamma \alpha \varsigma \ \mu \epsilon \gamma \alpha \lambda \omega \sigma \tau \acute{\iota}, \ \lambda \epsilon \lambda \alpha \sigma \mu \acute{\epsilon} \nu o \varsigma \ \iota \pi \pi \sigma \sigma \upsilon \nu \acute{\alpha} \omega \nu.$$ [112]

Das war großartig ausgedrückt, inspiriert. Als wir dann die *Ilias* lasen und ich der gleichen Zeile wiederbegegnete, war ich äußerst bestürzt. Waren diese Worte wirklich einer Inspiration entsprungen, wie war dann eine Wiederholung möglich? Der Hinweis, die eine Stelle sei eine Nachahmung der anderen, konnte mir keine Erleichterung verschaffen, da die Gesänge in diesem Falle in der Tat ein Flickwerk darstellten, bei dem es unmöglich war, die Nachahmung vom Original zu unterscheiden. Nachdem ich anderen Wiederholungen der gleichen Art begegnet war, schob ich sie alle als „primitiv" beiseite, ohne zu verstehen, was das bedeutete.

Dann kam ich nach Irland. Die Unterhaltung dieser abgerissenen Landleute elektrisierte mich, sobald ich ihr zu folgen vermochte. Es war, als sei Homer zu neuem Leben erstanden. Ihre Rede ergoß sich in einem unerschöpflichen Strom, doch war sie rhythmisch gegliedert, enthielt Alliterationen, war formgebunden, kunstvoll gebaut und immer im Begriff, in Poesie umzuschlagen. Ich brauche sie nicht näher zu beschreiben, denn sie wies all die Merkmale auf, die Radloff an der Unterhaltung der Kirgisen festgestellt hat. Eines Tages wurde bekanntgegeben, daß eine Frau des Dorfes einem Kind das Leben geschenkt habe. *Tá sé tarraighte aniar aice*, „Sie hat ihre Last aus dem Westen gebracht", wie es mein Gewährsmann ausdrückte. Ich verstand die Anspielung, denn ich hatte oft bemerken können, wie Frauen in der Jahreszeit, wenn die Grasnarbe dünn war, tief gebückt unter einer Ladung Heidekraut die Berge herabstiegen. Was für ein herrliches Bild, dachte ich, welche Beredsamkeit! Bevor der Tag vergangen war, hatte ich die gleiche Phrase aus dem Munde von drei oder vier verschiedenen Leuten vernommen. Sie war Gemeingut. Nach vielen ähnlichen Erfahrungen erkannte ich schließlich, daß diese Edelsteine, die von den Lippen des Volkes fielen, keinerlei Neuerung darstellten, sondern Jahrhunderte alt waren — sie bildeten die Substanz, aus der die Sprache aufgebaut war; und als ich die Sprache fließend sprechen konnte, begannen sie auch von meiner Zunge zu rollen. Als ich dann zu Homer zurückkehrte, las ich ihn in neuem Lichte. Er war ein Volksdichter — und wenn er auch ein Aristokrat war, wie nicht zu leugnen ist, so lebte er doch zu einer Zeit, in der die Klassengegensätze noch keine kulturelle Kluft zwischen Hütte und Palast aufgerissen hatten. Seine Sprache war eine künstliche Bildung, doch, so seltsam es sich anhören mag, diese Künstlichkeit war natürlich. Es war die Sprache des Volkes, emporgehoben zu größerer Kraftfülle. Kein Wunder, daß es von ihr hingerissen war.

---

[112] Od. 24, 39—40, Il. 16, 775—776.

XVII. DIE HOMERIDEN

1. Aiolis und Ionien

Seit den ältesten Zeiten hat die günstige Lage Troias — es beherrschte die Hauptverbindungswege zwischen zwei Kontinenten und zwei rings vom Festland eingeschlossenen Meeren — von allen Seiten her Siedler angezogen.[1] Troia I bestand aus einem von einem Wall umgebenen Dorf und hatte eine spezifisch anatolische, neolithische Kultur. Troia II war befestigt und besaß einen zentral gelegenen Palast von der gleichen Art, wie wir ihn von Dimini und Sesklo her kennen (Seite 142). Es war eine blühende Marktstadt, die Hammeräxte aus Mitteleuropa, Rasiermesser aus dem Kaukasus und Keramik von den Kykladen einführte. Ungefähr um 2300 v. d. Z. wurde sie bis auf den Grund zerstört. Das Datum fällt vielleicht mit dem ersten Erscheinen der Pelasger im Ägäischen Becken zusammen (Seite 150 u. 210—211). Zwei kleine Dörfer (Troia III—IV) vegetierten inmitten der Ruinen der einstigen Stadt dahin. Dann wurde die Stadt neu erbaut und vergrößert (Troia V—VI). Troia VII war die bei Homer beschriebene Stadt. Jetzt wurde der minoische Einfluß vorherrschend. Das von den Achaiern geplünderte Troia gehörte der gleichen Kulturstufe wie ihre eigene Vaterstadt Mykene an.

Nach dieser Zeit verschwand Troia aus dem Gesichtskreis der Geschichte. Es vereinigten sich verschiedene historische Faktoren, um die natürlichen Vorzüge der Örtlichkeit aufzuheben. Das Wiederaufleben der Piraterie hatte den Seeverkehr durch den Hellespont zum Stillstand gebracht; das Hethiterreich war zusammengebrochen, und nur wenig später wurde die über die Landbrücke verlaufende Handelsverbindung durch den Einbruch der Phryger nach Anatolien unterbrochen. *Fuit Ilium.*

Die ersten Griechen, die sich auf dieser Seite der Ägäis ansiedelten, verfolgten dabei keine Handelsabsichten, sondern suchten nach einem Platz, an dem sie wohnen konnten. Der günstigste Abschnitt des gesamten Küstenstriches bildete der Streifen zwischen den Flüssen Hermos und Maiandros. Hier fanden sich gute Häfen in genügender Anzahl, und im Hinterland gab es in den tiefer gelegenen Tälern saftige Weideflächen, während sich weiter oben Karawanenwege erstreckten, die in das Hochland von Anatolien hinaufführten und den Handel zwischen Kappadokien, Syrien und den unermeßlich großen Reichen des Ostens vermittelten. Hier waren minoische und hethitische Einflüsse zusammengeflossen und hatten unter den Karern und Lelegern eine Kultur erzeugt, die zwar weniger glänzend als die von Mykene, dafür aber fester verwurzelt und zählebiger war.[2]

---

[1] CHILDE, The Dawn of European Civilisation, S. 35.

[2] Über die hethitischen Überreste in diesem Bereich siehe oben S. 138—139. Miletos, Kolophon, Erythrai und Chios behaupteten alle, ursprünglich von Kreta aus gegründet worden zu sein: PAUS. 7,2—4.

Lange Zeit hindurch widerstand dieses Gebiet den griechischen Eingriffen. Nach dem Fall Mykenes rollte Welle auf Welle von Einwanderern heran, doch die Aioler siedelten sich meist nördlich des Hermos und die Dorer südlich des Maiandros an. Erst als sich die Flut nahezu verlaufen hatte, wurde das in der Mitte gelegene fruchtbare Gebiet in die Landschaft Ionien verwandelt.

Eratosthenes setzte den Beginn der Aiolischen Wanderung mit dem Jahr 1124 v. d. Z., also sechzig Jahre nach dem Fall Troias und achtzig Jahre vor der Ionischen Wanderung an, von der sie sich in der mangelnden Geschlossenheit und längeren Zeitdauer unterschieden haben soll.[3] Nach Herodots Zeugnis umfaßte Aiolis ursprünglich zwölf Städte: Killa in der Troas, Pitane nahe der Mündung des Kaïkos, Gryneion, Myrine, Aigai und Kyme, die sämtlich direkt an oder in der Nähe der südlich Pitane verlaufenden Küste lagen, ferner Temnos, eine Stadt im Hügelland oberhalb des Hermos, und in dem unteren Hermostal Larisa, Neonteichos und Smyrna, die alle von Kyme aus gegründet worden waren, noch weiter südlich davon Notion an der nahe Kolophon sich erstreckenden Küste und schließlich Aigiroessa, dessen Lage nicht näher bestimmt werden konnte.[4] Einige der genannten Städte wurden den früheren Bewohnern entrissen — den Pelasgern, Karern und Lelegern, die in den Küstenbezirken ansässig waren, und weiter im Landesinnern den Mysoi und Maiones, zwei anderen, zu den karo-lydischen Ureinwohnern zählenden Völkerschaften. Herodot scheint damit andeuten zu wollen, daß diese zwölf Städte eine Art Aiolischen Bund bildeten, doch gab es neben diesen noch andere, die fast ebenso alt waren und als aiolische Ansiedlungen galten, wie Tenedos, Lesbos und Magnesia am Hermos (auch Magnesia am Sipylos genannt).

In zwei Fällen verfügen wir über Nachrichten, auf welche Weise die Besiedlung dieses Raums vorgenommen wurde. Sie werden uns über Strabon von Hellanikos übermittelt, einem Altertumsforscher aus Lesbos, der im fünften Jahrhundert v. d. Z. lebte. Als die Dorer den Peloponnes überfluteten, wurde von Sparta aus eine Gruppe von Auswanderern unter Führung des Orestes entsandt. Er starb aber in Arkadien, und sein Sohn Penthilos trat die Nachfolge an und führte die Auswanderer bis an den Berg Phrikion in Lokris, wo einige von ihnen zurückblieben. Penthilos setzte seinen Marsch auf dem Landwege bis nach Thrakien fort, wo er offensichtlich verstorben ist. Während der nächsten Etappe der Wanderung hatte sein Sohn Echelas die Führung inne, der den Hellespont oder den Bosporos überquerte und bis nach Daskylion vorstieß. Schließlich wandte sich dessen jüngster Sohn namens Gras südwärts und führte seine Begleiter nach Lesbos hinüber.[5] Inzwischen hatte die in Lokris zurückgebliebene Gruppe von Aulis aus unter dem Kommando von Kleuas und Malaos, die ebenfalls von Agamemnon abstammten, die Ägäis zu Schiff überquert und die Stadt Kyme gegründet.[6]

Die Einzelheiten dieser Überlieferung sind noch nicht wissenschaftlich geklärt worden, doch darf man zwei der in ihnen enthaltenen Angaben als authentisch ansehen und in Beziehung zum homerischen Problem setzen.

[3] STRAB. 13,1,3.   [4] HEROD. 1,149.
[5] STRAB. 13,1,3, vgl. HELLANIK. 114, PIND. Nem. 11,34—35, PAUS. 2,18,6. 3,2,1.
[6] STRAB. 13,1,3, vgl. 9,2,3.

Die erste Expedition, die sich über einen längeren Zeitraum erstreckt und unter keiner klaren Vorstellung über das Ziel gestanden zu haben scheint, trägt die Züge einer wirklich verzweifelten, abenteuerlichen Aktion und bietet somit einen passenden Kommentar zu der Verarmung und dem Rückgang der Kultur, durch die der Peloponnes in der submykenischen Periode gekennzeichnet ist.[7] Die zweite Wanderung, die der ersten über das Meer folgte, scheint besser organisiert gewesen zu sein. In beiden Fällen rekrutierte sich die Mehrzahl der Auswanderer

Abb. 84. Submykenische Krieger: Vase aus Mykene

vermutlich aus den Bewohnern Thessaliens und Boiotiens (Seite 334—335). Ihre Flucht aus dem Peloponnes ist ganz einfach durch die Tatsache verursacht worden, daß ihre Führer die vertriebenen Pelopiden waren. Das darf man als erwiesen betrachten. So wissen wir beispielsweise, daß in Mytilene, der Hauptstadt von Lesbos, in ältester Zeit Könige herrschten, die zu den Penthilidai gehörten,[8] und in Kyme hören wir von einem König namens Agamemnon, der wahrscheinlich zu dem anderen, durch Kleuas und Malaos repräsentierten Zweig gehörte.[9] Die Absicht dieser Flüchtlinge, die treu zu dem letzten Pelopiden hielten, bestand nicht in einem Bruch mit der Vergangenheit, sondern ihrer Verpflanzung und Erhaltung in der neuen Heimat, die nahe dem Schauplatz des Trojanischen Krieges gelegen war.

Die ionische Kolonisation nahm einen weit stürmischeren Verlauf. Sie wurde von Neleidai geleitet, die aus Pylos vertrieben und nach Athen gelangt waren.[10] Dort hatte man ihnen Ländereien zugewiesen und sie in das Stammessystem

---

[7] HALL, The Civilisation of Greece etc., S. 239—286.
[8] ARISTOT. Polit. 1311 b.
[9] POLL. 9,83. Nahe Smyrna befand sich eine nach Agamemnon benannte Quelle: PHILOSTR. Heroic. 2,18.
[10] HEROD. 1,146, PAUS. 7,2,1; siehe oben S. 329—331.

eingebaut, das vielleicht zu diesem Zwecke umgestaltet worden ist. Es ging ihnen in Attika gut. Einer ihrer Clane, die Medontidai, konnte sich die Königswürde in Athen sichern; ein anderer, die Kodridai, leitete die Auswanderung nach Ionien. Es kann sein, daß ihr Anteil an dieser Wanderbewegung in unserer Überlieferung, die die Vergangenheit mit athenischen Augen betrachtet, übertrieben worden ist, dennoch muß er beträchtlich gewesen sein. Einige der von ihnen gegründeten Städte waren auf der Grundlage der vier attischen Stämme organisiert,[11] und in allen, bis auf zwei, wurde nach wie vor das attische Fest der Apaturia begangen.[12]

Die zwölf zum Panionischen Bund gehörigen Städte werden von Herodot nach den dort gesprochenen Dialekten in vier Gruppen eingeteilt: 1. Chios und Erythrai; 2. Ephesos, Kolophon, Lebedos, Teos, Klazomenai und Phokaia; 3. Miletos, Myus und Priene; 4. Samos.[13] Vier davon, nämlich Chios, Klazomenai, Phokaia und Samos, stehen abseits der Hauptmarschroute. Chios wurde von Euboia aus gegründet, Klazomenai von Kleonai und Phleius, Phokaia von Phokis und Samos von Epidauros aus.[14] Die zuletzt genannte Stadt wurde durch ein von Ephesos entsandtes Expeditionskorps gewaltsam dem Bunde einverleibt.[15] Phokaia und Klazomenai wurden erst dann in den Bund aufgenommen, nachdem diese Städte Könige aus dem Neleidengeschlecht eingesetzt hatten: die erstgenannte aus Erythrai und Teos, die letztere aus Kolophon.[16] Alle zwölf Städte wurden anfangs von Königen beherrscht, die zu den Kodridai oder Glaukidai oder in manchen Fällen zu beiden Häusern gehörten.[17] Die Glaukidai waren ein Griechisch sprechender Clan, der mehrere Jahrhunderte lang in Xanthos, der Hauptstadt von Lykien, ansässig war (Seite 126). Sie mögen eingesetzt worden sein, um die einheimische Bevölkerung, die es sicherlich noch in Miletos, Teos und anderswo gegeben hatte (Seite 130), zu beschwichtigen. Die bodenständige Kultur erwies sich als zu stark, als daß sie hätte unterdrückt werden können. Zum offiziellen Mittelpunkt des Bundes wurde Panionion am Berge Mykale erklärt. Da es aber zu weit südlich lag, trafen die Ioner später, als sie sich nach allen Richtungen hin ausgedehnt hatten, wieder beim Apollonfest von Delos zusammen.

In Ephesos bewahrten sich die Kodriden bis in römische Zeit hinein einige ihrer königlichen Privilegien, wie das Recht, Purpur zu tragen und das Priesteramt der Demeter Eleusinia auszuüben.[18] Wie lange das Königtum in Ionien überhaupt bestanden hat, können wir nicht sagen, doch verfiel es wahrscheinlich weit rascher als in Aiolis.

Die Ioner kamen gut voran. Obgleich sie erst nach den Aiolern in diesem Gebiet heimisch wurden, erwiesen sie sich als stark genug, um ihren Vorläufern alle ihre beherrschenden Positionen zu entreißen. Chios wurde schon zu einem frühen Zeitpunkt ionisch (Seite 448). Smyrna kam als nächste an die Reihe. Diese Stadt an der Mündung des Hermos hatte keine ungünstige Lage, wurde aber in ihrer Entwick-

---

[11] CIG 3078. 3664.   [12] HEROD. 1,147.   [13] HEROD. 1,142.
[14] PAUS. 7,3—4.
[15] PAUS. 7,2,8. 7,4,2.   [16] PAUS. 7,3,10.   [17] HEROD. 1,147.
[18] STRAB. 14,1,3.

lung durch Phokaia und Klazomenai, die am Eingang des sich anschließenden
Meeresarms lagen, stark behindert, und es dauerte nicht lange, so wurde es von
einem Expeditionskorps aus Kolophon in Besitz genommen. Den Einwohnern
wurde erlaubt, sich in andere Gegenden der Landschaft Aiolis zurückzuziehen,
und Smyrna wurde somit ionisch.[19] Als dann der Hellespont erschlossen war, ließen
sich die Aioler in Sestos und Abydos nieder, doch später wurde Abydos von Miletos
annektiert, dann von Phokaia aus Lampsakos gegründet, und schließlich setzten
die Milesier ihren Fuß auf Kyzikos und sicherten sich noch weiter nördlich ihren
Einfluß in der Propontis.[20] Wieder hatte Aiolis die Führung verloren und konnte
sie nun nie mehr zurückerlangen. Mit Ausnahme Mytilenes, das sich im Nildelta einen
Anteil an der griechischen Konzession Naukratis sichern konnte,[21] war keine der
aiolischen Siedlungen imstande, sich gegen die ionische Konkurrenz zu behaupten.

Mit der ältesten Geschichte dieser Kolonien sind wir schon seit langer Zeit vertraut, doch enthält sie trotz ihres fragmentarischen Charakters darüber hinaus
einige bislang noch nicht ausgeschöpfte wertvolle Hinweise, die den Schlüssel zum
homerischen Problem liefern können.

Die epische Dichtkunst entwickelte sich aus dem höfischen Sängertum, von
dem die Siege eines Königs gefeiert wurden. Das gilt überall in gleichem Maße,
und Griechenland bildet hier keine Ausnahme. Aus einer beiläufig fallengelassenen
Äußerung in der *Odyssee* können wir entnehmen, daß in Mykene Agamemnons
Sänger ein hochgestellter Beamter gewesen ist.[22] Als seine Nachfolger, die Penthilidai, das Ziel ihres langen Zuges erreicht hatten, nahmen sie, soweit das die
beschränkten Verhältnisse zuließen, ihr traditionelles Hofleben wieder auf. Dieser
Versuch schlug nicht gänzlich fehl, da sie trotz des völligen Verlustes ihrer materiellen Habe noch über ein gehegtes und gepflegtes Erbstück verfügten, das ihnen
nicht genommen werden konnte. Die Zurückgebliebenheit der Landschaft Aiolis,
in der es noch ein Königtum gab, konnte die Pflege der epischen Dichtkunst nur
begünstigen.

Die im Beowulf-Epos aufgezeichneten Heldentaten, die an den angelsächsischen
Höfen vorgetragen wurden, waren jenseits der Nordsee begangen worden, und der
Held kann nicht in direkter Beziehung zu den Königen gestanden haben, die sich
seine Abenteuer berichten ließen. Weder im *Beowulf* noch im *Widsith* wird mit der
einzigen Ausnahme von Offa eine englische Person eingeführt.[23] Die *Ältere Edda*
und das *Nibelungenlied* gehören in der vorliegenden Gestalt nach Island beziehungsweise Bayern, doch soweit wir ihre Volkszugehörigkeit überhaupt ermitteln
können, die nirgendwo deutlich zum Ausdruck gebracht wird, sind ihre Helden
Goten, Hunnen und Burgunder.[24] Dank der räumlich und zeitlich ausgedehnten
Wanderbewegungen, durch die sich die germanischen Völker über nahezu ganz
Europa ausbreiteten, besteht ein Hauptmerkmal des germanischen Epos darin,

---

[19] HEROD. 1,149—150, PAUS. 7,5,1.
[20] J. L. MYRES in Cambr. Anc. Hist., Bd. 3, S. 657—660.
[21] HEROD. 2,178,3.
[22] Od. 3,267—271.
[23] CHADWICK, The Heroic Age, S. 32.
[24] Ebd., S. 33—34.

daß die Lieder von Sängern weitergereicht wurden, die in großem zeitlichen und räumlichen Abstand zu den Personen und Begebenheiten standen, die von ihnen besungen wurden.

Dagegen hatten die besagten Penthilidai lediglich die Ägäis überquert, und es waren Agamemnons direkte Nachkommen, die in ihrer neuen Heimat — den Berg Ida, der das Schlachtfeld überragte, vor Augen — den Gesängen der *Ilias* lauschten. Man kann sich gut vorstellen, wie sie, zu ihren Gästen gewandt, gesagt haben mögen: „Klein, aber mein."

Dann langten die Kodridai an. Die Geschichte des Odysseus, dessen Heimat derart nahe an ihren eigenen angestammten Wohnsitzen lag, kann leicht ihr Beitrag zu der homerischen Schatzkammer gewesen sein. Seine Reisen in westlicher Richtung weisen einige merkwürdige Parallelen zu der Fahrt der Argonauten auf und erregen in uns den Verdacht, die Saga sei von den Neleidai bei deren Auszug von Iolkos vom Osten auf den Westen übertragen worden.[25]

In Ionien währte das Königtum gerade lange genug, um die beiden gegenüberliegenden Küstenstriche vereinigen zu können. Hier wurde die Kunstgattung, ohne daß ein Einschnitt erfolgte, in eine Umwelt versetzt, deren Luft weder vorher noch später wieder ein epischer Sänger hat atmen können — die scharfe, kritische, erfrischende Luft des merkantilen Stadtstaates.

2. *Homers Geburtsort*

Die Frage nach dem Geburtsort Homers kann gestellt werden, ohne daß man dabei auf das Problem Bezug nehmen muß, ob es je einen Verfasser von *Ilias* und *Odyssee* im herkömmlichen Sinne des Wortes gegeben hat. Die Griechen glaubten, es habe einen Dichter dieses Namens gegeben, und sie haben ein Recht darauf, angehört zu werden.

Die homerische Frage ist keine Erfindung der Neuzeit. Schon in den großen Tagen der hellenistischen Gelehrsamkeit wurde darüber debattiert, ob die beiden Epen von dem gleichen Manne verfaßt worden seien oder nicht. Derartige Meinungskämpfe standen in hoher Blüte. Die Position, die man im dritten Jahrhundert u. Z. in diesen Fragen erlangt hatte, wird durch Lukians muntere Feder skizziert:

Ich hatte kaum zwei oder drei Tage hier zugebracht, als ich mich an den Dichter Homer machte und ihm, da wir eben beide nichts anderes zu tun hatten, alle die gewöhnlichen Fragen, die seinetwegen aufgeworfen werden, vorlegte, unter anderem: was er für ein Landsmann sei? Er antwortete: alle die wackeren Männer, die sich so viele Mühe gäben, ihn zu einem Chier oder zu einem Smyrnäer oder Kolophonier zu machen, wären übel berichtet: denn er sei ein Babylonier und heiße unter seinen Mitbürgern nicht Homer, sondern Tigranes; den Namen Homeros habe er erst bei den Griechen bekommen, da er als Geisel (*hómeros*) unter ihnen gelebt habe. Ich fragte ihn sodann auch wegen der Verse, die von den Kunstrichtern für unecht erklärt werden, ob sie von ihm seien? und er versicherte mir, sie wären alle sein. Ich sah also, daß die

---

[25] J. A. K. THOMSON, Studies in the Odyssey, S. 80—99.

Grammatiker Aristarchos und Zenodotos mit ihren frostigen Kritiken immer hätten zu Hause bleiben können. Nachdem er mich über diesen Punkt völlig befriedigt hatte, fragte ich weiter: was er für eine Ursache gehabt habe, sein Gedicht gerade mit dem Worte „Zorn" anzufangen? Seine Antwort war: es sei ihm just auf die Zunge gekommen, ohne daß er sich lange darüber bedacht habe. Ich wollte auch wissen, ob er die *Odyssee* vor der *Ilias* geschrieben habe, wie viele behaupten. Er sagte nein. Daß er nicht blind gewesen ist, wie sie ebenfalls von ihm sagen, erkannte ich auf den ersten Blick; denn er sah so gut wie jeder andere, und ich brauchte also nicht erst danach zu fragen.[26]

Daß dieser feine Spott nicht unangebracht war, kann man aus einem Artikel ersehen, in dem der byzantinische Lexikograph Suidas die Ergebnisse der Homerforschung zusammenfaßt. Ich zitiere den Paragraphen, der sich auf den Geburtsort des Dichters bezieht:

Die Zweifel daran, ob ein solch genialer Dichter sterblicher Herkunft gewesen sein könne, haben auch zu einer Unsicherheit hinsichtlich seines Herkunftsortes geführt. Von verschiedenen Autoren wurde er zu einem Bürger von Smyrna, Chios, Kolophon, Ios, Kyme, Kenchreai in der Troas, Lydien, Athen, Ithaka, Zypern, Salamis, Knossos, Mykene, Ägypten, Thessalien, Italien, Lukanien, Gryneion, Rom und Rhodos erklärt.[27]

Das ist eine verwirrende Fülle von Anwartschaften. Diese Liste ist jedoch erst im elften Jahrhundert u. Z. zusammengestellt worden, nachdem fast zwei Jahrtausende über der Suche nach der Wahrheit verstrichen waren. Wir dürfen damit den Anfang machen, alle diejenigen, die sich nicht auf einen vorchristlichen Gewährsmann berufen können, von der Liste zu streichen, und erhalten eine Restzahl von sieben Städten:

Quelle	*Datum (Jahrhundert v. d. Z.)*	*Geburtsort*
Homerischer Hymnos an Apollon	VII—VI	Chios
Semonides von Amorgos (?)	VII—VI	Chios
Simonides von Keos (?)	VI—V	Chios
Damastes von Sigeion	V	Chios
Pindaros	V	{ Chios / Smyrna
Stesimbrotos von Thasos	V	Smyrna
Hippias von Elis	V	Kyme
Bakchylides von Keos	V	Ios
Antimachos von Kolophon	V—IV	Kolophon
Ephoros von Kyme	IV	Kyme
Aristoteles	IV	Ios
Philochoros von Athen	IV	Argos
Theokritos von Kos	III	Chios
Aristarchos von Samothrake	III—II	Athen
Nikandros von Kolophon	II	Kolophon
Dionysios Thrax	II	Athen[28]

[26] LUKIAN. ver. hist. 2,20, deutsch von C. M. WIELAND.   [27] SUID. *Ομηρος*.
[28] Hom. Hymn. 3,172, SIMONID. 85, PIND. fr. 264, DAM. 10 = FHG 2,66, STESIMBR. 18, HIPPIAS 8 = FHG 2,62, BAKCHYLID. fr. 48 BLASS, ANTIM. 18 = FHG 2,58, EP HOR. 164, ARISTOT. fr. 66, PHILOCH. 54, THEOKR. 7,47, NIKAND. fr. 14, Vit. Hom. 5—6.

Wir wollen uns diese Anwärter näher ansehen und beginnen dabei mit den schwächsten Kandidaten.

Athen ist rasch abgewiesen. Als Mutterstadt der Ioner erhob es Anspruch auf die Ehre, auch als Urheber von deren Leistungen zu gelten — ein Anspruch, den die Ioner späterer Zeit gelten ließen, um sich damit selbst zu schmeicheln. Aristeides von Smyrna bezeichnet seine Vaterstadt als athenische Kolonie und seine Vorfahren als Athener.[29] Wir besitzen ein Epigramm, das für eine Statue des athenischen Tyrannen Peisistratos verfaßt worden war und folgendermaßen lautet:

> Dreimal war ich Tyrann und ebensooft hat Erechtheus'
> Volk mich verjagt und doch dreimal mich heimwärts geführt,
> Mich, Peisistratos, groß im Rat, der die Lieder Homers euch
> Sammelte, die vordem einzeln erklungen nur sind.
> Muß doch der goldene Dichter als unser Mitbürger gelten,
> Wenn von Athenern die Stadt Smyrna gegründet einst ward.[30]

Ios. Es gab eine Sage, nach der ein Mädchen dieser Insel mit Namen Kretheis, die von einem Gott schwanger war, in Smyrna in die Sklaverei verkauft und von einem Lyder namens Maion erhandelt wurde, der sie zu seiner Frau machte. Sie brachte dann Homer zur Welt.[31] Das ist ohne Zweifel die Sage, auf die sich Bakchylides und Aristoteles bezogen. Sie bietet aber nicht Ios, sondern Smyrna als Geburtsort des Dichters.

Argos. Die homerischen Gesänge waren hier besonders volkstümlich. Zweifellos spielten dabei politische Gründe die Hauptrolle. Die Argeier feierten ein musisches Fest, zu dem Homer und Apollon als Gäste geladen wurden.[32] Sie behaupteten ferner, Homer sei ein Sohn des Maion und der Hyrnetho.[33] Hyrnetho tritt in dieser Überlieferung als Variante des Mädchens von Ios auf. Sie war der Eponym der Hyrnetheis, eines der aus vor-dorischen Elementen gebildeten argeiischen Stämme (Seite 127). Es ist durchaus möglich, daß sich an dieser Stelle auch noch nach der Dorischen Wanderung irgendeine von der homerischen unabhängige Tradition mykenischer Sängerkunst fortgeerbt hat.

Kolophon. Da die Befürworter dieser Kandidatur selbst Bürger dieser Stadt sind, scheiden sie als interessierte Partei aus. Ihr Anspruch scheint darauf gegründet zu sein, daß die Bevölkerung von Smyrna durch Ioner, die aus Kolophon stammten, wieder aufgefüllt worden war (Seite 476—477).

Es bleiben uns noch Kyme, Smyrna und Chios. Kyme hat die am wenigsten begründeten Ansprüche von ihnen und erscheint vielleicht nur deshalb auf der Liste, weil es die Mutterstadt von Smyrna war. Die stärksten hat Chios, das in den homerischen Hymnen und von Semonides von Amorgos genannt wird — falls er es ist und nicht Simonides von Keos, auf den sich das Zitat bezieht. Dem kann hinzugefügt werden, daß Chios die anerkannte Heimatstadt der Homeriden war.[34]

---

[29] ARISTEID. 23,26. 29,27. 40,759. 42,776.
[30] Vit. Hom. 5—6 = Anthol. Pal. 11,442.
[31] PLUT. Vit. Hom. 3. Es gab in Ios einen Monat namens Homereon: IG 12 (5), 15.
[32] AELIAN. var. hist. 9,15.
[33] Vit. Hom. 4,1—2. 6,27, Certamen Hom. et Hes. 25.   [34] STRAB. 14,1,35, AKUSIL. 31, HELLANIK. 55.

Zugunsten Smyrnas darf die Vermutung ausgesprochen werden, daß die Homeriden ihren Mittelpunkt von hier nach Chios verlegten, als Smyrna an Kolophon gefallen war. Das beste wird sein, sowohl Chios als auch Smyrna für die Heimat Homers zu erklären, wobei Kyme als *proxime accessit* gelten darf. Alle drei Städte gehören in das Grenzgebiet zwischen Aiolis und Ionien, an die Küste des Hermaischen Meerbusens. Hier stand die Wiege des griechischen Epos, wie wir es kennen.

3. Vom Fürstenhof zum Marktplatz

Homeros ist der Eponym der Homeriden. Wenigstens der Name hat realen Hintergrund. Es handelt sich dabei um die ionische Form für Homaros, das als Eigenname auf Inschriften Kretas und Thessaliens erscheint.[35] Als gewöhnliches Substantiv bezeichnete es den „Geisel", und es gab eine Sage, nach der der Dichter als Geisel von Smyrna nach Chios überführt worden sei.[36] Aus dem Namen erklärt sich die Sage. Nach einer anderen, weit glaubhafteren Wortdeutung war *hómeros* eine alte Bezeichnung im Sinne von „blind".[37] Sänger sind häufig aus dem gleichen Grunde blind, aus dem Schmiede lahm sind. Die Wahl des Berufes war durch ein körperliches Gebrechen bedingt. Zur Blindheit paßte das „zweite Gesicht", d. h. die Wahrsagekunst und die Poesie.[38] Demodokos war blind, wie auch Thamyris und Stesichoros.[39] Falls Homer einfach der „blinde Barde" war, so ist sein Name nur von schwacher Beweiskraft dafür, daß er wirklich gelebt haben soll.

Von den Homeriden wird uns berichtet, daß sie „ursprünglich Nachfahren Homers gewesen seien, die ihre Gesänge in ererbter Überlieferung vortrugen, mit der Zeit aber zu Rhapsoden wurden, die in keinerlei Beziehung zu dem Dichter standen."[40] Mit anderen Worten: sie begannen als Clan und endeten als Gilde. Zugunsten der Kooption wurde auf die mit der Geburt gegebene Qualifikation verzichtet (Seite 277). Ihr Zentrum befand sich in Chios. Wie alle Sänger waren sie als Wanderer sprichwörtlich geworden, und unzweifelhaft waren ihre Mitglieder über ganz Griechenland verstreut. Einer von ihnen, Kynaithos von Chios, wanderte zu Ende des sechsten Jahrhunderts nach Syrakus aus.[41] Sie wirkten noch im fünften Jahrhundert, wie wir von Platon erfahren, der gewisse, nur für Eingeweihte bestimmte Gesänge erwähnt, die sich in ihrem Besitz befunden haben und der Öffentlichkeit nicht zugänglich gewesen sein sollen.[42] Zu diesem Zeitpunkt mögen sie bereits ihr Monopol an den Epen eingebüßt haben, doch ist es bemerkenswert, daß wir an keiner Stelle der attischen Literatur oder der Inschriften irgendeine Bezugnahme auf einen Rhapsoden entdecken können, der von Geburt Athener gewesen ist. Als Platon einen typischen Vertreter dieser Kunst zeichnen wollte, wählte er einen Ioner aus Ephesos.

[35] GDI 1033, SIG 1059,1,3.   [36] PROKL. Chrest. 99,17 ALLEN.
[37] Ebd. 19—20, EPHOR. 164.
[38] Vgl. CHADWICK, The Growth etc., Bd. 3, S. 619.
[39] Od. 8,63—64, Il. 2,599—600, ISOKR. Hel. 64.
[40] Schol. PIND. Nem. 2,1.
[41] Schol. PIND. Nem. 2,1.   [42] PLAT. Phaidr. 252b, vgl. Ion 530d, Polit. 599e.

Falls die Epen an den Höfen der Pelopiden und Kodriden zur Reife gelangt sind, müssen sie auch durch den Niedergang des Königtums entscheidend beeinflußt worden sein. Kyme hatte noch im Jahre 700 v. d. Z. einen König, doch handelt es sich hier um einen Ausnahmefall. Dieses Herrscheramt war wahrscheinlich schon lange vor diesem Zeitpunkt abgeschafft worden, zumindest muß man das für Ionien annehmen. Es war diese ungleichmäßige Entwicklung der einzelnen Teile des kleinasiatischen Griechenland, die es der epischen Tradition ermöglichte, ohne Unterbrechung in das nächste Entwicklungsstadium hinüberzugelangen.

Als der Königshof verfiel, wurden die Rezitationen auf den Marktplatz verlegt. Ich meine damit nicht etwa einen schläfrigen, ländlichen Markt, den Treffpunkt der Bauern, Viehhändler und Landjunker. An solchen Plätzen trug Hesiod seine Lieder vor, und den Ertrag seiner Dichtkunst kann man durch einen Vergleich mit Homer messen. Nein, ich meine den öffentlichen Platz eines bevölkerten Seehafens, auf dem sich Griechen, Karer, Phoiniker, Matrosen und Kaufleute, Besitzer von Textilwerkstätten, Geldverleiher und Bankherren drängten, wie es besonders bei dem Jahrmarkt auf Delos der Fall war.

Delos ist zwar ein winziges Eiland, ein bloßer Auswuchs aus Gneis und Granit inmitten der blauen Ägäis; da es aber den Mittelpunkt der Kykladen bildet, wurde es zur Kulturmetropole ganz Ioniens:

> Tempel hast du viele und viele schattige Haine,
> Liebst du doch alle Warten und alle Gipfel und Höhen
> Ragender Berge und alle meerwärts strömenden Flüsse.
> Aber am meisten labst du dein Herz an Delos, o Phoibos,
> Wo die Ioner sich in langen Gewändern versammeln,
> Sie mit ihren Kindern und ihren würdigen Frauen.
> Dann gedenken sie dein im Faustkampf oder mit Tänzen
> Oder mit Liedern voll Lust, wenn sie zum Wettkampf gerufen.
> Und wer da käme und sähe, wie die Ioner versammelt,
> Wähnte, er sähe Unsterbliche prangend in ewiger Jugend;
> Sieht er sie doch alle in ihrer Anmut, und freudig
> Schaut er die Schar der Männer und schöngegürteten Frauen
> Und die schnellen Schiffe mit ihren Schätzen in Fülle.[43]

Und nicht nur aus Ionien, nein, aus ganz Griechenland strömten die Pilger zu den Festspielen herbei. So erfahren wir, daß schon zu Beginn des achten Jahrhunderts ein Chor aus Messenien hier mit einem von Eumelos aus Korinth zu diesem Zwecke verfaßten Hymnos als Bewerber aufgetreten ist.[44] Athener beteiligten sich zur Zeit Solons und wahrscheinlich schon früher an dem musischen Agon.[45] Wenn man in Griechenland jemand aus voller Kehle singen hörte, sagte man, „er singt, als ob er in Delos auftreten sollte".[46] Die Insel behielt ihre hervorragende Bedeutung bis in die Zeit des Persereinfalls bei, und nach der Niederlage der Perser konnte sie sich dank ihres hohen Ansehens die Rolle einer Verwalterin

---

[43] HOM. Hymn. 3,143—155.
[44] PAUS. 4,4,1.
[45] ATHEN. 234e, PHILOCH. 158.
[46] ZENOB. 2,37.

des Bundesschatzes sichern, als von Athen aus der neue Ionische Bund geschlossen wurde.

Es ist unzweifelhaft, daß der Vortrag homerischer Gesänge einen wichtigen Teil des Festprogramms gebildet hat. Der Altar des delischen Apollon wird in der *Odyssee* erwähnt.[47] Hier soll auch, nach dem Ausweis der Überlieferung, der blinde Barde selbst die Zuhörermassen in Begeisterungsstürme versetzt haben:

> Du aber, Phoibos, und Artemis, seid beide mir gnädig!
> Heil euch Jungfrauen allen! Und auch in späteren Zeiten
> Denkt noch mein, wenn einer der erdbewohnenden Menschen
> Hierher kommt und fragt, ein leiderfahrener Fremdling:
> „Mädchen, sagt, wer gilt euch als der lieblichste Sänger,
> Der hier weilte, und wer hat euch am meisten beseligt?"
> Aber mit einer Stimme sollt ihr ihm alle erwidern:
> „Das ist der blinde Mann, er wohnt im felsigen Chios.
> Seine Gesänge bleiben alle für immer die schönsten."[48]

Wir wissen nicht, zu welchem Zeitpunkt die Rezitationen hier eingeführt wurden. Das kann schon im neunten Jahrhundert geschehen sein. Wie wir im vorigen Kapitel erfahren haben, nahmen die Gesänge noch im siebenten Jahrhundert an Umfang ständig zu. Der soziale Umschwung erfolgte, als sie noch nicht ihre endgültige Fassung erhalten hatten. Somit muß er sich auf die Gestaltung der Epen ausgewirkt haben. Ja, er muß sie revolutioniert haben. Herangewachsen waren sie in der Abschirmung des Hoflebens, um einer rückwärts gewandten Nobilität, die von den Erinnerungen an die einstige Größe lebte, zu dienen. Jetzt, da sie in das Gewühl des ionischen Handels, der Politik und Wissenschaft hineingeworfen waren, entfaltete sich die epische Dichtkunst zu höchster Blüte. Ihre Entwicklungsbedingungen waren einzigartig.

4. Das homerische Korpus

Auf den vorangegangenen Seiten wurden *Ilias, Odyssee* und die *Hymnen* ohne Unterschied als die homerischen Epen behandelt. In der Antike gab es außerdem noch etwa ein Dutzend andere, inzwischen verlorengegangene Werke, die unter dem Namen Homers oder seiner Schule in Umlauf waren. Sie bildeten das homerische Korpus, das in zwei Teile zerfällt. Der eine umfaßte *Ilias, Odyssee* und die *Hymnen*, die einmütig oder doch fast einhellig dem Meister selbst zugeschrieben wurden. Ich werde sie auch im folgenden als homerische Epen bezeichnen. Die anderen Gesänge, die abwechselnd entweder ihm oder seinen Schülern zugesprochen wurden, sind unter der Bezeichnung „kyklische Epen" bekannt.

Der größte Teil unserer Kenntnisse über die kyklischen Epen stammt von dem neuplatonischen Grammatiker Proklos (fünftes Jahrhundert u. Z.), der einen Leitfaden des homerischen Korpus zusammenstellte, von dem ein kurzer Auszug

---

[47] Od. 6,162—163, vgl. Certamen 315—321, HESIOD. fr. 265.
[48] Hom. Hymn. 3,165—173.

erhalten ist.⁴⁹ Er scheint gründliche Arbeit geleistet zu haben. Außer seinen Mitteilungen verfügen wir nur über einzelne Zitate und Hinweise bei anderen Schriftstellern und fragmentarische Angaben bei hellenistischen, griechisch-römischen und byzantinischen Gelehrten.

Die *Ilias* behandelt das zehnte Jahr des Trojanischen Krieges vom Streit zwischen Agamemnon und Achilleus bis zu Hektors Leichenbegängnis. Die *Odyssee*

Tabelle XVIII

Das homerische Korpus

Titel	Verfasser	Datierung
Ilias	Homer	um 950
Odyssee	Homer	
Hymnen:		
auf Apollon	Homer	
	Kynaithos von Chios	fl. 500
die übrigen	Homer	
Trojanischer Kyklos:		
Kypria	Stasinos von Kypros	—
	Hegesinos von Salamis	—
Aithiopis	Arktinos von Milet	geb. 744
	Kinaithon von Sparta	fl. 762
Kleine Ilias	Lesches von Mytilene	fl. 710
	Thestorides von Phokaia	—
	Diodoros von Erythrai	—
Iliupersis	Arktinos von Milet	geb. 744
Nostoi	Hagias von Troizen	
	Kinaithon von Sparta	fl. 762
Telegonia	Eugammon von Kyrene	fl. 566
Thebanischer Kyklos:		
Oidipodeia	Kinaithon von Sparta	fl. 762
Thebais	Homer	
Epigonoi	Antimachos von Teos	fl. 753
Weitere Epen:		
Eroberung Oichalias	Kreophylos von Samos	—
	Arktinos von Milet	geb. 744
Titanomachia	Eumelos von Korinth	fl. 750
Phokais	Homer	
Margites	Homer	
Amazonia	Magnes von Lydien	fl. 700
Herakleia	Peisinos von Lindos	fl. 750

Homer wurde nur dann eingesetzt, wenn kein anderer Anwärter auf die Verfasserschaft vorhanden ist.

⁴⁹ Zur Verfasserschaft der Chrestomathia siehe ALLEN, Homer, Origins and Transmissions, S. 51—60.

hat Odysseus' Heimkehr nach Ithaka, die Wiedervereinigung mit seiner Familie und seine Rache an den Freiern zum Gegenstand. Die *Ilias* umfaßt 15 693, die *Odyssee* 12 110 Verse. Beide wurden von den alexandrinischen Herausgebern in vierundzwanzig Gesänge unterteilt. Die Ilias wurde von allen Autoritäten Homer zugeschrieben; abgesehen von einigen hellenistischen Gelehrten, die anderer Meinung gewesen sein sollen, gilt das gleich auch für die *Odyssee*.[50]

Es existieren vierunddreißig Hymnen, die aber bis auf fünf längere sämtlich von sehr geringem Umfang sind. Der Hymnos auf *Apollon* wird von Thukydides (fünftes Jahrhundert v. d. Z.), der auf *Hermes* von Antigonos von Karystos (drittes Jahrhundert v. d. Z.) als Schöpfung Homers bezeichnet.[51] Athenaios (zweites bis drittes Jahrhundert d. Z.) sagt, der Verfasser des Hymnos auf *Apollon* sei „Homer oder einer der Homeriden" gewesen.[52] Hippostratos von Syrakus (nicht datiert) behauptet, der wirkliche Verfasser dieses Hymnos sei einer der Homeriden namens Kynaithos von Chios gewesen, der „einen großen Teil seiner eigenen Verse in das homerische Gedicht eingeschoben" und Syrakus zwischen 504 und 500 v. d. Z. besucht habe.[53] Vor nicht allzu langer Zeit hat Wade-Gery sehr überzeugend nachgewiesen, daß dieses Gedicht eigentlich aus zwei Hymnen besteht — einem auf den Delischen Apollon, der vor 600 v. d. Z. verfaßt wurde, und einem zweiten auf den Pythischen Apollon, der aus dem folgenden Jahrhundert stammt; die Vereinigung beider sei das Werk des Kynaithos gewesen.[54] Ich halte diese Schlußfolgerung für richtig.

Die kyklischen Epen kann man nach den behandelten Gegenständen in den trojanischen und den thebanischen Kyklos und vermischte Epen einteilen.

Der trojanische Kyklos enthält sechs Epen. Zuerst die *Kypria*, die elf Bücher umfassen. In ihnen wurde das Urteil des Paris, der Raub der Helena, das Aufgebot der Achaier, die Opferung der Iphigeneia und der Verlauf des Krieges bis zum Streit zwischen Agamemnon und Achilleus dargestellt.[55] Herodot (fünftes Jahrhundert v. d. Z.) zieht aus inneren Gründen den Schluß, daß Homer nicht der Verfasser gewesen sein kann, und deutet somit darauf hin, daß viele Leute den Meister für den Schöpfer auch dieses Epos gehalten haben.[56] Nach einer Erzählung, die man bis auf Pindar (fünftes Jahrhundert v. d. Z.) zurückverfolgen kann, soll Homer das Epos seinem Schwiegersohn Stasinos von Kypros als Hochzeitsgeschenk überreicht haben.[57] Platon (viertes Jahrhundert v. d. Z.) nennt den Namen des Epos, doch nicht den Verfasser.[58] Pausanias (zweites Jahrhundert d. Z.) legt sich ebenfalls nicht fest.[59] Athenaios schreibt es „Stasinos von Kypros oder Hegesias oder wer es sonst gewesen sein mag" zu.[60] Proklos nennt als Verfasser Stasinos oder Hegesinos von Salamis, d. i. das kyprische Salamis.[61]

---

[50] PROKL. 102,3 ALLEN.
[51] THUK. 3,104, ANTIG. KARYST. 7, vgl. PAUS. 4,30,4. 9,30,12. 10,37,5.
[52] ATHEN. 22b.　　[53] Schol. PIND. Nem. 2,1.
[54] WADE-GERY, „Kynaithos", in: Greek Poetry and Life, Oxford 1936, S. 56—78.
[55] PROKL. 102—105.　　[56] HEROD. 2,117.
[57] AELIAN. var. hist. 9,15, vgl. IAMBLICH. de vit. Pythag. 146, SUID. Όμηρος, 29.
[58] PLAT. Euthyphr. 12a.　　[59] PAUS. 4,2,7.　　[60] ATHEN. 682d, vgl. 35c, 334b.
[61] PROKL. 97,14.

An zweiter Stelle folgt die *Aithiopis* in fünf Büchern. Thema: das zehnte Kriegsjahr von Hektors Leichenbegängnis bis zum Tod des Achilleus.[62] Proklos nennt Arktinos von Milet als Verfasser, der von Suidas (elftes Jahrhundert u. Z.) als Schüler Homers bezeichnet wird.[63] Sein Geburtsdatum wird mit 744 v. d. Z. angegeben.[64]

Drittens die *Kleine Ilias* in vier Büchern. Gegenstand der Handlung: der Streit um die Waffen des Achilleus und der Bau des hölzernen Pferdes.[65] Sie wurde abwechselnd Kinaithon von Sparta (bei Hellanikos, fünftes Jahrhundert v. d. Z.), Lesches von Mytilene (Proklos), Thestorides von Phokaia oder Diodoros von Erythrai zugeschrieben.[66] Für Kinaithon wurde das Jahr 762 v. d. Z. angegeben,[67] und Lesches war ein Zeitgenosse des Arktinos.[68] Es wurde erzählt, Homer habe dieses Epos verfaßt, als er sich mit Thestorides in Phokaia aufgehalten habe. Ein Sohn des Thestorides namens Parthenios, auch ein epischer Dichter, wird als Nachkomme Homers bezeichnet.[69] Pausanias behandelt das Epos als anonyme Schöpfung.[70]

Viertens die *Iliupersis*, d. h. die Zerstörung von Troia, in zwei Büchern, von Arktinos verfaßt, dem Autor der *Aithiopis*.[71]

Fünftens die *Nostoi* (d. h. Heimfahrten) in fünf Büchern. Gegenstand: die Nachkriegsabenteuer von Diomedes, Nestor, Neoptolemos, Agamemnon und Menelaos. Verfasser: Hagias (Hegias) von Troizen (bei Proklos).[72] Pausanias erwähnt einen Dichter dieses Namens, behandelt aber die *Nostoi* als anonym.[73]

Sechstens die *Telegonia* in zwei Büchern. Thema: die Abenteuer des Odysseus seit der Bestattung der erschlagenen Freier bis zu seinem Tode.[74] Der Verfasser war Kinaithon von Sparta (bei Eusebios, drittes Jahrhundert d. Z.) oder Eugammon von Kyrene (Clemens von Alexandrien, zweites bis drittes Jahrhundert d. Z.).[75] Für Eugammon wird das Jahr 566 v. d. Z. genannt.

Der trojanische Kyklos wird bei Aristoteles in einer Weise besprochen, aus der hervorgeht, daß er Homer nicht als den Verfasser ansah.[76]

Als nächstes folgt der thebanische Kyklos, der drei Epen umfaßt. In der *Oidipodeia* wurde berichtet, wie Oidipus seinen Vater tötete, die Mutter heiratete und seine Söhne verfluchte. Die *Thebais* schilderte den Krieg zwischen seinen Söhnen — der erste argeiische Feldzug gegen Theben, der damit endete, daß jeder von der Hand des anderen den Tod empfing. Die *Epigonoi* oder Sieben gegen Theben ent-

---

[62] PROKL. 105—106.   [63] SUID. *Ἀρκτῖνος* = FHG 4,314.
[64] SUID. l. c.: ALLEN, Homer etc., S. 62—63.
[65] PROKL. 106—107.   [66] Schol. EURIP. Troad. 821.
[67] ALLEN, a. a. O., S. 63.
[68] CLEM. ALEX. Strom. 1,21. Von Lesches wird gesagt, er habe (in einem Gedicht?) einen Wettstreit zwischen HOMER und HESIOD beschrieben (PLUT. Mor. 154a). Die einzige Angabe in dieser Nachricht, die an dieser Stelle erwähnt zu werden braucht, ist die Tatsache, daß beiden Dichtern die Improvisationsgabe zugeschrieben wird.
[69] SUID. *Παρθένιος*.   [70] PAUS. 3,26,9.
[71] PROKL. 107—108.   [72] Ebd., 108—109.
[73] PAUS. 1,2,1. 10,28,7, vgl. ATHEN. 281b.
[74] PROKL. 109.
[75] EUSEB. Chron. Ol. 4, CLEM. ALEX. Strom. 6,25,1.
[76] ARISTOT. Poet. 23,5—7.

hielten die Zerstörung der Stadt in einem zweiten Feldzug, der von den Söhnen der
argeiischen Führer, die auf dem ersten Zug umgekommen waren, unternommen
worden ist. Sowohl die *Thebais* wie auch die *Epigonoi* umfaßten je 7000 Verse.[77]

Die *Oidipodeia* wird auf einer Inschrift dem Kinaithon zugeschrieben.[78] Pausanias nennt keinen Autor.[79] Die *Thebais* wurde im achten Jahrhundert v. d. Z. von
Kallinos von Ephesos Homer zuerkannt.[80] Das ist das weitaus früheste Zeugnis für
die Verknüpfung des Dichters mit einem Epos aus dem Korpus. Herodot bezieht
sich auf „Homers *Epigonoi*, falls er wirklich der Verfasser dieses Werkes ist".[81] In
einer alexandrinischen Scholie wird das Epos einem Antimachos zugewiesen.
Wahrscheinlich handelt es sich dabei um Antimachos von Teos (um 753 v. d. Z.).[82]
Es bleiben uns noch die vermischten Epen.

Die *Eroberung von Oichalia*. Gegenstand: die letzte Heldentat des Herakles.
Verfasser: Kreophylos von Samos (bei Kallimachos, drittes Jahrhundert v. d. Z.).[83]
Platon erwähnt Kreophylos als „Freund Homers".[84] An anderer Stelle wird er wie
schon Stasinos als dessen Schwiegersohn bezeichnet.[85] In einer Sage, die wahrscheinlich Platon bekannt war, erzählt Kallimachos, daß Kreophylos dieses Epos
von Homer als Geschenk erhalten habe, nachdem er ihn auf Samos gastlich aufgenommen hatte.[86] Clemens behauptet, es sei dem Kreophylos von Panyasis von
Halikarnassos gestohlen worden.[87] Vielleicht ist es nicht gestohlen, sondern überarbeitet worden.

Die *Titanomachia* wird von Athenaios dem Arktinos von Miletos oder Eumelos
von Korinthos zugeschrieben.[88] Eumelos (um 750 v. d. Z.) gehörte den Bakchiaden an (Seite 157). Er war der mutmaßliche Verfasser eines anderen Epos mit
dem Namen *Korinthia*.[89] Er war es auch, der den Hymnos für die messenischen
Teilnehmer am delischen Sängerwettstreit verfaßt hat (Seite 482).

Die *Phokais* soll Thestorides von Homer übernommen haben, als er ihn in
Phokaia gastfrei aufgenommen hatte.[90] Über den Inhalt dieses Epos ist uns nichts
bekannt.

Der *Margites* ist ein Scherzepos, unter dessen Hexameter jambische Trimeter
gemischt sind. Es handelt von einem Tölpel, der nicht wußte, wer von seinen

---

[77] Certamen 255—260, vgl. CIG It. Sic. 1292,2,12.
[78] CIG It. Sic. 1292,2,11.
[79] PAUS. 9,5,11.
[80] PAUS. 9,9,5. Die Verbesserung von Καλαῖνος in Καλλῖνος ist so gut wie gesichert, da sie sowohl durch den Akzent als auch durch die häufige Verwechslung von Λ und Λ gestützt wird: Καλαῖνος ist eine vox nihili. SCOTTs verzweifelter Erklärungsversuch, ῞Ομηρον könne „einen Homer" bedeuten (The Unity of Homer, S. 16), hält der Prüfung nicht stand: das würde mit ἄλλον ῾Ομηρον oder δεύτερον ῾Ομηρον ausgedrückt werden (siehe W. G. HEADLAM in G. THOMSON, Æschylus, Oresteia, Bd. 2, S. 93). Andere Schriftsteller behandeln die Thebais als anonym: ATHEN. 465e, APOLLOD. 1,8,4.
[81] HEROD. 4,32.
[82] Schol. ARISTOPH. Pax. 1270, PLUT. Rom. 12.
[83] KALLIM. Epigr. 6.
[84] PLUT. Polit. 600b.
[85] SUID. Κρεώφυλος.
[86] STRAB. 14,1,18.
[87] CLEM. ALEX. Strom. 6,25,2. Wegen des Namens vgl. S. 128.
[88] ATHEN. 22c, 277d, Schol. APOLLON. RHOD. 1,1195, HYGIN. fab. 183, CLEM. ALEX. Strom. 1,21,8.
[89] PAUS. 2,1,1. 2,2,2. 2,3,10.   [90] PS.-HEROD. Vit. Hom. 16.

beiden Eltern ihn geboren hatte, und der sich weigerte, seiner Frau Liebe zu erweisen, da er befürchtete, sie würde es seiner Mutter wiedererzählen.[91] Platon und Aristoteles hielten es für homerisch, doch spätere Autoren behandeln es als unecht.[92]

Schließlich sind noch die *Amazonia* des Magnes von Lydien (um 700 v. d. Z.) und die *Herakleia* zu nennen, die nach dem Zeugnis des Clemens dem Peisinos von Lindos durch Peisandros von Kameiros (um 750 v. d. Z.) gestohlen worden sein sollen.[93]

Noch zwei Einzelheiten, und unsere Angaben sind vollständig. Einerseits bezeichnet sich Platons Ion, der Rhapsode aus Ephesos, als Berufssänger, der sich ausschließlich auf den Vortrag der Werke Homers spezialisiert habe,[94] und alle dort folgenden Zitate sind der *Ilias* und der *Odyssee* entnommen. Ähnlich erwähnt Xenophon einen Athener, der den ganzen Homer auswendig gewußt habe, wobei er, wie der Zusammenhang deutlich macht, *Ilias* und *Odyssee* im Auge hatte.[95] Andererseits berichtet uns Proklos, daß „die Alten" alle kyklischen Epen Homer zuschrieben, d. h. das gesamte Korpus.[96]

Wir erkennen also, daß sich die antiken Zeugnisse widersprechen. Was sollen wir mit ihnen anfangen? Die Bewertung, die ihnen seither zuteil geworden ist, muß man, gelinde gesagt, als launisch bezeichnen. In früherer Zeit, so sagen die Analytiker, sind alle diese Epen ohne Ausnahme Homer zugeschrieben worden, der einen bloßen Eponym darstellte und aller historischer Realität bar war. Die Unitarier waren andererseits sehr um den Nachweis bemüht, daß außer den beiden Meisterwerken keines der anderen Epen ursprünglich als sein geistiges Eigentum angesehen wurde. Beide Ansichten können sich auf die überlieferten Angaben berufen, die aber widersprüchlich sind. Deshalb muß sich die Wahrheit von beiden Meinungen unterscheiden. Der Fehler, in den beide Schulen verfallen sind, besteht in ihrem Versuch, sich der Widersprüche in den Zeugnissen zu entledigen, anstatt sich ihrer als Schlüssel zu dem Problem zu bedienen.

Der griechische Historiker befand sich in einer Hinsicht in einer glücklichen Lage. Der politische Separatismus begünstigte das Fortleben paralleler Kulte, die sich aus einem gemeinsamen Urbild und verschiedenen Versionen der gleichen Begebenheiten herleiteten und somit ein reiches Material für die Rekonstruktion des wahren Sachverhaltes durch Vergleich und Analyse darboten. Die griechische Überlieferung stellt einen vielfach verknoteten Strang dar, den man entwirren muß, indem man die einzelnen Fäden herauslöst und sie dann getrennt weiter verfolgt. Der stärkste von allen war der attische, der nach dem fünften Jahrhundert dazu neigte, die anderen Überlieferungsfäden in sich aufzunehmen. Doch die Ioner besaßen eine eigene Kultur, die älter als die athenische war und sich bis in hellenistische Zeiten hinunter weitgehend unabhängig weiterentwickelte. Vor nicht allzu langer

---

[91] Schol. AISCHIN. Ktesiph. 160.
[92] PLUT. Alkib. 2, 147c, ARISTOT. Poet. 4,3,10—12, HEPHAIST. Encheir. 17, DIO. CHRYSOST. 53,4.
[93] NICOL. DAM. 62, CLEM. ALEX. Strom. 6,25,2, SUID. Πείσανδρος.
[94] PLAT. Ion 531a.
[95] XEN. Symp. 3,5, vgl. ATHEN. 620b.
[96] PROKL. 102.

Zeit ist darauf hingewiesen worden, daß „einige alexandrinische Gelehrte, die aus Ionien herüberkamen, aus ihren Heimatstädten Kenntnisse von literarischen Werken mitbrachten, die noch nie zuvor ihren Weg nach Athen gefunden hatten".[97] Untersucht man die widersprüchliche homerische Überlieferung in diesem Lichte, so kann man sie auch erklären.

Im achten Jahrhundert v. d. Z. schreibt Kallinos, ein Ioner, die *Thebais* Homer zu, und drei Jahrhunderte später erzählt Pindar die Geschichte von Stasinos' Hochzeitsgeschenk und gibt damit zu verstehen, daß Homer der Verfasser der *Kypria* gewesen sei. Doch dann nennt Hellanikos von Lesbos Kinaithon als den Dichter der *Kleinen Ilias*, während Herodot, ein Bürger Kleinasiens, der in Athen lebte, es für nötig erachtete, die Ansicht, die *Kypria* und die *Epigonoi* seien von Homer geschaffen, zu verwerfen. In Athen zitiert Thukydides den *Hymnos auf Apollon* als homerisch, während der im vierten Jahrhundert dort lebende Xenophon ihm außer *Ilias* und *Odyssee* alle anderen Werke aberkennt. Platon und Aristoteles verfahren ebenso, wenn man davon absieht, daß sie auch den *Margites* auf seine Rechnung setzen. In der Epoche der alexandrinischen Philologie werden die Namen mehrerer Konkurrenten Homers bekannt, und die allgemeine Haltung gegenüber dem Verfasserproblem ist unverbindlich.

Es besteht nicht nur eine Tradition, sondern zwei. Beide entwickelten sich weiter und verstrickten sich schließlich miteinander.

Die eine Überlieferung war von den Homeriden selbst geschaffen. In ältester Zeit, als diese „Söhne Homers" noch wirklich Mitglieder eines Sängerclans gewesen waren, befolgten sie den frommen, derartigen Bruderschaften gemeinsamen Brauch, ihr gesamtes Repertoire an Gesängen auf den Meister selbst zurückzuführen. *Ipse dixit.* Als aus dem Clan später eine Gilde geworden war, individualisierten sich auch ihre Mitglieder in stärkerem Maße. Da sie noch immer damit beschäftigt waren, das ererbte Material zu vermehren oder zur Vollendung zu bringen, brachten sie ihre persönlichen Urheberrechte mit ihrem *esprit de corps* dadurch in Übereinstimmung, daß sie Anekdoten über Hochzeitsgaben und Gastgeschenke in Umlauf setzten, in denen ihre eigenen Namen mit dem des Meisters in symbolischer Vereinigung erschienen. In einigen Fällen wurde das gleiche Thema nacheinander von mehreren Angehörigen ihrer Gilde neubearbeitet. Unter den Bedingungen des mündlichen Vortrags der Epen war das eine natürliche und unausbleibliche Erscheinung, doch in späterer Zeit, als die Ansprüche auf individuelle Verfasserschaft überragende Geltung erlangt hatten, führte das genauso unausweichlich zu Mißverständnissen. Die zeitlich aufeinanderfolgenden Dichter erschienen somit als Nebenbuhler, die sich der Interpolation oder des Plagiats schuldig gemacht hatten.

Als die Epen im Mutterland in Umlauf gesetzt waren, bestand anfangs die Tendenz, der älteren ionischen Verfahrensweise zu folgen und sie sämtlich ohne Unterschied als Schöpfung Homers zu betrachten, doch im vierten Jahrhundert v. d. Z., als die Literaturkritik einsetzte, zogen es die attischen Schriftsteller vor, die

[97] PEARSON, Early Ionian Historians, S. 9.

Person Homers für die beiden Hauptwerke und daneben für die *Hymnen* und den *Margites* zu reservieren, für die selbst in Ionien keine eindeutig bestimmte Verfasserschaft festgelegt worden war. Und schließlich flossen die beiden Überlieferungsreihen in Alexandrien ineinander. Man machte sich nunmehr mit den Namen Arktinos, Lesches, Kinaithon und den anderen homerischen Dichtern, die aus Ionien herübergekommen waren, allgemein vertraut, doch nahmen die Gebildeten wegen des starken Einflusses der attischen Literatur, in der diese Dichterpersönlichkeiten nicht genannt wurden, eine skeptische Haltung ein. Inzwischen hatte sich das breite Publikum mit der Überzeugung zufriedengegeben, Homer habe das ganze Korpus selbst verfaßt. Falls diese Ansicht von irgendjemand in Zweifel gezogen wurde, brauchte man sich nur auf seine göttliche Herkunft zu berufen.

5. Die kyklischen Epen

Von den zehn Dichtern, die in Verbindung mit dem trojanischen und thebanischen Kyklos genannt worden sind, werden nur fünf als Einwohner von Aiolis oder Ionien bezeichnet. Die übrigen gehören durch Geburt oder Adoption auf den Peloponnes, nach Zypern oder Libyen. Durch eine Prüfung ihrer Ansprüche und der für sie angegebenen Lebensdaten können wir hoffen, etwas über die Ausbreitung der Homeriden zu erfahren.

Für die Lebenszeit des Kinaithon von Sparta wird das Datum 761—758 v. d. Z. angegeben. Selbst wenn wir das als sein Geburtsdatum betrachten, handelt es sich um einen bemerkenswert frühen Zeitpunkt — zwanzig Jahre vor Lesches, seinem Konkurrenten in der Frage nach dem Verfasser der *Kleinen Ilias*, und zwei Jahrhunderte vor Eugammon, der wie er als Autor der *Telegonia* gilt. Er kann die *Kleine Ilias* nicht in der bei Proklos beschriebenen Form gedichtet haben, da deren Gegenstand beweist, daß sie in Verbindung mit der *Aithiopis* und der *Iliupersis* geplant worden sein muß, die das Werk des Arktinos waren; doch es besteht keine Schwierigkeit, in ihm den Verfasser einer älteren Version dieses Epos zu erblicken. Seine *Telegonia* kann auf die gleiche Weise das Urbild für das Epos des Eugammon abgegeben haben. Kyrene war von Thera aus kolonisiert worden, und Thera wiederum von Sparta.[98] Es bleibt noch die *Oidipodeia*, auf deren Verfasserschaft er der einzige Anwärter ist. In diesen Zusammenhang gestellt, befindet sich das auf ihn bezogene Datum mit dem für Antimachos, den Dichter der *Epigonoi*, überlieferten, und mit dem Alter der *Thebais*, das dem Kallinos bekannt war, in Übereinstimmung. Der letztgenannte Autor lebte „nicht lange Zeit vor" Archilochos, dessen Lebenszeit man vor kurzem mit 740—670 v. d. Z. angesetzt hat.[99]

Somit ist es sehr wahrscheinlich, daß Kinaithon wirklich in das achte Jahrhundert gehört, und wenn wir uns Sparta zuwenden, treffen wir ihn in geistesverwandter Gesellschaft an. Damals hatte die Stadt noch kein militaristisches

---

[98] HEROD. 4,147—159.
[99] ALLEN, a. a. O., S. 61, BLAKEWAY, „The Date of Archilochus", in: Greek Poetry and Life, Oxford 1936, S. 34—55.

Gepräge angenommen und erlebte gerade eine kulturelle Renaissance, durch die aus allen Gegenden Griechenlands Dichter angelockt wurden — Thaletas von Kreta (nicht datiert), Polymnastos aus Kolophon (nicht datiert), Terpandros von Lesbos (im Jahre 676 v. d. Z. stand er schon im Greisenalter), Alkman aus Sardeis (um 672 oder 657 v. d. Z.) und Tyrtaios aus Athen (um 630 v. d. Z.). Terpandros richtete an den Karneia musische Wettkämpfe ein,[100] und Alkman muß mit der *Odyssee* vertraut gewesen sein, da er das Ballspiel, bei dem Odysseus Nausikaa überraschte, zu einem Ballett umgestaltete.[101] Ferner soll der spartanische Gesetzgeber Lykurgos Rezitationen der *Ilias* und der *Odyssee* ins Leben gerufen haben, deren Texte er auf Samos von der Familie des Kreophylos erlangt hatte.[102] Lykurgos ist als historische Gestalt nicht greifbar, sondern gehört teilweise dem Mythos an, so daß wir ihn nicht zeitlich fixieren können. Dennoch stimmt diese Erzählung mit dem übrigen insoweit überein, als sie darauf hinweist, daß die Homeriden im Sparta des achten Jahrhunderts Heimatrechte genossen. Man kann dem hinzufügen, daß hier ein besonderes Interesse an der Sage um Oidipus bestanden hat. Er galt als einer der Ahnherren der spartanischen Könige.[103] Für Hagias von Troizen, den Verfasser der *Nostoi*, bestehen keine Lebensdaten. Wir haben bereits auf die homerischen Festspiele in Argos und die Geschichte von Hyrnetho Bezug genommen (Seite 480). Bis in die Mitte des siebenten Jahrhunderts hinein lagen die argeiischen Könige mit denen von Sparta wegen der kulturellen Führung des Peloponnes im Streit. Der letzte von ihnen namens Pheidon (um 675 v. d. Z.) sicherte sich die Oberaufsicht über die Olympischen Spiele.[104] Falls sich damals schon homerische Sänger am spartanischen Hof befunden haben sollten, wird sie ihr Weg vermutlich auch nach Argos geführt haben.

Stasinos und Hegesinos, die beide in Verbindung mit den *Kypria* genannt werden, sind gleichfalls zeitlich nicht faßbar. Beide waren Zyprioten, der letztere stammt aus dem dortigen Salamis, dem Königssitz der Teukridai (Seite 326). Von diesem Königshaus bestand noch eine zweite Linie, die Kinyradai in Paphos (Seite 446). Beide behaupteten, achaiischer Herkunft zu sein, und beide Häuser erhielten sich bis in hellenistische Zeit. Sie müssen die Schirmherren von Stasinos und Hegesinos gewesen sein. Es ist sogar möglich, daß auf Zypern eine einheimische Schule des achaiischen Sängertums bestand, die sich dann mit der homerischen vereinigte.

Für Eugammon von Kyrene besitzen wir als sicheres Datum die Jahreszahl 566 v. d. Z. Kyrene war erst im letzten Viertel des voraufgegangenen Jahrhunderts gegründet worden. Auch hier hatte sich das Königtum, das von den Battidai bekleidet wurde, erhalten, und in diesem Fall kann man die Verbindung des Herrscherhauses mit der epischen Tradition mit Sicherheit nachweisen. Die *Telegonia* war eine Fortsetzung der *Odyssee*. Als sich die Griechen ihren Weg in das westliche Mittelmeer bahnten, wurde die Odysseussage, die sich zum großen Teil

---

[100] HELLAN. 122.   [101] ALKMAN 16.
[102] PLUT. Lykurg. 4, HERAKLEID. PONT. de reb. publ. 2,3, AELIAN. var. hist. 13,14.
[103] HEROD. 6,52,2. Auch der spartanischen Aigeidai: HEROD. 4,149,1.
[104] HEROD. 6,127,3. Zu dieser Zeitangabe siehe H. T. WADE-GERY in Cambr. Anc. Hist. 3,761.

in diesen Gegenden abspielt, weit über die von Homer gezogenen Grenzen hinaus erweitert und Odysseus zum Vater einer großen Familie erhoben. Insbesondere erhielt Telemachos durch Eugammon einen Bruder namens Arkesilaos.[105] Das war der Name von mindestens vier kyrenischen Königen. Augenscheinlich erhoben die Battidai Anspruch auf die Verwandtschaft mit Odysseus. Worin die Verwandtschaft

Abb. 85. König Arkesilas: lakonische Schale

bestanden hat, ist nicht sicher, doch muß sie Eugammon bekannt gewesen sein, da er durch den Ausbau der *Odyssee* die Interessen dieses Herrscherhauses begünstigte.

Somit haben die Homeriden im achten Jahrhundert in Sparta, im achten oder siebenten in Argos, in Kyrene gegen Ende des siebenten und in Zypern ungefähr um die gleiche Zeit Fuß gefaßt. Außerhalb ihrer ionischen Heimat fanden sie also an den Königshöfen eine geistesverwandte Wirkungsstätte.

An einem jener kurzen, aber denkwürdigen Abschnitte, deren es in den Schriften des Aristoteles so viele gibt, stellt der Autor die kyklischen Epen der *Ilias* gegenüber:

Deshalb dürfte, wie wir schon hervorgehoben haben, Homer sich auch darin als ein gottbegnadeter Dichter im Vergleich zu den übrigen erweisen, daß er gar nicht erst den

---

[105] EUSTATH. 1796,50. Die Battidai stammten von den Minyai ab: HEROD. 4,150,2, PIND. Pyth. 4,256—262.

Versuch gemacht hat, den ganzen Trojanischen Krieg, der doch einen regelrechten Anfang und ein ebensolches Ende hat, darzustellen. Denn gar zu umfangreich und unübersichtlich dürfte der Stoff geworden oder selbst dann, wenn der Dichter sich in bezug auf den Umfang Grenzen gesetzt hätte, trotzdem durch seine bunte Fülle allzu verwickelt gewesen sein. Bei dieser Sachlage hat er nur einen Teilabschnitt ausgesondert und viele der einzelnen Begebenheiten in zahlreichen Episoden untergebracht, wie z. B. dem Schiffskatalog und anderen Episoden, mit denen er seine Dichtung schmückt. Die übrigen Epiker dagegen behandelten nur das, was sich in bezug auf eine einzelne Person oder einen einzelnen Zeitabschnitt abspielte oder, wenn schon auf eine einzige Handlung, so doch eine vielteilige, wie z. B. der Verfasser der *Kyprien* und der *Kleinen Ilias*. Denn aus einer *Ilias* und *Odyssee* läßt sich nur je eine Tragödie entnehmen oder höchstens zwei, aus den Kyprien dagegen mehrere und aus der *Kleinen Ilias* acht oder mehr.[106]

Die schöpferische Begabung der kyklischen Dichter war geringer. In dieser Auffassung bestand Einhelligkeit. Auch Horaz stellt sie Homer gegenüber, *qui nil molitur inepte*, und Proklos sagt, daß man sie hauptsächlich nur wegen der von ihnen behandelten Gegenstände studierte.[107]

Nach Aristoteles' Meinung bestand Homers Verdienst darin, nicht den Versuch unternommen zu haben, den Stoff seiner Epen zu komprimieren. Das taten aber die kyklischen Dichter. Die *Ilias* wie auch die *Odyssee* erstrecken sich über vierundzwanzig Gesänge, obgleich die Handlung auf wenige Wochen begrenzt ist. Die *Kypria* umfaßten in elf Büchern zehn Jahre; die *Nostoi* acht Jahre in fünf Büchern. Sie standen künstlerisch auf einer niedrigeren Stufe. Und schließlich setzt der trojanische Kyklos die *Ilias* und *Odyssee* im wesentlichen in der uns erhaltenen Fassung voraus. Die *Kypria* endeten dort, wo die *Ilias* begann; die *Kleine Ilias* begann dort, wo die große *Ilias* aufhörte; die *Nostoi* waren ein Anhängsel und die *Telegonia* eine Fortsetzung der *Odyssee*. Die Schöpferkraft der Homeriden hatte ihren Höhepunkt überschritten.

Wir sind nun in der Lage, drei Phasen in der Geschichte des homerischen Epos zu umreißen.

Zuerst können wir eine Anfangsperiode herausschälen, in der an einzelnen Orten von Aiolis und Ionien von höfischen Sängern kurze Lieder vorgetragen wurden. Das ist die Phase, die sich in den Gesängen des Phemios und Demodokos widerspiegelt. Die Homeriden traten als einer der zahlreichen Sängerclane hervor und erlangten den Ruf, die hervorragendsten Vertreter ihrer Kunstgattung zu sein. Jetzt nahmen *Ilias* und *Odyssee* bereits Gestalt an, doch eher als eine lose miteinander verbundene Folge einzelner Gesänge und noch nicht als organisch gegliederte Ganzheiten. Noch hatten sie sich nicht als feste Einheiten herauskristallisiert.

Dann sicherten sich die Homeriden einen Platz auf dem delischen Apollonfest. Da ihnen daraus neue Verantwortlichkeiten, aber auch neue Möglichkeiten erwuchsen, gestalteten sie ihre Sängerzunft um und dehnten sich aus. Sie streiften den Charakter kastenmäßiger Abgeschlossenheit ab und wurden zu einer Berufs-

---

[106] ARISTOT. Poet. 23,5—7, deutsch nach A. GUDEMAN. [107] HORAT. de art. poet. 140, PROKL. 97.

körperschaft, die allen Sängern mit der erforderlichen Eignung offenstand. Sie zogen ihre Konkurrenten an sich und gewannen dadurch an Ansehen. Ihre Volkstümlichkeit wuchs derart, daß ein erheblicher Teil des Festprogramms — wahrscheinlich sieben Tage — nur von ihnen bestritten wurde. Dadurch schufen sie sich einen angemessenen Rahmen, innerhalb dessen sie die Produktion umfangreicher Meisterwerke aufnehmen konnten. Das technische Können, wie es uns im Aufbau der *Ilias* und der *Odyssee* entgegentritt, setzt einen hohen Grad äußerer Organisation voraus. Folglich können wir uns die im *Apollonhymnos* enthaltene Schlußfolgerung zu eigen machen, daß es die Insel Delos war, wo die Schüler des blinden Barden im Beisein einer aus ganz Ionien herbeigeeilten Zuhörerschaft ihre Kunst zu einer Meisterschaft erhoben, die danach nicht mehr zu überbieten war. Die Epen waren noch immer formbar und hatten noch nicht aufgehört, an Umfang zuzunehmen, doch geschah es an dieser Stelle, wo sie Jahr für Jahr im ganzen vorgetragen und bei jedem Vortrag weiter ausgefeilt wurden, daß sie schließlich in die endgültige Form gegossen, geglättet, miteinander in Übereinstimmung gebracht und vereinheitlicht wurden.

In der dritten Phase schlägt die epische Kunst auch jenseits von Ionien Wurzeln. Mit der Ausbreitung geht sie auch ihrem Verfall entgegen. Die Sänger werden in Sparta, Argos, Zypern und Kyrene willkommen geheißen; da aber in der neuen Umgebung kürzere Lieder erforderlich sind, werden die Rhapsoden wieder zu dem, was ihre Vorgänger einst gewesen waren — in Versen dichtende Chronisten, die an den Fürstenhöfen leben. Die Kunstgattung nimmt ihr Ende, indem sie eine umgekehrte Entwicklung durchläuft. Schließlich legt sie auch ihren schöpferischen Charakter ab. In einer Zeit, in der sich die Gesellschaft zu einer neuen Stufe des materiellen und intellektuellen Lebens erhoben hat, stellt das Epos kein angemessenes Gefäß mehr für die historische Erzählung dar. Der wirkliche Erbe Homers ist im herangereiften Stadtstaat nicht der hohlköpfige Virtuose, wie er uns in Platons *Ion* beschrieben wird, sondern der in Prosa schreibende Chronist. Wie die Rhapsoden pflegte auch Herodot sein Werk in der Öffentlichkeit vorzutragen,[108] und obgleich er sich eines neuen Mediums bediente, trug die Technik eines seiner zentralen Themen — die Schilderung der Perserkriege, die er durch geographische und historische Exkurse abwechslungsreicher gestaltete — einen im wesentlichen homerischen Charakter. Der Vater der Geschichtsschreibung war ein Kind der epischen Sänger.

6. *Die Verbreitung der Ilias und Odyssee*

Wir sind nun bei der Crux der homerischen Frage angelangt. Wann wurden die Epen niedergeschrieben? Die antike Überlieferung drückt sich über diesen Punkt mit Bestimmtheit aus. Nachdem *Ilias* und *Odyssee* als verstreute Lieder in Umlauf gesetzt waren, wurden sie gesammelt und in ihrer jetzigen Gestalt gegen Ende des sechsten Jahrhunderts von den athenischen Tyrannen herausgegeben. Deshalb

---

[108] EUSEB. Chron. Ol. 83, vgl. STRAB. 1,2,6.

haben die Analytiker auch die Behauptung aufgestellt, die Epen seien Kompilationen und keine selbständigen und einheitlichen Kunstwerke. Die Unitarier weigern sich ganz einfach, das historische Zeugnis gelten zu lassen. Die Homeranalyse stand hauptsächlich in Deutschland in Blüte, der Unitarismus in England; somit haben die nationalen Gegensätze dem *odium philologicum* noch neuen Zündstoff zugeführt. Meine eigene Stellung will ich sogleich umreißen. Die Analytiker haben recht, wenn sie den historischen Beleg für relevant erachten; die Unitarier sind im Unrecht, wenn sie ihren Gegnern erlauben, dieses Zeugnis falsch zu interpretieren. Ich selbst befinde mich in der angenehmen, wenn auch ungewohnten Lage desjenigen, der für den Ausgleich zwischen den Extremen eintritt.

Einige Gelehrte scheinen der Annahme zu sein, daß die Epen, von unsichtbaren Flügeln getragen, beinahe von dem Augenblick an, da sie dem Haupt des Meisters entsprangen, überall bekannt wurden. Das ist sicherlich ein Irrtum. Ihre Ausbreitung verlief genauso ungleichmäßig wie die Entwicklung der Stadtstaaten. Ferner können sie offensichtlich schon den Berufsdichtern bekannt gewesen sein, ehe sie der Öffentlichkeit zugänglich wurden. Auch können sie schon auszugsweise vorgetragen worden sein, bevor sie als Ganzes bekannt waren. Wir wollen deshalb mit der Frage beginnen, wann, wo und wie außerhalb Ioniens öffentliche Rezitationen der ganzen *Ilias* und der ganzen *Odyssee* eingerichtet wurden.

In Sparta waren die beiden Epen bereits im achten und siebenten Jahrhundert v. d. Z. bekannt. Doch hier tritt eine Komplikation ein, da das hochkultivierte peloponnesische Königtum nirgendwo langen Bestand hatte. Am Ausgang des siebenten Jahrhunderts übernahmen die spartanischen Grundherren, erschreckt durch die Unruhe unter den Heloten, die Kontrolle über die Monarchie und verwandelten den Hof in eine Kaserne. Es gab keine Dichter im Eurotastale mehr. Inzwischen hatte Argos seine führende Stellung im Handel an Korinth verloren, das wegen seiner günstigen Lage auf dem Isthmus unmittelbaren Zugang zu der Handelsstraße hatte, die aus der Ägäis zur Adria hinüberführte und gerade erschlossen wurde. Die Rezitationen der homerischen Gesänge können sich in Argos, aber nicht in Sparta erhalten haben.

Gegen Ende des achten Jahrhunderts war Korinth bereits ein wichtiges Zentrum des Schiffbaus. Zur gleichen Zeit setzt auch die Ausbreitung korinthischer Keramik ein.[109] Doch hier lag eine Sonderentwicklung vor. In Sparta hatte die Aristokratie früh genug die Macht an sich gerissen, um die Entwicklung des Handels unterbinden zu können; ihre Klassengenossen in Korinth waren wegen der für den Handel günstigen Lage der Stadt nicht dazu imstande, doch taten sie das bestmögliche, das sie tun konnten. Unter den Bakchidai sicherten sie sich das Handelsmonopol, das zu einem Würgegriff an der Kehle der Korinther wurde. Sie wurden dann von Kypselos (Seite 157—158), einem Handelsfürsten oder Tyrannen des üblichen Typs, gestürzt (657. v. d. Z.). Unter ihm und seinem Sohn Periandros nahmen Handel und Kultur einen neuen Aufschwung. Periandros war es auch, unter dessen Schirmherrschaft Arion, ein Dichter aus Lesbos, stand.[110] Im gleichen

---

[109] H. T. WADE-GERY in Cambr. Anc. Hist. 3, 535, 539.
[110] HEROD. 1, 23—24.

Zeitraum begannen korinthische Vasenmaler, Szenen aus der *Ilias* mit hinreichender Genauigkeit wiederzugeben, so daß man daraus auf ihre direkte Bekanntschaft mit diesem Epos schließen kann.[111] Wir dürfen vermuten, daß sie ihre Kenntnisse aus öffentlichen Rezitationen schöpften, die von den Tyrannen eingerichtet worden waren.

Der erste Tyrann von Sikyon — auch diese Stadt hatte nahe dem Isthmus eine günstige Lage — war Orthagoras, ein Zeitgenosse des Kypselos. Auch er muß die Sänger gefördert haben; denn wir erfahren durch Herodot, daß ein halbes Jahrhundert darauf sein Nachfolger Kleisthenes „den Wettkämpfen der Rhapsoden ein Ende setzte, da die homerischen Gesänge Argos und den Argeiern reiches Lob spendeten".[112] Das geschah bald nach einem Kriege mit Argos. Es ist nicht anzunehmen, daß das Verbot lange währte. Als einstiges Schutzgebiet des Agamemnon waren die Bewohner Sikyons stolz auf ihre homerische Tradition. Ihre Altertumsforscher behaupteten, in der *Ilias* einen Fehler entdeckt zu haben. Gonoessa, sagten sie, das in unserem Homertext als Grundeigentum Agamemnons in der Nähe Sikyons erscheint, sei eine falsche Lesart für Donoessa. Sie schoben die Schuld für diesen Fehler den athenischen Herausgebern in die Schuhe.[113]

Gehen wir weiter nordwärts nach Boiotien hinein, so befinden wir uns in einem Gebiet, das eine unabhängige epische Schule sein eigen nannte, so daß die Bedingungen hier ganz anders geartet waren.

Hesiod ist unzweifelhaft eine historische Gestalt, wenn auch nicht der Schöpfer aller ihm zugeschriebenen Werke. Herodot hält ihn für einen Zeitgenossen Homers,[114] doch ist seine Sprache ganz sicher nachhomerisch, so daß ihn heutige Forscher dem achten Jahrhundert zuweisen. Er lebte in Askra, einem nahe Theben gelegenen Dorf. Es ist nicht sicher, ob er dort auch geboren ist. Es kann sein, daß er als Kind von seinem Vater Dios dorthin gebracht wurde, der aus Kyme ausgewandert war.[115] Zu einer Zeit, als alle Handwerke erblichen Charakter trugen, haben wir in ihm also einen Berufssänger vor uns, dessen Vater gerade aus der Gegend stammte, die wir als die Wiege der Homeriden erkannt haben. Gehörte vielleicht Dios auch zu ihnen? Die Alten waren der Meinung, er sei ein Verwandter Homers gewesen, und wiesen auch einen Stammbaum vor.[116] Das war natürlich eine Erfindung, doch hat uns die Erfahrung gelehrt, daß man derartige Phantasiegebilde allein aus diesem Grunde nicht verwerfen darf. Das hesiodische Korpus ist seinem Inhalt nach boiotisch, da sein Stoff der Chorlyrik des prähistorischen Theben und Orchomenos entnommen ist, seiner Form nach ist es aber rein homerisch. Dialekt und Hexameter sind bei Hesiod die gleichen wie bei Homer,

---

[111] JOHANSEN, Iliaden i tidlig græsk kunst; J. D. BEAZLEY in JHS 54, 1934, S. 85, WADE-GERY, „Kynaithos", S. 77. Johansens Buch war mir leider nicht zugänglich.

[112] HEROD. 5,67.

[113] PAUS. 7,26,13.

[114] HEROD. 2,53,2. Das *Certamen* hat einen Wettbewerb zwischen beiden zum Inhalt, wobei jeder die vom anderen begonnenen Hexameter fortsetzen mußte. Derartige Wettbewerbe werden in der frühirischen Literatur erwähnt und bestanden dort noch vor nicht allzu langer Zeit: HYDE, Abhráin diadha Chuige Chonnacht.

[115] HESIOD. Erga 633–640, Certamen 51–52. Vielleicht ist es wahrscheinlicher, daß er in Boiotien geboren wurde, da die aiolische Form seines Namens offenbar Αἰολοδος „glückliche Reise", bedeutet (Etymol. Magn. 452,37).

[116] Certamen l. c., Prokl. 100.

und das kann nur bedeuten, daß die hesiodische Schule, wie wir sie kennen, von einem Zweig der Homeriden gegründet worden ist.

In welchem Umfange die homerischen Epen schon zur Zeit Hesiods in Boiotien bekannt waren, steht auf einem anderen Blatt. Er soll bekanntlich mit Homer um die Siegespalme gerungen haben, doch fand dieser Wettstreit in Chalkis und Delos, aber nicht in Boiotien statt.[117] Hier, und nur hier, konnte sich die hesiodische Schule behaupten. Diese Dichter müssen zwar mit dem Werk ihrer Rivalen wohlvertraut gewesen sein, es ist aber durchaus möglich, daß sie es ablehnten, bei ihrem öffentlichen Auftreten davon Gebrauch zu machen. Andererseits ist es nicht ausgeschlossen, daß sie es zusammen mit ihrem eigenen epischen Repertoire an andere Berufssänger weiterreichten.[118] Aus diesen Gründen können wir Boiotien als das zweite Zentrum der Ausbreitung der homerischen Epen betrachten.

Wenden wir uns den jenseits der Adria gelegenen Kolonien zu, dann müssen wir uns mit der Feststellung des Hippostratos befassen, nach der „die homerischen Epen in Syrakus zum ersten Mal in der 69. Olympiade durch Kynaithos vorgetragen wurden", d. h. zwischen 504 und 500 v. d. Z.[119] Kynaithos war es bekanntlich auch, der den *Hymnos an Apollon* in die uns überlieferte Form brachte (Seite 485). Es sei darauf hingewiesen, daß Hippostratos keinesfalls die Behauptung aufstellt, die Epen seien vorher in diesem Teil der Welt noch nicht bekannt gewesen. Sie standen sicherlich schon Stesichoros (um 692 v. d. Z.) zur Verfügung, dessen Familie aus Lokris herübergekommen war und behauptete, mit Hesiod verwandt zu sein.[120] Hippostratos trifft lediglich die Feststellung, daß es sich dabei um den ersten öffentlichen Vortrag der Epen gehandelt habe. Das schließt in sich, daß den epischen Rezitationen damals ein offizieller Platz im syrakusanischen Kalender zugewiesen wurde. Das ist durchaus wahrscheinlich, denn es stimmt mit anderen derartigen Zeugnissen, die auf uns gelangt sind, völlig überein. Einer der ältesten Homerkritiker, Theagenes, stammte aus Rhegion, und sein Tod kann zeitlich in das letzte Viertel des sechsten Jahrhunderts v. d. Z. verlegt werden.[121] Als ferner Kynaithos seinen Fuß auf den Boden von Syrakus setzte, stand diese Stadt gerade an der Schwelle der glänzendsten Epoche ihres Bestehens. Zwar befand sich der grundbesitzende Adel noch immer an der Macht, doch wuchs die Schicht der Kaufherren rasch an, und in der folgenden Generation erweiterte der Tyrann Gelon die Stadt, baute einen neuen Hafen und vermehrte die Bevölkerungszahl, indem er die Einwohner benachbarter Städte zur Umsiedlung nötigte (485 v. d. Z.). Sein Hof sollte zum strahlendsten Mittelpunkt der schönen Künste im Westen der antiken Welt werden und selbst den Vergleich mit Athen, als es noch auf der Höhe seiner Macht stand, aushalten. Somit wird durch die Geschichte von Syrakus die Lehre, die wir aus der Entwicklung der griechischen

---

[117] Certamen, HESIOD. fr. 265.
[118] EUMELOS von Korinth stützte sich wahrscheinlich auf die hesiodische Schule; seine *Titanomachia* und *Korinthia* waren beide dem Gegenstand nach hesiodisch.
[119] Schol. PIND. Nem. 2,1.
[120] ARISTOT. fr. 524. STESICHOROS' Behandlung der Mythen war weitgehend hesiodisch: siehe oben S. 441 und vgl. PHILODEM. de piet. 24, Strab. 1,2,34, HESIOD. Sc. Argum., Schol. Il. 15,333.
[121] TATIAN. or. Gr. 31.

Mutterstädte ziehen konnten, nur noch unterstrichen. Unter der verschwenderischen Schirmherrschaft dieser Handelskönige fand die epische Kunst, die aus dem Hofleben erwachsen war, wieder zu sich selbst zurück.

Und nun zu Athen selbst. Peisistratos regierte von 540 bis 527 v. d. Z. Auf ihn folgten seine Söhne, Hipparchos und Hippias. Hipparchos fiel im Jahr 514 v. d. Z. einem Attentat zum Opfer, und Hippias wurde drei Jahre darauf vertrieben. Somit währte die athenische Tyrannis nur ganze dreißig Jahre, doch ihre Errungenschaften waren von unermeßlicher Bedeutung. Die Peisistratiden waren dort erfolgreich, wo andere versagt hatten. Polykrates, der ehrgeizige Tyrann von Samos, hatte auf die Handelsvorherrschaft in der Ägäis hingesteuert und zu diesem Zwecke sein besonderes Augenmerk auf Delos gerichtet. Auf seinen Anstoß hin wurde die benachbarte Insel Rheneia dem Apollon geweiht.[122] Doch seine Bemühungen wurden auf halbem Wege durch die persische Eroberung Ioniens zunichte gemacht. Peisistratos folgte seinem Beispiel und unternahm die Reinigung der Insel Delos selbst. Das wurde erreicht, indem man die Gräber auf dem Gelände rings um den Tempel beseitigte.[123] Er verfolgte die Absicht, sein Ansehen zu erhöhen, indem er sich der Schirmherrschaft des großen ionischen Festes versicherte. Sein Anspruch darauf war rechtlich wohlbegründet; denn als Nachfahre der Neleidai (Seite 149) entstammte er den hochgeehrten Gründern Ioniens, deren Vorvätern in den homerischen Epen ein ehrenvolles Denkmal gesetzt war. Er selbst trug seinen Namen nach Nestors jüngstem Sohn, der Telemachos von Pylos nach Sparta begleitete.[124] Eines der Verdienste, die sich diese bemerkenswerte Familie um die europäische Kultur erworben hat, ist gut bekannt: Sie riefen die Kunst der Tragödie ins Leben. Doch die Dienste, die sie dem Epos erwiesen, haben von seiten moderner Gelehrter weit geringere Würdigung erfahren.

Hipparchos ist der Titel eines platonischen Dialogs. Er stammt aber nicht von Platon selbst, sondern von einem seiner Schüler, der im vierten Jahrhundert v. d. Z. lebte. Darin wird ein Gespräch wiedergegeben, das Sokrates mit einem Freunde führte:

Hipparchos, der Sohn des Peisistratos aus Philaidai, der älteste und gebildetste seiner Söhne, war es, der neben vielen anderen glänzenden Leistungen, die er vollbracht hat, auch die Epen Homers in unser Land brachte. Er war es auch, der den Rhapsoden die noch heute gültige Regel aufzwang, die Epen abwechselnd der Reihe nach an den Panathenaien herzusagen. Er ließ desgleichen Anakreon aus Teos kommen und hatte Simonides von Keos ständig an seiner Seite, den er mit großen Zuwendungen und Geschenken an sich band. Das tat er alles in der Absicht, seine Bürger zu bilden.[125]

Wie überall, so endete die Tyrannis auch in Athen als eine reaktionäre Herrschaftsform. Das hatte zur Folge, daß sie von den Demokraten, die sie gestürzt hatten, uneingeschränkt verurteilt wurde. Es wurde Mode, einige der von den Tyrannen durchgeführten Reformen, unter anderen auch die erwähnte Vorschrift, auf Solon zu übertragen, in dem man den wahren Stammvater der Demokratie

---

[122] THUK. 3,104,2. [123] THUK. 3,104,1.
[124] HEROD. 5,65,4.
[125] PLAT. Hipparch. 228b, vgl. ISOKR. 4,159, LYKURG Leokr. 102.

erblickte.¹²⁶ Doch zumindest in vorliegendem Falle steht es außer Zweifel, wem das Verdienst in Wahrheit zukommt. Auch hier können wir uns wieder auf das unwiderlegliche Zeugnis der Vasenmalerei berufen. Der *Ilias* entnommene Szenen erscheinen zwar schon im zweiten Viertel des sechsten Jahrhunderts auf attischen Vasen, doch erst im letzten Viertel — zur Zeit des Hipparchos — erweisen sich die Maler als gänzlich mit dem Epos vertraut.¹²⁷

Gibt es auch nur den geringsten Anlaß, der Schlußfolgerung, zu der alle diese Anzeichen hinführen, zu mißtrauen? Allen macht das Zugeständnis, daß die im *Hipparchos* getroffene Feststellung

so bemerkenswert ist, daß sie nicht später als 150 Jahre nach dem mutmaßlichen Ereignis gemacht worden sein kann. Der Behauptung, daß die homerischen Epen vorher in Griechenland unbekannt waren, widerspricht ihre Ausbreitung und der Einfluß, den sie unter der Herrschaft des Kleisthenes in Sikyon ausgeübt haben. Daß sie bereits in Athen Eingang gefunden hatten, wird dadurch erwiesen, daß man sich in der Angelegenheit mit Sigeion auf sie berief. ... Es ist eine einmalige Erscheinung, daß sich die historische Einbildungskraft des ausgehenden vierten Jahrhunderts ein Attika vorstellte, das bis zur Zeit der Peisistratiden ohne Epos gewesen sei.¹²⁸

Es gibt im alten Griechenland so viele einmalige Erscheinungen, daß es den heutigen Professoren der griechischen Geschichte mitunter recht schwer fällt, ihre eigene Einbildungskraft im Zaume zu halten.

Die Angelegenheit mit Sigeion bestand in folgendem: Im sechsten Jahrhundert, unter den Peisistratiden oder schon früher, war Athen einmal in einen Streit mit Mytilene um den Besitz des in der Troas gelegenen Sigeion verwickelt. Diese Stadt nahm eine Schlüsselstellung ein, von der aus der Hellespont kontrolliert werden konnte, und die athenischen Sprecher sollen sich in der Auseinandersetzung auf die *Ilias* berufen haben, um zur Unterstützung ihrer Ansprüche den Nachweis zu erbringen, daß im Trojanischen Krieg auch Athener mitgefochten hätten.¹²⁹ Aber weder im *Hipparchos* noch bei irgendeinem anderen antiken Autor findet sich ein Hinweis, der den Schluß rechtfertigen könnte, die Epen seien „vorher unbekannt" gewesen. Die Tatsache, daß in Sikyon schon zu Beginn des sechsten Jahrhunderts rhapsodische Wettkämpfe abgehalten wurden, bietet keinen Grund, daran zu zweifeln, daß sie in Athen einige Jahrzehnte später eingeführt wurden.

In seiner Interpretation des Kynaithos ist Allen noch weit weniger umständlich:

Das Datum 69. Ol. = 504 v. d. Z. ist unmöglich, da das 733 gegründete Syrakus nicht zweihundert Jahre lang ohne Kenntnis Homers geblieben sein kann und die in

---

¹²⁶ DIOG. LAERT. 1,57.
¹²⁷ JOHANSEN, a. a. O.; siehe oben Anm. 111.
¹²⁸ ALLEN, Homer, Origins and Transmissions, S. 228. Er behauptete, „die ganze Sage ... sei von megarischen Antiquaren ersonnen worden" (S. 245), da diese wegen der Behandlung, die Salamis durch Homer im Schiffskatalog erfährt, gekränkt gewesen seien (siehe S. 501–502). Er verwies darauf, daß Peisistratos (wie andere Tyrannen auch) zu den Sieben Weisen gerechnet und ihm die Werke Mysons zugeschrieben wurden (DIOG. LAERT. 1,13. 106–108, ARISTOX. 89); und daß ihm nach Schol. ARISTOPH. Pax 1071 der Spitzname Bakis (von einem Komödiendichter?) verliehen worden sei. Daraus folgerte er, daß es „schon im vierten Jahrhundert so etwas wie eine peisistrateische Mythologie gegeben hatte, daß er ein Philosoph, ein Schriftsteller mit einem Decknamen und ein Orakeldichter gewesen ist" (S. 247). Allem Anschein nach ist ALLEN der Mythenmacher.
¹²⁹ HEROD. 5,94,2.

unserem Hymnos enthaltenen Anspielungen wie auch die Auslassungen es nicht zulassen, den Zeitpunkt seiner Niederschrift mit dem Beginn des fünften Jahrhunderts anzusetzen, und da schließlich Thukydides unmöglich ein episches Gedicht als homerisch hätte zitieren können, das weniger als fünfzig Jahre vor seiner Geburt aufgezeichnet worden ist. Deshalb ist die angegebene Jahreszahl falsch. ... Falls man in Syrakus die Werke Homers zum ersten Male im Jahre 504 vernommen haben sollte, wie konnte dann der athenische Gesandte Gelon gegenüber den Schiffskatalog anführen? Dementsprechend verlassen wir uns auf die Anekdote und sagen, daß Kynaithos kurz nach der Gründung von Syrakus dort lebte und Homer rezitierte, d. h. noch vor dem Jahre 700 v. d. Z.[130]

Das von einem Gelehrten, der diesen deutschen Analytikern seine unitarische Verachtung über ihre „widersinnige Methodologie" ins Gesicht schleudert.[131] Sicherlich haben sich die Analytiker entsetzliche Schnitzer erlaubt, doch wer im Glashaus sitzt, sollte nicht mit Steinen werfen. Da er sein Buch vor Wade-Gerys Analyse des *Apollonhymnos* verfaßte, könnte Allen in diesem Punkt freigesprochen werden. Doch selbst wenn Kynaithos der Verfasser des ganzen Hymnos wäre, würde Thukydides ihn von anderen, an die gleiche Gottheit gerichteten Hymnen unterschieden haben, indem er ihm seinen traditionellen homerischen Titel verliehen hätte. Was den athenischen Gesandten betrifft, der sich 481 v. d. Z. in Syrakus aufhielt,[132] so zitiert dieser ein Gedicht, das in Athen schon seit mehr als dreißig und in Syrakus seit zwanzig Jahren öffentlich vorgetragen wurde. Die Jahreszahl 500 mit einem bloßen Federstrich in 700 zu ändern, ist wahrlich ein kühnes Unterfangen. Der einzige Grund, der dafür angegeben wird, besteht in der Behauptung, daß Syrakus „nicht zweihundert Jahre lang ohne Kenntnis Homers geblieben sein kann". Warum denn nicht? Allen hat auf diese Frage keine Antwort. Er kann lediglich auf seine durch nichts gestützte Überzeugung zurückgreifen, daß der Text des Dichters von Anfang an überall im Umlauf gewesen sei. Er setzt ohne weiteres voraus, daß die gesamte Dichtung der Vergangenheit den vorgefaßten Meinungen der zeitgenössischen Literaturwissenschaft entspricht.

Die Unitarier befürchten, daß sie bei Aufgabe dieser Position dem Feind die Tore öffnen würden, der dann in ihre Festung eindringen und ihre Schätze in Stücke schlagen könnte. Ich will versuchen, ihre Befürchtungen zu zerstreuen.

7. Die Redaktion des Peisistratos

„Wer", so bemerkt Cicero in der bei ihm unausbleiblichen Frageform, „war zu seiner Zeit gelehrter, beredter und gebildeter als Peisistratos, der die Werke Homers, die vorher verstreut waren, in die uns vorliegende Form gebracht haben soll?"[133] Peisistratos wird hier aus dem gleichen Grunde gerühmt wie Hipparchos in dem platonischen Dialog. Cicero hatte in Athen studiert und führt hier eine athenische Tradition an.

[130] ALLEN, Homer etc., S. 65–66.
[131] Ebd., S. 7.   [132] HEROD. 7,161,3.   [133] CIC. Or. 3,137.

Dieser Sachverhalt wird später auch bei Pausanias und Aelian vermerkt, die beide nichts Neues hinzufügen. Das gleiche begegnet uns viele Jahrhunderte später in drei byzantinischen Scholien wieder:

I. Peisistratos soll Homers Epen, deren innerer Zusammenhang durch den Einfluß der Zeit unterbrochen war, da man sie aufs Geratewohl nur in verstreuten Stücken las, wieder zusammengefügt haben.

II. Homers Dichtung soll dem Untergang geweiht gewesen sein, da sie zu jener Zeit nur durch mündlichen Unterricht, nicht mit Hilfe der Schrift weitergereicht wurde.' Im Einklang mit seinem auch sonst bewiesenen edlen Charakter beschloß der athenische Tyrann Peisistratos, durch den Plan, die Epen schriftlich niederlegen zu lassen, noch weitere Bewunderung zu erlangen. Er veranstaltete einen öffentlichen Wettbewerb und bot jedem, der die Epen kannte und sie vortragen konnte, eine Belohnung in Höhe von einer Obole je Vers. Auf diese Weise sammelte er sämtliche Lesarten und überreichte sie seinen Fachleuten. (Es folgt an dieser Stelle das auf Seite 480 angeführte Epigramm.)

III. Die vorher verstreuten homerischen Epen wurden in der Regierungszeit des Peisistratos durch zwei damals von Aristarchos und Zenodotos — nicht zu verwechseln mit den ptolemaiischen Gelehrten dieses Namens — ausgesuchte Gelehrte in ihre jetzige Form gebracht. Einige Autoren schreiben die peisistrateische Redaktion vier Herausgebern zu — Orpheus von Kroton, Zopyros von Herakleia, Onomakritos von Athen und ... (der letzte Name ist unleserlich).[134]

Hier ist die Geschichte mit malerischen Einzelheiten zwecks Erbauung byzantinischer Schulknaben ausgeschmückt worden, doch das zentrale Thema ist authentisch wiedergegeben. Der Orphiker Onomakritos, Verfasser eines Epos mit dem Titel *Reinigungen*, taucht bei Herodot auf, der von ihm berichtet, er sei von Hipparchos verbannt worden, weil er in ein altes Orakel einige Verse über Lemnos eingeschoben habe.[135] Das Motiv ist unerfindlich, war aber sicherlich politischer Natur. Einige Jahre darauf (502—495 v. d. Z.) wurde Lemnos nämlich zu einer Kolonie der Athener.[136]

Plutarchos und Aelianus schreiben eine ähnliche Herausgabe der Epen Lykurgos zu.[137] Die über Lykurgos berichteten Geschichten sind verdächtig, so daß diese Version nur deshalb erfunden zu sein braucht, um neben die athenische Redaktion eine spartanische zu stellen. Es ist jedoch nicht unmöglich, daß etwas Derartiges im alten Sparta unternommen wurde, um die epischen Vorträge in eine gewisse Ordnung zu bringen.

Im *Schiffskatalog* wird das Kontingent von Salamis in zwei Versen beschrieben:

> Aias aus Salamis führte zwölf Schiffe in seinem Geschwader,
> Und er stellte sie neben die Schar der athenischen Reihen.[138]

Der zweite Vers ist in mehreren Handschriften ausgelassen, darunter auch in einer der besten, ferner bei zwei Papyri. Wie wir durch Strabon erfahren, wurde er von den alexandrinischen Herausgebern als unecht verworfen. Unser Gewährsmann

---

[134] Siehe ALLEN, a. a. O., S. 230—233.
[135] HEROD. 7,6,3.   [136] HEROD. 6,140.
[137] PLUT. Lykurg. 4, AELIAN. var. hist. 13,14.   [138] Il. 2,558—559.

weist darauf hin, daß dieser Zeile mehrere andere Stellen des Epos widersprechen.[139] Mangelnde Folgerichtigkeit ist natürlich noch kein Beweis dafür, daß das Epos mehrere Verfasser hat. Auch Homer schläft gelegentlich. Doch dieser Vers ist noch von einem anderen Gesichtspunkt äußerst verdächtig; denn mit ihm sollte augenscheinlich der Schluß nahegelegt werden, daß Salamis eine athenische Kolonie oder zumindest ein enger Verbündeter Athens gewesen sei. In unseren anderen Quellen findet sich nirgendwo ein Hinweis, daß diese beiden Gemeinwesen schon in so früher Zeit in Verbindung gestanden hätten. Demnach scheint die Zeile eine Interpolation im strengen Wortsinn darzustellen. Die antiken Kritiker hatten das erkannt und wußten, in welcher Richtung die Quelle dieses Einschubs zu suchen war. Eine der Taten des Peisistratos hatte in der Einverleibung der Insel Salamis bestanden, die vorher zu Megara gehörte. Deshalb fügte er diesen Vers in die *Ilias* ein, um seinen Besitzanspruch zu rechtfertigen. Sämtliche antiken Autoren, mit Einschluß des Aristoteles,[140] verwarfen diese Zeile, und die Megarer behaupteten obendrein, sich an vier Verse erinnern zu können, in denen Ortschaften aus ihrem Herrschaftsgebiet getilgt worden seien.[141]

Zwar bietet das dafür angeführte Motiv eine hinreichende Erklärung, doch mag noch etwas anderes dabei eine Rolle gespielt haben. Da Peisistratos aus dem Dorf Philaidai stammte, war er ein Mitglied des Clans, der diesen Namen trug und sich von Philaios, einem der aus Salamis eingewanderten Söhne des Aias, herleitete (Seite 88). Zu jener Zeit war Miltiades sein Oberhaupt, der auf die thrakische Seite des Hellespont auswanderte und sich dort im Interesse der athenischen Herrschaft zum Tyrannen aufwarf.[142] Sein Neffe und Nachfolger war es, der die Insel Lemnos eroberte. Die Beziehungen, die zwischen diesen historischen Begebenheiten bestehen, harren noch der Aufklärung, und es hat den Anschein, als sei das Bindeglied, das der Tyrann zwischen Salamis und Athen schuf, einer Überlieferung entnommen, die ihm schon seit seiner Kindheit vertraut gewesen war. Vielleicht wurde diese Tradition von ionischen Rhapsoden, die an seinem Hofe lebten, in das Epos eingewoben, um sich auf diese Weise der Gunst ihres Schutzherren zu versichern.

Peisistratos wurden noch zwei weitere Interpolationen zugeschrieben — die Hinweise auf Theseus und auf die Unsterblichkeit des Herakles.[143] Der eine stellt eine respektvolle Geste zu Ehren des attischen Nationalhelden dar, der als solcher nach-homerisch war (Seite 213); durch den anderen sollte der Tod des Herakles mit der Tatsache seiner Unsterblichkeit in Einklang gebracht werden. Sollte sich allein darin das Entgegenkommen der Herausgeber niedergeschlagen haben, so würde es sich um äußerst bescheidene Korrekturen handeln.

Schließlich lesen wir noch in einem Scholion zur Dolonie (X. Gesang des *Ilias*) folgendes:

---

[139] STRAB. 9,1,10.
[140] ARISTOT. Rhet. 1,15, Schol. Il. 3,230, QUINTIL. 5,11,40. Einige behaupteten, Solon sei der Interpolator gewesen: DIOG. LAERT. 1,48, PLUT. Sol. 10.
[141] STRAB. 9,1,10.
[142] HEROD. 6,34—35.
[143] PLUT. Thes. 20, Schol. Od. 11,602.

Es wird behauptet, dieses Lied sei von Homer gesondert — nicht als ein Teil der Ilias — verfaßt und von Peisistratos an dieser Stelle eingefügt worden.[144]

Für die Analytiker ist diese Bemerkung der entscheidende Hammerschlag, mit der sie ihre These bekräftigen. Die Dolonie stellte danach lediglich die letzte nach vielen voraufgegangenen Einfügungen dar, und die ganze *Ilias* war somit ein Konglomerat aus lauter Einzelliedern. Die Unitarier werden durch dieses Zeugnis in arge Verlegenheit gebracht. Sie verwerfen die Überlieferung von einer Redaktion des Peisistratos *in toto*, aber nicht auf Grund irgendwelcher diskutabler Argumente, sondern einfach deshalb, weil sie nicht daran glauben wollen. Zu diesem Zweck weisen sie mit vollem Recht darauf hin, daß der X. Gesang keinerlei Anlaß zu der Behauptung bietet, er sei jüngeren Datums.

Stellt der eben genannte oder irgendein anderer Gesang der *Ilias* und *Odyssee* eine Interpolation dar? Wie lange die Gelehrten auch über der homerischen Frage brüten werden, diese Frage wird nie beantwortet werden können, da sie bedeutungslos ist. Wie schon Achaier und Trojaner, so fechten auch Analytiker und Unitarier um ein Trugbild, und ihre irregeleitete Tapferkeit erscheint um so bemerkenswerter, wenn wir entdecken, daß der wahre Tatbestand in dieser Angelegenheit gerade in *den* antiken Quellen bündig formuliert wird, die sie zu ihrem Schlachtfeld erhoben haben.

Es ist ein leichtes, die Glaubwürdigkeit der byzantinischen Scholiasten in Zweifel zu ziehen. Auch sie hatten ihre Fehler. So sind sie manchmal außerordentlich stumpfsinnig. Doch über allem steht die Tatsache, daß sie griechisch sprachen. Das Erbe Griechenlands war in ununterbrochener Linie auf sie gekommen. Darin lag ein unschätzbares Aktivum, das es ihnen ermöglichte, gelegentlich auf den wahren Tatbestand zu stoßen, ohne daß sie ihn verstanden. Diese Erfahrung habe ich gemacht, als ich am Aischylostext arbeitete, und meine Homerforschungen haben mich in dieser Meinung nur bestätigt.

„Der innere Zusammenhang der Epen ist zerrissen worden." Man sagt uns nicht, daß sie niemals eine Einheit besessen haben, sondern daß sie sie eingebüßt hätten. Die Unitarier sind sich dessen nicht bewußt geworden. „Die Epen gingen unter, da sie auf mündlichem, nicht auf schriftlichem Wege weitergereicht wurden." Wolf, der in diesem Punkte selbst von seinen Anhängern verworfen wurde, hatte recht.

Welche Zeitspanne nahm ein Vortrag der ganzen *Ilias* in Anspruch? Wir können nur soviel sagen, daß auf den dramatischen Festen in Athen jeweils vier Stücke an einem Tage zur Aufführung gelangten. Das wären dann weniger als die Hälfte der Verse, aus denen die *Ilias* besteht. Die *Odyssee* ist etwas kürzer. Demnach ist es unwahrscheinlich, daß diese beiden Epen an einem Tage vorgetragen worden sind.

Die Epen reiften in Ionien heran. Als sie auf Delos Fuß gefaßt hatten, wurde der Rahmen des Festprogramms erweitert, um ihren Vortrag zur ermöglichen. Sie bildeten dann den Hauptbestandteil der Feierlichkeiten. Da die Ionier wohlhabende Leute waren, konnten sie sich die Abhaltung eines mehrtägigen Festes erlauben.

---

[144] Schol. ad init. Il. 10.

Dann gelangten die Epen in das eigentliche Griechenland. Dort waren sie nicht in dem Maße zu Hause wie in Ionien, sondern mußten mit den örtlichen Dichtertalenten in Wettbewerb treten. Ihre Länge erwies sich als nachteilig. Die kyklischen Epen, die einen geringeren Umfang aufweisen, waren dazu bestimmt, den neuen Bedingungen zu entsprechen. Die *Ilias* und die *Odyssee* wurden zwar auch vorgetragen, vielleicht schon früher und auf einem größeren Gebiet, als unsere Quellen aussagen, doch nur in Auswahl. Sie begannen, sich in Einzelbestandteile aufzulösen.

Dann erfolgte eine Wiederbelebung. Überall entlang den Handelsstraßen wurde der Herrschaftsanspruch der entkräfteten Aristokratie von energischen Handelsfürsten, die ein unmittelbares Interesse daran hatten, den materiellen und kulturellen Lebensstandard des Volkes zu heben, angefochten. Aufs neue trat ein Bedarf an homerischen Epen ein, so daß man auf den nunmehr umgestalteten Festen auch für den Vortrag der *Ilias* und der *Odyssee* Raum schaffen mußte.

Doch damit nicht genug. Die miteinander wetteifernden Rhapsoden boten nach wie vor nur die volkstümlichsten Partien zum Schaden des Ganzen dar. Deshalb wurde die Verfügung getroffen, daß sie die Epen ganz und in der richtigen Reihenfolge rezitieren mußten, wobei jeder dort begann, wo der andere aufhörte. Um aber dieser Regelung Nachdruck zu verleihen, war es nötig, die richtige Aufeinanderfolge der Verse erst einmal zu kennen. Es ergab sich also die Notwendigkeit, einen offiziellen Text zu schaffen.

Das wiederum stellte eine unsagbar schwierige Aufgabe dar, die noch dadurch kompliziert wurde, daß man nicht wissen konnte, wie man *Ilias* und *Odyssee* voneinander abgrenzen sollte. Gehörte die Dolonie noch zur *Ilias*? Sollte die *Odyssee* mit der Wiedervereinigung am Herdfeuer enden? Was sollte mit der Täuschung des Zeus begonnen werden, von der einige sagten, sie sei unehrerbietig, und mit dem Schiffskatalog, der sich eigentlich auf den Kriegsausbruch bezog und nicht in den Zusammenhang passen wollte? In allen diesen Fragen, gar nicht zu sprechen von denen, die sich auf den Ausdruck, das Versmaß und die Verwendung des Digamma bezogen, wechselte die Praxis nicht nur von Rhapsode zu Rhapsode, sondern auch von einem Auftritt desselben Rhapsoden zum anderen. Die Epen hatten noch immer keine feste Gestalt angenommen. Peisistratos stand vor der verwickelten und heiklen Aufgabe, eine reiche, außerordentlich mannigfaltige, organisch gewachsene Masse von Versen, die auf mündlichem Wege weitergereicht worden waren, aufzuzeichnen und richtig zu gliedern. Daß er sich dieser Aufgabe erfolgreich entledigt hat, beweisen uns *Ilias* und *Odyssee*.

8. *Das Ende der epischen Dichtkunst*

Das griechische Alphabet entstand in Ionien und wurde durch den Handel verbreitet. Zwangsläufig breitete sich die Kunst des Lesens und Schreibens in jedem Gemeinwesen nur langsam aus. Die Initiative ergriffen dabei die Kaufleute, die ein Instrument zur Abfassung von Verträgen und zur Kodifizierung der Gesetze brauchten. Aus diesem Grunde leisteten die Grundherren erbitterten Widerstand. Ebenso natürlich war es auch, daß das Analphabetentum am langsamsten in solchen Berufen schwand, die mit der gesprochenen Sprache verbunden waren.

Die Erinnerungskraft, mit der besonders vorliterarische Völker begabt sind, ist nur für diejenigen erstaunlich, die sie nicht selbst haben kennenlernen können. Da sie das einzige Mittel darstellt, mit dessen Hilfe Kenntnisse aufbewahrt werden können, wurde sie durch ständige Praxis zur Vollkommenheit ausgebildet. Besonders die Sänger haben es darin zur höchstmöglichen Vollendung gebracht. Sie stellt einen Teil ihres handwerklichen Könnens dar. Daraus erklärt sich, weshalb es so lange dauerte, bis das griechische Epos schriftlich niedergelegt wurde. Die Homeriden hatten für die Feder keine Verwendung, da sie ihr Repertoire im Kopfe mit sich herumtrugen. Als sie es nun derart verbreitet hatten, daß sie es nicht mehr unter Kontrolle halten konnten, war die Folge, daß sie nahe daran waren, ihren Schatz an epischen Liedern überhaupt zu verlieren. Er wurde von den Handelskönigen gerettet. Die Geschichte war ihnen gnädig. Wie gnädig, kann man an dem Schicksal ermessen, das dem Epos anderswo unter analogen Bedingungen widerfuhr.

Die besondere Schönheit der epischen Diktion beruht im Vergleich zur Buchdichtung auf ihrer Geläufigkeit und Frische. Darin liegt der Vorzug der Improvisation. Die Sprache gewinnt neue Färbung, so wie sie von einem festlichen Ereignis zum anderen hinübergleitet, sie funkelt und blitzt, wie es die Umstände jedes Augenblickes eingeben. Doch ihren Schimmer kann man nicht einfangen, ihre Worte sind geflügelt und lassen sich nicht festhalten.

Wir wollen uns wieder von den Kirgisen belehren lassen. Radloff schildert uns, welche Mühe er hatte, ihre Dichtungen schriftlich aufzuzeichnen:

> Das Aufzeichnen der Gesänge nach Diktat war mit großen Schwierigkeiten verknüpft. Der Sänger ist nicht gewöhnt, so langsam zu diktieren, daß man mit der Feder folgen kann, er verliert daher oft den Faden der Erzählung und gerät durch Auslassung in Widersprüche ...
> Ich muß leider zugestehen, daß es mir trotz aller meiner Bemühung doch nicht gelungen ist, vollkommen den Gesang der Sänger wiederzugeben. Das wiederholte Singen ein und desselben Gesanges, das langsame Diktieren und mein häufiges Unterbrechen schwächte bei dem Sänger oft die zum guten Singen nötige Erregung, er vermochte nur, mir matt und lässig zu diktieren, was er mir kurz vorher mit Feuer vorgetragen hatte ... So haben denn die aufgeschriebenen Verse viel an Frische verloren.[145]

Die heroische Versdichtung der meisten primitiven Völker hat unersetzliche Verluste erlitten. Nicht nur ist viel davon zugrunde gegangen, auch das erhalten Gebliebene ist verstümmelt. Das haben uns sowjetische Forschungen gezeigt. Der Aufbau einiger dieser mündlichen Epen ist fehlerlos, wenn sie in der richtigen Weise und der angemessenen Umgebung vorgetragen werden. Erst wenn sie gedruckt erscheinen, werden die Ungereimtheiten und Verwechslungen offenbar, in denen man oft ein hervorstechendes Merkmal der Volksdichtung erblickt.[146] In der

---

[145] RADLOFF, Proben der Volkslitteratur, Bd. 5, S. XV.
[146] ZAZUBRIN, zitiert bei CHADWICK, The Growth etc., Bd. 3, S. 180.

Sowjetunion ist man jedoch dieser Schwierigkeit Herr geworden. Die Sänger haben nicht nur gelernt, ihre Verse unter Verhältnissen schriftlich zu fixieren, die das Gefühl des Stolzes auf ihre nationalen Traditionen nur steigern können, sondern sind auch mit Phonograph und Radio ausgestattet. Diese Gesänge werden erhalten bleiben; denn sie sind durch Apparaturen für die Nachwelt aufbewahrt.[147]

Doch diese Bedingungen hat es sonst noch nirgendwo gegeben. An anderer Stelle und zu anderen Zeiten blieb der Übergang von der Sprache zur Schrift eine Sache des Zufalls. Die besten germanischen Epen enthalten viel Schönes, und falls sie denen Homers nachstehen sollten, so ist das weitgehend auf Verluste zurückzuführen, die bei der Übermittlung eintraten. Die Ausbreitung der Kunst des Lesens und Schreibens während des sogenannten finsteren Mittelalters wird von Chadwick folgendermaßen beschrieben:

> Man muß bei der Frühgeschichte der Verwendung der Antiquaschrift bei den germanischen Völkerschaften drei Phasen unterscheiden. In der ersten Phase wird nur lateinisch geschrieben. In der zweiten Phase verwendet man die einheimische Sprache, um religiöse und andere Werke, die römischen Quellen entnommen oder nach römischem Vorbild geschaffen sind, schriftlich abzufassen. In der dritten Phase werden ausschließlich solche Werke aufgezeichnet, die im eigenen Volke entstanden sind. Diese dritte Phase begann jedoch auf dem europäischen Festland nicht vor dem zwölften Jahrhundert und dann auch nur in stark abgewandelter Form, während sogar die zweite Phase weitgehend ortsgebunden war und kaum von den höchsten Kreisen zur Kenntnis genommen wurde.[148]

In Westeuropa wurde das heroische Königtum nach einem gewaltsamen Umsturz im Feudalsystem konsolidiert. Als dann, mehrere Jahrhunderte darauf, die Macht der Feudalherren vom Bürgertum gebrochen worden war, hatte für die höfische Kunst die Todesstunde geschlagen. In Griechenland verlief die Ausweitung des Handels derart rasch, daß die Kaufherrenklasse imstande war, sich die epische Überlieferung auf deren höchster Blüte anzueignen. In Westeuropa wurde die Schrift über ein fremdes sprachliches Medium eingeführt, dessen sich ausschließlich die herrschende Klasse bedienen konnte. In Griechenland waren die fremden Sprachen aufgesogen worden. In Westeuropa wurde die Volksdichtung als heidnisch unterdrückt. „Wenn Priester zusammen speisen", schrieb Alkuin an den Bischof von Lindisfarne, „soll man Gottes Wort verlesen. Es ist bei solchen Gelegenheiten angemessen, einem Vorleser, aber keinem Harfner zu lauschen, den Abhandlungen der Kirchenväter, nicht den Epen der Heiden. Was hat Ingeld mit Christus zu schaffen?"[149] Der griechische Rhapsode war bei Hofe ein hochgeehrter Gast und ein Bewahrer heiliger Kunde. Zu jeder Zeit hatte er den Vorrang vor dem *Skop*. Seine bevorzugte Stellung verdankte er der äußerst rasch und ungleichmäßig verlaufenen Entwicklung der griechischen Gesellschaft.

---

[147] G. THOMSON, Marxism and Poetry, S. 64—67.
[148] CHADWICK, a. a. O., Bd. 1, S. 483.
[149] CHADWICK, The Heroic Age, S. 41.

Wer ist also Homer? Er ist kein bloßer Titel für ein Sammelwerk. Die Analytiker begingen den Fehler, seine Dichtung außer acht zu lassen. Er ist auch kein einmaliger Wundermann. Die Unitarier wollen Homer nicht erklären, sondern ihn mit dem Zauber der überragenden Persönlichkeit und des Genies umhüllen. Wenn seine Lieder auch zu keiner Zeit übertroffen wurden, so sind sie dennoch kein Wunderwerk. Homer ist nicht einer, sondern eine Vielzahl von Dichtern, die ihren Beruf ererbt haben, begabt und wohlgeübt waren, die gemeinsam mit den Massen, von denen sie angespornt wurden, sich selbst zu übertreffen, und mit dem weitsichtigen Staatsmann, der ihre Meisterwerke für die Nachwelt erhielt, in Shelleys Worten als beides, als Schöpfungen und Schöpfer ihres Zeitalters bezeichnet werden können.

9. Der Aufbau der Ilias und Odyssee

Bevor ich zum Schluß komme, will ich in Kürze darlegen, wie die beiden Epen meiner Meinung nach aufgebaut sind. Das kann nur in Kürze geschehen, da eine ins einzelne gehende Darstellung den Rahmen dieses Werkes sprengen würde. Und natürlich handelt es sich hier um bloße Vermutungen.

Den Kern der *Ilias* bildet der schmutzige Streit zwischen einem Häuptling aus dem rückständigsten Gebiet Thessaliens und seinem mykenischen Oberherrn. Achilleus lehnte es ab, sich am Kampfe zu beteiligen; die Achaier wurden zurückgedrängt; sein Lehnsmann Patroklos kam ihnen zu Hilfe und fiel durch Hektors Hand; dadurch wurde Achilleus aus seiner Untätigkeit aufgescheucht, er tötete Hektor, schändete den Leichnam und schleuderte in einer sinnlosen Racheorgie Hunde, Pferde und Menschen auf den brennenden Leichnam seines Freundes.

Dieses Thema wurde nach den Worten Aristoteles' durch eine Reihe von Episoden weiterentwickelt. Die erste bestand in der Weigerung, Schadenersatz entgegenzunehmen (IX. Gesang). Das führte zu weiteren Episoden. Die Achaier wurden zweimal — vor und nach der Weigerung des Achilleus — geschlagen, und die Kampfschilderungen wurden durch die Einführung des Berichts über die Taten des Diomedes und Agamemnons noch weiter ausgesponnen. Doch vor allem nahm Achilleus durch seine Weigerung, Agamemnons Wiedergutmachung anzunehmen, die Verantwortung für den zwischen ihnen entstandenen Streit auf sich. Somit wurde eine neue Begründung für den Wandel seiner Gesinnung erforderlich. An diesem Punkte wichen die Sänger von der eigentlichen Sage ab und behandelten sie mit all der Freiheit, die das Kennzeichen der Erfindungsgabe bewußt geübter Kunst ist. Allen Vorstellungen von seiten seiner Gattin und der Familienmitglieder gegenüber taub, sucht der kummergebeugte alte König Priamos den Mann auf, von dessen Hand sein Sohn getötet wurde, und bittet um die Herausgabe des Leichnams. Den beiden Feinden läuft das Herz über, und sie brechen in eine Flut von Tränen aus — der eine bejammert seinen Sohn, der andere seinen Vater. Damit wird der Konflikt gelöst. Das Pathos dieses dramatischen Höhepunkts wurde noch weiter gesteigert, indem man Episoden aus dem Leben der dem Untergang geweihten Stadt einstreute und den Hörer mit Helena und Hektors Söhnchen bekanntmachte. Und über all dem stehen wie eine Fata Morgana die Götter, deren Zänkereien stets in ein Gelächter ausmünden, denn sie sind unsterblich.

Dieses Epos war das Werk von Jahrhunderten. Das mykenische Königtum erlebte zu der Zeit, in der das Werk verfaßt wurde, seinen Aufstieg und Niedergang. Die anspruchsvollen Künstler, die dem Epos die letzten Pinselstriche zufügten, standen in weiter zeitlicher Ferne von den halbbarbarischen Straßenräubern, die sie besangen. Daraus ergab sich eine dynamische Spannung zwischen ihnen und ihrem Stoff, und sie waren mit ihrem Stoff so eng verwachsen, daß es den Anschein hat, die Spannung wäre in der Eigenart der von ihnen geschilderten Charaktere begründet. So sagt Sarpedon zu seinem Vasallen:

> Liebster, wäre uns stets, falls diesem Kriege entronnen,
> Ein unsterblich Los und ewige Jugend beschieden,
> O, dann kämpfte ich selbst nicht hier in den vordersten Reihen,
> Stellte auch dich dann nicht ins ehrende Ringen der Männer;
> So nun aber, da doch unzählige Schrecken des Todes
> Rings uns drohen, die ja kein Mensch entfliehend vermiede,
> Gehen wir, sei's einem andern zum Ruhme oder uns selber![150]

Das ist nicht die Sprache eines Räuberhauptmanns. Der Achilleus, der das Schwert gegen seinen König erhob, schmollend in seinem Zelt blieb, wie ein Kind schluchzte, die ihm angebotenen Städte ausschlug, sich vor Kummer im Staube wälzte und den Leichnam seines Feindes hinten an seinen Streitwagen band, um ihn über den Boden zu schleifen — das ist der echte Achaier, der ruhelose Viehräuber und Plünderer von Knossos. Doch Achilleus ist zum Untergang verurteilt, wie auch Agamemnon und Aias. Ihr Königreich ist eine bloße Erinnerung, die aus der Vergangenheit heraufbeschworen und in die magischen Hexameter solcher Dichter gekleidet wurde, die das Gewimmel durch den Pferch jagender Schafe, den raschen Strich der Sichel durch das Gras oder die Anmut, mit der frauliche Hände am Webstuhl schaffen, mit Vorliebe nachzeichnen. Deshalb wird Achilleus ihrer Meinung nach von dem Wissen um seinen frühen Tod gepeinigt: „Soll ich nach Phthia heimkehren und ein tatenloses, langes Leben in Behaglichkeit verbringen oder jung an Jahren im Kampfe verbluten und ewig auf den Lippen der Sänger blühen?"[151] Das tragische Dilemma der *Ilias* komprimiert fünf Jahrhunderte revolutionärer Umwandlungen.

Die *Odyssee* enthält eine stärkere Beimischung nichtheroischer Dichtung. Sie gehört in weit stärkerem Maße der Blütezeit dieser Kunstgattung an und weist somit glatte Übergänge und eine ungezwungenere Einheitlichkeit auf.

In seiner erhaltenen Form zerfällt dieses Epos in sechs Teile, durch die der Fortschritt der Handlung gekennzeichnet wird. Telemachos verläßt die Heimat, um Nachrichten über seinen Vater einzuholen (Gesang I—IV). Inzwischen ist Odysseus in Phaiakien (V—VIII) gelandet, wo er die Geschichte seines Umherirrens erzählt (IX—XII). Nachdem Vater und Sohn, ohne sich vorher begegnet

---

[150] Il. 12, 322—328.
[151] Vgl. Il. 9, 412—416.

zu sein, heimgekehrt sind, treffen sie in der Hütte des Schweinehirten aufeinander (XIII—XVI). Als Bettler verkleidet und in seinem eigenen Hause beschimpft, forscht Odysseus Penelope aus und bereitet seinen Anschlag vor (XVII—XX); und nachdem er schließlich die Freier erschlagen hat, gibt er sich seiner Gattin und seinem Vater zu erkennen und wird wieder in sein Erbe eingesetzt, um es friedlich zu besitzen (XXI—XXIV).

Den Kern des Epos bildete die Seereise eines verschlagenen Mannes, der dabei Wunderbares erlebt und mit Ungeheuern zu kämpfen hat, und seine Rache an den Feinden, die sich seine Abwesenheit zunutze gemacht hatten. Das ist rohe Folklore, weit älter als die Gestalt des Odysseus. Doch in dem Epos sind bis auf das letzte alle übrigen Abenteuer in einem einzigen Teilabschnitt konzentriert, obgleich sie sich über zehn Jahre erstrecken. Wie schon in der *Ilias*, wird auch hier ein umfassender Gegenstand unter einem Blickwinkel zusammengefaßt, indem die Dichter einen einzigen Abschnitt in den Mittelpunkt stellen. Doch scheint diese Methode hier weit bewußter angewandt worden zu sein; denn sie ist so konsequent durchgeführt, daß die Abenteuer des Helden in der Tat einem neuen Interesse untergeordnet sind, nämlich der Wiedervereinigung mit seiner Familie. Das hat man dadurch erreicht, daß man das Hauptthema mit vier zweitrangigen Episoden umrahmte.

Erstens wird durch die Reise des Telemachos der Schauplatz nach Ithaka verlegt und der Zuhörer auf dramatische Weise in die Situation eingeführt. Seine Reise nach Pylos und Sparta ist ein heroisches Thema, doch selbst in unserem Text finden sich Hinweise auf eine ältere Version, nach der er Sparta verließ und nach Kreta weiterreiste.[152] Es hat den Anschein, als wäre dem Epos ein Einzellied einverleibt und angepaßt worden.

Zweitens bildet Odysseus' Aufenthalt auf der exotischen Insel Phaiakien eine echte Erinnerung an einen matriarchalischen minoischen Stadtstaat (Seite 354 bis 357), wodurch ein Kontrast zu seiner rauhen Inselheimat geschaffen werden soll, die er dafür jedoch nicht eintauschen will. Auch diese Schilderung könnte einst ein besonderes Lied gebildet haben. Als das letzte von vielen Abenteuern wurde es mit hervorragender Kunstfertigkeit sozusagen in eine Linse verwandelt, durch die wir das übrige erblicken können. Der einäugige Kyklops und die Zauberkunst einer Kirke, die zwitschernden Geister der Hölle und der verderbenbringende Gesang der Seirenen dringen an unser Ohr wie eine reizvolle Erzählung am prasselnden Herdfeuer, die von der Wirklichkeit doppelt weit entfernt ist.

Drittens scheinen die in der elenden Hütte des Sauhirten spielenden Szenen, die völlig erdichtet sind, durch das Lied von Telemachos, der nur auf Schleichwegen zurückkehren konnte, hervorgerufen worden zu sein. Ihre dramatische Wirkung spricht für sich, doch muß noch ein Wort zu dem Sauhirten gesagt werden. Die Thersitesgestalt aus der *Ilias* ist eine Strohpuppe, die Zielscheibe des Spottes, an der sich das Vorurteil der herrschenden Klasse ergötzt, während Eumaios mit den sympathischen Farben von der Palette Shakespeares gemalt zu sein scheint:

---

[152] Schol. Od. 1,93. 284. 3,313.

> O guter Alter, wie so wohl erscheint
> In dir der treue Dienst der alten Welt,
> Da Dienst um Pflicht sich mühte, nicht um Lohn!*

Die Hütte eines Sauhirten hat im heroischen Zeitalter keinen Platz. Sie gehört der Feudalzeit an, und ich hege den Verdacht, daß selbst die feudale Welt dieses sanftmütigen, freundlichen Landmannes für die Dichter, in deren Einbildung sie entstand, schon zur grauen Vergangenheit gehörte.

Schließlich war vermutlich der Freiermord auch abgewandelt worden, obwohl dieser Teil zu dem ursprünglichen Thema gehörte. Der Bogenkampf, der auf dem *svayamvara* beruhte (Seite 341), ist älter als der Zusammenhang, in dem er in dem Epos erscheint, und es ist bemerkenswert, daß keiner der Freier sonst irgendwo in der Genealogie oder im Mythos auftritt.[153] Die Grausamkeit der geschilderten Szenerie entspricht dem für das patriarchalische Griechenland gültigen Gesetz, nach dem jeder beim Ehebruch ertappte Mann getötet werden konnte, ohne daß der Rächer mit einer Bestrafung zu rechnen hatte. Für Odysseus ist die Wiedervereinigung mit seiner Familie gleichbedeutend mit dem Wiedererlangen seiner Eigentumsrechte.

Diese Episoden sind mit dem ursprünglichen Thema des Epos derart geschickt verwoben, daß der Kern der Erzählung, der für die Verfasser ins Reich der Fabel gehörte, in den weit humaneren Bericht über das Ereignisse auf Ithaka eingebettet erscheint. Wir erfahren etwas über die Gattin des Odysseus, bevor wir mit ihm selber bekannt gemacht werden, und wenn wir ihm endlich selbst begegnen, ist er schon fast wieder daheim angelangt. Die Zauberkünste einer Kirke und einer Kalypso können seine Sehnsucht nur noch verstärken, endlich einmal wieder ein Rauchwölkchen aus den heimatlichen Kaminen aufsteigen zu sehen. Durch sein Heimweh werden wir in ständiger Spannung gehalten, und diese wird durch ein Leitmotiv noch verstärkt. Das ist ein Kunstmittel, das in der *Ilias* noch nicht verwandt wurde. Gleich von Beginn des I. Gesanges an werden wir durch wiederholte Anspielungen auf das Schicksal Agamemnons, den nur deshalb ein günstiger Wind nach Hause trug, um hier von seiner Gattin und ihrem Geliebten ermordet zu werden, ständig zwischen Furcht und Hoffnung hin- und hergerissen. Wird ihm Penelope die Treue halten? Kann hundert Freiern der Erfolg dort versagt bleiben, wo er einem Aigisthos beschieden war? Wird sich Telemachos wie Orestes seines Vaters würdig erweisen? In Phaiakien tritt dieses Motiv als Scherzo auf, als Schäferspiel zwischen Aphrodite und Ares in Abwesenheit des Hephaistos.[154] Wie schon in der *Ilias* ist auch hier göttliche Komödie, was bei den Menschen als Tragödie erscheint. Der Höhepunkt des Ganzen wird im letzten Gesang erreicht, wenn wir dort hören, daß Agamemnons Geist Odysseus glücklich preist. Dieses Buch mag jünger sein als die übrigen Teile des Epos, dennoch nimmt es einen rechtmäßigen Platz in der ganzen Dichtung ein. Nicht nur die Wiedervereinigung

---

* Wie es euch gefällt, II, 3,56—58.
[153] Mit der einzigen möglichen Ausnahme des Peisandros, Sohns des Polyktor: siehe oben S. 362—363.
[154] Dieser Tatbestand ist von denen, die das Lied des Demodokos als „Interpolation" ausscheiden wollen, übersehen worden.

mit Laertes ist eine Notwendigkeit — der Greis hat sich allein aus diesem Grunde so lang am Leben erhalten —, sondern wir werden auch wie sonst nirgends bei Homer durch die Schilderung bewegt, wie der Alte weinend nach einem Zeichen verlangt, an dem er erkennen kann, daß sein Sohn vor ihm steht, und Odysseus dann die Bäume aufzählt, die er ihm als Knabe im Garten hat pflanzen helfen. Am Ende des Epos können wir schließlich feststellen, daß Großvater, Vater und Sohn der Welt gemeinsam Trotz bieten. Auf Odysseus warteten zwar noch weitere Abenteuer, doch die *Odyssee* findet an dieser Stelle, und das zu Recht, ihren Abschluß.

All das beruht jedoch im wesentlichen auf Mutmaßungen. Wir sind außerstande, die diesen Epen zugrunde liegenden Stoffe herauszuschälen. Doch wir können zumindest die poetische Technik würdigen. Alle Theorien, die sich mit der Frage befassen, ob die Epen von einem oder mehreren Dichtern stammen, gehen am Kern des Problems vorbei. Die Epen nahmen ihre jetzige Gestalt vor einem kaleidoskopartigen Hintergrund an, aus dem sie sich aus Stegreifvariationen, die der Eingebung des Augenblicks angepaßt waren, nach und nach mit dem Dahinschwinden des Improvisationsvermögens herauskristallisierten. Ihre Weiterentwicklung wurde dann derart behutsam zu einem Abschluß gebracht, daß in ihrer endgültigen Prägung der ungeschminkte Realismus und die natürliche Ausdruckskraft der primitiven Volksdichtung mit dem verfeinerten, sich selbst in Frage stellenden Individualismus ausgereifter Kunst vereinigt erscheint. Das macht ihren einzigartigen Wert aus. Der Natur der Sache nach können sie weder von einem einzelnen Künstler noch von einer Reihe nacheinander tätiger Dichter, die unabhängig voneinander und für ihre persönlichen Belange schufen, verfaßt worden sein. Sie waren das Ergebnis der Leistungen einer ganzen Dichterschule, in der Generationen in strenger Zucht miteinander verwachsener und der Sache treu ergebener Meister und Schüler ihr Leben der Vollendung des überkommenen epischen Materials geweiht hatten. Das alles wurde durch eine besonders glückliche Vereinigung historischer Umstände ermöglicht, die eine Brücke von der Improvisation zur Komposition, zwischen Sprache und Schrift schlugen, so daß etwas von der absichtslosen, schöpferischen Kühnheit des einfachen ungebildeten Sängers, der durch die strahlenden Augen und das atemlose Schweigen der Zuhörermenge inspiriert wurde, auf das unempfindliche, doch dauerhaftere Medium des geschriebenen Wortes überspringen konnte.

ANHANG

ÜBER FORMEN DES
GRIECHISCHEN LANDBESITZES

'Αλλ' ὥς τ' ἀμφ' οὔροισι δύ' ἀνέρε δηριάασθον
μέτρ' ἐν χερσὶν ἔχοντες, ἐπιξύνῳ ἐν ἀρούρῃ,
ὥ τ' ὀλίγῳ ἐνὶ χώρῳ ἐρίζητον περὶ ἴσης . . .

*Sondern wie zwei Männer sich um die Grenze des Feldes
Zanken, das Maß in der Hand, auf gleichbesessenem Acker
Und in kleinem Bezirk um gleiche Teile sich streiten . . .*

Ilias XII, 421—423

Es sind jetzt mehr als sechzig Jahre vergangen, seit Ridgeway diese Stelle interpretiert hat. Er deutete sie nach Analogie des mittelalterlichen Open-field-Systems, das damals zum ersten Male erforscht wurde. Seebohms *English Village Community* wurde 1883 veröffentlicht, und Ridgeways Artikel "The Homeric Land System" erschien zwei Jahre darauf.[1] Seine Beweisführung ist wie folgt.

Die Grundeinheit beim Open-field-System war das *strip* („Streifen"), ein Strich Ackerlandes, der verschieden groß sein konnte, dessen Ausmaße aber gewöhnlich mit 1 *furlong* (einer „Furchenlänge") = 40 engl. Ruten (etwa 200 m) in der Länge und 1 engl. Rute (etwa 5 m) in der Breite angegeben wurden. Das nannte man ein *rod* oder *rood* (etwa 1000 qm oder $^1/_{10}$ ha) Land. Aus vier solchen nebeneinanderliegenden *rods* („Ruten") bestand ein *strip acre* (4×40 engl. Ruten, etwa 4000 qm oder $^4/_{10}$ ha), zu deutsch „Ackerstreifen". Die Länge des *strip acre*, d. h. die Länge der Furche, bestimmte sich nach der Wegstrecke, über die ein Pflug bequem gezogen werden konnte, ohne daß man eine Pause einlegen mußte. Seine Breite ergab sich aus der Anzahl Furchen, die zwei Ochsen im Laufe eines Tages ziehen konnten, die Zeit, die man für das Füttern, den Hin- und Rückweg der Tiere benötigte, mit eingerechnet.[2] Das eigentliche *acre* unterscheidet sich nur insofern von dem *strip acre*, als es in quadratischer Form angelegt ist. Die englische Bodeneinheit des *acre* hat somit den gleichen Ursprung wie das frz. *journal* und *joug*, das wal. *erw*, das dtsch. *Tagwerk*, *Morgen* und *Joch* und das lat. *iugum* und *iugerum*.[3] Weitere Beispiele dafür sollen später angeführt werden. Diese Bodeneinheiten waren nicht alle von gleicher Gestalt, und jede von ihnen war je nach Lage des Landes und der Beschaffenheit des Bodens verschieden groß, doch alle wurden nach dem gleichen Prinzip berechnet, nämlich der Bodenfläche, die mit einem Ochsenpaar an einem Tage umgepflügt werden konnte.

Ausgehend von diesen Voraussetzungen erkannte Ridgeway im gr. *gýes* das *strip acre* wieder. Das Wort *gýes* bedeutet eigentlich „Pflug", doch wurde es schon seit ältesten Zeiten als Maßeinheit für die Ackerfläche verwandt. Nach Ridgeway betrug seine Länge ein *stádion* (auch *spádion*) = 600 Fuß (184,97 m). Das war die Entfernung, über die der Pflug gezogen (*spa*) wurde, bevor ein Anhalten (*sta*) und Wenden erfolgte. Seine Breite betrug 1 *pléthron* = 100 Fuß (30,83 m). Daraus

---

[1] F. SEEBOHM, The English Village Community (deutsch: Die englische Dorfgemeinde), RIDGEWAY, „The Homeric Land System", JHS 6, 1885, 319—339, ders., „The Origin of the Stadion", JHS 9, 1888, 18—26.

[2] F. SEEBOHM, a. a. O., S. 2; HOMANS, English Villagers of the Thirteenth Century, S. 49.

[3] F. SEEBOHM, a. a. O., S. 84—85; MAITLAND, Domesday Book and Beyond, S. 377; GODEFROY, Dictionnaire de l'ancienne langue française du IXe au XVe siècle, BROCKHAUS, s. vv. Joch, Juchart; PLIN. nat. hist. 18,9, VARRO de reb. rust. 1,10.

erklären sich die Maße eines griechischen Stadions, einer Rennbahn, die gewöhnlich 600×100 Fuß groß war.[4]

Im vorliegenden Buch habe ich Ridgeways Interpretation nochmals bekräftigt, da sie, zumindest was die klassische Archäologie betrifft, auf steinigen Boden gefallen ist. Diese beigefügte Abhandlung verfolgt den Zweck, einige Einwände gegen sie zu entkräften und weiteres Beweismaterial vorzulegen, durch das andere Probleme des griechischen Landbesitzes erhellt werden könnten. Doch zuerst will ich dem in der *Ilias* gezeichneten Bild eine Einzelheit hinzufügen.

Das engl. Wort *rod* oder *rood* bedeutet: einen 1. „Ochsenstachel" (ein Stock zum Antreiben der Zugochsen — d. Hrsg.), 2. eine Meßrute, 3. ein Längenmaß von $16^{1}/_{2}$ engl. Fuß (etwa 5 m), 4. ein Flächenmaß, wie oben beschrieben.[5] Das arab. *massāse*, wie es heute noch in Syrien in Gebrauch ist, bedeutet: 1. einen Ochsenstachel, 2. eine Meßrute, 3. ein Längenmaß, dessen Größe in den verschiedenen Bezirken wechselt.[6] Die *métra*, die die beiden Männer bei Homer in der Hand halten, sind nach dem Zeugnis des Eustathios nichts anderes als *ákainai*. Die *ákaina* war: 1. ein Ochsenstachel, 2. eine Meßrute, 3. ein Längenmaß, das in Thessalien 10 Fuß betrug (etwa 3 m), und 4. ein Flächenmaß von ungefähr 9,30 qm.[7] Wie das engl. *strip acre* 4 engl. Ruten (etwa 20 m) breit war, so betrug auch die Breite des griech. *gýes* 10 *ákainai*. Im antiken Griechenland wurde der Ochsenstachel genauso wie im mittelalterlichen England und in Syrien noch heute dazu benutzt, um die Spanne zwischen zwei Furchen zu messen.

Ridgeways Rekonstruktion der Ausmaße eines *gýes* wurde von E. C. Curwen mit der Behauptung verworfen, sie sei mit seiner allgemeinen Theorie vom Ursprung des *strip acre* unvereinbar. Seine Theorie kann man folgendermaßen zusammenfassen.[8]

Seit der Bronzezeit bis zum Ende der römischen Periode wurde der Boden mit einem leichten Pflug bearbeitet, der von einem oder zwei Ochsen gezogen wurde. Dadurch wurde jedoch lediglich die Oberfläche geritzt. Um den Acker besser umbrechen zu können, wurde der Boden zweimal übergepflügt, wobei die zweite Furchenlinie quer über die erste verlief. Durch dieses kreuzweise Pflügen bestimmte sich auch die Gestalt des Feldes, d. h. es bildete sich ein Quadrat.

Im ersten Jahrhundert unserer Zeitrechnung kam ein schwerer Räderpflug in Gebrauch, der von einem Ochsengespann gezogen wurde und für schwere Böden geeignet war. Er tauchte zuerst in Rätien (Württemberg und Bayern) auf, verbreitete sich dann nordwärts über Frankreich und Deutschland und wurde schließlich auch durch die angelsächsischen Eroberer in Britannien eingeführt. Mit diesem Werkzeug, das tiefer in den Boden eindringen konnte, erübrigte sich das kreuzweise Pflügen, so daß auch das quadratische *acre* durch das *strip acre* ersetzt wurde. Es wurden möglichst lange Furchen gezogen, um die Zahl der Wendungen zu verringern.

[4] Das *stádion*, „Rennbahn", war auch unter dem Namen *péléthron* = *pléthron* bekannt, IG II², 14,10.
[5] Old English Dictionary, s. v.; MAITLAND, a. a. O., S. 377; HOMANS, a. a. O., S. 69—70.
[6] LATRON, La vie rurale en Syrie et au Liban, S. 20.
[7] EUSTATH. ad loc.; KALLIM. fr. 214; Schol. APOLLON. RHOD. 3,1323, HERO Deff. 130.
[8] CURWEN, Air Photography and Economic History, ders., Plough and Pasture, Kapitel V.

Da Curwen der Meinung ist, das *strip acre* setze den schweren Räderpflug voraus, der im Griechenland der Antike unbekannt war, vertritt er auch die Auffassung, in Griechenland habe es nur quadratische Ackerflächen gegeben. Er wird darin durch Gordon Childe unterstützt, der in einer Besprechung der vorliegenden Arbeit Ridgeways Schlußfolgerung mit der Begründung ablehnt, daß „*strip acres* unter den Bedingungen einer Landwirtschaft auftraten, wie sie den Boden- und Witterungsverhältnissen Nordeuropas entsprach, daß sie nirgendwo außerhalb eines festumrissenen Gebiets angelegt wurden und selbst in Britannien und Holland ein läteres System ersetzten, das auf quadratischen ‚keltischen' Feldern beruhte."[9] Er fügt hinzu, daß letztere „den Bedingungen im Mittelmeergebiet weit mehr angemessen waren".

Beruhte die altgriechische Landwirtschaft auf dem *strip acre* oder dem *square acre* (der quadratischen Fläche)? Wir besitzen kein unmittelbares Quellenmaterial, um die Frage eindeutig beantworten zu können, und es ist natürlich durchaus möglich, daß beide Arten in verschiedenen Teilen des Landes auftraten.[10] Wenn wir Curwen folgen wollen, müssen wir das kreuzweise Pflügen als Zeichen für das Vorhandensein von quadratischen Ackerflächen ansehen, doch findet sich im antiken Griechenland kein eindeutiges Zeugnis für das kreuzweise Pflügen. Tatsächlich empfiehlt zwar Xenophon, die Brache, die im Frühjahr einmal übergepflügt worden ist, noch einmal im Hochsommer zu pflügen, doch sagt er nicht, daß es beim zweitenmal in einem Winkel von 90 Grad zum ersten geschehen solle.[11] Andererseits erlaubt die bei Homer auf dem Schild des Achilleus abgebildete Szene, wie mir scheint, nur eine Deutung. Es handelt sich hierbei um ein Brachfeld, das wieder landwirtschaftlicher Nutzung zugeführt wird. Mehrere Pflüger lenken ihre Gespanne hierhin und dorthin, und sooft sie das Angewende wieder erreichen, kommt ihnen ein Mann entgegen und reicht ihnen einen Becher Wein.[12] Wäre nun von einer Ackerfläche die Rede, die aus quadratischen Stücken bestände, würde auch das Ganze die Form eines Quadrates einnehmen wie die quadratischen Felder, die für das antike Italien bezeugt sind,[13] und es gäbe folglich auch keine gemeinsame Grenze für alle einzelnen Ackerstücke. Besteht aber das Feld aus einzelnen streifenförmigen Stücken, so ist das Bild vollkommen klar. Der Diener geht am Angewende auf und ab und tritt auf jeden Pflüger zu, der das Ende der Furche erreicht hat.

In einer der letzten Nummern der Zeitschrift *The Archæological Journal* ist Curwens gesamte Theorie einer eingehenden und augenscheinlich vernichtenden Kritik unterzogen worden.[14] Mit diesem weiteren Aspekt der Angelegenheit habe ich nichts zu tun. Meine Absicht besteht lediglich in einer Verteidigung der Position Ridgeways.

---

[9] Labour Monthly 31, 1949, S. 253.
[10] Es könnte sein, daß das *üron* = 30,5 m, das ich mit dem *pléthron* (S. 262—263) gleichgesetzt habe, in Wirklichkeit die Länge einer Furche in einem quadratischen Morgen, wie der lat. *versus*, bezeichnete (VARRO de reb. rust. 1, 10).
[11] XEN. Oik. 16, 4; vgl. HESIOD. Erga 462.
[12] Il. 18, 541—547.
[13] DAREMBERG-SAGLIO s. v. Centuria. S. 1017.
[14] H. C. PAYNE, „The Plough in Ancient Britain", AJ 104, 1947, 82ff.

Nach Curwens eigenen Angaben (die er von Seebohm übernommen hat) hat man das *strip acre* in Portugal, im Donaubecken und in Süditalien rund um den Meerbusen von Otranto nachweisen können. Für das Auftreten dieser Anbauform in jenen Gebieten hat man keine Erklärung beibringen können. Außerdem sind die von ihm angeführten Tatsachen bei weitem nicht vollständig. Nach Doreen Warriner kann man den alten Anlageplan des Open-field-Systems, bei dem die Ackerfläche in Streifen zerlegt ist, noch heute in einigen Gebieten der Schweiz, Süddeutschlands und Böhmens erkennen, während das vollständige System mit Dreifelderwirtschaft und Brache noch im Jahre 1938 in abgelegeneren Teilen der Slowakei und Transsilvaniens bekannt war.[15] Die Autorin gibt ihrem Werk eine Photographie eines Dorfes aus dem jugoslawischen Karstgebiet bei, dessen Felder in Streifen angeordnet sind.

Noch eindrucksvoller sind die Beobachtungen, die sie im Mittleren Osten gemacht hat, einem Gebiet, das auf Curwens Karte als Bereich der quadratischen Bodenstücke gekennzeichnet ist:

Die gegenwärtige Form des Landwirtschaftssystems in Syrien, Transjordanien und dem Irak entspricht im wesentlichen dem, das im Mittelalter in Europa vorherrschend war: d. h., nach diesem System wird Getreide auf großen Flächen angebaut, jedoch keine Hackfrüchte oder Futterpflanzen. Die drei- oder vierjährige Rotation — Wintergetreide, Sommergetreide, Brache oder Wintergetreide im Wechsel mit Brache — wird genauso beachtet wie auch bis zum achtzehnten Jahrhundert in Europa. Die Aufteilung der Gesamtackerfläche, durch die die einzelnen Bodenstücke eines Bauern in Streifen über die ganze Gemarkung verstreut liegen, ähnelt dem *open field* des früheren englischen Dorfes mit seinen *virgate holdings*.[16]

Ihre Studie über dieses Gebiet des östlichen Mittelmeerraums kann man mit Angaben aus den Werken von Latron und Patai ergänzen.[17] An Hand von Latrons Übersichtskarten kann sich der Leser mit eigenen Augen davon überzeugen, daß in einigen Teilen Syriens und des Libanon die einzelnen Streifen außerordentlich lang und schmal sind. Der Boden wird mit einem leichten Pflug bestellt, der von einem Ochsengespann gezogen wird. Ein kreuzweises Pflügen wird mit keiner Silbe erwähnt.

Damit erledigt sich die Auffassung, nach der das *strip acre* nur unter den Boden- und Klimaverhältnissen Nordeuropas auftreten konnte und den Bedingungen, die für das Mittelmeergebiet kennzeichnend sind, nicht angemessen sein soll. In bezug auf Bodenbeschaffenheit und klimatische Bedingungen und auch die hauptsächlich angebauten Früchte — Getreide, Wein und Oliven — sind diese Länder durchaus mit Griechenland vergleichbar. Da des weiteren die landwirtschaftlichen Gebiete Jahrhunderte lang der kommerziellen Durchdringung von seiten solch großer Städte wie Aleppo, Damaskus und der Levantehäfen ausgesetzt waren, können sie uns das entsprechende Material für die Einschätzung

---

[15] WARRINER, Economics of Peasant Farming, S. 10—11.
[16] WARRINER, Land and Poverty in the Middle East, S. 123—124.
[17] LATRON, a. a. O., PATAI, „Musha'a Tenure and Co-operation in Palestine", AA 51, 1949, 436—445, WEULERSSE, Paysans de Syrie et du Proche-Orient.

der Auswirkungen liefern, die die Entwicklung der Städte auf das ländliche Leben im alten Griechenland gehabt haben muß. Die folgenden Einzelheiten stammen aus dem Werk Latrons.

Das arab. *feddān*, „Ochse", bezeichnet als Flächenmaß diejenige Menge Boden, die ein Paar Ochsen an einem Tage umpflügen kann. In der Praxis wechselt die Größe dieser Fläche zwar, doch kann man sie grob gerechnet mit 0,3 ha angeben.[18] Das gleiche Wort wird in erweitertem Sinn für die Ackerfläche benutzt, die ein Ochsengespann im Laufe eines Jahres bestellen kann, d. h., es handelt sich um ein Besitztum von durchschnittlicher Größe, in dem neben der Ackerfläche eine angemessene Menge Weideland und Wasserstellen, ferner Land für den Anbau von Reben und Oliven einbegriffen ist, also in der Tat alles bis auf die Gebäude.[19] Die Größe schwankt zwischen 6,8 ha in den Gebieten mit den besten Böden bis über 40 ha in den schlechtesten Landstrichen. Das englische Gegenstück dazu ist das *virgate* (eigtl.: „Hufe" — d. Hrsg.) oder *yardland* („Hofland"), dessen Größe mit 12 ha angegeben wird. Das war die Menge an Boden, die im Laufe eines Jahres bebaut werden konnte. Dazu kamen ein Anteil an Wiesenland und Weiderechte.[20]

Die Geschichte der Formen des Landbesitzes im Mittleren Osten ist noch weitgehend unerforscht. Man ist aber der Meinung, daß mit dem griechischen Worte *zeúgos*, das im Gesetzeswerk des Iustinian verwendet wird, diejenige Ackerfläche bezeichnet wurde, die von einem Paar Ochsen an einem Tage umgepflügt werden konnte;[21] und das moderne *zeugári*, das mit 80 *strémmata* = 8 ha berechnet wird, erklärt man als die Menge an Boden, die mit einem Ochsengespann im Laufe eines Jahres bestellt werden kann.[22] In Syrien selbst bildete unter der byzantinischen Herrschaft die Steuereinheit das *iugum*, das 5 *iugera* der für den Weinbau verwandten Fläche und je nach der Fruchtbarkeit des Bodens 20, 40 oder 60 *iugera* an Getreideland entsprach.[23]

Neben dem *feddān* besitzen die syrischen Araber noch eine zweite Maßeinheit, das *shombol*, das eigentlich die Menge an Getreide bezeichnet, die ein Kamel tragen kann. Der Wert eines *feddān* oder eines Besitztums von durchschnittlicher Größe wird durch den jährlichen Gesamtertrag an Getreide, Wein und Öl ausgedrückt, den man wieder mit soundso vielen Kamelladungen Getreide umschreibt.[24]

Das *feddān*, das Besitztum von durchschnittlicher Größe bildet die Grundeinheit in allen solchen Dörfern, wo das Open-field-System erhalten geblieben ist. In diesen Dörfern gibt es kein Privateigentum an Boden, sondern nur das Anrecht eines jeden Clans, eines Haushalts oder einer Familie auf einen bestimmten Teil des Gemeindelandes. Die Größe des Besitzes richtet sich nach der Anzahl von „Jochen", die die einzelne Personengruppe für das Pflügen beisteuern kann. Der anbaufähige Teil der Besitzung besteht aus soundso vielen streifenförmigen Parzellen, die auf alle

---

[18] LATRON, a. a. O., S. 11—12.
[19] Ebd., S. 14—15.
[20] F. SEEBOHM, a. a. O., S. 7—10, 72; HOMANS, a. a. O., S. 85.
[21] Cod. Iustinian. 10,27. 2; DEMETRAKOS, Méga Lexikon etc., s. v.
[22] DEMETRAKOS, a. a. O., s. v.
[23] DAREMBERG-SAGLIO, s. v. Caput, S. 913.   [24] LATRON, a. a. O., S. 10.

Felder verteilt sind. Auf diese Weise wird eine gerechte Verteilung der Ackerfläche unter Berücksichtigung der verschiedenen Bodenqualitäten erzielt.[25]

Der anbaufähige Boden wird nach dem Fruchtwechselsystem periodisch Feld für Feld neu verteilt. Das Feld wird dabei mittels Stangen oder Schnüren in eine Anzahl Parzellen zerlegt, die sodann durch das Los und unter Aufsicht der Dorfältesten vergeben werden.[26] Bei den Arabern Palästinas wird jedesmal, wenn ein Los gezogen ist, der Name des neuen Besitzers aufgerufen, und die versammelten Dorfbewohner rufen im Chor „Allah, erhalte ihm sein Los!" Wie es scheint, ist dieses Verfahren uralt, denn, wie Patai dazu feststellt, findet sich dieselbe Ausdrucksweise schon in den Psalmen (XVI, 5—6):

Der Herr aber ist mein Gut und mein Teil; du erhältst mein Erbteil. Das Los ist mir gefallen aufs Liebliche; mir ist ein schön Erbteil geworden.[27]

In vielen Gegenden Syriens haben die Dorfbewohner ihre Bodenanteile an außerhalb ansässige Grundherren verpfändet, die sich einen festgesetzten Teil der Produkte aneignen. Somit sind sie zu *métayers* geworden. Die Form und Rate der Ausbeutung wechseln. In den reichen Gartenländereien von Tripolis, Saida und Tyros verbleibt dem *métayer* nur ein Viertel der Erträge; in den weniger fruchtbaren Landstrichen behält er bis zu vier Fünfteln.[28] Und dennoch haben diese Dörfler trotz des Verlustes ihrer Unabhängigkeit bei sich die alte gemeinwirtschaftliche Organisation beibehalten, wozu auch die periodische Neuverteilung der Ackerfläche gehört.[29] Nur in den fortgeschrittensten Gebieten ist die alte Organisationsform zerbrochen. Hier hat die Zersplitterung der Besitzungen, die durch die wachsende Nachfrage nach Boden hervorgerufen wurde, zur Veräußerung der Anteile an Außenstehende geführt; das Verfahren der periodischen Neuaufteilung wurde abgeschafft, die Besitzungen nahmen feste, unveränderliche Formen an und entwickelten sich zu Privateigentum.[30]

Wir wollen jetzt zur *Ilias* zurückkehren. Worum stritten sich die beiden Männer dort? Das Land, das sie verteilen wollen, ist Gemeineigentum, kann also nicht zum Grundstück ihres Vaters gehören. Sie könnten die Vertreter zweier verwandtschaftlich verbundener Familien gewesen sein, die eine Besitzung, die beiden Familien durch das Los zugefallen war, unterteilen wollten. Wie Latron darlegt,

---

[25] LATRON, a. a. O., S. 55: „Auf derselben Ackerfläche liegen die einzelnen Landlose nebeneinander, um im Prinzip jedem Bauern die gleichen Mengen an gutem und schlechtem Boden zu garantieren." Vgl. PATAI, a. a. O., S. 439: „Jede Familie erhielt nicht nur genau die ihr zustehende Bodenmenge, sondern auch die einzelnen Parzellen waren von gleicher Bodenqualität. In der Praxis sah das so aus, daß die Ländereien je nach Qualität, Lage, Beschaffenheit des Geländes, Zugang zum Wasser usw. in verschiedene Kategorien eingeteilt wurden. Die sich daraus ergebenden Landkomplexe wurden dann nach der Anzahl der Familien in Parzellen unterteilt.... Die gewissenhafte Anwendung des Prinzips der Gleichheit war die Ursache eines weiteren Merkmals des *musha'a*; denn die Einzelparzellen neigten dazu, lang und schmal zu sein. In einem Dorf fand man Parzellen vor, die eine Länge von ungefähr 2100 m und eine Breite von nur 4,60 m besaßen. Die schmalen Streifen verengten sich, sobald sie auf wertvollere Bodenstücke stießen, so daß die auf hügeligem Gelände gelegenen Streifen von oben nach unten verliefen."

[26] LATRON, a. a. O., S. 188—189.

[27] PATAI, a. a. O., S. 440. Das mit „mein Erbteil" (*gorali*) übersetzte Wort aus Psalm 16,5 ist das gleiche wie das noch heute gebräuchliche *jarrali*. Vgl. Psalm 78, 55: „und vertrieb vor ihnen her die Völker und ließ ihnen (mit der Leine) das Erbe austeilen..." Das mit „Leine" übersetzte Wort *hebhel* bedeutet: 1. Schnur, 2. Los oder Landgut, vgl. griech. *schoînos*.

[28] LATRON, a. a. O., S. 50.   [29] Ebd., S. 48—55.   [30] Ebd., S. 191.

war die Neuverlosung der Ackerfläche eine ständige Ursache für Streitigkeiten, da die eine oder andere Seite sich häufig darüber beschwerte, nicht redlich bedient worden zu sein.[31] Mit dieser Möglichkeit hatte ich gerechnet, als ich zu diesem Problem in der ersten Auflage meines Buches Stellung nahm, doch seitdem hat man mir eine andere Erklärung vorgeschlagen, die wahrscheinlich die richtigere ist.[32]

Solange das Pflügen und Abernten eine im Kollektiv verrichtete Arbeit war, konnten nur in geringem Maße Grenzstreitigkeiten entstehen. Doch mit der Erschlaffung der alten Gemeinschaftsbindungen begann jeder Besitzer zu pflügen und zu ernten, wann es ihm gefiel, so daß es unter solchen Umständen für ihn ein leichtes war, auf die Parzellen seiner Anlieger überzugreifen. In einigen syrischen Dörfern darf niemand vor einem von den Dorfältesten oder dem Dorfvorsteher festgelegten Termin mit der Ernte beginnen, damit derartige Diebstähle ausgeschaltet werden.[33] Die erste Klausel des Landwirtschaftsgesetzes, das einen Teil des justinianischen Kodex bildet, legt fest, daß „der Landwirt, der sein eigenes Feld bewirtschaftet, ehrenhaft sein muß und nicht auf die seinem Nachbarn gehörigen Furchen übergreifen darf."[34] Unter dem *ancien régime* waren die „Furchenesser" (*mangeurs de raies*) in Frankreich sprichwörtlich.[35] Ähnliche Vergehen waren auch im mittelalterlichen England häufig. Homans führt den Fall des Ralph Quintin aus Alrewas in Staffordshire an, der „widerrechtlich zwei Geoffrey, Hughs Sohn, gehörige Eichen fällte, einen Grenzstreifen zwischen beiden Besitzungen beseitigte und ohne rechtliche Grundlage zwei Furchen von dessen Land in Besitz nahm."[36] Und in *Piers Plowman* („Peter dem Pflüger") legt die „Habsucht" folgendes Geständnis ab:

> And yf ich зede to þe plouh · ich pynchede on hus half acre,
> þat a fot londe oþer a forwe · fecchen ich wolde,
> Of my neyhзeboris next · nymen of hus erthe.
> And yf y repe, ouere-reche · oþer зaf hem red þat repen
> To sese to me with here sykel · þat ich sew neuere.[37]

> Und wenn ich dann zum Pflügen schritt, zwickt' ab ich seinen halben Acker,
> Weil einen Fuß Land oder eine Furche rauben ich wollte,
> Von meines nächsten Nachbarn Erde wollt' ich es nehmen.
> Beim Ernten langt' ich über den Feldrain oder hieß die Schnitter alle
> Für mich ergreifen mit ihren Sicheln, was nie ich gesäet.

Befand sich nur ein leicht zu entfernender oder gar überhaupt kein Grenzstein zwischen den einzelnen Parzellen der gemeinsam bewirtschafteten Felder, so waren solche Vorkommnisse unausbleiblich. Wir dürfen deshalb den Schluß ziehen, daß die beiden Männer bei Homer aus eben diesem Grunde miteinander in

---

[31] Ebd., S. 189.
[32] Ich verdanke diesen Vorschlag samt den ihn stützenden Quellenhinweisen Herrn Dr. R. H. HILTON.
[33] LATRON, a. a. O., S. 234.
[34] ASHBURNER, „The Farmer's Law", JHS 32, 1912, 70—71.
[35] BLOCH, Les caractères originaux de l'histoire rurale française, S. 38.
[36] HOMANS, a. a. O., S. 72.
[37] C, Passus VII, 267—271, zitiert bei HOMANS, a. a. O., S. 71.

Streit geraten waren. Sie sind Besitzer benachbarter Bodenstücke, die auf einem
der nicht eingehegten Felder liegen. Einer hat den anderen beschuldigt, einige
Furchen gemaust zu haben. Der andere weist die Anschuldigungen zurück, so daß
sie zur Klärung der Sachlage noch einmal die Breite beider Parzellen vermessen,
um die wirkliche Trennungslinie festzustellen.

Als nächstes wollen wir uns mit den Zuständen befassen, die in Attika vor den
solonischen Reformen herrschten. Aristoteles teilt darüber folgendes mit:

> Die Armen leisteten zusammen mit ihren Frauen und Kindern den Reichen
> Sklavendienste. Sie hießen *pelátai* oder *hektēmoroi* („Sechstler"), weil das die Pacht
> war, für die sie die Felder der Reichen bestellten. Das ganze Land gehörte einigen
> wenigen; und wenn sie die Pacht nicht entrichteten, konnten sie samt ihren Kindern
> in die Sklaverei verkauft werden.[38]

Der Terminus *pelátes* ist ein Gattungsname und entspricht dem lat. *cliens* und
dem frz. *métayer*. Die Bezeichnung *hektēmoros* ist, wie der Name selbst zum Ausdruck bringt, spezieller. Nach Plutarch handelte es sich dabei um jemand, der ein
Sechstel der Erträge seiner Besitzung abliefern mußte. Photios sagt dagegen, er
habe ein Sechstel für sich behalten können und fünf Sechstel seinem Herrn überliefern müssen. Es scheint — zumindest, was die strikte Wortbedeutung betrifft —
klar zu sein, daß die zweite Deutung die richtige ist. Alle anderen zusammengesetzten Wörter, die auf *-móros* und *-moiros* ausgehen, beziehen sich immer auf den
Empfänger oder Besitzer, nicht den Geber. Darüber hinaus erfahren wir aus einer
Eintragung bei Pollux, daß Solon die Redewendung *epímortos gē* für solches Land
gebrauchte, das für einen Teil (*epì mérei*) der Erträge von einem anderen bestellt
wurde, wobei der Terminus *morté* auf den Teil angewandt wurde, den der Bebauer
einbehielt.[39] Aus diesen Gründen stimme ich mit Woodhouse in der Auffassung
überein, daß die *hektēmoroi* genau genommen Kleinbauern waren, die ein Sechstel
ihrer Erträge behalten konnten und das übrige als Pacht zahlen mußten. Wie derselbe Autor weiter darlegt, wurde die Pacht deshalb nach Sechsteln berechnet,
weil der *hekteús* ein normales Kornmaß darstellte, das ein Sechstel eines *médimnos*
umfaßte.[40]

Trotzdem ist es möglich, daß das Wort in der Umgangssprache in weiterem Sinne
verwandt wurde. Aristoteles selbst scheint darauf hindeuten zu wollen, da seine
Begriffsbestimmung, die er an der oben angeführten Stelle liefert, doppeldeutig
ist. War diese Zweideutigkeit von ihm beabsichtigt? Es ist leicht verständlich, daß
die *métayers*, die fünf Sechstel abzuliefern hatten, schließlich mit einer besonderen
Bezeichnung versehen wurden; denn die Bedingungen, unter denen sie leben
mußten, bildeten die äußerste Grenze, bis zu der ein auf Sechsteln beruhendes
System der *métayage* durchgeführt werden konnte. Doch daraus folgt keineswegs,
daß der *métayer*, der nur ein Sechstel seiner Erträge einbehält, deshalb auch ärmer
als die sein muß, die zwei, drei, vier oder fünf Sechstel auf ihren Lebensunterhalt
verwenden können. Die Intensität der Ausbeutung bestimmt sich nicht nur einfach nach dem Teil des Produkts, der der Aneignung durch den Ausbeuter verfällt,

---

[38] ARISTOT. Athen. Polit. 2, 2. [39] POLL. 7, 151. [40] WOODHOUSE, Solon the Liberator, S. 43, Anm. 2.

sondern hängt auch von der Produktivität des Bodens ab. Eine Pacht von einem Sechstel, die auf einem Besitztum mit schlechtem Boden, dessen Wert mit x angegeben werden soll, ruht, kann genau so drückend wie eine Pacht von fünf Sechsteln sein, die auf einem Grundstück mit dem Wert $5x$ lastet. Es ist deshalb durchaus möglich, daß diese Bezeichnung ganz allgemein als attisches Gegenstück zu *pelátes* verwendet wurde und all jene Kleinbauern in sich schloß, die nur einen Teil ihrer Erträge für sich behalten durften, wobei die tatsächliche Höhe dieses Teils von Fall zu Fall verschieden sein konnte und nur eine Gemeinsamkeit darin bestand, daß er überall nach Sechsteln bemessen wurde. Eine Analogie zu dem Gebrauch dieses Wortes bietet sich uns ohne langes Suchen in dem Terminus *métayer* selbst dar, mit dem ursprünglich derjenige bezeichnet wurde, der eine Hälfte seiner Erträge abliefern mußte (spätlatein. *medietarius*).

Des weiteren führte Woodhouse den Nachweis, daß die Grenzsteine (*hóroi*), die Solon auf dem Lande beseitigen ließ, zu dieser Zeit im wesentlichen dem gleichen Zweck wie zwei bis drei Jahrhunderte später gedient haben, d. h., sie waren auf verpfändeten Grundstücken aufgestellt und enthielten inschriftlich die Bedingungen, unter denen die Eigentümer auf ihrem Besitz verbleiben durften. Falls die *hektḗmoroi* ihren Verpflichtungen nicht nachkommen konnten, war es erlaubt, sie in die Sklaverei zu verkaufen.[41] Mit anderen Worten, der Boden war unveräußerlich, und so hatten sie ihre Person als Sicherheitsgarantie verpfändet. Es ist nicht schwer, sich vorzustellen, wie derartige Bedingungen in der fraglichen Zeit entstehen konnten, wenn die Sklaverei, wie es wahrscheinlich der Fall war, noch in den Anfängen steckte und Mangel an Arbeitskräften bestand.[42]

In welchem Maße hatte sich das Open-field-System in Attika damals noch erhalten? Die Stellung der *hektḗmoroi* legt die Vermutung nahe, daß es bereits im Verfall begriffen war. Andererseits war die Schicht der *hektḗmoroi* vermutlich nur in den fruchtbarsten Landstrichen ansässig, wo das Mehrprodukt an Erträgen am größten war. In den ärmeren Gegenden des Landes werden die Verhältnisse sicher noch rückständiger gewesen sein.

Solon teilte das Volk in vier Klassen ein: 1. Die *pentakosiomédimnoi*, deren Güter nicht weniger als 500 *médimnoi* abwarfen; 2. die *hippeîs*, deren Güter nicht weniger als 300 *médimnoi* wert waren; 3. die *zeugîtai*, Kleinbauern, deren Besitzungen nicht weniger als 200 *médimnoi* wert waren; und 4. die *thêtes*.[43] In dieser Einteilung spielt der *médimnos* die gleiche Rolle wie das arab. *shombol*. Der jährliche Ertrag an Getreide, Öl und Wein wurde in die entsprechende Menge Getreide umgerechnet. Die *hippeîs* hatten ihren Namen daher, weil sie in der Lage waren, sich Pferde zu halten. Die *thêtes* waren landlose Arbeiter. Was waren nun aber die *zeugîtai*? Geht man vom Worte selbst und den bereits von mir erörterten analogen Bezeichnungen aus, so war der *zeugîtes* Eigentümer eines Ochsengespannes (*zeûgos*) und besaß ein Grundstück von durchschnittlicher Größe (*klêros*), das sich aus einem Anteil am Gemeindeland nebst einem angemessenen Stück Gartenland

---

[41] Ebd., Kap. X, vgl. DARESTE etc., Recueil des inscriptions juridiques grecques, Bd. 1, S. 121—122.
[42] G. THOMSON, Aischylos und Athen, S. 92.
[43] ARISTOT. Athen. Polit. 6,3—4.

und dem Recht auf die Benutzung der Weideflächen zusammensetzte. Mit einem Wort, er war Mitglied der Dorfgemeinschaft, des *dêmos*.[44]

Zum Abschluß möchte ich meine Beschreibung der athenischen Pflanzstadt (*kleruchía*) auf Lesbos einer gewissen Korrektur unterziehen.[45]

Durch Thukydides erfahren wir, daß das Land nach der Niederwerfung eines Aufstandes in 3000 Lose zerlegt wurde, von denen 300 der Priesterschaft vorbehalten blieben und die restlichen an attische Siedler vergeben wurden. Die ansässige Bevölkerung bestellte auch weiterhin den Boden, mußte aber je Landlos eine jährliche Pacht von 2 *mnai* (Minen) entrichten.[46] Die fremdstämmigen Siedler hielten sich in den Städten auf.[47]

Die Landlose brauchen nicht unbedingt von gleicher Größe gewesen zu sein, müssen aber annähernd gleichen Wert besessen haben, sonst wäre die Pachthöhe überall verschieden gewesen. Außerdem muß es eine Maßeinheit für den Boden gegeben haben, durch die eine Teilung des gesamten Landes in gleiche Ackerlose, ohne daß man dabei in die Besitzverhältnisse der Einheimischen einzugreifen brauchte, ermöglicht wurde. Es scheint einleuchtend, daß diese Bodeneinheit in dem Standardgrundstück bestanden hat, das sich aus einer bestimmten Anzahl Streifen Ackerlandes zusammensetzte. Es ist leicht möglich, daß das Ackerland auf Lesbos geringeren Wert als das zum Wein- und Olivenbau verwandte besaß, doch ist das für unsere Argumentation ohne Bedeutung, wenn wir annehmen, daß die der Teilung zugrunde liegende Bodeneinheit in dem Standardgrundstück bestanden hat, das alle drei Bodenkategorien in sich schloß. Und wir können diese Annahme treffen, ohne dabei irgendwelche Schlußfolgerungen hinsichtlich des herrschenden Systems der Eigentumsverhältnisse zu ziehen. Wie wir bei unserer Betrachtung der Lage im heutigen Syrien gesehen haben, läßt die dorfgemeinschaftliche Wirtschaftsweise ohne weiteres eine Ausbeutung ihrer Mitglieder zu und neigt somit dazu, für lange Zeit als bloße Organisationsform weiterzubestehen, nachdem sie ihrer ökonomischen Grundlage schon längst verlustig gegangen ist. Wir brauchen lediglich die Annahme zu treffen, daß die alte Struktur in dem Maße fortlebte, als das Standardgrundstück noch immer eine operative Einheit darstellte. Wir können uns die Lage folgendermaßen vorstellen.

Wie wir wissen, ging in den von Athen abhängigen Gebieten der Widerstand gegen die Mutterstadt im allgemeinen von den Oligarchen aus, die die Großgrundbesitzer vertraten und deren Hoffnungen sich auf Sparta richteten. Lesbos machte dabei keine Ausnahme. Der Aufstand hatte aber keine Massenbasis, so daß die Führer der Erhebung im entscheidenden Augenblick durch die Aktionen des einfachen Volkes zur Kapitulation gezwungen wurden.[48] Wir können deshalb die Vermutung aussprechen, daß die Kleinbauern der Insel schon lange ihre Unabhängigkeit eingebüßt hatten. Der Eingriff der Athener bestand in der Enteignung der Grundherren und ihrer Ersetzung durch Kolonisten, die aus ihren aus gleichwertigen Landlosen zusammengesetzten ganzen, halben oder Viertelbesitzungen

---

[44] Zum *dêmos* siehe S. 295—296. Die *pýrgoi* von Teos waren wahrscheinlich Bodeneinheiten der gleichen Art: siehe S. 130 u. 270—271 und ferner HUNT, „Feudal Survivals in Ionia", JHS 67, 1947, S. 68—76.
[45] Siehe S. 259—262. [46] THUK. 3,50. [47] SIG 76. [48] THUK. 3,27. 47.

eine Pacht in fester Höhe bezogen. Die neue Pacht braucht nicht höher, kann vielleicht sogar niedriger als die alte gewesen sein.[49] Es ist deshalb durchaus möglich, daß die Koloniegründung mit Billigung des Volkes geschah.

Sind die Athener so vorgegangen, wie eben dargelegt, so folgten sie damit einem alten Vorbild. Wir wissen, daß auf Kreta der Boden von der vordorischen Bevölkerung bestellt wurde, die durch die Eroberer unterjocht worden war. Die Dorer lebten in den Städten, und jede Familie war Eigentümer eines Landgutes (*klâros*), zu dem die Leibeigenen (*voikées*) gehörten, denen die Bewirtschaftung oblag und die einen bestimmten Teil der Erträge abzuliefern hatten.[50] Wir wissen weiter, daß die dorischen Eroberer Spartas ihre Machtstellung auf die gleiche Weise begründeten. Wenn meine Interpretation stichhaltig ist, war also das der athenischen Koloniegründung von Lesbos zugrunde liegende Prinzip so alt wie die griechische Geschichte überhaupt.

[49] Eine Pacht von 2 *mnai* je Jahr ergibt sich aus $3\frac{1}{4}$ *oboloi* täglich. Diese Summe kann man mit der Vergütung vergleichen, die in Athen für das Richteramt gezahlt wurde (2—3 *oboloi* täglich).

[50] DARESTE etc., a. a. O., Bd. 1, S. 423—428. Starb die Familie aus, so fiel das Grundstück den Leibeigenen zu, die zu ihm gehörten (Lex. Gort. 1. 5. 25). Daraus geht hervor, daß es ursprünglich deren Besitz gewesen ist.

BIBLIOGRAPHIE

In den Fällen, wo die deutsche Übersetzung eines fremdsprachigen Werkes herangezogen wurde, beziehen sich die Seitenangaben auf diese, nicht auf das Original. Eine Liste der zitierten Zeitschriften und der entsprechenden, im Text verwandten Abkürzungen befindet sich am Ende des Literaturverzeichnisses.

ADAM, L., Primitive Art, London 1940.
ALBRIGHT, W. F., "The Phoenician Inscriptions of the Tenth Century B. C. from Byblus", JAO 67, 1942, 153—60.
ALLEN, T. W., Homer: Origins and Transmission, Oxford 1924.
—, The Homeric Catalogue of Ships, Oxford 1921.
ANDERSEN, J. C., Maori Life in Ao-tea, Christchurch (N. Z.) 1907.
ANSTED, D. T., The Ionian Islands, London 1863.
ANTONIADIS, S., Place de la liturgie dans la tradition des lettres grecques, Leiden 1939.
ASHBURNER, W., "The Farmer's Law" JHS 30, 1910, 85—108. 32, 1912, 68—95. 35, 1915, 76—84.

BACHOFEN, J. J., Das Mutterrecht, Stuttgart 1861.
BADEN-POWELL, B. H., The Indian Village Community, London 1896.
BANCROFT, H. H., The Native Races of the Pacific States of North America, 5 Bde., London 1875—76.
BASEDOW, H., The Australian Aboriginal, 2. Aufl., Adelaide 1929.
BATESON, G., Naven, Cambridge 1936.
BATESON, W., Letters from the Steppe, London 1928.
BAUMEISTER, A., Denkmäler des klassischen Altertums, 3 Bde., München u. Leipzig 1885—88.
BEAUCHET, L., Histoire du droit privé de la république athénienne, 4 Bde., Paris 1897.
BELLOWS, H. A., The Poetic Edda, 2 Bde., London 1923.
BENVENISTE, A., „Les sens du mot $\varkappa o\lambda o\sigma\sigma\acute{o}\varsigma$", RP 58, 1932, 118—35.
BERGK, T., Über das älteste Versmaß der Griechen, Freiburg 1854.
BISHOP, C. W., "Beginnings of Civilisation in Eastern Asia", An 14, 1940, 301ff.
BLAKEWAY, A. A., "The Date of Archilochus" in: Greek Poetry and Life, Oxford 1936, 34—55.
BLEGEN, C. W., "The Coming of the Greeks", AJA 32, 1928, 146—54.
— und KOURONIOTIS, K., "Excavations at Pylos, 1939", AJA 43, 1939, 557—76.
BLEICHSTEINER, R., „Die kaukasische Sprachgruppe", As 32, 1937, 61—74.
BLEULER, P. E., Lehrbuch der Psychiatrie, 3. Aufl., Berlin 1920.
BLOCH, M., "The Rise of Dependent Cultivation and Seignorial Institutions". Cambridge Economic History, Bd. 1, 1941.
—, Les caractères originaux de l'histoire rurale française, Oslo 1931.
BLÜMEL, R., „Homerisch $\tau\alpha\varrho\chi\acute{v}\omega$", Gl 15, 1926, S. 78—84.

BOAS, F., Primitive Art, Oslo 1927.
BOISACQ, E., Dictionnaire étymologique de la langue grecque, 3. Aufl., Paris 1938.
BONWICK, J., Daily Life and Origins of the Tasmanians, London 1870.
BOSSERT, H. T., „Die Beschwörung einer Krankheit in der Sprache von Kreta", OL 34, 1931, Sp. 303—29.
BOURKE, J. G., The Snake Dance of the Moquis of Arizona, London 1884.
BOWRA, C. M., "Homeric Words in Arcadian Inscriptions", CQ 20, 1926, 168—76.
—, Tradition and Design in the Iliad, Oxford 1930.
BRÉAL, M., Essai de sémantique, 2. Aufl., Paris 1899.
BREASTED, J. H., History of Egypt, 2. Aufl., New York 1910, Geschichte Ägyptens, Zürich 1936.
BRIFFAULT, R., The Mothers, 3 Bde., London 1927.
BROCKHAUS, E., Der große Brockhaus, 21 Bde., Leipzig 1928—35.
BROWN, G. BALDWIN, The Art of the Cave-Dweller, London 1928.
BROWNE, G. S. Orde, The Vanishing Tribes of Kenya, London 1925.
BRUCK, E. F., Totenteil und Seelgerät im griechischen Recht, München 1926.
BRUGSCH, H., Religion und Mythologie der alten Ägypter, 2 Bde., Leipzig 1885—90.
BÜCHER, K., Arbeit und Rhythmus, 5. Aufl., Leipzig 1919.
BUCK, C. D., Comparative Grammar of Greek and Latin, Chicago 1933.
—, Greek Dialects, 2. Aufl., Boston 1928.
BUDGE, E. A. W., The Gods of the Egyptians, 2 Bde., London 1903.
—, History of Egypt, 8 Bde., London 1902.
—, Osiris and the Egyptian Resurrection, 2 Bde., New York 1911.
— u. SMITH, SIDNEY, Babylonian Legends of the Creation, London 1931.
BURADKAR, M. P., "Clan Organisation of the Gonds", MI 27, 1947, 127ff.
BURKITT, M. C., Prehistory, 2. Aufl., Cambridge 1925.
—, South Africa's Past in Stone and Paint, Cambridge 1928.
BURN, A. R., "Dates in Early Greek History", JHS 55, 1935, 130—46.
—, Minoans, Philistines and Greeks, London 1930.
BURROWS, R. M., The Discoveries in Crete, London 1907.
BURTON, R. F., The Lake Regions of Central Africa, 2 Bde., London 1860.
BURY, J. B., History of Greece, 2. Aufl., London 1913.

CALHOUN, G. M., Growth of Criminal Law in Ancient Greece, Berkeley (Cal.) 1927.
Cambridge Ancient History, 12 Bde. u. 5 Tafelbde., Cambridge 1923—39.
Cambridge History of India, 6 Bde., Cambridge 1922—32.
CAMERON, A. L. P., "Some Tribes of New South Wales", JAI 14, 1885, 351—70.
CARA, P. C. A. de, Gli hethei-pelasgi, ricerche di storia e di archeologia orientale, greca ed italica, 3 Bde., Rom 1894—1902.
CASTERET, N., Dix ans sous terre, Paris 1933. Zehn Jahre unter der Erde, Leipzig 1936.
CAUDWELL, C., Illusion and Reality, 2. Aufl., London 1946.
CAUER, P., Grundfragen der Homerkritik, 3. Aufl., Berlin 1921—23.
CAVAIGNAC, E., Le problème hittite, Paris 1936.
CHADWICK, H. M., The Growth of Literature, 3 Bde., Cambridge 1932—40.
—, The Heroic Age, Cambridge 1912.
—, Origin of the English Nation, Cambridge 1907.
CHANTRAINE, P., Grammaire homérique, Paris 1942.
—, Morphologie historique du grec, Paris 1945.
CHILDE, V. G., "Archæology and Anthropology" SJA, 2, 1946, 343ff.

CHILDE, V. G., The Aryans, London 1926.
—, "The Date and Origin of Minyan Ware", JHS 35, 1915, 196—207.
—, The Dawn of European Civilisation, 3. Aufl., London 1939.
—, Man Makes Himself, London 1936.
—, Scotland Before the Scots, London 1946.
CLARK, G., From Savagery to Civilisation, London 1946.
CLAY, R., The Tenure of Land in Babylonia and Assyria, London 1938.
CODRINGTON, R. H., The Melanesians, Oxford 1891.
COLLITZ, H. und BECHTEL, F., Sammlung der griechischen Dialektinschriften, 4 Bde., Göttingen 1884—1915.
COOK, A. B., "Who was the Wife of Zeus?" CR 20, 1906, 365—78. 416—19.
—, Zeus, 3 Bde., Cambridge 1914—40.
—, "Zeus, Jupiter and the Oak", CR 17, 1903, 174—86.
CORNFORD, F. M., "The Ἀπαρχαί and the Eleusinian Mysteries" in: Quiggin, Essays uws., 153—66.
—, From Religion to Philosophy, London 1912.
CORTSEN, S. P., „Die Lemnische Inschrift", Gl 18, 1930, 101—09.
CUNY, A., „Le nom des ioniens", RHA 7, 45, 1945—46, 21.
CUQ, E., Études sur le droit babylonien, les lois assyriennes et les lois hittites, Paris 1929.
CUREAU, A. L., Les sociétés primitives des l'Afrique équatoriale, Paris 1912.
CURWEN, E. C., Air Photography and Economic History, in: Economic History Society Bibliographies and Pamphlets, Nr. 2, London 1929.
—, Plough and Pasture, London 1946.
CZAPLICKA, M. A., Aboriginal Siberia, Oxford 1914.

DANGE, S. A., Land Fragments and our Farmer, Bombay 1947.
DAREMBERG, C. und SAGLIO, E., Dictionnaire des antiquités grecques et romaines, 2. Aufl., 5 Bde., 1877—1919.
DARESTE, R., HAUSSOUILLER, B. und REINACH, T., Recueil des inscriptions juridiques grecques, 6 Bde., Paris 1891—1904.
DAS, J. K., "Notes on the Economic and Agricultural Life of a Little-known Tribe on the Eastern Frontier of India", As 32, 1937, 440ff.
DAWKINS, R. M., The Sanctuary of Artemis Orthia at Sparta, London 1929.
DEBORIN, A. M., und andere, Вопросы истории доклассового одществаа (Fragen zur Geschichte der Gesellschaft in' der Zeit vor der Herausbildung der Klassen), Moskau u. Leningrad 1936.
DEMETRAKOS, D., Μέγα λεξικὸν τῆς ἑλληνικῆς γλώσσης, 9 Bde., Athen 1933—51.
DEUBNER, L., Attische Feste, 2. Aufl., Berlin 1956.
DIAMOND, A. S., Primitive Law, London 1935.
DIEHL, E., Anthologia Lyrica Graeca, 2 Bde., Leipzig 1923—25.
DILLON, M., The Cycles of the Kings, Oxford 1946.
DINNEEN, P., Filidhe na Máighe, Dublin 1906.
DORSEY, J. O., "Siouan Sociology", ARB 15, 1893—94, 205—44.
DRIBERG, J. H., The Lango: a Nilotic Tribe of Uganda, London 1923.
DURHAM, M. E., Some Tribal Origins, Laws and Customs of the Balkans, London 1928.
DURKHEIM, E. und MAUSS, M., „De quelques formes primitives de classification", AS 6, 1901—02, 1—72.
DUTT, R. P., India To-day, London 1940. Indien heute, Berlin 1951.

EARTHY, E. D., Valenge Women, London 1933.
EGGAN, F., Social Anthropology of North American Tribes, Chicago 1937.
EHRENBERG, V., The People of Aristophanes, Oxford 1943.
EHRENFELS, O. R., Mother-right in India, Oxford 1941.
EISLER, R., Orpheus the Fisher, London 1921.
—, „Die Seevölkernamen in den altorientalischen Quellen", C 5, 1928, 73ff.
ELDERKIN, G. W., "The Marriage of Zeus and Hera", AJA 41, 1937, 424—35.
ELDERKIN, K. M., "Jointed Dolls in Antiquity", AJA 34, 1930, 455—79.
ELKIN, A. P., "Rock Paintings of North-West Australia", O 1, 1931, 257—79.
ENGBERG, R. M., The Hyksos Reconsidered, Chicago 1939.
ENGELS, F., Dialektik der Natur, Berlin 1952.
—, Ludwig Feuerbach, in Marx/Engels, Ausgew. Schriften. Bd. 2., Berlin 1953.
—, Der Ursprung der Familie, des Privateigentums und des Staats, Dietz Verlag, Berlin 1953.
ENGNELL, I., Studies in the Divine Kingship in the Ancient Near East, Uppsala 1943.
ENTWISTLE, W. J., European Balladry, Oxford 1939.
ERDMANN, W., Die Ehe im alten Griechenland, München 1934.
ERNOUT, A. und MEILLET, A., Dictionnaire étymologique de la langue latine, 3. Aufl., Paris 1951.
ESMEIN, A., „La propriété foncière dans les poèmes homériques", NRH 14, 1890, 821—45.
EVANS, A. J., "Knossos Excavations, 1903", ABS 9, 1902—03, 1—153.
—, "The Mycenean Tree and Pillar Cult", JHS 21, 1901, 99—204.
—, The Palace of Minos, 4 Bde., London 1921—36.
—, "The Ring of Nestor", JHS 45, 1925, 1—76.
—, Shaft Graves and Beehive Tombs of Mycenæ, London 1929.
EVANS, I. H. N., The Negritos of Malaya, Cambridge 1937.

FARNELL, L. R., The Cults of the Greek States, 5 Bde., Oxford 1896—1909.
—, Greek Hero Cults, Oxford 1921.
FICK, A., Die Entstehung der Odyssee, Göttingen 1910.
—, Die homerische Odyssee, in der ursprünglichen Sprachform wiederhergestellt, Göttingen 1883.
—, Die Ilias, in der ursprünglichen Sprachform wiederhergestellt, Göttingen 1886.
FIRTH, R., We, the Tikopia, London 1936.
FISON, L., "The Nanga", JAI 14, 1885, 14—31.
FORRER, E., „Für die Griechen in den Boghazköi-Inschriften", KF I, 1, 1930, 252—72.
FORSDYKE, E. J., "The Pottery called Minyan Ware", JHS 34, 1914, 126—56.
FORTUNE, R., The Sorcerers of Dobu, London 1932.
FOTHERINGHAM, J. K., "Cleostratus", JHS 39, 1919, 164—84.
FOWLER, W. W., "Mundus Patet", JRS 2, 1912, 25—33.
—, Roman Festivals, London 1899.
FOX, C. E., The Threshold of the Pacific, London 1924.
FOX, H. M., "Lunar Periodicity in Reproduction", PRS (B) 95, 1924, 523—50.
—, Selene, or Sex and the Moon, London 1928.
FRÄNKEL, H., Die homerischen Gleichnisse, Göttingen 1921.
FRAZER, J. G., Apollodorus, London 1921.
—, Folklore in the Old Testament, 3 Bde., London 1919.

FRAZER, J. G., The Golden Bough, 12 Bde., London 1923—27. 1. The Magic Art and the Evolution of Kings (2 Bde.). 2. Taboo and the Perils of the Soul. 3. The Dying God. 4. Adonis, Attis, Osiris (2 Bde.). 5. Spirits of the Corn and of the Wild (2 Bde.). 6. The Scapegoat. 7. Balder the Beautiful, the Fire Festivals of Europe, and the Doctrine of the External Soul (2 Bde.). Der Goldene Zweig (gekürzte Ausgabe), Leipzig 1928.
—, Lectures on the Early History of the Kingship, London 1905.
—, Pausanias's Description of Greece, London 1898.
—, Totemica, London 1937.
—, Totemism and Exogamy, 4 Bde., London 1910.
FRÖDIN, O. und PERSSON, A., Asine, Stockholm 1938.
FURTWÄNGLER, A. und REICHHOLD, C., Griechische Vasenmalerei, 6 Bde., München 1904—32.
FUSTEL DE COULANGES, N. D., La cité antique, 7. Aufl., Paris 1878. Der antike Staat, Berlin 1907.

GARDINER, E. N., Olympia, its History and Remains, Oxford 1925.
GARSTANG, J., The Hittite Empire, London 1929.
GASTER, T. H., "The Graces in Semitic Folklore", JRA 1938, 37—56.
—, "Ras Shamra, 1929—39", An 13, 1939, 304—19.
GATSCHET, A. S., A Migration Legend of the Creek Indians, 2 Bde., Philadelphia 1884—88.
GENNEP, A. VAN, L'etat actuel du problème totémique, Paris 1921.
—, Les rites de passage, Paris 1909.
GERHARD, E., Auserlesene griechische Vasenbilder, 4 Bde., Berlin 1840—58.
GLANVILLE, S. R. K., The Legacy of Egypt, Oxford 1942.
GLOTZ, G., La cité grecque, Paris 1928.
—, La civilisation égéenne, Paris 1923.
—, La solidarité de la famille dans le droit criminel en Grèce, Paris 1904.
—, Le travail dans la Grèce ancienne, Paris 1920.
GODEFROY, F., Dictionnaire de l'ancienne langue française du IXe au XVe siècle, 10 Bde., Paris 1881—1902.
GOLDENWEISER, A., Anthropology, London 1937.
GRANET, M., La civilisation chinoise, Paris 1929.
GRAY, H. L., English Field Systems, Cambridge, Mass., 1915.
GRAY, L. H., Foundations of Language, New York 1939.
GREY, G., Journals of Two Expeditions of Discovery in North-Western and Western Australia, 3 Bde., London 1841.
GRÖNBECH, V., Vor folkeæt i oldtiden, 4 Bde., Kopenhagen 1909—12. Kultur und Religion der Germanen, 2 Bde., Hamburg 1937—42.
GROTE, G., History of Greece, 2. Aufl., 12 Bde., London 1869—70. Geschichte Griechenlands, 6 Bde., Leipzig 1850—56.
GRUNDY, G. B., Thucydides and the History of His Age, London 1911.
GRUPPE, O., Griechische Mythologie und Religionsgeschichte, 2 Bde., München 1897—1906.
GUGUSHVILI, A., "Nicholas Marr", Ge 1, 1935, 101 ff.
GUIRAUD, P., La propriété foncière en Grèce, Paris 1893.
GUMMERE, F. B., Old English Ballads, Boston 1894.

Bibliographie

GUNN, D. L., JENKIN, P. M. und GUNN, A. L., "Menstrual Periodicity", JOG 44, 1937, 839—79.
GURDON, P. R. T., The Khasis, London 1914.
GURNEY, O. R., The Hittites, London 1952.

HADDON, A. C., Evolution in Art, London 1895.
—. Reports of the Cambridge Anthropological Expedition to the Torres Straits, Bd. 5—6, Cambridge 1904—1908.
HADOW, W. H., A Comparison of Poetry and Music, Cambridge 1926.
HAECKEL, J., „Totemismus und Zweiklassensystem bei den Sioux-Indianern", As 32, 1937, 210—230, 450, 795—848.
HALE, H., The Iroquois Book of Rites, Philadelphia 1883.
HALEY, J. B., "The Coming of the Greeks", AJA 32, 1928, 141—45.
HALL, H. R., Ancient History of the Near East, 10. Aufl., London 1947.
—, "The Caucasian Relations of the Peoples of the Sea", K 22, 1928, 335—44.
—, The Civilisation of Greece in the Bronze Age, London 1928.
—, "Keftiu and the Peoples of the Sea", ABS 8, 1901—02, 157—189.
HALLIDAY, W. R., "The Hybristika", ABS 16, 1909—10, 212—19.
HAMBLY, W. D., Origins of Education among Primitive Peoples, London 1926.
HAMMOND, J. L. LE BRETON und B., The Village Labourer, 4. Aufl., London 1936.
HANSEN, H. D., Early Civilisation in Thessaly, Baltimore 1933.
HARRISON, J. E., Prolegomena to the Study of Greek Religion, 3. Aufl., Cambridge 1922.
—, "Primitive Hero Worship", CR 6, 1892, 473—74. 7, 1893, 74—78.
—, "Sophocles' Ichneutae and the Dromenon of Kyllene and the Satyrs", in: Quiggin, Essays etc., 136—52.
—, Themis, Cambridge 1912.
HARRISSON, T., Savage Civilisation, London 1937.
HASEBROEK, J., Staat und Handel im alten Griechenland, Tübingen 1928.
HASTINGS, J., Encyclopædia of Religion and Ethics, 13 Bde., Edinburgh 1908—26.
HAWES, H. B., WILLIAMS, R. E., SEAGER, R. B. und HALL, E. H., Gournia, Vasiliki, and other Prehistoric Sites on the Isthmus of Hierapetra (Crete), Philadelphia 1908.
HAWKES, C. F. C., The Prehistoric Foundations of Europe, London 1940.
HEAD, B. V., Historia Numorum, 2. Aufl., Oxford 1911.
HEICHELHEIM, F. M., Wirtschaftsgeschichte des Altertums, 2 Bde., Leiden 1939.
HEITLAND, W. E., Agricola, Cambridge 1921.
HERTER, H., „Theseus der Athener", RM 88, 1939, 244—86.
HERZFELD, E. E., Archæological History of Iran, London 1935.
HEURTLEY, W. A., Prehistoric Macedonia, Cambridge 1939.
—, "The Site of the Palace of Odysseus", An 9, 1935, 410—17.
HOBHOUSE, L. T., WHEELER, G. C. und GINSBERG, M., Material Culture and Social Institutions of the Simpler Peoples, London 1930.
HOCART, A. M., Kingship, Oxford 1927.
HOEBEL, E. A., "Comanche and Shoshone Relationship Systems", AA 41, 1939, 440—57.
HOGARTH, D. G., Excavations at Ephesus: the Archaic Artemision, London 1908.
HOLLIS, A. C., The Masai, their Language and Folklore, Oxford 1905.
—, The Nandi, their Language and Folklore, Oxford 1909.
HOMANS, G. C., English Villagers of the Thirteenth Century, 2. Aufl., Cambridge, Mass., 1942.

Homolle, T., "Comptes des hiéropes du temple d'Apollon délien", BCH 6, 1882, 1–167.
Hooke, S. H., Myth and Ritual, Oxford 1933.
—, The Origins of Early Semitic Ritual, London 1938.
Hopkins, C., "The Early History of Greece", YCS 2, 1931, 117–83.
Hort, A., Theophrastus, Enquiry into Plants, London 1916.
Hose, C. und McDougall, W., Pagan-Tribes of Borneo, 2 Bde., London 1912.
Howitt, A. W., "The Native Tribes of South-East Australia", JAI 37, 1907, 268–89.
—, Native Tribes of South-East Australia, London 1904.
Hubert, H., Les Celtes depuis l'époque de la Tène et la civilisation celtique, Paris 1932.
Hunt, A. S., Tragicorum Græcorum fragmenta papyracea, Oxford 1912.
Hunt, D. W., "Feudal Survivals in Ionia", JHS 67, 1947, 68–76.
Hutton, J. H., The Sema Nagas, London 1921.
Hyde, D., Abhráin diadha Chúige Chonnacht, London 1906.

Imhoof-Blumer, F., "Coin Types of Kilikian Cities", JHS 18, 1898, 161–81.
— und Gardner, P., "Numismatic Commentary on Pausanias", JHS 7, 1887, 57–113.
Ivens, W. G., The Island Builders of the Pacific, London 1930.
—, The Melanesians of the South-East Solomon Islands, London 1927.

Jackson, K., Studies in Early Celtic Nature Poetry, Cambridge 1935.
Jardé, A., La formation du peuple grec, Paris 1923.
Jeanmaire, H., Couroi et Courètes, Lille 1939.
Jeanroy, A., Les origines de la poésie lyrique en France, 2. Aufl., Paris 1904.
Jebb, R. C., Homer, 7. Aufl., Glasgow 1905. Homer, Berlin 1893.
Johansen, K. F., Iliaden i tidlig græsk kunst, Kopenhagen 1934.
Jolowicz, H. F., Historial Introduction to the Study of Roman Law, Cambridge 1932.
Joyce, P. W. A., Social History of Ancient Ireland, 2 Bde., London 1903.
Junod, H. A., Life of a South African Tribe, 2 Bde., 2. Aufl., London 1927.
Junod, H. P., The Bantu Heritage, Johannesburg 1938.

Kagarov, E. G., „Фр. Энгельс и проблема римского рода", (Fr. Engels und das Problem des römischen Volkes), in: Deborin etc., S. 619ff.
— Пережитки первобытного коммунизма в общественном строе древник греков и германцев. (Überreste des Urkommunismus in der Gesellschaftsordnung der alten Griechen und Germanen), Moskau u. Leningrad 1937.
Karsten, R., The Civilisation of the South American Indians, London 1926.
Kemp, P., Healing Ritual, London 1935.
King, L. A., "Sennacherib and the Ionians", JHS 30, 1910, 327–35.
Kirchhoff, W., Die homerische Odyssee, Berlin 1859.
Kirchner, J., Prosopographia Attica, 2 Bde., Berlin 1901–03.
König, F. W., „Mutterrecht und Thronfolge im alten Elam", Festschrift der National-bibliothek in Wien, Wien 1926, 529–52.
—, Relief und Inschrift des Königs Dareios I. am Felsen von Bagistan, Leiden 1938.
—, Die Stele von Xanthos: Metrik und Inhalt, Wien 1936.
Koschaker, P., „Fratriarchat, Hausgemeinschaft und Mutterrecht in Keilschrift-rechten", ZA 41, 1933, 1–89.
Kovalevsky, M. M., Tableau des origines et de l'evolution de la famille et de la pro-priété, Stockholm 1890.

Krappe, A. H., „'Απόλλων Κύκνος", CP 37, 1942, 353—70.
Krause, W., „Die Ausdrücke für das Schicksal bei Homer", Gl 25, 1936, 143—52.
Kretschmer, P., „Alakšanduš, König von Viluša", Gl 13, 1924, 205—13.
—, „Zur ältesten Sprachgeschichte Kleinasiens", Gl 21, 1933, 76—180.
—, Einleitung in die Geschichte der griechischen Sprache, Göttingen 1896.
—, Pelasger und Etrusker, Gl 11, 1921, 276—85.
—, „Zur Frage der griechischen Namen in den hethitischen Texten", Gl 18, 1930, 161—70.
—, „Zur Geschichte der griechischen Dialekte", Gl 1, 1909, 9—59.
—, „Die griechische Benennung des Bruders", Gl 2, 1910, 201—13.
—, „Die Hypachäer", Gl 21, 1933, 213—57.
—, „Mythische Namen", Gl 8, 1917, 121—29.
—, „Der Name der Lykier und andere kleinasiatische Völkernamen", KF 1, 1930, 1—17.
—, „Nochmal die Hypachäer und Alakšanduš", Gl 24, 1935, 203—51.
—, „Die Stellung der lykischen Sprache", Gl 27, 1939, 256—61. 28, 1939, 101—16.
Krichevski, E. J., „Системы родства, как источник реконструкции развития социяльной организации австралийских племен" (Die Verwandtschaftssysteme als Quelle zur Rekonstruktion der gesellschaftlichen Organisationsform australischer Stämme) in: Deborin, 257ff.
Krige, E. J., The Social System of the Zulus, London 1936.
Kroeber, A. L., "The Classificatory System of Relationship", JAI 39, 1909, 77—84.
Kühner, R., Blass, F. und Gerth, B., Ausführliche Grammatik der griechischen Sprache, Hannover 1890—1904.
Kuiper, F., „Beiträge zur griechischen Etymologie", Gl 21, 1933, 267—94.

Lachmann, K., Betrachtungen über Homers Ilias, Berlin 1847.
Lambrino, M. F., Les vases archaïques d'Histria, Bukarest 1938.
Landtman, G., The Origin of the Inequality of the Social Classes, London 1938.
Lang, R. H., "Archaic Survivals in Cyprus", JAI 16, 1887, 186—88.
Langdon, S. H., The Babylonian Epic of Creation, Oxford 1923.
—, Babylonian Menologies and Semitic Calendars, London 1935.
Laroche, E., „Recherches sur les noms des dieux hittites", RHA 7, fasc. 46, 1946—47, 7—139.
Latischew, B., „Zur Epigraphik von Böotien und Lamia", MDA 7, 1882, 349—66.
Latron, A., La vie rurale en Syrie et au Liban, Beirut 1936.
Layard, J., Stone Men of Malekula, London 1942.
Leaf, W., Troy, Oxford, 1912.
Leakey, L. S. B., Stone Age Africa, London 1936. Steinzeit-Afrika, Stuttgart 1938.
Legrand, E., „Inscriptions de Trézène ', BCH 17, 1893, 84—121.
Lejeune, M., Traité de phonétique grecque, Paris 1947.
Lenin, V. I., Materialismus und Empiriokritizismus, Berlin 1952.
Lethaby, W. R., "The Earlier Temple of Artemis at Ephesus", JHS 37, 1917, 1—16.
Lin Yueh-Hwa, "Kinship System of the Lolo", HJA 9, 1945—47, 81—100.
Lloyd, A. L., The Singing Englishman, London 1944.
Lobeck, C. A., Aglaophamus, 2 Bde., Königsberg 1829.
Lodge, O., Peasant Life in Jugoslavia, London 1942.
Lolling, H. G., „Aufgrabung am Artemision auf Nord-Euboia", MDA 8, 1883, S. 200—10.

Lolling, H. G., „Inschriften von Hellespont", MDA 9, 1884, S. 58—77.
—, „Mittheilungen aus Kleinasien", MDA 7, 1882, S. 151—59
Lorimer, H. L., "Homer's Usage of the Past", JHS 49, 1929, 145—59.
— „Pulvis et Umbra", JHS 53, 1933, 161—80.
Lowie, R. H., Primitive Society, New York 1920.
Luquet, G. H., „Sur les mutilations digitales", JP 35, 1938, 548—98.

Macalister, R. A. S., A Textbook of European Archæology, Bd. 1, Cambridge 1921.
MacCurdy, J. T., The Psychology of Emotion, London 1925.
Macleod, J., The New Soviet Theatre, London 1943.
Macpherson, S., Form in Music, 2. Aufl., London 1915.
Maine, H. S., Village Communities in the East and West, 2. Aufl., London 1890.
Maitland, F. W., Domesday Book and Beyond, Cambridge 1897.
Malinowski, B., Coral Gardens and Their Magic, 2 Bde., London 1935.
—, The Family among the Australian Aborigines, London 1913.
—, "Kinship", M 30, 1930, 19—29.
—, "The Problem of Meaning in Primitive Languages", in: Ogden, The Meaning etc., 296—336.
—, Sex and Repression in Savage Society, London 1927.
Man, E. H., "On the Aboriginal Inhabitants of the Andaman Islands", JAI 12, 1883, 327—434.
Mannhardt, W., Germanische Mythen, Berlin 1858.
Markwart, J., „Woher stammt der Name Kaukasus?" C 6, 1, 1930, 25—69.
Marr, N., Яфетический Кавказ и третий этнический элемент в созидании средиземноморской культуры. Leipzig 1920. Der japhetitische Kaukasus und das dritte ethnische Element im Bildungsprozeß der mittelländischen Kultur, Berlin 1923.
— und Prijužin, A. G., Проблемы истории докапиталистических Формаций (Probleme der Geschichte der vorkapitalistischen Gesellschaftsordnungen), Moskau u. Leningrad 1934.
Marx, K., Das Kapital, 3 Bde., Berlin 1953.
— und Engels, F., Briefwechsel, 4 Bde., Berlin 1949—50.
Mason, O. T., Woman's Share in Primitive Culture, London 1895.
Mathew, J., Two Representative Tribes of Queensland, London 1910.
Matsumoto, H., "The Stone Age People of Japan", AA 23, 1921, 50—76.
McKenzie, D., The Infancy of Medicine, London 1927.
Mead, M., Co-operation and Competition among Primitive Peoples, New York u. London 1937.
Meek, C. K., A Sudanese Kingdom: an Ethnographical Study of the Jukun-speaking Peoples of Nigeria, London 1931.
Meillet, A., Aperçu d'une histoire de la langue grecque, 4. Aufl., Paris 1935. Geschichte des Griechischen, Heidelberg 1920.
— Introduction à l'étude comparative des langues indo-européennes, 8. Aufl., Paris 1937. Einführung in die vergleichende Grammatik der indogermanischen Sprachen, Leipzig 1909.
— und Vendryes, J., Traité de grammaire comparée des langues classiques, 2. Aufl., Paris 1927.
Meissner, B., Babylonien und Assyrien, 2 Bde., Heidelberg 1920—25.
Meister, K., Die homerische Kunstsprache. (Preisschriften der Fürstl. Jablonowskischen Gesellschaft zu Leipzig 48) 1921.

MELAS, S., Ὁ Ναύαρχος Μιαούλης, Athen 1932.
MEYER, E., Forschungen zur alten Geschichte, 2 Bde., Halle 1892—99.
—, Geschichte des Altertums, neubearb. 2. Aufl., 3 Bde., Stuttgart 1907—37.
MICHELL, H., The Economics of Ancient Greece, Cambridge 1940.
MICHELL, J. und R., The Russians in Central Asia, London 1865.
MILLS, J. P., The Ao Nagas, London 1926.
—, The Rengma Nagas, London 1937.
MOMMSEN, A., Feste der Stadt Athen, Leipzig 1898.
MOMMSEN, Th., Römische Geschichte, 14. Aufl., 4 Bde., Berlin 1931.
MOORHOUSE, A. C., "The Name of the Euxine Pontus", CQ 34, 1940, 123—28.
MORET, A. und DAVY, G., Des clans aux empires, Paris 1923.
MORGAN, J. DE, L'Humanité Préhistorique, Paris 1924.
MORGAN, L. H., Ancient Society, 2. Aufl., Chicago 1910. Die Urgesellschaft, Stuttgart 1891.
—, The League of the Iroquois, 2 Bde., Rochester 1851.
—, Systems of Consanguinity and Affinity of the Human Family, New York 1871.
MÜLLER, K. O., Orchomenos und die Minyer, 2. Aufl., Breslau 1844.
—, Prolegomena zu einer wissenschaftlichen Mythologie, Göttingen 1825.
MUNRO, J. A. R., "Pelasgians and Ionians", JHS 54, 1934, 109—28.
MURKO, M., „Neues über südslawische Volksepik", NJK 43, 1919, 273—96.
MURR, J., Die Pflanzenwelt in der griechischen Mythologie, Innsbruck 1890.
MYLONAS, G. E., „Ἐλευσινιακά", AJA 40, 1936, 415—31.
MYRES, J. L., History of Rome, London 1902.
—, Who were the Greeks? Berkeley 1930.

NIEBUHR, B. G., Römische Geschichte, 3 Bde., Berlin 1811—32.
NILSSON, M. P., „Die Entstehung und religiöse Bedeutung des griechischen Kalenders", Lunds Universitets Arsskrift, N. F., Avd. I, 14, Nr. 21, Lund 1918.
—, Greek Popular Religion, New York 1940.
—, Griechische Feste von religiöser Bedeutung mit Ausschluß der attischen, Leipzig 1906.
—, A History of Greek Religion, Oxford 1925.
—, Homer and Mycenæ, London 1933.
—, The Minoan-Mycenæan Religion, Lund 1927.
—, The Mycenæan Origin of Greek Mythology, Berkeley 1932.
—, "The New Inscription of the Salaminioi", AJP 59, 1938, 385—93.
—, Primitive Time Reckoning, Lund u. Oxford 1920.
—, „Sonnenkalender und Sonnenreligion", ARW 30, 1933, 141—73.
—, Studia de Dionysiis Atticis, Lund 1900.

ODGERS, M. M., The Latin Parens, Philadelphia 1928.
OGDEN, C. K. und RICHARDS, I. A., The Meaning of Meaning, 2. Aufl., London 1927.
ONIANS, R. B., "On the Knees of the Gods", CR 38, 1924, 2—6.
ORWIN, C. S. und C. S., The Open Fields, Oxford 1938.
Oxford Book of English Verse, 1918.
Oxford English Dictionary, 13 Bde., Oxford 1933.

PAGET, R. A. S., „L'évolution du langage" in: Psychologie du langage, Paris 1933, 92—100.
—, Human Speech, London 1930.

PARRY, M., Les formules et la métrique d'Homère, Paris 1928.
—, "Studies in the Epic Technique of Oral Verse-making", HSC 41, 1930, 73—147.
—, "Traces of the Digamma in Ionic and Lesbian Greek", L 10, 1934, 130—44.
PATAI, R., "Musha'a Tenure and Co-operation in Palestine", AA 51, 1949, 436—45.
PATON, W. R. und HICKS, E. L., Inscriptions of Cos, Oxford 1891.
PAUL, H., Grundriß der germanischen Philologie, Bd. 3, Straßburg 1900.
PAULY, A. und WISSOWA, G., Realencyclopädie der klassischen Altertumswissenschaft, Stuttgart, seit 1893.
PAYNE, H. C., "The Plough in Ancient Britain", AJ 104, 1947, S. 82ff.
PAYNE, H. G. G., "Archæology in Greece, 1934—35", JHS 55, 1935, 147—71.
—, Perachora, Oxford 1940.
PEARSON, L., Early Ionian Historians, Oxford 1939.
PEEL, R. F., "Rock-paintings from the Libyan Desert", An 13, 1939, 389—402.
PENDLEBURY, J. D. S., The Archæology of Crete, London 1939.
PERERA, A. A., "Glimpses of Singhalese Social Life", IA 33, 1904, 143—47.
PERSSON, A. W., „Der Ursprung der eleusinischen Mysterien", ARW 21, 1922, 287—309.
PETERSEN, I. C. W., Quaestiones de historia gentium Atticarum, phil. Diss., Schleswig 1880.
PETRIE, W. M. F., A History of Egypt, 3 Bde., London 1894—1901.
—, Social Life in Ancient Egypt, London 1923.
PICARD, C., Ephèse et Claros, Paris 1922.
—, „Sur la patrie et les pérégrinations de Déméter", REG 40, 1927, 320—69.
PICKARD-CAMBRIDGE, A. W., Dithyramb, Tragedy and Comedy, Oxford 1927.
PIRENNE, J., Histoire des institutions et du droit privé de l'Ancien Égypte, 3 Bde., Brüssel 1932—35.
PLAYFAIR, A., The Garos, London 1909.
PLECHANOW, G. W., Die Rolle der Persönlichkeit in der Geschichte, 3. Aufl., Berlin 1957.
POLITES, N. G., ’Εκλογαὶ ἀπὸ τὰ τραγούδια τοῦ ἑλληνικοῦ λαοῦ, Athen 1914.
—, "On the Breaking of Vessels as a Funeral Rite in Modern Greece", JAI 23, 1894, 29—41.
—, Παραδόσεις τοῦ ἑλληνικοῦ λαοῦ, 2 Bde., Athen 1904.
—, Παροιμίαι, 4 Bde., Athen 1899—1902.
PRENTICE, W. K., "The Achæans", AJA 33, 1929, S. 206—18.
PRESCOTT, W. H., The Conquest of Peru, (Everyman ed.), London 1908. Die Eroberung von Peru, Wien 1927.
PRITCHARD, J. B., Palestinian Figurines, New Haven, Conn., 1943.

QAIN, B. H., "The Iroquois", bei: MEAD (s. o.), S. 240ff.
QUIGGIN, E. C., Essays and Studies Presented to William Ridgeway, Cambridge 1913.

RADCLIFFE-BROWNE, A. R., The Andaman Islanders, Cambridge 1933.
—, "The Social Organisation of the Australian Tribes", O 1, 1931, 34—63. 206—246. 322—41. 426—56.
—, "Three Tribes of Western Australia", JAI 43, 1913, 143—94.
—, "Totemism in Eastern Australia", JAI 59, 1929, 399—415.
RADIN, P., The Indians of South America, New York 1942.
RADLOFF, F. W., Aus Sibirien, 2 Bde., Leipzig 1884.

RADLOFF, F. W., Образцы народной литературы туркских племен. Proben der Volkslitteratur der türkischen Stämme Süd-Sibiriens, 10 Bde., St. Petersburg 1866–1907.
RAMSAY, W. M., Asianic Elements in Greek Civilisation, London 1927.
RATTRAY, R. S., The Ashanti, Oxford 1923.
—, The Tribes of the Ashanti Hinterland, 2 Bde., Oxford 1932.
REICHELT, K., „Die Genitive auf -οιο und Verwandtes bei Homer", ZVF 43, 1909, 55–109.
REINACH, S., Orpheus, Paris 1909; Orpheus, 2. Aufl., Wien-Lpz., 1910.
—, Répertoire des vases peints grecs et étrusques, 2 Bde., Paris 1899–1900.
—, Traité d'épigraphie grecque, Paris 1885.
REITZENSTEIN, R., Epigramm und Skolion, Gießen 1893.
REVILLOUT, E., L'ancienne Égypte, 4 Bde., Paris 1907–09.
RIDGEWAY, W., The Early Age of Greece, 2 Bde., Cambridge 1901–31.
—, "Measures and Weights", in: A Companion to Greek Studies, Cambridge 1905, 438–44.
—, "The Homeric Land System", JHS 6, 1885, 319–39.
—, "The Origin of the Stadion", JHS 9, 1886, 18–26.
RITSCHL, F. W., Die alexandrinischen Bibliotheken und die Sammlung der homerischen Gedichte durch Pisistratus, Breslau 1838.
—, Corollarium disputationis de bibliothecis Alexandrinis, Bonn 1840.
RIVERS, W. H. R., History of Melanesian Society, 2 Bde., Cambridge 1914.
—, Kinship and Social Organisation, London 1914.
—, The Todas, London 1906.
ROBERT, C., Aus der Anomia: Archäologische Beiträge, C. Robert dargebracht, Berlin 1890.
—, Bild und Lied, Berlin 1881.
—, „Sosipolis in Olympia", MDA 18, 1893, 37–45.
ROBERT, L., Études anatoliennes, Paris 1937.
ROBINSON, D. M., "Inscriptions from Olynthus", APA 65, 1934, 103–37.
RODD, R., Homer's Ithaca, London 1927.
ROJAS, A. V., "Kinship and Nagualism in a Tzeltal Community", AA 49, 1947, 578–87.
ROSCHER, W. H., Ausführliches Lexikon der griechischen und römischen Mythologie, 6 Bde., Leipzig 1884–1937.
—, Über Selene und Verwandtes, Leipzig 1890.
ROSCOE, J., The Baganda, London 1911.
—, The Banyankole, Cambridge 1923.
—, The Bakitara or Banyoro, Cambridge 1923.
—, The Bagesu and Other Tribes of the Uganda Protectorate, Cambridge 1924.
—, The Northern Bantu, Cambridge 1915.
ROSSBACH, A., Untersuchungen über die römische Ehe, Stuttgart 1853.
ROSTOVTZEFF, M. I., A History of the Ancient World, Oxford 1927. Geschichte der alten Welt, Leipzig 1941.
ROTH, H. L., Great Benin, Halifax 1903.
ROTH, W. E., Ethnological Studies among the North-West-Central Queensland Aborigines, Brisbane/London 1897.
ROUSE, W. H. D., Greek Votive Offerings, Cambridge 1902.
RUSSELL, R. V. und LAL, R. B. H., Tribes and Castes of the Central Provinces of India, 4 Bde., London 1916.

SCHACHERMEYR, F., Hethiter und Achäer, Leipzig 1935.
SCHAEFFER, C. F. A., Cuneiform Texts of Ras Shamra-Ugarit, Oxford 1939.

SCHAPERA, I., The Bantu-speaking Tribes of South Africa, London 1937.
—, The Khoisan Peoples of South Africa, London 1930.
SCHEFOLD, K., "Kleisthenes", MH 3, 1946, 59—93.
SCHMIDT, J., "Reisefrüchte", MDA 5, 1880, 115—42. 197—205.
SCHOOLCRAFT, H. R., Indian Tribes of the United States, 6 Bde., Philadelphia 1851—60.
SCHOPP, I., Das deutsche Arbeitslied, Heidelberg 1935.
SCHUHL, P. M., La formation de la pensée grecque, Paris 1934.
SCHWYZER, E., Griechische Grammatik, 3 Bde., München 1939—53.
SCOTT, J. A., "The Relative Antiquity of Homeric Books", CP 14, 1919, 136—46.
—, "The Relative Antiquity of the Iliad and Odyssey", CP 6, 1911, 156—62.
—, The Unity of Homer, Berkeley 1921.
SEEBOHM, F., The English Village Community, 4. Aufl., Cambridge 1926. Die englische Dorfgemeinde, Heidelberg 1885.
—, Tribal Custom in Anglo-Saxon Law, London 1902.
SEEBOHM, H. E., The Structure of Greek Tribal Society, London 1895.
SELIGMAN, C. G., The Melanesians of British New Guinea, Cambridge 1910.
—, Pagan Tribes of the Nilotic Sudan, London 1932.
—, The Veddas, Cambridge 1911.
SELTMAN, C. T., Athens, Its History and Coinage, Cambridge 1924.
SEMPLE, E. C., The Geography of the Mediterranean Region, London 1932.
SEYRIG, H., "Antiquités syriennes", S. 20, 1939, 177—194.
SHEPPARD, J. T., The Pattern of the Iliad, London 1922.
SHEWAN, A., The Lay of Dolon, London 1911.
SHIROKAGOROFF, S. M., Social Organisation of the Manchus, Schanghai 1924.
SIGWART, G., "Zur etruskischen Sprache", Gl 8, 1917, 139—68.
SKENE, W. F., Celtic Scotland, 3 Bde., 2. Aufl., Edinburgh 1886—90.
SMITH, E. A., "Myths of the Iroquois", ARB 2, 1881, S. 51—116.
SMITH, E. W. und DALE, M., The Ila-speaking Peoples of Northern Rhodesia. 2 Bde., London 1920.
SMITH, G. ELLIOT, Essays on the Evolution of Man, London 1924.
SMITH, W. ROBERTSON, Kinship and Marriage in Early Arabia, 2. Aufl., London 1903.
—, Religion of the Semites, 3. Aufl., London 1927. Die Religion der Semiten, Freiburg i. Br. 1899.
SMYTH, H. W., Greek Melic Poets, 2. Aufl., London 1906.
SMYTH, R. B., The Aborigines of Victoria, 2 Bde., London 1878.
SPENCER, B., Native Tribes of the Northern Territory of Australia, London 1914.
SPENCER, B. und GILLEN, F. J., Across Australia, London 1912.
—, The Arunta, London 1927.
—, Native Tribes of Central Australia, London 1899.
—, Northern Tribes of Central Australia, London 1904.
STÄHLIN, F., Das hellenische Thessalien, Stuttgart 1924.
STALIN, J. V., Über dialektischen und historischen Materialismus, 10. Aufl., Berlin 1953.
STAWELL, F. M., Homer and the Iliad, London 1909.
STERN, B. J., Lewis Henry Morgan, Chicago 1931.
STRAUSS, C. L., "The Social Use of Kinship Terms among Brazilian Indians", AA 45, 1943, 308.
STURTEVANT, E. H., Hittite Glossary, 2. Aufl., Philadelphia 1936.

TALBOT, D. A., Woman's Mysteries of a Primitive People, London 1915.
TALBOT, P. A., The Peoples of Southern Nigeria, 4 Bde., London 1926.
TAPLIN, G., "The Narrrinyeri", in: Woods NTSA.
TARN, W. W., The Greeks in Bactria and India, Cambridge 1938.
THIEL, J. H., „Zum vorgriechischen Mutterrecht", K 24, 1931, 383—85.
THOMAS, N. W., Kinship Organisations and Group Marriage in Australia, Cambridge 1906.
THOMPSON, J. E., Archæology of South America, Chicago 1936.
THOMSEN, V., „Remarques sur la parenté de la langue étrusque", OKD 1899, 373—98.
THOMSON, B. H., "Concubitancy in the Classificatory System of Relationship", JAI 24, 1895, S. 371—87.
THOMSON, G., Æschylus and Athens, 2. Aufl., London 1946. Aischylos und Athen, Berlin 1957.
—, Æschylus, Oresteia, 2 Bde., Cambridge 1938.
—, Æschylus, Prometheus Bound, Cambridge 1932.
—, "The Greek Calendar", JHS 63, 1943, 52—65.
—, Greek Lyric Metre, Cambridge 1929.
—, Marxism and Poetry, 2. ind. Aufl., Neu-Delhi 1954.
THOMSON, J. A. K., Studies in the Odyssey, Oxford 1914.
THURNWALD, R., Economics in Primitive Communities, London 1932.
TJUMENEV, A. J., „Разложение родового строя и социяльная революция VII.—VI. вв. в Греции" (Die Auflösung der Gentilverfassung und die soziale Revolution des siebenten und sechsten Jahrhunderts v. d. Z. in Griechenland), in: Marr und Prijužin, S. 32ff.
TOD, M. N., Greek Historical Inscriptions, Oxford 1933.
TOEPFFER, J., Attische Genealogie, Berlin 1889.
—, „Theseus und Peirithous", in: C. Robert, Aus der Anomia, 30—46.
TORDAY, E. und JOYCE, T. A., "Ethnography of the Bahuana", JAI 36, 1906, 272 bis 301.
TOUTAIN, J., L'économie antique, Paris 1927.
TRITSCH, F., „Die Agora von Elis und die altgriechische Agora", JOA 27, 1932, 64—105.
—, „Die Stadtbildungen des Altertums und die griechische Polis", K 22, 1928, 1—83.
TYLOR, E. B., Primitive Culture, 3. Aufl., London 1891. Die Anfänge der Kultur, Leipzig 1873.

USENER, H., Altgriechischer Versbau, Bonn 1887.

VALMIN, M. N., The Swedish Messenia Expedition, Lund 1938.
VÁMBÉRY, A., Travels in Central Asia, London 1864. Reise in Mittelasien, Leipzig 1873.
VAYSON DE PRADENNE, A., La préhistoire. 2. Aufl., Paris 1940.
VENDRYES, J., „La position linguistique du celtique", PBA 23, 1937.
VICO, G. B., Principi di una scienza nuova, Neapel 1744. Die neue Wissenschaft über die gemeinschaftliche Natur der Völker, München 1924.
VINOGRADOFF, P. G., Growth of the Manor, London 1905.
—, Outlines of Historical Jurisprudence, 2 Bde., London 1920—22.

WACE, A. J. B., "Chamber Tombs of Mycenæ", Arc 82, 1932, 1—242.
—, "Excavations at Mycenæ", ABS 25, 1922, S. 1—2. 3—8 etc.
—, "History of Greece in the third and second milleniums B. C.", H 2, 1953–54, S. 74—94.

WACE, A. J. B., "Mycenæ", An 10, 1936, S. 405—10.
—, "Mycenæ, 1939", JHS 59, 1939, S. 210—212.
—, "The Treasury of Atreus", An 14, 1940, S. 233—49.
— und THOMPSON, M. S., Prehistoric Thessaly, Cambridge 1912.
WACKERNAGEL, J., „Sprachliche Untersuchungen zu Homer", Gl 7, 1916, 161—319.
WADE-GERY, H. T., "Kynaithos", in: Greek Poetry and Life, Oxford 1936, 56—78.
WAINWRIGHT, G. A., The Sky-Religion in Egypt, Cambridge 1938.
WALDE, A. und POKORNY, J., Vergleichendes Wörterbuch der indogermanischen Sprachen, 3 Bde., 2. Aufl., Leipzig 1928—33.
WALPOLE, R., Travels in Various Countries of the East, London 1820.
WARRINER, D., Land and Poverty in the Middle East, London 1948.
—, Economics of Peasant Farming, Oxford 1939.
WEBSTER, H., Primitive Secret Societies, 2. Aufl., New York 1932.
WENIGER, L., „Das Hochfest des Zeus in Olympia", K 5, 1905, 1—38.
WERTHAM, F., Dark Legend: A Study in Murder, New York 1941.
WESENDONK, O. G. VON, „Zur Verwandtenehe bei den Arsakiden", ARW 30, 1933, 383—88.
WESTERMANN, A., *Παραδοξόγραφοι*, Scriptores rerum mirabilium Graeci, Braunschweig 1839.
WESTERMARCK, E., History of Human Marriage, 3. Aufl., London 1901. Geschichte der menschlichen Ehe, Jena 1893.
—, The Origin and Development of Moral Ideas, 2 Bde., London 1906—08. Ursprung und Entwicklung der Moralbegriffe, 2 Bde., Leipzig 1907—09.
WESTLAKE, H. D., Thessaly in the Fourth Century B. C., London 1935.
WESTRUP, C. W., „Recherches sur les formes antiques de mariage dans l'ancien droit romain", OKD (Hist.-fil. Meddel.) 30, 1. 1943, 1—86.
WEULERSSE, J., Paysans de Syrie et du Proche-Orient, Paris 1946.
WILAMOWITZ-MOELLENDORFF, U. von, Der Glaube der Hellenen, 2 Bde., Berlin 1931 bis 1932.
—, Griechische Verskunst, Berlin 1921.
—, Die Ilias und Homer, Berlin 1916.
—, Über die ionische Wanderung, Sitzungsberichte der Kgl. Preußischen Akademie der Wissenschaften, Berlin 1906, 59—79.
WILHELM, A., „Die lokrische Mädcheninschrift", JOA 14, 1911, 163—256.
WILLIAMSON, R. W., The Social and Political Systems of Central Polynesia, 3 Bde., Cambridge 1924.
WITTFOGEL, K. A., Wirtschaft und Gesellschaft Chinas, Leipzig 1931.
WOLF, F. A., Prolegomena ad Homerum, Halle 1795.
WOLLASTON, A. F. R., Pygmies and Papuans, London 1912.
WOOD, R., An Essay on the Original Genius of Homer, London 1769. Versuch über das Originalgenie des Homers, Frankfurt a. M. 1773.
WOODHOUSE, W. J., Solon the Liberator, London 1938.
WOODS, J. D., Native Tribes of South Australia, Adelaide 1879.
WOOLLEY, C. L., "Tal Atchana", JHS 56, 1936, S. 125—32.
WYCHERLEY, R. E., "The Ionian Agora", JHS 62, 1942, 21—32.

XANTHOUDIDES, S., The Vaulted Tombs of Mesará, Liverpool 1924.

YEATS, W. B., Essays, London 1924.

ZANOTTI-BIANCO, U., "Archæological Discoveries in Sicily and Magna Græcia", JHS 57, 1937, 238—46.

ZUCKERMANN, S., "The Biological Background of Human Social Behaviour", in: Proceedings of the Second Conference on the Social Sciences at the Institute of Sociology, London 1936.

ZEITSCHRIFTEN

An	Antiquity, Gloucester, seit 1927.
Arc	Archæologica, London, seit 1770.
As	Anthropos, Wien, seit 1905.
AA	The American Anthropologist, Washington u. New York, seit 1888.
ABS	The Annual of the British School at Athens, London, seit 1894.
AJ	The Archæological Journal, London, seit 1844.
AJA	The American Journal of Archæology, Concord, seit 1897.
AJP	The American Journal of Philology, Baltimore, seit 1879.
APA	Transactions and Proceedings of the American Philological Association, Hartford, seit 1871.
ARB	Annual Report of the Bureau of Ethnology, Washington, seit 1881.
ARW	Archiv für Religionswissenschaft, Freiburg, 1898—1941.
AS	Année sociologique, Paris, seit 1896.
BCH	Bulletin de correspondance hellénique, Paris, seit 1877.
C	Caucasica, Leipzig 1924—1934.
CP	Classical Philology, Chicago, seit 1906.
CQ	Classical Quarterly, London, seit 1907.
CR	Classical Review, London, seit 1887.
Ge	Georgica, London, 1935—37.
Gl	Glotta, Göttingen, seit 1909.
H	Historia, Wiesbaden, seit 1952.
HJA	Harvard Journal of Asiatic Studies, Cambridge, Mass., seit 1936.
HSC	Harvard Studies in Classical Philology, Cambridge, Mass., seit 1890.
IA	Indian Antiquary, Bombay, seit 1872.
IF	Indogermanische Forschungen, Straßburg, seit 1891.
JAI	Journal of the Anthropological Institute, London, seit 1872.
JAO	Journal of the American Oriental Society, Baltimore, seit 1880.
JHS	Journal of Hellenic Studies, London, seit 1880.
JOA	Jahreshefte des Österreichischen Archäologischen Institutes, Wien, seit 1897.
JOG	Journal of Obstetrics and Gynæcology, London, seit 1902.
JP	Journal de psychologie, Paris, seit 1908.
JPS	Journal of the Polynesian Society, Wellington, seit 1892.
JRA	Journal of the Royal Asiatic Society, London, seit 1870.
JRS	Journal of Roman Studies, London, seit 1911.
K	Klio, Leipzig, seit 1901.
KF	Kleinasiatische Forschungen, Weimar, 1930—39.

L	Language, Baltimore, seit 1924.
LM	Labour Monthly, London, seit 1920.
M	Man, London, seit 1901.
MDA	Mitteilungen des Deutschen Archäologischen Instituts: Athenische Abteilung, Berlin, seit 1876.
MH	Museum Helveticum, Basel, seit 1943.
MI	Man in India, Haidarabad, seit 1920.
NJK	Neue Jahrbücher für das klassische Altertum, Leipzig 1898—1944.
NRH	Nouvelle revue historique du droit français et étranger, Paris, seit 1855.
O	Oceania, Melbourne, seit 1931.
OKD	Oversigt over det kongelige Danske Videnskabernes Selskabs Forhandlinger, Kopenhagen, seit 1816.
OL	Orientalistische Literaturzeitung, Leipzig, seit 1898.
PBA	Proceedings of the British Academy, London, seit 1903/04.
PRS	Proceedings of the Royal Society, London, seit 1903.
REG	Revue des études grecques, Paris, seit 1888.
RHA	Revue hittite et asianique, Paris, seit 1930.
RM	Rheinisches Museum für Philologie, Frankfurt a. M., seit 1851.
RP	Revue de philologie, Paris, seit 1877.
S	Syria, Paris, seit 1919.
SJA	Southwestern Journal of Anthropology, Albuquerque, seit 1945.
VDI	Вестник древней истории („Bote für Alte Geschichte"), Moskau u. Leningrad, seit 1947.
YCS	Yale Classical Studies, New Haven, seit 1928.
ZA	Zeitschrift für Assyriologie und verwandte Gebiete, Berlin u. Leipzig, seit 1886.
ZVS	Zeitschrift für vergleichende Sprachforschung, Berlin, seit 1852.

NAMENREGISTER

Abas, Abantes 231, 322, 330
Achaia 325—326, 365
Achaier 325—352, 365—367; und Kassiten 244; Eroberung von Knossos 314; Abstammung von Zeus 232; ihr Dialekt 450—451, 455—457; als Seeräuber 267, 312.
Achaios 325—326
Achilleus, sein *géras* 289; als Sänger 430 bis 431; Vorfahren 327—328, 335—336, 338
Adcock 245, 271 Anm. 110
Adonis 431, 446
Aelianus 501
Agamemnon, Grabmal 346—347; König von Kyme 475; Machtbereich 332 bis 333; Opferung Iphigeneias 224; sein Vergehen 289—290; Vorfahren 344 bis 345
Agamemnoneion Genos 344
Agenor 317—320
Aglaia 284
Ägypten 2—7, 316—317, 320—322
Aiakidai 327—329
Aias 88, 209, 289, 329
Aigina 219 Anm. 100, 227 Anm. 152, 327 bis 329, 334
Aineias 273
Aiolos 330, 354
Aischylos 101, 105, 130, 169, 179, 182, 231, 280, 283, 289—290, 324 Anm. 44, 366, 399
Aithiopier 105
Aitna 269
Aitoloi 297, 346, 457
Akarnanien 303, 358, 361—363
Akrisios 322—323
Aktaion 177—178
Alalkomenai 94

Alesiai 94, 131 Anm. 82
Algonkin 63
Alitherses 363
Alkaios 401—408, 429—431
Alkinoos 304, 355—357
Alkmaion 286
Alkmaionidai 149, 154
Alkman 172, 401—408, 417—418, 425, 431, 491
Alkuin 506
Allen 448, 499—500
Alpheios 176
Althaia 286
Althaimenes 269 Anm. 103
Alyzeus 361
Amaltheia 83 Anm. 57, 201 Anm. 10, 206, 288
Amazonen 139—142, 233, 235, 344, 365
Amnisos 183, 196, 203, 229
Amphiaraos 275
Amphion 339
Amphipolis 269
Amyklai 347
Anaklethra 96, 184
Andania 91, 204
Andromeda 323
Angelsachsen 53, 253, 259, 271, 428 Anm. 83, 477, 506
Anigros 178—179
Ansted 257—258
Apheidantes 96
Aphrodite, Führerin der Chariten 285; Geburtsgöttin 172; auf Lesbos 388; ihre *moîra* 278; auf Zypern 127 Anm. 57, 349
Apollodoros 363

Apollon, von Delos 423—425, 482—483, 493—494; von Delphoi 83, 170, 180, 290; der Dorer 72; Geburt 125, 223 Anm. 124; Hekatos 182; Klarios 219, 232; Gott der Lapithen 154; Paian 428; als Prophet und Musiker 169 Anm. 64, 278, 418—420; in Wolfsgestalt 82, 125
Apollonios Rhodios 152
Apsu 198 Anm. 137, 212 Anm. 62
Araber 4, 102, 251 Anm. 23, 271 Anm. 109, 280—281, 516—520
Arai 100
Araithyree 94 Anm. 132
Aranda 16 Anm. 13, 41, 47—48, 58, 296
Archandru Polis 362, 339
Archilochos 409
Ares 232, 355
Arete (Kgn. d. Phaiaken) 355—357
Argonauten 134, 152, 478
Argos, Name 131 Anm. 89
Ariadne 204—206
Arion 495
Aristeides Rhetor 207
Aristophanes 104
Aristoteles, über athenische Demokratie 91, 306—307; Embryo 163, 168; Hellenen 237, 336; Homer 492—493, 507; Materialismus 105—106; *pelátes* und *hektémoros* 522; Polis 101, 295; *Politik* 106; Promiskuität 104; Stammessystem 74—76; Schlangenkult 170; Tetrameter 409, 411; Tragödie 402; Trimeter 409; griechische Völkerschaften 155, 363
Arkas 96, 223
Armenien 5, 141 Anm. 165, 184
Arne 335 Anm. 77
Arrhephoroi 175, 186, 198—199
Arrian 124, 141
Arsakiden 124
Artemis 217—227; Alpheiaia 176; Angelos 163; in Brauron 417; von Delphoi 239; Ephesos 140, 229, 416—417; Geburtsgöttin 172, 195; Hekate 181—182; Lusia 179; Lygodesma 172, 197 Anm. 234; Führerin der Moiren 283, 285; Munychia 226, 343 Anm. 120; Orthia 365; in Tauris 344; als Wasserhuhn 365 Anm. 75, 439

Artemisia 128—130
Ascherat 318
Assurbanipal 442
Asklepiadai 277—278
Asklepios 170, 179 Anm. 234, 278, 333
Assyrien 4—5, 321
Ate 101
Athene 207—217; Alea 98; Geburt 195; Itonia 334; Nike 172; Polias 77, 92, 144, 175, 417; Schlangengöttin 84, 90; von Troia 209, 225
Atossa 124
Atreus 323—324, 341, 344—345
Atropos 279—280
Autesion 340
Auxesia 174 Anm. 106
Axios (Vardar) 142, 338
Azanes 96
Azteken 63, 70, 114

Babylonien 2—7, 123, 190, 244
Bachofen 18, 107, 135
Baden-Powell 249—251
Baganda 119, 121
Bakchen 395, 419—420
Bakchidai 157—158, 495
Bakchylides 409 Anm. 10
Bancroft 300 Anm. 30
Bantu 13, 28, 87, 121, 162—164, 281
Batonga 87 Anm. 76, 248—249
Bechtel 449
Beda Venerabilis 253
Bellerophon 126—127, 137, 148, 273, 323
Belos 317, 319—320
Benin 119
Bergk 409 Anm. 11
Bias 148
Bloch 253
Boiotoi 208—209, 231, 329, 334—338
Bosporos 231 Anm. 172
Bowra 409 Anm. 11, 464
Brea 268, 270 Anm. 105, 273
Bréal 165 Anm. 36
Briffault 18, 44, 107, 120, 159—160, 168, 398
Britomartis 206, 223 Anm. 117
Bücher 382—383, 398

Namenregister

Buck 337
Burn 345—346
Bury 312
Byblos 5

Caedmon 394
Caesar 63, 459
Cary 75—78, 80
Cato 64
Caudwell 392 Anm. 38
Cavaignac 344
Chadwick 348, 398—399, 506
Chalkis 261, 401
Charites 283—285, 418, 420 Anm. 52
Chemmis 320, 322
Childe 4, 12—13, 27, 517
China 14, 22 Anm. 38, 69 Anm. 56, 105, 119, 259
Chios, Dialekt 448, 457, 476; Zentrum der Homeriden 423, 480—481
Cicero 169, 500
Columella 161
Cook 132, 232 Anm. 181—182, 236
Cornford 184—186
Cureau 22 Anm. 36
Curwen 516—518

Daeira 93, 133
Dahomey 120
Daidalos 231, 278
Dakota 49
Dalmatiner 265
Damia 174 Anm. 106
Danae 323
Danaos 93, 97 Anm. 151, 319—325, 403
Dante 459
Daphne 176
Dardaneis 178 Anm. 126
Dareios 124
Darwin 24, 57
Deliades 420
Delos, Apollonfest 423—428, 476, 482 bis 483
Delphoi 72, 83, 170, 239, 286, 317, 329, 420; Orakel 272 Anm 114.
Demeter 200—207; Achaia 90, 96—97; Mutter der Artemis 182 Anm. 150; Chamyne 234 Anm. 197; dorische 72; von Eleusis 96—97, 183—189, 476; Erinys 287; Partnerin des Herakles 234; des Iasion 206; 237; in Orchomenos 150, 317; Pelasgis 320; Thesmophoros 96, 174—176; obszöner Frauenritus 161

Demiurgoi 299, 302, 306—307
Demodokos 395, 419, 427, 510 Anm. 154
Demokritos 106, 161
Dendra 437
Despoina 173
Deubner 175
Dikaiarchos 101—102
Dike 97—99, 283, 289
Dimini 142—143, 154, 190, 317
Diodoros 139—141, 265—266
Dion Chrysostomos 234
Dionysos, Agrianios 152—153, 179, 432; Auxites 174 Anm. 106; Kittos 153; von Korinth 197 Anm. 234; Melpomenos 89; als Säugling 178 Anm. 124
Dioskorides 171
Dobu 36—39
Dodona 131, 237, 335—336, 338
Dorer, Eroberung Kretas 286 Anm. 68; Lakoniens 221, 261—262, 345—346; Verwendung des Eisens 8; bei Homer 352, 434; Stammessystem 72, 127. Siehe Dialekt, dorischer
Doros 330
Dulichion 360
Dracontius 443
Drakhmani 147
Drawida 43
Dschat 105
Dysaules 94, 96

Earthy 24 Anm. 48, 171, 178 Anm. 126, 192
Echelas 345, 474
Eileithyia 83, 195—196, 203—204, 223, 237, 280, 418
Eirene 283
El 318
Elektra 339
Eleutherai 94
Eleutherolakones 331—333
Elfenbeinküste 120, 194 Anm. 216

Elyseische Gefilde 446 Anm. 41
Empedokles 168
Endymion 169
Engels 57—58, 64, 246, 267 Anm. 93
Enipeus 149, 151
Epameinondas 87—88
Epaphos 230—231, 319—320
Epeioi 213 Anm. 69, 399 Anm. 83
Epeiros 82, 334
Ephesos 140, 217—223, 239 Anm. 216, 476
Ephyra 148, 269 Anm. 103
Epicharmos 182, 188
Epidauros 130—131, 170—171, 207, 221 Anm. 116, 330
Epikuros 106
Eratosthenes 311—312, 345—346, 474
Erechtheus 84, 87, 92, 215, 331
Eretria 90
Erichthonios 175, 212, 217
Erinyes 85, 100—101, 173, 179, 204, 278, 285—287, 289—290, 333, 403
Erosantheia 186
Eskimo 35
Esmein 246—247, 265
Eteokretes 133, 201
Etrusker 64, 68—70, 104—105, 133—136, 138, 235, 267—268
Euenos 363—364
Eumaios 358, 509—510
Eumelos 482
Eumolpos 92—93, 96, 306
Euneos, Euneidai 89, 134, 148, 151, 153, 300
Eunomia 283
Eupatridai 306—308
Euphrat 1—3, 114
Euphorbos 435
Euphrosyne 284
Euripides 225 Anm. 131, 324 Anm. 44
Europa 90, 317—318, 320
Eurystheus 134, 323
Eurytion 327 Anm. 25, 328 Anm. 32
Eusebios 104
Evans 107, 137, 190—191, 421—422, 460

Farnell 180, 195, 230—231
Färöer 387
Felsen der Betrübnis 96, 184

Ferguson 107, 246
Fick 449, 460
Fidschi-Inseln 37 Anm. 7, 41
Fison 41, 56, 57 Anm. 51
Forrer 338
Forsdyke 150
Fotuna 37
Frazer 14 Anm. 7, 89, 120

Gallier 67, 459 Anm. 77
Gardiner 83
Gardner 75
Garo 119
Garstang 140
Gela 92
Genetyllides 196
Geomóroi 306—307
Gephyraioi 89—90
Germanen 80, 99—100, 103, 253 Anm. 37, 367, 459
Ginsberg 248
Glaukos, Sohn des Hippolochos 126, 476
Glaukos, Sohn des Minos 86 Anm. 73
Glauku Demos 126
Glotz 107
Goethe 111, 267, 379, 392, 397
Goldenweiser 31—32
Gortyn 79, 102—103, 138 Anm. 141, 286 Anm. 68
Graikoi 336
Granet 14 Anm. 7, 119
Gras 345, 474
Grönbech 22 Anm. 38, 99—100, 277
Grote 75, 77—78, 156
Guiraud 265—267
Gurdon 115—117
Gyges 343

Haddon 11 Anm. 1, 20 Anm. 32
Hadow 390 Anm. 34
Hagia Triada 420, 422
Halikarnassos 72 Anm. 6, 128
Hall 123
Hardy, Th., 66
Harmodios und Aristogeiton 89
Harrison 84, 107, 184, 230
Hawkins 158
Hegemone 174 Anm. 106

Namenregister

Hekabe 210, 344, 353, 416, 440
Hekate 181—183, 187—188
Hektor 353, 416, 467, 469
Helena 333, 352—353, 365, 416, 438—447
Helikon 73, 329 Anm. 41, 395, 419
Helios 213, 269—270, 424
Hellanikos 131 Anm. 85, 474
Hellas 131 Anm. 89, 327, 334
Hellen 311, 330
Heniochoi 327
Hepat 139
Hephaistos 132, 138, 212, 232, 278, 349, 510
Hera 227—237; von Argos 197 Anm. 234, 213, 285, 349; die kuhäugige 191; Mutter Eileithyias 196, 232—233; in der Kräutermagie 172
Heraia 191
Herakleitos 289
Herakles, von Argos 227, 233—234, 323 bis 324; der dorische 72, 213, 330; Heras Gatte 233—234; H. und Hippokoon 233, 364, 425; bei Hochzeiten 237; von Kreta 234; Diener der Omphale 134; sein Name 237
Herero 120, 160
Herkules 235—236
Hermes 93, 132—133, 282 Anm. 33, 284
Hermione 229—230
Herodotos, in Chemmis 320; über Homer 441—442, 487, 496; als Prosa-Chronist 494; als Völkerkundler 103—104, 106 bis 107, 474
Hesiodos, Kultgemeinschaft von Thespiai 419—420; als fahrender Sänger 395, 413, 424, 429; sein Name 496 Anm. 115; Schöpfer der griech. Theogonie 233; Vorfahren 496
Hestia 306 Anm. 54
Hethiter 5, 138—139, 338—339, 343; in Ephesos 141, 217—218; Muttergöttin 187, 344; Recht 122 Anm. 32; Zerfall des Reiches 344
Heurtley 150, 363 Anm. 68
Hieron 92
Hindu 80, 283 Anm. 40, 303
Hipparchos 89, 498—500
Hippodameia 214, 332, 340—342

Hippokoon 233, 364, 425
Hippokrates 105, 179
Hippostratos 497
Hobhouse 248
Homer, Geburtsort 478—481; Moiren bei H. 279; Name 481; fahrender Sänger 423—424, 441 Anm. 25, 483; Schöpfer der griech. Theogonie 233
Homeridai 426, 441 Anm. 25, 473—511
Horen 283—285, 418
Howitt 25 Anm. 54, 56, 57 Anm. 55
Hybrias 309
Hyksos 244, 348
Hypachaioi 326
Hypsipyle 89, 134, 225
Hyrnatheis 127
Hyrnetho 127, 480, 491

Iamidai 277—278
Iason 127 Anm. 60, 134, 148, 151, 152 bis 153, 311
Ibykos 409 Anm. 10
Idaiische Grotte 83 Anm. 57
Ikarios 359, 361—364
Ilissos 199
Imbros 132—133
Immarados 93 Anm. 122
Inachos 319—320
Indien 14, 18 Anm. 19, 35, 43, 81, 115 bis 118, 142 Anm. 166, 166, 249—251, 259, 303—304, 366 Anm. 78
Ino 213
Io 230—231, 319—322
Ion 92 Anm. 115, 330—331
Ioner 72—73, 329—331, 475—477; ion. Frauentracht 130 Anm. 66; frühes Königtum 126
Ionische Inseln 81, 257
Ioxidai 89, 125—126
Iphigeneia 282, 443
Iphitos 233
Iran 1, 5
Irland 252, 371—373, 472
Irokesen 59—63, 67, 70, 103, 114, 118, 168
Ischtar 121, 139, 446
Iris 94, 121, 174 Anm. 105, 231 Anm. 172, 320

Ithaka 81, 357—363
Itonos 209, 334

Japan 192
Javan 453
Jebb 352
Jolowicz 67
Josua 272
Juden 102
Jukun 26 Anm. 55, 196
Juno 172, 235—236
Junod 25 Anm. 54, 87 Anm. 76, 248, 375, 376 Anm. 5, 383
Jupiter 235

Ka 282
Kadesch 339
Kadmeioi, phoinikische Herkunft 318; bei der Ionischen Wanderung 330
Kadmos, Ahnherr der Gephyraioi 90; der Spartoi 87; in Elysion 446 Anm. 41; phoinikische Herkunft 318. Siehe Theben, boiotisches
Kaineidai 197, 214
Kalaureia 213 Anm. 72
Kalchas 432
Kallinos 487, 489—490
Kambyses 124
Kanes 5
Kantabrer 105
Kar 131, 318
Kardamyle 131 Anm. 81, 333—334
Karer 127—131; Doppelaxt 235; Helmbusch 235, 314; Frühkykladisch und Frühhelladisch 136—137, 150, 316; in Ionien 130, 220, 474
Karolinen 192
Karpo 174 Anm. 106
Karsten 436
Karthager 267
Kassiten 7, 244
Kaukasus 136, 139, 141, 210, 225, 244 Anm. 6, 327
Kaukones 132, 225
Keats 379—381
Kekrops 93, 105—106, 135, 175, 208—209, 211—212, 215, 305—307
Keleai 94

Kelten, Wahlkönigtum 67; Muttergöttinnen 288. Siehe Keltisch
Keos 295
Kephallenia 258, 358—360, 362—363
Kerameikos 307
Kerkyra 303
Kerykes 92—93, 133, 277—278
Khasi 115—118, 122, 220
Kilikes 339
Killos 326
Kimon 271
Kinaithon 490
Kinyras, Kinyradai 127 Anm. 57, 446, 491
Kirgisen 394, 461—463, 472, 505
Kissioi 210—211
Kissusa 178 Anm. 124
Klazomenai 94 Anm. 134, 476—477
Kleisthenes von Athen 308
Kleisthenes von Sikyon 496
Kleomenes 85
Kleuas 474—475
Klotho 279, 340
Klytaimestra 87, 156, 352, 365—366
Klytidai von Chios 91
Klytidai von Olympia 148
Knossos 7; Fall von Kn. 312—314, 324
Kodridai 144—145, 149, 154, 275 Anm. 133, 476—478
Komana 344
Koraku 316
Korinth, epische Vorträge in K. 495—496
Kos 94 Anm. 127, 128, 153 Anm. 220, 158, 275 Anm. 132 u. 133
Kreta 5—7; Dialekt 460—461
Kretheus 148—149
Kretschmer 125 Anm. 48, 132, 210, 330 Anm. 47
Kreusa 84
Kroeber 58
Krokonidai 92, 96
Kronos 270, 278—279
Kuki-Stämme 293 Anm. 3
Kupapa 235 Anm. 201, 445
Kuretes 403
Kybebe 235 Anm. 201, 445
Kybele 343—344
Kychreus 85, 328 Anm. 28

Namenregister

Kydrolaos 270
Kykladen 7, 136, 223, 316, 363
Kyklopes 303
Kylon 98
Kynaithos 481, 484—485, 497, 499—500
Kynuria 331 Anm. 51
Kypselos 157—158, 213 Anm. 71, 214, 495—496
Kyrene 71, 264, 268, 273, 491
Kyros 281
Kythera 443

Laban 362
Lachesis 270, 274, 279—280
Ladon 176—177
Laertes 358—359
Lakiadai 94 Anm. 127, 271
Langdon 123
Lapithai 147, 148 Anm. 186, 153—154, 157, 213, 297 Anm. 22, 316—319, 336—338, 455
Larisa 132, 207—208, 319, 323, 451
Latron 518—519, 520 Anm. 25
Lavinium 83 Anm. 56
Lebedos 295 Anm. 13, 476
Leda 364—365
Leleger 127—131; 362—365; Frühkykladisch und Frühhelladisch 136 bis 137, 150, 316; von Lokris 155, 343 Anm. 120; von Nordwestanatolien 226, 343 Anm. 120, 473; von Sparta 131, 220, 365
Lemnos 131—135, 225, 501
Leontinoi 264 Anm. 80
Lesbos, aiolische Ansiedlung 474—475; athenische Kolonie 260—261, 524—525; König Oinomaos 342; prähistorische Ansiedlung 270
Lethaby 140
Leto 125, 182, 213 Anm. 72, 238—239, 365
Letrinoi 176, 221
Leukadios 361
Leukas 258, 303, 361
Leukippos 176—177
Leuktra 87, 207 Anm. 38, 332—333
Libya 317, 319—320
Libyen 104, 137, 184, 323, 339
Liparische Inseln 265—267

Livius 266
Lokris 131, 155, 209, 225, 343 Anm. 120, 474
Lokroi 155, 180
Lorimer 321, 442
Lowie 14 Anm. 7, 44, 58
Lukianos 478—479
Lunda 119
Lyall 115
Lydien 104, 131, 133—134, 137—138, 220 Anm. 104, 340, 420
Lykien 125—127, 136—137, 322—323; Helmbusch 235, 314; Luka 125, 339; Matriarchat 68 Anm. 52, 105—107; Proitos in L. 322
Lykurgos 491

Magi 124 Anm. 42, 220 Anm. 103
Magnes 317
Maine 251
Makareus 270
Maiones 474
Makedonien 171
Malaos 474—475
Malaya 180 Anm. 142
Malinowski 58, 377
Malis 297
Mandanen 61
Manlii 65
Mantineia 295, 302
Maori 144, 166, 376—377, 384
Marathon 213, 297
Marlowe 247
Marr 136
Marx, Marxismus 57, 107, 114—115, 246—247
Massai 87
Massagetai 104—105, 244 Anm. 6
Matres Deae 288—289
Mausolos 128
McLennan 107
Medontidai 307, 476
Megalopolis 186, 234, 295
Melampus 178—179, 322
Melanesien 43, 46, 50, 86, 100 Anm. 174, 167
Meleagros 286
Memphis 320, 441—442

Men 166
Menander 281—282
Menelaos 413, 440—446; Vorfahren 344 bis 345; Machtbereich 333, 365
Meriones 435
Mermnadai 134, 343
Mesopotamien 2—5
Mexiko 63, 70, 282, 297
Meyer, Eduard 209, 331 Anm. 49, 449
Michell 254 Anm. 38
Miletos 130, 238, 473 Anm. 2, 476—477
Millar 107, 246
Milon 172
Miltiades 502
Milton 459
Minnitarie 49
Minoa 137 Anm. 129
Minos 311—312, 317, 363
Minotauros 206, 231, 324
Minyas, Minyai 142—155, 213, 317, 330, 334, 337
Minyeios 148
Mohawk 188
Moiren 272—291
Molossoi 328 Anm. 33
Morgan 20, 31, 34—40, 56—62, 70, 77—78, 107, 113
Mpongwe 167
Munro 215
Munychia 226
Murray-Inseln 166
Musen 397, 418—420, 425—427, 429
Mykene 8, 200, 202, 227, 313—324
Mylitta 238 Anm. 214, 447
Myrmidonen 327, 341
Mysoi 474
Mytilene 140, 475—477

Nasamones 104
Naukratis 320, 322, 442, 477
Naxos 130, 158, 205
Nayar 142 Anm. 166
Neleidai, Neleus 149, 330—331, 336 bis 339, 365, 476
Nestor 88, 149, 305, 434
Neubritannien 20 Anm. 30
Neue Hebriden 376, 378
Niebuhr 67

Nigeria 18
Nikolaos von Damaskus 104—105
Nil 1—2, 114, 125
Nilsson 82—85, 153, 195—196, 234, 238, 245—246, 312, 321, 442, 450—451
Niobe 339—342
Nokanoka 40
Nornen 287—289
Nu-Kuo 119

Odysseus 274, 304, 355—362, 491—492
Oidipus 275, 286, 289, 491
Oinoe 297
Oinomaos 340—342
Olen 418
Olympias 171
Olympos 79, 305 Anm. 48
Omphale 134, 235
Onomakritos 501
Orchomenos 145—154, 314—316
Orestes, Vorfahren 344—345; Tod 474
Oropos 90 Anm. 102, 336
Orthagoras 496
Ortygia 239 Anm. 216
Orwin 252 Anm. 29
Osage 49
Otreus 344
Oxylos 346

Paget 382 Anm. 14
Palästina 5, 251 Anm. 23, 263, 520
Pamphos 418
Pandora 201 Anm. 7
Pandrosos 211
Panwar-Radschputen 366 Anm. 78
Panyasis 128, 487
Paphos 349, 446
Parcae (Parzen) 287, 289
Paris 323, 352—353, 440—442
Parry 465—466
Partheniai 156
Pasiphae 206, 231
Patai 518, 520
Pausanias 198, 486
Pawlow 28
Pearson 489
Pedasos 131 Anm. 81
Peirithoos, Peirithoidai 213—214

Peisandros 214, 495
Peisistratos, Peisistratidai 88, 149, 213 Anm. 71, 480, 498—504
Pelasgoi 131—136, 207—211, 225—226; bei der Ionischen Wanderung 330; minysche Ware 150, 211, 316; *orgeón* 81
Peleus 327—329, 334—335, 418, 425
Pelops, Pelopidai 329, 333, 339—347
Penelope 359—362, 366
Pentheus 420
Penthilos, Penthilidai 344—346, 474, 478
Perigune 89
Persephone 183—189. Siehe Demeter
Perseus 311, 320—324, 363—364
Persien 4, 128—130
Petra 154, 157, 213—214, 338
Petrie 122
Phaiakien 303—305, 354, 366
Pharos 440—442
Pheidias 217
Pheidon 491
Phemios 395, 427
Pheneos 96, 207 Anm. 38
Pheros 441—442, 445
Philaios, Philaidai 88, 130, 213 Anm. 71, 271, 502
Philippinen 192
Philister 125, 132
Philochoros 80
Phleius 94, 476
Phoiniker 86, 90, 265—267, 317—320, 324, 363, 435, 441—445
Phoinix 351
Phokos 327—328, 333, 338
Phorbas 317, 319
Phoroneus 318—319
Photios 522
Phrygien 184, 187, 343—344
Phylake 149, 336
Picard 217—219, 238
Pindar 401, 409 Anm. 10, 415—416, 425
Pisa 176, 341—342
Pitane 140, 365, 474
Platon 104; über Demokritos 106; über Homer 394, 481, 488; Idealstaat 269: über Inspiration 395
Plautus 104
Pleisthenes 345

Pleuron 343 Anm. 120, 364
Plinius d. Ält. 161, 163, 169, 171
Plutarchos 85, 168—169, 235, 269, 274, 501, 522
Pollux 522
Polybios 155
Polynesien 35—40, 43
Porphyrion 233
Porphyrios 182
Poseidon, Streit mit Athene 212—213, 215; Vater des Butes 92, 214—215; des Eumolpos 93; des Taphios 363; Gott der Lapithai 213—214; Helikonios 73, 329 Anm. 41; Meeresgott 79; Regengott 337; Petraios 154; in Pylos 305
Potniai 94
Praxiergidai 417
Praxilla 431
Priamos 209—210, 273, 327, 329, 353 bis 354, 407
Proerosia 255 Anm. 46
Proitos, Proitiden 148, 178—180, 231, 322—323
Proklos 483—484
Prometheus 311
Protesilaos 335
Proteus 440—442
Ptolemaier 124
Pythagoreer 282
Pythermos 429

Radcliffe-Brown 57
Radloff 394, 461—463, 472, 505
Ras Schamra (Ugarit) 5, 318
Reichelt 452 Anm. 67
Revillout 123
Rhadamanthys 285, 303, 446 Anm. 41
Rhea 187, 196, 206
Rhodos, Achaier auf R. 325—326; Dialekt 337, 450, 456; Kadmos und Danaos 317, 320; Stammessiedlung 269—271, 297; Synoikismos 295
Ridgeway 251, 515—517
Rivers 36
Robertson Smith 14 Anm. 7, 123, 166, 281, 300
Römer 4, 63—71, 103, 118, 160, 184, 235 bis 236, 367

Romulus 65, 68, 71
Roscher 180—181, 188
Rostovtzeff 107

Sabazios 187
Sabiner 69—70
Sais 320
Salamis 85, 128, 326, 328—329, 501
Samos, Adonisfest 431; Besiedlung 270; Dialekt 476; Heratempel 172, 229; Karer auf S. 128, 130 Anm. 72; Name 262; Stammessystem 75
Samothrake, Mysterien von S. 133
Sandas 235 Anm. 201, 445
Sanherib 453
Santa Mavra (Leukas) 258
Sappho 199 Anm. 241, 388—389, 401—410, 431
Sargon 126 Anm. 52
Sarpedon 126—127, 137, 290
Schefold 308
Scheria, siehe Phaiakien
Schliemann 150, 191, 195, 460
Schottland 252
Scott 457—458, 460 Anm. 82
Seebohm, F., 79—80, 515, 518
Seebohm, H. E. 250
Seleukiden 124
Selloi 335—336
Semele 284
Semiramis 124, 141 Anm. 165
Semiten 14, 86, 102, 123, 166—167. Siehe Semitische Sprachen
Seneca (Indianerstamm) 60—62
Servius 94—95
Shakespeare 389—390, 393, 397, 509—510
Shelley 507
Sibirien 192 Anm. 213
Sigeion 499
Sikyon 187 Anm. 192, 227, 431, 496.
Simonides 409 Anm. 10
Sinai 5
Sinclair 246, 266
Sipylos 340—341, 342
S(e)irenen 231 Anm. 180
Sisyphos 126, 148—149
Sizilien 7, 92, 163, 185 Anm. 176, 303 Anm. 34, 316

Skythen 104
Smith, Adam 107, 246
Smyrna 140, 207, 448, 457—458, 474, 476—477
Solon 257, 264, 409, 415, 498, 523
Sophokles 133—134, 324 Anm. 44
Sosipolis 83, 87
Sowjetunion 18, 57—58, 107, 246, 506
Spanien 141, 265, 316
Spartoi 87, 281
Spencer und Gillen 14 Anm. 8, 15 Anm. 9, 48, 56
Stawell 457—458
Stesichoros 401—402, 409 Anm. 10, 441, 497
Strabon 105, 474; zur Entstehung der Städte 294
Suidas 479
Sumer 123, 300 Anm. 31
Susa 210, 225 Anm. 131
Syrakus 92, 401, 467
Syrien 318, 420 Anm. 52

Tacitus 253 Anm. 37, 459
Tantalos 340
Taphioi 360 Anm. 40, 363
Taras (Tarentum) 156—157
Tarchon 133, 138
Tarn 124
Tarquinius 68—69, 133, 138
Tauros 5, 139
Tegea 96, 157 Anm. 232
Telamon 127 Anm. 60, 326—329
Teleboas, Teleboai 363
Telemachos 305, 360—361, 413, 427
Telephos 133
Telugu 37—39
Temenos 127, 290
Tenedos 225 Anm. 136, 270, 474
Teos 130, 270, 295 Anm. 13, 429, 476
Terpandros 401, 425
Teschub 139
Teukroi 326—327
Teukros, Teukridai 326—327, 491
Teutamos 210, 343 Anm. 120
Thaleia 284
Theano 210
Thebe 273, 334

Namenregister

Theben, in Boiotien, Gründung 90, 316 bis 317; unter Herrschaft von Orchomenos 145. Siehe Kadmos, Kadmeioi
Theben, in Ägypten 321, 442
Themistokles 274
Theopompos 105
Therapne 131 Anm. 82, 446
Theseus 89, 205, 213—214, 271, 305—308, 311, 502
Thespiai 94, 419—420
Thessaloi 209, 334, 457
Thetis 328, 340, 418, 425
Thisbe 316
Thomsen 136
Thrakien 93, 132 Anm. 100, 210
Thukydides, über Frühgriechenland 105 bis 106, 207, 292—296, 303, 334, 459; über die Karer 131; Lesbos 260, 524; Pelasger 133; Sparta 262; Theseus 305 bis 307; Trojanischer Krieg 292, 448
Tiberius 169—170
Tibet 119
Tikopia 36—39, 337
Tinneh 49
Tirol 194 Anm. 216
Tiryns 8, 126, 229, 314—316, 318, 322 bis 323, 341
Tisamenos 344—345
Titanen 173, 278
Tithonos 210—211
Tlepolemos 269 Anm. 103, 270
Tolstoi 241
Tonga 40
Toutain 247—248, 265
Triopas 317
Triptolemos 93, 94 Anm. 132, 96, 207
Trobriand-Inseln 377
Troia, Fall 311; Lage 8, 473
Tschokta 18
Turkmenen 393—394
Tyro, Tyroiden 149—154, 316—317, 323, 338
Tyrrhenos 133

Ugarit (Ras Schamra) 5, 318
Ukraine 51
Usener 409 Anm. 11
Urabunna 37—39

Valenge 164, 171, 192—194, 201 Anm. 7
Varro 184
Vayson de Pradenne 13—14, 28
Vendryes 52
Venus, von Laussel 288; von Willendorf 189
Vergil 459
Vestalinnen 120
Vico 459
Vinogradoff 247 Anm. 15

Wace 313 Anm. 6
Wackernagel 458
Wade-Gery 158, 485, 500
Wales 100 Anm. 171, 252
Warriner 251, 518
Webster 21 Anm. 35
Westengland 252
Westermarck 44
Wheeler 248
Wilamowitz-Moellendorff 279, 448, 460
Winnebago 62
Wolf, F. A. 460, 503
Woodhouse 522—523
Woolley 318

Xenophon 488
Xerxes 124, 128, 130
Xuthos 330

Yeats 369, 381, 391
Yukumbil 20

Zakynthos 297, 325, 358, 360
Zante 258
Zeus, von Amaltheia gesäugt 206; Atabyrios 137; Vater der Athene 217; Ehe mit Dione 237; in Dodona 131, 237, 335 bis 336, 338; Raub der Europa 90, 317; Geleon 73; Ehe mit Hera 227—232; Himmelsgott 79; Karios 131; Labrandeus 235; Leukaios 176; Name 201, 232, 237, 337; Olympios 349; Patroios 91; Pelasgios 131, 335; Soter 428; von der Sau gesäugt 201; als Schwan 365, 439; Ziege 201
Zulu 86, 99 Anm. 166, 161, 162 Anm. 20, 375
Zygoi 327
Zypern 5, 443—447; achaiische Siedlungen 326—327, 337—338; Dialekt 337, 450

SACHREGISTER

Ackerbau 1—3, 11; Verlegung des Feldbaus 12, 60, 63, 293; wandernde Rodung 249; Feldbau der Frauen 19, 114, 158
Adoption 61, 65—67, 79 Anm. 43, 277, 356
Afrikanische Monarchien 119—121
Agéla 108, 417, 431
Agorá 298, 305
Agriania 152-153, 178-180, 419 Anm. 51, 432
Ägyptisches Königtum 2, 26, 121—123
Ahnenkult, -verehrung 16—18, 21, 432
Aiolischer Dialekt 269 Anm. 103, 337, 344, 448—458
Aiolische Wanderung 334, 451, 474—475
Aísakos 428
Akropolis 175, 207, 305—306
Alphabet 461, 504—505
Altersstufen 21—22, 36
Ältestenrat 25 Anm. 53, 304, 306
Althochdeutsch 53—54
Apaturien 108, 476
Apoikía 268
Arbeitsgesänge 382—385
Arbeitsteilung 2—3, 16—17, 18—22, 298 bis 299, 302
Árchon 81, 302, 306—307
Arrhephorien 175
Áte 101
Aufwandsgesetze 415—416
Aurignacien 28

Balladenversmaß 386, 400, 405
Balltänze 168, 186
Bernstein 238
Berufsclane 277
Beschwörungsformeln 196, 198 Anm. 237, 377—379, 383, 403
Besessenheit 395—396

Bestattungsformen, Hocker 24, 30, 164; in Frühgriechenland 436—438; Urnen 200—201; minoische B. 200
Blindheit bei Sängern 481
Blutrache 78, 416
Blutschande 97, 354
Borough English 117 Anm. 11
Brandbestattung 437—438
Bronze 2—3, 7, 298—299
Buphonien 88
Byzantinische Formen des Landbesitzes 158, 257 Anm. 50, 263 Anm. 77, 519

Capsienkultur 30
Clankulte 89—97, 414—416

Daímon 282—283
Daís 274, 282
Dasmós 271, 273—274, 282
Delphisches Orakel 272 Anm. 114
Dêmos 78, 80—81, 258—259, 270—271, 295, 305, 524
Demiurgoí 299, 302, 306—307
Deutsche Sprache 159, 166, 252, 515
Dialekt, siehe aiolischer, dorischer, ionischer
Dichtung, siehe irische, russische
Dienstleistungen 243
Díke 97—99, 283, 289
Dimini-Kultur 142—143, 154, 190, 317
Dolonie 502—504
Donauländische Kultur 12, 189, 192
Doppelaxt 201—202, 235
Dorfgemeinschaft 1, 3, 251—253, 259, 297—299, 300—301
Dorischer Dialekt 101, 204—205, 263, 295, 337, 401, 456—457
Dreiteilige Form 387—390

Sachregister

Ehebruch 69, 104, 106
Einhegungsakte 246
Einkleidung des Götterbildes 416—417
Eleusinische Mysterien, siehe Demeter
Epilepsie 169
Epode 401—403
Erbinnengesetz 101—103, 357
Ernte, in Griechenland 185, 255—256
Erstlingsfrüchte 27
Exogamie 13, 18—21, 30—31, 33—34, 40—45, 66, 102—103, 116
Exorzismus 396

Fallsucht 169
Familia 63—65, 78—79, 103
Familie 46, 51, 56—57, 243, 259
Figurinen, siehe Statuetten
Frühkykladisch 316
Frühhelladisch 316, 318
Füllhorn 288

Gattinnen, Ausleihen von 106 Anm. 206
Gavelkind-Regel 252, 259
Gebärdenspiel 195, 382
Geburt 159—164, 171—174, 182, 195 bis 197, 203—204, 283—284
Geheimbünde 27, 61, 167
Gelübde, Ablegung der 23 Anm. 38 u. 42
Genesis (1. Buch Mose) 362
Genius 282
Geometrie 262
Geomóroi 306—307
Géras 273—278, 289
Germanisches Epos 463, 466, 477—478, 506
Germanisches Recht 99—100
Gilden 277, 301
Gleichnis bei Homer 466—471
Gnorísmata 280—282
Gottesvorstellung 25—26, 121, 197, 349—350
Grabstätten 313—316, 322, 343, 346—347
Granatapfel 172—173, 188, 202 Anm. 17, 234 Anm. 193
Grotten, siehe Höhlen
Gumelniţa-Kultur 189

Haarschnitt 24, 169—170
Haine, heilige 81

Handwerksclane 277
Hédrai 305
Heilige Hochzeit 206—207, 229—232, 236
Hektémoroi 522—523
Heldenverehrung 85, 87
Hexenkunst, Hexerei 97, 167, 181
Hirtenstämme 11, 21, 26—27, 51, 113, 244, 293
Höhlen 28—30, 83 Anm. 57, 176, 183 bis 184, 196—197, 200—201, 203
Hölzernes Pferd 427
Homerisches Gleichnis 466—471
Homerische Hymnen 423—424, 481
Homerisches Sängertum 394, 413, 423 bis 426, 430 bis 431
Homogálaktes 80
Horde, Urhorde 16, 20, 33, 40, 43, 45
Hysterie 179—180, 395—396

Indogermanisch, Diaspora 136; „Los" 272; „Meer" 132; Nomadentum 244; „Pfad" 99; „Verwandtschaft" und „kennen" 23, 65, 281; Verwandtschaftsterminologie 51—56, 80, 108—109
Initiation 21—25; in Afrika 162, 192 bis 194; durch Baden 178; durch Feuer 437; im Paläolithikum 30—31; in Sparta 220—221
Improvisation 372, 381, 390—398
Inspiration 373, 390—398
Inzest 97, 354
Ionischer Dialekt 153, 330, 448—458
Irische Dichtung 371—373, 379, 428 Anm. 83, 496 Anm. 114
Isthmische Spiele 213
Italo-Keltisch 52—54

Jagd 1, 11—12, 19—21, 49, 60, 113—114, 159
Jahreszeiten 188, 284
Jungfernborn 184
Jungfernquellen 178, 197

Kalender 74—75, 164—165, 188, 218 Anm. 93, 311, 416—417
Kathármata 161—162, 174—179, 212 Anm. 62
Katzenverehrung 168

Keltisch 52—53, 67, 100 Anm. 171, 166, 288
Kennzeichen 280—282
Kindesmord 233, 280—281
Klagelieder 415—416, 419
Kleidung 280—281, 420—421
Kléros 272, 278, 523, 525
Kleruchía 259—260, 268—270, 524
Königtum 3, 67, 119—122, 244, 272—273, 275, 290, 303—307
Kóme 295—296
Kommunismus 264—266, 276, 283
Kriegführung 244, 299, 433
Kroatisches Sängertum 461
Krönung 22 Anm. 38, 121
Kupfer 2, 5, 299
Kuppelgräber 200
Kuppelgrabdynastie 314, 321—323
Kurgane 51
Kurotróphos 219
Kyklische Epen 483—487, 490—493

Láchos 272, 278, 280
Lateinische Sprache 376
Leibeigenschaft 244, 358—359
Leichenverbrennung 437—438
Levirat 45
Limerick 428°Anm. 83
Löwentor 315, 343, 346—347
Los 250— 251, 260, 264—279, 291, 302

Marktplatz 298, 305
Marxismus, siehe Marx
Materialismus 105—106, 292, 437, 460
Mégaron 183
Métayer 522—523
Métron 289
Minysche Ware 150, 211, 316
Moiety, siehe Stammeshälfte
Moîra 272—291
Mundus 184
Muttermord 286

Namen 22—23, 60, 63—65, 108
Nasamonismus 104
Nebenfrau 122
Neuplatonismus 181—182
Nómos 290—291
Nordwestgriechisch 337, 456

Obszönität im griechischen Ritual 161
Oîkos 78—79, 103, 117, 258—259, 268
Olympische Spiele 148, 218, 220 Anm. 104, 227, 234, 237, 311, 340—341
Orgeón 80—81
Orphik 181—182, 282, 285, 437

Palastkulte 90—91, 150, 187 Anm. 191, 206, 229
Panionischer Bund 329, 476
Parens 68 Anm. 52
Parischer Marmor 311, 312 Anm. 5
Parthenogenesis 194 Anm. 217, 230 Anm. 168, 232 Anm. 182
Patesi 123
Pelátes 522—523
Pfadfinden 99
Pflug, Pflügen 19, 252, 255, 262, 516 bis 519, 521
Pflugochsen 26 Anm. 59, 88 Anm. 90
Phratrie 33—34, 45—47, 59—61, 74—77, 108, 258, 269 Anm. 103, 296
Piraterie 266—267, 273 Anm. 122, 303
Polémarchos 307
Pólis 292—296, 302, 307
Polyandrie 45, 106 Anm. 206
Pompaí 89 Anm. 91, 153
Primitive Selbsthilfe 97
Promiskuität, voreheliche 104
Prophetie 169 Anm. 64, 396, 419
Prytaneîon 306
Pýrgos 130

Quellen 178, 197
Quitte 234 Anm. 193

Rathaus 306
Rätsel 432
Regenmachen 120—121
Reim 400, 405
Reinigungsriten 22 Anm. 38, 24, 161 bis 163, 178—179, 417
Rhapsode 423—425, 503—504, 506
Rinderkult 202, 231 Anm. 172
Roman 388
Russische Dichtung 384, 393

Sakrament 27
Sammeln von Nahrung 1, 11, 19, 158

Sängertum, siehe homerisches, kroatisches S.
Schachtgräber 313—315, 321, 323, 434
Schatzhaus des Atreus 315, 347
Seeraub 266—267, 273 Anm. 122, 303
Selbsthilfe, primitive 97
Semitische Sprachen 35, 159
Skirnismal 234 Anm. 193
Skirophorien 174
Sklaverei 61, 106, 299, 302
Sororat 45
Stádion 263, 515—516
Stammeshälfte (moiety) 33—34, 43—47, 297
Stammeslager 1, 296—297
Statuetten 189—199, 204, 220
Stoizismus, Stoa 169
Streitwagen 244 Anm. 7, 344
Strophe (Stanze) 376—377, 400—409
Svayamvara 341, 510
Symphonie 388

Tabu 14—18, 20—21, 26—27, 86, 88—89, 116, 159—164, 173, 175, 201
Tanistry-Regel 68 Anm. 51
Tätowierung 281
Taufe 22—23, 66 Anm. 33
Tauschhandel 11, 300
témenos 270, 272—275, 299—301, 303, 307, 341
Testamentarische Verfügung 64, 79, 257
Thálassa 132, 135—136, 212 Anm. 62
Thesmophorien 90, 174—176, 183—184, 188 Anm. 196, 221 Anm. 108

Timé 273, 278
Töpferei 1, 11—12
Totemismus 14—32, 40, 58—61, 65, 81 bis 89, 201, 223 Anm. 124, 234, 282, 432
Totenbuch, ägyptisches 86
Totenklage, siehe Trauergesang
Totschlag 61, 78, 97—101, 285
Tötung von Kindern 233, 280—281
Trauergesang (*Thrênos*) 415—416, 419
Triakás 75 Anm. 17

Urhorde 16, 20, 33, 40, 43, 45
Uterine Stellung, siehe Bestattung in Hockerform

Viehzucht 1, 19, 244
Völuspá 309

Waren 299, 302
Waschungsriten 176—178
Weidewirtschaft, siehe Hirtenstämme
Weissagung 169 Anm. 64, 396, 419
Werkzeuge 373—374, 378
Wettkampf vor der Hochzeit 25 Anm. 51. Siehe auch *Svayamvara*
Wiedergeburt 22—24, 66 Anm. 33, 163 bis 164, 181, 277, 340—341, 356

Zähne, Ausbrechen der 24, 30—31, 167
Zauberei 97, 167, 181
Zehnte 301
Zirkumzision 24
Zweiteilige Form 386—387

ABBILDUNGSVERZEICHNIS

Abb. 1. Gemsentanz: paläolithische Zeichnung auf Hirschhorn. Burkitt, *Prehistory*, S. 208 31
Abb. 2. Athene mit Schlange: Relief von Melos. Roscher LGRM 1, 690. . . . 82
Abb. 3. Grabhügel mit Schlange: attisches Vasenbild. Harrison, *Prolegomena*, S. 328 83
Abb. 4. Totenmahl: lakonisches Relief. Roscher LGRM 1, 2567 85
Abb. 5. Stierschädel auf einem Schild: attisches Vasenbild. CAH Tafelband 1, 283 87
Abb. 6. Philister: ägyptische Malerei. ABS 8, 185 125
Abb. 7. Amazone: attisches Vasenbild. Furtwängler Taf. 166 140
Abb. 8. Mondkult: minoische Gemme. Harrison, *Themis*, S. 190 165
Abb. 9. Mainade: attisches Vasenbild. Harrison, *Prolegomena*, S. 399 170
Abb. 10. Göttin mit Granatapfel: attische Statue. CAH Tafelband 1, 208 173
Abb. 11. Frau beim Opfern eines Ferkels: attisches Vasenbild. Harrison, *Prolegomena*, S. 126 175
Abb. 12. Mädchen am Brunnen: attisches Vasenbild. Baumeister 1, 357 177
Abb. 13. Artemis und Aktaion: attisches Vasenbild. CAH Tafelband 2, 33 177
Abb. 14. Dreigesichtige Hekate: Gemme. Roscher, LGRM 1, 1909 182
Abb. 15. Persephone im Hades: attisches Vasenbild. Roscher LGRM 2, 1343 . . 185
Abb. 16. Venus von Willendorf: altsteinzeitliche Statuette. CAH Tafelband 1, 8 . 189
Abb. 17. Thessalische Statuette: Terrakotta aus Sesklo. CAH Tafelband 1, 112 . . 189
Abb. 18. Minoische Statuette: Terrakotta aus Knossos. Evans, *The Palace of Minos* 1, 52 191
Abb. 19. Kykladische Marmorstatuette. CAH Tafelband 1, 115 194
Abb. 20. Die „Gebärde des Segnens": Bronze aus Knossos. Evans a. a. O. 1, 507 195
Abb. 21. Troianische Gesichtsurne. Cook, *Zeus*, 3, 192 200
Abb. 22. Von einer Ziege gesäugtes Kind: minoisches Siegel. ABS 9, 88 201
Abb. 23. Minoische Doppelaxt: Intaglio aus Knossos. Evans 2, 619 201
Abb. 24. Minoischer Stierkampf: Intaglio aus Knossos. Evans a. a. O. 1, 377 . . 202
Abb. 25. Mykenische Kultszene: Goldring aus Mykene. Evans 2, 340 203
Abb. 26. Tanz an heiligem Baum: Goldring aus Mykene. Evans 1, 161 203
Abb. 27. Aufstieg der Demeter zum Olymp: Terrakotta-Relief. Roscher LGRM 2, 1359—60 204
Abb. 28. Pappás-Typ der Demeter: Terrakotta aus Eleusis. Farnell, *Cults of the Greek States*, 3, 215 205
Abb. 29. Minoische Schlangenpriesterin: Statuette. CAH Tafelband 1, 119 . . . 205
Abb. 30. Britomartis: Intaglio aus Lyttos. Evans a. a. O. 2, 844 205
Abb. 31. Niederschwebender Gott: minoisches Siegel. Evans a. a. O. 1, 160 . . . 205
Abb. 32. Minoischer Priester: Relief aus Knossos. CAH Tafelband 1, 157 206

Abbildungsverzeichnis

Abb. 33. Demeter und Triptolemos: attischer Becher. Furtwängler, Tafel 65 . . 206
Abb. 34. Athene: attisches Vasenbild. Baumeister 3, 1152 208
Abb. 35. Athene, Erichthonios und Kekrops: attisches Relief. Roscher LGRM 2, 1019—20 211
Abb. 36. Athene mit den Töchtern des Kekrops: attisches Vasenbild. Harrison, *Prolegomena*, S. 133 212
Abb. 37. Poseidon und Hephaistos bei der Geburt der Athene: attisches Vasenbild. Roscher LGRM 1, 2061—62 216
Abb. 38. Ephesische Artemis: Statuette aus Ephesos. CAH Tafelband 1, 351 . . 217
Abb. 39. Muttergottheit mit Zwillingen: attisches Vasenbild. Harrison a. a. O. 268 218
Abb. 40. Artemis Orthia: Elfenbeinschnitzerei aus Sparta. Harrison, *Themis*, S. 114 219
Abb. 41. Zeus und Hera: attisches Vasenbild. Farnell a. a. O. 1, 208 230
Abb. 42. Der Minotauros: Münze aus Knossos. Evans a. a. O. 1, 358 231
Abb. 43. Etruskische Rüstung: Stele aus Vetulonia. CAH Tafelband 1, 327 . . . 235
Abb. 44. Juno und Herkules: römische Bronze. CR 20, 274 236
Abb. 45. Apollon und Artemis: Vase aus Melos. Farnell a. a. O. 4, 328—29 . . . 238
Abb. 46. Pflügen: attisches Vasenbild. Baumeister 1, Tafel 1, 13 254
Abb. 47. Pflügen: Vase aus Vari. Cook a. a. O. 3, 606—07 254
Abb. 48. Olivenernte: attisches Vasenbild. Baumeister 2, 1047 255
Abb. 49. Reigentanz: ionisches Vasenbild. Lambrino, Taf. IV 256
Abb. 50. Brettspiel: attisches Vasenbild. Baumeister 1, 684 272
Abb. 51. Die Chariten: attisches Relief. Baumeister 1, 375 284
Abb. 52. Matres Deae: Relief aus Avigliano. Roscher LGRM 2, 2471 288
Abb. 53. Die Venus von Laussel: altsteinzeitliche Schnitzerei. CAH Tafelband 1, 9 288
Abb. 54. Minoisches Schiff: Siegel. Evans a. a. O. 2, 239 303
Abb. 55. Goldene Totenmaske aus einem Schachtgrab in Mykene. CAH Tafelband 1, 165 313
Abb. 56. Mykenische Eberjagd: Fresko aus Tiryns. Hall, *Ancient History of the Near East*, Abb. 74 313
Abb. 57. Besteigen eines Schiffes: Siegel aus Tiryns. Evans a. a. O. 2, 245 314
Abb. 58. Das Löwentor von Mykene. CAH Tafelband 1, 161 315
Abb. 59. Perseus und Gorgo: attisches Vasenbild. JHS 32, Taf. VI 321
Abb. 60. Minoer in Ägypten: ägyptische Malerei. Evans a. a. O. 2., 740 322
Abb. 61. Ägäisches Schiff: ägyptische Malerei. Baumeister 3, 1595 322
Abb. 62. Ariadne, Theseus und der Minotauros: Goldschmuck. Roscher LGRM 2, 3007 324
Abb. 63. Mykenische Dame: Fresko aus Tiryns. CAH Tafelband 1, 159 354
Abb. 64. Tänzerinnen: attisches Vasenbild. ABS 30, Taf. XVIII 377
Abb. 65. Backen bei Musikbegleitung: boiotische Terrakotta. Ehrenberg, Taf. XIb 383
Abb. 66. Musen: attisches Vasenbild. Furtwängler, Taf. 169 397
Abb. 67. Alkaios und Sappho: attisches Vasenbild. Baumeister 3, 1543 407
Abb. 68. Mykenische Tänzerin: Gemme aus Vaphio. Evans a. a. O. 3, 69 415
Abb. 69. Apollon mit Lyra: attisches Vasenbild. Baumeister 1, 96 419
Abb. 70. Frauen von Knossos: Fresko (z. T. ergänzt). Evans a. a. O. 3, 55 . . . 420
Abb. 71. Herniederschwebende Göttin: minoisches Siegel. Evans a. a. O. 3, 68 . . 421
Abb. 72. Minoischer Chor: Terrakotta. Evans a. a. O. 3, 73 421

Abb. 73. Minoischer Lyraspieler: Sarkophag aus Hagia Triada. Evans a. a. O. 1, 440 422
Abb. 74. Gemischter Chor: attisches Vasenbild. Baumeister 3, 1948 424
Abb. 75. Lyraspieler: attisches Vasenbild. Baumeister 3, 1540 424
Abb. 76. Trinkgelage: attische Schale. Furtwängler, Taf. 73 429
Abb. 77. Tanzendes Mädchen: attische Schale. Furtwängler, Taf. 73 430
Abb. 78. Goldbecher aus dem vierten Schachtgrab. Nilsson, *Homer and Mycenæ*, 138 434
Abb. 79. Helm aus Eberzähnen: mykenische Elfenbeinschnitzerei. Nilsson a. a. O. 76 435
Abb. 80. Aphrodite mit Schwan: attische Schale. Baumeister 2, 856—857 439
Abb. 81. Taubenköpfige Aphrodite: zyprische Terrakotta. Roscher LGRM 1, 407 445
Abb. 82. Wettlauf: attisches Vasenbild. Baumeister 3, 2109 468
Abb. 83. Iris: attisches Vasenbild. Roscher LGRM 2, 344 470
Abb. 84. Submykenische Krieger: Vase aus Mykene. Nilsson a. a. O., 148 475
Abb. 85. König Arkesilas: lakonische Schale. CAH Tafelband 1, 379 492

Folgende Abbildungen sind mit freundlicher Genehmigung wiedergegeben worden:

Abb. 18, 20, 23, 25, 26, 30, 42, 54, 57, 60, 68, 70, 71, 73 (Macmillan & Co.); Abb. 3, 5, 8, 9, 33, 36, 39, 40, 43 (Syndizi der Cambridge University Press) und Abb. 44 (die Herausgeber von *The Classical Review*).

TABELLENVERZEICHNIS

Tabelle I. Verwandtschaftsterminologien 38
Tabelle II. Dislokationen bei den Verwandtschaftssystemen der nordamerikanischen Indianer 50
Tabelle III. Die indogermanische Nomenklatur der Verwandtschaftsgrade . 55
Tabelle IV. Der Irokesenbund. 60
Tabelle V. Die sabinischen und etruskischen Könige Roms 69
Tabelle VI. Zeittafel für das prähistorische Griechenland 73
Tabelle VII. Entwicklung der patrilinearen Erbfolge 118
Tabelle VIII. Die Nachkommen des Sisyphos 126
Tabelle IX. Die Könige von Orchomenos 146
Tabelle X. Die Lapithen. 147
Tabelle XI. Minyas und Tyro 151
Tabelle XII. Die Chronologie des Eratosthenes 312
Tabelle XIII. Der argeiische Stammbaum 319
Tabelle XIV. Die Aiakiden 328
Tabelle XV. Die Pelopiden 345
Tabelle XVI. Perieres und Thestios 364
Tabelle XVII. Die griechischen Dialekte. 455
Tabelle XVIII. Das homerische Korpus 484

KARTENVERZEICHNIS

Karte I.	Das östliche Mittelmeer	6
Karte II.	Demeterkulte	95
Karte III.	Vorgeschichtliche Völker der Ägäis	129
Karte IV.	Die Dimini-Kultur (Thessalisch II)	143
Karte V.	Artemiskulte	222
Karte VI.	Die argeiische Ebene	228
Karte VII.	Achaiische Siedlungen auf dem Peloponnes	332
Karte VIII.	Das thessalische Achaia	335
Karte IX.	Das Königreich des Odysseus	359
Karte X.	Anatolien und das Schwarze Meer	444
Karte XI.	Die griechischen Dialekte	456

TAFELVERZEICHNIS

Tafel I. Stamnos des Kleophonmalers mit Kriegers Abschied um 440—430 v. u. Z.

Tafel II. Stierspiel. Malerei auf Stuckrelief aus dem Palast von Knossos (ergänzt) 16. Jh. v. u. Z.

Tafel III. Mykenische Dame. Fresko aus Tiryns (ergänzt) um 1300 v. u. Z.

Die Tafel I wurde abgedruckt mit Genehmigung der Droemerschen Verlagsanstalt Th. Knaur Nachf. München aus dem Werk Hamann, Geschichte der Kunst, Band I.

BERICHTIGUNGEN UND ERGÄNZUNGEN ZU DEN FUSSNOTEN

Seite 88   Fußnote 83: Seltmans Interpretation dieser Münzen ist durch L. Lacroix, 'Les blasons des villes grecques' in **Etudes d'archéologie classique**, (1961) 1, S. 89, widerlegt. Dieser Teil meiner Argumentation muß deshalb entfallen.

Seite 107   Fußnote 209: Was Herodot als 'beispiellos' beschreibt, ist die **direkte** Form der matrilinearen Abstammung (s. S 117 f.); und diese kann nach seiner Erfahrung sehr wohl einmalig gewesen sein,

Seite 158   Fußnote 240: siehe außerdem: C. Alexiou, 'Survivals of Tribal Custom in Ownership and Division of Property in Modern Greece', **Antiquitas Graecorum ac tempora nostra**, Prag, 1968, S. 173–181.

Seite 187   Fußnote 187: Alle drei Arten werden in der minoischen Kunst dargestellt.

Seite 213   Fußnote 71: Philaidai, der Geburtsort des Peisistratos, lag in der Nähe von Brauron, dicht am Bergbaudistrikt im Norden Laurions; ein erneuter Beweis für die Beziehungen des Tyrannen zum Bergbau (s. Bd. II, S. 179 ff).

Seite 224   Fußnote 128: In Thessalien waren Bären bis zum 2. Weltkrieg häufig und noch heute gibt es sie in Epirus. Über die Bären-Artemis siehe meinen Artikel in Κρητικὰ Χρονικά (1961–62) 3, S. 93–96.

Seite 268   Über Stammesteilungen in Altgriechenland siehe auch B. Borecký, **Survivals of Some Tribal Ideas in Classical Greece**, Prag, 1965.

Seite 269   Fußnote 103: Wahrscheinlich kam Tlepolemos aus dem peloponnesischen Ephyra; denn er hatte an der ersten Rückkehr der Herakliden auf den Peloponnes teilgenommen. Von dort führte er eine Gruppe Emigranten nach Rhodos. Diese siedelten in drei Orten entsprechend ihren Stämmen': das heißt, daß sie Dorer waren (Il. 2, 653–657). Ihre Besiedelung war demnach die dritte, vorangegangen waren die Achäer unter Althaimenes, einem Enkel des Minos, Sohn des Katreus, der von Kreta nach Rhodos gekommen war. (Apollod. 3.2.1). Seine Schwester Aerope heiratete Atreus: Nes. ap. Tzetz. ad. Il. 68. 19, Apollod. Ep. 3.3, Procl. Chrest. 1, S. 103. 5–6 Allen. Diese Überlieferungen geben die achäische Besetzung Kretas wieder.

Seite 303   Fußnote 35: Dieses Detail steht in engem Bezug zu einem Bericht Herodots (1.171): Die Karer stellten König Minos Seeleute, statt Tribut zu zahlen; hinzugefügt werden kann, daß der Lageplan der Insel Scheria, mit dem Doppelhafen vor dem Isthmus, mit Thukydides' Beschreibung der Siedlung übereinstimmt. All das erhärtet meine Identifizierung der Phäaken als Karer oder Leleger (s. S. 362 ff).

Seite 312   Die 4. Eintragung in Tabelle XII entfällt.

Seite 316   Fußnote 11: Es gibt keinen Beweis dafür, daß die Pelasger Kreta von Anatolien aus erreichten, während die Geschichte von Kydon vermuten läßt, daß sie vom Peloponnes kamen (Paus. 8.53.4), das schwächt Argumente, die die Pelasger mit minyscher Keramik in Verbindung bringen.

Berichtigungen und Ergänzungen zu den Fußnoten

Seite 389 Fußnote 33: Außerdem: Hom. Hymn. 2.64.
Seite 469 Fußnote 107: Diese Bilder wurden zweifellos von minoischen Originalen hergeleitet (S. 202–05).
Seite 474 Fußnote 6: Penthilos verließ die Heimat auf Geheiß eines Orakelspruches, der ihn an die Grenze der Mysoi, das heißt, nach Theutranien (Eurip. Rh. 248) führte, wo die Pelopiden Stammesbeziehungen besaßen (S. 340).
Seite 475 Fußnote 10: Die Gründer Kolophons scheinen direkt von Pylos dorthin gesegelt zu sein (Mimn. fr. 12). Die Erinnerung an eine Überland-Flucht von Pylos nach Athen hat sich in einer Überlieferung erhalten, die von Melanthos, dem Sohn des Kodros, berichtet, der vom Orakel nach Eleusis geführt wurde. (Athen. 396 d–e). Dies wiederum paßt mit der Tatsache zusammen, daß die Kodriden von Ephesus ein Erbpriesteramt der Demeter Eleusinia besaßen (S. 476), das ihre Vorfahren wahrscheinlich als athenische Könige erworben hatten (s. Bd. II, S. 106).
Seite 476 Fußnote 17: In Ionien, wie auch in Sparta, beruhte das Doppelkönigtum auf Verwandtschaft. Kodridai und Glaukidai beriefen sich auf die Abstammung von den zwei Brüdern Salmoneus und Sisyphos (Apollod. 1.57, Paus. 3.1.5.). Es ist daher möglich, daß die Wanderung gemeinsam von den beiden Clanen organisiert wurde.
Seite 496 Fußnote 116: Certamen 1c, Procl. Chrest. Ecl. B (5.99. Allen). Diese Überlieferung geht zurück auf Hellanikos und Pherekydes. Wenn Dios von den Boiotiern abstammte, kehrte er somit ins Land seiner Väter zurück (S. 337, Fußnote 87).

Hinweis Die ausgeschriebenen altgriechischen Verfassernamen sowie die Titel der Werke, die in den Fußnoten abgekürzt angegeben wurden, findet man im GREEK-ENGLISH LEXICON von H. G. Liddell und R. Scott, 9. Aufl. (und spätere), Oxford 1940.